区 图

115°
120°
125°
130°
135°
140°
145°
45°
40°
35°
30°
20°
15°
10°
5°
110°
罗
斯
额尔古纳河
石勒喀河
克鲁伦河
黑龙江
嫩江
乌苏里江
兴凯湖
黑龙江
松花江
哈尔滨
长春
吉林
辽河
鸭绿江
古
自
治
区
呼和浩特
河北
北京市
北京
天津
天津市
辽宁
沈阳
朝鲜
平壤
汉城
韩国
日本海
本
东京
日
朝鲜海峡
渤海
山西
太原
石家庄
汾河
京杭运河
济南
山东
陕
西
西安
郑州
河南
黄海
江苏
安徽
淮河
合肥
南京
上海市
上海
长江
湖北
武汉
杭州
浙江
东海
太平洋
鄱阳湖
南昌
江西
洞庭湖
湖南
湘江
长沙
福建
福州
钓鱼岛
赤尾屿
台北
台湾
台湾海峡
澎湖列岛
巴士海峡
广东
广州
族自治区
西江
珠江口
澳门
澳门特别行政区
香港
香港特别行政区
东沙群岛
海口
海南
南海
菲律宾
广西壮族自治区
南宁
越
河内
海口
海南
海南岛
东沙群岛
台湾
台湾岛
西沙群岛
中沙群岛
南
海
老挝
柬埔寨
菲律宾
马尼拉
南沙群岛
斯里巴加湾市
文莱
曾母暗沙
马来西亚
印度尼西亚
南海诸岛
1 : 36 000 000

中国投资年鉴

CHINA INVESTMENT YEARBOOK

2001

新华出版社

图书在版编目（C I P）数据

中国投资年鉴.2001 / 《中国投资年鉴》编辑委员会编.—北京：新华出版社，2001.12
ISBN 7-5011-5564-X

I.中... Ⅱ.中... Ⅲ.投资—中国—2001—年鉴
Ⅳ.F832.48—54

中国版本图书馆 CIP 数据核字（2001）第 096638 号

中国投资年鉴

2001

中国投资年鉴编辑委员会 编

（北京宣外大街 6 号庄胜广场 1210 室 邮编：100052 电话：010-63104550 63105036）

*

新华出版社出版发行

（北京宣武门西大街 57 号 邮编：100803）

新 华 书 店 经 销

北京广厦京港图文有限公司制版

深圳市佳信达印务有限公司印制

*

889×1194 毫米 1/16 54 印 张 1600 千字

2001 年 12 月第一版 2001 年 12 月第一次印刷

ISBN 7-5011-5564-X/F·800 定价：398.00 元

京工商广临字 20020103 号

《中国投资年鉴》编辑委员会

前　言

在新世纪的第一年，我们把记录世纪之交中国投资与发展情况的《中国投资年鉴》奉献给广大读者。

在刚刚过去的20世纪，中国经历了一系列的风风雨雨，发生了翻天覆地的变化，从任人宰割的“东亚病夫”成长为屹立于世界东方的社会主义强国。

新中国成立之后，在中国共产党的领导下，我们进行了一系列大规模的建设，取得了令全世界瞩目的经济发展。特别是在改革开放之后，我国的投资建设突飞猛进地发展，全社会固定资产投资由1980年的911亿元发展到2000年的32917亿元，增长了35.1倍，年均增长19.6%。固定资产投资的快速增长造就了我国改革开放20年来GDP持续高速增长，使之年均增长达到9.7%左右。

在20世纪最后3年，我国经济发展进入了一个新阶段。其主要标志是摆脱了长期以来以增加短线产品为结构调整目标的“短缺经济”结构，经济发展不再是简单外延式，而是要在各产业需求结构相对平衡状况下，从技术和产品更新的发展上进行突破。为了在新阶段保持经济持续、快速、健康增长，国家采取了积极的财政政策和稳健的货币政策，连续三年共发行3600亿元建设国债，支持基础设施和西部开发建设，每年促进GDP增长1.5－2.0个百分点，遏制了亚洲金融危机对我国的影响，使我国GDP的增长保持在7－8%之间。其中，2000年全社会固定资产投资增长10.3%，GDP增长达到8.0%。

在新世纪之初的2001年，我国继续执行积极的财政政策和稳健的货币政策，又增发1500亿元国债用于基础设施和西部地区开发建设，使我国的经济在世界经济普遍不景气的形势下“一支独秀”，GDP仍然保持7%以上的增长速度。在出口增幅大幅度回落的情况下，12%以上的投资增长是GDP保持稳定增长的主要支柱。

21世纪前10年，是我国实现第二步战略目标、向第三步战略目标迈进的关键时期，在我国经济发展上具有重要的意义。展望21世纪，我们面临一系列的机遇与挑战。

从国际环境上看，20世纪末世界各国经济的迅速发展和结构调整，为21世纪世界经济的发展奠定了良好的基础。21世纪将是以人类社会共同发展为主题的世纪，这一点已成为世界各国人民的共识。世界各国都渴望本国经济在21世纪获得理想的发展，但各种条件的限制将使各国的经济发展不能都如愿以偿。2001 年世纪经济的不景气，发生在美国的“9.11”恐怖袭击事件等一系列不利于经济发展的因素，又为人们的乐观愿望蒙上一层层阴影。

从国内的情况来看，经过近几年的经济体制改革和宏观调控政策的实施，为我国经济和投资在今后几年的发展创造了有利的条件；当然，今后几年我国经济的发展也面临一些不利的因素，但不会影响我国经济发展的总体趋势，我国 2001 年经济和投资发展的实际情况可以充分证明这一点。

我国正处在经济迅速发展时期，世界上许多机构和专家都认为中国将在 21 世纪世界经济的发展中占据显著的位置。特别是在 2001 年世界经济整体下滑的形势下，我国经济能够“独善其身”，更使具有战略眼光的国际金融机构、跨国公司和投资者看好我国，导致 2001 年我国招商引资数量的大幅度增长，我国加入 WTO 又为这种趋势发展增加了便利的条件。

为了充分反映世纪之交我国经济和投资领域的发展状况和取得的成就，我们编纂了本部年鉴并广泛邀请各宏观调控部门、行业管理部门和各省、自治区、直辖市的领导为我们提供反映他们工作领域情况的稿件，得到了他们大力的支持，使本书的内容丰富而具有代表性和权威性。在这里，我们向所有支持我们的领导和为本书提供稿件的同志们表示衷心的感谢！

从本书登载的有关部门领导的文章中，读者可以对近几年国家颁布的各种宏观调控政策和措施有更深入的领会；从行业部门和地区提供的稿件中，读者可以知道 2000 年各行业和各地区投资和经济发展的情况，从他们提供的“十五”时期发展规划中可以了解我国各行业和各地区在 21 世纪初期的发展趋势；从本书的附录中读者可以查阅到 2000 年我国制定的与投资领域有关的政策信息、统计数据和国内外投资大事。

本书是由中国投资学会、国家发展计划委员会投资研究所、国家开发银行市场与产业分析局、新华通讯社新华每日电讯社联合编纂的第一部年鉴，由于水平有限和经验不足，肯定有许多谬误之处，欢迎广大读者批评指正！

中国投资年鉴编辑委员会

《中国投资年鉴》编辑委员会

撰稿单位

中华人民共和国国家发展计划委员会
中华人民共和国国家经济贸易委员会
中华人民共和国科学技术部
中华人民共和国财政部
中华人民共和国国土资源部
中华人民共和国建设部
中华人民共和国铁道部
中华人民共和国交通部
中华人民共和国水利部
中华人民共和国农业部
中华人民共和国对外贸易经济合作部
中国人民银行
国家环境保护总局
中国民用航空总局
中华人民共和国国家统计局
国家林业局
国务院港澳事务办公室
中国证券监督管理委员会
中国保险监督管理委员会
国家邮政管理局
国家外汇管理局

国家开发银行
中国建设银行
中国农业银行
中国银行

中国企业联合会
中华全国工商业联合会
中国商业联合会
中国国际贸易促进委员会

中国航天科工集团公司
中央国债登记结算有限公司
中国投资学会
国家计委投资研究所
国家开发银行市场与产业分析局
上海证券交易所
深圳证券交易所

北京市人民政府
河北省人民政府
山西省人民政府
辽宁省人民政府
吉林省人民政府
黑龙江省人民政府
上海市人民政府
安徽省人民政府
福建省人民政府
江西省人民政府
山东省人民政府
河南省人民政府
湖北省人民政府
湖南省人民政府
广东省人民政府
海南省人民政府
重庆市人民政府
四川省人民政府
贵州省人民政府
陕西省人民政府
甘肃省人民政府
青海省人民政府
宁夏回族自治区人民政府
新疆维吾尔自治区人民政府

厦门市人民政府
宁波市人民政府
成都市人民政府
兰州市人民政府
贵阳市人民政府
黑河市人民政府
常州市人民政府
嘉兴市人民政府
绍兴市人民政府
泉州市人民政府

鹰潭市人民政府
佛山市人民政府
自贡市人民政府
绵阳市人民政府
曲靖市人民政府

北京市发展计划委员会
天津市发展计划委员会
河北省发展计划委员会
山西省发展计划委员会
内蒙古自治区发展计划委员会
辽宁省发展计划委员会
吉林省发展计划委员会
黑龙江省发展计划委员会
上海市发展计划委员会
江苏省发展计划委员会
浙江省发展计划委员会
安徽省发展计划委员会
福建省发展计划委员会
江西省发展计划委员会
山东省发展计划委员会
河南省发展计划委员会
湖北省发展计划委员会
湖南省发展计划委员会
广西壮族自治区发展计划委员会
海南省发展计划厅
重庆市发展计划委员会
四川省发展计划委员会
贵州省发展计划委员会
云南省发展计划委员会
西藏自治区发展计划委员会
陕西省发展计划委员会
青海省发展计划委员会
宁夏回族自治区发展计划委员会
新疆维吾尔自治区发展计划委员会

常州市发展计划委员会
厦门市计划委员会
武汉市计划委员会
马鞍山市计划委员会
安顺市发展计划委员会
玉溪市计划委员会

中国社科院金融研究中心
外经贸部国际经贸研究院跨国公司研究中心
中国石油天然气股份有限公司西气东输管道分公司
中央财经大学
对外经济贸易大学
《中国投资》杂志社

（注：撰稿单位均为 2001 年名称）

编辑说明

一、《中国投资年鉴》是记载中国投资建设领域发展情况的大型权威工具书。该书 1993 年由中国投资学会开始编纂，曾受到社会各界人士的广泛欢迎。2001 年《中国投资年鉴》改由中国投资学会、国家开发银行市场与产业分析局、国家发展计划委员会投资研究所、新华通讯社新华每日电讯社联合编纂。2001 年版《中国投资年鉴》继续坚持述评分析与资料选编相结合的编辑方针，并充实了内容，改进了版面，于 2001 年底以全新的面貌奉献给读者。

二、2001 年版《中国投资年鉴》与过去相比，增加了资本市场和涉外投资两大部分，地区投资部分增加了西部开发的内容，重点项目投资部分增加了开发区建设的内容，把证券投资并入资本市场，大事记放在了附录部分，又增加了国际融资的内容，投资政策法规按出台时间先后排列便于读者查找。《中国投资年鉴》的编纂体例更加系统完整，内容更加丰富。

三、为使《中国投资年鉴》的内容翔实、可靠，更具有权威性，编委会聘请了国家有关部委和各省市的领导担任顾问、特邀顾问、主任、副主任和编委等，并请他们撰写文章和提供相关的资料。

四、2001 年版《中国投资年鉴》，包括 160 多万字的文字资料和近 200 多幅配图；版本由原来的（787×1092）16 开本改为国际通用版本（889×1194）16 开；正文部分改用进口胶版纸，彩色插页采用进口铜版纸。

五、由于编辑水平有限，本年度的《中国投资年鉴》仍存在许多不足。为使今后的《中国投资年鉴》编得更好，我们诚恳地欢迎广大读者提出宝贵的意见和建议。

中国投资年鉴编辑部

二00一年十一月二十八日

中国投资年鉴编辑名单

总 编 辑：张汉亚
刘慧勇
王大用
解国记

副总编辑：巢光华（常务）
徐耀中

总 策 划：巢光华

责任编辑：鞠 景

特邀编辑：董景良
朱维新
黄思贤

编 辑：（以姓氏笔划为序）

毛建欣	王 钺	邓 凯	石 琳	龙 蕾
乔 华	刘 苹	孙 怡	孙 萍	孙 蕾
成晓萍	齐东方	何 求	张志勇	张宝生
李冬咏	李荣葵	陈少沛	周 怡	哈 晶
柳茹花	胡政一	赵海英	赵葆华	贾永利
顾雪平	高奕波	崔启春		

美术编辑：董景良 董志华

广告策划：贾永利

发行策划：邓 凯

《中国投资年鉴》目录

特　载

实施西部大开发是关系中华民族长远发展的战略之举

江泽民在听取《关于实施西部大开发战略的意见和建议》座谈会上的讲话 …… (2)

关于国民经济和社会发展第十个五年计划纲要的报告

2001年3月5日在第九届全国人民代表大会第四次会议上 …… 朱镕基 (3)

国民经济和社会发展第十个五年计划纲要 …… 中华人民共和国国务院 (11)

2000年中央经济工作会议 …… (27)

第一部分　宏观综论

国民经济和社会发展概况

关于2000年国民经济和社会发展计划执行情况与2001年国民经济和社会发展计划草案的报告 …… 中华人民共和国国家发展计划委员会 (32)

2000年中央和地方预算执行情况及2001年中央和地方预算草案的报告 …… 中华人民共和国财政部 (39)

2000年国民经济和社会发展统计公报 …… 中华人民共和国国家统计局 (44)

2000年工业经济运行情况 …… 中华人民共和国国家经济贸易委员会 (49)

中国经济与投资

经济全球化进程中的中国经济结构调整 …… (54)

2000年中国继续实施相对扩张的财政政策 …… (56)

继续实行稳健的货币政策 …… (58)

2000——2001年投资形势分析与预测 …… (60)

投资领域的积极变化与新形势下的投资政策 …… (66)

抓紧实施国家重点技术改造项目 …… (69)

构筑支持经济发展的强大金融体系 …… (70)

积极利用外资，促进中国经济的持续发展 …… (72)

中国对外经济合作发展情况 …… (74)

开创中小企业改革与发展的新局面 …… (76)

配合积极的财政政策亟需启动民间投资 …… (81)

加快国民经济和社会信息化发展 …… (83)

论中国风险投资的机制创新 …… (89)

第二部分　行业投资

农、林、水、资源、环保

农业投资建设情况 …… (94)

林业投资建设情况 …… (97)

水利投资建设情况 …… (100)

国土资源开发投资建设情况 …… (105)

环境保护事业投资建设情况 …… (110)

工业

煤炭工业投资建设情况 …… (112)

石油工业投资建设情况 …… (114)

电力工业投资建设情况 …… (117)

冶金工业投资建设情况 …… (119)

有色金属工业投资建设情况 …… (121)
机械工业投资建设情况 …… (124)
汽车工业投资建设情况 …… (127)
化学工业投资建设情况 …… (129)
石化工业投资建设情况 …… (132)
轻工业投资建设情况 …… (134)
纺织工业投资建设情况 …… (137)
医药行业投资建设情况 …… (139)
建材工业投资建设情况 …… (142)
交通、建设、邮电、科技
公路水路运输业投资建设情况 …… (144)
铁路投资建设情况 …… (149)
民用航空业投资建设情况 …… (152)
建设事业投资情况 …… (155)
邮政事业投资建设情况 …… (158)
电信业投资发展情况 …… (160)
科技事业投资发展情况 …… (162)
第三部分　地区投资与西部开发
地区投资
北京市投资建设情况 …… (166)
天津市投资建设情况 …… (169)
河北省投资建设情况 …… (172)
山西省投资建设情况 …… (175)
内蒙古自治区投资建设情况 …… (178)
辽宁省投资建设情况 …… (182)
吉林省投资建设情况 …… (185)
黑龙江省投资建设情况 …… (188)
上海市投资建设情况 …… (190)
江苏省投资建设情况 …… (193)
浙江省投资建设情况 …… (197)
安徽省投资建设情况 …… (200)
福建省投资建设情况 …… (203)
江西省投资建设情况 …… (205)
山东省投资建设情况 …… (208)
河南省投资建设情况 …… (211)
湖北省投资建设情况 …… (214)
湖南省投资建设情况 …… (217)
广东省投资建设情况 …… (219)
广西壮族自治区投资建设情况 …… (222)
海南省投资建设情况 …… (226)
重庆市投资建设情况 …… (229)
四川省投资建设情况 …… (232)
贵州省投资建设情况 …… (235)
云南省投资建设情况 …… (238)
西藏自治区投资建设情况 …… (241)
陕西省投资建设情况 …… (243)

甘肃省投资建设情况 …… (246)
青海省投资建设情况 …… (249)
宁夏回族自治区投资建设情况 …… (251)
新疆维吾尔自治区投资建设情况 …… (254)
香港、澳门、台湾投资
香港特别行政区经济发展情况 …… (258)
澳门特别行政区经济发展情况 …… (263)
台湾地区投融资情况 …… (267)
西部大开发
实施西部地区大开发战略的重大意义 …… (274)
西部地区开发的基本思路和战略任务 …… (275)
国务院西部地区开发的领导机构 …… (276)
国务院关于实施西部大开发若干政策措施的通知 …… (277)
中西部地区外商投资优势产业目录 …… (280)

第四部分　国家重点投资项目与开发区建设
国家重点投资项目
青藏铁路工程 …… (286)
“西电东送”工程 …… (287)
“西气东输”工程 …… (289)
“南水北调”工程 …… (291)
2000年国家重点建设项目 …… (292)
国家级经济技术开发区经济发展情况
国家级开发区概况 …… (294)
国家级经济技术开发区主要经济指标 …… (295)
附：国家级经济技术开发区名单 …… (297)
国家级高新技术产业开发区建设和发展情况
高新技术产业开发区的建设 …… (298)
高新技术产业开发区的发展 …… (299)
附：国家级高新技术产业开发区名单 …… (302)

第五部分　资本市场
综合论述
中国资本市场的发展途径 …… (304)
从财政和金融结合的角度推动国债市场发展 …… (306)
积极的财政政策与中国经济发展 …… (309)
中国货币市场的发展与展望 …… (313)
中国中长期信贷市场的培育与发展 …… (316)
证券市场
中国证券市场的发展与展望 …… (325)
朝着市场化方向不断迈进的中国证券市场 …… (326)
2000年宏观经济对中国证券市场的影响 …… (328)
2000年上海证券交易所运行情况 …… (331)
2000年深圳证券交易所运行情况 …… (333)
2000年中国国债市场综述 …… (339)
政策性金融债券对债券市场发展和重点建设投资的贡献 …… (343)
企业债券融资及债券利率市场化问题 …… (349)

债券投资者的构成与现有市场模式 …… (352)
保险市场
迎接 WTO 挑战加快发展中国保险业 …… (354)
按国际惯例加快保险资金与资本市场对接 …… (357)
外汇市场
中国国际收支与外汇市场发展情况 …… (359)

第六部分 涉外投资
利用外资
中国鼓励外商投资新举措 …… (364)
2000 年的中国国际贸易投资促进工作 …… (365)
2000 年利用外资形势和 2001 年利用外资工作 …… (368)
利用外资有关规定 …… (371)
附：跨国公司在中国投资情况 …… (375)
海外投资
中国的资本输出 …… (385)
中国企业的对外直接投资 …… (388)
非传统安全和中国海外投资战略 …… (394)
附：著名华人跨国公司介绍 …… (396)

第七部分 投资政策法规
项目投资管理
中华人民共和国招标投标法 …… (402)
国有企业监事会暂行条例 …… (406)
工程建设项目招标范围和规模标准规定 …… (408)
国家重大建设项目稽察办法 …… (409)
关于鼓励和促进中小企业发展的若干政策意见 …… (411)
国有大中型企业建立现代企业制度和加强管理的基本规范（试行） …… (413)
金融、债券管理
关于进一步加强对外发债管理的意见 …… (418)
关于企业加强应收应付账款管理的指导意见 …… (419)
国有重点金融机构监事会暂行条例 …… (420)
关于《银行卡业务管理办法》跨行交易收费条款补充规定的通知 …… (422)
全国银行间债券市场债券交易管理办法 …… (423)
金融租赁公司管理办法 …… (425)
金融资产管理公司条例 …… (428)
财务、税收管理
国家税务总局关于实施对设在中西部地区的外商投资企业给予三年减按 15%税率征收企业所得税的优惠的通知 …… (430)
关于加工贸易企业以多种形式缴纳税款保证金实施办法 …… (431)
技术改造国产设备投资抵免企业所得税审核管理办法 …… (432)
核定征收企业所得税暂行办法 …… (433)
外商投资企业和外国企业购买国产设备投资抵免企业所得税管理办法 …… (435)
企业财务会计报告条例 …… (436)
企业集团财务公司管理办法 …… (440)
国家税务总局关于企业股权投资业务若干所得税问题的通知 …… (443)
涉外投资管理

国家税务总局关于外商投资企业征收城市房地产税若干问题的通知 …… (445)
中外合资、合作经营企业中方投资人新增资本贷款管理办法 …… (445)
国家税务总局关于外国投资者享受再投资退还所得税优惠有关问题的通知 …… (447)
出口收汇考核试行办法奖惩细则 …… (447)
关于进一步加强外国政府贷款管理工作的若干意见 …… (448)
外商投资企业投资自用进口汽车管理办法 …… (450)
关于外商投资企业境内投资的暂行规定 …… (452)
外商投资铁路货物运输业审批与管理暂行办法 …… (454)
中华人民共和国外资企业法 …… (455)
中华人民共和国中外合作经营企业法 …… (456)
对外贸易经济合作部关于外商投资企业进口设备有关问题的通知 …… (458)
证券投资管理
证券公司股票质押贷款管理办法 …… (459)
关于向二级市场投资者配售新股有关问题的通知 …… (462)
网上证券委托暂行管理办法 …… (463)
中国证监会股票发行核准程序 …… (465)
股票发行上市辅导工作暂行办法 …… (466)
证券交易所风险基金管理暂行办法 …… (467)
证券结算风险基金管理暂行办法 …… (468)
上市公司向社会公开募集股份暂行办法 …… (469)
上市公司向社会公开募集股份操作指引（试行）…… (470)
关于加强证券公司承销企业债券业务监管工作的通知 …… (471)
上市公司股东大会规范意见 …… (472)
关于规范上市公司重大购买或出售资产行为的通知 …… (475)
法人配售发行方式指引 …… (477)
关于股份有限公司国有股权管理工作有关问题的通知 …… (478)
关于涉及境内权益的境外公司在境外发行股票和上市有关问题的通知 …… (479)
开放式证券投资基金试点办法 …… (480)
其他
中央级科研院所科技基础性工作专项资金管理暂行办法 …… (483)
科研院所社会公益研究专项资金管理暂行办法 …… (484)
鼓励软件产业和集成电路产业发展的若干政策 …… (485)

第八部分　国民经济、社会发展与投资统计
综合
全国行政区划（2000年底）…… (490)
自然状况 …… (491)
自然资源 …… (492)
土地状况 …… (492)
人口数及构成 …… (493)
各地区总人口和性别比 …… (494)
各地区每十万人拥有的各种受教育程度人口比较 …… (495)
就业基本情况 …… (496)
国民经济和社会发展总量与速度指标 …… (497)
国民经济和社会发展结构指标 …… (502)
国民经济和社会发展比例与效益指标 …… (506)
国内生产总值 …… (510)

各地区国内生产总值（2000年）……………………………………………………………………………（512）
支出法国内生产总值 ……………………………………………………………………………………（514）
国际收支平衡表（2000年）………………………………………………………………………………（515）

固定资产投资

全社会固定资产投资 ……………………………………………………………………………………（516）
全社会固定资产投资（按经济类型分）…………………………………………………………………（517）
全社会固定资产投资（按资金来源和构成分）…………………………………………………………（518）
按经济类型分的全社会固定资产投资（2000年）………………………………………………………（519）
国有经济按各种分组的固定资产投资 …………………………………………………………………（520）
基本建设和更新改造投资 ………………………………………………………………………………（521）
按资金来源和隶属关系分的基本建设投资 ……………………………………………………………（522）
按构成和建设性质分的基本建设投资 …………………………………………………………………（524）
国民经济各行业按建设性质分的基本建设投资（2000年）……………………………………………（526）
按国民经济行业分的基本建设投资 ……………………………………………………………………（529）
按项目规模分的基本建设投资及项目个数 ……………………………………………………………（531）
基本建设房屋建筑面积 …………………………………………………………………………………（532）
国民经济各行业基本建设新增固定资产 ………………………………………………………………（533）
各地区基本建设施工、投产项目个数和新增固定资产 ………………………………………………（535）
国民经济各行业基本建设施工、投产项目个数（2000年）……………………………………………（536）
国民经济各行业基本建设投资和新增固定资产（2000年）……………………………………………（538）
基本建设新增主要产品生产能力 ………………………………………………………………………（540）
按资金来源和隶属关系分的更新改造投资 ……………………………………………………………（542）
按构成和建设性质分的更新改造投资 …………………………………………………………………（543）
国民经济各行业按建设性质分的更新改造投资（2000年）……………………………………………（544）
各地区更新改造施工、投产项目个数和新增固定资产 ………………………………………………（546）
按国民经济行业分的更新改造投资（2000年）…………………………………………………………（547）
国民经济各行业更新改造施工、投产项目个数（2000年）……………………………………………（549）
按国民经济行业分的更新改造新增固定资产 …………………………………………………………（551）
国民经济各行业更新改造投资和新增固定资产（2000年）……………………………………………（553）
各地区限额以上更新改造项目个数、投资和新增固定资产(2000年)…………………………………（555）
国民经济各行业更新改造限额以上施工、投产项目个数（2000年）…………………………………（556）
更新改造新增主要产品生产能力 ………………………………………………………………………（559）
按用途分的更新改造投资和房屋建筑面积 ……………………………………………………………（561）
城镇集体单位各行业固定资产投资和新增固定资产（2000年）………………………………………（561）
各地区城镇集体单位按构成分的固定资产投资和房屋建筑面积 ……………………………………（562）
各地区城镇集体单位按国民经济行业分的固定资产投资（2000年）…………………………………（563）
城镇和工矿区个人建房 …………………………………………………………………………………（564）
农村个人固定资产投资和建房 …………………………………………………………………………（565）
房地产开发主要指标 ……………………………………………………………………………………（566）
房地产开发企业（单位）个数 …………………………………………………………………………（567）
房地产开发企业（单位）从业人数 ……………………………………………………………………（568）
各地区房地产开发企业（单位）的土地开发及其购置 ………………………………………………（569）
各地区房地产开发建设投资总规模及完成投资 ………………………………………………………（570）
各地区按用途分的房地产开发企业（单位）投资完成额 ……………………………………………（571）
各地区房地产开发企业（单位）的资金来源 …………………………………………………………（572）
各地区房地产开发建设房屋建筑面积和造价 …………………………………………………………（573）
各地区按用途分的房地产开发企业（单位）新开工房屋面积 ………………………………………（574）

商品房屋销售情况 ……………………………………………………………………………………………（575）
各地区按用途分的商品房屋实际销售面积 ……………………………………………………………………（576）
各地区按用途分的商品房屋平均销售价格 ……………………………………………………………………（577）
各地区房地产开发企业（单位）的资产负债 …………………………………………………………………（578）
房地产开发经营情况 …………………………………………………………………………………………（579）

建筑业

建筑业企业概况 ………………………………………………………………………………………………（580）
建筑业企业主要经济指标（2000年）…………………………………………………………………………（582）
各地区历年建筑业总产值 ……………………………………………………………………………………（583）
各地区历年建筑业增加值 ……………………………………………………………………………………（584）
各地区历年建筑业企业利税总额 ……………………………………………………………………………（585）
各地区历年建筑业企业利润总额 ……………………………………………………………………………（586）
各地区历年建筑业劳动生产率 ………………………………………………………………………………（587）
各地区按登记注册类型分的建筑业企业单位数（2000年）…………………………………………………（588）
各地区按登记注册类型分的建筑业企业从业人员（2000年）………………………………………………（589）
各地区建筑业企业技术装备情况 ……………………………………………………………………………（590）
各地区国有建筑业企业技术装备情况 ………………………………………………………………………（591）
各地区建筑业总产值（2000年）……………………………………………………………………………（592）
各地区按登记注册类型分的建筑业总产值（2000年）………………………………………………………（593）
各地区按行业分的建筑业总产值（2000年）…………………………………………………………………（594）
各地区建筑业增加值（2000年）……………………………………………………………………………（595）
各地区按登记注册类型分的建筑业增加值（2000年）………………………………………………………（596）
各地区按登记注册类型分的建筑业企业实收资本（2000年）………………………………………………（597）
各地区建筑业企业资产（2000年）…………………………………………………………………………（598）
各地区按登记注册类型分的建筑业企业资产（2000年）……………………………………………………（599）
各地区建筑业企业负债及所有者权益（2000年）……………………………………………………………（600）
各地区按登记注册类型分的建筑业企业所有者权益（2000年）……………………………………………（601）
各地区按登记注册类型分的建筑业企业负债（2000年）……………………………………………………（602）
各地区建筑业企业总收入（2000年）………………………………………………………………………（603）
各地区按登记注册类型分的建筑业企业总收入（2000年）…………………………………………………（604）
各地区建筑业企业利税总额（2000年）……………………………………………………………………（605）
各地区按登记注册类型分的建筑业企业税金总额（2000年）………………………………………………（606）
各地区按登记注册类型分的建筑业企业利润总额（2000年）………………………………………………（607）
各地区按登记注册类型分的建筑业企业工程结算利润（2000年）…………………………………………（608）
各地区建筑业劳动生产率（2000年）………………………………………………………………………（609）
各地区建筑业企业工程质量 …………………………………………………………………………………（610）
各地区国有建筑业企业工程质量 ……………………………………………………………………………（611）
各地区房屋建筑面积 …………………………………………………………………………………………（612）
各地区建筑业企业主要建筑材料消耗（2000年）……………………………………………………………（613）
勘察设计机构和人员数（2000年）……………………………………………………………………………（614）

财政与金融

国家财政收支总额及增长速度 ………………………………………………………………………………（615）
国家财政债务发行情况 ………………………………………………………………………………………（616）
国家财政主要支出项目 ………………………………………………………………………………………（617）
国家财政债务还本付息支出 …………………………………………………………………………………（618）
国家外债余额 …………………………………………………………………………………………………（619）
外债风险指标 …………………………………………………………………………………………………（619）

人民币对主要外币年平均汇价（中间价）…………（620）
利用外资概况 …………（620）
利用外资额（按方式分）…………（621）
实际利用外商直接和其他投资额（按国别、地区分）…………（622）
实际利用外商直接和其他投资额（按地区分）…………（625）
按行业分外商直接投资合同外资额 …………（626）
按行业分外商实际直接投资额 …………（626）
年末登记外商投资企业行业分布情况 …………（627）
各地区外商投资企业年末登记情况 …………（627）
对外经济合作 …………（628）
对外经济合作完成营业额（按国别、地区分）…………（629）
国际旅游外汇收入及构成 …………（633）
各地区国际旅游外汇收入 …………（634）
银行系统机构、人员数（2000年底）…………（635）
金融机构信贷资金平衡表（资金来源）…………（635）
金融机构信贷资金平衡表（资金运用）…………（635）
货币供应量（年底数）…………（636）
金融机构现金收入 …………（636）
金融机构现金支出 …………（636）
金融机构现金投放回笼差额 …………（637）
黄金和外汇储备 …………（637）
金融机构法定存款利率 …………（638）
金融机构法定贷款利率表 …………（638）
国内有价证券分类发行情况（2000年）…………（639）
上市公司数量一览表 …………（639）
股票发行筹资情况 …………（639）
股票交易统计表 …………（640）
保险公司业务经济技术指标（2000年）…………（641）
保险系统机构、人员数（2000年底）…………（641）
主要统计指标解释 …………（642）

附　录

“九五”投资主要情况
固定资产投资与建设 …………（650）
基础设施建设成就 …………（654）
外商在华直接投资 …………（657）
2000年中国投资政策与信息 …………（663）
2000年中国投资大事记 …………（688）
2000年国际融资主要信息 …………（696）
投资企业名录
2000年全国最大的500家外商投资企业名录 …………（708）
知名投资公司名录 …………（715）
证券公司名录 …………（719）

长江三峡工程　该工程是举世瞩目的水电工程，具有防洪、发电、航运等巨大的经济效益和社会效益。

① **北京机场新候机楼** 北京机场是中国最大、最繁忙的机场。新候机楼现代航空服务设施一应俱全，使原北京机场的吞吐量增加了3倍。

② **北京地铁复八线** 复八线西起复兴门，东至八王坟，全长13.5公里，对缓解北京交通紧张状况具有重要意义。

③ **北京八达岭高速公路** 该路是北京连接河北、山西等地区的重要通道，极大地改善了八达岭长城地区的交通状况，同时也为晋煤外运提供了一条安全、快捷的运输线。

江苏50万输变电工程　该工程将有效地提高长江三角洲地区电力输送能力，保证对上海的电力供应。

天津石化公司聚酯二阶段项目　此项目极大地增强了天津石化的实力和市场竞争能力。

鲁布革电站 全国第一座斜塔——鲁布革电站斜塔

上海浦东新貌 浦东新区与外滩隔江相望，汇集了东方明珠广播电视塔、陆家嘴金融贸易区、外高桥保税区、张江高科技园等现代都市景观，标志着浦东新区正向现代化、多功能化、国际化的目标高速发展。

深圳岭澳核电站 该电站是在广东建设的第二座大型商用核电站，对改善地区能源结构和环境保护，增加电力供应，支持广东经济发展将产生积极作用。

芜湖长江大桥　该桥是横跨长江的公路、铁路两用特大型桥梁。

广州珠江钢铁公司

该公司采用世界先进技术和设备生产优质钢材。

KONECRANES 260t
7

厦门海沧大桥　该大桥是世界第二座、亚洲第一座三跨连续全漂浮体系的钢箱梁悬索桥。

上海浦东国际机场

该机场是具有国际先进水平的航空枢纽，在中国航空网布局中占有重要地位，进一步加快了上海国际经济中心和浦东开发的建设步伐。

①
② ③

① **长春一汽—大众汽车有限公司** 该公司成功地走出了一条轿车合资企业之路、促进了我国轿车工业的进步。

② **兰新复线** 该线是我国西北重要的铁路干线。东起甘肃省兰州市，西至新疆维吾尔自治区乌鲁木齐市，是欧亚大陆桥的重要组成部分，为中国西部大开发做好大能力运输准备。

③ **宁波北仑港** 该港是中国四大国际深水中转港之一，并进入全球前10个装卸30万吨级货轮的深水大港行列。

四川二滩水电站　该电站是中国目前仅次于长江三峡水电站的巨型电站，是中国实施可持续发展战略的重要工程项目。

（本组投资建设图片由国家开发银行提供）

特载

实施西部大开发是关系中华民族长远发展的战略之举

江泽民在听取《关于实施西部大开发战略的意见和建议》座谈会上的讲话

中共中央2000年9月15日在中南海召开座谈会，听取各民主党派中央、全国工商联负责人和无党派人士关于实施西部大开发战略的意见和建议。中共中央总书记、国家主席江泽民主持座谈会并发表重要讲话。他强调指出，实施西部大开发，将为21世纪我国经济的发展开拓新的空间，将有力地增强对我国经济增长的拉动，有利于我们更好地调动全国力量参与国际竞争和拓展国际市场。同时，把这个战略决策实施好，对维护民族团结、国家统一和社会稳定，对逐步达到社会主义的共同富裕和实现中华民族的伟大复兴，都将起到极大的推动作用。实施西部大开发，不仅是一个重大的经济决策，也是一个重大的政治决策，是关系中华民族长远发展的战略之举。

中共中央政治局常委、国务院总理朱镕基，中共中央政治局常委、全国政协主席李瑞环，中共中央政治局常委、国家副主席胡锦涛和中共中央政治局委员、国务院副总理温家宝，中共中央政治局候补委员、书记处书记曾庆红等出席座谈会。

江泽民在座谈会开始时说，对西部地区的发展，我们党和国家历来高度重视，全国各族人民也十分关心。实施西部大开发战略，是我国跨世纪发展的一项战略部署，也是“十五”计划的一个重要内容。目前，全国各条战线都在积极为西部大开发作贡献，国务院有关部门提出了实施西部大开发战略的初步设想，西部地区广大干部群众的热情和干劲很高。各民主党派、全国工商联和无党派人士对实施西部大开发战略十分关心，积极献计献策。可以说，我们研究和实施西部大开发有了一个好的开端。

在听取了大家的发言后，江泽民总书记作了讲话。他说，从发言中可以看出，通过这次实地考察，大家进一步领会了邓小平同志提出的关于我国现代化建设“两个大局”的战略思想，进一步认识了西部大开发对我国跨世纪发展的重大意义。我们完全有理由相信，通过中国共产党和各民主党派、全国工商联、无党派人士的共同努力，通过全国各族人民的团结奋斗，西部地区的发展必将展现出美好的前景。

江泽民指出，新中国成立特别是改革开放以来，在全国人民的大力支持和西部地区广大干部群众的艰苦努力下，西部地区的经济建设和各项事业取得了显著的成绩，为我国社会主义事业的发展作出了重大贡献。进入新世纪，我国将进入全面建设小康社会并加快推进现代化的新的发展阶段，经济全球化和科学技术的日益发展也使我国现代化建设的外部环境发生了新的变化。我们要增强经济发展的后劲，保持我国经济持续快速健康发展，向第三步战略目标不断迈进，必须采取一些重大的战略举措。西部大开发就是这样一个举措。

江泽民强调，实施西部大开发战略，要认真落实中央的部署和要求，特别要注意牢牢把握好两条：一是必须实事求是、按客观规律办事。要适应发展社会主义市场经济的新形势，适应在深化改革和扩大开放的新条件下国际国内市场的发展要求，紧密结合西部地区的实际，努力探索新思路、新机制、新方法，立足当前、着眼长远、量力而行、逐步推进，以保证西部大开发有序、快速、高效地展开。首先要搞好科学规划，选准实施重点，集中财力物力解决关系西部发展全局的重大问题，带动经济和社会全面发展。在项目决策时，要统筹考虑经济效益、社会效益和生态效益，促进西部地区资源、生态、经济、人口和社会协调发展。西部开发与东、中部地区发展要结合起来，努力形成我国东、中、西部地区相互支持、相互促进、协调发展的良好格局。要按照市场经济规律，转换政府职能，通过经济、政策、法律等手段，为西部地区经济发展和公平竞争创造良好环境。在推进经济发展的过程中，始终要高度重视实现社会全面进步，努力使西部地区在物质文明建设和精神文明建设上都取得新的丰硕成果。二是必须埋头苦干、扎扎实实地加以推进。西部大开发既是一项紧迫的任务，也是一项十分艰巨的历史任务，不可能一蹴而就，需要经过几代人坚持不懈的努力才能取得成功。我们既要有只争朝夕的精神，加紧做好各项工作，又要牢固树立长期奋斗的思想。坚持办实事，求实效，有计划、有步骤、一步一个脚印地推进工作，不能急于求成，不能搞短期行为，更不能搞花架子。国家和全社会都要为西部大开发提供支持和帮助，西部地区各族干部群众更要发扬自力更生、艰苦创业的奋斗精神，深化改革，扩大开放，发挥优势，开拓进取，不断创造新的业绩。

江泽民说，我国有五十个少数民族聚居在西部地区，占我国少数民族总人口的百分之八十。加快少数民族和民族地区的发展，促进各民族的共同繁荣、共同富裕，是加强民族团结、维护边疆稳定的根本保证。在西部大开发中，要坚持和完善民族区域自治制度，认真做好党的民族工作和宗教工作，坚定不移地维护民族团结，大力培养少数民族中青年干部和各类专业技术人才，为实施西部大开发战略创造良好的环境。

江泽民指出，各民主党派、工商联和无党派人士中，蕴藏着丰厚的人力、物力、智力资源，大家在支持和参与西部开发中是可以大有作为的。统一战线在为改革开放和现代化建设服务的实践中，创造了不少行之有效的方式方法，起到了很好的作用。希望各民主党派、工商联和无党派人士，立足党和国家的工作大局，围绕西部大开发中推进经济结构调整、加快基础设施建设、加强生态环境保护、发展科技教育和加快人才培养等方面的任务，继续探索和创造新的更有效的方式与手段，多层次、多渠道、多形式地为西部开发贡献力量。

江泽民说，这些年来，各民主党派中央、全国工商联领导人和无党派人士，先后就三峡工程建设、苏南和浦东开发、京九铁路及沿线地区发展、促进两岸“三通”、实施西部大开发战略等问题进行考察，并提出了很多好的意见和建议，对我们做好工作起了很大的推动作用。这些活动，不仅为各民主党派和无党派人士知情出力创造了条件，对促进决策的民主化、科学化也有着重要的作用。实践证明，有计划有重点地对国家经济和社会发展的重大课题进行调查研究，是发挥各民主党派、工商联和无党派人士参政议政、民主监督作用的一种好形式，也是在新的历史条件下开展统一战线工作的一种好方法。只要我们不断加强中国共产党同各民主党派和无党派人士的亲密合作关系，充分发挥中国共产党领导的多党合作群策群力的政治优势，我们的事业就能更好地发展。今后，要进一步创造条件，充分发挥统一战线为经济建设中心服务的重要作用，以利把社会主义现代化建设不断推向前进。

关于国民经济和社会发展第十个五年计划纲要的报告

——2001年3月5日在第九届全国人民代表大会第四次会议上

国务院总理　朱镕基

一、“九五”时期国民经济和社会发展的回顾

过去五年，全国各族人民在中国共产党领导下，团结奋斗，开拓创新，各个方面取得了重大成就。

国民经济持续快速健康发展，综合国力进一步增强。国内生产总值2000年达89404亿元，平均每年增长8.3%。人均国民生产总值比1980年翻两番的任务，已经超额完成。在经济持续增长和效益改善的基础上，2000年国家财政收入达13380亿元，平均每年增长16.5%。主要工农业产品产量位居世界前列，商品短缺状况基本结束。产业结构调整取得积极进展。粮食等主要农产品生产能力明显提高，实现了农产品供给由长期短缺到总量基本平衡、丰年有余的历史性转变。淘汰落后和压缩过剩工业生产能力取得成效，重点企业技术改造不断推进。信息产业等高新技术产业迅速成长。基础设施建设成绩显著，能源、交通、通信和原材料的“瓶颈”制约得到缓解。

经济体制改革全面推进，社会主义市场经济体制初步建立。国有大中型企业建立现代企业制度的改革取得重要进展。大多数国家重点企业进行了公司制改革，其中相当一部分在境内外上市。企业扭亏增盈成效显著，2000年国有及国有控股工业企业实现利润2392亿元，为1997年的2.9倍。国有大中型企业改革和脱困的三年目标基本实现。在公有制经济进一步发展的同时，私营、个体经济有了较快发展。市场体系建设继续推进，资本、技术和劳动力等要素市场迅速发展，市场在资源配置中的基础性作用明显增强。财税体制继续完善。金融改革步伐加快。城镇住房制度、社会保障制度和政府机构等方面改革取得重大进展。国家宏观调控体系进一步健全。

对外开放水平不断提高，全方位对外开放格局基本形成。对外经贸体制改革稳步推进，外向型经济迅速发展。2000年进出口总额达4743亿美元，其中出口2492亿美元，分别比1995年增长69%和67%。出口商品结构改善，机电产品和高技术产品所占比重提高。对外开放领域逐步扩大，投资环境继续改善。吸收外资规模增大、质量提高。五年累计实际利用外资2894亿美元，

比“八五”时期增长79.6%。国家外汇储备2000年底达1656亿美元，比1995年底增加920亿美元。

人民生活继续改善，总体上达到小康水平。农村居民人均纯收入和城镇居民人均可支配收入，2000年分别达到2253元和6280元，平均每年实际增长4.7%和5.7%。市场商品丰富，居民消费水平不断提高，社会消费品零售总额平均每年增长10.6%。城乡居民住房、电信和用电等生活条件有较大改善。居民储蓄存款余额五年增长1倍多，股票、债券等其他金融资产迅速增加。农村贫困人口大幅度减少，“八七”扶贫攻坚目标基本实现。

科技、教育加快发展，社会事业全面进步。“863”计划顺利实施。航空航天、信息、新材料和生物工程等高技术领域获得一批重要成果。基础研究和应用研究取得新进展。部门所属应用型科研院所企业化改革基本完成，其他科研院所体制改革全面展开。科技成果市场化、产业化进程加快。各级各类教育全面发展。基本普及九年义务教育和基本扫除青壮年文盲的目标初步实现。高等教育管理体制改革取得重大进展。扩大高校招生受到群众普遍欢迎。人口和计划生育工作取得新成绩。生态建设和环境保护的力度明显加大。文化、卫生、体育等各项社会事业继续发展。廉政建设和反腐败斗争不断取得成效。社会治安综合治理进一步加强。社会主义精神文明建设和民主法制建设取得新的进展。国防和军队建设迈出新的步伐。

“九五”期间，我国政府恢复对香港、澳门行使主权，祖国和平统一大业取得历史性进展。香港、澳门回归祖国以来，“一国两制”方针和基本法得到全面贯彻执行。特别行政区政府工作卓有成效，香港、澳门社会稳定，经济发展。

随着“九五”计划的完成，我们实现了现代化建设第二步战略目标，为实施“十五”计划、开始迈向第三步战略目标奠定了良好基础。这是我国社会主义现代化事业取得的伟大成就，是中华民族发展史上一个新的里程碑。

“九五”时期经济和社会发展的巨大成就，是克服重重困难取得的，来之不易。我们成功应对了国际突发事件的挑战，有效抵御了亚洲金融危机的冲击，既克服“九五”前期通货膨胀的影响，又抑制了中后期的通货紧缩趋势，并战胜了严重的水旱灾害。这些成就的取得，是以江泽民同志为核心的党中央面对诸多矛盾和困难交织的局面，运筹帷幄，及时作出一系列正确决策和部署，全国上下团结奋斗的结果。我代表国务院，向在各个领域和岗位上辛勤劳动、作出贡献的全国各族人民致以崇高敬意！向关心与支持祖国建设和统一的香港特别行政区、澳门特别行政区同胞和台湾同胞以及海外侨胞，表示诚挚的感谢！

“九五”时期的实践，丰富了我们按照发展社会主义市场经济的要求，加强和改善宏观经济管理与调控的经验。

第一，坚持用发展的办法解决前进中的问题。发展是硬道理。面对各种社会矛盾，我们始终抓住经济建设这个中心，采取有效措施促进国民经济持续快速健康发展，从而为处理好其他矛盾提供了基础。同时，坚持两手抓、两手都要硬的方针，不断加强社会主义精神文明建设和民主法制建设，为集中精力从事经济建设创造了良好的政治社会环境，并提供强大的精神动力。

第二，根据经济形势的变化，适时调整宏观调控政策取向和力度。在治理通货膨胀时，注意保持经济持续增长，成功实现“软着陆”。在抑制通货紧缩趋势时，坚持扩大内需的方针，果断实施积极的财政政策，并在实践中不断完善各项政策措施。既增发国债、扩大投资，又适当增加城镇中低收入居民的收入，鼓励增加消费，从两个方面拉动经济增长。采取提高出口退税率和严厉打击走私等措施，千方百计扩大出口，以平衡国际收支，稳定人民币币值。实行稳健的货币政策，运用利率等多种手段支持经济增长，同时注意调节货币供应量，引导信贷投向，防范和化解金融风险。

第三，把扩大内需和调整经济结构紧密结合起来。根据一般加工工业生产能力普遍过剩的现实状况，把国债投资重点放在基础设施建设方面，同时增加对农业和科技、教育的投入，支持企业技术改造。利用生产资料生产能力相对富余的时机，办成了一些多年想办而没有办成的大事，既拉动当前经济增长，又增强经济发展后劲。

第四，正确处理改革、发展、稳定的关系。在复杂、困难的情况下，改革没有停滞，而是迎难而上，积极有序地向前推进，有力推动了经济发展。同时，始终注意使改革的力度同社会承受能力相适应。在结构调整和改革深化不可避免地触及深层利益关系时，高度重视和采取各种政策措施，维护广大群众的基本利益。大力实施再就业工程，确保国有企业下岗职工基本生活费和离退休人员基本养老金按时足额发放，坚持按保护价敞开收购农民余粮，从总体上维护了社会稳定和经济持续增长。

在充分肯定成绩的同时，也要清醒地看到，经济和社会生活中还存在不少问题。主要是：产业结构不合理，地区经济发展不协调；国民经济整体素质不高，国际竞争力不强；社会主义市场经济体制尚不完善，阻碍生产力发展的体制因素仍很突出；科技、教育比较落后，科技创新能力较弱；水、石油等重要资源短缺，部分地区生态环境恶化；就业压力加大，农民和城镇部分居民收入增长缓慢，收入差距拉大；一些领域市场经济秩序相当混乱，重大安全事故时有发生；贪污腐败、奢侈浪费现象和形式主义、官僚主义作风还比较严重；一些地方社会治安状况不好。这些问题产生的原因比较复杂，不少也同我们工作中的缺点和错误有关。我们必须高度重视，进一步采取措施，努力加以解决。

二、“十五”期间的奋斗目标和指导方针

展望新世纪初的国内外形势，未来五到十年，是我国经济和社会发展极为重要的时期。世界新科技革命迅猛发展，经济全球化趋势增强，许多国家积极推进产业结构调整，周边国家正在加快发展。国际环境既对我们提出了严峻挑战，也为我们提供了迎头赶上、实现跨越式发展的历史性机遇。从国内看，我们正处在经济结构调整的关键时期，改革处于攻坚阶段，加入世贸组织又会带来一些新的问题。各方面任务十分繁重，许多深层次矛盾需要解决，形势要求我们必须抓住机遇，加快发展。同时，我们也具备许多有利条件，能够在一个较长时期实现国民经济较快发展。

根据“十五”期间的形势和任务，《纲要》提出今后五年经济和社会发展的主要目标是：国民经济保持较快发展速度，经济结构战略性调整取得明显成效，经济增长质量和效益显著提高，为到2010年国内生产总值比2000年翻一番奠定坚实基础；国有企业建立现代企业制度取得重大进展，社会保障制度比较健全，社会主义市场经济体制逐步完善，对外开放和国际合作进一步开展；就业渠道拓宽，城乡居民收入持续增加，物质文化生活有较大改善，生态建设和环境保护得到加强；科技、教育加快发展，国民素质进一步提高，精神文明建设和民主法制建设取得明显进展。

“十五”计划《纲要》，体现了以下重要指导方针：

坚持把发展作为主题。强调速度与效益相统一，在提高效益的前提下实现较快的发展。有市场、有效益的速度，才是真正的发展，才是硬道理。综合考虑各方面因素，“十五”期间年均经济增长速度预期目标为7%左右。这个速度虽然比“九五”实际达到的速度低一点，但仍然是一个较高的速度。要在提高效益的基础上实现这个目标，必须付出艰巨努力。同时，由于国际国内都存在一些不确定因素，计划的预期目标要留有余地。这样，有利于引导各方面把主要精力放在调整结构和提高效益上，也有利于防止经济过热和重复建设。

坚持把结构调整作为主线。我国经济已经到了不调整就不能发展的时候。按原有结构和粗放增长方式发展经济，不仅产品没有市场，资源、环境也难以承受。必须在发展中调整结构，在结构调整中保持较快发展。今后五年要着力调整产业结构、地区结构和城乡结构，特别要把产业结构调整作为关键。要巩固和加强农业基础地位，加快工业改组改造和结构优化升级，大力发展服务业，加快国民经济和社会信息化，继续加强基础设施建设。

坚持把改革开放和科技进步作为动力。经济发展和结构调整，都要靠体制创新和科技创新来推动。今后五年要坚定不移地推进改革，扩大开放，突破影响生产力发展的体制性障碍，为经济社会发展提供强大动力。要把发展科技、教育放在突出位置，进一步实施科教兴国战略，振兴科技，培养人才，促进科技、教育与经济紧密结合。

坚持把提高人民生活水平作为根本出发点。不断改善城乡人民生活，既是我们发展经济的根本目的，也是扩大内需、促进经济持续增长的迫切需要。要坚持把提高人民生活水平摆在重要位置，扩大就业门路，增加居民收入，合理调节收入分配关系，健全社会保障体系，保证人民群众向更加宽裕的小康生活迈进。

坚持把经济发展和社会发展结合起来。大力加强社会主义精神文明建设和民主法制建设，处理好改革、发展、稳定的关系，促进各项社会事业发展，确保社会稳定。高度重视和认真解决人口、资源和生态环境问题，进一步实施可持续发展战略，推动经济、社会、生态环境协调发展。

“十五”计划《纲要》突出了战略性、宏观性、政策性，减少实物指标，增加反映结构变化的预期指标；围绕要解决的主要问题和重点发展领域，提出努力方向和相应的政策措施。强调计划的实施要充分发挥市场机制的作用，政府宏观调控要更多地运用经济杠杆、经济政策和法律手段。在计划制定方法上，力求提高社会参与度，使计划制定过程成为发扬民主、集思广益的过程，成为各有关方面达成共识的过程。

三、加强农业基础地位，努力增加农民收入

农业、农村和农民问题是关系改革开放和现代化建设全局的重大问题。“十五”期间要把全面贯彻党在农村的基本政策，加强农业基础地位和增加农民收入，作为经济工作的首要任务，着重抓好以下几项工作。

加快农业和农村经济结构调整。这是提高农业经济效益，增加农民收入的根本途径。在切实保护耕地，稳定粮食生产能力的同时，以优化品种、提高质量、增加效益为中心，积极调整种植业结构，加快发展畜牧业、林业、水产业。发挥各地农业的比较优势，合理调整农业生产的区域布局，发展特色农业，形成规模化、专业化的生产格局，提高商品率。大力促进农业产业化经

营，扶持龙头企业，推广“公司加农户”、“订单农业”等多种形式，发展农产品加工、储运、保鲜等产业，提高农业的后续效益。引导乡镇企业结构调整、技术进步和体制创新。发展小城镇，繁荣小城镇经济，积极稳妥地推进城镇化，拓宽农民的就业空间和增收渠道。大力推进科教兴农，加强生物技术、信息技术等高新技术的研究与开发应用，推广优良品种和先进适用技术，积极扶持农业科技产业发展。加强农业社会化服务体系建设。建立农产品市场信息、食品安全和质量标准与检测体系。调整结构要因地制宜，依据市场规律，维护农民生产经营自主权，不搞强迫命令。

积极推进农村各项改革。在长期稳定土地承包关系的基础上，鼓励有条件的地区积极探索土地经营权流转制度改革。根据粮食生产和流通的新情况，继续深化粮食流通体制改革。在适当扩大中央储备粮规模的同时，粮食主销区要加快粮食流通市场化进程，通过与粮食主产区建立长期稳定的购销关系，以及中央储备粮的轮换与调控，保证粮食需要。粮食主产区要继续坚持“三项政策、一项改革”，按保护价敞开收购农民余粮，中央财政继续给予资金支持，以充分发挥其粮食生产的优势。这样做，既可为主产区腾出粮食销售市场，促进粮价合理回升，也有利于推进主销区农业结构调整，全面增加农民收入。要保护好基本农田，决不允许擅自将耕地改为非农用地，这是一条不可逾越的“红线”。推进农村税费制度改革，取消乡统筹、村提留和其他面向农民征收的一切行政性收费，同时适当提高现行农业税和农业特产税税率。这是保障农民合法权益，减轻农民负担的治本之策。要在总结安徽省试点经验的基础上，加快改革步伐。同税费改革相结合，精简乡镇机构，裁减人员，减少村组干部补贴人数；有条件的地方，适度撤并乡镇。继续深化农村金融改革，积极探索适应农村经济发展要求的农村金融体系。因地制宜加快农村信用社管理体制改革，关键是要明确产权关系，完善法人治理结构，落实防范和化解风险的责任。农村信用社要坚持为农业、农村、农民服务的方向，加强经营管理，充分发挥在农村金融中的主力军和联系农民的金融纽带作用。农业银行和其他金融机构要加强对农业和农村经济的支持。深化农村供销社改革。

加强农业和农村基础设施建设。进一步增加投入，加快大江大河大湖治理，抓紧主要江河控制性工程建设和病险水库加固，提高防洪调蓄能力。着力抓好大型灌区节水工程改造，积极开展群众性农田水利建设，搞好水土保持。加强国家商品粮和优质农产品基地建设，搞好农业综合开发。继续加强农村电网、通信、广播电视、道路、供水等设施建设，切实改善农村生产、生活和市场条件。

继续搞好农村扶贫工作。“八七”扶贫攻坚任务虽已基本完成，但从根本上改变贫困地区面貌，仍是一项长期而艰巨的任务。要继续加大扶贫力度，重点做好中西部少数民族地区、革命老区、边疆地区和特困地区的扶贫工作。坚持开发式扶贫，多方面增加扶贫资金投入，扩大以工代赈规模，支持贫困地区加强基础设施建设。

四、大力推进产业结构优化升级

产业结构调整和升级，是经济结构战略性调整的重点，要突出以下几个方面。

用高新技术和先进适用技术改造提升传统产业。要把传统产业的改组改造放在重要位置，以市场为导向，以企业为主体，以技术进步为支撑，抓好几个环节。一是围绕增加品种、改善质量、节能降耗、防治污染和提高劳动生产率，在能源、冶金、化工、轻纺、机械、汽车、建材及建筑等行业，支持一批重点企业技术改造，切实提高工艺和装备水平。二是通过自主创新和引进技术，加快对推动结构升级的共性技术、关键技术和配套技术的开发。振兴装备制造业，开发制造急需的大型高效和先进成套技术装备。三是通过上市、兼并、联合、重组等形式，在主要行业形成若干拥有自主知识产权、主业突出、核心能力强的大公司和企业集团，使之成为调整结构、促进升级的骨干和依托。四是积极支持和促进老工业基地改造，充分发挥其基础雄厚、人才聚集的优势，努力提高产业水平。以资源开采为主的城市和大矿区，要因地制宜发展接续和替代产业。

与此同时，要综合运用经济、法律和必要的行政手段，继续依法关闭产品质量低劣、浪费资源、污染严重、不具备安全生产条件的厂矿，淘汰落后和压缩过剩生产能力，并严禁转移重建。长期亏损、资不抵债、扭亏无望的企业和资源枯竭的矿山，要实施破产关闭。积极疏通和逐步规范企业退出市场的通道。

发展高新技术产业，以信息化带动工业化。从实际出发，有选择地加快信息技术、生物工程和新材料等高新技术产业发展。重点支持建设高速宽带信息网络、关键集成电路、新型运载火箭等重大高技术工程，形成我国高新技术产业的群体优势和局部强势。加快发展信息产品制造业，提高自主开发能力和系统集成能力。积极发展软件产业。加强信息基础设施建设。要在企业技术开发和生产营销、社会公共服务、政府行政管理等方面广泛应用数字化、网络化技术，把工业化和信息化更好地结合起来。

加强水利、交通、能源等基础设施建设，高度重视资源战略问题。水资源短缺，是我国经济和社会发展的严重制约因素。要把节水放在突出位置，建立合理的水资源管理体制和水价形成机制，全面推行各种节水技术和措施，发展节水型产业，建立节水型社会。加强水污染防治，搞好污水处理和利用。加紧南水北调等重大项目的规划和建设。要加强公路、铁路、港口、航道、机场、管道系统的建设，建立健全畅通、安全、便捷的现代综合运输体系。能源特别是石油问题，是资源战略的一个重要问题。国内石油开发和生产不能适应经济和社会发展的需要，供需矛盾日益突出。必须千方百计节约和替代石油，加快石油和天然气勘探与开发，积极利用国外资源，并尽快建立石油等战略资源的储备制度。积极推进大型煤矿改造，建设高产高效矿井，重视洁净煤技术的开发利用。充分利用现有发电能力，积极发展水电、坑口大机组火电，压缩小火电，适度发展核电。加强城乡电网建设和改造，推进全国联网。深化电力体制改革，逐步推进厂网分开、竞价上网。重视发展各种新能源。

加快发展服务业。这是促进结构升级和增加就业的重要途径。积极发展信息、金融、会计、咨询、法律服务等现代服务业，提高服务业整体水平。运用现代经营方式和服务技术，改造商贸流通、交通运输、市政服务等传统服务业，提高服务质量和效益。发展面向居民消费的房地产业、社区服务、旅游、餐饮、娱乐、健身等产业，增加服务内容。要深化改革和采取必要的政策措施，形成有利于服务业发展的环境。

五、实施西部大开发，促进地区协调发展

实施西部大开发战略，加快中西部地区发展，是我国迈向现代化建设第三步战略目标的重要部署。“十五”期间要突出重点，搞好开局，着重加强基础设施和生态环境建设，力争五到十年内取得突破性进展，同时使科技、教育有较大发展。

要集中力量建设西气东输、西电东送、青藏铁路等一批具有战略意义的重大项目。把水资源的保护、节约和开发放在突出位置，加强规划，合理配置，努力提高水的利用效率。有步骤而因地制宜推进天然林保护、退耕还林还草以及防沙治沙、草原保护等重要工程的建设，注意发挥生态的自我修复能力，逐步建成我国西部牢固的绿色生态屏障。积极发展教育事业，加快培养急需的各类人才。增加科技投入，提高科技开发能力。要从各地实际出发，调整和优化产业结构，加强农业，加快资源优势向经济优势转化，培育和形成各具特色的地区经济。西部开发要依托亚欧大陆桥、长江水道、西南出海通道等主要交通干线，发挥中心城市的集聚功能和辐射作用，以线串点，以点带面，培育西陇海兰新线经济带、长江上游经济带和南（宁）贵（阳）昆（明）等经济区，带动周围地区发展。

国务院已颁布重点支持西部大开发的政策措施，国家将增加对西部地区的投入和财政转移支付。西部地区要立足于主要依靠自己的力量，发扬艰苦创业精神，作好长期奋斗的准备；加快改革开放步伐，营造良好的投资环境，更多更好地吸引境内外资金、技术和人才参与西部开发。要加强干部交流。

中部地区要发挥区位优势和综合资源优势，加快经济发展步伐。以主要水陆交通干线地区为重点，发挥中心城市作用，积极培育新的经济增长点和经济带。巩固和发展农业，继续加强基础设施和生态环境建设。加大用高新技术和先进适用技术改造传统产业的力度，提高技术水平和竞争能力。

东部沿海地区要面向国内外市场，加快科技进步和创新，着力发展高新技术产业和外向型经济，提高经济的综合素质和国际竞争力，有条件的地区要率先基本实现现代化。要采取多种形式，加强与中部、西部地区的经济技术合作，支持和带动中西部经济发展，拓展东部结构调整和经济增长的空间。

六、落实科教兴国战略，大力开发人才资源

这是《纲要》的重要内容，也是实现今后五年各项任务的重要保证。

促进科技进步和创新，为结构调整和经济发展提供强大动力。一要积极推进具有战略意义的高技术研究，力争在一些关系国民经济命脉和国家安全的关键技术领域取得突破。努力提高自主创新能力，促进高新技术成果产业化。二要为传统产业升级提供技术支持。重点在农产品加工及转化、装备制造、节水节能、纺织品后整理等方面的技术取得进展，加快高新技术向传统产业渗透。三要加强基础研究和应用基础研究，提高科技持续创新能力。加强基础科学重点领域的前沿性交叉性研究。选择我国具有优势和对发展有重大意义的领域，加强应用基础研究，力争在基因组学、信息科学、纳米科学、生态科学和地球科学等方面取得新进展。促进自然科学与社会科学的交叉融合，推动管理科学发展。重视发展哲学社会科学，推进理论创新。

加快科技体制改革步伐，进一步促进科技与经济紧密结合。加强国家创新体系建设。推动企业成为技术进步和创新的主体。继续鼓励技术开发类科研院所进入企业或改制为企业。积极推进社会公益类科研院所改革。培育和形成一批具有国际影响的科研机构。发展社会化的科技中介服务业。完善风险投资机制，建立创业板股票市场，支持中小企业技术创新。加大国家和社会对科技的投入。加强国家重点实验室建设。

坚持教育适度超前发展，为国民经济和社会发展服务。发展教育，要面向现代化、面向世界、面向未来，着力推进素质教育，促进学生德、智、体、美全面发展。巩固基本普及九年义务教育和基本扫除青壮年文盲的成果，加快高中阶段教育和高等教育的发展，重点建设一批高水平大学和学科。大力发展职业教育和职业培训，建立职业教育与普通教育相互沟通的教育体系。发展成人教育和多种形式的继续教育，逐步形成终身教育体系。重视发展儿童早期教育。利用信息技术发展远程教育。根据经济和社会发展的要求，继续调整教育结构和布局，优化专业设置，更新教材，改革课程体系、考试评价制度和教学方法，提高教学质量。加强德育，尤其要重视青少年的品德教育，改进学校思想政治工作。搞好教师队伍建设，全面提高教师的思想和业务素质。

深化办学体制和教育管理体制改革。依法落实高校办学自主权，继续推进高校后勤服务社会化。鼓励、支持和规范社会力量办学。增加国家和社会对教育的投入。适应农村税费改革后的新情况，县级政府要负责对基础教育经费的统筹，落实教师工资统一发放的措施。中央财政和省级财政要加大对困难地区、民族地区教育的转移支付和专项投入。健全奖学金、助学金和助学贷款等制度。采取有力措施，切实制止学校乱收费。

实施人才战略，把培养、吸引和用好人才作为一项重大任务。着眼于现代化建设全局和长远发展，培养和造就坚持走有中国特色社会主义道路，有较高政治理论素养和开拓精神，掌握现代科学文化和管理知识，并经过实践考验的高素质领导人才队伍。培养和造就具有公仆意识，廉洁、勤政、高素质、专业化的公务员队伍。培养和造就掌握先进科学技术和管理知识、创新能力强、适应经济和社会发展需要的各类专业人才队伍和企业经营管理者队伍。重视培养具有世界前沿水平的学科带头人。普遍提高全体劳动者的科学素养和劳动技能。深化干部人事制度改革，建立和完善对各级各类人才的选拔任用、考核评价、流动配置、激励监督的制度，形成有利于人才辈出、人尽其才的机制。建立和完善人才市场。依法保护知识产权。吸引聘用海外高级专门人才。鼓励留学人员回国工作或以适当方式为祖国服务。

七、进一步深化改革和扩大对外开放

要按照逐步完善社会主义市场经济体制，促进结构调整和经济发展的要求，积极推进改革，扩大对外开放。

继续深化国有企业改革，使企业真正成为市场竞争的主体。重点是加快建立和完善现代企业制度。鼓励国有大中型企业通过规范上市、中外合资和相互参股等形式，实行股份制，转换经营机制。对关系国民经济命脉和国家安全的重要企业，国家必须控股；对其他企业，不必都要控股。积极探索国有资产管理的有效形式。健全企业法人治理结构。特别要建立和完善对国有企业的监管机制，充分发挥监事会的作用。深化企业人事、劳动和分配制度改革，建立健全激励机制和约束机制，强化科学管理。要结合产业结构调整，坚持“有进有退、有所为有所不为”的方针，推进国有经济布局的战略性调整。继续放开搞活国有中小企业。进一步实行政企分开，切实转变政府职能，减少行政性审批。发挥商会、行业协会等中介组织的作用。推进电力、铁路、民航、通信等行业管理体制改革，引入竞争机制。通过改革，使政府与企业的关系真正转到符合社会主义市场经济要求的轨道上来。继续调整和完善所有制结构。坚持以公有制经济为主体，发挥国有经济主导作用，发展多种形式的集体经济，支持、鼓励和引导私营、个体经济健康发展。

大力整顿和规范市场经济秩序，进一步发展市场体系。这既是保证当前经济正常运行的迫切需要，又是完善社会主义市场经济体制的重要举措。要健全市场法律法规，严格执法。完善市场监督机制，运用现代科技手段，加大监管力度。坚持不懈地打击制售假冒伪劣产品、偷税、骗税、骗汇、走私等违法犯罪活动。整顿建筑市场。整顿和规范金融秩序。严肃财经纪律。加强审计监督工作。规范社会中介机构的行为。强化安全生产管理和安全监察。打破部门、行业垄断和地区封锁，反对地方保护主义，尽快建立和完善全国统一、公平竞争、规范有序的市场体系。重点培育和发展要素市场，尤其是资本市场。大力倡导诚实守信的职业道德，加快建立健全社会信用制度。

加强和改善宏观调控，继续深化财税、金融、投资体制改革。根据经济形势变化，实施相应的宏观经济政策。近期要继续实施积极的财政政策，带动投资和促进消费。全面推进依法理财，强化税收征管，严格财政监督，加快税费改革和预算制度改革，健全税制。调整和优化财政支出结构，逐步建立适应社会主义市场经济要求的公共财政框架。在继续扩大国内需求和抑制通货紧缩趋势的情况下，注意防止可能出现的经济过热和通货膨胀。继续实行稳健的货币政策，适时调节货币供应量，保持人民币币值稳定。按照现代银行制度对国有独资商业银行进行综合改革，发挥政策性银行功能，办好中小金融机构。规范和健全证券市场，保护投资者利益。进一步发展保险业。改善和强化金融监管，实行严格的经营管理考核制度和责任追究制度，改进金融服务，努力提高金融资产质量，防范和化解金融风险。深化投资体制改革，全面实行投资项目法人责任制、招标投标制、工程监理制、合同管理制，健全投资约束机制。

适应经济全球化趋势，进一步提高对外开放水平。一要抓紧做好加入世贸组织的准备和过渡期的各项工作。采取切实措施，转变政府管理方式，提高企业竞争能力。深化改革，健全符合国际通行规则和我国国情的对外经济贸易体制。加快修订和完善相关的法律法规。抓紧培养熟悉国际贸易规则的专业人才。二要进一步发展进出口贸易。继续实施以质取胜、科技兴贸战略。优化出口商品结构，提高高新技术产品比重，增加大宗传统商品的技术含量和附加值，扩大服务贸易规模。规范加工贸易管理，提高加工贸易的增值率。大力推进市场多元化战略，开拓新的出口市场。同时，重点进口国内急需的先进技术、关键设备和重要原材料。积极参与多边贸易体系和国际区域经济合作。三要努力提高利用外资水平。有步骤地推进服务领域对外开放。鼓励外商特别是跨国公司投资高新技术产业、基础设施等领域，以及在我国建立研究开发机构，参与国有企业的改组改造。支持有条件的企业到境外上市。进一步改善投资环境。积极探索采用收购、兼并、风险投资、投资基金和证券投资等形式，扩大利用外资规模。积极引导外资更多地投向中西部地区。要继续办好经济特区、浦东新区。四要实施“走出去”战略。鼓励有比较优势的企业到境外投资，开展加工贸易，合作开发资源，发展国际工程承包，扩大劳务出口等。建立和完善政策支持体系，为企业到境外投资兴业创造条件。同时要加强监管，防止国有资产流失。

八、不断改善人民生活，完善社会保障制度

在经济发展的基础上，使人民生活有较大改善，逐步向更加宽裕的小康生活迈进，是今后五年的重要任务。

加快完善社会保障制度。这是关系改革、发展、稳定全局的大事。要确保国有企业下岗职工基本生活费和离退休人员基本养老金按时足额发放。同时，加快形成独立于企业事业单位之外、资金来源多元化、保障制度规范化、管理服务社会化的社会保障体系。精心做好完善城镇社会保障体系的试点工作。完善社会统筹和个人账户相结合的城镇职工基本养老保险制度。健全失业保险制度，逐步实现国有企业下岗职工基本生活保障和失业保险并轨。加强城市居民最低生活保障制度，关心困难群众的生活。积极推进城镇职工基本医疗保险制度、医疗机构和药品流通体制改革。鼓励有条件的用人单位为职工建立补充养老和医疗保险，并发挥商业保险的作用。建立可靠、稳定的社会保障资金筹措、有效运营和严格管理机制。发展社会福利、社会救济、优抚安置和社会互助等社会保障事业。切实保障妇女、未成年人、老年人、残疾人的合法权益。支持残疾人事业发展。

千方百计扩大就业。“十五”期间扩大就业的任务十分繁重。在保持较快经济增长的同时，要重视发展有比较优势的劳动密集型产业，特别是发展就业容量大的服务业，积极发展集体企业和私营、个体企业，努力增加就业岗位，拓宽就业渠道。加强社区建设，扩大社区服务。发展灵活多样的就业形式。引导人们转变就业观念，鼓励创业和自谋职业。加强劳动力市场建设，完善就业服务体系，发展职业培训，形成市场导向的就业机制。

不断增加居民收入，特别是增加低收入者的收入。建立健全与经济增长相适应的工资支付制度、最低工资制度和最低工资标准调整机制。各级财政要按照“一要吃饭、二要建设”的原则，保证机关事业单位工作人员工资和离退休费按时足额发放，逐步改善他们的工资待遇。深化收入分配制度改革。坚持效率优先、兼顾公平原则。认真贯彻按劳分配为主体、多种分配方式并存的制度，鼓励资本、技术等生产要素参与收益分配。要提高国有企业高层管理人员、技术人员的工资报酬，充分体现他们的劳动价值，可以试行年薪制。但同时要有严格的约束和监督，不能不管工作好坏、企业效益高低，都照拿高薪。对不称职、渎职的人要有相应的制裁措施。对国有上市公司负责人和技术骨干，还可以试行期权制，但不能把国有资产量化给个人。加强对垄断行业个人收入分配的监管。要规范社会分配秩序，强化税收对收入分配的调节功能，防止收入差距过分扩大。

调整消费结构，改善消费环境。着力改善城乡居民的住行条件。大力发展经济适用住房，建立廉租房供应保障体系。积极发展公共交通。加强城市绿化和城乡基础设施建设，改善城乡居民生活环境。发展社区卫生预防保健，努力改善农村卫生服务条件。加强群众性体育设施建设。

九、继续实施可持续发展战略

促进人口、资源、环境协调发展，把实施可持续发展战略放在更突出的位置。

坚持计划生育基本国策。要努力保持低生育水平，促进优生优育。重点做好农村和流动人口计划生育工作。建立计划生育利益导向机制，继续实行地方党政领导责任制。加快人口与计划生育法制建设。认真做好老龄人口的工作，发展老龄事业。

保护和合理利用资源。依法保护和合理利用淡水、土地、能源等宝贵资源。逐步建立战略性矿产资源储备和安全供应体系。加强对海洋资源的综合开发利用和保护。积极开展资源回收利用，大力提高资源综合利用

率。健全资源的有偿使用制度。维护矿产等资源的国家所有者权益。完善资源保护和利用的法律法规，强化执法监督。

加强生态建设和环境保护。抓好长江上游、黄河上中游等地区的天然林保护工程建设。继续加强东北、华北、西北和长江中下游等重点防护林体系建设。加强天然草原的保护和建设。推进岩溶地区石漠化综合治理。抓紧治理京津地区风沙源。继续开展重点流域、区域、海域的污染治理。综合治理城市污染，搞好城市绿化，使大中城市环境质量明显改善。重视农村污染治理和环境保护。健全环境、气象和地震监测体系，做好防灾减灾工作。

十、加强精神文明和民主法制建设，加强国防建设

大力加强社会主义精神文明建设。坚持两手抓、两手都要硬的方针。巩固和加强马克思主义的指导地位，用马列主义、毛泽东思想、邓小平理论教育人民，弘扬爱国主义、集体主义、社会主义精神。在干部中深入开展“三个代表”重要思想的教育，坚持讲学习、讲政治、讲正气，树立正确的世界观、人生观、价值观。努力建立适应社会主义市场经济发展的思想道德体系，把依法治国和以德治国结合起来。普及科学知识，反对愚昧迷信，倡导文明健康的生活方式。进一步发展文学艺术、新闻出版、广播影视等各项事业。坚持为人民服务、为社会主义服务的方向和百花齐放、百家争鸣的方针，生产出更多更好的精神产品。坚持正确的舆论导向。高度重视新的信息媒体的建设和管理。加强图书馆、文化馆、科技馆、博物馆、档案馆等文化设施建设，加强青少年、老年活动场所建设。继续开展群众性精神文明创建活动。深化文化体制改革，完善文化经济政策，推动有关文化产业发展。整顿和规范文化市场。坚持不懈地开展“扫黄打非”斗争。

积极推进社会主义民主法制建设。发展社会主义民主政治，依法治国，建设社会主义法治国家。继续推进政治体制改革。实行民主选举、民主决策、民主管理和民主监督，保证人民依法享有广泛的权利和自由，尊重和保障人权。继续加强人民代表大会的立法和监督工作。发挥人民政协的政治协商、民主监督、参政议政作用。完善适应社会主义市场经济体制的法律体系。各级政府要自觉接受同级人大的监督，主动听取政协的意见。推进政府工作法制化，依法行政，从严治政。深化司法改革，严格执法，公正司法。深入开展反腐败斗争，加强廉政建设。强化法制教育，增强全体公民的法制观念。加强政法系统基础设施建设，提高政法队伍素质。

进一步落实党的民族政策，坚持和完善民族区域自治制度，发展平等、团结、互助的社会主义民族关系。结合西部大开发，加大支持力度，加快少数民族和民族地区经济与社会全面发展，促进各民族共同繁荣和进步。全面贯彻党的宗教政策，保障公民宗教信仰自由，依法管理宗教事务，积极引导宗教与社会主义社会相适应。认真贯彻党的侨务政策，充分发挥海外侨胞在祖国现代化建设与和平统一大业中的作用。

进一步维护社会稳定。正确处理新时期人民内部矛盾。重视群众的来信来访。搞好社会治安综合治理，打击各种危害社会与国家安全的犯罪活动。依法打击民族分裂活动、宗教极端势力、暴力恐怖活动、邪教和利用宗教进行非法活动。继续开展同“法轮功”邪教组织的斗争，深入揭露和批判其反人类、反社会、反科学的邪教本质，及其沦为国内外敌对势力反对我国社会主义政权工具的反动面目，依法严厉打击极少数违法犯罪分子，坚持不懈地团结、教育、挽救绝大多数被蒙骗的群众。

加强国防和军队建设。这是国家安全和现代化建设的重要保证。在集中力量发展国民经济的同时，必须积极推进国防建设，增强国防实力。要大力加强军队思想政治建设，确保党对军队的绝对领导和军队建设的正确方向。认真贯彻新时期积极防御的战略方针，坚持改革创新，坚持质量建军，科技强军，勤俭建军，依法治军，走有中国特色的精兵之路，全面提高军队革命化、现代化、正规化建设水平。强化全民国防意识，健全国防动员体制。加强国防科研，推进国防科技工业调整、改革，发展新型武器装备，增强现代技术特别是高技术条件下防卫作战的能力，做好应付各种复杂情况的准备。

各位代表！进入新世纪，我们将继续按照“一国两制”方针和基本法，全力支持香港、澳门特别行政区行政长官和政府依法施政，加强港澳与内地的经济合作及交流，维护香港、澳门的长期繁荣稳定。

尽早解决台湾问题，实现祖国完全统一，是中华儿女的共同期盼，是我们面临的重大任务。我们将继续执行“和平统一、一国两制”的基本方针和江泽民主席提出的八项主张，与广大台湾同胞一道，坚决阻止任何制造分裂的图谋，尽一切可能争取和平统一。我们将坚持一个中国原则，在此基础上继续推动两岸对话与谈判，发展两岸经济文化交流和人员往来。我们坚信，经过中华儿女的不懈奋斗，祖国统一大业必将早日完成。

面对世界多极化和经济全球化深入发展的国际形势，我们将始终不渝地奉行独立自主的和平外交政策，在和平共处五项原则的基础上，进一步同世界各国发展友好合作关系，争取一个长期的国际和平环境和良好的

周边环境。中国将积极参与国际事务，为维护世界和平、促进国际合作、实现共同发展，为推动建立和平稳定、公正合理的国际政治经济新秩序，作出新的贡献。

各位代表！2001年是进入新世纪、实施“十五”计划的第一年。全面贯彻党的十五届五中全会和中央经济工作会议精神，做好今年的各项工作，对于实施“十五”计划起好步、开好局，至关重要。要坚持扩大国内需求的方针，实施积极的财政政策和稳健的货币政策。继续发行1500亿元长期建设国债，集中用于在建项目和西部开发项目。同时，适当增加机关事业单位人员工资，提高城镇低收入者收入。把加强农业基础地位和增加农民收入放在经济工作首位，采取有力措施切实解决当前农业、农村中存在的突出问题。巩固和扩大国有企业改革成果，在建立现代企业制度、转换经营机制和加强科学管理上狠下功夫。抓紧做好加入世贸组织的各项准备工作。加快完善社会保障体系，多渠道扩大就业，改善人民生活。要把大力整顿和规范市场经济秩序，作为一项紧迫的重要任务。加强精神文明和民主法制建设。继续处理好改革、发展、稳定的关系，搞好社会治安综合治理，维护社会稳定。支持北京市申办奥运。要统筹兼顾，乘势前进，保持经济和社会发展的良好势头。

各位代表！我们已经跨进了21世纪，迈上了向现代化建设第三步战略目标进军的新征程。任何艰难险阻都挡不住中国人民胜利前进的步伐！让我们紧密团结在以江泽民同志为核心的党中央周围，高举邓小平理论伟大旗帜，坚持党的基本路线，以“三个代表”重要思想为指导，振奋精神，扎实工作，为实现“十五”计划目标，为把我国建设成为富强民主文明的社会主义现代化国家而努力奋斗！

国民经济和社会发展第十个五年计划纲要

2001年3月15日第九届全国人民代表大会第四次会议批准

中华人民共和国国务院

世纪之交，我国胜利实现了现代化建设的前两步战略目标，经济和社会全面发展，人民生活总体上达到了小康水平。从新世纪开始，我国将进入全面建设小康社会，加快推进社会主义现代化的新的发展阶段。

“九五”期间，面对错综复杂的国际国内经济环境，党中央、国务院审时度势，总揽全局，坚持用发展的办法解决前进中的问题，经过全国各族人民的共同努力，在有效治理通货膨胀，成功实现经济“软着陆”后，针对经济形势的变化，实行扩大内需的方针，果断实施积极的财政政策和稳健的货币政策，抑制了通货紧缩趋势，克服了亚洲金融危机和国内有效需求不足带来的困难，国民经济和社会发展取得巨大成就。经济运行质量与效益提高，综合国力进一步增强，国内生产总值年均增长8.3%。主要工农业产品产量位居世界前列，商品短缺状况基本结束。粮食等主要农产品生产能力明显提高，实现了农产品供给由长期短缺到总量基本平衡、丰年有余的历史性转变。工业结构调整取得积极进展，信息产业等高新技术产业迅速成长，淘汰落后和压缩过剩工业生产能力取得成效。服务业持续增长，就业岗位增加。基础设施建设成绩显著，“瓶颈”制约得到缓解。经济体制改革继续深化，社会主义市场经济体制初步建立。国有大中型企业改革和脱困的三年目标基本实现，调整和完善所有制结构取得重大进展，市场体系建设全面推进，宏观调控机制进一步健全。全方位对外开放格局基本形成，对外贸易和利用外资的规模扩大、结构改善、质量提高，开放型经济迅速发展。人民生活水平继续提高，消费结构改善，农村贫困人口的温饱问题基本解决。科教兴国战略和可持续发展战略有效实施，文化、卫生、体育等各项社会事业全面进步。廉政建设和反腐败斗争不断推进。社会主义精神文明建设和民主法制建设进一步加强。香港、澳门回到祖国怀抱，“一国两制”方针和基本法得到全面贯彻执行，祖国和平统一大业取得历史性进展。

经济和社会发展中也存在一些突出问题：一是产业结构不合理，地区发展不协调，城镇化水平低，国民经济整体素质不高，国际竞争力不强；二是科技、教育比较落后，科技创新能力弱，人才资源不足；三是水、石油等重要资源短缺，部分地区生态环境恶化；四是社会主义市场经济体制尚不完善，阻碍生产力发展的体制性因素仍然突出；五是人口压力大，就业矛盾尖锐，农民和城镇部分居民收入增长缓慢，收入差距拉大；六是一些领域市场经济秩序相当混乱，贪污腐败、奢侈浪费现象和形式主义、官僚主义作风还比较严重，有些地方社会治安状况不好等。对此，必须保持清醒的认识，认真解决。

今后五到十年，是我国经济和社会发展的重要时期，是进行经济结构战略性调整的重要时期，也是完善社会主义市场经济体制和扩大对外开放的重要时期。本纲要根据《中共中央关于制定国民经济和社会发展第十个五年计划的建议》编制，是战略性、宏观性、政策性的规划，是“十五”期间（2001年至2005年）国民经济和社会发展的宏伟蓝图，是全国各族人民共同奋斗的行动纲领。纲要主要阐述国家战略意图，明确政府工作重点，引导市场主体行为方向，所提出的产业发展方向和重点，是对市场主体的指导性意见，政府将运用经济政策等手段加以引导，在基础设施、科技和教育、生态环境、社会保障以及公共服务等领域提出的任务，政府将运用所掌握的公共资源，切实履行职责，努力完成。

第一篇　指导方针和目标

第一章　国民经济和社会发展的指导方针

经过二十多年的改革开放和发展,我国社会生产力、综合国力和人民生活水平都上了一个大台阶,市场供求关系、体制环境和对外经济关系发生了重大变化,为开始实施现代化建设第三步战略部署奠定了良好基础。进入二十一世纪,经济全球化趋势增强,科技革命迅猛发展,产业结构调整步伐加快,国际竞争更加激烈。世界经济形势的深刻变化和发展趋势,特别是加入世界贸易组织,将给我国带来新的发展机遇和严峻挑战。

面对改革开放和现代化建设新阶段的形势和任务，必须坚持党在社会主义初级阶段的基本理论、基本路线和基本纲领，进一步解放思想，实事求是，正确处理改革、发展、稳定的关系，确保社会稳定。“十五”期间要突出贯彻以下重要指导方针：

坚持把发展作为主题。发展是硬道理，是解决我国所有问题的关键。要认清世界经济发展趋势，增强紧迫感和忧患意识，坚持以经济建设为中心不动摇。继续实行扩大内需的方针，在坚持速度与效益相统一的基础上，抓住机遇，加快发展。

坚持把结构调整作为主线。我国已经进入必须通过结构调整才能促进经济发展的阶段。要以提高经济效益为中心，以提高国民经济的整体素质和国际竞争力、实现可持续发展为目标，积极主动、全方位地对经济结构进行战略性调整。要把调整产业结构与调整所有制结构、地区结构、城乡结构结合起来。坚持在发展中推进经济结构调整，在经济结构调整中保持快速发展。

坚持把改革开放和科技进步作为动力。改革开放是强国富民的必由之路，科技进步和创新是增强综合国力的决定性因素，经济发展和结构调整必须依靠体制创新和科技创新。要深化市场取向的改革，加快完善社会主义市场经济体制。坚定不移地扩大对外开放，在积极“引进来”的同时，实施“走出去”战略。加大实施科教兴国战略的力度，振兴科技，培养人才。

坚持把提高人民生活水平作为根本出发点。不断提高城乡居民的物质和文化生活水平，是社会主义的本质要求和发展经济的根本目的。要努力增加城乡居民特别是农民和城镇低收入者的收入。把不断增加农民收入放在经济工作的突出位置，千方百计促进农民收入较快增长。把扩大就业作为经济和社会发展的重要目标，实行有利于扩大就业的经济政策和社会政策。同时，要合理调节收入分配关系，加快健全社会保障制度。

坚持经济和社会协调发展。要把物质文明建设和精神文明建设作为统一的奋斗目标，把依法治国与以德治国结合起来，始终坚持两手抓、两手都要硬，切实加强社会主义精神文明和民主法制建设。要高度重视人口、资源、生态和环境问题，抓紧解决好粮食、水、石油等战略资源问题，把贯彻可持续发展战略提高到一个新的水平。

第二章　国民经济和社会发展的主要目标

“十五”期间国民经济和社会发展的主要目标是：国民经济保持较快发展速度，经济结构战略性调整取得明显成效，经济增长质量和效益显著提高，为到2010年国内生产总值比2000年翻一番奠定坚实基础；国有企业建立现代企业制度取得重大进展，社会保障制度比较健全，完善社会主义市场经济体制迈出实质性步伐，在更大范围内和更深程度上参与国际经济合作与竞争；就业渠道拓宽，城乡居民收入持续增加，物质文化生活有较大改善，生态建设和环境保护得到加强；科技、教育加快发展，国民素质进一步提高，精神文明建设和民主法制建设取得明显进展。

“十五”期间宏观调控的主要预期目标是：经济增长速度预期为年均7%左右，到2005年按2000年价格计算的国内生产总值达到12.5万亿元左右，人均国内生产总值达到9400元。五年城镇新增就业和转移农业劳动力各达到4000万人，城镇登记失业率控制在5%左右。价格总水平基本稳定。国际收支基本平衡。

经济结构调整的主要预期目标是：产业结构优化升级，国际竞争力增强。2005年第一、二、三产业增加值占国内生产总值的比重分别为13%、51%和36%，从业人员占全社会从业人员的比重分别为44%、23%和33%。国民经济和社会信息化水平显著提高。基础设施进一步完善。地区间发展差距扩大的趋势得到有效控制。城镇化水平有所提高。

科技、教育发展的主要预期目标是：2005年全社会研究与开发经费占国内生产总值的比例提高到1.5%以上，科技创新能力增强，技术进步加快。各级各类教育加快发展，基本普及九年义务教育的成果进一步巩固，初中毛入学率达到90%以上，高中阶段教育和高等教育毛入学率力争分别达到60%左右和15%左右。

可持续发展的主要预期目标是：人口自然增长率控制在9‰以内，2005年全国总人口控制在13.3亿人以内。生态恶化趋势得到遏制，森林覆盖率提高到18.2%，城市建成区绿化覆盖率提高到35%。城乡环境质量改善，主要污染物排放总量比2000年减少10%。资源节约和保护取得明显成效。

提高人民生活水平的主要预期目标是：居民生活质量有较大提高，基本公共服务比较完善。城镇居民人均可支配收入和农村居民人均纯收入年均增长5%左右。2005年城镇居民人均住宅建筑面积增加到22平方米，全国有线电视入户率达到40%。城市医疗卫生服务水平和农村医疗服务设施继续改善，人民健康水平进一步提高。城乡文化、体育设施增加，覆盖面扩大，文化生活更加丰富。社会风气和社会秩序好转。

第二篇　经济结构

第三章　加强农业基础地位，促进农村经济全面发展

要始终把农业放在发展国民经济的首位，保证农业在提高整体素质和效益的基础上持续、稳定发展，农民收入较快增长。

第一节　稳定粮食生产能力

严格执行基本农田保护制度，保持全国耕地总量动态平衡，确保到2005年全国耕地面积不低于12800万公顷。通过实施“种子工程”、完善农田水利配套设施、加强中低产田改造、调整商品粮基地建设的内容和布局等措施，稳定粮食生产能力。加大对粮食主产区的支持力度，保护粮食主产区生产粮食的积极性，鼓励与销区建立长期稳定的购销关系。确保粮食供求基本平衡。

第二节　拓宽农民增收领域

通过加工转化、扩大出口等多种方式，解决粮食等农产品阶段性供过于求问题。调整农产品结构，发展多种经营，引导农户面向市场生产附加值高的产品。实行适度规模经营，推进农业机械化，提高劳动生产率，降低农产品生产成本。积极有序转移农村富余劳动力，引导农民更多地从事非农产业。建设一批有利于农民直接增收的项目，增加农民劳务收入。

第三节　调整农业和农村经济结构

农业和农村经济结构调整，要面向市场，依靠科技，以农户和农业产业化经营企业为主体，不断向生产的广度和深度进军。以优化品种、提高质量、增加效益为中心，积极调整种植业作物结构、品种结构和品质结构，发展优质高产高效种植业。继续建设新疆优质棉基地、长江流域双低油菜基地及绿色食品基地。扩大饲料作物种植面积，加强草场建设，改良畜禽品种，加快发展畜牧业，2005年畜牧业产值占农业总产值的比重达到33%左右。加强渔业资源和渔业水域生态保护，积极发展水产养殖和远洋渔业。合理调整农业生产区域布局，发展特色农业，形成规模化、专业化的生产格局，提高商品率。加强对农产品出口的协调、服务和政策支持，继续建设农产品出口创汇基地，大力发展创汇农业。加快农产品加工技术和设备的引进开发，发展农产品销售、储运、保鲜等产业，提高农产品加工水平和效益。鼓励农业服务组织创新，培育经纪人队伍，全面发展农业社会化服务。加强农业质量标准体系、农产品质量检测检验体系和市场信息体系建设，加快制定或修订农业行业标准和重要农产品质量标准，推广采用国际标准，创建农产品标准化生产示范基地。支持引导乡镇企业推进结构调整、技术进步和体制创新，促进乡镇企业合理集聚、健康发展。

农业产业化经营是推进农业现代化的重要途径。鼓励采取“公司加农户”、“订单农业”等多种形式，大力推进农业产业化经营。支持农产品加工企业、销售企业和科研单位带动农户进入市场，与农户形成利益共享、风险共担的经营机制。采取财政、税收、信贷等方面的优惠政策，扶持一批重点龙头企业加快发展。

第四节　加强农业和农村基础设施建设

搞好农田灌溉等农村中小型水利工程的维护和建设，继续对大型灌区进行以节水为中心的配套建设和改造，建设节水增效示范工程及旱作节水示范基地。支持农村公路建设，改善农村道路状况，完成国家级贫困县与国道、省道连接线的建设。发展沼气、节能灶等新能源和新型节能技术，加强农村能源综合建设。完成农村电网改造，实现城乡用电同网同价。努力解决无电地区的用电问题。加强农村通信基础设施建设，降低农村电

信资费，实现城乡通话费同价。加强以产地批发市场为重点的农产品市场设施建设，完善农村市场体系。

第五节　深化农村改革

加快农村土地制度法制化建设，长期稳定以家庭联产承包经营为基础、统分结合的双层经营体制。在长期稳定土地承包关系的基础上，鼓励有条件的地区积极探索土地经营权流转制度改革。根据粮食生产和流通的新情况，按产销区的不同特点，继续深化粮食流通体制市场取向的改革。完善粮食收购保护价、粮食储备和风险基金制度。全面推进农村税费改革，转变乡镇政府职能，适度撤并乡镇，精简乡镇机构和人员，减少村组干部补贴人数，切实减轻农民负担。改革农村金融体制，增加对农业的信贷投放，改进贷款方式，提高金融服务水平。要因地制宜地加快农村信用社管理体制改革，充分发挥农村信用社在农村金融服务中的主力军作用。深化农业科技体制改革，加大农业科技投入，支持农业科技创新，加强以农业科技成果推广为重点的科技服务体系建设，稳定基层农业技术推广队伍。

第六节　扶持贫困地区发展

巩固"八七"扶贫攻坚成果，从根本上改变贫困地区面貌，是一项长期而艰巨的任务。要重点做好中西部的少数民族地区、革命老区、边疆地区和特困地区的扶贫工作，尽快使剩余贫困人口实现脱贫。坚持开发式扶贫，加大对贫困地区的财政转移支付力度，多方面增加扶贫资金投入，提高资金使用效益。加强贫困地区基础设施建设，加快发展教育、文化、卫生事业。扩大以工代赈规模，加强乡村道路、人畜饮水、基本农田、小型水利设施建设，改善贫困地区基本的生产和生活条件。对少数生存环境恶劣的贫困地区，要创造条件，易地开发。对返贫地区和人口继续给予支持。

第四章　优化工业结构，增强国际竞争力

要坚持以市场为导向，以企业为主体，以技术进步为支撑，突出重点，有进有退，努力提高我国工业的整体素质和国际竞争力。工业改组改造要遵循市场经济规律，正确引导投资方向，依靠现有基础，防止盲目扩大规模和重复建设。坚持引进技术与自主创新相结合，先进技术与适用技术相结合。重点强化对传统产业的改造升级，进一步发挥劳动密集型产业的比较优势。积极发展高新技术产业和新兴产业，形成新的比较优势。以信息化带动工业化，发挥后发优势，实现社会生产力的跨越式发展。

第一节　加快工业改组改造

加快转变工业增长方式，围绕增加品种、改善质量、节能降耗、防治污染和提高劳动生产率，鼓励采用高新技术和先进适用技术改造传统产业，带动产业结构优化升级。提高工业产品开发和深加工能力，优化产品结构。原材料工业，积极发展三大合成材料和精细化工产品、不锈钢和冷轧板、氧化铝、稀土深加工产品、新型干法水泥以及市场需求量大的高效化肥、药品及关键中间体等。轻纺工业，积极发展木浆、高档纸及纸板、新型家用电器、差别化纤维、产业用纺织品、高档面料、名牌服装及农产品深加工等。

研究制定振兴装备制造业的政策措施，依托重大工程，大力振兴装备制造业，提高先进技术装备的设计、制造和成套水平，增强能力。把发展数控机床、仪器仪表和基础零部件放到重要位置，努力提高质量和技术水平。支持发展大型燃气轮机、大型抽水蓄能机组、核电机组等新型高效发电设备，超高压直流输变电设备，大型冶金、化肥和石化成套设备，城市轨道交通设备，新型造纸和纺织机械等。发展农业机械、民用船舶和经济型轿车。提高汽车及关键零部件的制造水平。积极发展高效节能低排放车用发动机和混合动力系统。推进机电一体化。

积极发展建筑业，改进设计规范，提高设计、施工和监理水平，改革、整顿、规范建设市场，确保工程质量。推广使用新型建材。

第二节　发展高技术产业

抓住世界科技革命迅猛发展的机遇，有重点地发展高技术产业，实现局部领域的突破和跨越式发展，逐步形成我国高技术产业的群体优势。建设一批重大高技术工程，主要是高速宽带信息网、深亚微米集成电路、生物技术工程、新型涡扇喷气支线客机、新型运载火箭等。促进数字化电子产品、新型显示器件、光电子材料与器件、现代中药、卫星应用等高技术的产业化，支持各行业发展高技术产品。完善风险投资机制，建立创业板股票市场，鼓励发展多种所有制的创新型中小企业。

第三节　优化企业组织结构

按照专业化分工协作和规模经济原则，依靠优胜劣汰的市场机制和宏观调控，形成产业内适度集中、企业间充分竞争，大企业为主导、大中小企业协调发展的格局。通过上市、兼并、联合、重组等形式，形成一批拥有著名品牌和自主知识产权、主业突出、核心能力强的大公司和企业集团，提高产业集中度和产品开发能力。

实行鼓励中小企业发展的政策，完善中小企业服务体系，促进中小企业向“专、精、特、新”的方向发展，提高与大企业的配套能力。

综合运用经济、法律和必要的行政手段，关闭产品质量低劣、浪费资源、污染严重、不具备安全生产条件的厂矿，淘汰落后设备、技术和工艺，压缩部分行业过剩和落后的生产能力。

第四节　推进老工业基地结构调整

积极支持和促进东北等地的老工业基地改造和结构调整。充分发挥其基础雄厚、人才聚集的优势，结合国有经济布局调整，优化产业结构、企业组织结构和地区布局，形成新的优势产业和企业，有条件的地区要成为新的装备制造基地。积极稳妥地关闭资源枯竭的矿山，因地制宜地促进以资源开采为主的城市和大矿区发展接续产业和替代产业，研究探索矿山开发的新模式。

第五节　以信息化带动工业化

通过微电子、计算机、网络技术的应用，推动产业研究开发和设计水平的提高以及工艺技术的变革；通过电子商务特别是企业间电子商务的应用，推动营销、运输和服务方式的变革，降低成本，扩大工业品市场规模；通过促进信息产品与传统产品的融合，以及信息技术在新产品中的广泛应用，增加产品的信息技术附加值。加速企业生产、经营管理的信息化进程。

第五章　发展服务业，提高供给能力和水平

要以市场化、产业化和社会化为方向，增加供给，优化结构，拓宽领域，扩大就业，加快发展服务业。

第一节　发展面向生活消费的服务业

深化城镇住房制度改革，落实住房分配货币化政策，发展以居民住宅为重点的房地产业和装修装饰业，规范发展物业管理业。加大旅游市场促销和新产品开发力度，加强旅游基础设施和配套设施建设，改善服务质量，促进旅游业成为新的经济增长点。优化配置和充实社区服务设施，鼓励创办各种便民利民的社区服务企业，壮大社区服务业。进一步发展商业零售业和餐饮业。理顺职业培训的管理体制，探索公办民助、民办公助、中外合作等多种办学方式，促进职业培训产业成长。积极发展面向生活消费的金融、保险服务。开发健康有益大众化的娱乐、健身项目，发展文化和体育产业。

第二节　发展主要面向生产的服务业

积极引进新型业态和技术，推行连锁经营、物流配送、代理制、多式联运，改造提升传统流通业、运输业和邮政服务业。加快发展金融保险业，支持商业银行拓展信贷业务，拓宽保险资金运用渠道，提高保险公司承保能力和偿付能力，鼓励金融保险业务创新，改进服务。实现中介机构脱钩改制，确保其独立、客观、公正地执业，规范发展会计服务、法律服务、管理咨询、工程咨询等中介服务业。积极发展信息服务业特别是网络、信息技术应用咨询和数据库服务业。

第三节　形成有利于服务业发展的体制环境

要转变观念，突破体制障碍，打破垄断，放宽市场准入。加快适宜产业化经营的社会事业的改革，实行政企（事）分开、企业与事业分开、营利性机构与非营利性机构分开。加快机关、学校、医院和企业事业单位后勤服务的社会化进程，逐步改制为独立法人企业。积极推进商业、外贸、供销、粮食等系统的改革，增强流通企业活力。拓宽服务业融资渠道。完善服务业标准，提高服务水平。

第六章　加速发展信息产业，大力推进信息化

要按照应用主导、面向市场、网络共建、资源共享、技术创新、竞争开放的发展思路，努力实现我国信息产业的跨越式发展，加速推进信息化，提高信息产业在国民经济中的比重。

第一节　广泛应用信息技术

加强信息资源开发，强化公共信息资源共享，推动信息技术在国民经济和社会发展各领域的广泛应用。实施一批信息化重大工程，推进政务、金融、外贸、广播电视、教育、科技、医疗卫生、社会保障和公用事业等领域的信息化进程。加快电子认证体系、现代支付系统和信用制度建设，大力发展电子商务。重视信息网络技术在农产品交易、农业技术推广等领域的应用。推动信息产业与有关文化产业结合。加强条码和代码等信息标准化基础工作。加快计算机和网络知识普及，各级各类学校要积极推广计算机及网络教育。制定国家信息系统标准，加强信息化法制建设，改革管理体制，创造有利于信息化的制度条件。

第二节　建设信息基础设施

健全信息网络体系，提高网络容量和传输速度。大

力发展高速宽带信息网，重点建设宽带接入网，适时建设第三代移动通信网。强化网络与信息安全保障体系建设。建设基础国情、公共信息资源、宏观经济数据库及其交换服务中心，完善地理空间信息系统。促进电信、电视、计算机三网融合。

第三节　发展电子、信息产品制造业

加强先进信息技术的引进、消化吸收和创新，大力开发核心技术，增强计算机与网络产品、通信产品、数字视听产品和新型元器件等产品的制造能力，大力发展集成电路和软件产业，提高信息化装备和系统集成能力。

第七章　加强基础设施建设，改善布局和结构

要优化结构，调整布局，提高工程质量，拓宽投资渠道，注重投资效益，把基础设施建设提高到一个新水平。

第一节　加强水利建设

水利建设要全面规划，统筹兼顾，标本兼治，综合治理。坚持兴利除害结合，防洪抗旱并举，在加强防洪减灾的同时，把解决水资源不足和水污染问题放到更突出的位置。科学制定并积极实施全国水利建设总体规划和大江大河流域规划。重点加强大江大河大湖防洪工程体系建设和综合治理，对淤积严重的河湖进行整治和疏浚。加强以长江、黄河为重点的堤防建设。继续建设长江三峡、黄河小浪底等水利枢纽，兴建黄河沙坡头、嫩江尼尔基、淮河临淮岗、岷江紫坪铺、澧水皂市、右江百色、塔里木河及黑河整治等水利工程。加强蓄滞洪区安全建设，强化城市防洪，抓紧病险水库的除险加固。搞好水利设施配套建设和经营管理。加紧南水北调工程的前期工作，“十五”期间尽早开工建设。适时建设其他跨流域调水工程，采取多种方式缓解北方地区缺水矛盾。

第二节　健全综合交通体系

交通建设要统筹规划，合理安排，扩大网络，优化结构，完善系统，推进改革，建立健全畅通、安全、便捷的现代综合运输体系。加快以“五纵七横”为重点的公路国道主干网建设，全面贯通“三纵两横”。起步建设西部公路的八条新通道，完善路网结构，提高路网通达深度。2005年公路通车里程达到160万公里左右，其中高速公路2.5万公里。建设改造“八纵八横”铁路主通道，扩大西部铁路网，加快铁路既有线技术改造，提高列车运行速度。建设青藏铁路、京沪高速铁路和西北、西南进出境铁路。2005年铁路营业里程达到7.5万公里。发展大城市轨道交通。加强沿海主枢纽港口大型集装箱运输系统、专业化散货运输系统及主要港口出海航道建设，建设上海国际航运中心。2005年沿海港口深水泊位达到800个。加强长江、珠江及京杭运河等水运主通道建设，积极发展内河航运。突出支线机场建设并向西部地区倾斜，完善枢纽机场和干线机场，提高空管技术装备水平。加强油气管道建设，初步形成管道运输网。充分发挥各种运输方式的优势，发展和完善城市间旅客快速运输、大城市旅客运输、集装箱运输、大宗物资运输和特种货物运输五大系统。以信息化、网络化为基础，加快智能型交通的发展。继续加强邮政基础设施建设。加快以政企分开为核心的交通运输管理体制和经营机制改革，铁路实行“网运分离”，民航机场和港口下放地方管理，航空运输企业实行重组，形成大集团。

第三节　优化能源结构

能源建设要发挥资源优势，优化能源结构，提高利用效率，加强环境保护。以煤炭为基础能源，提高优质煤比重。推进大型煤矿改造，建设高产高效矿井，开发煤层气资源。加大洁净煤技术研究开发力度，通过示范广泛推广使用。实行油气并举，加快天然气勘探、开发和利用，统筹生产基地、输送管线和用气工程建设，引进国外天然气，提高天然气消费比重。开发燃料酒精等石油替代产品，采取措施节约石油消耗。加强石油资源勘探，合理开发石油资源，努力发展海洋石油。积极利用国外资源，建立海外石油、天然气供应基地，实行石油进口多元化。建立国家石油战略储备，维护国家能源安全。加强城乡电网建设和改造，建设西电东送的北、中、南三条大通道，推进全国联网。进一步调整电源结构，充分利用现有发电能力，积极发展水电、坑口大机组火电，压缩小火电，适度发展核电，鼓励热电联产和综合利用发电。开工建设龙滩、小湾、水布垭、构皮滩、三板溪、公伯峡、瀑布沟等大型水电站，抓紧长江上游溪洛渡或向家坝水电站开发的前期论证工作。在山西、陕西、内蒙古、宁夏、贵州、云南建设大型坑口电站。深化电力体制改革，逐步实行厂网分开、竞价上网，健全合理的电价形成机制。积极发展风能、太阳能、地热等新能源和可再生能源。推广能源节约和综合利用技术。

第八章　实施西部大开发战略，促进地区协调发展

实施西部大开发战略，加快中西部地区发展，合理调整地区经济布局，促进地区经济协调发展。

第一节　推进西部大开发

西部大开发要从实际出发，积极进取、量力而行，统筹规划、科学论证，突出重点、分步实施。力争用五到十年时间，使西部地区基础设施和生态环境建设有突破性进展，科技、教育有较大发展。要开拓新思路，采用新机制，着力改善投资环境，扩大对内对外开放，大力发展多种所有制经济，积极吸引社会资金和外资参与西部开发和建设。

加快水利、交通、通信、电网及城市基础设施建设，突出抓好西电东送、西气东输、节水和开发水资源等一批具有战略意义的重点工程。加强生态建设和环境保护，保护天然林资源，因地制宜实施坡耕地退耕还林还草，推进防沙治沙和草原保护，注意发挥生态的自我修复能力。巩固和加强西部地区的农业基础。发展有特色的农牧业、绿色食品、旅游、中草药及生物制药等，推进水电、石油天然气、有色金属、钾盐、磷矿等优势资源合理开发和深度加工，加快资源优势向经济优势的转化。坚持科教先行，重点发展义务教育，大力发展职业教育，积极发展高等教育，做好人才培养、使用和引进的工作。推广应用高新技术和先进适用技术，有重点地发展高新技术产业。依托亚欧大陆桥、长江水道、西南出海通道等交通干线及中心城市，以线串点，以点带面，实行重点开发，促进西陇海兰新线经济带、长江上游经济带和南（宁）贵（阳）昆（明）经济区的形成，提高城镇化水平。国家实行重点支持西部大开发的政策措施，增加对西部地区的财政转移支付和建设资金投入，并在对外开放、税收、土地、资源、人才等方面采取优惠政策。

依据民族区域自治法，支持民族自治地区落实自治权。加大支持力度，加快少数民族和民族地区经济与社会全面发展，重点支持少数民族地区的扶贫开发、牧区建设、民族特需用品生产、民族教育和民族文化事业发展。注意支持人口较少的少数民族的发展。促进西部边疆地区与周边国家和地区开展经济技术与贸易合作，逐步形成优势互补、互惠互利的国际区域合作新格局。

第二节　加快中部地区发展

充分发挥中部地区承东启西、纵贯南北的区位优势和综合资源优势，加快发展步伐，提高工业化和城镇化水平。巩固农业的优势地位，大力发展农业产业化经营，形成区域性、专业化、大规模的农产品生产、流通和加工基地。加快调整工业结构，改造传统产业，建设能源基地，发展有竞争力的制造业和高新技术产业，大力发展服务业。搞好大江大河大湖治理，继续加强交通、通信、仓储等基础设施建设和生态环境建设。以长江、陇海、京广、京九、京哈等沿线地区为重点，壮大沿线城市规模，充实中心城市，积极培育新的经济增长点和经济带。

第三节　提高东部地区的发展水平

东部地区要在体制创新、科技创新、对外开放和经济发展中继续走在前列，有条件的地方争取率先基本实现现代化。优化产业结构，优先发展高新技术产业、现代服务业和出口产业。发展外向型经济，广泛参与国际经济竞争。促进经济特区和浦东新区增创新优势，进一步发挥环渤海、长江三角洲、闽东南地区、珠江三角洲等经济区域在全国经济增长中的带动作用。发展黄河三角洲高效生态经济。东部地区要加强与中西部地区全方位的经济技术合作，支持和参与西部开发，更好地发挥对中西部地区的辐射带动作用。

第四节　形成各具特色的区域经济

要打破行政分割，重塑市场经济条件下的新型地区经济关系。改变追求经济门类齐全的做法，发挥比较优势，发展有市场竞争优势的产业和产品，防止结构趋同。通过区域规划和政策，引导和调动地方的积极性，形成各具特色的区域经济，并先行在生态功能保护区、专业化农产品生产基地、旅游经济区等方面取得突破。

第九章　实施城镇化战略，促进城乡共同进步

提高城镇化水平，转移农村人口，有利于农民增收致富，可以为经济发展提供广阔的市场和持久的动力，是优化城乡经济结构，促进国民经济良性循环和社会协调发展的重大措施。随着农业生产力水平的提高和工业化进程的加快，我国推进城镇化的条件已渐成熟，要不失时机地实施城镇化战略。

第一节　形成合理的城镇体系

推进城镇化要遵循客观规律，与经济发展水平和市场发育程度相适应，循序渐进，走符合我国国情、大中小城市和小城镇协调发展的多样化城镇化道路，逐步形成合理的城镇体系。有重点地发展小城镇，积极发展中小城市，完善区域性中心城市功能，发挥大城市的辐射带动作用，引导城镇密集区有序发展。防止盲目扩大城市规模。要大力发展城镇经济，提高城镇吸纳就业的能力。加强城镇基础设施建设，健全城镇居住、公共服务和社区服务等功能。以创造良好的人居环境为中心，加

强城镇生态建设和污染综合治理，改善城镇环境。加强城镇规划、设计、建设及综合管理，形成各具特色的城市风格，全面提高城镇管理水平。

第二节　有重点地发展小城镇

发展小城镇是推进我国城镇化的重要途径。小城镇建设要合理布局，科学规划，体现特色，规模适度，注重实效。要把发展重点放到县城和部分基础条件好、发展潜力大的建制镇，使之尽快完善功能，集聚人口，发挥农村地域性经济、文化中心的作用。发展小城镇的关键在于繁荣小城镇经济，把引导农村各类企业合理集聚、完善农村市场体系、发展农业产业化经营和社会化服务等与小城镇建设结合起来。

第三节　消除城镇化的体制和政策障碍

打破城乡分割体制，逐步建立市场经济体制下的新型城乡关系。改革城镇户籍制度，形成城乡人口有序流动的机制。取消对农村劳动力进入城镇就业的不合理限制，引导农村富余劳动力在城乡、地区间的有序流动。改革完善城镇用地制度，调整土地利用结构，盘活土地存量，在保护耕地和保障农民合法权益的前提下，妥善解决城镇建设用地。广辟投融资渠道，建立城镇建设投融资新体制，形成投资主体多元化格局。在政府引导下主要通过发挥市场机制作用建设小城镇，鼓励企业和城乡居民投资。科学制定设市、设镇标准，尽快形成符合市场经济体制和城镇化要求的行政管理体制。加强政策协调，改进城镇化的宏观管理。

第三篇　科技、教育和人才

第十章　推进科技进步和创新，提高持续发展能力

要面向经济建设，围绕结构调整，按照有所为、有所不为的方针，总体跟进，重点突破，发展高科技，实现产业化，提高科技持续创新能力，实现技术跨越式发展。力争在主要领域跟住世界先进水平，缩小差距；在有相对优势的部分领域，达到世界先进水平；在局部可跨越领域，实现突破。

第一节　为产业升级提供技术支撑

以企业为技术创新主体，推进技术升级。加快开发能够推动结构升级和促进可持续发展的共性技术、关键技术和配套技术，重点在农产品加工及转化、节水农业、农作物新品种选育、装备制造、洁净煤、交通运输、纺织印染后整理、资源勘探开发、污水治理等方面取得进展，为产业结构调整特别是传统产业升级提供技术支撑。加强对引进技术的消化吸收和创新。

第二节　推进高技术研究

积极推进高技术研究，在有相对优势或战略必争的关键领域取得突破，在一些关系国家经济命脉和安全的高技术领域，提高自主创新能力，努力实现产业化。重点攻克高速宽带网、高性能计算机、超大规模集成电路、大型应用软件、国家空间信息应用与服务等信息技术，生物芯片、遗传改良动植物、基因工程药物及疫苗等生物技术，特种功能材料、纳米材料、高性能结构材料等新材料技术，现代集成制造系统、机器人制造、飞机制造等先进制造技术和航空航天技术。

第三节　加强基础研究和应用基础研究

加强数学、物理、化学、天文等基础学科重点领域的前沿性、交叉性研究和积累。加强应用基础研究，力争在基因组学、信息科学、纳米科学、生态科学、地球科学和空间科学等方面取得新进展。支持发展新兴学科、边缘学科和交叉学科，促进自然科学与社会科学的融合，推动管理科学发展。重视发展哲学社会科学和人文科学，调整学科布局，加强对重大理论和实践问题的研究，推进学科建设和理论创新。

第四节　建设国家创新体系

要深化科技体制改革，形成符合市场经济要求和科技发展规律的新机制。优化科技资源配置，进一步解决科技与经济脱节问题，解决科研领域内的部门所有和单位分割等问题。建立企业技术创新体系，鼓励并引导企业建立研究开发机构，推动企业成为技术进步和创新的主体。建立为中小企业服务的技术创新支持系统，提高中小企业创新能力。加强产学研结合，建设一批行业共性技术的开发基地，鼓励应用开发型科研院所进入企业或改制为企业。积极推进社会公益性科研机构改革。建立国家知识创新体系，推进知识创新工程，促进大学与科研机构联合，形成一批具有国际影响的科研机构。加强科研基地和科研设施的联合共建，新建并重组部分国家重点实验室，建设重大科学工程，提高科研手段的现代化水平。加强中介服务体系建设，建立社会化的科技中介服务体系。扩大国际科技合作与交流，鼓励外资企业在我国设立研究开发机构。加大国家和全社会的科技投入，鼓励企业增加研究开发资金。加强知识产权保护。

第十一章　加快教育发展，提高全民素质

教育是提高全民素质、培养人才的基础，要面向现代化、面向世界、面向未来，适度超前发展，走改革创新之路。

第一节　发展各级各类教育

着力推进素质教育，重视培养创新精神和实践能力，促进学生德智体美全面发展。把加强基础教育放在重要位置，继续提高国民教育普及程度。基本普及九年义务教育的地区要巩固成果，提高水平，尚未普及的地区要进一步扩大九年义务教育的人口覆盖范围。重点推进西部贫困地区和少数民族地区的义务教育，实施贫困地区义务教育二期工程。扩大高中阶段教育规模，有步骤地在大中城市和经济发达地区普及高中阶段教育。采取多种形式，积极发展高等教育，扩大培养规模，保证教育质量。继续实施“211工程”，重点加强一批高水平大学和学科的建设。大力发展职业教育和职业培训，发展成人教育和其他继续教育，逐步形成大众化、社会化的终身教育体系。重视发展儿童早期教育。推行弹性学习制度，放宽入学年龄限制，允许分阶段完成学业。大力发展现代远程教育，提高教育现代化、信息化水平。加强教师队伍建设，提高教师思想和业务素质。加强和改进学校思想政治工作。根据世界经济与科技发展趋势及国内经济结构调整对人才的需求，大力调整教育结构和布局，并在优化学科和专业结构，更新教材，改革考试制度和教学方法等方面取得实质性进展。

第二节　深化教育体制改革

加快办学体制改革，积极鼓励、支持和规范社会力量以多种形式办学，基本形成政府办学为主，公办学校和民办学校共同发展的格局。深化教育管理体制改革，进一步转变管理方式，依法落实高等学校办学自主权，推进高校后勤服务社会化改革。建立职业教育与普通教育相互沟通的教育体系。采取多种措施突破教育投入瓶颈，增加国家对教育的投入，加大中央和省级人民政府对义务教育的支持力度，加强县级人民政府对基础教育的统筹。完善政府对义务教育经费特别是教师工资的保障机制。深化与毕业生就业相关的劳动人事制度改革。健全奖学金、助学金和助学贷款等制度。

第十二章　实施人才战略，壮大人才队伍

人才是最宝贵的资源，要把培养、吸引和用好人才作为一项重大的战略任务切实抓好，按照德才兼备的原则，培养数以亿计高素质的劳动者、数以千万计具有创新精神和创新能力的专门人才。

第一节　开发人才资源

加快培养和选拔适应改革开放和现代化建设需要的各类人才。培养和造就坚持走有中国特色社会主义道路，有较高政治理论素养和开拓精神，掌握现代科学文化和管理知识，并经过实践考验的高素质领导人才队伍。培养具有科学素养、适应经济和社会发展需要的各类专业人才队伍，特别是具有世界前沿水平的学科带头人；具有创新精神和创业能力，适应国际竞争需要的企业家队伍；具有公仆意识，廉洁、勤政、高素质、专业化的公务员队伍；具有较高技术素质的技术工人队伍、农业产业化经营和农业科技队伍。注重在实践中培养和选拔人才。合理利用国外教育资源，拓宽高层次人才培养途径，积极吸引和聘用海外高级人才。继续实行支持留学、鼓励回国、来去自由的方针，鼓励留学人员回国工作或以适当方式为祖国服务。

第二节　营造用好人才和吸引人才的良好环境

加快建立有利于优秀人才脱颖而出、人尽其才的有效机制，形成尊重知识、尊重人才、鼓励创业的社会氛围。进一步解放思想，转变观念，加大干部人事制度改革力度，实行公开招聘、竞争上岗制度，为各类人才特别是年轻优秀领导人才的成长、选拔和任用创造条件。优化人才的专业、年龄结构，促进人才在产业、地区、城乡间的合理流动和分布。完善对人才的激励机制和考核监督机制，为各类人才的创新、创业和发挥才能创造更为宽松的环境。建立和完善机制健全、运行规范、服务周到、指导监督有力的人才市场体系。完善人才使用、管理的法律法规。

第四篇　人口、资源和环境

第十三章　控制人口增长，提高出生人口素质

坚持计划生育的基本国策，稳定现行生育政策，保持低生育水平。重点做好农村特别是中西部地区农村的计划生育工作，加强对流动人口计划生育的管理。落实以宣传教育、避孕、经常性工作为主的方针，建立依法管理、村（居）民自治、优质服务、政策推动、综合治理的管理机制。继续实行党政领导责任制。加强人口与计划生育工作的法制建设。

提倡优生优育，大力开展计划生育服务，改善基层服务条件，开展生殖健康教育和服务。以预防农村地区高发先天性疾病为重点，明显降低出生缺陷发生率。建立和完善计划生育利益导向机制，对计划生育家庭实行奖励政策。开展农村独生子女户和双女户社会保险试点工作。

第十四章　节约保护资源，实现永续利用

坚持资源开发与节约并举,把节约放在首位,依法保护和合理使用资源,提高资源利用率,实现永续利用。

第一节　重视水资源的可持续利用

坚持开源节流并重，把节水放在突出位置。以提高用水效率为核心，全面推行各种节水技术和措施，发展节水型产业，建立节水型社会。城市建设和工农业布局要充分考虑水资源的承受能力。加大农业节水力度，减少灌溉用水损失，2005年灌溉用水有效利用系数达到0.45。按水资源分布调整工业布局，加快企业节水技术改造，2005年工业用水重复利用率达到60%。强化城市节水工作，强制淘汰浪费水的器具和设备，推广节水器具和设备。加强节水技术、设备的研究开发和节水设施的建设。加强规划与管理，搞好江河全流域水资源的合理配置，协调生活、生产和生态用水。加强江河源头的水源保护。积极开展人工增雨、污水处理回用、海水淡化。合理利用地下水资源，严格控制超采。多渠道开源，建设一批骨干水源工程，“十五”期间全国新增供水能力400亿立方米。加大水的管理体制改革力度，建立合理的水资源管理体制和水价形成机制。广泛开展节水宣传教育，提高全民节水意识。

第二节　保护土地、森林、草原、海洋和矿产资源

坚持保护耕地的基本国策，实施土地利用总体规划，统筹安排各类建设用地，合理控制新增建设用地规模。加大城乡和工矿用地的整理、复垦力度。根据工业区、城镇密集区、专业化农产品生产基地、生态保护区等不同的土地需求，合理调整土地利用结构。强化森林防火、病虫害防治和采伐管理，完善林业行政执法管理体系和设施。加强草原保护，禁止乱采滥垦，严格实行草场禁牧期、禁牧区和轮牧制度，防止超载过牧。加大海洋资源调查、开发、保护和管理力度，加强海洋利用技术的研究开发，发展海洋产业。加强海域利用和管理，维护国家海洋权益。加强矿产资源勘探，严格整顿矿业秩序，对重要矿产资源实行强制性保护。深化矿产资源使用制度改革，规范和发展矿业权市场。推进资源综合利用技术研究开发，加强废旧物资回收利用，加快废弃物处理的产业化，促进废弃物转化为可用资源。

第十五章　加强生态建设，保护和治理环境

要把改善生态、保护环境作为经济发展和提高人民生活质量的重要内容，加强生态建设，遏制生态恶化，加大环境保护和治理力度，提高城乡环境质量。

第一节　加强生态建设

组织实施重点地区生态环境建设综合治理工程，长江上游、黄河上中游和东北内蒙古等地区的天然林保护工程，以及退耕还林还草工程。加强以京津风沙源和水源为重点的治理与保护，建设环京津生态圈。在过牧地区实行退牧，封地育草，实施“三化”草地治理工程。加快小流域治理，减少水土流失。推进黔桂滇岩溶地区石漠化综合治理。加快矿山生态恢复与治理。继续建设“三北”、沿海、珠江等防护林体系，加速营造速生丰产林和工业原料林。加快“绿色通道”建设，大力开展植树种草和城市绿化。加强自然保护区建设。保护珍稀、濒危生物资源和湿地资源，实施野生动物及其栖息地保护建设工程，恢复生态功能和生物多样性。“十五”期间，新增治理水土流失面积2500万公顷，治理“三化”草地面积1650万公顷。

第二节　保护和治理环境

强化环境污染综合治理，使城乡特别是大中城市环境质量得到明显改善。抓紧治理水污染源，巩固“三河”、“三湖”水污染治理成果，启动长江上游、三峡库区、黄河中游和松花江流域水污染综合治理工程。加快城市污水处理设施建设，所有城市都要建设污水处理设施，2005年城市污水集中处理率达到45%。加强近岸海域水质保护，研究预防、控制和治理赤潮，抓好渤海环境综合整治和管理。加强大气污染防治，实施“两控区”和重点城市大气污染控制工程，2005年“两控区”二氧化硫排放量比2000年减少20%。推行垃圾无害化与危险废弃物集中处理。推行清洁生产，抓好重点行业的污染防治，控制和治理工业污染源，依法关闭污染严重、危害人民健康的企业。加强噪音污染治理。积极开展农村环境保护工作，防治不合理使用化肥、农药、农膜和超标污灌带来的化学污染及其他面源污染，保护农村饮用水水源。加强环境保护关键技术和工艺设备的研究开发，加快发展环保产业。完善环境标准和法规，修改不合理的污染物排放标准，健全环境监测体系，加强环境保护执法和监督。全面推行污水和垃圾处理收费制

度。开展全民环保教育，提高全民环保意识，推行绿色消费方式。

加强防御各种灾害的安全网建设，建立灾害预报预防、灾情监测和紧急救援体系，提高防灾减灾能力。加强气象、地震、测绘等工作，提高服务能力和水平。积极参与全球环境与发展事务，履行义务，实行有利于减缓全球气候变化的政策措施。

第五篇　改革开放

第十六章　推进改革，完善社会主义市场经济体制

要大胆探索，勇于创新，突破影响生产力发展的体制性障碍，逐步完善社会主义市场经济体制。

第一节　深化国有企业改革

进一步深化国有大中型企业改革，基本完成产权清晰、权责明确、政企分开、管理科学的现代企业制度的建设。健全责权统一、运转协调、有效制衡的公司法人治理结构。对国有大中型企业进行规范的公司制改革，除少数国家垄断经营的企业可改制为国有独资公司外，鼓励其他国有大中型企业通过规范上市、中外合资、相互参股等形式，逐步改制为多元持股的有限责任公司或股份有限公司。建立分工明确的国有资产管理、经营和监督体制，使国有资产出资人尽快到位，探索授权有条件的国有企业或国有资产经营公司行使出资人职能，强化对国有资产经营主体的外部监督。深化企业内部改革，强化科学管理，建立健全行之有效的激励机制和约束机制。进一步放开搞活国有中小企业，对国有小企业继续采取改组、联合、兼并、租赁、承包经营和股份合作制、出售等多种形式，进行产权制度和经营机制改革。完善市场退出机制，积极疏通和逐步规范企业特别是上市亏损公司退出市场的通道。继续执行现行的国有企业兼并破产政策，对长期亏损、资不抵债、扭亏无望的企业依法实施破产。鼓励非国有企业、个人和境外投资者参与国有企业改制，推动非上市国有企业股权结构的调整和股权交易，形成混合所有制企业。规范国有企业改制行为，完善有关政策规定，强化对国有资产产权交易的监督。

第二节　调整和完善所有制结构

要坚持公有制为主体、多种所有制经济共同发展的基本经济制度。积极探索各种有效方式，有进有退，有所为有所不为，加快国有经济布局的战略性调整。发挥国有经济在国民经济中的主导作用，发展多种形式的集体经济，支持、鼓励和引导私营、个体企业健康发展。关系国家安全和经济命脉的重要企业要由国家控股。鼓励在高新技术产业、中介服务等领域创建无限责任和有限责任相结合的公司。取消一切限制企业和社会投资的不合理规定，在市场准入、土地使用、信贷、税收、上市融资、进出口等各方面，对不同所有制企业实行同等待遇。凡是对外资开放的领域，内资均可进入。依法保护各种所有制企业的合法权益。

第三节　健全市场体系

进一步开放市场，放开价格，继续发展商品市场，重点培育和发展要素市场，建立和完善全国统一、公平竞争、规范有序的市场体系。引入竞争机制，加快电力、铁路、民航、通信、公用事业等垄断行业管理体制改革。破除地方封锁，反对地方保护主义，废除阻碍统一市场形成的各种规定。积极发展大宗商品批发市场，稳步发展期货市场。健全统一、安全、高效、开放的国债市场。疏通储蓄转化为投资的渠道，积极稳妥地发展多种融资方式。加强对证券市场的监管，提高证券市场的透明度，规范和发展证券市场，逐步提高直接融资比重。加快发展企业债券市场，发展产业投资基金。积极培育证券投资基金、养老基金和保险基金等机构投资者。发展票据市场，完善外汇市场，建立黄金交易市场。坚持城乡统筹就业的改革方向，推动城乡劳动力市场逐步一体化。深化土地使用制度改革，全面推行经营性用地招标拍卖制度，规范土地一级市场，活跃房地产二级市场，发展住房租赁市场。改革价格管理体制，进一步完善市场形成价格的机制。建立健全政府价格决策听证等制度，提高政府定价的科学性、时效性和透明度。

第四节　深化金融体制改革

建立和完善金融组织体系、市场体系、监管体系和调控体系。对国有独资商业银行进行综合改革，有条件的国有独资商业银行可以改组为国家控股的股份制商业银行，建立风险防范机制，提高竞争能力。在健全监管体系的基础上，规范发展中小金融机构。完善和发挥政策性银行的功能。推进保险市场主体多元化。完善金融机构内部治理结构，形成严格约束与有效激励相统一的经营机制，完善稳健的会计制度，提高金融资产质量。强化金融监管，防范和化解金融风险。完善金融分业监管构架，加强监管机构之间的协调配合。完善以间接调控为主的中央银行调控体系，积极稳妥地发展货币市场，扩大公开市场业务，稳步推进利率市场化改革。改进人民币汇率形成机制，完善以市场供求为基础的、有管理的浮动汇率制度。

第五节 改革投资体制

确立企业在竞争性领域的投资主体地位，基本形成企业自主决策、自担风险，银行独立审贷，政府宏观调控的新的投资体制。按照“谁投资、谁决策、谁受益、谁承担风险”的原则，改革投资管理方式，减少对企业和社会投资的行政性审批。对企业出资建设国家非限制类项目，实行登记备案制。建立以政策引导、信息发布等间接调控手段为主的投资宏观调控体系。全面实行建设项目法人责任制、工程监理制、招标投标制、合同管理制。建立严格的政府投资项目管理机制，完善国家重大投资项目稽察制度。推动投资中介组织的市场化改革。

第六节 深化财税体制改革

积极稳妥地推进税费改革，清理整顿行政事业性收费和政府性基金，建立政府统一预算。健全税收制度，改革生产型增值税税制，完善消费税和营业税，逐步统一内外资企业所得税，建立综合与分类相结合的个人所得税制度，适时开征社会保障税和遗产税，完善地方税税制。依法加强税收征管，打击偷、漏、骗税的行为，清缴欠税，严禁越权减、免、退税。

增强预算的透明度和约束力。实行部门预算，逐步以“零基预算”取代“基数预算”。改革国库制度，建立以国库单一账户体系为基础的现代国库集中收付制度。规范政府采购行为，全面推行政府采购制度。调整财政支出结构，压缩竞争性领域的支出。合理界定中央和地方政府的事权范围，完善分税制和转移支付制度，加强财政再分配功能。加强审计监督，严肃财经纪律。强化财政监督，防范财政风险，合理控制财政赤字和政府发债规模。保持财政收入稳定增长，提高国家财政收入占国内生产总值的比重和中央财政收入占全国财政收入的比重。逐步建立适应社会主义市场经济要求的公共财政框架，建设稳固、平衡、强大的国家财政。

第七节 推进行政管理体制和政府机构改革

继续推进行政管理体制和政府机构改革，建立廉洁高效、运转协调、行为规范的行政管理体制，推进政府决策的民主化、科学化。按照发展社会主义市场经济的要求，进一步转变政府职能，集中精力搞好宏观调控和创造良好的市场环境，不直接干预企业正常的生产经营活动。加快政府审批制度改革，大幅度减少行政性审批，规范审批行为，强化监督机制。发挥商会、行业协会等中介组织的作用。继续改革和精简政府机构，解决部门职责不清、管理层次多、办事效率不高等问题。完善公务员制度。

第十七章 扩大对外开放，发展开放型经济

要以更加积极的姿态，抓住机遇，迎接挑战，趋利避害，做好加入世界贸易组织的准备和过渡期的各项工作，不断提高企业竞争能力，进一步推动全方位、多层次、宽领域的对外开放。

第一节 提高对外开放水平

根据我国经济和社会发展、结构调整的需要以及加入世界贸易组织的承诺，逐步降低关税，有步骤地开放银行、保险、电信、外贸、内贸、旅游等服务领域。对外商投资企业逐步实行国民待遇，制定统一、规范、透明的投资准入政策，除关系国家安全和经济命脉的重要行业或企业必须由国家控股外，取消对其他企业的股比限制。适应加入世界贸易组织的要求，抓紧制定和完善相关涉外法律法规，提高涉外经济工作依法行政的水平。深化改革，建立健全符合国际通行规则和我国国情的对外经济贸易体制。实行外贸经营资格登记注册制度，逐步实现对各类企业进出口贸易的放开经营。建立和完善对外经济贸易促进和服务体系，发挥中介组织的作用。

完善反倾销、反补贴及保障措施等手段。加强对外国反倾销、反补贴的磋商和应诉，维护我国企业的合法权益。借鉴和采用国际标准，推进技术性贸易措施体系建设，有效实施健康、安全、卫生、环保等方面的检验检疫和疫情监控，防止有害物质和生物入境。积极参与多边贸易体系和国际区域经济合作。加强和改善双边经贸关系，进一步加强与发展中国家的经济技术合作与交流。积极参与国际经济、贸易、金融等方面的规则制定，维护我国作为发展中国家的正当权益。

第二节 积极发展对外贸易

更好地实施以质取胜、市场多元化和科技兴贸战略，努力扩大货物和服务出口，2005 年货物进出口总额达到 6800 亿美元。积极开拓新的出口市场，优化出口商品结构和市场结构，继续扩大大宗传统产品和劳动密集型工业制成品出口，不断提高其技术含量和附加值，增加高新技术产品和高附加值产品出口，2005 年机电产品出口比重提高到 50%左右。加强加工贸易管理，提高加工贸易的增值率，扩大加工贸易出口。继续规范发展边境贸易。大力发展承包工程、设计咨询、技术转让、国际旅游、国际运输、航天发射、教育文化和金融保险等领域的服务贸易出口，逐步缩小服务贸易逆差。积极引进先进技术、关键设备，努力实现大宗产品和重要资源进口来源多元化。加强口岸查验、税务、金融、保险和运输等对进出口贸易的服务

功能。严厉打击走私、逃套汇、骗取出口退税等不法行为，维护对外经济贸易秩序。

第三节　积极合理有效地利用外资

把吸收外商直接投资作为利用外资的重点，完善利用外资政策，改善投资环境，扩大利用外资规模，提高利用外资质量。鼓励外商特别是跨国公司参与国有企业的改组改造，投资高新技术产业和出口型产业，促进我国产业结构调整和技术水平的提高。鼓励有条件的企业对外发行股票，积极探索采用收购、兼并、风险投资、投资基金等各种方式，促进利用外资和国有企业产权制度改革。鼓励和促进中外中小企业之间的合作。不断提高服务业利用外资的比重。继续发挥经济特区、浦东新区及其他沿海地区的优势，提高利用外资水平。采取鼓励政策，引导外资更多地投向中西部地区，特别是中西部地区的老工业基地改造、基础设施建设、生态建设和环境保护、矿产和旅游资源开发、优势产业发展等。继续合理利用国际金融组织和外国政府贷款，并更多地用于中西部地区。努力降低筹资成本，用好银团贷款、融资租赁、出口信贷等国际商业贷款。强化外债全口径管理，保持合理的外债规模，健全责权利统一的借用还机制，加强外债监测和短期资本监管，优化债务结构，防范债务风险。

第四节　实施“走出去”战略

鼓励能够发挥我国比较优势的对外投资，扩大国际经济技术合作的领域、途径和方式。继续发展对外承包工程和劳务合作，鼓励有竞争优势的企业开展境外加工贸易，带动产品、服务和技术出口。支持到境外合作开发国内短缺资源，促进国内产业结构调整和资源置换。鼓励企业利用国外智力资源，在境外设立研究开发机构和设计中心。支持有实力的企业跨国经营，实现国际化发展。健全对境外投资的服务体系，在金融、保险、外汇、财税、人才、法律、信息服务、出入境管理等方面，为实施“走出去”战略创造条件。完善境外投资企业的法人治理结构和内部约束机制，规范对外投资的监管。

第六篇　人民生活

第十八章　积极扩大就业，健全社会保障制度

扩大就业是促进经济发展和维护社会稳定的重要保证，也是宏观调控的一项重要内容，要努力开拓就业渠道，扩大就业。完善的社会保障制度是社会主义市场经济体制的重要支柱，关系改革、发展、稳定的全局，“十五”期间要基本建成独立于企业事业单位之外、资金来源多元化、保障制度规范化、管理服务社会化的社会保障体系。

第一节　积极扩大就业

保持较快的经济增长速度，创造更多的就业岗位。制定和落实优惠政策，发展具有比较优势的劳动密集型产业，发展就业容量大的服务企业、中小企业和非公有制企业。加大在职和再就业培训力度，提高从业人员的职业技能，增强失业人员的就业和创业能力。引导劳动者转变就业观念，采取非全日制就业、季节性就业等灵活多样的就业形式，提倡自主就业。努力开拓国际劳务市场，扩大劳务输出。全面推行劳动预备制度和职业资格证书制度，严格执行离退休制度。加强劳动力市场建设，完善就业服务体系，促进劳动力合理流动。

高度重视安全生产，改革安全生产管理体制，加快安全生产法制建设。抓好重点行业的安全整顿，加强安全监察，明显减少重大、特大事故，切实保障劳动者生命安全。

第二节　健全社会保险制度

依法扩大养老保险实施范围，继续完善社会统筹与个人账户相结合的城镇职工基本养老保险制度，在保证离退休人员基本养老金支付的基础上，实现社会统筹基金与个人账户基金的分账管理，确保个人账户的有效积累。按社会统筹和个人账户相结合的模式，全面推行城镇职工基本医疗保险制度，保障职工基本医疗需求。同步推进医疗保险制度、医疗机构和药品生产流通体制改革，建立医疗费用的分担机制、医疗机构的竞争机制和药品流通的市场运行机制。进一步完善失业保险制度，在试点的基础上逐步把国有企业下岗职工基本生活保障纳入失业保险，扩大失业保险覆盖范围。完善工伤保险和生育保险制度，逐步扩大覆盖面。适时改革并完善机关事业单位职工基本养老保险制度。鼓励有条件的用人单位为职工建立企业年金和补充医疗保险，同时发挥商业保险对社会保障体系的补充作用。

建立可靠、稳定的社会保障资金筹措机制，通过加大征缴力度、调整财政支出结构、变现部分国有资产、扩大彩票发行规模等方式多渠道筹集社会保障资金。积极探索并建立规范的社会保障资金投资运营的方式，实现保值增值。提高社会保障资金的管理水平，加强社会保障行政监督和社会监督，推进社会保障管理和服务的社会化。加快社会保障立法步伐。

第三节　发展其他社会保障事业

在健全社会保险制度的同时，继续发展社会福利、

社会救济、优抚安置和社会互助等社会保障事业，推进社会福利的社会化进程。完善城市居民最低生活保障制度，扩大覆盖范围，根据经济发展水平和财政承受能力，逐步提高城市贫困人口救济补助标准。建立社会医疗救助制度。发展慈善事业，加强对捐助资金使用的监管。重视人口老龄化趋势，鼓励家庭养老。加强老年人服务设施建设，发展老龄事业和产业。贯彻落实妇女、儿童发展纲要，切实保障妇女、未成年人的合法权益。加强残疾人事业，帮助残疾人康复、就学和就业，创造残疾人平等参与社会生活的条件。

第十九章　增加居民收入，提高人民生活水平

在经济发展的同时，不断增加城乡居民特别是农民和城镇低收入者的收入，努力实现城乡居民收入增长的预期目标。进一步提高城乡居民的消费水平，改善消费环境，优化消费结构。增加对公共服务的投入，为实现人人享有基本公共服务创造条件。

第一节　深化收入分配制度改革

坚持效率优先、兼顾公平的原则，实行按劳分配为主体、多种分配方式并存的分配制度，把按劳分配与按生产要素分配结合起来。发挥市场机制对初次分配的基础性调节作用，健全劳动力价格的市场形成机制，推行职工工资集体协商制度，规范全社会工资性收入的结构和支付行为。建立健全与经济发展水平相适应的最低工资保障制度和最低工资标准调整机制。逐步提高国家机关和事业单位人员的工资待遇。改进和完善国有企业收入分配制度。建立健全收入分配的激励机制，要提高国有企业高层管理人员、技术人员的工资报酬，充分体现他们的劳动价值，可以试行年薪制。对国有上市公司负责人和技术骨干还可以试行期权制。同时要建立严格的约束、监督和制裁制度。鼓励资本、技术等生产要素参与收益分配。规范社会分配秩序，加强对垄断行业收入分配的监管，对依靠垄断地位获取的不合理收入进行调节。强化税收对收入分配的调节功能。保护合法收入，整顿不合理收入，调节过高收入，取缔非法收入，防止收入分配两极分化。

第二节　拓宽消费领域

在提高居民吃穿用等基本消费水平的基础上，重点改善居民居住和出行条件。完善住房公积金制度，加大以经济适用住房为重点的住房建设力度，建立廉租房供应保障体系。积极发展城乡公共交通，鼓励轿车进入家庭。降低信息服务价格，刺激居民信息消费。提高计算机普及率，2005年达到4%以上。推行职工带薪休假制度，合理调整居民工作和闲暇时间，扩大服务供给，鼓励居民服务性消费。加强城乡供水、供电、供气、供热、信息、环境等基础设施建设，扩大农村基础设施的覆盖面，为改善城乡居民生活质量创造条件。建立个人信用制度，扩大消费信贷规模。

第三节　发展卫生、体育事业

改革和完善卫生服务、医疗保障和卫生监督体系，发展基本医疗、预防保健、康复医疗。实施区域卫生规划，调整和优化卫生资源配置。高度重视卫生防病工作，加强对多发病、地方病、职业病和传染病的预防与控制。大力发展中医药，促进中西医结合。健全农村初级卫生保健服务体系，重点加强农村卫生基础设施建设，因地制宜发展合作医疗，努力解决农民基本卫生医疗问题。加强公共体育设施建设，开展全民健身运动，健全国民体质监测系统。发展竞技体育。

第四节　推进社区建设

推进社区建设是新时期我国经济和社会发展的重要内容。要坚持政府指导与社会参与相结合，建立与社会主义市场经济体制相适应的社区管理体制和运行机制。加强社区组织和队伍建设，扩充社区管理职能，承接企业事业单位、政府机关剥离的部分社会职能和服务职能。以拓展社区服务为龙头，不断丰富社区建设的内容，发展社区卫生，繁荣社区文化，美化社区环境，加强社区治安，完善社区功能。努力建设管理有序、服务完善、环境优美、治安良好、生活便利、人际关系和谐的新型现代化社区。

第七篇　精神文明

第二十章　加强思想道德建设，形成共同理想和精神支柱

把依法治国与以德治国结合起来，大力推进社会主义精神文明建设，满足人民群众日益增长的多方面的精神文化需求，全面提高国民素质，增强民族凝聚力，为改革开放和现代化建设提供强大的思想保证、精神动力和智力支持。

以理想信念教育为核心，坚持不懈地进行党的基本理论、基本路线、基本纲领的教育，巩固和加强马克思主义的指导地位，用马列主义、毛泽东思想、邓小平理论教育人民，弘扬爱国主义、集体主义、社会主义精神，在全社会形成建设有中国特色社会主义的共同理想和精神支柱。发扬自力更生、艰苦奋斗的创业精神，提

倡勤俭建国，反对奢侈浪费，形成全民族奋发向上的强大动力。深入开展“三个代表”重要思想的教育，弘扬讲学习、讲政治、讲正气的风气。大力倡导社会公德、家庭美德和职业道德，特别是加强青少年的思想政治、道德品质、心理健康和法制教育，努力建立适应社会主义市场经济发展的思想道德体系。创造青少年健康成长的社会环境。加强科学知识、科学方法、科学思想、科学精神的宣传教育和普及，反对封建迷信。以提高公民素质、城乡文明程度和居民生活质量为目标，大力开展群众性精神文明创建活动，倡导科学文明健康的生活方式。重视对社会思潮及其表现形式的研究和引导。加强对新闻舆论、国民教育、社会文化、休闲娱乐等各种思想文化阵地尤其是新闻网站的建设和管理。加强烈士陵园等爱国主义教育基地的保护和建设。

第二十一章　繁荣社会主义文化，提高文化生活质量

坚持为人民服务、为社会主义服务的方向和百花齐放、百家争鸣的方针，以繁荣社会主义文化为中心，弘扬民族优秀文化，吸收外国文化有益成果，抵制不良文化，提高全社会的文化生活质量。

把握时代精神，坚持正确方向，发展新闻出版、广播影视等各项事业。加强文艺理论研究，繁荣文学艺术，努力提高精神产品的质量，生产出更多的无愧于时代和人民的优秀作品。加强图书馆、博物馆、文化馆、科技馆、档案馆和青少年活动场所等文化设施建设。努力巩固和拓展社会主义文化阵地，形成健康向上的舆论环境、文明和谐的社会氛围和丰富多彩的文化生活。坚持把社会效益放在首位、社会效益和经济效益相统一的原则，深化文化、广播影视、新闻出版体制改革，建立科学合理、灵活高效的管理体制和文化产品生产经营机制。继续实行支持文化事业发展的有关政策，增加对重要新闻媒体和公益文化事业的投入。加强民族文化遗产保护。积极开展对外文化交流。完善文化产业政策，加强文化市场建设和管理，推动有关文化产业发展。

第八篇　民主法制

第二十二章　加强民主政治建设，发展社会主义民主

适应经济体制改革和现代化建设的要求，继续推进政治体制改革，加强民主政治建设，发展社会主义民主。

继续加强人民代表大会的立法和监督工作，密切人大代表同人民的联系。充分发挥人民政协政治协商、民主监督、参政议政的作用，支持各民主党派工作。各级政府都要自觉接受同级人大的监督，主动听取政协和各社会团体的意见。实行民主选举、民主决策、民主管理和民主监督，保证人民依法享有广泛的权利和自由，尊重和保障人权。加强城乡基层政权机关和群众性自治组织建设，扩大公民有序的政治参与，引导人民群众依法参与经济、文化和社会事务的管理。做好信访工作。完善村民自治，加强社区民主建设，坚持和完善以职工代表大会为基本形式的企业民主管理制度，实行政务、厂务、村务公开。发挥工会、共青团、妇联等群众组织的桥梁和纽带作用。坚持和完善民族区域自治制度，落实党的民族政策，发展平等、团结、互助的社会主义新型民族关系，促进各民族共同繁荣和进步。全面贯彻党的宗教政策，保障公民宗教信仰自由，依法管理宗教事务，积极引导宗教与社会主义社会相适应。贯彻党的侨务政策，广泛发展爱国统一战线。

第二十三章　依法治国，建设社会主义法治国家

坚持有法可依、有法必依、执法必严、违法必究的原则，从立法、司法、行政执法、法律监督、法律服务和普及法律知识等方面全面推进法制建设。

提高立法质量和效率，重点建立和完善适应社会主义市场经济体制的法律体系，规范市场经济条件下的财产关系、信用关系和契约关系。推进规范国家权力运行、社会保障和社会中介组织等方面的法律法规建设。推进司法改革，完善司法体制，健全侦查、检察、审判、执行等制度，强化司法保障和法律监督，支持依法独立行使审判权和检察权。依法办案，反对地方保护主义，严格执法，公正司法。推进政府工作法制化，依法行政，从严治政。加快推行执法责任制、评议考核制，提高行政执法水平。健全依法行使权力的制约机制，加强对权力运行的民主监督、群众监督和舆论监督。加快廉政建设法制化步伐，深入开展反腐败斗争，严肃查办违法违纪案件。推进国家各项事业的依法管理，提高社会管理的法制化水平。深入开展法制宣传教育，进一步提高全体公民首先是各级领导干部的法律意识和法律素质。建立法律援助体系。加大政法基础设施建设力度，建设高素质的政法队伍。

认真研究社会稳定面临的新情况新问题，正确处理新时期人民内部矛盾，确保社会稳定。依法打击民族分裂活动、宗教极端势力、暴力恐怖活动、邪教和利用宗教进行非法活动。切实把社会治安综合治理措施落实到基层，严厉打击危害国家安全和社会治安的刑事犯罪活动

和各种恶势力,扫除黄赌毒等社会丑恶现象。加强治安防范工作,提高对突发性事件的快速反应和处理能力。

第九篇　国防建设

第二十四章　加强国防建设，保障国家安全

强大的国防是国家安全和现代化建设的基本保证。在集中力量发展国民经济的同时，要积极推进国防建设，增强国防实力。

军队建设是国防建设的主体。要加强军队党的建设和思想政治工作，确保党对军队的绝对领导。加强人民解放军的革命化、现代化、正规化建设。贯彻积极防御的军事战略方针，坚持质量建军，科技强军，勤俭建军，依法治军，积极改革创新。加快军队向质量效能型和科技密集型转变，走有中国特色的精兵之路，提高现代技术特别是高技术条件下防卫作战的能力，做好应付各种复杂情况的准备。加强国防动员体系建设，增强国防后备力量，提高平战转换能力。深化后勤保障改革，提高保障能力。完善国防立法。深入开展国防教育，提高全民国防意识。进一步密切军政军民关系，做好“双拥”工作。

国防科技工业是国家战略性产业。要通过加速调整、改革和发展，坚持军民结合，寓军于民，大力协同，自主创新，建立适应国防建设和市场经济要求的新型国防科技工业体制。发展高新技术武器装备，努力提高现代化水平。发展军民两用技术，促进军工技术的和平利用。

实现祖国统一是中华民族的根本利益。要坚持“和平统一、一国两制”的基本方针，坚决打击“台独”分裂势力，早日完成祖国统一大业。

第十篇　规划实施

第二十五章　改善宏观调控，保持经济稳定增长

要综合运用计划、财政、金融等手段，发挥价格、税收、利率、汇率等杠杆的作用，加强和改善宏观调控，为规划实施创造良好的宏观经济环境。

宏观调控总的要求是：把扩大国内需求作为经济发展的基本立足点和长期战略方针，努力扩大对外贸易，保持经济总量平衡，引导和促进经济结构优化升级，实现经济稳定增长，扩大就业规模，保持价格总水平基本稳定和国际收支基本平衡。

宏观调控政策的基本取向是：近期要继续实行积极的财政政策，带动企业和社会投资，促进消费。实行稳健的货币政策，灵活运用货币政策工具，适时调节货币供应量，维护人民币币值和汇率基本稳定，支持经济结构调整和经济增长。实行与财政、货币政策相配套的价格政策，稳定价格总水平，警惕和防止通货膨胀。实行鼓励消费的政策，促进消费需求较快增长，使居民消费率提高到 50% 左右。围绕结构调整，引导投资方向，促进固定资产投资特别是企业和社会投资较快增长，全社会固定资产投资率调控在 35% 左右。实行支持出口的政策，发挥出口需求对经济增长的拉动作用。宏观调控政策的力度，要根据宏观经济运行态势，进行适时适度的调节。

第二十六章　创新实施机制，保障实现规划目标

适应社会主义市场经济体制的要求，必须创新规划实施机制。政府要切实转变职能，正确履行职责，为规划实施创造良好的体制、政策、市场等环境。

推进体制改革。要在正确处理改革、发展、稳定关系的基础上，加快推进本纲要提出的各项改革，分步实现改革目标。在国家宏观调控下，充分发挥市场配置资源的基础性作用，激发市场主体的积极性和创造性。

制定经济政策。围绕经济结构的战略性调整,制定和实施产业发展政策、地区发展政策、城镇化政策、投资政策等,引导资源配置方向,提高资源配置效率。调整收入分配政策,逐步缩小收入差距。制定消费政策,提高居民生活质量。适应加入世界贸易组织的新形势,完善对外经济政策,发挥比较优势,保障国家经济安全。合理配置财政性资金、政策性金融、国家统借内外债、国家外汇储备以及国家物资储备、国有土地和国有资产存量等公共资源,发挥政府对资源配置的引导和带动作用。

整治市场秩序。制定和完善维护市场秩序的规则,反对垄断和不正当竞争,保证市场竞争机制的有效运行。完善市场监督机制,运用现代科技手段,加大监管力度。严厉打击制售假冒伪劣产品的行为,保护生产者和消费者合法权益。禁止价格欺诈、价格垄断、价格歧视、低价倾销等不正当价格行为。加强对建设项目的监管,加大稽察力度,严肃查处工程建设领域虚假招投标、虚假合同等违法行为。加强质量与标准化、计量基础工作,建立健全质量标准和计量检测体系,强化质量技术监督。严格资质认定,强化行业自律,提高中介组织的质量。在全社会强化信用意识,整肃信用秩序,建立严格的信用制度,

依法惩处经济欺诈、逃废债务、不履行合约、侵犯知识产权等不法行为。严禁经济工作中的弄虚作假,保证基础信息、基础统计的真实性、准确性。

提供公共服务。政府配置资源的重点要逐步转向为全社会提供充足优质的公共产品和服务。主要是促进教育发展，加强基础研究和重大应用研究，健全社会保障体系，完善公共基础设施，发展公共事业，保护国土资源，加强生态建设和环境保护，维护社会治安，确保国家安全等。合理划分中央与地方的事权，充分发挥地方政府的积极性。

集中力量办大事。在组织实施城镇化、科技和教育、人口就业和社会保障、生态环境、水利、能源、交通、西部开发、信息化、加入世界贸易组织等重点专项规划时，中央政府将在关系全局的关键领域和薄弱环节，推动或直接投资建设一批重大工程，确需中央政府投资的项目，建设资金纳入中央预算。

政府有关部门要面向社会、面向群众，广泛宣传本纲要，在全社会形成关心和参与规划实施的氛围。在制定和实施年度计划时，要贯彻落实纲要提出的目标和任务，有关部门要针对所负责领域的任务，制定具体措施。各级地方政府在经济工作中，要从实际出发，贯彻好本纲要的精神。

加强规划实施的跟踪分析，特别要加强对经济增长率、失业率、通货膨胀率、国际收支等宏观调控目标的监测预警，自觉接受人民代表大会及其常务委员会的监督检查。当国内外环境发生重大变化或因其他重要原因使实际经济运行严重偏离本纲要提出的目标时，国务院要提出调整方案，报请全国人民代表大会常务委员会审议批准实施。

继续按照“一国两制”方针和基本法，全力支持香港、澳门特别行政区政府依法施政，维护香港、澳门的长期繁荣稳定。巩固和加强香港国际金融、贸易、航运中心的地位，加强港澳台与内地的经济合作及交流。

“十五”计划是进入新世纪的第一个五年计划，是开始实施现代化建设第三步战略部署的第一个五年计划，也是社会主义市场经济体制初步建立后的第一个五年计划。全国各族人民要在中国共产党的领导下，紧密团结在以江泽民同志为核心的党中央周围，高举邓小平理论伟大旗帜，振奋精神，开拓进取，扎实工作，为实现“十五”计划的目标，为建设富强民主文明的社会主义现代化国家和早日完成祖国统一大业而努力奋斗！

2000 年中央经济工作会议

中共中央、国务院于 2000 年 11 月 28 日至 30 日在北京召开中央经济工作会议，江泽民、李鹏、朱镕基、李瑞环、胡锦涛、尉健行、李岚清出席了会议。

中共中央总书记江泽民在会上发表了重要讲话。讲话全面总结了 2000 年的工作，分析了当前形势，提出了明年经济工作的总体要求和主要任务。中共中央政治局常委、国务院总理朱镕基就明年经济工作部署作了重要讲话。

会议指出，2000 年是我国经济工作取得显著成绩的一年。根据经济发展的要求，我们坚持扩大内需的方针，继续实行积极的财政政策和稳健的货币政策，大力推进经济结构调整，加强农业基础，加大国有企业改革和脱困的力度，实施西部大开发战略，采取多种措施扩大出口。这些重大措施取得了明显成效，国民经济保持了较快的发展势头，呈现出积极的变化。投资、消费和出口增长加快，社会需求进一步回升；结构调整稳步推进，基础设施建设得到加强；经济体制改革取得新的进展，国有大中型企业改革和脱困三年目标基本实现；企业效益和财政收入大幅增加，经济运行质量进一步提高。这些明显的变化，标志着我们已经克服了亚洲金融危机带来的困难，扭转了近两年增长速度下滑的局面，国民经济发展出现了重要转机。科技教育改革与发展取得重要进展，人口、资源、环境和文化、卫生、体育等各项事业全面推进。按照“三个代表”的要求，全党从理论和实践的结合上认真研究党建问题，全面加强党的建设特别是干部队伍建设。“三讲”教育深入开展。反腐败斗争力度进一步加大。精神文明建设和民主法制建设取得了新的进展。

几年来的实践充分证明，中央作出的扩大内需、调整结构和深化改革、扩大开放等一系列重大举措，是正确的、有效的；各地区、各部门贯彻落实党的路线方针政策，是坚决的、得力的。总结这几年的经验，最基本的就是坚持用发展的办法解决前进中的问题，根据形势的发展和变化，适时调整宏观经济政策，并在实践中不断完善。全党要认真总结和深化对经济工作规律的认识，在发展社会主义市场经济和扩大对外开放的条件下，不断提高领导经济工作的水平和驾驭经济全局的能力。

会议认为，2001 年的经济工作，总体上面临着比较有利的国内外形势。从国际形势看，进入新世纪，和平与发展仍然是时代的主题，我们争取一个较长时期的国际和平环境是可能的。只要把握得当，发挥比较优势，趋利避害，在经济全球化进程中争取一个有利的发展地位是可能的。我国经济运行势头良好，在世界经济发展的大格局中继续保持较快增长是可能的。经过二十多年的改革开放和快速发展，我国生产力水平迈上了一个大台阶，社会主义市场经济体制已经初步建立，国民经济正在朝着良性循环的方向发展。在成功地治理通货膨胀和有效地抑制通货紧缩趋势的过程中，我们积累了丰富的宏观调控经验。尤其重要的是，党的十五届五中全会集中全党智慧，通过了《中共中央关于制定国民经济和社会发展第十个五年计划的建议》，提出了今后五至十年经济社会发展的指导思想、奋斗目标和重大措施，统一了全党意志，明确了前进方向。

会议指出，2001 年是进入新世纪、实施“十五”计划的第一年，是保持经济增长良好势头、乘势前进的关键一年，也是深化体制改革、扩大对外开放的重要一年。经济工作的总体要求是：以邓小平理论为指导，按照“三个代表”的要求，贯彻落实党的十五大和十五届五中全会精神，抓住机遇，加快发展。坚持扩大国内需求的方针，继续实施积极的财政政策和稳健的货币政策，综合运用各种宏观调控手段，巩固和发展经济增长的好形势。依靠体制创新和科技创新，以信息化带动工业化，大力推进经济结构的战略性调整。强化农业的基础地位，加大对农业的支持和保护力度，努力增加农民收入。加快转变企业经营机制，加强企业管理，巩固和扩大国有企业改革和脱困成果。做好加入世界贸易组织的各项准备工作，提高对外开放水平，积极发展开放型经济。多渠道扩大就业，加快建立和完善社会保障体系，进一步改善人民生活。正确处理改革发展稳定的关系，促进国民经济持续快速健康发展和社会全面进步，努力实现“十五”计划的良好开局。

会议提出了明年经济工作需要把握的几个问题：

一、坚持扩大内需的战略方针，加强和改善宏观调控

坚持扩大内需，是我国经济发展的一项长期战略方针。国内市场广阔，这是我国最大的优势。面对国际市场日趋激烈的竞争和世界经济的复杂变化，立足国内需求，可以使我国经济有较大的回旋余地，增强抗御国际经济风险的能力。坚持扩大内需的方针，实质上就是坚持发展是硬道理的重要思想，把发展作为主题。实施积极的财政政策，是当前扩大内需所采取的重大措施。目前，有效需求不足的问题仍然存在。扩大社会投资，鼓励居民消费，使之成为经济增长的主要动力，需要一个过程，通过政府投入拉动经济增长仍然是十分必要的。加强国民经济的薄弱环节特别是农业，也需要继续增加投入。要灵活运用多种方式，促进企业和社会投资增长，引导更多的社会资金参加更多领域的开发和建设。要继续实行稳健的货币政策，努力发挥金融对经济增长的促进作用。金融系统要切实加强监督，严格法纪，确保金融安全、高效、稳健运行。全面落实扩大内需、调整结构、促进消费的各项金融信贷措施。进一步加强货币政策与财政政策的协调配合，灵活运用货币政策手段，调控经济运行。

二、把加强农业和增加农民收入放在经济工作的突出位置

“九五”以来我国农业综合生产能力明显提高，粮食等主要农产品实现由长期短缺到总量平衡、丰年有余的历史性转折。现在突出的问题是农民收入增长缓慢。各级党委和政府必须高度重视这个问题，把千方百计增加农民收入作为明年经济工作的一件大事来抓。继续推进农业和农村经济结构的战略性调整。紧紧依靠科技，优化农产品品种结构，发挥区域比较优势，大幅度提高农业的整体素质和效益。要积极稳妥地实施城镇化战略，加快乡镇企业结构调整和体制创新。农业产业化是在家庭承包经营基础上实现农业规模经营、引导农民进入市场的有效途径和农业结构调整的重要带动力量，应当大力推进和扶持。要正确处理调整农业结构与稳定粮食生产的关系。任何时候都不能忽视农业，不能放松粮食生产。继续贯彻落实按保护价敞开收购农民余粮的政策，保护农民的利益和种粮积极性。粮食播种面积要保持相对稳定。要进一步增加对农业和农村的投入，支持农田水利建设、农业生态建设和农业科技推广。注意安排一些有利于农民直接增收，有利于提高农业抗灾能力和改善农村市场条件，有利于提高农业竞争力的建设项目。要加快农村税费改革和农村金融改革，高度重视减轻农民负担，让农民休养生息。认真搞好乡镇机构改革，下决心精简财政供养人员。健全农村金融体系，改善农村金融服务，加强对农业和农村经济的支持。

三、加快体制改革和科技进步，推进经济结构的战略性调整

要把经济结构调整作为主线，明年要迈出大的步伐，有新的起色。结构调整必须紧紧依靠深化改革和体制创新，以企业为主体。要努力扩大改革和脱困成果，坚韧不拔地推进国有企业改革和发展。国有经济布局的战略性调整要与经济结构的战略性调整结合起来。根据企业的不同情况，实行优胜劣汰、有进有退的调整，做到进而有为，退而有序，抓大要强，放小要活。发展一批主业突出、管理水平高、竞争能力强的大型企业集团。加快垄断性行业的改革步伐，引入竞争，增强活力。国有大中型企业要按照建立现代企业制度的方向，加快推进规范的公司制改革，推动股份制改造，完善法人治理结构。要加强国有资产管理，建立规范的监督机制，落实保值增值责任。抓紧一批重点骨干企业的技术改造，提升技术结构和产品结构，继续淘汰落后生产能力，防止盲目上项目，搞低水平重复建设。各级政府部门要切实转变职能，加强服务，为企业改革和公平竞争创造良好环境。

科技进步是提高国民经济整体素质的决定性因素。要以科技创新为动力，促进结构升级。大力发展我国具有比较优势和市场潜力的高新技术产业，以信息化带动工业化，积极推动信息技术在各行业的广泛运用，大力开发支持结构调整和产业升级的共性技术和关键技术。加快科技体制改革步伐，进一步完善国家科技创新体系。

结构调整要立足于基本国情。因地制宜，发挥比较优势，注意处理好三个关系。一是高新技术产业与传统产业的关系。二是技术资金密集型产业与劳动密集型产业的关系。三是东部、中部发展与西部开发的关系。“十五”期间要办几件大事，抓好有战略意义的重大项目建设。从长远来看，我国经济发展在水资源、能源、交通等方面存在不少制约因素。西气东输、西电东送、交通网络干线等基础设施，要抓紧建设。加强生态建设和环境保护，实现可持续发展，也要高度重视。

四、做好加入世界贸易组织的各项准备工作，迎接对外开放新阶段

加入世贸组织，标志着我国对外开放进入了一个新阶段，我们将在更大范围内和更深程度上参与经济全球化进程，总体上符合我国的根本利益和长远利益。这既是机遇，也是挑战。政府管理经济的方式、企业经营机制、经济运行规则和环境等，都需要进行深刻的变革。要扎扎实实做好加入世贸组织的准备工作。各类企业特别是国有企业，要加快机制转换和结构升级，努力提高竞争能力。要抓紧清理、修订和完善相关经济法律法规。抓紧培养一大批熟悉世贸组织规则、适应竞争需要的高素质专业人才。对外开放首先要对内开放，必须打破部门垄断和地区封锁，消除对各种所有制经济市场准入的不合理限制。要努力扩大出口，积极有效利用外资。

五、注意关心和解决好人民生活问题

不断改善人民生活，是我们党全心全意为人民服务宗旨和“三个代表”要求的最终体现，是处理好改革发展稳定关系的结合点。多渠道扩大就业，是增加城乡居民收入的重要途径。各级党委和政府要把扩大就业作为重要的工作目标。要大力发展多种所有制经济，努力扩大就业门路。完善的社会保障体系是社会主义市场经济体制的重要支柱。明年要在试点的基础上，进一步推进城镇职工基本养老保险、失业保险、基本医疗保险制度及医药卫生体制改革，建立和完善城市居民最低生活保障制度。要继续搞好扶贫开发，关心城市低收入群体。各级党委和政府必须始终坚持“一要吃饭，二要建设”的原则，把人民生活放在优先位置，绝不能为了追求所谓的“政绩”，不顾条件，盲目攀比，搞这样那样的“形象”工程。

六、加强精神文明建设，促进社会全面进步

要坚持两手抓、两手都要硬，把加强精神文明建设摆到重要位置。要加快人才队伍建设和提高国民素质。制定和实施人才战略，加快培养和吸引现代化建设急需的各类人才，特别是高层次人才；进一步深化干部人事制度改革，营造尊重人才、鼓励创业的社会环境。要大力加强文化建设，把握时代精神，坚持正确方向，充分利用多种形式特别是广播影视、互联网等现代传媒手段，努力巩固和拓展社会主义文化阵地，形成健康向上的舆论环境、文明和谐的社会氛围和丰富多彩的文化生活。要积极建立适应社会主义市场经济发展的思想道德体系。实行继承优良传统与弘扬时代精神相结合，尊重个人合法权益与承担社会责任相统一，注重效率与维护社会公平相协调，把先进性要求与广泛性要求结合起来，努力形成与经济和社会发展相适应的健康和谐、积极向上的思想道德规范。要在全社会强化信用意识，加强公民诚实守信的道德教育。依法严厉打击制假售假、偷税骗税、经济欺诈、恶意逃废债务等行为，创造良好的市场秩序。

会议从十个方面具体部署了明年的经济工作：一、加强农业基础地位，努力增加农民收入；二、大力调整和优化产业结构；三、进一步深化国有企业改革；四、加快完善社会保障体系，努力扩大就业；五、继续实施积极的财政政策；六、继续实施稳健的货币政策，切实加强金融监管；七、扎扎实实推进西部大开发，促进地区协调发展；八、把对外开放提高到新水平；九、推进科技进步和加强人才培养；十、切实加强管理，整顿和规范市场经济秩序。

会议强调，明年，我们将按照五中全会规划的蓝图，开启现代化建设的新征程。中央要求，必须认清形势、坚定信心，统揽全局、把握重点，狠抓落实、乘势前进。实现这些要求，必须加强和改善党对经济工作的领导。

——努力提高经济工作的领导水平。一是要努力把握新形势下经济发展的规律性。努力掌握做好领导工作所必需的市场经济知识和科学技术知识，增强按国际通行规则办事和依法行政的能力。二是要加强对经济工作重大关系的研究，掌握工作的主动权。

——始终注意保持社会稳定。完成明年和“十五”期间的各项任务，稳定是前提。深化体制改革和推进经济结构调整，不可避免地要引起各种利益关系的调整。各级领导干部要深入群众，体察民情，与群众同甘共苦。要深入基层，主动排查各种矛盾和隐患。要切实加强社会治安综合治理，确保一方平安，保证人民群众安居乐业。

——牢固树立脚踏实地的工作作风。今后五年的大政方针已经确定，明年的各项任务也已经明确，现在的关键是各级领导干部都要真抓实干，加强具体指导，着力解决实际问题，切实把中央的要求落到实处，取得成效。现在官僚主义和形式主义的东西不少，对党和国家的事业危害很大。各地各部门都要认真检查一下这方面的突出问题，下决心使作风有一个大的转变，工作有一个新的气象。当前特别要重视用党的十五大和十五届五中全会精神统一全党全国人民的思想，把党心民心进一步凝聚起来，为完成我们的各项任务而团结奋斗。

出席这次会议的中央领导同志还有丁关根、李长春、李铁映、吴邦国、吴官正、迟浩田、张万年、罗干、姜春云、贾庆林、钱其琛、黄菊、温家宝、曾庆红、吴仪、邹家华、彭珮云、周光召、司马义·艾买提、王忠禹、肖扬、韩杼滨、王兆国、宋健和中央军委委员傅全有、王克、王瑞林、曹刚川、郭伯雄、徐才厚。

各省、自治区、直辖市和计划单列市、新疆生产建设兵团的党政主要负责同志，党中央有关部门、国务院各部委和有关单位的主要负责同志，解放军各总部和武警部队负责同志出席了会议。

第一部分

宏观综论

本栏目由北京市政府协办

国民经济和社会发展概况

关于2000年国民经济和社会发展计划执行情况与2001年国民经济和社会发展计划草案的报告

2001年3月6日在第九届全国人民代表大会第四次会议上

国家发展计划委员会主任　曾培炎

一、2000年国民经济和社会发展计划执行情况

过去的一年，在中国共产党的正确领导下，全国各族人民团结奋斗，国民经济和社会发展取得显著成绩，整体经济运行出现了走向良性循环的重要转机，计划执行情况是好的。

国民经济保持较快发展，增长质量和效益不断提高。国内生产总值完成89404亿元，增长8%，增幅比上年提高0.9个百分点。价格总水平止跌回稳，居民消费价格上涨0.4%。规模以上工业企业实现利润4262亿元，同比增长86.2%。其中，国有及国有控股企业实现利润2392亿元，增加1.4倍。工业品销售率97.71%，比上年提高0.46个百分点。

经济结构调整积极推进，有效供给能力进一步增强。农业结构调整迈出新步伐。优质专用小麦、优质早稻和大豆种植面积扩大较多。在遭受严重旱灾的情况下，粮食总产量达到4625亿公斤。重要农作物生产开始向优势产区集中。肉禽蛋奶和水产品产量稳定增长。高技术产业快速发展，成为新的增长点。电子通信产品制造业总产值首次突破1万亿元，成为制造业中第一大产业。移动通信手机增长130%，半导体集成电路增长51.5%。固定电话网和移动电话网规模均位居世界第二。以企业为主体的技术创新体系建设进一步加强，产学研合作项目14万个。纺织行业结构调整的重点从压缩淘汰落后生产能力逐步转到提高产品质量和档次，使一批企业增强了竞争力。煤炭、冶金、石油、化工、机械、建材、制糖等行业淘汰落后生产能力、加快产品结构调整也取得积极进展。

固定资产投资稳定增长，国债项目建设成效显著。全社会固定资产投资完成32619亿元，比上年增长9.3%。电子工业和科研技术服务业的基本建设投资分别增长48.9%和19.2%，技术改造投资增长13.2%。西部地区投资增长14.4%，分别高于东部和中部地区6.1和0.6个百分点。

中央财政增发国债对促进经济社会发展发挥了重要作用。三年来，共发行长期建设国债3600亿元，带动地方、部门、企业投入配套资金和银行贷款共7500亿元，集中力量办成一些多年想办而未办成的大事。一是加快了基础设施建设。加固大江大河大湖堤防16000多公里，新增节水灌溉面积6500万亩。新增公路通车里程174000公里，其中高速公路10230公里。增加铁路新线2070公里。基本完成农村电网建设与改造工程的县（区、市）达1000个，新建和改造高、低压线路近200万公里。建成和在建国家储备粮库仓容700多亿斤。城市供水、供热、供气和污水处理能力得到改善。二是推进了企业技术进步和产业升级。支持了300多个高技术产业化项目，880个项目列入国债重点技术改造贴息计划。三是加强了生态建设和环境保护。启动了重点地区生态环境建设综合治理、天然林资源保护、天然草场保护和中西部地区坡耕地退耕还林还草试点工程。

支持北京环境污染治理工程，开展京津风沙源区的治理。建成“三河三湖”流域水污染治理项目44个。这些重点地区生态环境状况有了初步改善。四是促进了社会事业发展。建设教学、实验、科研等基础设施项目694个，改善了高等院校办学条件。各地区、各有关部门不断完善国债项目管理措施，加强重大项目稽察工作。严肃查处一些挪用建设资金、工程发包违规操作和存在严重质量问题的项目，保证了工程质量和资金安全。

消费需求稳步回升，人民生活继续改善。社会消费品零售总额达34153亿元，实际增长11.4%。住房、旅游等新的消费热点逐步形成。个人购买商品住宅的支出增长50.6%，占全部商品住宅销售额的84.8%。春节、“五一”和“十一”成为假日消费“黄金周”。全年国内共有7.4亿人次出游，旅游收入3176亿元，增长12.1%。城镇居民人均可支配收入和农民人均纯收入分别达到6280元2253元，扣除价格因素影响，实际增长6.4%和2.1%。城镇和农村人均居住面积分别达到10和25平方米。扶贫教育工程取得进展。扶贫开发力度加大，尚未解决温饱问题的农村贫困人口继续减少，“八七”扶贫攻坚目标基本实现。

财政收入大幅度增长，金融运行保持平稳。全国财政收入13380亿元，比上年增长16.9%；支出15879亿元，增长20.4%。全国财政收支相抵，支出大于收入2499亿元，其中中央财政赤字2598亿元，比调整预算确定的赤字数额减少200亿元，地方财政节余99亿元。继续实行稳健的货币政策，运用信贷政策引导贷款投向。年末广义货币供应量（M_2）、狭义货币供应量（M_1）分别增长12.3%和16.0%，全年现金净投放控制在1500亿元以内。全部金融机构各项贷款余额9.9万亿元，当年增加1.3万亿元。实行了个人存款实名制。年末国家外汇储备达到1656亿美元，增加109亿美元。

国有大中型企业改革和脱困三年目标基本实现，其他各项改革不断深化。国有大中型骨干企业建立现代企业制度工作取得积极进展，实施“债转股”，扩大企业上市规模和向国有重点大型企业派出监事会，促进了国有企业经营机制的转变和经营状况的改善。1997年底亏损的6599户国有及国有控股大中型工业企业，到2000年底减少了70%以上。社会保障体系建设步伐加快。确保国有企业下岗职工基本生活费和企业离退休人员基本养老金按时足额发放工作得到加强。基本养老金社会化发放率超过90%，失业保险制度逐步建立，基本医疗保险制度开始实施。

价格改革进一步推进。农村电网改造和农电体制改革已经完成的地区逐步实现城乡同网同价。国内成品油价格与国际市场逐步接轨。整顿药品和医疗服务价格秩序取得成效。取消了涉及交通车辆方面的238项收费。进行了电信资费检查，开展了旅游、电力、成品油价格和公安部门收费、农村中小学教育收费等专项检查。

粮棉流通体制改革取得新进展。国有粮食企业大量亏损的局面得到扭转。初步建立了中央储备粮垂直管理体制。粮食、棉花仓储设施建设力度加大。国家通过市场公开竞卖方式，抛售库存棉花和食糖，有效地调节了市场供求和价格水平。

西部大开发陆续展开，战略构想开始实施。研究制定了西部开发总体规划，出台了实施西部大开发的若干政策措施。西部地区交通、能源和水利建设积极推进。西安至南京和重庆至怀化铁路、重庆轻轨、青海涩北经西宁至兰州输气管线等新开工项目进展顺利。“西气东输”和“西电东送”等重大工程前期工作加快，贵州洪家渡、引子渡和乌江渡水电站，以及云南宣威60万千瓦电厂和一批高压输电线路开工建设。在建大中型项目进度加快。退耕还林还草试点工作稳步推进，试点地区共完成退耕还林还草面积1129万亩，宜林荒山荒地造林种草787万亩。天然林资源保护工程进展顺利。防沙治沙、水土保持综合治理等工程稳步展开。科技教育加大了对西部地区的支持力度。

外贸进出口增长迅猛，利用外资质量进一步提高。对外贸易摆脱了亚洲金融危机的不利影响，进出口强劲增长，贸易结构进一步改善。进出口总额4743亿美元，比上年增长31.5%，其中出口增长27.8%，进口增长35.8%。机电产品出口1053亿美元，增长36.9%，占出口总额的42.3%。高新技术产品出口增长50%，占总出口额的14.9%。国内短缺的机械设备、原材料和工业中间产品进口增长较快。

利用外资形势好转。新批外商投资项目比上年增长32.1%，合同利用外资金额增长51.3%。实际利用外资590亿美元，其中外商直接投资407亿美元。一些大型企业集团在境外股票市场上市取得成功。积极推动“走出去”开放战略的实施，引导和鼓励有条件的企业对外投资。境外开发资源和生产加工项目取得进展，高新技术研究开发项目增多。多边和双边经贸关系取得重大进展，我国加入世界贸易组织谈判进入最后阶段。

实施科教兴国战略取得新进展，各项社会事业全面进步。科学技术在一些领域取得重大突破。“风云二号”气象卫星发射成功，使我国成为世界上能够同时研制、生产和发射太阳同步轨道和地球同步轨道气象卫星的第三个国家。超级杂交水稻研究取得重大成果，大规模并行计算机系统“神威Ⅰ”主要技术指标和性能达到国际先进水平，高速宽带互联网开通，在世界上首创电磁式生物芯片。国内独立研制的第一台类人型机器人问世，标志着我国机器人技术已跻身国际先进行列。科研院所管理体制改革取得重要进展。民营科技企业迅速崛起。国家创新体系建设逐步推进。

各级各类教育全面发展，素质教育继续推进。全国基本普及九年义务教育通过验收的人口地区覆盖率达到85%，青壮年文盲率下降到5%以下，“两基”目标初步实现。高等教育管理体制改革取得重大进展。普通高校招生221万人，比上年增加61万人。成人高等教育快速发展。“211”工程一期建设目标如期实现。

文化艺术、新闻出版、广播影视、社会科学、计划生育、卫生、体育和文物保护等各项事业发展加快。广播、电视人口综合覆盖率分别达到92.1%和93.4%。人口自然增长率控制在预期目标之内。医药卫生体制改革取得重要进展。社会主义精神文明建设和民主法制建设进一步加强。我国体育健儿在第27届奥运会上，创造了参加奥运会以来的最好成绩，极大地激发了全国人民的爱国热情和团结奋斗精神。

2000年国民经济和社会发展取得的成绩来之不易，这是全国人民共同努力奋斗，认真贯彻执行中央一系列正确决策的结果。这些成绩标志着我国第九个五年计划胜利完成，现代化建设第二步战略目标已经实现，为实施第三步战略部署奠定了坚实基础。与此同时，我们也清醒地看到，当前经济和社会生活中还存在一些不可忽视的矛盾和问题。有效需求正常增长的机制尚未完全形成，经济回升的基础还不稳固。社会投资不够活跃，集体和私营、个体投资增幅虽有所回升，但对整个社会投资增长的作用仍然有限；扩大消费还存在一些制约因素，启动农村消费市场仍需进一步努力；出口商品结构不尽合理，部分商品缺乏竞争力。农业抵御自然灾害能力不强，农产品价格持续低迷，农民收入增长缓慢，一些粮食主产区的农民收入还有所减少。产业结构还不尽合理，一般加工工业生产能力过剩的矛盾仍较突出，技术含量较高的新兴产业所占比重还不大。地区经济发展不够协调，农村剩余贫困人口的进一步脱贫任务仍很艰巨。国有企业经营机制尚未根本转变，创新能力较弱，部分企业经营比较困难。城镇就业压力加大，国有企业下岗职工还有600多万人没有实现再就业。部分地区养老保险基金入不敷出，工资和离退休费正常发放还有一定困难。收入分配不合理的矛盾有所加剧。一些地区制售假冒伪劣商品和偷税、骗税、骗汇、走私活动猖獗，社会信用紊乱，违反财经纪律的行为屡禁不止。少数国家工作人员以权谋私、贪污腐化、奢侈浪费现象还比较严重。安全生产存在不少隐患，重大特大事故给人民生命财产造成严重损失。有些地方社会治安状况不好。对这些问题，各有关方面都很重视，已经并将继续采取措施，认真加以解决。

二、2001年经济社会发展调控目标和主要任务

2001年是新世纪的第一年，是迈向第三步战略目标、实施“十五”计划的第一年，也是保持经济增长良好势头、乘势前进的关键一年。做好今年的经济工作，对于保持国民经济持续快速健康发展，为“十五”计划开好头、起好步，具有非常重要的意义。

今年经济工作的总体要求是：以邓小平理论为指导，按照“三个代表”的要求，贯彻落实党的十五大和十五届五中全会精神，抓住机遇，加快发展。坚持扩大国内需求的方针，继续实施积极的财政政策和稳健的货币政策，综合运用各种宏观调控手段，巩固和发展经济增长的好形势。依靠体制创新和科技创新，以信息化带动工业化，大力推进经济结构的战略性调整。强化农业的基础地位，加大对农业的支持和保护力度，努力增加农民收入。加快转变企业经营机制，加强企业管理，巩固和扩大国有企业改革和脱困成果。做好加入世界贸易组织的各项准备工作，提高对外开放水平，积极发展开放型经济。多渠道扩大就业，加快建立和完善社会保障体系，进一步改善人民生活。正确处理改革发展稳定的关系，促进国民经济持续快速健康发展和社会全面进步，努力实现“十五”计划的良好开局。根据这一要求，2001年国民经济和社会发展的主要预期目标是：

——经济增长率7%；

——全社会固定资产投资增长10%左右；

——居民消费价格总水平上涨1%—2%；

——进出口总额增长8%左右；

——中央财政赤字控制在2598亿元以内；

——货币发行量1500亿元以内；

——城镇登记失业率控制在4%以内；

——人口自然增长率控制在10‰以内。

2001年国民经济和社会发展的主要任务是：

（一）坚持扩大内需的战略方针，努力保持国民经济的较快发展

坚持扩大内需，是我国经济发展的一项长期战略方针和基本立足点，也是解决当前经济生活中各种矛盾和问题的重要措施。为了保持经济发展的良好势头，必须坚持这一方针。近期要继续实行积极的财政政策和稳健的货币政策，努力增加有效需求。

采取积极措施，促进全社会固定资产投资较快增长。固定资产投资的重点是：抓好在建国债项目，加快农林水利、交通通信、城市基础设施和环境保护、城乡电网建设与改造、国家储备粮库建设，支持企业技术改

造和高技术产业化，加强科教基础设施建设，落实西部大开发、加快中西部地区发展的战略部署。开工建设一批重大工程项目，主要有：淮河临淮岗洪水控制工程、嫩江尼尔基水利枢纽、右江百色水利枢纽、青藏铁路、西气东输管道工程、兰州经成都至重庆输油管道、广西龙滩水电站、广州新白云机场、吉林燃料酒精项目、海南天然气化肥厂、天津引滦水源保护工程、山西王曲电厂、浙江桐柏抽水蓄能电站，以及推进全国电网联网的贵州至广东、三峡至广东、三峡至华东三条500千伏直流输电工程。新建一批公路国道主干线和地区干线，包括京福路的福建和江西段、京珠路河南新乡至郑州段，以及北京至河北承德干线等。加快云南小湾水电站、塔里木河及黑河综合治理工程、上海国际航运中心、西北和西南进出境铁路的前期工作。抓紧做好南水北调的前期论证和各项准备工作，争取尽早开工建设。加快辽宁东水西调工程和山东胶东半岛引黄供水工程的前期工作。今年要建成投产一批重大项目，包括上海宝钢三期、江苏南京长江第二大桥、福建棉花滩水电站、湖南江垭水利枢纽、广东和海南粤海铁路通道、四川和云南的内昆线。继续抓好工程质量和资金管理，加强项目监管和稽察。清理和取消限制社会投资的不合理规定，创造平等竞争的环境，鼓励和引导非国有经济增加投资。

启动市场、扩大消费是增加有效需求的关键环节。改革福利型消费体制，完善鼓励消费的政策措施。继续清理和取消用电、买房、通信和购车等方面抑制消费的规定。建立健全个人信用制度，积极发展消费信贷。完善住房公积金制度，加快放开住房二级市场，培育住房租赁市场。进一步促进旅游观光、教育培训、社区服务、文化娱乐、体育健身和卫生保健等产业发展，拓宽消费领域，增加服务性消费。大力改善消费环境。继续加强城乡水、电、路、通信等基础设施建设，为扩大消费营造良好环境。

（二）巩固和加强农业基础地位，千方百计增加农民收入

加强农业和农村基础设施建设。加快长江、黄河等大江大河大湖堤防工程、疏浚工程和枢纽工程的建设步伐，加固病险水库。抓紧完成长江流域的平垸行洪、退田还湖、移民建镇续建工程，搞好蓄滞洪区建设。抓好大型灌区以节水为中心的配套与改造，重视解决农村人畜饮水困难。加大种子工程、畜禽水产良种工程和动植物保护工程建设力度。加强国家大型商品粮、优质农产品基地和农产品产地批发市场建设。基本完成全国农村电网改造，加快实现城乡用电同网同价，改善农村生产生活条件。

推进农业和农村经济结构调整。要切实保护好基本农田及配套农业设施。粮食主产区要继续发挥粮食生产优势，稳定粮食生产能力。建立农产品市场信息系统，引导农民适应市场需求变化，调整品种结构，扩大优质品种和专用品种生产。发展出口创汇农业。加快建立食品安全和质量标准体系。加快发展畜牧水产养殖业，扩大粮食、畜产品等农产品加工转化。重点扶持有条件的龙头企业建设农产品生产、加工、出口基地，引导龙头企业与农户在农业产业化经营的分工协作中互惠互利，共同发展。积极稳妥地发展小城镇，推进乡镇企业结构调整和技术进步。

多渠道增加农民收入。促进农村富余劳动力向多种经营、乡镇企业转移，引导农民外出务工有序流动，更多地吸纳农村劳动力参加基础设施建设。健全农村金融体系，改善农村金融服务，加强对农业和农村经济发展的金融支持。加快农村税费改革，切实减轻农民负担。

努力解决尚未脱贫人口的温饱问题，防止和减少返贫现象。加大中西部少数民族地区、革命老区、边疆地区和特困地区的扶贫工作力度。坚持开发式扶贫，多渠道增加扶贫资金，努力改善贫困地区的基本生产生活条件。有计划地在自然条件恶劣、不适于生存的地区开展易地扶贫试点工作。

（三）保持积极财政政策的连续性，继续执行稳健的货币政策

从经济发展的要求看，由于社会投资持续增长的机制尚未形成，要保持投资对经济增长的拉动力，巩固和发展当前经济回升的良好态势，仍需继续实施积极的财政政策，并保持必要的力度。当前，物资供应充裕，社会资金相对宽余，有条件继续发行适当规模的国债。综合考虑各方面因素，建议今年由中央财政向商业银行发行1500亿元长期建设国债。全年全国财政预算收入14760亿元，支出17358亿元，中央财政赤字控制在2598亿元以内，地方财政收支平衡。发挥积极财政政策的效应，以政府投资带动社会投资和消费增长。新增国债投资除部分用于西部开发重大工程外，集中用于在建国债项目，使其尽快建成发挥效益。进一步做好增收节支工作，严格依法治税。

继续实行稳健的货币政策。全面落实扩大内需、调整结构、促进消费的各项金融信贷措施，在注重防范风险、提高资产质量的基础上，积极支持各方面对资金的合理需求。根据经济发展的需要，适时调节货币供应量。今年广义货币供应量（M_2）预期增长13%—14%，狭义货币供应量（M_1）增长15%—16%，现金净投放控制在1500亿元以内，全部金融机构贷款增加1.3万亿元。要进一步加大对各类金融机构的监管力度，降低不良贷款比率，提高盈利水平和资本充足率。继续做好中小金融机构的整顿、改革和重组工作，发挥中小金融机构的作用。强化证券市场的稽核监管力度，完善股票发行核准制度，保证上市公司质量。继续加强保险市场监管，促进保险业持续、健康、有序发展。

（四）调整和优化产业结构，不断提高经济运行的质量和效益

加快高技术产业发展。做好新一代高速宽带信息网络、数字高清晰度电视、广播电视直播卫星系统、生物技术、洁净煤技术等一批高技术工程的前期准备和组织实施工作。启动软件、第三代移动通信、水资源综合利用、现代中药产业化等一批重大专项。促进创业投资发展，培育有利于高技术产业发展的市场环境。

推进国民经济和社会信息化。积极推动信息技术在各行业的广泛应用，着力发展电子政务和电子商务，推进企业信息化。搞好信息基础网络建设。大力发展软件和集成电路产业，支持新型元器件、计算机网络产品、数字视听产品的发展，增强信息化装备制造和系统集成能力。大力振兴装备制造业。依托重大项目，加快重点装备制造企业的技术改造，开发市场急需产品。着力抓好环保设施、城市轨道交通设备、石油化工装备、大型超临界发电机组、直流输变电、燃气轮机的开发和制造。

加快传统产业的改组改造。着力抓好石油化工、钢铁、有色金属的短缺品种生产和节能降耗改造，大力发展新型建材，加快汽车工业组织结构调整。积极开发应用节水、节油技术，推广煤炭清洁燃烧和转化技术，搞好燃料酒精使用的试点，开发新能源和可再生能源，促进能源结构调整。进一步淘汰落后设备、技术和工艺，依法关闭浪费资源、污染严重、不具备安全生产条件的企业。

积极调整、发展第三产业。改造和提高传统服务业，发展旅游、信息、会计、咨询、法律服务等现代服务业，努力提高服务业增加值占国内生产总值的比重及其从业人员占全社会从业人员的比重。

（五）巩固和扩大国有企业改革和脱困成果，积极推进各项改革

进一步深化国有企业改革。建立和完善全国统一、公平竞争、规范有序的市场体系，着力发展资本、劳动力、技术等生产要素市场，为国有企业的改革和发展创造条件。发展一批主业突出、管理水平高、竞争力强的大型企业集团。推动国有大中型企业的股份制改造，除少数国家垄断经营的企业改制为国有独资公司外，鼓励其他大中型企业通过规范上市、中外合资和相互参股等形式，改制为多元持股的有限责任公司或股份有限公司。关系国家经济命脉和国家安全的重要企业必须由国家控股。加快建立现代企业制度，规范法人治理结构，探索国有资产管理的有效形式。建立健全科学决策制度，全面改进和加强企业管理。深化企业内部人事、劳动和分配制度改革。采取多种形式放开搞活中小企业。加快完善社会保障制度，做好完善城镇社会保障体系的试点工作，稳步推进国有企业下岗职工基本生活保障向失业保险并轨。通过调整财政支出结构、减持国有股等方式，充实社会保障资金。坚持公有制为主体、多种所有制经济共同发展的基本经济制度，支持、鼓励和引导私营、个体企业尤其是科技型中小企业健康发展。

加快转变政府职能。要在减少对企业的行政性审批、打破行业垄断两方面取得明显进展。努力推进投融资体制改革。继续清理行政审批事项，能精减的精减，可改为备案的改为备案管理，需要保留的也要简化程序，规定时限，改进服务，为各类经济主体发展营造宽松的政策环境。

继续推进价格改革。进一步完善价格形成机制，打破行业垄断和地区封锁。规范供电、供气、供水、电信、交通、医疗、教育等行业的价格行为。推进石油、天然气、水、电、药品和医疗服务价格改革。提高政府价格决策的科学性和透明度。推进交通和车辆税费改革。

进一步深化粮棉流通体制改革。继续完善粮食流通体制改革的各项措施，健全粮食工作省长负责制。适当扩大中央储备粮规模，增强国家宏观调控能力。有条件的粮食主销区，要加快粮食购销市场化改革；粮食主产区要继续坚持“三项政策、一项改革”，坚持按保护价敞开收购农民余粮。国有粮食购销企业要加大改革力度，切实成为自主经营、自负盈亏的经济实体。认真搞好粮食清仓查库。拓宽棉花流通渠道，加强市场和质量管理。

（六）努力扩大就业，关心和解决好人民生活问题

推行多种就业方式，拓宽就业门路。大力发展多种所有制经济，发展具有市场前景的劳动密集型产业，创造更多的就业岗位。开展多种形式的职业培训，提高劳动技能，促进再就业。引导人们转变择业观念，继续实行鼓励自谋职业的优惠政策。

坚持“一要吃饭，二要建设”的原则，把人民生活放在优先位置。确保国有企业下岗职工基本生活费和企业离退休人员基本养老金按时足额发放，防止发生新的拖欠。适当提高机关事业单位职工基本工资。统一建立艰苦边远地区津贴制度。着力改善低收入群体的生活，继续完善城市居民最低生活保障制度。确保救灾、救济资金及时拨付到位，妥善解决灾区群众和困难居民的生产和生活问题。进一步深化收入分配制度改革，对国有上市公司负责人和技术骨干，试行年薪制和期权制，加强对垄断行业收入分配的监督和管理。加大社会治安综合治理力度。

（七）做好加入世贸组织的各项准备，把对外开放

提高到新水平

深入研究世贸组织规则，抓紧清理、修订和完善相关经济法律法规，建立健全符合我国实际、与世贸组织规则相衔接的涉外法律体系。加快政府职能和经济管理方式的转变，全力推进农业、汽车、石油化工、机电设备制造、电信、金融保险等领域的调整重组，增强竞争能力。大力培养熟悉国际法律和世贸组织规则的高素质专业人才。

实施科教兴贸和市场多元化战略，努力扩大外贸进出口。落实和稳定鼓励出口的各项政策措施，扩大货物和服务出口。优化出口商品结构，增加机电产品特别是高新技术产品出口的比重，提高增值率。组织好国内急需的关键设备、技术和重要原材料的进口。

稳定利用外资规模，提高质量和效益。有步骤地推进服务领域的对外开放。积极创造条件，吸引外资特别是跨国公司投资于高新技术产业，参与国有企业改组改造和基础设施建设。探索采取兼并、投资基金等多种形式，利用国外中长期投资。继续进行外商投资特许权项目，以及利用项目运营权或收益权对外引资的试点。合理利用国际金融组织和外国政府贷款，拓宽贷款使用领域。加强外债管理，防范外债风险。

积极贯彻“走出去”开放战略，更好地利用国内外两种资源、两个市场。加强区域经济合作。建立健全政策支持体系和监管体系，鼓励和引导有比较优势的企业到境外投资办厂，实行跨国经营。

（八）扎扎实实推进西部大开发，促进地区协调发展

加快水利、交通、能源、通信和城市基础设施建设。组织实施好“西电东送”、“西气东输”等重点工程。加快青藏铁路的前期工作，争取早日开工建设。

加强生态保护和建设。加大实施天然林资源保护工程的力度，继续搞好退耕还林还草试点工作，及时兑现各项优惠政策。稳步推进重点地区生态建设综合治理、防沙治沙、天然草地的恢复与建设等工程，加快林草良种基地建设。启动长江三峡库区生态保护和治理工程。

发展各具特色的优势产业。发挥资源优势，建设资源开发、加工、综合利用基地。加快青海钾肥、广西氧化铝工程和造纸用材林基地建设。加强能源基地建设，充分利用水能、太阳能和风能资源等。开发丰富的自然和人文景观资源，大力发展旅游业。加强西部地区农业基础，扶持特色农产品生产。

优先发展科技教育，做好人才的培养、使用和引进工作。加快西部地区科技能力建设。加强基础教育，支持西部各省（区、市）建设一所大学和部分县职业技术教育。做好东西部地区教育对口支援工作。研究制定西部地区人才开发规划和政策，形成优秀人才脱颖而出和人尽其才的机制，加强干部和人才交流。

中部地区要发挥区位优势和综合资源优势，加快发展步伐。东部地区要在体制创新、科技创新、对外开放和经济发展中继续走在前列，积极支持中西部地区发展。

（九）坚持实施科教兴国战略和可持续发展战略，积极发展各项社会事业

加快开发推动结构升级的共性技术、关键技术和配套技术。大力推进新的农业科技革命。加强基础研究和应用基础研究。搞好国家重点实验室建设。促进自然科学与社会科学的交叉融合，推动哲学社会科学以及管理科学的发展。继续完善国家科技创新体系。全面推进知识创新工程试点。进一步深化科技体制改革，积极推进科技成果产业化，切实解决科技与经济脱节问题，努力把企业培育成科技进步和创新的主体。对高新技术产品实行税收支持政策。改进对科技型企业的信贷服务，扩大科技信贷投入。重奖有突出贡献的科技人员。具备条件的企业可以试行科技成果和技术专利作价折股。

加快发展教育事业。加大支持普及中西部地区九年义务教育的力度。在大中城市和经济发达地区逐步普及高中阶段教育。深化办学体制改革，加大教育结构调整力度，着力推进素质教育，加快教育信息化建设步伐。增加资金投入，支持高等院校基础设施建设。启动高等教育“211”二期工程。2001年研究生计划招生16万人，增长24%。普通高等学校计划招生250万人，增长13.1%。鼓励社会力量以多种形式办学。发展多形式、多层次的职业教育和社区教育。加强人才培训建设的投入。

加大环境保护力度。强化城市大气、水、垃圾和噪声污染的综合治理，改善大中城市环境质量。继续抓好“三河三湖”等重点地区的环境整治和以京津地区风沙源为重点的风沙区治理。加强东北、华北、西北和长江中下游等重点防护林体系建设。认真搞好国土资源调查，积极开展矿区生态恢复治理工作。全面推行清洁生产，积极探索污水、垃圾处理的企业化经营途径，大力发展环保产业。积极开展农村环境监测和综合治理，特别注意防治农业化学污染。

促进各项社会事业全面进步。加强社会主义精神文明建设，弘扬民族优秀文化。继续有效控制人口增长，提高人口素质。鼓励多渠道融资，促进文化、卫生、广播影视、新闻出版等各项事业发展。进一步提高广播电视覆盖率。加强文化设施的建设。深化医药卫生体制改革，改善城乡特别是农村卫生服务设施，预防和控制重大传染病流行。大力开展全民健身运动，发展竞技体育。加强公检法司基础设施建设。

三、整顿和规范市场经济秩序，为经济的健康发展创造良好环境

市场经济秩序混乱，是当前经济生活中的一个突出问题，不仅给国家和人民利益造成重大损失，败坏国家信誉和改革开放形象，而且严重影响经济的健康发展，必须下大决心进行治理。造成市场经济秩序混乱的原因是多方面的，很重要的是市场经济法律法规不健全，管理松懈，监督不力，纪律松弛，以及少数公职人员的腐败行为。要把整顿和规范市场经济秩序作为经济工作的重要内容。深化改革，加强法制，标本兼治，突出重点，坚持整顿与建设相结合，争取用一年左右时间取得阶段性成果。

集中力量，大力整治。继续开展打击走私犯罪、打击骗取出口退税和逃汇骗汇、打击制售假冒伪劣商品等专项斗争，全面整顿商品市场、金融市场、资本市场、建筑市场、文化市场，规范经营秩序。重点整治六个方面：一是认真组织严厉打击制售假冒伪劣商品犯罪活动的联合行动。搞好重点商品、重点市场、重点地区、大案要案的清查，重点查处群众反映强烈、涉及人体健康和人身、财产安全的假冒伪劣商品。二是深入开展严厉打击骗取出口退税、走私贩私、逃汇骗汇等专项斗争。重点打击虚开增值税发票、出口骗税作案团伙和“一条龙”作业等犯罪行为。三是继续整顿金融秩序。严肃查处金融机构违法违规经营活动，坚决取缔各种非法金融机构和非法变相从事金融业务活动，依法严惩金融犯罪分子。四是整顿和规范市场主体行为。取缔无资金、无场地、无设备的“三无”企业和无照经营活动，严厉查处企业和中介组织作假账、隐匿收入、出具虚假资信证明等不法行为。五是整顿和规范建筑市场。认真贯彻落实《招标投标法》，严禁在招标投标中弄虚作假和滥用职权非法干预，打击违法分包、转包和“黑箱”操作等行为。六是制止地方保护和市场分割。严厉查处各种不正当竞争行为，打破部门垄断和地区封锁，努力维护市场公平竞争秩序。经贸、财税、价格、银行、证券、外汇、海关、工商行政管理、质检、商检和药品监管等部门，要切实履行职责，相互配合，搞好协调，加强管理，力求取得实效。

整顿和规范市场经济秩序要与严惩违法犯罪分子结合起来，与反腐败斗争结合起来。突破一批涉及面广、数额巨大、危害严重、影响恶劣的大案要案，依法惩处违法犯罪的首恶分子和惯犯，形成对违法犯罪分子的震慑力量。严厉查处国家机关工作人员中与犯罪分子相互勾结，包庇、纵容违法犯罪活动的腐败分子。

建章立制，依法行政。加强社会主义法制建设，建立健全市场规则，规范政府、企业和中介组织行为。清理、废除与国家法律法规相抵触的地方性法规和部门规章。加强海关、出入境检验检疫、税务、工商行政管理、质量技术监督、药品监督、价格检查和项目稽察等执法队伍建设。提高执法人员的政治业务素质，做到严格执法。国家机关工作人员要严格按照法律法规规定的权限和程序行使职权。

严肃法纪，加强监督。健全监控机制，严肃财经纪律，强化管理监督，堵塞各种漏洞，认真查处各种违反财经纪律的行为。加强对垄断行业产品和服务价格的监管。坚决制止价格欺诈等不法行为。继续清理整顿各种乱收费，依法打击逃废债行为。加强市场中介组织建设。各类社会中介组织要逐步与政府部门脱钩，自觉按照公平、公开、公正原则履行法定职能。进一步加强社会监督体系建设。建立健全以法规约束、政府管理、新闻监督和消费者参与为主要内容的社会化监督体系。充分发挥电视、广播、报刊、网络等媒体作用，搞好舆论监督。

加强教育，标本兼治。在全社会普遍开展市场经济法制教育和信用教育，使各方面充分认识整顿规范市场经济秩序的必要性和紧迫性。把依法治国与以德治国结合起来，加强职业道德教育，强化信用意识，牢固树立诚实守信和依法经营观念，形成抵制和打击制假售假、走私贩私、逃汇骗汇等各类违法犯罪活动的社会氛围，自觉维护和创造良好的市场经济秩序。要以改革的精神整顿和规范市场经济秩序，理顺体制，转换机制，规范信用关系。近期，国务院将研究制定相关法规，作出关于整顿和规范市场经济秩序的决定，落实责任，完善措施，加大整治力度，从源头上治理市场经济秩序混乱问题。

狠抓管理，安全生产。这事关人民群众的生命财产安全，事关国民经济的健康运行。要牢固树立安全生产意识。坚持安全第一、预防为主，切实加强管理，认真落实各项制度，增加安全设施投入，搞好设备维修，消除事故隐患。严格安全生产责任制，对发生重大事故的地方和单位要严肃查处，并依法追究当事人和有关领导者的责任。

各位代表，人类已步入新的世纪，我国进入全面建设小康社会、加快推进社会主义现代化的新的发展阶段。我们要紧密团结在以江泽民同志为核心的党中央周围，高举邓小平理论伟大旗帜，认真贯彻落实党的十五大和十五届五中全会精神，认清形势，坚定信心，扎实工作，乘势前进，促进国民经济持续快速健康发展，为完成“十五”计划确定的各项任务奠定基础。

2000 年中央和地方预算执行情况及 2001 年中央和地方预算草案的报告

2001 年 3 月 6 日在第九届全国人民代表大会第四次会议上

财政部部长　项怀诚

一、2000 年中央和地方预算执行情况

2000 年，在党中央的正确领导下，全国各族人民团结奋斗，开拓进取，认真贯彻中央确定的各项宏观调控措施，国民经济出现了重要转机，全社会固定资产投资、社会商品零售总额以及进出口总额都大幅度增长，企业经济效益显著改善，全年国内生产总值增长 8%。党中央、国务院对财政工作予以高度重视，全国人大及其常委会对加强财政管理提出了一系列重要要求。2000 年年初中央举办了省部级主要领导干部财税专题研讨班，江泽民总书记作了重要讲话，全面、系统地阐述了国家财政的重大理论和实践问题，进一步完善了新时期的理财思想，为今后一个时期的财政改革和发展指明了方向。11 月下旬，经中央批准，中组部、财政部、国家行政学院又联合举办了省部级干部财政专题研究班，研究落实开创新世纪财政工作新局面的办法和措施。所有这些，都为推进财政工作和财政改革创造了良好的政治、经济和社会环境。各地区、各部门充分抓住这一难得机遇，努力开拓，扎实工作，狠抓预算执行，各项财政工作取得了较好成绩。

（一）中央和地方预算执行情况都比较好，中央财政赤字较调整预算有所减少

2000 年中央预算确定以后，为了巩固和发展经济回升的良好势头，经九届全国人大常委会第十七次会议批准，调整了中央预算，增加建设性支出 500 亿元，中央财政赤字相应增加 500 亿元。全年预算执行情况是：2000 年中央财政总收入 7584.33 亿元，比预算增加 680 亿元。其中，中央财政本级收入 6986.14 亿元，比预算增加 680 亿元；地方上解中央收入 598.19 亿元，与预算持平。中央财政总支出 10182.54 亿元，比调整预算增加 479.75 亿元。其中，中央财政本级支出 5514.34 亿元，比调整预算增加 213.74 亿元；补助地方支出 4668.2 亿元，比预算增加 266.01 亿元。中央财政收支相抵，赤字 2598.21 亿元，比调整预算赤字 2798.46 亿元减少 200.25 亿元，中央财政债务收入 4180.1 亿元，其中，用于偿还国内外债务本金 1573.58 亿元，弥补当年赤字 2598.21 亿元，补充中央财政偿债基金 8.31 亿元，此外，2000 年中央政府性基金支出 1365.18 亿元。地方财政总收入 11062.17 亿元，比预算增加 628.35 亿元。其中，地方财政本级收入 6393.97 亿元，比预算增加 362.34 亿元；中央补助收入 4668.2 亿元，比预算增加 266.01 亿元。地方财政总支出 10963.29 亿元，比预算增加 529.47 亿元。其中，地方财政本级支出 10365.1 亿元，比预算增加 529.47 亿元；上解中央支出 598.19 亿元，与预算持平。地方财政收支相抵，结余 98.88 亿元，但地区间也不平衡，有的地区还相当困难。中央和地方预算执行数汇总，2000 年全国财政收入完成 13380.11 亿元，比预算增加 1042.34 亿元；全国财政支出完成 15879.44 亿元，比预算增加 743.21 亿元。上述预算执行数字，在中央和地方决算编制汇总后，还会有些小的变化。

（二）积极财政政策继续发挥重要作用，促进了国民经济持续快速健康增长

为了贯彻落实积极财政政策，2000 年国务院各有关部门一方面根据全国人大及其常委会的要求，按照国务院确定的方向和重点安排国债资金项目，不搞重复建设和盲目建设，加强工程监理，提高工程质量，并对国债资金使用实行了全过程的监督检查和追踪问效，防止和减少了损失浪费。另一方面，积极筹措资金，抓紧相关工作，认真落实 1999 年中央确定的调整收入分配政策，以及鼓励投资、刺激消费、支持出口等一系列政策措施。连续三年积极财政政策的实施，有效增加了国内需求，促进了国民经济的持续快速健康发展，三年分别拉动经济增长 1.5、2.0 和 1.7 个百分点，而且加强了重点建设，集中力量办成了一些多年想办而未办成的大事，促进了经济结构调整，提高了经济增长质量，改善了企业经济效益。实践证明，根据国际国内经济形势变化相机调整财政政策，是完全正确的。尤其是，从单一的投资拉动到扩大投资和刺激消费并重，使我们掌握和

积累了应对通货紧缩趋势的经验，充分展示了江泽民同志为核心的党的第三代领导集体驾驭宏观经济的高超艺术。

（三）财政收入稳步增长，国家财力进一步增强

2000年中央财政收入比上年增加1137亿元，加上地方财政收入增加799亿元，全国财政收入增加1936亿元，增长16.9%，高于“九五”期间年均增幅。收入增加较多的主要因素：一是持续实施积极财政政策，促进了经济的增长，加之一部分税收优惠政策到期恢复征税、原油价格上涨以及加快“金税工程”建设等，使增值税比上年增加670.64亿元，比预算增加232.14亿元；二是对外贸易增长加快，进口大幅度增加，进口税收比上年增加664.18亿元，比预算增加677.03亿元；三是国有企业改革和脱困三年目标基本实现，企业效益明显改善，企业上交收入增加；四是金融保险业、房地产销售、建筑安装业以及旅游、餐饮等服务业营业额增长较快，营业税比上年增加199.45亿元，比预算增加68.01亿元；五是证券市场交易活跃，交易额扩大，证券交易印花税比上年增加232.93亿元，比预算增加284.4亿元。

综上所述，2000年财政增收，主要是经济增长速度加快、经济效益提高，以及整顿财经秩序、加强税收征管、依法征税的结果。充分体现了中央实施积极财政政策等宏观调控措施所取得的显著成效。

（四）加大了重点支出保障力度，促进了各项改革和社会事业发展

2000年，各级财政部门按照建立公共财政框架的要求，加大了财政支出结构调整力度，努力保障了涉及改革、发展和稳定大局的重点支出需要。2000年全国财政支出增长20.4%，其中中央财政支出增长32.8%（扣除国债利息支出，中央财政支出增长15.3%）。中央重点支出（包括补助地方支出）完成情况是：文教科学卫生事业费完成361.9亿元，比上年增长16.2%；社会保障支出完成876.27亿元，比上年增长34.2%；农业支出完成217.05亿元，比上年增长50.9%；公检法支出完成66.55亿元，比上年增长10.9%；行政事业单位离退休费完成43.27亿元，比上年增长28%；基本建设支出为1406.7亿元，与上年基本持平。需要说明的是，按照《全国人民代表大会常务委员会关于加强中央预算审查监督的决定》中“中央预算超收收入可以用于弥补中央财政赤字和其他必要的支出”的规定，2000年中央财政超收680亿元，除200亿元用于减少中央财政赤字外，其余480亿元根据2000年社会经济发展的实际需要，主要也用于重点支出项目，其中补充全国社会保障基金300亿元、增加补助地方社会保障资金100亿元、增加粮食风险基金等80亿元。中央财政超收使用情况已按规定向全国人大常委会作过书面报告。地方财政超收362.34亿元，按《预算法》的规定，由地方各级政府安排使用。主要用于解决工资拖欠、增加社会保障补助支出，保证农业、教育、生态保护等项重点支出以及支持粮食流通体制改革等方面的资金需要。

（五）积极推进预算管理制度创新，支出管理改革迈出重要步伐

为了推进预算管理制度创新，规范支出管理，切实提高财政资金使用效益，2000年财政支出改革进一步贯彻《全国人民代表大会常务委员会关于加强中央预算审查监督的决定》的有关精神，所有中央一级预算单位都试编部门预算，并选择了教育部、农业部、科技部、劳动和社会保障部四个部门的预算上报全国人大审议。在九届全国人大三次会议批准中央预算后一个月内，中央一级预算单位的部门预算全部批复到了部门，较以往提前了2至3个月。2001年，提交全国人大审议的国务院所属部门的部门预算由4个增加到26个，并对上报内容作了细化，对上报形式作了改进。上报审议的部门预算，不仅有原有的功能预算，又有所有部门的预算汇编，既反映这些部门的预算总额，又反映各个部门的不同特点；既包括中央财政预算拨款安排的项目，又包括部门用预算外资金、政府性基金和单位其它收入安排的项目。同时，各地部门预算的编制试点和准备工作，已全面展开。国库集中收付制度改革开始起步，改革方案已经拟订并开始试点。政府采购工作进一步推进，采购行为不断规范，采购法规不断完善，采购规模不断扩大。据不完全统计，2000年全国政府采购资金规模超过200亿元，资金节约率平均在10%左右。

（六）税费改革稳步推进，分配秩序得到进一步规范

农村税费改革在安徽全省和其他部分地区的试点取得了成效。从试点情况看，农村税费改革规范了农民与国家、集体之间的分配关系，有效减轻了农民负担，遏制了农村“三乱”。据安徽省统计，实行农村税费改革后，农民负担水平减轻25%左右，得到了广大群众的衷心拥护和支持。在及时总结试点经验的基础上，进一步完善了扩大改革试点的方案和配套措施，还研究制订了相关的转移支付办法。《中华人民共和国车辆购置税暂行条例》已经颁布，从2001年1月1日起实施。

2000年预算执行总体上是好的，但也存在一些问题。一是偷税、骗税等活动仍然严重，财务失真，编造假数据等违反财经纪律的行为还屡禁不止。二是地区间财力不平衡，拖欠机关事业单位职工工资现象比较突出。三是部门预算等支出管理制度改革虽然起步，但基础工作还需进一步加强，预算编制的准确性有待进一步提高。上述问题需要引起高度重视，通过加快经济发展，深化财政改革，规范财政管理，整顿财经秩序等措施，着力加以解决。

二、2001年中央和地方预算草案

按照十五届五中全会、中央经济工作会议和国民经济社会发展计划有关指标的要求，综合分析国内外政治经济形势变化对财政收支的影响，国务院编制了2001年中央预算草案：

2001年中央财政总收入安排8422.91亿元，比上年执行数增加838.58亿元，增长11.1%，其中，中央本级收入7830亿元，比上年执行数增加843.86亿元，增长12.1%；地方财政上解中央收入592.91亿元，与上年基本持平。中央财政总支出11021.01亿元，比上年执行数增加838.47亿元，增长8.2%。其中，中央本级支出5845.17亿元，比上年执行数增加330.83亿元，增长6%；补助地方支出5175.84亿元，比上年执行数增加507.64亿元，增长10.9%。中央财政收支相抵，赤字2598.1亿元，与上年持平。

2001年中央财政到期需归还的国内外债务本金为2005.95亿元，加上弥补当年赤字2598.1亿元和中央代地方发行400亿元，国债发行总规模为5004.05亿元。上述国债总规模中，中央本级发行4604.05亿元，比上年实际发行额增加423.95亿元，主要是2001年国债还本支出增加所致。此外，2001年中央政府性基金收入预算安排1089.25亿元，基金支出预算安排1089.25亿元。

2001年地方财政预算总收入12106.04亿元，比上年执行数增加1043.87亿元，增长9.4%。其中，地方财政本级收入6930.2亿元，比上年执行数增加536.23亿元，增长8.4%；中央补助收入5175.84亿元，比上年执行数增加507.64亿元，增长10.9%。地方财政预算总支出12106.04亿元，比上年执行数增加1142.75亿元，增长10.4%。其中，地方财政本级支出11513.13亿元，比上年执行数增加1148.03亿元，增长11.1%，上解中央支出592.91亿元。地方财政收支平衡。

2001年中央和地方预算汇总，全国财政收入安排14760.2亿元，比上年执行数增加1380.09亿元，增长10.3%；全国财政支出安排17358.3亿元，比上年执行数增加1478.86亿元，增长9.3%。

2001年中央预算安排考虑的主要因素是：

（一）财政收入增长按略高于经济增长安排

2001年国民经济将继续朝着良性循环的方向发展，经济增长的质量和效益将进一步提高，这将为财政收入的增长打下坚实的基础；税收征管的加强将进一步堵塞漏洞，减少收入流失。但是，前些年影响财政收入增长的一些特殊因素将有所变化，收入增幅估计不会像近两年那么高：一是今年世界经济增长中出现不稳定因素，这可能会对我国的出口产生不利影响。二是近两年进口环节税收大幅增加，主要是打击走私和进口超常增长，情况转为正常后，进口税收很难每年再增加那么多，同时，2001年我国自主调减关税税率也将减少收入。三是2000年国有企业上交的收入增加较多带有恢复性质。四是证券交易市场情况难以估计准确，证券交易印花税的预算不宜安排过高。五是2000年因国际、国内市场油料价格大幅上涨，增加了不少收入，去年底至今，油料价格已经回落。综合考虑上述因素，按照积极稳妥的原则，2001年财政收入预算增长幅度按略高于经济增长的水平安排。

另外，2001年1月1日出台的车辆购置税，预计收入180亿元，将替代原来的车辆购置费，专项用于交通道路的建设和维护，已在中央预算中列收列支。在2001年中央预算总收入增长11.1%中占2.4个百分点。

（二）加大基础设施建设力度，支持西部大开发战略实施

为了巩固和发展当前良好的经济形势，促进国内经济的稳固回升，根据党的十五届五中全会和中央经济工作会议的精神，2001年要继续实施积极的财政政策。为此，拟发行建设国债1000亿元，其中列入中央预算600亿元，另400亿元代地方政府发行。同时，拟发行500亿元特种国债，主要用于支持西部大开发战略的实施，安排西气东输、西电东送、南水北调、青藏铁路、生态建设等项目，全部列入中央预算。

（三）增加机关事业单位职工工资，有效刺激消费需求

调整和完善工资政策，适当增加机关事业单位职工工资，是解决当前宏观经济运行中有效需求不足的一项重要措施。2001年拟从以下几个方面对机关事业单位职工工资进行调整：增加机关事业单位职工基本工资；实行艰苦边远地区津贴制度；实施奖励工资制度。落实上述措施要增加中央本级支出108亿元。

（四）增加社会保障支出，确保社会稳定

加快建立社会保障体系，是推进国有企业改革，维护社会稳定，实现社会可持续发展的重要保证。为了支持社会保障制度改革，做好“两个确保”工作，2001年中央财政将继续增加用于社会保障方面的资金。

（五）促进和支持农村税费改革，切实减轻农民负担。

推进农村税费改革，是保护农民合法权益，减轻农民负担的治本之策。为了基层政权组织的正常运转和农村义务教育等公益事业的正常开展，中央财政将对推行改革所造成的政策性减收，给予适当补助。为此，中央财政安排支出200亿元。

（六）增加其他重点项目支出

根据有关法律、法规的规定，2001年中央财政相应增加教育、科技、支农、文化、卫生、计划生育等方面的支出（包括中央本级和补助地方支出）。其中教育支出219.63亿元，比上年增长27.9%，科技支出349.19亿元，比上年增长14.5%，农业支出263.55亿元，比上年增长21.4%。

（七）加大中央对地方的转移支付力度

2001年中央对地方的税收返还、定额补助和各项转移支付支出为5175.84亿元，比上年增加507.64亿元，增长10.9%。其中税收返还2335亿元，定额补助119.71亿元，中央对地方财力转移支付及民族地区转移支付161亿元，调整收入分配政策、社会保障补助和增加工资政策等转移支付1195亿元，重点支出项目、基本建设、支援不发达地区等专项转移支付1365.13亿元。

（八）适当增加国防支出

2001年中央预算安排国防支出1410.04亿元，增长17.7%。这主要是适应提高军官、文职干部、士兵和职工工资的需要，以及适应世界军事领域的深刻变革、做好现代技术特别是高技术条件下的防卫作战准备的需要。

三、深化财政改革，强化财政管理，严格依法理财，促进经济和社会发展

2001年是新世纪的第一年，也是实施“十五”计划的第一年。做好2001年的财政工作，确保圆满完成财政预算，对于顺利实现“十五”计划，保持国民经济持续、快速、健康发展，促进社会全面进步，为新世纪开好局、起好步，具有重要意义。

（一）管好用好国债资金，充分发挥积极财政政策的作用

中央经济工作会议要求：在抑制通货紧缩趋势的情况下，要警惕和防止通货膨胀；在继续扩大内需的条件下，要防止经济过热现象和重复建设。按照这一精神，2001年的建设国债主要用于弥补在建项目后续资金不足，中央财政支出部分除技术改造贴息以外，全部用于未完工程，不再上新的项目。要管好用好人民的血汗钱，认真实行国债资金重点项目责任制，严格项目预决算管理，对国债资金项目试行国库集中支付制度，并加强监督检查，切实解决前两年国债资金使用过程中一些地区和单位存在的虚报项目，骗取、挪用国债资金，项目管理不严格、工程质量不高，以及损失浪费等问题，努力提高国债资金的使用效益，发现问题，及时纠正并严肃处理。同时，还要继续贯彻落实增加机关事业单位职工工资、调整居民收入分配等积极财政政策措施，确保这些政策落到实处。

（二）完善税制，依法征管，努力增加财政收入

税收是国家财政收入的主要来源，也是国家实行宏观调控的重要手段。根据我国即将加入世界贸易组织的新形势和我国社会经济形势的发展变化，按照“统一税法、公平税负、优化税制、扩大税基、合理分权”的指导思想，进一步完善现行税制，清理和规范税收优惠政策；调整营业税政策，加强对娱乐性消费行为的调节力度；改革和完善个人所得税制，建立分类与综合相结合的新的个人所得税制；统一内外资企业所得税等税收政策，贯彻税收的国民待遇原则。同时，要继续贯彻落实“加强征管、堵塞漏洞、惩治腐败、清缴欠税”的工作方针，坚决维护税法的统一性和权威性，认真清理地方自行制定的税收先征后返政策，改进税收征管手段，尽快全面实施金税工程，坚决打击各种偷税、逃税和抗税行为，特别是继续严厉打击出口骗税及走私犯罪行为，大力清理压缩欠税，并采取切实措施解决税收虚假问题，逐步建立起管理扎实、征管手段先进、征管查相分离、寓执法于服务之中的税收征管新模式，促进财政收入稳定增长。

（三）调整和优化支出结构，确保重点支出需要

一是要按照“一要吃饭，二要建设”的原则，认真落实中央统一的工资政策。基层干部和人民教师等机关事业单位人员在社会稳定和发展中具有重要作用，保证他们的工资及时、足额发放，是各级政府应尽的义务，也是坚持实事求是、群众路线的重要体现。各级财政在安排预算时，首先要足额安排国家规定的机关学校和其它事业单位职工工资性经费，并全部纳入财政在国库开设的工资专户，用于发放职工工资，不准挪作他用，以保证当年工资按时发放。同时，要进一步做好党政机关工资财政统一发放工作，做好农村基层中小学教师工资由县级财政发放的工作。二是进一步提高社会保障支出在财政预算中的比重，确保企业离退休人员基本养老金和国有企业下岗职工基本生活保障费按时足额发放，支持国有企业重组改制和产业结构调整。三是要努力保障国家政权建设、科技、教育、人才培训、文化等重点领域和项目的支出需要。四是加强农业的基础地位，大力支持农业基础设施建设、防灾体系建设、天然林保护、退耕还林（草）和防沙治沙工程建设，支持深化粮食流通体制改革和农村税费改革，加大扶贫力度，切实减轻农民负担。确保重点支出需要，必须按照公共财政的要求，大力调整和优化财政支出结构，进一步规范财政资金供给范围，解决财政供养人口过多，包揽过宽的问

题；结合地方机构改革，做好定编定岗定员工作，严格控制行政事业经费；能进入市场取得稳定收入的事业单位，逐步削减财政拨款；逐步减少对竞争性领域的直接投资。同时，要大力提倡和发扬艰苦奋斗、勤俭节约的优良传统，狠刹铺张浪费、奢侈挥霍之风，努力提高财政资金使用效益。

（四）推进支出管理制度改革，强化预算管理

这既是提高财政资金使用效益的要求，也是反腐败抓源头的治本措施。一是加快实行部门预算的改革步伐。中央财政报送全国人大审议的部门预算今年已进一步增加。各省级预算单位都要编制部门预算，30%—50%的地市要试编部门预算。要细化部门预算，抓紧修订定额标准和试行项目预算。推进政府收支分类改革，建立部门分类、功能分类、经济分类等新的政府收支分类体系。二是扩大国库集中收付制度试点工作。目前实行的是分级分散的国库制度，财政资金需要通过许多部门和单位的多重账户“中转”，收入不能及时入库，支出不能及时到用款单位，中间环节太多，容易发生挤占、挪用等现象。国库集中收付制度将建立国库单一账户体系，所有财政性资金全部纳入国库单一账户体系管理，收入“直达”国库或财政专户，支出通过国库单一账户体系“直达”商品和劳务供应者或用款单位。今年将选择一、二个中央部门和若干省份率先实施国库集中支付改革试点。三是积极推进政府采购制度。要进一步扩大政府采购的范围和规模，能实行公开招标的，都要按规范的程序实施政府采购，提高政府采购工作的透明度，并对政府采购资金积极推行国库集中支付制度。

（五）加快社会保障体系建设步伐，做好社会保障工作

建立符合中国国情的社会保障体系，是构筑社会主义市场经济体制和公共财政体制极为重要的内容，是维护广大人民最根本利益的一项重大措施，也是支持国有企业改革和发展的重要手段。要确保国有企业下岗职工的基本生活费和企业离退休人员养老金按时足额发放，决不能再发生新的当期拖欠。要扩大养老、医疗、失业等社会保险的范围，提高社会保险费的征缴率。要调整财政支出结构，提高社会保障支出比重，保证资金不留缺口。积极探索规范筹措社会保障资金的方式，拓宽社会保障资金的筹资渠道。切实加强社会保障资金管理，增强规范性和透明度。合理划分中央和地方政府在社会保障工作中的责任，建立事权清晰、责任明确、保障有力、运转高效的社会保障管理体系。积极推进城镇社会保障体系改革试点。

（六）积极稳妥地推进税费改革，规范政府收入分配

实行税费改革，对于规范收入分配，完善财政体制，减轻企业、农民、社会负担，推进依法行政，从源头上、制度上治理腐败，增强政府的宏观调控能力具有重大意义。2001年要加快全国农村税费改革的步伐。有条件的省份，要在全省范围内全面推开，其它省份要扩大试点范围，为全面推行创造条件。要用好中央财政转移支付资金，省级财政也要挤出资金增加对农村税费改革的转移支付。在农村税费改革中，要确保农村义务教育的办学经费和健康发展。要加强对转移支付资金的监督和管理，保证上级财政转移支付资金专款专用，落实到基层，并要积极推进精简机构和人员等配套改革。要抓紧做好车辆购置税的征管工作并择机出台燃油税，继续清理涉及交通和车辆的乱收费，落实已取消的收费项目，继续清理取消不合理、不合法的行政事业性收费和政府性基金，切实减轻社会各方面的负担。同时，还要积极做好收费多，群众反映强烈的一些部门税费改革的准备工作。

（七）严格依法理财，强化财政监督，规范财经秩序

这是整顿和规范市场经济秩序的重要方面，也是加强财政法制建设的重要内容。一是要进一步完善财政监督体系，健全财政监督机制。从原来注重对企业微观事项的管理，转向对收入征收机关、预算执行部门、金融机构、中介机构等的监督，逐步健全企业财务监督社会化体系；加强预算资金使用的监督，形成包括财政部门、主管部门、资金使用单位、审计部门在内的相互制约、相互补充的预算执行监督体系。二是要切实贯彻《会计法》，完善会计制度，加强会计基础工作，提高会计信息质量，严厉打击假凭证、假账册、假审计等违法行为。要在总结和扩大会计委派制试点的基础上，加强全社会的会计监督。三是要建立财政资金的追踪问效和反馈机制。四是要加强对金融机构，特别是地方金融机构的财务监管工作，切实防范和化解金融风险。五是要进一步加强财政内部监督。六是要继续清理整顿经济鉴证类中介机构，建立起与社会主义市场经济体制相适应的经济鉴证类中介机构管理体制和高效的运行机制。

各位代表：今年的财政预算任务十分繁重和艰巨。让我们紧密团结在以江泽民同志为核心的党中央周围，高举邓小平理论的伟大旗帜，坚持党的基本路线，深入落实“三个代表”的重要思想，认清形势，明确任务，坚定信心，把握重点，狠抓落实，乘势前进，全面完成今年的预算任务。

2000年国民经济和社会发展统计公报

中华人民共和国国家统计局

2000年,在党中央、国务院的正确领导下,各地区、各部门认真贯彻落实扩大内需、实施积极的财政政策和稳健的货币政策等一系列方针政策,努力加强社会主义精神文明建设,在全国各族人民的共同努力下,取得了国民经济和社会发展的新成就,实现了发展和改革的各项预期目标,全面完成了“九五”计划的主要任务。

一、综　　合

经济增长加快，综合实力增强。初步统计，全年国内生产总值为89404亿元，按可比价格计算，比上年增长8.0%，增速加快0.9个百分点。其中第一产业增长2.4%，第二产业增长9.6%，第三产业增长7.8%。按现行汇率计算，国内生产总值突破1万亿美元。

市场物价止降转稳。全年居民消费价格总水平比上年上涨0.4%，改变了1998年以来连续两年下降的局面。分项目看，服务项目上涨14.1%，居住上涨4.8%，食品中除水产品、蔬菜价格上涨外，其他继续下降。另外，受国际石油价格上涨的影响，工业品出厂价格上涨2.8%，能源、原材料、动力购进价格上涨5.1%。

劳动就业工作进一步加强。年末全国从业人员71150万人，比上年末增加564万人。其中城镇从业人员21274万人，增加260万人。再就业工程取得新进展。2000年末国有企业下岗职工为657万人，比上年末增加4.7万人。全年通过多种途径使361万人实现了再就业。年末城镇登记失业率为3.1%。

国际收支形势良好，外汇储备继续增加。利用外资规模较为稳定，全年实际利用外商直接投资407亿美元，比上年增加4亿美元。外贸顺差有所缩小，全年进出口顺差241亿美元，比上年减少51亿美元。国家外汇储备继续增加，年末国家外汇储备1656亿美元，比年初增加109亿美元。人民币汇率保持稳定，年末1美元兑8.2781元人民币，人民币比上年末升值12个基本点。

经济效益明显改善，运行质量进一步提高。税收在连续几年较高增长的基础上继续保持较快增长，全年完成税收总额12660亿元，比上年增收2348亿元，增长22.8%。工业企业利润大幅度增长，全年规模以上工业企业实现利润4262亿元，达到90年代以来的最高水平，比上年增长86.2%，特别是国有及国有控股企业利润增长更快，实现利润2392亿元，增加1.4倍。国有及国有控股亏损企业亏损额比上年下降26.7%。全年工业企业经济效益综合指数为117.8，比上年提高16.1点，是1992年以来的最高值。

国民经济和社会发展中存在的主要问题是：经济回升的基础尚不稳固，社会需求持续增长机制还没有完全形成，结构性矛盾比较突出；农民收入增长缓慢；就业压力增大，部分群众生活仍比较困难；企业技术创新能力及适应市场能力还不高，部分企业经营困难，国有企业转换经营机制任务仍相当艰巨；重大安全事故频繁发生，制售假冒伪劣商品等问题尚未得到根本解决，社会经济秩序有待进一步整治。

二、农　　业

农业生产结构调整力度加大。针对“九五”前四年粮食生产连年丰收、总量供求基本平衡、丰年有余的现状，各地区根据市场需求对农作物种植结构进行了较大力度的调整。经济作物种植面积扩大，占农作物总播种面积的比重首次上升到30%以上。

粮食产量较大幅度减产，品种结构进一步优化。受严重旱灾和种植面积调减的影响，全年粮食产量46251万吨，比上年减产9%。其中夏粮产量10750万吨，减产9.3%；早稻产量3747万吨，减产8.5%；秋粮产量31754万吨，减产9%。

主要经济作物中，棉花、油料增产，糖料减产。由于国内纺织业生产明显好转，棉花需求增加，市场棉花价格回升，农民种棉积极性提高，棉花种植面积比上年增加30万公顷，增长8.1%；全年产量435万吨，比上年增长13.6%。油料产量2950万吨，比上年增长13.4%。糖料种植面积减少，全年产量7450万吨，比上年下降10.6%。

蔬菜生产在结构调整中增长较快。全年种植面积达1470万公顷，比上年增长10.1%。蔬菜生产的品种结构进一步优化，名优、新特、精细品种增加。

畜牧业生产稳步发展。由于饲料价格较大幅度下降，而生猪价格自1999年下半年回升后，相对保持平稳，波动较小，农民养猪效益提高，生猪生产稳定发展。牛、羊和家禽生产继续保持快速发展。全年肉类总产量达6270万吨，比上年增长5.4%。

渔业生产平稳发展，全年水产品产量达到4290万吨，比上年增长4.1%。

林业在国家启动天然林资源保护工程和加大中西部地区退耕还林（草）力度的情况下呈现较快的发展势头。全年完成造林面积516万公顷，其中退耕还林71万公顷，分别比上年增长5.3%和9.2%。

农田水利建设进一步加强，全年新增有效灌溉面积80多万公顷。

三、工业和建筑业

工业生产呈现快速增长。全年全部工业增加值39570亿元，比上年增长9.9%。其中，国有及国有控股工业企业及年产品销售收入500万元以上的非国有工业企业（以下简称规模以上工业企业）增加值23685亿元，增长11.4%。在规模以上工业企业中，国有及国有控股企业增加值14032亿元，增长10.1%，是1994年以来增长最快的一年；集体企业3301亿元，增长7.4%；股份制企业4954亿元，增长14.5%；外商及港澳台投资企业5333亿元，增长14.6%。分轻重工业看，全年轻工业增加值9506亿元，增长9.5%；重工业增加值14179亿元，增长13%。产销衔接状况继续改善，全年规模以上工业企业产品销售率97.71%，比上年提高0.46个百分点。

工业结构调整取得积极进展。技术含量高、附加值大的高新技术产品快速发展，工业新产品生产比上年增长26.3%，电子及通信设备制造业已成为工业经济的第一支柱。装备工业生产能力有所提高，新建城市轨道交通项目约70%的装备在国内采购，环保设施陆续采用国产装备，金属切削机床比上年增长34.3%，电动工具增长37.1%，冶炼设备增长9.2%，化工设备增长4.4%，大气污染防治设备增长6.2%。煤炭行业关井压产成果进一步显现，价格出现稳中有升的趋势，煤炭行业全年大幅度减亏。冶金行业总量控制取得积极进展，全年钢产量低速增长，价格回升，行业利润显著提高。连续四年亏损的制糖行业通过优化种植区域结构，调整和压缩落后制糖生产能力，共关闭糖厂150家，淘汰生产能力273万吨，实现了扭亏为盈。纺织行业经过前三年的调整，在上年整体扭亏的基础上，2000年实现盈利大幅度增加。

国有企业改革与脱困三年目标基本实现。大多数国有大中型企业初步建立了现代企业制度，特别是一批大型企业和企业集团按照国际惯例进行了兼并重组，在国际资本市场上成功上市。通过改组、联合、兼并等多种形式，促进了国有小企业经营机制的转换和经营状况的改善。全国31个省（自治区、直辖市）国有工业都实现了整体扭亏或盈利增加，国家重点监测的14个主要行业，到2000年底已有12个行业实现了整体扭亏或继续增盈。1997年底亏损的6599户国有大中型工业企业到2000年底已减少了70%以上。

建筑业生产稳定增长，企业经济效益进一步好转。全社会建筑业完成增加值5918亿元，比上年增长6.2%。全国四级及四级以上建筑业企业实现利润166亿元，增长7.0%；税金总额358亿元，增长5.4%。施工工程个数为680716个，其中投标承包工程311924个，占全部施工工程个数的45.8%；施工面积155175万平方米，比上年增加7913万平方米；房屋竣工面积73835万平方米，减少89.8万平方米。亏损企业个数9553个，比上年减少134个，亏损面为19.2%，比上年减少了1.3个百分点。

国土资源调查及地质勘查新发现大中型矿产地249处，有38种矿产新增探明（预测）储量。其中，石油7.62亿吨，天然气4931亿立方米，原煤14.59亿吨。全国地质环境监测站31个，成功预报地质灾害83起。

四、固定资产投资

固定资产投资保持了较快增长。在国家继续实行积极的财政政策和其他扩大内需政策的推动下，固定资产投资扭转了上年增速回落较多的局面，呈现较快增长的态势。全年全社会完成固定资产投资32619亿元，比上年增长9.3%。按经济类型划分，国有及其他经济类型投资23284亿元，增长9.2%；集体经济投资4739亿元，增长9.2%；城乡居民个人投资4596亿元，增长9.5%。按投资管理渠道划分，基本建设投资13215亿元，比上年增长6.1%；更新改造投资5077亿元，增长13.2%；房地产开发投资4902亿元，增长19.5%；其他投资9425亿元，增长7%。

投资结构有所调整。基础产业、基础设施投资中的农林牧渔水利业投资893亿元，比上年增长8.0%；交通运输邮电通信业投资5392亿元，增长7.2%；工业投资增速加快，全年完成投资7699亿元，增长9.3%；信息技术、生物技术和新材料等领域安排了6项高技术产业化重大专项工程，总投资达到131亿元。

在国家实施西部大开发战略政策的积极推动下，西部地区投资增速加快。全年东部和中部地区投资分别为14015亿元和5432亿元，比上年增长8.3%和13.8%；西部地区投资3943亿元，增长14.4%，分别高于东部和中部6.1和0.6个百分点。

财政贴息等优惠政策促进了企业更新改造投资增长加快和结构优化。全年更新改造投资占全社会投资的比重由上年的15.0%提高到15.6%。更新改造投资中，用于节约能源、原材料等的投资比重由4.4%上升到4.9%，用于提高产品质量的投资比重由5.8%上升到7.0%。

全国基本建设投资新增主要生产能力：原煤开采1595万吨，天然原油开采1961万吨，天然气开采33亿立方米；大中型发电机组容量1884万千瓦，11万伏及以上变电设备能力6931万千伏安；新建铁路主线正线交付运营里程153公里，增建铁路复线交付运营里程662公里，新建公路32115公里，其中高速公路4562公里，新扩建万吨级港口码头年吞吐量2946万吨；新增局用交换机容量2566万门，新增光缆线路长度30万公里，新增数字蜂窝移动电话交换机容量5099万户。

五、教育和科学技术

2000年教育事业在改革调整中加快发展。高等教育快速发展，管理体制改革取得突破性进展。全国普通高等学校1041所，本专科招生221万人，在校生556万人；成人高等学校772所，本专科招生156万人，在校生354万人。全国研究生培养单位738个，招生12.9万人，在校生30.1万人。高中阶段教育规模进一步扩大。全国普通高中1.46万所，招生473万人，在校生1201万人。各类中等职业技术教育学校招生425万人，在校生1295万人。基本普及九年义务教育和基本扫除青壮年文盲的目标初步实现。普及九年义务教育人口覆盖率达到85%，青壮年文盲率下降到5%以下。全国初中学校招生2296万人，在校生6256万人，初中毛入学率达88.6%。普通小学招生1946万人，在校生13013万人，小学学龄儿童入学率达99.1%。普通初中和小学辍学率分别为3.21%和0.55%。特殊教育学校招生5.3万人，在校生37.8万人。幼儿园在园幼儿2244万人。全国成人技术培训学校培训学员9642万人次。全国共扫除文盲258万人。

科技队伍稳步发展。2000年末国有企事业单位共有各类专业技术人员2926万人，比上年末增长0.75%。从事科技活动人员281万人，其中科学家和工程师156万人。

技术创新工作取得新进展。2000年国家组织了280项重点技术创新项目和1329项重点新产品试产，完成了101项重大技术装备的研制及鉴定验收。企业、高校、研究机构之间的合作进一步加强，全年参加产学研合作的单位40万个（次），参加人数460万人，达成合作项目14万项。

科学研究和技术开发取得新的成果。全年共取得省部级以上重大科技成果30260项。其中：基础理论成果2420项，应用技术成果26020项，软科学成果820项，获国家奖励的成果近300项。全年受理国内外专利申请170690件，授权专利105344件，分别比上年增长27.2%和5.2%。技术市场更加活跃。全国共签订技术合同26.5万项，技术合同成交金额630亿元，比上年增长20%。

空间技术取得新成果。全年6次成功发射卫星。

质量、标准化、计量建设和天气预报等项服务进一步加强。全国共有产品质量检验机构5500个，其中国家检测中心230个。国家监督抽查了8142家企业235类9705种产品。全国有质量认证机构59个，其中产品认证机构23个，已完成对全国13194个企业的产品认证。全国共有法定计量技术机构4505个，全年强制检定计量器具4069万台件。制定、修订国家标准1087项，其中强制性国家标准196项，新制定国家标准605项。全国共有城乡天气预报警报服务网发射站点951个，卫星云图接收站点315个。全国共有地震台站1234个，遥测台网27个。全国共有927个海洋观测、监测站点，共获得2070万组海洋数据。测绘部门公开出版地图1150种，图书364种。

六、交通、邮电和旅游

交通客货运输需求平稳增长，邮电通信业持续快速发展。全年交通运输和邮电通信业完成增加值4919亿元，比上年增长9.4%。

全年各种运输方式完成货物运输周转量43359亿吨公里，比上年增长7.1%。其中：铁路13624亿吨公里，增长6.1%；公路5973亿吨公里，增长4.4%；水运23061亿吨公里，增长8.5%；民航48.5亿吨公里，增长14.6%。

完成旅客运输周转量12188亿人公里，比上年增长7.9%。其中：铁路4488亿人公里，增长8.5%；公路6600亿人公里，增长6.5%；水运104亿人公里，下降3.1%；民航996亿人公里，增长16.2%。

沿海主要港口完成货物吞吐量12.8亿吨，比上年增长21.7%。其中外贸货物吞吐量达5.2亿吨，比上年增长33.9%。

邮电通信业完成邮电业务总量4725亿元，比上年增长41.9%。年末局用交换机总容量已达到1.79亿门。移动电话户数达到8526万户，比上年增加4197万户。全国电话普及率达到20.1部/百人，其中城市电话普及率达到39部/百人。互联网用户达到900万户（不含科技和教育网）。

国内旅游保持较快增长，春节、“五一”和“十一”三个长假期的拉动作用突出。全年全国出游74445万人次，比上年增长3.5%;国内旅游收入3176亿元,增长12.1%。

国际旅游稳步发展。全年海外入境游客人数8344万人次，比上年增长14.6%。其中：外国游客1016万人次，增长20.5%；港、澳、台胞7321万人次，增长13.9%。国际旅游外汇收入162亿美元，增长15.1%。全年出境人数1047万人次，比上年增长13.4 %。其中因私出境人数563万人次，增长32%。

七、国内贸易

随着国民经济增长的加快和国家扩大内需政策的拉动，消费者信心进一步增强，国内市场商品销售稳定增长。全年社会消费品零售总额34153亿元，比上年增长9.7%，考虑价格因素，实际增长11.4%。其中：城市消费品零售额21110亿元，县及县以下消费 品零售额13043亿元，分别增长10.6%和8.3 %。分行业看，批发零售贸易业增长12.1%，餐饮业增长17.3%，其他行业下降0.3%。

生产资料市场交易继续趋向活跃，全国限额以上批发零售贸易企业生产资料销售总额15808亿元，比上年增长23.7 %。

限额以上批发零售贸易企业经济效益状况有所改观。1－11月份实现商品销售收入净额23982亿元，比上年同期增长17.3%，其中批发业增长18.5%，零售业增长11.6%；实现利润总额248亿元，比上年同期增加1.2倍，其中批发业增长加1.3倍，零售业增长25.6%。但由于企业销售成本上升，毛利率仅7.93%，比上年下降0.4个百分点，企业主营业务利润仅增长14.2%。

八、对外经济

由于国内外经济快速增长以及鼓励出口等一系列政策的推动，对外贸易持续高速增长。全年进出口总额达4743亿美元，比上年增长31.5%。其中：出口总额2492亿美元，增长27.8%；进口总额2251亿美元，增长35.8%。进出口相抵，顺差241亿美元。在出口中，国有企业出口1165亿美元，增长18.2%，外商投资企业出口1194亿美元，增长34.8%；一般贸易出口1052亿美元，增长32.9%，进料加工贸易出口965亿美元，增长28.5%；机电产品出口1053亿美元，增长36.9%，高新技术产品出口370亿美元，增长50%。在进口中，资源型产品快速增长，机电产品和高新技术产品进口增长也明显加快，分别增长32.6%和39.7%。

利用外资形势好转。全年新批外商投资项目22347个，比上年增长32.1%；合同投资额624亿美元，增长51.3%；实际利用外商直接投资额407亿美元，增长1.0%。

对外承包工程、劳务合作和设计咨询业务继续保持增长势头。全年对外签约149亿美元，比上年增长15%；完成营业额113亿美元，增长1.0%；带动出口9亿美元，增长35%。

九、金融、证券和保险业

货币供应量适度增长，货币流动性有所增强。中央银行继续实行稳健的货币政策，综合运用多种货币政策工具，适当增加货币供应量。年末广义货币供应量（M_2）余额为13.5万亿元，比上年末增长12.3%；狭义货币供应量（M_1）余额为5.3万亿元，增长16%；流通中现金（M_0）余额为1.47万亿元，增长8.9%。存贷款稳定增加。全部金融机构各项存款余额12.38万亿元，增长13.8%，增幅比上年末略有提高。其中，企业存款余额4.4万亿元，增长18.6%；城乡居民储蓄存款余额6.43万亿元，增长7.9%。全部金融机构各项贷款余额9.94万亿元，按可比口径计算，增长13.4%。其中，中长期贷款增加3793亿元，比上年多增加303亿元。金融监管工作进一步加强，中小金融机构风险化解取得初步成效。

证券市场在规范中发展。全年在上海、深圳证券交易所发行A股（包括增发）154只，配股162只，共筹资1499亿元，比上年增加625亿元；发行B股、H股和红筹股共18只，筹资208亿美元；发行A股可转换债券28.5亿元。全年通过发行、配售股票共筹集资金3249亿元。年末境内上市公司（A、B股）数量由上年末的949家增加到1088家，市价总值达到48091亿元，比上年末增长82%。全年共发行内债4657亿元，比上年增加642亿元。

保险事业不断发展壮大。全年保费收入1596亿元（含外资机构），比上年增长14.5%。其中，财产险保费收入598亿元，寿险保费收入851亿元，健康险和意外伤害险保费收入146亿元。支付各类赔款及给付527亿元，其中财产险和短期人身险赔款351亿元，寿险给付176亿元。

十、文化、卫生和体育

文化事业较快发展。年末全国共有艺术表演团体2622个，文化馆2911个，公共图书馆2769个，博物馆1373个。中、短波广播发射台和转播台732座，广播综合人口覆盖率92.1%，一千瓦以上电视发射台和转播台1313座，电视综合人口覆盖率93.4%。全国有线电视用户7920万户。全年出版全国性和省级报纸203亿份，各类杂志28.5亿册，图书63.5亿册（张）。年末全国共有档案馆3816个，已开放各类档案4430万卷（件）。

卫生事业不断进步。年末全国共有卫生机构（含诊所）32.5万个，床位318万张，其中医院、卫生院221万张。卫生技术人员449万人，其中医生208万人，护师、护士127万人。全国共有卫生防疫、防治机构5441个，卫生技术人员21.1万人。妇幼保健机构（不包括妇幼保健院）2598个，卫生技术人员7.5万人。农村乡（镇）共有卫生院4.9万个，床位73.5万张，卫生技术人员103万人。农村有医疗点的村数占总村数的89.8%，乡村医生和卫生员132万人。

体育事业蓬勃发展，全民健身活动进一步开展。在第27届奥运会上，我国运动员取得了重大突破，夺得28枚金牌、16枚银牌和15枚铜牌，列居第三位。全年在国内外的各项比赛中，我国运动健儿共获得了110个世界冠军；14人2队30次创22项世界纪录；19人37次创22项亚洲纪录；49人11队73次创60项全国纪录。

十一、环境保护

环境保护意识增强，环保事业加快发展。年末全国环境保护系统共有12.8万人，各级环境监测站2204个，环境监测人员4万人。自然保护工作取得了新的成就，生态示范区建设试点单位总数已达213个；全国自然保护区达到1227个，其中国家级自然保护区达到155个；自然保护区总面积9821万公顷，占国土总面积的9.9%。环境法制建设取得新进展，执法力度进一步加大。到年末，已制定各类环境保护标准438项。年内设立的建设项目环境影响评价制度执行率达91.5%，当年投产的建设项目同时建设防治污染设施的占98%。全年完成环境污染限期治理项目38101个，总投资208亿元。全国537个城市建成了2718个烟尘控制区，面积达1.8万平方公里；476个城市中建成了2288个环境噪声达标区，面积达1.3万平方公里。

环境污染加剧的趋势得到初步控制。全国主要污染物排放总量继续减少，12项主要污染物2000年排放总量比1995年下降了10－15%。截至2000年10月底，全国23.8万家有污染的工业企业中，90%以上实现了达标排放。46个环境保护重点城市中，33个城市地面水环境质量和22个城市空气环境质量实现了按功能区达标，其中有18个城市的空气和地面水环境质量均实现按功能区达标，其他城市已接近达标。

重点环境保护项目取得积极进展。“三河三湖”（淮河、辽河、海河、太湖、滇池、巢湖）流域5188家重点污染企业中，95%实现了污染物达标排放；流域内建成了55座城市污水处理厂，111座正在建设，已建和在建的城市污水处理厂占计划建设总数的67%。“两控区”（酸雨控制区和二氧化硫控制区）大气污染防治取得初步成效。“两控区”内175个城市中，空气二氧化硫浓度达到二级标准的已达102个。截止2000年11月底，“两控区”内排放二氧化硫的4678家重点污染企业，已有3944家实现达标排放，达标率为84.3%。

十二、人民生活

城乡居民生活水平继续提高，总体上达到小康水平。随着经济增长加快，国家提高国有企业下岗职工基本生活保障、失业保险和城镇居民最低生活保障“三条保障线”水平和适当增加行政、事业单位人员的工资等政策措施的逐步落实，城镇居民收入水平明显提高。全年全国城镇居民人均可支配收入6280元，比上年实际增长6.4%。由于粮食减产，多数农产品价格仍在低位运行，农民收入增长持续减缓。全年农民人均纯收入2253元，比上年实际增长2.1%。其中，农民人均现金纯收入1640元，实际增长4%。居民住房条件继续改善。全年城镇竣工住宅面积5.1亿平方米，农村竣工住宅面积8.5亿平方米。国家“八七”扶贫攻坚计划基本完成。

社会保障事业进一步巩固提高。年末全国参加失业保险职工人数为10408万人，月平均领取失业保险金人数为137万人；有10367万职工和3173万离退休人员参加了基本养老保险；有4332万职工参加了基本医疗保险。

社会福利事业继续发展。年末全国各类社会福利院床位达112万张，收养84.3万人。城镇建立起各种社区服务设施20.1万处，其中社区服务中心8101个。全国城镇已全部建立了最低生活保障制度。共有701万城乡居民得到最低生活保障救济。全年销售社会福利彩票68.9亿元，筹集社会福利资金14.3亿元，接收社会捐赠32.7亿元。

注：1. 本公报为初步统计数。
2. 香港和澳门特别行政区统计数据未包括在本公报中，分别由香港和澳门特别行政区政府发布。
3. 各项统计数据均未包括台湾省。
4. 国内生产总值、各产业增加值绝对数按现价计算，增长速度按可比价计算。
5. 基本建设新增生产能力中天然原油开采、天然气开采、局用交换机容量、新增光缆线路长度及数字蜂窝移动电话交换机容量含更新改造增加的能力。
6. 人口数据待第五次全国人口普查公报正式公布。

附表 1　2000 年工农业主要产品产量

产品名称	计量单位	绝对数	比上年增长%
一、农产品产量粮食	亿吨	4.63	-9.0
油料	万吨	2950	13.4
花生	万吨	1450	14.7
油菜籽	万吨	1140	12.5
棉花	万吨	435	13.6
黄红麻	万吨	13	-20.7
甘蔗	万吨	6640	-11.1
甜菜	万吨	810	-6.2
烤烟	万吨	222	1.4
茶叶	万吨	68	持平
水果	万吨	6120	-1.9
肉类	万吨	6270	5.4
水产品	万吨	4290	4.1
二、工业产品产量			
纱	万吨	657	16.0
布	亿米	277	10.9
化纤	万吨	694	15.7
三、工业产品产量			
糖	万吨	700	-18.7
卷烟	万箱	3397	1.7
彩色电视机	万部	3936	-7.7
家用电冰箱	万台	1279	5.7
能源生产总量	亿吨标准煤	10.8	-1.8
三、工业产品产量			
原煤	亿吨	9.98	-4.5
原油	亿吨	1.63	1.9
发电量	亿千瓦小时	13556	9.4
钢	万吨	12850	3.4
钢材	万吨	13146	11.2
十种有色金属	万吨	775	14.0
水泥	亿吨	5.97	4.2
木材	万立方米	4500	-10.9
硫酸	万吨	2427	3.0
纯碱	万吨	834	8.9
乙烯	万吨	470	8.0
化肥（折 100%）	万吨	3186	-2.0
化学农药(折 100%)	万吨	60.7	-2.9
发电设备	万千瓦	1249	-8.8
汽车	万辆	207	12.9
轿车	万辆	60.7	6.3
拖拉机	万台	4.1	-37.3

续表

产品名称	计量单位	绝对数	比上年增长%
集成电路	亿块	58.8	41.7
程控交换机	万线	7136	51.0
移动通信设备（不含移动电话）	万部（信道）	1505	107.1
微型电子计算机	万部	672	66.0

附表 2　居民消费价格变动情况

类　别	指数（上年=100）	
	1999 年	2000 年
居民消费价格总指数	98.6	100.4
一、分城乡		
城 市	98.7	100.8
36 个大中城市	99.2	101.3
农 村	98.5	99.9
二、分类别		
食 品	95.8	97.4
粮 食	96.9	88.6
肉禽及其制品	90.7	98.5
蛋 品	90.9	84.5
水产品	93.3	101.7
鲜 菜	100.7	105.5
衣 着	97.3	99.1
家庭设备及用品	97.7	97.7
医疗保健用品	100.9	100.3
交通和通讯工具	94.5	93.8
娱乐教育文化用品	96.8	97.4
居住	101.7	104.8
服务项目	110.6	114.1

2000 年工业经济运行情况

国家经贸委经济信息中心

2000 年，在国家积极的宏观调控政策的持续作用下，国民经济出现全面回升势头，工交生产保持较快增长水平，工业经济运行质量继续提高；总量调控、关停“五小”、淘汰落后和压缩过剩生产能力工作取得阶段性成果，市场供求矛盾得到一定程度缓解，绝大多数行业生产经营形势继续好转。

工业生产快速增长　产销衔接水平继续提高

2000 年，全国完成工业增加值 23685 亿元，比上年增长 11.4%，增速比上年加快 2.5 个百分点，结束了自1996年我国经济成功实现“软着陆”以来，由于亚洲金融危机和特大洪灾等因素的影响，工业生产增长持续回落的局面，工业经济出现了回升势头。从全年工业生产增势看，一季度增长10.7%，二季度增长11.2%，三季度增长12.5%，四季度随着投资和出口增幅的回落，工业生产增速下降到10.8%。

国有工业生产增长明显加快，股份制和“三资”企业保持较快增长。2000年，国有及国有控股企业完成增加值14032亿元，增长10.1%，自1994年以来首次达到两位数增长水平，增速比上年加快2.7个百分点。国有工业对整个工业增长贡献率为36.5%，比上年提高4.3个百分点，拉动工业增长4.2个百分点。股份制企业增加值4954亿元，增长14.5%，增速比上年加快3.3个百分点；外商及港澳台投资企业完成增加值5333亿元，增长14.6%，加快1.7个百分点。集体企业增加值3301亿元，增长7.4%，增速仅比上年加快0.4个百分点。

重工业生产增速进一步加快，对工业生产的拉动作用明显大于轻工业。受国家扩大内需、增加基础设施建设投资的作用，重工业生产增速自1998年12月份超过轻工业以来，近两年始终保持了快于轻工业增长的势头。2000年，轻、重工业完成增加值分别达到9506亿元和14179亿元，增长9.5%和13%，拉动工业增长分别为4.2%和7.2个百分点，增速比上年分别加快1.2个和3.7个百分点。

工业品出口势头强劲，成为拉动工业快速增长的重要力量。2000年，工业企业实现出口交货值14122亿元，增长24.6%，增速比上年提高15.8个百分点，对整个工业增长的贡献率由上年的11.7%提高到23.5%，拉动工业增长2.7个百分点。

工业产销衔接保持较好水平。全国工业产品销售率为97.71%，比上年高0.46个百分点，其中轻工业产品销售率为97.16%，同比高0.57个百分点，重工业产品销售率为98.08%，同比高0.36个百分点。

重点行业生产经营形势继续向好

分行业看，随着我国经济由恢复性增长步入适度增长区间，绝大多数行业生产保持较快增长水平，总体效益明显好于上年同期。

纺织行业 纺织行业继1999年提前一年完成三年扭亏解困任务后，2000年继续保持良好运行态势，产销同步增长，效益显著提高，出口保持较高增幅。1～11月，全行业产品销售收入达到7293亿元，同比增长22.1%；实现利润246.6亿元，比上年同期增加141.4亿元，同比增长1.34倍，预计全年全行业实现利润达到270亿元，纺织品服装出口476.9亿美元，同比增长22.7%，出口总值占全国外贸出口的21%。

冶金行业 2000年国家加大了冶金行业结构调整力度，全国产钢12724万吨，比上年增长3.2%，增幅同比回落5.2个百分点；钢材价格由年初的2000元/吨左右，恢复性上涨到2400元/吨左右；1～11月，93户重点大中型冶金企业累计实现利润113.7亿元，同比增加70.9亿元，增长1.66倍，已于10月份提前完成全年实现利润100亿元的目标，同时，企业累计提取折旧242亿元，比上年同期增提39亿元，预计全年可实现利润130亿元。应收、应付帐款及产成品资金占用呈下降趋势，货款回收较好。

制糖行业 2000年国家采取了压缩甜菜糖生产能力、关闭一批糖精厂和小糖厂等措施，调整和改善了制糖行业生产结构，糖的总量得到有效控制，本榨季糖产量为687万吨，比上榨季减少196万吨：糖价在连续3年下跌的情况下止跌转升，由年初的每吨2000元回升到3400元左右，大部分糖厂实现了顺价销售。制糖行业的困难局面明显改观，结束了连续4个榨季的亏损状况。1～11月，全行业累计实现利润4.71亿元，同比减亏增盈29.64亿元，全年实现利润可超过5亿元。

煤炭行业 2000年煤炭行业一手抓关井压产，一手抓煤炭出口，生产经营形势出现恢复性好转。截止12月底，全国关闭非法及布局不合理煤矿4.73万处，压减产量3.48亿吨，其中2000年关闭非法及布局不合理煤矿1.61万处，压减产量8000万吨；全年原煤产量95106万吨，比上年同期下降7.1%，全年产量基本控制在9.5亿吨左右。出口大幅度增加。2000年累计出口煤炭5884万吨，比上年增加1956万吨，增长49.8%。煤炭库存和应收帐款下降。1～11月，商品煤平均售价比年初上涨2～3元。亏损状况有所改观。1～11月，原中央财政煤炭企业累计净亏损（补贴前）38.38亿元，比上年同期减亏6.9亿元。

石油化工行业 2000年石油化工行业实现利润成倍增长。全国原油产量1.63亿吨，比上年增长2%；原油加工量2.11亿吨，增长15.2%；天然气产量277.3亿立方米，增长9.4%；有机化工原料、三大合成材料生产增势不减，其中乙烯增长8.1%，塑料树脂及共聚物产量增长18.8%，合成纤维单体和合成纤维聚合物产量分别增长16.3%和21.7%；烧碱、纯碱产量分别增长15.4%和10%；化肥、农药产量受市场需求影响下降，合成氨产量下降0.5%，化肥产量下降0.6%，农药产量下降2.9%。预计全年全行业实现利润可达到1050亿元。

一、2000 年国家重点企业中盈利企业生产经营情况

1～12 月，国家重点企业中 453 户盈利企业生产、销售、出口快速增长，产销衔接良好；盈利总额超过 2300 亿元，盈利大户持续增盈，但四成以上企业盈利水平仍然较低。

（一）生产、销售、出口快速增长，产销衔接良好。工业总产值（90 价）16381.2 亿元，增长 16.7%，增幅比国家重点企业平均水平高 1.5 个百分点。产品销售收入 30842.4 亿元，增长 16.3%，增幅比国家重点企业平均水平高 1.2 个百分点。

产销率 99.5%，同比持平，比国家重点企业平均水平高 0.1 个百分点。

出口交货值 1386.8 亿元，增长 37.9%，增幅比国家重点企业平均水平高 4.8 个百分点。196 户企业出口交货值在 1 亿元以上，合计 1596.6 亿元，为盈利企业出口交货值的 1.2 倍。

（二）盈利总额超过 2300 亿元，盈利大户持续增盈，但四成以上企业盈利水平较低，利税总额 4499.8 亿元，增长 43.2%，其中，盈利总额 2339.7 亿元，增长 87.1%；税金总额 2160.1 亿元，增长 17.1%。

1. 近九成的盈利额来自于少数盈利大户。盈利额在 3 亿元以上的企业 71 户，占盈利企业户数的 15.7%；盈利额合计 2054 亿元，增长 1.4 倍，高于盈利企业平均增长水平 51.2 个百分点，占盈利企业盈利总额的 87.8%。

2. 四成以上企业盈利水平较低。盈利额在 5000 万元以下的企业 183 户，占盈利企业户数的 40.4%；盈利额合计 39.9 亿元，占盈利企业盈利总额的 1.7%。其中，一半的企业（94 户）盈利在 2000 万元以下，盈利额合计仅 8.9 亿元。

扭亏为盈的企业 23 户，合计由上年同期亏损 28 亿元转为盈利 7.3 亿元。

二、2000 年国家重点企业生产经营情况

1～12 月，国家重点企业生产、销售持续快速增长，产销衔接保持了高水平，出口大幅增加；经济效益明显提高，利润总额大幅增长，大企业集团贡献突出；资金使用效率有所改善。

（一）生产、销售快速增长，产销衔接保持高水平

515 户企业［注 1］完成工业总产值（90 价）18273.7 亿元，比上年同期增长 15.2%。分月看，前 8 个月生产增速逐步加快，后 4 个月增幅略有回落。所涉及的 22 个工业行业除电力、森工外均增长，其中铁路（增长 28.9%）、电子（26.6%）、医药（24.5%）、纺织（20.9%）。轻工（17.9%）和汽车（17.6%）6 个行业增长较快。

产品销售收入 33426.8 亿元，增长 15.1%。29 个行业中有 27 个增长，其中电信（36.1%）、轻工（30.1%）、外贸（24.9%）、内贸（21.7%）、电子（21.6%）、交通（21.1%）、石油（18.9%）、电力（18.7%）、化工（17.4%）和纺织（16.9%）10 个行业增长较快。

产销率 99.4%，与上年同期持平。18 个行业产销率比上年同期有所提高，其中森工、电子、航天、兵器、轻工、煤炭、核业、铁路、冶金行业提高幅度在 1 个百分点以上。产成品存货 1688.3 亿元，比上年同期上升 14.9%。

出口继续保持旺盛势头，出口交货值 1649.8 亿元，增长 33.1%。出口较多的行业是：电子（512.3 亿元）、冶金（243.6 亿元）、纺织（133.2 亿元）、机械（123.9 亿元）、船舶（114.3 亿元）、化工（99.9 亿元）、石油（83.7 亿元）和轻工（69.2 亿元），这 8 个行业出口交货值合计 1380 亿元，平均增长 35.6%，占全部重点企业出口的 83.6%。石油、森工、冶金、汽车、航空、轻工、电子行业出口增长较快，增幅在 50%以上。

国家重点企业中有出口交货值的 369 户，其中在 1 亿元以上的 197 户，合计出口 1598 亿元，占重点企业出口的 96.9%。

（二）利润大幅增长，盈利大户贡献突出

实现利润 2253.2 亿元，增长 89.5%；税金总额 2248.4 亿元，增长 16%。盈亏相抵后净盈利的行业 24 个，其中主要集中于 9 个利润总额在 80 亿元以上的行业。

3 户石油石化企业合计利润 894 亿元，增长 2.2 倍。4 户电信企业利润合计 465. 6 亿元，增长 3.7%；6 户电力企业合计利润 185.4 亿元，增长 11.6%；55 户电子企业利润合计 131.2 亿元，增长 22.2%。15 户汽车企业利润合计 108.1 亿元，增长 18.7%。42 户冶金企业利润合计 106.8 亿元，增长 1.7 倍。61 户轻工企业利润合计 92.8 亿元，下降 0.9%。12 户烟草企业利润合计 87.3 亿元，下降 1.9%。

以上 9 个行业利润总额合计 2071.1 亿元，占全部重点企业利润总额的 91.9%。

利润总额在 1 亿元以上的企业 180 户，合计利润总额 2240.6 亿元，占 453 户盈利企业盈利总额的 95.7%。其中名列前 10 位的盈利大户合计 1614.3 亿元，占盈利总额的 68.9%。

（三）亏损户数减少，亏损额下降，但亏损向大户集中

12 月末，亏损企业 62 户，比上年同期增加 3 户。亏

损企业亏损额88.2亿元,比上年同期下降25.3%。

净亏损的行业5个，兵器（净亏29.5亿元，减亏10.7亿元）、航空（2.9亿元，减亏1.2亿元）、煤炭（2亿元，减亏8.6亿元）、核业（1.6亿元，减亏1亿元）和船舶（1亿元，减亏3.4亿元）。

亏损1亿元以上的企业19户，合计亏损70.7亿元，比上年同期增亏17.6%，占全部亏损额的80.2%。其中名列前10位的亏损大户合计亏损58.1亿元，占全部亏损额的65.9%。

（四）资金使用效率有所改善

净资产31500亿元，增长13.3%。资产负债率54.2%，下降1.2个百分点。应收帐款净额5582亿元，下降2.3%。流动资产周转率1.2次，提高0.1次。成本费用利润率7.5%，提高2.6个百分点。资金利税率8.6%提高1.6个百分点。

注：截止1月20日，520户国家重点企业上报数据的有515户。有色三大集团（铜铅锌、铝、稀有稀土）已于7月1日解散或重组，深圳海王集团股份有限公司，巨龙通信设备有限责任公司未报数据。

三、2000年国家试点企业集团生产经营情况

1－12月，国家试点企业集团生产、销售保持了较高速度的同步增长，产销衔接较好；利润总额达到1100亿元以上；企业亏损状况进一步改善；各项经济效益指标明显好转。

（一）生产、销售同步增长，产销衔接较好

122户试点企业集团完成工业总产值（90价）10176.6亿元，增长12.5%。所涉及的19个工业行业中，有16个增长，增幅高于平均水平的7个：煤炭（39.8%）、纺织（28.8%）、建材（25.6%）、电子（24.6%）、医药（22.5%）、汽车（16%）、石化（15.9%）。

产品销售收入20965.9亿元，增长12.5%。26个行业中增长的有22个，增幅20%以上的6个：建材（49.9%）、煤炭（46.2%）、外贸（27.5%）、电子（23%）、交通（23%）、纺织（20.1%）。

出口交货值779.4亿元，增长27.4%。出口交货值在50亿元以上的行业4个：电子（163.9亿元）、冶金（160.5亿元）、船舶（114.3亿元）、石油（83.7亿元），合计出口522.4亿元，占全部试点企业集团出口交货值的67%。

产销率99.3%，同比下降0.4个百分点。产销率高于平均水平的工业行业是：冶金（100.4%）、汽车（100%），、电力（99.95%）、机械（99.6%）、化工（99.6%）、石油（99.5%）。

（二）利润总额达到1100亿元以上

利税总额2427.2亿元，增长56.7%。其中，利润总额达到1136.8亿元，增长1.4倍；税金总额1290.4亿元，增长20.1%。

盈亏相抵后净盈利的行业有20个，其中13个行业利润增长。利润总额在50亿元以上的是：石油（600.5亿元）、石化（201亿元）、电力（105.8亿元）、汽车（81.8亿元）、冶金（55.3亿元）5个行业，合计1044.4亿元，为全部试点企业集团利润总额的91.9%。

盈利额超过1亿元的企业60户，合计1205.9亿元，为全部试点企业集团盈利总额的1.1倍。

扭亏为盈的5个行业是：化工（本期净盈利4.4亿元，同期净亏损0.2亿元）、煤炭（3.8亿元，－1.6亿元）、农业（0.5亿元，－5.7亿元）、航天（0.5亿元，－0.2亿元）、其它（0.2亿元，－14.6亿元）。

（三）企业亏损状况继续改善，亏损额大幅下降

亏损企业29户，同比减少2户；企业亏损面23.8%，同比减少1.6个百分点；亏损企业亏损额82.6亿元，下降30.7%。

净亏损行业6个,全部减亏,减亏额19亿元。亏损额较高的行业是:兵器(亏29.6亿元)、航空(2.7亿元)。

（四）各项经济效益指标明显好转

期末净资产17969亿元，增长11%；资产负债率57.6%，下降0.6个百分点；销售利润率14%，提高3.3个百分点；成本费用利润率5.8%，提高3.2个百分点；总资产贡献率7.2%；提高1.8个百分点；流动资产周转率1.2次，同比持平；资金利税率7%，提高2.1个百分点。工业经济效益综合指数117.9，提高20.6。

四、520户国家重点企业、120户试点企业集团利润总额分别突破2000亿元和1000亿元

2000年，520户国家重点企业、120户试点企业集团继续保持快速发展，在市场中保持了竞争优势，经济效益显著提高，利润持续大幅增长，特别是大企业集团贡献突出，发展迅速。

1—11月，国家重点企业实现利润总额2106.4亿元，增长90.3%，比1999年全年多1001亿元。试点企业集团利润总额1013.9亿元，增长1.8倍，比1999年全年多578.2亿元。

利润主要集中于部分行业和盈利大户。分行业看，国家重点企业的利润主要集中于石油（631.3亿元，增长2.5倍）、电信（509.7亿元，58.5%）、石化

(191.2亿元，69.5%)、电力（167.1亿元，16.5%)、电子（106.5亿元，18.4%)、汽车（104.8亿元，25.3%)、冶金（98.1亿元，1.5倍）、烟草（84.5亿元，4.6%)、轻工（78.7亿元，下降0.6%）9个行业，利润合计1971.9亿元，占全部重点企业利润总额的93.6%。

国家重点企业中，盈利额在1亿元以上的企业158户，合计盈利2114.4亿元，占重点企业盈利额的95.6%。其中列前10位的是：中国石油天然气集团公司、中国移动通信集团公司、中国石油化工集团公司、中国电信集团公司、中国海洋石油总公司、国家电力公司、广东省电力集团公司、上海汽车工业（集团）总公司、中国联合通信有限公司、玉溪红塔烟草（集团）有限责任公司，盈利合计1563.1亿元，占重点企业盈利总额的74.2%。

123个国家试点企业集团中，盈利额过亿元的企业集团有53户，同比增加13户。其中，超过20亿元的企业集团有8户，同比增加3户。四成以上的企业集团连续两年盈利，其中，增长幅度在30%以上的企业集团有37户。

国家重点企业、试点企业集团的快速发展和效益提高，除企业自身的努力外，更主要的是得益于宏观经济的明显回升和国家各项政策的有力扶持，是多方面因素共同作用的结果。国家重点企业、试点企业集团的持续快速发展和经济效益大幅提高，对于发挥其龙头和幅射作用，带动一批国有及非国有企业的快速发展起到了不可估量的作用。

五、2000年城市工业生产情况

1－12月，42个中心城市工业生产持续快速增长，产销率提高；重工业增速高于轻工业，外商及港澳台投资企业、股份制企业发展迅猛，所占比重上升；出口较快增长。

（一）工业生产持续快速增长

工业总产值（90价）34804.5亿元，增长18.2%，增幅比全国平均水平（15.6%）高2.6个百分点，比上半年高0.5个百分点，比1999年、1998年分别高3.7和6.5个百分点。从各月情况看，前8个月增幅逐步加快，后4个月增幅逐步回落（见下图）：

2000年各月工业生产增长速度一览图

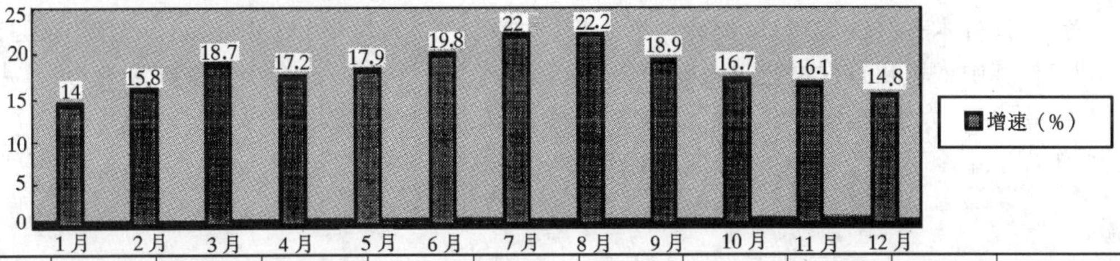

月份	1月	2月	3月	4月	5月	6月	7月	8月	9月	10月	11月	12月
增速（%）	14	15.8	18.7	17.2	17.9	19.8	22	22.2	18.9	16.7	16.1	14.8

增幅高于中心城市平均水平的有17个城市，前五名依次为：芜湖（29.9%)、杭州（27.1%)、青岛(26.1%)、宁波（25.1%)、深圳（23.9%)。

产值超千亿元的有10个城市，分别是：上海(5860.4亿元)、深圳（2575.6亿元)、天津（2333亿元)、北京（2286.6亿元)、广州（2265.4亿元)、杭州(1639.3亿元)、无锡（1615.4亿元)、南京（1478.2亿元)、宁波（1258亿元)、青岛（1238.9亿元)，合计22550.8亿元，占中心城市的64.8%。

主要特点：

1. 重工业增速加快，轻工业增速回落。轻工业总产值13718亿元，增长13.8%，增幅低于上半年1.8个百分点，比1999年、1998年分别高0.2和2.2个百分点，增长较快的前五名为：芜湖（31.2%)、呼市(30.8%)、株洲（28.4%)、青岛（25.2%)、哈尔滨(23.5%)。重工业总产值21086.5亿元，增长21.2%，增幅比上半年高2.1个百分点，比1999年、1998年分别高6和9.4个百分点，增长较快的前五名为：深圳(39.8%)、杭州（36.2%)、厦门（32%)、宁波(31%)、芜湖（28.9%)。重工业增速高于轻工业。1998年、1999年和2000年重工业分别比轻工业高0.2、1.6和7.4个百分点。

2. 外商及港澳台投资企业、股份制企业发展迅猛，所占比重上升。外商及港澳台投资企业已经成为中心城市工业的重要组成部分，其工业总产值增速和所占比重均列第一位。1－12月完成工业总产值14317亿元，增长23.8%，比中心城市平均水平高5.6个百分点，比上半年高0.5个百分点，比1999年、1998年分别高4.3和6.2个百分点。

1998年、1999年和2000年外商及港澳台投资企业占42个中心城市工业总产值比重分别为33.4%、37.5%和41.1%，国有企业分别为31%、24%和20.5%，集体企业分别为23.3%、14.4%和11.1%。

3.大中型工业企业生产快速增长。大中型企业工业总产值20863.3亿元，占中心城市的59.9%，增长20.1%，增幅比全国大中型工业企业平均水平高4.7个百分点，比上半年高3.6个百分点，比1999年、1998年分别高7.5和11.6个百分点。

2000年各经济类型企业产值、所占比重及增长情况表

经济类型	工业总产值（亿元）		42个中心城市工业总产值比重（%）	比重变化情况（±个百分点）	
	累计	同比±%		比1999年	比1998年
国有企业	7136	10.7	20.5	-3.5	-10.5
集体企业	3870.4	10	11.1	-3.3	-12.2
股份合作企业	1096.9	17.7	3.2	-0.2	—
股份制企业	7105.7	20.3	20.4	5.8	—
外商及港澳台投资企业	14317	23.8	41.1	3.6	7.7
其他类型企业	1278.6	17.7	3.7	-1.4	-1.5

（二）产销衔接较好，出口快速增长

工业销售产值36936.1亿元，增长18.7%，增幅比全国平均水平（18.5%）高0.2个百分点，比上半年高0.5个百分点。增幅高于中心城市平均水平的有18个城市，前五名依次为：宁波（32%）、大连（27.7%）、乌鲁木齐（26.3%）、长春（25.6%）、杭州（23.8%），其中，杭州首次增幅进入前五名。

产销率98%，比全国平均水平高0.3个百分点，比上半年高1.1个百分点，比1999年、1998年分别高0.5和1.4个百分点。

出口交货值（上海未报）6073.2亿元，增长26.3%，比全国平均水平高1.7个百分点，比1999年、1998年分别高17.8和21个百分点，出口交货值列前五名的是：深圳（1378.4亿元）、广州（661.6亿元）、天津（550.4亿元）、无锡（403.3亿元）、青岛（397.1亿元），合计3390.8亿元，占全部出口交货值的55.8%。

中国经济与投资

经济全球化进程中的中国经济结构调整

国家发展计划委员会副主任　王春正

进入90年代以来，经济全球化和信息化的趋势不断加快，给世界经济发展带来全新变化，进入了新的发展阶段。世界各国为适应这种新的变化趋势，不断推进技术进步，特别是以信息技术为代表的高新技术迅猛发展，国际市场竞争更加激烈，这既给我国经济发展提供了良好的机遇，同时也使我们面临严峻的挑战。多年来我国经济发展的主要任务是解决温饱和供应短缺问题，经过50多年特别是改革开放20多年来的发展，我国生产力水平迈上了一个大台阶，供应短缺状况已基本结束，市场供求关系发生重大变化，一般工农业产品出现了阶段性、结构性剩余，但也存在经济结构不合理的问题。突出表现在产业结构不合理，地区发展不协调，城镇化水平低，国民经济整体素质不高，国际竞争力不强。这种结构性矛盾越来越不适应加快经济发展的需要，越来越不适应扩大对外开放、积极参与经济全球化的需要。我国经济发展已经到了非要对经济结构进行调整不可的阶段，即以结构调整促进经济发展的阶段。从我国经济发展现状和世界经济、科技发展趋势来看，当前的结构调整是在新技术革命带动下、对经济全局和长远发展进行具有重大影响的战略性调整，包括产业结构、地区结构和城乡结构在内的全面调整。只有这样，才能使我国在经济全球化趋势不断发展、国际竞争更加激烈的条件下，抓住机遇，乘势而上，实现生产力的跨越式发展。

九届全国人大四次会议通过了我国国民经济和社会发展第10个五年计划纲要，在《纲要》中明确提出了今后5年经济结构调整的主要目标：产业结构优化升级，国际竞争力增强。2005年第一、二、三产业增加值占国内生产总值的比重分别为13%、51%、36%。国民经济和社会信息化水平显著提高。基础设施进一步完善。地区间发展差距扩大趋势得到有效控制。城镇化水平有所提高，为实现这一预期目标，必须从以下一些方面抓起：

第一，加快产业结构调整的步伐，改善三次产业结构状况

加强第一产业、提高第二产业、发展第三产业，是“十五”经济结构调整的重点。首先要继续巩固农业的基础地位，以优化品种、提高质量、增加效益为中心，积极调整种植业结构，发展养殖业，推进农业产业化、规模化经营。同时要积极运用高新技术和先进适用技术武装传统产业，压缩和淘汰落后生产能力，加快工业改组和优化升级。把发展服务业特别是发展信息服务、金融保险、资讯等现代服务业，放在结构调整的重要位置，我们要力争把第三产业的比重由2000年的33.2%提高到2005年的36%，这也是应对经济全球化、提高竞争力的重要措施。

第二，大力推进国民经济信息化，把结构调整与信息化结合起来

信息化是当今世界经济和社会发展的大趋势，也是我国进行经济结构战略性调整的关键环节。一方面发展以信息技术为核心的高技术产业，加强信息技术的引进、消化、吸收和创新，增强计算机与网络产品、通信产品、数字视听产品和新型原器件的制造能力，使高新技术产业特别是电子信息产品制造在国民生产总值中所占的比重不断提高；另一方面，信息产业的发展为产业结构调整提供必要的技术支撑，使传统产业通过广泛应用信息技术提升产业技术水平，提高劳动生产率，加快产品的升级换代，增强产品的竞争力。这都直接推动了产业结构的优化和升级。

第三，提高城镇化水平，优化城乡经济结构

不断提高城镇化水平，转移农村富余劳动力，是我国实施“十五”计划中，优化城乡经济结构的重大举措。长期以来，我国城镇化水平低，直接影响了经济结构的优化和经济市场化的发育程度，也直接影响了广大乡镇企业的技术改造和优化升级。“十五”期间，随着我国农业生产力水平的提高和工业进程的加快，将不失时机地实施城镇化战略，有重点地发展小城镇，积极发展中小城市，完善区域性中心城市功能，发挥大城市的辐射带动作用。从我国经济发展水平和保持社会稳定的要求出发，发展小城镇将是推进我国城镇化重要途径。发展小城镇关键在于繁荣小城镇经济，特别是通过乡镇企业的合理集聚，带动第三产业的发展，提高城镇吸纳就业的能力，完善城乡市场体系建设，逐步形成合理的城乡人口布局和经济结构。为此，在“十五”期间要逐步消除城镇化的体制和政策障碍。这主要是，改革城镇户籍制度，形成城乡人口有序流动的机制；取消对农村劳动力进入城镇的不合理限制；妥善解决城镇建设用地。

第四，调整生产力布局，促进地区经济协调发展

针对我国东部沿海地区与中西部地区经济发展差距逐步扩大、影响整个经济加快发展的状况，我国提出了实施西部大开发战略，加快中西部地区发展，同时继续发挥东部沿海地区在体制创新、科技创新、对外开放和经济发展中的带动作用，是推进经济结构调整的重要组成部分和战略之举。当前实施西部大开发的重点是，加快水利、交通、通信、电网等基础设施建设，加快生态建设和环境保护，巩固和加强西部农业基础地位，发展特色经济，坚持科技教育先行，进一步扩大开放，力争用5年到10年时间，使西部地区基础设施和生态环境建设有突破性进展，科技、教育有较大发展。

实行经济结构的战略性调整，最终目的是要提高经济效益和经济增长质量，保持国民经济的持续快速健康发展，不断提高人民生活水平。“十五”期间，结构调整将进入关键时期，改革也处于攻坚阶段，种种深层次矛盾需要解决。克服困难，实现经济发展目标，改善人民生活，归根结底要靠发展，“十五”必须保持较快的发展速度。这一方面要通过结构调整为较快发展创造必要条件，同时也必须进一步改革开放，这是促进发展的强大动力。我们坚信，经过“十五”的努力，进一步增强国力，会使我们更好地适应经济全球化的发展趋势，有效地利用经济全球化带来的发展机遇。

2000年中国继续实施相对扩张的财政政策

财政部部长　项怀诚

长期以来，中国政府习惯于实行相对紧缩的财政政策。1997-1998年间，我国经济运行中的深层次的矛盾在亚洲金融危机的冲击下比较集中地反映出来，为了应对国际国内经济形势的变化，避免可能出现的经济下滑，中国政府断然选择了实施相对扩张的财政政策。几年来的实践证明，这一政策的实施已经取得了明显成效。当前，需求不足仍然是我们面临的一个主要问题。中国政府决定，今年我国将继续扩大内需，实施相对扩张的财政政策。政府已经决定，今年增发1000亿元长期建设国债，其投向包括增加前两年国债已经安排的基础设施项目的投入；加大对西部开发和生态建设的投入；适当增加对科技和教育基础设施的投入及支持开展一些重大项目如南水北调，北京至上海的高速铁路的前期准备工作。目前的宏观经济情况表明，我国的财政赤字和国债规模与发达国家比较还处于相对偏低的水平，增发国债不会引发通货膨胀，我国政府对此充满信心。

1997年以来，受到亚洲金融危机的影响，世界经济特别是亚洲经济和贸易大幅度下降，需求锐减，国际市场商品价格低廉。中国周边国家发生金融危机以后，这些国家的本币大幅度贬值。导致外部需求对中国经济增长的贡献率大大下降。从中国国内经济状况看，长期高度集中的计划经济体制以及由此带来的粗放式的增长模式，虽然在当时实现了GDP的快速增长，但也导致了低水平的重复建设和重复引进，造成了产业结构和经济结构的严重不合理。经济运行中的深层次的矛盾在亚洲金融危机的冲击下，这两年来比较集中地反映出来。突出的表现在结构型的生产过剩，有效需求不足，经济增长速度缓慢。为了应对国际国内经济形势的变化、避免可能出现的经济下滑，保持国民经济持续、快速、健康的发展，中国政府做出了扩大国内需求、实施相对扩张的财政政策这样一个重大的决策。到今年为止，已经先后三次增发国债，主要用于基础设施的建设。这几千亿元的国债使用的方向一个是1998年向国有商业银行增加了1000亿元国债，用于基础设施建设，进行反经济周期的调节。目的就是熨平经济周期的褶皱。二是1999年初在安排本年度预算的时候，为了保证水利、生态、科会保障等重点支出项目的需要和1998年基础设施的后续资金的需要，适度增加了财政赤字，相应地又增发了500亿元的国债。三是1999年年中，根据上半年，特别是三四月份以后经济运行中出现的固定资产投资放慢，外贸出口和外商直接投资下降，消费需求不振，物价持续走低这样一些情况，中国政府作出了进一步加大实施相对扩张的财政政策力度的重大决策。在原定发500亿元国债的基础上，又向商业银行增发了600亿元国债，专门用于增加基础设施性的投资和企业的技术改造，并对这一部分技术改造贴息。在增发国债的同时，中国政府还在税收、收入分配政策方面采取了一系列的配套措施，努力使得这样一个宏观经济政策调控成为一个政策的组合，发生组合效应。

几年来的实践证明，中国政府实施这样一个相对扩张的财政政策，已经取得了明显的成效。第一是稳住了经济持续增长的态势，防止了经济的下滑。这个政策的特点是来得快，作用直接，拉动力强，见效迅速。这样就扭转了经济下滑的局面。根据政府有关部门的测算，1998年，我们国家的GDP增长了7.8%。其中，国债这一个投资拉动的GDP增长是1.5个百分点。1999年，我国GDP的增长是7.1%，据测算，国债的投资拉动两个百分点，这样一个经济的稳定增长，就缓解了经济生活中的一些突出的矛盾，比如说缓解了就业的压力．保持了社会的稳定发展，也为我们国家的体制的转轨和结构调整提供了比较宽松的环境。

第二是基础设施建设得到了很大的改善。中国是一个发展中的国家，在我们国家辽阔的国土上，基础设施建设和发达国家相比是落后的。财政的国债资金投放以后，又带动了银行的贷款资金，再加上一些部门和地方的自有资金，形成了总量大概几千亿美元规模的投资。一共建设大约5100百个项目。已经加固了大江大河大湖的堤防6100公里，有30多座重点大型病险水库得到了除险加固。在长江中下游沿岸实行了退田还湖、移民还镇工程。这两个工程涉及中国长江中下游两岸居民有100万人。新增的公路通车里程1.2万多公里，其中高速公路3358公里。铁路建成新线1423公里，复线643公里。另外，我们还新建了500亿斤的国家储备粮的粮库，缓解了粮食仓容不足的矛盾。有500个县完成了农村的电网建设，全国农村电网改造以后，农民的电价比原来至少降低了10%，这10%每年可减轻农民的电费支出200多亿元人民币。新增城市的供水能力850万立方米，新增污水处理能力580万吨。整个中国的大中城市的基础设施和环保建设得到了比较大的改善。

第三，促进了消费需求的增长。我们提高了城镇低收入阶层的补贴标准，包括国有企业下岗职工基本生活费的补贴，包括城市最低生活标准的标准线。也同时提高了国家机关、事业单位职工的工资，提高的幅度是基本工资的30%。增加职工的工资和补贴，去年财政一共拿了540亿元人民币，受益面大约有8400万人。去年以来，我们银行降低了利息，提供了消费信贷，使得居民的消费心理预期得到了改善，消费需求也有所回升。1999年下半年全国社会商品消费品零售总额增长的速度呈现了逐渐加快的趋势，第四季度增长率达到了8%，比二季度和三季度加快了两个百分点。如果考虑到我们去年价格是一个负增长的因素，全年社会消费品的零售总额实际增长率在10%左右，应当说，10%的消费增长率也是不算低的。

第四，支持了国际经济合作，外贸出口实现了稳步回升。1998年以来，在发达国家技术优势和周边国家汇率优势的双重的压力下面，我们的外贸出口一度呈现了逐渐下降的趋势，而且出现了连续多个月的负增长的趋势。对于中国的经济的增长来说，是一个很大的不利因素。1998年我们整个的外贸出口只增长0.5%，和1997年的21%比较起来是很大的落差。从去年开始，我们就逐步扭转了外贸出口的下降趋势。在外贸出口发展变化的背后，有各方面的因素，其中一方面的因素就是中国的财政三次提高了出口退税的退税率，使得中国的出口货物平均的退税率达到了15%。我们国家的增值税的税率大部分是17%。具体算下来，大体上每一个美元出口的商品提高的退税0.4元人民币。这样一个出口退税率的措施，加上去年以来，国际经济环境的有利变化的影响，使得一度严峻的外贸出口形势有所缓解。1999年7月份以后，扭转了下降的趋势，开始了逐渐回升的新的趋势。去年我们整个的外贸出口总额的增长幅度达到了6.1%。今年前三个月增长了39.1%。当然这里有一个基数的问题，去年上半年我们外贸出口的基数比较低。在这个过程中间，人民币的汇率没有变化，中国政府实行稳定汇率的政策。这样一个政策对于亚洲金融危机顺利渡过和国际经济的进一步好转作出了我们自己的贡献。

第五，推动了产业结构的调整，支持了国有企业的改革。国债资金有选择地大规模用于基础设施建设，在一定程度上防止了盲目铺摊和重复，我们国家基础设施在比较薄弱的情况下，至少不会有大的重复建设。这样就缓解了中国长期以来经济发展的某些瓶颈的制约，加快了产业结构和经济结构的调整步伐。同时，国债资金支持符合产业结构方向的重点行业、重点企业的技术改造和高新技术的发展，也促进了国有企业的改革和发展。

第六，发挥了政府投资的导向和带动作用，为财政政策和货币政策的协调运行创造了条件。1998年增发的1000亿元国债，相应带动了也有1000亿元的银行贷款。1999年增发的600亿元国债与企业技术改造项目，主要是采取用国债资金来贴息的方式，预计可以带动更多的银行贷款。在扩大内需政策的推动下面，集体、个体的投资也扭转了近年来增幅下降的趋势。1998年，我们国家集体的投资和个体的投资分别增长了百分之八点九和百分之九点二，增幅比1997年集体投资提高了三点五个百分点、个体的投资提高了二点四个百分点。去年我们的集体投资就继续保持了上年的规模，而个体投资比上年又提高了六个百分点。

当前的经济形势总的态势是继续向好的方向发展，但是矛盾和问题也依然存在。需求不足仍然是我们面临的一个主要的问题。因此，中国政府决定，今年我们将继续坚持扩大内需的方针，继续实施相对扩张的财政政策。今年已经决定，增发1000亿元长期建设国债，它的投向包括增加前两年国债已经安排的基础设施项目的投入，保证它们尽快地建成、投产，发挥效益。采用财政贴息的方法继续支持国有企业的技术改造。我们今年还要加大对西部开发和生态建设的投入力度，要突出西部地区基础设施和科教事业的发展，为西部地区在今后加快发展创造基础条件。我们还要适当地增加对科技和教育基础设施的投入，还要支持一些象“南水北调”、北京到上海高速铁路的前期准备工作等重大的项目。

目前从我们国家宏观经济的情况来看，财政的赤字和国债的规模还都控制在一个能够承受的范围内。与国际比较，还处于相对比较偏低的水平上。也就是说，目前我们再继续增发适当数量的国债，还有一定的空间。这样不会引发通货膨胀，也不会引发债务危机。去年，中国财政赤字和国债余额占当年GDP的比例，财政赤字是2.8－2.9之间，国债的余额占到GDP的比重在12.7之内。用国际马约标准来衡量，大大低于这个标准，当然我们国家有自己的特点，比马约标准要低得多。按照经济发展的历史或者经济发展的一般规律来判断，中国的国民收入没有超分配的问题。国内市场潜力非常之大，我们国家的国民经济快速的增长，完全能持续一个比较长的时期。通过中央财政向商业银行发行长期国债的办法，把我们一部分居民储蓄存款转化为当前的建设资金，来促进经济的增长、结构的优化和效益的改善，这是符合当前中国经济发展的实际情况的。当然，中国财政部十分重视国债和赤字规模的问题，注重加强财政的偿债能力和如何有效防范财政风险的研究。

一方面改善政策手段，增强财政资金的导向和带动作用，按照国家的产业政策，科学论证，选准项目，切实管好用好这一笔财政资金。另一方面，也注意调整和优化中国财政支出的结构，尽可能压缩不必要的开支，努力控制国家的赤字规模，防范于未然。这样的财政政策是当前政府宏观经济政策的重要内容，是继续实施还是什么时候停止实施，是加大力度还是逐步降低力度，要根据我们国家宏观经济运行的态势来作出判断和决定。从经济学来讲，一旦投资、消费两大需求趋于正常，进出口恢复到一定的水平（今年第一季度出口对 GDP 的拉动约 2.8 个百分点，进出口恢复到一定的水平），特别是在通货膨胀出现新的变化的时候，应当说这样一种反经济周期的调节，相对扩张的财政政策，就应当给予适当的调整。因此，实施什么样的财政政策，以及政策的内容和力度，都取决于我们国家经济发展的要求和可能。不可现在就预言今后几年一定采取怎样的财政政策。

1995 年确定的财政政策是相对紧缩的财政政策，但是九五计划执行到 1997 年的下半年、1998 年的上半年的时候，我们就已经感受到亚洲金融危机对我们一波比一波更强的冲击，国际经济形势对我们一次又一次更大的影响，我们很快就决定实施扩张的财政政策，不能等待。

运用这样一个相对扩张的财政政策来调控中国国民经济的运行，对我们国家来说，对中国的财政部来说，是一个新的尝试，我们习惯于实行相对紧缩的财政政策，我们没有实行相对扩张的财政政策的经验。但是我们深信，我国政府有能力实施好这样一个相对扩张的财政政策，有能力把握好这一政策的实施力度，有能力把中国的财政政策和货币政策有机地、统一地配合起来运用，使得这样一个宏观经济政策为中国经济的持续、快速、健康发展起到积极的推动作用。

继续实行稳健的货币政策

中国人民银行行长　戴相龙

朱镕基总理在 1999 年九届人大二次会议政府工作报告中明确提出："要实行稳健的货币政策，适当增加货币供应量。"他在今年 6 月全国政协举办的"21 世纪论坛"2000 年会议开幕式讲话中，把执行积极的财政政策和稳健的货币政策作为推进宏观经济回升的最重要原因。最近，党中央和国务院在分析当前经济形势、部署下半年工作时，再次强调要继续实施稳健的货币政策。在 1998 年我国出现通货紧缩趋势的时候，为什么不提执行积极的货币政策，而是提出和执行稳健的货币政策？稳健的货币政策包括哪些内容？如何继续执行稳健的货币政策？这些都是国内外普遍关心的问题。

实行稳健的货币政策
是一项正确的宏观决策

我国经济在经历了较长时期快速增长之后，90 年代中后期，特别是 1997 年 7 月亚洲金融危机爆发后，出现了前所未有的重大变化。经济增长放慢，投资和消费增长趋缓，出口大幅回落，市场有效需求不足，物价出现连续负增长。简而言之，宏观经济发展出现了通货紧缩的趋势。针对这种状况，党中央、国务院及时采取了扩大内需的一系列重大方针政策，在财政方面明确提出实施积极的财政政策。在市场经济比较发达的国家，宏观经济调控的基本经验是，凡出现通货紧缩，一般都是在财政和货币方面同时实行扩张的政策。我国这次克服通货紧缩趋势，在财政方面明确提出和实行积极的财政政策，但是，在货币政策方面，没有相应提出实行积极的货币政策，而是提出和执行稳健的货币政策，适当增加货币供应量。实践证明，实行稳健的货币政策符合现阶段我国的国情，是一项正确的宏观决策。

一是因为我国货币供应存量和增量过多。1978—1999 年，国内生产总值（GDP）年均增长 9.7%，零售物价年均增长 6.2%，广义货币（M_2）年均增长 23.6%，贷款年均增长 20.6%，广义货币年均增长比经济增长与物价增长之和高出 7.7 个百分点。由于货币供应量多年高速增长，我国广义货币量对国内生产总值现价的比值呈连续上升趋势，与世界上一些国家相比明显偏高。M_2 与 GDP 之比，1998 年为 1.31，1999 年为 1.46，而在 1998 年，印度为 0.50，韩国为 0.60，美国为 0.67，日本为 1.20。我国货币供应过多，有市场化程度迅速扩大的合理因素，但也有许多非经济增长的不合理因素。M_2 由存款货币和现金货币两部分组成，从中长期看，M_2 与 GDP 比率过高，说明国民经济整体效益差，全社会隐藏了很大的支付风险。在信用过分集中于银行和货币供应量增长明显偏快的情况下，如果过分扩张货币供给，就会激化潜在的金融风险，不利于宏观金融稳健运行。

二是企业特别是国有企业负债率过高，贷款有效需求不足。企业负债率过高和资本结构单一是我国经济发展中的一个突出问题。80年代初，我国国有企业资产负债率为25%左右，企业承受贷款能力较强，加上银行统一管理流动资金，导致贷款十多年大幅度增长。到90年代中后期，国有工业企业账面资产负债率为65%左右，如剔除账面无效资产，实际负债率在75%以上，少数行业出现资不抵债。另外，近年新开工的一些技改项目资本金普遍不足，资产负债率也较高。负债率过高使企业承受贷款的能力和抗御市场风险的能力大大减弱。这种情况下，如果采取过分扩张的货币政策，盲目增加贷款，势必造成新的呆坏账，加大化解金融风险的压力。

三是造成我国物价连续下跌的主要原因是经济结构失衡，而不是货币供应不足。1994年消费物价涨幅比1992年高出17.7个百分点，1997年后物价下降，与治理严重通货膨胀有很大关系。低水平重复建设和农产品库存增加等因素，造成国内大部分商品供过于求，也导致物价连续下降。当前，消费物价回升较快，零售物价回升较慢，其中一个原因是居民生活水平提高，消费结构有所改变。1997年到1999年，三年全国贷款增加3.3万亿元，占1999年底全部贷款的35.2%。在这种情况下，扩大有效需求，控制物价连续下降的着力点，应放在调整经济结构上，不宜提出和执行积极的货币政策，不宜过度扩大货币供应量。

稳健的货币政策发挥了重要作用

朱镕基总理在1999年《政府工作报告》中指出：实行稳健的货币政策，“既要坚持商业信贷原则，保证贷款质量，防范金融风险；又要努力改进金融服务，拓宽服务领域，运用信贷杠杆，促进扩大内需和增加出口，积极支持经济增长。”这是对稳健货币政策基本内涵的高度概括。总结近两年实行稳健的货币政策的工作实践，稳健的货币政策主要包含三方面内容。

一是根据扩大需求的方针，逐步适当增加货币供应量。中国人民银行1998年1月对商业银行取消贷款限额控制，由商业银行按信贷原则自主发放贷款。1998年和1999年先后两次累计下调法定存款准备金率7个百分点，按1999年末存款余额计算，相应增加金融机构可用资金7000多亿元，为商业银行购买国债、买政策性金融债和增加基础设施建设贷款提供了资金来源，为实行积极的财政政策创造了条件。从1996年6月以来连续7次降息，存款平均利率累计下调5.73个百分点，贷款平均利率累计下调6.42个百分点，减少企业利息支出2400亿元。降息提高了企业效益，支持了资本市场发展，降低了国债发行成本，启动了投资，促进了消费，抑制了通货紧缩趋势。1999年对金融机构再贷款增加1222亿元，比上年多增3194亿元，有力支持了基础设施建设和农村经济发展。与此同时，中国人民银行通过拆借市场和公开市场，向社会适当投放资金。

二是及时制定信贷政策，引导贷款投向，促进经济结构调整。1998年以来，人民银行先后发布了有关增加消费信贷、中小企业和高新技术企业贷款、农业贷款以及股票质押贷款等一系列指导意见和管理办法。两年来，国有银行发放与国债使用项目配套的贷款已超过3200亿元。农业贷款逐年增加。到今年7月底，金融机构个人消费贷款余额2750亿元，比年初增加1073亿元，其中，个人住房贷款余额2297亿元，比年初增加867亿元，汽车、教育等其他消费贷款453亿元，比年初增加204亿元。非国有企业贷款占新增贷款比例已超过43%。

三是加强金融监管，执行金融稳定工作计划。加强金融监管，保持金融稳健运行，增强金融企业对货币政策的反应能力，是实施稳健货币政策的基础。为此，根据党中央、国务院的决策，人民银行认真执行了金融稳定工作计划。支持和配合财政部发行2700亿元特别国债，补充国有独资商业银行资本金，提高其资本充足率。组建信达、长城、东方、华融四家金融资产管理公司，收购从国有独资商业银行剥离出来的1万多亿元不良资产，并对4200多亿元贷款实行债转股，明显降低国有独资商业银行不良贷款的比例。全面整顿各类金融机构，帮助化解地方金融机构支付风险，维护债权人合法权益。加强金融监管，坚持信贷原则，从整体上看没有造成“惜贷”，相反促进了经济结构的调整。

实行稳健的货币政策对促进国民经济回升发挥了重要作用。货币供应量适度增长，货币流动性明显改善。1998年和1999年，广义货币分别增长15.3%和14.7%，狭义货币分别增长11.8%和17.7%，金融机构贷款分别增加11491亿元和10847亿元。今年上半年，金融机构贷款又增加6204亿元，比上年同期多增1972亿元。今年6月底，货币流动性（M_1/M_2）为0.38，与前两年相比明显提高。到今年6月底，城乡储蓄存款余额为62842亿元，比年初增加3487亿元，比去年同期少增加2318亿元。一部分城乡储蓄转入股市和购买物资，对促进投资和消费发挥了作用。到今年6月底，企业存款40740亿元，比年初增加3645亿元，比去年同期多增加2691亿元，反映企业支付能力明显提高。实行稳健的货币政策，也有力地帮助国有企业走出困境。其中，债转股4200多亿元，不但降低了企业负债率，每年还减少企业利息支出200多亿元；1998年到今年上半年，实际运用1143亿元呆账准备金，支持企业兼并破产。到今年6月底，外汇储备增加为

1585.7亿美元，比1997年底增加186.8亿美元，人民币汇率保持稳定。

继续实行稳健的货币政策

经过三年的努力，我国已经克服亚洲金融危机带来的困难，经济发展出现了重要转机。面对上述情况，一方面，要看到经济回升基础不稳固，经济结构调整任务还十分艰巨，保持当前经济发展的良好势头，仍要继续执行积极的财政政策和稳健的货币政策；另一方面，又要看到人民银行再贷款增加较多，商业银行贷款加快，货币供应增长迅速上升所带来的问题。总的看，我国宏观经济发展处在稳定回升的时期。

针对上述分析，中国人民银行将认真贯彻落实党中央、国务院的各项部署，坚持扩大内需的方针，继续实行稳健的货币政策，及时调节货币供应量，积极引导信贷投向，大力支持经济结构调整，防范和化解金融风险，促进国民经济稳定回升。

一是落实已出台的各项货币政策措施。及时调节货币供应量，满足经济发展对货币供应的合理需求。目前，商业银行向中央银行交存款准备金的比率和存贷利率水平，与宏观经济发展形势相适应，应保持稳定。引导金融机构调整信贷投向，对运用国债项目资金安排的固定资产投资，继续给予贷款支持；切实增加对中小企业和高新技术企业的贷款支持；继续增加农村、农业和农民的贷款，帮助农民增加收入，扩大对工业品的购买力；大力发展消费信贷。为改变企业过分依赖银行间接融资的局面，支持发展产业投资基金和多种形式的直接融资，促进企业通过多种途径增加资本金、优化资本结构。改进对西部大开发的金融服务，支持西部发展生态农业、基础设施和有竞争能力的优势产业。

二是加快发展货币市场，稳步推进利率市场化改革。发展包括同业拆借市场、债券市场和票据市场在内的货币市场。进一步完善银行间同业拆借和债券市场电子交易系统，开发金融债券、住房抵押债券等新的货币市场交易工具，增加银行间债券市场交易者数量，逐步沟通债券批发市场与零售市场。积极培育票据市场，使之逐步成为企业和银行进行短期资金融通的重要场所。为了更好地配置资源，促进经济结构调整，要稳步推进利率改革，建立以中央银行利率为基础、货币市场利率为中介，由市场供求决定金融机构存贷款利率水平的市场利率体系。外汇存贷款利率可按国际市场利率浮动；根据当地民间借贷和信用社资金余缺、利率管理水平，经过试点，进一步扩大农村信用社存贷款利率浮动幅度；逐步扩大城市金融机构贷款利率浮动幅度和范围，对一般存款利率仍然实行管制，对大额存款利率实行有弹性的管理。

三是逐步建立现代银行制度，完善货币政策传导机制。支持商业银行实行股份制改造，增加其资本金，提高其透明度。支持有条件的股份制商业银行上市，并把由中央银行推荐上市，改为商业银行申请上市，中央银行提供金融监管信息。支持国有独资商业银行按现代银行制度进行综合改革。

四是加强金融监管，完善金融监管体系。继续执行金融稳定工作计划。对金融企业的资产质量、盈亏、资本充足率、内控制度的真实性进行全面检查，严肃查处在新形势下的违法违规经营。大力支持银行发展中间业务。加强银行、证券、保险三大监管部门的合作，沟通信息，提高金融监管水平。

五是继续扩大金融对外开放。加强外汇管理，打击逃骗汇行为，保持国际收支平衡。完善人民币由市场供求决定的、有管理的浮动汇率制度，维护人民币汇率稳定。随着金融对外开放的进一步扩大，必须高度重视和正确处理本币与外币、利率与汇率之间的关系，认真实行人民币经常项下的可兑换，切实加强资本项目的管制，为今后推进资本项下可兑换工作进程创造条件。

2000－2001年投资形势分析与预测

国家发展计划委员会投资研究所

提要：2000年我国固定资产投资实现了稳定增长，虽然投资增速不是很高，但是投资对经济的贡献度仍然保持较高水平。在国家投资的带动下，民间投资开始回升，但是，由于市场竞争日趋激烈，投资的产业选择的难度加大，企业（尤其是国有企业）自筹资金仍然是投资增长的制约因素。实业资本与虚拟资本收益的巨大反差，导致投资行为的短期化、投机化，使实业领域更加缺乏吸引力。2001年，宏观经济要继续保持与稳定已有的成果，投资增长作用仍然很大。财政扩张仍是投资增长的重要前提，民间投资活力增强关系到投资的可持续发展，利用外资规模扩张在很大程度上决定了投资扩张，资本市场的迅速发展将为投资扩张提供资金保障。

一、2000 年投资基本状况

2000 年，在国家积极财政政策和稳健货币政策的作用下，国民经济保持较为稳定的增长势头，基本趋势向好的方向发展，但经济持续上升的动力仍显不足。全年 GDP 累计增长 8%，增幅明显高于 1999 年。由于 1999 年各季度 GDP 增长率趋于下降，而 2000 年各季度增长率变动不大，因此，总体经济可以说是稳中趋升。2000 年工业增加值增长 9.9%，也快于 1999 年同期 1.4 个百分点。2000 年，不同需求形式均实现了较高的增长幅度，从而为经济的回升作出了贡献。全年全社会固定资产投资累计增长 10.3%，社会消费品零售总额累计增长 9.7%，出口额增长 27.8%，分别高于 1999 年同期增幅 3.4 个、2.9 个和 21.7 个百分点。尽管从总体上看，2000 年国民经济逐渐回暖，但是，进入 10 月份，经济上升趋势仍受到抑制，10 月份，经济增长与三大需求增速与上月持平，11 月份以后则出现不同程度的回落。（见表 1）

固定资产投资增速先升后降，2000 年 1－4 季度，国有及其他投资分别累计增长 8.5%、11%、12.9% 和 9.7%。考虑到 1999 年同期投资增速呈下降趋势的情况，2000 年固定资产投资也仅仅实现了稳定增长，增速也不是很高。全年全社会投资完成 32917.7 亿元，比 1999 年增长 10.3%。2000 年资本形成总额增长对经济增长的贡献程度达到 34.7%，低于 1998 年但高于 1999 年的水平。但是，由于 1999 年资本形成额贡献率明显低于消费贡献率，而 2000 年两者对经济增长的贡献率差距缩小。这说明随着净出口对经济增长负面影响的减弱，消费增长对经济增长贡献程度也趋于减小，而投资的贡献度则仍然保持在较高水平。（见表 2）

表 1　1999－2000 年相关指标累计增长率（%）

		1 季度	1－2 季度	1－3 季度	1－10 月份	1－11 月份	1－4 季度
1999 年	工业增加值	10.1	9.4	9.3	9.1	9.0	8.9
	消费品零售额	7.4	6.4	6.3	6.5	6.7	6.8
	出口额	－7.9	－4.6	2.1	4.3	6.6	6.1
	国有及其他投资	22.7	15.1	8.1	7.0	6.8	6.3
2000 年	工业增加值	10.7	11.2	11.6	11.6	11.5	11.4
	消费品零售额	10.4	10.1	9.9	9.9	9.8	9.7
	出口额	39.1	36.2	33.1	32.2	30.1	27.8
	国有及其他投资	8.5	11.0	12.9	12.6	11.7	9.7

表 2　各需求形式对经济增长的贡献率（%）

	1998 年	1999 年	2000 年
资本形成	38.5	34.8	31.7
最终消费	68.8	90.4	76.0
净出口	17.8	－69.5	－0.05

在政府投资的带动下，民间投资增速开始较快回升，2000 年集体投资同比增长 10.7%，个体投资同比增长 12.2%，集体投资和个体投资增速分别快于 1999 年 7.2 个和 4.3 个百分点。决定民间投资启动的主要因素是民营经济与金融的活跃程度，因此，不同行业和地区民间投资的启动程度存在明显差异。东部沿海地区非国有经济形式的市场适应能力较强、民间金融实力雄厚，所以投资回升要快于中西部地区；新兴产业市场前景广阔、容易获得各类投资支持，因此，投资于新兴产业的民间资金增长比投资于传统产业增长快。据有关资料统计，在我国国家级高新技术开发区中，90% 以上的资金来源于民间资本。由于区内企业重点发展的产业是信息微电子、现代通信、生物医药、新材料、光机电一体化、计算机及应用等等，这些产业市场前景广阔，容易获得投资者的青睐，因此高新技术开发区的投资增长通常较快。

2000 年以来，固定资产投资的一个新变化是更新改造投资的较快增长。在全部投资完成额中（不包括集体和个人投资），基本建设完成投资 13427.3 亿元，增长 7.8%，更新改造投资完成 5107.6 亿元，增长 13.9%，房地产投资完成 4984 亿元，增长 21.5%，其他投资完成 9389.8 亿元，增长 6.7%。2000 年更新改造投资保持快速增长势头，全年增速比 1999 年快了 14.6 个百分点。自 1999 年始，中央财政增发国债的使用方向发生了一定的变化，在当年新增的 1100 亿元长期国债中，除用于在建基础设施项目外，还投入了重点行业的技术改造、环保与生态建设。2000 年再次增发

1500亿元国债，财政继续通过贴息等方式鼓励国有企业的技术改造。因此，保证了技术改造投资以近年来少有的高速度增长。

表3　国有单位投资各类资金来源对投资的贡献率（%）

	1998年	1999年	2000年
国家预算内	10.99	65.78	4.79
国内贷款	23.35	32.25	25.11
债券	2.06	11.75	-2.01
利用外资	-3.14	-86.64	-4.72
自筹资金	34.90	16.52	31.30
其中：企业自筹	16.60	19.86	23.16
其他资金	15.24	40.48	22.37

从资金来源方面看，国家预算内资金增长放慢，贷款融资仍是投资增长的重要渠道，债券融资和利用外资下降幅度仍然较大，自筹资金平稳增长。表3计算了1998-2000各年投资各类资金来源对全部资金来源的贡献率，比较分析表明：2000年以来，中央及地方预算内资金对投资的支持程度比1999年同期有明显下降，国家投资以及国家可以控制的银行信贷资金孤军奋战的局面得到了一定程度的缓解，1999年国家预算内和国内贷款对投资的贡献率达到98%，而2000年只有30%，下降了68个百分点。2000年利用外资对全部资金来源的贡献率虽然仍是负值，但已经比1999年同期明显改善，说明利用外资形势趋于好转。2000年，自筹资金对资金来源的贡献率比1999年上升了14.8个百分点，但是，这大多是由中央部委以及地方政府自筹资金增加带来的，其中，企业自筹对全部资金来源的贡献率只上升了约3个百分点，这说明国有企业的投资扩张仍然存在一定的资金约束。

在投资的行业结构方面，2000年以来，第三产业投资增长较快，第二产业投资实现了恢复性增长，三大产业投资增幅之间的差距明显缩小。2000年第二产业增速快于第一产业1个百分点，低于第三产业1.1个百分点，而1999年同期则分别低25个和12个百分点。工业投资的恢复性增长从一个侧面证明了民间投资的复苏，因为民间投资的主要集中在竞争性的工业行业。2000年，在所有工业部门中，有色、纺织、电子工业投资增长很快，投资增速分别达到34.5%、51.1%和47.6%，增幅明显快于以往高速增长的第三产业中的某些行业。在第三产业中，投资增长较快的仍然是邮电通信业、房地产业和科技服务业，而传统的商贸业投资增速低缓，金融保险业投资则出现较大幅度的下降。受市场需求约束加大以及投资者风险约束增强的影响，未来产业投资将更加倾向投入增长潜力大、技术含量高和优质高效的产业部门，传统的能源和原材料工业投资将更强调规模效益。

在投资的地区分布中，西部地区投资增长最快，全年西部地区投资累计增幅达14.4%，高于全国平均水平4.7个百分点，高于上年同期8.8个百分点；中部地区也实现了投资的较快增长，累计增幅为13.8%；东部地区投资增速落后于全国平均水平。从近两年的情况看，由于投资基数较大，东部地区投资大致只能保持在全国平均增长水平上，而中西部地区特别是西部地区则凭借西部大开发的有利时机，获得了更多的投资机会，相当多的西部省区进入了投资增长的快车道。在西部10省区中，投资增幅低于14%的只有重庆、西藏和云南，有3个省区投资增幅超过了20%，而东部地区只有浙江、山东两省投资增速达到14%以上。

2000年以来，固定资产投资新开工项目不断增加，但是增加幅度逐步放缓。1季度累计，基本建设和更新改造新开工项目8836个，比上年同期增加1813个，增长25.8%；上半年累计上述三项指标分别为35080个、4625个和15.2%；而全年累计上述三项指标分别为98561个、890个和1%。与1999年相比，西部地区新开工项目增加最多，新开工项目多增加了631个，其次是东部地区，多增加了423个，而中部地区新开工项目减少了271个。天津、辽宁、福建、安徽、云南等11省新开工项目减少，其它各省新开工项目则有不同程度地增加。2000年全年累计新开工项目计划总投资14511亿元，同比上升了25.5%，新开工项目计划总投资占全部施工项目计划总投资的比重也比1999年同期上升了3个百分点。新开工项目增加多少是判断未来投资增长的重要指标，2000年以来新开工项目增势趋缓，在一定程度上增加了未来投资增长的不确定性。

房地产投资继续呈现良好的发展势头。在前两年快速增长的基础上，2000年房地产投资增速仍然很快。在国有及其他投资中，房地产投资增幅超过全部投资增幅13.7个百分点，超过1999年同期8个百分点。2000年住宅投资仍是房地产投资的热点，同比增长了25.5%。商业营业用房投资也有较快增长，2000年投资增幅比1999年快了19.7个百分点。商品房销售情况较好，全年商品房销售额3572亿元，同比增长30%。个人购房已经成为商品房销售的主要部分，个人购房占到全部商品房销售额的79.5%。全年销售商品房面积16984万平方米，同比增长26.9%；售出面积为竣工面积的74%，这一比例同比上升了7个百分点。

二、2000年投资中的主要问题

到目前为止，我国实施积极财政政策已有三年，扩张性的财政政策对扩大需求、稳定经济发挥了重要的作用。但是，财政政策的实施仍然存在一定的问题。首先，财政支出与收入政策相互抵触，政策效应被削弱。政府一方面不断扩张财政支出，一方面不断加大税收征管力度，税收收入每年增加1000亿以上。税收增加增强了政府可支配财力，有利于政府对经济的调控。但税收增加降低了边际消费倾向，降低了投资的乘数效应，影响了国民收入的更快增加；税收增加也增大了企业和个人的负担，降低了企业与个人进一步扩大投资的能力与积极性；为保证税收的征缴，政府必须增设税务机构，扩大税务机关的编制，相当一部分增加的收入被增加的机构和人员吃掉了，因而税收征收的成本大大提高，税收增长的实际价值却无形中降低了。其次，运用国债资金进行基础设施建设的有效性不足。基础设施的建设与维修所花费的公共支出是刺激经济增长的政策工具之一。只要质量与效益没有受到损害，依靠劳动密集型方式发展基础设施，对于实现经济增长和扩大就业不失为一种重要的政策。但是，如果在扩大基础设施公共支出时，政府决策者只考虑眼前利益和个人政绩，就会出现用于基础设施的财政支出并未得到有效利用，而其他部门更具有发展潜力的投资可能出现被挤占的现象。因此，基础设施盲目求新求大也会带来有效性不足的问题，难以在短期内形成对经济增长的支持。目前，大规模的基础设施建设已使一些地区（沿海地区）的基础设施规模大大超前于经济发展的现实需要，边际效益大大降低，甚至出现很大程度的闲置与浪费。再次，我国财政投资的制度缺陷仍十分明显。由于我国财政投资体制未进行实质性的改革，财政扩张政策实际上强化了中央部门及地方政府在资源配置方面的权利，审批的力量在膨胀，各类腐败现象不断出现，在某种程度上造成了旧体制的复归。工程建设、招投标、监理过程中的不规范运作，也使大量财政资金流入个人和小集团的腰包，工程质量难以保证，形成大量“豆腐渣”工程，这使得实物资产的增长大打折扣。由于建筑工程粗制滥造，寿命降低，不得不花费额外的资金用于维修甚至重建，极大地浪费了资源。现有的基础设施管理体制也降低了基础设施的效率。目前基础设施的投资与经营是由附属于政府的专业性投资公司和经营性企业负责，这些公共企业普遍存在财务困难、人浮于事，激励不足，企业也不得不为这些多余的人员支付额外的运营成本。运营费用的增加，影响了项目投资的尽快回收。在大规模基础设施建设的同时，建立开放性和竞争程度较高的基础设施投资与经营管理体制也是十分必要和紧迫的。

在激烈的市场竞争环境下，投资的产业选择的难度增大，各地政府及企业都期望能够摆脱传统资源型或劳动密集型产业的束缚，在新兴产业领域获得发展的机会。但是，或者由于在资金、技术、人才方面存在缺陷，或者由于相关行业存在严重的、人为的进入障碍，使这一产业选择和转型过程变得相当困难。在全国上千万的各类企业中，属于高新技术的还是少数，对于绝大多数的企业来讲，现在以及未来相当长时间里仍将会以传统产业为其主要发展方向。相比高新技术产业来讲，传统产业仍是最能发挥我国生产要素优势、具有国际竞争力的领域。现在的关键问题是；如何利用国民收入水平提高、市场需求多样化以及高新技术开发与利用的契机，提高传统产业的产品档次、功能以及技术含量。例如：网络经济的发展正在实现对传统产业的改造与调整，从而使传统产业出现了新的投资机会。在电子商务发展进程中，需要及时、有效的配送体系，实现流通物资迅速、快捷、准确地从供应者转移给需求者。在我国的传统产业中，中小型企业占有很大比例。不同的生产技术和管理水平会产生不同的适度企业规模，并非大企业都具有规模收益，在某些行业，在某种技术与管理水平下，中小企业同样拥有规模收益。中小企业可以在发挥规模经济的传统行业中获得发展，例如：食品加工、纺织服装、塑料制品等，也可以形成与大企业的专业化分工与配套能力。后一种模式正是众多传统产业中小企业应该追求的目标。目前，在我国传统产业发展中，能够为大企业提供加工装配功能的中小企业还不多。如果中小企业能够建立起与大企业分工与协作的体系，进而引进资金、技术和人才，必将为传统产业的发展注入新的活力。

企业自筹资金正逐渐成为全社会投资稳定增长的制约因素。在固定资产投资资金来源中，自筹资金一般包括企事业单位内部积累以及外部的股权和债权融资，从融资方式角度考虑，自筹资金由内源融资和直接融资组成。在市场经济条件下，企业投资主体地位趋于增强，投资约束能力提高，更加重视内部资金积累，加上企业融资方式向直接融资的转变，企业自筹投资规模和比重理应逐步扩大。2000年国有企事业单位自筹资金虽然实现了稳定增长，占全部资金来源的比例也比1999年有所回升，但仍比1997年同期下降了5个百分点。同样，1996年集体与个体经济自筹资金占全部资金来源的比例为74%，而到1999年这一比例下降到70%。与国有经济相比，集体和个体经济更为依赖自筹方式解决资金困难。1999年，集体经济和个体经济投资中自筹资金比例分别高于国有经济8个和36个百分点。自筹资金增长乏力会在更大程度上影响非国有经济成份的投资扩张。盈利水平高低决定了企业自筹资金扩张的可能性。2000年以来，在各项政策利好因素作用下，企业整体经济效益趋于好转，全年全国工业企业利润总额4393亿元，比1999年增长1.9倍。但是，应该看到，企业利润增长主要来源是大企业，2000年大企业实现利润占利润总额的64%，比1999年上升了1个百分点。企业效益提高主要源于政策支持和少数产品的价格变动，而并非国内需求扩张和市场回暖。这种政策效应和偶然因素影响难以持久，因而企业效益转好的基础并不牢固。未来企业收益的不稳定，势必影响企业通过内源方式筹资的能力，同时影响企业对未来的投资预期和信心。所以，积极宏观经济政策的重点应该放在创造良好的盈利空间方面，例如，继续实行税费改革，清理在卖方市场条件下出台的抑制投资和消费的税费政策，减轻企业负担，增强企业活力；推进社会保障管理和服务的社会化，使企事业单位不再承担发放基本社会保险金和管理社会保障对象的工作等。

实业资本与虚拟资本收益的巨大反差，导致投资者越来越倾向于追求短期化、投机化的投资活动，社会资本表现出频繁流向金融市场逐利的基本趋势，因而使实业领域更加缺乏吸引力。到2000年底，金融机构各项存款余额同比增长了9.9%，其中企业存款增长18.6%。企业存款累计增加6912亿元，比去年同期多增2216亿元。企业存款大幅度增加表明企业的资金充裕，投资支付能力提高，企业固定资产自筹资金本应有较大增加，但是，结果却并不令人满意。企业富裕资金大量停留在活期帐户上，并不断进入股市或汇市博取高额回报。据有关资料，我国股票市场新股申购收益率在1997年达到了95%，之后呈现逐年递减的趋势，但到2000年仍有21%的收益，远远高于行业的盈利水平。2000年以来，随着股价连创新高，二级市场上的收益率也大幅度的提高。由于上市公司基本面普遍较差，不断攀升的股价只能说明股市泡沫现象日趋严重。2000年中报显示：上市公司加权每股收益只有0.101元，净资产收益率4.16%，亏损上市公司达到119家，占全部公司的11.56%。而股票市场在缺少上市公司业绩支撑的基础上却涨了8个月，8月22日深沪综指分别达到644.6点和2114.5点，创历史新高，11月23日和24日又分别写下2125.7点和656.2点的新纪录，平均市盈率由40倍猛升到60倍。当股市泡沫膨胀的时候，金融投资的收益率会远远超过实际投资的收益率，资金会自然由实际经济领域大量涌向泡沫滋生的股票市场。从而引起实际经济部门投资与生产资金供给不足，债务拖欠和违约大量出现。由于允许国有企业进入股票市场炒股，股市的繁荣可能会短期内使其帐面利润迅速增加，但是，一方面，投机利润的增加将使企业在经营主业方面创新和投资的主动性、积极性大大削弱，从而不利于企业的长期生存和发展；另一方面，如果股市泡沫破裂，企业资产将大量缩水，从而影响企业资金的流动性和支付能力，甚至导致企业的破产清盘。目前，由于实业投资和金融投资收益率的明显差距，不单吸引了经营行为短期化严重的国有企业大量投资股市，也使众多的集体企业、私营企业和外资企业加入了金融投机的行列。由于实业投资利润率偏低的情况不可能在短期内得到解决，所以，抑制股市泡沫的过度膨胀就很有必要。其政策的要点是货币当局要控制货币供应量的增加，要限制银行直接参与证券投资或为证券机构提供融资便利的行为。

目前我国中小企业在发展中受到多方面的制约，其中最为突出的问题是资金问题，融资渠道不畅导致了中小企业资金不足，从而制约了其发展壮大。中小企业普遍存在融资难的问题，直接融资规模更小，现实的融资渠道多被认定为不合法。我国中小型企业资产负债比率较高。在近年不同规模企业资本结构中，中小企业资产负债率比大型企业高8个百分点，而中小企业股本占总资本的比例却明显低于大型企业。1995－1998年，中型企业和小型企业股本占总资本的比例分别平均为29.9%和32.5%，分别低于大型企业9.5个和6.9个百分点。这似乎可以说明：中小型企业过度负债的情况更为严重。但需要注意的是，在中小型企业负债结构中，国家银行借款比例较低，而私人借款、向民间金融机构借款以及应付客户款占主要部分，表明现有的国有银行体系并不愿意向中小型企业过多贷款。统计数据表明，我国小型企业长期负债在长期资金中所占比例要低于中型企业和大型企业，小型企业长期资金更依赖于股本的增加。但是，小型企业股本的增加主要源泉是内部积累，即利润留存，而不是外部股权融资，这是因为小型企业缺乏外部股权融资的渠道。由于我国目前对于发行上市的企业有一定规模要求，许多中小企业不符合我国发行上市的条件，所以中小企业从资本市场直接融资也非常困难。近年来，随着经济的发展，适应中小企业成长的各种类型的来自民间的债权和股权融资活动十分活跃，由于一些融资行为以高息为诱饵，欺骗投资者，却缺乏必要的资本经营能力，造成投资与经营失败，难以还本付息，从而产生巨大的风险因素，成为真正意义上的、非法的“乱集资”。“乱集资”应该受到查处和取缔，以保护投资者的利益。但是，“乱集资”也从一个侧面反映出我国目前融资体系的缺陷，即储蓄向投资转化的渠道并不通畅，相对充裕的社会资金面对的是相对狭窄、有限的投资通道和投资方式。目前，我国各种类型的地下金融活动，其主要资金需求者是中小企业，这些企业不可能通过正常的渠道获得资金，只能更多依靠正规金融机构以外的方式。这无形中增加了企业的融资成本和财务风险。因此，在限制“乱集资”的同时，我们需要把各类民间的融资活动纳入到规范化和法制化的轨道上来，而不是简单的关闭、取缔了事。

三、2001年投资发展趋势

2000年宏观经济基本扭转了增速下降的局面，实现了一定程度的恢复性增长，给即将进入新世纪的中国经济带来了新的希望。2001年，宏观经济要继续保持与稳定已有的积极成果，把消极因素转化为积极因素，力争使经济逐渐步入持续、健康发展的快车道。历史经验表明，在经济增长乏力的时候，投资增长在启动经济方面作用很大。投资具有乘数作用，通过需求扩张对经济的拉动一般较快。投资增长还有利于改善供给状况，改善经济结构，提高未来经济增长的能力。因此，投资的较快增长对2001年的经济增长仍然具有重要的意义。

（一）财政扩张仍是投资增长的重要前提

近三年的实践表明，国债投资的政策效果明显，但是往往不能持久，政策力度一旦减弱，投资增速就会下降。这是因为政府投资扩张→总投资扩张的传导过程出现阻碍，影响了政策作用的发挥。那么2001年是否需要继续增发国债，保持国家投资对总体经济的影响力呢？首先，当前宏观经济正处于缓慢爬坡的过程中，经济与投资回升的基础还不稳固，财政投资强度减弱会削减经济上升过程中的推动力，使相对脆弱的增长基础遭受破坏。因此，继续增发国债，保持一定的财政投资规模，是经济增长的客观要求；其次，从国际经验看，在经济下降期，国家为刺激经济回升，增发国债，使政府债务规模扩大，当经济进入上升期后，财政盈余增加，政府债务规模又会趋于缩小。因此，在经济回升前景并不明朗的前提下，继续扩大政府债务规模有一定的经验支持；再次，从理论上讲，只要财政每年用于国债利息支出的增长幅度小于或等于财政收入的增长幅度，那么国债的发行便具有可持续性。1998－2000年国家财政的国债利息支出分别为751亿元、618亿元和748亿元，到期的付息额还没有1994年1175亿元的利息总额多，利息支出高峰也即将过去。因而，我国的国债发行仍具有较大空间。根据2000年全国财政工作会议的精神，2001年将将继续发行基础设施建设国债，并发行特种国债，以支持西部开发。增发的国债将主要用于弥补在建项目后续资金。

（二）民间投资活力增强关系到投资的可持续发展

民间投资包括集体企业、乡镇企业、私营及个体投资。1996－2000年，集体和个体合计的投资增长率分别为17.5%、5.9%、9%、2.7%和11.4%。1996年以前的许多年份，集体和个体投资总和增长一般超前于全部投资增长，而1996年以后情况恰好相反。2000年民间投资增长有了明显的恢复，但这一恢复的基础仍不牢固，是否能够持续增长也还是个疑问。近年来民间投资增速下降的基本原因在于，在通货紧缩的宏观经济环境下，这些企业的经济增长呈现下滑趋势。在冶金、建材、有色、石化等行业结构调整中，国家关闭了一批设备陈旧、技术落后、污染严重、高耗能的民营企业，从而在一定程度上削弱了民间企业的投资能力。银行及其它信用机构对民营企业贷款的条件要严于国有企业，需要用净资产抵押或其它企业的担保，这就迫使民营企业不得不去寻找资金价格更为昂贵的融资渠道，从而加大了融资成本，降低了投资预期收益，降低了其进一步投资的愿望。2001年巩固民间投资增长要从改善其经营环境入手。要解决民营企业资本规模小、技术水平低、环境问题严重的问题，需要采取因势利导、循序渐进的方式，通过民营企业内部创新因素的培育，对现有企业进行重组与规模化，改善生产方式与工艺过程，延伸产业链条，提高产品的技术含量，减少对资源的过份依赖和过度开采，减轻生态环境压力。要提高民营企业的融资能力，需要大力发展与民营中小型企业发展水平相适应的民间的中小金融机构，这些金融机构对民营企业的信用状况及经营状况较为了解，并能对企业的财务状况和融资情况进行及时有效的监督和控制。应该逐步培育新型的民间金融组织和融资主体，这些金融组织和投资机构可以由资金较为富裕的企业和个人合伙或合股组织，由金融专家和行业专业人士经营与管理，为相关企业和个人提供融资便利和投资帮助。

（三）利用外资规模与全社会投资增长有很强的相关性

1985－1999年间，我国利用外资年增长率与投资增长率的相关系数达到0.86，属于高度相关。1993年以来经济与投资增速下滑也是与利用外资增长趋缓密切相关的。这说明利用外资的规模扩张在很大程度上决定了当年的投资扩张。2001年要实现全社会投资的较快增长，就必须保持一定的利用外资规模。影响我国2001年利用外资的积极因素包括：第一，1999年以来，各国经济逐步摆脱亚洲金融危机的阴影，开始出现复苏和增长，国际贸易和投资日趋活跃。科技进步加快了资本、技术等要素在全球的流动，跨国公司的海外投资、生产、销售、研发规模扩张。这有利于我国利用外资规模的扩大；第二，随着我国加入世贸组织，将进一步开放金融、证券、商业、中介服务等领域，这些领域的开放必然增大对外商投资的吸引力。入世以后，我国现行政策中对外商投资企业的不当限制会逐步取消，有利于吸引新的投资者；第三，西部开发为利用外资开辟了新的空间。截至1999年底，西部12个省市区累计实际利用外资168亿美元，仅占全国同期吸收外商直接投资的5.5%。西部大开发战略的开始实施为西部省区吸引外资提供了优越的条件，可以预计这一地区对外商投资的吸引力将大大增强。第四，据外经贸部统计，2000年全国共新签外商投资合同22347份，比1999年增长32%，合同外资金额623.8亿美元，同比增长51.3%。2000年合同利用外资金额大幅度增长，将使2001年实际利用外资金额可望扭转连年下降局面。但是，2001年，不利于吸引外资的一些因素也将继续存在，如恐怖主义对美国的袭击将使全球经济增长放缓，金融市场价格剧烈波动，国际金融与证券投资流动的不确定性增强；国内经济增长乏力，国内市场竞争激烈，企业利润空间相应缩小；新领域的开放和新投资方式的采取，需要时间和体制、政策调整，外资的进入仍然会受到来自体制、政策和操作方面的障碍和束缚；目前我国实业投资缺乏吸引力，已使部分外资转变方式进入金融领域炒股或炒汇，随着我国证券市场对外开放步伐加快，将可能吸引更多外资流入股市，这并不利于固定资产投资资金来源的拓展。因此，总的来看，2001年利用外资直接投资的总量不会有明显上升，年度利用外资总额以及外商直接投资可能分别会保持在500亿美元和400亿美元左右的水平。

(四)资本市场的迅速发展将为投资扩张提供资金保障

改革开放以来，我国逐步建立起了银行间接融资为主的融资模式。企业内部积累能力很弱，银行贷款成为企业最主要的外部资金来源，企业通过发行证券等直接融资方式所筹资金数量及比例都很小。1981－2000年间，我国通过发放中长期信贷共筹集资金27292亿元，累计发行企业债券筹资2984亿元，累计发行股票筹资6605亿元。企业通过发行债券和股票的融资总额为9589亿元，只占全部固定资产投资总额的4.1%。根据有关预测结果：在宏观经济稳步发展的基础上，我国股票市场将保持一个稳健攀升的态势，今后新股增发、配股规模会逐步扩大，创业板市场的推出，以及上市范围的扩大（如将来有可能允许外资企业在境内上市），今后股票市场年融资规模将会达到1500亿元以上，而且随着流通市值的增加，融资规模也会不断扩大。自1992年企业债券发行达到高峰以后，企业债的年发行额就回落到二、三百亿元，与股市的火爆相比，企业债市场也显得比较冷清。债券融资的优点在于筹资成本相对低廉，同时可以防范股权为人所控。因此，许多发达国家的债券融资规模与股票规模相当，美国和日本企业债券融资规模甚至超过了股票。未来我国必须注重培育和拓展企业债券市场，为企业创造更多的融资便利。据统计，截至1999年上半年，我国已相继成立了92家风险投资公司，注册资金为74亿元人民币，但真正投入的只有10%左右，这些机构的风险投资仅占高科技企业融资额的3%左右。这表明我国的风险投资对高科技产业的支持力度还很不够，没有起到推动我国科技成果产业化的作用。未来我国风险投资的发展潜力巨大。

上述分析表明：2001年我国投资发展的积极因素较多，只要充分发挥财政投资的引导作用，带动民间投资的进一步活跃与发展，运用多种形式与渠道筹措建设资金，2001年的固定资产投资就能保持一个稳定增长的局面。预计全年全社会投资可以实现11%左右的增长速度，投资规模达到36557亿元。其中，国有投资完成17329亿元，增长5.0%，集体投资完成5185亿元，增长8.0%，个体投资完成5415亿元，增长15.0%，其他投资完成8627亿元，增长25%。

投资领域的积极变化与新形势下的投资政策

国家计委投资司司长　姜伟新

“九五”前期，我国有效治理了通货膨胀．成功地实现了“软着陆”。之后，国际和国内经济环境发生了重大的变化。国内买方市场逐步形成，内需不足的矛盾日益突出，通货紧缩迹象开始出现。经济结构矛盾更加明显，优化产业结构、促进产业升级迫在眉睫。1997年爆发的亚洲金融危机，严重冲击了亚洲乃至世界经济，给我国经济发展带来相当大的影响。面对如此前所未有的复杂局面，党中央、国务院审时度势，运筹帷幄，及时做出了扩大内需的重大决策，连续3年实行积极的财政政策，发行长期建设国债，加大了政府投资力度，保持了投资的适度快速增长，对克服金融危机的不利影响、促进经济发展发挥了关键作用。与此同时，我国不断深化投融资体制改革，使投资领域发生了许多积极而重要的变化。

加大政府投资力度，鼓励社会投资，有力拉动经济增长。从1998年开始，国家连续3年实行积极的财政政策，共发行3600亿元长期建设国债，大大增强了中央政府的投资能力，同时带动地方、部门、企业投入配套资金和银行安排贷款共7500亿元，有力扩大了投资规模，促进了经济增长。1998年、1999年分别带动经济增长1.5和2个百分点，2000年预计带动经济增长1.7个百分点。我国经济发展在2000年上半年出现重要转机，连续几年增发国债、扩大投资是关键举措。在加大政府投资力度的同时，还采取各种措施积极鼓励社会投资。取消了固定资产投资方向调节税，一些商业银行开始发放个人投资经营性贷款，采取风险投资等有利于高新技术产业发展的新型投融资方式。上海等地相继开放城市基础设施建设市场，推行社会招商，吸引社会资金加快城市基础设施建设，体现了投资“社会化、多元化”，有效鼓励和引导了社会投资。

基础设施建设成效卓著。“九五”期间是我国基础设施建设投资规模最大的历史时期，特别是1998年以来，国债资金的投入进一步加快了基础设施建设进度，建成了一批重大项目，使基础设施建设取得突破性进展。3年来，共加固大江大河大湖堤防1.64万公里，在长江沿岸移民建镇120万人，增加行蓄洪面积1400多平方公里，有效增强了抗御洪涝灾害能力。在1999年长江中下游地区的防汛抗洪中，用国债投资建设的防洪工程发挥了重要作用，减少直接经济损失约300亿元。“三北”地区、长江上中游、黄河中游、沿海等十大林业重点生态工程顺利推进，林草植被逐步增加，重点地区生态环境综合治理成效显著。投产铁路新线2070公里，新增公路通车里程17.4万公里，其中高速公路10230公里，首都国际机场、南昌昌北机场、乌鲁木齐机场飞行区、昆明巫家坝机场航站区等机场建成投产，极大地改善了交通运输条件。新增城市日供水能力1887万吨，日污水处理能力824万吨，日垃圾处理能力31317吨，城市道路1308公里，城市基础设施的承载能力大大提高，城市面貌发生巨大变化。农村电网建设与改造，改变了农村电网布局不合理、技术装备落后和网架结构薄弱的状况，有效降低了变损、线损，农村供电质量明显提高，农村电价有所下降，有力减轻了农民负担。中央直属储备粮库现已建成仓容517亿斤，使国家对粮食市场的调控能力明显提高，保障了中央粮改政策的顺利实施。长期建设国债资金的投入，促进了教育基础设施建设，为提高高校教学水平、扩大高校招生规模创造了条件，两年来高等学校共扩大招生150万人左右，有力拉动了居民的教育消费。旅游基础设施建设得到加强，有效促进了国内旅游特别是中西部地区旅游事业的发展，扩大了国内消费需求。

投融资体制改革有很大进展，投融资活动的市场化程度进一步提高。几年来，以市场经济为取向的投融资体制改革稳步推进，在不同的方向取得很大进展。按照市场经济和建立新型发展计划体制的要求，不断改进投资计划的内容和编制方法，取消了不适应市场经济要求的计划内容，提高了投资计划的科学性。为促进西部开发，放宽了西部地区的投资审批权限，除国家重大项目和有特殊规定的项目外，凡是企业用自有资金或利用银行贷款投资于国家鼓励和允许类产业的项目，项目建议书和可研报告合并按一道程序报批，初步设计、开工报告不再报政府审批。从1997年开始取消了对银行贷款的规模控制，银行实行资产负债比例管理，自主审贷，贷款自主性和风险防范意识增强。为降低贷款风险，政策性银行和国有商业银行在发放贷款时与宏观管理部门充分协商，比较好地体现了市场经济和宏观调控的要求。工程咨询等投资中介服务组织开始与政府脱钩，逐步实现自主评审，有利于提高投资咨询的客观性和科学性，可以更好地为投资者服务。投资立法和执法工作进一步加强。“九五”期间，国家颁布实施了《中华人民共和国招标投标法》，发布了《招标公告发布暂行办法》和《工程建设项目自行招标试行办法》，对投资项目的招标投标范围、方式、程序以及评标、中标方法作出了详细规定，规范了投融资领域的招标投标活动，对于提高投资效益和保证工程建设质量具有重要意义。在加强立法的同时，还不断加大执法力度，保证法律法规的贯彻实施。经国务院批准，国家计委1998年设立了重大项目稽察特派员办公室，对国家出资的重大项目建设过程中的工程招投标、建设进度、工程质量、资金使用和投资概算等，进行监督检查，取得了明显成效。

西部大开发迈出实质性步伐，区域结构开始重大调整。党中央做出了实施西部大开发的重大战略决策，国务院下发了《关于实施西部大开发若干政策措施的通知》，提出了增加资金投入、改善投资环境、扩大对内对外开放、吸引人才和发展科技教育等一系列措施，国家加大了对西部地区交通、能源和水利建设的投入力度，取得积极成效，西部地区生态环境保护和建设得到加强。2000年国家还重点安排了西部地区“十大新开工项目”，西部大开发已经迈出实质性步伐，这必将对我国今后的投资建设、区域经济结构调整和国民经济整体发展产生深远影响。

投资主体的自我约束力有所增强，市场需求对投资决策的影响日益明显。近几年，随着市场需求环境的逐步改变、法制建设的进展和责任约束力的提高，使地方政府和企业进行投资决策的风险意识明显增强，对一般性的加工工业项目尤其慎重。通过企业与政府脱钩，积极推进规范的公司制改造，向国有重点大型企业派出监事会等一系列措施，促进了国有大中型企业经营机制的转变，提高了自我约束能力。集体、个体企业也开始进行现代企业制度改造，运作趋于规范，自我约束能力增强，投资决策水平有所提高，投资领域不断扩大。现在各投资主体开始注意根据市场需求进行投资决策，市场需求与投资决策之间的良性循环开始形成，市场对资源配置的基础性作用日趋明显。以商品房为例，2000年以来全国商品住宅持续旺销，带动了房地产投资的稳定快速增长，1－11月房地产投资比上年同期增长了24.1%，远高于全部固定资产投资11.7%的增速。

但我们应该清醒地看到，近几年投资领域尽管出现了上述积极而可喜的变化，仍然存在许多问题。目前投资增长对国债投资的依赖性较强，企业投资能力仍然较弱，社会投资增长缓慢，结构调整和技术进步进展较缓，大项目储备不足，《招标投标法》的贯彻落实还不够有力，投融资体制改革的任务还很艰巨。针对上述情况，在新的形势下，近期投融资工作的主要目标和任务是：**保持适度投资规模，鼓励社会投资，稳定良好的经济发展势头；调整投资结构，推动产业升级和技术进步；支持西部大开发，促进地区经济平衡发展；加强投资建设有关法律的执法力度；按照市场经济和加入WTO的要求深化投融资体制改革。**

继续实行积极的财政政策，保持必要的力度和连续性。从未来几年经济发展趋势看，保持投资对经济增长的拉动力、巩固和发展当前经济回升的良好态势是必需的。由于社会投资持续增长的机制尚未完全形成，仍有必要继续实行积极的财政政策。长期建设国债资金，首先要用于在建的国债项目，使在建国债项目早日建成投产。同时要使用国债投资加大对西部大开发的支持力度，集中建设一批重大工程。1998年以来共安排了6600多个国债项目，现在这些项目大部分处于收尾阶段，有必要集中使用国债资金，使之尽快建成投产、发挥效益。为保证国债项目的建设进度，各地方、部门和企业要确保配套资金及时足额到位，银行要积极落实国债项目贷款资金。

加快技术进步和产业结构优化升级。我国经济发展到今天，如何尽快使产业结构优化升级和加快技术进步已成为非常紧迫的任务。要大力推进技术创新，加快高技术产业发展，加大科技投入和对战略性高技术产业的投入，鼓励和促进创业投资，逐步建立高技术风险投资机制，培育有利于高技术产业发展的投融资环境。要加大环境保护力度，大力发展环保产业，积极开发和推广应用节油、节水技术。加快推行工业改组改造，改造一批大中型原材料和加工企业，优化能源结构，大力振兴装备制造业。推动国民经济和社会信息化，加快用信息技术改造传统工业，以信息化带动工业化。地方、部门和企业要认真开展市场调研，提出市场前景好、经济效益高、有利于技术进步和产业结构升级的建设项目，切实搞好项目储备。

积极稳妥地推进西部大开发，重点加强基础设施和生态建设。推进西部大开发，必须抓住重点，大力加强基础设施和生态建设，以有利于西部地区的可持续发展。全面加强西部地区的铁路、机场、天然气管道干线以及水运建设，扩大西部与东部、西南与西北的运输通道；加快建设公路国道主干线和省际公路通道，基本解决贫困县出口通路问题；继续加快邮电通信设施建设；组织完成好“西电东送”、“西气东输”、进藏铁路等有重大影响的建设项目前期工作和建设实施。要加强西部地区的生态建设和环境保护，继续推进退耕还林还草试点工作，坚持不懈地实施天然林保护工程，稳步推进重点地区生态建设综合治理、防沙治沙、天然草场的保护和建设，加强长江库区生态的保护。西部地区还可以根据自身特点，在力所能及和有市场销路的条件下发展各具特色的优势产业，如石油天然气加工、稀土开发研究、植物纤维和农副产品资源优势基地建设等，促进资源的合理使用和增值转化；充分利用水能资源和煤炭资源，加强能源基地建设；开发丰富的自然和人文景观，大力发展旅游业。

鼓励和引导社会投资，加大金融对投资增长的支持力度。长期建设国债投资不可能年年发放。为了保持一定的投资规模，支撑经济的稳定增长，从现在开始，必须研究如何扩大国内投资来源，特别是要研究如何扩大社会投资。近期内，要总结推广各地在促进社会投资方面的经验，采取多种措施扩大社会投资，进一步放宽投资领域，鼓励和引导各类社会投资者增加对基础设施和教育、文化、卫生等公共事业的投资。对社会投资加强信息服务，提供技术、管理、培训等方面的帮助。要全面落实扩大内需、调整结构的各项金融信贷措施。研究建立银行信贷激励机制，鼓励银行在坚持信贷原则的前提下多向企业发放长期贷款。要开辟多种融资渠道，积极稳妥地组织产业投资基金试点，建立高新技术产业风险投资机制。建立中小企业金融支持系统，支持具备条件的中小企业通过资本市场进行直接融资。

积极利用外资，引导外资投向。随着我国加入WTO，要逐步扩大对外开放领域，引导外资投向农业、生态环保、教育、医疗等领域。探索利用外资新方式，积极采用收购、兼并、投资基金和证券投资等方式利用中长期国外投资，加快研究制定外商以并购方式参与我国企业改组、改造的政策措施，继续做好BOT、TOT试点工作。引导和鼓励外商特别是跨国公司投资中西部地区、高新技术产业和基础设施，提高外资项目的技术含量。合理利用国际金融组织和外国政府贷款，努力拓宽贷款使用领域，加大对中西部地区的支持力度。要加强外债管理，做好全口径外债的总量控制、结构优化和监测工作，防范外债风险。

深化投融资体制改革。根据建立市场经济体制和加入WTO的要求，深化投融资体制改革。要逐步建立“谁投资、谁决策、谁收益、谁承担风险”的投资决策体制，除国家重大项目和有特殊规定的项目外，企业投资的一般竞争性项目，符合国家产业政策的，应逐步过渡到由企业自主决策，政府主要通过制定产业政策、发布投资信息等方式引导企业投资活动，并对投资项目的土地、环保、就业等方面进行必要的审批。除有特殊规定的项目外，努力扩大基础设施和公益性建设领域的开放程度，允许和鼓励不同所有制的投资者参与建设。贯彻落实《招标投标法》，建立和完善相应的配套制度，近期内要加强执法监督监察。继续推行建设项目法人责任制、招标投标制、工程监理制和工程质量责任制，加强建设项目的资金管理，确保工程质量。进一步培育和建立投资中介服务体系，加快投资中介服务机构改革，使它们真正成为自创信誉、自负盈亏、自担经济法律责任的法人实体。

抓紧实施国家重点技术改造项目

国家经贸委副主任　王万宾

当前技术改造工作的重要性和紧迫性

第一，加强技术改造是加快经济结构调整、促进产业升级的战略性措施

近几年来，我国经济运行的宏观环境发生了根本性的变化，长期商品短缺的局面基本结束，大部分产品出现了供过于求，供给结构不适应需求结构的变化、有效需求与有效供给不足情况同时存在。许多工业门类产品出现了阶段性、结构性的相对过剩，低水平重复建设的情况也很严重。这就要求我们在扩大内需、拉动经济增长的时候，必须以市场为导向，以产品为龙头，以提高经济效益为中心，着力支持一批重点行业的重点企业进行技术改造，增加适销对路的生产资料和消费品的生产，扩大有效供给，满足各类消费者不断变化发展的需求。通过技术改造使少数大型企业和企业集团的装备水平和竞争能力得到显著提高，为在国际市场上占有一席之地创造好的装备基础和创新手段。提高国内装备制造业的水平和整体素质，维护国家的经济安全，增强国有企业市场竞争能力和抗风险的能力。

党的十五届四中全会把国有企业的技术改造分为3个层次。第一个层次是少数企业和企业集团，它将在国际市场上占有一定份额。像宝钢、鞍钢、武钢这样的少数企业，中石油、中石化这样的大型企业，还有有色、纺织、化肥行业的大型企业。我们的目标是使这些少数企业按照中央要求，通过自身努力和国家支持，进行技术改造，总体水平实现跨跃式提高。鞍钢的1780轧机是当今国际上最先进的热连轧轧机，像鞍钢这样的老企业，我们通过支持其技术改造实现跨跃式发展，总体是通过加强技术改造来促进产业升级。还有一批企业在国内、国际市场上有一定竞争能力，这是第二个层次。第三个层次是一些要淘汰的落后生产工艺，使自己能够具备一定发展条件的企业。在我们大力支持重点企业技术改造的同时，国家经贸委按照国务院要求，坚决支持各地关闭一批资源枯竭、污染严重、技术装备落后、工艺水平落后的小企业，这个工作在全面展开，各地都在实施破产计划，这也为大企业改造以后腾出一些市场空间。因此，加强技术改造是加快经济结构调整、促进产业升级的战略性措施，而不是权宜之计。

第二，加强技术改造是确保国有企业改革和发展目标实现的重要途径

从我国的钢铁、煤炭、有色金属、石油、化工等16个行业分析，多数大中型企业的关键技术开发应用水平与国际先进水平还有相当大的差距。由于技术装备水平低，多数产品单耗高，浪费大，造成了一些企业亏损。因此，国有大中型亏损企业要脱困，实现改革和发展目标，必须与技术改造和技术进步结合起来，使之相辅相成，相互促进。实现国有企业改革和脱困3年目标，这仅仅是阶段性任务。我们还要着眼长远发展，长期有竞争力，进一步搞好技术改造。

现在传统产业技术改造任务非常重，我国今后的工业化、城镇化、信息化的任务也很重。我国工业经济总量规模是很大的，但远远没有达到工业化程度。工业化应该是具有现代水平的，能够满足人民日益增长的物质文化生活要求的工业化，而不是装备很落后、浪费很严重、污染很严重的工业化。因此，我们要有针对性地解决好国有企业技术装备落后、产品不适应需求结构变化、竞争力不强的突出问题，实现阶段性目标和长远目标的衔接，重点支持一些经过债转股，或者是上市以后债务负担得到减轻、经营机制灵活、已经初步建立现代企业制度的企业加快技术改造，巩固企业改革脱困所取得的成果，把机制创新与企业技术进步有效地结合起来，使企业能够在新一轮市场竞争中取得主动地位。国有企业的扭亏脱困，阶段性目标是3年时间，但这不是目的，后面几年结构调整和技术改造任务很重，我们的根本目的是使国有企业的竞争能力得到切实增强，能够抵御市场风险。

第三，加强技术改造是适应经济全球化、应对加入世贸组织的重要举措

现在全世界形成了经济全球化和信息化的浪潮。速度之快超出了我们原来的预料。同时，我国加快了加入世贸组织步伐，加入WTO以后，我们所有的行业都将直接面临着国家降低关税或没有关税保护的国际竞争，从这个意义上说，完全实现了中国市场国际化，没有什么国内市场、国外市场的概念。在世贸组织国家范围之内，只要符合其他国家产品质量要求和国际标准认证要求，就可以进入其市场。同时，我们国家市场也向他们开放。

我国企业要抓住这5年时间提高技术水平，实施技术改造。鞍钢“九五”期间抓住了5年机遇，如果“十五”期间再把5年机遇抓好，就完全有能力和信心与国际任何一个先进国家的钢铁企业竞争。

学习鞍钢经验，搞好重点企业的技术改造工作

鞍钢是我国最大最老的钢铁企业，曾经为我国钢铁工业和国民经济的发展做出了巨大贡献，被称为中国钢铁工业的摇篮。鞍钢在五、六十年代不仅自己得到长足发展，而且还为全国输送了大批优秀的管理人才和技术工人，我国重点钢铁企业基地几乎都有鞍钢人。但由于计划经济体制的影响，几十年来鞍钢背上了沉重的包袱。在这种情况下，老企业究竟走什么样的技术改造路子呢？他们从实际出发，选择了“高起点、少投入、快产出、高效益”技术改造这条道路。

所谓“高起点，”一是鞍钢技术改造的起点是瞄准当今世界上最先进的技术和工艺，追求的是核心技术、关键设备的高起点。二是他们所有的技术先进实用，绝不搞盲目的能力富余。选用的技术和装备一定要发挥效益，满足产品要求。三是不迷信外国。他们充分相信我国钢铁工业的制造技术水平，充分信任自己的力量，一切从实际出发，不迷信外国人，坚持搞技贸结合，既可保证工程质量和技术装备质量要求，又可节省投资。

“少投入”，就是充分利用现有厂房、设备，除了关键技术引进以外，尽量扩大国内设备制造比例，实行设备和工程招标，尽力压缩项目投资，一般可以压到国内同类项目投资的1/2左右。

关于“快产出”，鞍钢提出大项目回收期不超过5年，一般项目不超过2年。国债贴息支持的项目必须快产出，一定很快见到效益。尽可能利用现有设备，不影响现在的生产，不铺摊子。

“高效益”就是改造不停产，少减产，投产以后快达产，这需要精心组织。加快项目投产达标的进度，从而实现高效益。只有不停产的改造，原来的效益才能够维持，只有尽快达标，才能使技术改造预期效益尽快实现。

加强对重点技术改造项目工作的监督检查

监督检查主要从3个方面着手：第一是督促检查项目进度。在确保工作质量、工程质量的前提下，要加快进度，不能久拖不落实。必须把项目前期工作做得很充分。要在保证工作质量、工程质量前提下抓紧项目进度。没有批准可研报告的企业要抓紧做好前期工作，哪个环节耽误了，必须赶紧组织人去落实。已经组织实施的项目要像鞍钢、吉林化纤、贵州铝厂那样，按照少投入、快产出的要求抓紧施工。第二是督促检查技术改造效果。在投资阶段要研究投产以后产品是不是有市场，能不能确保有好的效益、确保在技术装备水平达到要求的前提下，千方百计控制投资，不要以没有超过国家审批的投资规模作为要求自己的目标，而是尽最大可能降低投资。第三是督促检查国债资金的安全。国债资金被挪作他用，是绝对不允许的。国债项目目前还没有发生这种情况。但几年前发生过变相套取银行贷款的情况，有的项目资金被地方政府挪用。国债资金是国家发的债，财政的钱，绝对不允许挪作他用。国家重点技术改造项目的企业负责同志务必保证国债资金安全，一定要把国债资金用到技术改造上。国债资金的安全和企业投产后的效益，企业项目负责人要终身负责，各企业要抓紧督促项目进度。国债项目机遇难得，责任重大，我们要共同努力，确保国家重点技术改造项目的顺利实施。

构筑支持经济发展的强大金融体系

国家开发银行行长　陈　元

建设一个强大、稳健、高效的金融体系，是实现国家现代化的核心。这关系一国能否在金融开放中趋利避害，保证经济金融的安全稳定，更关系经济发展的效率和国际竞争力的高低。历史经验告诉我们，一个好的金

融体系是国家经济发展的支柱，是综合国力的体现；不健全或落后的金融体系，对经济的破坏作用是巨大的。在当今经济金融全球化发展的时代，面临加入WTO的重大机遇和挑战，构筑一个全面提升经济素质和国际竞争能力的强大金融体系，业已成为我们当前的紧迫任务。

金融体系是否发达，不仅表现为金融体系的实际规模、货币化的程度，更重要的在于财政融资、信贷融资、证券融资三种融资方式有效地协调配合。说到底，金融是靠高效率支持经济的。三种融资方式具有不同的功能和规则，每一种方式的发展，都是对前一种缺点的否定，是新的发展。三种方式之间有很强的内在统一性和关联性，但不是互相从属。经济发展的效率，需要三种融资方式各适其所，相互协调配合，不能相互取代，更不能相互损害或抵消。

——财政融资是随着国家这种组织形式的出现而出现的，是政府信用的主要表现形式。它以政府意志为基础，通过货币信用制度的平台，使用预算和政府信用融资（如国债）的方法来分配资源，实现财政政策目标，并推动和发展市场信用、企业信用和个人信用。财政融资是社会融资的初级阶段，不讲资产安全，具有无偿性。计划经济国家和经济落后国家起步时，较多地运用财政融资方式。在发达的市场经济中，财政融资仍然在融资体系中发挥基础性作用，但主要角色是公共财政，提供公共产品，推动社会和金融基础设施建设。

——信贷融资以银行为中介，按信贷规则运作，要求资产的安全和资金回流。信贷融资带有很强的财政融资脱胎的特征，虽然融入了市场原则，责任明确，但由于“货币幻觉”的影响，容易受财政融资观念和方法的侵蚀，而且信贷融资的责任链条和追索期限太长，信息不对称，少数人决定大额资源分配，普遍存在用短期资金发放长期贷款，落入“流动性陷阱”，把风险积累推到将来。银行的这个弱点，目前各国都没有解决好。

——证券融资主要包括股票、债券，并以此为基础进行资本市场运作。与信贷融资不同，证券融资是由众多市场参与者决策，把将来的风险现在就暴露和定价，风险分担。证券融资代表着融资的发展方向。

经济发展都是在三种融资的演变中实现的，但在不同国家和地区各有侧重，代表了不同的经济发展水平和阶段。在西方，三种融资有几百年的历史，近几十年证券融资在欧美国家发展迅速，资本市场日趋发达和精细，融资效率和风险承受能力显著增强，从而保证了金融体系的安全和稳定，促进了经济增长。相比之下，经济落后和后起市场经济的国家起步要晚，大都以信贷融资为主，证券融资不够发达，而且信贷融资不完善，往往受到财政融资观念和方法的侵蚀，银行承担了超过自身能力的投资功能。尤其是在日本、韩国等亚洲国家，信贷融资受政府干预的程度较大，带来了结构调整的困难和金融危机的严重后果。

在中国，三种融资也经历了一个演变过程：70年代之前，经济发展是靠财政融资；70年代末改革开放后，经济发展主要依靠信贷，证券融资尚处于发育阶段。经过二十年的发展，逐步形成了以信贷融资为主，财政融资和证券融资为辅的基本格局。这种格局支撑了中国经济的持续增长，也付出了高昂的代价，就是造成了大量的盲目重复建设，牺牲了银行的资产质量。

总体上看，我国金融发展水平不高，金融认知程度低。一方面，没有形成三种融资协调配合的高效率机制，信贷融资比重过大，并受到财政融资观念和方法的侵蚀，制约了经济发展；另一方面，信用体系缺损，只有国家信用，没有企业信用、个人信用、社会信用，摊薄了国家信用，这已成为改革开放和市场经济发展的“瓶颈”，是亟需解决的最大问题之一。

信用体系是发达金融体系的基础。金融的有效运行必须要有健全的信用体系来支撑，只有通过严格的信用约束机制，才能有效地配置资源。信用文化本身是一种“非正式制度”，能够大大降低交易费用，提高金融运行的效率；如果信用缺损，市场交易者之间不可能互相信任，要达成交易的成本就会大大增加，直接损害金融的效率。

构筑一个强大的金融体系，关键是要认清信用体系缺损带来的危害，提高对金融的认知，遵循三种融资发展规律，明确办好金融的目标。现阶段，要在发挥财政融资作用和推进资本市场发展的同时，完善信贷融资，按照国际一流标准办好银行，以金融高效率持续地支持经济发展。

我国政府为促进金融业的改革和发展，提出和实施了一系列的方针政策，克服亚洲金融危机带来的影响，实现了经济的持续增长。在这个过程当中，国家开发银行作为中国的开发性金融机构，发挥了重要而积极的作用。我们的工作集中到一点，就是办好银行，支持经济发展。开发银行的改革与发展是办好金融的重要实践，走出了一条在中国办好银行的路子。

首先，确立了办成世界一流的现代化银行的目标，确定了与国际接轨的八条标准。由于经验和能力不足，我们采取“拿来主义”，直接应用发达国家比较成熟的先进经验和技术，实现跨越式发展。我们成立了国际顾问委员会，聘请波士顿咨询公司进行诊断，聘请安达信公司进行外部审计，借鉴国内外先进方法设置信贷管理流程，推进银行电子化建设，全方位加快与国际接轨。

第二，明确了市场定位，认清存款银行和债券银行的本质区别，服务于国家经济建设。以存款为基础的商业银行和以发债为基础的债券银行，同属信贷融资，但业务领域和功能不同。存款银行是零售银行，主要从事柜台存款，吸收短期资金，发放流动资金和消费贷款，办理结算等业务；债券银行是从事长期融资的批发银行，通过发债，把短期的零散资金转化为长期的大额资金，弥补商业银行在长期融资领域的缺陷，在基础设施等长期融资领域发挥主力银行作用。这是市场分工，也是国际上的一种成熟机制。开发银行是依靠国家信用的债券银行，发挥开发性金融机构的优势，为国民经济有重大影响的产业提供长期融资。

第三，大胆尝试，构建信用结构。在目前信用缺损的环境中建设金融体系，办好银行，必然要与传统体制碰撞，触及经济的、政治的、观念的，乃至部门和人际方面的矛盾，需要付出更多的努力和代价。我们以国家信用为基础，企业信用为根本，法律为保障，发挥地方政府和行业主管部门的组织优势，运用资本市场手段，加强社会监督，以对信用缺损进行平衡和补充。这样做，是"培风"之举，只有厚积信用之"风"，方能负起强大金融体系之"翼"。

第四，缩短风险控制半径，有效管理风险。通过加快改革完善机制，重点解决管理半径过大，责任链条太长，监管和风险控制难以到位的问题。坚持以本息回收和提高资产质量为中心，实行本息回收与项目贷款、评审、受理"三挂钩"，杜绝人情贷款和奉命贷款，避免财政融资观念和方法对信贷融资的侵蚀。还应看到，与资本市场比，银行信息不对称，风险控制能力有限，因此，我们需要引进一些资本市场的原理和方法，加快开拓投资银行业务，建立风险分散机制，控制风险。

事实证明，我们的改革是富有成效的。开发银行2000年实现利润8.43亿元，比1999年增长了23.24%；按五级分类的不良资产比率从1999年的18.66%下降到2000年底的8.78%，我们有信心到"十五"期末进一步把不良资产比率降到3%。

自身经营业绩的巨大改善，进一步增强了开发银行在我国基建领域的主力军作用。在"九五"期间，累计筹措资金7064亿元，其中发行人民币金融债券6733亿元，境外筹资40亿美元，有效地集中力量支持基础设施、基础产业、支柱产业和高新技术产业的重大项目建设。2000年，开发银行参与了国家计委公布的85个国家重点建设项目中的56个，提供的贷款占项目总投资的30%，开发银行全年新承诺贷款1688亿元，在西部开发、改善城市基础设施方面做出了突出贡献。

在"十五"期间，开发银行将继续贯彻国家经济发展战略，支持国家中长期发展规划的实施，紧紧围绕结构调整的主线，支持产业结构优化升级，增强对经济增长的支持力度。为此，开发银行要以市场为导向，优化自身的信贷结构，提高资产质量。继续重点支持电力、铁路、公路、城建、石油石化、电信等行业的重大项目建设，支持国家重大技术改造和高新技术产业化项目，严格控制一般性加工工业基建项目；要突出抓好西气东输、西电东送、南水北调等一批具有战略意义的重点工程，加大西部地区的贷款发放力度；并且要积极探索改善生态环境、提高人民生活质量、扶持中小企业发展、支持小城镇建设，以及农业产业化等项目的信贷支持模式。

为了能够更好地服务于国家经济建设，适应加入WTO的新形势，我们提出要善于学习和借鉴国际先进经验，今后要在经营管理上尽快达到"五个世界一流"，即世界一流的业绩、一流的业务发展、一流的管理水平、一流的员工队伍、一流的保障体系，进而在整体上达到国际一流银行的水平。在推进业务发展中，我们将发挥开发银行的优势，着力加强与商业银行的合作，把资本市场的原理用于信贷，推动银团贷款，发挥信贷融资的整体合力，扩大金融系统的稳定性，防范和降低风险，进一步提高资产质量，加速赶超国际先进水平。

积极利用外资
促进中国经济的持续发展

国务委员　吴　仪

吸收外商直接投资，是中国对外开放基本国策的重要组成部分。二十多年来，外商在中国的投资规模一直在扩大。截止2000年7月底，中国累计批准设立的外资企业已达35万多家，合同外资金额6417亿美元，实际利用外资金额超过了3277亿美元。从1993年至1999年，中国已连续七年成为吸收外资最多的发展中国家。亚洲金融危机暴发后，国际资本纷纷撤走，中国不可避免地也会受到一些影响。但是，今天我们看到，不少外商又重回故地，我们为此感到高兴。积极利用外资不仅促进了中国经济的持续健康快速发展，特别是促进了中国经济结构调整和产业优化，也为广大国际投资者提供了宝贵的商机和广阔的市场，加强了中国经济与世界经济的融合，为全球经济的繁荣与发展增添了一道亮丽的色彩。

中国吸收外商投资有这样的成绩，关键是中国政局稳定，社会安定，经济一直保持较高的发展速度。同时，我们在探索中逐步形成一些成熟的作法。这就是：无论国际形势如何变化，坚持改革开放不动摇，坚持积极、合理、有效利用外资的方针不动摇；不断健全和完善吸收外资的法律法规和政策，提高政府组织的办事效率和服务水平，逐步改善外商投资的软、硬环境，逐步扩大服务业的对外开放；切实保障外商的合法权益，平等互利，共同发展。当今世界，经济全球化已成为不可阻挡的历史潮流，而且发展速度在不断加快。科学技术的不断发展，信息化的不断深入，极大地提高了生产效率和经济效益，已显示出对经济发展的巨大推动力。特别是信息产业的发展，使各国的生产者、经营者、制造商、销售商从未象今天这样离得这样近，国际投资合作已成为时代的趋势和投资者明智的选择。中国吸收外资的作法是中国经济发展的需要，也是对国际投资合作做出的贡献。我们将一如既往地坚持下去，并且不断总结、改进和提高。

经过二十多年的改革开放和快速发展，中国的综合国力不断增强，人民生活明显改善，国际地位日益提高，相继实现了现代化建设第一步和第二步战略目标。中国政府正在制订发展国民经济的第十个五年计划，推进现代化建设第三步战略部署的实施。今后五到十年，是我国经济和社会发展的重要时期。我们将实行经济体制转轨、经济结构调整和经济增长方式转变同时并进，将使供求关系、经济结构、体制格局进一步改善。具体来说，中国经济发展在以下几个方面将比较突出：第一，经济结构战略性调整步伐将加快。在巩固和加强农业基础地位、继续推进国家工业化的同时，加快国民经济和社会信息化，把产业结构与产业素质提高到新的水平；大力推进城镇化进程，调整城乡结构，缩小城乡差距；在继续发挥东部地区优势的同时，实施西部大开发战略，推动东部中部西部地区相互促进、协调发展。第二，逐步建立比较完善的社会主义市场经济体制。国有企业深化改革，建立现代企业制度和实行股份制，企业将真正成为自主经营、自负盈亏的市场竞争主体；在巩固公有制主体地位的同时，促进多种所有制经济实现共同发展；继续完善宏观调控体系，进一步转变政府职能，加快市场体系建设，形成全国统一、开放和竞争有序的市场。第三，科教兴国战略将得到进一步实施。科技、教育将有一个更大的发展，通过科技、教育改革，使之同经济建设密切结合。适应当今世界科技发展的潮流，加快国家科技创新体系建设，增强科技创新能力，促进科技成果向现实生产力转化。培育各类专门人才，努力提高广大劳动者素质，积极形成优秀人才脱颖而出的激励机制和社会环境。

需要指出的是，随着中国加入WTO的进程加快，中国的对外开放将进入一个新的阶段。这个新阶段表现在一是由有限范围和有限领域的开放，转变为全方位的开放；二是由以试点为特征的政策性开放，转变为法律框架下的可预见的开放即按承诺的时间表开放；三是由单方面为主的自我开放，转变为中国与世贸组织成员之间双向的相互开放。为了适应世贸组织的规则，我们正在对现行涉外经济法律法规进行清理和修订，尽快建立起符合国际惯例和中国国情的外经贸管理体制；我们将根据对外的承诺和国民经济发展的需要，不断提高对外开放的水平，以更加积极的姿态，在更为广泛的领域，参与经济全球化的进程。

中国改革开放和现代化进程的加快为外国投资者提供了良好的发展商机。主要在以下方面：第一，中国继续实施扩大国内需求的方针政策，加快经济结构的战略性调整，为外商投资在农业、水利、能源、交通、通信、原材料、环保、高技术、重大装备等领域提供了广阔的空间。第二，中国正在实施西部大开发战略。中西部地区现有的工业基础、技术力量和丰富的自然资源和劳动力资源优势为外商参与中国中西部地区的合作开发提供了有利条件。第三，中国的国有企业正在根据建立现代企业制度的目标要求，探索能够转换经营机制和增加企业活力的途径，吸收外商投资进行改组改造是其中的重要措施之一。第四，中国的高新技术产业具有广阔的市场前景。跨国公司来中国设立研发中心，投资于高新技术产业、技术研究开发项目，参与高技术产业化以及传统产业的技术改造，可以充分利用中国现有技术力量和大量的高素质人才，享受相应的优惠政策。第五，扩大服务业的对外开放是中国实现经济协调发展的一个重要举措。外国投资者可以引入其在发展服务业方面的丰富经验和先进的管理方法，促进中国的金融、保险、商业零售、外贸、会计师事务所等中介服务组织取得新的发展。总之，中国将以其悠久的历史传统，深厚的文化内涵，便利的基础设施，齐全的工业体系，完善的创新环境，丰富的资源和巨大的市场潜力，继续为各国客商提供众多的商业机会。中国政府欢迎各国企业家到中国投资，并将进一步完善投资环境，改善对外资企业的管理和服务，为外商来华投资创造更好的经营条件。

中国对外经济合作发展情况

对外贸易经济合作部副部长　孙广相

改革开放以来，中国的对外经济合作业务迅速发展，成绩显著。截至2000年底，中国在境外设立的企业（非金融类）总数已达6，298家，协议投资总额达113亿美元，其中，中方投资额为75.7亿美元；累计签订对外承包工程和劳务合作合同额1114亿美元，完成营业额809亿美元，外派劳务人数超过225万人次。对外经济合作业务的开展，促进了中国与项目所在国的经济技术交流，密切了双边政治和经贸关系，发展了人民之间的友谊，促进了共同发展，中国正越来越深地融入世界经济全球化进程中，在国际经济领域发挥着越来越重要的作用。

一、2000年对外经济合作情况及特点

2000年，世界贸易和投资自由化进一步取得进展，国际投资环境继续改善，中国对外经济合作持续快速发展，对外投资取得重大成绩，对外承包工程和劳务合作等各种经济合作显著增长。

（一）发展速度加快，规模迅速扩大

2000年，中国新设境外非金融类企业320家，协议投资总额8.05亿美元，其中，中方投资额6.22亿美元，连续2年超过6亿美元。全年签订对外承包工程和劳务合作合同额149亿美元，比上年增长15%，增幅高于同期国民经济和进出口贸易的增长速度；完成营业额113亿美元，比上年增长1%；年末在外劳务人数42万人，比上年增长4万人。2000年对外经济合作业务的持续快速增长，使对外经济合作“九五”目标超额完成，为国民经济的发展做出了积极贡献。

（二）业务分布更趋广泛，多元化市场格局基本形成

2000年，对外投资扩展到世界160个国家和地区，投资领域进一步拓宽，涉及生产加工、贸易、资源、交通运输、工程承包、咨询、农业、旅游等各个领域。对外投资的重点逐渐从港澳、北美地区，转移到亚太、非洲、拉美等广大发展中国家，全年在发展中国家设立企业200家，协议投资总额6.29亿美元，中方投资额4.78亿美元，分别占企业数量、协议投资总额、中方投资额的62.5%、78.1%和76.8%，对发展中国家投资首次超过对发达国家的投资。对外承包工程和劳务合作业务扩展到全球180多个国家和地区，涉及建筑、石油化工、电力、交通、通讯、水利、冶金、有色金属、铁路、煤炭、林业、航空航天等国民经济的各个领域。

（三）大型项目增多，技术含量提高

2000年，在中国的对外投资项目中，中方投资额在100万美元以上的项目87个，占总投资额的85.2%，其中，中方投资额超过1000万美元的项目达13个，最大项目为赞比亚谦比希铜矿项目，中方投资额8000万美元。同时，高科技企业境外投资初露锋芒，一批以通信网络研究、应用软件设计等高科技产品开发为主的国内高科技企业，通过在香港、美国等地设立公司，加快了建立国际营销网络的步伐，积极推销自己的产品和技术。在对外承包工程和劳务合作方面，中国企业新签单项合同额1000万美元以上的项目164个，合计合同额58.8亿美元，占合同总额的34%；其中1亿美元以上的工程项目9个，比上年增加4个。这些项目大多为总承包和交钥匙工程，技术含量较高。

（四）带动出口能力大幅提升

2000年，对外经济合作业务带动出口的能力大幅提升。新批的120个境外加工贸易项目带动出口5.64亿美元，平均每个项目带动出口470万美元，比上年增长34.3%。对外承包工程带动国产设备和材料出口8.76亿美元，增长35%。

（五）经营主体进一步优化，大型实体企业成为对外经济合作的骨干力量，竞争力不断增强

2000年，中国对外投资的主体继续从贸易公司为主向大中型生产企业为主转变，生产企业境外投资所占比重进一步增大，境外贸易公司所占比重逐渐减少。2000年新批境外生产加工企业146家，中方投资额3.9亿美元，占中方投资总额的62%。特别是一批行业排头兵和优秀企业开展跨国经营，到境外开办企业，取得较好成效。一些优势企业已开始实施海外投资战略，初步形成跨国经营的模式。如华源集团、海尔集团等国内具有较强实力的企业集团已基本设计了全球的生产销售网络，初步形成跨国公司的雏形。对外承包工程和劳务合作业务的经营主体进一步向大型专业工程公司转变，其优势和骨干作用日益显著，经营水平不断提高，竞争力不断增强。33家中国企业进入美国《工程新闻记录》（ENR）杂志评选的世界最大的225家国际承包商行列，6家中国企业进入国际工程咨询设计商200强，进一步显示了中国企业的实力。

二、2000年对外经济合作主要政策措施

（一）研究制订促进对外经济合作发展的政策措施和法规

1. 确立以对外投资为主体的对外经济合作工作思路。依据国务院有关文件，外经贸主管部门会同财政、外汇、外交、税务、海关、金融等部门制定了一系列鼓励企业开展对外投资的配套文件，进一步完善了企业从事对外投资的政策体系。

2. 报请国务院转发了大力发展对外承包工程的文件，并在此基础上进一步论证和修改了《中华人民共和国对外承包工程管理条例》，并争取早日出台；同时，研究起草了《对外承包工程保函风险专项资金管理暂行办法》、《对外承包工程项目贷款贴息管理暂行办法》等，对外承包工程的社会服务体系正逐步形成。

3. 确立了对外劳务合作以管理促发展的思路，研究起草了《关于加强对外劳务合作管理的若干意见》、《办理外派劳务人员出国手续办法》和《对外劳务合作备用金暂行办法》，修订了《外派劳务人员培训工作管理规定》等，为全面推行对外劳务合作改革做好准备。

（二）加大市场开拓力度，促进业务发展

1. 为进一步加强同发展中国家的经贸关系，推动对外经济合作业务的发展。在北京成功召开了“中非合作论坛——北京2000年部长级会议”，共同发表了《北京宣言》和《中非经济和社会发展行动纲领》，并建立了后续行动机制。外经贸主管部门联合有关部门召开了“加强同发展中国家经贸关系工作会议”。

2. 点面结合，推动对外投资向纵深发展。通过座谈会、交流会、举办培训班等形式，积极向企业宣讲国家关于开展对外投资的鼓励政策；建立《境外投资国别环境库》，目前已将65个国家的国别情况、投资环境、法律法规、与中国经贸关系状况和中国在资金、外汇、审批程序、出口退税等方面的政策信息在中国国际电子商务网站上发布，方便企业查询。

3. 加强政府间磋商力度，为中国企业进入国际市场创造良好的宏观环境。与土耳其、伊朗、委内瑞拉、俄罗斯等国家签署涉及能源、交通、通讯和森工等多领域的经济合作框架协议；推动中俄林业合作政府间磋商机制的尽快启动；与俄罗斯签订了《中俄关于共同开发森林资源合作的协定》、《中俄短期劳务协定》，为中俄两国经济合作的顺利开展提供了法律保障。

4. 推动企业开拓国别市场，组织相关部门和企业考察了孟加拉、泰国、伊拉克等10多个国家，增进了相互了解，加强了双方的合作；举办了10余个专题研讨会和座谈会，为企业开拓业务提供商机、创造条件；在印度举办了“中国工程和商品展览会”，展示了中国企业的工程建设实力，奠定了中印进一步发展经济合作的基础。

5. 抓大项目，积极协助企业解决承揽项目过程中遇到的融资、担保等问题，如在孟加拉程控电话项目、斯里兰卡油罐区项目、苏丹电站、委内瑞拉铁路等大项目中做了较多工作，推进了大项目的进展。

（三）规范管理，加大协调力度，整顿经营秩序

通过制订和实施管理办法，如《对外承包工程项目投标（议标）许可暂行办法》、《关于我国企业参加由外国政府招（议）标的政府间项目的投（议）标资格审查暂行办法》等，加强业务管理，规范经营秩序。同时，协助有关行业商会加大对大项目的协调力度，取得了良好效果。

三、中国开展对外经济合作面临的国际形势

（一）全球对外直接投资形势

随着贸易和投资自由化的不断进展，跨国、跨地区投资变得更加自由和便利，跨国购并（M&A）与投资合作进一步发展，跨国直接投资规模不断增长。1999年，全球对外直接投资额达8650亿美元，2000年有可能突破1万亿美元。

全球直接投资的发展主要有以下特点：一是以跨国公司对外直接投资为核心的国际生产体系正在快速形成，全球约6万家跨国公司及其所拥有的50多万个国外分支机构的产量约占世界总产量的25%，在国际生产体系中占有绝对统治地位；二是大规模的购并正在重塑全球生产体系，世界购并活动不仅在数量上大幅增加，在购并规模上也创新高，许多案例交易额高达数十亿美元，推动了某些行业实行一体化经营的进程；三是发展中国家面临巨大挑战，发达国家和发展中国家的对外直接投资非常不平衡，发达国家间跨国直接投资规模迅速扩大，发展中国家跨国直接投资比重不断下降。

（二）国际工程承包市场形势

目前，全球建设市场规模很大。据预测，2003年全球建设市场将达到4万亿美元。国际工程承包是全球建设市场的最主要组成部分，发包额约占全球建设支出的30%，规模为1万亿美元左右。

随着经济全球化的发展，世界各国和地区市场的开放程度将越来越高，开放领域也将越来越广，市场不断扩大。同时，国际直接投资的持续增长，使投资来源更加多样化，BOT带资承包等成为普遍现象，加之信息等新技术、新工艺的逐渐广泛应用，竞争日益激烈，国际分工与合作更加明显。

（三）国际劳务市场形势

目前，劳动力跨国流动超过3500万人。发达国家和一些新兴工业化国家人口老龄化，结构失衡，对外籍劳务需求巨大。国家和地区间在经济发展阶段、结构调整、就业机会、劳动力供给和工资方面存在的差异，将进一步刺激和加速劳动力的跨国流动。

国际经济形势的不断发展变化，使中国开展对外经济合作面临新的机遇和挑战。首先，加入世界贸易组织(WTO)和经济全球化将为中国企业开拓国际市场提供更广阔的发展空间。其次，随着“大经贸”战略得到进一步贯彻落实，对外贸易、利用外资和对外经济合作等各种经贸方式相互结合，相互促进，共同发展，中国发展对外经济合作的渠道扩大，方式增多。第三，国民经济和外经贸事业的发展，使发展对外经济合作的国内环境不断改善。同时，中国企业在开展对外经济合作过程中也面临挑战。一是中国开展对外经济合作的企业普遍缺乏资金，对外经济合作的金融和保险服务体系还很不完善；二是中国企业的竞争能力和发达国家的企业相比尚有差距；三是中国从事对外经济合作业务的人才仍显缺乏。

四、贯彻落实“走出去”战略，促进对外经济合作业务发展

《中华人民共和国国民经济和社会发展第十个五年计划纲要》提出，要实施“走出去”战略，其核心内容是鼓励能够发挥中国比较优势的对外投资以及多种形式的对外经济合作，扩大国际经济技术合作的领域、途径和方式。

对外经济合作是实施“走出去”战略的重要内容，继续大力发展对外经济合作，对于增强企业国际竞争力，较大幅度地提高国际市场占有率，加快中国从贸易大国向贸易强国发展，有效利用两种资源和两个市场，推动中国企业全方位参与国际分工与合作，促进国内产业结构调整和国民经济发展具有重要意义。为此，外经贸主管部门正在采取积极有效措施，进一步促进业务的发展。

中国加入WTO后，市场将更加开放和透明，投资环境将进一步改善，各种形式的经济技术合作将进一步发展。同时，中国积极倡导贸易和投资自由化，随着中国经济改革的不断深入，中国企业的国际竞争力将不断增加，中国将更深地融入世界经济，以日益壮大和发展的经济实力为后盾，以成熟技术和优良设备为基础，以对外投资为主体，通过生产合作、技术合作、管理合作、资源开发、设计咨询、对外承包工程、对外劳务合作等多种形式，全方位参与多双边贸易、投资和经济技术合作，推动与世界各国和地区间的合作与交流，相互促进、相互补充，共同发展，为世界经济的发展做出贡献。

开创中小企业改革与发展的新局面

国家经济贸易委员会主任　李荣融

一、全国中小企业改革与发展的基本情况

1.国有中小企业改革不断深化，效果初步显现

近年来，各地按照党的十五大精神，从实际出发，大胆探索，稳步推进，因地制宜，因企施策，采取多种形式，放开搞活国有中小企业。一批国有中小企业退出了国有序列；一些高能耗、高污染、严重亏损、不适应市场竞争的国有中小企业退出了市场，促进了所有制结构调整和投资主体的多元化。据国家统计局最新快报，1999年1—10月，国有小型工业企业盈亏相抵后净盈利9.94亿元，结束了连续6年净亏损的局面。

2.制约中小企业发展的难点有所突破，信用担保体系建设取得进展

融资难、担保难是制约中小企业发展的突出问题。为贯彻党中央、国务院关于“加快建立以中小企业特别是科技型中小企业为主要对象的信用担保体系，创造融资条件”的精神，国家经贸委会同有关部门先后在江苏镇江、山东济南和安徽铜陵等地组织开展了中小企业信用担保体系建设试点，多次召开和举办全国中小企业信用担保体系工作座谈会和培训班。及时下发了《关于建立中小企业信用担保体系试点的指导意见》。通过试点，逐步探索了具有我国特色的“一体两翼三层”的中小企业信用担保体系。“一体”指主体模式，强调“多元化资金、市场化操作、绩优者扶持”；“两翼”指商业性担保和民间互助担保作为必要补充；“三层”指中央一级，省（市、区）一级，地市一级。信用担保的操作层在地市；省和中央只对下一级担保机构提供再担保业务。全国28个省（区、市）开展了中小企业信用担保试点，其中天津、内蒙、山东、河南等10个省（市）已开始建立中小企业信用再担保机构，80多个城市组建了中

小企业信用担保机构，担保资金达40多亿元，可为中小企业提供担保贷款近400亿元，在一定程度上缓解了中小企业间接融资难的问题。

与此同时，银行、证监会、科技等部门和机构也积极工作，拓宽融资渠道有了新进展。自1998年以来，人民银行先后下发了《关于进一步改善中小企业金融服务的意见》，《关于加强和改进对小企业金融服务的指导意见》，鼓励金融机构改进金融服务水平，加大对中小企业的信贷投入，并持续增加对中小金融机构的再贷款，两次扩大中小企业贷款利率浮动幅度。国有商业银行也相继成立了中小企业信贷部，对中小企业的贷款有所增加。国家政策性银行积极扶持优强中小企业，针对商业银行长期资金缺口大，中小企业申请长期贷款难的现状，在中国人民银行的宏观管理下，开发银行计划发挥自身长期资金雄厚的优势，依托城市商业银行网络开展对中小企业的转贷业务。目前已在上海、福建等地做好了试点准备工作，既能够满足部分优强中小企业的要求，又可以培育银行客户中新的增长点。民生银行以支持中小企业发展为己任，连续3年举办“中小企业金融产品营销周”，推出中小企业高科技担保贷款等产品，努力实现金融理念、金融产品和服务功能的创新。1999年6月，国家科技型中小企业技术创新基金正式启动，通过贷款贴息、无偿资助和资本投入等方式，扶持科技型中小企业快速发展。截至去年8月底，全国已有1508个项目获得该基金11.4亿元的支持。与此同时，用于中小企业直接融资的创业板市场即将开通，这必将成为优强中小企业迅速壮大的主要资金供应渠道。

3.中小企业科技创新工作不断加强，成果转化的载体不断涌现

科学重在创新，技术重在转化。科学创新需要培育主体能力；技术转化需要提供适应的载体。为建立中小企业科技创新主体激励机制，科技部会同有关部门下发文件，明确科学技术不仅仅参与分配，而应在投资领域作价入股。为加速中小企业技术成果的商品化、产业化，国家经贸委从1998年选择了青岛、合肥、柳州等市进行中小企业技术创新基地的试点，现已扩大到40多个城市，通过技术咨询和技术转让为中小企业提供技术服务。深圳市生产力促进中心吸收一批模具企业组成模具联盟，实现资源互补、设备共享，为中小企业快速开发新产品提供便利；福建省生产力促进中心积极推进科技单位与中小企业合作，建立全省中小企业信息网络，并将信息整理、分析、评价，作为年报提供有关部门决策参考；上海、四川等地借助中小科技企业技术创新基地孵化一批优强企业。如上海2000年2月投资1亿元建立的集成电路设计产业化基地，到8月底已有50多户企业进驻，其中复旦微电子企业已在香港创业板市场成功上市。

据不完全统计，目前全国已成立生产力促进中心500多家、高科技企业孵化器100多家、大学科技园30多家、留学生创业园20多家，为中小企业科技创新与成果转化提供了有力支撑和载体。

4.依托城市积极推进中小企业社会化服务体系建设

顺应市场经济需要，政府对中小企业工作的管理职能要实现“三个转变”，即从微观经济管理转为宏观经济管理；从直接管理转为间接管理；从单纯面向国有企业转为面向城乡各类所有制企业。为此，国家经贸委先后下发了《关于培育中小企业社会化服务体系建设若干意见》、《中小企业服务体系建设试点工作方案》，选择了上海、深圳、青岛、哈尔滨、成都、兰州、温州、镇江、抚顺、滁州等10城市进行中小企业服务体系试点，组织召开了“全国中小企业服务体系建设试点城市工作座谈会”、“全国中小企业服务体系建设试点城市方案论证会”。

5.中小企业对外合作与开拓市场迈出了实质性步伐

为使一批成长性好、市场潜力大的中小企业做强做大，国家各有关部门顺应经济全球化的要求，积极帮助中小企业开拓国际市场。目前，国家经贸委有关司局与单位已与日本、加拿大、德国、俄罗斯等国家的中小企业管理部门及联合国开发计划署、世界银行等国际组织建立了合作关系，通过引进管理技术、人员培训、信息交流和产品展览等方式，帮助中小企业开拓国际市场，提高管理水平。

6.中小企业管理体制逐步理顺，企业的外部环境得到改善

1998下半年国务院进行机构调整，在大量缩编减员的情况下，由国家经贸委成立了专司中小企业改革与发展工作的司局。为加强协调力度，最近，国务院又明确由国家经贸委牵头，科技、财政、人民银行、税务等部门参加，成立“全国推动中小企业发展工作领导小组”，办公室设在国家经贸委。上述举措充分体现了党中央、国务院对中小企业工作的关心和重视。各地对中小企业管理体制也十分重视，结合地方政府机构改革予以充实。目前，全国31个省（自治区、直辖市）已有21个建立了中小企业处（室），浙江等省还成立了中小企业局；一些地级市如抚顺、镇江等也成立了中小企业局。

在中小企业管理体制逐步理顺的同时，中小企业的政策措施也陆续出台，法制环境得到初步改善。按照国务院领导同志指示，国家经贸委会同财政、银行、税务、科技等部门，历时近两年，在反复协调、多次修改的基础上，制定了《关于鼓励和促进中小企业发展的若干政策意见》（以下简称国办59号文件），已由国务院办公厅转发。这是改革开放20年来国家出台的第一个鼓励和促进中小企业发展的文件。近年来，国家相继出台了《公司法》、《合伙企业法》和《个人独资企业法》；1999年又在修改《宪法》时进一步明确了私营经济的法律地位，从而使中小企业按投资方式和财产责任形式分类的法律框架基本形成。在此基础上，《中小企业促进法（草案）》已正式报送全国人大财经委，中小企业的政策及法制环境得到初步改善。

目前，全国中小企业的户数、工业产值、实现利税和出口额分别占总数的99%、60%、40%和60%。特别是在90年代以来的经济快速增长中，工业新增产值的76.6%来自中小企业。中小企业还提供了75%的城镇就业机会。中小企业在保证国民经济持续稳定增长、拉动民间投资、带动地区发展、增加就业岗位、缓解就业压力、实现科技创新与成果转化等方面发挥着越来越重要的作用。

二、转变观念，从战略高度认识发展中小企业的重要性

1. 坚持发展大企业大集团与扶持中小企业并举的方针

坚持大企业大集团与扶持中小企业并举的方针首先要转变观念，将大企业大集团和中小企业置于市场经济的大环境下，统一研究解决其改革与发展问题，创造有利于大中小企业发展的良好政策环境、市场环境和社会环境，促进不同所有制和不同规模的企业公平竞争、自主发展。其次要切实转变政府管理经济的方式，实现政企职责分开，搞好宏观调控。要创造条件，使大企业大集团独立地走向市场，真正成为市场竞争的主体。要加大公共财政对中小企业的扶持力度，合理调减中小企业税赋，引导直接和间接融资，促进民间投资增长；要推进中小企业社会服务体系建设，提高企业的创新和竞争能力。第三要大力提倡与推动大企业大集团与中小企业之间建立比较稳定的协作配套关系，鼓励中小企业向“专、精、特、新”方向发展，形成与大企业大集团分工协作、专业互补的关联产业群体，使大企业大集团能够从中小企业获得低成本。高质量的产品，中小企业能够从大企业大集团得到资金、技术、信息。管理方面的支持与指导，形成企业发展的梯次结构，从而使中小企业能够发展成为在某一专业产品领域内的“小巨人”企业。

2. 正确认识我国转型时期的市场环境，抓住入世机遇，应对挑战

当前我国正处于体制和结构双重转型阶段。双重转型意味着我们既要完成从计划经济体制向市场经济体制的转型，又要完成经济增长方式由粗放型向集约型的转变，并要适应由卖方市场向买方市场的过渡。在这种双重转型的背景下，我国即将加入世界贸易组织，中小企业如何抓住机遇，应对挑战，确是迫在眉睫的问题。

相对于体制转型而言，中小企业可能是机遇大于挑战。因为经过20年的改革开放，我国的中小企业在由计划经济体制向市场经济体制转型的进程中已取得了长足的发展。据统计，国有中小工业企业仅占中小企业总户数的14.9%，形成了各类所有制中小企业共同发展的格局，基本完成了体制转型。加之中小企业生于市场、长于市场，贴近市场、贴近用户，长期活跃在市场竞争最激烈的领域，只要牢牢地立足于市场，凭借自身成本低、新机制引入快等特点，中小企业就完全有可能以入世为契机，进一步促进自身发展。首先，生产的全球化和市场的进一步开放，使更多的中小企业有可能成为跨国公司的合作伙伴，从而进一步扩大中小企业的生存与发展空间；其次，经济全球化所要求的国民待遇和产业准入，将改变中小企业特别是非国有中小企业的境况；第三，资本市场的开放和外资银行的准入将改善中小企业的融资现状；第四，信息技术及国际互联网的发展，将消除地域制约，实现大中小企业的信息资源共享。我们既要继续发挥本国产业的比较优势，更要努力提高企业的整体国际竞争能力。而要做到这一点，就必须从千百万中小企业入手，提高其竞争力，使它们充满生机，富有朝气，真正成为我国社会主义市场经济中最活跃的细胞。这是我国目前乃至今后相当一段时期要努力实现的战略任务。

3. 正确认识和处理好促进科技型中小企业与其他类型中小企业协调发展的关系

不同于市场经济国家所走过的道路，我国中小企业大多是在不同历史时期的特定条件下发展起来的。据科技部统计，截至1998年底，科技型中小企业占我国中小企业总数的15.2%。虽然科技型中小企业发展历史时间不长，但由于其对我国加速结构调整和产业升级、促进科技成果转化、鼓励民间投资等方面都发挥了很大作用，因而成为各级政府扶持的重点。1998年国家拿出10亿元资金设立了科技型中小企业技术创新基金，各级地方政府也加大资金投入，制定优惠政策，支持科技型中小企业的快速发展。

扶持科技型中小企业发展是今后很长一段时期内的工作重点，但这并不意味着对其他类型中小企业不重视，这是由我国的基本国情决定的。其他类型中小企业仍然而且将长期是我国中小企业的主体。在充分重视科技型中小企业发展的同时，也绝不能忽视对其他类型特

别是具有良好发展潜力的成长型中小企业的扶持。

在去年召开的中央经济工作会议上，江泽民总书记指出，结构调整要立足于国情，因地制宜，发挥比较优势，处理好高新技术产业与传统产业的关系、技术资金密集型产业与劳动密集型产业的关系。这是我们认识和处理好促进科技型中小企业与其他类型中小企业协调发展关系的指导思想。

正确处理好促进科技型中小企业与其他类型中小企业协调发展的关系，在实际工作中要把握好以下几点：既要充分认识科技型中小企业对国民经济的贡献，积极扶持这类企业的发展，充分发挥其对经济发展的带动作用，又要加大对量大面广的其他类型中小企业的扶持力度，以实现社会充分就业，保持社会稳定；既要鼓励中小企业立足自身，广泛开展技术创新活动，又要引导企业积极利用先进适用的技术进行改造和升级；既要鼓励民间投资用于科技型中小企业的创立与发展，又要调动社会各方面力量支持其他类型中小企业的改革与发展。

4. 加强信用管理，提高企业综合素质

扶持和促进中小企业发展有着丰富的内涵，不能仅仅依赖于财政支持与税收减免。为中小企业发展创造良好的经营环境，提高企业自身的综合素质，也是促进中小企业发展的重要内容。当前，营造良好经营环境的一个重要方面就是加强企业的信用管理，建立以中小企业、企业经营者（业主）、中介机构为主体，以信用登记、信用征集、信用评估和信用发布为主要内容的信用制度。

加强信用管理，逐步建立信用制度，要由企业和社会两方面共同努力。一方面，要强化企业经营者的现代管理意识，转变经营观念，逐步建立其个人信用；要把信用管理作为企业发展的重要问题来抓，建立企业内部信用风险管理制度，加强客户信息管理和资信调查，防范其他企业对本企业的损害。另一方面，要通过广泛宣传，树立信用是最重要的社会资本的观念，形成信用的奖罚制度，提高社会各界对信用的认识程度；要建立全社会的信用体系，并运用现代通讯手段迅速传递企业信用信息，实现信用信息的全社会共享，营造讲信用得到扶持，不讲信用受到制裁的环境。

三、明确方向，突出重点，努力开创中小企业工作新局面

全国推动中小企业发展工作领导小组确定近期中小企业工作的指导思想是：以党的五中全会和中央经济工作会议精神为指导，认真贯彻落实国办59号文件，切实加强组织领导在规范企业改制，完善信用担保体系、拓宽融资渠道、开通信息网络、推进信用制度建立及加强企业管理等方面迈出实质性步伐，加快社会化服务体系建设，为城乡各类中小企业创造公平竞争的环境，不断增强中小企业的整体活力。为此，要重点抓好以下几方面工作：

1. 建立和逐步完善中小企业政策扶持体系

要按照突出重点、有序推进、注重实效的要求，采取切实措施，把政策真正落实到实处。文件已有明确规定的，要尽快组织实施。各级政府都要安排一定的资金，重点用于中小企业的信用担保、创业资助、科技成果产业化、技术进步项目贴息等；各类中小企业投资符合国家产业政策的技术进步项目，可享受投资抵免企业所有税政策；加强对已取消收费项目监督检查，提出本地区减轻中小企业负担、制止“三乱”的具体措施；出口高新技术产品的中小企业可享受鼓励扩大外贸出口的有关政策等。

今年的重点是研究制定6个文件：一是经贸委、工商管理局制定关于鼓励创办中小企业、简化中小企业设立审批程序的意见；二是财政部、经贸委、人民银行制定中小企业融资担保行业管理办法；三是经贸委、财政部、人民银行制定进一步完善中小企业信用担保体系建设的指导意见；四是税务总局、财政部、经贸委研究制定中小企业担保、再担保试点机构免征营业税的具体实施办法；五是经贸委、技术监督局提出加强中小企业质量管理的意见；六是经贸委、工商管理局、人民银行、税务总局等部门提出加强中小企业信用管理工作的意见。另外，有关部门还要加强协调，共同配合，研究确定统一的中小企业划型标准，建立健全符合中小企业实际的统计指标体系，为各级政府决策和制定政策提供科学准确的依据。

全国推动中小企业发展工作领导小组已研究确定，在近几年内，将根据国办59号文件的内容和要求，结合经济发展的新形势，就加快科技型中小企业发展、培育技术创新主体、鼓励外商投资或参股合资合作创办改造中小企业以及简化中小企业破产清算程序、扩大中小企业融资渠道、规范中小企业产权交易市场、减轻工业企业增值税小规模纳税人税收负担等，研究制定配套政策，加强工作指导。

继续采取改组、联合、兼并、租赁、承包经营和股份合作制、出售等多种形式，规范地推进改革。

2. 加大结构调整力度，培育新的经济增长点

要按照国家产业政策的总体要求，研究制定《鼓励和适合中小企业发展的产品指导目录》，重点扶持科技、吸收劳动力就业、出口创汇和社区服务型中小企业。认真执行已颁布的《淘汰落后生产工艺、装备和产品的目录》和《工商投资领域制止重复建设目录》，采取有力措施，淘汰落后工艺和装备。质量低劣、污染环境、浪

费资源以及不符合基本安全生产条件的企业要关闭破产。

要用高科技改造传统产业，努力提高现有中小企业的技术水平。继续发挥国家科技创新基金的作用，培育支持发展科技型中小企业；在柳州、合肥、青岛3个中小企业技术创新试点城市基础上，重点抓好40个中小企业技术创新基地，促进“产、学、研”联合；发挥已有大企业的技术开发中心的作用，开发一批适合中小企业的技术成果；搞好现有中小企业的技术改造，提高技术含量；要进一步组织和动员科技人员及社会力量创办科技型中小企业。

要借助国内设立“创业板”的有利条件，建立优强中小企业上市融资的育成制度，包括优强中小企业的选择及成长性中小企业的判断，中小企业实行公司制改造的前期策划及辅导，上市前相关业务操作知识的培训，信息披露所需的强化内部管理，以及适应保荐制度下的与中介机构联系等，培育新的经济增长点。

培育优强中小企业，重点联系一批产品有较高市场占有率、经济效益指标达到全国同行业先进水平、管理有较好基础、重合同守信用的中小企业，形成企业发展梯次结构，以点带面，整体推进更多的中小企业技术上水平、产品上档次、管理上台阶。各省要明确目标；将扶持优强中小企业纳入本地发展规划，力争在3至5年内形成一批带动经济发展、品牌效应好、示范性强的中小企业群体。

在坚持公有制为主体、多种经济成份共同发展的方针下，大力支持各类非公有制经济加快发展。引导非公经济通过入股、兼并和收购国有小型企业等形式，参与国有企业重组和国民经济调整。鼓励和引导个体、私营、外资等非公有制企业开拓就业渠道，增加生产经营投资。要把发展中小企业与国家确定的西部大开发战略结合起来，加大西部地区的开发力度。积极鼓励和引导社会各类资金和先进技术更多地投入到西部去，加快促进区域经济协调发展。

3. 采取多种形式，扩展中小企业的融资途径

推进和完善中小企业信用担保体系建设。地级城市要积极支持中小企业信用担保机构的建立，完善担保的风险分担及补偿机制，加强对担保机构的监督管理；尚未建立再担保机构的省（区、市）要抓紧建立，为担保机构提供再担保服务；要研究建立中央中小企业信用再担保制度，完善中小企业信用担保体系。各中小企业信用担保机构都要坚持市场化运作，学习运用先进科学的担保风险控制办法，避免行政干预。要引导推动市场化的企业互助担保组织和商业担保机构扩展业务，增强服务功能，为中小企业提供多形式的担保服务项目。今年要适时召开全国中小企业担保工作座谈会，总结经验，研究提出担保机构的资金资助、信用评估、风险控制及行业自律等办法。

国家金融管理部门要统筹协调，研究商业银行特别是国有商业银行向中小企业发放贷款的激励机制，简化审贷手续，完善授信制度，扩大信贷比例，提高工作效率。开发银行等政策性银行要利用长期信贷资金的优势，开展“转贷”业务，加大对中小企业的贷款支持力度。各股份制银行、城市商业银行、城乡合作金融机构要以中小企业为主要对象。进一步改善银行对中小企业的结算、财务咨询、投资管理等金融服务。要逐步拓宽中小企业的融资渠道，支持建立中小企业发展基金。发挥政府对风险投资的导向作用，严格风险投资的市场准入，规范风险投资的市场行为，建立和完善中小企业风险投资的撤出机制和管理模式。选择条件成熟的中心城市进行中小企业产权交易市场的试点，防止产权市场中变相的证券交易行为。要完善中小企业贷款抵押登记制度，避免多头管理和重复抵押。

要把解决中小企业融资问题和培育中小企业信用制度结合进行。国家经贸委、工商局会同有关部门共同研究提出建立中小企业信用制度的有关办法。税务、银行、工商管理及海关、质量技术监督等有关部门和机构要密切配合，在对中小企业纳税、贷款、工商年检、通关报税、产品质量检验等记录收集整理的基础上，逐步建立和完善中小企业征信系统和信用评价体系，向银行等机构提供企业信用信息。要表彰重合同、守信用的中小企业，树立信用典型，大力宣传和推广信用管理先进模式和经验，各有关部门要对这样的企业给予支持。要通过工商年检、银行信贷、质量抽查等收集企业信用记录，将少数信用低劣的中小企业列入“黑名单”，通过限制这些企业，更好地支持信用好的中小企业的发展。

要积极开展建立信用制度的普及教育工作，对企业经营管理、财务管理、质量检测等人员开展信用和专业技能培训，培养信用调查分析、评价和监督等专业人才。

4. 加大中小企业服务体系建设工作力度

各地要结合本地实际，实事求是，选准突破口，做好中小企业服务工作。一是要认真分析本地区中小企业的需求，有针对性地提出中小企业服务体系建设的发展规划；二是积极探索建立不同层次、不同类型中小企业服务机构的定位、功能、作用以及激励和监督机制，促进中小企业服务体系的健康发展；三是在组织架构上，坚持政府公共服务机构、专业服务机构和社会中介服务机构同步发展的方针，逐步形成多成份、多形式、多层次、全方位的中小企业服务网络；四是在服务的方式和内容上，提倡紧紧围绕中小企业在创立、生存、发展、退出全过程的需求，开展灵活多样、及时有效的服务。

要明确服务体系建设的目的在服务，关键在效果。选择服务体系试点的目的，是要在一定范围内探索建立服务体系的政策及相应的方式方法，这并不影响各地在这方面工作的开展和探索。各地要结合实际，不等不靠，积极实践，共同为中小企业的健康发展创造良好的环境。

要加快中小企业信息服务网络建设。国家经贸委近期将启动中国中小企业信息网，充分利用现代网络技术，以城市和社区为依托，以信息平台为载体，解决广大中小企业面临的技术、人才、市场以及政策法律咨询、企业综合诊断等方面的困难。

要引导社会各类中介服务组织为中小企业提供优质、高效、规范的服务。我们将会同有关部门研究起草《中小企业服务机构管理办法》，以加强对中小企业服务工作的指导和规范。

配合积极的财政政策
亟需启动民间投资

中华全国工商业联合会主席　经叔平

一、我国非公有制经济的发展及其投资的总体状况

投资、消费和出口被称为拉动经济增长的“三驾马车”。在当前消费需求不旺、受国际市场影响出口增长不稳定的情况下，投资已成为拉动经济增长最强劲的动力。

改革开放以来，特别是邓小平南巡重要谈话发表和党的十四大召开以后，我国非公有制经济得到了迅速的发展。党的十五大和九届人大宪法修正案明确了“公有制为主体、多种所有制经济共同发展，是我国社会主义初级阶段的一项基本经济制度”、“个体经济和私营经济等非公有制经济是我国社会主义市场经济的重要组成部分”。非公有制经济已进入了一个新的发展阶段，逐渐成为国民经济的一个新的增长点。截至2000年底，我国私营企业已达176.18万户，从业人员2392.7万人，注册资金13307.69亿元，产值10739.78亿元，社会消费品零售额5813.48亿元。

当前，我国正在加大对基础设施建设的投资，以此来扩大内需，拉动经济增长。但光靠国家财政的投入是远远不够的，国家财政投资的最终目的应该是带动全社会投资，以较少的财政投资带动和刺激相对较多的全社会投资，避免政府投资“孤军作战”。我国城乡居民现有6.7万亿的资金储蓄，手持现金1万多亿，外资与手持外汇合人民币1万多亿，此外，用于股票和有价证券投资的还有3－4万亿，总计民间资金有12万亿，蕴藏着巨大的投资潜力。为了更多地吸引民间投资，近年来我国采取了多种措施，然而，与非公有制经济快速发展形成强烈反差的却是其固定资产投资增长乏力。

非公有制经济固定资产投资从1996年以前的年增长25%下降到1999年的9.2%。而今年一季度个体经济投资743亿元，占投资总额的29%，同比只增长3%，远远落后于15.1%的总体增幅。

导致这种现象的原因是多方面的，但主要还是市场需求不足，企业找不到能够获得合理回报的项目，缺乏投资热情；实际利率和税费水平较高，收费管理不规范，加大了企业投资成本，影响了企业投资积极性。我认为这与非公有制经济所从事的主要行业和近年来经济环境的变化有关。据国家工商行政管理局统计，近10年来私营企业的主营行业中采掘业，尤其是制造业的户数比重一直在下降，第三产业中的商业、饮食业和服务业户数比重在上升。根据全国私营企业状况抽样调查显示，几乎所有的行业的资金利润率在不断下降，尤其是采掘业、制造业资金利润率迅速下降，房地产业、建筑业和运输业虽有利可图，但需要较大的资金投入，这使得一些经营者不得不退出那些要求对固定资产投资较多的行业，以寻找新的投资方向。此外，近年来对非公有制经济投资准入领域未能及时开放，在投资项目上受到很大限制，使尚有投资能力的私营企业难以进入具有较高预期投资收益的领域；与此同时，非公有制企业筹资困难，缺乏有力的金融支持，融资成本高，企业预期收益低，也是影响民间投资热情的一个重要原因。加之，消费需求受各种因素的影响增长放慢，供大于求的“买方市场”使企业投资扩张的空间缩小，以及通货紧缩也在一定程度上影响了企业的投资积极性。

二、如何提高民间投资的积极性

我认为可以从发挥中介组织作用入手。首先要解决

政策不明，信息不畅的问题。据统计，我国 80%的有用信息都由政府掌握，这些信息往往被封锁在政府一些部门手里，民间很难得到和利用。政府应注重发挥中介组织和商会的作用，定期将投资信息、产业政策调整信息通过中介组织和商会向民营企业发布，使他们及时了解政府的投资政策和方向，以提高企业的投资质量。企业对政府出台的有关鼓励社会投资的政策有什么意见或建议，可通过中介组织和商会及时反馈给政府。

其次是随着科学技术的不断发展，新技术、新材料、新能源等科技成果层出不穷，新的行业和产业不断孕育而生。私营企业产权明晰、经营机制灵活，是科技成果转化为生产力的重要载体。然而，大多数中小私营企业或个人虽然掌握了这些科技成果，但却由于资金匮乏等方面的原因，面对一些好的项目只能望洋兴叹。正所谓“想投没钱投”，商机瞬间即逝。

我认为解决这个问题应从建立为中小企业融资的小资本市场入手。目前银行普遍对大企业“争贷”和对小企业“惜贷”。尽管中央银行的信贷政策鼓励商业银行增加对中小企业的贷款，但出于安全性考虑，各商业银行往往集中力量抓大客户而不愿向频率高、成本高的小企业放贷。民生银行是中国首家主要由非公有制企业入股设立的全国股份制商业银行，自成立以来，有 60%以上的信贷资金投入到了中小企业和民营企业。但仅靠一家民生银行和城市信用社是无法解决众多中小企业和民营企业的融资困难。当前迫切需要的是能够为中小企业提供优质服务的中小商业银行。此外，应逐步放宽和取消民营经济在股票、债券发行方面的不合理限制，在企业上市、发债、兼并、收购等直接融资方面给予支持。

三、未来引导民间资本的投资方向

（一）采取有效措施，鼓励民间资本参与基础设施建设和国家重点工程的配套项目

国有经济垄断基础领域是形成资源配置低效率，造成经济结构不合理的主要原因。中共十五届五中全会指出，要把中国的基础设施水平提高到一个新的水平，必须优化结构，提高质量，拓宽融资渠道，注重投资效率。朱总理在九届人大四次会议所作的报告中宣布，今后凡是对外资开放的领域，内资均可进入。这就为民间资本进入基础领域提供了投资空间。因此，鼓励和支持包括非公有制经济在内的民间资本投资基础领域将是今后投资的一个重要方面。

最近几年，在基础设施和基本服务领域的反垄断上，我们看到在电讯、交通等部门，甚至在金融部门都开始出现反垄断政策的推进，通过鼓励竞争来扩大消费群体，通过合理的竞争使价格下降，国际竞争力加强。这种反垄断的竞争和市场行为的规范结合在一起将会大大地提高我们基础设施的供给能力，会对整个国民经济产生重大的影响，也有利于中国迎接 WTO 的挑战。

今后在推进基础领域的股份制改革中，各级政府应加快职能转变，大幅度缩减行政审批范围，逐步为民营资本的进入创造条件。对一些赢利水平和市场前景较好的行业应尽快放开，稳步对包括基础设施，如通讯、交通、能源等领域进行开放。国家的投资重点应从生产性的、盈利性的经济类基础设施建设的投入转向对社会保障、教育文化、环境保护等公共事业的投入。采取有效措施，鼓励民间资本参与基础设施建设和国家重点工程的配套项目。例如：为民间资本投资基础领域提供长期低息贷款，允许发行一定规模的长期建设债券，在一定期限内采取减免税的政策，实行多种综合补偿措施等办法，使民间投资尽快成为重要的投资主体。实现基础领域的投资主体多元化、股权多元化。

（二）以农业和农村经济结构调整为契机，引导民间资本进入农业领域

改革开放以后，我国对农业的投资总量持续不足，多年来农业投资的比重一直呈下降趋势。这与我国的农业是一个弱势产业有很大关系，从经济发展规律来讲，投资规模应取决于它发展水平的高低以及工业化、现代化的程度。当前，党中央、国务院十分重视农业、农村和农民工作，把“三农”问题作为关系改革开放和现代化建设全局的重大问题，把加强农业基础地位和增加农民收入，作为经济工作的首要任务。民营企业要以农业和农村经济结构调整为契机，加大对农业的投入，参与农业产业化经营。

目前我们已看到了民营企业中有不少投资高效农业、观光农业和绿色农业的成功范例。这些企业与农户建立了合理的利益共享的“双赢”机制，利用现代科学技术不断提高农副产品附加值，通过实施农业产业化经营，拉长产业链条，使农业生产要素快速地流动和有效地结合。实践证明，民营企业运用自身的资金、技术、人才优势发展高科技现代农业是非常有潜力的。

（三）建立风险投资经济运行体系和运作机制，引导民间资本进入风险投资领域

风险投资是一种以私募方式募集资金，以公司等组织形式设立，投资于未上市的新兴中小型企业（主要是新兴高科技企业）的一种承担风险、索求高回报的投资形式，是一种以高科技与知识为基础，生产与经营技术密集的创新产品或服务的投资。积极发展风险投资，是实现知识转化为经济的重要机制，也是发展高新技术的重要机制。由于风险投资具有相当高的风险，又要求有高度灵活的机制来回避风险，因此，较为适合由民营资金运作。

目前我国还缺乏一种融资机制从根本上解决科技产业化需要大量资金与大量资金闲置的基本矛盾。如果能建立起这种融资机制，即使是把7万亿元银行居民存款的百分之一（700亿元）融到风险投资的行列中来，那么既可以将政府的资金很好的淡出，又可以弱化科技产业创业的资金“瓶颈”，一举两得。随着银行不断降息及利息税的开征，大量社会闲置资金需重新寻找能保值、增值的渠道，而我国的股票、债券、期货等市场尚处于初级阶段，投资领域还很窄，风险投资的发展无疑会成为广大居民一种新的投资选择。

调查表明，国内现有政府出资、上市公司出资、非银行金融机构（如券商）出资、民间资本投资等四种类型的风险投资公司。政府投入已从1999年7月的70%降低到2000年7月的42.9%。引导民间资本进入风险投资领域是今后经济发展的必然趋势。

在未来几年，尤其是加入WTO以后，我国仍将实施积极的财政政策，实质上就是扩大投资的增长。当前扩大投资的关键是启动民间投资并扩大其增长。启动民间投资，需要进一步转变观念，改善投资环境，加快完善投融资方面的法律法规建设。建立健全投融资信息发布制度，发展规范的中介咨询机构；加快投融资体制改革，扩大民营企业的融资渠道；放宽对民营资本的投资领域。鼓励其参与基础设施和国家重点工程的配套项目，以及开发高效农业和绿色农业，引导其加快进入风险投资领域，以加快我国的战略性结构调整。

加快国民经济和社会信息化发展

信息化是人类社会继农业革命和工业革命之后的又一次革命，其发展将直接推动网络经济的形成，人类社会将由此进入一个新的历史时期。农业社会以土地资源为基础，工业社会以能源和原材料为基础，信息化社会则建立在信息网络、信息设备等物质基础和软件、信息资源等文化基础上，信息网络将成为一切经济活动的平台，信息将成为社会生产的基础资源和创造财富的来源，这将彻底改变世界的面貌和人类社会发展的轨迹，并将决定一个国家和民族在未来的前途与命运。

信息化是先进社会生产力的代表，其广泛、深入应用使劳动效率和经济运行效益空前提高，推动着人类生产力走向一个崭新的高度。信息化的发展是一次”洗牌”，将带来全球利益的大调整，抓住这一机遇就奠定了在未来世界格局中的地位，是我国百年不遇的历史机遇。但同时，信息化时代的发展速度远远高于工业时代，全球信息化进入成熟阶段后，发达国家与不发达国家的差距将被放大，落后就意味着永远被淘汰。因此，发展信息化已是我国唯一的出路，是我国面临的生死抉择。

一、中国信息化进展情况

当前，我国信息技术进步不断加快，信息网络基础设施不断加强，网络规模跃居世界前列，电子信息产品制造业在一些关键的领域获得了突破性进展，信息产业内部结构不断改善，国家信息化水平显著提高。2000年全年我国信息产业总产值已超过14，000亿元，与“八五”末相比翻了两番。

1. 网络基础设施建设及电信运营业

2000年，我国全国电信业完成业务总量为4494亿元，业务收入达到3074亿元，比上年分别增长44.1%和26.4%，“九五”年均增长率分别为33%、27%。据汇总测算，2000年我国电信业增加值约为2200亿元，为我国经济增长达到8%发挥了积极作用。

到2000年底，我国光缆线路总长度超过125万公里，长途自动交换机容量549万路端，局用交换机容量达到1.79亿门；移动通信基站数量超过8万个，移动通信信道达到385万个，移动通信交换机容量共1.3亿户。截止到2000年底，我国电话用户总数已达到2.29亿户，其中固定电话用户14440万户，移动电话用户8526万户（含预付费卡用户），我国电话普及率已上升到20.1%，其中移动电话普及率为6.7%，城市电话普及率达到39%。

总的来看，“九五”时期我国网络基础设施建设取得了长足进展，通信服务能力大大增强，电信业改革初见成效，到“九五”末期，已基本建成一个居世界第二位的通信网络。

此外，到1999年底，我国广播综合人口覆盖率为90.4%，电视综合人口覆盖率为91.6%；有线电视传输网达200万公里，有线电视入户率超过了17%；电视台总数超过2000家，其中有线电视台1300多家。

2. 电子信息产品制造业

目前，我国电子信息设备制造业已形成了专业门类基本齐全、技术力量相对雄厚、产业规模不断壮大的产业体系，整体产业规模已经跻身世界前列，彩电、程控交换机等产品已经成为世界主要的生产基地和出口基地。

按行业统计，全年电子信息产品制造业实现总产值超过10000亿元，同比增长约28.5%；销售收入达到5800亿元，同比增长34%；工业增加值1334亿元，同比增长25.6%；利润380亿元，同比增长65%；出口额达到551.6亿美元，同比增长约41 %，占全国出口总额的22%。电子信息产业“九五”年均增长率超过25%，对经济增长的贡献率达17%。

目前，我国电子信息产品结构不断改善，投资类电子产品比重不断提高，电子产品正朝着高技术、高品质、高附加价值的方向发展。

产业结构进一步优化，电子工业已初步发展为物质生产与知识生产并重，硬件制造与软件生产、信息服务相结合的现代电子信息产品制造业。重复建设、地区经济结构雷同的局面有所改观，地区工业布局得到改善，沿海产业带和多个产业基地的基本格局初步形成。一批具有一定生产规模和市场竞争力的大集团已在竞争中产生、发展、壮大。

3. 信息化建设

从“八五”后期开始，我国进入了因特网建设的实施阶段，中国教育和科研计算机网（CERNET）、中国科技网（CSTNET）、中国公用计算机互联网（CHINANET）、中国金桥信息网（CHINAGBN）、中国联通互联网（UNINET）、相继建成，目前我国国际互联网的骨干网络已初具规模。同时，以“金”字系列工程为代表的国民经济和社会信息化重点工程建设全面展开，“金桥”、“金关”、“金税”、“金卡”等工程已投入运营。到2000年底，我国计算机互联网用户已达到2250万户，上网计算机892万台，CN下注册的域名总数为122，099个，WWW站点数约265，405个，比上年增加了1倍多，国际线路的总容量增加到2799M。

目前，我国电子商务已经开始起步，并呈现出不断加速发展的趋势。外贸领域已建立了联合国贸易网络中国发展中心，与联合国全球贸易网联通，并在世界100多个国家设立开通了140多个贸易网点；金融领域已建成全国金融卡信息交换中心和清算中心，金融卫星网拥有646个卫星站，覆盖了全国所有地级以上城市和700多个县；在消费领域，网上商城、网上书店、农产品交易网、网上售药、建材网、家具网等以社会需求为目的的一大批电子商务服务平台应运而生。

地区信息化已从一些经济发达的城市和地区逐步向周边辐射，在促进区域经济平衡发展和引导资源流动等方面发挥了重要作用；社区信息化建设初露端倪，上海、广州、北京、天津、深圳等城市开展了社区信息化试点，为居民提供衣食住行、生老病死、文化娱乐、教育就业等全方位的服务，取得了有益的经验；企业信息系统和网络建设同步发展，大部分大中型企业建设了不同规模的数据库系统和计算机网络，已经成为加快结构优化、提高资源配置效率的有利工具。

二、中国信息化发展存在的主要问题

据国家统计局统计研究表明，我国信息能力总水平在所统计的28个国家中排名倒数第二，仅高于巴基斯坦。与发达国家相比，我国信息化发展还存在很大差距，这种差距如不尽快缩短，将最终成为阻挡我国追赶历史脚步的一道不可逾越的“数字鸿沟”。

1. 对信息化的战略性和全局性认识不足，重视不够

鉴于信息化发展带来的历史性机遇和严峻挑战，当前，世界各国正加紧制定信息化发展战略和行动计划，力争在未来处于有利地位。美国政府于1998年提出了《浮现中的数字经济》报告，将信息化视为继工业革命后人类历史上的又一次划时代变革，积极实施信息高速公路计划，并制定了《全球电子商务框架》文件，正大力推动信息化，特别是电子商务的发展，面向新经济时代加快发展战略重点的转移，国民经济已持续近十年高速增长；欧盟则于1999年12月发出了建立“网络欧洲”的“政治倡议”，同时起草了一份“网络欧洲行动计划”，力争保持欧洲在信息化时代的竞争优势；日本政府痛感在信息化领域与美国的差距，于最近提出了“IT（信息技术）建国”的口号，将发展信息化作为立国之本，从组织、发展环境、资源配备、研究开发等方面向信息化倾斜。

而我国长期以来，没有认识到信息化是关系未来发展全面的战略制高点，没有对信息化的重要性和全球信息化发展给我国带来的巨大压力产生清醒的认识，缺乏紧迫性和危机意识，还没有将信息化摆到国家发展战略布局中的应有位置上来，总体上仍停留在工业化的中期阶段，没有赶上世界发展的趋势。一方面，国家对国民经济和社会信息化的定位还很模糊，在如何走出一条既有中国特色、又符合国际惯例的信息化道路问题上尚不明确，信息化发展缺乏思想指导。另一方面，我国许多管理人员仍未感受到信息化发展的巨大冲击，重硬件轻软件和重装备轻应用的思想仍然根深蒂固，在人、财、物配备上严重忽视对信息化的投入，导致我国信息化系统普遍落后，信息化应用程度普遍较低。

2. 垄断依然存在，阻碍了信息化的发展

垄断是发展的最大障碍。信息化的本质要求信息基础设施互联互通，要求信息资源在全球范围内自由流动和共享，要求用户有更多选择的权利。随着经济发展和技术进步，发达国家已深刻认识到垄断排斥竞争，最终将失去发展的原动力。因此，以发达国家为代表的世界各国正努力打破垄断，大力促进信息技术领域的竞争。

自二十世纪九十年代以来，世界电信业进入全面改革时期，电信由垄断阶段走向开放、竞争时代。如英国于1991年结束了英国电信（BT）和麦丘里公司（Mercury）垄断电信市场的局面，允许更多电信运营公司参与竞争，使英国电信经营企业在短时间内达到了100多家，电信市场空前活跃。此外，美国于1995年分解AT&T公司，日本也于1999年底解散NTT公司，有力地推动了电信业的有效竞争。

而我国信息产业管理体制改革严重滞后，特别是电信业长期处于垄断经营状态，导致价格居高不下，服务水平低，资源利用率不高，管理效率低下，国际竞争力不足，市场缺乏活力，信息化发展严重受到阻碍。目前，尽管打破垄断的改革初见成效，但是电信和广播电视行业仍然存在着严重的行业垄断现象，一是在电信、广电和计算机网络技术与业务日益融合，“三网合一”已成为世界性潮流的形势下，我国电信与广电领域业务仍然互不开放；二是电信业体制改革尚未到位，垄断依然存在；三是信息基础设施仍未形成有效竞争，在出租电路、互联网接入方面仍存在价格歧视等现象，从根本上限制了信息服务业的竞争，也导致了重复建设的发生。

3. 电子信息产业结构矛盾突出，产业层次不高

电子信息产业是信息化的基础和技术装备部，在信息化体系中处于重要地位。为此，发达国家正面向信息化发展，加快电子信息产业的结构调整，正由硬件主导向软件主导过渡，由资金密集型向技术密集型转化，由传统产品制造业向数字化和网络化方向演进，劳动密集型和部分资金密集型产业不断向发展中国家转移。如IBM公司已由传统硬件制造商演变为软件和电子商务解决方案提供商；加拿大北电已三易其名，由“北方电气公司”到“北方电讯公司”再到“北电网络公司”，现已成功地将发展重点转到互联网领域；朗讯科技有限公司正进行重组，拟出售其电源系统部，其新成立的Avaya公司也于2000年10月脱离朗讯科技，该公司今后将集中精力投入宽带移动互联网领域；戴尔电脑公司和CISCO公司抓住核心技术，产品生产采用“虚拟工厂”观念，委托外部企业完成。成功实施结构调整，已使这些跨国公司和所在国连续实现了高速增长，继续保持主导地位。

而我国虽然已成为消费类电子产品的生产大国，一些重要的产品已经形成了国际竞争优势，产业规模不断提高，但产业结构性矛盾仍很突出，产业层次不高，企业规模偏小；地区工业布局结构趋同，低水平重复建设现象依然存在；制造业以加工工业为主，核心芯片等关键元器件掌握在国外企业手中；软件产业规模偏小，软件产业产值占电子信息产业总产值的比重不足3%；网络核心产品、操作系统等信息化的关键产品依赖进口；高附加值的产品比重偏低。此外，与发达国家水平相比，我国信息产品制造业的人均销售收入、劳动生产率，利润指标均存在明显差距，全行业利润水平远低于发达国家。

4. 研发投入偏低，技术创新能力不足

在即将到来的信息化时代，经济发展不再依赖于物资和能源消耗，知识将成为战略性资源和创造财富的源泉。知识来源于实践，创新则是实践的集中表现和最高阶段，是知识再生产过程的核心。有鉴于此，发达国家纷纷加大对信息技术研发的投入，技术不断创新，力争控制发展的主动权。如朗讯公司拥有世界著名的贝尔实验室，现有员工2万6千余人，先后有11位科学家获6项诺贝尔物理学奖，1999年度开发费用高达45亿美元，自成立以来就共开发了近3万项专利，平均每个工作日产生4项专利。此外，INTEL公司、北电网络公司、IBM公司、富士通公司等跨国公司均形成了庞大的研发队伍和研究机构，年开发费用均高达几十亿美元，通常占企业年销售收入的12%左右。与此同时，发达国家政府也在不断加大研发投入，不断推动基础性、战略性技术的创新，在信息安全等关键技术领域开发的前期往往以政府投资为主。如1996年，日本政府提出了《电子信息技术研究开发基本计划》，共设立了77个研究开发项目，研究经费总额为1800亿日元（约17亿美元），最近又宣布实施IT21计划，拟投巨资开发新一代高速英特网和新一代计算机技术。

而我国对信息技术的投入长期不足，整个国家在信息技术领域的研发投入远不及国外一家大型跨国公司的研发经费，特别是我国的创新机制和体系尚未真正建立，企业还没有成为信息技术研究开发的主要力量，技术成果转化的渠道尚不畅通，自主开发实力不强，对引进技术的消化吸收和二次创新也明显不够，科技与产业“两张皮”的矛盾较为突出。目前，尽管计算机、集成电路以及芯片生产等电子信息产品制造的国产化水平不断提高，国内市场占有率稳步上升，但具有品牌和自主知识产权的电子信息产品较少，核心技术以引进为主，信息化发展受到发达国家的牵制。

5. 信息资源开发和利用明显滞后，已成为制约信息化发展的瓶颈

信息资源是信息化的核心和灵魂，已成为信息化应用水平的决定因素。随着信息化的发展，信息开始控制物资资源和金融资本的流向，正日益变为当今社会和未来最重要的生产要素和战略资源，对信息资源的控制已发展为争夺资源、控制市场的关键环节。据中国互联网信息中心7月发布的最新统计表明，有超过62%的用户上网目的是为了获取信息和获得免费资源；72%的用户认为信息量大是成功网站具备的最主要条件。因此，发达国家正大力加强信息资源的开发利用，力争在未来以信息资源为中心的新竞争中占据主动，并通过丰富的信息资源加速推动信息化应用。以美国为首的发达国家提出倡议，呼吁在保证国家安全和社会秩序的情况下放松对信息内容的管制，繁荣信息资源市场。通过这些措施，美国的WWW网站数量发展迅速，特别是许多图书馆、研究机构、国际组织和行业组织等均已开通网站，向社会公开提供各种非涉密资料和信息，如美国核武器的某些公开资料在互联网上即可查阅。目前，英文信息内容已占整个互联网信息总量的90%以上，西方国家正通过占据网上信息资源加紧对发展中国家的意识形态和文化渗透。

"九五"期间，我国因特网建设虽然取得飞速发展，WWW站点数已达到27289个，各地区也都开通了以本地经济和社会发展为内容的"信息港"，但是长期以来我国信息资源开发和利用明显滞后于信息基础设施建设，以中文为基础的信息内容严重不足，还不到互联网总信息量的1%，无法满足人们的信息需求，"有路无车"和"有车无货"现象比较突出；同时，信息内容仍然以娱乐和新闻为主，数据资料等信息量较少，信息结构不合理，我国英特网用户中有82%的用户认为在网上获得的最多信息是新闻；在最不能满足用户需求的信息类型中，电子书籍和科教信息分别排在第一位和第二位。

6. 信息化人才馈乏，信息化的智力资源储备不足

信息化是以人为本的事业，其发展完全依赖于人才的培养和充分利用，信息化时代竞争的实质是智力竞争。信息资源的开发利用过程，实际上就是智力再生产过程。按有关专家的定义，信息化及相关行业的从业人数超过就业人口的一半是一个国家和地区进入信息社会的标志之一。为此，发达国家一方面加紧信息化人才培养，另一方面在全球范围内聚集人才，加强智力资源储备。据悉，美国、加拿大和欧洲主要国家已相继出台信息技术人才移民法案和相关政策，鼓励信息技术人才前往就业和定居；日本则实施教育信息化计划，大力进行信息化人才培养。目前，美国信息化人才已达到80万人。此外，跨国公司也纷纷制定优惠政策，以期权、管理股、高薪、别墅等手段大量吸引信息技术人才，甚至不惜通过兼并掌握人才，如CISCO公司极力网罗市场占10%～15%的顶尖人才，包括3Com和Sun等著名公司的一些创始人也开始为其服务。

而我国长期以来信息化人才的培养能力不足，许多高校还没有设立信息技术专业，全国基本上没有专门的信息化系，同时，人才流动性不高，高校毕业生择业渠道还不广泛、畅通，许多高校毕业生不能找到合适的工作岗位，有限的信息技术人才分散和专业不对口现象较为普遍。特别是我国企业机制不灵活，期权、管理股等重要的人才吸引手段还没有合法地位；在人才的提拔任用方面也还没有打破陈规，人才的成长道路较为曲折；风险投资尚处于探索阶段，人才创业机制尚未形成。目前，我国信息化人才普遍馈乏，特别是高级技术人才和既懂技术又懂管理的复合型人才严重短缺，人才流失十分严重。

7. 企业信息化水平较低，信息化应用的广度和深度亟待提高

应用是信息化的归宿和永恒的动力，只有通过广泛、深入的应用，信息化才能不断发展，并推动国民经济和社会加速进步。企业是信息化应用和信息化建设的主体，在信息化发展中发挥了先锋队的作用，从当前全球信息化的现状看，企业信息化的水平直接决定了一个国家和地区信息化的水平。目前，国外跨国公司正围绕企业信息化，特别是电子商务重组企业组织结构和决策、研发、生产、销售、服务体系，生产效率不断提高，成本大幅度降低，竞争力持续增强。以信息化发达的美国为例，戴尔公司利用英特网积极开展电子商务，网上销售额已达到每天4000万美元，约占公司总销售收入的50%；IBM公司1999年与客户进行了约4200万次电子商务交易，网上采购金额达130亿美元，内部培训课程的25%通过网络进行，共节省成本和行政开支约12亿美元以上。日本有感于信息化领域与美国的差距，计划大力提高企业信息化程度作为国家信息化发展战略的重要内容，到1999年初，日本企业的互联网普及率已达到80%以上，企业对企业间电子商务（B TO B）交易额占全国贸易总额的比例约为3.7%，为信息化的振兴奠定了坚实的基础。

而我国企业信息化总体水平不高，绝大多数企业甚至还没有建立起信息化系统，或者还没有发挥信息系统特别是电子商务在提高运作效率，降低生产和经营成本方面的作用，在未来的国际竞争中处于十分不利的局面。在思想方面，我国企业未能认识到信息化是企业自我发展的内在需求和提高企业竞争力的有效途径；在投资和人力资源配备方面，对信息化的投入严重不足；在管理方面，缺乏与信息化和电子商务相适应的管理制度和管理水平。据调查，截止1998年末，我国300家国家重点企业信息技术和设备投资累计占企业总资产的0.3%，与发达国家大企业信息化投入占总资产8%—10%的水平相距甚远，并且这300家重点企业中虽然有70%的企业已经联接了互联网，但多数仅在网上开设了E-mail地址，还没有发挥出网络巨大的信息效应，更没有利用网络达到开展商务活动，提高生产效率，降低成本，提高服务质量，增强企业竞争力的目的。此外，在有关方面动员某地 132 家有条件的重点企业上网时，仅有不到 40 家企业反馈了意见，有的企业甚至明确表示“不感兴趣”。

8. 信息化立法滞后，发展缺乏保障

信息化是人类一项全新的事业，其发展带来了一系列新问题，原有的制度、管理手段、政策和法规已不适应全球信息化发展的需要。为此，世界各国纷纷加强信息化立法，并修改现有法律条文，使之符合信息化时代的要求。联合国贸易法委员会于 1996 年制定并通过了《电子商务示范法》，为世界各国提供了可供参考的国际电子商务统一规则，以克服原有法律体系中不适应电子商务发展的障碍；日本内阁则于最近通过了《推进形成高度信息化社会基本法草案》，即将提交国会审议；马来西亚于 1998 年通过了通信和多媒体法令，对电信、广播和计算机工业实行统一监管。此外，各国还制定或修改了电信法，有力地推动了电信改革的顺利进行。

与此相反，我国的信息化立法工作严重滞后于国民经济和社会信息化的发展，至今尚无一部专门的电信法规和互联网的相关法律，现有法律中存在大量不适应电子商务发展的条文，这种状况导致我国网上信息安全、个人隐私、网上交易等缺乏法律保障，网络知识产权、信息版权、互联网域名等缺乏有效保护，网络互联互通、信息平等接入、保护信息基础设施、反垄断等缺乏法律依据，对网络犯罪、黑客攻击等非法行为不能在法律上形成有力打击，网上欺诈、网络侵权行为从法律上得不到有效遏制，数字身份证书、电子签名缺乏法律效力，电子票据无法作为财务凭证，极大地限制了信息化的应用和发展。

三、有关建议

（一）明确信息化的历史性地位和作用

信息化是当今世界经济和社会发展的大趋势，信息化水平是国家竞争力和现代化水平的重要标志，信息产业是国民经济的战略性产业。信息化是经济结构战略性调整的主要依据和手段，是产业结构调整的龙头；是深化经济体制改革的必然方向；是提高国际竞争力，增强综合国力的客观要求；是社会进步、小康生活的重要内容。当前全球信息化正处在经济结构和格局调整步伐加快的初期阶段，众多技术和产业正不断向发展中国家扩散。“十五”期间，我国要充分发挥后发优势和比较优势，把全面推进信息化作为国民经济和社会发展的重大战略。国家统筹部署，基本构建起信息化发展的态势，初步实现国家从工业化增长方式向信息化增长方式的转变，以信息化带动工业化，全面部署和推进信息化，选择使我国经济跨越式发展的信息化成长模式，形成面向第三步发展战略的新局面。

要坚持下面的发展原则：以信息化带动工业化；抓应用，促发展；技术创新和制度创新并举；走开放式发展道路，推动国际合作；发挥比较优势和后发优势，实现跨越式发展；从国家的根本利益出发，创造性地解决军民结合，宣传和精神文明建设，网络安全等信息化发展中的重大问题。

（二）建立完善的信息化管理体制

改革现有体制以适应信息化发展的要求，要通过体制改革全面促进信息化的发展。在管理体制上，设立高度权威的信息化领导机构，统筹信息化建设重大方针政策，加强政府在信息化建设中的宏观协调力度，促进资源共享，切实保证各项信息化发展规划的实施。要按照三网融合的客观要求，改革现有电信、广电、计算机以及宣传、安全等管理体制和方式，进一步打破垄断，鼓励竞争，特别是鼓励电信、广电和计算机互联网领域的交叉进入、横向竞争、业务融合，不断适应信息化发展的要求。

（三）加快信息化立法进程，建立信息化发展的政策体系

建设有利于信息化发展的法制环境；推进《电子工业振兴政策》、《电信法》、《中国电子商务政策框架》及相关配套措施；完善电子商务安全交易、网上知识产权保护、公共信息资源管理、网络管理、数据保护、信息安全等方面的法规。修订相关法律和相应程序法，预防和严厉打击计算机犯罪和网络犯罪。

针对国家选定的信息化战略重点，制定相应政策，鼓励软件、集成电路和电子商务等的发展；鼓励国内企业参与信息化重大工程和重点应用系统的建设。

国家对信息产品出口实行鼓励和优惠政策，积极引导外资投向重点信息产业。支持企业在海外资本市场进行必要的投融资活动，鼓励企业积极开拓海外电信业务服务市场，并在外汇、关税等具体操作方面享有优惠。

完善投融资政策。对体现国家意志的公益性、战略性信息资源开发，适当增加政府投入；扶持关键信息技术和产品的研发和产业化和试点；积极引入新的投融资机制，开辟新的投融资渠道，广泛吸收社会投资，通过发放企业债券和长期发展债券等方式，促进投资主体多元化；鼓励和建立国内信息产业风险投资的成长；逐步建立和有效引进国际标准规范，鼓励境内企业海外上市，完善国内创业板市场，增加企业融资渠道。

强化信息网络基础设施建设，大幅度降低网络设施使用价格，促进普遍服务。国家再批准若干个基础电信公司，利用包括外资在内的各方面资金，建设包括中西部的全国性网络；调整电信资费结构，大幅度降低基本通讯费用，实现普遍服务；为推动网络教育的发展，构建全国网络教育平台，适应信息化社会的发展需要，对网上教育实行资费和税收优惠政策；加大政府监控力度，建立资费水平监测体系，加强资费行业管理，促进行业自律机制的形成；按照国际惯例，明确电信普遍服务与特殊服务制度，并设立普遍服务基金，建立普遍服务补偿机制，保证全国所有地区尤其是落后、偏远地区能够获得基本的电信服务、邮政服务，保证通信、邮政、广电领域服务水平和质量。

（四）提高全民素质，实施积极的人才战略

加强高等教育，调整课程设置和专业方向，尽快培养信息、网络和通信技术等领域的人才，迅速充实信息产业劳动力市场。

培养造就信息化建设所需的各类复合型人才。加强社会培训，完善就业和在岗培训制度，不断提高信息产业从业人员整体素质。政府公务员必须通过计算机和网络应用技能考试。

积极鼓励国内信息技术人才走出国门，学习国际先进技术。要下大力气大量吸引国际一流信息技术人才，鼓励海外留学人员回国创业，从待遇、安置和激励机制等方面为他们创造良好的环境。通过技术、管理和知识产权入股，实施期权管理等办法，促进信息企业高级管理人才和研发队伍的成长和稳定，鼓励高技术人才的合理有序地流动。

（五）进一步发挥市场配置资源的基础性机制

立足“两个市场”，实施开放式发展战略。加快信息产业结构优化，全面改进产品结构，实现信息产品从低端向高端的逐级攀升。鼓励企业积极开拓国内市场，扩大国内企业市场占有率，为实施开放式发展战略奠定基础。鼓励国内信息企业走出国门，海外投资、设点建厂，形成大型的跨国公司，占领国际市场。在重点技术发展领域，加强国际合作，引进世界著名信息技术企业作为战略合作伙伴，提高对关键性技术、先进的管理经验等方面的消化吸收能力，带动国内信息产业的成长。全面推动消费类电子产品、投资类电子产品、元器件类电子产品、软件和信息服务的出口，提高在全国出口中的比重。应对加入世界贸易组织的新形势，加快调整现有的贸易政策，加快国内服务贸易发展，顺利实现国际接轨。建设具有国际竞争力的大型企业，重点扶持一批具有国际竞争力的大型企业集团，实施“强强合并”，优势互补，参与国际竞争；积极参加国际信息化组织，促成和参与信息化发展国际公约的制定，积极参与国际电子商务等信息化方面规则的谈判与制定。

遵循市场机制的运行规律，鼓励竞争。依照法规，规范企业行为，保护消费者利益，在市场准入、业务资费、互联互通、资源分配、服务标准等方面完善市场竞争政策和机制，坚决打破垄断，逐步建立起公平、公正、开放、合理竞争和有序的市场秩序，并与国际接轨。

（六）保证国家主权、安全，提高国家健康发展的能力

国家投入资金和力量，完善管理体制和技术手段，确保在信息化进程中国家主权、安全不受到侵害，保证思想文明阵地和精神文明建设的健康发展。

加强软件知识产权保护。强化软件知识产权保护，促进国内软件企业的发展。规范和加强软件著作权登记制度，加大打击走私和盗版软件的政策力度和实施力度。政府部门应当切实带头，使用正版软件，制定相应规章制度，实施有效的软件资产管理。

抓紧制定国家级的系统标准。加快制定关键信息技术在国民经济和社会信息化领域的一系列规范和标准，引导国际竞争格局的变化，实现有利的国际竞争地位。加快电信技术体制和广电技术体制的制定，尤其是抓紧制定第三代移动通信标准和高清晰度数字电视的国家标准，保持我国在通信、信息家电和消费类电子产品的国际竞争能力。加强电信、广电的营运商、系统集成商、电子产品制造商之间的产业联盟，突破手持通信设备的关键性技术和操作系统，尽快形成相应的国家级标准。

（七）大力加强信息技术和信息产业，为信息化奠定坚实的基础

贯彻落实国务院［2000］18 号文件，振兴我国软件和集成电路产业，特别是要狠抓超大规模集成电路、基础软件及其关键应用系统等战略制高点，以此带动实现产业跨越式发展；重点发展计算机及网络设备等信息装备产业，提高我国信息化装备的生产水平；把握计算机、通信产品和家用电器融合的趋势，积极培育和发展信息家电行业，争取在新的竞争中处于有利地位；以发展数字电视为先导，带动电子信息制造业向数字化阶段演进；加强基础元器件行业和设备制造业，奠定产业发展的基础；建设电子信息产品出口基地，发挥比较优势，积极参与国际竞争；组织一批国家专项工程和重点示范工程，带动整个产业的发展。（作者：袁野）

论中国风险投资的机制创新

全国人大常委会副委员长、国家自然科学
基金委员会管理学部主任　成思危

一、我国风险投资的现状和主要问题

我认为，1998年我国风险投资是处于起步阶段，经过了两年的发展，我国风险投资事业已经进入初级阶段。在各方面的大力支持和推动下，我国风险投资事业得到了比较成功的发展，但是它还存在六个方面的问题。

1. 规模还需要进一步扩大　据中国科技金融学会统计，到1999年9月，全国一共有92家风险投资企业，资金74亿元。最新统计数据还没有出来，我估计，应该有100家风险投资公司，大概80亿元，号称10亿美元。但真正投入项目的只有10%左右，约1亿美元，主要是大家都比较小心谨慎，不敢随便投资。据《IT经理世界》的总结，目前像IDG等外国公司在国内风险投资规模为2亿美元左右，因此目前国内外在中国总的风险投资大约3亿美元。由1999年到2000年3月份，由于科技股的热潮，世界风险投资较1998年有很大的增长。据报道，美国风险投资基金规模为480亿美元，比上年增加150%，欧洲160亿美元，亚洲60亿美元。我个人认为各地区统计口径有不同，特别是欧洲和亚洲，把许多兼并和收购也算在风险投资里，实际的风险投资规模并没有这么大，比如法国的风险投资额也不过2～3亿美元。从规模上看，中国风险投资比国际上还差得比较多，从实际投入看也是比较少。但在两年之内中国风险投资有这样的业绩，也算是差强人意了。

2. 法规有待建立　对于风险投资，法律和法规的建立是非常重要的。全国人大在积极推进立法进程。1999年年底人大修改了公司法，允许高科技企业在深沪两地证交所设立的科技板块上市。人大对公司法的修改为高科技企业上市创造了条件。规模和三年业绩要求，是高科技企业上市的两大障碍。而高科技企业成长时期呈现两个特点，一是开始规模比较小，二是现金流量在早期可能是负的。所以，这些企业都不符合原来的公司上市条件。人大常委会正在组织起草包括风险投资基金在内的产业投资基金法，2000年年底可望提交人大常委会一审。人大有规定，一般的法律要经过三审。我谨慎而乐观地估计，产业基金投资法明年有可能通过二审和三审而有望出台。风险投资法也已经列入本届全国人大的立法计划，我希望本届人大能够按计划制定风险投资法，但它的起草相当复杂，各方面的利益协调非常繁杂。我估计少则三年，多则五至七年才能完成。公司法、产业基金法、风险投资法，这三部法已经完成了第一部的一部分修订。但其他的有关法律和法规也要相应修改。比如税法，风险投资基金要实行有限合伙制，就不能既收公司所得税，又收个人所得税。

3. 认识上存在分歧　对风险投资的认识也很重要。认识上的分歧主要表现在三个方面，即特点、重点和难点。现在到各地去，地方政府官员都说在搞风险投资。究竟什么是风险投资？大家的理解并不一致。我认为风险投资必须具备五个特点。一是它属于有风险的投资，这种风险我概括为“成三败七”，只有30%左右获得成功。这是我在国外考察和研究有关材料得出的大体估计。我也看过一些报道，说风险投资成功率很低，只有8‰。意思是5000个风险投资项目只有400个上市，这样算来只有8%。然后说，每100个风险投资计划只有1个被风险投资家选中，两者相乘就只有8‰了。我说这里有两个偏差：一是100个风险投资计划中只选中1个，这不能说是风险投资的成功率，只能说明风险投资家比较慎重。二是5000个项目中只有400个上市，这个数字是对的，但不能说上市才算成功。风险投资在1998年以前，大概是30%通过上市，70%通过兼并和收购。8%被0.3除，还是差不多30%，与“成三败七”是接近的。如果风险投资成功率只有8‰，我看就没有人想搞了。二是风险投资是组合投资，因为风险投资的规律是把资金分散投在一群项目里，利用成功项目的高回报，抵偿失败项目的损失，同时还可以给投资者比较大的回报。所以它必须搞一群项目，如果单投一个项目，我认为那不叫风险投资，那叫赌博。这个项目成了也就赚了，不成就完了。第三，它是长期投资。风险投资本身从投入到蜕资，一般要3-7年，而且，在风险企业成长的过程中还要不断地增资，因此，风险投资是长期投资。第四，风险投资是权益投资。它看中的是企业价值的增长、所有者权益的增长，而不是短期的回报。风险企业短期内的现金流可能是负的，甚至可能亏损，像美国雅虎，上市时亏损200万美元，Exite上市时亏损400万美元。最后一个特点最重要，即风险投资是专业投资，它是风险投资家利用他的知识、经验、管理能力和社会关系，来帮助创新者创业，实际上是和创新者共同创业的一种投资。

我强调风险投资的这些特点，对我们下面要谈的问题有非常重要的关系。对风险投资的重点，也有不同的看法。有人认为，风险投资主要搞企业兼并收购，拿了钱看哪家企业好，就买下来，然后包装上市。现在有的企业也是这样，搞了一个ICP后，就设法提高点击率，然后找风险投资家投资，一两年内上市捞一把就走人。我认为这可能有偏差，那是圈钱的办法，而不是搞风险投资的办法。我认为，风险投资的重点，在创立、开拓、发展、成熟这四个阶段里，应着重在二、三个阶段，应该在技术相对有把握的情况下投资支持它，支持它的发展、成熟。上市只是出路，也是风险投资最后的蜕资，是风险投资的结束，而不是风险投资的重点。如果没有前头的创新，那后面的上市就是水中捞月。所以在这个问题上，我希望大家能取得一定的共识。

那么风险投资的难点在哪里？有人认为是钱的问题，有人认为是我们的二板市场还不够发达。我个人看法不是这样。钱当然是很重要的，没钱是不行的。但据1999年底的统计，目前国内储蓄总量达9万亿元，其中居民储蓄6万亿元。80%的储户只占储蓄总额的20%，这些人的钱是用来做生活保障，不敢拿来作风险投资。但是有20%的人掌握了80%的储蓄，这些钱是有可能被动员出来的。按6万亿元的80%计算，就是48 000亿元，拿出1%搞风险投资，也有480亿元。何况，国外风险资本纷纷看好中国的市场，一再宣布要投入。因此，钱并不是主要问题。那么二板市场是不是问题呢？当然，没有二板市场，风险投资人就没有信心，毕竟在进行风险投资时要考虑到将来的出路。但这不是最大的难点，因为上市并不是风险投资的推一出路，还有兼并收购等方式，包括被大公司兼并、被职工或创业者收购。据统计，1998年美国风险投资项目有30%上市，而1999年由于股市牛气很旺，这一比例上升到50%左右。我们从现在投入，等到蜕资还有3－7年，应该说还有比较大的余地。再说，风险投资是一种长期的投资，现在我们建立二板市场，如果没有成熟的创新成果，都拿些网站去圈钱，恐怕也是有问题的。

4. 业绩不够明显，缺乏比较突出的成功的案例 我很高兴看见新浪网最近已经在NASDAQ上市。遗憾的是最近上市时机不是太好，但他们还有机会。从总体上看，我们还是缺乏比较成功的案例。

5. 民间的参与比较少 根据资料统计，我国风险投资基金74亿元中，80%为政府投入，民间参与太少。如果不能把民间的资金动员起来，风险投资最后就变成政府担着风险来投资，这实际上起不到它应有的作用。

二、我国风险投资机制创新的主要目标

在上次会议上，我曾讲过发展我国风险投资的三步战略。一是建立风险投资公司，为国内投资者提供咨询和管理服务，主要包括评估和推荐风险投资项目，并受咨询者委托对项目进行管理。二是建立风险投资基金，并制定相应法规和管理办法以便从国内外吸收资金。三是建立包括第二板市场在内的风险投资体系，健全风险投资投入、运行和撤出的机制。目前，我国风险投资已经开始第一步，而且应该说起步还不错。对我国风险投资现状和问题的总体评价应是这么个情况。

关于我国风险投资机制创新的主要目标，我认为要做到三个“有利于”。一是有利于培养风险投资人才，二是有利于鼓励创新者创业，三是有利于吸引投资人出资，因为风险投资是商业行为而不是慈善事业，如果不能吸引投资者出资，那就没有什么意义。所以我认为，这三个有利于是我们研究风险投资机制创新的主要目标。

三、培养风险投资人才是风险投资成功的关键

要有专业人才来运作风险投资，才能真正帮助创新者创业，吸引投资人出资。而目前的情况是：第一，目前中国有大量没有转化的科研成果，但缺乏对其商业化前景的评估。据科技部统计，我国每年约有3万项科研成果通过省部级鉴定，但真正能够转化为产品的只有20%，而真正能够产业化的只有5%。因此我们说商业化问题非常重要，而如何评估一项成果的商业化前景，则需要有技术、管理、金融等专门经验的人才。我们现在有大部分风险投资基金不敢抽出去，主要是看不准，关键是缺乏风险投资评估能力。第二，科技人员有创业的热情，但缺乏融资和管理的经验。我们有许多科技人员在科技上是很优秀的，创新能力强，但他没学过管理和金融，缺乏管理和融资方面的知识和经验，所以他就不能真正把企业发展起来，不能把成果产业化。我遇到这一件事，有一位教授来找我，说他发明了一种很好的保健茶，为了宣传就出了一本书，请我题辞。我说你这种做法错了，你应该拿到市场上去，甚至免费给人喝，并拿出可靠的医学证明，这种茶有很好的效果，而且没有副作用。我题个辞能起什么作用？用我的头衔为你作宣传，那也不能证明你的茶就是好，关键还是要看市场到底认可不认可。也就是人们说的，不找市长找市场。实际上市长虽也要找，但市场更重要。这是观念上的问

题。第三，外资及民间有进行风险投资的意向，但难以找到可信任的代理人。现在有些民营企业家愿意搞风险投资，有些外国基金也愿搞风险投资，但很难找到可靠的代理人。因为不可能由他们自己来管，你要找人来管选人就很困难。我个人感觉确实这样，你要找一个人来管会经常担心，担心什么呢？往往是“可靠的人不能干，能干的人不可靠”。要找既能干又可靠的人太难了。你说某人非常可靠，但他没有开拓能力，难以发展业务；而另一个人非常能干，你又担心他把你的钱卷跑了，或者他过一段时间后跳槽了。所以这是两难命题，要想办法解决这个问题。第四，我认为风险投资家的作用就是两句话，一是支持创新者创业，另一是帮助投资人投机，即帮助投资人投高科技之机。通过风险投资得到比正常投资更高的回报，这样投资人才愿意投资。从前几年的情况看，风险投资的回报率确实高于正常投资的回报率，具体数据我就不讲了。

风险投资家如何支持创新者创业？我认为有以下几个方面。一是判断创新者成果的商业化前景。这种评估、判断是凭着他的经验和他商业的感觉，甚至商业的直觉。二是帮助创新者制定业务发展计划，也就是所谓商业计划。三是组织创新者向投资人介绍其成果及业务发展计划，尽力说服投资人投资。四是协助投资人与创新者签订组建风险企业的协议，并参与企业的组建。五是代表投资人参加风险企业的董事会，对风险企业的重大财务及重大人事问题进行决策，并负责风险企业的重组和蜕资。

风险企业是指风险投资支持创新者创立的企业，不是风险投资公司。风险投资家参加风险企业的董事会，而且在协议里有规定，他对企业的重大财务问题，什么时候应该增资，什么时候应该蜕资，什么时候应该终止(清盘)，有最后决定权。另外，对风险企业的人事，用我们的话是领导班子，就是总裁、财务总监或技术总监还有副总裁的任命，他有最后决定权，这在中国非常重要。我们的创新者往往有一个通病，认为有技术能力就能当好总裁。这概念错了，你有技术能力但不一定能当好总裁。根据美国的统计，只有50％的创新者能够做CEO，其它50％都因管理能力不够而不能担任此职。雅虎的杨致远就不是总裁，比尔·盖茨是个技术专家，他现在也让出了总裁的职位。我觉得中国创新者应当有自知之明，有管理能力当总裁可以，没有管理能力不要硬去当总裁，否则会把企业葬送掉。

风险投资家主要从以下四个方面帮助投资者投机。一是从千百个项目建议中帮助投资者筛选出商业化前景最好的项目。二是从与创新者的面谈和初步合作中，判断他的素质、人品和能力。我认为风险投资家最重要的能力是看人的能力，通过他会见创业者，通过他和创业者之间的交谈、合作来判断这个人的素质、人品和能力。如果这个人素质不行，人品不好，那么项目再好我也不投，因为投完了最后会出问题。三是代表投资人参加董事会，对经营者进行监督和指导，尽量促使企业成功。四是通过上市或者出售等方式实现蜕资，为投资人带来丰厚的利润。

我认为风险投资家应具备以下五个方面的素质。一是有事业心、责任感和敏锐的商业直觉。这个直觉是非常重要的，一个好项目马上能抓住，不好的项目果断放弃。二是具有丰富的待人接物能力，善于识别人的品质、能力和可信度，这是认识人的能力。三是熟悉管理业务、金融运作和有关法律、法规。这也是非常重要的，一般创新者技术上很行，但对有关的管理、金融、法律等方面不行，风险投资家正好能弥补他这个缺陷。四是在一个以上专业领域内具备专业知识和实践经验，这也是非常重要的。如果风险投资家一点不懂专业，那么与创新者是谈不拢的，因为不懂专业你怎么去管。从国外来看，风险投资家很大一部分是技术人员出身，然后再学了金融、管理，拿了MBA学位，然后再去做风险投资。我见到的比较著名的风险投资家，一般都是既有技术背景，又有管理背景，这也是非常重要的。五是能够与金融界、科技界、法律界和政界保持良好关系。我认为这一点在中国特别重要。

怎么培养中国的风险投资家？我认为，只有通过实践，通过风险投资公司的咨询和管理运作来培养有潜力的人才。我们从实践中发现有潜力的人才，让他去干，这是最主要的办法。二是有计划地把在国内具有一定风险投资管理经验的人员送到国外培训。我觉得这个培训不是参观，不是去考察个把月，而是真正到国外风险投资公司里不拿工资，帮他干活。这样干他半年，看看人家到底是怎么干的，就算是学徒吧。通过这种方式，才能真正学会怎么去干风险投资。关于这个问题，我和国外风险投资公司联系过，有些公司确实表示欢迎，你自己拿钱，不要我的工资，白帮我干活我欢迎，有的甚至说可提供点费用。三是聘用在国外从事风险投资的华人专家回国工作。这也是非常重要的一条道路。因为他在国外干过，有经验。现在我们确实有一批优秀的人才在美国。去年我带欧美同学会代表团到美国去，在华尔街专门召开了两次座谈会，我看有不少优秀人才，而很奇怪的是，这些优秀人才大多是学物理和数学的，现在都在搞金融，在华尔街、在美国，风险投资里搞金融的很多。我认为，请华人专家回来比较合适，你请个老外回来管风险投资，他可能有难度，连沟通都困难。所以要请华人回来，但选人也非常重要。我跟你们说一点，华尔街上副总裁有的是，还不如经理值钱。一个公司可能有200个副总裁，他如果是经理，他才真正是管钱的。

在华尔街华人中，据我知道经理只有5个左右，副总裁有好几十个。每个经理都能管几亿美元的基金，确实是做事的。四是要建立对风险投资家的激励机制。说实话，没有激励机制怎么能使能干的人可靠呢？中国的激励机制我认为要包括五个层次，最近我出了一本书，叫《中国企业管理面临的问题和对策》就谈了这五个层次。对于风险投资家要给予工资、福利、奖金、股权、期权奖励。中国风险投资管理者就讲实惠，你给我高工资，高奖金，股权期权那玩意，将来怎么样还难说，靠不住。这也反映了一个问题，他对你还是没有充分的信心。所以，我认为你对他在没有充分掌握的情况下，你给他非常高的工资，很可能造成将来的问题。我主张工资要过得去，当然不能说一个风险投资公司总经理一个月象国家机关干部那样每月只能拿一、二千元。起码你得给人家三千元工资，这是对的，也不能太高，给个一两万元的工资，这就不对了。主要是靠做成了一个项目，我给你奖励。另外给你股权、期权，所以适当的激励机制是非常重要的。

四、我国风险投资企业的组织形式

我认为，一是以有限责任公司为主，逐渐向有限合伙制过渡。将来基金法公布以后，我们要研究有限合伙制问题。有限合伙制最大的特点，是风险投资家作为合伙人，要投入占总量1%的资金，同时作为管理者，他还要负无限责任。二是在我国公司法规定的法人治理结构的框架下，增加对项目经理的授权。目前我国的风险投资是按照公司制组织的，重大决策必须通过董事会，这种公司法人治理结构是为了解决所有者和经营者利益不一致的问题。但是如果项目经理权限太小的话，不利于培养中国的风险投资家。所以我建议，重大决策通过董事会是对的，但另一方面对项目经理要加大授权。让他有更多的自主权，这有利于培养中国的风险投资家，也有利于将来可以转变成为有限合伙制的时候，他能真正成为主管合伙人。三是设立顾问委员会，以减少决策的盲目性。因为我们现在一些公司的盲目性还是存在的，要不就是不敢投，要不就是拍胸脯投，投过之后一拍大腿，哎！投错了，再一拍屁股走人了，那不行。四是努力创立扁平的、半自治式的学习型组织。我们的风险投资公司不要一开始就设好多层次，而应当是扁平的，很可能就只有总经理和项目经理这两级。搞部、处、科、室那样垂直的高层金字塔式的结构，不是风险投资公司的组织形式。另外要半自治式，就是项目经理要有比较大的自主权。最后是一个学习型组织，它要不断地学习，能够不断地推进学习。部门过多、层次过繁的垂直式金字塔结构不适宜风险投资公司。

五、我国风险投资企业的筹资方式

我主张下列的筹资方式，简称软承诺的筹资方式：一是注册资金由股东出，一般在3000万至1亿元人民币之间。二是由注册资金中提取10%作为种子资金。种子资金是支持风险投资第一步的。三是风险投资者对风险企业的投资采用软承诺方式。出资权按股权分配，但可在股东之中转让，这是什么意思呢？参加风险投资公司的股东预先都要说好，如果公司选到好项目以后，提供董事会讨论，董事会通过了，你就要按照你占的比例出资，你如果说这个项目我不想出，出资权可转让给别的股东。这就是软承诺。不要钱的时候你先可不拿，有项目时你再拿，这样最大的好处是防止敛了一大批钱在手，你又没有项目可投，这批钱可是烫手的。现在因为好多钱是政府出的，你没项目没回报，政府也就算了，他没办法。但民间出的资金，拿在手中三年你连投都没有投出去，而是冒着风险投资去搞期货、炒股票去了。第二是防止道德风险，因为这么多钱，如果是几亿资金，掌握在制度不健全的公司管理层手上，会产生道德风险。不要说别的，在美国都出现过这种情况。这个问题我们要注意，办法之一就是软承诺，确定了项目再拿钱。各家股东都商量好有协议，确定了项目后按股份出资，你不愿意出资可转让你的出资权。四是后续资金股东有优先出资权，不足部分可邀请外部投资者。因为风险投资是每个阶段都要增资的，我就美国的情况给大家举个例子。美国的情况可分四个阶段，初创阶段要300－500万美元，开拓阶段要500－700万美元，成长阶段要1000万美元，成熟阶段要2000万美元，要不断增资。你这个风险投资公司的股东可能没有那么多钱，后续投资的时候股东说我的钱不够，可以找外部投资者。

六、关于我国风险投资企业的运营机制

我国风险投资企业的运营机制是怎样的呢？我想提出这样几条意见，也可以说有这样几个步骤：①项目经理对项目建议书进行初选。②项目经理帮助建议人编制商业计划书，并且提交顾问委员会进行评审。③由董事会决定是否投资和投资数额，要求股东按比例出资。④若需要外部投资者，由项目经理陪同建议人进行路演，去介绍你的项目。最后由出资人将资金直接投入企业，项目经理参加董事会。这也是非常重要的一条。国外也有这样的作法，就是说这个钱直接由出资人投到企业里，不经过风险投资公司，这样一方面可使手续简单，一方面出资人也放心。这是大致的运营机制。

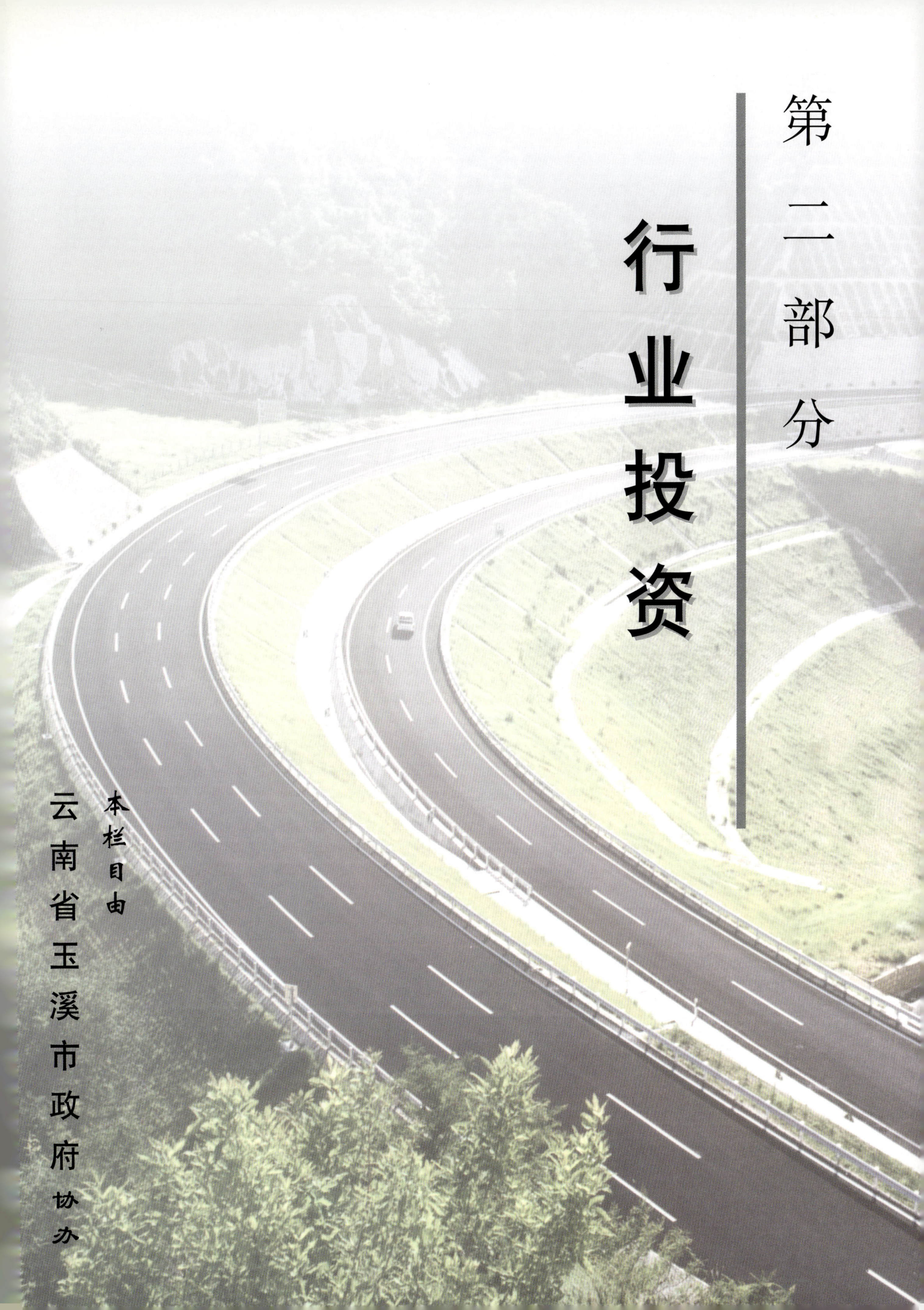

第二部分

行业投资

本栏目由

云南省玉溪市政府协办

农、林、水、资源、环保

中国农业投资建设情况

农业部原部长 陈耀邦

“九五”时期，党中央、国务院高度重视和不断加强农业基础地位，加大了对农业基础设施的投入力度。经过全国上下的共同努力，农业和农村经济发展的主要目标基本实现，农产品供给实现了由长期短缺到总量基本平衡、丰年有余的历史性转变，农业进入了一个新的发展阶段。据统计，“九五”期间，国家财政用于农业的支出为5219亿元，比“八五”时期增加近3000亿元。完成全社会农业（农林牧渔水利业）基本建设投资2947亿元，占全社会基本建设投资的比重为5.2%，比“八五”期间提高了2.2个百分点。特别是“九五”后三年，中央财政农业基本建设投资有了较大幅度的提高。国家用于农业的基本建设支出达到1615亿元，比“八五”时期增加了1142亿元，增长了2.4倍。在国家投资的带动下，农民投入也有较大幅度增长。“九五”期间，农民家庭购买生产性固定资产支出近300亿元，比“八五”时期增加了100亿元，增长了50%。“九五”时期，农业部累计安排中央财政预算内基本建设投资86.5亿元，其中中央预算内基本建设投资60.6亿元，中央预算内专项资金25.9亿元，集中用于农业公益性与基础性重点项目建设，改善了农业生产条件，提高了农业综合生产能力和抵御自然灾害的能力，对于农业发展进入新阶段发挥了重要的基础性作用。

一、“九五”投资建设工作

（一）农业基本建设投资的主要成效

按照“集中资金办大事，加强管理增效益”的原则，“九五”以来，中央农业基本建设投资集中用于解决农业和农村经济发展的关键性问题，收到了良好的效果。农业部根据农业和农村经济发展的需要，将80%以上的资金集中安排在关系农业和农村经济发展大局的重点基础设施建设上，先后启动了种子工程、养殖业良种工程、动植物保护工程、机械化农业节本增效工程、草原生态保护与建设工程等一批农业重点工程。在调整投资方向的同时，还注重调整投资的区域结构，加大了对中西部地区的投资力度。2000年中央农业基本建设投资东中西部的比例达到24:28:48，与1995年相比，西部地区所占份额增加了近12个百分点。

“九五”期间，农业基本建设对促进我国农业生产的发展与农业资源环境的保护发挥了重要作用，主要体现在以下三个方面：

1. 提高了良种覆盖率和农业综合生产能力

农业综合生产能力的提高关键在种子。党中央、国务院高度重视种子工程建设。1996年，国务院专项安排2000万元作为种子工程的启动资金；1999年，国务院又从总理基金中安排了1000万元支持超级稻育种。“九五”期间，农业部集中安排了部管资金的10%用于种子工程建设，重点加强了国家级原种场、国家农作物改良中心、农作物种子质量检测中心、国家救灾备荒种子储备库等项目建设。“九五”后期，适应农业结构战略性调整的需要，增加了薯类脱毒快繁中心、果茶良种苗木繁殖场等内容。种子工程的实施使良种生产能力得到了大幅度提高。“九五”末期与1995年相比，新品种培育速度明显加快，生产用种每更换一次的时间由原来的10年左右缩短到6～7年，全国商品种子生产能力由64亿公斤提高到80亿公斤，种子加工能力由33亿公斤提高到50亿公斤，种子储藏能力由18亿公斤提高到22亿公斤，种子质量检验能力由每年32万份提高到50万份。种子工程建设推动了农产品产量大幅度增长，实现了由长期短缺到总量基本平衡、丰年有余的历史性跨越，粮食生产上了一个新台阶，产量稳定在9000亿斤以上；棉花单产由“八五”期间的52公斤/亩提高到66.5公斤/亩；糖料总产由“八五”期间的7993万吨提高到9000万吨，结束了食糖长期依赖进口的历史；蔬菜、水果生产飞速发展，蔬菜面积由1995年的1亿亩增加到2.2亿亩，水果总产由1995年的4200万吨提高到6200万吨，成为农民增收的重要增长点。据专家测算，良种在农业增长中的贡献份额已从“八五”期间末的29%上升到近两年的36%，增长了7个百分点。

通过畜禽、水产良种工程建设，全国畜禽、水产良种繁育体系的基础已初步建立，育种、扩繁、推广、应用相配套的构架基本形成，养殖业良种更新换代速度加快，极大地促进了农业结构调整和农民增收。畜禽良种工程的实施提高了畜禽的良种覆盖率、出栏率和效益。到“九五”末期，我国猪、牛、羊、蛋鸡、肉鸡的良种覆盖率分别达到90%、30%、55%、75%和100%，比“八五”时期分别提高了3%、5%、12%、39%和20%；猪、牛、羊的出栏率分别从“八五”末的113%、27%和60%提高到“九五”末的123%、30%和70%；育肥猪的肉料比达到1:3.5，鸡的肉料、蛋料比分别达到1:2.1和1:2.8。2000年全国肉类总产量已达5820万吨，比1995年增长了10%。通过水产良种工程的实施，水产良种覆盖率已由“八五”时期的30%提高到50%左右。水产养殖产量2000年达到2578万吨，比“八五”末增加916万吨，增长55%。养殖产品产量占总产量的比例由“八五”末的56%提高到60%，我国已成为世界唯一养殖产量超过捕捞产量的国家。

2. 提高了动植物保护水平

在畜禽疫病防治方面，一是完善了动物疫病监测、诊断、防治的技术设施。建设了畜禽传染病监测中心、动物疫病诊断液制备中心、兽医诊断中心、畜产品质量监测中心等项目，扩建了若干疫苗生产厂，改造完善了31个省级动物疫病诊断中心。二是加强了全国动物疫病监测、防治体系建设。完善了700余个县（市、区）的动物防疫设施，建设了省、地、县、乡四级疫苗保存运送冷链体系，提高了全国整体防疫水平。建设了76个边境疫情监测站，严防国外疫情的传入。建设了300个动物疫情测报站，逐步实现全国联网，实时监测疫情，为及时防治提供决策依据。三是建设了山东半岛等5大片比较成型无规定动物疫病区，从整体上提高这些区域的动物产品质量，为扩大畜禽出口创造了条件。

在渔业病害防治方面，按照“以防为主，防治结合”的方针，先后建设了渔业病害和环境监测体系，实现了对水产养殖病害、渔业生态环境及水产品质量的有效测报、预防、防治和控制，改善了渔业环境质量；通过对水产养殖生产者的病害防治技术培训和指导，初步实现了健康养殖目标。初步测算，每年可减少因病害造成的养殖产品损失约80万吨，减少直接经济损失80亿元左右，而且可以大大提高养殖产品质量，保障人民身体健康。

植物保护方面，建设了全国病虫害监控中心和按区域性布局的12个病虫害监控分中心，建设了一批农作物区域病虫监测站、区域性重点植物检疫实验室。建设了3个区域性植物检疫隔离试种场，5个重点疫情监测中心。建设了全国农药生测中心、农药残留监测中心、区域性农药质量监测中心等项目。完善了植物病虫害监测预报系统，提高了对农作物病虫害的监测、预报能力和防治水平，对于减少农业生产损失将发挥重要作用。

3. 加大了资源环境的保护力度

在草原保护方面，一是实施了牧区开发示范工程。改善了牧民生产的基本条件，增强了草原牧区防灾抗灾能力，提高了畜产品产量和商品率，增加了农牧民收入，并对牧民定居起到了积极的促进作用。二是从1999年开始建设草种基地。已开工建设的22个草种基地建成后，每年可增加草种生产能力2万吨。三是实施草原植被恢复工程。为加强对天然草原的保护，恢复“三化”（沙化、碱化、退化）草原植被，扭转草原生态恶化的势头，“九五”末期先期启动了天然草原恢复与保护试点项目30个，为“十五”期间大规模地开展草原保护项目建设积累经验。

在海洋渔业资源保护方面，根据200海里专属经济区渔业管理的要求，在部直属东海、黄渤海、南海三个海区新建了4艘1千吨级渔政船，并扩建了码头；在沿海9省（区）建造了500吨级渔政船10艘。渔政船的建设，完善了渔政管理手段，加大了执法力度，对于保护海洋渔业资源和维护我国200海里专属经济区的权益将发挥重要作用。

（二）农业基本建设项目管理的基本经验

“九五”期间是国家投资体制、金融体制改革不断深化的重要时期，农业部在适应投资体制改革，加强项目管理，提高项目质量与效益等方面做了大量的工作，主要表现在以下五个方面：

1. 进一步加强项目前期工作

针对农业项目客观上比较分散的特点，农业部确定了先制定全国或全行业的建设规划，然后依据规划再落实具体项目的办法，陆续编制了种子工程、动植物保护工程、草原保护建设等项目规划，对于提高投资决策水平和争取中央增加对农业的投资发挥了重要作用。在具体项目的申报方面，强调由有资质的单位编制项目可行性研究报告等材料，提高了农业项目前期工作的质量和水平。实行建设项目决策咨询评估制度，项目决策前必须经有资质的工程咨询机构和专家进行评估，对未经咨询机构评估的项目，一律不予审批。

2. 实行建设项目招投标制度

对农业基本建设项目，农业部要求总投资在50万元以上或建筑面积在1000平方米以上的，其勘察设计、施工、采购必须进行公开招投标；积极推行政府采购制度，对项目建设中的大宗仪器设备，由部统一组织招标采购。努力做到“两个百分之百”，即按部里规定该招标的工程必须百分之百实行招标，该公开招标的工程必须百分之百实行公开招标。同时，根据国家关于招标的有关法规，结合本部情况，制定了具体的实施办法，保证招投标制度得到不折不扣地执行。

3. 规范基本建设财务管理制度

强调对于农业基本建设投资要专户存储，专人负责，专款专用，不得挤占挪用。地方配套投资、自筹资金要优先到位。加强概预算管理，严格控制超概算投资。加强对建设项目的审计监督，严格建设项目开工审计和竣工决算审计，对重点建设项目还要进行跟踪审计。对资金不到位、来源不正当、挤占挪用、损失浪费等问题，要查清责任，严肃处理。

4. 建立项目责任制

一是建立行政领导责任制。如本行业工程项目发生重大质量事故，除追究当事单位和当事人的直接责任外，还要追究相关行业行政领导人的领导责任。二是强化项目法人责任制。项目法人是投资者的代表，对建设项目承担投资风险，对工程质量负全责。三是建立工程质量终身负责制。各行业主管部门的领导责任人、项目建设单位的法人代表、勘察设计、施工、监理等单位的负责人，要按各自的职责对经手的建设工程质量负终身责任。

5. 加强项目监督管理

根据党中央、国务院关于加强工程建设质量管理的有关精神，建立项目检查制度，定期不定期地组织有关单位和专家，对项目进行检查；要求各级农业行政主管部门对本地区、本行业的项目采取有效措施，从项目设计、资金使用、材料及仪器设备采购到工程建设，进行全过程监督，避免出现重大问题；要求各项目建设单位要建立项目自查制度，发现问题，及时整改；对于重点建设项目加强社会监督，建立违规问题举报制度。

二、“十五”投资建设展望

（一）工作基本思路

“十五”农业基本建设工作的基本思路是：根据《中华人民共和国国民经济和社会发展第十个五年计划纲要》确定的“加强农业基础地位，促进农村经济全面发展”的总要求，针对当前农业和农村经济发展中的突出问题和加入WTO后农业面临的挑战，以增加农民收入为目标，以完善农业基础设施、改善农业生产、科技条件为建设重点，以争取增加农业投资、改进和加强项目管理为工作主线，充分发挥投资计划手段的优势，集中资金，突出重点，积极组织和建设一批有利于农民直接增收，有利于提高农业综合生产能力和改善农村市场条件，有利于提高农业竞争力的项目，确保农业和农村经济持续健康发展。

（二）投资安排原则

在“十五”农业基本建设投资计划的安排上，要坚持以下原则：一是紧密结合“十五”农业和农村经济工作的中心任务组织项目。农业基本建设项目的组织和投资计划的安排，要紧紧围绕增加农民收入的中心任务，优先选择和安排那些能直接增加农民收入或为增加农民收入提供服务的基础性、公益性项目。二是集中资金保重点项目建设。中央投资要按照有所为、有所不为的原则，集中资金，突出重点，主要安排对农业和整个国民经济发展具有战略性、全局性、导向性的项目，以提高农业的竞争能力和整体素质，促进农业产业结构和产品结构优化升级。三是大力向中西部地区倾斜。认真贯彻落实党中央、国务院关于西部大开发战略的总体部署，在项目和投资的地区布局上，继续积极向中西部地区倾斜，大力抓好西部草原保护、节水农业等建设项目，加快中西部地区农业基础设施建设，为全面实施西部大开发战略创造条件。

（三）投资方向及重点

根据“十五”期间国民经济和社会发展对农业的要求及农业和农村经济发展目标任务的要求，农业基本建设投资重点有以下九个方面：

1. 种养业良种繁育体系建设　适应农业结构调整和增加农民收入的需要，继续大力抓好种子工程、畜禽水产良种工程项目建设，全面提高优质种苗覆盖率。启动“十五”种子工程项目，在继续建设与完善种子质量检测中心、农作物改良分中心、作物品种区试站等项目建设的基础上，加快建设一批有利于农民增收和结构调整的项目。

2. 农业保护体系建设　继续实施动植物保护工程、饲料安全工程项目建设，启动“沃土工程”。“十五”期间要重点加强动物无规定疫病区、植物病虫害防治、饲料药物残留检测与评价等项目建设，提高我国动植物病虫害的监测、诊断、控制能力，保障广大人民群众的食物安全，提高农产品的国际市场竞争力。

3. 草原生态保护与建设　“十五”期间要加大“三化”严重地区草原保护与建设力度。大力推进以草原封育、划区轮牧围栏、治虫灭鼠和自然保护区建设等天然草原保护措施，大力推广以补播、施肥、浅翻、灌溉等为主要内容的草场改良措施和飞播牧草、人工种草、退耕还草、饲草料基地建设等草原建设措施，加快全国牧草种子良繁体系、草原生态环境监测预警体系、草原防火体系和草原类自然保护区的建设步伐，遏止草原生态环境日益恶化的势头，为实现全国草原生态环境建设总体目标奠定坚实的基础。

4. 生态家园富民工程　根据西部大开发战略的总体部署，实施国有资源替代保护战略，依据西部地区不同的资源、气候和地貌特点，组装配套建设太阳能、沼气等各种成熟的可再生能源技术模式，并与家庭种、养业结合的“四位一体”等有效形式，达到家居温暖清洁化，庭院经济高效化，农业生产无害化，形成农户基本生产单元内部的生态良性循环，取得改善生态环境，增加农民收入，促进贫困农民脱贫致富的综合效益。

5. 节水农业示范项目　“十五”期间，要把有效解决水资源短缺、时空分布不均所造成对农业的制约作为节水农业工作的重点。根据气候、土壤、地质地貌等因素，将全国干旱缺水地区划分为9大干旱类型区，分类指导，建设节水农业示范项目。

6. 农业科技创新体系　为迅速提高农业行业某些重点学科和领域的科研水平和开发能力，“十五”期间要重点加强农业科技成果转化项目和重点农业实验室建设。

7. 农业社会化服务体系　适应市场经济发展的要求，重点加强农产品质量检测检验体系、市场体系、信息体系的建设和渔政药政执法体系建设，逐步建立健全农业产前、产中、产后全方位的服务体系。

8. 农业商品基地　建设目标要由过去以追求产量为主转到以质量和效益为中心，产量、质量、效益并重。建设布局要突出粮棉油糖优势产区，形成能够提供优质产品的、足够商品量的、满足全国粮食安全和食物安全所需基本保证的若干专业化生产片、区和优势作物产业带。建设内容要由过去生产性基础设施建设为主，转向生产性与科技信息服务设施相结合，加大科技投入力度，推进产业化经营，提高基地管理水平。

9. 农业产业化示范项目　示范项目要具备以下条件:一是企业已建立(或拟建立)现代企业制度,具备一定的经营规模,管理规范,经济效益较好;二是产品具有区域优势,对农户的带动能力较强,与农户形成了一定的利益共享机制;三是有较强的技术创新能力和可持续发展能力;四是具有国际市场竞争潜力的产品和企业。

中国林业投资建设情况

国家林业局局长　周生贤

一、“九五”的投资建设

“九五”期间，国家加大了对林业的扶持力度，国家投入林业的各类资金总量达到554.67亿元，比“八五”增长5.15倍。其中，中央预算内基本建设投资177.09亿元（含国债投资），是“八五”的6.4倍；中央财政专项资金132亿元，是“八五”的40倍；林业各项事业性经费和农发资金均得到成倍增长。其他林业投入除林业专项贷款外，林业利用外资、自筹资金等也呈上升趋势。

（一）中央预算内林业基本建设投资成倍增长，但总量仍显不足

1. 林业基本建设投资

预算内林业基本建设投资分别用于营林基本建设和

森工基本建设。营林基本建设投资主要安排用于三北防护林建设、治沙工程、封山育林等营造林工程建设，以森林防火、森林病虫害防治、野生动植物保护等为主的森林保护工程建设，以林业教育、林业科技，以及重点实验室为重点的林业科教建设，以林业工作站、林政资源管理及木材检查站、林业调查规划设计、森林公园等为投向的林业基础设施建设，以及林业种苗工程建设。森工基本建设投资主要用于森工管理局以上和森工企业非经营性项目建设。

“九五”期间，林业基本建设投资441.77亿元，是“八五”2.8倍。其中，营林基本建设投资369.16亿元，是“八五”的4.6倍；森工基本建设投资7.26亿元，比“八五”期间减少41.6%。

2000年，中央预算内基本建设资金安排9.02亿元，与1999年的9.3亿元相比减少3%。2000年，中央预算内基本建设资金在安排使用上仍以营林基本建设为主，为7.29亿元，占全部预算内资金的80.75%，森工基本建设资金1.74亿元，占全部预算内资金的19.25%。

总体而言，中央安排预算内林业基本建设资金在总量上还相对较少，难以满足营造林业、森林保护、林业科教、林业基础设施建设等多方面的实际需要。

2. 国债投资

截至2000年的三年间，林业国债资金共安排129.44亿元。按项目分，资金主要用于下列方面：长江上游、黄河上中游地区以及东北、内蒙古天然林资源保护工程建设；林业重点生态工程以及松花江、嫩江流域防护林工程建设；相关中心示范苗圃、良种繁育中心建设及种苗基础设施建设；加强危险性森林病虫害防治以及预测预报工作；推进国家级自然保护区建设；加大林业科技教育投入。从区域来看，资金安排实行向西部倾斜，充分体现了国家进行西部大开发的政策。

2000年林业国债资金安排总额47.38亿元，与1999年相比，增长2.84%。在项目投向上，新增了退耕还林（草）工程国债资金的安排，其他延续往年的重点投向。在地区投向上，继续向西部倾斜，纳入西部开发的十二省区占林业国债资金总额的68.34%。其他依次是南方集体林区占12.17%；无林少林地区占11.61%；东北国有林区占6.46%。

（二）中央财政专项资金带动各级财政向林业投资快速增长

“九五”期间，国家财政投向林业资金181.3亿元，其中，中央财政专项资金132亿元，林业事业费30.2亿元，财政贴息资金14.8亿元，农业综合开发资金4.33亿元。

2000年，国家财政投向林业资金99.5亿元，达到了历史最高点。其中，中央财政专项资金88.9亿元，林业事业费6.3亿元，财政贴息资金3.1亿元，农业综合开发资金1.2亿元。

1. 中央财政专项资金

中央财政专项资金是中央财政在国家预算中设置的专门用于防护林建设、森林保护、扶贫、防沙治沙等的专项资金，主要用于防护林建设补助费、飞播造林实验补助费、国有苗圃生产扶持资金、生态贫困国有林场扶持资金、支援经济不发达地区发展资金、林木病虫害防治补助费、边境防火隔离带补助费、贫困国有林场扶贫资金、天然林保护工程财政专项资金、退耕还林财政专项资金、防沙治沙财政专项资金等。“九五”期间，中央财政专项资金132亿元，是“八五”的40倍。其中，天然林保护工程财政专项资金是中央财政专项资金的重头戏，“九五”期间累计113.05亿元，退耕还林（草）工程专项资金10.58亿元，这两项资金占“九五”时期中央财政专项资金的93.65%。

2. 林业事业费

林业事业费包括林业事业单位经费和林业事业专项投入。其中，林业事业单位经费是指各级财政部门和林业部门用于林场、苗圃、林业工作站、林业种苗站、林业技术推广站、林业勘察规划设计院（所）、中等林业专业学校、自然保护区、森林病虫害防治站等纳入预算管理的林业事业单位的人员经费、业务经费等；林业事业专项投入，包括重点林业生态工程建设补助费、造林补助及贷款、资源管理与保护经费等。“九五”期间，中央财政投入林业事业费30.2亿元，是“八五”时期的2倍。

3. 财政贴息资金

财政发放贴息资金也是国家财政支持林业发展的一项重要资金来源。林业财政贴息资金由财政发放的林业项目、治沙、森工多种经营、山区综合开发四种贴息贷款的贴息资金组成。“九五”期间，四种贴息资金15.5亿元。其中，林业项目贴息8.75亿元；治沙贴息2.19亿元；森工多种经营贴息2.39亿元；山区综合开发贴息2.17亿元。

4. 农业综合开发资金

旨在改善农业生产条件和生态环境，提高农业综合生产能力的一项政府扶持农业、实施可持续发展的农业综合开发资金，从1997年起投向林业，每年投入规模基本保持在1亿元左右，四年累计4.33亿元，其中2000年为1.2亿元。

（三）林业贷款实际落实呈下降态势

国家分别从1986年、1992年、1994年、1996年起开始发放林业项目贴息贷款、治沙贴息贷款、森工多种经营贴息贷款和山区综合开发贴息贷款，以及林业技术改造专项贷款，在信贷方面对林业发展予以扶持。“九五”期间国家共安排林业专项贷款计划233.8亿元，比“八五”增加161.4亿元，其中，林业项目贴息贷款为106亿元；治沙贴息贷款为40亿元；森工多种经营贴息贷款25亿元；山区综合开发贴息贷款为40亿元；“九五”前三年发放林业技术改造专项贷款22.8亿元。

“九五”期间，各级林业部门和金融部门积极配合，组织有关单位实际落实林业专项贷款175亿元，占同期贷款计划的83%，较“八五”下降14%。其中，林业项目贴息贷款落实88亿元，占同期贷款计划 的83%，比“八五”下降15%；治沙贴息贷款落实34亿元，占同期贷款计划的85%，比“八五”下降13%；森工多种经营贴息贷款落实21亿元，占同期贷款计划的83%，比“八五”下降13%；山区综合开发贴息贷款落实32亿元，占同期贷款计划的81%（“八五”没有此项贷款）。1998年随着金融体制改革，取消了林业技术改造专项贷款。

2000年，国家除保留了原有的林业、治沙、山区综合开发和森工多种经营贴息贷款的投入外，国家开发银行还加大了对速生丰产用材林基地项目贷款的支持力度。2000年，实际落实林业贴息贷款34.21亿元，占贷款计划的69%，较上年下降8%。其中，林业项目贴息贷款落实16.05亿元，占贷款计划67%，比上年下降15%；治沙贴息贷款落实8.19亿元，占贷款计划的82%，比上年提高9%；森工多种经营贴息贷款落实2.63亿元，占贷款计划的53%，比上年下降27%；山区综合开发贴息贷款落实7.34亿元，占贷款计划的73%，比上年提高6%。另外速生丰产林基地项目贷款落实0.6亿元。

十余年来，林业贴息贷款已成为我国林业建设资金的重要来源。从林业贴息贷款的使用方向来看，它的着眼点在于增加我国森林资源，调整林种结构，调动沙区群众利用有偿资金绿化荒漠，发展生态农业，促进森工企业调整产业结构，调减木材产量，安置富余人员。从林业贴息贷款的使用效果来看，它有效地促进了我国林业的发展，对缓解林业建设资金不足、培养和增加森林资源、加快生态环境建设等起到了积极作用。以山区综合开发贴息贷款为例，“九五”期间，分布于30个省（区、市）的114个示范县累计安排专项贴息贷款40亿元，中央财政贴息累计2.15亿元。示范县辐射带动作用显著，出现了一批以山区综合开发为突破口进行农业和农村经济结构调整的典型，有力地促进了山区农民脱贫致富和农村经济的发展。

（四）林业利用外资成果喜人

“九五”期间，林业对外开放迈出坚实步伐。截至2000年底，林业系统累计利用外资25.6亿美元，其中外商直接投资11亿美元，国外贷赠款近14.6亿美元；建立海外林业开发项目30多个，已批准和投入的海外投资金额达3亿美元。日元贷款项目和对俄森林开发取得重大突破。

（五）其它资金

包括林业重点工程建设中群众投工投劳折合资金、自筹资金（含育林基金）、其它资金等。“九五”期间，这部分资金总和为325.3亿元。其中，林业重点工程群众投工投劳折合资金110.44亿元，自筹资金152.7亿元，其它资金62.16亿元。

2000年，林业重点工程群众投工投劳折合资金31.09亿元，自筹资金42.88亿元，其它资金19.28亿元。

二、“九五”资金使用成效显著

（一）林业重点工程建设速度明显加快

“九五”时期，在全面推进十大林业重点生态建设工程的基础上，突出了长江、黄河流域的生态环境治理，启动了退耕还林（草）试点示范工程，并全面实施了天然林资源保护工程。“九五”期间，还新启动了淮河太湖流域、珠江流域、黄河中游、辽河流域四大防护林体系工程及全国生态环境建设重点工程，林业重点生态工程建设上了一个大台阶。“九五”时期，全国林业重点工程完成投资294.82亿元，比“八五”时期增长483.02%，年投资规模由1995年的16.26亿元增加到2000年的113.19亿元，年均递增47.41%。其中，国家投资185.99亿元，比“八五”时期增长1097.43%，国家投资规模由1995年的4.31亿元猛增到2000年的89.41亿元，年均递增达83.42%，国家投资的比重由1995年的26.48%提高到2000年的78.99%，随着国家财力的增强，林业重点生态工程建设投资逐步在地方自筹和农民投工投劳的同时，较大幅度增加了国家投资。

（二）林业基础设施建设日臻完善

“九五”时期，林业科技、教育、林业工作站建设、森林防火、森林病虫害防治、种苗工程等林业基础设施建设投资总额达到159.21亿元，使林业基础设施建设日趋完善。“九五”期间，林业科研取得一批重大成果，科技第一生产力的作用日显突出，成为全国林业建设的巨大推动力。林业教育培养各类高中级专门人才15.8万人，全行业培训各类人员1500万人次，为国家经济建设和林业事业发展提供了人才和智力保证。

（三）林业固定资产投资增长进入快行道

“九五”期间，全社会林业固定资产投资完成501.69亿元，比“八五”期间的205.22亿元增加296.47亿元，增长144.46%。林业基本建设投资完成

441.77亿元（含债券投资），比“八五”期间的155.36亿元增加286.41亿元，增长184.35%。其中林业基本建设国家投资完成245.23亿元，比“八五”期间的73.59亿元增加171.64亿元，增幅233.24%。

2000年，全社会完成林业固定资产投资总额167.77亿元，其中，林业基本建设投资完成额156.93亿元；林业更新改造资金为6.93亿元。在基本建设投资完成额中，营林基本建设投资完成150.66亿元；森工基本建设投资完成6.27亿元；营林基本建设投资与森工基本建设投资比例为24:1。

三、“十五”投资建设展望

“十五”期间，林业的投资重点是经过系统整合后的六大林业重点工程。

天然林保护工程　到2005年，全面停止长江上游、黄河上中游地区天然林采伐，从根本上治理水土流失，改善长江、黄河流域的生态环境；大幅度调减东北、内蒙古等重点国有林区的木材产量，其木材产量下调41%，使这些区域的天然林资源得到休养生息和恢复发展。

“三北”和长江中下游地区等重点防护林体系建设工程　具体包括以防沙治沙为重点的“三北”防护林四期工程、以遏制水土流失为重点的长江中下游及淮河太湖流域防护林二期工程、以建设泥岸盐碱地区和台风登陆频繁地区为重点的沿海防护林二期工程、以保护珠江源头区域生态环境为重点的珠江防护林二期工程、以全面封育集中连片规模治理为重点的太行山绿化二期工程和以东北、黄淮海、珠江三角洲平原为重点的平原绿化二期工程。

退耕还林工程　工程采取“以粮代赈、个体承包”的措施，有计划、分步骤地推进坡耕地退耕还林，突出治理陡坡耕地，恢复林木植被。

环北京地区防沙治沙工程　具体将整个工程划分为四个治理类型区，即沙化草原治理类型区、浑善达克沙地治理类型区、农牧交错地带沙化土地治理类型区、燕山丘陵山地水源保护区，分别类型区确定不同的主攻方向，采取不同的治理措施。

野生动植物保护及自然保护区建设工程　工程实施范围包括全国具有典型性、代表性的自然生态系统、珍稀濒危野生动植物物种的天然分布区、生态环境脆弱的地区、市场流通活跃的地区。

重点地区以速生丰产用材林为主的林业产业基地建设工程　工程实施范围包括粤桂琼闽地区、长江中游地区、南方集体林区、海南和云南思茅林区、东北、内蒙古以及黄河中下游地区的18个省（区、市）。

中国水利投资建设情况

水利部部长　汪恕诚

“九五”是我国经济和社会发展承上启下的重要历史时期，也是水利发展的重要时期。1998年“三江”大水以来，江泽民总书记等党和国家领导人对水利工作做出了一系列重要指示。党的十五届三中全会把兴修水利摆在全党工作的突出位置。中发［1998］15号文件对灾后重建、整治江湖、兴修水利做出了具体部署。党的十五届五中全会把水资源的可持续利用提高到保障经济社会可持续发展的战略高度。水利部党组认真贯彻党中央、国务院的要求，在总结治水经验、深入分析宏观形势的基础上，提出要从工程水利向资源水利，从传统水利向现代水利、可持续发展水利转变，以水资源的可持续利用保障经济社会可持续发展，并以这一新的治水思路指导“九五”水利建设，取得了巨大的成就。

一、“九五”水利投资规模及主要建设成就

“九五”期间，中央实施积极的财政政策，水利基建投资大幅度增长。5年累计安排基建投资约2700亿

元，其中中央各类投资1206亿元，地方投资约1500亿元，水利建设投资占全国同期基本建设投资的3.8%，是"八五"期间的4倍多，共安排各类水利基建项目1800余项，形成的建设规模约为4100亿元。"九五"期间国家大规模的水利投入，获得了巨大的建设成就。

防洪建设中，全国共开工加固堤防约30000余公里，完成堤防断面达标16000多公里，其中大江大河干支流一、二级堤防达标10000多公里。以黄河小浪底、湖南江垭、新疆乌鲁瓦提、广东飞来峡、辽宁观音阁和白石等为代表的一批江河控制性枢纽工程相继投入运行。完成了180余座病险水库除险加固，恢复兴利库容约58亿立方米。开展了大规模的河湖清淤疏浚工程，完成土方工程量约8000万立方米。同时加强了防洪非工程措施建设。通过综合治理，各大江河防洪体系得到明显改善，综合防洪能力显著提高。

水资源工程建设中，基本建成了黄河万家寨、青海黑泉水库、四川大桥水库、西藏满拉、陕西东雷抽黄、新疆引额济克、甘肃引大入秦、宁夏扶贫扬黄等一大批重点水源工程、水资源综合开发利用工程和跨流域、跨地区调水工程，新增供水能力400亿立方米。对217个大型灌区进行了以提高用水效率为中心的配套改造，增加节水灌溉面积776.67万公顷。发展乡镇供水3800处，解决了5000万农村人口的饮水困难。同时强化了流域水资源统一管理和科学调度，在2000年北方大旱之年成功实现了黄河下游不断流、黑河向下游调水6.5亿立方米和塔里木河两次向下游输水3.2亿立方米，对加强干旱地区生态系统建设发挥了重要作用。

在水土保持生态建设中，以长江上游、黄河中上游为重点的全国七大流域水土保持生态系统建设工程全面启动，5年综合治理水土流失面积23万平方公里；全面加强了对供水水源地的监测和保护，完成了第一阶段水功能区划分工作。此外，加速了清洁能源开发，水利系统新增水电装机1100万千瓦，其中中小水电800多万千瓦；有338个县完成了初级电气化县建设任务，水利系统承担的农网改造工作进展顺利。

二、"九五"水利投资特点

"九五"水利投资特点，主要反映在以下五个方面：

（一）投资总量大幅度提高，建设规模基本适度

在国家基本建设投资过程中，如何科学地把握资金投放总量与所形成的建设规模是一个重大宏观课题。对基础设施的投资行为一方面是适度调控生活消费增长的速度，为提高将来社会生产能力创造条件；另一方面基础设施建设的本身又消耗了大量的生产资料，带动了上下游关联产业的发展，在促进国民经济增长和社会发展中发挥着重要作用。但是，基础设施建设是以项目为单元的，每一个项目又有其特定的建设工期，因此使用公共财政投资基础设施建设，一定时期的投资总量与所形成的基本建设规模要有合理的比例。建设规模过小，不利于持续的投资行为，不利于拉动上下游关联产业，不利于国民经济的持续增长；建设规模过大，物力、财力跟不上，既不利于固定资产投资转化为生产力，又会造成宏观经济失调，影响经济的健康协调发展。

"九五"期间，国家实施积极的财政政策，水利基建投资大幅度增长，但建设规模控制基本适度，主要反映在以下几个方面。

1．"九五"期间，国家实施积极的财政政策，利用国债投资3600亿元，全国形成的在建项目建设总规模达24000亿元，建设规模是国债投资的6.7倍。同一期间，水利国债投资628亿元，国债投入形成的建设规模约3100亿元，建设规模是国债投资的5倍。考虑到水利工程公益性强的项目比较多、使用贷款少的特点，这一低于全国平均水平的比例是合理的。

2．随着时间的推移，投资总量与在建规模之间的差距在逐渐减小。截止到"九五"末期，中央、地方累计安排投资约2700亿元，与4100亿元的"九五"水利在建总规模相比，结转剩余建设规模和相应的投资约1400亿元，其中中央投资约800亿元。按照目前水利建设年度投资水平，即使2003年以后不发国债，届时在建工程可基本完工，不会形成"半拉子"工程。

3．结转到"十五"期间1400亿元的剩余建设规模和相应的投资基本适度，保持了"十五"初期较强的投资需求，有利于稳定国家对水利建设的投入，同时为"十五"期间新开工项目前期工作保留了时间余地。根据测算，"十五"期间新开工的重点项目投资规模约1600亿元，大部分项目前期工作基本可在两年内完成，加上地方新开工的其他项目，可保持水利建设在整个"十五"期间较强的投资需求和建设规模。

"九五"期间在国家大幅度增加水利投资的情况下，水利基建没有发生过热现象，建设规模基本控制得当。其主要原因一是党中央、国务院水利建设方针政策明确。1998年大水之后，党中央及时发出15号文件，明确提出了灾后重建、整治江湖、兴修水利的方针政策，对水利基建投资具有重大指导意义。二是水利部党组在总结治水经验、深入分析1998年大水、2000年北方大旱引发的宏观形势的基础上，以工程水利向资源水利转变的治水思路，具体提出了水利基建的投资指导思想、投资方向和投资重点，保证了建设资金的合理流向。三是在投资计划安排过程严格坚持了保重点、保续建、保投产的原则，防止摊子铺得过大。

（二）优化调整投资结构，突出重点，统筹兼顾

水利基建投资结构是指水利投资在不同水利基建领

域的分布。国家对水利的投资属于社会公益性投资，因此调整和优化投资结构，就是要使水利投资能体现党中央、国务院的治水方针，通过优化投资方案，最大可能地从整体上实现公益性效益和相应的经济效益。1998年大水之后，我国大江大河防洪体系薄弱环节充分暴露出来，全社会充分认识到洪水依然是中华民族的心腹之患，因此必须重点完善长江、黄河等大江大河防洪体系；1999年和2000年的北方连续大旱，水资源短缺成为制约国民经济发展的主要因素，党中央、国务院把水资源列为国家战略资源，提出必须以水资源的可持续利用保障经济社会的可持续发展；西部大开发战略，提出5到10年西部基础设施和生态环境建设要取得突破性进展的战略任务，水利建设必须以生态系统的保护和修复为出发点和切入点；根据水利部党组提出的以信息化推进水利现代化的思路，加强水利科学管理和机构能力建设成为投资的重要领域。所有这些要求，都是调整和优化投资结构的重要依据，都需要在投资计划安排上突出重点，统筹兼顾。

根据“九五”期间经济社会发展对水利的需求，1206亿元的中央水利基建投资基本分布为：防洪工程投资954亿元，占79%；水资源工程投资120亿元，占10%；水土保持工程投资33亿元，占3%；水电、水利机构能力建设等其他工程投资99亿元，占8%。在防洪工程投资中，充分考虑投资结构要有利于防洪体系的形成和完善，坚持以堤防为基础、以控制性枢纽为骨干、蓄滞洪区与河道整治相结合，工程措施与非工程措施相结合。重点安排大江大河堤防及河道整治投资478亿元，约占防洪工程投资的50%；大江大河控制性枢纽投资347亿元，约占36%；清淤疏浚和蓄滞洪区安全建设投资36亿元，约占4%。大幅度增加了病险水库除险加固和重点城市防洪工程建设投资，前者投资由“八五”时期的7.5亿元增加到“九五”期间的36亿元，增加了近4倍；后者投资从“八五”时期2.1亿元增加到“九五”期间的24亿元，增加了10倍多。此外安排重点海堤加固投资27亿元，国际河流治理投资5亿元。水资源工程投资中，坚持开源与节流并重的原则，共安排重点水源工程投资43亿元，占水资源工程投资的34%；大型灌区改造续建配套投资为42亿元，占36%；节水灌溉示范工程投资为10亿元，占8%；农村饮水投资为25亿元，占21%。与防洪减沙相结合，共安排水土保持中央投资33亿元，主要用于长江、黄河中上游重点水土流失区治理工程建设。机构能力建设等专项工程重点安排了水文基建投资6亿元，防汛通信投资3亿元，防汛机动抢险队投资2.2亿元，基础设施建设投资19亿元，科研教育投资13亿元，前期工作投资13亿元，以及农村电气化县建设和援藏等项目。

在流域分布上，中央投资从“八五”时期的以治淮和治太工程建设为主，调整到“九五”期间的以长江流域、黄河流域和松辽流域的防洪工程建设为主。安排长江流域投资308亿元，占“九五”中央投资的25.6%，重点保证了长江中下游干堤建设投资需求；黄河流域投资186亿元，占15.4%，重点安排黄河下游治理工程，从基础设施建设上为堤防不决口创造条件；松辽流域投资92亿元，占7.6%；海河流域投资58亿元，占4.6%；淮河流域投资81亿元，占6.7%；太湖流域投资为56亿元，占4.6%；珠江流域投资63亿元，占5.3%；部直属单位投资362亿元，占30.1%，重点保证了小浪底和万家寨水利枢纽建设。在地域分布上，“九五”期间中央投资体现了向西部倾斜的政策，安排西部水利项目166亿元，占“九五”中央投资的14%，比“八五”增加投资140亿元。

由于投资结构不断的优化和调整，“九五”期间水利基建基本做到统筹兼顾、突出重点，在加强堤防工程建设的同时，兼顾江河控制性枢纽工程建设、病险水库除险加固、蓄滞洪区安全建设和江河上中游的水土保持生态建设；在加大防洪工程投入的同时，兼顾水资源工程和节水工程建设，认真解决大型灌区节水改造、农村饮水和城市水资源短缺问题；在加大水利工程措施投入的同时，兼顾水利非工程措施和水资源现代化管理手段的建设，加强水文及重点防洪指挥系统骨干网络、分析及决策系统建设，加强水资源实时监控、科学决策和优化调度系统建设，加大水利前期工作的投资力度，努力提高水利信息化和现代化水平。

（三）体现公共财政原理，投资公益性特点突出

“九五”期间，随着社会主义市场经济不断完善，国家非经营性财政投资逐渐从市场竞争领域退出。按照公共财政原理，水利作为以公益性为主的国民经济基础设施，是政府投入的主要对象。因此，中央重点加大了对公益性和准公益性水利项目的投入，对于兼有一定公益性的经营性水利项目，只是适度安排政策性引导资金，鼓励相关水利产业的发展。这一时期，中央安排非经营性财政投资1014亿元，与“八五”非经营性财政投资228亿元相比，增加了786亿元，是“八五”期间的4.45倍，充分说明了中央在财政投资上对水利的重大倾斜。

这一时期，党中央、国务院还从政策上进一步明确了公共财政的概念，一方面调整了中央和地方财政投入的范围和权限，在大江大河防洪等公益性显著的领域，中央承担了更大的投资责任；另一方面进一步界定政府与市场的行为“事权”，哪些项目的投资属于政府行为，哪些属于市场行为。国务院1997年颁发的《水利产业政策》，不仅定义了中央项目和地方项目，确定了中央和地方政府投资、建设及管理的责任，而且还就项目的功能属性划分了甲类(社会公益性为主)项目和乙类(经营性为主)项目,界定了不同类型项目政府和市场的行为准则。1998年中央15号文件,确定了以防洪为主的灾后重建、整治江湖、兴修水利的近期水利建设方针和政策,加大了中央对长江堤防等重点地方防洪工程项目的投资比例,长江一、二级堤防的中央投资比例达到80%。党中央关于西部大开发的政策,把水利等基础设施建设和生态环境建设作为西部建设重点,规定了必须加快西部项目的前期工作,对国家立项的公益性水利项目,政府投资中的中央投资比例可高达70%以上。中央关于以水资源可持续利用保障经济社会可持续发展的政策,核心是提高用水效率,把节水放在突出位置,抓紧治理水污染。因此,中央大幅度提高了对以节水为中心的大型灌区改造的投入力度,中央投资不仅可以用于传统水利项目,也可以用于防治水污染、改善水生态环境等非传统的水利项目。最近中央关于加快解决农村饮水、病险水库除险加固的决策,对工程范围、建设内容、中央投资规模和投资比例均做出了与过去政策上有很大不同的明确规定。以上这些政策实施的实例说明,在社会主义市场经济不断完善和我国综合国力不断增强的情况下,按照公共财政的原理,“九五”期间水利的公益性基础设施地位不断得到加强,对于公益性突出的水利基础设施建设,中央正在承担越来越大的投资责任。

(四)水利投资渠道进一步拓宽,有力促进了水利建设

解决我国水资源三大问题的长期性、艰巨性和复杂性,决定了水利基础设施建设中,投资供求矛盾的核心是投资总量不足的问题。因此,开拓投资渠道,吸纳不同的资金来源,弥补水利建设资金不足,一直是水利基建投资范畴的重要任务。“九五”期间,为了积极拓宽投资渠道,筹集资金用于水利基础设施建设,主要采取了以下措施。一是由国务院批复,建立了水利建设基金,制定并经国务院批准实施了《水利建设基金筹集和使用管理暂行办法》。水利建设基金的设立,为水利建设开辟了一条较为稳定的投资渠道,“九五”期间共筹集水利建设基金72亿元。二是加大了中央投资中利用国内外信贷资金的力度。“九五”期间,共利用国内外贷款等资金192亿元,其中银行贷款113亿元,利用外资72亿元,自有资金7亿元。银行贷款比“八五”时期增加了23亿元,利用外资增加了40亿元。三是在中央利用国债加大了对地方项目投资补助的前提下,鼓励地方项目更多地使用贷款,加强地方资金配套能力。对于以经营性为主的水利基础设施建设,通过成本-效益分析,积极使用贷款。对于公益性水利基础设施,一些地方政府也大胆使用贷款,作为地方配套资金。利用贷款作为地方配套资金,主要是为了缓解地方政府当年的财政压力,提前使用地方财政用于水利的资金,提前发挥水利工程效益。以上这些拓宽投资渠道的举措,对缓解水利投资供求紧张关系,促进水利基础设施建设发挥了重要作用。

(五)加强基建投资管理,保障投资效益和投资安全

1997年亚洲金融危机发生后,为了克服亚洲金融危机对我国经济产生的负面影响,保持国民经济稳定增长,国家实施了通过扩大政府开支加强基础设施建设的积极的财政政策。水利是基础设施投入的重点领域,能否保证建设项目吸纳足够资金,投资效益正常发挥,起到促进国民经济增长的作用,前期工作是关键。

为此,“九五”期间水利投资管理中重点突出了前期工作。首先努力抓好水利规划工作,科学指导水利建设与发展。“九五”期间组织编制和完成了《全国防洪规划》、《加强长江近期防洪建设若干意见》、《黄河重大问题及其对策》、《加强嫩江、松花江近期防洪若干意见建议》、《西部地区水利发展规划纲要》、《黑河重大问题及其对策》、《塔里木河重大问题及其对策》等一系列规划。同时,进一步加快水利项目前期工作。“九五”期间共组织审查报送国家计委的大中型水利工程项目160项,为大规模的水利基本建设提供了项目前期基础。

在加强水利前期工作的前提下,投资计划管理工作是保证投资效益与投资安全的基础。“九五”期间加强投资计划管理的特点是:坚持投资需求与投资可能相结合,控制好基建规模,防止“半拉子”工程,尽快发挥投资效益;投资规模与投资结构相结合,把握好建设重点,优化配置资金资源;投资计划与工程形象面貌和实物工程量相结合,保证投资量化合理,提高投资计划的准确性和精确性;投资计划安排和投资计划检查相结合,及时获得计划执行的信息反馈,保证投资安全,保证计划及时完成;投资计划的制定、执行与效果评价相结合,不断总结,不断完善,提高计划的科学水平。与此同时,建立健全规划计划管理法律法规体系,严格依法行政,是加强投资计划管理的主要方法之一。据初步统计,1998年以来颁布的有关规划计划方面的各类规章制度和管理办法25项,正在征求意见的8项,正在起草的4项,如《堤防工程建设计划管理办法》、《水利前期工作投资计划管理办法》、《部直属单位基础设施建设计划管理暂行办法》、《水利统计管理办法》、《水利基本建设投资计划管理办法》、《水利基本建设项目审查审批管理办法》、《水利规划编制取费标准》、《水利建设项目资本金测算暂行规定》等。各类规章制度和管理办法的制定,进一步规范了水利规划及计划管理行为,为投资安全提供了强有力的基础保障。

全面加强工程建设与质量管理,确保工程建设质量和生产力的形成，是保证投资效益的关键。“九五”期间工程建设与质量管理充分体现了改革精神，按照市场经济的原则，积极推行项目法人责任制、招标承包制和建设监理制，努力规范水利建筑市场。一是加强项目法人建设，按照国务院关于公益性水利项目建设法人组建原则，从机构、职责、权力、人员素质等方面努力提高建设法人的管理能力；二是大力推行招标承包制和建设监理制，使大江大河干堤等水利项目招投标率接近100%，施工监理率达90%以上；三是严格规范水利建筑市场，努力实现招标投标中的公平、公开、公正原则；四是建立完善的质量保证体系，保证对建设质量严格的控制和管理，“九五”期间工程质量抽查结果表明，工程合格率达100%，优良品率达83%以上。

以上简要分析了“九五”水利投资的基本特点。总结“九五”水利投资，总的体会是：一要紧紧抓住水利发展的历史机遇，坚定不移地贯彻执行党中央、国务院关于水利建设与发展的指导方针；二要把握好投资需求和投资可能的关系，从国家宏观经济形势预测水利投资规模，抓住关系经济社会发展全局和人民群众根本利益的水利重大领域和重大项目，努力扩大水利投资规模；三要根据水利投资能力，科学控制好基建规模，保证固定资产投资按计划转化为生产力；四要按照公共财政的原理，突出重点，统筹兼顾，优化配置好水利资金资源，努力提高水利基础设施对国民经济的整体效益；五要从前期工作、投资计划管理、建设管理各个环节加强投资管理工作，保证投资安全和投资效益的正常发挥。

三、“十五”水利投资形势

（一）我国治水形势依然严峻

我国特定的自然条件，决定了水利建设的长期性、艰巨性和复杂性。随着人口不断增加、经济快速发展、城市化进程加快和人民生活水平提高，国民经济和社会发展对水利的要求越来越高，建设任务越来越重，水利依然是制约国民经济和社会发展的“瓶颈”，主要表现在：

1. 洪水依然是中华民族的心腹大患　我国是世界上洪涝灾害最严重的国家之一，全国70%的固定资产、44%的人口、1/3的耕地、数百座城市，以及大量的重要基础设施和工矿企业都位于大江大河的中下游地区，受洪水威胁严重。虽然经过近三年大规模的水利基础设施建设，但由于长期以来水利建设欠账太多，防洪形势依然严峻，治理任务十分艰巨。

2. 干旱缺水严重，水资源供需矛盾尖锐　我国降雨时空分布不均，占有水资源量少。目前，全国每年缺水量达400亿立方米。90年代以来，平均每年因旱受灾的耕地面积达3. 7亿亩，年均减产粮食200多亿公斤，全国约有11亿亩耕地面积没有水利设施，还有2400多万农村人口饮水困难没有得到解决。

3. 水土流失严重，水环境不断恶化　全国水土流失面积367万平方公里，约占国土面积的38%。水土流失使我国每年平均流失耕地100多万亩，流失沃土5 0多亿吨。全国有近 8 0%未经处理的废污水直接排入江河湖库水域。水质劣于四类的河段占47%，63.8%的城市河段受到中度和严重污染，全国河湖约有75%以上的水域，近岸海城约有53%以上受到显著污染。全国地下水年超采量达80多亿立方米，已形成了56个区域性地下水位下降漏斗，导致部分地区地面沉降、海水入侵。

解决这些问题，需要全面规划、统筹兼顾、标本兼治、综合治理，需要大规模的、长期的和稳定的水利投入。

（二）“十五”水利建设的指导思想及投资规模

“十五”水利建设的指导思想是全面贯彻党中央、国务院关于水利发展的方针政策，把水利建设作为国民经济和社会发展的战略重点。坚持兴利除害结合，开源节流并重，防汛抗旱并举，节流优先，治污为本，科学开源，综合利用的方针。以发展为主题，改革和科技创新为动力，根据实际情况对建设重点进行战略性调整，在加强防洪减灾工作的同时，把解决缺水和水污染问题放到更加突出的位置。依法治水，强化管理，完善机制，提高效率，推进传统水利向现代水利转变。通过水资源的合理开发、高效利用、优化配置、全面节约、有效保护、综合治理，促进人口、资源、环境和经济的协调发展，为国民经济和社会可持续发展提供支撑和保障。根据这一指导思想，水利部编制的水利发展“十五”计划中预测“十五”期间水利建设投资总规模为4625亿元，其中中央财政非经营投资为2146亿元。在大的投资构成上，防洪工程2206亿元，占47.7%，水资源工程1772亿元，占38.3%，水土保持生态建设347亿元，占7.5%，水电、机构基础设施建设等工程300亿元，占6.5%。

（三）完成“十五”水利投资的保障措施

1. 做好规划　要根据国民经济和社会发展总体部署，按照自然、经济规律和综合国力，全面规划、统筹兼顾、综合治理，确定水利建设的目标和方向、任务和重点、规模和步骤、对策和措施，保障“十五”水利投资的科学性。

2. 多元投资　按照《水利产业政策》，划分中央和地方以及政府、市场及受益者的事权与责任，明确各类水利工程的投资主体。对国家重点支持建设的水利项目，由中央和地方政府共同负责；局部受益的防洪除涝、城市防洪、灌溉排水、水资源开发利用等工程，按“谁受益、谁投资”的原则，主要由受益地方负责；以社会效益为主、公益性较强的项目，包括防洪除涝，灌排骨干工程、节水重点工程、城市防洪、水土保持生态建设、水资源保护等，主要由各级政府财政预算内和水利专项资金投资建设；经济效益较明显的项目，如城镇供水、水电等工程，采用多种方式筹集资金，按照市场机制建设；为特定用户服务的水利项目，由受益者负责建设，并要符合水利规划的规定和要求。

3. 加大政府对水利的投入力度　各级政府要调整财政支出结构，增加对水利的投入，加强骨干防洪设施、大型水资源工程和西部水利设施的建设，确保用于水利的财政支出与国家财政支出总量的同步增长。要按照江泽民总书记"三个代表"重要思想，解决好人畜饮水困难、病险水库整治、灌区改造等和人民群众息息相关的水利问题。近期国家实行积极财政政策，继续发行国债建设基础设施，要把水利基础设施作为重点安排。西部开发专项基金，应重点加强水利基础设施和生态建设。

4. 积极利用市场机制筹集水利建设资金　对于城镇供水、水电、旅游等经济效益较明显的水利工程，通过批准特许经营权、放宽社会资金参与水利建设的限制条件和提高回报保障等措施，以及建立财政信贷机制，实行财政贴息，提供长期优惠贷款，增加水利利用国内外贷款的额度，有条件的项目经批准后采取多种形式向社会筹集资金，并积极推行利用债券筹资建设水利设施。鼓励外商、社会各界及企事业单位、个人，积极参与城镇供水、节水灌溉、中小水电等项目的投资建设和运营。

5. 调动广大人民群众参加水利建设的积极性　对小、微型水利工程和水土保持生态建设等水利设施，在政府给予适当补助和扶持的同时，有条件的逐步采取租赁、承包经营等方式盘活存量资产，调动广大农民积极参与农田水利基本建设、"四荒"治理、水土保持生态建设的积极性。

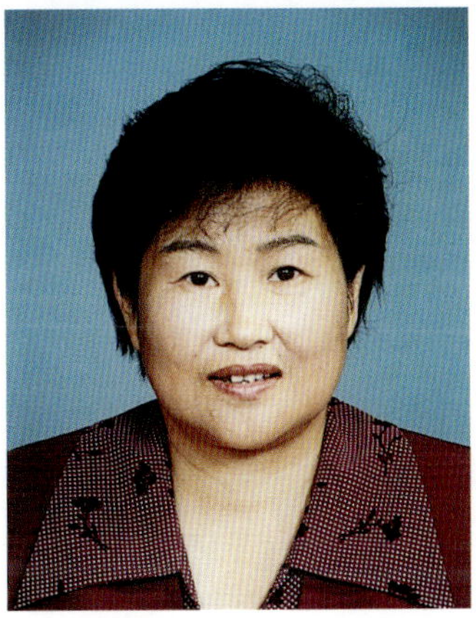

国土资源开发投资建设情况

国土资源部副部长

国土资源是社会经济可持续发展的物质基础。人口多、资源相对不足的基本国情，决定了我国必须采取有效措施，保持地质勘查、矿业和海洋产业的可持续发展。"九五"期间，我国资源开发产业得到持续、稳定发展。地质勘探、矿产开发和海洋产业投资作为主要宏观调控手段，为拉动国民经济增长发挥了积极有效的作用，同时也为我国"十五"时期保持国土资源和社会经济持续、快速、健康发展奠定了良好的基础。

一、"九五"勘查投资建设

（一）勘查资金投入规模

2000年全地勘行业地质勘查投入217.67亿元，与上年相比，地勘总投入增长4.86%。"九五"期间全地勘行业地质勘查总投入1276.24亿元，年均255亿元。1999、2000年地质勘查投入有所下降。若以1995年全地勘行业地质勘查总投入（214.19亿元）为基数，"九五"期间全地勘行业地质勘查投入年平均增长速度为5.9%，表明"九五"期间全地勘行业地质勘查投入总体呈缓慢增长趋势。

（二）投资结构

从资金来源结构看，国家地勘费投入比重不断下降，企事业单位投资和其他投资比重不断提高。矿产勘查投资多元化的格局正在逐步形成（详见表1）。

2000年全地勘行业地质勘查投入217.67亿元，其中国家地勘费投入17.88亿元；地方财政资金1.91亿元（含矿产资源补偿费0.628亿元）；企事业单位投资141.19亿元；其他资金56.68亿元。各项投资与上年相比，国家地勘费投入减少15.81%；地方财政资金减少42.46%；矿产资源补偿费减少62.44%；企事业单位投资增加5.34%；其他资金增加15.75%。

“九五”期间，随着我国西部大开发战略的实施，地质勘查投资明显向西部倾斜，西部地勘投入比重大幅度上升（详见表2）。1996年，东、中、西部地勘总投资比重分别为47%、21%和32%。2000年东、中、西部地勘总投资比重分别为42%、19%和39%。2000年西部地区地勘总投入为85.69亿元，较1996年增加16.46亿元，西部地区投资比重较1996年上升了7个百分点。1996年国家地勘费投入东、中、西部比重分别为30%、30%和40%，西部地区投入比重较高。2000年国家地勘费投入比重在西部又有所增加。

近两年来，地质勘查投资在矿种上主要集中在能源矿产（主要是石油），其次为贵金属矿产和有色金属矿产，非金属矿产和地下水投入比重较小。2000年具体各矿种投入所占总投资比例（详见表3）为：能源矿产占89.92%（其中石油的投入占全行业地质勘查总投资的87.41%；金属矿产占3.91%，其中贵金属占全行业地质勘查总投资的2.36%，有色矿产占1.32%；地下水占1.02%；非金属仅占0.52%。从投资变化趋势来看，2000年天然气、石油、有色金属的投资分别比1999年增长25.68%、7.92%和广17.53%，其它矿产投资均为负增长）。

（三）地勘投资效果

由于找矿难度不断增大，加之地质勘查投入增长缓慢，“九五”期间找矿效果不断减小。从新发现矿产地数量看，所有矿种总计，2000年比1996年减少79处（详见表4）。其中，能源矿产33处，比1996年减少10处；金属矿产63处，比1996年减少49处；非金属矿产23处，比1996年减少22处；地下水4处，比1996年增加2处。

表1　　地质勘查投入表——按来源　　货币单位：千元

年份		总投资	国拨地勘费	地方财政资金		企事业投入	其他投入
				合　计	矿产资源补偿费		
1999	数量	20,756,970	2,123,857	332,491	167,256	13,404,007	4,896,616
	所占比例%	100	10.2	1.6	0.8	64.6	23.6
2000	数量	21,766,658	1,788,162	191,310	62,820	14,119,333	5,667,853
	比上年增长%	4.86	-15.81	-42.46	-62.44	5.34	15.75
	所占比例%	100	8.2	0.9	0.3	64.9	26.0

资料来源：地质矿产统计年报

表2　　分地区地质勘查表　　货币单位：千元

		1996年		1999年	2000年		
		数　量	所占比例%		数　量	所占比例	比上年%
地勘总投入	总计	21,441,089	100	20,756,970	21,766,658	100	104.86
	东部	10,004,634	47		9,222,647	42	
	中部	4,513,156	21		3,974,834	19	
	西部	6,923,299	32		8,569,175	39	
地勘费投入	总计	6,034,233	100	2,123,857	1,788,162	100	84.19
	东部	1,766,044	30		550,284	31	
	中部	1,825,879	30		476,201	27	
	西部	2,442,310	40		761,676	42	

资料来源：地质矿产统计年报，1996：国土资源综合统计表

表3　　地质勘查费用投资——按矿种　　货币单位：千元

	1999年		2000年		
	投资额	所占比例	投资额	所占比例%	比上年增长%
总　计	20,756,970	100	21,766,658	100.00	4.86
一、能源矿产	18,214,974	87.75	19,571,733	89.92	7.45
煤	316,995	1.53	216,648	1.00	-31.66
石油	17,629,222	84.93	19,025,908	87.41	7.92

续表

	1999年		2000年		
	投资额	所占比例	投资额	所占比例%	比上年增长%
天然气	208,880	1.01	262,530	1.21	25.68
二、金属矿产	920,122	4.43	850,574	3.91	-7.56
黑色金属矿产	52,694	0.25	45,475	0.21	-13.70
有色金属矿产	244,239	1.18	287,046	1.32	17.53
贵金属矿产	605,674	2.92	514,273	2.36	-15.09
稀有、稀土矿产	17,515	0.08	3,780	0.02	-78.42
三、非金属矿产	131,026	0.63	114,004	0.52	-12.99
冶金辅助原料矿产	11,010	0.05	4,900	0.02	-55.50
化工原料	53,687	0.26	44,572	0.20	-16.98
建材非金属矿产	66,329	0.32	64,532	0.30	-2.71
四、地下水	403,227	1.94	221,958	1.02	-44.95
五、不能分矿种	1087,621	5.25	1008,389	4.63	-7.28

资料来源：国土资源综合统计年报

表4 **找矿产效果** 单位：处

	1996年	1997年	1998年	1999年	2000年	合计
新发现矿产地				172	123	
新发现和新证实的工业矿床	202	280	221			
其中：按矿种						
一、能源矿产	43	55	39	45	33	215
煤	1	4	3	4	3	15
石油	28	45	23	26	20	142
天然气	14	6	12	14	10	56
铀			1	1		2
二、金属矿产	112	153	116	85	63	528
黑色金属矿产	3	3	9	7	4	26
有色金属矿产	34	26	26	16	17	119
贵金属矿产	74	124	80	61	41	380
稀有、稀土矿产	1		1	1	1	4
三、非金属矿产	45	67	53	40	23	228
冶金辅助原料矿产	6	7	6	1		20
化工原料	13	16	16	10	12	67
特种非金属矿产	3	2	3	1		9
建材非金属矿产	23	42	28	28	11	132
四、地下水	2	5	13	2	4	26

资料来源：地质矿产统计年报，1996－1998；国土资源综合统计年报

二、“九五”矿业投资建设

（一）投资规模

2000年我国矿产采掘业基本建设和更新改造投资938.33亿元，较1999年增长32%（详见表5）。其中，煤炭采选业为192.55亿元，较1999年减少8%；石油和天然气开采业为677.11亿元，较1999年增长49%；黑色金属采选业、有色金属采选业、非金属采选业投资规模均有不同程度增长。“九五”期间，矿业基本建设和更新改造投资4082.35亿元，若以1995年（632.79亿元）为基期，“九五”期间矿业基本建设和更新改造投资年均增长速度为8.6%。矿业总体投资规模呈缓慢增长趋势，其中，煤炭业整体呈下降趋势，石油和天然气开采业整体呈上升趋势；黑色金属采选业、有色金属采选业、非金属采选业投资规模较小，且整体呈下降趋势。

表 5　　矿业基本建设和更新改造投资　　单位：亿元

行业		1996 年	1997 年	1998 年	1999 年	2000 年	合计
矿产采掘业	投资额	716.58	881.56	835.33	710.49	938.33	4082.35
	所占比例%	100	100	100	100	100	100
煤炭采选业	投资额	311	365.73	276	209.09	192.54	1354.32
	所占比例%	43.40	41.487	33.04	29.43	20.52	33.18
石油和天然气开采业	投资额	321.62	451.19	490.89	453.62	677.11	2394.49
	所占比例%	44.88	51.181	58.77	63.85	72.16	58.66
黑色金属采选业	投资额	25.33	16.72	30.25	12.37	20.41	105.07
	所占比例%	3.53	1.897	3.62	1.74	2.17	2.57
有色金属采选业	投资额	35.34	29.42	22.96	22.55	33.87	144.14
	所占比例%	4.93	3.337	2.75	3.17	3.61	3.53
非金属采选业	投资额	23.21	18.48	15.12	12.72	14.28	83.81
	所占比例%	3.24	2.096	1.81	1.79	1.52	2.05
其它矿采选业	投资额	0.14	0.02	0.11	0.14	0.17	0.58
	所占比例%	0.02	0.002	0.01	0.02	0.02	0.01

资料来源：中国统计年鉴，1997－2000 年（2000 年数据来源于统计局）

（二）投资结构

“九五”期间矿业投资主要集中在煤炭业和石油天然气开采业，二者分别占矿业基本建设和更新改造投资的 33.18%和 58.66%。非能源矿产业基本建设和更新改造投资仅占矿业基本建设和更新改造投资的 8.16%。1996 年以来，石油天然气开采业投资增长较快，在矿业基本建设和更新改造投资中所占比例不断提高，由 1996 年的 44.88%增长到 2000 年的 72.16%。黑色金属采选业、有色金属采选业、非金属采选业投资呈下降趋势。

在我国矿业投资领域，改革开放以来随着投资资金多渠道格局的建立，中央与地方政府投资职能的分离和政府与企业投资职能的分离，以及鼓励国内外各种经济成分投资等一系列重大改革措施的实施，以单一的政府投资，并由其代替的单一国有企事业单位矿业投资的主体局面已经改变。以“九五”中间年份的 1998 年矿业基本建设投资资金来源构成为例（见表 6），企业自筹资金占 27.58%，利用外资 11.04%，外商直接投资和债券投资分别为 1.29%和 1.67%。这些数字反映了矿业基本建设投资资金来源多元化的格局已初步形成，但同时也应看到，国内贷款和国家预算内资金仍然占有很大比重，国内贷款占 53.09%，国家预算内资金占 3.56%，因此仍需大力推进矿业资本市场建设，以便通过市场筹集矿业资金，实现矿业良性发展。

表 6　　1998 年矿业基本建设投资资金来源构成　　单位：%

自筹资金	国内贷款	利用外资	外商直接投资	债券	国家预算内资金	其他投资
27.58	53.09	11.04	1.29	1.67	3.56	1.77

资料来源：中国固定资产投资统计年鉴，1999 年

（三）矿业投资效果

2000 年全国矿业基本建设投资新增主要生产能力：原煤开采 1595 万吨，天然原油开采 1961 万吨，天然气开采 33 亿立方米。“九五”期间，全国矿业基本建设投资新增主要生产能力：原煤开采 9607 万吨，天然原油开采 5895 万吨，天然气开采 146 亿立方米。

（四）矿业“十五”投资建设展望

1. 矿业投资的重点和方向

“十五”期间，国民经济和社会发展及人口增长对矿产资源的强劲需求与大宗支柱性矿产短缺的矛盾将日益突出。我国正处在迅速推进工业化阶段，人口增长将接近高峰期，尽管矿产品的需求结构和使用强度将发生一定程度的变化，但能源、原材料矿产的需求总量将持续扩大。根据我国国民经济和社会发展规划及经济发展预测，我国主要矿产品的需求量表现为：能源矿产潜力十分大；对金属原材料的需求仍十分强劲；非金属矿产的需求量也仍会以较高速度增长。

面临此种形势，“十五”期间矿业的投资重点和方向为：重点勘查石油、天然气、煤层气、环保煤、地热、优质锰、铬、铜、金、银、镍、钴、铂族金属、钾盐等国内资源供给不足的重点矿产；加强优质、高效、新型非金属矿产资源调查评价；开展全国地下水资源调

查评价；增加原油、天然气生产能力；加强铀矿资源、地热资源以及铜、金、银、钽、铌等金属矿产的开发利用；扩大钾盐开采规模；加强环保、节能、农用非金属矿产的开发利用；鼓励开采适应地区经济发展需要的建材非金属矿产。

随着我国加入世界贸易组织及国外矿业投资环境的改善，将为我国矿业充分利用“两种资源、两个市场”提供更为有利的条件。“十五”期间要开始建立国外供应体系；鼓励和支持企业到国外勘查、开采国内资源不足、国民经济发展需求较大的石油、天然气、富铁矿、优质锰矿、铜矿、钾盐等支柱性矿产；加强国际海底区域矿产资源调查评价及研究开发。

2. *矿业投资布局*

“十五”期间在矿业区域布局上，要在稳定东部矿产资源开采的同时，积极推进西部和海域优势矿产资源开采，实现全国矿产资源勘查、开发利用在空间上的合理配置，促进区域经济的协调和持续发展。同时要进一步优化大、中、小型开采规模结构；逐步改善勘查、采矿、选矿、冶炼、加工结构严重失调的状况；进一步提高优质矿产品、高技术含量、高附加值的矿产品比例；矿业重心逐步西移。

三、“九五”海洋资源产业投资建设

（一）我国海洋资源开发利用现状

21世纪是海洋世纪，海洋已成为国际竞争的重要领域。我国是一个海洋大国，拥有丰富的海洋资源，如：海洋生物资源、海洋矿产资源、海盐资源、海洋旅游资源以及海洋能资源等，但我国对海洋资源的开发还非常有限。近年来，我国不断改造海洋捕捞业、运输业和海水制盐业等传统产业；大力发展海洋养殖业、油气业、旅游业和医药业等新兴产业；积极勘探新的可开发海洋资源，促进深海采矿、海水综合利用、海洋能发电等潜在海洋产业的形成和发展。“九五”期间主要海洋产业总产值总量约1.7万亿元，是“八五”时期的2.6倍。2000年主要海洋产业总产值已经由“九五”初期的2855亿元增加到近5000亿元。

目前，我国海洋产业主要有海洋水产、海洋石油天然气、海洋盐业、沿海造船、海洋交通运输及滨海旅游等。从产业结构看，海洋水产为第一大产业，其产值占海洋产业总产值的50%以上，其次为海洋交通运输和滨海旅游业，其产值均占海洋产业总产值的15%左右，三是沿海造船业和海洋石油天然气，其产值占海洋产业总产值比例均接近10%。由此可见，海洋石油天然气是发展较快，并且占有重要地位的新兴海洋资源产业。

我国自六十年代开始进行海洋油气资源的自营勘探开发，八十年代开始吸引外国资金和技术，进行合作勘探开发。中国的海洋石油天然气开发实行油气并重，向气倾斜，自营勘探开发与对外合作相结合，上下游一体化的政策，并取得了重大进展。九十年代以来，海洋石油天然气的投资增长也比较快，固定资产年增长速度为17%左右。

另外，我国政府把大洋矿产资源勘探开发列为国家长远发展项目给予专项投资，成立了负责协调、管理中国在国际海底区域进行勘探开发活动的专门机构。

（二）“十五”海洋资源投资开发展望

海洋资源开发“十五”期间投资重点和方向是：加大海洋资源调查勘探力度，重点开展大陆架石油天然气资源、天然气水合物资源、国际海底资源、海洋生物资源、海洋旅游资源调查和勘探。海域矿产资源勘查、开发的重点是：进一步推进海洋石油对外合作，加快东海、渤海和南海石油、天然气资源勘查和开发；继续开展南海石油、天然气资源专项调查评价；开展对天然气水合物资源的调查评价和勘查、开采技术的研究与开发，对南海、东海重点地区天然气水合物的资源前景和分布规律作出预测评价；继续实施“科技兴海”战略，稳定发展海水综合利用、海洋渔业、海洋造船、海洋油气、海洋运输、海洋盐业、海洋旅游等海洋产业；加快推进海水综合利用、海洋化工、海洋药物、海洋环保、海水农业等海洋新兴产业的形成和发展。

海洋工作“十五”期间投资规模和布局是：要根据海洋自然条件的优劣和沿海地区经济社会发展状况，以海洋功能区划为基础，优化海洋布局。以我国近海海域为重点，抓紧建设临海产业经济带，逐步形成覆盖我国管辖海域的不同类型的海洋经济区，包括临海经济带、海岸带综合经济带、海岛综合经济带、专属经济区水产经济带、大陆架油气资源产业带以及我国国家管辖海域以外的国际海底资源开发区。

中国环境保护事业投资建设情况

国家环境保护总局局长 解振华

环境保护资金的投入是解决环境污染和改善生态环境的决定性因素。我国政府充分认识到环境保护投入对改善环境质量和保证经济可持续发展的重要作用，从80年代初以来，环境保护投入逐年增加，“九五”期间，全国环境保护累计投资3600亿元，占到GDP的0.93%，高于“八五”期间0.73%的水平。

环境保护的投融资机制和手段为加大环境保护投资提供了保证。在计划经济下，我国已经初步形成了环境保护的投融资体制，随着经济体制和投融资体制的改革，环境保护的投融资体制也发生了一系列变革，许多新的适应市场经济体制的环境保护投融资手段正在逐步得到运用和完善。

一、环保投融资政策的建设

我国环境保护投融资体制和政策的发展是随着国家经济体制的改革和环境管理思想的发展而逐步建立、发展和完善的。从70年代至今，大体可以概括为3个阶段。

第一阶段：起步阶段——1973年第一次全国环境保护会议到80年代初。这一时期由于受到计划经济体制的限制，污染治理投资基本上来自国家财政预算，在国务院环保领导小组统一指导下，通过各工业部门和省市下达安排。据不完全统计，1973年到1981年间，由国家财政安排污染治理资金5.04亿元。

第二阶段：发展阶段——80年代初到90年代中期。进入80年代以来，随着经济体制改革的深入，环境保护投资格局发生了很大的转变：由单一渠道转变为多条渠道，由单一主体转变为多个主体，形成了多元化的投资格局。1982年，国务院颁布了《征收排污费暂行办法》，明确规定了排污费的80%用于污染防治。1983年国务院发布了《关于结合技术改造防治工业污染的几项规定》。1984年在国务院颁发的《关于环境保护工作的决定》中，明确了环境保护的8条资金渠道。这8条投资渠道是：基本建设项目“三同时”的环保投资、更新改造投资中环境保护投资、城市基础设施建设中的环保投资、排污收费补助用于污染治理资金部分、综合利用利润留成用于污染治理的投资、银行和金融机构贷款用于治理的投资、污染治理专项基金和环境保护部门自身建设投资。1984年6月，城乡建设环境保护部、国家计委、国家经委、财政部、中国人民银行、中国工商银行等7个部门又联合颁发了《关于环境保护资金渠道的规定的通知》。1988年发布国务院10号令，即《污染源治理专项基金有偿使用暂行办法》，同年国家环保局确定沈阳作为设立环境保护投资公司的试点城市，沈阳市建立了全国第一家环境保护投资公司。随后，各省也相继建立了污染防治的专项基金和其它与投资有关的基金。这一时期，是环境保护投资和融资蓬勃发展的时期，由于扩大了融资渠道，规范了投资主体和投资对象，环境保护的投资有了一定的保障。

第三阶段：创新阶段——90年代中期以后。随着经济体制，特别是投融资体制改革的深入，对环境保护投融资体制提出了更高的要求。1995年7月，财政部发出了《关于充分发挥财政职能，进一步加强环境保护工作的通知》，要求各级财政部门积极配合环保等部门进一步做好环境与资源保护工作。1995年11月，国家环保局发出了《关于充分运用财政税收政策，加强环境保护工作的通知》，要求各级环保部门拓宽环境保护资金渠道，增加环境保护投入，提高环境保护资金使用效益。1996年8月3日《国务院关于环境保护若干问题的决定》指出：完善环境经济政策，切实增加环境保护投入。在基本建设、技术改造、综合利用、财政税收、金融信贷及引进外资等方面，抓紧制订、完善促进环境保护，防止环境污染和生态破坏的经济政策和措施。

根据上述规定和原则，近年来我国环境保护投融资的方式和渠道发生了很大变化，出现了一些新的融资手段，主要有：

1. 发行国债　随着我国经济的稳定增长，投资者对国债投资的信心增强，这为国家发行国债用于基础设施建设提供了条件，也使得发行国债成为一项新的环境保护融资渠道。“九五”后三年，中央财政增发国债资金，加大了城市环境保护投资力度，共安排城市环保基础设施建设、“三河三湖”污染治理、北京市环境综合整治、环保设备国产化等项目 543 个，总投资 1622 亿元，其中利用国债 460 亿元。发行国债为改善环境质量和解决重点污染治理问题提供了资金支持。

2.BOT 运作方式的融资　“八五”期间，国家计委提出了利用 BOT 引进外资，投资基础设施的设想。中国政府对于 BOT 项目十分重视和支持，在交通基础设施项目中进行了试点。BOT 投资方式符合国家发展环保产业的政策导向，符合污染集中控制的思想；同时，中国的环境保护产业有着广阔的市场，对外商有较大的吸引力。因此，BOT 投资方式在环境保护基础设施领域具有广阔的发展前景。近年来，在城市供水和污水处理等方面，一些地方进行了有益的尝试，形成了一些 BOT 和 BROT 的成功案例，为环境保护基础设施建设融资开辟了一条重要的渠道。

3. 股票市场融资　1996 年，沈阳特种环保设备制造股份有限公司成为第一家向社会公开募股的环保企业，到 2000 年，已经有 30 多家与环境保护有关的企业上市，形成了证券市场中的环保板块。对于整个环境保护产业和环境污染治理而言，通过环境保护公司的上市融资，可以拓宽环境保护的融资渠道，改变过去环境保护资金以指令性和指导性来源为主的特点，使得环境保护融资真正走向了市场。

4. 市场化融资　污染治理设施的建设和运行实行市场化。通过收取排污水费、垃圾处理费，建设污水处理厂、垃圾处理场，充分体现污染者付费的原则。

5. 环境保护基金　我国目前已经建立了政府基金、污染源治理专项基金和环境保护基金等多种环境保护基金。这些基金的来源、融资渠道和投资方向及运作机制等都有所不同。环境保护基金在环境融资中既是融资的载体又是投资的主体，充分发挥环境保护基金的作用是现阶段中国完善投融资体制的重要内容。

6. 利用外资　环境保护利用外资现已成为治理污染的重要投资渠道之一。从“八五”开始，随着国际环境保护热潮的兴起，国际金融组织和外国政府贷款明显向环境保护倾斜，环境保护利用外资进展很快。“八五”期间，我国环保利用外资 11.77 亿美元。“九五”期间，环保利用外资达 50 亿美元。

总的来看，我国目前的环境保护融资渠道已经形成了以原有 8 条渠道为基础的，适应市场经济发展的多融资主体的融资渠道体系。目前仍然以计划管理渠道为主，社会机构融资和其它市场融资渠道为辅。随着我国投融资体制的进一步发展，计划融资或以政府为基础的融资将逐步减少，其它部分的融资将逐步增加。

二、环保投资的状况

下表列出了我国 1991 年到 2000 年的环境污染治理投资总量及占当年 GDP 的比例。从中可以看出：

环境污染治理投资总量及占 GDP 和全社会固定资产投资的比例表

年　份	环境污染治理投资总量（亿元，当年价）	占同期 GDP 的比例（%）	占全社会固定资产投资的比例
“八五”期间（1991—1995）	1306.57	0.73	2.10
1991	170.12	0.84	3.09
1992	205.56	0.86	2.62
1993	268.83	0.86	2.16
1994	307.20	0.68	1.88
1995	354.86	0.62	1.77
“九五”期间（1996－2000）	3597.52	0.93	2.59
1996	428.21	0.64	1.87
1997	527.49	0.72	2.11
1998	682.92	0.89	2.41
1999	858.20	1.06	2.88
2000	1100.70	1.13	3.37

我国环境污染治理的投资总量从 1991 年到 2000 年间，呈逐年上升的趋势，“八五”期间的投资是“七五”期间投资的 2.7 倍，而“九五”期间的投资是“八五”期间投资的 2.8 倍。这说明环境污染已经越来越受到政府的重视和社会的关注。

但是，在投资总量增加的同时，应该看到，环境污染治理投资占同期 GDP 的比例并没有随着投资总量的增加而增加，“八五”期间，一直在 0.7% 左右徘徊。“八五”期间投资比例要略高于“七五”期间，而“九五”的前两年投资比例又出现下降的趋势，到了 1998 年，投资比例又有所回升，1999 年首次达到 1%。总的来看；中国环境污染治理投资虽在逐年增加，但占 GDP 的比例偏低，这制约着环境质量的改善。

此外，从环境污染治理投资占全社会固定资产投资的比例来看，也呈现出类似的波动情况。“七五”末期和“八五”初期所占的比例较高，“八五”末又有所回落，“九五”一直保持着增长的态势。这一方面说明环境保护投资是和整个国家的经济发展紧密相关的，另一方面也说明近年来环境保护投资确实得到了加强。

三、“十五”投资需求及重点投资领域

《国民经济和社会发展第十个五年计划纲要》（以下简称”纲要）和《生态建设和环境保护重点专项规划》确定了“遏止生态恶化，提高城乡环境质量”的环境保护目标和任务，提出了“十五”期间可持续发展的主要预期目标是“生态恶化趋势得到遏制，森林覆盖率提高到18.2%，城市建成区绿化覆盖率提高到35%。城市环境质量改善，主要污染物排放总量比2000年减少10%”。同时也提出了“加快城市污水处理设施建设，所有城市都要建设污水处理设施，2005年城市污水集中处理率达到45%”、“加强大气污染防治，实施‘两控区’和重点城市大气污染控制工程，2005年‘两控区’二氧化硫排放量比2000年减少20%”等污染防治的具体目标和任务。按照《纲要》的要求，要实现2005年环境保护的目标和任务，据测算，“十五”期间除了国家已经规划的重点生态建设工程之外，在污染治理和生态保护方面，需要投资7000亿元左右，约占同期GDP的1.3%，比“九五”期间0.93%的水平有较大提高。

“十五”期间环保重点投资领域是：

1. *水污染治理* 据统计，2000年全国化学需氧量排放量为1445万吨，为确保2005年“主要污染物排放总量比2000年减少10%”的目标，同时考虑到污染物新增的因素，“十五”期间，必须通过工程措施削减化学需氧量排放量500万吨，其中：需新增城市污水集中处理能力2600万吨/日，年削减化学需氧量排放量250万吨，工业污染源需削减化学需氧量200万吨，畜禽规模化养殖需削减化学需氧量50万吨。

2. *大气污染治理* 2000年，全国二氧化硫排放量为1995万吨。“十五”期间需削减二氧化硫460万吨、尘500万吨，这方面的投资主要用于煤炭洗选加工、火电厂脱硫、城市清洁能源、工业废气治理以及机动车污染防治等。

3. *固体废物治理* 2000年，工业固体废物排放量为3186万吨，其中近200万吨危险废物直接向环境排放，对环境和人民健康造成了极大的威胁。“十五”期间，需新增城市垃圾无害化处理能力15万吨/日、危险废物安全处置5000吨/日、医疗废物安全处置1650吨/日，以及工业固体废物处置等。

4. *生态保护* 目前，全国生态恶化的趋势仍在加剧，土地退化严重、水生态系统失衡、农村环境问题日益突出、生物多样性锐减。“十五”期间将重点抢救性地建设和保护中西部地区的一些重要生态功能区，建立15个国家级生态功能保护区，建成120个国家级重点生态示范区，100个生态农业县，建设40个农村面源污染控制示范工程和50个国家级自然保护区，并提高现有国家级自然保护区的管护能力。

5. *基础能力建设* 主要包括环境监测、生态状况与生物多样性调查、生态功能区划和流域、区域环保规划，以及信息、宣教、执法能力建设和科学技术研究等。

工　业

中国煤炭工业投资建设情况

煤炭工业是我国重要的基础产业。长期以来，煤炭在我国一次能源生产和消费构成中均占2/3以上。我国煤炭资源丰富，在未来相当长的时期内，以煤为主的能源供应格局不会改变。“十五”时期是我国煤炭工业结构调整的重要时期，要通过实施大集团、科教兴煤、洁净煤、综合经营四大战略，促进煤炭工业健康发展。

一、“九五”取得的主要成就

（一）煤炭工业技术水平进一步提高

“九五”期间，实施了科教兴煤战略和技术创新工程，综采及综采放顶煤开采技术取得重大突破，已建成世界先进水平的特大型矿井及采煤工作面。国家安排煤

炭企业技改投资50亿元，重点对矿井、选煤厂和劣质煤电厂等154个工程进行技术改造。建成了一批高产高效矿井。2000年与1995年相比，国有重点煤矿全员效率由每工1.8吨提高到2.5吨；采煤机械化程度由72%提高到75%。

（二）煤炭行业综合经营的格局初步形成

为调整结构和安置富余人员，煤炭行业大力发展综合利用、多种经营，涉及农业、工业和服务业三大产业中20多个行业。2000年，多种经营的生产经营总额达到582亿元，比1995年增加了146亿元，从业人员近200万人，多种经营开始由人员安置型向经济效益型转变。

（三）煤炭工业对外开放步伐加快

“九五”期间，煤炭工业利用外资11.4亿美元，其中，煤层气开发利用外资近1亿美元，技术装备进口总额4.8亿美元。通过技贸结合，引进了国外先进的采煤、掘进、洗选等技术和设备，经过消化、吸收，促进了我国煤矿机械制造技术水平的提高。2000年煤炭出口比1995年增加了1倍左右，在世界煤炭贸易市场中的份额由6%提高到11%。

（四）国有煤炭企业改革取得进展

国有煤炭企业以建立现代企业制度为目标的公司制改革全面展开，94户原中央财政企业中，已有35户完成了公司制改造，其中5家公司在境内、境外上市。国有煤炭企业关闭破产工作开始实施，到2000年底，已批准65个关闭破产项目，其中已实施11个，进入破产法律程序33个。债转股工作取得进展，确定了对62户国有煤炭企业实施债转股，到2000年末，已实施39户，金额392亿元。

（五）依法取缔非法开采和关闭布局不合理的小煤矿取得阶段性成果

1998年底，国务院决定关闭非法和布局不合理煤矿，到2000年底，全国已累计关闭各类小煤矿4.7万处、压产3.5亿吨，淘汰了一批落后生产能力。小煤矿随意布点、越层越界、乱采滥挖现象得到初步遏制，办矿秩序和生产经营秩序趋于好转。

二、“十五”发展目标

（一）国内发展环境和煤炭需求预测

“十五”期间，国民经济增长速度预期为年均7%左右，煤炭需求量将稳步上升。但随着产业结构、地区结构、能源消费结构的调整和节能技术的发展，煤炭需求增长速度趋缓，煤炭消费和生产格局将发生变化。一是实施西部大开发战略将促进西部地区经济和社会的发展，特别是大型坑口火电站的建设，将带动西部地区煤炭生产和消费的增长。二是交通运输等基础设施的加快建设，铁路实行“网运分离”，将进一步改善煤炭运输条件，促进中西部地区煤炭开发，有利于煤炭开发布局重点向西部转移。三是随着污染物排放标准的提高和石油、天然气价格变动，将推动洁净煤技术的开发和应用，并带动煤炭消费增长。四是“西电东送”、“西气东输”及三峡工程等项目的建设投产，将改善华东和中南地区能源供应状况，东南沿海地区煤炭消费增长速度放慢。

“十五”期间，随着国民经济持续快速发展及工业结构调整，能源需求总量增加，但增长速度趋缓。能源及煤炭需求趋势是：石油、天然气、水电和核电等清洁能源增长速度加快，煤炭在一次能源中的比重将有所下降；全社会技术进步加快，将进一步提高能源利用效率，节能效果更加明显；电力工业火力发电仍以较快速度增长，对煤炭需求持续增加；冶金、化工、建材等主要耗煤行业生产稳步发展，但在结构调整、产业升级及技术进步的推动下，煤炭消费量变化不大；居民生活用能向天然气、石油液化气、电能等方面转变，用煤量将逐步减少。综合考虑各方面因素，预测“十五”期间，国内煤炭需求量年均增长2000万吨左右。

（二）主要目标

煤炭工业发展和结构调整的总体目标是：煤炭企业建立现代企业制度取得重大进展，产业集中度明显提高，经济运行质量明显好转。洁净煤技术开发和产业化取得实质性进展，优质煤炭和煤炭转化的优质能源产品比重明显增加。煤炭产品在国际市场上的占有率进一步提高。矿区综合利用、环境治理工作取得显著成效。到2005年，全国原煤入选率达到50%以上，动力配煤量达到7000万吨左右，煤层气产量30亿～40亿立方米，水煤浆产量1000万吨左右，煤炭液化产油250万吨以上。煤炭出口8000万吨左右。

三、“十五”发展和调整重点

（一）深化企业改革，实施大集团战略

按照现代企业制度的要求，推动煤炭企业改制。大型煤炭企业要通过规范上市、中外合资、互相参股等形式，改制为多元持股的有限责任公司或股份有限公司，建立规范的法人治理结构。对国有中小煤矿采取改组、联合、兼并、租赁、承包经营和股份合作制、出售等形式，进行产权制度改革。按照市场取向和规模经济的原则，组建大型煤炭公司和企业集团。“十五”末，形成1～2个煤炭年生产能力在1亿吨以上、5～6个5000万吨以上的大公司和企业集团。

（二）加快煤炭企业技术改造步伐，促进产业升级

“十五”期间，要加快建设25处、年生产能力6000多万吨的在建矿井。同时，要按照西部地区煤电同步建设、“三西”（山西、陕西、内蒙古西部）地区调节全国供需平衡、东部地区稳定生产规模的煤炭开发布局原则，重点做好建设低灰、低硫、高发热量的优质动力煤基地的前期准备工作。加强煤田地质勘探，提高勘探程度，满足建井条件，适时开工建设一批有市场、经济效益好的接续型矿井，增强煤炭工业发展后劲。通过增加储量、集中生产、简化工艺、减少环节、优化装备、科学管理等措施，对现有大中型矿井进行技术改造，实现矿井生产、管理现代化。到2005年，建成140处高产高效现代化矿井，其原煤工效达到10吨以上。

（三）限制、淘汰落后生产能力，完善退出机制

通过实施产业政策，停止建设以下四类煤矿。一是单井井型低于以下规模的煤矿项目：山西、陕西和内蒙古地区年产15万吨，新疆、甘肃、宁夏、青海、北京、河北、东北以及华东地区9万吨，西南和中南地区6万吨，开采极薄煤层及不稳定煤层3万吨；二是采用手工开采和穿洞式巷采等落后开采方法的煤矿；三是商品煤达不到国家环保法规要求的各类高硫煤矿；四是矿井回采率低于50%的煤矿。按照国家煤矿关闭破产政策，对资源枯竭的国有煤矿依法关闭。对资源及开采条件较差、产品无市场、长期亏损且扭亏无望的国有煤矿依法实施破产。

（四）实施洁净煤战略，推进洁净煤技术产业化

1.改造和建设选煤厂　采用先进的洗选技术和设备改造现有选煤厂，充分发挥选煤厂的能力利用率，优化产品结构，提高质量和效益。大中型煤矿要有配套的选煤厂，小型煤矿要依托大矿的选煤厂或建设群矿集中选煤厂。重点在山西、陕西、山东、内蒙古、河南、安徽等省（区）建设一批先进的选煤厂。2005年，选煤厂平均工效达到40吨。

2.发展配煤一条龙服务体系　在煤炭中转港口和主要集散地建设配煤厂，为用户提供质量稳定、价格合理、环保型动力配煤。制定配煤质量标准和相应的政策，由耗煤集中的大用户到分散的小用户，逐步推广使用动力配煤。建设3～5个大型动力煤配煤基地。2005年，初步形成产、配、销、送及售后服务一条龙体系。

3.完善水煤浆制备和应用技术　研究开发水煤浆新型添加剂，提供质量稳定、满足市场需求的水煤浆。重点研究提高燃烧器效率和水煤浆在炉内燃烧过程中的固硫、脱硫技术。进一步降低燃油锅炉改造费用，建设10万千瓦以上机组改造示范工程。在集中改造燃油锅炉的地区，鼓励煤矿与用户合资建设水煤浆制备、配送公司，发展集中洗选、制浆、管道输送、燃烧发电一体化工程。

4.大力发展煤层气产业　实行地面开发和井下抽放并举的煤层气开发方针，重点加快山西沁水煤田、河东煤田、安徽两淮煤田、辽宁铁法、抚顺矿区、贵州六盘水等地区煤层气的勘探评价及开发利用。2005年，大中型煤矿瓦斯利用量达到当年抽放量的80%，建成2～3个煤层气地面开发及利用示范基地，煤层气产量达到30亿～40亿立方米。积极支持煤层气产业发展，使其成为煤炭工业新的经济增长点。

5.推进煤炭液化和气化技术的开发和应用　在完成神华神东、云南先锋和黑龙江依兰煤炭直接液化示范厂可行性研究的基础上，通过经济技术合作建设1～2个煤炭液化示范厂，2005年煤炭液化产油250万吨以上。引进国外先进的煤炭气化技术，建设大型煤炭气化与煤化工示范项目。继续做好煤炭地下气化试验，探索煤炭开发和利用的新途径。

（国家经济贸易委员会）

中国石油工业投资建设情况

一、“九五”取得的成就

（一）石油工业已成为国民经济的重要基础产业

新中国成立50年来，我国石油工业取得了巨大进步，为国民经济发展作出了重大贡献。到目前为止，全国25个省、市、自治区和近海海域发现了688个油气田，形成了六大油气区，建成了大庆、胜利、辽河、新疆、四川、长庆、渤海和南海等24个油气生产基地。全国原油产量从1949年的12.1万吨增至2000年的1.6亿吨，列世界第5位；2000年天然气产量277亿立方米，列世界第15位；截止到1999年底，建成长距离输油管线1.13万千米、输气管线1.18万千米，基本形成了东北、华北、华东地区的输油管网和华北、川渝地区的输气管网。全行业形成了油气勘探、开发、设计、施工、科研和技术服务配套的工业体系。

石油工业的发展带动了地方经济和机械制造、钢铁、交通、石化、纺织工业等相关产业的发展，壮大了国家的经济实力。目前，以油气为主要燃料和原材料的工业部门的产值约占全国工业总产值的六分之一。

到1999年底，我国油气开采行业已形成了1860亿元的固定资产，年销售收入1876亿元，实现利润总额290亿元，占全国国有及国有控股企业利润的30%，成为国民经济中的重要基础产业。

（二）石油储量和原油产量保持稳中有升

全国第二轮油气资源评价结果表明，我国石油地质资源量为940亿吨，结合目前技术经济条件分析，最终石油可采资源量为140亿吨左右。截至1999年底，累计探明石油地质储量205.6亿吨，可采储量为59.3亿吨，石油可采资源探明率为42.4%，剩余可采资源量为80.7亿吨，仍有较大勘探潜力。

“九五”期间，随着石油地质理论的深化和勘探技术的提高，勘探成果不断扩大。在松辽、渤海湾、鄂尔多斯和塔里木盆地以及渤海海域，先后发现和控制了永乐、月海、秦皇岛32—6、蓬莱19—3、9—1、渤中25—1、曹妃甸11—1、12—1、靖边、塔河等10个亿吨级油田和石南、莫北、小拐、南堡35—2、龙虎泡5个五千万吨级油田。埕岛、曙光、安塞、石西4个老油田储量进一步扩大，新增储量均超过五千万吨。大油田的不断发现和扩大，使全国新增储量保持稳定增长，年均增加7亿吨以上。

全国原油产量自1996年突破1.5亿吨以后，生产保持稳定，已连续5年年产超过1.6亿吨。

（三）天然气勘探连续取得重大突破，产量处于快速增长期

全国天然气地质资源总量为38万亿立方米，预计天然气可采资源量约10.5万亿立方米。到目前为止，累计探明天然气地质储量2.3万亿立方米，探明可采储量1.48万亿立方米，可采资源探明程度仅为14%，我国天然气勘探仍处于勘探初期阶段。

“九五”期间，以中西部地区为重点的天然气勘探连续取得重大突破，累计新增大中型气田28个。鄂尔多斯盆地上古生界、柴达木盆地三湖地区、塔里木盆地库车地区、四川盆地川东和川西地区的天然气勘探突破和成果的不断扩大，形成了陆上四大气层气资源区，尤其是库车坳陷克拉2气田的发现和陕北上古生界勘探成果不断扩大，为“西气东输”奠定了资源基础。准噶尔盆地南部、大港千米桥、苏北盐城地区天然气勘探的突破，扩大了陆上含油盆地找气领域。南海和东海西湖凹陷勘探的新进展，构成了海域油气工业发展的新的增长点。

随着天然气储量的增加和国民经济发展对洁净能源需求的快速增长，天然气产量也在快速增长。1996年产量突破200亿立方米大关，开始进入产量快速递增期。“九五”期间天然气产量年均增幅达到10%，2000年天然气产量超过277亿立方米，是1995年的160%。

（四）对外开放稳步发展

1982～2000年，中国海洋石油总公司先后同18个国家的70家油公司签订了140个石油合同，在中国海域进行勘探和开发，直接利用外资64.5亿美元，合作钻探发现了19个油气田和62个含油气构造，探明石油地质储量8.7亿吨，天然气地质储量1302亿立方米。

截止到1999年底，中国陆上石油对外开放167个区块，签订合同52个，引进外资11亿美元。陆上石油对外开放有力地促进了大庆、胜利、辽河、中原等油田深层油气藏、稠油油藏、低渗透油藏及裂缝性油藏的开发，使我国复杂油气藏开采技术得到了明显的改进，提高了采收率。

近年来，我国加强与世界石油生产国和消费国政府、国际能源组织和跨国石油公司间的交流与合作，境外油气勘探开发取得了明显成效。海外勘探开发在苏丹、马六甲、南美、墨西哥湾和中亚等地区取得控股、参股和独立勘探开发权益，控制海外份额油剩余可采储量超过4亿吨，建成原油生产能力1300万吨，天然气生产能力8亿立方米。

（五）石油工业经过重组改制，提高了竞争力

1998年石油行业进行战略性重组和结构调整，按照上下游、内外贸和产销一体化的原则，分别组建了中国石油天然气、中国石油化工两大集团公司。在世界50家大石油公司中，按油气储量、油气产量、石油炼制能力、油品销售量等六项综合指标，中国石油天然气集团公司名列第11位，中国石油化工集团公司名列第20位，两大集团均具有较强的规模优势和上下游一体化优势。

中国石油天然气、中国石油化工和中国海洋石油三大公司通过重组改制，先后创立了股份公司，不仅进一步突出了主业，而且拓宽了国际融资渠道，开始按国际油公司经营模式运作，国际竞争力明显增强。

（六）超额完成“九五”计划

“九五”计划2000年原油产量为1.55亿吨、天然气产量为250亿立方米。2000年实际生产原油1.62亿吨、天然气277亿立方米，油、气产量均超额完成“九五”计划目标。

“九五”计划新增探明石油地质储量38亿吨、天然气地质储量8000亿立方米。5年间实际新增探明地质储量石油超过43亿吨、天然气超过12800亿立方米。

二、“十五”发展目标

（一）面临的资源和市场情况

我国能源消费居世界第二位，在一次能源消费结构中，1998年原油占19.8%。近十年来我国国民经济按年均9.7%的速度增长，原油消费量按年均5.77%的速度增加，而同期国内原油供应增长速度仅为1.67%。这种石油供求矛盾使我国自1993年成为石油净进口国以来，进口量逐年增大，尤其是“九五”期间，石油净进口量从1996年的1348.5万吨增加到1999年的2858万吨，2000年净进口量超过6000万吨。未来15年内，我国国民经济将以7%左右的速度发展，原油需求将以4%左右的速度增加；同期国内原油产量增长速度只有2%左右，低于原油需求增长速度，国内原油供需缺口逐年加大。预计2005年原油需求2.45亿吨左右。

目前天然气在我国一次能源消费结构中所占比例远低于24%的世界平均水平和8.8%的亚洲平均水平。国内天然气市场有较大的发展潜力，天然气发电和工业用气以及城市燃气等消费需求将快速增长。2000年天然气需求量为260亿立方米以上，2005年达到600～700亿立方米。天然气在一次能源消费结构中所占的比例将逐步增加到5%。

（二）发展方针

“十五”期间，我国石油工业将实施市场化、国际化、低成本、科技创新和持续重组战略；进行以改善石油储采结构，提高天然气对原油产量的比例、境外份额油与国内原油的比例及油气在我国一次能源消费结构中的比例为重点的结构调整。以较小的经济代价换取石油的长期稳定供应，实现保障国民经济持续稳定健康发展的目标。为此，要贯彻“立足国内、开拓国际，加强勘探、合理开发，厉行节约、建立储备”二十四字发展方针。

（三）发展目标

油气探明储量：探明石油地质储量38亿吨以上、可采储量8.5亿吨以上；探明天然气地质储量1.2～1.4万亿立方米、可采储量7000～8000亿立方米；探明煤层气可开发地质储量约1000亿立方米。

油气产量：2005年，原油产量达到1.7亿吨以上，天然气（含煤层气）产量达到500亿立方米以上，海外份额油达到1500～2500万吨。

重点储运设施建设：“十五”期间，建设油气管道总长约14500千米，国家原油储备库800万立方米、地下储气库11.4亿立方米。

主要经济技术目标：油气探井成功率较“九五”提高2%，原油采收率提高1%，钻井完井周期缩短1/3，原油和天然气成本下降15%～20%。

三、“十五”发展重点

（一）加强勘探、合理开发，实现老区稳产、新区增储上产，保持原油产量稳定增长

东部地区是我国最重要的石油生产基地，1999年石油年产量为11678万吨，占全国总产量的73%；截至1999年底，已累计产油30.83亿吨。东部地区大多数油田已进入开发的中后期，尤其是主力油田都已进入高采出程度、高含水率的双高开发阶段，稳产难度很大。今后的重点工作是深化老区勘探和提高原油采收率，提高未动用储量动用率，力争“十五”期间在2000年动用探明储量的基础上提高采收率1.5%～2.0%，增加可采储量2.25亿吨以上，并提高难采储量的动用率，延长油田稳产期。

西部地区主要指西北和西南十省区，包括中部、西北和青藏三大油气资源区。据全国第二轮油气资源评价结果，西部地区有石油资源量295.4亿吨，截至1999年底，已在8个盆地内累计探明石油地质储量32.9亿吨。目前西部地区仍有250亿吨以上石油资源有待探明，整体上资源探明程度比较低，是我国石油工业增储上产的主战场以及国家安全的战略后备基地。应加快西部石油勘探开发，增储上产，早日实现油气战略接替。预计到2005年，西部地区原油产量占全国总产量的比重将从目前的17%提高到20%。

我国近海海域油气资源丰富，10个大中型含油气盆地石油资源量为245亿吨左右。截至1999年底，累计探明石油地质储量12.2亿吨。近期重点工作是在加强渤海、南海和东海海域油气勘探开发的同时，合理有效地动用现有探明储量，尤其是通过加速蓬莱19—3等油田的开发，迅速提高原油产量，由目前的1617万吨提高到2005年的3000万吨以上，增幅达85.5%，原油产量由目前占全国产量的10%提高到17%。

（二）抓住“西气东输”、海气登陆机遇，实现天然气工业快速发展

“十五”期间，重点加快建设新疆轮南——上海的“西气东输”管道干线和涩北——西宁——兰州等陆上输气管道，以及东海气田春晓——宁波、南海气田东方1—1——东方市海底输气管道。还要加快建设地下储气库及引进液化天然气基础设施。经过“十五”或更长一点时间的努力，建成“西气东输”管道干线、实施海气登陆管道工程，促进天然气上下游协调发展，在全国形成四川、鄂尔多斯、塔里木和海域四个累计探明储量在万亿立方米以上、年产量在100亿立方米以上的天然气生产基地。

（三）拓展海外油气勘探开发，弥补国内油气资源不足

鼓励国内石油公司按照“积极开拓、慎重决策、稳步发展”的方针，积极实施“走出去”战略，努力开拓国外油气资源合资合作勘探开发领域，不断扩大我国在国外的油气资源份额。“十五”期间要立足中亚—俄罗斯、中东—北非及南美三大战略区，重点扩大和巩固在俄罗斯、哈萨克斯坦、土库曼斯坦、伊朗、伊拉克、苏丹、委内瑞拉、印尼等国的油气勘探开发业务，扩大占有的产量和储量份额，建成几个稳定的生产基地；建设伊尔库茨克—满洲里—大庆的跨国输油管道。实现原油进口多源化。

（四）加快建立国家石油储备体系，保障国家石油安全

石油储备是稳定供求关系、平抑市场价格、应对突发事件、保障国家石油安全的重要手段。“十五”期间，按照国家储备与企业储备相结合、以国家储备为主的方针，统一规划，分批建设国家石油储备基地，到2005年储备能力达到800万立方米。

（国家经济贸易委员会）

中国电力工业投资建设情况

电力工业既是国民经济和社会发展的基础产业，又是公用事业。电气化程度是衡量一个国家现代化水平的一个重要标志。改革开放以来，我国电力工业快速发展，使长期困扰国民经济发展的严重缺电局面得到基本缓解。

一、“九五”取得的成就

（一）生产能力持续增长，消除了电力“瓶颈”的制约

“九五”以来，电力工业继续保持快速发展势头，发电装机容量年均增长8%，长期存在的严重缺电局面得到了基本缓解，消除了电力对国民经济和社会发展的“瓶颈”制约。到2000年底，全国发电装机容量达到31932万千瓦，其中水电7935万千瓦，占24.9%；火电23754万千瓦，占74.4%；核电210万千瓦，占0.7%；风力、太阳能等新能源发电约33万千瓦。全年发电量达到13685亿千瓦时。发电装机容量和发电量均居世界第二位。全国220千伏及以上输电线路达16.4万公里，其中500千伏输电线路2.7万公里；220千伏及以上变电容量41000万千伏安，其中500千伏变电容量9400万千伏安；500千伏直流线路1045公里，额定换流容量120万千瓦。

（二）形成比较完备的电力工业体系，技术装备水平不断提高

我国已经形成华北、东北、华东、华中、西北、川渝和南方互联等7个跨省区电网，以及山东、福建、海南、新疆、西藏等5个独立的省级电网。除西北电网主网架电压等级为330千伏外，其它跨省电网和山东电网均已建成500千伏主网架。华东电网装机容量已超过5000万千瓦。全国最大的火电厂装机容量为240万千瓦，最大的水电站装机容量为330万千瓦，最大的核电站装机容量为180万千瓦。随着三峡输变电工程、东北和华北联网等工程的实施，电网发展已开始进入大区电网、独立省（区）电网互联的新阶段。目前，我国已初步掌握60万千瓦火电机组和500千伏交流输变电工程的设计、施工、调试及运行技术；核电、直流输电技术的国产化已经取得初步进展；已经具备修筑240米高双曲拱坝、180米级各类大坝和大型抽水蓄能电站的施工能力。

在电力规模不断扩大的同时，工程安装质量、工艺及机组投产移交水平大幅度提高。全国各主要电网频率合格率均达到99.9%以上。2000年全国供电煤耗为394克/千瓦时，比1995年的412克/千瓦时下降了18克/千瓦时；线损率从1995年的8.8%下降到7.7%。

（三）电力体制改革取得一定成效

根据社会主义市场经济体制改革的总体要求，从电力工业的实际出发，国家采取了一系列的改革措施，有力地推动了电力工业的发展。通过实行集资办电和利用外资政策，发电环节基本形成了多元化的投资格局；电力企业加强管理、转变经营机制、建立现代企业制度的工作稳步推进；电力工业政企分开、农电体制和厂网分开、竞价上网试点三项改革取得了一定成效，为进一步深化电力体制改革积累了经验、创造了条件、奠定了基础。

（四）电力结构调整取得初步成效

小火电无序蔓延的状况得到初步遏制，关停小火电机组约1000万千瓦，高效大容量机组比重逐步上升。水电发展更加受到重视，三峡等大型水电站的建设按计划稳步推进。电网建设投入显著增加，“西电东送”通道进一步加强和完善，送电能力不断增加。1998年以来在全国进行的城乡电网建设与改造工程，使城乡电网供电质量和供电可靠性得到提高。

（五）环境保护工作取得积极进展

全国火电厂基本实现了烟尘和废水达标排放，2000年烟尘排放总量与1995年相比下降了约25%，废水排放总量下降了约35%，废水回收利用量增加了约一倍；二氧化硫排放总量开始呈现下降趋势，脱硫技术国产化和产业化取得了实质进展；年粉煤灰综合利用量超过6000万吨；水电和输变电工程水土保持和生态环境保护工作逐步规范化。

二、“十五”发展目标

（一）电力需求预测及分析

“九五”期间，全国发电量年均增长6.3%，各年增长速度呈先降后升的趋势。2000年达到11%。分析、综合各方面的研究结果，预计“十五”期间全国电力需求的平均增长速度为5%，实际增长速度可能略高一些，但相对“九五”各年的增长速度，“十五”期间将比较平稳，电量的总供给与总需求基本平衡。2005年全国年发电量将达到17500亿千瓦时以上。

当前各地区的电力供需情况存在明显差异。东北电网、福建电网和海南电网电力装机过剩较多。华中电网和川渝电网由于水电比重较大、调节性能差，丰水期电力过剩。华北电网、华东电网、山东电网和广西、贵州、云南电网电力供需基本平衡，电网中的局部地区存在短时供应不足的情况。广东电网2000年以来，在用电高峰期出现了电力供应紧张的局面。“十五”期间，随着进一步实施宏观调控和电网之间的互联，各电网之间的供需平衡差异将逐步缩小。初步分析，东北电网、海南电网供过于求的情况还将延续一段时间；广东、浙江、河北南部等局部地区供应不足的问题在“十五”初期有可能加剧；其他地区将基本保持供需平衡。

（二）发展目标

1. 电源

努力改善电力投资环境，保持相应的电力建设规模，保持电力供需的平衡。“十五”末期，全国发电装机容量预计达到3.9亿千瓦，其中水电9500万千瓦，火电28600万千瓦，核电870万千瓦，风力、太阳能等新能源发电120万千瓦。

2. 电网

“十五”期间，全国联网取得实质性进展。到2005年末，除新疆、西藏和海南外，各相邻电网基本实现互联，电网结构更加合理，具备防止发生大面积停电事故的能力；全国220千伏及以上交直流线路达到23万公里，变电容量达到6.7亿千伏安；二次系统与一次系统协调发展，通信网络整体能力大幅度提高；城市电网供电可靠性平均达到99.9%，部分重点地区达到99.99%；电网综合线损率控制在7%以下。

3. 技术装备

继电保护、电网稳定控制、超高压输变电、水电筑坝等技术处于国际先进水平；加快大型超临界火电机组、空气冷却机组、洁净煤发电机组、大型抽水蓄能机组、大型燃气蒸汽联合循环机组、核电机组、风力发电机组和电力环保装置等设备的国产化步伐；直流输电、500千伏大容量变压器、电力环保技术等，具备独立的设计、建设和设备供应能力；建立和完善适应电力工业发展需要的技术研究与开发体系、检测与质量保证体系；加强有关电力节能环保技术以及迫切需要的难点技术的研究与开发，掌握占据未来电力科技制高点的技术。

4. 环境保护

按照国家环保法规和标准要求，加强环境保护治理工作，全国火力发电厂主要污染物年排放总量基本维持在2000年的排放水平，并力争有所降低。二氧化硫排放得到有效控制，废水回收利用率达到60%以上。

5. 农村电气化

在农村电力“两改一同价”的基础上，力争通过十年左右的时间，使我国农村电气化水平上一个新台阶，为全面实现农村电气化打下坚实基础。到2005年，全国基本实现村村通电，进一步减少无电农户。

三、“十五”发展和调整的重点

（一）加强电网建设，推进全国联网

加大对电网建设的投入，扭转电网建设滞后于电源建设的局面。继续高标准、高质量地建设三峡输变电工程；继续加强南部、中部和北部三大“西电东送”通道；建成七项电网互联互供工程，即东北与华北联网、福建与华东联网、西北与华中联网、华中与华北联网、川渝与西北联网、山东与华北联网以及三峡送电广东；做好山东与华东联网的前期工作。同时，进一步改造和完善各电网主干网架。

（二）充分利用现有发电能力

利用现已成熟的技术手段，对国产20万千瓦和30万千瓦级火电机组继续进行更新改造，使平均供电煤耗降低10—15克/千瓦时，主要火电机组的调峰能力达到50%左右，提高机组等效可用系数，合理延长机组寿命，电厂自动化达到集控水平。

（三）进一步调整电源结构

积极发展水电。重点开发长江中上游及其干支流、红水河、澜沧江中下游、乌江和黄河上游等流域的水电资源。调峰能力不足、系统峰谷差大的电网，在对各种调峰手段进行充分论证的基础上，选择技术经济性较好的站址，适当建设抽水蓄能电站。“十五”期间，开工建设龙滩、小湾、水布垭、构皮滩、三板溪、公伯峡、瀑布沟等调节性能好的大型水电站，改善水电电源结构。同时做好水电河流规划和重大水电项目的前期论证工作，保持必要的前期储备。

优化发展火电。要继续按照国家现行政策，压缩小火电，努力实现“十五”期间关停小火电和替代老旧机组共2500万千瓦的目标；严格限制常规小火电的发展，不断提高大机组和高性能机组的比重。在山西、陕西、内蒙古和西南等能源基地建设矿区、坑口电厂，向东部

及沿海缺能地区送电，促进更大范围的资源优化配置，推动全国联网。积极引进和发展超临界机组，推进循环流化床等洁净煤发电示范工程。

适量建设天然气电站。在沿海缺能地区及大城市，根据国内天然气资源开发、“西气东输”工程的进展，以及国际天然气市场的情况，因地制宜地适量发展燃气蒸汽联合循环机组，促进国内天然气资源的开发利用，增加电网调峰能力。

适当发展核电。适当开工建设核电国产化驱动项目，逐步实现核电自主设计、制造、建设和运营的目标。

因地制宜发展新能源发电。加快以风力发电为主的新能源发电项目的建设，在新疆、内蒙古、东北、华北和东南沿海地区开发规模较大的风力发电场。继续开发利用太阳能、地热能等新能源发电。

（四）促进“西电东送”

调整东西部电源建设的布局，进一步扩大“西电东送”规模。在加快西部地区电力资源开发进度的同时，合理控制东部地区常规燃煤电厂的建设，为“西电东送”提供市场空间。

在南方互联电网重点做好向广东送电1000万千瓦工程。开工建设龙滩、小湾和构皮滩等大型水电站，在煤炭资源丰富的地区适当建设燃煤电厂。主要建设天生桥至广东第三回、昆明经罗平至天生桥、贵州经广西至广东三项500千伏交流输变电工程，以及贵州至广东、三峡至广东两项±500千伏直流输电工程。

在中部电网配合三峡水电站的建设，重点配套建设三峡输变电工程，总规模为交流500千伏输电线路6900公里，直流±500千伏输电线路2200公里，交流500千伏变电容量2475万千伏安，直流换流站总容量1200万千瓦。其中约60%的三峡输变电建设工程在“十五”期间完成。疏通四川电力外送的电网通道，为四川电力东送创造条件。

北部电网在现有山西大同至北京房山、内蒙古丰镇经张家口至北京昌平三回500千伏“西电东送”输电线路的基础上，加大蒙西、山西向京津唐送电力度。到2005年，京津唐地区接受蒙西送电容量超过270万千瓦。加快开发西北黄河上游水电站、建设陕北和宁夏煤炭基地坑口电站的步伐，努力实现向华北电网送电。

（五）推进农村电气化事业

农村电气化是实现农业现代化的基础和保证，大力推进我国农村电气化事业是电力工业发展的重要内容。按照建立现代企业制度和深化电力体制改革的要求，对县级供电企业实施公司制改革。优化发展小水电，支持有调节性能的小水电发展；改善农村电网结构，防止重复建设，提高供电质量和服务质量，着力降低农村电价水平，减轻农民负担；开发建设小型分散供电系统，解决电网覆盖不到地区无电农户的用电问题。

（国家经济贸易委员会）

中国冶金工业投资建设情况

自1996年以来，我国钢产量已连续五年超过1亿吨。冶金工业在经历了以数量扩张为主的发展时期后，进入了加速结构调整、提高竞争力为主的新阶段。到2000年底，全国年销售额在500万元以上的冶金企业4376家，从业人员约261万人。其中钢铁企业2506家，总资产8252亿元，从业人员约127万人；独立矿山537家、铁合金企业515家、炭素制品企业157家、耐火材料企业661家。

主要产品年生产能力分别为：钢1.34亿吨、生铁1.2亿吨、成品钢材1.38亿吨。2000年钢产量1.27亿吨、生铁1.31亿吨、钢材1.31亿吨，当年完成工业总产值3688亿元。

一、“九五”取得的主要成绩

（一）市场占有率稳步提高，品种结构调整取得较大进展

1995年钢材国内市场占有率为86%，2000年达90%。品种结构调整取得了较大进展，国民经济各部门和国防建设急需的一些钢材品种，如重轨、轻轨、造船板、集装箱板、桥梁钢板、管线用钢板、矿用钢丝绳等已可立足国内解决。

（二）工艺技术装备总体水平与国产化程度明显提高

我国冶金工业坚持以老企业改造为重点，在加快上海宝钢集团公司、天津钢管有限责任公司建设的同时，通过对鞍山钢铁集团公司、武汉钢铁（集团）公司、首钢集团、包头钢铁（集团）有限责任公司、马钢（集团）控股有限公司、太原钢铁（集团）有限公司、攀枝花钢铁（集团）公司、邯钢集团、抚顺特殊钢（集团）有限责任公司等一批大型企业的技术改造，建成了一批现代化生产线，行业整体技术装备水平得到了明显提高。同时淘汰了一大批落后的工艺装备，2000年底全行业基本淘汰平炉。一些过去主要依靠进口的冶金技术装备，如连续式棒材轧机、高速线材轧机等已实现国产化。

（三）依靠料技进步，主要技术经济指标取得明显进步

通过以喷煤、连铸和连轧等为重点的技术改造，主要技术经济指标达到或超过了历史最好水平，有的已接近国际先进水平。大中型钢铁企业吨钢综合能耗，2000年达到0.92吨标准煤/吨钢，比1995年降低了22%；连铸比，2000年达到82%，比1995年增长36个百分点，接近世界平均水平。

（四）深化企业改革取得实质性进展

到2000年底，按现代企业制度要求，实行公司化改组的大中型冶金企业已占70%以上，上海宝钢集团公司、鞍山钢铁集团公司、武汉钢铁（集团）公司、首钢集团、邯钢集团、攀枝花钢铁（集团）公司、吉林炭素厂、钢铁研究总院等52家企业实行了规范化的股份制改造，通过上市共募集资金约400亿元，有力地支持了冶金工业的发展。上海地区钢铁企业的联合重组、邯钢集团兼并舞阳钢铁公司、湖南冶金企业组建华菱集团、攀枝花钢铁（集团）公司兼并成都无缝钢管厂等，使我国冶金工业区域性组织结构调整迈出了重要一步。

二、“十五”发展目标

（一）国内钢材市场分析与预测

我国已成为最大的钢材消费国之一，随着经济持续、快速、健康发展，钢材消费增长的潜力仍然很大。预测2005年我国钢材表观消费总量达14000万吨以上。我国产业结构调整步伐的加快，促使我国钢材需求将发生变化。板带材的消费量及比例将保持较强的增长势头，长材的消费比例将逐步下降，但消费量仍保持一定的增长。预计到2005年消费板带比由2000年的40%提高到44%。

我国钢材市场容量很大，仍有许多领域需进一步开发：农业和建筑业等所需要的新型钢材。汽车、机械、家电及电力、石油、交通等产业升级换代所需要的高档钢材。西部开发用钢材品种，如“西气东输”用管线钢、西部油气田开采用高强度、高耐腐蚀性石油钢管。国防建设、军工生产所需的钢材新品种。

近年来，我国每年进口钢材平均在1500万吨左右，其中由于生产能力不足或产品质量达不到用户要求，目前还必须进口的约700万吨。主要品种有热轧薄板、冷轧薄板、不锈钢板带材、轿车用板、家电用板、镀锌板、镀锡板、冷轧硅钢片、优质高碳盘条、石油管、优质合金钢长材等。

（二）发展目标

冶金工业“十五”规划总的目标是通过技术进步、产业升级和企业的联合重组，搞好结构调整，优化资源配置，实现专业化分工，切实避免重复建设，进一步提高规模效益和竞争力，走可持续发展的道路。

市场占有率　2000年国产钢材国内市场占有率约90%，2005年提高到95%。

产品质量　2000年按世界主要产钢国实物质量水平生产的钢材比例为30%，2005年达到70%以上。

吨钢综合能耗　2000年大中型钢铁企业为0.92吨标煤/吨钢，2005年下降到0.8吨标煤/吨钢以下。

环境保护　2000年钢铁企业主要污染物排放基本达标，并实现污染物总量控制目标，2005年主要污染物排放总量比2000年再削减10%。

节水　2000年大中型钢铁企业吨钢耗新水量约30立方米，2005年降到16立方米以下。

劳动生产率　2000年钢铁主业劳动生产率约100吨钢/人·年，2005年达到250吨钢/人·年。

生产集中度　2000年前10位钢铁企业钢产量占总量的50%，2005年提高到80%以上。

（三）实施要点

1.布局和组织结构调整

我国冶金工业布局正处在从资源型向资源—市场型转变的过渡阶段。要进一步发挥市场对资源合理配置的基础作用和规划的指导作用，搞好布局和企业组织结构调整。应注意把握以下几点：

我国各地区经济发展不平衡，冶金工业发展应逐步向钢材市场容量逐渐增多的地区转移。我国冶金工业利用进口矿的比例逐年增加，冶金工业应逐步向利用进口矿条件较好的沿江、沿海地区发展。我国地域辽阔，运输费用对企业成本影响较大。普通钢材品种的发展，应尽可能考虑本地市场容量。华北、西北等地区严重缺水，钢铁企业不宜继续扩大规模。地处首都、大城市以及重要旅游城市、风景名胜地区的钢铁企业，应严格控制生产规模，并积极创造条件逐步缩减生产能力。大型钢铁企业的发展主要通过多种形式的联合与重组，组建跨国、跨地区或区域性、专业性（如不锈钢、无缝管、特殊钢）的企业集团。联合、重组的形式可以是资产一体化的兼并型模式；市场分配型、投资分工型的战略联盟；地处生态工业带的钢铁企业（主要在某些港口地区、资源富集地区），与其它类型企业联合组建综合性企业集团等。中小企业主要是通过联合、重组和专业化分工，向“专、精、特、新”方向发展，围绕地方经济发展的需要，搞好品种结构调整和节能降耗工作，加快淘汰落后生产能力，逐步发展成有特色产品、有竞争能力的企业。

（1）东北地区

东北地区钢材总的生产能力略大于需求，供需基本平衡。在建和计划拟建的重大项目完成后，产品结构基本趋于合理，冶金工业发展所需的资源（铁矿石、辅助原料）基本可以立足本地解决。目前存在的突出问题是，板带材产品深加工能力不足；落后的工艺与装备所占比例高于全国平均水平；一些企业老污染源没有得到有效治理，环保欠帐较多，能源消耗高；特殊钢企业的专业化分工不明确，缺少各自的拳头产品。东北地区冶金工业发展应在严格控制总量的前提下，逐步推动以鞍山钢铁集团公司为核心的企业联合、重组。加快发展冷轧薄板、镀锌板，以及汽车、机械、军工发展所需的高质量特殊钢材品种。

（2）华北地区

华北地区突出问题是钢材品种结构不合理，长材的生产能力严重过剩，板带材生产能力不足，铁矿石资源、水资源不能满足发展需要。华北地区钢铁工业的发展要严格控制总量，压缩生产规模，调整产品结构。适当发展优质冷轧、热轧、不锈钢薄板、涂镀层板，以及高质量石油用管、金属制品等。

（3）华东地区

华东地区经济发展迅速，钢材需求旺盛，具有使用进口铁矿石的便利条件，中小企业多，深加工企业多。目前钢的生产能力和市场需求基本平衡。“十五”期间，应进一步加大企业改制、改造和重组力度。搞好上海宝钢集团公司等大企业的热轧、冷轧及涂镀机组、宽厚板轧机、不锈钢冶炼、热轧生产线、特殊钢生产线、金属制品生产线等一批重点技术改造工程，集中精力解决铁钢材各工序环节的综合效益最大化问题。

（4）中南地区

中南地区特别是珠江三角洲，经济发展较快，钢材市场容量较大，中部地区靠近长江水道，运输方便，南部沿海地区有利用进口矿的良好条件，但冶金工业基础相对较弱，应充分利用国内外资源适度发展。积极推进组建以武汉钢铁（集团）公司为核心的企业集团，搞好武汉钢铁（集团）公司二热轧、二冷轧建设项目和其它大型企业的重点技术改造工程，将武汉钢铁（集团）公司建设成我国另一大钢铁精品生产基地。

（5）西部地区

西部地区冶金工业主要产品生产能力基本可适应区域经济的发展，但品种结构还有待于进一步调整。紧密结合西部大开发的需要，加大现有企业高速铁路用重轨、优质无缝钢管、优质合金钢材和精密合金钢材生产线的配套改造和国家已批准板带生产线的建设力度，提高产品实物质量。西部地区冶金工业的发展应以本地区资源为主，对开采条件较好的铁矿、锰矿应加快开发建设，同时还要合理利用国外的废钢、氧化球团资源。进一步做好攀枝花钢铁（集团）公司钒、钛资源的综合利用，形成新的经济增长点。

2. 产品结构调整

产品结构调整的重点是集中精力发展目前进口数量较大的关键钢材品种，通过完善工艺、提高钢质，实现产品的升级换代。

（国家经济贸易委员会）

中国有色金属工业投资建设情况

改革开放以来，我国有色金属工业得到了迅速发展。到2000年底，规模以上有色金属工业企业近3000家，总资产3100亿元。10种有色金属冶炼能力900万吨，其中铜160万吨，铝330万吨，铅120万吨，锌220万吨；铜材加工能力256万吨，铝材加工能力335万吨。2000年，10种常用有色金属产量775万吨，其中铜137万吨，铝289万吨，铅105万吨，锌195万吨；铜材155万吨，铝材218万吨，实现销售收入2200亿元，利润66亿元。

一、“九五”取得的主要成绩

（一）产量持续增长，缓解了国内供需矛盾

“九五”期间，有色金属产量快速增长，10种有色金属产量年均增长率达9.3%，改变了长期短缺的状况。目前，除铜受资源条件限制仍需进口外，铝供需基本平衡，铅、锌、镁自给有余，钨、锡、锑、钼、稀土等传统出口产品仍保持一定的出口规模，有色金属冶炼产品已由净进口转变为净出口。

（二）部分大企业技术装备水平明显提高

通过对江西铜业公司、铜陵和大冶有色金属公司、长城铝业公司、平果铝业公司、青铜峡铝厂、株洲冶炼厂及华北铝业公司、洛阳铜加工厂、株洲硬质合金厂等企业重点改扩建项目的实施，采用了世界上最先进的铜铝冶炼和加工技术与装备，使一批有色金属生产基地的工艺技术装备达到了国际先进水平。

（三）依靠科技进步，主要技术经济指标明显改善

通过推广强化熔炼、铝电解槽大型化、低浓度SO_2烟气制酸等先进工艺技术，有色金属行业主要经济指标取得了很大进步。1999年与1995年相比，氧化铝综合能耗降低了23.9%，铝锭综合电耗降低了6.0%，铜冶炼综合能耗降低了2.7%，氧化铝、电解铜、电解铝、电解锌的制造成本分别下降了15.2%、30.2%、

22.4%和8.1%，增强了企业的市场竞争能力。

（四）企业改革取得较大进展

有20家企业实行了股份制规范化改制，其中原中国有色金属工业总公司直属的13家企业通过A股、H股上市共募集资金约90亿元，有力的支持了企业的技术改造和发展。36家大中型企业实施了债转股；杨家杖子矿务局、新华钼矿等7家末期矿山实行了关闭；沈阳冶炼厂实施规范破产；通过联合重组成立了中国铝业公司，提高了有色金属工业的总体实力。

二、“十五”发展目标

（一）市场需求预测

“十五”期间，信息产业、交通、能源、建筑等消费有色金属较多的行业将保持快速发展，我国有色金属需求量仍呈现上升趋势。到2005年，铜、铝、铅、锌需求量分别为200万吨、380万吨、60万吨、120万吨；铜、铝年均消费增长率分别为1.0%、2.2%，铅锌略有增长。铜加工材需求量260万吨，铝加工材需求量280万吨。

（二）规划目标

1.总量调控　2005年10种有色金属产量调控目标为800万吨，其中铜170万吨，铝350万吨，铅90万吨，锌170万吨。锡、锑各6万吨，钨1.2万吨，稀土氧化物6万吨。

2.产品结构　铜精矿含铜量55万吨，氧化铝产量600万吨，铅锌精矿维持现有产量；完善并促进废杂料的回收，提高再生金属产量。铜加工材市场占有率由2000年的66%提高到2005年的70%；铝加工材由82%提高到90%。集中力量发展目前国内大量进口的有色金属深加工产品，加快半导体及高纯材料、超导材料、储氢材料、高性能电池材料、粉体及微孔材料等新材料的产业化。

3.技术装备　大型企业工艺技术装备和主要技术经济指标接近或达到世界先进水平。电解铝直流电耗：2000年为14300千瓦时/吨，2005年降到13500千瓦时/吨；粗铜能耗：2000年为0.72吨标煤/吨，2005年降到0.65吨标煤/吨；铜、铝加工成材率提高3—5个百分点。大于160KA铝电解槽生产能力占总能力70%；采用强化冶炼的铜、铅先进生产能力分别占85%、60%。采用湿法和密闭鼓风炉法炼锌的先进生产能力占90%以上。

4.组织结构　通过联合重组，培育1一2个具有国际竞争力的大型企业集团；组建8—10家具有比较优势的区域性集团，生产高附加值产品，在国内有较强竞争力；创建一批以新材料产业化为主的高新技术企业；中小企业以专业化生产为主，向特、精、深、新方向发展。铜、铝、铅、锌前5位企业产量占总产量的比重，2005年分别达到75%、60%、50%、65%。

5.环境保护　在2000年的基础上，2005年工业污染物排放总量再削减10%；工业水复用率由2000年的79%提高到2005年的85%以上。大中型冶炼加工企业环保设施达到国际先进水平，粗铜冶炼硫回收利用率达到95%，粗铅冶炼硫回收利用率达到90%，建成一批“清洁生产”企业。

三、重点任务

（一）产业及产品结构调整

1.铜工业

(1) 充分利用国内外两种资源，增加原料供应。抓好“九五”铜矿山建设工程的达产达标和老矿山接替工程，充分发挥投资效益。积极创造条件，开发国内新矿山，对前期工作准备充分的项目，尽早开工建设，争取精矿含铜生产能力增加10万吨左右。充分利用国外资源，通过签订长期供货合同、海外投资办矿等多种方式，建立起稳定的原料供应基地。搞好赞比亚谦比西铜矿的合作开发。

(2) 严格控制冶炼能力增加。“九五”期间我国大部分铜冶炼企业进行了全面的技术改造，技术装备水平基本处于国际先进水平，今后重点是推进清洁生产，进一步改善环境、降低成本，提高竞争力。现有铜熔炼、电解铜生产能力已可满足2005年的需要。严格限制以扩大生产能力为目的，无原料来源的新建、扩建铜熔炼和电解铜项目。对污染严重、金属回收率低的小型铜熔炼厂，按国家有关政令、法规予以淘汰。

(3) 发展铜加工材紧缺品种。鼓励企业通过技术改造，提高技术装备水平，发展国内紧缺品种，如电力工业用超长冷凝管、高效散热管，厚度18微米以下及宽度1.2米以上的电解铜箔、电子工业用引线框架铜材、变压器用铜带等产品。严格控制新建一般铜加工项目，淘汰“二人转”式轧机、热轧方法生产铜线杆等落后工艺，一般铜加工材能力不再扩大。

2.铝工业

(1) 鼓励发展氧化铝。重点对现有氧化铝厂进行扩建和改造。主要有广西平果铝业公司二期工程、长城铝业公司中州铝厂扩建工程、山东铝厂、贵州铝厂、长城铝业公司氧化铝厂的技术改造工程等。

(2) 对电解铝总量增长严格调控。2005年，电解铝需求量约380万吨，现有电解铝能力已达340万吨/年，缺口已不大，对电解铝实施严格总量调控，新增电解铝项目必须纳入统一规划。

(3) 集中建设预焙阳极生产企业。鼓励采用股份制、联营联合等方式，选择在石油焦产地，集中建设预焙阳极生产企业。

(4) 发展铝加工材紧缺品种。支持企业通过技术改造，发展高精度铝板带、电子铝箔、亲水铝箔、大型铝型材和涂层铝材，积极创造条件建设一套热连轧铝板生产线。一般铝加工能力不再扩大，严格控制新建铝加工项目，限制铸轧能力的扩大。

3. 铅锌工业

(1) 严格控制冶炼能力增加。目前，我国铅锌产量供大于求，2000 年铅出口 44 万吨，占总产量的 40%；锌出口量 60 万吨，占总产量的 30%。国内铅锌生产原料供应不足，大部分富矿已开采利用，未开发利用资源大部分建设条件较差。目前铅锌精矿已大量进口。要严格控制新建铅锌冶炼企业和现有企业生产能力扩大，加快淘汰土法炼铅锌的工艺及设备。

(2) 加强大中型企业技术改造。鼓励大、中型铅锌冶炼企业，围绕提高技术装备和综合利用水平、降低消耗和生产成本，改善环境，采用国内外先进的冶炼工艺和低浓度二氧化硫制酸工艺进行技术改造，实现产业升级。

4. 其它有色金属

镍保持现有生产水平，重点支持金川镍基地产业升级等配套建设。根据市场需要，鼓励镍企业发展镍盐等深加工产品。

钨、锡、锑、稀土等国家保护性矿种和我国传统出口金属，要根据国内消费和合理的出口需要，加强资源保护和合理开发，严格控制矿山能力、冶炼能力和产量，使资源优势真正转化为产业优势。鼓励企业扩大产品品种，发展延深产品及深加工。发展精细化工产品、高质量硬质合金、锆材、钛材、高比容钽粉、细径钽丝等。加快白钨资源的开发利用。

5. 有色金属新材料

加强电子、信息、建筑、交通、机械、家用电器、国防等行业所需新材料的科研开发，形成具有自主知识产权的新材料生产技术，填补新材料产品技术和市场空白。以企业为主体，集中资金和力量，提高新材料研究开发的技术装备水平，加快科研成果的产业化，实现规模化生产。充分利用我国稀土、铌、钒、钛、钨、锑等资源，发展具有资源优势的新材料，积极参与国际竞争，改变初级产品大量出口的状况。

(二) 政策及措施

1. 加强地质勘探工作

重点安排铜、铅、锌等矿产资源勘探、找矿。对现有矿山的深部和周围加大勘探力度，增加储量，延长寿命，主要矿山有金川、中条山、锡铁山、红旗岭、水口山、大厂、云锡等。加大新区找矿力度，重点突破天山铜金、柴达木铅锌、西成铅锌、川滇铜锌矿带，提交可供建设的大型铜、铅、锌矿床。

2. 支持中西部地区矿山开发建设

目前我国可供建设的大型铜、铅、锌矿山，多数位于中西部地区，为保持国产矿在矿产原料中的适当比例，国家采取优惠政策，大力支持中西部地区矿山的开发建设。

3. 充分利用国外有色金属资源

充分利用国外有色金属资源，主要是铜、铝、铅、锌资源，鼓励企业到有色金属资源丰富的国家建立原料供应基地，通过风险勘探、投资办矿、签订长期供货合同、承包建设等，多渠道增加铜、铅、锌精矿和氧化铝供应量。

4. 积极推进铝电联营

电解铝生产是耗电大户，为了进一步降低成本，应积极推进铝电联营，实现稳定、廉价电力保障，降低电解铝生产中电费所占成本比重，以增强我国铝工业的竞争力。

5. 支持环保、节能和综合技术改造

支持企业节能降耗、环境治理及综合利用技术改造。对资源综合利用及处理废渣、废水、废气形成的新兴产业和产品，实行优惠政策。

6. 整顿和规范市场经济秩序

进一步修订完善有色金属工业产业政策，适时颁布鼓励发展、禁止投资和淘汰落后工艺、产品目录，引导投资，防止低水平重复建设。加强执法力度，禁止有色金属矿产资源的无证开采和乱采滥挖；取缔污染严重，对人民生命财产安全造成危害的土法炼砷、汞、铅、锌、锡、锑等。对钨、锡、锑和稀土等矿产资源实行保护性开采。加强有色金属废杂回收和来料加工贸易管理。

(国家经济贸易委员会)

中国机械工业投资建设情况

新中国成立50年，特别是改革开放以来，机械工业取得了稳定、快速的发展，建立了门类比较齐全的工业生产体系。机械行业现有规模以上企业（全部国有及年产品销售收入500万元以上非国有工业企业）39948个，总资产为24694亿元。2000年工业总产值（90年不变价）为18000亿元，工业增加值为4580亿元，产品销售收入完成17243亿元，利润总额576亿元。上述各项经济指标约占全国工业的1/4—1/5。2000年实现机电产品进出口总额2081.8亿美元，占全国外贸比重为43.9%，其中出口1053亿美元，占全国出口比重为42.3%。

一、“九五”发展成就

（一）科技进步取得积极成果，掌握了一批重大技术装备的核心、关键技术

30万及60万千瓦亚临界火电机组、50万伏交流超高压输变电设备、6000米电驱动沙漠石油钻机、宝钢三期工程成套设备、30万吨合成氨和52万吨尿素关键设备、千吨级加氢反应器、500万吨——1000万吨炼油关键设备、中马力拖拉机和联合收割机等大中型农业装备、五坐标联动数控加工中心、新一代总线测控系统及仪表等一大批重大技术装备和高新技术产品已成为国民经济建设的主力设备。汽车产品“缺重少轻，轿车几近空白”的不合理结构基本得到扭转，部分汽车整车和零部件产品达到国际90年代水平。轿车产品基本采用电控燃油喷射系统，使我国汽车产品在环保、节能等方面取得重大进展。

（二）机械工业生产持续、稳定增长，有力地支撑了国民经济的快速发展

一些产品产量居世界前列：2000年我国生产发电设备1600万千瓦，机床产量17.66万台，均居世界前列；摩托车产量1153万辆，占当年世界产量的44%；照相机产量5514万台，占全世界产量的一半以上。改革开放以来机械工业的平均增长速度高于同期国内生产总值和工业总产值的增长速度。

（三）全方位、多层次的对外开放格局基本形成

机械工业利用外资累计签约2.25万项，协议金额365亿美元，实际利用外资170亿美元，外商投资企业开业1.4万个，2000年销售收入4600亿元。机械产品进出口大幅度增长，建成了一批较高水平出口基地，出口市场实现多元化，来料加工所占比重大幅度提高，制造技术及大型成套设备等高附加值商品出口取得突破性进展。

（四）市场化程度日益提高，经营机制转换逐步深入

重点骨干企业建立现代企业制度、股份制改造和境内外上市进展较快，多种经济成份企业共同发展的格局基本形成；生产要素已基本实现市场化配置，机械产品的生产、销售和价格已主要由市场供求关系来决定。

（五）企业组织结构调整取得积极进展，机械工业生产集中度有所提高

形成了一批销售额超100亿元的企业集团，大企业对机械工业发展的影响大大增强。中小企业发展步伐加快，专业化生产体系逐步形成。

二、“十五”发展目标

（一）市场发展趋势

随着国民经济的持续快速发展，对机械产品的市场需求不断增长，“十五”将为机械工业发展带来新的机遇。

1．工业产业升级对重大技术装备提出了更高的要求　“十五”期间，电力工业主要是加大结构调整力度，保持适度的开工规模，其中水电和电网建设规模大幅度增长，对大型、高效、环保型发电设备和新型输变电设备的需求量加大；冶金工业主要是调整产品结构，提高行业整体水平，集中力量发展高质量、高附加值、高技术难度的扁平材品种，重点推广先进、节能、高效、清洁生产技术和工艺，对自动化、大型化、连续化和高效、成套先进装备的需求将有较大增长；石油工业重点围绕油气探采和原油加工，石化工业重点围绕增加产品品种和提高质量，化学工业重点围绕农用化学品和新型化工材料以及高科技精细化工产品的生产等，新建一批重大项目，对大型空分设备、压缩机等关键产品提出了更高的要求；煤炭工业将围绕建设高产高效矿井，大力提高煤炭品质和综合利用水平，推进洁净煤产业化，要求综采设备、安全技术设备和洗选设备提高自动化水平，发展大型煤炭气化、液化装置；纺织工业为增加花色品种，提高产品档次，急需淘汰一批落后工艺及装备，更新改造生产工艺；轻工机械重点增加高附加值产品比重，使产品的质量、可靠性和寿命进一步提高，产品向大型化、精密化、自动化方向发展；建材行业将改造一批大型水泥、墙体材料成套生产设备和超细粉磨设备，提高玻璃钢制品成型率；此外，有色金属、电子、烟草、医药、铁道、交通等工业行业“十五”在推进结构调整、促进产业升级中，对机械产品的品种、水平、质量和性能的需求也将有较大提高，具备高效、节能、低污染、智能化、柔性化、成套化等特征的机械产品将逐步成为市场的主流。机械、汽车行业自身进行产业升级和技术改造也需要大量的先进加工设备和测试仪器。

2. 农村经济发展为农业装备提供了新的市场机遇 农业产业化经营步伐的加快，不仅对耕、种、收等各种农业机械的先进性、适用性提出了新的要求，也对农作物产前、产后的种子加工、品种改良、农副产品的烘干、储运、精深加工设备提出了新的需求；随着农业技术的不断发展，设施农业、精准农业、绿色农业等将在我国经济发达地区加快成长，对装备的要求将不断提高；我国水资源严重短缺，节约用水已成为保持经济稳定发展的重大课题，节水灌溉技术装备市场潜力很大；随着城市绿化加快和畜牧经济的发展，园林机械、畜牧机械的需求也将增长。随着农村经济发展、农民生活水平提高和农村公路的快速建设，对经济适用型汽车的需求量越来越大，为微型汽车、轻型汽车和农用车提供了广阔市场；此外退耕还林、还草、还湖、农田基本建设也需要大量装备。

3. 扩大内需和实施西部大开发战略将带动机械产品的需求增长 鼓励轿车进入家庭的消费政策将扩大轿车产品需求，带动整个汽车行业快速发展，成为新的增长点；随着城镇化战略实施，城市现代化进程加快，各类城市客车、公路客车的需求大幅增长。随着西部大开发计划的实施，“西电东送”、“西气东输”工程将大大促进燃气发电设备、75万伏交流输变电设备和超高压直流输电设备的发展，并带动一大批通用机械（泵、阀、管道、容器等）的增长；西部重点公路、铁路、建筑、水利、电力、机场等基础设施项目建设为工程施工机械、中重型载货车、轻型乘用车及各种专用汽车产品生产提供了新的发展机遇。

（二）发展目标

“十五”期间，机械工业年均增长速度在10%左右，2005年机械工业产值占全国工业总产值的比重达到26%左右；机械工业对国内生产总值增长的贡献率进一步提高，工业增加值占国内生产总值的比重超过6%；出口创汇达到830亿美元，在全国外贸出口总额中的比重达到28%，劳动生产率要在2000年基础上提高一倍；资金利润率超过当时全国工业平均水平，产品水平明显提高，树立起较好的产品质量形象。

到2005年，机械工业供给结构不适应需求结构变化的状况将得到较大改善。农业、电力、冶金、有色金属、石油、石化、轻工、纺织、煤炭和交通建设等所需大部分设备由国内提供，产品质量稳定可靠，主要产品性能接近世界先进水平，基本扭转大型成套设备主要依靠进口的局面；国产数控机床市场占有率按价值和产量计分别达到50%和65%；机械基础零部件滞后于成套设备及主机发展的状况得到较大改观；在汽车产品中，经济型轿车得到较快发展，提高轿车、柴油车和代用燃料车占汽车总产量的比重；扩大摩托车产品出口。

三、“十五”发展重点

“十五”机械工业重点发展四个领域：关系国计民生、涉及国家经济安全且对工业结构调整有重大影响，为国家重点建设服务的重大技术装备；规模效益显著且对相关产业关联度较大的汽车产品；为农业现代化服务的适用、先进农业装备；为整个制造业提供装备的数控机床等关键基础产品。

1. 重大技术装备领域

大型电力设备 继续完善提高作为主力机组的30、60万千瓦亚临界火电机组和70万千瓦级大型混流式水电机组的性能质量。依托试点工程，引进国外先进技术并结合国内联合自主开发，启动大型燃气轮机产业化项目。加快发展大型超临界火电机组，大型循环流化床锅炉，大型空冷机组，大型抽水蓄能机组，大型低水头贯流机组，百万千瓦级核电机组，新能源发电设备，超高压直流输电设备，75万伏交流输变电设备以及大型发电设备所需的铸锻件。

大型冶金成套设备 发展薄板坯连铸连轧设备，冷轧宽带钢连轧设备，镀锌和涂塑设备，高精度合金钢轧机，大型真空精炼装置，干熄焦设备，高炉炉顶压差发电机组等重大设备。

大型石油化工成套装置 以大型石油化工工程的改扩建为契机，依托重点工程，实现石油化工装置的关键设备（如乙烯裂解“三机”）主要由国内提供，基本满足大型油气探采、炼油和乙烯、化肥成套装置的配套要求。

煤炭机械 重点发展年产600万吨综采工作面的配套设备，年进尺8000米以上煤巷快速掘进成套设备，千米深井井筒装备，机电一体化大型高效选煤厂设备，大型化水煤浆生产设备等。

建材机械 重点发展日产4000吨以上新型干法水泥成套装备，高效节能粉磨设备，年产5万立方米以上规模的混凝土砌块生产装备，大型玻璃纤维池窑金属换热器等。

纺织机械 重点开发研制大容量、短流程、连续化的聚酯装置和粘胶、腈纶、涤纶以及氨纶纤维成套设备，新一代清流联合机，精梳机，高性能粗纱机，细络联合机和新型纺纱设备。提高自动络筒机和无梭织机的技术水平和可靠性。

轻工机械 重点发展制浆造纸机械，塑料制品加工机械，陶瓷与日用玻璃制品机械，酿酒饮料机械，乳品加工和制糖机械以及服装、洗涤、皮革等机械。

城市轨道交通设备 重点发展地铁和轻轨机车及控制调速系统、大型牵引调速电机、通讯信号系统和公用设施等关键设备，提高系统成套水平。

大型环保设备 针对国家加大对大气、固体废弃物、水等环境治理力度的要求，重点发展火电厂烟气脱硫、工业废水废气处理、城市污水和垃圾处理成套装置等，掌握设计制造技术，提高产品档次和水平。

大型工程施工机械 依托国家基础设施建设，重点发展进口量大的高等级公路、铁路及桥梁等建设用大型混凝土搅拌、摊铺、平地设备，水利防洪及建筑深基础处理所需的防洪固堤、连续防渗墙施工设备和多功能钻机，西部开发建设需要的抗风沙、耐高寒大吨位起重、凿岩、深挖、深埋设备等。

2. 汽车产品领域

汽车零部件 对于已形成一定基础，批量为引进车型国产化配套、影响整车性能的关键总成和系统零部件产品要支持其加快发展，提高竞争力；对于已有一定比较优势的劳动密集型、材料密集型产品要继续做大做强；对于国内尚属空白或开始起步，但具有潜在市场需求的高新技术产品（如防抱死装置、安全气囊、三元催化转换器等）要重点发展，以基本满足主机配套和出口要求。

轿车 重点发展排量1.3升以下，百公里油耗达到国内先进水平，符合国家安全、节能、排放法规及私人用车要求的经济型轿车。根据出租车相对集中、使用频繁的特点，发展绿色环保的出租用轿车。适度发展达到欧洲第二阶段、欧洲第三阶段排放控制水平的轿车柴油机、单燃料CNG和LPG发动机及混合动力系统。

载货汽车 重点发展适应高速公路需要的（排量9升以上、输出功率300马力以上）重型车，主要有大功率牵引车、重型专用汽车及其专用车底盘以及功率在300马力以上达到欧洲第二阶段、欧洲第三阶段排放控制水平的车用柴油机。适度发展单燃料CNG和LPG发动机（达到欧洲第二阶段、欧洲第三阶段排放控制水平）。积极利用轻型车和微型车现有生产基础和条件，开发、生产适合农村使用条件的轻、微型客货车。

客车 重点发展绿色环保的公交汽车，低地板公交客车，适应高速公路需要的大中型客车，专用客车底盘及关键总成。根据市场需求适当发展高档旅游客车。

专用汽车 以专用汽车底盘和专用装置为突破口，重点发展适于高等级公路运输的重型半挂牵引车和专用半挂车、城市环卫车、市政作业车、施工工程车、机场专用车、油田专用汽车等产品。发展为满足国防现代化要求的各种专用汽车。

摩托车 以绿色环保产品为重点，加快发展新型摩托车（如电喷车、电动车等）以及满足新的法规要求的发动机和关键零部件。加快开发和生产适合农村路况差、载荷量大、可靠性要求高、价格低、维修方便等使用条件的车型。

3. 农业装备领域

种植业机械设备 重点发展80马力以上轮式拖拉机，低比压、橡胶履带拖拉机及为其配套的少耕、免耕深松作业机，秸秆及根茬粉碎还田机，精量施肥播种联合作业机，水稻、玉米、棉花工厂化育秧及栽培成套设备，采棉机和联合收割机，工厂化农业、设施农业所需成套设备，农药喷洒设备等。

新型节水灌溉设备 重点发展高效喷灌和滴灌成套设备，防沙治沙滴灌设备，干旱、半干旱地区集雨灌溉设备，井灌区群井环网远程自动检测控制系统，节水灌溉装备关键部件和自控系统等。

农副产品精深加工成套设备 重点发展高等级粉、专用粉及淀粉加工成套设备，长绒棉、机采棉加工成套设备，水果蔬菜清洗、分级、灭菌及保鲜、储运成套设备，粮食清选、分级及烘干成套设备，菜籽、棉籽饼粕脱毒成套设备等。

集约化养殖及草原建设成套设备 重点发展新型规模化猪场、奶牛场饲养与奶制品加工成套设备，大型养殖场粪污有机肥处理成套设备，青贮饲料收获及储运设备，牧草收割、打捆、堆垛、储运成套设备，园林机械等。

4. 基础产品领域

数控机床 主要是增加品种，提高可靠性。重点发展缺门、短线、专用、成套和高性能数控机床产品，尤其要大力发展普及型数控机床和关键功能部件，扭转国产数控系统和功能部件滞后于主机发展的状况。以精干主体、加强自主开发和关键件国际化采购为手段，大力提高国产数控机床的水平、性能和可靠性，形成一批特色、名牌产品。

数字化、智能化工业控制和仪表系统 围绕电子信息、机械、冶金、石化、电力、汽车、环保等重要产业部门对智能化测量、分析、监控仪表装置及系统需求，开发具有自主知识产权的现场总线控制系统和一批智能化、网络化的工业过程分析仪器和监测仪器，加强传感器技术的研究开发和生产，提高产品水平和可靠性。

重要基础零部件 重点发展液压件、密封件、气动元件、精密大型专用轴承、模具、低压电器等产品，提高产品的水平、性能和可靠性，提高对主机产品的市场满足度。

高效、节能、环保型动力设备 重点发展100马力以上大型拖拉机、联合收割机及装载机、挖掘机、推土机用柴油机，新型低速船用柴油机。积极研究开发电控柴油机产品，开发生产符合环保法规要求的汽车、农用运输车用柴油发动机及关键配附件，尤其要加快发展柴油电控系统、电控喷射系统。

（国家经济贸易委员会）

中国汽车工业投资建设情况

改革开放以来，我国汽车工业得到了较快发展，形成了比较完整的汽车产品系列和生产布局，建成了第一汽车集团、东风汽车集团、上海汽车工业（集团）公司等大型企业，国产汽车市场占有率超95%，载货汽车品种和产量基本满足国内市场需求，轿车市场供需矛盾突出的问题得到了缓解。我国已成为世界摩托车生产大国，形成了几家初具国际竞争规模的摩托车生产企业，品种和数量基本满足国内市场需求并有部分进入国际市场。

2000年，全行业实现销售收入3911亿元，利润177亿元，比1995年分别增长80%和107%；生产汽车207万辆，其中轿车60.5万辆，比1995年分别增长43%和86%；生产摩托车1153万辆，占世界摩托车产量的44%，比1995年增长45%；汽车工业出口额为25亿美元，进口额为36亿美元。

一、“九五”发展成就

（一）生产集中度有所提高

《汽车工业产业政策》颁布以来，国家对汽车工业的扶持政策向重点骨干企业倾斜，80%以上的投资集中于前13家骨干企业，促进了我国汽车工业组织结构的优化，大企业对行业发展的主导作用不断加强。2000年，前13家骨干企业汽车生产集中度超过90%，其中一汽、东风、上汽3家企业集团汽车生产集中度达到44%，轿车生产集中度超过70%。

（二）产品结构调整取得积极进展

随着市场需求的不断变化，产品更新换代步伐加快，整车及关键零部件水平明显提高，部分产品已达到国际90年代水平。轿车产品基本采用电控燃油喷射系统，在排放、节能等方面取得重大进展。产品品种增加并逐步适应市场需求，汽车行业“缺重少轻，轿车几乎空白”的问题基本得到解决，产品结构渐趋合理。1990年到2000年，轿车、客车、载货车产量占总产量的比重分别从8.3%、25.1%及66.6%调整为29.2%、33.9%及36.9%，柴油车占总产量比重从14.9%上升到29.7%，2000年重、中、轻、微载货车产量占货车总产量的比重为10.7%、20.2%、51.1%、18.0%。

（三）零部件发展步伐加快

在国家政策扶持及“一条龙”、“双加工程”等专项技改的支持下，我国汽车零部件工业加大投资力度，积极调整产品结构，不断提高技术水平，加快国产化步伐，形成了一批初具规模，能面向多种车型配套并开始进入国际市场的重要产品和骨干企业，零部件生产实力有所增强。批量生产的主导车型国产化率已达80%以上，轿车达到80%国产化率所需时间已从过去6—8年减少到现在3—4年。1990年到2000年零部件出口创汇年均递增30.2%。

（四）产品开发能力建设得到重视和加强

针对长期存在的开发能力弱，严重制约我国汽车工业发展的突出问题，“九五”期间国家和企业重视开发能力的建设，给予了政策支持，加大了资金投入，取得了一定成效。部分中低档产品初步形成以我为主的开发能力，一些高档产品也从过去单纯引进生产技术，转变为同时引进产品开发技术，引导外商与中方合作建立技术开发中心并开始与国外联合开发新产品。

（五）对外经济技术合作取得重要进展

到1998年底，汽车行业已与20多个国家和地区的企业建立了600多家外商投资企业。外商投资总规模210亿美元，其中注册资本为106亿美元，外资实际到位45亿美元。引进了300多项整车及零部件技术。加大了汽车工业的投资力度，促进了技术水平和管理水平的提高。

二、“十五”发展目标

（一）市场需求预测

1．市场前景分析

随着国民经济的持续、快速发展，人民生活水平的不断提高，国内汽车市场将保持快速增长，产品需求结构将发生较大变化，载货汽车需求量将增长，但市场份额将有所下降。轿车、客车、尤其是微型客车的需求量将有较大增长，市场份额将进一步提高。

我国个人汽车保有量从1990年的81.6万辆增加到1999年的534万辆，年均增速为23.2%，远高于汽车保有量平均增长速度；个人汽车保有量占全国保有量的比重则从14.8%上升到36.8%，1998年以来，50%以上的汽车为个人购买。以城镇为中心，公款购买、公务使用的第一层次市场会逐步缩小，以企事业单位公款购置商务用车的第二消费层次市场需求会保持相对稳定或略有下降，以富裕阶层为中心，私人购买和使用的第三层次市场发展势头良好，将成为吸纳汽车增长量的主体，随着国家有关鼓励私人购车政策出台，预计个人购车比例将逐年快速增长。

“十五”期间，国家实施扩大内需和西部大开发战略，为我国汽车工业的发展提供更为广阔的空间。加强西部的公路及基础设施建设，将对汽车市场起到强有力的拉动作用，尤其是对中重型货车、各种专用汽车、矿用车和大中型客车的需求将明显增加。同时西部大开发将推动西部地区的经济快速增长，缩小东西部的差距，促进西部地区汽车市场的有效增长。

农村汽车市场发展潜力巨大。90年代以来，农用车市场成长迅速。根据第五次全国人口普查数据：居住在乡村有8亿人口，占总人口的64%。目前乡村保有1700多万辆农用三轮车、四轮车和1000多万辆各式拖拉机、100多万辆各种汽车。“十五”期间国家实施城镇化战略，通过转移农村人口，加快发展农村经济，不断提高农民收入，将会促进汽车，尤其是轻、微型客货车需求的较大增长。

此外，用于国防建设的交通运输、指挥通讯、后勤保障等车辆的需求将有一定增长。

2. 市场需求预测

（1）轿车

我国工业化进程的不断加快和人民生活更加富裕的发展趋势，必将不断扩大轿车的购买群体，轿车将成为汽车需求增长的主力，轿车占汽车需求量的比例将稳步上升。轿车进入家庭不太可能出现爆炸性需求，而将是依次渐进的。中高级轿车将保持较稳定的需求，但市场占有率将有一定的下降，普通级轿车，尤其是经济型轿车将成为市场主导产品，品种将趋向多样化、个性化，市场占有率将逐年提高。

（2）载货汽车

交通状况的改善和消费结构的变化，将促进载货汽车需求结构的变化，载货汽车向重型和轻微型发展的趋势更加明显。随着公路，尤其是高速公路的快速发展，环保要求的不断提高，燃油税的实施，重型汽车需求将会有显著增长，中型载货汽车的总需求量将有所萎缩，轻型货车市场需求将稳定增长。随着农村经济的快速发展，轻微型货车将有较大市场需求。

（3）客车

西部大开发及高等级公路的快速建设为公路客车提供了新的市场空间。大中型客车仍将是中长途客运的主力车型，需求将逐步增长。随着假日经济、旅游业的发展，中高档客车需求将稳步增长。城市建设的加快、城市道路的不断延伸，使城市公交运输愈加繁忙，大、中、轻型城市客车需求稳步增长。城镇化战略的实施将促进轻、微型客车尤其是微型客车的市场需求进一步扩大。

2005年汽车保有量和需求量预测

单位：万辆

项目	总量	轿车	客车	货车
保有量	2465—2546	830—870	770—790	865—885
需求量	310—330	110—120	105—110	95—100

（4）摩托车

摩托车国内市场将呈现持续缓慢增长态势，市场竞争仍将十分激烈，竞争的焦点将逐渐由以价格为主转向质量、价格、品种（尤以符合环保要求的绿色产品）、品牌、售后服务等方面。近年来，我国出口到东南亚、南美的摩托车数量快速增长，预示着上述市场将有一定的增长需求。到2005年，我国摩托车保有量将达到9500—10000万辆，当年需求量为1200—1300万辆。

（二）发展目标

1. 总量目标

2005年，汽车产量为320万辆左右，其中轿车产量为110万辆左右，汽车工业增加值为1300亿元，占国内生产总值1%左右，汽车产品基本满足国内市场需求。汽车产品出口占销售收入的比例达到8%左右。2005年摩托车产量约为1300万辆。摩托车出口占其销售收入的比例达到15—20%。

2. 组织结构调整目标

到2005年形成2—3家具有一定国际竞争力的大型汽车企业集团，初步建成与国际接轨的汽车销售与售后服务体系，其产品国内市场占有率超过70%，并有部分出口。培育5—10家初具国际竞争力的零部件大型企业集团，关键零部件前3家国内市场占有率达到70%，零部件出口产值占其总销售额的20%。形成3—4家具有较强国际竞争力的摩托车企业集团。

3. 产品结构调整目标

产品结构的调整方向是轿车占汽车总量的比重增加，载货汽车中重型车和专用车的比重增加。提高柴油载货车、轻型柴油客车的比重，中型车要全部实现柴油化。柴油轿车、柴油微型车生产开始起步，燃气公共汽车、出租汽车的产量将适当增加。到2005年轿车产量占总产量的比重从2000年的29.2%提高到35%以上；柴油车占总产量的比重从2000年的29.7%提高到35%左右；代用燃料车达到总产量的2%以上。要提高汽车零部件产品系统配套、模块化供货能力，增加高技术、高附加值零部件产品和为轿车及国际汽车市场供货的比例。“十五”期间要停止生产化油器轿车和采用CFC—12工质空调的汽车，“十五”末期争取停止生产采用化油器的汽油车。

4. 技术结构调整目标

“十五”末期，汽车及关键零部件的产品性能、质量水平要达到或接近国外同类产品水平。

三、“十五”调整的主要内容

汽车零部件 对于已形成一定基础、批量为引进车型配套、影响整车性能的关键总成和系统零部件产品要集中支持发展,提高竞争力;对于已有一定比较优势的劳动密集型、材料密集型产品要继续做大做强;对于国内尚属空白或开始起步,但具有潜在市场需求的高新技术产品(如防抱死装置、安全气囊、三元催化转换器等)要重点发展,以基本满足主机配套要求并参与国际分工。

轿车 重点发展排量1.3升以下,百公里油耗达到国内先进水平,售价8万元左右,符合国家安全、节能、排放法规及私人用车要求的经济型轿车。根据出租车相对集中、使用频繁的特点,发展绿色环保的出租用轿车。适度发展达到欧洲第二阶段、欧洲第三阶段排放控制水平的轿车柴油机、单燃料CNG和LPG发动机及混合动力系统。

载货汽车 重点发展适应高速公路需要的(排量9升以上、输出功率300马力以上)重型车,主要有大功率牵引车、重型专用汽车及其专用车底盘以及功率在300马力以上达到欧洲第二阶段、欧洲第三阶段排放控制水平的车用柴油机。适度发展单燃料CNG和LPG发动机(达到欧洲第二阶段、欧洲第三阶段排放控制水平)。积极利用轻型车和微型车现有生产基础和条件,开发、生产适合农村使用条件的轻、微型客货车。

客车 根据公交汽车的使用特点和要求,重点发展绿色环保的公交汽车,低地板公交客车,适应高速公路需要的大中型客车,专用客车底盘及关键总成。根据市场需求适当发展高档旅游客车。集中扶持8—10家能参与国际市场竞争的大、中型客车企业,鼓励扩大出口。

专用汽车 以专用汽车底盘和专用装置为突破口,重点发展适于高等级公路运输的重型半挂牵引车和专用半挂车、城市环卫车、市政作业车、施工工程车、机场专用车、油田专用汽车等高技术、高附加值产品。发展为满足国防现代化要求的各种专用汽车。重点扶持20—30家优势企业,形成开发能力,鼓励产品出口。

摩托车 以绿色环保产品为重点,加快发展新型摩托车(如电喷车、电动车等)以及满足新的法规要求的发动机和关键零部件。同时应加快开发和生产适合农村路况差、载荷量大、可靠性要求高、价格低、维修方便等使用条件的车型。继续引导和鼓励产品出口。

(国家经济贸易委员会)

中国化学工业投资建设情况

经过50年的发展,我国已经形成了门类比较齐全、品种大体配套并基本可以满足国内需要的化学工业体系。2000年,销售收入在500万元以上的企业有12216家,资产净值4054亿元,全行业工业产值4661亿元(现价),工业增加值1376亿元,实现利税397亿元,其中利润140亿元。建成了一批具有先进水平的大型生产装置。现有年产30万吨以上合成氨厂30个,60万吨以上的纯碱厂5个,200万条以上轮胎厂10余个,30万吨以上的硫酸厂5个,12万吨以上的高浓度磷肥厂10个,10万吨以上的烧碱厂15个。一批大型有机原料和精细化工装置也达到和接近国际先进水平。

一、“九五”取得的成绩

(一)化工生产稳步增长

主要产品产量增长情况如下:

主要化工产品产量表 单位:万吨

产品名称	1995年产量	2000年产量
合成氨	2764	3105
化肥	2497	3186
其中:氮肥	1858	2398
磷肥	619	663
钾肥	22	125
硫铁矿	1696	964
磷矿	2654	1937
硫酸	1777	2164
纯碱	589	834
烧碱	507	646
甲醇	147	177
醋酸	51	79
苯酐	19	38
聚氯乙烯	137	264
农药	35	60
染料	24	44
涂料	167	166
轮胎(万条)	7119	9980

（二）产品结构明显优化

“九五”期间，化工行业通过调整投资方向，加大技术改造力度，大力发展高档、高附加值和短线产品，加快产品的更新换代。投资重点向优先发展的农用化学品等四大系列产品倾斜，重点抓了化肥、农药等七大工程建设。与“八五”末相比，尿素产量由1739万吨增加到3070万吨，在氮肥中的比例由48%上升到59%；高浓度磷复肥（以P205计）产量由71万吨增加到235万吨，在磷肥中的比例由15%增加到35.5%；农药生产品种从170种增加到250种；离子膜烧碱产量由64万吨增加到144万吨，在烧碱中的比重由11%增加到26%；子午线轮胎产量由736万条增加到3188万条，在轮胎中的比重由12%增加到32%。与此同时，还较大幅度地缩减了电石法PVC、石墨法烧碱、电石法醋酸乙烯、斜交轮胎在总产量中的比重。

（三）技术进步成果显著

“九五”期间，化工行业加速科研机构向企业化转制，积极推进建立以企业为主体的技术创新体系，自主开发能力和科研成果转化能力得到增强。重点突破了一批行业急需和对行业技术进步带动性较大的新技术、新工艺。

（四）企业改革步伐加快

按照集中优势、加强协作的原则，化工行业组建了上海天原、上海轮胎、辽宁华锦、乐凯胶片、山东海化等集团公司，使产业的集中度、竞争力得到进一步提高和增强。在加强产业重组的同时，国有企业改革进一步深化，一批企业初步建立现代企业制度。有近30%的化工企业进行了股份制改造，有近百家企业成为上市公司。这些企业的产权结构已走向多元化，运行机制更加适应市场经济的要求。

二、“十五”发展目标

（一）加入WTO带来的影响

我国加入WTO，国内市场国际化的进程加快，化学工业既有发展机遇，也面临较大挑战。

有利方面：一是化学工业生产能力和产量基数较大，有十余种主要化工产品产量居世界前列，其中，合成氨、化肥、电石、染料居世界第一位，硫酸、农药、纯碱、烧碱居世界第二位，硫铁矿、磷矿、磷肥、醋酸、涂料、轮胎等也在较前位次；二是生产成本相对较低，由于我国大部分化工产品前期开发费用较少，加之国内资源（包括自然资源和劳动力资源）相对便宜，因此，一些产品的生产成本相对较低；三是中国市场潜力较大，具有市场本地化的优势。

不利方面：我国化学工业生产技术普遍较落后，生产规模小而分散，资本实力不足，科研创新能力弱，营销网络还未完全建立；加入WTO后，市场、资源都将“一体化”，外商在国内要享有国民待遇，国内企业将失去生产成本上的优势。而在产品质量、新产品开发和人才竞争等各方面将显露出国内企业的竞争弱势。一些目前受到国家政策保护、对资金和技术依赖性强的行业将面临较大的冲击。

（二）“十五”主要目标

1.总量目标

化工整体经济增长速度保持和国民经济总体发展速度基本一致，年均增长7%左右。“十五”末化学工业产值达到4600亿元。

2.主要产品产量目标

主要产品产量目标　　单位：万吨

产品名称	2005年产量	产品名称	2005年产量
合成氨	3600—3700	磷矿	2800—3000
化肥	3800—4100	硫酸	3100—3200
其中：氮肥	2600—2750	硫铁矿	1200—1350
磷肥	950—1050	烧碱	750—800
钾肥	250—300	纯碱	850—870
甲醇	310—340	醋酸	120—140
苯酐	70—80	聚氯乙烯	380—400
农药	45—50	染料	30—32
涂料	250—270	轮胎(万条)	12200—13000

3.产品质量和结构调整目标

主要化工产品质量和国际全面接轨，绝大部分产品质量标准采用国际通用标准。

主要行业的产品结构目标

产品名称	2000年比例	2005年比例
高浓度化肥占化肥总量的比例	54%	65%
其中：高浓度氮肥占氮肥的比例	59%	75%
高浓度磷肥占磷肥的比例	35.5%	45%
重质碱占纯碱总产量的比例	20%	40%
离子膜烧碱占纯碱总产量的比例	26%	40%
乙烯法聚氯乙烯占聚氯乙烯总产量的比例	30%	50%
低毒农药占农药总产量的比例	33%	55%
高档染料占染料总产量的比例	22%	30%
节能低污染涂料占涂料总产量的比例	30%	40%
子午线轮胎占轮胎总产量的比例	32%	50%

三、"十五"发展的主要任务

（一）"十五"发展的重点

1. 继续将农用化学品的发展放在重要地位

化肥工业 重点是提高国产化肥的竞争能力，保证在国内市场的主导地位。从传统的单纯增加产量转移到提高化肥行业的国际竞争力以及经济效益上来。大力推进行业结构的调整，加快原料路线和技术路线的调整，降低基础肥料的生产成本；努力提高肥料复合化比例，提高农化服务程度与水平。

氮肥工业 重点抓好大、中企业以降低成本、提高技术水平为目的的节能、增产和提高产品质量的技术改造。争取在天然气资源产地适当建设一些大型氮肥生产装置。通过在有资源的地区采用增产改造、新建等手段，调整基础氮肥的区域布局，部分没有资源优势的基础氮肥生产厂逐步退出基础肥料的生产。

磷肥工业 磷肥是化肥工业发展的重点，继续贯彻"矿肥结合"、"酸肥结合"的发展方针，立足现有高浓度磷复肥企业，以提高高浓度磷复肥产品的国际竞争力为目标，在加强产品结构调整的同时，促进区域布局和企业组织结构的调整。以云贵现有的磷肥骨干企业为基础，以改扩建或新建的方式，积极推进磷复肥基地的建设，形成接近100—200万吨级的基础肥料生产基地。吸引外资、民间资本等多种资金，新建磷肥项目。

硫酸 作为磷肥工业的基础原料，一是继续加强冶炼烟气制酸的回收和利用；二是充分利用国内、国际两种资源，积极稳妥地发展硫磺制酸，合理利用周边国家的冶炼烟气制酸；三是稳定硫铁矿制酸的产量，加强技术进步，促进节能、降耗和余热利用；四是适度发展磷石膏制酸。

钾肥工业 在提高资源利用率和生产技术水平的前提下，努力提高国产钾肥的比例，重点建设好青海钾肥基地；探讨新疆及其他地区钾资源的开发和利用；积极寻求利用国外资源，缓解我国钾肥供应压力。"十五"期间，争取在国外控制开采100—200万吨/年的钾肥资源。

化学矿山 主要是抓好11个骨干化学矿山基地（即6个磷矿基地、3个硫铁矿、青海钾矿和辽宁硼矿）建设，加强管理，提高资源利用率，提高产品质量。支持条件较好的矿山由单一原料生产型向原料生产与深加工并举的方向发展。

农药工业 重点是进行产品结构调整和企业组织结构调整。要加强科研开发和新品种发展，发展替代高毒有机磷杀虫剂的新品种和地下害虫防治剂；适应水田轻型耕作技术的除草剂和新型旱田除草剂；用于水果蔬菜的新型杀菌剂和病毒抑制剂、杀线虫剂；高效农用生物抗生素；环境相容性好、使用方便的悬浮剂、水乳剂、微乳剂、水分散粒剂和微胶囊剂等新型制剂。

2. 搞好为国民经济重点产业的配套

化工新材料 在加大自我开发能力的同时，加快对外引进和合作的步伐。创造条件，吸引拥有先进技术的外商来华合资、合作，建设具有世界先进水平的新材料生产基地，使有机硅、有机氟、聚碳酸酯、聚甲醛、聚氨酯、聚酸胺、PBT、LCP、聚苯醚、聚苯硫醚、膜材料、芳纶、碳纤维以及主要感光、信息化学品和功能性高分子材料，形成规模化生产。

橡塑制品 将子午线轮胎、汽车及机械用新型橡胶制品、精密电子和电器及军工配套的橡胶制品、建筑用塑料制品和防水材料等作为发展重点。

此外，还要加快建筑、汽车、交通用新型高档涂料的发展，重视电子工业用无机化工材料、为国防军工配套的重要化工产品的发展。

3. 加快精细化工产品发展，提高化工的精细化率

精细无机化工 重点加强现有产品的深加工，发展经表面处理的、高纯的、晶型单一化的、超细和纳米级无机盐产品。

涂料工业 在解决高档涂料所用的关键原材料的同时，大力发展节能、环保型和耐久性涂料，如水性涂料、粉末涂料、辐射固化涂料、有机硅、有机氟改性丙烯酸酯类涂料、重防腐涂料，以及具有特殊功能的专用涂料等。

染料工业 重点发展符合国际纺织品环保法规要求的分散染料、活性染料、酸性染料、直接染料以及有害颜料替代产品等。

新领域精细化工 主要抓好有发展优势、对国民经济有重要支撑作用、量大面广的短缺产品的发展。重点是饲料添加剂中的蛋氨酸、赖氨酸、泛酸钙、维生素（E、A、D）、丙酸和脱氟磷酸盐等；食品添加剂中的L—乳酸、山梨酸、核酸、安全的脂肪和蔗糖代用品等；造纸化学品中的乳液松香、AKD、EDTA；高分子量聚丙烯酰胺、天然或半天然絮凝剂等；生物化工产品中的新型酶制剂、新型可生物降解高分子材料、长链二元酸、新型生物农药等。

（二）产业结构调整

1. 企业组织结构调整

"十五"期间要通过上市、兼并、联合、重组等形式，加快现有化工企业的改组。按照规模经济和专业化协作的原则，形成产业内适度集中、企业间充分竞争，大企业为主导、大中小企业协调发展的格局。促使现有企业向三个方向转化：一是在重点行业培育1—2家在行业中处于主导地位、拥有自主知识产权、主业突出、核心能力强、能在国际、国内市场上有较强的竞争力的

大企业集团。二是在主要行业培育一批既有优势产品，又有一定生产规模，技术水平、产品档次和市场占有率较高的优势企业。三是加快一般性企业的淘汰和转化。

2. 区域结构调整

重点突出区域优势，加强区域间的分工协作，减少区域间产业趋同。中西部地区，利用市场和资源优势，与东部的技术、人才和机制方面的优势结合，加强资源本地化深加工与利用，形成优势化工产业。东部沿海，大力发展沿江、沿海外向型工业，重点放在高新技术、深加工的产品上，弱化传统产品和原料型的生产，适度向中西部地区转移。

3. 行业结构调整

按照行业特性和在国民经济中的地位，将化学工业划分三类：第一类是对国民经济发展有重大影响，为国家基础产业、支柱产业和国防建设提供保障的行业，包括：化肥、化学矿山、农药、国防化工。第二类是处于成长期、与现代技术发展联系紧密、市场发展较快，对经济增长和产业升级有明显带动作用的高新技术行业，包括：新领域精细化工、化工新材料、信息用化学品、轮胎等。第三类是市场属性较强，竞争程度较高的行业。这类行业多数为传统化工行业，生产能力很大，生产厂点也较多，市场竞争的格局早已形成。包括：有机原料和中间体、三酸两碱、涂料、染料、无机盐等。今后，要稳定和提高第一类行业，重点发展第二类行业，调整和控制第三类行业。

（国家经济贸易委员会）

中国石化工业投资建设情况

一、"九五"取得的成就

"九五"期间，我国石化工业形成了比较完整的工业体系，已经进入世界石化大国行列。但由于结构性矛盾比较突出，严重地削弱了我国石化工业的竞争力。

（一）主要石化产品的产能位居世界前列

截至1999年底，我国原油一次加工能力达到2.76亿吨（综合配套加工能力约2.2亿吨），同年加工原油1.76亿吨，生产汽煤柴三大类油品1.05亿吨，基本满足国内市场需求；乙烯生产能力达到442万吨，同年乙烯产量为434.6万吨，满足国内市场需求的46.4%；五大类合成树脂（聚乙烯、聚丙烯、聚苯乙烯、聚氯乙烯、ABS）的生产能力为915.6万吨，产量842万吨，占国内市场表观消费的49.4%；合成橡胶（丁苯橡胶、顺丁橡胶、丁腈橡胶、氯丁橡胶、丁基橡胶、乙丙橡胶）的生产能力为85.9万吨，产量为66万吨，占国内市场表观消费的71.6%；合纤原料（精对苯二甲酸、乙二醇、丙烯腈、已内酰胺、尼龙66盐）的生产能力为341万吨，产量为323.4万吨，占国内市场表观消费的56.3%。

1999年我国原油一次加工能力居世界第3位，乙烯生产能力居世界第5位，五大类合成树脂生产能力居世界第5位，合成橡胶生产能力居世界第4位。

（二）部分石化技术可以立足国内

通过自主开发，炼油技术基本上可以立足国内；石油化工技术在引进、消化、吸收的基础上，自行开发了一些成套的工业化生产技术。催化剂国产化率已达到85%以上，一批重要催化剂达到国际先进水平。石油化工技术和装备开始从单向引进转变为有进有出的双向交流与合作，发生了历史性转折。

（三）与市场经济相适应的行业体制初步形成

1998年，中国石油和石化工业完成了行业管理体制改革和行业内最大的国有资产重组，实现了政企分开。按照上下游、内外贸和产销一体化的原则，分别组建了中国石油天然气集团公司和中国石油化工集团公司。1999年两大集团的原油一次加工能力为2.5亿吨/年，占全国总能力的90.6%；乙烯生产能力为410.7万吨/年，占全国总能力的93%，基本形成了石化工业的集团化经营格局。

随着改革开放的深入，石化企业引进外资速度加快，产权结构趋向多元化。近年来，石油、石化两大集团对外合资建设了大连西太平洋炼厂、扬子—巴斯夫苯乙烯和聚苯乙烯、BP—川维醋酸、金山—菲力普斯聚乙烯、金桐烷基苯和高桥丁苯胶乳等项目；地方对外合资或独资建设了镇江奇美聚苯乙烯、宁波甬兴ABS、南通丁苯橡胶等一批石化项目。石油、石化集团和海洋石油总公司分别控股的中国石油天然气股份有限公司、中国石油化工股份有限公司和中国海洋石油有限公司已在境外成功上市，国有大型石化企业开始向多元化产权结构的商业化公司转变。

（四）"九五"计划的完成为"十五"的发展奠定了基础

"九五"期间，石化工业按照国家确定的指导思想、发展战略和发展目标，通过重组改制初步建立了现代企业制度，通过调整投资方向、加大技术改造力度，促进了行业的结构调整，主要石化产品产能大幅度增加。

“九五”期间，先后建成了镇海、茂名、齐鲁、金陵四大含硫原油加工基地，新增含硫原油加工能力3000万吨/年；完成了上海、齐鲁、大庆等乙烯一轮扩能改造。燕山石化等乙烯二轮改造和小乙烯的挖潜改造开始起步。这些装置的建成，进一步提高了我国石化工业的技术水平和生产能力。截至1999年底，与1995年相比新增原油一次加工能力5463万吨（不含地方小厂），年均增长率为6.2%；增加乙烯产能163.9万吨，年均增长12.3%，原油加工能力和乙烯产量完成了“九五”预期目标。1995年至1999年，增加合成树脂产能393.1万吨，年均增长15.1%；增加合成橡胶产能38.2万吨，年均增长15.8%；增加合纤原料产能111.6万吨，年均增长10.4%。

二、“十五”发展目标

（一）前所未有的机遇

未来五年是我国改革开放和现代化建设的关键时期，石化工业面临着良好的发展机遇。首先，经济全球化、金融国际化、经济知识化与信息化的进程加快，为石化工业提供新的发展空间，注入新的动力，必然促进我国石化工业总体水平再上一个新的台阶。其次，国民经济持续、快速、健康的发展和西部大开发战略的实施，必将对石化工业产生拉动作用，提供更大的市场空间。预计“十五”期间汽、煤、柴油消费量将以年均4.3%～4.6%的速度增长，到2005年，汽、煤、柴三大类油品总需求量预计达到1.36～1.38亿吨；乙烯当量需求将以8.5%的速度增长，预计到2005年，乙烯当量需求约为1500万吨。五大合成树脂年均增长速度预计达到7.0～8.0%，其中聚乙烯、聚丙烯和聚氯乙烯增速较快。预计到2005年，五大合成树脂需求量为2500～2700万吨。合成橡胶的消费增长速度将会减缓，年均增长速度预计在4%左右，预计到2005年，需求量110万吨左右。合纤原料的年均增长速度5.4～8.3%，预计到2005年，需求量为1080——1260万吨。包括丁辛醇、醋酸、醋酸乙烯、顺酐、环氧乙烷、苯酚、丙酮、苯酐、环氧丙烷/丙二醇、丙烯酸及酯、TDI和MDI在内的14种主要有机原料的年均需求增长为6.9%，到2005年需求量预计达到560万吨左右。

（二）发展目标

“十五”期间全国炼油综合能力达到2.7亿吨，其中进口含硫原油加工能力达到7500万吨以上，建成8～9个千万吨级炼油基地。

乙烯生产能力达到900万吨以上，建成上海、扬子2个百万吨级乙烯基地。乙烯的国内市场满足率达到60%左右。

合成树脂在三大合成材料中的比例提高到65%以上，合成树脂专用料比例达到40%以上，合成橡胶中丁苯和顺丁橡胶比例达到1.4:1。

三、“十五”发展重点

（一）炼油

加大炼油布局调整力度，淘汰或核减一部分落后、无效的炼油装置。对一些有竞争力的企业进行一、二次加工及系统的综合配套。建成若干个进口原油加工基地。对规模小于100万吨/年以下的小炼油厂，要加强质量和环保的监督力度，按市场经济规律优胜劣汰，有条件的小炼厂要发展特色产品，实现企业转型、转向。

调整装置结构，优选原油品种，增产柴油、石脑油，扩大汽油出口，缓解国内汽油生产过剩而柴油、石脑油供应不足的结构性矛盾；选择合理的原油加工深度，适当增产燃料油。尽可能为乙烯工业提供优质原料，增产高等级道路沥青、优质润滑油和石蜡等产品。

（二）乙烯

坚持改造与新建、独资与合资并重，持续快速发展的原则，优化原料，集中布局，现有乙烯围绕品种、质量、效益，实施以提高竞争能力为目的的技术改造。同时，加快合资乙烯项目建设的进度，提高乙烯生产能力和下游产品的市场占有率。力争“十五”末期建成中海——Shell、扬子——BASF、上海——BP/AMOCO三套合资乙烯工程和兰州乙烯工程。此外，“十五”期间应继续推进其它有关合资大乙烯项目的前期工作。

（三）合成树脂

坚持装置大型化、产品系列化、结构均衡化、技术独特化、服务优质化的原则，在以更快的速度扩大总量的同时，重视品种牌号的开发，特别是合成树脂专用料比例的提高，缓解总量不足和结构性短缺双重矛盾。

占五大合成树脂消费量80%的聚乙烯、聚丙烯和聚氯乙烯仍是今后发展的重点。特别是聚氯乙烯消费增长较快，“十五”期间要增加产量，改进工艺。聚苯乙烯和ABS目前主要依赖进口，生产和消费的矛盾比较突出，要采取多种投资方式，结合合资大乙烯和现有乙烯改扩建，建设和改造聚苯乙烯和ABS装置，逐步提高国产聚苯乙烯和ABS在合成树脂总产量中的比例和市场占有率。

（四）合成橡胶

重点是提高丁苯和顺丁的比例，增加品种，改善质量，降低成本，提高负荷，开拓市场，抢占市场。

(五) 合纤原料及聚合物

重点是加快乙二醇和精对苯二甲酸的发展;适当改造现有己内酰胺装置;建设大型丙烯腈装置。提高聚酯建设的集中度。

(六) 有机原料

鼓励发展以乙烯、丙烯等为原料的工艺路线,淘汰小而分散、技术落后的传统生产工艺,主要基本有机原料的生产技术达到国际九十年代中后期水平。逐步使有机原料生产规模化、基地化,提高有机原料的市场竞争力。

(国家经济贸易委员会)

中国轻工业投资建设情况

改革开放以来,我国轻工业取得了举世瞩目的历史性成就,已成为世界轻工产品生产大国。

一、“九五”取得的成就

(一) 经济快速增长,一些主要产品产量居世界前列

1999年,轻工业全部国有和规模以上非国有工业企业53186个,工业总产值为16448亿元,工业增加值5289亿元,利税总额1958亿元,职工1297万人。“九五”前四年轻工业总产值和工业增加值年均分别增长10.1%和7.9%。一些主要产品产量位居世界前列,如自行车、时钟、日用陶瓷、皮鞋、电风扇、电饭锅、电冰箱、洗衣机、塑料农地膜的产量已居世界第一位;盐、合成洗涤剂、啤酒的产量居世界第二位;手表、机制纸及纸板、糖、房间空调器的产量居世界第三位。

(二) 产品品种增加,质量逐步提高

轻工产品从过去的几万种,发展到目前的30多万种,产品转向多样化和系列化,基本满足了不同消费群体的需求。产品质量明显提高,创出了一批名牌产品和驰名商标,一大批企业通过了ISO质量体系认证,不少轻工企业已跻身于世界级合格供应商行列。

(三) 传统行业不断提升,新兴行业发展迅速

轻工传统行业通过更新改造,一些企业的生产技术达到了国际90年代水平。新兴行业产值的比重增加,如家用电器、塑料制品、饮料、化妆品和包装装潢等五个行业的工业产值已占到轻工行业总产值的29.3%。

(四) 改革不断深入,市场化程度日益提高

目前,轻工上市公司达100多家。企业制度不断创新,管理水平得到提高。非公有制经济发展较快,所有制结构得到了调整。目前,在轻工业产值中,国有经济、集体经济、其它经济比重分别是28.7%、21.9%、49.4%。近年来,多种经济成份的共同发展,特别是轻工民营经济和外资经济发展较快,为轻工业的发展注入了新的活力。

(五) 形成了一批有竞争力的大型企业和企业集团,企业组织结构得到改善

520户国家重点企业中轻工企业占11.7%。轻工大型企业和企业集团的生产集中度不断提高,电冰箱行业前6家企业产量已占全国总产量的75%,洗衣机和空调器前6家企业产量分别占全国总产量的74.6%和68.5%,啤酒行业前10家企业的产量已占全国总产量的40%。

(六) 对外开放水平进一步提高,出口创汇大幅度增长

2000年轻工产品进出口总额达925.2亿美元,其中进口221.9亿美元,出口703.3亿美元。出口创汇额比1978年增长33倍。“九五”轻工产品创汇额年均增长12.1%。出口产品中技术和资金密集型、高附加值产品的比重提高较快,出口贸易方式向多渠道、多种形式转变。利用外资取得较大进展,全国轻工业已利用外资约400亿美元,其中外商直接投资约350亿美元。

(七) 科技进步取得重大成果

“九五”时期,轻工业技术进步水平明显提高,相当一部分科技成果填补了国内空白和达到国际先进水平。一大批先进、成熟、适用的科技成果在技术改造和生产中得到应用。科技队伍逐步壮大,企业中科技人员比重达到5%左右,一些重点企业已达到10%—20%。目前已有34家企业建立了国家级技术开发中心,一些轻工企业正逐步成为技术开发的主体。

二、“十五”发展目标

(一) 市场发展趋势预测

随着国民经济的发展和居民消费水平的提高,新世纪初我国居民的衣、食、用、住、行方面的消费构成将发生很大变化。

食品消费 到2005年恩格尔系数城镇居民将由目前的46.4%下降到35.9%,农村居民将由目前的

55.1%下降到45.8%。到2005年食品消费支出比重占全国居民消费的42%，仍为居民消费比重之首。人们的食物结构将发生较大变化，自给型食品消费比重逐步下降，一些营养、方便、休闲、绿色等新型工业化食品将有较大需求增长潜力。传统食品消费更加趋向卫生、营养和保健。

衣着消费 全国居民衣着消费比重预计保持在7%—8%之间，低于国际平均水平。其中城镇居民衣着消费比重将由2000年的11.7%下降到2005年10.4%，农村居民衣着比重稳定在6.0%左右。在城市消费中服装的个性化、中高档化倾向日益明显。品牌消费逐渐成为潮流，但农村仍以经济实用和物美价廉的一般服装消费为主。

家庭设备用品消费 预计2005年城镇家庭设备用品消费比重将由2000年的7.0%左右下降到5.9%，农村家庭设备用品消费比重仍将稳定在5.5%左右。从消费结构看，城镇家庭80年代购置的家用电器进入更新换代期，其耐用消费品进入持续的升级换代阶段，新型家用电器、家用通讯设备与家用计算机的消费量将迅速增长。随着人们生活质量的提高，对空调器、各类新型家用厨具、卫生洁具、健身器具等产品的需求将有较大的增长。一般家电产品在农村开始进入快速增长期。

（二）结构调整目标

1. *总体目标*。“十五”国民经济年平均增长7%，结合轻工业发展的实际状况，“十五”期间轻工业的发展速度预计为：工业增加值年均增长速度为8.5%左右。

2. *优化产品结构* 大幅度提高产品质量和档次，增加中高档产品、高附加值产品、技术密集型、知识型产品比重，适应多元化的市场需求，其重点产品质量接近或达到国际水平，且培育一批国际知名品牌，淘汰不适应市场需求的落后产品。

3. *提高技术水平* 轻工业技术进步贡献率达到50%左右，重点行业主要技术装备达到国际90年代水平，一些关键领域要达到国际先进水平，如造纸、塑料、食品机械要在引进和开发的基础上，使其自动化和智能化接近国际先进水平。信息技术、生物技术、环保技术、新材料和新工艺在轻工行业的应用水平显著提高。轻工重点行业及企业技术创新能力明显加强，具有一批自主知识产权的技术和产品。用高新技术改造传统产业的进程进一步加快，同时淘汰落后的工艺技术装备。建立50家国家级企业技术中心。

4. *调整企业组织结构* 家电、造纸等行业，提高生产集中度，形成一批大型企业或企业集团。力争创20个国际知名品牌，形成100家年销售额30亿元以上的企业集团。宜于分散化生产经营的中小企业要放开搞活，充分发挥市场配置资源的基础性作用，向开发型、专业化方向发展。

5. *合理区域布局* 东中西部地区要形成区域优势互补，遏制东西部地区轻工业经济发展差距拉大的趋势，逐步形成符合比较优势，合理分工协作的区域结构。在立足和发挥动态比较优势的基础上，东部地区轻工业要实现更高水平的发展，提高产业的国际竞争力；中西部地区轻工业要加大开放和开发力度，发挥资源优势，培育优势产业和企业。

6. *扩大出口创汇* 适应全球经济一体化发展趋势，努力增强出口企业的国际竞争力，优化出口产品结构，逐步提高技术、知识密集型产品及高附加值产品在出口产品中的比重和出口换汇额。轻工行业出口创汇力争由2000年的700亿美元上升到2005年的1000亿美元左右。

7. *治理污染，节能降耗* 治理污染和节能降耗要见成效。“十五”期间，轻工企业的污染严重局面必须得到基本控制，主要污染排放总量在2000年基础上降低15%，2005年完成臭氧层耗损物（ODS）的淘汰和氟氯烃类（CFCS）替代。重点污染行业及企业要达标排放，增产不增污，实现清洁生产。重点耗能产品单耗降低5%—10%，节能率达到5%。

三、“十五”调整和发展重点

（一）加快造纸、食品、轻工装备等产业关联度大、带动作用强、市场空间较大的轻工行业的发展

造纸 2005年机制纸及纸板产量3800—4000万吨，比2000年的3000万吨增长27%—33%，年平均增长4.8%—5.9%，人均消费水平34—38千克。其中新闻纸200万吨，印刷书写纸1000万吨，生活用纸320万吨，白纸板400万吨，箱纸板640万吨。木浆比重（含进口木浆）由2000年的16%提高到20%。中高档纸品由2000年的45%提高到60%。

制糖 “十五”期间重点是调整结构，控制总量，提高原料单产和含糖率，增加综合利用效益，加强污染治理。在区域结构上，不宜发展糖料生产的地区退出制糖行业；对一些老产区的部分负债率高、亏损严重的国有企业坚决关闭；将广西、云南、广东湛江和新疆等省区作为重点产糖区，要解决重复建设和资源浪费问题，依法关闭或破产那些规模小、污染严重的糖厂。在产品结构上，要努力增加花色品种，提高产品质量，鼓励发展精炼糖，改进和推广小包装。力争在5—10年内供居民直接食用的食糖做到精制和一次性小包装出厂。在企业组织结构上，鼓励通过资产重组建立科农工贸一体化的企业，实现糖业的规模化经营。继续加强糖料基地建设，推进行业技术改造，促进糖厂综合利用和“三废”治理。

乳品 总体上降低奶粉生产比例，增加液体奶产量。城市型乳品企业积极发展大众消费的巴氏杀菌奶、酸奶、配方奶，适当发展保鲜奶、奶油和干酪。基地型乳品企业仍以奶粉生产为主，并适当调整产品结构。重点发展配方奶粉、功能性奶粉以及作为食品工业配料的全脂奶粉、脱脂奶粉等；根据市场情况发展货架期长的灭菌奶；有条件的地方可发展干酪、奶油等。重点抓好东北、华北、西北乳品加工业的发展。

肉类食品 从单一品种向多样品种发展，产品由初加工向深加工、由大包装或无包装向小包装发展。积极发展分割肉、冷却肉、包装肉。努力开发方便、安全的肉类食品。“十五”末熟肉制品达400万吨。努力开展禽畜内脏、肥膘、皮、毛、骨、血等的综合利用，发展生物制品。对具有方便、风味、营养特色的地方肉制食品，要改进包装，扩大出口。

制盐 重在调整结构，控制总量，压缩过剩生产能力。在此基础上，根据市场需求，工业盐要鼓励发展液体盐，扩大卤水直接制碱；食盐要发展多品种，改进包装，除高碘地区外，做好食盐加碘工作；同时大力开发适合各种用途的加工用盐和盐化工产品，积极扩大盐产品的出口。

酿酒 要继续贯彻“优质、低度、多品种、低消耗”的方针，积极实施“四个转变”（普通酒向优质酒转变，高度酒向低度酒转变，蒸馏酒向酿造酒转变，粮食酒向水果酒转变），重点发展葡萄酒、水果酒，积极发展黄酒，稳步发展啤酒，控制白酒总量。

（二）着力培育和发展家电、塑料、日化、室内装饰、包装装潢印刷、文体用品等市场潜力较大、产品附加值较高的新兴行业，开发新品种，拓展新领域，培育新的经济增长点

家用电器 到2005年，我国家电工业总产值将达1800亿元。家电重点骨干企业国际化经营步伐加快，在境外生产规模达5亿美元以上。主要家电产品产量为：家用冷藏冷冻箱1800万台、洗衣机2000万台、空调器2600万台、微波炉2000万台、冰箱压缩机1800万台、空调压缩机2600万台。电冰箱、冷柜CFCs替代全部完成。

塑料制品 “十五”期间，塑料制品总产量年均增长10%，到2005年达到2500万吨，实现总产值约2500亿元，70%的塑料制品达到国际90年代末的水平，其余30%为当时国际先进水平。其中农用塑料节水器材技术水平要达到或接近世界先进水平，实现新增节水灌溉工程面积1.5亿亩。

电池 发展无汞碱锰电池、氢镍电池、锂离子电池、新型全密封免维护铅酸蓄电池、动力电池、燃料电池、太阳能电池及其它新型电池。限制并逐步减少糊式电池、镉镍电池比例。禁止生产锌汞电池。到2005年，总产值达270亿元，一次电池162亿只，二次电池7.88亿只，铅酸蓄电池3500万KVAH。

（三）积极采用高新技术改造和提升皮革、照明电器、日用硅酸盐、金属制品、日用机械等轻工传统行业，着力调整产品结构，扩大产品出口，提高国际竞争力

皮革及制品 主要产品产量年递增5%，产品销售收入、出口创汇年递增10%，并创3—5个国际名牌产品。通过结构调整，高档产品比例达到15%，中档产品达到50%。到2005年预计产量（折牛皮）1.1亿张，皮鞋25亿双。

照明电器 到2005年，照明电器行业总产值达到735亿元，“十五”年平均增长率达到8%以上。产品国际标准的采标率达55%以上，产品抽样合格率80%以上。“十五”行业调整与发展的重点是：发展节能型电光源产品，限制普通白炽灯的增长，重点发展双螺旋铝灯头白炽灯，提高荧光灯比重，到“十五”末，白炽灯与荧光灯比例达到3.5:1。

陶瓷行业 出口瓷要以提高产品档次和单件换汇额为目标，内销瓷要发展高中低档产品，满足不同消费层次的多元化需求。积极发展强化瓷、耐热瓷、釉中彩瓷。艺术陶瓷侧重于艺术欣赏性，式样向符合时代潮流和现代潮流的方向发展。积极开发高附加值的工业陶瓷和高技术陶瓷，鼓励外资投向高技术陶瓷领域。逐步解决陶瓷原料的标准化、系列化生产。重点陶瓷企业要加快企业技术改造步伐，做到节能、低耗、低污染生产。到2005年日用陶瓷总产量控制在120亿件，出口45亿件，单件换汇额达到0.6美元，重点骨干企业技术装备达到国际90年代末先进水平。

自行车行业 积极采用高新技术，加强对零部件新产品和新材料的开发应用，在成型加工和表面处理等方面实现传统加工向现代加工技术转变，提高整车产品的技术含量和附加值，创知名品牌。预计到2005年，全国自行车产量达4000万辆。年产50万辆规模以上的企业，在产品开发、工艺装备、产品质量等方面达到国际90年代末先进水平。

（国家经济贸易委员会）

中国纺织工业投资建设情况

纺织工业是我国重要产业之一，长期以来，在满足人民衣着消费、增加社会就业、扩大出口创汇、积累建设资金和为相关产业配套等方面发挥了重要作用。2000年全国纺织行业国有及销售收入500万元以上的非国有企业共1.89万个，总资产9773亿元，工业增加值2678亿元，分别占全国规模以上工业企业的11.9%、8.3%和11.3%。全行业职工1300万人左右，利税总额578.8亿元，纺织纤维加工总量1210万吨，人均纤维消费量6.6千克，纱产量657.5万吨，化学纤维694.2万吨，服装165亿件。我国纱、布、呢绒、丝织品、化纤和服装等产品的生产量均居世界第一位，是最大的纺织品服装生产国。2000年我国纺织品服装出口达520.8亿美元，占全国出口商品总额的20.9%，占世界纺织品服装贸易额的13%左右。"九五"期间，纺织品服装累计出口2215亿美元，净创汇1700亿美元，是我国净创汇的主要行业。

一、"九五"发展成就

（一）国有企业改革脱困突破口任务基本完成

由于多年来的低水平重复建设，加之冗员过多、包袱沉重，1993年至1998年，国有纺织企业连年亏损，亏损最为严重的是1996年，亏损额高达106亿元，是国有工业中困难最大、亏损最严重的行业。1997年中央经济工作会议将纺织行业确定为国有企业改革脱困的突破口，提出了"压锭、减员、扭亏"三大任务。到2000年底，累计完成压缩落后棉纺能力940万锭，压缩落后毛纺能力28万锭，压缩落后缫丝能力100万绪，分流人员140万人，国有纺织企业实现利润67亿元，纺织国有企业改革与脱困取得了重大突破，为整个国有企业改革脱困走出了一条路子。在压缩总量的同时，纺织行业把压锭和结构调整、资产重组有机结合起来，充分利用企业兼并破产、债转股等政策，实施纺织国有经济的战略性调整，有力地促进了行业的结构调整和资源的优化配置，提高了企业的市场竞争力。

（二）结构调整初见成效

工艺技术和装备水平明显提高 "九五"期间，纺织工业在压缩淘汰落后生产能力的同时，将加快产业升级放在突出位置。通过技术改造和基本建设项目的实施，化纤生产能力增加了300多万吨，差别化率大幅度提高；棉纺行业压锭改造以后，30%左右的纺纱设备达到90年代先进水平；毛纺行业采用先进的毛纺织染整成套设备，配置了质量检测监控系统，开发出高支、超薄毛纺织品；服装行业采用了计算机辅助设计、制造系统，进一步提高了市场应变能力；纺机行业通过引进技术、消化吸收以及合资、合作等方式，在纺织机械机电一体化方面取得突破，以自动络筒机、无梭织机为代表的"两机"专项全面实施，形成了批量生产能力。

品种、质量有了较大改善 化学纤维在纺织纤维加工总量中的比重由1995年的45%上升到2000年的60%以上，差别化纤维占化纤的比重达到25%，五年提高了10个百分点；无结头纱、无梭布的比重由1995年的18%、15%分别提高到40%、24%；印染后整理水平有所改善，中高档面料的比例有所上升；服装等最终产品出口比重大幅度提高，服装出口已占纺织工业出口总额的70%，比1995年提高了5个百分点；衣着用、装饰用、产业用纺织品的比重已达到67%、20%、13%。

纺织中心城市整体调整成效显著 压锭重组与城市整体结构调整相结合，极大地推动了纺织地区布局、企业组织结构和产品结构调整。经过压锭，国有棉纺能力由压锭前的70%下降为目前的60%左右，北京、上海、宁波、无锡、常州、石家庄等一些中心城市，建成了一批具有国际竞争力的企业集团和出口骨干企业，形成了新的整体优势，不仅使整个城市的纺织工业走出困境，进入良性循环，而且成为我国纺织工业发展的排头兵。目前出口创汇在3000万美元以上的企业达159户，上市公司80多户。

非国有经济迅速发展 在所有制结构上，已形成国有、集体、三资和私营多种所有制形式并存、多种经济成份共同发展的格局。目前按产值计算，国有企业占30.0%，集体企业占26.5%，三资企业占28.7%，其它所有制企业占14.8%，大量的非国有企业已成为带动纺织工业增长的重要生力军。

（三）经济运行质量明显好转

"九五"期间，经过全行业的共同努力，生产经营状况明显改善，经济运行质量明显提高。2000年与1995年相比，全行业资产总额从8301亿元增加到9773亿元，年增加近300亿元，资产负债率从73.3%降到66.0%，利润总额从32.7亿元提高到290.1亿元，资金利税率从4.1%提高到5.5%，企业亏损面从32.1%降到20.6%，全员劳动生产率从

1.4万元提高到2.5万元，提高了78%。2000年是我国纺织工业进入90年代以来，生产经营状况和经济效益最好的一年。

二、“十五”发展目标

（一）面临的形势和市场环境

我国是世界上最大的纺织品服装出口国。加入世贸组织后，其有利方面，一是直接面对国际资本的竞争，有利于激发我国纺织产业结构调整的内在动力，促进企业的技术进步与创新，建立优胜劣汰的机制。二是随着贸易、投资领域的全方位开放，给纺织工业更好地利用国际、国内两种资源，大力拓展国内外两个市场，带来新的机遇。三是纺织品服装贸易由双边框架转向了多边框架，有利于改善纺织品服装出口的市场环境，扩大纺织品服装出口和跨国经营。四是受多种纺织纤维品协定的保护，我国将享受在纺织品服装出口上的无差别待遇，在国际市场上获得公平的竞争地位。加入世贸组织，我国纺织工业也面临挑战，对不同行业的影响差异较大。由于我国化纤企业规模偏小，原料成本偏高，在品种、质量、价格等方面与国外差距较大，“入世”后，面对价格低、质量好的进口产品，我国化纤企业竞争明显处于劣势。“入世”后，纺织面料进口关税将降低，中高档面料一般贸易进口将有一定增长，印染企业的竞争压力将会加大。

在国内市场环境方面，“十五”期间，我国城乡居民衣着消费占总消费的比重将有所下降，但消费总量有所增长，特别是农村纺织品市场和产业用纺织品领域仍有很大的增长潜力，消费层次进一步多元化，消费领域进一步扩大。目前我国人均纤维消费量仅为6.6千克左右，低于世界7.5千克的平均水平。到2005年，我国人均纤维消费量可达到7.4千克左右。

（二）发展目标

增长速度：年均增长速度为6.5%，工业增加值由2000年的2678亿元提高到2005年的4300亿元。

纺织纤维加工总量：由2000年的1210万吨提高到2005年的1425万吨，人均纤维消费量由6.6千克提高到7.4千克。

纺织品服装出口创汇：由2000年的520亿美元提高到2005年的700—750亿美元。

衣着用、装饰用、产业用纺织品的比重：由2000年的67%、20%、13%调整到2005年的64%、21%、15%。

劳动生产率：2005年全员劳动生产率达到3.5万元，比2000年提高40%。

科技进步贡献率：2005年达到50%以上。

节能降耗：每万元产值能耗2005年比2000年降低15%。

节水：2005年纺织印染生产用水重复利用率达到30%左右，印染行业百米耗水量由3.6吨降到3.0吨左右。

三、“十五”发展和调整重点

（一）技术和产品结构调整

棉纺织 在巩固压锭成果的基础上，重点是更新改造1000万锭的生产能力，以及配套进行织机的改造，提高清梳联、精梳机、无梭织机等新型技术装备的比重，使60%左右的纺纱设备达到90年代先进水平，精梳纱比重达到30%，无结头纱、细支纱的比重达到50%，无梭布的比重达到40%。

毛纺织 继续压缩淘汰落后毛纺锭，并加快对工艺、设备的全程改造，实现工艺、设备的电子化、系列化、连续化，达到高速、高效生产。积极采用赛罗纺、双组份、包缠纺等新型纺纱工艺，实现毛纺原料多元化，增加花色品种。重点是提高毛纺面料的整体水平，开发高支纱、轻薄型产品，使高档面料比重达到70%，提高产品档次，扩大出口。

麻纺织 优化现有麻纺织加工能力，加快麻纺织工艺技术和设备的改造，重点开发苎麻生物脱胶、梳纺和牵切纺工艺技术设备以及麻纺织品印染后整理技术，解决细纱条干均匀度、色牢度、鲜艳度，改善穿着舒适性，扩大麻制品在服装和家用纺织品领域的应用。

丝绸业 在淘汰落后缫丝、绢纺、丝织生产能力的基础上，加快现有设备的技术改造，重点是发展以真丝为主体的新型含丝复合纤维，实现含丝原料的系列化，开发高档真丝产品，提高防缩、防皱等后整理水平，开发蚕丝纤维与其它纤维混纺、交织、交并产品，开发化纤仿真产品。

针织业 继续提高技术装备水平，特别是新型针织大圆机的拥有率，提高产品设计开发能力，重点开发新型原料和环保型纤维在针织品上的应用，开发保健型针织品、针织外穿服装、高档针织内衣、高档经编面料等，扩大针织品出口。

化纤及化纤原料 根据市场需求，针对目前化纤企业的结构、分布、规模以及工艺技术等问题，主要通过对现有优势企业的改造、扩建，形成技术创新机制，开发品种，提高质量。2005年化纤差别化率达到40%，年产10万吨以上企业的生产能力占化纤行业总能力的60%左右，建成若干个大型化纤及化纤原料基地。

产业用纺织品 根据我国相关产业对纺织品的需

求，要积极开发产业用纺织品，使之成为纺织工业新的经济增长点。重点发展篷盖类材料、栽培基材、土工织物、医疗卫生保健材料、工业用材料、建筑材料、环保材料、防护材料、包装材料、骨架材料、汽车内饰材料等。

纺织机械 要根据纺织工业产业升级和设备更新换代的需求，结合36项关键制造技术的攻关，做好化纤、纺纱、织造、针织和染整五个方面40项重点纺机产品的开发研制。

服装 优化服装加工能力，搞好服装研究设计、流行趋势与生产加工的结合，搞好生产与营销的结合，积极推行品牌战略，提高中国原创品牌在国内外市场中的份额，注重开发品牌服装、童装、中老年服装和特种服装，研制开发生态、保健服装，开发适合农村消费的服装，使服装生产适应国内市场多层次消费需求和扩大出口。

（二）组织结构调整

为适应我国加入世贸组织带来的挑战，要继续支持优势企业、出口骨干企业的发展，促进企业按经济规模组织生产，提高生产集中度，增强国际竞争力。加快企业组织结构调整，加强产品开发与设计、市场营销与服务两个重要环节的建设，提高企业快速反应能力。通过调整，形成一批拥有知名品牌和自主知识产权、主业突出、核心能力强的大型企业和企业集团。鼓励有条件的企业在多元化经营和国际化营销方面继续发展壮大。政府将在打破行业和地区壁垒，维持公平竞争秩序，推动跨地区、跨国投资经营等方面，为其发展创造更有利的环境，提供更广泛的服务。

（三）区域结构调整

西部地区纺织原料资源丰富。新疆的棉花年产量达3000万担左右，约占全国的1/3，内蒙古、甘肃、青海、新疆有羊毛、羊绒、驼绒等动物纤维优势，四川、重庆、贵州、云南、广西、陕西、甘肃有蚕茧、苎麻、亚麻等优势，劳动力资源比较充裕，成本相对低廉。“十五”期间，西部地区通过结构调整，盘活存量资产，加快技术进步，尽快实现扭亏脱困。并在此基础上，发挥西部地区的比较优势和西部广阔的市场潜力，加强与东部沿海地区的联合，积极引进资金、引进技术、引进人才，调整结构，加强管理，加快转制，提高竞争能力，使资源优势、劳动力优势发展成为具有地方特色的加工优势和产品优势。以新疆的棉花资源及纺织工业、陕西的棉棉纺织工业为依托，建立全国优质纱、布的生产基地；以四川、重庆、云南、广西种桑养蚕的传统优势和茧丝绸加工为依托，建立全国蚕茧及茧丝绸生产基地；以内蒙古、甘肃、青海、宁夏的羊绒、驼绒、牦牛绒及毛纺加工为依托，建立具有特色的毛纺织生产基地；以西部地区的麻类资源为依托，建立麻纺织品加工基地；以西部地区的中心城市商贸市场为依托，发展服装加工，建立西部服装生产基地和集散市场；以西部的石油天然气资源为依托，配套发展化纤工业。

进一步搞好东部沿海及中心城市的结构调整，适当压缩纺织初加工能力，集中力量发展精加工、深加工、高附加值产品、高技术产品，形成优势产品、名牌产品、出口产品的生产基地和产品开发、技术创新中心和信息网络中心。

（四）国有企业战略性改组

2000年全国纺织国有及国有控股企业资产4522亿元，占全行业总资产的46.3%，而国有纺织企业工业增加值仅为全行业的29.8%，利润为全行业的23.1%，亏损面为31.0%，比全国纺织高出10个百分点。围绕以国有企业为重点的行业改革、重组，是我国纺织企业战略性调整的重要任务。国有大中型企业宜于实行股份制的，要通过规范上市、中外合资和企业互相参股等形式，改组为股份制企业，发展混合所有制经济。国有投资公司可以选择在竞争性领域的优势企业进行资本运作，实现资产的保值增值。对优势企业、骨干企业，利用外贸发展基金、出口配额、技改贴息等手段，提高出口产品附加值，提高在国内外市场上的竞争力。

（国家经济贸易委员会）

中国医药行业投资建设情况

新中国成立以来，特别是改革开放20多年，我国已经形成了比较完备的医药工业体系和医药流通网络，发展成为世界制药大国。据统计口径：我国现有医药工业企业3613家，可以生产化学原料药近1500种，总产量43万吨，位居世界第二。能生产化学药品制剂34个剂型4000余个品种。

2000年，我国5大类制剂片剂、水针、粉针、胶囊、输液产量分别达到2778亿片、264亿支、93亿支、486亿粒、23亿瓶。一些重要品种如维生素C、青霉素在世界上占有举足轻重的地位。我国的传统中药，已逐步走上科学化、规范化的道路，能生产包括滴丸、气雾剂、注射剂在内的现代中药剂型40多种，中成药产量已达37万吨，品种8000余种。我国能生产疫苗、类毒素、抗血清、血液制品、体内外诊断试剂等各类生物制品300余种，其中现代生物工程药品20种，生产预防制品约9亿人份。可以生产包括X射线断层扫描成像装置、磁共振装置等在内的医疗器械11000多个品种、规格。还可以生产8大类1200多个规格的制药机械产品。

改革开放以来，随着人民生活水平的提高和对医疗保健需求的不断增长，医药工业一直保持着较快的发展速度，1978年至2000年，医药工业产值年均递增16.6%，成为国民经济中发展最快的行业之一。

一、“九五”取得的成绩

（一）医药经济总量快速发展，经济效益明显提高

2000年医药工业完成总产值2332亿元，年均增长17.5%，高于“九五”计划15%的目标。实现工业增加值578亿元，年均增长15.5%。医药商业销售总额完成1509亿元，比1995年增加705亿元，年均增长13.4%。医药商品进出口总额达64亿美元，其中：出口38亿美元，比1995年增长8亿美元，年均增长4.8%，医药外向型经济逐步形成。医药工业实现利税总额270亿元，比1995年增加155亿元，年均增长18.6%，实现利润143.8亿元，比1995年增加了94.3亿元，年均增长24.5%，均超额完成“九五”计划确定的18%的目标。医药商业实现利润7.6亿元，比1995年增长4亿元，年均增长16.1%。医药行业实现了效益增长快于总量增长的局面，经济增长方式开始转变。

（二）医药经济结构有所改善

医药行业通过各种形式的联合、兼并与重组，在一定程度上改变了医药企业规模过小、布局过度分散的局面，提高了生产集中度。目前，医药行业已有25家企业进入国家520家大型企业的行列。医药工业销售额前60家企业的生产集中度为35.7%，比“八五”末的19.7%提高了16个百分点，一批优势名牌企业在激烈的市场竞争中逐渐发展壮大。青霉素、维生素C、合成维生素E、阿斯匹林、扑热息痛等大吨位产品的生产企业数量已大幅度减少。片剂、粉针剂、水针剂、输液、胶囊5大类制剂前50家的生产集中度分别达到44.3%、97.6%、66.5%、58.9%和56.2%。

所有制结构进一步调整，基本形成了以公有制为主体、多种所有制经济共同发展的格局。按产值计算，股份制经济在全行业的比重已从“九五”初期的12%上升到目前的33.2%，“三资”经济从15%上升到18.8%，国有经济从55%下降到36.1%。

（三）“科教兴药”取得一定成绩

医药行业贯彻“科教兴药”方针，加大了新产品研究开发的力度，1999年新产品产值率达15.8%。“九五”期间，我国医药企业与科研单位共获得各类新药证书5043个，涉及2112个品种，其中国家一类新药证书108个。医疗器械中的一些高、精、尖产品如磁共振、CT（X射线计算机断层扫描成像装置）、彩色B超等实现了产业化。

（四）对外开放取得明显成绩

医药行业是我国最早对外开放的行业之一，也是利用外资比较成功的行业。目前，世界排名前20位的制药公司都已在中国投资建厂。医药商业的中外合资试点工作正在顺利进行。这些“三资”企业的建立，不仅引进了资金，还带来了新产品、新技术、新设备和新的经营方式与管理理念，对国内企业起到了良好的示范作用。

（五）国有企业改革取得新进展

“九五”期间，医药国有企业改革取得新进展，大多数国有大中型企业建立了现代企业制度，一批企业进行了规范的股份制改造，其中有64家企业的股票在国内上市，4家在海外上市，共募集资金约313亿元。“九五”期间，国有企业改革脱困取得明显成效。医药国有亏损企业的亏损额已从“九五”初的17.3亿元降为9.8亿元，国有企业的利润总额从14.3亿元增加到19.1亿元，一批国有大中型企业摆脱困境并走上了良性发展的道路。

（六）医药产业在国民经济中的地位进一步提高

据国家统计局统计，1999年医药工业利润总额、总资产贡献率、成本费用利润率、劳动生产率分别占全国37个产业的第7、5、4、8位。医药产业是我国国民经济中成长性非常好的一个产业，在国民经济中的地位进一步提高。

二、“十五”发展目标

（一）医药工业发展趋势和市场预测

医药是高技术、高风险、高投入、高回报的产业，一直是发达国家竞争的焦点，随着经济全球化的发展，国际竞争日趋激烈。现代生物技术的飞速发展，将对医药工业产生革命性影响，对疑难疾病认识的深化，众多新型生物技术药物的问世，用生物技术改造传统产业等都将极大地改变医药工业的面貌。世界发达国家利用资金、技术、市场上的优势，实施垄断，我国医药将在生物技术领域同发达国家展开新一轮的竞争。随着回归自然潮流的涌起，国际市场对天然药物的需求量日益增加。目前世界植物制品销售额近300亿美元，其中天然药物销售额已达160亿美元，并以年10%的速度递增。

为此，各国竞相采用现代技术研究开发传统医药，抢占国际天然药物市场。这为我国中药开拓国际市场提供了机遇。

美国等发达国家人均年药品消费约300美元，中等发达国家人均药品消费为40—50美元，而我国不到10美元，这既反映了我国与发达国家药品消费的差距，也反映了我国医药市场发展的潜力。随着我国现代化建设第三步战略目标的实施，人民生活水平及生活质量的提高，医药消费观念的更新，我国医药市场增长将快于世界医药市场增长。“十五”期间我国城镇职工基本医疗保险制度改革将全面展开，这一制度的基本原则是“低水平、广覆盖”。它的实施，一方面将扩大医疗保险人群范围，即从目前的1.6亿增加到3亿，另一方面将调整不合理的医药消费，抑制价格昂贵的进口药品及大型医疗设备的使用，促进价格低廉、疗效确切的国产普药的使用。

（二）主要目标

到2005年，医药行业的总体发展目标是：为实现我国从医药大国向医药强国转变的战略目标奠定坚实的基础。医药行业“十五”发展具体指标：医药工业总产值年平均递增12%左右；医药工业增加值年平均递增13%左右；医药商业销售总额年平均递增9%左右；医药进出口额年平均递增6%左右；医药工业利润年平均递增13%左右。

三、“十五”发展的重点领域

（一）发展现代生物技术

生物工程技术方面，我国与国际先进水平的差距较小。预计在未来五年内将开发10—15种具有我国自主知识产权的生物工程药物。要进一步加强技术创新，集中力量，促进高新技术成果产业化。在重点发展生物工程药物的同时，积极采用先进适用的生物工程技术对化学制药、中药、生化制药进行技术改造，促进产品升级，发挥后发优势，实现跨跃式发展。

为此，在今后五年内，应重点做好：充分利用现有资产存量，严格控制新建制药企业，引导新的生物工程药物品种向现有企业集中。建立风险投资机制，尽快设立医药产业基金，引导社会资金流向现代生物技术领域。鼓励国有经济增加在现代生物技术产业上的投入，以占领技术制高点，扩大控制力。采取切实有效的政策措施加大对现代生物技术产业化项目的科研补助、技改贴息及企业资本金注入的支持力度，形成一批具有国际竞争力的高新技术企业。重点利用重组DNA技术和原生质体融合技术构建新菌种或改造抗生素、维生素、氨基酸等产品的生产菌种、提高发酵水平、降低消耗。开发预防、诊断与治疗恶性肿瘤、心脑血管疾病、神经系统疾病、消化系统疾病、艾滋病及免疫缺陷等严重威胁人类生命与健康疾病的新型疫苗、诊断试剂和生物技术药物；开发现有生物技术产品的新剂型，包括涂剂、栓剂、气雾剂、滴剂等；采用基因工程技术、细胞工程技术，生产濒危和稀缺中药材。

（二）推进中药现代化

中药是我国具有比较优势的产业之一，加入世贸组织和天然药物需求的日益扩大，将为中药进一步开拓国际市场提供机遇。但由于中药产业基础较差，现代化水平比较低；中药材质量不稳定，部分中药材重金属和农药残留量超标；中药工艺技术落后，不能对中药进行有效的提取、纯化；中成药制剂水平较落后，影响名优传统中成药在国际市场的竞争力；中药的质量标准体系不够完善，控制方法和手段较落后。这些问题严重制约了中药行业技术水平的提高和发展。

为保持中药优势，“十五”期间中药行业的主要任务是积极推进中药现代化进程。重点做好以下几项工作：正确处理继承与创新的关系，借鉴国际天然药物的发展经验，积极采用现代科学技术改进质量控制指标和方法，完善质量、技术标准体系，进一步与国际接轨。积极推进中药材生产规范化、产业化和集约化进程，建立中药材生产质量管理标准体系，推广中药材的规范化种植。中成药生产要积极推广应用先进的提取、纯化和制剂技术，提高产品的技术含量。加快现代技术在中药生产中的应用。开发新的中药剂型。争取有2—3个中成药正式进入国际药品市场。加强重点中药企业技术改造。中药企业的技术改造要以市场为导向，注重发挥已有的基础力量，通过自主开发和技术引进，切实提高中药生产技术和装备水平。

（三）发展优势原料药

我国化学原料药有相当基础，是化学原料药的生产大国，同时也是出口大国，2000年出口22.5亿美元，在世界化学原料药市场占有较大份额，有60多种化学原料药在国际市场上具有较强的竞争力。努力扩大化学原料药出口，特别是高附加值产品的出口，积极参与国际市场竞争是医药行业实施主动“走出去”战略的重要内容。

当前要重点做好以下工作：分层次发展化学原料药，在满足基本医疗用药需求的同时，开发具有我国自主知识产权的产品、国内短缺的产品及新的出口优势产品。克服主要依靠维生素C、扑热息痛等少数品种出口的状况，发展更多的高附加值出口品种。重点突破一批大宗原料药的关键生产技术，如β—内酰胺类、维生素类、大环内脂类、氨基酸类产品及其中间体生产中的发酵、结晶及分离、提取等技术。开发一批有利于提高产品质量、提高产率、节能降耗、降低生产成本的共性技术。充分发挥石家庄、沈阳、山东、哈尔滨、重庆等老医药工业基地作用，加大技术改造力度，改进工艺，提高竞争力。同时，建立浙东南化学原料药出口基地，发展新产品，完善环保设施。

（国家经济贸易委员会）

中国建材工业投资建设情况

改革开放以来，我国建材工业发展迅速，形成了研究开发、地质勘探、装备制造、生产加工、销售服务、国际贸易等较完整的工业体系。水泥、玻璃、建筑陶瓷和卫生陶瓷的产量多年位居世界第一位，产品的质量、档次也有了不同程度的提高，基本上满足了国民经济和社会发展的需要。

一、“九五”取得的成就

（一）“控制总量、调整结构”取得初步成效

“九五”期间，建材工业在加快用先进技术改造传统产业的同时，对重点产品的总量提出了阶段性控制目标，实现淘汰小水泥窑 3069 座，压减落后生产能力 6335 万吨；关闭淘汰小玻璃生产线 187 条，压减落后生产能力 2592 万重量箱。2000 年，旋窑水泥产量 1.51 亿吨，占水泥总产量的比重为 25.3%；水泥散装率达到 19.1%，散装量比 1995 年增长了近一倍；新型墙体材料产量 2100 亿块标准砖，占墙体材料总产量的比重为 28%；平板玻璃产量 1.82 亿重量箱，其中浮法玻璃产量达 70%；池窑拉丝玻璃纤维产量 4.8 万吨，占总产量的比重由“八五”末的 15%提高到 27%；玻璃钢机械化成型率由 5%提高到 20%左右。

（二）科技进步取得明显进展

重点开展了新型干法预分解窑水泥生产线的“优化设计、低投资、国产化”工作，新型干法工艺技术水平达到国际先进水平。特别是实施项目业主负责制和招投标制，使改扩建新型干法水泥生产线投资从 1000 余元/吨降到 400—500 元/吨，采用新型干法水泥工艺的企业在产品质量、规模效益、环境保护等方面具有了明显的竞争优势。通过建设示范线，“洛阳浮法”玻璃工艺技术水平得到进一步提高。自主开发了日产 7500 吨池窑拉丝技术装备，建设了万吨级池窑拉丝生产线，为池窑拉丝技术与装备赶上国际先进水平奠定了基础。建成了一批具有竞争优势的新型墙体材料生产线，技术装备水平明显提高，产品开发和推广应用成效明显。非金属矿物超细、提纯、改性技术及应用取得重大进展，深加工技术不断提高。以电子级玻纤织物、高档耐磨超硬材料、特种工业陶瓷制品为代表的一批无机非金属新材料的开发与应用，促进了高新技术产业的发展。

（三）组织结构得到明显改善

与“八五”末相比，水泥企业的平均规模由 7 万吨提高到 10 万吨，前十家企业的生产集中度由 2.9%提高到 5%；玻璃企业的平均规模由 31 万重量箱提高到 81 万重量箱，前十家企业的生产集中度由 28%提高到 33%；玻璃纤维生产企业的平均规模约 1500 吨，前四家企业的产量占总产量的比重为 36%。

（四）国有企业改革步伐加快

按照建立现代企业制度的要求，通过改组、改造、兼并、收购等方式，形成了一批具有一定实力的大公司和企业集团。建材工业经济运行质量和效益明显提高，国有企业改革与脱困三年目标基本实现，1999 年扭转了全行业连续两年亏损的局面，2000 年生产经营形势进一步好转，全行业实现利润 94 亿元，建材及非金属矿产品出口创汇 28.7 亿美元。建材上市企业已超过 40 家，融资 100 多亿元。

二、“十五”发展目标

（一）需求预测分析

1. 市场需求趋势分析

“十五”期间，按 GDP 年均增长 7%计算，平均每年全社会固定资产投资 4 万亿元左右，国民经济与社会发展对建材产品的需求将保持稳定增长的态势。拉动建材产品需求增长的主要因素有：城市化进程加快，中小城镇建设投资规模将有大幅增长；住宅产业化和人民生活水平的提高，农民住房的改善，对高品质、多功能的绿色建材产品，以及工厂化系统集成住宅产品的需求将有较快增长；长江三峡、黄河小浪底等水利枢纽，一批大型水库建设以及“南水北调”工程，龙滩、小湾、水布垭、构皮滩、公伯峡、三板溪等水电站，青藏铁路、京沪高速铁路和西南、西北进出境铁路，20 万公里“五纵七横”公路等基础设施建设力度继续加大；军工、汽车、信息、石化等相关产业对建材产品的需求将进一步增加。

2. 主要产品需求分析

传统建材在提高产品质量的基础上，需求总量保持相对稳定。2000 年水泥产量 5.97 亿吨，平板玻璃

产量1.82亿重量箱。随着水泥新标准的实施和混凝土标号的提高，水泥需求结构将发生重大变化。由于采用高强混凝土和高性能混凝土可减少水泥用量30%以上，预计2005年水泥总需求将维持在现有水平，而可配制高强混凝土和高性能混凝土的优质水泥的需求将大幅度增加。平板玻璃总需求将保持相对稳定，其中能够替代进口和满足加工玻璃要求的优质浮法玻璃需求明显增加。建筑卫生陶瓷需求变化的趋势是低档产品的市场不断缩小，中高档产品将适度增长，可替代进口的高档卫生陶瓷和节水型卫生陶瓷的需求将有明显增长。

新型建材、无机非金属新材料和非金属矿主要产品需求将有较大增长。随着建筑、军工、汽车、信息、石化等相关行业的发展，新型建材、无机非金属新材料和非金属矿深加工产品的应用领域不断扩大，需求量将有较大增长。特别是新型建材中的新型墙体材料、新型保温材料、新型防水材料，无机非金属新材料中的玻璃纤维及制品、复合材料/玻璃钢，非金属矿深加工产品中的超细、改性功能材料的需求将会有较快增长。

满足房屋装饰和改善住房功能要求的装饰装修材料将有更快增长。随着住宅的商品化，住房装饰装修在我国逐步普及，装饰装修材料将有更快增长。外墙涂料，高档外墙装饰板，安全环保型的内墙涂料，高档五金件，以及优质塑钢门窗和塑料管材管件等化学建材产品的需求将有更快增长。

3. 主要建材产品国内需求量预测

产　　品	单　位	2005年需求量
水泥	亿吨	6
其中：优质水泥	亿吨	2
平板玻璃	亿重量箱	1.8—1.9
其中：优质浮法玻璃	亿重量箱	0.6—0.65
卫生陶瓷	万件	5500
建筑陶瓷	亿平方米	15
玻璃纤维	万吨	38
其中：池窑拉丝玻璃纤维	万吨	23
墙体材料	亿块标准砖	7500
其中：新型墙体材料	亿块标准砖	3000

（二）主要目标

建材工业增加值预期年均增长7～8%。

1. 产品结构调整目标

到2005年，新型干法水泥产量达到1.2～1.3亿吨，占水泥总产量的比重为20%，特种水泥产量占水泥总产量的比重为3%，水泥散装率达到30%；浮法玻璃产量达到1.6亿重量箱，占玻璃总产量的比重为80%以上，其中优质浮法玻璃产量5000～6000万重量箱，占浮法玻璃的比重达到30%以上，玻璃深加工率达30%；新型墙体材料产量3000亿块标准砖，占墙体材料总产量的比重为40%；池窑拉丝玻璃纤维产量达到23万吨，占玻璃纤维总产量的比重为60%；玻璃钢机械化成型率为40%以上。

2. 技术结构调整目标

行业共性技术、关键技术和装备研发取得明显进展，新增生产能力技术装备水平总体达到国际先进水平。日产2000～5000吨熟料新型干法水泥生产线技术与装备达到二十世纪90年代国际先进水平。积极发展日产8000吨以上超大型水泥生产线，形成技术装备研发制造体系。全面提高“洛阳浮法”玻璃技术水平，实现优质浮法玻璃生产技术和管理方面的重大突破，产品实物质量达到国际先进水平。玻璃加工技术装备及产品质量达到国际先进水平。开发和引进年产2——3万吨规模的电子级玻璃纤维池窑拉丝技术装备以及电子级玻纤布生产技术，使行业的技术水平达到国际先进水平。新型墙体材料技术与装备基本实现国产化。

3. 组织结构调整目标

“十五”末期，水泥生产企业的平均规模由目前的年产10万吨提高到25万吨，前10家水泥企业（集团）生产集中度由5%提高到17%；玻璃企业的平均生产规模达到300万重量箱以上，前10家玻璃企业的生产集中度达到50%；前4家玻璃纤维企业的生产集中度达到60%以上。

4. 能源利用和环保目标

全面推进清洁生产，实现环保达标。到2005年，主要建材产品的平均能耗降低20%。平板玻璃、建筑卫生陶瓷、池窑拉丝玻璃纤维的生产以应用优质能源为主。水泥和墙体材料的生产要积极研究和开发多种能源和资源的利用途径。全行业年节能1900万吨标煤，减少粉尘排放210万吨。

三、“十五”发展和调整重点

（一）大力发展新型干法水泥

坚持以发展促调整的方针，大力发展新型干法水泥，加速淘汰落后工艺。优化生产力布局，推进企业重组，支持大公司和企业集团的发展。禁止除新型干法以外的其它水泥生产线的建设。严格禁止对立窑进行扩径改造。节约并合理利用资源和能源，加强环境保护。“十五”期间要按照“等量淘汰”或“超量淘汰”的原则，发展新型干法水泥，新增新型干法水泥生产能力6000万吨，实现新型干法水泥生产能力翻番。

（二）发展新型建材，促进经济与资源、环境协调发展

紧紧围绕环境保护、生态建设和提高人民生活质量的要求，以提高质量、节能、节地、利废为重点，以政策法规为导向，以科技创新为动力，开发完善应用技术，使新型建材生产和应用取得较大发展。到2005年，新型墙体材料占墙体材料的比重达到40%，节约土地20万亩，减少二氧化碳排放量2000万吨，综合利用煤矸石9000万吨、粉煤灰4500万吨。

（三）全面提高“洛阳浮法”技术水平

平板玻璃工业的主要任务是进行结构调整和实现产业升级，重点是发展优质浮法玻璃，全面提高“洛阳浮法”玻璃技术水平，实现浮法生产技术和管理的突破，使平板玻璃实物质量达到国际先进水平。“十五”期间要严格限制新建、扩建平板玻璃原片生产线，防止低水平重复建设，淘汰小平拉等落后工艺。积极发展玻璃深加工产品。

（四）加快无机非金属新材料产业化进程

无机非金属新材料是国防建设和高新技术等相关产业所必需的重要材料。支持重点企业、重点技术和重点产品的发展。加大科技开发和企业技术创新工作力度，加快产业化进程，把发展无机非金属新材料作为建材工业新的经济增长点。

（五）发展非金属矿深加工产品，扩大出口创汇

通过企业技术改造，提高技术装备水平，发展深加工产品，扩大出口。

（六）优化建筑卫生陶瓷产品结构

建筑卫生陶瓷工业要发展高档产品，增加中档产品，压缩低档产品。加强技术改造，采用新型装饰技术，提高产品质量和档次，加强配套并发展环保产品、节水产品，满足国内外市场的需求。

（国家经济贸易委员会）

交通、建设、邮电、科技

中国公路水路运输业投资建设情况

交通部副部长

改革开放20多年来，中国公路、水路交通发展之快令人瞩目，一条条高速公路通车，一座座跨江跨河大桥竣工，一处处大型码头投产……我国公路水路交通建设日新月异，已成为国民经济发展中最靓丽的一道风景线。国家不久前制定的“十五”期间全国公路水路交通发展纲要，又向人们展示了更加美好的发展前景。

一、“九五”期间成就辉煌

“九五”期间，交通行业认真贯彻中央扩大内需和实施积极财政政策的方针，加快以公路为重点的基础设施建设，集中力量完成了“三主一支持”（公路主骨架、水运主通道、港站主枢纽和支持保障系统）长远规划中的一批骨干工程，运输生产取得了显著成绩。

（一）公路水路交通建设成就

公路建设实现跨越式发展。“九五”期间，公路建设完成投资8974亿元，比“八五”增加了三倍。五年新增公路24.57万公里，其中新增高速公路1.3万公里。到2000年底，全国公路总里程超过140万公里，公路网密度达到14.6公里/百平方公里。高速公路里程突破1.6万公里，跃居世界第三位。京沈、京沪高速公路全线贯通，在东北、华北、华东地区之间形成了一条公路快速运输大通道。“五纵七横”国道主干线建成1.8万公里，占规划里程的一半以上，为国道主干线提前建成奠定了基础。公路网整体技术水平有较大提高，高级次高级路面公路里程占公路总里程的比重达到42.5%。国道网中的断头路基本消除，大中城市出入口和过境交通继续改善。南京长江二桥、江阴长江大桥、厦门海沧大桥等一批特大桥的建成，标志着我国公路桥梁深水基础、大跨径建设水平已进入世界先进行列。公路通达深度进一步提高，到2000年底，公路通乡和通行政村比重分别达到98.3%和89.5%。

沿海港口建设取得进展。“九五”期间沿海港口建设共完成投资416亿元，建设中级以上泊位130个，其中深水泊位97个，新增吞吐能力1.9亿吨，新增集装箱吞吐能力848万TEU。煤炭、原油、散粮、散水泥等运输系统不断完善，到2000年底，沿海港口万吨级以上泊位达到651个，其中3万吨级以上泊位达到214个，总吞吐能力11.7亿吨。一批陆岛交通码头建成，基本解决了3000人以上岛屿的进出岛交通问题。初步形成了以环渤海地区、长江三角洲地区和珠江三角洲地区港口群体为主的总体格局。

内河航道落后面貌得到明显改善。“九五”期间内河建设是新中国成立以后投资最多、成效最显著的时期。五年共完成投资231亿元，整治内河航道4151公里，新（扩）建内河港口泊位351个，新增港口吞吐能力6013万吨。到2000年底，全国五级以上航道里程达到2.3万公里，占通航总里程的19%，京杭运河江南段建成通航500吨级标准船舶的航道，山东段建成通航1000吨级标准船舶的三级航道。西江、湘江、嘉陵江航电结合的尝试，取得了显著的经济效益。

支持系统建设继续加强。“九五”期间，支持系统建设共完成投资65亿元，使支持系统薄弱落后状况得到进一步的改观。到2000年底，沿海港口和重要水域建成交管系统17个，全球海上遇险和安全系统投入运行。全国海上干线航标达到2300多座，基本实现“沿海港口和重要水道航标成链”的发展目标。巡逻、航标船舶得到大面积更新，海事管理手段明显增强；救助基础设施和技术装备得到改善，海上立体救助系统起步建设，一批新建的海上救助船舶投入值班待命：13艘新型工程挖泥船投入长江航道的疏浚保畅工程中；交通专用卫星长途通信网建成并实现了全国联网。

利用外资成绩突出。“九五”期间，公路、水路交通建设利用国际金融组织贷款和外国政府贷款76亿美元，比改革开放以来至“八五”期末累计的总和还要多出近四分之一。直接利用外资也取得进展。

车船运力迅速增长。到2000年底，全国民用汽车保有量达到1609万辆，五年新增569万辆；从事公路运输的营运汽车为535万辆，其中客车99万辆，货车436万辆。车辆档次不断提高，车型结构向多品种方向发展。船舶运力总规模达到5100多万载重吨，比改革开放前增加了三倍多，其中从事国际航运的船舶超过2200万载重吨。尽管船舶艘数大幅度减少，但平均吨位显著提高。集装箱船发展迅速。

（二）公路水路交通在综合运输体系中的地位得到加强

随着交通基础设施与运输装备的改善，以及运输服务水平的提高，增强了公路水路运输的市场竞争力，促进了综合运输体系的发展和完善。

公路完成的运输量占各种运输方式的比重明显上升。2000年公路客运量、旅客周转量、货运量、货物周转量分别达到134.7亿人、6657亿人公里、103.9亿吨和6129亿吨公里，占各种运输方式总运量的比重分别达到91.3%、54.8%、78.3%和14.2%，分别比1995年提高2.5、4.2 、2.1和1.1个百分点。高速公路的迅速发展使公路的大动脉作用日益明显，公路客、货平均运距进一步延长。

水路货物周转量占各种运输方式的比重稳步上升。与1995年相比，水路货物周转量占各种运输方式的比重由49%增到54.9%。国际航运承担了全国外贸货物运输量的85%。沿海水运主通道在北煤南运、北油南运中作用明显。内河航运成为江浙地区和珠江三角洲地区的主要运输方式之一。

沿海港口吞吐量增长迅速。2000年全国沿海港口货物吞吐量完成12.9亿吨，其中外贸吞吐量完成5.3亿吨，年均增长超过8%．国际标准集装箱运输发展迅猛，沿海港口集装箱吞吐量突破2000万TEU，年均递增速度近30%。主枢纽港地位加强，20个主枢纽港完成的吞吐量超过总吞吐量的85%、外贸吞吐量的93%。

二、2000年公路水路交通固定资产投资情况

2000年，全国交通系统完成固定资产投资总额2571.7亿元，其中基本建设占73.0%，技改措施占3.2%。按行业划分，公路线路及客货运站建设占90.1%，水运业建设占6.7%，其它建设占3.2%。

2000年交通基本建设投资总额中，交通部统一投资和各省、自治区、直辖市交通部门安排的投资分别占完成总投资的12%和88%。

(一）基本建设

2000年全国交通系统基本建设实际完成投资总额为1877.3亿元，比上年增长10%。

1.公路建设　2000年，交通部对全社会公路建设投资确定为1800亿元。交通部确定重点公路建设项目259个，建设里程29200多公里，其中高速公路15000多公里，项目总投资约5700多亿元。2000年安排计划投资1013亿元，其中中央投资约156亿元；省市区自筹约220亿元；国内贷款525亿元；利用外资112亿元。

在这批重点公路建设项目中，东部地区项目99个，建设里程7865公里，当年投资493亿元；中部地区项目82个，建设里程10631公里，当年投资293亿元；西部地区项目78个，建设里程10772公里，当年投资229亿元。

2000年共完成全社会公路建设投资2315.8亿元，其中重点建设项目完成投资1082.5亿元；东部地区完成投资1139亿元，中部地区完成投资621.3亿元，西部地区完成投资555.5亿元。

2.沿海港口建设　2000年沿海港口基本建设实际完成投资50.6亿元，比上年下降15.6%。2000年交通部共安排沿海大中型项目11个，共建成泊位23个，其中深水泊位12个，共新增吞吐能力3749万吨。

3.内河航运建设　2000年内河航运基本建设实际完成投资54.2亿元，比上年增长3%。全年共建成内河泊位59个（中级泊位14个，小泊位45个），共新增吞吐能力888万吨；新增内河航道367公里，改善内河航道405公里。

(二）技术改造

2000年交通部统一安排的直属单位技术改造计划，共完成投资27亿元，比上年减少6.9%。主要安排了沿海港口、运输、施工企业等单位生产设施和生产配套设施的改造。完成了大连港务局大窑湾散粮码头改造工程；秦皇岛港煤二期码头改造工程；青岛港务局八码头改造工程；上海港高阳集装箱、外高桥危险品等堆场改造；宁波港务局信息系统及通信工程、北仑变电工程等改造的建设。

三、“十五”公路水路交通建设目标和重点

(一）“十五”公路水路交通建设的主要目标和投资需求

——公路，全面建成“两纵两横三个重要路段”，“五纵七横”国道主干线系统建成2.6万公里；到2005年，全国公路总里程达到160万公里，五年新增20万公里，路网密度达到16.7公里/百平方公里；高速公路超过2.5万公里；公路通达深度明显提高，全国99.5%的乡镇和93.0%的行政村通公路。

——沿海港口，新增深水泊位135个，改造深水泊位45个，新增吞吐能力2.5亿吨以上，新增集装箱吞吐能力1650万TEU，到2005年深水泊位达到800个，总吞吐能力达到14.5亿吨以上；长江口航道整治工程达到-12.5米水深。

——内河航道建设，改善航道里程3350公里，改善内河水运主通道2500公里，到2005年水运主通道中符合规划标准的里程达到7940公里，占54.2%；改造和新建内河泊位200个，新增吞吐能力2500万吨。

——支持系统，海事管理初步建成“监管立体化、反应快速化、管理信息化、航测自动化”的统一、规范、高效的体系。50海里内重要干线航道和重要港口附近应急到达时间不大于3小时。

要实现公路水路交通“十五”建设目标，总投资需10543亿—11043亿元，其中公路9500亿—10000亿元，沿海港口700亿元，内河航运276亿元（含长江口续建工程90亿元），支持系统67亿元。

(二）“十五”公路水路交通建设重点

1.公路

“十五”期间，公路重点建设国道主干线系统、区域干线公路网络、县乡公路网络、公路运输服务网络，同时加强国边防公路和边境口岸公路建设。

(1）国道主干线系统：“两纵两横和三个重要路段”全部建成；力争建成丹拉、渝湛干线和沪蓉支线、衡昆支线、沪瑞支线、丹技支线等几条重要干线；加大国道主干线系统中未建成路段的建设力度，建成京福公路、同三支线、二河公路、绥满公路、青银公路、沪瑞公路、衡昆公路的部分路段。

(2）区域干线公路：重点发展省会到地市或到主要县城的公路及国道主干线连接线等干线公路，加快国家重点干线公路和大中城市过境公路及出人口公路建设。

(3）县乡公路网络：一是连接国省干线公路等对外出口公路；二是贫困地区联片开发公路、资源开发公路和旅游公路；三是具备建设条件的通乡、通村公路。

2.沿海港口

(1）重点建设上海国际航运中心，建设上海、宁波、大连、天津、青岛、深圳等主要港口第四代以上集装箱码头；相应新建和改造支线港及喂给港。

(2) 在东北、华北、华东地区分别布局建设大型原油接卸码头。

(3) 在大连和华北地区分别布局建设大型专业化矿石码头；利用湛江港现有码头改造成大型专业化矿石码头。

(4) 加快主要港口现有基础设施的大规模技术改造，结合部分新建项目形成一批专业化的木材、粮食、钢材、水泥、化肥及滚装运输码头，加快上海、大连、青岛、广州等老港码头功能调整和城市化改造的步伐。

(5) 重点建设长江口航道整治工程、广州港出海航道二期工程、深圳铜鼓航道工程，有计划地安排天津、烟台、连云港、湛江、防城港等主枢纽港口航道的升级。

3. 内河航运

长江水系上游加快三峡库区重点水运基础设施的复建工程；中下游实施航道清淤应急工程，整治武穴航道、碾子湾河段、张南及东流水道；建设嘉陵江、湘江、汉江、赣江、安徽合裕线等主要航道；长江三角洲接四、五级航道标准建设跨省航道，基本建成江南五级以上航道网，起步建设杭甬运河。

珠江水系，重点解决红水河大化、百龙滩枢纽恢复通航问题，打通西南出海中线通道，建设南线通道；重点整治小榄水道、陈村水道、劳龙虎水道、潭江水道等航道，基本建成珠江三角洲三级航道网。

黑龙江和松花江水系，重点建设松花江哈尔滨至佳木斯段航道，使松花江哈尔滨以下全线达到三级航道标准。

内河港口，以集装箱等专业化泊位建设和港口技术改造为重点，建设长江干线重庆、万州、武汉、芜湖、马鞍山等多用途和集装箱泊位，对城陵矶、南京、镇江港等老港区（码头）进行改造。

4. 支持系统

——海事：建设长江口、珠江口、大连、宁波、厦门等船舶交管工程；完成海事信息系统三级网络；继续建设工作船码头和航标基地；对体制改革后新划转单位的业务用房进行统筹规划，按轻重缓急分步建设；控制巡逻船总量，优化船舶结构，更新各类船舶。

——救助：建设大连、连云港、宁波和海口救助站，改扩（迁）建荣城、温州、厦门、汕头、三亚救助站；改造救助基地水电管网设施；新建救助拖轮和快速救生船；在北方和南方海区配备海上搜救直升机。

“十五”期间交通系统还将大力开展公路、水运工程建设技术的科研，加快各类人才的教育培训。

5. 西部开发

在继续实施现有规划的国道主干线基础上，起步建设兰州至云南磨憨、阿荣旗到北海、阿勒泰至红其拉甫、银川至武汉、西安至合肥，长沙至重庆、西宁至库尔勒、成都至西藏樟木等八条西部省际公路通道；重点改造国道 214 线西宁至打洛、国道 317 成都至那曲、国道 326 秀山至曲靖、国道 315 西宁至喀什、国道 212 兰州至重庆等路段；加快县乡公路建设。到 2005 年，国道主干线建成 1.37 万公里，占西部地区总长度的 85%，西部八大通道建成 1.03 万公里，占规划总里程的 67%，公路通乡通村率达到公路 99.6% 和 88%。

西部内河建设重点分为三个层次，第一层次是水运主通道及主枢纽港口的建设，包括加快长江、西江两条出海通道、澜沧江跨境运输航道以及主要支线航道的建设；第二层次是连接水运主通道的重要支流和重要的地区性河流的航道以及地区重要港口建设；第三层次是效益显著的区间通航河流（段）及库区航运建设。

四、“九五”期间公路水路交通建设部分重点工程简介

京沈高速公路

北京至沈阳高速公路是国家规划的国道主干线“两纵两横三个重要路段”之一，是国家“九五”计划的重点工程建设项目，全长 658.34 公里，连接了北京、天津、河北和辽宁，将同三、京沪、京珠等国道主干线连为一体。2000 年 9 月，京沈高速公路全线建成通车。京沈高速公路全线按六车道高速公路标准规划，设计行车速度为 120 公里/小时。全线设有 40 处互通式立体交叉（预留 3 处），桥梁 510 座，总投资近 200 亿元。

京沈高速公路作为中国第一条以高速公路全线贯通的国道主干线，标志着中国公路建设事业进入了一个新的发展阶段。

京沪高速公路

全长 1261.99 公里的北京至上海高速公路是国家规划的国道主干线“两纵两横”三个重要路段之一，是国家“八五”、“九五”期间的重点建设项目。2000 年 12 月，京沪高速公路实现全线通车。这条高速公路在华北与华东之间形成一条快速、安全、经济和舒适的交通运输大通道，贯通北京、河北、天津、山东、江苏、上海六省市。

这条高速路除少部分路段为六车道外，大部分路段为四车道，公路设计行车速度 120 公里/小时，全线设有 90 处互通式立交，桥梁 985 座，服务区 20 个，收费站 83 个，总投资 393.01 亿元。

福州至泉州高速公路

福建省福州至泉州高速公路是国家“九五”期间重

点建设项目，是国道主干线同江至三亚中的重要组成部分。全长154.42公里，全线采用高速公路标准建设。在丘陵、平原路段分别设计时速为100－120公里/小时，项目总投资46.7亿元。工程于1997年10月开工建设，1999年9月25日试通车。

江阴长江公路大桥

江阴长江公路大桥是“中国第一、世界第四”大型钢箱梁悬索桥。它位于江苏省江阴市与靖江市之间，是国家“九五”重点基础设施建设项目，是“两纵两横”公路主骨架中同江至三亚和北京至上海公路国道主干线的跨江“咽喉”工程。其总投资36.25亿元，于1994年11月22日开工建设，1999年9月28日建成通车。主桥为1385米的跨江钢悬索桥。全桥长2888米，全线建设总里程为5.176公里。全线按六车道高速公路标准设计，主桥桥面全宽36.9米，设计行车速度100公里/小时，桥下通航净高50米，可通航五万吨巴拿马散装货船。这是中国人第一次建造跨径千米以上的特大型钢箱悬索桥，在中国桥梁建设史上具有划时代的意义。

厦门海沧公路大桥

厦门海沧公路大桥工程是国家“九五”计划重点项目，工程全长5926.527米，总投资28.7亿元，1996年12月18日开工，1999年12月30日建成通车。厦门海沧公路大桥全长3140米，它连接厦门岛和海沧投资区，是厦门岛又一条重要的对外通道。

上海港外高桥港区二期工程

该工程是建设上海国际航运中心、解决上海港集装箱码头吞吐能力不足的重要举措之一。该 工程是国家重点工程。1997年9月开工，2000年1月31日通过了交通部组织的竣工验收，工程质量总评为优良。

外高桥港区二期工程共建设3个顺岸式全集装箱泊位，设计年通过能力近期为60万TEU，远期为80万TEU。码头泊位总长度899.17米，可同时停泊2艘第三、第四代集装箱船和1艘第一代集装箱。码头结构和前沿水深按停靠第五代集装箱船的靠泊要求设计。码头前沿设计底高程－14.2米，近期按－13.2米实施。国家批复工程总概算为193915万元。

深圳盐田港区二期工程

该工程是国家和深圳的重点建设项目，1997年3月开工建设，2000年7月5日通过国家竣工验收，工程质量总评为优良。

二期工程建设5万吨级集装箱泊位3个，设计年吞吐能力为120万TEU，工程总投资39亿港元。3个码头泊位总长度950米，码头结构型式为钢管桩梁板结构，码头顶面高程5米，码头前沿底面高程－14米—15米。回旋水域直径为620米，底面积高程－14米。航道底宽170米。底面高程－14米。堆场、道路面积58万平方米。由于3个泊位共配置12台岸边集装箱起重机，当有大型集装箱船舶进港时，可调配6台岸边集装箱装卸桥在三个泊位同时作业，大大地提高了码头装卸效率，减少船舶在港停留时间，降低营运成本。

长江干线港口建设工程

2000年，长江干线在建的港口项目共完成投资2.43亿元，建成货运设施8处，新增港口千吨级以上货运泊位16个，新增港口年通过能力1277万吨；建成客运设施1处，新增港口年旅客吞吐量35万人；建成仓库建筑面积7248平方米。这些工程主要包括：

重庆港九龙坡港区二期工程、城陵矶港客运设施工程、铜陵港银精砂专用码头工程、芜湖港裕溪口32号煤码头重建工程、马鞍山港外贸码头建设工程、南京港客运站工程、南京港仪征油港石油化工码头扩建工程、高港杨湾港区一期工程、安庆港五里庙二期工程。

京杭运河浙江航道改造工程

京杭运河浙江航道改造工程是浙江省“八五”跨“九五”的交通重点建设项目，也是交通部内河航运建设重点工程和中国首次利用世界银行货款建设的内河航运项目之一。该工程自江苏和浙江交界处的鸭子坝至杭州北星桥航道全长为83公里，全线按四级航道标准进行整治，并进行了护岸、绿化、航道标志等改造工程。工程总投资6.75亿元。工程于1993年12月底正式开工，于1999年8月底全面完工，历时近6年。该工程1999年9月28日顺利通过交工验收，质量总评为优良。

海空立体搜救体系建设

2000年5月28日上海高东海上救助直升机机场开工建设，计划于2001年6月完工。2000年12月12日中国航空技术进出口总公司作为交通部救捞局的代理与美国西斯基飞机公司签订了2架S－76C+直升机采购合同，总金额为1857万美元，2001年12月份可交货。随着海空立体搜救体系的建成，中国海上搜救手段将会有质的飞跃。

中国铁路投资建设情况

铁道部副部长 孙永福

一、"九五"投资建设

（一）"九五"铁路发展成就巨大

"九五"是我国铁路发展进程中极不平凡的时期，是发展成就最为显著的时期之一。铁路改革实现新的突破，铁路建设迈上新台阶，铁路运输经营扭亏为盈，科技创新能力不断增强，对外开放和多元经营进一步扩大。铁路在交通运输体系中有效地发挥了骨干作用，为国民经济持续快速健康发展作出了重要贡献。

1. 铁路建设投资规模创历史最高水平　五年来，铁路全行业共完成固定资产投资3749亿元，比"八五"增加1723亿元，增长85%。其中基建投资完成2439亿元，是"八五"完成投资的近2倍，铁道部及铁路所属企事业投资完成2110亿元，合资铁路省市及企业完成投资275亿元，地方铁路完成投资中地方政府及企业54亿元。国铁企业更新改造投资完成710亿元，比"八五"增长75%，其中运输设备更新改造完成投资472亿元，比"八五"增长29.4%。国铁机车车辆购置完成投资600亿元，比"八五"增长60.1%。2000年铁路建设保持了快速发展的势头。

2. 开工、投产、销号项目最多　"九五"新开工项目共42个，安排基建大中型项目约70多个，竣工销号大中型项目45个。建成了广大、石长、横南、梅坎、邯济、南疆铁路，焦枝（襄石段）、新菏（一期）复线，京郑、郑武、成昆电气化，襄渝、邯长、阳安线扩能等30多个项目。朔黄铁路，包兰、黎湛、株六、宝成复线等部分投产。

3. 铁路建设投产里程最多　"九五"期间，铁路全行业新线正铺轨完成5663公里，增建复线正线铺轨4277公里。全行业铁路新线投产6110公里，复线投产4800公里，电气化投产4311公里。新建铁路、复线和电气化和投产里程均是历史上最多的五年。到"九五"末，全国铁路总营业里程达到6.86万公里，居世界第三位，复线里程2.14万公里，电气化1.49万公里，国家铁路的复线率、电气化率与"八五"末相比分别提高5.5和7.5个百分点。

4. 铁路机车车辆装备水平提高最快　"九五"期间铁路机车车辆购置以快速度、大马力机车、25型提速车及空调客车、大型敞车、专用货车等为重点，共购置机车4149台，客车8412辆，货车110755辆。其中提速机车981台，提速客车2712辆。到"九五"末，全路机车保有量14472台，内电机车占到95.8%，比"八五"期末提高24.5个百分点；客车保有量3.6万辆，比"八五"期末增加3585辆，空调客车占客车保有量的40.4%；货车保有量439943辆，比"八五"期末增加7212辆，内电牵引总里程占全路总营业里程的92.7%以上。干线铁路已全部实现电力、内燃机车牵引。

（二）铁路投资质量和效益有很大提高

"九五"期间，按照建立社会主义市场经济的要求，解放思想，转变观念，大胆探索，积极推进投资体制改革，加强项目前期工作，强化建设项目管理，提高了投资质量和效益。

1. 以提高质量为重点，加快发展步伐　铁路经过"八五"的大发展，运输能力有所增强，客货运输紧张状况有了很大缓解。但是，铁路运输能力和运输质量还不能满足经济和社会发展需要，铁路部分区域、特定时期、主要干线的运输能力仍然比较紧张，运输市场的竞争能力、技术创新能力以及对市场需求的适应能力还比较薄弱，不适应建立社会主义市场经济体制的要求。铁道部坚持"发展是硬道理"的指导思想，提出了"大战西南，强攻煤运，打通限制口，配套大干线"的战略部署。特别是"九五"后三年，认真贯彻国家加强基础设施建设和实施西部大开发的战略，加快了建设步伐，扩大了运输能力。五年共安排大通道基建大中型项目约70多个，完成投资1860亿元，占基建大中型项目完成总投资的90%。五年来，开工建设西部铁路项目19个，投资规模1180亿元，占新开工项目总投资规模的87%，充分体现了强化大通道能力和向西部倾斜的要求。通过这些项目的建设，路网布局有很大改善，煤运北、南通路能力，南北、西北、西南、东北、通路能力，均有较大增加。多年影响运输畅通的限制口，已有较大改善。余家、嘉兴、坪石、凤鸣4个限制口基本打通，进入上海、广州、柳州、福建的能力有较大增强。进出西南地区的运输紧张状况得到较大缓解。

2．坚持以市场为导向，调整投资结构　“九五”期间，努力优化投资结构，以扩能、提速、达速为龙头，加强技术改造、安全基础设施和信息系统的建设，加大了技术装备投资力度，重要干线强化技术改造，铁路装备水平和运输能力有了大幅度提高。先后三次对主要干线进行大规模提速改造，初步形成了“四纵两横”的提速干线网络，提速总里程接近1万公里。京哈、京沪、京广、陇海等主要干线旅客开车最高时速达到140—160公里，广深线达到200公里，开始扭转我国铁路列车速度长期在低水平徘徊、不适应市场需求的局面。建成了京哈、京沪、京广、京九和大秦、石太、石德和陇海等线路区段的“四纵三横”重载运输网络，使全路具备开行5000吨及其以上列车条件的重载线路里程比“八五”末期翻了一番多。投入更改资金近70亿元用于加强安全基础设施建设，完善了安全保障技术体系。重点进行了机车三大件配备、电力贯通线、微机监测系统、机车运行监控系统、第二代红外轴温探测系统、车辆轴承探测系统接触网巡检、抢修列车，钢轨探伤设备及平交道口改立交等建设，安全技术装备水平大大提高，保证了运输生产的安全，行车事故率明显下降。全路形成了以光纤为载体、SDH传输为主的有线传输网，适应铁路现代化运输指挥的调度通信系统，覆盖铁路局、分局的卫星通信网、电视电话会议网和机关计算机局域网。全路主要客运站客票预发售系统、DMIS等信息系统联网运行，TMIS工程车号自动识别系统等已开始启动。全路主要路网性和区域性编组站基本实现驼峰自动化和半自动化。

3．积极探索新路，拓宽资金渠道　“九五”期间充分调动地方政府和企业的积极性，多方筹集资金，使合资铁路有了长足的发展。我们制定了优惠政策和资金导向，有重点地扶持合资和地方铁路。到2000年底，在建合资铁路建设规模3628公里，投资规模达693亿元，已有17条合资铁路投入运营。地方铁路在建规模1650公里。合资铁路和地方铁路的总运营里程已近1万公里。积极争取国债，多方筹集建设资金。2000年铁路续建项目和西部地区的大中型项目共争取到国债67亿元。其中铁道部使用46亿元，主要用于株六复线、宝兰复线、青藏线一期扩能、内昆线、神延线、水柏线等6个西部重点项目以及武广电气化。地方政府及企业使用国债21亿元，安排了合资铁路和地方铁路共25个项目。

随着企业自主管理更改资金权限的扩大，铁路已初步确立了企业在更改和客车购置方面的投资主体地位。运输企业重视效益，精打细算，逐步形成了投资约束机制。“九五”初期，实行了机车车辆购置投资有偿占用制度，贷款购置的机车、客车由各铁路局负责偿还利息。“九五”后期，铁道部明确了“铁路局享有机车、客车购置权，是机车、客车的购置主体”，各铁路局根据客货运输市场和技术进步需要，参照部机车车辆购置指导意见，根据各自经济能力，自主决策贷款购置机车车辆，自行偿还贷款本息。仅2000年各局就筹款购置了客车600多辆，动车组10余列，使机车车辆购置改革迈出了可喜的一步。

4．加强前期工作，提高项目决策水平　积极探索市场经济条件下做好前期工作的新路子，使前期工作在项目科学决策、实施结构调整、避免重复建设、加快建设进度、确保工程质量、提高投资效益等方面发挥了重要作用，严把项目立项关，实施建设全过程管理，建立投资约束机制，强化投资项目的监督检查。一是认真编制规划，发挥指导作用。坚持规划对年度投资计划的指导，强调从长远、全局、战略的高度出发，研究项目，安排投资，从源头卡住不合理的重复建设。二是突出项目论证，提高决策水平。对所有建设项目，抓住预可行性研究和可行性研究，反复组织研究论证，广泛征求地方和有关部门意见，强化方案论证和决策的民主化、科学化。初步建立了专家论证制度，普遍建立了项目库。三是加强勘测设计，狠抓薄弱环节。加大投入，提前进行设计审查，下达预审意见，超前安排初步设计或技术设计以及环境评价工作。四是建立竞争机制，提高设计质量。坚持计划、投资的程序化。设计程序与国际惯例接轨，提高适应市场变化能力。

二、“十五”投资建设展望

做好“十五”铁路建设工作，对于在新世纪加快铁路发展具有极为重要的意义。“十五”计划国家铁路和中央与地方合资铁路建设规模为新线6000公里，既有线复线约3000公里，既有线电气化6000公里。地方铁路建设规模为1000公里左右。“十五”铁路建设共需投资约3500亿元，其中基建投资2700亿元(大中型基建投资约2550亿元)，机车车辆购置及更新约800亿元。到2005年底，全国铁路营业里程将达到7.5万公里左右，其中复线铁路约 2.5 万公里,电气化铁路 2 万公里以上。

(一)强化“八纵八横”路网骨架

“十五”铁路要围绕“八纵八横”路网主通道进行建设,加快繁忙通道客货分线,完善区际通道,优化路网结构,发展地方铁路,提高综合运输能力。八纵即:京哈、沿海、京沪、京九、京广、大湛、包柳、兰昆通道;八横即:京兰、煤运北、煤运南、陆桥、宁西、沿江、沪昆、西南出海通道。“八纵八横”铁路主通道,目前营业里程占全国路网的 43%,承担了全路 80% 左右的客货运输周转量,对铁路运输具有全局性的影响,起着纲举目张的作用,是保持铁路国有资本控制力的核心。“八纵八横”不仅在中长途客运、大宗物资等铁路传统优势运输方面占有重要地位,也是未来客运快速网、货运快速网、重载网、集装箱网等现代化铁路运输网络的重要载体。

(二)加快西部铁路发展

为贯彻实施西部大开发战略,铁路“十五”计划进行了重点部署。针对西部地区铁路路网仍很单薄,技术标准较低,与东部联系通道和国际通道数量较少,不能适应国民经济和社会发展需要的状况,一是加快沟通东西部通道的建设,加强陆桥通道、京兰通道、宁西通道建设,研究修建西北至华北地区便捷铁路通道,强化沪昆(成)通道,建设沿江通道。二是加强西部省区间通道的建设,建设青藏铁路格尔木至拉萨段,完成青藏铁路西宁至格尔木段扩能改造。研究西北至西南的新铁路通道。三是进行西部国际通道的建设,建设西北、西南新的出境铁路。建设中吉乌铁路,与南疆铁路一起,形成亚欧大陆桥的南部新通路。修建云南进出境新铁路,开辟我国至东南亚国际新通道。到 2005 年,西部铁路网规模将由 2000 年的 1.6 万公里扩展到 1.8 万公里。

(三)全面提高运输质量

为解决主要繁忙干线客货运输运能现运量的突出矛盾,满足旅客运输“快速、准时、舒适”,货物运输“大宗物资直达化、高值物资快速化”的市场需求,“十五”铁路将全方位提高铁路运输质量,增强市场竞争力。建设高速铁路、客运专线,逐步形成城市间快速客运系统,初步形成集装箱运输系统,加快铁路信息化系统建设。以信息化带动现代化。

按照“全面规划、重点突破、分期建设、逐步成网”的原则,“十五”期间要建成秦沈客运专线,完成北京至秦皇岛铁路提速改造,形成北京至沈阳快速客运通道。增建广深铁路四线、京广铁路长沙至衡阳段第二双线,形成客运专线。认真做好京沪高速铁路建设前期工作。客货运输繁忙干线逐步实现客货分线,建设客运专线,客运专线旅客列车运行时速达到 160 公里以上。其他主要干线客货混跑,通过线路改造或采用先进的移动设备,使旅客列车时速达到 120—160 公里。形成以北京、上海、广州为中心,大部分省会城市为结点,辐射全国主要地区的快速客运系统。到 2005 年,客运快速线路总长达到 14000 公里左右。以改善货物运输质量、提高货物送达速度、开展多式联运、实现门到门运输、提高经济效益及竞争力为目标,在继续扩大开行直达快运、“五定”班列、行包专列的基础上,依托“八纵八横”路网主通道,加强集装箱场站建设,重点强化哈尔滨、沈阳、北京、天津、广州等 15 个特大型集装箱货站建设,扩大集装箱保有量,发展集装箱专用车辆,研究和建设双层集装备箱运输通道,初步形成集装箱运输系统。将信息技术广泛应用于铁路经营管理的各个方面,改造传统产业,促进装备水平升级。到 2005 年,建成铁路办公信息系统、铁道部政府网站和铁路运输业务主要信息系统,初步建立铁路电子商务体系。实现铁路各信息系统的综合利用和数据、信息共享,铁路信息化总体程度达到国内先进水平。

(四)加强既有铁路技术改造

围绕扩能、提速、安全和能源结构调整等要求,“十五”将继续加大既有铁路技术改造力度,提高铁路干线质量。以东部地区繁忙干线电气化成网为重点,加快既有铁路电气化改造。加强西部地区既有铁路干线复线建设,扩大东西联系通道运输能力。以疏通主要干线能力卡口、继续完善重载运输网为重点,加强能力控制区段扩能改造,协调干支、点线能力,提高路网整体能力。围绕快速客运系统和运输安全设施保障体系建设,加快主要干线提速、达速改造,加强安全基础设施建设,完善客运配套设施,提高服务质量。

(五)大力加强技术创新

依靠科技进步,促进铁路发展。发展适应高速、快速和重载需要的机车、客车和货车,重型钢轨、重型道岔,积极开展高速铁路工程关键技术研究。铁路勘测设计手段现代化、信息化、智能化。充分利用各种通信网络资源,优化结构配置,完善铁路专用通信网,形成高效快捷的语音、数据、图象综合网络平台。高速铁路和客运专线建成综合自动化系统和列车运行控制系统。初步建立起移动设备与固定设备互监和自监的行车安全技术保障体系。进一步加强铁路建设和运营中的环保工作,开展流动污染源治理,开发新的污染防治技术和设备,推进铁路沿线绿化带的建设。加快铁路能源消耗结构调整。把节水放在突出位置,积极发展适应铁路特点的新能源或代用品,推广节能新技术。

“十五”铁路建设任务十分艰巨。要加快铁路运输管理体制改革,积极推进铁路投融资体制改革,实行分类建设,盘活存量资产,逐步实现投资主体多元化、资金来源多渠道。同时,还要争取国家和地方政府对铁路建设在投资、贷款、征地拆迁、税费征收、沿线资源开发等方面给予强有力的政策支持。

中国民用航空业投资建设情况

中国民用航空总局局长 刘剑锋

一、"九五"投资建设

"九五"期间，我国民航事业保持了持续、快速、健康的发展。

2000年，民航全行业完成航空运输总周转量122.5亿吨公里，旅客运输量6722万人次，货邮运输量196.7万吨，五年平均分别增长11.4%、5.6%和14.2%。至2000年，定期航线总数达到1165条，通航126个城市，国际通航33个国家60个城市。在册运输飞机527架。至2000年末，全国共有民用运输机场129个（不含空军联航单独使用的机场）。

"九五"期间，民航全行业共完成固定资产投资917亿元，比"八五"期间增长116%。其中，中央投资595亿元，地方投资322亿元。总投资中基本建设投资680亿元，技术改造投资143亿元，车船飞机购置贷款94亿元。根据民航行业特点，民航固定资产投资主要集中在机场建设、空中交通管制、计算机信息系统、科研教育、航油供应以及公安、安检、消防等方面的建设。其中，机场建设投资占"九五"投资的58%，空管设施投资占"九五"投资的5.7%，科研教育设施亦在"九五"投资中占有相当的比例。为加强民航基础设施建设，"九五"期间，民航大力拓展投融资渠道，从初期以民航专项基金、国家财政拨款等为主进行基础设施建设的投资，转为充分利用国内各商业银行贷款、民航企业自有资金、国外政府和金融财团等外商投资，并充分调动地方政府建设机场的积极性，利用地方政府的财政资金，从而加快了民航基础设施建设的步伐，保持了民航稳定快速的发展。与此同时，为带动国民经济的发展，国家从1998年开始注入民航行业财政债券33亿元，以带动民航和地方对行业基础设施建设的资金投入，大大促进了民航行业的发展。

"九五"期间，民航机场设施建设投资约540亿元，比"八五"期间增长178%。共新建和改扩建运输机场48个，其中干线机场25个，支线机场和旅游机场23个。到2000年末，机场建设布局已经初步形成了以北京、上海、广州、成都、西安、沈阳等城市机场为中心，其他省会机场和重点城市机场为骨干，中小城市支线机场相配合的基本格局。"九五"期间，北京首都国际机场投资82.98亿元进行了新候机楼设施的建设。同时对首都机场西跑道进行了改造，并建成了机场东西跑道的联络道和滑行道。上海市投资的上海浦东机场，投资130.56亿元，建设成为一个现代化的机场服务设施，大大缓解了华东地区的航空运输紧张局势。"九五"期间竣工的几个大型机场设施的建设和改造，标志着我国民航拥有了一批规划建设有特色、生产服务设施比较齐全、运营设备比较先进的现代化民用机场。这不仅是民航发展史的一个里程碑，也是"九五"基本建设所取得的重要成果之一。

空中交通管制设施建设在"九五"期间完成投资约52亿元，比"八五"增长90%。目前在主要航路上实现了航管雷达覆盖和先进的通信导航设施联网，在省、市、自治区首府和直辖市机场以及其他机场配置了仪表着陆系统。

为适应国家产业信息化需要。加强现代企业管理，民航大力投资建设信息系统，"九五"期间投资约18.4亿元，比"八五"增长291%。如对民航计算机订座系统进行了再次升档。目前该系统已在国内300多个城市、国际70多个城市安装使用，并且该系统已经达到年旅客处理能力8000万人次，每秒处理事物能力达到470个。

根据国家"科教兴国"的方针，"九五"期间，民航在资金形势比较紧张的情况下，投入了17.7亿元资金用于民航学院、民航飞行学院以及民航科研机构的建设。"九五"期间，民航全行业人员素质有较大的提高，其中大中专以上学历人员比重由1995年的26%上升到2000年的45%。

民航基础设施的建设，保证了民航安全水平的逐年提高。现在全民航的平均飞行事故万时率，已由50年代的0.42下降到90年代的0.06。1994年至1997年，全行业创造了连续33个月运输飞行安全记录，1997年到1999年又保持了连续20个月的运输飞行安全，自1955年开辟国际航线以来，国际航班没有发生过等级事故。

为了加强企业竞争力，适应计划经济向市场经济的转变，"九五"期间，民航改革开放的步伐逐步深入和加快。正在进行航空公司的联合重组，将形成以国航、东航、南航为基础的三大航空企业集团公司；推进航空公司和机场建立现代企业制度，转换企业经营机制。自1980年以来，共利用外资160多亿美元，兴办中外合资、合作企业60多家。

二、2000年投资建设

2000年，民航全行业共完成固定资产投资128.1亿元。较上年减少39.3%。其中中央投资103.3亿元，地方投资24.8亿元。2000年用于基本建设投资82.2亿元，技术改造投资21.3亿元。资金构成为，国家预算内拨款0.1607亿元，开发银行贷款20.2亿元，建设银行贷款0.8531万元，工商银行贷款0.9亿元，民航专项基金18.4亿元，留成机场费7.2亿元，企业自筹19.9亿元，利用外资2亿元，其他投资0.249亿元；全年共安排车船购置贷款24.6亿元。

2000年民航行业投资较前几年略有下降的主要原因有以下几个方面：一是"九五"期间的一些大型机场建设处于收尾阶段，大量建设资金已在"九五"中期进行了投入，2000年仅为收尾投资；二是"十五"拟建设的部分机场目前只是前期工作，资金需求量不大；三是受亚洲金融危机的余波影响，一些航空企业效益较差，从而压缩了固定资产建设投资规模，尤其是对利用贷款进行基础设施建设慎之又慎；四是民航基金减半征收后，民航专项基金严重短缺，一些航空公司和机场受效益影响欠缴民航专项基金，影响了当年中央资金对基础设施建设的投入。

2000年的民航资金使用情况和使用方向主要为：机场建设投资55.9亿元，空管设施建设10亿元，计算机信息建设3.1亿元，运输服务设施建设13亿元，航油供应设施建设1.5亿元，其他基础设施建设24亿元。

由于2000年民航基础设施建设资金紧张，因而2000年民航的固定资产投资工作之一是严格控制投资规模。采取的主要措施为：一是在建设项目审批上，重点审批空管建设项目和保证飞行安全及空防安全的建设项目，对项目的概预算严格把关和审查；二是按照"保投产、保安全、保续建"的原则，控制新开工项目；三是适度从紧的安排年度投资计划，优先保证与飞行安全有直接关系的建设项目和使用中央财政债券的项目。四是合理的调配资金渠道，积极争取国债资金。2000年，在国家计委等有关部门的大力支持下，国家在民航行业投入国债资金7.7亿元，其中中央2.57亿元，地方5.13亿元，这也是对民航事业发展的一个有力的支持。

在利用外资方面，继续加大利用外资和吸收外资的力度，外商直接投资的数量继续增加，投资项目进展良好。2000年审核的8个外资项目，协议投资金额为1.8亿美元。重点鼓励发展密集型企业，引进国外先进技术和管理经验，促进和审批南航与德国MTU公司合资成立飞机发动机维修企业、东航与瑞士航空公司合资成立飞机维修工程公司等等；为拓展投融资渠道，加强民航基础设施建设，在西安咸阳机场扩建、广州新机场建设资金中利用日本政府贷款和日本输出银行贷款方面做了大量的工作。目前广州新机场和西安咸阳机场扩建工程利用日贷问题已由中日两国政府签署协议，总金额为3.35亿美元。

尽管2000年民航固定资产投资资金紧张，但是在广大职工的努力下，基本建设成绩仍然是显著的。2000年，共验收投产的大中型项目有16个，其中机场建设项目为：杭州萧山机场、首都机场航站区扩建、上海浦东机场、首都机场西跑道改造、长沙黄花机场航站区扩建、重庆江北机场飞行区扩建、西宁曹家堡机场跑道整修、厦门高崎机场扩建、大连周水子机场航站区扩建、四川广元机场新建、新疆阿勒泰、且末两机场改造；科教项目有民航学院扩建工程；空中交通管制项目为航路改造一期工程和航路移交工程；供油设施项目有京津输油管线工程等。另外还有一批建设项目在按照计划如期进行之中。

2000年的民航固定资产投资还安排了一批中小型建设项目。对天津、大连、长沙等部分机场的供电和助航灯光、停机坪、站坪等辅助设施进行了改造，并对长春、丹东等机场已经老化失修不能保证飞行安全的机场跑道进行了改造和修补。进一步完善了全国各中小型机场的通信导航等航管设施。在民航信息建设方面，继续建设总投资为16.9亿元的中国代理人分销系统，建设和改造了部分机场的旅客离港系统；在空防安全方面进一步加强了机场安全设施的建设和改造，配置了一批先进的行李和人身安全检查设备，改造了部分机场的消防设施，一些机场还引进了国外先进的应急救援以及消防装备。这些辅助设施的建设，对民航安全的运输飞行和生产效益的提高起着不可估量的作用。

三、贷款购置车船飞机情况

2000年国家共下达民航车船飞机购置专项贷款计划286268万元。2000年全局实际使用车船飞机购置专项贷款245768万元，为本年计划的85%。2000年民航共支付飞机购置租赁费1489228万元。

四、西部民航发展研究情况

为了配合国家西部大开发战略，2000年，民航总局对西部地区的民航发展进行了专项调研，与西部地区民航、地方政府共同探讨西部民航的开发战略和相关的政策。研究和拟定了《西部民航运输发展思路》，确定了西部民航发展的布局和建设规划、航线网络规划。拟定到2005年，通过改造和扩建，初步形成成都、西安、昆明、乌鲁木齐4个中型枢纽机场；形成兰州、重庆、南宁、呼和浩特、贵阳、桂林、北海、西双版纳、丽江、拉萨、西宁、银川等12个干线机场；支线机场达到72个，比2000年增加28个。在西部地区的空管建设上，也拟采取新的技术和设备，实现先进的通信导航方式。同时，在2000年的资金投向上，不仅国家财政债券对西部机场建设进行了重点支持，民航专项资金也对西部机场建设进行了倾斜。除对成都、兰州、咸阳、西宁、敦煌等已在进行机场扩建的项目加大投资力度外，还对“十五”期间准备建设的西部地区23个机场当年投资1000万元进行前期准备论证工作，收到了良好的社会效益。

五、“十五”投资建设展望

随着我国社会主义市场经济的逐步完善和现代化进程的加快，国民经济保持较快的增长，人民生活水平将不断提高，我国民航事业仍将持续、快速、健康的发展。按照未来发展趋势。预计“十五”期间，我国航空运输仍将以高于世界航空运输的平均增长速度发展，运输价格将与国际市场接轨，运输机队和航线网络的布局结构更加合理，航班频率和服务质量将进一步提高，民航基础设施将会更加完善和先进。

“十五”期间民航发展的基本任务是：“一个确保、两个适应、三个加强、四个加快、五个提高”，即以邓小平理论和江泽民总书记“三个代表”的重要思想为指导，围绕民航工作总体要求，确保航空运输安全；适应国民经济和社会发展需要，适应改革开放的需要；加强枢纽工程建设，加强空管设施的建设，加强信息系统的建设；加快支线航空的发展，加快航空货运的发展，加快通用航空的发展，加快西部航空的发展；提高管理水平，提高经济效益，提高人员素质，提高服务质量，提高竞争能力，通过搞好管理体制改革，初步建立起适应市场经济运行机制的新型民用航空管理体制。我们的发展目标是：到2005年，航空运输总周转量达到205亿吨公里，年均增长10%；旅客运输量1亿人次，年均增长8%；货邮运输量280万吨，年均增长13%。全国机场旅客吞吐量达到2亿人次，货邮吞吐量560万吨。运输飞行事故万时率低于0.005，大幅度减少飞行事故征候。加强航班运行保障工作，航班正常率达到85%。在布局上实施航空枢纽工程，调整国内航线结构和布局，初步形成布局合理、规模适度、轮辐式结构与城市对式结构并存互补的航空运输格局。适当新辟西部地区支线航线和东西向航线。大力发展支线航空和航空货运。促进祖国大陆与台湾直航。

“十五”期间，民航将加大固定资产投资力度，加大投融资力度，拟投资1100亿元资金，用于民航基础设施建设改造，重点建设北京首都、上海浦东和广州新白云三个大型枢纽机场，培育发展沈阳、武汉、成都、昆明、西安、乌鲁木齐6个区域性中型枢纽，新建一批支线机场；空管方面重点建设北京、上海、广州三个区域管制中心，在哈尔滨—北京—西安—昆明一线以东地区主要航路建设雷达管制工程，在西部地区建设相关的自动监视航路；信息化方面重点加快民航现有空管数据网和商务数据通信网的改造，建设全球分销系统，发展电子商务，完善各机场旅客离港系统。

为实现民航“十五”期间的发展和建设目标，需要进一步深化民航管理体制改革，真正实现政企分开，积极探索，完成行业经济结构的战略性调整，使航空运输企业形成合理的布局和结构；建立全国集中统一指挥的空中交通管理系统；建立适应投资主体多元化，有利于充分发挥地方政府和各方面积极性的机场管理体制；强化政府宏观调控和管理职能，建立政府宏观调控下的企业自主经营机制，加快企业内部改革；积极推进投融资体制的改革，大力实施对外开放政策。

中国建设事业投资情况

建设部副部长 刘志峰

一、“九五”投资建设情况

“九五”期间，党中央、国务院审时度势，总揽全局，科学把握，正确决策，采取扩大内需、拉动经济的积极的财政政策，发行长期建设国债，加大固定资产投资力度，特别是把城市住宅与基础设施建设作为扩大内需、拉动经济增长的重要方面，使“九五”期间国民经济继续保持了持续快速增长的发展势头。

（一）城镇化水平快速提高，为拉动需求、促进经济可持续发展提供了广阔的市场和强大的动力

从国际城市化进程来看，城市化水平达到30%即进入快速发展时期。2000年年底，全国设市城市663个，建制镇1.9万个，城镇人口达4.56亿，城镇化水平达到36.09%，城镇化水平比“八五”期末的29%提高了7.09个百分点，标志着我国城市化进入了快速发展阶段。城镇化水平的快速提高，加快了城镇建设与发展，扩大了投资规模，增强了城镇功能，促进了产业结构调整，为农村大量富余劳动力向城镇转移提供了就业空间，提高了产业集约化程度，为实现国民经济结构性调整，扩大国内需求，拉动经济持续快速增长，提供了广阔的市场和强大的动力。

（二）对城市基础设施建设的直接投资力度加大，大大提高了城市基础设施的承载能力

“九五”期间，全国城市市政公用设施建设投资累计达到7054亿元，占全社会固定资产投资的5.1%。新增日供水能力2960万立方米，新增城市污水日处理能力1273万立方米，新增集中供热面积4.45亿平方米，新增公共交通车辆8.39万标台，新增城市道路1.48万公里，新增小城镇排水管网1.19万公里。

2000年，全年完成城市建设固定资产投资1894亿元，比上年增长18.97%。城市建设固定资产投资额占同期全社会固定资产投资总额的5.8%，比上年增加0.5个百分点。在完成的城市建设固定资产投资中，基本建设投资1490亿元，比上年增加245亿元，增长19.7%；更新改造投资404亿元，比上年增加57亿元，增长16.4%。新增供水日生产能力569万立方米、煤气日生产能力143万立方米、天然气储气能力1256万立方米、城市道路长度3550公里、城市污水日处理能力362万立方米。到2000年末，城市人均日生活用水量达到220升；人均道路面积达到9.1平方米；燃气普及率达到84%；人均绿地面积达到6.8平方米；全年城市污水处理量114亿立方米，城市污水处理率34.2%；全年清运生活垃圾、粪便14648万吨，大中城市垃圾粪便基本日产日清。村镇供水普及率达到43%，其中，小城镇人均日生活用水量达到102.7升。乡村道路总长达到320万公里。

“九五”期间我国城市基础设施建设所取得的巨大成绩，在很大程度上得益于国家自1998年以来实施的大规模城市基础设施国债项目投资。在实施积极的财政政策中，党中央、国务院确定把城市基础设施建设作为国债投资的一个重要方面，加大资金投入。1998年到2000年，国家在发行国债中安排城市基础设施1024亿元，安排项目2000个。这些项目涉及到全国所有地级以上城市及部分县城的供水、道路、供气、供热、垃圾和污水处理、城市轨道交通等方面。三年中，国债投资加上由其带动的银行贷款、地方配套资金和社会资金，建成了一大批城市市政基础设施项目，城市的功能进一步增强，为经济和社会的长远发展奠定了物质和技术基础。

（三）城镇住房新体制开始确立，住房消费全面启动，形成了国民经济新的增长点

“九五”期间，国家把住宅建设作为新的经济增长点，加大了城镇住房制度改革力度，在全国范围内停止了住房实物分配，逐步实施住房分配货币化政策，初步建立了符合社会主义市场经济体制和我国国情的新的住房供应和分配体系。在国家扩大内需政策的推动下，组织了大规模的住宅建设与供应，城乡住房建设呈现持续快速增长趋势。

“九五”期间，全国城镇住宅建设完成投资达21442.86亿元，比“八五”同期增长250%。“九五”期间，全国城镇住宅建设竣工面积达23.45亿平方米，建成住宅约31亿平方米，平均每年建设6.2亿平方米；农村建成住房约33.7亿平方米，平均每年建设6.7亿平方米。2000年末，城镇人均住房建筑面积达到20平方米，农村人均住宅建筑面积达到25平方米。

“九五”期间，国家采取政策支持、市场化运作的方式，促进经济适用房建设。“九五”期间完成经济适用房投资3959亿元，竣工面积3.4亿平方米，经济适用房投资占房地产投资的比例逐年上升，到2000年末已占到30%。经济适用房的建设带动了城镇住宅投资的快速增长。

“九五”期间，房地产开发结构得到了合理调整，房地产开发中住宅比例基本保持在70%以上。1996至2000年，共完成房地产开发投资18965亿元，占全社会完成固定资产投资的13.6%。

2000年我国房地产开发与城镇住宅建设投资持续增长，住宅建设规模继续扩大，个人购买力不断增强。全年房地产开发完成投资4901.73亿元，占固定资产完成投资的20.2%（不包括城乡集体和个人投资）。全社会全年完成住宅投资4540.70亿元。全年城市房产买卖成交面积3.12亿平方米，成交金额4208亿元。

“九五”期间，我国城镇住宅建设的发展主要得益于国家出台的一系列方针政策。房改政策、住房供应政策、住房市场开放政策、住房金融政策等的相继出台带来了个人购房的实质性启动，带动了全社会住宅建设投资和竣工面积的增长和相关产业的发展。

（四）建筑业为推进现代化建设，实现扩大内需，保持国民经济增长发挥了重要作用

建筑业是完成城乡住宅、公共建筑、工业建筑、基础设施建设投资的主要技术和劳务的载体，是国民经济中基础性、先导性的重要产业。“九五”期间，在国家实行积极财政政策和扩大内需政策的推动下，建筑业生产规模继续扩大，建筑业企业总产值、竣工面积稳定增长。“九五”期间，全社会固定资产投资额为138795亿元，由建筑业直接完成的建筑安装工程额为87104亿元，占全社会固定资产投资的62.7%。“九五”期间，建筑业共完成工业、能源、交通、水利、文教、科研、军工等基本建设和更新改造工程24.7万项。全国建筑业企业（四级及四级以上）累计完成建筑业总产值50382.55亿元，建筑业企业增加值13689.2亿元，实现利润总额657.1亿元，房屋建筑施工面积累计700906.7万平方米，房屋建筑竣工面积累计338203.6万平方米。

2000年，全年建筑业企业完成建筑业总产值11759.2亿元，全社会完成建筑业增加值5918亿元；全国四级及四级以上建筑业企业实现利润166亿元，施工工程个数680716个，施工面积155175万平方米，房屋竣工面积73835万平方米，完成竣工产值7862.2亿元。

二、“九五”投资呈现的新特点

一是国家连续发行长期国债，加大了政府投资力度，通过财政投资的乘数效应，拉动了全社会投资的扩大。从1998至2000年，国家共发行长期国债3600亿元，安排了6600多个国债项目，带动了地方、部门、企业投入配套资金和银行贷款达7500亿元之多，有力地扩大了投资规模，有效地拉动了经济增长。在城市基础设施建设方面，重点支持了315个城市供水工程建设，可增加日供水能力3360万吨；253个城市道路项目，新增道路3423公里；201个水污染项目，日处理污水能力达2045万吨；垃圾处理项目70个，日处垃圾理能力6.32万吨。

二是加强了对建设市场的管理，投资效率和投资质量有了明显提高。“九五”期间，国家注重抓好投资项目，尤其是重大投资项目的正确决策和前期工作，加强项目管理，控制工程概算，提高工程质量，保证工程进度。狠抓了项目实施阶段的管理，大力推行建设项目法人责任制、招标投标制、工程监理制、合同管理制和国家重大投资项目稽查特派员制度。国家在安排建设投资中特别注重工程质量的管理，建立了工程质量终身责任制，特别加强了对政府投资建设项目的监督，为保证政府投资的有效使用，提高投资效益，起到了重要的作用。

三是更加注重投资结构的调整，使建设事业产品结构更趋合理。在加大城市基础设施投入中，首先考虑的是要有利于改善城市发展环境，重点安排了城市交通、供水供气、污水和垃圾处理等项目，对改善投资环境、为城市经济社会的可持续发展提供了可靠的物质保障。房地产投资结构的调整，住宅供应的改善，住宅产品质量的提高，为广大居民购房提供了更大的选择余地，“九五”期间，城镇居民用于购买自住公房、个人建房和购买商品房的支出大幅度增加。

四是投融资体制改革取得新的进展，投融资活动的市场化程度进一步提高。由以财政投资为主扩大为利用外资、民营资本等多种方式，充分运用金融手段、转化社会资金，使城市基础设施建设投资得到保障。住房公积金发展迅速，到2000年底，全国参加住房公积金职工6842万人，归集住房公积金总量约2419亿元，归集余额1797亿元；累计发放个人住房公积金贷款577亿元，余额517亿元。商业和政策性并存的住房金融体系初步建立，形成了公积金贷款、商业银行贷款及两者组合贷款的多种贷款形式，极大地提高了居民购房的支付能力，促进了住房建设与消费。

五是集中力量建成了一大批重大基础设施项目，国民经济与社会发展中的一些"瓶颈"制约得到缓解。"九五"期间，新增铁路运营里程6000公里，新增公路通车里程24000公里，其中高速公路13859公里，新建、扩建、改建机场40个，首都国际机场等一批大型机场建成投入使用，极大地改善了交通运输条件。新增发电装机容量9778万千瓦。一大批城市供水、污水处理、垃圾处理设施和道路、桥梁的建成，大大提高了城市综合功能和承载能力。"三北"地区、长江中上游、黄河中游、沿海等十大林业重点工程顺利推进，生态环境治理取得显著成效。加固大江大河湖堤1.64万公里，在长江沿岸移民建镇120万人，增加蓄洪面积1400平方公里。

六是西部大开发迈出坚实步伐，区域性结构开始重大调整。国务院下发了《关于实施西部大开发若干政策措施的通知》，加大了对西部地区交通、能源和水利建设的投入，制定相关扶持政策，2000年国家安排了西安至南京铁路、重庆至怀化铁路、咸阳国际机场、重庆高架轻轨交通、四川紫坪铺和宁夏黄河沙坡头水利枢纽工程、青海钾肥工程、柴达木盆地涩北－西宁－兰州天然气管道工程等西部地区"十大新开工项目"，西部大开发迅速启动。

三、"十五"投资建设展望

"十五"期间，是我国经济和社会发展的重要时期。我国国民经济将面临着一系列重大战略性调整。建设事业是我国经济发展和社会进步的重要组成部分，在新时期，保持国民经济持续快速发展、实现经济结构的战略性调整、积极稳妥地推进城镇化，以及西部大开发等国家重点任务的实施，都对建设事业改革与发展提出了新的要求。国民经济和社会持续快速发展将使工程建设总体规模继续扩大。"十五"期间，我国国民经济将继续保持适度快速发展。要高质量、高效率、高效益地完成"十五"期间各项工程建设，任务相当繁重。

当前建设事业要着重解决的主要问题是：城镇化水平的相对滞后，严重制约着城乡经济发展和社会全面进步；城市水污染、大气污染、垃圾污染、噪声污染日益严重，城乡发展与资源、环境的矛盾越来越尖锐；人民生活水平向更加宽裕的小康生活迈进，要求建设事业提供更多更好的产品和服务；建设市场秩序比较混乱，工程承发包市场问题依然严重，工程质量事故和安全事故时有发生；加入世界贸易组织（WTO）以后，我国建设事业将面临新的机遇和挑战。

四、"十五"建设事业发展目标和任务

积极稳妥地推进城镇化进程，建立布局合理、功能完善、结构协调的城镇体系。结合经济结构的战略性调整，坚持政府导向和市场推进并重，按照分类指导、因地制宜、循序渐进的原则，积极引导、有序推进，逐步形成符合我国国情，大中小城市和小城镇协调发展的合理的城镇体系。要优化城镇功能结构和空间布局，增强城市的辐射和带动能力，促进生产要素的合理配置、人口的合理分布和流动，促进地区之间和城乡之间的协调发展。

提高城镇建设和管理的综合水平，全面改善城镇环境质量。继续增加对城镇基础设施建设的投入，加强城市供水、节水、生态建设和环境保护，改善城镇功能，把城市基础设施提高到一个新水平，基本满足经济和社会发展的需要，实现城镇的可持续发展。2005年全国城市供水普及率将达到98.5%，污水处理率达到45%，燃气普及率达到92%，基本缓解城市道路交通拥挤状况，垃圾无害化处理率有所提高，城市建成区绿化覆盖率达到35%，城镇人居环境质量将得到明显改善。

基本建立符合社会主义市场经济要求的城镇住房新体制，提高城乡居民的居住水平。继续深化城镇住房制度改革，基本建立符合社会主义市场经济要求的满足人民群众需要的城镇住房新体制。以改革促进发展，提高住宅产业现代化，增加城乡居民居住面积，使城乡人民居住水平和环境质量有较大改善。"十五"期间全国城乡住宅计划竣工面积57亿平方米，其中城镇住宅计划竣工面积27亿平方米，约3000万套，农村住宅竣工面积30亿平方米。2005年城镇人均住宅建筑面积将达到22平方米，农村住宅建筑砖混结构比重和使用功能将有明显提高。

加强对西部城镇发展的引导，加大对城镇基础设施建设的扶持力度。坚持从实际出发、量力而行、统筹规划、科学论证、突出重点、分步实施的原则，推进西部地区城镇化健康发展，发展以大城市为中心的经济核心区，促进一批中心城市形成，带动西部地区经济发展和社会进步，使西部地区城镇基础设施建设和生态环境建设有突破性进展。

深化改革，建立规范的建设市场运行与管理体系，确保工程质量。借鉴国际工程建设管理体制和运行机制的经验，结合中国国情，逐步建立起符合社会主义市场经济要求的建设市场管理体制和运行机制。进一步整顿和规范建筑市场秩序，严格执行法定建设程序，加大监

管力度，切实解决规避招标和招标弄虚作假，综合治理转包与违法分包问题。加强项目管理，提高工程质量和投资效益。

推动企业改革和结构调整，提高产业的整体素质和市场竞争能力。深化建设系统国有企业改革，大力推进现代企业制度的建立。通过债券转让、股份制改造、兼并、联合、重组、拍卖等多种途径，在投资主体多元化上狠下功夫，形成一批主业突出、竞争能力强的大公司和企业集团，增强中小企业与大企业的配套能力，提高建设企业的整体素质。2005 年建筑业增加值将达到 8500 亿元（2000 年价格），勘察设计咨询业营业额将达到 530 亿元（2000 年价格）。

中国邮政事业投资建设情况

国家邮政局局长 刘立清

邮政独立运行以来，在党中央、国务院的领导下，在各级地方党委、政府和社会各界的关心支持下，经过全国邮政干部职工的努力奋斗，我国邮政事业取得了显著成就。1999 至 2000 年，邮政业务收入净增 136 亿元，年均增长 21.3%，比同期国民经济发展高出 15 个百分点；共减亏 147 亿元，减亏幅度达到 82%。在大力促进邮政业务发展，着力实现中国邮政扭亏为盈的同时，加快了邮政投资建设的步伐，邮政生产能力得到很大提高。

一、建设现代化邮政，推进邮政技术创新

独立运营后的中国邮政面临着十分严峻的形势：企业经济效益不佳，亏损严重；邮政设施和技术水平落后，发展后劲不足；建设资金严重匮乏，在建项目资金缺口较大。邮电分营后有 397 个邮政在建项目后续资金没有保证，7000 多个邮政局所需要搬迁拆建，资金缺口达 170 亿元，严重影响了邮政行业自身的发展和为社会提供普遍服务。为适应邮政经营发展要求，按照“突出重点，优化结构，适应改革，注重创新”的原则，本着进一步强化效益观念，调整投资结构，增加科技含量，提高网络运行效率的目标，加快了邮政投资建设步伐。邮电分营以来，国家邮政局重点加强了邮政干线运递网络、邮政信息网络和终端服务网络的建设，优先安排了邮政综合计算机网建设、邮区中心局生产工艺建设及邮政终端服务设施建设。通过两年多的重点建设，进一步提高了邮政网络科技含量，较为有效地解决了制约邮政发展能力的“瓶颈”，明显地增强了邮政全网运行效率和网络服务能力。1999 至 2000 年邮政全行业共计完成固定资产投资 193 亿元，其中基本建设投资 108 亿元；技术改造投资 85 亿元。固定资产交付使用率分别达到 67.6% 和 39.4%，房屋建筑面积竣工率分别达到 50.4% 和 52.7%。

（一）实施邮区中心局体制，加快完善邮政干线运递网络

为了适应社会发展对邮政服务的要求，国家邮政局从关键环节入手，针对目前邮政干线运递网层次多，效率低，速度慢的状况，通过不断理顺内部运行体制，促使邮政实物运递网络不断完善。首先是精简结构，减少处理环节，通过优化组合，基本取消了县市局的邮件分拣封发功能，逐步将原来分散在 2200 个单位的邮件处理功能集中到了 201 个邮区中心，使邮政干线网络结构更为合理，运行效率更高；其次是实施邮区中心局体制，实行专业化管理，到 2000 年底，已有 30 个省会邮区中心局陆续挂牌运行。围绕着中心局体制的实施，进一步优化干线网络布局，调整网路运行组织，加快邮件传递速度，降低邮件处理和运输成本，提高全网运行效率和质量。其间，安排了邮区中心局中省会邮件处理枢纽的建设、干线邮路的建设，并根据速递等快递邮件的需要，利用飞机、火车、汽车的有机组合，组建了区域邮件快速网。同时，为了利用自身优势向社会提供现代

化物流服务，国家邮政局加大了邮政干线网络的建设改造力度，通过对场地、车辆、机械装备等现有资源的改造利用，并有重点地增配机械化、自动化和信息化设施，使邮政干线网络布局更为合理，结构更加完善，更能适应业务发展的要求。随着中心局体制的建立和完善，调整了邮政生产关系，进一步增强了邮政发展活力，提高了全网运行效能，为我国邮政事业发展开辟了广阔的前景。

（二）加快推进信息网和终端网建设，努力发挥“三流融合”优势

在狠抓邮政干线网建设改造的同时，国家邮政局加快了信息网和终端网的建设步伐，以便进一步提高邮政的综合服务能力，为实现物流、资金流、信息流“三流融合”的现代化邮政服务作好支撑。两年来，国家邮政局加大了投资结构的调整力度，一方面重点安排全国邮政计算机信息网的建设，另一方面安排了邮政终端服务网的延伸和更新改造。全面完成了覆盖全国236个（原定）邮区中心局的邮政综合计算机网骨干网的建设，以及覆盖全国大中城市的邮政金融计算机网的扩容改造，综合计算机网和金融计算机网的网络布局更趋合理，结构更加完善，功能更强，并逐渐趋于融合。与此同时，邮政终端服务网也得到了明显改善，邮政营业局所、网点已遍布城乡；报刊亭、信报箱群、电子化服务终端、“183”联网平台和“185”电话呼叫平台已在大中城市普及；投递管理体制的改革和投递网的建设，各种投递车辆、机具的配备，也使投递营销的功能日益显现，投递服务能力明显增强。

（三）邮政设施不断完善，生产能力显著增强

通过对邮政干线网、信息网和终端网的建设，促进了邮政资源结构的调整，有针对性地解决了制约邮政发展的“瓶颈”问题，使邮政的有效资源得以不断扩充，生产能力显著增强。它突出表现在两个方面：一是网络规模明显扩大。两年来的建设与发展，无论实物网或信息网、干线网或终端网，网络的覆盖范围和通达深度均得到扩充。其中，全国营业局所、服务网点达到70968处；邮件生产场地不断扩大，生产用房达到2386万平方米，生产条件和作业环境有了明显改善；邮政自我运输能力显著提高，全国现有邮运汽车4.4万辆，邮运飞机（自有）3架，航空邮路160万公里，现有邮船13艘，形成了集航空、火车、汽车和水运多种形式于一体的邮运网路；邮政综合计算机网已经覆盖全部邮区中心，实现各级中心局联网和229个中心城市互联互通，电子化支局已达1.5万个；邮政储蓄计算机网已实现全国范围内1189个县市间的通存通兑，联网网点数达到2万个，ATM自动柜员机达到4310台。二是网络装备水平和技术应用水平不断提高。在干线邮运网中。中心局内信函、包件分拣设备的配置率分别达到35%和45%；信函自动分拣机达到118台，信函分类理信机达到116套，包裹自动分拣机达到142台，商函制作设备达到460套，邮件的机械化和自动化处理能力明显增强；1998年5月开始的邮政综合计算机网建设，以及1999年开始的储蓄计算机网扩容改造、电子邮政“183”网站、“185”呼叫中心的建设，充分利用信息技术、计算机联网技术、宽带通信技术，实现了从传统邮政网络向集图象、语音和数据传输功能为一体的邮政综合网的发展，通过邮政内部生产作业、经营管理等信息的网上传递和资源共享，以及在网上开办电子汇兑、速递查询、报刊订阅等高品质的服务，不仅提高了邮政自身科技应用水平，强化了企业科学管理，而且拓宽了邮政的经营领域，提高了邮政服务水平，为中国邮政发展“三流融合”的电子商务和现代物流服务，促使邮政走向现代化奠定了基础，为电子邮政提供了有效的技术平台。

到“九五”末，一个覆盖全国、沟通城乡、联通世界，具备多种传输手段，拥有先进信息传输平台的邮政网络已经基本形成，邮政信息传递、物品运送、资金流通“三流融合”服务功能的内涵和外延正不断丰富和拓展。

二、积极筹集建设资金，提高投资效益

邮政独立运营以来，为保证邮政建设需要，邮政部门积极地多渠道筹集资金，在向银行系统争取项目贷款的同时，积极向国家争取邮政基础建设项目的建设资金。在建设综合计算机网和绿卡网项目中，对综合计算机网和绿卡网购置设备实行了融资租赁，约5亿元，解决了设备购置资金短缺问题，保证了两网建设的顺利进行。1999年至2000年，除各级邮政部门自筹资金以及向银行贷款用于邮政项目建设外，国家邮政局积极向国家争取，解决了113亿元邮政在建项目建设资金补贴，保证了邮政在建项目的正常进行。

为充分发挥投资效益，针对分营后邮政投资建设面临的任务繁重、资金短缺、资产结构不合理等实际困难和问题，根据国家邮政局党组确定的“保证竞争需要，重视技术创新，改善营销服务，夯实基础设施”的原则，加强了对投资的管理，为发挥投资效益创造了条件。首先，清理压缩了在建工程。邮电分营后，结合邮区中心局体制改革和“两网”建设的需要，在建设资金严重短缺的情况下，清理和压缩了在建工程项目，减少了大量的土建和非生产性设施的投入。经过清理，停缓建项目19个，压缩规模12个，减少投资8.62亿元。同时，积极调整投资思路，对关系到邮政业务发展、市场竞争、服务水平、运行效率的项目，及时、优先进行

安排，确保了业务发展和能力建设需要，较好地发挥了投资的支撑作用。营销、投递等环节的投资比重也有一定的增加，客户服务能力薄弱的状况有了明显改善。为发挥投资效益，首先，国家邮政局加强了全网的规划管理工作，从宏观上、总体上、战略上系统性地把握投资发展的方向和建设规模，通过专项规划、项目总体方案、滚动规划等方式，加强项目储备和前期论证工作，提高投资决策水平；其次，加强工程建设的规范化管理工作，在工程建设中积极推行招投标制度，对设备集中采购和设计、施工采取严格的招投标管理，同时，在工程建设中广泛推广工程监理制度，其中，对于使用国家财政资金的项目采取更为严格的“卡片式”全过程管理，明确责任和工期，及时安排随工检查、初步验收和竣工验收，确保工程建设进度和质量；对建设资金进行了统一的调度和管理，并通过强化工程的概预算审查、严格工程决算审计等，保证了建设资金的有效使用，从而，实现节约投资，提高投资效益的目的。

三、“十五”投资建设展望

“十五”期间，按照党的十五届五中全会的精神，根据国家经济和社会发展的总体要求和邮政部门实际，中国邮政将紧紧围绕“发展现代化邮政，满足社会需要”，以发展为主题，继续保持较快的发展速度，以改革和创新为动力，继续深化邮政体制改革，发挥科技第一生产力作用，加大技术含量，实现业务创新，建设现代化邮政，满足社会用邮需求。

（一）邮政投资与建设的指导思想

“十五”期间，中国邮政网络建设将紧紧围绕国家邮政局的“扭亏”目标，把提高全网运行效率作为今后发展的核心工作。切实转变发展建设思路，以规模化生产为出发点，通过合理调整邮政网络布局与生产作业组织，逐步建立起适合于现代化生产作业的组织方式，提高邮政网络效率，降低网络运行成本。

网络发展与投资建设要进一步深入贯彻为经营服务的基本方针，依据业务发展和市场竞争需要，进行网络能力建设、生产作业组织和网络结构的优化调整，努力为邮政业务经营提供强有力的支撑。

“十五”期间，将积极促进邮政网络运行与管理的科技进步，通过推进信息化和自动化进程，来提高邮政的服务质量与服务水平，提高企业的劳动生产效率；依靠科技进步促进邮政企业的升级，拓展邮政新的发展空间。

将大力推进邮政综合计算机网的建设，坚持统一规划、统一技术标准、统一业务规范、统一建设、统一组织开发应用软件的基本原则，切实避免重复开发等造成的资源浪费，确保网络的互联互通。

（二）邮政建设与发展目标

全国邮政网络发展的基本目标是：围绕邮政业务发展，努力做好支撑和服务；继续完善邮区中心局体制；进一步提高邮政实物传递网和邮政综合计算机网的技术层次、覆盖能力、运行效率和管理水平。努力实现邮件传递、内部处理、搬运装卸的机械化、自动化，并逐步向网络化、智能化发展；实现邮政生产、经营和管理信息处理的自动化、智能化。到2005年，初步形成以邮区中心局为主体，实物与信息处理高效，传递快速，调度灵敏，管理有效，信息通畅的现代化邮政网络。在服务水平、处理能力、覆盖范围等方面满足邮政业务发展需要，满足市场竞争需要，为邮政经营提供强有力的支撑。

邮政独立运营以来，发展建设和投融资工作取得了一定的成绩，为邮政的发展创造了条件。但“十五”期间邮政发展建设的任务更重，需要不断加强投融资工作。一方面要积极筹措建设资金，积极探讨有效的融资途径和方法，保证邮政发展建设需要。另一方面，要加强投资管理，提高投资效益，从而有力地促进邮政事业的发展，实现邮政“十五”计划的各项目标。

中国电信业投资发展情况

90年代以来，全球性电信服务业进入了全面改革时期，集中表现为国有电信运营企业纷纷进行股份制改革，电信、广播电视及计算机信息服务业相互交叉并日益融合，世界各国纷纷调整其电信政策和法律，电信服务业全球化进程不断加快，世界电信业呈现出加速发展的势头。当前，电信业已发展为全球最大的产业之一，并成为世界经济的重要支柱和火车头。

中国政府高度重视电信业的发展。改革开放以来，我国电信业从完全垄断到引入竞争，从政企合一到政企分开，走过了一条“在发展中改革，在改革中发展”的道路。我国电信业持续高速增长，取得了举世瞩目的成就，已由制约国民经济发展的“瓶颈”成长为带动国民经济增长的支柱，实现了历史性跨越。

一、“九五”发展回顾

“九五”期间，我国电信业在“七五”大发展、“八五”高速增长、基数不断加大的基础上，继续保持快速发展势头，成为国民经济各部门中发展最快、综合效益最好的部门之一。电信业务收入年均增长比同期国内生产总值（GDP）增长速度高出十几个百分点。电话业务发展尤为迅猛，固定电话和移动电话用户总数“七五”是百万级，“八五”是千万级，“九五”则达到亿级，到2000年9月已突破2亿户，迈上了一个大台阶。这样的跨越式发展，不仅在中国通信史上是空前的，而且在国际上也是罕见的。5年来，我国电话网平均每年扩容2000万门以上，创下世界之最。我国电话网规模在世界的排名已跃居第2位，通信服务能力大大增强。

到“九五”末，电信业对国民经济和社会发展的贡献率显著提高。2000年，电信业增加值占国内生产总值的比重上升到2.5%以上，对GDP增长的贡献约为9%，电信固定资产投资占全社会固定资产投资的比重超过5%。通信的快速发展形成了社会通信消费热，有效地扩大了社会需求。2000年，全国城乡居民人均通信消费达242元，比1995年增长160%，远远高于同期人均社会消费的增长水平，人均通信消费在社会消费总量中的比重，也由1995年的4.7%提高到2000年的7%以上。

“九五”是我国电信发展史上投资力度最大的时期，全国通信建设市场共完成固定资产投资900亿美元。到2000年底，我国光缆线路总长度超过125万公里，长途电话业务电路达到197万路，长途自动交换机容量549万路端，局用交换机容量接近1.8亿门；移动通信基站数量超过8万个，移动通信信道达到385万个，移动通信交换机容量共1.3亿户。

电信用户发展迅猛，截止到2000年底，我国电话用户总数已接近2.3亿户，其中固定电话用户14440万户，移动电话用户8526万户，我国电话普及率已上升到20.1%，其中移动电话普及率为6.7%，城市电话普及率达到39%。

电信业改革重组取得重大突破，适应市场经济和技术进步要求的管理体制和竞争格局初步形成。“九五”期间特别是1998年国务院机构改革以来，根据国家经济体制改革的整体部署，我国通信业的改革力度进一步加大，实现了政企分开、邮电分设，分解中国电信业务，改组并加大力度扶持中国联通，打破垄断、鼓励竞争迈出了关键性的一步。2000年，国家又批准成立中国铁通集团，电信改革不断深化。目前，在主导电信企业继续快速发展的同时，新兴电信企业加速成长，我国已形成中国电信、中国联通、中国移动、中国卫星、中国网通、吉通公司、中国铁通等七家经营基础电信业务的公司和三千多家经营增值电信业务的公司相互竞争、共同发展的格局。

二、“十五”发展思路

我国电信业发展的根本出路是深化改革，促进竞争，走国际化发展道路。“十五”期间，加强法制建设，完善政策环境，进一步开放电信市场，促进国际竞争，仍然是我国电信体制深化改革的核心问题，也是我们入世后所面临的十分紧迫的问题。改革首先需要法律来保障，同时法律也是规范市场竞争的必要手段。目前，我国已经出台了《中华人民共和国电信条例》，法制建设走出了可喜的一步，但必须加紧加快制定《中华人民共和国电信法》。其次，要深化部门间业务分割体制改革，推动电信、广电和计算机网络的融合，包括业务的相互准入原则，建立独立、公平的管理机构。第三发挥政府在加强监管，规范市场行为方面的作用，保证竞争公平、有序、有效。建立起入世后的电信市场架构，促进竞争的国际化，并使我国电信业向国际化方向发展。

“十五”期间，我国电信业应重点加强四个方面的调整：一是推动电信服务业业务向数据通信为主转变，技术体制向IP技术为基础过渡，实现电信服务业的战略转变。二是优化通信网络结构，提升网络技术水平，合理规划网络布局，提高综合管理能力和运行效益，积极拓展新业务领域，增强竞争力服务。三是整合信息业务平台，加快“三网合一”和业务融合的步伐，尽快具备提供综合信息服务的能力。四是鼓励固定电话、移动通信、广播电视、计算机网络等几大领域互相渗透，交叉竞争，形成信息服务业的良性竞争和繁荣局面。五是建立健全市场机制，发挥市场在配置资源方面的基础性作用，提高资源利用率和运营效率，并改革资费管理体制，尽可能地让市场自发调节电信服务价格。六是进一步打破电信基础网络的垄断局面，为电信服务业的有效竞争创造条件。

三、“十五”发展趋势分析

“十五”期间，我国面临加入WTO，电信市场开放，电信业竞争趋于激烈，国民经济持续高速发展，市场需求不断扩大的基本形势。预计我国开放电信市场后，电信业将受到不同程度的影响，但总体发展趋势良好，全行业发展速度仍将保持在25%以上。

随着入世后外资的进入，预计在一段时期内会对我国电信市场带来一定的冲击，国有电信企业的发展势头将受到一定程度的抑制。预测外资在进入我国电信市场之初，将集中发展高收益地区和高利润业务领域，如国际电话、国内长途电话、IP电话和移动通信等领域，以及北京、上海、广东和沿海发达地区，并待机与原有电信骨干企业开展全面竞争。由于我国拥有巨大的电信服务市场潜力，外资甚至有可能以一段时期内的亏损为代价，全力抢占我国电信服务市场份额。这将分流我国电信服务企业的部分业务，特别是高利润业务，造成国有电信企业效益降低，运作困难，有的甚至可能在竞争中被淘汰，将会首次出现电信企业破产倒闭现象。

特别是互联网相关业务（ISP/ICP）领域，由于目前我国仍处于起步阶段，尚未形成主导企业，与发达国家相比在技术上和企业规模上均存在较大差距，加上这一领域情况复杂，监管难度较大，我国又承诺加入WTO两年后外资比例可达到50%，因此我国加入WTO后有可能出现合资企业占市场主导地位的局面。

但在本地电话领域，由于投资大、回收期长，规模效益明显，且受接入网资源的限制，预计外资暂时不会在该领域发展。同时，寻呼通信领域由于我国目前发展较为成熟，市场已进入充分竞争阶段，利润空间不大，预计基本不会有新的运营商进入。此外，农村通信领域的发展尚处于起步阶段，普遍服务仍将是农村通信的主要任务，预计外资将在一定时期内保持观望态度，国有主体电信企业仍将在农村通信市场占主导地位。

“十五”期间，预计普遍服务和协调发展之间将出现一定的矛盾。尽管近年来我国电信业已取得较大发展，但电话普及率仅为20%左右，仍处于普遍服务阶段。外资进入我国电信服务市场后，由于竞争加剧带来的资费水平下降和高利润业务分流，势必降低我国电信企业的利润水平，有可能影响到普遍服务。因此，国家必须尽快设立电信普遍服务基金。

“十五”期间，预计我国将建立适应国民经济和社会信息化、信息产业发展规律的管理体制，确立并完善政策环境，电信行业持续高速增长，总体规模将超过1万亿元，电信网络将跃居世界第一，基本覆盖全国城乡，届时综合性能将接近世界先进水平，宽带接入逐步成为普遍服务，计算机用户数量也将上升到世界首位。

（作者：袁野）

中国科技事业投资发展情况

在“科教兴国”战略的指导下，“九五”期间，我国科技事业的发展为促进经济建设和社会发展作出了突出贡献，科技自身实力也得到了较大幅度的提高。

农业科技方面，共培育出600多个新品种，单产增产10%左右。水稻旱育稀植和节水技术、ABT植物调节剂和小麦旱地全生育期地膜覆盖栽培等重大技术，有力地保障了“九五“期间我国粮食增产目标的实现。

工业科技取得了若干重大技术突破，提升了我国重点产业技术水平。数字程控交换机、氧煤强化炼铁技术、镍氢电池、非晶材料等产业化方面获得一系列重大成果；结合三峡工程、国民经济信息化、集成电路、秦山核电站二期等一系列国家重大建设工程，通过引进、消化吸收与创新，攻克了一批关键技术，掌握了若干重大成套技术装备的设计和制造技术；计算机辅助设计(CAD)、计算机集成制造系统（CIMS）等一批重大共性技术的推广应用，大幅度提高了企业技术创新能力。创新药物、水资源利用和保护、小康住宅、夏商周断代工程等一批重大项目的实施，中国科技馆二期工程及一批科普设施的建设，为社会事业的发展作出了贡献。

在高技术研究及产业化方面，载人航天技术、运载火箭及卫星技术等航天高技术取得了重大突破；两系法杂交水稻、基因工程药物、转基因动植物、重大疾病的相关基因测序和诊断治疗等技术的突破，使我国生物技术总体水平接近发达国家；高清晰度电视、“神威”计算机、大尺寸单晶硅材料、皮肤干细胞再生技术等重大成就的取得，使我国在相应领域跃入世界先进行列。国防科技的发展为增强国防实力奠定了坚实基础，促进了国防工业的技术进步。在基础科学研究领域，人类基因测序、纳米碳管和纳米新材料、寒武纪生命大爆发研究、微机电系统研究、南海大洋钻探等方面取得了重大成果；表面科学、非线性科学、认知科学以及地球系统科学等新兴交叉学科得到迅速发展；中国大陆科学钻探工程、大天区面积多目标光纤光谱天文望远镜等八项国家重大科学工程的建设，为我国的基础科学研究创造了良好条件。

“九五”期间，我国科技体制改革取得了突破性进展，国家确定的科技体制改革阶段性目标基本实现。科技工作的战略重点正在转向国民经济建设主战场，企业科技力量得到进一步加强，242个国家级技术开发类研究院所已基本完成转制工作，多数科研机构的动作直接面向市场需求，知识创新工程试点取得初步成效，高校管理体制改革基本完成，科技资源得到了优化配置；民营科技企业迅速崛起，技术市场发展迅猛；宏观科技管理体制逐步完善，适应社会主义市场经济的新型科技体制初步形成，国家创新体系的建设正逐步展开。

目前我国已经形成了比较完整的科学研究与技术开发体系，整体科技发展水平位居发展中国家前列。1999年，从事研究与发展（R&D）活动的科学家工程师全时人数达53.1万人年；全国研究与发展（R&D）活动经费678.9亿元，占国内生产总值的比重为0.83%，其中企业研究与发展活动经费占全国的48.3%；目前已建成国家级重点实验室217个（其中包括国防科技重点实验室60个）、国家工程中心188个，认定国家级企业技术中心294个；国际权威检索机构收录的我国科技论文数44536篇，本国居民的专利授权量92101件，其中发明专利3097件；高新技术产品出口额247亿美元；53个国家级高新技术开发区的技工贸总收入6774.8亿元，工业增加值1476.2亿元。

一、科技攻关计划

“科技攻关计划”是1982年11月30日经五届人大五次会议讨论通过的第一个国家科技计划，其宗旨是坚持面向国民经济主战场，集中力量攻克产业升级和社会持续发展急需解决的关键技术和共性技术。它与以前瞻性高技术研究为主的863计划和以探索科学前沿问题为主的基础研究计划共同构成国家科技计划的主体。

“九五”国家科技攻关计划本着“有限目标、突出重点、加强集成”的原则，在农业、电子信息、能源、交通、材料、资源勘探、环境保护、医疗卫生及防灾减灾等领域，组织多部门、跨行业、跨地区联合攻关，共安排了251个项目，5100多个专题，中央财政投入53亿元，引导地方配套和单位自筹资金达176亿多元。来自1000多个科研院所、700多个大专院校、5400多个企业的7万多科技人员先后承担和参与了科技攻关工作。

据不完全统计，“九五”攻关计划共取得成果2万多项，其中获国家级奖励150多项，获国内外专利1300多项，建立了4500多个试验示范基地、中试线、生产线等科研与应用基地；培养具有生产实践经验和研究开发能力的人才近2万人，其中青年学科带头人5000多人；累计创造综合经济效益4300多亿元，其中直接经济效益950多亿元，出口创汇23.5亿美元。

二、国家攀登计划

“国家攀登计划”自1992年正式开始实施，其主要任务是围绕我国科技发展中的重大关键科学问题开展科学前沿综合研究，为重大问题的解决提供理论依据和科学基础，为在国际上相关的研究领域占有一席之地而努力；二是培养和造就适应21世纪发展需要的高科学素质、有创新能力的优秀人才；三是重点建设一批高水平、能承担国家重点科技任务的科学研究基地，并形成若干跨学科的综合科学研究中心。

“九五”期间，攀登计划共有66个在研项目，其中包括7个专项，共投入经费3.6亿元。平均每年有5000多位科研人员参与项目研究，其中具有高级职称的研究人员约占40%。经过五年的努力，各项目均按期或提前完成了预期目标，取得了一批具有国际先进水平的重要成果。

“九五”期间，攀登计划项目发表论文20000多篇，其中10500多篇在国际刊物发表，相当一部分发表在SCIENCE、NATURE及各学科一流学术刊物上，受到国际同行瞩目。攀登计划项目人才培养成绩显著，培养研究生4100多人，其中博士2300多人，硕士1800多人。

三、火炬计划

火炬计划项目是火炬计划的重要组成部分，是在社会主义市场经济条件下，实现高新技术成果的商品化、产业化、国际化的重要途径。“九五”期间，火炬计划项目的实施，取得了丰硕的成果，不仅推动了一批高新技术成果进入市场，转化为生产力，形成了新的经济增长点，而且还促进了我国产品结构和产业结构调整的进程，推动了我国高科技投融资体系的发展，对全国各地发展高新技术产业产生了积极的示范、引导和带动作用。

“九五”期间，火炬计划项目共计实现总产值6878.3亿元，销售额6123.1亿元，利税1206.2亿元，出口创汇97.7亿美元。

火炬计划项目的实施，促进了科技与经济的有机结合，推动了高新技术成果的转化过程。“九五”期间，累计认定火炬项目10851项，其中国家级火炬计划项目3759项，占34.6%，地方火炬项目7092项，占65.4%。其中，国家级火炬计划项目中新材料领域占26.79%，生物技术领域占15.54%，电子与信息领域占22.8%，机电一体化领域占21.87%，新能源、节能技术与环保领域占11.97%，其他领域仅占1.04%。

“九五”的统计数据表明，火炬计划对新材料等高新技术领域的项目扶持力度不断加大，集中有限的人力财力，充分地发挥了火炬计划对高新技术产业化的推进作用，使一大批高新技术成果直接转化为现实的生产力。如在新材料领域，火炬计划同攻关计划和“863”计划相衔接，使镍氢电池及相关材料、稀土永磁材料、金属陶瓷复合材料、高性能化纤、电子信息材料、新兴建材等一大批新材料项目实现了产业化。高性能电容器用钽粉钽丝、高纯超细炭化硅、人造金刚石、稀土永磁、纳米材料等，不仅满足了国内需求，还进入了国际市场，取得了很好的经济效益，目前已建成了一批产业特点鲜明、规模较大的新材料产业。

四、国家工程技术研究中心

在有关部门、地方科委及依托单位支持下，国家工程技术研究中心（以下简称“国家工程中心”）较好地完成了“九五”计划期间的建设任务，在“发展高科技，实现产业化”，促进科技与经济结合等方面发挥了重要作用，成为我国科技创新的重要力量之一。

“九五”期间，国家工程中心先后在北京、广东、湖北、辽宁等19个省、市、自治区，8个主要行业技术领域新建了52个国家工程中心，占已建中心总数的50%，使国家工程中心总数达到了104个，累计批准建设投资总额为12.03亿元，实际完成投资13.66亿元，是“八五”计划期间的2.5倍。

为鼓励国家工程中心稳定、健康发展，对已进入运行阶段的中心择优予以支持。“九五”期间，优选了23个国家工程中心追加投资进行再支持，占中心总数的22.1%，进一步优化调整了国家工程中心的技术领域和行业布局。

在国家工程中心的建设投资中，坚持以国家拨款作为引导资金，逐步形成了投资多元化。在国家工程中心建设总投资中，科技拨款占17.6%，地方政府投资占14%，行业主管部门投资占10%，银行贷款占20.4%，自筹资金占38%。在投资强度、项目建成投产率等方面都取得了较好的成绩。

到“九五”末期，国家工程中心总资产突破了50亿元，是“八五”同期的三倍。其中：固定资产原值24亿元，固定资产净值14亿元，流动资产25亿元。

“九五”期间，国家工程中心总收入96.37亿元，出口创汇1.14亿美元，实现利税12.02亿元。其中：销售收入70.58亿元、技术转让收入14.40亿元、开放服务收入7.77亿元。同时，国家工程中心的成果推广和技术辐射取得了良好的间接经济效益，特别是为农业和农村发展创造了经济效益上百亿元。

加快电力发展步伐 服务河北经济建设

河北省电力公司

河北省委书记王旭东(左三)在河北省电力公司总经理刘彭龄(右三)陪同下视察石家庄供电公司

“九五”期间，河北省电力公司在国家电力公司和河北省委、省政府的正确领导和政府有关部门的大力支持下，深化改革，加快发展，调整结构，加强管理，为推动全省经济建设和社会发展作出了积极的贡献。在电源建设方面，相继完成衡水电厂、上安电厂二期、西柏坡电厂二期、邯郸热电厂技改工程、邯峰电厂一期工程1号机组等重点工程的建设投产任务。河北南网累计新增发电能力256.4万千瓦，新增装机年均递增8.22%，南网装机容量由1995年的563.4万千瓦增长到2000年的819.8万千瓦。

在主网建设方面，先后建成投产500千伏变电所4座，变电容量300万千伏安；建成500千伏输电线路4条，536.8公里；新建、扩建220千伏变电站33座（含自备站3座），新增变电容量402万千伏安，新增输电线路1310.5公里。

河北省电力调度大楼

在城乡电网改造方面，城网新建、改造110千伏变电站23座，110千伏线路180公里，10千伏线路1062公里；农网新建、改造110千伏变电站61座，35千伏变电站231座；110千伏线路468公里，35千伏线路1338公里，10千伏线路20847公里；更换高损配变14842台。

西柏坡电厂(4×300MW)夜景

中外合资邯峰发电厂(2×660MW)机组安装现场

在电力扶贫方面，积极开展了“电力扶贫共富工程”。1997年至1998年，省电力公司累计投入资金1685万元，实现河北南部地区10户以上自然村全部通电。

电力建设的快速发展，使长期以来制约河北省经济发展和人民生活用电的电力“瓶颈”问题得到有效缓解，同时也使河北南网电源布局更趋合理，装机规模和水平不断提高，电网结构进一步加强和优化，供电能力、供电质量和供电可靠性明显提高。特别是邯峰电厂66万千瓦机组建成投产和500千伏主网架结构的初步形成，标志着河北南网已经进入大机组、超高压、高自动化的历史发展新时期。河北南网最高发购电负荷由1995年的526万千瓦增长到2000年的724.7万千瓦，全社会用电量由1995年的341亿千瓦时增长到2000年的515.3亿千瓦时。

河北省电力公司党组书记、总经理　刘彭龄

“十五”期间，是河北电力改革和发展的重要时期。为解决河北南网电力短缺状况，河北省电力公司根据党的十五届五中全会制定的电力发展方针和国家电力公司的部署，认真研究了河北南网的实际情况，认为不仅要继续坚持用发展的办法解决河北南网缺电的问题，而且要从过去着重抓电源建设，谋求网内自我平衡的思路，坚决调整到推进全国联网、发展区域市场、实现资源优化配置，走可持续、有效益发展的思路。目前已初步安排“十五”末、“十一五”初接受120万千瓦的区外电力。同时要根据受电方向和河北南网情况进一步加快500千伏主网架建设，实现与华北、华中和山东500千伏联网；进一步规划和建设好220千伏电网和配电网，使网架结构和布局更加安全稳定和经济合理。

山东鲁能积成电子股份有限公司

山东鲁能积成电子股份有限公司坐落在济南高新开发区，整个园区占地25亩，规划5栋楼，现已投入使用的实验大楼近5000平方米，可容纳300人同时开展研发、生产和其他业务活动。公司在留学生创业园拥有5000平方米的研发中心，另外在齐鲁软件大厦有1500平方米的封闭研发环境。

山东鲁能积成电子股份有限公司是原济南高新开发区积成电子系统实验所吸收山东电力集团公司投资整体改制设立的股份制高新技术企业，也是国家火炬计划软件产业基地“齐鲁软件园”以及国家软件产业基地（济南基地）的骨干企业之一。

总经理　严中华

鲁能积成电子主要从事计算机软件开发、软件密集型系统和智能电子设备研制、信息系统集成等方面的工作，目前主要致力于电力系统自动化领域，服务于电力行业，是国内电力系统自动化产品的主要研究、开发和生产单位之一。经过十几年的发展，已经形成了涵盖电力调度自动化、变电站自动化、配电自动化以及电网商业化运营等系统的系列产品，服务范围逐步渗透到电力系统自动化各个领域。

现在，鲁能积成电子的客户遍及全国27省市自治区的100多个地区，主要产品已占国内25%的市场份额，在电力系统自动化领域享有盛誉。多年来，公司的经营业绩一直以每两年翻一番，每五年上一个台阶的速度增长，2000年更是以近40%的速度成长，实现销售额1.4亿元，利税4000多万元。

在“科技为本、质量至上”的方针指引下，鲁能积成电子依托最新电子信息技术，持续创新，研制开发出一系列具有自主版权的先进系统，并掌握多项国家专利技术，为企业持续发展奠定了坚实的基础。公司主要产品曾获国家科学技术进步二等奖，国家教育部和原国家教委科学技术进步一等奖、二等奖。

鲁能积成电子依靠优秀的企业文化、良好的工作环境、完善的创新激励政策与人才培养机制等，吸引了一批富有创造力的专家学者和一群才华横溢的年轻人加盟。目前，企业拥有硕士博士学历的员工80余人，本科学历的员工280余人，形成了一支具有高度敬业精神和强大创造力的人才团队。这个团队善于学习、敢于创新、勇于实践，成为鲁能积成电子持续发展的强大动力。

鲁能积成电子技术开发体系是按业务专业化原则进行组织的。为充分利用和发挥人力资源优势，公司在产品研发、工程实施和售后服务上采用矩阵结构的组织运作方式，并且已经建立起一套行之有效的新产品预研、应用技术开发、产品设计创新的管理制度。

鲁能积成电子建有一个有效的生产管理体系，其中包括物资供应、仓储管理、生产装配、检验和测试、生产计划等部分。生产所需的主要物料是电子元器件（IC芯片、阻容元件等）、线缆、接插件、印刷线路板和机柜等，另外，主站系统需要购配服务器、工作站等计算机系统和路由器、交换机等网络设备，全部物料均可在国内采购。在鲁能积成电子生产过程中，工作量比较大的印刷线路板焊接采用外加工的方式完成，最终产品的组装、老化、测试、检验、包装等工作由自己完成。目前，生产部每年生产主站系统150余套，分站设备500余台套。

多年来，鲁能积成电子在电力系统自动化系统的研究、开发、设计、生产加工、元气件采购等方面形成了一套完整、科学、成熟的工艺技术路线和质量控制体系，并于1999年12月通过了ISO9001质量体系认证。鲁能积成电子的软件开发过程目前是按照CMM模型第二级以及第三级的部分关键过程域加以控制的。目前国内还只有少数几家软件企业了解并采用CMM模型对软件过程进行控制。鲁能积成电子质量管理体系的指导原则已经从单纯满足ISO9001所要求的各工作环节受控，提高到以市场和客户为导向，以满足客户的需求为出发点和终结点。

鲁能积成电子建立了严格的产品质量保证体系。其质量方针是：“科技为本、质量至上”。质量目标是：“依托最新电子信息技术，注重技术创新；采用国际标准和国外先进标准，持续进行质量与过程改进；提供国际先进水平的产品和用户满意的服务，充分满足顾客和社会的需求与期望”。

中国建设银行
China Construction Bank

甘肃省分行

中国建设银行甘肃省分行情况介绍

中国建设银行甘肃省分行成立于1954年10月1日，是我国四大国有商业银行之一——中国建设银行的省一级分行。多年来，在省委、省政府和建行总行党委的正确领导下，目前已发展成为拥有700多个营业网点和万名员工，具备人民币和外币存贷款、结算、房改金融、房地产开发、融资租赁、委托代理、咨询评估、信用卡、担保、代保管等多种经营品种和能力，以中长期信用投资业务为主的现代化国有商业银行。

当前，随着西部大开发步伐的加快，我行正按照现代国际商业银行的标准，不断深化金融体制改革，制定了科学的管理办法和规章制度，目标就是把我行建成具有国际经营管理水平的现代化商业银行，以雄厚的资金实力、先进的结算手段、科学的内部管理、优良的企业信誉为广大客户提供优质、高效的服务，为甘肃省的经济发展作出新的贡献。

中国建设银行甘肃省分行
党委书记、行长　张宗祥

丰富多彩的职工业余文化生活

宽敞高雅、设施齐全的营业大厅

中国建设银行甘肃省分行办公大楼外景

引大入秦工程是国家在西北地区的重点水利工程。中国建设银行甘肃省分行先后经办引大工程建设投资17亿元，发放各类贷款1.5亿元，保证了工程的顺利建成，从而每年从大通河引水4.43亿立方米，有效灌溉农田100万亩，从根本上改变了甘肃中部秦王川地区的干旱面貌，使昔日荒漠变成万顷良田。

中国建设银行甘肃省分行累计发放各类贷款十六亿元，积极支持国家重点项目酒钢公司建设，图为已建成投产的酒钢中板生产车间。

地址：兰州市秦安路59#　联系电话：(0931)　4891555

OrientCIS

北京东方兴业征信有限公司

BEIJING ORIENT CREDIT INFORMATION SERVICE CO., LTD.

市场经济本质是一种“信用经济”。随着我国加入WTO，建立完善的信用制度和信用体系，营造良好信用环境的迫切性更加凸显。发达国家已运行了150年的信用体系，在中国基本上仍是空白，这已成为当今制约投资、影响经济发展的“瓶颈”。在这种情况下，征信公司将扮演越来越重要的角色。作为北京第一家由政府核准而进入市场提供信用服务的征信公司，我们将竭诚扮演企业信用链条的角色，聚合各类信用资源，采集企业信用状况，为投资者和企业家提供详实的信用服务，从而为您在市场交易的安全监控和信用验证方面发挥独特作用，为改革开放中的中国走向成熟的市场经济做出自己的贡献。

了解客户信用状况的向导

商海茫茫，知己知彼，方可百战不殆。如果要在商战中了解对手，规避信用风险，选择良好的客户，东方兴业是您理想的顾问。我们可以为您提供企业客户、合作伙伴、竞争对手等方面的信用报告。通过我们的服务，您可以了解到与您有关的企业的信用状况，为您的决策提供强有力的支持。

真实、可靠、权威的信用资源

我们以国家权威机构数据为依托，拥有广泛、真实的信息资源。目前，我们可以提供北京地区近30万家企业的基本信用状况。今后，我们将不断充实和整合全国其他地区以及海外企业的信用信息，来满足各方投资者和企业家的需求。

同时，我们还与国际知名企业信用评价机构、国内外律师事务所和会计师事务所保持良好的合作关系，形成我们征信服务的优势，为您提供更全面的服务。

帮助客户最大限度规避信
用风险是我们的服务目标

东方兴业征信系统

OrientCIS

服务内容

◇ 基本服务

1. 标准信用报告
   包括企业工商注册基本信息、股东组成、三年主要财务数据及财务指标、工商年检信息，司法／违规、消费者投诉、产品质量、媒体报道等记录。
2. 特殊信用报告
   根据客户的特殊要求，提供具体的调查及分析报告。

◇ 特色服务

1. 企业电话及地址查询
   用户可查询我公司现有数据库中所有企业的联系电话和地址。
2. 国外企业基本信用报告
   提供美国大部分企业的基本信用报告。
3. 按不同的查询方式提供统计服务
   提供按行业、资产总额、营业额、纳税额、注册资本、股东身份、主要经营者身份、电话号码等方式查询的统计结果。

服务方式

利用先进的互联网和数据库技术向您提供快捷的服务。您只需要登陆专用的服务网站，就可以随时得到全面的服务。同时还提供传统的电话语音和传真相结合的服务方式。您可以通过我们的客服中心，以传真或邮寄的形式获得所需要的服务。

公司网址：http://www.orientcis.com
欢迎在公司网站上注册并选择所需要的服务。
服务网站：http://online.orientcis.com
登陆为您专设的服务网站，浏览报告并接受服务。
客服中心：电　　话：010-84892969
电子邮件：service@orientcis.com

前进中的山东银座商城股份有限公司

山东银座商城股份有限公司是目前山东省内规模最大、档次最高、设施最好、功能最全的大型现代化零售企业，拥有银座商城、银座购物广场、泰安银座商城及28家银座超市连锁店。公司2000年实现销售额14.8亿元，利税5000多万元，始终稳居山东省同行业首位，进入全国零售企业30强。

银座商城于1996年6月22日开业，面积为5.8万平方米，经营12万多种国内外名优精品，内部环境优雅，设施先进，营业大楼全部实行智能化管理，设有总服务台、多媒体导购屏、邮局、航空售票、自动取款、外币兑换、美食街、儿童欢乐天地等配套服务项目。它突破了传统意义上的商场即购物场所的概念，适应了现代人购物、休闲、娱乐、餐饮、文化享受的同步需求。倡导新的消费和生活方式，提高大众生活品质，使企业找到了进入市场的最佳切入层面，从而步入企业发展的正确轨道。山东银座商城股份有限公司始终坚持品牌经营战略，加强企业文化建设，培育的“银座”品牌已成为山东省著名商标，并已驰名海内外。

为加快企业发展，应对未来的国际化竞争，公司投资开办的营业面积3万平方米的大型购物中心——济南银座购物广场于1999年12月开业，第一家异地分号2万平方米的泰安银座商城于2000年1月成功运营。银座连锁超市也在济南市区及其周边迅速开办了28家。银座商城的高档定位、优质服务已深入人心，销售额和利税额连续四年居全省行业之首，成为反映山东经济发展水平的窗口。在银座购物广场，大卖场以时尚和休闲为特色，超市以其得天独厚的全、廉、鲜贴近百姓生活，真正变成了百姓餐桌的一部分。银座连锁超市借鉴日本卡斯美株式会社的管理经验，面向社区居民，以工薪阶层为服务对象，以食品、熟食日配和生活必需品为主，满足居民日常生活需求，成为千家万户的好邻居。目前公司所拥有的购物中心、大卖场、便民连锁超市三部分，业务互相补充、相辅相成，形成了错位经营、差异化竞争的优势。同时，公司还积极参股高科技企业，逐步成为科工贸一体化的大型现代化股份制企业。

历经5年的发展，山东银座商城股份有限公司从无到有、从弱到强，经营规模已在全省同行业名列前茅，发展优势比较突出：“银座”品牌已成为驰名商标，得到了全省消费者的信赖；人才储备方面，从积极的选拔与培养，到经历企业快速发展的锻炼，已聚积了大批经验丰富、业务能力强的骨干力量。此外，公司在山东省内拥有良好的行政环境和社会关系，对省内各市地的消费市场也比较熟悉。这些都是企业发展壮大的坚实基础。

加入WTO后，我国企业将面临激烈的国际化竞争，山东银座商城股份有限公司的竞争和发展战略是，利用“银座”的品牌优势，在更高层次和更大规模上壮大经济实力。公司将进一步创新管理理念，开阔经营思路，科学地审视和探寻每一个经济增长的机遇，通过发展连锁、加盟、租赁、买断、特许经营等方式，并积极探索与世界著名零售企业的合作，加快“银座”分号的扩张步伐；立足第三产业，向高科技生产领域和其它领域延伸。公司的中期发展目标是成为山东省内最为卓越的零售企业，长期目标是发展成为多业渗透、多种经营、科工贸一体化的大型现代化股份公司。

地址：济南市泺源大街66号
邮编：250063
网址：http//www.sdwtc.com
电话：0531-6065543
传真：0531-6065918

以人为本

成都市投资公司

董事长 朱昌问　**副总经理** 蒲林德

成都市投资公司是为适应国家投资融资体制改革新形势，经成都市人民政府批准成立的正局级全民所有制实行企业化管理的事业单位。公司是从事固定资产投资开发、经营、管理的经济实体，是政府调控和促进全市经济发展和城市建设的一支重要力量。公司既具有投资控股、参股职能，又具有政策性融资、借贷、担保职能。其业务范围是：负责城市投资基金的筹集、使用和回收管理业务；开发、经营、管理城市能源、交通、原材料、机电、轻纺、农牧渔业等行业的经营性投资业务和房地产、基础设施、市场、商贸、环境保护、旅游、国土整治及其它行业项目的投资业务；向国家、地方企业开展投资控股参股、合资、合作项目业务；办理经有关部门批准的进出口贸易和国际租赁业务；受国家开发银行和四川省投资集团公司委托，承办在成都市的重点投资项目的管理，借贷资金的回收业务。公司的投资已涉足工交、电力、房地产、外贸、原材料、农业等多个领域。特别是公司面临西部大开发这一难得的历史机遇，正进一步转变观念，研究对策，调整思路，为成都在新的形势下实现跨越式发展更好地发挥投资主体的作用。目前，公司受成都市人民政府的委托，正全力参加全市重点基础设施项目的建设工作，包括对污水处理二期、三环路、人民南路南延线、郊县公路、自来水厂等项目的投资融资工作，与四川省投资集团公司合作，正共同开发建设总投资人民币62亿元的省、市一号工程——岷江紫坪铺水利枢纽工程。同时，积极投资支持成都市邮政电信项目的建设，参与“十五”即将建设的一批重大项目的前期工作等。

面向21世纪，随着投融资体制改革的进一步深化和中央加快西部大开发战略的全面实施，成都市投资公司将以崭新的姿态，朝着投资企业集团化，管理手段现代化，资产多元化的方向发展，并倡导“勤奋、高效、诚信、务实”的企业精神，全面拓展业务领域，努力加大投资力度，为成都市经济发展做出更大贡献。

成都市投资公司参与投资建设的能源项目

成都市投资公司是成都市基础设施项目建设投融资主体之一

公司地址：成都市少城路25号
少城大厦7楼
邮　　编：610015
电　　话：(028)6275815
传　　真：(028)6244297

青岛钢铁控股集团有限责任公司

青岛钢铁控股集团有限责任公司董事长、党委书记　王玉科

青岛钢铁控股集团有限责任公司是全国国有重点冶金企业和青岛市十大企业集团之一。企业荣获青岛市"九五"期间功勋企业、省优秀政工企业、省文明单位等称号；党委书记、董事长王玉科获第二届企业管理"中华英才"、山东省和青岛市劳动模范、青岛市"十大功勋"、青岛市优秀企业家等称号。

青钢以"求新、求异、求变"的企业精神，以舍命以赴的工作作风，以"安全为天、质量为命、育人为本、科技为先、管理为头、市场为家、用户为王"的治厂方针，建立了以市场为主导，以销售为龙头，以产品开发为中心，以质量为保证的销、开、产、供一条龙经营机制。

青钢坚定不移地走质量品种效益型道路，于1998年1月顺利通过了中国冶金工业质量体系中心ISO9002质量体系认证。青钢坚持科技创新，实施品牌战略，在市场上赢得了良好的信誉，产品深受用户欢迎。

今日青钢在党委书记、董事长王玉科的带领下，"十五"期间将建设成为年生产铁、钢、钢材各200万吨以上，装备现代化、产品多元化、市场国际化的国内一流钢铁强势企业集团，以崭新的姿态、崭新的形象展现在新世纪。

青钢高速线材生产线夜景

青钢炼钢生产场面

现代化的青钢烧结控制室一角

福人药业　造福人人

董事长　吴石平

湖北福人药业股份有限公司是一家现代化股份制中药生产经营企业，1989年筹建，现有固定资产过亿元，年产值过亿元，年纳税过千万元。公司有职工1200余人，销售网络覆盖全国。胶囊、颗粒剂生产线1999年通过了国家GMP认证。

主导产品"金刚藤糖浆"、"金刚藤胶囊"是治疗常见妇科病的良药，"滋心阴、补心气口服液"是治疗心血管病的良药。公司先后获得数项省市荣誉称号，2001年被湖北省科学技术厅认定为"高新技术企业"。近三年来公司与多所高等医药院校合作，先后研制开发出益心颗粒、俏娇洗液、肠福软胶囊、喘勿急胶囊等新产品，已从单一的妇科用药向心血管系统用药、呼吸系统用药、传染病用药等多个领域迈进。

为加快发展步伐，公司先后组建了湖北福人俏娇药卫用品有限公司、湖北福人金身药业有限公司、湖北福人彩印有限公司，形成了四轮驱动、协同发展的产业化、集团化雏形，为企业向更大更强奋进注入了新的活力。

董事长：吴石平
总经理：晏绿金
电话：0715-4810218
传真：0715-4810001
地址：湖北省通城县石南桥

董事会、监事会成员合影

铸就祖国西部石油石化工业的新辉煌

中国石油兰州石化公司
总经理　周国勋

作为兰州石化公司前身的兰炼和兰化，是国家“一五”期间156项工程中的重点项目，经过四十多年的建设和发展，形成了特大型石油石化企业。自1958年建成投产以来，“两兰”为我国石油石化工业的发展，为国民经济建设和国防建设做出了历史性的重大贡献。截至2000年底，兰州石化公司已累计加工原油10349万吨，实现利税近200亿元，原油一次加工能力达到750万吨/年，并成为国内三大催化剂生产基地之一和两大添加剂生产基地之一，是一个集炼油、化工产品生产为一体的综合性现代化石化企业，目前是中国石油股份有限公司的地区分公司。

“两兰”在历史上是我国石油石化工业的摇篮，是共和国当之无愧的骄子。但是，随着世界经济一体化和我国建立社会主义市场经济体制进程的加速，兰州石化这个老企业在体制和结构上的矛盾也日益显现。因此公司的改革发展和战略性规划已经成为老工业基地焕发新光彩的关键所在。由于兰州独特的地理位置，兰州石化公司是上游新疆几个大型油田原油出路畅通的重要保障，是西北地区成品油和化工产品的最大生产商，同时又是成品油进入川渝、拓展西南地区市场的重要基地。根据国家西部大开发的战略部署，中国石油股份有限公司把兰州石化作为西部投资和发展的重点。“十五”计划以及2015年远景目标，都把兰州石化作为四大炼油生产基地之一和四大化工生产基地之一进行规划建设，并决定集中一定的资金和资源加快这个基地的结构调整和新项目实施，为兰州石化公司在新世纪的发展提供了前所未有的历史机遇。根据规划，兰州石化公司近几年内炼油能力将扩大到1000万吨/年—1200万吨/年，乙烯生产能力达到60万吨/年—80万吨/年，并配套建设芳烃、ABS等相应的化工原料和产品装置。同时，即将全面开工铺设的兰—成—渝输油管道，既可保证成品油的出路畅通，又能大大降低运输成本，为公司增加更多的经济效益。

按照中国石油股份有限公司业务发展计划，“十五”期间，兰州石化公司总体发展的指导思想是：认真贯彻落实党的十五届五中全会精神，按照集团公司和股份公司的总体部署，紧紧围绕扭亏脱困和改革发展两大任务，坚持以市场为导向，以“安、稳、长、满、优”生产为基础，以提高经济效益为目标，以降低成本为重点，以科技创新、体制创新和管理创新为动力，搞好结构调整，增强盈利能力和市场竞争能力，尽快把兰州石化公司建设成为西部最大的炼油和化工基地。因此，从“十五”到2015年，兰州石化公司将实施三步走的发展战略。第一步，充分挖掘内部潜力，实施生产要素配置的“五个优化”，即：优化资源配置、优化产品结构、优化装置运行、优化原料互供、优化公用工程，最大限度的发挥资源效益，提高产品档次、质量和技术含量，提高装置达标水平和盈利能力，合理调配内部产品互供，合理统筹安排水、电、汽、储运及环保设施的使用，努力实现现有存量资产效益最大化。第二步，加大、加快改造发展的力度和速度，消除瓶颈制约，使装置整体工艺技术水平和盈利能力有较大幅度的提高。在炼油方面，抢建300万吨/年重油催化裂化装置，易地改造500万吨/年常减压装置，解决重油加工的矛盾，最大限度地减少低附加值的黑色产品；在化工方面，将现有16万吨/年乙烯装置扩建到24万吨/年，实施大化肥油改气项目，提高企业的综合效益。第三步，用5到10年时间，使公司炼油能力达到1200万吨/年，乙烯生产能力达到80万吨/年—100万吨/年，建成我国大型的炼油和化工生产基地。炼油化工主体工艺技术、装备和控制手段、产品质量、环保等主要经济技术指标达到国内外先进水平；商品总量达到1200万吨；年均销售收入达到400亿元。

在新的发展时期，兰州石化一定要紧抓历史机遇，以全新的姿态铸就祖国西部石油石化工业新的辉煌，为早日把兰州石化公司建成世界级的石化基地，为我国国民经济和石油石化事业的进一步发展做出更大的贡献。

北京市市长刘淇在复八线通车仪式上讲话

群策群力　乘势而上

——北京地铁“九五”投资成果巡礼

“九五”期间，北京地铁集团有限责任公司迎来了三件大事，即一期技术改造的完成，复八线建成通车，公司成立三十周年。在这期间，北京地铁建设成果喜人，投资效果显著，为各界所瞩目。

历时十年的一期技改工程和复八线建设之所以广受关注，在于其横穿京城交通主动脉地下空间，连贯东西；在于其参与方之多，成员汇集中外；在于其工程规模之巨，成套设备、系统之繁杂，史无前例；在于其投入人、财、物力之众，精益求精，堪为中国地铁工程之范本。

“九五”期间，在党中央、国务院的关怀和支持下，在北京市委、市政府的领导下，以王德兴同志为首的北京地铁集团有限责任公司党委，把握机遇、真抓实干，促使新旧线路的改造和建设先后完成。作为新中国建国五十周年献礼工程，取得了高投入、高产出、高效益的实绩，已得到国内外的肯定与赞赏，社会反响极好，对于今后的北京城市交通建设具有标杆意义。在北京申奥成功的大好形势下，北京地铁作为奥运筹备的龙头项目，面临难得机遇，更应大干快上，高歌猛进。在此，就北京地铁“九五”投资成果作简要回顾，供各界参考。

(一)国内外投资联袂结硕果，技改更上一层楼

1988—1999年进行了一期地铁技术改造工程，总投资4.3亿元，其中使用英国政府贷款2020万英镑，财政部配套资金1.5亿元。该工程经国家计委批

地铁集团王德兴董事长陪同汪光焘副市长视察

王德兴董事长陪同北京市委常委阳安江视察

新车下线(复八线)

永安里站高压机房

准立项，对一期地铁的供电、机电、线路设施、地面建筑、通信信号及车辆等六类27项、80个子项工程进行技术改造。改造后，一期地铁由6辆车编组4分钟间隔的运输能力，达到6辆编组2.5分钟间隔，运力提高了33%。一期技术改造工程于1999年底基本完成，增大了供电容量和设备的安全系数，从而提高了运力。同时，引进了国外的先进技术，使地铁在通信、信号、供电自动化方面上了一个新台阶。该工程开创了在不停运状态下，挖潜改造的新模式，在一定程度上为国家节省了资金。始于“七五”完成于“九五”的北京地铁一期技改工程，试行了“利用两个市场、两种资源”的内外融资、技贸结合的方略，虽然尚有诸多值得总结的经验教训，但这毕竟是地铁在融资方式上的有益尝试，是北京地铁三十年发展进程中的可贵探索。

(二)独立自主，眼睛向内，“九五”内资显威力

继“八五”期间北京市财政支持地铁车辆厂改扩建之后，“九五”期间，北京市计委又先后拨款1.65亿元，用于在地铁车辆厂制造凸轮调阻车72辆，并配合一期技改工程，增加了6辆编组的电客车12组，由此满足了2.5分钟行车间隔、改善运力的要求。1999年，北京市政管委投资1600万元，对车辆厂进行了一期扩能工程，使地铁车辆厂具备了年造车、修车各50辆的生产能力，确保了北京地铁运营生产和复八线建设的需要。全部国产化的凸轮调阻车每辆250万元，引入日本电器电机设备的DKZ4车每辆560万元，比整车引进国外电客车成本节约近三分之二，为北京地铁车辆国产化、产业化开辟了新路。

(三)复八新线十年磨一剑，地下长龙终圆梦

复八线是地铁一线向东的延长线，一线横贯东西，是首都重要交通干道。尤其是在北京已形成东商西学两大核心地带后，地铁一线的连通更具纽带的作用。

复八新线的东延，增添了一线与环线在建国门的换乘通道，激活了东线的交通网络，无疑将对首都的经济建设和城市发展产生深远影响。

复八新线因为工程规模大，建设周期长，投资规模史无前例，继国家前期注入巨资进行线路土建施工后，1997年12月26日，国家开发银行、建设银行共计向北京地铁复八线工程贷款30亿元人民币，此前适当利用外国优惠贷款的工作也已配合进行，攻坚阶段随之展开。1998年4月30日，沟通地铁环线与复八线的联络线开始铺轨，标志着复八新线铺轨、设备安装及土建平行作业的全面展开。1999年4月，复八线洞内铺轨全部完工。同年8月，地铁复八线首批车辆交接仪式暨国产新型地铁电动车辆展示会在京举行。1999年9月28日，复八新线开通试运营典礼隆重举行。党和国家领导人温家宝、贾庆林等出席了仪式，国家各部、委、办的负责同志，北京市领导，各大协作单位及外国援建方代表，也莅临观礼。

复八线的建成，为今后地铁的建设积累了丰富的经验。目前，顺应奥运筹办的需要，北京城市铁路正在紧张施工，八通线轻轨，5号线也正在积极筹备。如何盘活资金，有效筹资、引资、用资，是地铁集团公司面临的新课题。北京地铁集团有信心，乘势而上，充分利用中国加入WTO的有利契机，把北京地铁建设事业不断推向前进！

（北京地铁集团有限责任公司　王竹）

地铁天安门西站于10月15日主体结构全部完工
本图是站厅层、站台层安装完毕的环控通风管道

地铁复八线车辆段建设施工现场

促进首都经济发展　塑造新型国企形象

——向现代化跨国大型企业迈进的首创集团

首创集团大胆探索实业发展与资本运营相结合的独特发展思路，逐步形成了以实业为资本运作的载体，以资本运作为实业发展的经营特色和发展方向。经过不断地盘活企业资产，深化资本运营，大力调整产业结构和企业组织结构，从而有效地推进了集团各项事业发展，形成了较大规模的实业群体和资源储备，促进了企业经济效益的快速增长。2000年与1995年相比，营业收入增长14.1倍，利润总额增长22.2倍，年平均增长87.5%。目前，首创集团拥有各类全资公司、控股公司、参股公司、上市公司等共计142家，其中国内、海外上市公司4家，基金两只。到2000年底，集团资产总额为205亿元，净资产为62亿元，业务涉及证券、期货、海外基金、资产管理、金融担保、投资顾问、基础设施、房地产、工业、高科技产业、酒店、农业、商业、国内外贸易等诸多行业。

首创集团的发展战略是：以北京为基地，以控股、参股、重组、购并为手段，以证券、期货、企业并购、资产管理、金融担保、基金、投资顾问等投资银行业务为主导，以实业投资为基础，充分发挥集团优势，面向国内、国际两个市场，为首都经济发展和城市建设服务，并积极追求自我发展，按市场化原则运作，逐步形成一个集金融、基础设施、房地产、高科技、贸易、旅游为一体的现代化大型跨国企业集团。

一、重组五年来主要业务情况

（一）投资银行业务是首创集团的主导产业和战略重点

经过几年的发展，首创集团从基金到投资顾问，从证券到期货业，从资产管理到金融担保、风险投资，已经形成了比较完备的投资银行业务体系。

1、证券承销和经纪业务：1997年首创集团斥资收购佛山证券公司，通过增资扩股、拓展业务，使其由一家默默无闻的小券商发展成为1998年国内配股承销排名第11位的知名机构，2000年实现交易额210亿元，营业收入8000万元，税后利润3000万元，比1999年分别增长167%、167%和146%，代客理财金额高达2.775亿元，年平均回报率超过18%。1999年底，首创集团还完成了对原北京商品交易所的改造，组建了注册资本2.3亿元的首创证券经纪公司。

2、资产管理业务：首创资产管理公司积极拓展商业银行不良资产的管理业务，与民生银行签署了资产管理协议，受托管理资产标的额在16亿元以上。

3、投融资担保业务：1998年，首创集团与中国经济技术投资担保公司共同出资组建了首创信保投资管理公司，在“政府出资、市场化运作”的经营理念指导下，担保业务迅速扩展，经营体系逐步完善。2000年首创信保公司担保金额3.2亿元。

4、基金业务：首创集团除了参与发起在香港联交所挂牌上市的ING“北京基金”外，集团所属首创资产管理公司，完成了对四川国债投资基金的清理工作，发起组建了首创银华基金管理公司，并获得了中证会的批准。

5、资本市场的运作：首创集团将上市公司和非上市企业的收购、兼并、重组作为投资银行业务的重点，围绕建立实业体系的战略目标，在收购北京桑普电器51%的股份、参股吉通公司、兼并北京轮胎厂等对非上市企业进行较大规模收购兼并的同时，还主动参与资本市场的运作，通过“买壳上市”、资产置换等方式，先后控股“阳光股份”、“宁波中百”、“前锋股份”等三家上市公司。1999年首创集团以主发起人的身份，组织完成首创股份有限公司的组建工作，并于2000年4月成功上市。

6、融资方面：首创集团发挥自身良好信誉的优势，积极拓展各种融资渠道。1999年5月，成功地向社会公开发行首创企业建设债券5亿元。1999年10月，与华夏银行签定了华夏银行每年为首创集团提供15亿元贷款额度的合作协议。2001年5月，首创集团与中国农业银行签订了银企合作协议，中国农业银行将在今后10年间向集团提供60亿元的综合授信贷款额度。

（二）基础设施行业是首创集团实业主导产业

按照北京市政府确定的基础设施建设规划，遵循国际市场贯例，结合北京市的特点，首创集团采取灵活务实的招商引资方式，在一些重大项目中进行了项目投资与管理。

目前，首创集团拥有京通快速路100%的产权。首创股份上市后，出资10亿元，进行了高碑店污水处理厂一期的收购工作。同时，作为总投资4.4亿元、日污水处理能力20万吨的清河污水处理厂项目的投资建设单位，首创集团完成了该项目拆迁工作。此外，集团还对总投资6.8亿元、日处理垃圾1300多吨的高安屯垃圾焚烧场项目进行了前期运作。

（三）房地产业是首创集团重要的支柱产业

首创集团是为数不多的拥有北京市房地产综合开发权的行业支柱企业之一。自1995年重组以来，首创集团用于房地产开发与建设的总投资额达到60亿元，开发项目48个，其中已开工建设、运营的项目27个，形成了以北京为中心、辐射全国18个省、市、自治区的开发网络。

首创集团采取独资、控股或参股投资等方式，先后在北京开发了招商大厦、国际金融中心、静安中心、月坛大厦、发展大厦等多栋有名的商务建筑；开发了知春路商住楼、阳春光华家园、盛世家园、名仕花园、华亭嘉园、嘉裕花园、健翔园住宅、温榆庄园、慧中北里等一批商住和民用住宅项目。同时，还在北京市二、三环路周边地域储备了一批增值潜力较高的土地资源。

（四）工业与高科技是首创集团重点发展行业

面对知识经济和电子商务的兴起，首创集团依托北京丰富的科研资源，发挥自身优势，积极，稳妥地参与首都高科技产业的发展。已涉足电子通讯、电子商务网络、生物制药、机光电一体化、新材料等诸多高科技领域，初步形成了"首创科技"概念和以电子商务网络通讯为主体的IT产业群体形象，并争取用五年时间将高科技产业发展成为首创集团的支柱产业。

（五）旅游、酒店业是首创集团的重要行业

为繁荣首都，首创集团积极涉足北京旅游、酒店业。集团所属的全资或控股的四星级饭店有新大都饭店、翠宫饭店，三星级以下的有金平大酒店、骑士中心和红石屋宾馆等。星级饭店客房总数为1463套，床位达2740张。2000年，集团对所属酒店业进行了资产重组，组建了首创酒店管理公司，为实现优势互补、统一资产运营、进一步拓展业务空间创造了有利条件。

（六）商业与贸易业是首创集团的主要行业

首创集团在大力发展商品生产的同时，积极投身于商品流通领域，发展商业与贸易。主要涉足汽车、电子、新型材料、生产资料、机械设备、医药、粮油食品、日用百货等领域，并参与了某些重要商品市场的开发和建设。

二、注重社会效益积极完成市政府交办的任务

首创集团自重组以来，坚持"服务首都，建设首都，繁荣首都"的宗旨，在企业发展的同时，十分注重企业的社会效益，围绕全市的中心工作，积极完成市政府交办的各项任务，为北京市城市建设和解决产业结构调整中一些难点问题，做出了应有的贡献。

（一）支持重点建设项目，承担融资担保责任

1997年以来，为解决北京市城市建设重大项目的融资问题，首创集团先后为地铁复八线、陕甘宁天然气进京、平安大街改造、广安大街建设等市重点项目提供了60亿元贷款担保。

（二）支持国有企业改革，兼并亏损工业企业

1999年，首创集团根据市政府的意见，兼并了亏损多年的北京轮胎厂，承担了近10亿元的银行债务和三千多名职工的安置责任。同时，还出资900万元与市经委等单位完成了北京蓄电池厂的资产重组。

（三）支持北京教育事业，捐资修建教育设施

1996年由于教育基建费用存在严重缺口，为支持北京市教育事业，首创集团捐资1300万元，为北京体育师范学院修建了游泳馆。

（四）积极配合有关部门，举办一些重大活动

首创集团先后作为主协办单位，出资支持有关部门成功举办了2001年北京经济论坛、第六届世界大城市首脑会议，为研究首都的经济和社会发展战略，树立北京良好的对外形象做出了应有的贡献。

（五）围绕全市重点工作，积极投身中关村建设

近两年来，为了落实市委、市政府关于建设中关村科技园的指示精神，首创集团积极参与了科技园区的建设，对中关村投资超过7亿元。

1、投资3亿元，成为中关村科技园建设股份公司的最大股东之一；

2、投资7000万元与中国电信北京公司、中关村科技园建设股份公司等13家企业，共同发起组建了注册资本5亿元的中关村信息工程股份有限公司，主要从事中关村高速宽带多媒体信息网的建设；

3、投资1亿元与北京城市铁路有限公司共同参与北京城市轻轨铁路的建设；

4、投资2300万元与国家863高科技课题组等单位合作，在中关村软件园内设立注册资本为1.3亿元的中关村百校信息园有限公司；

5、投资1000万元，控股北京中关村国际孵化器公司，为留学归国人员创业提供服务；

6、投资1500万元成立了首创系统集成技术有限公司；

7、投资560万元与北京大学生命科学院等科研机构共同组建了北京首创凯拓生物技术发展有限责任公司，进行农业生物技术研究开发工作的成果产业化工作；

8、与中国原子能科学研究院等单位合作，共同投资3400万元成立了北京原子高科核技术应用股份有限公司。

今后五年，是首创集团扩大规模、调整结构、提高效益、夯实发展基础的"二次创业"的五年。在我国加入WTO的新形势下，首创集团将继续坚持改革创新，实施国际化战略，按照"二次创业"已确定的任务和目标，为将首创集团初步建设成为一个现代化的跨国大型企业集团而努力奋斗。

从川化项目建设看投资决策的重要性

川化集团有限责任公司董事长、总经理
川化股份有限公司董事长
谢木喜

为了适应市场发展的需要，川化集团有限责任公司提出了“面向两个市场，调整产品结构，提高技术水平，增加经济效益”的战略构想。“九五”期间，公司相继建成年产1万吨饲料用L—赖氨酸盐、13.5万吨结晶硝铵、8000吨食品用液体二氧化碳、大型合成氨装置一段转化炉废热回收、1万吨双氧水(27.5%)、2万吨农用硫酸钾、1.38万吨三聚氰胺、52万吨大颗粒尿素等8套化工生产装置。同时开工“九五”跨“十五”项目“引进大氮肥装置联产三聚氰胺增产节能工程”。在近几年化肥价格下跌，主要产品处于微利状态的情况下，“九五”建成装置发挥出多品种优势，为企业盈利起到了支柱作用。目前川化资产总额已达到25亿元，年创利税1.5亿元左右，川化作为全国特大型化工企业得到很大发展。这些成绩的取得，重要的经验之一就是企业项目决策适时正确，项目建设组织合理科学。

一、按市场经济规律和市场需求办事，实施科学决策

围绕市场和效益做文章，是川化新项目建设的“治业”之本。近几年来，川化每上一个新的建设项目，都是在做好国内外市场供需调查、当前市场和今后市场预测工作的基础上，进行反复论证、方案比较、专家咨询后才决定项目的建设与否。“九五”期间，川化已建成投产的项目，都是从川化的实际情况出发，又符合目前国情的需要，做到项目建成投产，产品适销对路。由于新增产品的产销两旺，使川化得以长久地保持生机与活力。

二、节省工程建设投资，注重综合经济效益

工程建设项目力求以最小的资金投入获取最大的产出，因而建设项目的综合经济效益，是企业生存和发展的基石。这些年，川化在基本建设资金的使用管理中，逐步摸索形成了一套行之有效的管理方法。即：从项目立项开始就严格控制总投资，进入建设阶段以后，对建设资金实行“层层分解、责任到部门到人”的经济责任制，对分项子项按概算值“切块闭口、限额包干”；制定了资产逐级审批使用管理办法，以及建设资金按“限额节约有奖、超限额有罚”的奖惩条例。这些做法，改变了以往只是领导和计划、财务部门关心投资控制的状况，使各级各部门的管理人员都来关心投资控制，收到了明显效果。

新增产品产销统计表(截至2000年底)

新增产品名称	设计年产量(吨)	当年实际生产产量(吨)	备 注
饲料用L-赖氨酸盐	10000	9120	
结晶硝铵	135000	139949	
食用液体二氧化碳	8000	8810	
双氧水(27.5%)	10000	6965	
农用硫酸钾	10000	9162	
三聚氰胺	13800	9000	2000年4月30日投产，实际生产时间为8个月
大颗粒尿素	520000	—	2001年1月投产生产出合格产品

“九五”期间建设项目投资执行情况表

建设项目名称	投资节约率(%)
1万吨/年饲料用L-赖氨酸盐装置	5.2
13.5万吨/年结晶硝铵装置	4.9
8000吨/年食品用液体二氧化碳装置	7.1
1万吨/年双氧水(27.5%)装置	6.5
2万吨/年农用硫酸钾装置	7.9
1.38万吨/年三聚氰胺(46吨/日三聚氰胺)装置	4.9
52万吨/年大颗粒尿素装置	3.5

三、选择先进可靠的新技术，开拓新的经济增长点

川化充分利用自己拥有的设计、建设、生产、管理和综合协调的优势，不断引进国内外先进技术和资金发展新项目，推进了生产技术的发展与进步。

1、引进日本味之素株式会社开发的优良菌种和先进发酵法工艺技术，合资生产1万吨/年饲料用L—赖氨酸盐。该技术具有国际领先水平，从近几年的生产实

践看，用该项技术生产的L—赖氨酸盐产品成本比目前国内生产的同类产品成本约减少2500元／吨。

2、13.5万吨／年结晶硝铵，是对原有7万吨／年的老装置进行扩能改造的项目。本装置利用国内先进技术，达到了节能降耗、改善环境和增加6.5万吨产量的目的。

3、1万吨／年双氧水(27.5%)，利用第二化肥厂排放的驰放气，采用国内最新的工艺技术，改善了生产环境、提高了产品浓度、降低了有机碳含量。与蒽醌法比较，本法生产的双氧水产品成本下降了200元／吨。

4、1万吨／年农用硫酸钾装置，引进台湾青上公司技术并合资生产经营，采用技术先进、成熟可靠的改进型曼海姆炉工艺，具有产品质量高、生产成本低、操作环境好等优点。投产当年就取得较好的经济效益。

5、8000吨／年食品用液体二氧化碳，利用第一化肥厂多余的二氧化碳，采用高压深冷、气体净化、液态提纯的工艺生产出食品用液体二氧化碳。产品经美国大西洋实验室检测认定，质量完全符合百事可乐公司对二氧化碳的要求，成为西部地区唯一指定的供货厂家。

6、一段炉废热回收样板工程项目，可有效利用能源和保护环境，系日本国家新能源组织援助项目，由日本东洋工程公司提供技术。该项目投用后，每年实际节约天然气750万m^3以上，折合人民币463.5万元，每小时减少烟气排放量9300m^3以上。

7、1.38万吨／年三聚氰胺项目，引进了意大利欧洲技术工程承包公司(简称ETCE)技术。以熔融尿素为原料的高压法工艺技术，代表着当今世界三胺生产先进水平。本装置生产的产品与现有低压催化法生产的三聚氰胺相比较，每吨产品成本约下降1300元以上。

8、52万吨／年大颗粒尿素项目，是对第二化肥厂尿素装置进行改造，引进了挪威Hydro公司先进技术，达到了提高产品质量、改善环境的目的。改造后，每年新增利润1040万元，减少尿素粉尘排放400吨。产品肥效增加，与传统尿素比较，水稻可增产10～15%。

四、运用网络法管理工程建设，统筹平衡，责任到人

多年以来，川化所有的基建、扩建、技改工程项目，都由公司总经理和分管建设的副总经理挂帅，实行统一领导、统一指挥，并全部按照统筹法编制了“建设网络进度图表”。

“建设网络进度图表”突出了按预定时间建成装置的主线条，明确标定了土建、安装、试车、投产四个主要阶段的时间界限。同时通过三项措施来确保进度的贯彻执行和总体目标的最终实现，即：首先进行目标管理，切实做好各个阶段目标任务的分解落实工作。其次是周密计划、严格实施，在保证质量的前提下，倒排相关工序的作业时间；在保证安全的前提下，合理把握分区段流水作业和充分利用立体交叉作业，确保工程建设进度严格按计划执行。第三是加强纵横协调配合，按照“进度、质量、安全”三统一的原则，促进工程建设的整体推进，达到尽可能缩短工期的目的。

“九五”期间项目建设工期统计表

项目名称	计划工期（月）	实际建设工期（月）
1万吨／年饲料用L－赖氨酸盐装置	24	22
13.5万吨／年结晶硝铵装置	12	11
一段转化炉废热回收装置	38天	25天
1万吨／年双氧水(27.5%)装置	12	9.5
2万吨／年农用硫酸钾装置	12	7
1.38万吨／年三聚氰胺装置	18	14
52万吨／年大颗粒尿素装置	12	7

综上所述，从川化“九五”期间项目建设的实践中我们深切体会到，要使投资项目获得成功，必须做好以下几点工作：首先是项目决策要正确(包括投资回报、市场、技术水平、合作伙伴都应掌握清楚)。其次，要有一套讲求实效、善于组织、技术过硬的领导班子和队伍。第三，要及时掌握质量、进度、资金情况并及时协调在控制指标之内。

川化简介

川化集团有限责任公司，原名四川化工厂，1956年建厂，位于成都市北郊青白江区。川化是以生产化肥为主的综合性特大型化工企业，是全国18个大型化工基地之一。川化拥有川化股份有限公司、建筑安装公司、成都望江化工厂、深圳荣生化工有限公司等6家全资、控股子公司和中外合资企业川化味之素有限公司，是四川省37户扩张企业和国家520户重点企业之一。

到2000年底，川化拥有职工11112人(其中各类专业技术人员2700余人)，资产总额25亿元(资产负债率25%)，占地220公顷，生产57种100多个型号的产品，主要产品生产能力为年产合成氨50万吨、尿素62万吨、硝酸铵24万吨、三聚氰胺2.58万吨、工业硫酸10万吨、浓硝酸1.5万吨、双氧水2.2万吨、液体二氧化碳8000吨、催化剂2500吨、氩气180万立方米、赖氨酸1万吨、硫酸钾2万吨、盐酸2.4万吨、皮革化学品8000吨、氨基型料4500吨，具有年销售收入12亿元左右、年利税总额1.5亿元左右的生产经营能力。

走流域综合开发管理的新路

湖北清江水电开发有限责任公司

湖北清江水电开发有限责任公司，是国家重点支持的520家大型国有企业之一，是国务院批准的我国第一家水电“流域、梯级、滚动、综合”开发的试点单位。公司现有职工1086人，承担清江干流的电站建设、电厂管理和其他资源综合开发的任务。

公司成立以来，经过13年的艰苦努力，已在干流建起2座大型电站，现正在积极着手准备下一个装机规模最大的水布垭电站建设(160万千瓦)。清江公司在组织清江干流梯级电站建设中，通过深化改革，坚持体制、管理、技术的创新，不断进行理论与实践的探索，走出了一条适合我国国情的流域开发新路子，形成了具有清江特色的流域开发管理体制和管理方式，不仅成功地实现了由一个公司负责一条江的开发，而且取得了显著的经济和社会效益。清江公司先后被国家有关部门授予“全国百佳企业综合效益排名第十名”、“全国现代企业制度试点十佳企业”、“全国文明单位”、“全国五一劳动奖状”等荣誉称号。

一、以水电为主的流域综合开发体制与管理的主要做法

(一)建立现代企业制度，构筑适应流域开发的新型体制

1、政企分开。改变原来省政府领导直接兼任清江公司董事长，政府众多部门直接管理投资，清江公司自行负责移民等政企不分的做法，形成“省政府部门负责监管、服务；地方政府负责移民、税收；投资主体负责投资、融资；经营主体负责组织、经营；由省分管领导负责统一协调”的总体管理格局。

2、政资分开。经批准，组建专业投资公司——湖北省清江水电开发投资公司，统一管理湖北省各部门、各单位投入清江的各项资金，执行清江流域开发的投资职能。

3、组建有限责任公司。由国家方代表华中电力集团(现华中分公司)与湖北方代表湖北清江投资公司，共同出资组建有限责任公司，同时注销传统体制下具有政企不分、政资不分性质的原清江水电开发总公司。通过规范的公司制改革，使清江公司成为适应市场的、自主经营流域开发的法人实体。

4、建立规范的法人治理结构。为了保障流域开发在法制经济的轨道上健康运行，公司严格按照《公司法》的规定，设置决策、执行和监督机构，形成“委托——代理——监督”的企业内部权力制衡机制。

5、实行“两权分离、两体融合”，构造适应流域综合开发的国有资产运营体制。

6、明确投资、经营、生产三大主体的责任目标，形成责权利统一的新型国有资产运营方式。

(二)构造良性循环的资金链体系，形成流域综合开发的滚动积累机制。

1、合理确定电价，形成积累基础。依据《电力法》和国家现行政策，在电价改革上迈开步伐，率先实行还本付息电价，为隔河岩水电站争取到了准商品电价。尽管这种电价并未完全体现隔河岩电站的调峰效益，但使企业在产品的价格结构中有了合法的利润空间，为清江公司滚动积累机制的形成奠定了基础。

2、建立开发基金，形成营运资本。经湖北省人民政府批准，将已投入清江开发的电建基金和财政委贷两项资金共计7亿元，作为清江流域开发的专项基金，交付清江投资公司管理，由投资公司转贷给有限公司用于工程建设。

3、注入注册资本，改变无本运作。在股东双方所应承担的流域开发启动资本金得以落实的前提下，按7:3的比例，用所有者的权益向有限责任公司注入了3.5亿元的注册资本，为有限责任公司依托母体电站(隔河岩电站)经营，组织流域开发，落实了企业法人资本金，改变了企业无本运营的状况。

4、利留企业，形成资本积累。在国家和湖北省政府的支持下，两家股东单位都以法定方式承诺：对流域开发所形成的收益均不抽走，采取“权益算清楚、资金不抽走”的方式，通过资本运营、拓宽融筹资渠道，再投入清江开发，形成一条滚动积累、滚动发展的资本良性循环路子。

5、争取政策支持，增强滚动能力。清江公司通过流域开发试点方案的申请，争取到了银行贷款展期还贷的政策，减轻了因政策原因所形成的过高的还贷压力，为滚动发展所需的建设资金提供了重要保证。

6、实行“一江两制”，多方筹措资金。在大力发展主业的同时，公司坚持流域综合开发的方针，狠抓非电产业的发展。为解决非电产业所需资金，公司采取合资、合作、职工持股等多种方式，广泛吸收社会资金。到目前为止，已吸收社会法人和公众资金4000多万元，开办旅游、房地产、小水电、宾馆、电子、物贸等20多个项目，产值规模3亿多元。

(三)坚持以经济效益为中心，实行规模化经营、集约化管理

1、实行战略管理，制定流域开发的战略发展规划。在流域开发中，清江公司十分注重战略目标和战略规划的制定。组织工程技术人员、经济管理人员和专家学者，先后制定了《清江流域规划报告》、《清江流域开发纲要》、《清江公司远景发展目标》。

2、实行建管结合，形成水电项目从立项、设计到投产经营全过程的一体化管理。彻底改变过去建设单位只建不管、只用钱不还钱和投资、建设、经营三脱节的状况，使项目建设的3大目标得以有效管理，项目总体效益水平明显提高。

3、优化资源配置，实行水电企业的规模化经营。通过建立流域统一的建设管理中心、水库调度中心、电力调度中心、设备检修中心、信息管理中心和生活服务中心，对流域梯级电站实行统一规划建设、统一调度管理和生产、统一兴建生活设施，不仅使流域的水能资源得以合理充分利用，有效地提高了电站的发电、防洪效益，而且使企业的人力、物力、财力资源得以优化配置。

4、实行"三大中心"管理，形成层次分明、权责明确的流域水电企业科学管理体系。针对流域开发既要负责投资和还贷，又要负责建设和经营等特点，建立和形成了以投资公司为主体的投资管理中心，以有限责任公司为主体的利润管理中心，以建设分公司和发电分公司为主体的成本管理中心。围绕"三大中心"管理，公司的投资、建设、生产、经营、财务、技术、质量等管理活动分别与各大中心的管理目标和决策层次相对应，在母子公司体制下，进行统一的计划、组织、控制和协调，重大问题由董事会统一决策。

5、瞄准世界先进水平，大力引进和培养高素质人才，实施人力资源竞争战略。

6、坚持技术创新，不断推进技术进步。13年来，公司共取得技术创新成果210项。其中，获国家科技进步奖2项，获部省级科技进步奖8项，累计创造经济效益2.5亿元。

7、大力引进先进技术，不断提高科学管理水平。

8、树立现代企业的协作理念，依托社会办企业，走精简高效的现代企业发展道路。

二、以水电为主的流域综合开发体制与管理的实施效果

(一)流域水电开发成绩斐然

隔河岩电站开工6年半第一台机组就发电，8年便全部建成投产，比国家计划工期提前一年，企业获得直接经济效益14亿多元；电站单位千瓦造价4308元，是同期大型水电工程单位千瓦造价最低的电站之一。下游高坝洲电站于1996年10月大江截流，1999年四季度实现首台机组发电，除升船机外，整个工程于2000年全部建成。水布垭电站可行性研究报告已通过专家评审，其立项报告已获国务院批准，前期施工准备已完成投资5亿多元。

(二)流域通航已见端倪

随着隔河岩、高坝洲两座电站的建成和两个大坝挡水功能的实现，清江已形成近150公里的深水航道，彻底改变了过去中下游河段不通航或季节性通航的状况。待2003年2座升船机同步建成，鄂西自治州在清江上的门户水布垭就可直通长江。到2010年水布垭电站竣工，鄂西自治州的首府恩施市，就可通过270公里的深水航道，实现与长江连通的愿望。

(三)防洪效果十分显著

在1998年的长江抗洪抢险中，清江公司通过精心组织、科学调度，充分发挥隔河岩水库的调蓄拦洪作用，在关键时刻为避免在荆江实施灾难性分洪发挥了关键作用，挽回直接经济损失150多亿元。江泽民、朱镕基、邹家华、温家宝等党和国家领导人，对清江公司在抗洪抢险中作出的贡献都给予了高度评价。

(四)企业取得良好经济效益

截至目前，隔河岩电厂、高坝洲电厂已累计发电171亿千瓦时，累计回收电费60多亿元；清江公司创利润10亿元，其中发电利润9.3亿元，非电产业7000万元；缴税总额12.7亿元；公司总资产达150亿元；1999年全员劳动生产率达100万元，是全国平均水平的20多倍，人均创效益超过80万元。

湖北高坝洲电厂

湖北清江隔河岩水电站

实现传统优势和现代管理有机结合的成功实践

——大坳工程建设和运行的管理经验

周孝和　周锦坤

位于五府山下的江西省“八五”重点建设项目——大坳水利枢纽工程，是一座集防洪、灌溉、发电三位一体，兼经济、社会、生态三个效益的大(二)型水利工程。该工程寄托了上饶市委、市政府几任领导的期望和640万上饶人民数十年的企盼，被喻为上饶的“三峡”工程。工程分水库枢纽和灌区枢纽两期建设。已建成的水库枢纽总投资3.54亿元，集雨面积390平方公里，库容2.76亿立方米，装机2×2万千瓦，年发电近1亿度。工程建成后，可灌溉农田34.33万亩，可使水库下游防洪标准由五年一遇提高到20年一遇，可解决水库下游11万群众枯水期生产生活用水，从根本上改善上饶市供电质量，缓解峰谷矛盾，对于改善上饶投资环境、促进经济发展具有重要意义。

大坳水利水电开发总公司党委书记、总经理　周孝和

总公司领导班子在规划未来

大坳水库枢纽主体工程于1996年7月1日开工，2000年5月30日举行标志水库枢纽完工的发电庆典。该工程共取得五个方面的突出成绩：一是分部分项工程合格率达到100%，优良率达到60.3%，达到国家优质工程标准；二是应用了大量高新技术，科技含量居省内领先，达国内先进；三是实现了概算、工期“两不突破”，为江西水电建设新创举；四是同期建设了一流环境，初步实现了辖区园林化，在国内同类工程同期中不多见；五是建设中未死伤一人，创安全管理高水平。这项工程得到了各级领导的称赞，被誉为江西水电的样板工程。

一、立足思想教育，强化人本意识

管理以人为本。站在业主角度审视工程管理，首要的是调动建设单位技术、管理人员的积极性，使每一个员工具有强烈的主人翁意识。大坳工程开工以后，面对资金十分紧缺的现实，建设单位就提出了“先生产、后生活、先建业、后建家、艰苦创业、无私奉献”的要求，并统一了大家的思想认识。正是凭着这股“艰苦创业、无私奉献”的大坳精神，在极其艰难困苦的条件下，使工程进度始终超前于资金到位，用最少的投入保证了建设的正常运转，为争取国家投资提供了有说服力的依据，为最终实现概算、工期“两不突破”奠定了坚实的基础。

二、总揽建设全局，走好每一步棋

大坳工程建设前两年多的时间资金矛盾十分突出，而后半个阶段则处于资金逼进度时期，工程管理像最后冲刺的运动员那样致力于拼抢进度。大坳工程建设的这个特点决定了要始终牢牢把握住工程建设全局，把不突破概算和工期贯穿于工程建设全过程，科学调度人力、物力、财力，打好每一个战斗。

三、强化内部管理，狠抓“三个控制”

质量、投资、进度“三个控制”是水利工程现场管理的重要内容。公司在质量控制上提出了创国家优质工程的目标，建立健全了业主负责、监理控制、施工保证、政府监督、设计等单位分口把关的质保体系，把“百年大计、质量第一”原则贯穿于工程建设始终，确保了工程质量。

厂前区(枫泽园一角)

全过程管理 全方位控制

——大罗工程投资管理综述

周孝和 聂道庆

一、工程简介

江西省大坳水利枢纽工程是一座具有灌溉、发电、防洪等综合效益的大(二)型水利工程，是江西省重点工程，总投资3.54亿元。大坳水电站至罗桥变110千伏输变电工程(简称大罗工程)是大坳枢纽工程重要单位工程之一。该工程由送电线路工程、罗桥变间隔扩建工程、接入系统工程三部分组成。工程于1998年9月委托江西省电力设计院设计，施工期为1999年4月-2000年4月。工程经验收委员会验收，结论为优良；省电力工业局质量监督中心站核定为优良；运行一年后由上饶供电局复查，认为运行稳定、质量良好。

二、大罗工程投资管理

大罗工程施工图预算为853.65万元，而中标价为584.37万元，竣工决算为631.19万元，分别比施工图预算节省269.28万元(31.54%)、222.46万元(26.06%)。

投资管理是个系统工程，为做好大罗工程投资控制这篇文章，公司强化了整个建设期的投资管理：

1．优化设计。设计是龙头，控制工程投资首先要把好设计这一关。大罗线路经市区，规划部门认为输电线路只能走市规划区主干道，不得跨越规划中的房建区，这样一来，输电线路要绕道，增加长度，且必须采用光电杆。恰逢当时皂罗线同期筹建，该线路终点同样为罗桥变，且已批准了路径。经与设计部门、皂罗线业主单位反复协商，工程采用大罗线、皂罗线部分线路共杆架设通过市规划区方案，这样既减少了线路长度，又取消了价昂的光电杆。据设计部门匡算，仅此一项可节省100余万元。大罗线地处丘陵地带，在同类地形的线路设计多采用铁塔。为了降低成本，公司要求设计中少用铁塔，尽可能采用水泥杆，虽然加大了施工难度，但降低了造价。

2．坚持公平竞争、合理低价者中标。大罗工程筹建之初，设计单位曾建议以19.7万元/公里为基价采用设计、施工总承包的形式承揽该工程。采用此形式运作，虽有能充分调动设计单位积极性、业主省心、质量有保证的优点，但整个江西省仅有一家具有设计、施工总承包的资质。这实际上是议标而不是竞标，公司婉言谢绝了这种方案。在初议招标时，有关部门以确保工程质量为由，要求只能在电力行业内部选择施工队伍。这是一种习惯做法，为打破行业垄断，加大竞争力度，公司据理力争扩大了邀标范围。该工程开标时，某综合条件很好的投标单位报价出乎意料的低。评标时众说纷纭。在评标过程中，公司认真分析了两个问题：一是报价为什么如此之低；二是报价是否属于让利不让本。经评审，评委一致认为：报价单位低报价事出有因，只要精心组织施工，能保证质量，且保本微利，果断决定该投标单位中标。

3．强化合同管理，严格控制合同外开支。该工程采用总承包、交钥匙的形式，合同订得实、细、齐；合同反复强调施工完成后即可上网送电，最大限度地减少了超支的口子。同时，坚持按进度付款，不付过头款；注重反索赔，严格控制合同外开支，所有合同外开支都经监理、业主两方反复核实后用补充合同的形式支付。

4．兼顾承包商利益，努力实现双赢。在签订合同时，公司清醒地认识到中标者综合条件甚好，但毕竟报价较低。在我国目前市场经济条件下，让承包商赔本干活不现实，弄得不好会以牺牲质量、拖延工期为代价。公司采取有效措施帮助承包商，使他们经过努力能保本微利，力争双赢。比如，采用包工包料包工期的总承包形式，让承包商能更好地自主统筹安排，且有多种赢利途径。努力协调好参建各方关系，设计、监理、业主都不拖施工后腿。工程竣工后，承包商对此次合作表示满意。

大坳水利枢纽工程全景

造福上饶人民的大坳工程

钢铁巨人　勇立潮头

——前进中的酒泉钢铁（集团）有限责任公司

董事长、总经理　马鸿烈

酒泉钢铁(集团)有限责任公司位于河西走廊中部、万里长城最西端的甘肃省嘉峪关市，始建于1958年。经过多年的发展，目前集团公司本部有职工3万人，已形成固定资产原值88.67亿元，净值63.65亿元，资产总额109.91亿元。拥有年产430万吨铁矿的矿山和年产30万吨富铁矿的矿山各一座，年产100万—120万吨石灰石的矿山一座，年处理原矿能力500万吨的选矿厂一座，130m^{2}烧结机3台，65孔焦炉2座，50孔焦炉一座，1800m^{3}和1000m^{3}高炉各一座，氧气顶底复吹转炉3座，四机四流小方坯连铸机3台，板坯连铸机2台，高速线材轧机一套，连续式小型轧机3套，2800mm中板轧机一套，自备热电厂装机容量17.2万千瓦。2000年，酒钢集团本部生产生铁187万吨，转炉钢195万吨，钢材168万吨，实现工业总产值24.82亿元，销售收入39.71亿元，利税6.53亿元，利润1.38亿元。

“九五”以来，酒钢紧紧围绕党的十五大提出的奋斗目标，立足两个根本转变，坚持三改一加强，按照《公司法》和建立现代企业制度的要求，从企业实际出发，深化内部改革，转换经营机制，加强管理，创新技术，积极稳步推进国企改革，取得了比较好的经营业绩和社会效果，全面完成了“九五”计划目标，走出了一条在改革中脱困，在创新中发展的大型国有企业的成功之路。主要表现在：

形成了合理的规模经济　目前已形成了从采、选、烧到铁、钢、材完整配套，年产铁200万吨、钢200万吨、材180万吨的生产规模和以钢铁产品为主、多元化发展的经营格局。同时，通过实施低成本扩张和兼并、控股，组建了跨地区、跨行业、跨所有制的大型企业集团，成为甘肃省龙头骨干企业集团之一和西北地区规模最大的钢铁联合企业。

技术装备水平显著改善　通过淘汰落后工艺装备，加大技术改造力度，酒钢的技术装备水平显著提高。目前拥有国内自动化程度最高的中板轧机、达到同行业先进水平的炼铁高炉、酸球烧结机、焦炉、板坯和方坯连铸机、高速线材轧机等主体设备，进一步奠定了酒钢在全国冶金系统的地位和参与市场竞争的实力。

产品和产业结构进一步优化　通过资产重组和结构调整，集中发展优势产业，加大新产品研制、开发和生产力度，目前已形成了普碳钢、高碳钢、焊条钢、焊丝钢、钢绵高速钢线材及螺纹钢、小型材等30多种规格的线材系列产品，开发生产出了碳素板、低合金板、锅炉板、压力容器板、造船板、桥梁板、管线板等优质专业板材，填补了西北市场空白，部分板材出口国外，并以稳定的质量树立了良好的市场信誉。在壮大钢铁主业的同时，适时调整产业结构，大力发展非钢铁产业，形成了化工产品、建筑耐火材料加工、建筑安装、汽车运输、机电修理、设备制造、焊接材料、商业饮食、物资贸易、农牧林副等多元产业并存的经营格局。

企业经营业绩明显提高　2000年与1995年比较，在钢铁市场竞争日趋激烈、企业盈利能力下降的形势下，工业总产值从11.9亿元提高到24.82亿元，增长52.6%；销售收入从20.78亿元提高到39.7亿元，增长47.67%；企业在消化了内部改革成本的前提下，5年共实现利税21.2亿元，实现利润4.25亿元，共上缴税金18.35亿元，成为甘肃省利税大户和省财政收入稳定的来源之一。

坚持改革创新 增强企业后劲

兰州三毛纺织(集团)有限责任公司
党委书记、董事长　罗钟杰

兰州三毛纺织(集团)有限责任公司，是全国最大的国有毛精纺综合企业之一。建于1972年，有职工6000多人。公司主导产品为精纺呢绒，生产规模4万锭，年产量700万米。同时，还拥有制条、绒线、服装、羊毛衫等配套生产能力。面对全国毛纺生产严重过剩，国内外纺织市场竞争激烈的严峻局面，公司坚持市场化的改革取向，以机制转换为核心，主业提升为重点，把改制、改组、改造与加强管理紧密结合起来，实现了企业的体制创新。近年来，公司的销售收入、利润总额和上缴利税，平均每年分别以16.15%、8.7%、8.3%的速度递增，经济效益在全国同行业中一直处于较好水平。公司被评为"全国质量效益型先进企业"、"全国纺织工业先进集体"、"全国纺织管理优秀企业"、"全国纺织思想政治工作优秀企业"。

一、不断推进体制创新，打造西部毛纺行业的"企业航母"

公司先后兼并和接收了兰港毛衫公司、金昌毛纺厂和兰州毛条厂三个中型企业，组建了兰州三毛纺织(集团)公司。盘活了1.4亿元的国有资产，安排了3000多名长期待业的职工。同时，对兼并企业投入巨额资金，实施了大规模的技术改造，使这几个企业的生产经营获得了转机。

二、不断深化技术改造，铸就决胜未来的竞争优势

近年来，公司先后投入5亿多元，从国外引进了当代最先进的毛条、纺纱、织布、染整、服装等设备300多台套，使企业的整体装备水平达到了国内一流。2000年，又实施了国家立项扶持的"顶替100万米进口面料"技改项目。2001年7月，该项目的产品已通过了国家的验收鉴定。国家评审组专家一致认为，兰州三毛生产的赶超国际一流水平的16个标样产品，技术难度大，纱支高，重量轻，属高技术含量、高档次产品，全部达到或超过国际优等品标准。

公司以建设国家级技术中心为目标，完善了科研组织机构。2000年以来，先后开发了各类专用服装、全毛高支、单经单纬、弹力等20多个系列的新产品。这些产品，纱支一般都在100支左右，最高达140多支，并且采用新型纤维、新型助剂和特种工艺，制作精细。产品具有抗皱、防缩、防污、超柔软、抗静电、高弹力等多种功能。公司有30多个产品荣获"中国名优产品"、"中国流行面料"、"国产精品"和"走向世界的100家中国名牌"等称号。

三、不断推进科学管理，实现面向市场的高效运行

公司还以市场营销为中心，全方位加强了企业的经营管理。按照统一规划、整体组合、区域定位、引导消费的思路，不断调整营销策略，提高企业市场占有率。2000年，在北京举办了以"西部狂飚"为主题的"派神呢绒发布会"。2001年10月，又在上海举行了"以产顶进"面料成果新闻发布会，引起了很大反响。会上，公司设计生产的世纪经典——高支极品系列、科技先锋——多功能系列、意暇闲韵——休闲系列、都市灵魂——现代系列、优雅浪漫——女装系列等五个系列精品，受到了客户的好评。

面对经济全球化和我国加入WTO的挑战，兰州三毛纺织(集团)有限责任公司将进一步加大企业机制转换，改革创新，提升主业的力度，加快与国际市场接轨的步伐，为实现我国由纺织大国走向纺织强国的目标作出新的贡献。欢迎海内外同仁采取多种方式与兰州三毛公司进行合作，投资西部这片热土，您将得到丰厚的回报！

三亚南田温泉国际热带风情旅游城

神州第一泉——三亚南田温泉国际热带风情旅游城，凭借一流设计、一流服务、艰苦创业、卓越追求获得国家颁发的两枚金牌，在二十一世纪将独领旅游风骚。

南田温泉属温热矿水，经专家化验，温泉水含有极丰富有益于人体健康的矿物质元素。如：偏硅酸、锂、锶、锰、氡、锌、砷、氟等。对风湿病、神经性骨病、消化道等多种疾病均有特殊疗效，还能起到舒筋活络、强身健体、润肤养颜、安神定神、抗衰老等作用。谧静优雅的田园风光，青绿的草坪，晴朗的天空，以神州第一泉为依托，拥有不同国度，不同地区的花园别墅，让各界名流找到自己的空间。

三亚南田风情旅游城不断扩展，使越来越多的游客能有充足的时间享受南田的优美风光和饮食文化。在这里，游客将得到风格各异、设施豪华、风味纯正的一系列富有特色的餐饮，是您理想的饮食休闲场所。

南田温泉八大优势

一、温泉资源优势：南田温泉不论从蕴藏量到喷水高度，单井出水量及丰富的微量元素的含量所能起到的药物治疗作用，都堪称“世界罕见，神州第一”。

二、地理环境优势：它位于国际滨海旅游城三亚市东大门，与新加坡独资开发的蜈岐洲岛隔海相望，东靠旅游区猴岛，南靠旅游胜地亚龙湾，西靠天涯海角，坐落在东海岸海棠湾开发区的金三角上，也是未来二十一世纪科技城的中心地带。

三、交通优势：该城紧靠海榆东线国道和高速公路，距离凤凰国际机场30公里，距离三亚深水码头25公里，海陆空交通均十分便利。

四、自然景观和人文景观优势：南田地区居住着黎、苗、回、汉族，民族风情浓郁，并拥有热带雨林、胶林、果园、植物园等自然景观。

五、淡水资源优势：它依傍赤田水库，水库储水量七千万立方米，充沛的水量使开发建设用水得到保证。

六、气候优势：南田素有天然温室之称，气候宜人，四季叶绿花红，瓜果飘香。

七、土地资源优势：20万亩土地连成一片，可供旅游开发用地达10平方公里。它还是海南省农业综合开发试验区之一，可享受农业综合试验区的优惠政策。

八、人力资源优势：南田总场拥有一万多名职工，人员素质高，是重要的劳动力资源。

国际热带风情旅游城六大中心

规划中的南田温泉国际热带风情旅游城，将充分利用其八大优势，建设成东南亚第一流的旅游观光度假胜地。在10平方公里范围内，开发建设温泉度假区、热带观光果园、体育娱乐区，形成六大旅游功能中心。

一、温泉度假康复中心：建起一批豪华别墅、度假酒店和理疗康复场所。

二、温泉国际会议中心：建设一流的国际会议大厦和宾馆。

三、温泉体育娱乐中心：建设温泉游泳场、马术竞技场、高尔夫球场及狩猎场等。

四、温泉系列欣赏中心：建设温泉公园，园内有大型音乐喷泉、温泉瀑布和中国古典园林、雕塑等，以及建设具有观赏、品尝价值的芒果坡、椰子坡、荔枝园和红牡丹园等。

五、温泉宗教文化中心：建设拜祭水神的水神庙及黎母宫。

六、温泉礼仪服务教育中心：建设中国第一流礼仪教育学校。

海南省尖峰岭国家森林公园

一、简介

尖峰岭国家森林公园位于海南西南部乐东县境内，距海南西线高速公路7公里，距三亚凤凰机场90公里，距三亚南山文化旅游区60公里，公园面积447平方公里，它是我国唯一的山海相连且拥有热带原始森林的国家级森林公园，又是我国最南端的国家级森林公园，堪称“天涯第一园”。公园内从滨海到主峰垂直分布着七种植被类型，拥有维管植物2800多种，植物群中有2087种花类植物；公园内有68种哺乳动物，38种两栖动物，50多种爬行动物，215种鸟类，4000多种昆虫，其中400余种蝴蝶。尖峰岭被誉为“生物物种基因库”。

公园内千米以上的山峰18座，主峰尖峰岭海拔1412米，主峰距大海10公里，从滨海平原突兀而起，巍然挺立。数百平方公里的热带雨林中古木参天、藤缠蔓绕，溪水淙淙，尽显古朴、清幽、险奇和神秘。清华大学编制的公园总体规划中认定公园内A级景观2处，B级景观8处，C级景观15处。海拔800多米的天池是公园的核心景区，有40公顷水面的高山湖，周边有热带雨林自然保护区、植物园、“四海齐观”、“虎啸龙吟”等景观，四周是常绿的热带雨林；天池四季气候宜人，年平均气温19.7℃，夏季平均气温24℃，是热带著名的避暑胜地。

公园的旅游基础设施日臻完善。公园现已建成天池避暑山庄、天池山庄、桃花园酒店、尖峰宾馆、天池游客中心等旅游接待设施；公园已开发出一批独具特色的旅游线路和旅游景点；公园路、电、通讯实现“三通”，新修水泥公路连接了公园管理处与主要风景旅游区——天池，园内200公里林区公路可安全便捷地到达公园各个景点；公园开通了程控电话和手机通讯网；省网电已从管理处送达天池。

二、招商项目

1、热带雨林生态博览园

以热带雨林生态展示为主题，以四周由天然林环抱的南国高山明珠——天池为中心，周边200公顷溪瀑纵横的平缓坡地，种有2000多种与绿水相依的热带植物和各种奇花异草，融雨林奇观、森林生态、自然山水、热带风情、中国园林艺术于一体，是一座绚烂夺目的热带雨林文化主题公园。投资估算2000万元。

2、地球村

地球村是公园的接待中心，融汇雨林特色与异域民族风情，具有住宿、餐饮、娱乐、观赏、会议等综合功能。分为亚洲风情村、欧洲风情村、非洲风情村、美洲风情村、澳洲风情村和地球史馆。“五洲风情村”按异域风格设计建设，共200间客房，地球史馆内运用现代声、光技术再现恐龙时代的地球景象，再现地壳运动、地貌变化之景观，展示当今地球上的热带雨林等等。总投资估算6000万元。

3、野生动物观赏园

选取云豹、黑熊、坡鹿、水鹿、孔雀、雉等珍稀野生动物的聚居地，占地面积40公顷，并人工饲养陆生、水生、水陆两栖等数百种飞禽走兽，集保护、科研、观赏、野生动物人工繁育为一体，为综合性热带野生动物风情园。投资估算1000万元。

TSINGTAO
青島啤酒

开拓进取　勇于创新

——发展中的青岛啤酒集团有限公司

青岛啤酒集团有限公司是以青岛啤酒股份有限公司为核心组建的国家特大型企业集团，前身为国营青岛啤酒厂，始建于1903年，是我国历史最悠久的啤酒生产企业，拥有驰名世界的青岛啤酒品牌，1993年改制为股份有限公司；并在香港和上海上市发行H股和A股股票。1997年青岛啤酒集团成立。

近几年，青岛啤酒实施以名牌带动式资产重组为核心的大名牌发展战略，走“高起点发展，低成本扩张”的道路；相继投资10多亿元并购了40多家啤酒生产企业；实现地产地销的战略转变，组建了华南、华东、北方、淮海、鲁中、东北等六大事业部。

整合效益凸显　坚定做大做强信心

“系统整合，机制创新，提高核心竞争力”是青啤公司2001年度工作方针。半年过去了，青啤的整合创新工作收到了显著成效。

从全国市场看，华南事业部上半年实现产销12万吨，同比增长达100%，在广东市场的占有率已上升至第二位。去年刚投产的珠海公司、三水公司已分别完成20万吨和15万吨扩建工程，成为青啤在华南地区的利润支柱型企业。华东事业部所属5个生产企业分布在富饶的长江三角洲上的战略“要点”，上半年产销量同比增长达65%。青啤松江公司（原上海嘉士伯）产能较以前扩大了一倍，依然供不应求。青岛啤酒在上海市场的占有率已接近40%。

北方事业部上半年实现产销30多万吨。1995年被青啤控股的西安汉斯啤酒厂，实力不断壮大，也走上了“低成本扩张”之路。先后兼并了渭南和汉中两个啤酒厂，上半年就完成啤酒产销18万吨，相当于去年全年的产量。2000年8月刚加盟青啤的北京五星和三环公司，在北方事业部的强力运作下。全新包装的“五星啤酒”热销京城，产销量同比增长近80%。

地处战略要的徐州淮海事业部，产销量同比增长达190%。在徐州市场，青岛啤酒及其系列产品“彭城啤酒”的市场占有率已超过70%，完全控制了市场竞争的主动。

经过消化整合，青啤已经走出一条在省内“地产地销”、省外抢占中心城市地带、啤酒高消费区域和水源好、潜力大的“制高点”的扩张之路。

增强消化能力　提高核心竞争力

企业并购本身就是一项高风险的投入，成功与失败的概率几乎是对等的。同是一把“双刃剑”，关键要看谁能运作成功。

1994年和1995年，青啤先后购并了扬州啤酒厂和西安汉斯啤酒厂，虽然一年只购并一个厂，但因一系列操作手段不符合市场经济规律，这两个企业非但未起死回生，而且每况愈下。然而，在青啤实施大规模购并的1998年，被购并的企业多了，这两个企业反而开始扭亏为盈、尤其是青啤西安公司发展迅猛，1999年纯利润达到5000万元。2000年全年共完成啤酒产销 18万吨，实现利润7800万元。

这种变化就是源于青啤科学化、市场化的购并原则和消化手段。现在的青啤，资本的扩张只是第一步，更关键的是制度与管理的扩张，是工艺技术与人才的扩张，说到底就是青啤优势企业文化的扩张。首先在青岛本土打造出了一个市场化的、富有生机的新青啤形象，并且通过不断修正、优化，形成了一套独具特色的市场化运营机制、管理模式和企业文化，然后用这一套模式“克隆”被购并企业的制度与管理。

正是由于建立了一整套日臻成熟的整合思想和运作模式，让快速发展的青岛啤酒底气十足。核心竞争力最终体现在对市场的占领上，青啤迅速恢复了子公司的市场竞争力和赢利能力，同时培养其成为青啤战略组合中一颗重要的棋子，现在的青啤公司就似一支“联合舰队”，总部是旗舰，各事业部则是分布在各个区域市场的“航母编队”，全国统一指挥协调运作。

进入新世纪，青岛啤酒集团将加快现代企业制度建设，继续发挥品牌、技术、规模等优势，深入推行“高起点发展，低成本扩张”战略，强化系统整合、机制创新，提高核心竞争力，推进企业持续、快速、健康发展，争取早日跻身于世界啤酒前十强的行列。

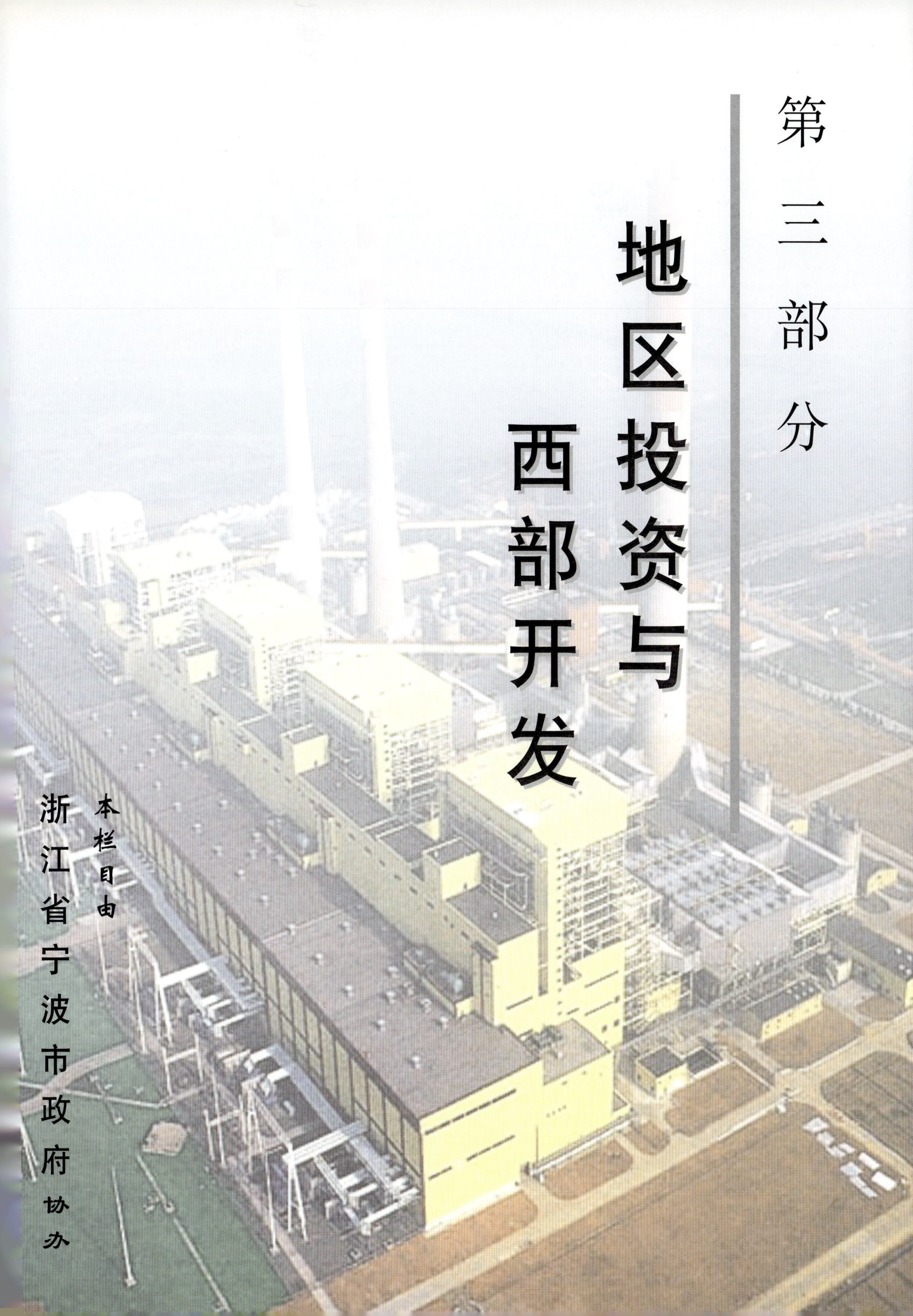

第三部分

地区投资与西部开发

本栏目由浙江省宁波市政府协办

地 区 投 资

北京市投资建设情况

北京市常务副市长　孟学农

一、2000年投资建设

2000年是“九五”期间北京市固定资产投资形势最好的一年，也是首都城市建设取得重大成就的一年。这一年全市固定资产投资建设主要有以下几个特点：

（一）投资规模较快增长，有力地拉动了经济增长

2000年上半年，全市投资出现投资增幅逐月下降的不利局面。面对这一严峻形势，市委、市政府加强对固定资产投资形势的监控和分析，多方寻找对策，加大对固定资产投资的调控力度。在全市上下的共同努力下，从7月份开始，成功地扭转了上半年投资增幅逐月下滑的不利局面，投资出现了逐月回升的良好势头，实现了全年固定资产投资的持续、稳定、快速增长。2000年，北京市完成全社会固定资产投资1297.4亿元，比上年增长10.8%。其中地方全社会固定资产投资979.5亿元，比上年实际完成增长17.8%，超额完成年初地方全社会固定资产投资增长12%的计划目标。

固定资产投资规模的快速增长，对促进北京市国民经济持续快速稳定发展，发挥了重要作用。据测算，2000年全市固定资产投资对经济增长的贡献率超过50%。在全年经济增长11%的增幅中，投资对经济增长的拉动超过5.5个百分点。

（二）重大项目建设取得重大进展，市政基础设施“瓶颈”制约继续缓解，环境治理取得明显成效，城市现代化步伐加快

年初经反复筛选，在1999年67个新中国成立五十周年重大项目中未完项目的基础上，北京市确定了50个符合首都城市总体规划要求，投资规模较大，对发展首都经济、增强城市服务功能、改善首都形象有较大促进作用的重大项目，其中地铁复八线、南西北四环路等重大城市基础设施项目26项，中华世纪坛、东方广场等大型文化教育公建项目15项，数字技术开发中心、太阳能利用产业化等重点工业技改项目5项，回龙观文化居住区、牛街危改二期等经济适用房、危改项目4项。在各部门的共同努力下，全年重大项目进展顺利。截止年底，50个重大项目中，西单基础设施改造（一期）、酒仙桥污水处理厂、中国建筑文化中心等12个项目已竣工投入使用，其余38个项目正按计划进度转入2001年继续建设。50个重大项目累计完成投资245.3亿元，占全市投资的20.6%。重大项目的建成，对缓解基础设施瓶颈制约、提高首都承载能力、强化首都的文化中心功能、加快首都现代化国际大都市建设步伐，发挥了关键性作用。

（三）房地产开发投资持续较快增长，住宅竣工再创历史新高，居民居住水平不断提高

2000年年初以来，北京正确把握市场因素对房地产投资走势的影响，采取各种措施，对以住宅为主的房地产开发投资稳定增长因势利导：一方面，进一步加大危旧房改造支持力度，规范经济适用房政策，创造良好的房地产市场环境；另一方面，贯彻国家计委清理商品房价格中不合理收费、加快商品房建设的有关部署，加强对商品房建设过程中乱摊派、乱收费行为的清理和查处，对有市场前景、具备开工条件的房地产项目，降低转入正式计划前地价款的缴纳比例，大幅度减轻房地产开发企业的前期资金压力。上述措施有力地促进了房地产开发投资的增长。2000 年，全市完成房地产开发投资 522.1 亿元，比上年增长 23.9%，占全社会固定资产投资的比重达到 40.2%。全年实现商品房开复工面积 4455 万平方米，比上年增长 17.7%；竣工商品房面积 1365 万平万米，比上年增长 13%。目前，房地产业投资成为拉动全市投资增长的主要动力。

（四）政府投资力度不断加大，资金到位情况良好

年初以来，市里积极采取各项措施，扩大政府投资规模，加大政府投资对社会投资的引导作用，确保重大项目资金需求：一方面强化土地出让金等专项建设资金征收管理；另一方面，在保证年初市政府投资计划资金及时足额到位的同时，充分挖掘资金潜力，加强资金调度使用；在国家专项国债投资重点向西部地区倾斜的情况下，积极争取国家对北京的支持；此外，还与有关银行联系，争取到大量银行贷款资金的支持。上述措施对保证重大项目的资金需要，发挥了重要作用。

（五）投资结构进一步调整，基础设施投资和高新技术产业投入不断扩大

以发展适合首都特点的首都经济，构建现代化国际大都市基本框架为目标，市政府加强对城市基础设施、工业技术改造和高新技术产业的投入，并积极吸引社会投资投向上述行业。在政府投资的引导下，城市基础设施、传统企业技术改造和高科技产业发展投资都实现较大幅度增长。2000 年全市固定资产投资中，完成城市基础设施 352 亿元，比上年增长 16.3%；工业技改投资 55.5 亿元，比上年增长 31.4%；科研技术投资 47.4 亿元，比上年增长 34.7%。

在工业技术改造投资和科研技术投入较大增长的带动下，我市工业整体实力和竞争力明显增强，高新技术产业成为带动工业增长的龙头。2000 年，全市工业实现增加值 737 亿元，比上年增长 13.2%。其中高新技术产业实现增加值 213.5 亿元，占全市工业增加值的比重为 28.9%，比上年所占比重提高 3.5 个百分点，高新技术产业对工业增长的贡献率保持在 60%左右。

（六）投融资体制改革进一步深化，基础设施项目向全社会的开放迈出实质性步伐

2000 年，以江泽民同志“三个代表”精神为准则，按照社会主义市场经济发展要求，全市上下解放思想，积极探索深化投融资体制改革，将市场机制引入到基础设施项目建设中来，打破多年来形成的基础设施项目建设与投资由政府一家垄断的局面，吸引社会资金进入基础设施行业。在 1999 年《北京市人民政府批转市计委关于深化本市基础设施投融资体制改革若干意见的通知》（京政办发［1999］27 号）基础上，2000 年，市政府又相继下发了《北京市人民政府批转市计委关于对经营性基础设施项目投资实行回报补偿意见的通知》（京政发［2000］30 号）和《北京市人民政府办公厅转发市计委关于加快本市重大建设项目前期工作进度确保前期工作质量意见的通知》（京政办发［2000］111 号）。上述改革措施的主要精神是：扩大基础设施产业向全社会的开放力度，在基础设施项目建设经营中引入竞争机制，打破目前基础设施行业垄断，吸引社会和外商投资者投资，实现投资主体多元化。

二、“十五”投资建设展望

2000 年固定资产投资取得的重大成就，为北京面向新世纪的发展奠定了坚实基础标志着首都城市建设水平已经历史性地站在新起点上。但应该清醒地看到，在北京市城市建设中也存在着一些值得注意的问题，主要是：中央在京单位投资缺乏新的投资增长点，投资持续下降；社会投资除房地产开发投资比较活跃外，其它领域的投资积极性没有调动起来；工业投资技术改造投资总体规模还不大，工业结构升级换代调整步伐亟待加快；政府投资项目管理尚未规范，《招标投标法》尚未得到贯彻落实，投资效益没有大的提高；投融资体制改革仍需进一步深化，在基础设施项目选择和建设过程中竞争性不强，透明度不高，市场机制在资源配置中的作用仍需进一步加强；建设项目前期工作普遍薄弱和滞后，大项目储备不足等等。这些问题需要在“十五”时期下大力气解决。

“十五”期间，北京市固定资产投资总的指导思想是：按照《北京市“十五”时期国民经济和社会发展第十个五年计划纲要》对全市经济发展的总体要求，紧紧抓住申奥成功这一历史性机遇，以建设“新北京、新奥运”为主题，以保证投资规模适度增长为基础，以提高投资效益为中心，以把北京建设成为现代化国际大都市为目标，以提高居民住房水平为出发点，加强和改善固定资产投资宏观调控，进一步调整投资结构，继续加大环境治理、城市交通、危旧房改造、中关村科技园区和工业技改、高科技行业的投资力度，集中力量抓好一批重大项目建设；进一步深化投融资体制改革，建立起符合社会主义市场经济体制要求的投融资机制，多渠道筹措建设资金，促进首都城市建设各方面全面发展。

根据原来的设想，“十五”期间，北京市固定资产投资保持全社会固定资产投资年平均增长 7%左右，五年投资总规模达到 8000 亿元。其中：中央投资 1800 亿元，占全市投资的 22.5%，年平均增长 4%；地方投资

6200亿元，占全市投资的77.5%，年平均增长8%。申奥成功，对北京固定资产投资提供了新的动力和机遇。预计“十五”期间，全社会固定资产投资增幅将在原计划的7%基础上提高3个百分点左右，达到10%，总规模达到8700亿元左右。

“十五”时期，北京市固定资产投资工作的重点和主要政策措施是：

（一）按照北京市奥运申办报告和向国际奥委会所做的承诺，以环境治理、城市交通、危旧房改造和高新技术产业发展为重点，集中力量抓好一批重大项目建设，加快城市建设步伐，提高城市现代化水平

一是以大气污染防治、污水和垃圾处理为投资重点，加紧推进城市环境综合整治，优化城市能源结构，大力开展节约用水和污水回用工作，建设良好的生态环境，加强资源的保护和利用，实现城市的可持续发展。加快建设陕北天然气进京市内扩建工程、天然气地下储气库工程、天然气支户线、管网升压改造工程、清河整治一期工程、清河流域污水截流工程、清河污水处理厂、凉水河水系干流整治、吴家村污水处理厂及配套管线工程、高安屯垃圾焚烧厂、卢沟桥污水处理厂及配套管线、小红门污水处理厂及配套管线、阿苏卫垃圾填埋场二期、高安屯垃圾焚烧厂、焦家坟垃圾填埋场、四环路沿线100米宽绿化带建设等137个重大基础设施项目建设。

二是以地铁、轻轨、城市快速道、主干道和城区路网加密为投资重点，加快改善首都交通状况。要把轨道交通建设作为交通设施建设的重中之重，加快建设城市轨道快速交通工程、地铁八通线、地铁五号线、地铁四号线、东直门——首都机场轨道交通、奥运村地铁支线等一批重点轨道项目，五年力争新建轨道交通线路100公里以上。加强高速公路、城市快速道路及环路快速联络线建设，完善城市快速交通网，五年力争新改扩建城市道路200公里以上，新建公路700公里以上。

三是以人为本，加大危旧房改造、奥运比赛场馆和大学生公寓等重点工程投资力度，加快改善中低收入居民住房条件和文化社会事业基础设施建设。加快以旧城区及关厢地区为重点的危旧房改造，通过市政基础设施建设带危改、文物保护带危改、房改带危改、开发带危改等多种方式推动危旧房改造，力争到2005年基本完成城区现有300万平方米危旧房屋的改造。加快36个奥运比赛场馆设施建设，力保大部分项目在“十五”期间完成主体工程。市政府要安排专项资金，力争完成总建筑面积300万平方米大学生公寓建设任务。

四是以中关村科技园区为龙头，大力发展高新技术产业。按照一年一个样、三年大变样、五年上台阶、十年创一流的总体要求，尽快将中关村科技园区建设成为具有国际竞争力的国家科技创新示范基地。

（二）集中各方力量，多渠道筹措建设资金，保持资金供需的大体平衡

“十五”期间，北京市既要充分发挥自身优势，积极利用现有的筹融资渠道，扩大政府投资，也要解放思想，开拓新的筹融资方式和渠道，充分发挥奥运优势，积极争取中央支持，引导外商和外埠资金共同参与北京市现代化建设。

1．适当加大基本建设支出占市财政预算支出比重，同时，规范对土地批租、“四源”费、市政公用设施建设费、水利基金、养路费等现有建设资金来源的征收管理，堵塞漏洞，避免政府收益流失。力争五年实现市政府投资400亿元。

2．逐步扩大外商投资领域，加大利用外资力度。北京市要适应加入WTO的趋势，取消不利于外商投资的各种限制性规定，扩大外商投资领域，积极推广BOT、跨国并购、境外上市等新方式，加大使用国际金融组织和外国政府贷款的力度，广泛吸引国外投资者尤其是国际知名大企业和大财团来京投资。力争五年吸引外商来京投资300亿元。

3．解放思想，开拓创新，大力推进资本市场建设，建立灵活多样的筹融资机制。一是充分发挥全国各大金融保险机构总部都集中在北京的地理优势，吸引银行贷款参与固定资产投资建设，提高银行贷款在固定资产投资资金来源中的比重。二是探索建立重大高技术产业化示范工程基金，对符合条件的项目，尝试采用贷款贴息、资本金注入、融资担保等多种形式给予支持。四是积极为高新技术企业到创业板上市融资创造优势条件。五是探索应用社会保障基金建设城市基础设施的办法，用好用活社会养老基金、医疗基金、房改基金等各类社会保障基金，在拓宽基础设施建设资金来源渠道的同时，实现各类基金的保值增值。

4．盘活存量资产再投入。对政府参与的竞争性行业项目，要尽可能创造条件将股权转让出去，收回投资。对政府投资建成的电力、交通、水等经营性基础设施项目，要选择有条件的，向国内外投资者转让经营权或部分产权，收回资金用于其他基础设施项目建设。

5．规范政府投资范围，积极推动基础设施产业化。政府投资应主要投向市政道路等非经营性基础设施项目和政法公安、文教卫生等公益性项目。对经营性基础设施项目，要积极推动产业化经营，改变目前基础设施项目主要由政府“一家抬”局面，减轻财政负担。对轨道交通、收费公路、自来水厂、燃气、热力以及污水、垃圾处理设施等有收益的基础设施项目，创造条件采取招标方式选择投资企业，政府赋予投资企业项目的特许经营权。

（三）继续深化投融资体制改革，改善投资环境，扩大投资规模，提高投资效益

要按照社会主义市场经济体制的要求，改革目前的审批制度，规范政府投资主体行为，建立起投资风险约束机制和与现代企业制度相适应的投资管理体制。

1.按照市场经济要求，合理划分投资范围，扩大民间和外商投资领域。实行更加开放的行业投资准入政策。在经营性基础设施项目建设经营中引入竞争机制，打破基础设施行业垄断，吸引社会和外商投资者投资。在政策上鼓励社会投资投向基础设施行业。

2.完善重大项目前期工作程序。重大建设项目的项目单位必须按照规定程序和内容完成可行性研究报告和初步设计文件，前期准备工作必须达到规定的深度。

3.严格政府投资项目管理。在政府投资项目中推广和规范招投标制、合同制、监理制，规范政府投资主体行为，加强政府投资项目的监督稽察，节约政府投资。

4.建立健全投资风险约束机制。所有的经营性项目，要实行项目法人责任制，先有法人，明确投资主体，后进行项目建设，由项目法人对建设项目的筹划、筹资、招投标、建设实施及生产经营管理、债务偿还及资产的保值增值实行全过程负责。经营性项目要实行资本金制度，各出资方要按出资比例享有项目的利益，承担风险。建立严格的投资决策责任制。

5.进一步转变政府职能，改进项目管理模式。

天津市投资建设情况

天津市发展计划委员会投资处

“九五”时期是天津市建设史上极不平凡的一段时期，在市委、市政府的正确领导下，经各方面努力，天津市固定资产投资克服了亚洲金融危机所带来的负面影响，继续保持良好发展势头。投资总量快速增长，投资结构不断改善，投资体制改革进一步深化，对全市国民经济保持持续快速健康发展起到了重要的支撑作用。跨入新世纪，天津发展进入新的历史时期。为落实天津市“十五”发展总体目标，必须总结、推广“九五”建设经验，进一步加快投资步伐，以超常规发展的思路搞好项目建设，让固定资产投资作为新的生产力发展的重要载体，更好地发挥对全市经济发展的拉动作用，为完成这一时期天津发展的历史性任务打下更加坚实的基础。

一、“九五”投资建设

回顾“九五”以来天津市投资建设历程，主要有以下特点：

（一）投资总量保持稳定增长，对全市经济的拉动作用明显增强

“九五”时期，天津市共完成全社会固定资产投资2686.49亿元，是“八五”时期的2.2倍，年均增长10.6%；累计新增固定资产1967亿元，比“八五”时期增长1.22倍。其中，中央在津单位累计完成投资662.8亿元，年均增长15.9%；地方投资累计完成2023.7亿元，年均增长9%。分经济类型看，全市国有经济完成投资2280.9亿元，年均增长11.6%；集、个体经济完成投资405.5亿元，年均增长5.4%。在出口增速减缓、内需相对不足的情况下，固定资产投资规模的不断扩大，对天津市“九五”时期的经济增长起到了关键的支撑作用。据有关部门测算，这一时期固定资产形成占全市GDP的比例平均为48%，固定资产投资对全市经济发展的贡献率超过50%，平均每年拉动GDP增长5－6个百分点。

（二）投资结构进一步改善，促进产业结构的优化和升级

“九五”时期，天津市投资进一步向高新技术产业和城乡基础设施倾斜。其中，工业技术改造完成投资328.6亿元，是“八五”时期的1.7倍，年均增长6.5%。城乡基础设施累计完成投资670.1亿元，是“八五”时期的2.9倍，年均增长23.6%，在全市投资中所占比重由1995年的18.7%提高到2000年的24.9%。累计竣工住宅2693万平方米，比“八五”时期增加1080余万平方米。

这一时期天津市进一步加快了老企业的嫁接改造和引进技术的消化吸收工作，在“八五”末完成300多家老企业嫁接改造任务的基础上，“九五”时期又克服困难，全面完成了748家老企业的嫁接、改造、调整的任务。同时，重点扶持了微电子、激光、生物工程、新能源、新材料和机电一体化设备产业的发展。以高新技术企业为主体的科贸街、华苑产业园区、武清高新技术开发区迅速崛起，涌现出天大天财、南开戈德、中环电子、力神电池等一大批在全国拥有一定知名度的高新技术企业。到“九五”末，高新技术产品产值超过600亿元，在全市全部工业总产值中占到四分之一左右的比重。

在基础设施建设方面，“九五”时期是天津市历史上投入力度最大、建设成效最好的一段时期，路桥建设、公用事业、环保绿化和危陋平房改造都取得重大进展。全市道路面积净增715万平方米，立交桥增加6座。居民燃气化率达到92%，其中天然气气化率达53%。新增供热面积2000多万平方米，使全市集中供热面积达到3900余万平方米，热化率和集中供热普及率分别达到57.6%和53.3%，大大高于“九五”计划目标。建成区绿化覆盖率由“八五”末的17.6%提高到“九五”末的25%。全市人民关注的危陋房屋改造任务顺利完成，截至2000年上半年，共拆除危陋房屋820万平方米，其中“九五”期间拆迁614万平方米，使38万余户、110多万居民喜迁新居。在危改的推动下，全市居民住房条件进一步改善，人均住房使用面积由1995年的11.4平方米提高到2000年的13.9平方米。

（三）重点项目建设进展顺利，对全市投资规模的扩大起到重要的推动作用

“九五”时期，列入天津市重点建设的项目共有204个，其中工业项目65个，基础设施项目94个，商贸金融项目20个，文教卫生和体育等社会事业项目25个，约有150个项目建成投产或交付使用。重点项目累计完成投资575.4亿元，占这一时期全市全社会固定资产投资的21.4%。

在能源方面，“九五”时期列入市重点建设的项目主要有盘山电厂一二期工程、杨电扩建、第三煤气厂、城乡电网改造、陕气进津和渤西天然气上岸工程等，这些项目的建成，大大缓解了全市供用电和滨海地区用气紧张的局面。

交通方面，先后开展了声势浩大的“八路二桥”、“十二路五桥”、“十路十桥”以及和平路改造等重点建设工程，打通了以往的“卡口、断头路”，全面完善了“三环十四射”的城市道路系统。疏港公路、塘沽车站立交桥、彩虹大桥的先后建成，使滨海新区的基础设施运营状况得到极大改善。此外，“九五”时期天津市还改造了天津机场，建设1000万吨煤下海铁路和南疆码头，使天津市陆、海、空立体交通网络日臻完善。

邮电通信方面，通过兴建GSM四、五、六期扩容等项目，使全市新增移动电话60多万户，程控交换机总容量超过250万门，市话普及率由1995年末的每百人15.2部提高到2000年末的46.6部。

给排水方面，通过兴建宜兴埠泵站、凌庄子水厂水源管道、开发区供水、引滦入汉、张兴庄和扬庄子排水等工程，使全市供用水状况进一步得到改善。

环保方面，先后建成了双口垃圾处理场，改造了墙子河，对海河干流的污染和塘沽碱渣山也进行了重点治理，在较大程度上减轻了环境污染。

文教卫体等社会事业方面，周恩来邓颖超纪念馆、平津战役纪念馆的落成，为人们提供了又一爱国主义教育阵地；天津医大附属医院门诊楼、工人医院、儿童医院和南开医院扩建项目的建成，进一步方便了市民就医；轻工业学院、纺织学院、理工学院、民航学院及师范大学扩建项目的建成，扩大了这些院校的招生能力，为天津市高等教育的长远发展奠定了坚实的基础。

（四）投资体制改革进一步深化，宏观调控能力不断加强

“九五”时期天津市通过积极尝试和推广先进经验，在建设项目法人责任制、资本金制度的落实以及培育投资服务市场体系方面都取得了明显进展。在转变政府职能，由直接调控转为通过政策、法规、信息、财政支持来引导投资方向、调整投资结构方面，也取得了较好成效。特别是1997年以后，由于亚洲金融危机的冲击和国内需求不足的影响，各投资主体的投资意愿普遍下降。面对这种状况，天津市及时采取了一系列扩大投资需求的措施，仅1998－1999年两年，全市就在21个市重点项目中投入9.67亿元的中央和地方财政预算内资金，吸引了107.73亿元的银行贷款、27.28亿元的外资和52.55亿元的自筹资金注入，资金放大乘数达1:19,有力地支持了这部分重点项目的建设，对稳定全市投资规模发挥了积极作用。

尽管“九五”期间天津市固定资产投资建设取得了可喜成就，但也存在一些不容忽视的问题，比如：在建大项目减少、集、个体经济投资意愿减弱；筹资的渠道不多，在吸引社会主体参与项目建设尤其是基础设施建设方面进展不大；项目建设的市场化运作水平不高等等，这需要在“十五”期间认真加以解决。

二、“十五”投资建设展望

“十五”时期将是天津市社会和经济发展比较关键的时期。天津市委七届七次全会提出了“抢抓机遇，跨越式发展”的要求，规划了全市社会经济发展的宏伟蓝图。作为拉动国民经济增长的重要因素之一，“十五”时期全市固定资产投资仍需保持较快增长。

这一时期天津市固定资产投资，一是要充分利用国家采取扩大内需政策的有利时机，在努力增加政府投入的同时，积极引导个体、私营、外商等投资，保持全社会固定资产较快增长。二是必须坚持与经济结构、产业结构调整相结合。通过重大项目建设，积极发展高新技术产业，进一步优化和提高支柱产业，调整改造传统产业。以市场为导向，以经济效益为中心，切实提高投资效率。着眼参与国内、国际市场竞争，以资源为依托，以增加有效供给能力为目标，实现增长速度与质量效益的统一。三是必须坚持与扩大消费结合起来，加大改善城乡居民消费环境项目的投入，通过有效的投资增长，鼓励和引导城乡居民增加消费支出，使投资和消费相互拉动，相互促进。四是切实启动一批质量好、效益佳、对天津经济发展有重大影响的大项目，逐步成为天津跨世纪发展的重要支撑。

为实现上述目标，“十五”时期天津市将主要围绕下列重点进行投资：

（一）高新技术产业

围绕天津市“十五”规划确定的电子信息与产品制造、生物技术与现代医药、新能源、环保、新材料和先进制造技术六个重点发展领域，加快建设一批重大高新技术产业化项目。其中，电子信息产业重点发展通信设备、软件及系统集成、亚微米深亚微米集成电路、新型元器件、网络产品与计算机外部设备等；生物技术与现代医药产业重点发展医药生物技术产品、新型合成与半合成药物、新型中药和药物新制剂等；新能源产业重点发展锂离子电池、镍氢电池和非晶硅太阳能电池等绿色高能电池；环保产业重点发展城市污水处理成套设备、锅炉除尘脱硫设备等。

（二）传统工业改造

以提高竞争力为目标，积极利用高新技术和先进适用技术改造提升传统产业，实现技术和产品升级。其中，汽车行业重点发展技术含量高的新一代经济型轿车系列产品，同时发展发动机、汽车齿轮、变速箱等零部件产品，提高轿车的国产化率。机械装备行业重点发展液压设备、数控机床、焊接材料及中高档电梯等。冶金行业通过加快实施天钢东移、无缝钢管厂二期扩建及大型冷轧薄板等项目建设，重点发展以无缝钢管、冷轧薄板为代表的优质高效钢材和高档金属制品。化工行业加快实现乙烯、聚酯、聚氯乙烯等基础原材料的规模化生产和下游产品的系列化，大力发展技术含量高、附加值高的精细化工产品。轻工、纺织和建材行业也要围绕提高行业和产品的技术水平，加快技术改造步伐。

（三）商贸服务业

主要加强市场体系、商业设施、物流配送三大载体建设；抓好中心商业区、中心商务区、国际经贸展示区等三大区域的重点项目；发展电子商务，推进商业现代化建设，形成我国北方商贸中心框架。

（四）基础设施

加大投资力度，构建现代化的信息体系、多种运输方式衔接配套的综合交通体系、以优质能源供应为主体能源供应体系以及现代化市政公用体系。大力完善信息基础设施，调整能源结构，提高优质能源比重，发展以港口为龙头，铁路、公路、航空、水运、管道等多种运输方式一体化的交通网络，建设以快速路和轨道交通为主体的城市综合交通系统等。

（五）农林水利

集中力量对永定新河、独流减河、蓟运河等主要行洪河道进行综合治理，搞好海堤和城市防洪堤建设。通过农业示范、养殖及绿色食品加工等项目建设，发展优质高效农业、出口创汇农业和节水农业。搞好城乡绿化和北部防风固沙林和沿海生态经济防护林建设等。

（六）社会事业

继续加强文化、教育、卫生、体育和旅游等基础设施建设。其中，卫生事业方面，建设好医学科学院、第一中心医院和中医学院一附院等市级医学中心，人民医院等区域性医疗中心等。旅游事业方面，围绕历史文化名城和现代港口城市特点，建设好海河意式风情区、国际会展中心、国际赛车场、天马俱乐部、航母舰船游乐港、东方夏威夷水上大世界等项目。文化事业方面，重点建设一批突出体现天津历史文化名城特色的标志性建筑，如天津博物馆、天津文化艺术中心等项目。

河北省投资建设情况

河北省常务副省长　郭庚茂

一、"九五"投资建设

"九五"期间，是河北省社会主义现代化建设进程中极不平凡的时期。国内经济出现了由卖方市场转向买方市场这一重大变化，亚洲金融危机给正常的经济运行带来了冲击和影响。在整体市场低迷、没有新的投资热点以及投资主体缺乏动力的情况下，全省认真贯彻落实国家的各项方针政策，切实采取有力措施，不断加大投资力度，建成投产了一批重点项目，为全省经济发展奠定了良好的基础。主要特点是：

（一）投资总量不断扩大

"九五"期间，河北省全社会累计完成固定资产投资7953.9亿元，是"八五"的2.9倍，年均增长18.1%。

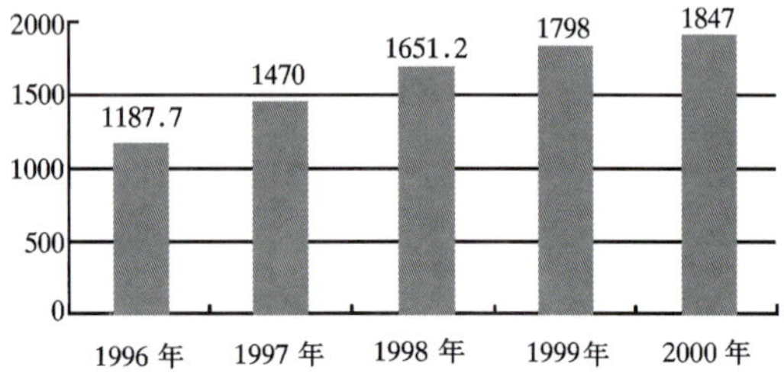

按经济类型分，国有经济固定资产投资累计完成3520.53亿元，是"八五"的2.6倍，年均增长18.1%；集体投资累计完成2310.21亿元，是"八五"的3.4倍，年均增长20.9%；个体投资累计完成1231.62亿元，是"八五"的2.4倍，年均增长14.1%；其他经济类型投资累计完成891.54亿元，是"八五"的5.4倍，年均增长17.1%。

在国有经济固定资产投资中，基本建设投资累计完成2617.50亿元，是"八五"的3倍，年均增长19.4%；更新改造投资累计完成1386.10亿元，是"八五"的2.6倍，年均增长16.6%；房地产开发投资累计完成354.31亿元，是"八五"的2.8倍，年均增长16.5%。

（二）投资结构出现积极变化

产业投资结构逐步优化，一、二、三次产业的投资比例由"八五"时期的5.66:51.01:43.32变为5.73:42.41:51.86，第三产业投资明显增加；非国有投资保持了较快增长，所占比重由"八五"时期的50.3%上升到"九五"的55.7%，提高了5.4个百分点。"九五"期间，全省固定资产投资对经济增长的贡献率为42.81%，比"八五"提高了9.3个百分点。

（三）重点项目建设成绩突出

"九五"时期，全省重点建设项目完成投资1360亿元，占同期全社会固定资产完成投资的17.1%。桃林口水库、京秦高速公路、衡水电厂一期工程、沧州TDI、邯钢薄板坯连铸连扎、石家庄引水入市等368个重点建设项目相继建成投产；防沙治沙、坝上生态农业、黄壁庄水库除险加固、朔黄铁路、黄骅港、城乡电网改造、城市基础设施等一大批重点建设项目陆续开工建设并开始发挥作用。

（四）房地产开发投资增长强劲

随着房改政策和相关配套措施的贯彻实施，全省房地产投资增长势头强劲。1999年，全省房地产开发投资完成87.62亿元，比上年增长43.0%；2000年完成108.4亿元，增长23.7%，当年增加投资额20.8亿元，占同期国有及其他经济类型单位投资增加额的68.9%，其支撑投资增长的地位日渐重要。

"九五"期间，全省新增高速公路1168公里；达到1480公里，居全国第2位。新增港口泊位9个，达到

49个，新增吞吐能力3040万吨，达到1.37亿吨。新增铁路620公里。新增发电装机370万千瓦，达到1532万千瓦，居全国第4位。新增电话装机626万门，达到1000万门。固定电话用户达到631.2万户，移动电话245万户，分别比1995年增长2.5倍和18倍。新增城市日供水能力71万吨，污水处理能力50万吨，供气能力10万立方米，垃圾处理能力950吨。基础设施的“瓶颈”制约得到缓解，传统产业的市场竞争能力明显增强，城市环境和城市功能显著改善。

二、“十五”投资建设展望

“十五”时期是河北省经济和社会发展的极为重要的时期，是推进经济结构战略性调整，完善市场经济体制的重要阶段，面临着加速建设经济强省和实现现代化河北宏伟目标的重要任务。固定资产投资作为拉动经济发展和增强经济实力的重要因素，要确保合理增长，不断增强经济发展的后劲。

“十五”期间的奋斗目标：

——全社会投资10000亿元左右；

——三次产业的投资比重调整为3.5%、41.5%和55%；

——基建、技改投资比重调整为48%和45%；

——非国有投资比重达到60%；

——实施重点项目建设400项。

为了实现“十五”计划的宏伟目标，必须扎实推进招商引资工作。1．拓宽利用外资渠道。重点抓好利用国际资本市场融资工作，加强与国际金融机构的合作，鼓励符合条件的企业到境外上市融资，积极合理有效地利用外资。同时，认真筛选一批项目，争取有更多的项目列入国家利用国外政府贷款、世界银行贷款、亚洲开发银行和其他国际金融组织贷款备选项目。2．改进招商引资方式。一是发挥省直驻外机构的招商作用，重点培育和扶持一批中介招商组织，实现招商工作市场化、专业化、规范化和经常化。二是在跨国公司购并浪潮下，抓紧筛选推出一批供国际资本投资合作的企业和项目，重点包装推介，促进大型国有企业与跨国公司的合作与联姻，吸引国际资本。三是总结推广保定水厂股权转让的经验，利用已建成并投入运营的项目进行股权融资。四是积极实施国别对策，进一步加大对欧盟成员国和北美国家招商引资的力度。3．抓好对内开放。以京津冀一体化为重点，组织省里有优势和特色的原材料、医药、食品、农副产品加工等企业，与省外企业合资合作，多种形式引进省外技术和资金。

同时，还要积极鼓励和引导民间投资。1．创造平等投资环境。在投资管理上，民营企业与国有单位在六个方面做到平等对待：一是在项目审批程序和环节上平等对待；二是在征用土地和落实供水、供电、供汽、供暖等建设条件上平等对待；三是金融部门对各种经济成分的信贷支持上要平等对待；四是在接受政府部门行业规划指导服务上平等对待；五是在专业人才引进及户口迁移和子女上学等方面平等对待；六是民间投资企业在兼并国有企业、吸纳国有下岗职工方面享有平等的优惠政策。2．拓宽民间投资空间。除关系国家安全和必须由国家垄断的领域外，争取在其他领域允许民间资本进入。当前要重点支持民间投资通过不同方式参与国有资产的战略性重组。鼓励和引导民间投资进入基础设施、教育、环保、旅游和公共事业建设领域，同时推出部分重点项目采取政府与民间合作的方式进行建设。3．加强投资引导服务。一是政府有关部门加强对民间投资政策和规划引导，把民营经济的发展作为我省新的经济增长点纳入全省国民经济和社会发展规划。二是加强对民营企业在投资政策、投资方向、项目咨询等方面的信息服务，为民营企业正确决策、避免低水平的重复建设创造良好的外部环境。三是大力发展和规范社会中介机构，鼓励各种行业协会、科研院所、大专院校和咨询机构积极开展面向民间投资的咨询评估、管理培训、技术指导、市场营销等方面的服务。四是积极创造条件成立民间投资协会等社团组织，并充分发挥其桥梁和纽带作用。

三、“十五”主要产业发展方向与重点工程

（一）农业及水利

农业 围绕“农业增效、农民增收”两大目标，大力调整农业结构，推进农业产业化进程。以发展设施农业为重点，壮大畜牧、蔬菜、果品业；完善绿色食品、无公害农产品的生产标准体系及检测手段；实施良种繁育、旱作农业和现代化农业科技示范技术推广。

突出抓好畜牧业、蔬菜产业、果品产业三个龙型经济的重点龙型企业和河北省旱作农业工程、河北省农林水畜业良种工程等项目。创建和发展一批不同规模、不同档次、各具特色的农业科技示范园区和优质农产品基地。

水利 按照兴利除害结合、开源节流并重、防汛抗灾并举的方针，重点抓好跨流域调水工程、病险水库和堤防除险加固工程、大中型灌区改造及配套设施建设、骨干河道治理、海水淡化等重要节水及水资源开发。

突出抓好河北省节水灌溉工程、南水北调中线工程、病险水库加固、骨干河道治理工程、水源工程等一批项目。积极推广应用苦咸水淡化技术。

（二）林业及生态环境建设

以改善重大生态环境，促进生态平衡为目标，重点实施防沙治沙、退耕还林还草、张承地区水源地开发与保护、防护林工程等生态环境建设。

突出抓好河北省京津风沙源治理工程、退耕还林还草试点工程、太行山绿化工程、速生丰产林基地建设、再造“三个塞罕坝”林场工程、21世纪初首都水资源可持续利用及区域性污染治理等一批项目。

（三）传统产业升级

冶金工业 加快产品结构调整，重点发展优质薄板带材、优质专用钢材及高等级建筑用材，提高板管比重。重点企业实现装备大型化、连续化和自动化。

突出抓好邯钢冷轧板扩建工程等标志性项目；依托唐山现有港口、铁矿石、煤炭等资源优势，积极推进首钢、唐钢联合，启动曹妃甸矿石专用码头，建设冀东钢铁基地。

建材工业 提高现有建材产品档次和加工深度，发展新型干法水泥、优质浮法玻璃及深加工、池窑拉丝玻璃纤维及深加工，重点发展混凝土砌块、粉煤灰烧结砖、加气混凝土和轻钢结构建筑体系等新型建材。

突出抓好大型窑外分解水泥生产线、河北粉煤灰综合利用工程、高档玻璃及深加工等一批新型建材项目。

化学工业 发展精细化工和盐化工，大力发展化工原料、中间体深加工、新型感光材料、高等级子午线轮胎及配套专用材料。

搞好沧州化工城和唐山南堡开发区化工区建设。加快乐凯集团胶片涂布生产线综合改造等项目建设。

医药工业 增加抗生素、维生素和中成药加工深度，延伸名、优、特等产品加工链，提高高中档产品比重。增强药物创新能力，下大力开发国家一、二类新药，努力开发一批具有自主知识产权的新药品种，加速实现中药产业现代化。

机械工业 重点发展大型变压器、工程机械、轻型车及汽车零部件、先进适用农业收获机械。积极采用先进适用的电子信息技术，发展环保、食品、包装、水泥、纺织、煤矿等产业特色专用成套设备制造，提高机电一体化水平。

突出抓好轻型车改造达产及为整车配套的汽车零部件扩建工程等一批“小型巨人”项目，积极推进30万辆轻型车扩建工程。

食品工业 搞好畜牧、蔬菜、果品业的加工、保鲜储运，大力发展营养方便食品、保健食品、饮料酒、软饮料、乳制品等名优特新产品和出口创汇食品，优化产品结构，提高绿色食品比重，努力扩大知名品牌产品生产规模。

纺织工业 重点发展新型化纤原料和高技术后整理加工，壮大名优服装产品。

突出抓好唐山3万吨粘胶纤维扩建工程、河北帝贤针织集团化纤仿真织物工程等一批项目。

轻工行业 加快新产品开发步伐，重点发展符合经济规模标准的纸和纸制品，高档日用陶瓷，无氟制冷产品，以及农膜、塑料管件等新型复合材料。

突出抓好河北龙腾纸业20万吨微量涂布纸工程、宝硕集团BOPP薄膜及宝源热收缩膜等一批项目。积极推进河北20万吨燃料乙醇改扩建工程前期工作。

（四）高新技术产业

电子信息 以软件产业和信息化应用为突破口，加快电子信息产品制造业、网络通信与服务业发展步伐，建设数字河北。大力发展拥有自主知识产权的品牌软件。

依托信息产业部第54所、13所技术力量，发展电子信息产业及信息设备制造业。依托燕郊信息产业科技园区、石家庄河北软件园、秦皇岛软件园，大力发展软件产业。

生物技术与现代医药 发展具有自主知识产权、主要用于防治重大传染病、心血管、恶性肿瘤和提高人体素质的基因工程、生物药物及疫苗；加快利用先进的提取、分离、制剂和生产控制技术及装备改造提升中医药产业，使石家庄市成为国内生物药物和最先进的现代化中药生产基地。

依托华药、石药、神威药业、科迪药业等优势企业，集中建设生物制药生产基地和现代中药基地。

新材料 积极发展产业化基础较好的电子专用材料、稀土材料、陶瓷材料，力争在工艺技术、新品种开发和资源综合利用技术领域取得突破性进展。

突出抓好环保工程用微孔陶瓷材料、燕郊开发区砷化镓项目、唐山多晶硅工程、华创天元钢骨架塑料复合管工程等一批项目。

（五）城镇基础设施

按照改善生产、生活和投资环境，完善城市功能，提高城市化水平的总体要求，重点建设与改造城镇燃气、公共交通、轻轨、道路、供水、排水、供热以及污水处理、垃圾处理等基础设施。

突出抓好石家庄城市交通工程、富华城市生活垃圾无害化处理工程、河北省利用世行贷款城市供排水工程、海滦河流域城市供排水工程等一批项目的建设。积极推进石家庄、廊坊市城市轨道交通工程和县（市）城区基础设施建设等项目的前期工作。

（六）基础产业

能源 按照“稳煤、扩电、保油、增气”的总体思路，调整优化能源生产和消费结构，重点发展高产、高效矿井，煤炭气化液化，冀南电网大型火力发电厂，城乡电网，天然气利用等重点工程，努力提高洁净优质能源比重，改善城镇燃气结构。

突出抓好定州电厂、衡水电厂二期扩建、黄骅电厂等一批冀南电网电源点建设和河北省天然气利用工程等一批项目。积极推进丰宁抽水蓄能电站、原煤转化成品油工程、华北原油储备基地、曹妃甸进口原油码头等项目的前期工作。

交通 以完善提高交通整体功能、提高经济效益和管理水平为重点，调整和优化运输结构，加快现代物流业发展。重点发展高等公路、经济干线和农村公路，重视高等级公路联络线建设，完善“四纵四横十条线”公路网主骨架。加快对全省经济有巨大带动作用的原油、铁矿石、化工原料、集装箱等大型专业化泊位和临港产业的开发建设。积极发展支线航空和支线机场。完善省内管道网络，加快发展各类管道运输。

突出抓好黄骅港一期工程、黄骅港杂货码头、黄骅港液体码头、曹妃甸矿石专用码头、308 国道鹿泉至冀鲁界高速公路、丹拉公路宣化至老爷庙段高速公路、京承高速公路、石黄高速公路沧港段、张双铁路、承德旅游支线机场等一批项目。积极开展邢台至清河、106 国道河北段、保定至沧州高速公路、207 国道改扩建工程和内蒙古至坝上铁路等项目的前期工作。

（七）旅游与社会公益事业

坚持“政府引导、市场运作、企业经营、社会参与、永续利用”的方针，建设与完善旅游主线路基础设施及配套产业，开发旅游新产品。积极推进高校后勤社会化，支持社会力量办学，大力发展文化产业。

突出抓好承德皇家旅游度假区工程、廊坊东方大学城、河北农业大学新校区建设、秦皇岛国际会展中心等一批项目。

（八）商贸流通

结合城镇建设，创新经营业态和经营形式，改造传统商业，提高商业科技含量，推广超市、连锁配送等现代业态方式，建设现代化物流中心和农业社会化服务体系。

突出抓好石家庄新华商贸中心市场整体改造、安国国际中药材商贸中心、白沟国际商城、国家粮食储备库、廊坊国际物流中心、邯郸市物流中心等一批项目。

山西省投资建设情况

山西省省长 刘振华

一、“九五”投资建设

“九五”期间，山西省把投资重点放在改善山西的投资环境上，在公路、通讯、水利、电网、房地产等方面的投入远远超过新中国成立以来的任何时期。许多制约山西经济发展的“瓶颈”问题得到了初步解决。同时，山西省把经济结构调整作为经济工作的主线，全力实施潜力产品开发战略，加大了基础设施建设和技术改造的投资力度，以投资结构的调整推动产业结构的调整，扩大了整体经济规模，对全省国民经济的稳定发展发挥了重要作用。

（一）加大投资力度

“九五”时期，山西省投资总量的增长高于投资规划的要求，全省共完成固定资产投资 2467.1 亿元，比“八五”时期增长 1.1 倍，年均递增 16.3%，高于全国平均增速6.2个百分点。

“九五”时期，省里积极采取措施，抓住国家实施扩大内需财政政策的机遇，加大投资力度，确保投资的稳定增长。1998－2000年的三年中，山西省全力争取国家资金的支持，有179个项目列入国债项目计划，总投资478.1亿元。到2000年底，全省共下拨国债资金54亿元，直接带动地方、部门、企业投资配套资金和银行贷款209.8亿元。据测算，由国债项目投资建设所拉动的投资总额占“九五”时期增量投资的30%，直接带动投资增长5.2个百分点。

“九五”时期，山西省宏观调控作用明显加强。按照经济结构调整的部署，2000年省政府筹资7亿元，全面启动潜力产品开发项目，重点扶持十大类58项潜力产品项目，带动社会投资104亿元。以“361”工业调产计划为基础，省经贸委安排2.7亿元投资，扶持了36个规模大、技术含量高的技术改造项目，2000年共完成投资21亿元，占当年更新改造增量投资的84%，直接带动更新改造投资增长25个百分点。各地市政府筹措3亿元资金，重点扶持192个潜力产品项目，共完成投资26亿元，占2000年投资总额的4.1%。据测算，2000年全省潜力产品项目完成投资150亿元，占“九五”时期增量投资的11.5%，直接带动投资增长2个百分点，对山西省扩大投资规模起到了有效作用。

（二）拓宽融资渠道

“九五”时期，资金来源呈多样化。全省投资从资金来源看，国家资金投资119.3亿元，平均每年增长26.3%；国内贷款615.1亿元，平均每年增长15.1%；利用外资171.1亿元，平均每年增长38.9%；自筹资金1225.1亿元，平均每年增长11.4%；其他资金333.5亿元，平均每年增长43.3%；所占投资总额的比重分别为4.9%、24.9%、6.9%、49.8%和13.5%。与“八五”时期相比，国家资金、其他资金增长最快，分别提高了28.5和51.2个百分点；国内贷款、利用外资和自筹资金有所回落，分别下降了8.8、2.0和25.1个百分点。但是所占比重中，国家资金、国内贷款和自筹资金分别降低了1.1、4.2和0.9个百分点，利用外资和其他资金分别增长了3.5和2.7个百分点，自筹资金所占比重最大，已成为最重要的融资渠道。

（三）调整投资结构

“九五”时期，全省全社会投资中，第一产业完成投资50.1亿元，平均每年增长9.4%；第二产业完成投资1088.9亿元，平均每年增长15.1%；第三产业完成投资1328.1亿元，平均每年增长20.2%。三次产业所占全社会投资的比重分别为：2.0%、44.2%、53.8%。与“八五”时期相比，其中：一产、二产的投资比重分别比“八五”时期减少0.6和9.8个百分点，三产的投资比重比“八五”时期增长了10个百分点，占据了很大优势。

“九五”期间，全省国有投资完成1752.2亿元，平均每年增长15.0%；集体投资完成161.2亿元，平均每年增长4.9%；个体投资完成24.5亿元，平均每年增长13.4%；其他经济类型投资完成339.2亿元，平均每年增长52.1%。国有、集体投资增速分别比“八五”时期降低8.5和14.3个百分点；个体、其他经济类型投资分别比“八五”时期增长了5.8和15.1个百分点。国有、集体、个体和其他经济类型投资占全社会投资的比重分别为71%、6.5%、8.6%和13.7%。虽然国有经济依然占主导地位，但个体投资增幅加快，其他经济类型投资比重上升，意味着山西省的投资格局正在逐步改变。

2000年，全省全社会共完成固定资产投资比上年同期增长8.7%，其中国有经济增长5.3%，集体经济增长48.4%，投资结构沿着经济结构调整的思路积极改善。受扶持潜力产品增加技改投资的推动，更新改造投资大幅度增加，增长29.2%，是1994年以来增长幅度最大的年份，固定资产投资长期重基建、轻更改的倾向得到了初步扭转，更新改造投资成为全省增加投资的重点。

（四）重点项目带动

“九五”时期，山西省列入基本建设大中型项目、更新改造限额以上项目及国家和省重点工程建设的项目88个，已经建成投产项目53个，重大项目建设取得了突破。建成了太旧、原太等数条高速公路，以引黄工程、阳城电厂、大运公路、晋焦公路为代表的重点工程进展顺利，这些都从根本上改变着山西基础设施落后的面貌。

主要生产能力有较大的增长：新增原煤开采能力2585万吨，洗煤能力1787万吨，发电机组容量521万瓦，输电线路3198公里，新建铁路148公里，新建公路5559公里，高速公路377公里，改建公路12762公里，城市自来水供水能力73万吨/日，城市道路291公里。新增固定资产1449.4亿元，固定资产交付使用率达到58.8%，全省经济实力明显增强。

“九五”期间，山西省的投资建设取得了重大成就，但也面临着许多矛盾和问题。全省年度投资规模波动过大，1996年低于全国平均增速2个百分点，1997年高于全国10.7个百分点，1998年又高于全国20.3个百分点，1999年仅高于全国2.4个百分点，2000年又低于全国0.6个百分点。

从山西省经济建设“速度效益型”的要求来看，投资规模的增长幅度应超前于国内生产总值增长幅度，才能较强的拉动经济增长。从投资优先增长幅度看，1996、1997、1998、1999、2000 年的投资增幅高于 GDP 增幅分别为 2.5、9.7、25.8、2.5、1.0 个百分点，可以看出一是超幅偏低，二是超幅波动过大。从 GDP 增幅与全国平均水平比较看，1996、1997、1998 年分别高于全国 0.5、1.0、0.6 个百分点，1999、2000 年分别低 2.0、0.3 个百分点。凡是投资增幅超过 GDP 增幅 10 个百分点的年份，当年的 GDP 增幅都高于全国或接近全国水平，反之则低于全国平均水平。因此，不稳定、不规律的投资优先增幅，给山西经济增长带来了不和谐因素。

二、“十五”投资建设展望

“十五”时期是山西总体发展战略由单一能源基地建设转向综合发展的转轨时期。山西省“十五”投资规划的制定和实践中，重点体现投资与扩大内需、调整结构与两大转变的结合。充分把握新的形势对投资结构的要求，不断深化投融资体制改革，集中有限的资金加大对经济结构调整的力度。根据山西实际，以效益为中心选择跨世纪投资方向，进一步培育接续产业和替代产业。

（一）投资的五大任务

“十五”时期，山西投资的五大任务是：

以扩大内需为背景，保持投资适度增长。山西省要保持稳定的经济增长速度，适度的年度投资增量规模要保持在 80 亿元以上。投资规模的波动，要保持年度投资规模增幅之差在一个时期内最高年度和最低年度之差不能超过 10 个百分点左右。

以市场为导向，加快投资结构调整。加大高新技术投资和企业更新改造投资。要以“一增三优”为主攻方向，以潜力产品为切入点，加大对轻纺、机电、冶金、建材等制造工业的投资力度，提高产品附加值和科技含量；坚持量力而行，全面启动基础设施建设工程，推进城市建设，加快以交通、水利为重点的基础设施建设。

以集约化为目标，转变投资方式。山西投资要摒弃外延增长的路子，要降低体现外延扩大的建筑安装工程在投资中比重，提高体现技术进步的设备工器具购置比重，改变重基建、轻技改的倾向，缩小两者之比；在更新改造投资中，缩小外延扩大再生产的增产投资比重，提高各类节约、治理三废、增加品种、提高质量等提高效益和降低成本的投资，走内涵、集约化的投资道路。

以效益为中心，拓宽融资渠道，建立灵活、高效和规范的投融资体系，实现投融资体制改革的突破。首先要鼓励、激活和引导民间投资，向民营企业和中小型企业开放更多的投资领域，并制定相应的切实可行的金融保障。其次是改善投资环境，加大利用外资力度，注重提高利用外资的质量。三是提高企业自筹资金的能力，使企业成为投资的主体。要赋予企业在资本市场上进行直接融资的权力。充分发挥银企联合，证券市场直接融资的手段，使企业自觉承担投资风险，克服投资的盲目性。

以人为本，推动经济、社会和环境的协调发展。把投资建设和投资结构的调整同全省人民的生活、福利、环境和每个人的全面发展的要求联系起来，把经济社会发展的目标与人的要求统一起来，推动经济社会环境的协调发展。

（二）投融资体制改革

宏观上，建立有山西特色的省级调控的框架，充分体现中西部清洁能源基地和可持续发展试点省的特点。调控的对象是：全社会投资主体，重点仍是国有投资主体。调控的方式是：细化国家产业政策，综合运用经济、法律杠杆和行政手段，保证产业政策的落实，搞好投资规划的重大项目布局，以增量调整推动存量调整；充分发挥投资信息的导向作用，通过《计划白皮书》和《投资白皮书》和投资信息网络等形式，公布政府意图，引导全社会的资金流向。

中观上，大力发展资本市场，规范中介服务。“十五”期间，要大胆探索和发展省级资本市场。股票上市融资要和结构调整、培育经济新增长点结合起来，并扶持非国有企业上市；大力推进山西省项目抵押融资、BOT、ABS 等新型方式的试点工作；积极发展非国有银行、非银行金融机构，进一步规范并积极发展信托投资公司、财务公司、证券公司、担保公司、租赁公司等非银行机构；按效益原则排定融资次序，克服“所有者歧视”。健全和规范融资中介服务机构，重点发展咨询、策划、融资顾问等服务机构，并逐步与国际惯例接轨。

微观上，以政企分开为核心，针对市场经济特点建立投融资体制的微观基础。“十五”期间，要结合现代企业制度的完善，转变政府职能，完善投资微观决策和项目管理体制，核心是实现项目审批制向项目备案制的转变。硬化企业投资激励和风险约束机制，建立合理的项目造价管理体制，使企业成为真正的投资主体，拥有完善的投资功能，享有投资决策自主权、融资用资自主权和建设实施自主权。

（三）投资与产业结构调整

“十五”时期，投资建设主要遵循以调整结构为中心，以改革开放为动力，抓好“五项创新”，实现三个提高的经济发展思路，要以投资结构的调整促进三次产业的优化升级。农业投入重点发展特色农业经济。鼓励农民、集体加大投资力度，借助政府的扶持，使农村特别是贫困地区的小杂粮产品、干果经济林和土特产产业化，形成拳头产品；农产品加工要上档次、上规模，避免低水平的外延建设。城镇化和小城市化的水平要有较大的提高，促进农村人口向小城镇的转移。第二产业的投资重点是加大技术改造投资、高新技术产业化和利用新技术、新工艺、新设备改造传统产业。重点扶持潜力产品，培育接续产业和替代产业。第三产业在发展交通、通信、金融的同时，加大科技、教育、旅游及各类服务业的投入比重，建立与整个经济发展相适应的现代第三产业体系，形成服务多元化、设施现代化、结构高级化的发展新格局。

（四）发展接续和替代产业

一是以提升和改造煤炭产业为重点，加速发展洁净能源及延伸产业。要大力发展洗精煤、型煤、水煤浆、喷粉煤等洁净能源，发展煤层气和燃料甲醇等有潜力的新能源，发展化肥及延伸煤化产业链。二是以铝、不锈钢为重点，积极发展冶金接续产业。三是以精密铸造为重点，继续发展重型机械制造产业。四是以培育精品、整体开发为重点，大力发展旅游产业。五是依托资源和品牌优势，积极引导发展中药产业。六是以培植园区、开发高科技含量的新产品为重点，大力发展高新技术产业。

内蒙古自治区投资建设情况

内蒙古自治区发展计划委员会固定资产投资处

一、“九五”投资建设

“九五”期间，自治区经济和社会发展取得了巨大成就，经济增长速度连续五年高于全国平均水平，预计国内生产总值平均增长10%，人均国内生产总值超过5800元，提前四年实现了第二步战略目标；财政收入年均增长15%，达到155亿元；农牧民人均纯收入年均增长9%左右，城镇居民人均可支配收入年均增长10%左右，人民生活基本达到小康水平。

（一）固定资产投资规模不断扩大

“九五”期间，内蒙古在国家积极财政政策的持续作用下，不断扩大固定资产投资规模，使全区城乡面貌发生了天翻地覆的变化，基础设施得到进一步改善，为加快自治区经济发展奠定了坚实的物质基础。

“九五”期间，内蒙古固定资产投资总额累计达1756.99亿元，比“八五”时期增长77.2%。按照自治区经济发展战略，固定资产投资加大向基础产业、基础设施和生态建设倾斜，全区城乡面貌大为改观，初步形成了四通八达的运输通讯网络，基本消除了对经济社会发展的“瓶颈”制约。特别是在“九五”后两年，全区掀起了大规模的生态建设高潮，为自治区的可持续发展奠定了基础。

加大交通投资建设力度　“九五”期间，全区新增公路里程2.2万公里，是“八五”期间的15倍，从而使全区公路里程达到6.65万公里。围绕“三横九纵十二出口”的公路主骨架，一批重点公路建设项目相继开工或建成通车。其中，等级公路62667公里，占总里程的94.3%，比“八五”末增加26522公里，是“八五”末的1.8倍；二级以上高等级公路达到4018公里，占总里程的6%，比“八五”末增加2800公里，是“八五”末的3.3倍。公路密度达到5.7公里/百平方公里，比“八五”末提高1.9公里/百平方公里。呼和浩特－包头高速公路的通车实现了内蒙古高速公路零的突破；全区101个旗县市区有96个通了柏油路，1562个乡（苏木）基本实现了乡乡通公路；穿越库布其强沙区的公路更是被叹为人间奇迹。

“九五”期间，包头－东胜、白音察干－丰镇的等级公路相继开通建设，实现了自治区利用外资建设公路零的突破；全区第一条利用亚行贷款建设的锡林浩特－霍林河等公路项目相继开工建设；全区第一条民营企业参照BOT方式建设的东胜－杨家坡一级公路建成通车。这些标志着内蒙古公路筹融资体系发生了深刻的变化。

五年中公路建设完成投资148亿元，是“八五”期间的5.5倍，其中重点公路完成89亿元，是“八五”期间18.2亿元的4.9倍，国家投入和财政债券用于公路建设的资金总计为33.2亿元。

“九五”期间，随着大批铁路和民航项目的建设，全区铁路正线通车里程比1995年增长20%左右，全区民航通航里程也比“八五”期末增长了34%。

能源基地投资成果显著　“九五”期间，一批国家重点煤电工程项目在内蒙古陆续投产，使内蒙古迅速成为国家“西电东送”和“西气东输”的重要能源基地，增强了内蒙古经济发展的后劲。累计总投资93亿元的准格尔项目一期工程，历经10年的建设已于去年11月全面移交神华集团投入生产。这一以煤、电、路一体化经营的项目，成为煤炭行业调整产业结构、走集约化经营的“试验田”。国家重点项目达拉特电厂4台33万千瓦机组和伊敏煤电2台50万千瓦机组相继在“九五”期间并网发电，神华集团东胜煤田到目前已累计在内蒙古境内投资近40亿元，建成了补连塔、上湾等现代化煤矿。

由于国家大型煤电项目的建成投产，使内蒙古的煤炭和电力生产能力大大提高。“九五”前四年，内蒙古累计新增原煤开采能力2200多万吨，洗煤能力1400多万吨，新增发电装机容量391万千瓦，新建11万伏以上输电线路2000多公里。目前，总投资22亿多元的准格尔电厂二期扩建工程已于2000年5月份开始建设，托克托电厂前期工程建设已全面开始。这些国家重点项目的陆续开工，更加奠定了内蒙古在“西电东送”中重要的位置。

在煤电比翼发展的同时，“九五”期间其它重点项目的建设，使内蒙古的能源、原材料工业门类越来越齐备。二连油田、科尔沁油田和呼和浩特炼油厂的生产相继进入收获期，使内蒙古原油生产在“九五”期间稳定在了100万吨左右。此外，鄂尔多斯盆地天然气勘探工作也在“九五”期间取得突破，为内蒙古天然气的大开发奠定了基础。

能源重点项目建设，带动了内蒙古高耗能工业的发展和项目的启动。总投资17.6亿元的乌海氯碱工程，一期9万吨电石工程到2000年底将投入试生产；乌海市高耗能工业区在去年完成8个新建扩建项目的基础上，2000年又新开工7个项目。伊克昭盟棋盘井高耗能工业园区建设也已开始启动。

饮水工程取得显著成果 内蒙古是全国人畜饮水困难较重的省区之一。到“八五”期末，全区共有380万农牧民未能解决饮水问题，严重影响了这些农牧民的生产、生活质量。“九五”期间，自治区制定并成功地组织实施了人畜饮水“380”工程，兴建了一大批饮水工程，使全区人畜饮水困难的状况得到了根本改善。

人畜饮水“380”工程从1996年开始实施以来，共投资5.05亿元，先后在784个苏木（乡镇）兴建了自来水供水工程，并开辟缺水草场1664平方公里，发展庭院节水灌溉面积12万亩，使困扰草原多年的人畜饮水难问题得到了基本解决，全区共有189万人、531万头（只）牲畜不再因为饮水困难而犯愁。

房地产开发保持强劲势头 “九五”期间，住宅建设成为内蒙古基础设施建设的投资新热点。城乡居民小康住房建设成效显著，特别是城镇商品房建设规模明显扩大。1996年以来，内蒙古城镇商品房开发投资年均增长55%，快于“八五”期间年均增长33%的速度。

生态建设工程全面开展 1999年全区争取到总投资17亿元的6项生态治理工程，相当于内蒙古前20年生态建设投入的总和。全区有29个旗县列入国家生态重点县，共投入4亿元进行生态建设，沿黄的29个旗县列入全区生态环境治理规划，在27万平方公里的治理面积内展开了大规模的建设。

（二）对外开放水平不断提高

“九五”期间，内蒙古对外开放步伐明显加快，开放水平不断提高，全区对外贸易进出口总额累计达到75.8亿美元，比“八五”时期的49.2亿美元增加26.6亿美元，增长54%，年均递增12.6%。其中累计出口额达到41.6亿美元，比“八五”时期的28.7亿美元增加12.9亿美元，年均递增10.6%，依存度为10.12%。

“九五”期间，全区累计批准设立外商投资企业480家，合同外资金额8.77亿美元，实际利用外资金额4.3亿美元，分别比“八五”时期增长5%和62%。全区国外经济技术合作方面，累计签订国外工程承包劳务合作和设计咨询合同额2.6亿美元，完成营业额1.5亿美元，外派劳务人员1.6万人（次）。承包工程及劳务项目带动国内设备、材料出口5000万美元。在境外以合资、合作、参股等方式投资的项目及设立的经营性公司30个。承担了国家7个援外项目，金额为840万美元。同时，口岸基础设施建设和口岸管理工作迈上了新台阶。“九五”时期，国家和自治区投资3.3亿元，对呼和浩特白塔机场、满洲里口岸新公路通道、二连浩特口岸公路联检大楼等进行建设改造，口岸通过能力明显增强，带动了口岸所在地经济发展。

二、2000年投资建设

2000年，在国家扩大内需、结构调整和深化改革等一系列措施的积极作用下，自治区国民经济发展出现了重大转机，经济增长率连续五年高于全国平均增长率，全区经济总量占全国的比重由1995年的1.4%提高到2000年的1.6%。全区国内生产总值1400亿元，增长9.7%，其中第一产业352亿元，增长2.6%；第二产业552亿元，增长12.3%；第三产业496亿元，增长11.6%。全区财政总收入155.60亿元，比上年增长8.3%。

（一）工业高速平稳增长

2000年自治区工业高速平稳运行，轻工业增长快于重工业，累计增长率最低的1－3月份仍高达22.5%；相比之下，重工业的增长速度虽然较低，但增长趋势为先抑后扬、增速逐渐加快，下半年每月的累计增速都在11%以上，大大高于近年重工业增加值同期增长水平。

（二）固定资产投资进一步扩大

2000年自治区完成固定资产投资430亿元，增长12.2%，其中：

生态建设投资成倍增长 全年头十个月，全区农林牧渔业项目完成投资12.7亿元，比去年同期增长120.8%。主要开展了300万亩京津周边地区沙源治理、黄河中上游水土保持工程，同时大规模进行退耕还林（草）还牧、人畜饮水、防沙治沙、封沙育林、管道灌溉、飞播造林、天然林保护等一系列生态建设和环境治理项目。

交通运输、电讯和电网投资持续增长 一到十月份，全区的交通运输、仓储及邮电通讯业完成投资69.5亿元，比去年同期增长19.7%。公路方面，加快了纵横全区的国道路网主干线建设，其中包括呼和浩特至集宁和呼和浩特至包头的高速公路建设。铁路方面，继续完善路网结构，加快出区、出境铁路主干线延伸建设以及地方合资铁路建设。与此同时，进一步扩大电网、电讯网容量，努力提高服务质量和水平，配合西电东送战略的实施，配套建设长距离输电线路，全面推进城乡电网改造。并加快了电话“村村通”工程的建设速度。

城市基础设施建设投资大幅度增长 2000年前十个月，全区社会服务业及煤气、水的生产供应业完成投资17.2亿元，比去年同期增长30.2%。主要开展了城市道路建设、城市的绿化美化、城市供水、供热、供气以及污水处理、垃圾处理等基础设施建设，呼和浩特、包头、乌海、赤峰等市的旧城区改造和新城区建设局面一新。

三、“十五”投资建设展望

“十五”期间，自治区在积极参与西部大开发的战略中，不失时机地抓住历史机遇，继续以提高城乡人民生活水平和财政收入水平，深化改革，扩大开放，全面进行结构调整，加强以生态环境、水利、交通为重点的基础设施建设，强化农牧业的基础地位，加快工业化、信息化、城镇化进程，大力实施科教兴区战略和可持续发展战略，促进国民经济以高于全国平均水平的速度发展和社会全面进步，为实现到2010年人均国内生产总值达到全国平均水平的目标奠定坚实的基础。

在内蒙古大开发战略总体思路中，基础设施是实施西部大开发的基础。长期以来，基础设施建设始终是内蒙古的薄弱环节。内蒙古是国家重要的农牧业、能源、原材料基地，为加速自治区的经济发展，“十五”期间，自治区将进一步加强基础设施建设。

（一）全面开展基础设施建设

加大公路建设力度 “十五”计划期间，内蒙古预计将完成公路建设总投资350亿元，以国道、区道主干线、出口路和主要经济连接线为重点，建设4条高速公路、4条一级公路、17条二级公路、25条三级公路，新建高速公路300公里，一级公路300公里，新建二级以上公路超过3000公里，改建二级公路3000公里；力争晴雨通车里程达到3万公里。

加快铁路、机场、航线建设 在全面完成准东铁路、锡桑铁路建设的同时，新建集张铁路、赤大铁路，并对集通铁路进行扩通改造，到“十五”期末，使铁路通车里程达到8000公里。建设包兰铁路双线，并再一次提速。对呼和浩特、赤峰、锡林浩特、通辽机场进行升级改造，并适时建设开放区、开发地区和旅游景区支线机场。

搞好城市基础设施建设 以呼和浩特市、包头市为重点，加快盟市所在地城市、重点口岸城市和旗县所在地城市的基础设施建设步伐。“十五”期间，启动污水和垃圾处理、供水供热供气等20余项重大建设项目。作为粮食生产区，目前，内蒙古粮食仓容35亿公斤，在建仓容15亿公斤，仓储压力很大。通过建设，力争使全区粮食仓容能力达到65亿公斤。

进一步加大“西电东送”力度 内蒙古煤炭资源丰富，与邻近的华北地区相比，具有电价成本低的价格优势。发展大型坑口电站，是改善华北地区用电状况、保证首都北京电力供应的理想选择。为此，内蒙古将新建和扩建托克托电厂、达拉特电厂等一批项目，随着“厂网分离、竞价上网”改革的逐步到位，内蒙古能源工业的优势必将进一步显现。

掀起生态建设高潮 内蒙古已确定抓好五大重点区域，即黄河上游及黄土高原区、阿盟风沙区、阴山北部风蚀沙化区、科尔沁地区和草原退化沙化区；实施五项重点工程，即大兴安岭天然林保护工程、29个国家生态重点县建设工程、“三北”防护林建设工程、防沙治沙工程和退耕还草工程。“十五”期间，全区新增水保、造林、草场面积要分别达到3000万亩、4000万亩和1亿多亩，森林覆盖面积达到17%以上。

发展具有区域特色的种养业 “十五”期间，全区将全力实施农业综合开发、优质农产品基地建设、旱作农业示范区、牧区开发示范区、农牧业种子工程、北繁南育等“六大工程”，加快发展牛羊肉、牛奶、羊绒、河套优质小麦、专用玉米、优质马铃薯等“六大产业”。

加强水的治理和开发 “十五”期间，全区计划投资257.17亿元，进行黄河、辽河、嫩江、额尔古纳河及哈拉哈河等5条重点防洪江河的堤防、险工治理、病险水库除险加固以及重要防洪蓄水控制性骨干工程建设，同时建成黄河、海滦河、松辽流域防汛抗旱指挥系统的基本框架，基本实现旗县以上防汛信息传输、防汛决策计算机化。完成城市和工业供水工程、牧区饲草料基地建设工程、农业节水灌溉及防沙治沙工程，改善城乡供水不足的状况，重点解决呼和浩特、赤峰、东胜、锡林浩特等大中城市的供水，大力发展节水灌溉，发展人工草场灌溉面积，加大水土流失治理，增加水土保持的面积。届时，全区水资源供需紧张的矛盾及生态恶化的趋势将得到明显改善。

（二）“十五”时期内蒙古资本市场资金需求和投向预测

1.“十五”期间资本市场融资预测

自治区“十五”期间从资本市场上预计可筹集到250亿元左右的资金用于经济发展，其中通过股票融资的规模在200亿元左右，债券融资10亿元，风险投资基金20－30亿元，产业投资基金约15－20亿元。在这250亿元中，约有200亿元的资金将会用于固定资产投资。

2.“十五”时期资本市场资金重点投向

加大基础设施的投入 “十五”时期通过建立产业投资基金、风险投资基金、发行地方政府债券、国有股权变更等融资方式，加大对基础设施的投入力度。同时加快产业结构调整步伐，进一步抓好农畜产品加工业、能源工业、冶金工业、化学工业四大支柱产业，加快稀土和生物技术产业化，大力发展信息和重型汽车等先导产业。

加大对高新技术产业的扶持和投入力度 设立风险投资基金，将稀土产业作为高新技术产业的龙头，加快包头国家级稀土高技术产业开发区建设，力争使内蒙古自治区成为全国乃至世界最大的稀土科研、生产和出口基地。加快生物技术产业化，集中资金，发展现代生化药品、绿色农药新产品、新型饲料添加剂等。

加强重点发展行业的投入 通过证券市场融资加大对电力、煤炭、冶金、化工、建材等重点支柱行业的投入，加快技术改造力度，优化存量资产结构，提高规模效益，提高产品质量。此外，还将提高教育、科研领域的投入效率和加大环保与生态建设的投入力度。

附表：2000年内蒙古全年宏观经济指标表

指标名称	单位	2000年							
		一季度		二季度		三季度		四季度	
		实际值	增长率%	实际值	增长率%	实际值	增长率%	实际值	增长率%
国内生产总值	亿元	185.21	8.7	469.96	9.5	930.04	10.2	1400	9.7
第一产业	亿元	16.71	1.6	95.68	—	256.32	2.8	352	2.6
第二产业	亿元	83.01	10.4	190.1	—	361.9	15.8	552	12.3
工业增加值	亿元	57.62	12.98	122.83	15.82	191.2	16.8	450	11.1
第三产业	亿元	85.49	8.4	184.18	—	311.82	9.9	496	11.6
工业产品销售率	%	93.89	7.2	96.89	2.13	97.32	0.96	98.9	0.9
固定资产投资	亿元	3.32	112.3	71.41	18.87	198.41	41.81	430.0	12.2
财政总收入	亿元	24.84	21.67	63.33	13.16	98.69	16.37	155.6	8.3
地方财政收入	亿元	17.77	23.12	45.54	19.72	69.81	19.81	110.7	9.8
地方财政支出	亿元	35.94	28.14	85.24	25.61	144.01	16.4	256.5	20.5
金融机构存款期末余额	亿元	1143.03	—	1197.59	—	1225.12	—	1270.13	16.6
金融机构贷款期末余额	亿元	1345.89	—	1324.16	—	1326.69	—	1340.74	10.1
外贸进口	亿美元	1.79	103.4	4.34	77.9	8.23	—	10.14	44.5
外贸出口	亿美元	2.48	43.64	5.59	33	9.03	—	10.22	12.8
社会消费品零售总额	亿元	106.82	11.64	210.81	10.7	322.86	10.6	483.98	10.7
居民消费价格指数	%	102.3	2.3	101.9	1.9	101.6	1.6	101.3	1.3
城镇居民人均可支配收入	元	—	—	—	—	3704.4	9.1	5120	6.1
农牧民人均纯收入	元	—	—	—	—	—	—	2050	1.3

说明：本表中四季度的数据是指1－12月份的累计数据

辽宁省投资建设情况

辽宁省发展计划委员会固定资产投资处

一、"九五"投资建设

(一)全省投资增长较快,投资结构进一步优化

自1998年以来,国家实施积极的财政政策,发行大量长期建设国债,在直接支持基础设施建设项目的同时,对各地的投资增长也起到了巨大的牵动作用。辽宁省也紧紧抓住了这一机遇,实现了全社会固定资产投资的全面增长与基础设施建设水平的快速提高。

"九五"期间,全省全社会固定资产投资完成5250亿元,比"八五"期间增长61.8%,年均增长7.4%,投资率为27.9%。其中基本建设、技术改造、房地产开发的投资都有显著增长。

全省投资结构进一步趋于合理,"九五"期间全省第一产业完成投资150亿元,投资比重上升到2.8%;第三产业完成投资2860亿元,投资比重上升到55%;第二产业完成投资2240亿元,投资比重由53.3%下降到42.2%。全省非国有单位完成投资2108亿元,投资比重上升到40.3%,其中城乡个体投资比重上升到8.5%,以各种联营、股份制和外商投资为主体的其他投资比重上升到20.7%。

五年间,全省有1.5万个50万元以上建设项目竣工投产或交付使用,新增固定资产4044.3亿元。

(二)一批重点建设项目竣工投入使用,重点行业技术改造和基础设施建设加快

——农林水利建设,认真贯彻"强化农业基础地位,全面繁荣农村经济"的发展目标,从财政支持、引导农民投入等方面增加对农林水利建设的投资。建成了一批大中型农林水利基本建设项目,白石水库、引兰入汤工程、双台子河闸改建工程、浑江治理工程、浑河及大辽河整治工程、西江水利枢纽工程、引碧入连工程等相继建成并投入使用;金哨水利枢纽、辽河干流防洪工程、沈阳、抚顺等城市防洪工程、全省生态环境建设综合治理工程均已开工建设;全省节水灌溉工程建设也取得了可喜成就。

——重点行业技术改造成效显著,五年间,全省冶金、化工、机械和电子等支柱产业共完成投资950亿元,相继建成投产了辽化二期工程、盘锦苯乙烯、大连西太平洋原油加工、大连浮法玻璃工程、排山楼金矿、鞍钢半连轧、本钢连铸一期、大钢棒线材等一大批重点建设项目,使工业结构,使工业结构优化迈出较大步伐,支柱产业和重点产品得以发展。

——交通通信建设,贯彻"适度超前、协调发展"的方针,加大了重大项目的投资力度。铁路建设:实施了哈大铁路电气化改造,预计到2001年底可实现全线电气化;秦沈铁路客运专线工程也已启动,路基桥涵工程基本完成。公路建设:重点建设了沈本高速公路、沈四高速公路、沈山高速公路等一批公路干线工程。港口建设:新建万吨级泊位18个,先后完成了大连港大窑湾一期工程后六个泊位和成品油码头、营口港二期、锦州港成品油码头等重点工程的建设。机场建设:重点扩建了沈阳桃仙国际机场,新航站楼2001年底可交付使用。通信建设:全省通信光缆总长度达4.6万公里,电话交换机总容量达到1461万门,城乡电话普及率为25部/百人,公用数据通信网已经建立,并初步形成了辽宁"信息高速公路"的基本框架。

到"九五"末期,全省已经形成了以沈阳-大连、沈阳-山海关、沈阳-吉林(市)、沈阳-长春、沈阳-丹东五个方向的公路、铁路、管道为主骨架的陆路运输布局,形成了以大连港为中心,以丹东、营口、锦州为两翼环辽东半岛分布的港航布局和以沈阳、大连机场为主,丹东、朝阳、锦州机场为辅的机场布局。同时,以沈阳、大连、锦州为中心,连接全省各市县的多路由、多层次、多功能、开放型的通信网络布局也已基本形成。

——能源建设:坚持"开发与节约并举"的方针,突出以电力为重点,新增装机容量430万千瓦,重点建设了绥中电厂、华能大连电厂二期、华能丹东电厂、华能营口电厂及抚顺电厂和阜新电厂技术改造等工程。全省煤炭行业新增煤炭生产能力261万吨,抚顺、铁岭、阜新等煤层气开发进度加快,煤炭工业呈现一业为主,多业并进的良好发展态势。石油工业:稠油开采技术和集输工艺已达到国际先进水平,高凝油开采技术和生产规模处于世界领先地位。在引进国外资本参与油田勘探开发方面,取得重要进展。全省14个城市电网建设与改造工程和64个县区的农村电网建设与改造工程全面开工建设,到2000年底,城网工程已完成总体工程量的65%,农网工程已有42个县区完成已批工程建设内容,建成竣工。

——城市基础设施建设:重点建设了城市道路、供

水、燃气、供热和城市污水、垃圾处理等与城市人民生活息息相关的工程。

城市供水水平进一步提高。新增供水能力228万吨/日，城市供水普及率达到98.2%。全省城市供气普及率达到89.3%；集中供热面积达到17680万平方米。

污水处理、垃圾处理工程的建设改善了人民生活环境。重点建设的沈阳北部污水处理厂、沈阳南部示范污水处理厂、鞍山垃圾处理厂等项目已提前竣工并投入使用，盘锦垃圾处理厂、辽阳垃圾处理厂一期工程、朝阳垃圾处理厂等项目也在2000年末部分投入使用。

城市道路和绿化建设得到了进一步发展。全省人均道路面积、人均公共绿地面积较“八五”末期都有所增长。

城镇住宅建设的发展大大改善了人民居住条件。全省城镇居民人均居住面积从“八五”末期的7.4平方米提高到8.8平方米。

经过“九五”期间的建设，全省基础设施的落后状况得到了较大的改善，能源、交通设施水平得以很大的提高并适度超前，水利设施、城市基础设施水平也有了一定的提高，为下一个世纪全省经济发展奠定了坚实的基础。但全省水利设施、城市基础设施仍很薄弱，建设的任务还很重，尤其是水资源短缺将成为未来制约全省经济发展的最为严峻的问题，应引起各级政府的高度重视。

二、“十五”投资建设展望

(一)“十五”的投资环境仍然蕴含着固定资产投资增长的机遇

党的十五届五中全会提出了“十五”时期的主要奋斗目标和任务，强调要把发展作为主题，把结构调整作为主线，把改革开放和科技进步作为动力，把提高人民生活水平作为根本出发点，提出继续加强基础设施建设，促进经济发展。为落实五中全会提出的目标和任务，加大固定资产投资、加快基础设施建设将是全省经济发展重要的保障条件。

1. 经济结构的战略性调整　国家将进一步加强水利、交通、能源等基础设施建设，发展以信息技术为代表的高新技术产业，实施西部大开发。这些战略措施的实施，将为辽宁省的经济发展和投资增长提供了机遇。

2. 投资需求增长的要求　经济的较快增长依赖于投资的增长。长期经济增长还有赖于投资形成新的、有效的生产能力。为保证“十五”期间国民经济的持续增长，固定资产投资必须保持稳定的增长。

3. 城镇化的发展　国家将在“十五”时期加快推进城镇化建设步伐，改变城市化滞后的状况，逐步完善城市功能，发展城市产业，增加城市就业机会，繁荣城市经济，加快小城镇发展，打破城乡分割体制，形成合理的人口转移机制，促进功能完善、布局合理、规模结构协调的城市（镇）体系的逐步建立。就全省的实际，城市基础设施、城镇住宅开发建设及小城镇建设投资将有较快的增长。

4. 民营经济的发展是国民经济新的增长点　“九五”期间，全省民营企业发展保持了较好的业绩。“十五”期间，在加快民营经济发展的政策引导下，积极为民营企业的发展创造宽松的环境，使非国有经济的投资增长潜能不断释放出来。

5. 投资领域的拓宽　未来国家将在交通、电信、教育、医疗等领域引入竞争机制，增加相关服务业的供给水平。这将使投资的产业选择空间比以往大大拓展了。

基于以上分析，“十五”期间辽宁省的固定资产投资的主要任务是：紧紧围绕保持国民经济持续、健康、稳定增长这一中心任务，以适应市场需求和国家产业政策为导向，充分发挥市场对资源配置的基础性作用，努力提高投资效益。加大对农林水利建设的投入，保障基础设施的适度超前，扩大对外开放，加快投融资体制改革，保持固定资产投资的稳定增长和投资结构的不断优化，为全省经济的增长做出贡献。

(二)“十五”固定资产投资重点

加强基础设施建设是今后辽宁一项十分重要的任务。“十五”期间，基础设施建设要优化结构，调整布局，提高工程质量，拓宽投资渠道，注重投资效益，把辽宁省基础设施提高到一个新水平。已初步确定的“十五”期间全省固定资产投资重点项目，覆盖了农林水利、交通通信、能源、城市基础设施、工业、高技术产业、社会事业、商业流通等多个行业。

1. 加强农业、水利基础设施建设，力争做到水资源供需平衡　以江河治理为重点，加强防洪体系建设，提高安全保障能力。以大型控制性骨干工程为重点，加快蓄水、引水、供水工程建设，提高水利工程供水能力。十五”期间要继续抓好白石水库、闫王鼻子水库、玉石水库等重点工程建设和收尾工作，建成金哨水利枢纽工程、英那河水库扩建、关山水库等工程，开工建设辽河石佛寺水库一期工程、辽河双台子河闸扩建工程和绕阳河治理等工程，尽早开工建设大伙房水库输水工程，推进一批重大项目的前期工作。

加强生态环境建设，做好水土保持工作。抓好东部山区水源涵养林、西北部“三北”防护林、南部和西南部沿海防护林、中部地区农田防护林、辽河流域综合防护林五大防护林体系建设，抓好西部地区退耕还林、还草建设，做好西北部防沙、固沙工程建设，抓好辽河流域、鸭绿江流域和大凌河流域水土保持综合治理工程。

2．加快工业技术进步和产业升级步伐　继续坚持“两高一深”的发展方向，全面推进产业结构、产品结构、企业组织结构和所有制结构和战略性调整，促进工业经济结构优化升级，构筑面向二十一世纪辽宁工业经济的竞争新优势。投资重点和方向是：做大做强汽车工业、石化工业、电子信息制造和钢铁工业四个支柱性产业，加速培育发展新型建筑材料、先进制造和成套设备、环保设备、生物和基因四个新兴产业；培育形成炼油及深加工、乙烯、轮胎、重交道路沥青、精品钢材、汽车、机床、微机、电视机、软件、机制纸及纸板、化纤、新型建材、船舶和民用客机等十五大类支柱产品。

“十五”期间，工业固定资产投资计划规模为3000亿元，年均增长15%左右，约占全社会总投资的39%。基本建设与技术改造比例按1:2考虑，基本建设固定资产投资1000亿元，技术改造投资2000亿元，分别比“九五”增加22.4%、60%。

3．优化结构，完善网络，加快交通通信建设　“十五”期间，全省交通通信发展本着“优化结构、完善网络”的原则，通过新建一批重点项目和对现有设施进行改造，初步建立畅通、高效的综合运输体系和通信传输网络。

铁路建设　以主通道建设为中心，以既有线改造为重点，完成哈大线电气化改造和秦沈铁路客运专线的建设，实施沈山和沟海线电气化改造。

公路建设　加快高速公路主骨架和干线公路建设，建成丹东至本溪、盘锦至海城、锦州至阜新、锦州至朝阳、丹东至庄河、抚顺至南杂木高速公路，改扩建沈大高速公路；全省公路总里程将达到5万公里，其中高速公路达到1900公里，14个省辖市全部进入高速公路网，市与县之间全部用二级公路连接、实现乡乡通油路和村村通公路。港口建设：以布局合理、分工互补的港口群体优势，确立辽宁省北方航运中心的地位。重点建设大连港30万吨进口原油码头、20万吨矿石码头、大窑湾二期工程和各港口集装箱、散杂货码头。

民航建设　重点完善枢纽机场功能，拓展航线网络。完成沈阳桃仙国际机场扩建收尾工程，完成大连周水子机场扩建工程，沈阳、大连两个航空口岸五年新增10条国际航线。

通信建设　到2005年，建成高速宽带大容量的信息通信网，新增数据、多媒体和因特网用户920万户；新增交换机容量1119万门，总容量达2600万门，城乡电话普及率达58部/百人。

4．适度超前，优化结构，加快以电力为中心的能源建设　以煤炭为基础，进行调整和发展。突出电力建设在能源建设中的中心地位，保持电力发展与经济发展的合理比例关系，加强电网建设，调整电源结构。重点调整煤炭结构，加快重点项目建设，淘汰落后生产能力。石油工业努力保持油气稳产，积极发展多种经营和深加工，进一步利用国际油气资源。

5．加快城市基础设施建设　“十五”期间城市基础设施建设，在注重城市道路、城市供水、供热、供气建设的同时，重点加强污水和垃圾处理以及特大城市快速轨道交通方面的投资力度。通过加强城市环境、交通和水资源的建设，增强城市综合功能，推动经济发展和改善人民生活质量。加快供水设施建设步伐，提高供水能力，加大供水管网改造力度，改善供水质量，提高水质标准。基本解决全省大部分城市缺水问题；调整城市道路交通结构，加快城市干道网的建设，形成以快速路和主次干道为主体的、城乡联系方便的路网体系，特大城市要初步形成快速路系统。依据城市生活垃圾减量化、无害化、资源化、产业化的发展方向，逐步建立城市生活垃圾分类收集、密闭压缩运输体系，提高城市垃圾无害化处理率；加快建设污水处理工程，早日完成辽河流域污水处理厂项目。建设辽河流域地区20座污水处理厂，规模为248万吨/日；建设沿渤海五市19座污水处理厂，规模为116万吨/日；朝阳、阜新和丹东三市计划各建设一座污水处理厂，规模为30万吨/日；住宅建设与房地产业，“十五”期间，全省房地产业投资1400亿元，城镇住宅建设建成住宅8250万平方米，人均居住面积达到10平方米，人均使用面积达到15平方米，人均建筑面积达到19.6平方米。

三、采取积极措施，推进固定资产投资持续快速增长

（一）抓好全省“十五”期间重点项目建设

“十五”期间在项目建设上，要坚持突出重点，量力而行，注重效益的原则，按市场经济规律，广辟筹资渠道，适度超前发展。继续把水利、交通通信、市政、生态、环保等摆在重要位置，尤其是抓好水利、交通通信和城市基础设施建设，加强水资源开发利用，增强交通综合能力和提高城镇化水平。

（二）大力促进私营、个体投资的加速发展

着力启动社会投资，特别是积极引导和鼓励个体、私营经济投资是“十五”期间投资工作的一个重点。实行开放式的行业投资准入政策，鼓励个体私营单位投资开发农业，参与基础设施建设，放开个体私营单位对公路、桥梁、电力、供水、煤气、教育等部门和行业的投资限制，鼓励个体私营单位参与投资高新技术产业，特

别是高新技术产业化的项目，鼓励开展跨区域和境外投资。加强政策和信息引导，营造一个良好的、有利公平竞争的市场环境。

（三）拓展投融资渠道，加大多元化融资力度

投资是拉动经济增长的主要因素之一，也是实现全省发展和经济结构调整的必要条件。根据辽宁省情，联系实际，盘活存量资产，吸引增量。通过国有经济战略重组，转让国有产权，将变现资金集中用于重大建设和改造项目的资本金；让承担重大建设和改造项目的企业，通过上市筹集资金拓宽融资渠道。积极探索建立产业发展基金和高新技术投资风险基金。利用加入 WTO 的机遇，积极有效地利用外资，吸引更多的外商和国外跨国公司来辽宁省投资，积极鼓励国有企业扩大对外开放，引进国外资金、技术管理，促进与发达国家跨国公司开展合作等。采取积极的投融资政策，建立多种投融资方式。

（四）加快房地产业发展，促进经济增长

房地产业关联度高，涉及建筑、建材、冶金、化工、轻工、机械等 50 多个部门，可以带动旅游、商业、金融等第三产业的发展。加快住宅分配货币化，提高公有住房租金，降低住宅造价，重点建设经济适用住房，清理整顿住宅建设收费科目，实行收费许可证和收费卡制度。规范房地产一级市场，开放房地产二级市场。扩大住宅信贷规模，建立政策性与商业性并存的住房信贷体系，开展组合贷款业务，全面推行住房公积金制度，尽快成立个人住房抵押贷款置业担保有限公司，积极开展住房置业担保业务，推进个人贷款购置住房。通过采取切实可行的措施，使房地产业成为全省投资领域的重点和国民经济的新增长点。

吉林省投资建设情况

吉林省常务副省长 王国发

一、“九五”投资建设

“九五”期间，国际、国内政治经济形势都发生重大变化，对外开放进一步扩大，经济体制及各项配套改革日益推进，投融资体制改革不断深化，投资主体、投资来源、投资方式、投资结构、投资政策和投资环境都发生了较大的变化。特别是国家实施扩大内需和积极的财政政策以后，吉林省投融资在国家宏观政策的引导和推动下以较快的速度增长，对促进全省国民经济发展和社会进步发挥了重要作用。

（一）投资总额大幅增长

“九五”期间全省固定资产投资完成 2266 亿元；是“八五”期间的 2 倍，年均增长 10.9%，投资率为 30%。在总投资中，国有投资完成 1873 亿元，占 82.7%；集体投资完成 182 亿元；占 8.0%；个体投资完成 211 亿元，占 9.3%。国有单位投资中，基建投资 1093 亿元，占 58.3%；技术改造投资 417 亿元，占 22.3%；房地产开发投资 208 亿元，占 11.2%；其它投资 155 亿元，占 8.3%，全省共建成投产近 1 万个项目，新增固定资产 1871 亿元。

（二）投资结构日趋优化

“九五”期间组织实施了“十五大系列重点工程”建设，有效发挥重大项目对经济结构调整的带动作用。加大了对汽车、石化两个支柱产业，食品、医药、电子三个优势产业的投入，一汽——大众 15 万辆轿车、吉化公司 30 万吨乙烯、百万吨玉米深加工、彩色液晶显示器（TFT－LCD）先导工程、通化东宝塑料软带大输液等一大批工程的建成投产，使支柱产业和优势产业在吉林省经济发展中的支撑作用进一步增强，初步形成了汽车、石化、食品、医药、电子为优势的新的支柱产业群。新建、扩建了德大、黄龙、大成等一批带动功能强的骨干龙头企业，基本上形成了以粮食、肉牛、生猪、肉鸡、参茸林特等五大产业为主体的农业产业化经营新格局。同时采取一系列政策措施，支持高新技术项目的开发，提高投资的技术含量，初步构筑了以电子信息、生物工程、新材料、先进制造技术和中药现代化为主的、具有吉林特色的高新技术产业框架。吉化公司、通化钢铁公司、双辽玻璃厂等一大批企业进行的技术改造项目，有力地改善了吉林省产品结构。

（三）投资拉动了经济总量的扩大

“九五”期间投资总额的大幅增加，对GDP增长9.8%起到巨大的支撑作用，2000年经济总量已达到1820亿元，比“八五”期末增加690亿元。同时，建成投产项目的经济效益和社会效益已经开始显现。工业方面，建成投产了一批工业加工项目、高科技项目和技术改造项目，使工业利税大幅提高，对国有企业改革脱困起到极大的促进作用。2000年工业总产值达到1680亿元，比“八五”期末增加245.7亿元，工业利税总额达到203亿元，比“八五”期末增加147.2亿元。农业方面，农业产业化已形成一定规模，农业综合生产能力和农产品的商品化程度明显提高，全省粮食综合生产能力已达到225亿公斤的阶段水平，粮食商品率达66.7%，畜产品商品率达到80%以上，粮食仓储运输能力大幅提高。

（四）投资明显改善了基础产业和基础设施

电力方面，浑江电厂、四平电厂、双辽电厂、松江河梯级水电站等项目全部或部分投产，新增发电装机143万千瓦，全省城乡电网改造项目部分完成，极大地缓解了电力生产、输送紧张的局面。交通运输方面，建成图们——珲春——长岭子地方口岸铁路，实现了中俄国际联运；建成高速公路354公里，结束了省内无高速公路的历史。通信业方面，新建长途光缆2500公里，新开业务线路37000条，新增长途交换机1.4万门，新增局用交换机302万门，新增移动交换机224万门。城市基础设施建设方面，城市供水普及率达到90%，燃气普及率达到75%，人均拥有道路面积6平方米，城市污水处理率达到5.17%；城市垃圾粪便无害化处理率达到45.4%，万人拥有公共交通车辆7.7标台，建成区绿化覆盖率达到26.4%，人均公共绿地面积6.15平方米，城市集中供热面积达到1亿平方米。城市基础设施投资的增长不仅拉动了经济增长，改善了城市生产、生活和投资环境，基本消除了“瓶颈”束缚的状况。社会事业方面，建成了一批医疗卫生设施和大专院校教学楼、图书馆等，极大地解决了就医难问题，缓解了高校扩大招生后教学用房紧张的压力。

（五）投资改革步伐加快

“九五”以来，坚持以改革为动力，进一步推进投融资体制改革，逐步实行项目法人责任制、招投标制、工程监理制和合同管理制。各级政府进一步转变管理职能，注重运用市场机制，改善对社会投资的调控手段，充分利用产业政策、市场信息引导投资方向。随着投资管理方式逐步向市场化转变，吉林省投融资环境明显改善，初步形成了投资主体多元化、投资来源多渠道、投资决策自主化的新格局。

（六）融资力度加大、方式灵活、成效显著

“九五”以来，吉林省金融监管工作进一步加强，金融运行保持平稳，2000年金融机构固定资产贷款余额达到420亿元，比“八五”期末增加213亿元，仅国家开发银行贷款余额就达100亿元。积极贯彻实施对外开放战略，利用国外贷款和外商直接投资额稳步回升，2000年实际利用外资4.93亿美元，比上年增长17%。1998年以来，吉林省积极筹划项目，争取国债资金103亿元，建设300多个基建项目；同时，吉林省组织了三次大型经贸活动，分别赴沪、苏、浙、闽、粤、陕进行经贸交流，签约投资项目560个，投资总额637亿元，引进省外资金87亿元，国外资金4.9亿美元。

二、“十五”投资建设展望

吉林省“十五”固定资产投资工作要贯彻江泽民同志“三个代表”的重要思想，围绕省委七届五次全会和全省“十五”计划纲要提出的“发挥后发优势，推进和实现跨越式发展”的总要求和“扩大总量、优化结构、提高效益、增强后劲、提高人民生活水平”的基本任务，规划、实施100项市场前景好、科技含量大、规模效益高的重点建设项目。“十五”预期目标为：全社会固定资产总规模4000亿元，比“九五”实际投资总额增长76.5%，五年平均增长12%左右，投资率35%左右。总投资中，基本建设1950亿元，增长11.7%；技术改造800亿元，增长12.5%；房地产开发465亿元，增长11.7%；其它195亿元，增长2.5%。预计国有和非国有投资比例调整为40:60。

“十五”投资建设的主要任务是强化农业产业化、支柱及优势产业、基础设施、新兴产业、高技术产业和生态环保产业六大领域，开发建设100项重点项目，总投资2160亿元，其中“十五”投资1800亿元，占同期投资总规模的45%左右。

（一）推进农村工业化，巩固发展农业与农村经济

重点建设对全省农村经济和社会发展全局具有重大牵动和保障作用的水利保障工程、生态环境建设工程、农畜产品增效扩张工程、农畜产品精深加工工程。主要建设项目有：嫩江、松花江、二松、东西辽河及长春、吉林、四平、辽源等重点防洪城市和大中型水库除险加固防洪工程；天然林资源保护、三北防护林建设、长白山保护、西部“三化”草地生态综合治理工程；优质玉米、大豆、肉类商品生产基地、绿色食品、有机食品生产基地、优质饲料牧草基地建设；以粮食、畜禽、特产加工系列为中心，实施农业产业化“213”工程（20个建成项目达产达效、加快建设10个在建项目、推进30个新建项目前期工作）。

（二）建设五大基地，增强产业竞争能力

1．壮大汽车制造基地。一汽实施30万辆经济型轿车、25万辆轻型车、15万辆中重型车等整体项目，同时建设捷达车换型、变速箱生产线、重型货车车桥、中档客车底盘、技术开发中心、信息支持系统和产品测试能力等技术改造项目。2．建成合成材料和精细化工生产基地。吉化公司实施乙烯、聚乙烯扩建项目，有机硅装置、催化裂化装置等技术改造项目。还有四平市、延边州一些乙烯深加工项目。3．建设玉米加工转化基地。重点抓好天河60万吨燃料酒精和大成300万吨玉米深加工、榆树150万头猪深加工等项目。4．培育液晶—光电子产业基地。重点抓好长春经济开发区和高技术开发区的光谷项目及彩色液晶显示器主体工程的建设。5．创建现代中药产业基地。重点建设10个中药材种植基地、6个中药现代化研究室以及远东药业蛹虫草菌粉、亚泰药业人参皂甙等项目。

（三）改造提升传统产业，积极发展现代服务业

加大传统产业更新改造投资力度，提高机械、轻工、纺织、冶金、建材等工业的生产能力和技术水平。重点抓好50万吨不锈钢、通化钢铁集团100万吨热轧超薄带钢、长春客车厂高速旅客列车、吉林化纤集团5万吨粘胶纤维、4万吨腈纶和5万吨新型纤维素、辽源得亨公司差别化纤维、石砚造纸厂20万吨彩色胶印新闻纸改造等工程。现代服务业方面，突出抓好长春移动通信枢纽、净月潭高科技旅游和西部草原风光旅游等工程。

（四）加强基础产业和基础设施建设

重点搞好长春轻轨、长春新机场、哈达山水利枢纽工程建设，石头口门水库及长春二热电厂扩建，金宝屯煤矿续建，吉林油田扩产，哈达铁路电气化省内段改造，长春至拉林河、江密峰至延吉高速公路等项目建设和前期工作。

（五）加快信息产业重点工程建设，推进高技术产业化

信息化工程包括全省信息网建设，传输网络、交换网络、移动电话网系统改造、软件开发等，重点组织实施液晶显示器、长春软件园、人生长素、非金属纳米材料、光机电一体化产品、大豆分离蛋白、转基因良种培育等项目。

（六）启动生态示范省建设，发展生态环保型效益经济

围绕建设生态省的目标，重点发展有机与绿色食品、绿色行走机械、环保型化工、生态农业、环保产业、生态旅游产业等。重点组织实施长白山保护建设工程、松花湖风景区生态环境旅游开发综合工程、西部草原生态保护示范区及牧草产业化基地建设、松花江流域水污染防治工程和长春、吉林、四平、通化、辽源等主要城市垃圾、污水处理工程。

三、“十五”重点工作

（一）深化投融资体制改革，加强对重点建设的法制化、规范化管理

按照“谁投资，谁决策，谁受益，谁承担风险”的原则，改革项目审批办法，将现行的行政审批制改为审查备案制，逐步取消非国有投资项目审批制。基本形成企业自主决策、自担风险，银行独立审贷，政府宏观调控的新的投资体制。进一步推进项目法人责任制、招投标制、工程监理制和合同管理制的全面实施。全面开展对重点建设项目的稽察、监督工作。

（二）推进投资主体多元化，多渠道筹集建设资金

一是继续积极争取国家各部门及财政资金的支持，抓好国债项目建设，抓紧落实相关配套资金，加快项目建设进度，尽快建成投产发挥效益。二是加大市场融资力度，更广泛地吸引投资商直接投入，提高直接融资的比重，鼓励采取股份制、股份合作制、合伙制等方式投资经营。三是加大招商引资力度，继续向京、津和东部沿海地区省市招商，开展经贸合作。探索多种利用外资方式，扩大利用外资领域，以项目建设为重点，吸收更多的外商直接投资。四是制定和实施相应的鼓励政策，积极启动民间投资。

（三）加大贷款融资力度，拓宽贷款融资渠道

首先是争取各种商业银行和政策性银行的贷款。清

理、整顿市场经济秩序，支持、引导全社会进一步建立健全金融信用，为银行的安全运行创造良好的金融秩序。其次是积极吸引国外金融机构来吉林省设立分支机构，加快地方金融机构的改革改组，在有条件的地方，经有关部门批准适时进行发展民营银行的试点。第三是推进借用国外贷款工作，制定借用国外贷款项目滚动计划，完善借用还机制。

（四）调整相关政策，改善投资环境

在继续搞好硬环境建设的同时，着力改善软环境。根据国内外投资形势的变化，制定和完善招商引资政策，调整和完善有关的地方法规，提高政策、法规的透明度和公开性，进一步与国际惯例接轨。

（五）做好项目规划储备，提高科学决策水平

对重点建设项目实行动态化管理。在具体操作上，注重做好以下几个方面工作：一是做好项目的筛选工作。二是建立全社会项目推荐制度。三是加强项目论证的科学性、严肃性。制定项目论证的科学标准，组织比较完整的高层次科学论证队伍，完善论证、决策的程序和方法，逐步实现制度化。四是完善重大项目储备库，及时储备填充新发掘的重大项目，定期下达前期工作指导计划。

黑龙江省投资建设情况

黑龙江省发展计划委员会主任　王涛志

一、“九五”投资建设

“九五”期间，黑龙江省根据“二次创业、富民强省”的战略部署，按照“优化投资结构、提高经济效益、保持适度增长”的原则，克服亚洲金融危机和需求不足的不利影响，紧紧抓住国家实施积极财政政策、扩大内需的历史性机遇，狠抓项目建设，投资增长较快。全省国内生产总值增长8.9%，投资对经济增长贡献率达到60%左右。

（一）投资规模成倍增长

“九五”期间，全省共完成固定资产投资额3685亿元，是“八五”期间的2.2倍，年均增长12%，投资率为26.3%。按所有制类型分，国有投资完成2578亿元，占70%；集体投资完成99亿元，占2.7%；个体投资完成398亿元，占10.8%；其他投资610亿元，占16.5%。按管理渠道分：基本建设投资1605亿元，占43.6%；更新改造投资837亿元，占22.7%；房地产开发投资339亿元，占9.2%；其他投资904亿元，占24.5%。

（二）融资力度进一步加大

“九五”时期，全省金融运行平稳，金融秩序稳定，金融服务水平和手段明显提高，对经济发展支持力度加大。2000年末，全省金融机构固定资产贷款余额达到656亿元，比“八五”末期净增389亿元，其中仅国家开发银行贷款金额就达213亿元。通过减轻企业利息和债务负担，支持国企改革脱困贡献突出。利用外资保持较高水平。“九五”期间，实际利用外资49亿美元，比“八五”期间增长188%。积极利用证券市场融资。到2000年末全省共有32家上市公司、33只股票，累计在证券市场募集资金130多亿元。全省已被批准设立的股份公司有320余户，总股本近230亿元，在证券市场融资的梯次型结构已经形成。黑龙江省通过召开每年一届的哈尔滨经济贸易洽谈会和通过到沿海发达省份进行大型经贸活动等实现经济技术合作项目8125项，项目投资额485.4亿元，其中引资额148亿元。1998年以来，通过积极筛选项目，加快前期工作，国家安排财政130多亿元，有力地促进了银行贷款和地方投资的增长。

（三）投资结构不断优化

“九五”期间，全省加大了对重点行业、支柱产业的投入，成效显著。畜牧业发展迅速，已成为农村经济的重要支柱。汽车、石化、食品、医药等支柱产业对全省经济增长的作用日趋增强。以微型车为主的汽车工业得到迅速发展，哈飞集团已成为全国微型汽车生产最大的厂家之一；医药产业不断壮大，哈药集团已成为全国医药行业最大和最有竞争力的企业之一；石化行业开始由单纯的炼油向油头化尾和生产精细化工产品方向转变；食品行业向绿色食品和粮食深加工方向发展；高新技术产业发展迅速，已初步形成了以电子信息及软件、生物制药和新材料、工业生产自动化等为主的新格局。

（四）投融资体制改革取得进展

“九五”期间，黑龙江省以市场经济为取向的投融资体制改革稳步推进，投融资活动的市场化程度不断提

高。按照市场经济和建立新型投资计划体制的要求，不断改进投资计划的内容和编制方法，取消了不适应市场经济要求的计划内容，提高了投资计划的科学性。改革项目管理体制，逐步实行了项目法人责任制、招投标制、工程监理制和合同管理制。工程咨询、勘察设计、会计等投融资中介机构逐步实现了与政府脱钩，实行自主经营，提高了中介服务的客观性和科学性。打破多年来形成的按部门、按行业、按基数分配政府财政预算内资金的习惯作法，集中资金用于重大建设项目。鼓励国内外投资者以“建设－经营－转让”或其他一切有利于项目建设的形式参与公路、城建等基础设施建设，取得了较好的效果。银行实行资产负债比例管理，银行贷款的自主性和风险防范意识大大增强。政府不断改善对投融资的宏观调控，逐步实现按产业政策、投融资信息引导投资方向，投资主体多元化、投资来源多渠道、投资决策自主化的格局已初见端倪。

（五）重点项目建设成就显著

“九五”时期特别是1998年以来，黑龙江省以基础设施为主的重点项目实现了多年想干而没有干成的一些事关全省经济发展大局的工程。全省共安排重点工程157项，完成投资额1364亿元。农林水利方面主要建设了三江平原治理、农垦100亿斤商品粮、天保工程和松花江、嫩江干流治理和五大城市防洪等工程，有效地改善了生态环境和农业生产条件，增强了抗御自然灾害的能力。交通方面主要建设了国道同三公路哈尔滨至同江、国道绥芬河至满洲里公路、哈尔滨至大庆另一幅等工程，到2000年末，全省公路总里程达到50284公里，其中高速公路和一级公路671公里，二级以上高等级公路5313公里。城市基础设施方面通过城市供水、排水、道路、供热和垃圾、污水处理项目建设，到2000年末，城市供水普及率达到86.5%，铺装道路面积7725万平方米，城市集中供热面积1.4亿平方米，城市绿化面积3.3亿平方米，垃圾日处理能力1.2万吨。城乡电网方面，城市电网在全省12个城市、农村电网在全省73个市县展开，城乡电网薄弱、电能损耗大、农民电费过高的问题逐步得到改观。工业及其他建设方面，主要建设了大庆乙烯后加工、莲花水电站、黑龙江化工厂改扩建、哈尔滨电站集团大型水电制造、亚冬会比赛场馆、黑龙江广播电视塔等项目。

总体上看，“九五”期间投融资环境进一步改善，投融资工作取得较大进展，但是也存在一些不容忽视的问题，主要是投资总量不足，对经济增长的拉动作用没有充分显现；投资的所有制结构不合理，国有投资比重大；高新技术产业投资和传统产业改造升级投资相互依存、相互促进的格局尚未形成；对外开放的优势没有得到充分发挥，利用外资规模小、水平低；金融贷款供需结构性矛盾突出，工业企业、中小企业贷款难等等，需要在今后不断加以解决。

二、“十五”投资建设展望

“十五”期间，黑龙江省固定资产投资工作要认真贯彻江泽民同志“三个代表”重要思想，紧紧围绕全省“十五”计划纲要，充分抓住国际、国内经济发展机遇，按照本省经济结构调整和产业升级的要求，遵循找准市场、合理分工和发挥优势的原则，以实施大项目战略为突破口，以结构调整为重点，进一步深化投融资体制改革，优化投资结构，提高投资效益，保持投资稳定增长，加快国民经济和社会事业全面发展。

（一）适度加大投资规模，促进经济发展

“十五”期间，全社会固定资产投资规模预计6000亿元，为“九五”时期的1.63倍，年均增长11.3%，投资率为30%左右。按管理渠道分，基本建设投资2700亿元，占45%；技术改造投资1200亿元，占20%；房地产开发投资720亿元，占12%；其他投资1380亿元，占23%。按所有制类型分，国有投资3600亿元，占60%；集体投资300亿元，占5%；个体投资840亿元，占14%；其他投资1260亿元，占21%。“十五”期间，全省实施大项目战略重点建设的“百项工程”总投资近2000亿元，“十五”期间计划投资1200亿元，占同期全社会固定资产投资的20%。

（二）进一步优化投资结构，加快经济结构调整

农业结构调整突出绿色、特色和质量效益，充分利用本地得天独厚的生态环境优势，“打绿色牌，走特色路”，实施绿色食品发展战略，把黑龙江省建成全国最大的绿色食品生产基地。工业结构调整突出“三大三新一化”，即提升、壮大机械、石化、食品三大支柱产业，优先发展技术含量高的电子信息、生物技术和新材料三个新兴产业，加快推进经济和社会信息化。发挥老工业基地的传统优势，积极采用高新技术改造机械工业，重点扶持电站成套设备、重型机械、新型微型汽车及发动机、焊接技术与装备、新型多用途飞机和直升机等装备。第三产业结构调整要突出抓好特色旅游业和现代服务业，继续加快农林水利、交通、城市基础设施等基础设施建设。充分发挥资源、地域、独特风光等优势，重点开发冰雪游、森林养生游、中俄边界游、森林湖泊湿地游、北极村风光游、少数民族风情游等，使我省跨入旅游强省行列，成为中国北方重要旅游胜地。

（三）努力拓宽融资渠道，支持重大项目建设

坚持政府引导、市场运作的新机制，争取多渠道筹

措建设资金。一是继续积极争取国家支持，特别是要做好国债投资的争取工作。二是积极培育上市企业后备资源，支持符合条件的企业通过股票上市、发行债券等方式直接融资。三是千方百计盘活存量资产。采取多种形式对一些国有投资建成投产或存在投资缺口的项目产权，进行转让和出售或利用上市公司进行资产运作；四是进一步加大招商引资的力度，通过积极到经济发达省市招商，开展经贸与合资合作。五是探索利用外资的新方式、新途径，扩大利用外资领域，积极与世界大型跨国公司合作，搞好一批全省经济社会发展有重大作用的利用外资工作。完善借用还机制，严格控制贷款风险。六是争取银行贷款。改善社会信用环境，增强金融机构为地方经济发展服务的信息和决心。深化企业改革，加强企业管理，提升企业信用等级。进一步加强与金融部门的联系沟通，提高申报项目质量，使金融部门真正既能支持项目建设，又从实施的项目中收益。

（四）做好项目前期工作，加强项目管理

进一步突出战略性、前瞻性和市场化的特点，按照大中小并举，近中远结合，政府、企业、社会联动的原则，延伸前期工作范围，做好项目储备，特别是要完善省级项目库，以充分发挥其在国家投资、银行贷款、招商引资、民间投资中的作用。进一步加强项目管理，推进项目法人责任制、招投标制、工程监理制和合同制的全面实施和重大建设项目稽察工作的全面开展。保证项目建设工期、投资和质量符合规定要求。国债项目建设要严格管理，尽快建成投产发挥效益。

（五）深化投融资体制改革，创造良好投融资环境

按照“谁投资、谁决策、谁收益、谁承担风险”的原则，改革投资管理方式。严格政府投资项目审批，加强政府投资项目管理，管好用好政府财政投资资金，减少对企业和社会投资的行政性审批。企业投资建设国家非限制类项目，实行登记备案制。对民间投资放宽投资领域，除关系国民经济命脉的重要行业和关键领域外，其余行业和领域都要向民间资本开放。建立起以间接调控手段为主的投资宏观调控体系，通过财政金融政策、产业政策、投资信息发布等方式引导各类投资者的投资活动，为各类投资者创造良好的投资环境。进一步培育和建立投融资中介服务体系，加快投融资中介组织的市场化改革，使它们真正成为自创信誉、自负盈亏、自担经济法律责任的法人实体。

上海市投资建设情况

上海市代市长　陈良宇

一、“九五”固定资产投资概况

“九五”期间，上海积极贯彻国家宏观调控政策，努力克服亚洲金融危机带来的困难，全面完成了“九五”计划提出的国民经济和社会发展的各项任务。同时，这一时期也是上海解放以来投资规模最大的时期。“九五”期间全市共完成全社会固定资产投资 9621 亿元，是“八五”时期投资总量 3995 亿元的 2.4 倍，是解放以来至“八五”末期投资总量 5808 亿元的 1.7 倍。“九五”期间上海市固定资产投资显现三个主要特点：

一是投资总量高位运行　承继“八五”后三年投资增长势头，1996 年投资规模为 1952 亿元，1997 年 1978 亿元，此后两年虽有回落，仍然分别达到 1965 亿元和 1857 亿元，2000 年达 1869 亿元，投资总量始终处于高位运行态势。伴随投资规模增长，投资率 1996 年 67.3%，1998 年 53.3%，2000 年 41.1%。

二是投资结构继续优化　“九五”期间上海第三产业投资继续加快，占全社会固定资产投资比重达 66.2%，高于“七五”期间”39.5% 和“八五”期间 60.2%的水平。交通运输、邮电通信投资增长较快，约占全市城市基础设施投资的 33.3%。基本建设、更新改造、房地产开发呈“三足鼎立”的投资运行格局。一批重大市政基础设施、对外交通通讯枢纽与网络、环境建设、工业支柱产业等项目，对全市经济发展与投资增长的支撑带动作用明显。城市建设投资由还历史欠帐向建设枢纽功能性设施转变。

三是多元投资逐渐上升 “九五”期间上海国有投资比重占 54%左右，比“八五”期间减少 10 个以上百分点。非国有投资，包括外商、港澳台投资、集体和私人企业投资、股份制投资等的比重达 46%，比“八五”期间上升 10 个以上百分点。其中，股份制经济投资五年累计 1178 亿元，外商及港澳台经济投资 1757 亿元。投资主体的多元化格局在“八五”时期的基础上得到继续发展。

二、2000 年固定资产投资情况

2000 年是“九五”计划的最后一年，也是承上启下的关键一年。在全市上下的共同努力下，通过深化推进投融资体制改革，加强资金和项目综合协调，保持了投资总量的稳步增长，本市全社会固定资产投资超额完成年初预定目标，达到 1869 亿元。与此同时，投资结构更趋合理，投资效益进一步提高。

（一）投资总量稳步增长

全市投资增长的稳定性增强 2000 年,本市固定资产投资整体运行的波动幅度呈现出在低位上平稳缓升缓降的态势,表明投资增长的波动幅度趋于平缓。从近几年的运行轨迹看,本市固定资产投资已逐渐走出前两年的下降趋势,开始出现回升,2000 年同比增长 0.5%,而 1999 年与 1998 年分别同比下降 5.5%和 0.6%。

房地产开发投资显现回升态势 与前 3 年房地产开发投资逐年下降的趋势相比，2000 年呈现出回升势头。2000 年本市房地产业增加值比上年增长 14%；投资总量完成 566.17 亿元，比上年增长 10%。房地产开发投资的上升主要源于：随着住房制度改革的不断深入，旧区改造不断加快，金融对居民购买商品房支持力度的加大，使房地产市场出现旺销势头。2000 年，商品房销售 1557.87 万平方米，比上年增长 17.3%，其中住宅 1445.87 万平方米，增长 16.3%；销售给个人的商品房面积 1328.82 万平方米，销售额 433.01 亿元，与上年相比分别增长 23.1%和 27.5%，其中个人购置住宅面积 1242.68 万平方米，销售额 408.29 亿元，分别增长 23.1%和 33%，个人购房已成为推动房地产市场发展的主要动力。

（二）投资结构更趋合理

第三产业投资占全社会投资比重继续加大 上海的固定资产投资紧密结合国民经济和社会发展目标，服从、服务于产业结构调整，以投资推动产业结构优化升级，促进城市功能完善。根据“优先发展第三产业、积极调整第二产业、稳步提高第一产业”的产业发展方针，继续优化投资结构，初步形成了第三产业继续得到加强，第二产业保持适度增长的产业投资格局。2000 年，本市全社会投资中，第三产业投资完成 1245.86 亿元，占全社会投资比重 66.6%。同时，注重培育第二产业中的支柱工业、高新技术产业，全市第二产业投资完成 615.94 亿元。

非国有经济投资发展较快 2000 年，上海继续推进建立开放性的投融资机制，放宽市场准入，积极引进外商、民营企业、股份制企业等非国有经济的投资主体，形成非国有经济投资和国有经济投资的多元化投资新格局。在完成的全社会投资中，非国有经济投资 1040 亿元，占投资比重由上年的 46.9%升至 55.6%。其中私营和外商、港澳台投资占全社会固定资产投资的比重比上年增加了 3.1 个百分点。非国有经济投资比重首次超过国有经济投资比重。

（三）投资效益进一步提高

企业生产能力进一步增强 上海以建设面向新世纪的工业新高地为目标，通过投资结构的调整促进企业技术创新和新产品研发，推动工业产业结构的优化升级。其中，总投资超过 600 亿元的宝钢三期工程顺利竣工，使钢铁品种、质量都获得突破性进展。2000 年，全市新增火力发电能力 98.35 万千瓦；轿车生产能力 15 万辆；变配电设备能力（11 万伏及以上）162 万千伏安、输电线路长度（11 万伏及以上）131 公里。

公共事业加快发展 通过持续增加对城市公共事业的投入，不断提高水、电、气等公共事业的供给能力，满足经济持续稳定增长和人民生活水平不断提高的需要。2000 年，本市自来水日供水能力达到 1048 万立方米，全年自来水售水量 19.8 亿立方米；全年城乡居民生活用电 53.2 亿千瓦·时；年末人工煤气及液化气家庭用户达 495.19 万户，全年人工煤气供应总量 21.31 亿立方米；全市的天然气转换工作正在有序推进。

城市基础设施建设力度加大 2000 年，上海城市基础设施投资完成 449.90 亿元。其中，地铁二号线和明珠线一期的建成通车，形成了“十”字加“半环”轨道交通构架，与“申”字型高架道路、“三横三纵”地面道路构成了市内立体交通网络，成为上海城市交通的大动脉。以苏州河综合整治为重点的环境建设实现了阶段性目标，苏州河干流黑臭基本消除，市区人均公共绿地面积提高到 4.6 平方米。

（四）投融资体制改革继续深化

进一步探索体制创新 在城市轨道交通建设上，实行“投资、建设、运营、监管”四分开，明确投资主体。分别组建了相互独立的轨道交通投资公司、建设公司、运营公司，由投资主体通过招标，分别委托建设和运营，降低建设造价，提高运营服务水平，加快了轨道交通建设的速度。

在水务建设领域，改革政府管理体制，变“九龙管水”为“一龙管水”。对水资源进行统一管理，统一调配，综合利用，促进水资产的充分利用。成立了水务资产公司，通过资本市场等多种方式筹措水务建设资金。

在高速公路网和越江工程建设上，全面推行社会招商。制定并实施了加快本市高速公路网建设的政策。2000年在高速公路和越江工程方面成功吸引社会资金100亿元。

积极推进资产运作 2000年，本市继续通过证券市场募集资金用于投资城市基础设施建设。如原水股份和凌桥股份共向社会募集资金数十亿元，用于引水工程和水厂建设；充分发挥申能股份等上市公司的作用，通过配股、国有股减持和资产经营等资本市场运作手段，加快了上海能源设施建设。

促进强强联合 在磁悬浮轨道交通项目建设上，打破行业界限，引导大企业集团参与投资，组成了本市有相当实力的能源、冶金、汽车、设备制造等大型企业集团共同出资的项目公司，实现了跨部门、跨行业联手推进磁悬浮项目的建设。

（五）重大项目实施顺利

经过全市上下共同努力，重大项目建设进展顺利，全年竣工项目15项，完成投资250亿元。同时；实施五项措施，有效提高重大工程的建设质量。一是执行招投标制、监理制、合同管理制和项目法人责任制等四项制度，规范重大工程建设各参与主体的市场行为和经营行为，优化建设市场环境。二是以建设单位为龙头，全面落实质量责任制。坚持以抓建设单位的质量责任制为主，由建设单位抓设计、施工、监理、材料等单位，一级抓一级层层落实，使质量责任制落到实处。三是坚持“三铁”原则（铁标准、铁面孔、铁纪律），加强建设过程的质量监督力度，严肃追查违规行为。四是实施质量责任人登记归档制，提高工程参与各方主体的质量意识，确保其质量行为的规范性；五是提高竣工标准，把好项目交验关，减少“尾巴”。以上措施的实施，使本市重大工程质量处于全面受控状态，促使总体质量水平稳步提高。

三、“十五”上海固定资产投资展望

“十五”期间，上海国民经济和社会发展的奋斗目标是：调整优化经济结构，不断提高城市的信息化、市场化、法治化水平，发挥国际大都市的综合优势，增强城市的综合竞争力。上海“十五”期间的固定资产投资工作，要服务于上海发展的总体要求，适应我国加入WTO后的新形势，立足于经济、社会和环境的协调发展，更好地发挥经济增长的动力作用。

（一）“十五”期间投资规模预测

“十五”期间，上海全社会固定资产投资预计在1万亿元左右，投资率将在30—40%之间。投资规模与“九五”相比，基本持平略有增长。主要依据：(1)“十五”期间上海经济仍可保持持续稳定增长，预计GDP年均增长率可达9－10%，为“十五”期间保持1万亿元的投资规模提出了需求。(2) 我国加入WTO以后将进一步对外开放，国家继续实施扩大内需政策，上海吸引国内外投资的前景看好，市场化投融资机制的逐步建立，这些为上海扩大投资创造了有利条件。(3) 一批重大项目和重点领域投资需求较大。深水港、轨道交通网、高速公路网、化学工业区、能源等一批持续时间长的重大项目的加快建设，为“十五”保持一定投资规模提供了项目支撑。

（二）“十五”期间重点投资领域

“十五”期间，上海重大项目建设将结合上海经济与城市发展的阶段特征，突出以下几方面：

第一，加快产业结构优化升级，构筑面向新世纪的产业投资发展格局。按照“高增值、强辐射、广就业”的产业发展思路，在发展中加快产业结构升级。一是依托集成电路实现信息产业和高技术产业的快速发展，构筑具有国际竞争力的新型产业构架；二是依托扩大对外开放与市场化程度的提高，加快上海化工区等四大产业基地建设；三是依托环保及现代物流等产业的迅速发展，培育一批新增长点。

第二，实施新一轮城市基础设施及生态环境建设项目，改善城市综合发展环境。通过“三个并举”，突出“三港三网”，进一步优化城市综合发展环境。一是交通建设内外并举，加快推进深水港、航空港、信息港和高速公路网、轨道交通网、内河航道网等内外交通网络建设，形成与周边城市互联互通的快速、便捷、立体综合交通体系；二是城市建设市区与郊区并举，加快松江新城、嘉定汽车城、朱家角中心镇等郊区城镇建设，城市建设由市区向郊区战略性推进；三是城市建设与环境建设并举，构建具有优良生态特征的城市面貌。

第三，加强社会事业项目对社会稳定的有力支持，提高各项社会事业的发展水平。一是加快社会保障与民政事业项目建设，增加市民关心的公共服务设施；二是加大精神文明建设项目及公共卫生项目投资，满足日益发展的市民文化娱乐及健康需求，提高市民文化素养，完善市民生活环境；三是注重公检法司设施建设，推进依法治市。

第四，继续实施科教兴市战略，提高综合创新能力。一是力争在生物技术工程及软件信息技术领域取得突破，加大有关前期技术的研究与开发，形成对相关支柱产业发展的后续推动力；二是营造良好的科普工作环境，重点加强对相关项目的投入；三是通过对青少年素质教育及高等教育的重点投入，促进教育事业的全方位、高质量发展，建设“学习型”城市。

（三）“十五”投融资体制改革思路

“十五”期间，上海面临经济加快发展和城市建设加快步伐的新形势。从外部环境看，全社会资金供求关系将继续呈现来源多渠道、配置市场化、主体多元化的趋势，进一步拓展融资空间存在着许多有利条件。从上海自身看，经过九十年代的持续快速发展，经济总量已达到相当规模，城市面貌大为改观，工业结构调整取得成效，政府财力持续增长，综合经济实力增强。但是，也必须清醒地看到，“十五”期间上海投融资面临着新挑战。我们只有抓住机遇、开拓进取，坚定不移地推进投融资体制改革，才能全面完成“十五”的各项建设任务。要在总结和用好上世纪九十年代投融资改革经验的基础上，进一步实现观念、思路和方法的创新：

一是筹资思路要在继承九十年代经验的基础上，转向重点用好“当代人的钱”，进一步扩大资本市场融资和利用外资，推动民间投资，多渠道吸引社会投资。

二是筹资重点要从以挖掘城市土地级差效益为主，转向与挖掘大规模存量资产的效益并重，盘活国有资产存量，实施国有资产的战略性调整。

三是筹资方式要从以政府直接注资和建立举债机制为主，转向以建立项目法人制、市场化融资为主。通过建立项目融资机制，明确权责，提高项目融资能力。

四是筹资使用要从财政收入管理改革为主转向财政收入与支出管理改革并重，加快建立适应社会主义市场经济要求的公共财政框架，将财力支出主要用于满足社会公共产品服务需求，充分提高财政资金的使用效率。

五是筹资管理要从投资为主转向投资与管理并重，建立从资金到资本、从资本到资产、从资产到资金再投入的良性循环机制，更好地发挥政府投资的引导作用，更有效地吸引社会资金投入。

江苏省投资建设情况

江苏省发展计划委员会投资处

一、“九五”投资建设

（一）投资规模保持稳定增长，较好地实现“九五”计划目标

“九五”期间，江苏省全社会固定资产投资宏观调控目标原定为11000亿元，根据省政府关于“九五”后三年调整投资结构的意见，1998年4月调整为12200亿元，全社会固定资产投资年均递增率从原定的12%调整为14%。从1998年下半年开始，连续三年江苏省根据党中央、国务院的部署，贯彻实施积极的财政政策，运用国债资金，加强基础设施建设。1998－2000年三年共安排国债项目193个，项目总投资规模969.2亿元，到2000年底已累计完成投资610.4亿元，到2001年底大部分国债项目可以建成投产。在加强国债项目建设的同时，全省积极动员扩大社会投资，强化投资目标管理，完成12200亿元总量调控目标。

（二）基础设施进一步完善，对经济社会发展的“瓶颈”制约基本解除

水利建设得到迅速发展。“九五”期间，全省水利基本建设投入125亿元。淮河流域、太湖流域，随着沂沭泗洪水东调南下近期工程，望虞河、太浦河、环太湖大堤等骨干工程的建成，防洪能力得到较大提高。淮河入海水道工程在“九五”后期开工实施。江海标准堤防提前全面推进，1500多公里长江干流江堤得到加固。泰州引江河、通榆河工程建成，淮北和沿海地区水资源供给水平有了较大提高。完成1150万亩中低产田改造，围垦滩涂55万亩，植树造林54万亩，开垦宜农荒地42万亩，新建防渗渠道1.6万公里，改善了农业生产条件，增强了农业抗御自然灾害的能力。

交通现代化建设揭开序幕，投资力度空前加大，部分规划在“十五”期间建设的项目提前实施。公路建设，高速公路联网畅通工程、干线公路网络工程、县乡

村公路通达工程的实施，使江苏省公路不仅在数量上迅速增长，而且在等级、质量方面有了很大提高。全省公路网居全国首位。“九五”公路建设完成投资为“八五”五年之和的一倍。“九五”期间，抓紧建成机场高速、锡澄、淮江、沂淮等4条高速公路，高速公路通车总里程突破1000公里。在建连徐、宁宿徐、宁靖盐、苏嘉杭、锡宜等沿江10条高速公路，总里程1000多公里。建成江阴长江公路大桥、南京二桥，开工建设润扬长江公路大桥。水运建设，完成京杭运河苏南段整治，建成太仓港中运国际城一期2个2.5万吨多用途泊位，开工建设大生港一期工程。完成一批京杭船闸扩容工程。铁路建设，完成徐连复线改造，加快了新长铁路、宁启铁路前期工作。民航建设，建成禄口国际机场和徐州观音机场，新增航空客运能力1035万人次，货运能力9万吨。

电力建设继续高速发展，长期严重缺电局面得到根本缓解。建成投产彭城电厂、扬州二电厂、利港电厂二期、华能南通电厂二期、华能太仓电厂二期、低煤耗电厂。对下关电厂、徐塘电厂实施了“以大代小”改造。田湾核电站的开工建设，将结束了江苏无核电的历史。“九五”期间全省新增发电装机容量655万千瓦，到2000年底，全省500千瓦级以上机组的装机容量达2002万千瓦。“九五”期间，电网建设进入历史上发展最快的时期。农村电网建设与改造，76个县（市）和郊区。全部完成。城市电网12个省辖市也进行了建设与改造。

城市建设加快推进。各地普遍加大城市道路和公共交通设施建设改造力度，全省城市道路面积以每年新增600万平方米的速度增长。居民住宅建设快速发展，城乡居住条件大大改善。“九五”期间全省新增自来水日供水能力542万吨，城市供水已能够满足城市经济、社会发展需要。

环境保护投入增加。以环保基础设施建设为突破口，加快工业污染防治和城乡环境综合治理。结合工业技术改造，按照达标排放的要求，对1536个重点工业污染源进行了治理。太湖流域、淮河流域总规模日处理污水68万吨的24个污水处理厂开工建设，一些项目相继建成投产。省“九五”期间确定的淮河、太湖和长江流域的水污染防治“三大战役”初战告捷。大气、固体废物和噪声等污染治理取得新的成效。

（三）投资结构进一步调整，推动产业结构优化升级

“九五”期间，江苏省加快了农业产业结构调整步伐，大力推进农业综合开发，运用财政贴息扶持农业产业化龙头企业，引导农业产业化企业集中连片发展。江南、淮南、淮北三条高效畜牧产业带和园艺业十大基地逐步形成区域规模优势，还建立了100多个蔬菜专业乡镇和200多万亩设施栽培基地。

“九五”期间，全省以重点企业、重点产品、重点项目为载体，加大技术开发力度，实施了华飞彩显二期、熊猫电子通讯、华东铸造中心、扬巴乙烯工程、扬子乙烯二期扩能改造、仪化四期、南化大化肥、镇江921工程、苏州聚酯切片、南通醋纤三期等一批技术含量高的重大基建项目，实施了江苏工业三年再上新台阶技术改造计划，计划投入300多亿元，实施500项高新技术改造项目，以及重大高新技术产业化（基地）项目计划，计划投入100亿元，在电子信息、生物医药、新材料三大领域实施50个重大项目，其中的一批项目已按计划启动实施，陆续建成投产。这些重大项目的实施，促进了一批优势企业的发展壮大，提高了传统产业的技术装备水平，促进了产品的升级换代，增强了企业在国际和国内市场的竞争力。

“九五”期间，按照调整优化经济结构的要求，江苏省加快实施了一批关系全省经济、社会发展全局的重点建设项目。全省共确定重点建设项目148项，在资金安排、土地征用以及其他外部配套条件等方面予以优先保证，各方面资金按计划进度和承担的资金比例按时到位。五年间重点项目建设共完成投资2634亿元，建成投产85项。

（四）社会投资得到发展

江苏省社会投资总量由1981年34.41亿元，增至2000年1432.2亿元。社会投资总量，在全国名列前茅。八十年代为江苏社会投资迅速起步阶段，这一时期社会投资平均增速为23.0%。“八五”时期为规模壮大阶段，五年完成投资为前10年的2.6倍，年平均增长28.5%。“九五”初期，江苏省集体、个体投资增幅曾经逐年回落，增幅最低的1998年只有3.2%，虽然从1999年开始增幅明显高于全社会和国有经济的投资增长，但受此影响，社会投资增长有所放慢，年平均增长11.2%。社会投资在全社会投资中的比重，“六五”时期平均为57%，“七五”时期为60%，“八五”时期为52.6%，“九五”以来社会投资在全社会投资的比重1996年为48.3%，1998年降至39.0%，1999年回升到43.3%，2000年达到47.8%。除少数国家明令禁止的行业外，私营个体投资涉及的行业和发展领域更加广泛。从事信息咨询、科技开发、仓储运输及第一产业的个私企业迅速增多，初步形成了一、二、三产业齐头并进、共同发展的格局。

（五）投融资体制改革进一步推进

从1996年开始，江苏省对新开工建设的生产经营

性项目实行项目法人责任制和资本金制度，全面实行了工程招标投标制、合同制、工程监理制、加强工程质量管理为主要内容的项目建设管理制度，投资风险约束有明显增强。成功发行江苏宁沪高速公路股份有限公司H股，政府投资项目加大了银行贷款、股票、债券融资力度，投资主体多元化，投资资金来源多元化得到进一步发展。

“九五”期间，投资建设领域存在的主要问题是：投资增长放慢，对经济增长的拉动作用减弱；原材料、轻纺等工业行业项目比较缺乏，投资有较大幅度下降；盲目建设、重复建设问题依然存在，特别是“九五”前两年较为突出，一些项目在决策上马时缺少对市场前景发生变化的预测；基础设施项目由于以前欠账较多，往往不注意市场的变化，致使一部分能力出现过剩，投资效益不能得到有效地保证；重大建设项目资本金不足，可用于项目资本金的资金来源比较匮乏。

二、“十五”投资建设展望

为了实现全省经济和社会发展的奋斗目标，“十五”期间江苏省固定资产投资的主要调控方向和目标是：

——推动全社会固定资产投资适度快速增长，力争五年完成全社会固定资产投资20000亿元，年均增长9.5%；

——加大投资结构调整力度，以投资结构调整推动经济结构调整，促进投资向国民经济信息化、高新技术产业发展、传统产业改造、城市化等方面倾斜；

——推进经济增长方式转变，提高投资效益；

——推进投融资体制改革，初步建立起符合社会主义市场经济要求的投融资体制。

“十五”投资建设的重点是：

（一）全面推进农业结构战略性调整

推进农业产业化，以农业产业化带动农业和农村经济结构调整。全省重点发展15个比较优势产业，建设一批大型商品粮油基地、花卉苗木基地、设施栽培基地、出口蔬菜基地、优势特种畜禽基地，培育一批区域性大型农产品专业批发市场，推广连锁经营，培植壮大6家国家级和30家省级农业产业化龙头企业。大力推进农业综合开发，重点实施六大农业综合开发工程，力争改造淮北地区中低产田800万亩，开发沿海滩涂100万亩，建设50万亩优质牧草基地，开发治理高沙土80万亩，在苏南和沿江新建10个农业现代化示范园区，治理徐州采煤塌陷地20万亩。

（二）加快国民经济和社会信息化

建设具有世界先进水平的信息基础设施。加快建设新一代宽带多媒体基础传输网络和接入网络，构筑与全国及国际通信网络接轨满足经济与社会发展需要的信息化基础信息平台。建设宽带高速计算机互联网，加快广播电视节目制作和传播的数字化、网络化进程，加快建设第三代数字移动通信网络，促进有线网、无线网、电信、电视、计算机网的融合。加快扬州、南京国家级信息化示范城市建设。倾力扶持信息产业。在软件技术及产品、网络技术及产品、专用集成电路设计与产业化、通信技术及产品、数字视听技术及产品、信息技术改造企业生产销售管理流程、数控技术及产品七大领域，实施50项信息产业化项目，努力掌握核心技术，形成自主知识产权和竞争优势，提高信息技术研发和产业化水平，形成一定规模和技术等级的信息产业体系。

（三）加快工业改组改造和结构优化升级

加快发展电子信息、生物工程和新材料等高新技术产业，加快应用高新技术和先进适用技术改造传统产业，促进机械、石化、轻工、纺织、汽车等优势产业发展壮大。办好各类高新技术开发区，集成并催生一批高科技企业，加快形成人才高地、企业群落和规模经济，使高新技术开发区成为全省高新技术产业研究开发、技术创新和产业发展的培育基地和汇集区。加速高校科技成果转化和高新技术产业发展，重点支持南京大学、东南大学等高等院校发展大学科技园，形成壮大一批有自主知识产权的高新技术企业，发挥高校对整个社会的示范带动作用。抓好一批技术改造和重大工程项目，省级规划抓好扬巴石化一体化工程等50项重大工业项目和一批重大技术改造项目建设。

（四）进一步完善基础设施

面向21世纪，构建现代化综合交通体系。继续实施高速公路“联网畅通工程”，加快构筑高速公路网络，每年保持在建1000公里、建成300公里的高速公路建设规模。续建并完成连徐、汾灌、宁宿徐、宁靖盐、宁杭、苏嘉杭、沿江等10条高速公路，开工建设宿淮盐、宁淮、沿海等高速公路，13个省辖市全部通高速公路。实施干线公路“网化工程”，改扩建二级以上国省道干线公路约3000公里，实现各县（市）城区半小时到达高速公路。实施县乡公路“通达工程”，每年新增或改善县乡公路800公里，乡村公路2500公里，实现县乡公路网络化。加快长江过江通道建设，建成南京长江二桥、润扬长江公路大桥，开工建设苏通长江公路大桥、南京长江三桥。积极配合实施长江口深水航道整治二、三期工程，综合治理长江下游航道和京杭运河，加强以连云港、太仓港集装箱枢纽港为主的沿海和沿江深水泊位建设，开发建设大丰港。建成新长铁路，新建宁启铁路和京沪高速铁路江苏段。按照国家确定的“西气东输”方案和液化天然气布局方案，合理布局油气管道网，建设天然气管道，有重点地建设原油以及成品油管道。

调整电源结构，加快电网建设。继续实行电力建设适度超前设计方针，逐步改变单一的煤电结构，积极利用天然气电，稳步发展核电，在有条件的地区发展抽水蓄能，接受区外来电。建成田湾核电站一期工程（2台100万千瓦）、徐塘发电厂“以大代小”发电工程（2台30万千瓦），开工并建成贾汪发电厂PFBC示范项目（20.8万千瓦）、常熟第二发电厂（2台60万千瓦）。抓紧天然气发电项目的开发，开工建设望亭电厂、戚墅堰电厂、南京热电厂燃气发电项目（6台38万千瓦）。建成沙河抽水蓄能电站（2台5万千瓦），开工建设宜兴铜官山抽水蓄能电站（4台25万千瓦）。根据市场需要，做好彭城电厂二期（2台30万千瓦）和华能淮阴电厂二期（2台39万千瓦）的开工准备。继续做好陈家港等沿海电厂的前期工作。全面完成城市电网和农村电网改造，加强输配电主网架建设，完成华东江苏5000千伏输变电工程，基本建成全省500千伏电网架，实现220千伏电网分城区运行，提高配变网的可靠性，降低电网损耗。

高标准建设防灾减灾体系。继续搞好大江大河治理，抓紧完成淮河入海水道近期工程，加快进行沂沭泗洪水东调南下二期工程、黄墩湖滞洪区建设、环太湖大堤加固等国务院确定的治淮治太工程建设任务，巩固江堤达标成果，继续进行南京、镇扬、扬中、澄通及河口段河势控制工程建设，完成海堤达标规划所确定的工程项目，使淮河流域、太湖流域、长江干流堤防、海堤重点险工段防洪能力达到50年一遇的标准，重要海堤防潮能力达到国家新颁布的防洪防潮标准。配合国家开工建设南水北调东线工程，加快沿线区域输水工程建设。

（五）加速提升城市化和城市现代化水平

加快完善城市道路交通网络，形成“城外成环、城内成网、环网相连、结点畅通”的城市道路网络系统。建成南京地铁一期工程，抓紧进行南京、无锡、苏州等特大城市快速轨道交通系统的规划研究，在几个主要产业带和城镇带之间着手规划建设跨地区轨道交通系统。

加快住宅建设，推进住宅产业现代化进程。继续抓好经济适用住房建设，“十五”期间，建设住宅1.25亿平方米，平均每年建设住宅2500万亿平方米。改造现有使用功能不全的住房和简陋住房，使住房成套率达到80%以上。到2005年，城镇人均居住面积达到12.5平方米，人均住房使用面积达到17平方米。

逐步建立和完善“以特大城市和大城市为核心，中小城市为纽带，小城镇为基础，城乡协调发展的城镇体系”。大力推进特大城市和大城市建设，着力把一批特大城市和大城市做强、做大、做优、做美，建成5个特大城市，提高其在全国城市中的地位和国际知名度，积极有序地培育新的中心城市。优化小城镇发展布局，扩大发展重点中心镇的规模，加大小城镇基础设施建设力度，完善小城镇功能。把40%的小城镇建设成为具有较大规模、富有地方特色的新型小城镇，把20%的村庄建设成布局合理、环境良好的新型村庄。集中力量抓好222个重点中心镇的建设，同时加强县城建设，苏南和沿江地区要选择一批发展基础较好的重点中心镇逐步发展为小城市，苏北地区要重点支持加快发展区位优势和发展潜力比较明显的小城镇，扶持有条件的县城发展为中等城市。

（六）加大环境保护和治理力度

继续把水环境保护和治理作为重点。实施太湖流域城镇污水治理工程，新增日处理能力100万立方米，加快实施五里湖和梅梁湖清淤工程。实施淮河流域城镇污水治理工程，新增日处理能力130万立方米。鼓励利用可再生资源和能源，减少废物排放，鼓励采用清洁生产装备和工艺，开发生产清洁产品，推行清洁生产，加快调整工业布局和产业结构，继续对重点水污染企业实行“关、停、禁、改、转”。加快城市排水和生活污水集中处理设施建设，在更大的范围内，结合流域特点，科学合理规划建设排水系统和污水处理设施，“十五”期末，所有县级市都有城市污水处理厂建成或在建。

加大控制大气污染和防治酸雨力度。不再立项建设无脱硫装置的燃煤电厂，大力推广除尘、脱硫治理技术和洁净煤、洁净油等技术的应用。加快城市燃气结构调整步伐，实施国家天然气“西气东输”江苏境内开发工程，建设天然气输气主干管线304公里和输配支管276公里及相关配套设施，“十五”期间向南京、镇江、常州、苏州、无锡、宜兴等城市的居民、商业、工业供气，提高长江三角洲城市居民天然气使用率，争取用十年左右的时间，使天然气在我省能源消费结构中的比重提高到8%左右。

浙江省投资建设情况

浙江省副省长 

一、“九五”投资建设

（一）主要成就

“九五”期间，是浙江省固定资产投资总额完成最大、重大项目实施最多、城乡面貌改变最快的五年。

——投资规模明显扩大，投资总量跃上新台阶 “九五”期间，全省全社会固定资产投资累计完成9313亿元，比“八五”期间增长1.5倍，超过计划24.2%；投资总量五年平均递增10.8%，2000年首次突破2000亿元大关，达到2267亿元；投资率平均达37%，比“八五”期间提升2.4个百分点，高出“九五”计划5个百分点。非国有投资领域不断拓展，“九五”期间累计完成投资5953亿元，占同期全社会投资的比重达64%，位居全国之首。

——重大基建“百项工程”计划超额完成，投资结构调整取得新成效 根据省委、省政府部署编制并分类实施的“九五”重大基建“百项工程”计划的112个项目（其中计划实施58个，争取实施21个，预备或探讨33个），已开工建设70个（其中建成投产和部分投产48个；在建22个），比原定“计划实施”项目增加了12个；实际完成投资1288亿元，超过了1200亿元的计划投资总量，占同期全社会投资的比重达到14%，比“八五”期间提高了3个百分点。这批涉及农业水利和支农工业、交通、能源、原材料和基础工业、社会发展等行业的重大项目的实施，大大推动了全省投资结构的改善。“九五”期间，在全省基建、技改投资中，农林水利、交通运输、邮电通信、能源和城市基础设施等基础行业的投资额都比“八五”期间成倍增长，投资比重也有较大幅度上升。

——重点建设成果丰硕，基础设施供给水平实现新突破 “九五”期间，浙江省重点建设投资力度进一步增强，重点工程总投资完成1150亿元，建成投运重点骨干项目130项，分别为“八五”期间的4.8倍和2倍，使全省基本突破了基础设施的“瓶颈”制约。这一期间建成沿海高标准海塘近1000公里，钱塘江标准江堤780公里，新增水库库容27亿立方米，防洪排涝能力明显增强；新增高速公路533公里，一级公路987公里，铁路新线和复线264公里，港口年吞吐量665万吨，4E和3C级机场各一个，交通不畅的矛盾得到有效缓解；新增发电装机容量740万千瓦，50万千伏和22万千伏输变电线路分别为580公里和1300公里，以高度自动化为特征的大电厂、大电网的主骨架初步形成；新增SDH干线光缆1733公里，大容量、高速率的现代通信网络基本建成；新增日供水能力420万吨，日污水处理能力100万吨，城市道路1015公里，城市面貌和环境开始发生重大变化；石化、电子、医药等主导产业建设稳步推进，特色工业园区蓬勃崛起，工业结构优化升级步伐加快；高教园区建设陆续启动，文教卫体等社会事业基础设施建设进入高潮。

（二）主要经验

一是围绕发展战略，突出重点抓手 根据“九五”经济和社会发展计划的总体目标和主要任务，省里明确提出把重点建设的“四、五、六”即“四个一百”、“五个一批”和“六个一千”工程，作为战略实施抓手，这就为“九五”固定资产投资指明了方向、确立了重点。通过领导宣传强调，部门分解主抓，项目业主具体实施，凝聚了全省上下的力量，使发展的大手笔落到了实处。尤其是一批“四、五、六”工程的重中之重项目，在省委、省政府领导高度重视和亲自协调下取得了重大突破。“九五”后期，全省又根据提前基本实现现代化的宏伟战略目标及推进农业和农村现代化、城市化两个发展《纲要》的要求，适时调增了一批城市基础设施、特色工业园区、高教园区等重大基建项目，从而大大推动了投资建设特别是基础设施建设进程。

二是创新调控方式，强化制度管理 省政府通过省重点建设领导小组下设前期、重点两办，对重大项目的前期工作和实施阶段，实行领导层一体协调、前后紧密衔接、全过程综合配套的“一条龙”管理，确保了重大项目梯度推进、滚动开发和有序实施，开创了重大项目管理工作的新局面，为超额完成“九五”百项重大基建计划提供了强有力的组织保证。与此同时，加强项目实施的制度化管理，事出法随、建章立制、规范管理。省政府先后发布了《浙江省重点项目管理办法》、《浙江省固定资产投资管理暂行办法》、《重点建设项目承发包交易管理办法》等一系列行政规章和规范性文件，并先后以省政府文件、政府令及部门联合发文等形式，完善了重大项目的计划管理、资金管理和实施管理办法。依据这些政策法规，推进了重大基建项目的资本金制度、法人责任制、招标投标制、工程监理制、合同管理制等“五项制度”的贯彻落实。

三是加大政府引导,发挥市场作用 政府主要从规划、政策和资金三方面进行引导,特别是对重大项目资金筹措这一关键环节加大引导力度。稳步扩大财政建设性支出,“九五”期间仅省级财政预算内、外资金投入基础设施建设和技改项目的资金就达110亿元;努力争取国债建设资金,1998－2000年共争取到国债资金75.75亿元,其中中央预算内专项资金30.62亿元,地方转贷资金45.13亿元,是浙江省历史上争取到国家资金最多的时期;积极引入政策性贷款,“九五”期间新增政策性贷款90亿元以上。在政府的引导下,通过设立基础设施投资公司等市场运作主体、出台公路“四自”、水库“五自”、供排水一体化收费等一系列市场化筹资政策、拓展发行股票和债券以及利用外资等多种筹资渠道,广泛吸纳社会资本参与投资基础设施和社会发展领域,既缓解了建设资金不足的矛盾,又提高了投资效益。

“九五”期间,浙江省投资及重大基建中也存在一些比较突出的矛盾和问题,如跨区域的投资布局缺乏有效的协调机制,区域内的设施建设未能从系统性的内在要求和网络化的全新视角构建框架,涉及重大项目科学有效实施的统筹规划相对滞后;基础设施和社会发展领域产业化、市场化、社会化程度较低,制约了民间投资潜在发展优势的充分发挥,投融资体制改革相对滞后;城市污水和垃圾无害化处理设施普遍短缺,水利设施抵御洪涝灾害的能力仍然不足,城市、水利、环保和社会发展等基础设施建设相对滞后;资金来源总量不足与资金结构不合理并存,原有的一些特殊收费政策难以为继,土地等资源制约性矛盾比较突出,筹资新渠道的拓展和土地动态安排相对滞后等。

二、“十五”投资建设展望

(一)全社会固定资产投资总规模

根据省“十五”计划《纲要》,为保持经济持续快速增长,“十五”期间,全省全社会固定资产投资年均将增长11%,投资总规模累计为15670亿元,投资率为39%左右。

(二)重点投向和主要项目

1.农业水利及生态建设

重点投向 围绕发展效益农业,建设好国家级粮棉油生产基地,加快实施水稻良种、林木、渔业等种子种苗工程;坚持“全面规划、综合治理、标本兼治、统筹兼顾”的原则,突出抓好防洪抗旱供水工程,重点建设沿海防洪御潮工程体系、高标准城市防洪工程体系、钱塘江干堤等主要江河堤防工程体系、以杭嘉湖治太为主的平原防洪治涝工程体系、上游拦蓄工程体系、以节水灌溉和灌区配套改造工程为主体的标准农田工程体系等六大水利工程体系;以生态公益林建设、水土流失治理和小流域治理等为重点,实施一批对改善生态环境有重要影响的工程。“十五”期末,力争使全省防洪、御潮、治涝和抗旱能力明显提高,农业生产条件和生态环境明显改善。

重大项目 完成太湖治理骨干工程、钱塘江北岸险段标准塘、温州珊溪水利枢纽、钱塘江干堤加固、钱塘江中上游水土保持、仙居下岸水库、水涛庄水库等工程,继续加快浙东标准海塘、海涂围垦、大型灌区配套等工程建设;新建11个农业高新技术示范园区和80个优质高效农产品生产基地,抓好瓯江干堤加固、桐庐分水江水利枢纽、永宁江治理二期、15个一级群众渔港、江山白水坑水库等项目;开展杭嘉湖治理、生态防护林工程、宁波周公宅水库、丽水开潭水利枢纽、舟山大洋性远洋渔业等项目,争取建成1000万亩标准农田、20个省级农业龙头企业产业化项目、省级种子种苗工程;推进富春江引水工程、曹娥江口门大闸、永嘉楠溪江水利枢纽、新昌镜岭水库、金华双峰水库、湖州老虎潭水库等项目的前期工作,规划温州浅滩工程、千岛湖生态环境保护工程以及商品粮基地建设等。

2.综合交通运输

重点投向 着眼于发展大交通,建立大网络,按照现代物流的理念,完善铁路、公路、水路、空运、管道等协调发展的综合运输体系,加强主要运输干线、重点港站、枢纽及与邻省市沟通的主通道建设,以中心城市为枢纽、中小城市为节点,水陆空并举、干支线相联,基本形成贯通全省、连接国内、通向世界的大交通网络。

重大项目 公路——加快全省2000公里高速公路网建设,建成杭金衢、金丽温、乍嘉苏(浙江段)、杭宁二期、杭州绕城公路等高速公路,继续抓好甬台温高速公路和舟山大陆连岛工程建设;新建杭州湾大通道、钱塘江四桥、飞云江三桥,建设甬金等高速公路,实施沪杭甬高速公路拓宽工程;争取建成宁波绕城公路和湖州绕城公路;规划建设台缙和沪苏浙皖浙江段高速公路等。

铁路——新建温福铁路浙江段;争取实施甬台温铁路、沪杭铁路浙江段、浙赣铁路浙江段的电气化改造和杭长铁路扩能改造;规划建设金温铁路改造工程、九景衢铁路浙江段、金台铁路、京沪高速铁路上海到杭州延伸段、黄山至金华铁路浙江段等项目。

港航——加快建成北仑国际集装箱码头三期、乍浦港二期等工程;争取建设北仑国际集装箱码头四期、宁波港25万吨级和舟山册子岛25万吨级原油中转基地;改扩建温州港、台州港和一批内河港,改造杭甬运河、杭申运河浙江段等内河航道；规划建设岙山国家石油战略储备库。

民航——扩建宁波栎社机场，争取实施温州机场扩建工程。

枢纽——抓好杭州、宁波、温州、金华等公路枢纽建设，完善杭州和金华铁路枢纽。

管道——配合“西气东输”和东海油气登陆，新建天然气输送管网，规划建设北仑港到上海、南京原油输送管道浙江段工程。

3. 能源

重点投向 继续抓好一批大型火电、水电、核电项目建设，加大500千伏送、变电主通道建设力度，进一步加快城乡电网改造，引导煤电以大代小，提高天然气、核能电力比重，拓展风力发电、垃圾发电、潮汐发电等新能源；稳步发展管道燃气，建设输气主骨架。

重大项目 建成温州电厂二期、秦山核站二期和三期工程，加快500千伏输变电主网架建设，完成城乡电网改造；新建嘉兴电厂二期、温州电厂三期、长兴电厂四期、桐柏抽水蓄能电站、华光潭水电站等项目；争取实施滩坑水电站、三门核电厂、“西气东输”浙江配套工程、东海油气田浙江登陆工程等；规划建设浙南电厂、浙江LNG接收站等。

4. 信息设施网络

重点投向 大力发展高速宽带信息网，重点建设全省主干光缆传输网和宽带接入网，积极推进电信、电视、计算机三网合一，加快公共信息服务平台和政府专用网建设，推广利用互联网。“十五”期末，基本建成功能完善、技术先进、运营高效、安全可靠并覆盖全省的宽带化、智能化、个人化区域高速信息网络。

重大项目 新建全省移动通信网络、联通通信网络和移动通信枢纽；建设全省电信光缆传输网和主要城市宽带城域网络，改造全省有线电视双向数字化传输网等。

5. 城市基础设施

重点投向 与交通主骨架衔接，加快城市主干道、绕城公路建设，有条件的中心城市积极发展轨道交通；重点建设一批城市防洪、供水和污水处理、垃圾无害化处理、河道环境整治等防灾和生态工程；加快城市电网、燃气管网、供热管网和信息网络的建设和改造。“十五”期末，初步建成比较完备的交通、通讯、供水、供电、供气和污染治理、防灾减灾等现代化城市基础设施体系。

重大项目 继续加快全省城市污水处理工程、城市供水工程、城市交通工程和城市经济适用房建设，新建设城市垃圾及工业固体废物处理工程、城市河道整治工程和中心镇基础设施项目；争取建设城市燃气输送管网，实施温瑞塘河综合治理；规划建设杭州轨道交通、温州城市轻轨交通、杭州工业废物处理二期、浙江主要城市现代物流中心等工程。

6. 社会发展

重点投向 高起点规划、高水平设计、高标准建设一批达到国内乃至国际先进水平的文教卫等社会发展标志性设施。扩大教育规模，改善教学设施条件，加快建设杭宁温等五个高教园区和重点骨干中学；提高医疗卫生设施的现代化水平，重点建设省级医疗单位和主要城市医疗中心；按照发展文化大省的要求，重点建设一批具有丰富文化内涵的城市标志性文化设施；建设一批风景旅游、文化旅游、度假旅游等项目。

重大项目 完成黄龙体育中心配套场馆、杭州剧院改扩建工程、省人民大会堂、10个省级医院骨干项目和城市主要卫生设施等建设；新建杭州滨江、小和山与下沙三个省级高教园区和宁波、温州高教园区，建设浙江大学基础部和科技园、100个示范性高中段学校、西湖文化广场、平湖九龙山东海西湖、龙游石窟度假区、杭州野生动物世界等项目；争取实施杭州大剧院、温州大剧院、武义温泉大世界、绍兴会稽山旅游度假区、温州国际会展中心等；规划建设杭州国际会展中心、龙泉山国家森林公园等。

7. 制造业

重点投向 主动应对经济全球化的挑战，以增强国际竞争力为导向，在改造提高传统产业的同时，发展壮大优势产业，重点抓好中高档产业、产品、关联产业发展和信息化技术应用等领域建设；抓住机遇，加大信息、生物工程、新材料、环保等新兴战略产业的培育，充分发挥后发优势，实现跨越式发展。

重大项目 加快镇海炼化扩建工程、宁波白纸板三期项目和100个省级重点特色工业园区建设，新建巨化氟化工基地、浙化联聚脂二期、嘉兴中宝碳纤维、宁波ABS扩建项目、杭州富通集团光纤预制、浙江巨化中俄科技合作园、杭州农药厂新型农业项目等；争取实施镇海炼化80万吨乙烯工程、浙江PTA工程、浙药集团新昌制药厂扩建、浙江海正集团扩建、温州高新技术园区、中国轻纺城纺织科技园区、杭州国际信息产业园区等项目。

安徽省投资建设情况

安徽省常务副省长 张平

一、"九五"投资建设

（一）固定资产投资快速增长，有力地推动了全省经济的回升

"九五"时期，国内外经济环境出现了重大变化。在我国经济成功实现"软着陆"后，由于亚洲金融危机的影响，以及国内买方市场的逐步形成，通货紧缩压力开始显现。受此影响，"九五"前3年，全省投资增幅出现了下滑趋势。1996、1997和1998年，全省全社会固定资产投资分别增长15.4%、11.9%、6.1%。面对严峻的经济形势，国家在1998年及时做出扩大内需的重大决策，采取增发长期建设国债、启动社会投资等增加投资需求的政策措施。安徽省抓住机遇，适时加大对水利、农村电网建设与改造、交通、城市基础设施和环保等方面的投资力度，逐步扭转投资增长的下滑局面。

2000年，国内经济增长出现重大转机，为安徽投资增长注入了更大动力，当年，全省全社会固定资产投资完成867亿元，比上年增长12%。其中，基本建设投资完成320亿元，增长15.5%，增幅回升5.6个百分点；更新改造投资完成153亿元，增长22.4%，回升8.6个百分点；房地产投资完成88亿元，增长15.8%，回落17.5个百分点。

固定资产投资适度增长，对安徽经济增长回升和"九五"时期经济保持较快增长起到了关键作用。2000年，安徽省GDP增长8.3%，比1999年增幅提高0.2个百分点；这里面，投资增长的贡献率达到50%以上。从整个"九五"时期看，五年累计完成投资3671亿元，年均增长10.2%。尤其是"九五"后三年，投资增长的贡献率显著提高，有力地遏制了经济增长下滑幅度，确保了全省经济持续健康发展。

（二）多元投资主体格局已经形成

"九五"时期是安徽非国有投资首次超过国有投资的时期。这个时期，安徽省国有投资、民间投资（包括集体经济、个体经济、联营经济和股份制经济）和外商投资在全社会固定资产投资中的比重分别为46.3%、48.1%和5.6%，同"八五"时期的53.7%、45%和1.4%相比，国有投资比重下降了7.4个百分点，下降到50%以下；民间投资和外商投资比重分别提高3.1和4.2个百分点，非国有投资比重超过50%。这表明，安徽省多元投资主体格局已经形成。

"九五"中后期，国家采取增发国债等积极的财政政策，加大政府投资力度。1998、1999和2000年，安徽省国有投资比重分别比上年提高3.6、0.1和4.3个百分点。民间投资受加工领域经济增长点不突出、企业效益和居民收入增长滑坡等因素影响，在全部投资中的比重有所下降。1998、1999和2000年，安徽省民间投资占全部投资的比重分别比上年下降2.6、2.2和2.8个百分点。

2000年，由于国债项目进入竣工的高峰阶段，国有投资增长很快，当年，国有投资增幅达到22.7%，比非国有投资快19.6个百分点。全省国有投资完成431亿元，占全部投资的49.7%，比1999年提高4.3个百分点。民间投资388亿元，占44.8%，下降2.8个百分点；外商投资48亿元，占5.4%，下降1.6个百分点。

（三）投资结构趋于合理，有力支持了安徽经济结构的调整

更新改造投资增长加快，房地产开发投资增长放

慢。2000年，安徽省更新改造投资增长22.4%，房地产投资增长15.8%，分别快于基本建设投资增长6.9和0.3个百分点。同1999年增长形势相比，基本建设投资增长快了5.6个百分点，更新改造投资增长快了8.6个百分点；房地产投资增长慢了17.5个百分点。

基础设施和基础产业的投资力度进一步加强。2000年，全省基本建设和更新改造投资中用于水利管理业、电力煤气和水的生产供应业、交通邮电通信业的投资额达到236亿元，比上年增长24.2%，占全省全社会投资的27.2%。其中，水利管理业基建和技改投资30.5亿元，增长89%；交通邮电通信完成135亿元，增长44%。整个“九五”时期，这几个领域的基建和技改投资总额达到1030亿元，年均增长18%，高于整个国有投资增长7.9个百分点。对基础设施和基础产业持续大规模投入，有效地提高了基础设施和基础产业的供给能力和水平，很大程度上改变了安徽基础产业薄弱、基础设施落后的局面，提高了经济运行效率，改善了投资环境，增强了经济发展后劲。

农业及其相关投资增长明显加快，2000年，安徽省农林水利及生态环境投资累计完成35亿元，增长80.9%；其投资占全社会投资的比重从1995年的0.52%提高到2000年的0.77%。

第三产业投资比重大幅度上升。2000年，全省第三产业投资额达到624亿元，占全社会投资的72%，比1995年提高10个百分点。基建投资中，第三产业投资增长29.6%，比全部基建投资增长快14个百分点。第三产业投资的快速增长，进一步提升了第三产业在安徽省国民经济中的比重。2000年，全省三次产业结构为24.1:42.7:33.2，同1999年相比，第三产业比重提高了2.7个百分点，是改革开放以来上升幅度最大的一年。同1995年相比，第三产业比重提高了7.6个百分点，比“八五”时期多提升1.3个百分点。

高新技术产业在制造业投资中地位进一步突出。2000年，安徽省在压缩落后的一般性加工项目投资的同时，继续把高新技术产业作为制造业领域的投资重点。全省制造业基本建设和技术改造完成投资91.2亿元，比1999年增长11.2%；其中电子信息及通讯设备业、医药、电气机械及器材制造业、交通运输设备制造业等技术含量高的行业投资完成22.3亿元，增长29.3%，比全部制造业基建和技改投资增长快一倍。制造业投资向高新技术产业倾斜，体现了安徽大力发展高新技术产业和高新技术改造传统工业的工业结构调整思路，起到了积极效果。整个“九五”时期，安徽高新技术产业投资增长保持了快于其他加工业的态势，有力支持了全省高新技术产业经济规模的壮大。2000年，安徽省高新技术产业增加值占工业增加值的比重接近5%，比1995年提高个2—3个百分点。

小城镇建设成效显著。2000年，安徽省小城镇建设总投入80.6亿元，其中县城以下建制镇50.8亿元，一般农村集镇29.8亿元。在小城镇建设投入中，镇区道路铺装投入42.4亿元。通过改革与建设，全省小城镇规划编制调整完善率达到92.8%；其中，省政府确定的200个中心镇规划编制调整完善率达到100%。全省小城镇镇区道路铺装率达到56%。

固定资产投资增长和结构调整带动了全省存量资产结构的优化。“九五”时期，安徽省基建投资新增固定资产953亿元，是“八五”时期的3倍；“九五”时期新增固定资产占期末全社会固定资产净值的20%。其中2000年，安徽省基建投资新增固定资产295亿元，占“九五”时期的31%。

（四）重点建设项目取得突破性进展，经济发展基础进一步夯实

2000年，列入考核的省重点建设项目41个，建成或基本建成的省重点项目和单项工程共有15个。芜湖长江大桥胜利通车，淮北二电厂、合肥二电厂一号机组、芜湖奇瑞汽车、铜陵电子覆铜板、祁南煤矿、淮南化工总厂尿素扩建工程等一批重点项目投入使用。港口湾水库、合徐公路南段、沪蓉公路合安段、蚌埠机场等项目进展顺利。

“九五”时期，安徽省基本建设共建成投产项目8579个，一批标志安徽形象、对未来发展牵动较大的基础设施和基础产业项目相继建成。交通方面，京九铁路安徽段、芜湖长江大桥、合芜高等级公路、合六公路、沪蓉公路高界段、合肥铁路枢纽、合肥机场扩建等项目竣工投入使用。能源工业方面，谢集矿井及洗煤厂、花家湖和八里塘矿、肥西500千伏变电所、响洪甸抽水蓄能电站、马鞍山二电厂2号机组、洛河电厂二期、合肥二电厂等项目交付运营。水利方面，长江干提、港口湾水库建设和怀洪新河治理工程等项目相继完成。加工业方面，蚌埠柠檬酸及盐类扩建、安庆石化腈纶扩建、合肥国风注塑中心、江淮客车底盘及客车项目、美菱大容量全无氟冰箱改造项目、安徽开元集团20万套全钢丝子午轮胎改造项目、铜陵电解铜箔、马钢大H型钢及异型连铸工程、芜湖奇瑞汽车、淮南化工总厂尿素扩建工程等建成投产。城市基础设施建设、环保建设和社会事业建设也取得显著成就。

重点工程项目建设大大提高了安徽基础设施能力和基础产业生产能力。全省“九五”期间新建公路1808公里，其中高等级公路780公里；新增粮库库容33.7亿斤；增加污水处理能力98万吨/日；垃圾处理能力1265吨/日；供水能力65万立方米/日；燃气生产能力

20.3万立方米/日；增加原煤开采能力1346万吨/年；电解铜冶炼能力10万吨/年；增加发电机组容量253万千瓦；建设城市防洪堤745公里。这为“十五”安徽经济和社会发展提供了可靠的保证。

（五）投融资体制改革进一步深化，投资效益逐步提高

2000年，安徽省围绕优化投融资环境，拓宽融资渠道。培育多元投资主体，建立有效的投融资激励和约束机制，促进固定资产投资的市场化、法制化，进一步加大改革和创新力度，保证了固定资产投资经济效益和社会效益的发挥。

加强政府投资项目建设管理，推进公益性项目“交钥匙”工程的实施。安徽省自1998年成立“公益性项目建设管理中心”以来，对政府性投资的公益性项目实行“交钥匙”方式管理，对项目设计、施工、监理和主要设备、材料等实行全面招标投标并做到“公平、公正、公开”，实现项目建设的“投资、质量、工期”三大控制，为政府投资管理探索出了一条科学、规范、有效的途径，取得明显效果。到2000年底，实行“交钥匙”工程的公益性项目达到13个，涉及体育、文化、卫生、教育、科研、行政基础设施和国防等，建筑面积约12.6万平方米。已建成交付使用的项目，不仅质量和工期得到保证，而且投资得到很好的控制。已经建成的安徽省“九运会”场馆工程和安徽省图书馆新馆工程，投资节约率都在10%左右。

发挥政府投资的杠杆作用，积极引导社会投资。2000年，随着政府资金投资结构的调整，加大引导性、调节性的间接投资力度。全省已经建立的骨干性加工业项目贴息资金、三产引导资金、工业“三高”项目和高技术产业引导资金，对重点行业领域的投资和融资提供了很好的支持。为启动民间投资，安徽省在调研的基础上提出《安徽省鼓励和引导民间投资的若干意见》，营造国有投资和民间投资公平竞争的环境。通过省和各市建立的担保机构和担保资金，解决民间投资贷款难的问题。

严格执行建设程序，加强对国债项目的科学管理。到2000年，安徽省实施的国债项目规模，包括国债资金、自筹资金和银行配套贷款，达到600亿元，占同期全省固定资产投资总额的25%。为加强国债项目管理，安徽省政府和有关部门先后制定出台了《关于加强国债项目建设管理有关问题的通知》、《安徽省国债转贷项目建设财务管理和监督办法》、《安徽省转贷国债资金实施办法》、《安徽省移民建镇资金管理办法》和《安徽省水利基本建设项目管理暂行办法》。依照这些办法，安徽省在国债项目管理过程中，加强落实项目法人制、招标投标制、工程监理制、合同管理制和项目资本金制度，保证了国债资金的安全高效使用。

投资体制的改革和完善，促进了投资效率的提高。2000年，安徽省建成投产项目1599个，建成投产率达到54.1%；基本建设投资新增固定资产交付使用率达92.1%，高于全国平均水平；更新改造新增固定资产交付使用率达71.7%，也是近年来较高水平。“九五”期间，安徽省建成投产项目共有8579个，平均每年的建成投产率53.5%；基本建设投资新增固定资产年均增长23.9%，平均每年交付使用率达到78%。

（六）存在的主要困难和突出问题

总体上看，2000年安徽省固定资产投资形势朝积极的方向发展，投资需求对全省经济增长的贡献越来越突出。但相对于经济发展需要，安徽投资的规模、速度、结构等方面仍存在一些问题。

投资规模小、投资率长期低于全国平均水平。2000年，安徽省固定资产投资总额占全国的2.7%，低于GDP占全国3.4%的比重，反差比较明显。2000年，安徽省固定资产投资率为28.5%，比全国平均低8个百分点。“九五”时期；安徽省固定资产投资率与全国的差距从“八五”时期的7.5个百分点扩大到9.2个百分点。由于“九五”时期特别是“九五”中后期，经济增长对投资增长的依赖程度越来越大，安徽投资规模的弱势对安徽在全国经济增长格局中的地位形成很大牵制。

非国有投资增长慢，制约了全省投资的增长。“九五”时期，安徽省非国有投资占全社会投资的一半以上，而且高于全国平均水平。其中，2000年，安徽非国有投资占全社会投资的50.3%。“九五”以来尤其是“九五”后三年，在国债项目投资的拉动下，国有投资增长较快；受体制、机制和企业效益、居民收入等多种因素影响，非国有投资没有积极跟进。1998—2000年，安徽省国有投资年均增长14.5%，非国有投资只增长了2.9%，在安徽非国有投资比重相对较高而增长速度与全国差距拉大的情况下，全社会固定资产投资增长受到较大牵制。在非国有投资中，外商投资下滑势头更为明显。2000年，安徽省实际利用外资只有4.2亿美元，比1999年下降36.8%；其中外商直接投资完成3.2亿美元，下降11.9%。非国有投资以市场为导向，以高回报率为目标，非国有投资特别是民间投资增长慢，对投资结构优化和产业结构升级将带来不利影响。

地区间投资增长和投资效率不平衡，部分市投资增长缺乏后劲。2000年，安徽省17个市中滁州、芜湖、宣城、池州、安庆和黄山6个市固定资产投资增幅分别达到14.5%、12.1%、24.2%、12%和32%，达到或

超过全省平均水平，而有3个市投资出现负增长。投资增长不平衡，一方面是由于部分市农业比重高、城市规模小，缺乏相应的投资项目支撑；另一方面是因为一些市投资项目的跟进和衔接不够，在个别“九五”重大项目提前竣工或进入收尾的情况下，当年投资就出现较大幅度滑坡。与此同时，投资效率在不同地区也存在很大差异。2000年，全省共有4个市项目建成投产率达到60%以上，同时又有4个市项目建成投产率在50%以下。淮北、亳州、阜阳、芜湖和铜陵5个市固定资产交付使用率达到100%以上，而个别市不到40%。

二、“十五”投资建设展望

扩大内需是我国必须长期坚持的基本战略方针。对安徽来说，保持投资快速增长则是扩大内需、促进经济增长最有效的手段。根据近十年来安徽经济增长和投资增长的相关系数，“十五”期间安徽要保持GDP平均每年8.5%左右的增长，投资增长必须达到平均每年11%以上。“十五”期间，全社会固定资产投资累计需要达到6000亿元以上。

“十五”期间，安徽投资增长环境正朝着有利的方向发展。这一时期，安徽省处于工业化加快发展阶段，安徽投资快速增长是大势所趋。从投资增长的空间看，随着经济结构战略性调整的推进和城市化进程的加快，高新技术产业领域、运用高新技术改造传统产业领域、信息服务业领域、农业产业化领域和城镇基础设施领域都孕育着巨大的投资空间。从资金来源看，政府职能转变和金融创新的延伸，为民间投资环境的改善提供了保障；加入WTO的影响向内地渗透，为利用外资特别是吸引外商直接投资增长带来生机。

为保证“十五”时期安徽投资快速增长，安徽省将制定更加灵活的投资政策，深化投资体制改革，转变政府职能，搞好服务工作，改善投资环境；积极做好重大项目前期管理工作，加强项目储备，争取每年都有一批项目开工建设；抓住有利机遇，更多争取国家在皖投资；努力开辟投融资新渠道，大力启动民间投资，扩大招商引资范围，确保建设资金的落实。通过全省上下的共同努力，安徽投资一定能够迈上一个崭新台阶，安徽“加快发展、富民强省”的战略目标一定会结出丰硕的成果。

福建省投资建设情况

福建省发展计划委员会投资处

一、“九五”投资建设

（一）2000年固定资产投资完成情况

2000年福建省完成全社会固定资产投资1112.2亿元，增长2.5%，其中，基本建设投资334.59亿元，下降8%；技术改造投资175.42亿元，增长1.7%；房地产开发投资207.37亿元，增长16.1%；集体、个体及其他投资394.82亿元，增长6.8%。

2000年福建省确定的46个省重点项目共完成投资121.94亿元，大部分项目实现了年初确定的计划进度目标，其中穆阳溪梯级一级芹山水电站、沙县城关水电站、三明竹洲水电站、梅坎铁路、外福铁路电气化、飞鸾岭隧道左洞、湄洲湾3.5万吨级多用途码头、泉州市宝洲污水处理厂、青山纸业有限公司高强牛皮箱板纸、南平铌钽矿、厦门国际会展中心、三明华茂化工有限公司三聚氰胺技改、福建城乡电网建设与改造、晋江市供水一期、三明钢铁厂连铸机高效化及连铸坯热送热装改造、福州大通机电公司特种漆包线15个项目按期建成投产或部分投产；棉花滩水电站顺利下闸蓄水，省博物馆主体结构封顶，部分项目也进入工程扫尾阶段。

全年新增能力：铁路营运里程48.4公里，铁路电气化里程186公里；公路通车里程343公里（其中高速公路52公里）；沿海港口深水泊位2个，沿海港口年综合吞吐能力151万吨；城乡电话交换机36万门；电力装机容量70万千瓦，110千伏变电站8座，110千伏线路21.5公里，农村电网改造完成48个县（区）；水泥生产能力55万吨，电子计算机生产能力77万台，轮胎生产能力90万条，彩色照相胶卷生产能力1100万平方米，高强牛皮箱板纸生产能力15万吨，钽铌精矿生产能力121吨等。

（二）“九五”投资建设情况

“九五”期间，福建省认真贯彻执行党中央、国务院的各项方针政策，扎扎实实做好“九五”计划的组织实施工作，围绕扩大内需促进经济发展的中心任务，努力实现固定资产投资的适度快速增长，五年累计完成全社会固定资产投资4933.85亿元，年均增长12.6%。

剔除价格因素，超额完成“九五”固定资产投资计划。固定资产投资成为全省扩大内需、拉动经济增长的主要动力。

取得的主要成就为：

1. 推动经济实现持续、健康、快速增长。“九五”期间，全省固定资产投资（按可比价格计算）对经济增长的贡献率达到39.1%，比全国平均水平高约4个百分点。

2. 基础设施得到加强。一批建设规模大、起点高、综合效益好，直接影响福建省经济和社会发展全局的重点项目建成投产，显著改善了基础设施条件，使基础设施基本适应了改革开放和现代化建设的需要。五年新增铁路营运里程369.4公里，使境内铁路营运里程达1465.4公里；新增公路通车里程2482公里，其中高速公路345公里，并实现了福建省高速公路零的突破，使全省公路通车里程达50300公里；建成沿海港口深水泊位19个和一批中小型泊位，新增沿海港口年综合吞吐能力2867万吨；民航机场容量显著增强，年旅客吞吐能力达1826万人次；电力装机容量到2000年末突破千万千瓦，达1075万千瓦，城网、农网改造步伐加快，电网最高运行电压等级由220KV升为500KV，电力需求正由卖方市场向买方市场过渡；城乡电话交换机增容223万门，总容量突破600万门；移动电话系统新增容量305.5万门，长途电话交换机增容11.25万路端；新增城市供水能力55万吨/日，污水处理能力35.5万吨/日，垃圾处理能力1500吨/日；能源、交通邮电、城建环保等基础设施状况的改善，为福建省“十五”时期的经济和社会事业的发展创造了较好的基础条件。

3. 经济结构调整取得新的进展。五年来，全省建设了一批举足轻重的工业骨干项目。从1996年开始筛选、确定支柱产业重点建设和前期工作项目，至2000年，共筛选项目140个左右，其中已有75个项目建成投产，大大增强了主导产业发展的后劲，有力地推进了全省产业结构优化升级和经济的较快发展。

4. 加大了科技和教育、文化等社会事业设施的投资力度，促进了科技、社会事业的发展，为提高人民物质文化生活水平和发展知识经济奠定了良好基础。“九五”期间，全省科技教育文化卫生等事业基本建设投资占全部基建投资的比重达8.1%，比全国平均水平高1个百分点；省革命历史纪念馆、福建会堂、厦门国际会展中心、省妇女儿童活动中心、集美大学、医大莆田分校、省游泳跳水比赛馆、协和医院病房楼、冰心文学馆、省口腔医院门诊综合楼、省防疫站实验综合楼等重点建设项目相继建成投入使用。人民的科技文化素质和医疗卫生保健水平有了显著提高。

二、“十五”投资建设展望

（一）固定资产投资工作的思路

“十五”期间，福建省固定资产投资工作的总体思路是：坚持加大投资、扩大内需的方针，加强项目储备及前期工作，进一步拓宽投资来源渠道，促进投资持续稳定较快增长，为国民经济保持较快增长提供重要的需求保证；着力调整优化投资结构，进一步加强农业和基础设施建设，引导发展全省优势产业，振兴事关工业化进程的技术装备工业，培育和发展支柱产业和高新技术产业，促进产业结构升级和经济结构优化，增强经济发展后劲；合理调整生产力的布局和优化资源配置，加快生态环境建设，实现经济、社会和环境的可持续发展；集中力量加快一批关系发展全局的重大项目建设，为推进结构调整、城市化、山海协作等提供可靠的支撑点；进一步深化投融资体制改革，建立起适应社会主义市场经济发展的新型投融资体制框架，切实提高投资效益。

（二）固定资产投资的重点

根据以上思路，“十五”期间，福建省固定资产投资率按30%左右把握，全社会固定资产投资保持适度快速增长，投资实物工作量年均增长8%。投资重点为：

——着眼于推进国民经济和社会信息化，加快建设“数字福建”工程，初步建立较为完备和先进的国民经济和社会信息化体系。

——着眼于扩大发展腹地和增强国防交通保障能力，统筹规划，合理安排，重点加强进出省铁路干线、高速公路、经济干线公路、国防公路和沿海枢纽港等建设，初步建成畅通、安全、便捷的现代化综合运输体系。

——坚持开发与节约并举，与环境协调发展，优化能源结构，合理调整布局的原则，建成一批骨干电源工程和与省外联网工程，优化电源结构，完成城乡电网建设与改造，开发利用洁净及可再生能源，建立稳定可靠的能源保障体系。

——增强抵御自然灾害能力，建设以水利为重点的十大防灾减灾体系和粮食安全体系。

——以市场为导向，以企业为主体，以技术进步为支撑，突出重点，加快发展壮大电子信息、机械和石化三大产业，改造提高传统产业，大力发展高新技术产业，加快工业化进程；建设一批重大工业骨干项目，推进工业改组改造和结构优化升级，提升产业竞争力。

——加快科教兴省步伐和大力开发人才资源，建设一批重大科技、教育项目，增强科技教育综合实力。

——进一步繁荣社会主义文化和提高社会公共服务水平，建设一批重大文化、卫生和体育改施。

——加强污染防治和生态环境保护，重点整治流域性、区域性和行业性污染，解决水、大气等环境污染问题，建设一批污水垃圾处理等环保基础设施。

江西省投资建设情况

江西省省长 黄智权

江西位于长江中下游南岸，是长江三角洲、珠江三角洲和闽东南经济区的直接腹地，具有承东启西、沟通南北的区位条件。全省现有人口4148.5万人，国土总面积16.69万平方公里，地貌可大致概括为“六山一水二分田，一分道路和庄园”。江西资源丰富，农业基础较好，矿产资源配套程度较高，旅游资源更具发展潜力。新中国成立50多年特别是改革开放20多年来，江西省的经济社会面貌发生了根本的变化。随着投资的不断增加，农业的基础地位进一步增强，工业的支柱产业逐步形成，第三产业繁荣发展，特别是基础设施建设日新月异，水利、能源、交通、通信等一大批重大项目的建成投入使用，进一步改善了江西的区位条件，增强了江西经济发展的后劲。

一、“九五”以来投融资领域取得的主要成就

“九五”时期，江西认真贯彻落实中央确定的一系列方针政策，按照发展社会主义市场经济的要求，积极推进投融资体制改革，充分发挥投资对经济增长的拉动作用。“九五”时期是江西历史上固定资产投资规模最大、建成并交付使用项目最多的时期，也是投融资体制改革不断深化、投融资渠道不断拓宽的时期。

第一、投资总量大幅度增加，投资结构发生了明显变化

五年来，全省完成固定资产投资2234.6亿元，比“八五”时期增长了1.4倍，年均增长15.5%。特别是1998年以来，国家实施积极的财政政策，江西省先后使用国债投资132亿元，占全国的3.6%，带动了银行、企业和其他投资220多亿元，拉动了江西经济的增长，投资结构也发生了明显变化。

一是基础设施建设上了新台阶。交通建设已由一般性的道路改造转向重点建设高等级公路，初步形成了大十字型交通骨架工程。江西现有高速公路414里，其中“九五”时期建成276公里。温家圳至厚田高速公路、南昌至樟树高速公路，九江至景德镇高速公路、胡家坊至昌傅高速公路，以及昌厦一级公路都是在近两年建成。同时还改造了二级公路3597公里、县乡公路5500公里。新建南昌昌北机场。电力建设已由电源点为主转向提高和扩大输变电能力和范围为主。“九五”时期，建成了丰城电厂等一批大中型电厂，全省电力装机从五年前的451.3万千瓦上升到640.5万千瓦，根本上扭转了供电紧张的局面。“九五”后期，又全面启动了城乡电网改造工程，到去年底已有66个县完成了改造任务。水利建设方面，进一步提高了防洪标准，对经济建设的保障能力明显增强。五年整治和加固长江、鄱阳湖等重点江湖岸堤800公里，建成了大坳水利枢纽等水利工程。通信事业飞速发展，程控电话装机从150万门上升到460万门，移动电话容量从10.2万户上升到220万户。

二是有利于改善人民群众生活质量的项目建设进一步加快。1998年以后，在中央的支持下，江西实施了大规模的退田还湖、移民建镇工程。1998年到2000年三年投入资金22.6亿元，新建和扩建了58个集镇、219个中心村、1176个基层村，共搬迁移民60余万人。增加鄱阳湖调蓄洪面积1290平方里，使广大滨湖地区群众从此免受洪涝灾害之苦。城市基础设施建设取得明

显进展。建成了一大批城市供水、道路、燃气、环保等项目。南昌市青云水厂、新余市第三水厂、南昌市朝阳洲污水处理厂、麦园垃圾填埋场等重点工程投入使用，新增城镇日供水能力100万吨。为增强粮库安全，建设了一大批粮食储备库，增加粮食仓容45亿斤。房地产项目建设加快，特别是2000年完成投资42.4亿元，增长26.1%；其中商品房销售额27.2亿元，增长35.3%。为改善广大农村地区群众的生产生活条件，建设了一大批文化、卫生、教育项目，实现了村村通广播电视和电话。

三是形成了一批新的工业生产能力，加快了全省工业化进程。着眼于发挥江西资源优势和壮大传统产业，新建和改造了一批工业生产线。九江化纤厂粘胶长丝扩建工程、宜春中密度纤维板厂等大中型项目建成投产。江铃集团全顺车身国产化、华意年产200万台无氟压缩机、江纸高档彩色新闻纸生产线、万年青日产2000吨干法水泥、新纺特种涤纶线等重点技术改造项目取得了明显进展。利用外资建设的年产130万吨的瑞昌水泥厂投入使用。“九五”时期，全省工业技改投资达337.1亿元，比“八五”增长54.5%。

第二，投资来源渠道进一步拓宽，投资主体多元化的格局初步形成

“九五”时期，全省国有经济完成投资1149.6亿元，比“八五”时期增长100.6%，非国有投资大幅度增长，在全社会投资中的比重，从37.9%上升到48.5%。投资来源多渠道、投资主体多元化的格局开始形成。利用外资的规模明显扩大。“九五”时期，全省利用国外、境外资金27.3亿美元，比“八五”时期增长76.7%。1997年亚洲金融危机爆发后，全省努力克服当时利用外资徘徊的局面，加大了吸引省外资金的力度，积极开展横向经济联合与协作。“九五”时期全省利用省外资金238亿元，形成了与国外、境外资金两分天下的格局。积极利用资本市场。“九五”时期，江铃股份，华意压缩、江西水泥，凤凰光学、赣能股份、赣南果业等16家公司发行股票并上市，募集资金89.7亿元，2000年又有诚志股份、洪都航空，赣粤高速3家公司发行新股，九江化纤、江西纸业等5家上市公司配股，募集资金34.1亿元，占五年总额的38%。努力启动民间投资。长期以来，江西非国有经济的发展水平一直很低，为了尽快改变这种局面，“九五”后期，江西采取一系列政策努力启动民间投资。2000年，全省股份制经济、外商投资经济、联营经济等完成投资45.1亿元，比上年增长29.4%；个体私营经济也完成投资158.8亿元，比上年增长9%。更多地利用银行贷款。五年来全省金融机构的贷款余额已由1034.6亿元增加到1837.1亿元，净增加802.5亿元。近两年，江西又充分利用政策性银行贷款，与国家开发银行签订加强金融合作的协议，2000年实际利用开行贷款14.9亿元，比上年增长16%。

第三，进一步加大治理力度，投资软环境开始改善

制约江西省经济发展的一个重要因素，就是投资软环境与发达省份存在较大的差距。近年来，江西省下大力气采取各种措施，努力营造外资引得进、留得住、用得好的良好环境。2000年，省委、省政府相继出台了《关于整治和优化投资及经营软环境的决定》、《关于进一步加快全省个体私营经济发展的决定》、《鼓励外省投资若干规定》等一系列文件，下大力气整治和优化投资软环境，并将2000年确定为全省投资环境整治优化年。清理行政审批事项。2000年开始到今年4月进行了第一批清理。按照进一步解放思想的要求，今年7月底前又进行了第二次清理。共取消711项行政审批事项，取消率63%。同时，强化对已取消的行政审批事项的监管，建立高效的行政审批运行机制，规范审批行为，改革审批方式，提高办事效率。规范和整顿市场经济秩序。严厉打击了走私和出口骗税，治理对企业乱罚款、乱收费和各种摊派，打击假冒伪劣产品，为投资及经营创造良好的市场环境。

第四，加快建设领域的法制化进程，项目管理进一步规范化

为了建立适应社会主义市场经济的项目建设管理机制，江西省着重从以下几方面着手。一是加快了法制化建设。出台了《江西省重点建设项目管理办法》、《江西省基础设施建设项目质量管理规定》，积极推行建设项目法人责任制、项目资本金制、工程招投标制、工程质量监理制，加强了以工程质量管理为主要内容的项目建设管理。加快了中介机构与政府部门的脱钩，加强了投资服务中介机构的管理。二是规范了招投标工作。围绕实施国家颁布的《招标投标法》，江西省加强宣传和执法力度，在重点工程建设上，严把投标单位资质关，严格审查招标代理机构资质，建立评标专家库，维护了国家和社会公共利益。三是积极推进政府采购试点工作。江西省出台了《江西省政府采购暂行实施办法》，规范了政府采购行为，对大宗商品进行了政府采购试点，确定了扩大政府采购的规模、范围、采购目录和实行招标采购的最低限额标准。将政府采购的政策、监督管理与具体采购事务相分离。

“九五”以来，江西在投融资领域取得了较大成绩，但同时也要看到，存在的问题和困难也不少。突出表现在积累和投入仍然不足，使得工业化、城市化发展滞后，进一步发展后劲乏力。这都需要在今后时期着力克服和解决。

二、"十五"扩大投资、推动经济发展的初步设想

未来五年，是江西省经济和社会发展极为重要的时期。国际环境发生了重大变化，随着我国加入世界贸易组织，我们将更直接面对世界经济强手的竞争。从国内看，东部大发展、西部大开发，省际间、地区间正在展开新一轮的经济竞争。国际国内环境对我们提出了严峻挑战，也为我们实现加快发展提供了历史性机遇。新科技革命突飞猛进和经济全球化趋势增强，推动了发达国家结构调整和产业转移，也将加速我国沿海发达地区产业结构升级和梯度转移。这为我们发展开放型经济，提升经济发展水平和综合实力提供了前所未有的机遇。江西具有毗邻沿海发达地区的区位优势，又具有生产要素成本相对较低的优势。这两大优势的组合为我们承接沿海及海外产业转移，加快经济发展创造了极为有利的条件。

今后时期，江西将抓住机遇、发挥优势，在改革开放和社会主义现代化建设中谱写新的篇章。在经济建设中，江西将坚持以加快工业化为核心，以大开放为主战略，以观念创新、体制创新和科技创新为强大动力，大力推进农业产业化和农村工业化，加快推进城市化和城市工业现代化，不失时机地推进信息化，全面提升综合竞争力，实现经济和社会可持续发展。江西在投融资领域的主要设想是：

第一、多渠道筹集社会资金，加大工业投入，迅速壮大工业总量

围绕加快形成具有江西特色的优势产业群，选择发展前景好、具有比较优势、产业带动作用大的行业，加大扶持和投入力度，做大做强支柱产业。适应高新技术发展的趋势，通过引进合作，优先发展电子软件、生物制药、稀土和有机硅深度开发、光机电仪一体化等重点领域的高新技术产业，构筑工业发展的新高地。加大技术改造力度，运用高新技术和适用技术推进有市场、有效益的传统产业的升级。积极扶持中小企业特别是科技型企业发展，改善中小企业的融资条件，促进它们向"专、精、特、新"方向发展。发挥各方面的积极性，加快工业园区建设，依托园区办工业，形成规模效益和聚集效应。

第二、加大基础设施建设，进一步改善经济发展的物质条件

按照统筹规划、合理布局的原则，加快一批骨干项目的建设。一是以公路建设为重点，加快交通基础设施建设步伐。确保"十五"期间建成横跨东西。纵贯南北的高速公路主骨架，实现出省主通道和省会城市到设区市道路的高速化，加快国省道改造和重点旅游区的交通建设，全面提高县乡公路等级，构筑高速公路为骨干、高等级公路干线为依托、沟通省内外的快速便捷的公路网。同时积极支持和配合铁路建设，改善航空、内河运输条件，健全综合运输体系。二是以城乡电网改造和建设为重点，调整电力建设结构，进一步开拓电力市场，提高电力资源利用率。三是以电信业建设为重点，完善提高城乡通信网络，加快建设宽带网，积极推进"网上江西"建设，满足经济和社会信息化的需要。四是以水资源综合利用和防洪为重点，有计划地兴建一批兼有防洪、灌溉、发电等功能的控制性水利工程，加强水土保护和生态环境建设，下大力气解决江西洪涝灾害问题。

第三、实施大开放主战略，实现利用"三外"资金规模和质量的重大突破

坚持对内开放与对外开放并举，紧紧抓住沿海地区产业升级和结构调整的有利时机，充分发挥江西省区位优势和低成本优势，积极主动接受沿海发达地区的经济辐射，大力拓展与周边省市的横向经济联合与协作，努力使江西成为沿海发达地区产业梯度转移的承接基地、优质农副产品的供应基地、劳务输出基地和旅游休闲的"后花园"，并力争在更大范围、更高层次上与沿海发达地区对接与互动。进一步扩大开放领域，改进招商引资方式，提高服务水平，积极吸引省外、境外、国外大企业、大集团来赣投资，并通过引资大力引进先进技术、管理经验和人才。

第四、按照建设与整治相结合的原则，以更加有力的措施优化软环境

适应加入世贸组织的新形势、新要求，依据国际通行规则和国家涉外经济法律，结合江西省实际，抓紧清理和制定有关的地方性法规和政府规章，健全法制，严明执法。进一步整顿和规范市场经济秩序，打破行业垄断和地方保护主义，依法维护投资者合法权益。加快政府职能转变，减少审批事项，下放审批权限，简化审批环节，提高服务水平和办事效率。努力营造一个公正公平的市场环境，公正高效的法制环境，高效廉洁的政务环境，人尽其才、才尽其用的人文环境。创新融资机制，贯彻"谁投资、谁决策、谁受益、谁承担风险"的原则，推动基础设施建设投资主体和经营主体多元化。特别是通过出售和转让一批具有盈利能力的基础设施，增强政府的再投资能力。

"十五"期间，是我国全面建设小康社会、加快推进社会主义现代化建设新的发展时期。加快江西经济发展，既面临挑战，又面临机遇，我们将紧密团结在以江泽民同志为核心的党中央周围，高举邓小平理论伟大旗帜，坚持以"三个代表"重要思想为指导，大力弘扬井冈山精神，解放思想，坚定信心，开拓进取，加快发展，使江西的明天更加美好。

山东省投资建设情况

山东省省长 李春亭

一、"九五"投资建设

（一）实施积极的财政政策，投资保持较快增长

"九五"期间，山东省委、省政府认真贯彻中央的方针政策，审时度势，调整思路，把宏观调控的重点及时转到扩大投资、启动内需上来。实施积极的财政政策，加大投资力度，加强了农林水利、交通通信、城建、生态和环保、城乡电网改造、粮食储备库和经济适用房等基础产业和基础设施建设。五年累计，全省国有单位用于基础设施的投资4000多亿元。1998年以来国家共安排山东省国债项目525个，总投资540亿元，已建成使用的项目370多个，对于扩大投资、启动内需，拉动经济增长起到了重要作用。整个"九五"时期，GDP年均增长11%。全社会固定资产投资累计完成10197亿元，年均增长14%，拉动经济增长5—6个百分点。

（二）集中力量搞好重点建设，基础设施支撑能力增强

"九五"期间，山东省继续把重点建设放在经济发展的战略位置，作为重要任务来抓，开工建设国家和省定重点建设项目100多个。在资金比较紧张的情况下，全省努力扩大各级银行用于重点建设、高科技项目和技术改造的投资，积极运用财政贴息杠杆支持政策性融资，加大了直接融资力度，对承担重点建设项目的企业，优先推荐股票上市和发行债券。这些措施保证了重点项目的顺利实施，取得了显著成效。五年累计完成投资970亿元，京沪、京福高速公路（山东段）、济邯铁路、烟台港等重点港口扩建、日照发电厂、济南引黄供水、沂沭泗河洪水东调南下、鲁抗千吨青霉素钾盐工程等70多项重点项目，已经按计划建成投入使用，对全省经济和社会事业发展起到了有力的促进作用。"九五"期间全省新增高速公路1700公里，铁路通车里程814公里，港口吞吐能力3448万吨，局用交换机容量796万门，移动通信交换机容量767万门，发电装机容量716万千瓦，粮食仓储能力200多万吨。交通、通讯、电力等方面的"瓶颈"制约基本消除，经济发展的支撑能力进一步增强，城市生活服务设施和环境质量得到明显改善。

（三）加大投资结构调整力度，结构得到优化

"九五"期间，全省把加快产业结构优化升级作为提高经济整体素质的战略措施来抓，研究制定了投资结构调整的实施意见，努力做到存量与增量调整相结合，以增量优化带动存量调整。在项目安排上，积极贯彻结构调整的要求和原则，重点支持了十几个大型企业集团的组建和发展，强化了农林水利、交通通信等基础产业和基础设施建设，重点加强了对传统优势产业的改造，制定了高新技术产业发展的规划，出台了有关产业发展的具体政策，形成了以市场为导向、企业为主体、政策为指导的结构调整新机制，提高了投资结构调整的实效。基础产业和基础设施投资继续得到加强。"九五"期间，农林水利投资年均增长16.0%，交通通信投资年均增长20%，能源投资年均增长17.5%，城建和环保投资年均增长12.6%，文教卫生等社会事业投资年均增长15.0%。技改投资增幅呈逐步上升趋势。特别是近两年为鼓励和支持企业加大技改投入，国家和省安排专项资金，用于重点项目的技改贴息，促进了整个技术改造投资增加。"九五"末国有单位技改投资增长26%，高于"九五"初期14个百分点。新上项目中高技术含量、高附加值和市场前景好的项目所占比重提

高，对进一步推动今后存量结构调整将起到积极作用。

（四）加快改革步伐，推进投资主体多元化

“九五”期间，山东省进一步改革投融资体制，明确政府和企业的投资范围。放开竞争性行业的投资领域，无论是基本建设还是技术改造项目，坚持走市场化融资的路子，以企业为投资主体，由企业通过市场筹措落实建设资金。政府财政性投资从一般性竞争行业和项目中退出，集中搞好社会公益性项目和基础设施项目建设，发展主导产业骨干项目和高新技术产业中的关键项目。打破所有制限制，通过不同投资主体相互参股、控股，广泛吸收社会资金投向重点建设领域，不断拓宽重点建设资金渠道，推进了投资主体多元化。“九五”期间，国有单位投资占全社会投资的比重由“八五”时期的50.5%降为45.4%。非国有单位投资已占到全社会投资的一半以上。尤其是股份制形式的投资规模迅速增加，增幅大大快于国有、集体、个体投资，占全社会投资的比重由“八五”的8.8%上升为12.1%。

二、“十五”投资建设展望

“十五”期间，山东省确定国民经济总量年均增长9%左右，到2005年经济总量达到13150亿元。“十五”初期，扩大内需仍将是保持经济稳定增长的一项基本方针，固定资产投资作为扩大内需的一个重要方面，需要保持一定规模和增长速度。根据全省“十五”计划确定的总体任务和目标，按照省委、省政府制定的“科技兴鲁、国际化、城市化和可持续发展”战略的总体要求，全省将紧紧围绕加快发展这一主题和结构调整这一主线，进一步加强对投资的宏观调控，努力保持投资的适度稳定增长，促进经济持续健康发展。“十五”期间争取完成全社会固定资产投资18000亿元左右，年均增长12%，投资率保持在30%左右。在项目安排与资金投向上，要以全面提高经济整体素质和竞争能力为目的，坚持存量与增量相结合，以增量调整带动存量优化，以存量优化促进结构升级，逐步形成以现代农业为基础、竞争力较强的第二产业为核心、发达的第三产业相配套、完善的基础设施为支撑的产业发展格局。

（一）强化农业基础

以提高质量和效益为重点，因地制宜、发挥优势、突出特色，积极调整品种结构，满足市场对农产品优质化、多样化的需求。种植业，在保证有效供给和粮食安全的前提下，积极发展高效经济作物，大力发展特色种植业。畜牧业，加快品种改良步伐，大力发展食草型、节粮型畜牧业，突出发展奶业，提高规模化养殖和精深加工水平。建设胶东畜产品出口基地，增强山东省畜产品在国际市场的竞争能力。水产业，稳定近海捕捞，加快发展远洋和海外渔业，广泛参与世界渔业资源的开发利用，大力推进浅海滩涂和淡水养殖，积极发展水珍品，推广工厂化养殖，重视发展生态渔业。加快农业产业化步伐。以龙头企业为主体，进一步理顺利益关系，实行产加销一体化经营，发展“订单农业”，带动具有品牌优势的特色农业基地建设。鼓励大企业参与农业产业化，实现农产品加工集约化、规模化、工厂化。农产品加工增值率达到65%以上，农副产品出口创汇占农业增加值的比重提高到15%。

（二）促进传统工业优化升级

“十五”期间，重点改造10大传统工业，培植20个销售收入过百亿元的企业集团，并努力使家电、汽车、装备制造、纺织、化工、建材、造纸、食品成为优势明显的产业。家电制造业，以大型企业为龙头，强化规模、技术和竞争优势，放大名牌效应，提高市场占有率。汽车工业，立足现有轿车零部件基础和重型车优势，加强与国内外大公司的合资合作，重点抓好轿车、重型车，调整优化农用运输车、摩托车，带动客车及改装车、汽车零部件的发展。装备制造业，充分用好国家振兴装备工业的政策，加快引进技术的消化吸收与创新，加大改造、重组力度，增强自主研制能力，大力开发进口替代产品，重点发展基础机械、工程机械、船舶制造、环保设备、输变电设备、筑路机械、轻纺机械、农业机械等八大产品系列。化学工业，立足现有资源和技术优势，重点扩大高附加值产品比重。纺织工业，以面料为龙头，以提高染整技术为突破口，压缩初粗加工能力，应用高新技术培植新的增长点。造纸工业，着力优化原料结构，提高产品档次，培育大型集团，保持和扩大行业竞争优势。医药工业，大力发展以心血管药、抗肿瘤药、新型制剂产品、保健药物等技术含量高、市场容量大的产品。冶金工业，重点抓好三厂一矿一大钢，发展规模经济，加快淘汰落后生产能力，提高产业集中度。建材工业，重点提高质量和档次，大力发展技术含量和附加值高的新型建材。食品工业，重点优化发展酒类、饮料、保健、方便四大系列产品。

（三）推进高新技术产业化

立足本省优势领域，重点发展电子信息、生物工程、新材料三大新兴产业群，带动海洋新兴产业、先进制造业、新能源等领域的发展。电子信息，密切跟踪全球数字化、网络化、多媒体等前沿技术的最新进展，强化引进技术的本土化开发，提高自主开发能力，培育具有自主知识产权的产品，提升技术水平和产品档次。生

物工程，追踪世界前沿技术，重点在基因、细胞和酶三大工程为代表的现代生物技术上实现突破，在重点领域形成产业优势。新材料，重点发展高分子材料和电子基础材料两大领域，带动特种材料、纳米材料、复合材料、磁性材料的发展，培植30个技术水平高、规模大、效益好，在国内外具有较大影响的拳头产品。

（四）加快信息基础设施建设步伐

发挥现有基础物理网络的优势，以建成信息高速公路为目标，利用国内外先进技术，加快升级改造步伐。基本建成集语音、数据、图像等功能为一体、超大容量、高度灵活、安全可靠、覆盖全省的宽带、多媒体、数字传输网络。进一步发展完善电信、有线电视和计算机三大网络，实现电话、电视、电脑“三电”一体，话务线、电视有线、数据线“三线”合一。不断优化基础传输网络结构，以发展大容量光纤传输系统为基础，实现网络结构由环形网向格形网的过渡。加强数据和多媒体通信网建设，重点建设骨干网和区域网，形成覆盖全省、通达全国、优质高效、安全可靠的宽带多媒体数据通信网。适时调整移动通信网络结构，完善提高GSM网，适时进行CDMA网的建设。计划到“十五”末，全省有线电视入户率达到60%，网络用户超过800万户。

（五）加快水利建设步伐

以提供防洪安全、保障供水、保护生态和改善水环境为根本目的，实行兴利除害结合、防洪抗旱并举、开源节流治防并重，按照“全面推行节约用水，科学引用黄河水，积极引用长江水，大力拦蓄地表水，合理开发地下水，提高污水处理回用率，实施海水利用和淡化工程”的思路，加强水资源的统一规划和优化配置，尽快建立水利投入保障机制，努力缓解水资源供求矛盾。到2005年，新增供水能力20亿立方米，节水15亿立方米，平水年基本满足公共用水、城乡人畜吃水和工农业生产用水，枯水年缺水率降低到10%左右。着力解决好城市供水和人畜吃水问题。配合做好南水北调东线工程的前期工作，争取国家尽早实施。加快启动西水东调等部分重点工程进度，开工建设太河、八河水库等一批城市供水工程，争取“十五”期间基本解决重点缺水城市的供水问题。建设100处乡镇集中供水工程，争取全部解决历史性缺水地区的人畜吃水问题。加快防洪除涝工程建设，全面实施节水工程，加大水环境治理力度。

（六）优化交通和能源建设

交通建设。铁路：以提高综合运输能力为重点，优化路网布局和干支结构，提高路网质量，铁路营业里程达到3548公里。公路：调整投资结构，注重完善提高路网总体等级水平，搞好农村道路建设，实现全省所有行政村都通等级公路的目标。高等级公路建设，重点搞好“九五“结转项目，新开工规模350公里左右。水路：加快发展主枢纽港，适度发展地方性大港，严格控制中小港口建设，基本形成布局合理、规模适当、功能完善的沿海港口运输体系。全省新增港口吞吐能力3000万吨。民航：机场建设要遵循“统一规划、分期建设、适当超前”的原则，以青岛、济南为中心，加快扩建改造，完善配套烟台机场，改造济宁机场，严格控制新建机场，基本形成布局合理、运力安排适当、航线网络层次分明的航空运输体系。

能源建设。电力：坚持适度发展的原则，优化发展火电，积极争取核电，加快建设抽水蓄能和燃机电站。严格控制20万千瓦以下火电和自备电厂项目，采取措施关停小火电，重点建设单机60万千瓦及以上超临界机组和坑口电厂。完成“九五”结转的大中型机组605万千瓦，新开工规模800万千瓦。电网建设，坚持适度超前的原则，加强500千伏电网建设，争取“十五”末形成主网架，线路达到2325千米，变电容量1025万千伏安。煤炭：加快东部老区收缩速度，实施生产布局西移，将鲁西南建成重要的煤炭生产和出口基地。到2005年，原煤产量为12亿吨。石油：继续加快勘探开发步伐，在稳定陆地石油生产的同时，加大海上石油勘探开发力度。

（七）大力提高人民生活质量，全面促进社会文明建设

“十五”期间，将继续加大投资力度，把住宅建设和教育、旅游、文化等基础设施建设摆在重要位置，积极培育新的经济增长点，努力提高人民群众的生活质量。城镇住宅建设，以经济适用房建设为重点，“十五”期间，争取城镇人均居住面积提高到15平方米，住宅成套率达到80%以上，使人民居住条件明显改善。加大对教育、旅游、文化、卫生等基础设施建设的投资力度，积极满足人民群众的需求。

三、“十五”的主要工作措施

（一）广泛融通资金，保证重点建设

“十五”期间，对于省里确定的重点建设项目，要想方设法、广开筹资渠道，保证重点建设的顺利完成。在积极争取更多的重点工程列入国家计划的同时，努力扩大各级银行用于重点建设、高科技项目和技术改造的投资。积极运用财政贴息杠杆支持政策性融资，提高财政性投资的引导作用和启动效益。省高新技术风险投资

公司，政府投入的资本金，争取在2—3年内由目前的6亿元增加到20亿元，并按照股份制运作形式，“十五”末总资本力争达到50—100亿元。争取国家批准建立科技创业投资基金和产业发展基金。加大直接融资力度，对承担重点建设项目的企业，优先推荐股票上市和发行债券，并积极推荐更多的企业到香港和国内创业板市场上市融资。加大在国内外转让现有基础设施经营权和股权的工作力度；建立产业调整基金，鼓励国有企业退出一般竞争性行业和领域，筹措更多的资金用于重点项目建设。

（二）加大结构调整力度，提高投资效益

在稳定或适当调减电力、公路建设投入的同时，加大水利、城建、生态环保、城乡电网、信息基础设施等领域的投资力度，集中搞好一批骨干工程项目，增强可持续发展能力。能源、交通占国有投资的比重由“九五”的52%调整到45%左右，水利和城市基础设施的比重由10%提高到15%左右。努力扩大加工制造业尤其是高新技术的投资，建设一批关系经济发展全局的重大项目和关键技术项目，加工工业的投资比重由“九五”的4%提高到8%左右。积极鼓励企业加大投改投入，加快产业优化升级，进一步增强市场竞争能力，技改投资占国有投资比重由“九五”的25%提高到30%。强化产业政策对投资的调控。基础设施建设，特别是机场、港口、交通、通信、电力、矿山开采等，要坚持全省统一规划、合理布局，严格审批程序，严禁盲目重复建设。继续调整所有制结构，逐步收缩国有投资范围，政府财政性建设资金重点保证教育、文化、农业和水利等项目建设。

（三）积极采取有效措施，促进非国有投资的增长

“十五”期间，将重点研究制定鼓励非国有投资的政策措施，引导社会资金投向，逐步打破所有制界限，拓宽非国有投资领域，促进非国有投资尤其是个体私营投资的较快增长，使非国有投资占全社会投资的比重由“九五”的54.6%提高到60%左右。

（四）加快改革步伐，建立新型投融资体制

按照“企业自主决策、政府宏观调控、银行独立审贷、发展资本市场、健全服务体系”的改革的总体要求，建立适应社会主义市场经济的新型投融资体制。

河南省投资建设情况

河南省副省长 张洪华

一、“九五”投资建设

“九五”期间，河南省紧紧抓住国家实施积极财政政策的机遇，克服困难，加大固定资产投资力度，在国内有效需求不足、国际市场疲软的情况下，坚持在重视投资总量、速度的同时，始终把优化投资结构，提高投资效益作为整个投资活动的中心，全社会固定资产投资完成6220亿元，年均增长13%，比全国平均水平高1.9个百分点，胜利完成“九五”投资计划，为国民经济的发展注入了强大的动力。2000年全社会固定资产投资完成1475.76亿元，增幅比1999年提高5.6个百分点，比1999年增长11.5%，比全国平均水平高2.2个百分点。

（一）以调整经济结构为目标，优化投资结构，提高投资效益

“九五”期间全省经济结构调整取得实质性进展，经济发展后劲增强。工业结构调整力度加大，近两年实施的结构调整项目有300多个，总投资400多亿元，完成后每年可新增销售收入700多亿元，全年更新改造投资完成163亿元，增长26.2%，其中工业技改投资增幅达33.7%，所占比重明显上升。通过结构调整拉长了产品链条，工业新产品产值比上年增长11.3%。投资产业结构不断优化，第一、二产业投资比重下降，第三产业投资比重上升，这必将对今后几年的经济结构优化打下坚实的基础。投资地区结构逐步合理化，积极采取投资极点发展模式，加大对大城市的投入，增强其聚集作用和辐射作用，力争形成全国性的区域中心。继续建设以郑州为中心、以洛阳和开封为重要支撑的中原城市群，扩大城市规模，优化产业布局，完善城市体系，改善生态环境，增强辐射功能；加大中小城市的资金投入，发挥其辐射作用，带动地区经济的发展，集中精力建设漯河、济源等6个地级市和巩义、项城等20个县级市；积极发展小城镇，转化农业人口，加快全省城镇化的步伐。

（二）改革投融资体制，拓宽融资渠道

“九五”期间河南省的投融资体制改革继续向市场化目标迈进，大力倡导市场机制在投融资活动中的主导地位，充分发挥市场在资源培植中的决定作用。本着“谁投资、谁决策、谁建设、谁收益、谁承担风险”的原则，全省主要在以下几个方面取得了较大的进展：一是企业投资主体本位化、项目投资主体多元化。大力推行建设项目法人责任制，先建立法人，后有项目，由企业法人对建设项目的筹划、筹资、建设直至生产经营、归还贷款和债券本息以及资产的保值增值，实行全过程负责，承担投资风险。对于建设项目投资主体，河南省坚决打破地区封锁、行业封锁、所有制歧视等阻碍资金流动、投资主体多元化的障碍，鼓励全社会共同投资，特别是民间资金投向基础设施、支柱产业、高新技术产业等领域。二是强化投资风险约束机制。对非国有投资主体主要是严格项目资本金制度和项目法人责任制；对国家投资主体，则健全政府的监督和约束；对公共投资计划和重大投资项目，则严格审批，强化决策职能。三是政府职能归位。确定政府的投资领域主要在公益项目，基础设施、支柱产业、高新技术以及对全省经济和社会有重大影响的项目。政府的主要调控手段是经济、法律手段，主要使用产业政策、地区政策、高技术政策、财政政策以及各种投资法规、制度来规范投资活动。在政府的项目审批方面，加大了改革力度，取消了一批行政性审批权限，放宽对一般竞争性项目的审批，保留的审批权则简化其审批手续和环节。四是积极探索融资新路子，千方百计扩大资金来源。对现有赢利性的基础设施项目，政府通过控股、参股以及经营权转让等措施引导社会资金进入。对于新建项目，鼓励采取项目融资或BOT方式融资，还提倡实践资产证券化融资模式。政府还对一些有收费机制但效益难以做到收支平衡的项目，采取财政补贴措施，鼓励社会资金进入。

（三）建设成就斐然，重点工程建设进展顺利

重点工程事关全省经济大局，对全省的经济平稳运行作用巨大。河南省各级政府对抓好重点建设的工作高度重视，制订措施，加强指导和服务，提供良好的外部环境，确保重点项目按计划顺利建设。2000年重点工程共投入283.9亿元，占全年固定资产总投入的19.24%，一批重大项目相继建成并发挥效益。小浪底水利枢纽两台机组并网发电，洛阳大化纤工程、焦作万方280KVA预焙槽电解铝示范工程、平煤集团十三矿、郑州郊区部城矿、鹤壁矿区冷泉矿等建成投产；禹州电厂、信阳电厂建设进度加快；宁西铁路、安玻四期、盘石头水库相继开工建设。2000年全省完成黄河、淮河等干流堤防加固234.8公里；改造灌区12个，建设节水灌溉工程18个，新增灌溉面积126万亩，改善恢复灌溉面积120万亩；在黄河、长江、淮河流域15个县营造生态防护林17万公顷；新增公路通车里程4123公里，改造高中低压线路17.8万公里；完成高校扩招3个，总建筑面积3.4万平方米；实现了1557个广播盲区行政村、3124个电视盲区行政村通广播电视。重点项目新增主要生产能力：电力装机109.8万千瓦，煤炭开采375万吨，电解铝6.4万吨，聚酯20万吨等。

二、“十五”投资建设展望

“十五”计划，河南省的投资指导思想是：配合国家继续实施积极的财政政策，保持固定资产较快增长；继续加快农林水利、交通、城建、环保、城乡电网等基础设施项目建设，确保大部分国债项目建成投产；加快结构调整和产业升级；利用市场机制多渠道筹集资金，积极引导社会投资；加强工程质量管理，提高投资效益；大力推进工程建设管理的市场化、社会化，积极推进投融资体制改革。全省全社会固定资产投资预计完成10800亿元，年均增速为13%左右，投资率为34%左右。“十五”期间，全省固定资产投资的重点工作是，继续加强基础设施和社会公益性设施建设，提高投资效益，优化投资结构，引导投资方向，保持固定资产投资

快速增长。2001年全社会固定资产投资预计完成1650亿元，增长12%。其中基本建设655亿元，增长10%；技术改造192亿元，增长17.5%；房地产开发92亿元，增长18%；集个体投资660亿元，增长10.5%。

（一）较快的经济增长速度和庞大的市场规模

2000年河南省实现国民生产总值5126亿元，增长9.4%，高于全国1.4个百分点。从1997年起GDP总量一直位居全国第五位，列中西部地区之首。人均GDP 2000年达到5442元，位居全国18位。近几年来城镇居民的人均年收入都保持较高的增长速度。2000年城镇居民人均年收入达4766.26元。人均实际支出4486.47元，其中消费支出3830.71元，消费倾向为80.37%高，大大高于全国平均消费倾向。众多的人口、居第五位的GDP总量、高消费倾向必将为投资者形成一个稳定的广阔的产品销售市场。

（二）丰富的自然资源

河南省中部和东部为辽阔的平原，平原面积占55.7%。耕地面积6834千公顷。南部属北亚热带，中部和北部属暖温带，四季分明，年平均降雨700毫米。粮棉油烟和肉类总产量稳居全国前三位。河南省已发现矿种121种，17种居前三位，48种居全国前十位。丰富的矿产资源和农副产品为经济的发展提供了便利的条件和重要物质保障，也为来河南的投资者提供了优越的创业条件和经营环境。

（三）比较完备的工业体系和潜力极大的投资机会

2000年，全省完成工业增加值2075亿元，比上年增长11.4%，占全国工业增加值的5%强，位居全国第六位。一批能够参与国际国内竞争的大企业迅速发展；一批重要工业品在全国具有较高的知名度和市场占有率。但是，全省的新兴工业和高技术产业比重小，发展潜力极大。省《十五纲要》明确提出，要把电子信息和生物技术发展成新的支柱产业，加大与境外科研机构、高等院校、大公司开展多种形式的合作的力度。

（四）日臻完善的基础设施

到2000年底，河南省电力装机容量突破1500万千瓦，全省发电量702.73亿千瓦时，居全国第五位。煤炭生产能力1亿吨，居第二位。公路通车里程64533公里，其中高速公路465公里，在建规模1090公里，位居第一，不久将形成以郑州为中心，连接各中心城市，并连接邻省的高速公路网。铁路网继续保持全国中心枢纽的不可替代优势，“四纵五横”的铁路格局使河南的交通“四通八达”。航空每周有500个航班飞往国内40多个重要城市和香港、澳门。通信建设突飞猛进，电话普及率达9.64部/百人，乡村普及率达100%，移动电话用户311万户，基础电信网、广播电视网、高速宽带网和用户接入网建设迅速发展。

（五）大力发展非公有制经济和不断提高经济市场化程度

河南省《十五纲要》把鼓励非国有经济的发展，作为全省今后着力抓好的重点工作之一。在这个前提下政府各部门将加大扶持力度、环境治理力度和依法保护力度。同时努力使非公有制经济真正实现政治上有荣誉、社会上有地位、事业上有发展。省《十五纲要》要求进一步开放市场，继续发展和完善商品市场，重点培育和发展各种要素市场，维护市场秩序，尽快形成公平竞争、统一开放、规范有序、符合国际惯例的市场体系。

（六）人力资源丰富且成本相对较低

河南为全国第一人口大省，人力资源极其丰富，2000年从业人员在5500万左右，2000年普通高校大专以上毕业生达6.1万人左右，预计2005年将达到13万人。人力资源能满足不同层次的需要。全省职工工资人均为500元左右，高学历人才月工资在600—2000之间，大约为东部发达地区的40%—80%，成本相对较低。失业人员保持稳定的比例，投资商有较大的选择余地。

（七）行政管理体制和机构改革强力推进

为了配合经济体制改革和发挥政治体制对经济体制的推动作用。2000年河南省积极转变政府职能，强调政府部门要把工作重点放在研究制订政策、改善市场环境、提高依法行政水平、增加公共产品及服务供给上。在项目管理上，放宽对一般竞争性项目的审批权限，简化其审批手续和环节，并逐步探索一般竞争项目的备案制试点工作。全省四级政府机构改革全面展开，重点放在精简人员、优化机构设置、提高公务员的素质、提高政府决策水平上，预计今明两年将顺利完成。

（八）努力扩大利用外资

2000年河南省进出口总额达22.75亿美元，比1999年增长30%；出口市场呈多元化趋势，贸易伙伴达125个国家和地区。口岸已拥有11个，居内陆省份之首。对外交往不断扩大，目前河南省已与美国、日本、俄罗斯等国家的12个州（省、县、大区）建立了省际友好关系，郑州、洛阳等城市分别与国外22个城市缔结为友好城市。河南是内陆省份，利用外资起步较晚，至今为止，年利用外资总量小，资金投向不理想，效益不好。2000年全省实际利用外资10.43亿美元，其中外商直接投资5.44亿美元。“九五”期间共利用外资57.75亿美元，年度间比较均衡。省《十五纲要》提出：要更新观念，改革体制，改善环境，加强对外合作，进一步推动全方位、多层次、宽领域的对外开放。要积极与跨国公司和境外投资机构开展多种形式的合作，加快全省基础设施项目建设和优势企业的资产重组；扩大利用外资的领域，重点开放商业、金融、旅游、城建、电信、中介服务等服务贸易领域的步伐。改革招商方式，建立符合国际惯例的委托招商、代理招商等社会化、市场化运作模式。组织抓好海河流域水污染治理、豫西农业综合开发、西气东输支线管网、城镇供水、畜牧养殖、节水灌溉等利用外资项目的实施。计划五年利用外资力争达到80亿美元。

湖北省投资建设情况

湖北省发展计划委员会主任

一、“九五”投资建设

“九五”时期，湖北省投资领域紧紧抓住国家改革开放和经济发展的战略重点由沿海向沿江及中西部地区转移，以及三峡工程、京九铁路、京珠国道等国家骨干工程建设的重大历史机遇，以中央扩大内需、实施积极财政政策为动力，以基础设施、基础产业建设为重点，加大了结构调整和项目建设力度，全省投资建设快速发展，实现了历史性的跨越。具体呈现出四个方面的特点：

（一）投资规模稳步增长，投资位次不断前移

5年间，湖北省全社会固定资产投资累计完成6022.8亿元，为“八五”时期的2.7倍，超额完成了“九五”计划确定的5700亿元的目标任务，在全国的投资位次也由“八五”时期的第10—11位提高到第8位，位居我国中西部省市首位。

（二）重点建设取得新成就，经济发展后劲进一步增强

“九五”时期，湖北省共安排重点项目68项，累计完成投资1127.8亿元，是“八五”时期的2.6倍，占国有基本建设投资的比重达47.4%，重点建设成为全省基本建设投资增长的主要支撑力量。在68个重点项目中，汉川电厂、鄂州电厂、襄樊电厂、武钢三炼钢、神龙轿车、京九铁路湖北段、黄黄公路、三峡机场、西陵长江大桥、白沙洲长江大桥、武汉龙王庙阶段治理等41个重点工程全部或部分建成，形成了一大批新的生产能力。其中，新增发电装机能力499.2万千瓦，新增公路通车里程9122公里，轿车15万辆，市内电话交换机450万门。“九五”时期湖北省新增固定资产4769.3亿元，极大地增强了全省经济发展后劲。

（三）基础设施建设不断加强，投资结构进一步改善

“九五”时期，湖北省农林水利、交通通信、电力、城市市政等基础设施建设投资达2262.7亿元，年均增长19.7%，占全社会投资的比重由“八五”时期的30.5%提高到“九五”的37.6%，其中电力投资完成963.6亿元，年均增长47.7%；交通投资完成474.3亿元，年均增长30%；水利投资完成263.4亿元，年均增长38.7%。基础设施建设的加快发展，不仅使投资结构得到进一步改善，而且有效地缓解了经济发展的“瓶颈”制约。

（四）投资体制改革取得突破性进展，市场机制的作用进一步增强

“九五”时期，以市场经济为取向的投资体制改革稳步推进，初步形成了投资主体多元化和投融资渠道多样化的格局。同时以项目法人责任制、招投标制、工程监理制、合同制为主要内容的建设项目管理法制化，以投资咨询、评估、设计、监理等投资中介服务的市场化，以重大项目稽察特派员制度、社会舆论监督机制为主要内容的投融资活动监督的社会化等方面的改革全面推进，取得了实质性进展。

湖北省“九五”时期的投资建设是新中国成立以来最好的时期之一，投资增长对促进全省经济持续稳定健康发展起到了重要的推动作用。总结回顾“九五”时期湖北投资的成功经验，可以概括为抓好了四个方面的“结合”：

一是把加大投资力度与调整投资结构有机地结合起

来。在“九五”全省投资增量中，近80%的资金投资于基础设施和基础产业，不仅有效避免了过去一加大固定资产投资就出现一哄而起重复建设的现象，而且投资建设的大量项目，既是有利于当前扩大需求，又有利为今后长远发展打基础的项目，其投资效益将随着经济和社会的发展，而逐步释放出来。二是把项目的储备启动和实施建设有机地结合起来。5年间基本保持了重大项目开工建设不断档、资金投入力度不滑坡的好势头，形成了开工一批、建设一批、储备一批的良性循环。三是把争取国家投资与多渠道筹资和广泛吸引外资有机地结合起来。仅在国家实施积极财政政策的1998—2000年三年间，共争取国债资金150多亿元，占全国新增国债资金总量的二十分之一，争取国债投资就占了这三年湖北省投资增量的44%。5年间，湖北省利用外资完成投资224.8亿元，为“八五”时期的1.3倍，有效地弥补了湖北省投资建设资金的不足。四是把投资建设同改善优化湖北省生产力布局有机地结合起来。“九五”时期，通过大规模的投资建设，不仅使湖北省基础设施、基础产业的“瓶颈”制约得到较大的缓解，支柱产业得到进一步增强，而且通过一大批能源、交通重大项目的合理布局和加速实施，使湖北省区域经济的特点更加鲜明，为构筑全省以“沿江、沿路、沿线”为主要特征、全方位开放开发的新格局，奠定了重要的基础。

“九五”时期，湖北省投资和重点建设进展顺利，一大批重点骨干项目的建成投产，壮大了国民经济实力，调整了产业结构，为“十五”全省经济的发展奠定了坚实的基础。但同时也存在一些潜在的问题和矛盾：自1998年国家实施以加大投入为主要内容的积极财政政策以来，全省投资规模的扩张更多的是依赖国债和政府投资，民间投资跟进的动力不足；同时由于市场环境的变化，在扩大投资的同时，有效需求不足的矛盾依然比较突出，投资的乘数作用减弱，投资与消费尚未形成良性循环机制。

二、“十五”投资建设展望

根据全省国民经济和社会发展的客观要求，“十五”时期全省投资建设的总体指导思想是：在确保投资效益取得好转的基础上，巩固投资多元化格局，拓宽多种融资方式渠道，继续加大重点产业和区域的投资力度，进一步调整投资结构和优化资源配置，推动投资总需求的适度扩张，带动经济和社会的持续发展。

按照这一指导思想，实现固定资产投资增长略高于经济增长的目标，应坚持保证重点、带动一般的建设方针，其投资重点和方向是：

（一）加强重点骨干项目建设，确保重点建设对投资增长的有力支撑

“十五”时期湖北省全社会固定资产投资总规模计划为9300亿元，年均增长9%左右。实现这一预期目标，并为促进产业结构升级，拓展区域经济布局，构筑实现“十五”目标的坚实基础，必须实施一批能够充分发挥湖北优势，增强产业发展后劲的重大建设工程。为此，根据“十五”时期全省经济和社会发展面临的形势，湖北省从结构调整、技术升级和优化布局三个方面的要求出发，筛选确定了一批重大项目建设。按项目类别划分为“七大建设工程”，即农业基础设施和生态建设工程、能源交通和邮电通信综合网络工程、重点传统产业和高技术产业骨干工程、市场体系建设工程、社会事业发展重点工程、城市环保及市政基础设施工程、南水北调中线配套工程。“七大建设工程”共151个项目，“十五”计划投资2315亿元。初步测算，“七大工程”建设计划投资占“十五”时期湖北省全社会基本建设投资的55%左右。抓住了这一批重大项目，就抓住了全省投资建设的“龙头”。

（二）加大对农业的投入，进一步优化结构，促进农村经济的全面振兴

一是抓好江汉平原、鄂北岗地以粮棉油为主体的农业综合开发，积极争取和安排好国家农业综合开发项目，进一步巩固和完善农业商品生产基地建设，并通过实施科教兴农战略，增加农业科技投入，加强对国外先进适用技术成果的引进、消化、吸收和创新工作，加快现代农业发展。二是抓好大江大河治理和骨干水利工程建设，以及大中型水库的整险加固，继续实施平垸行洪、移民建镇工程，有效提高河湖的行蓄洪能力，大力改善农业生产条件，逐步形成完善的农业保障体系，从根本上扭转洪涝、旱灾等自然灾害对农业生产严重威胁的被动局面。三是加快生态环境工程建设，封山植树、退耕还林，重点抓好江汉防护林、三峡库区生态林、长江汉江干堤防洪林等工程建设，以及鄂西北山区的水土保持林建设，努力提高森林覆盖率，使严重的水土流失得到控制。

（三）以提高工业整体竞争力及技术升级为方向，加快工业结构的优化调整

汽车工业方面，支持东汽集团推进轿车和轻型车升级换代和系列开发，提高质量和技术水平，巩固国内领先地位。同时大力发展各种车型的零部件。机械工业方面，抓好电工电器行业、基础机械及基础零部件三大行业的改造，提高装备水平和技术开发能力。钢铁工业方

面，立足现有企业，搞好现有企业的改造、挖潜、配套、扩建。重点围绕武钢、冶钢、鄂钢三大骨干企业，积极推进以高炉喷煤、连铸、连轧为中心的技术进步和技术改造，促进钢铁工业工艺技术装备的整体优化和升级。石化工业方面，搞好资源的合理开发及深加工和精加工，依托双环、沙隆达、宜化、葛化、东风轮胎等大型企业集团，稳定发展农用化工、磷化工、盐化工，大力发展精细化工和新材料。建材工业方面，以提高经济效益为中心，以技术改造为重点，调整结构，大力开发新型建筑材料。轻纺工业方面，以提高素质和增强竞争能力为重点，调整投资结构，加大技术改造投入，搞好高起点的技术引进和技术改造，提高轻纺行业的市场竞争能力。

（四）以优化结构、完善系统、形成网络、提高效率为着力点，大力加强基础产业骨干项目建设

能源方面，充分考虑三峡电站投产对湖北省电力结构的巨大影响，对于火电考虑必要的建设规模，适度配套发展大容量、高参数的大火电项目，以利于水火调剂补偿运行，调节丰枯差；加快开发调峰性能和调节性能优越的大中型水电，不再建设一般性的径流式中小火电；继续加强城乡电网改造建设。结合川气东送工程，加快开发与利用天然气、风电、地热、垃圾发电等新能源。交通方面，重点是围绕全省生产力布局，抓好以武汉为中心，以京珠、沪蓉国道主干线湖北段“一纵一横”为主轴的高速公路主骨架和西部大通道建设，逐步建立高速、安全、优质、高效的综合运输体系。

（五）加快发展高新技术产业，为实现跨越发展打下基础

一是以武汉·中国光谷为龙头，以高新技术产业化示范工程为重点，发展壮大具有较好基础和发展潜力的光电子信息产业群、生物工程及新医药产业群、新材料产业群和机电一体化产业群，努力实现重点突破。二是进一步加强政府对高新技术产业发展布局、规模和结构的宏观指导。采取计划和市场、自主创新和引进消化相结合的原则，整合湖北省人才、技术、资源优势，加快形成和发展以武汉东湖高新技术开发区为龙头，鄂州—黄石—黄冈、荆门—荆州—宜昌、孝感—随州—襄樊—十堰为辐射线的“一点三线”沿江高新技术产业带，带动全省高新技术产业的发展。三是拓宽高新技术产业项目的投融资渠道。积极探索建立风险投资机制，充分发挥政府风险投资的引导作用，鼓励和引导银行、企业和社会以风险资本投资高新技术产业，进一步加大对湖北省高新技术企业上市的扶持力度，利用资本市场加快发展高新技术产业。

（六）进一步加强社会发展基础设施建设，改善人民生活质量，提高人民生活水平

适应教育体制改革，进一步加强教育基础设施建设；加快发展旅游业，抓好重点旅游城市、重点旅游景区的开发建设，完善旅游配套设施，推进产业化发展；以贫困地区广播电视覆盖网建设为重点，进一步加强广播电视基础设施建设；同时抓好一批精神文明标志工程，全面推动文化、卫生、体育等项社会事业发展。

（七）加快城市化建设步伐，完善城市功能及结构，进一步加快城市基础设施建设

重点进行城市供水、城市排水、城市交通设施、城市垃圾处理和污水处理等方面项目建设，同时积极推进城市建设投融资体制改革，引导和转化社会资金投资建设城市基础设施，完善自我积累自我发展机制，使城市建设投资进入良性循环。

（八）坚持择优发展与扶贫开发相结合，不断拓展和完善全省区域经济格局

一方面，选择大中城市、江汉平原、沿江地带等基础较好的地区，集中力量，加大投资力度，加快其发展。特别是充分发挥武汉市作为特大城市的综合性幅射功能，完善和提高以武汉市为中心，以黄石、宜昌、襄樊为顶点，以江汉平原为腹地的“金三角”地区的发展水平，形成带动全省经济发展的综合推动力。另一方面，抓住西部大开发机遇，加大政策性扶贫力度，促进贫困地区和少数民族地区经济发展，缩小与省内先进地区的差距，使全省“一点四面”的区域经济格局进一步形成和完善。

湖南省投资建设情况

湖南省代省长 张云川

一、2000年投资建设

2000年湖南省在消费需求加快启动；出口需求大幅回升的同时，通过加大投资力度，调整投资结构，全省固定资产投资持续快速增长。全省实际完成全社会固定资产投资1069.5亿元，增长13.4%。其中，国有投资686.6亿元，增长15.4%；非国有投资382.9亿元，增长10%。投资对GDP增长的贡献率达到43%。

（一）基建投资增速稳定，技改和房地产开发投资持续快速增长

基建投资420亿元，增长14%；技改投资176.8亿元，增长23.4%；房地产开发投资74亿元，增长33.4%。技改投资持续高速增长的主要原因：一是国家对重点技改项目进行贷款贴息，直接拉动技改投资大幅上升；二是2000年四季度实施的“电信百万电话大行动”，带动邮电通信业技改投资增长19.8%。房地产开发由于住房制度改革后，停止福利性分房，商品房销售形势趋旺，价格略有上升，刺激投资步伐加快。全年全省商品房销售额达到39.48亿元，增长28.7%，其中销售给个人增长38.3%，占销售额的93%。

（二）农业与制造业投资大幅增加，基础设施投资仍是拉动国有投资增长的主导力量

作为第一产业的农林牧副业投资4.42亿元，增长56.2%；二、三产业完成投资183.91、481.7亿元，分别增长29.1%和11%。二产业中的制造业继续保持较快增长，完成投资88.45亿元，增长43.1%。其中除轻工业、化学工业略有下降外，纺织业增长1.04倍，石油化工及炼焦业增长54.7%，金属冶炼及压延加工业增长1.16倍。基础设施投资仍是拉动国有投资增长的主导力量，完成投资407.4亿元，增长12.5%，占国有投资总量的60%。其中，电力、煤气、水生产及供应业完成投资88.09亿元，增长18.7%；交通运输、仓储及邮电通信业完成投资241.53亿元，增长13.8%；社会服务业完成投资48.66亿元，增长31.6%；但水利业投资仅完成28.86亿元，下降24.8%。

（三）银行贷款和自筹资金到位较好，国家预算内资金和利用外资下降

国有投资累计到位资金654.67亿元，增长8.9%。其中，银行贷款增长19.5%，自筹资金增长16%，其他投资增长8.5%。国家预算内资金下降21.9%，主要是国家国债资金安排向西部地区倾斜，对湖南总的安排数比上年减少，加之计划下达较晚，大部分国债资金仍未拨付到位；利用外资下降25.8%，主要是合同利用外资额较少，以及部分项目外资到位较差。

（四）“一点一线”、中部地区投资继续增强，西部地区投资仍不活跃

沿京广铁路一线的长沙、株洲、湘潭、岳阳、衡阳、郴州六市，共完成投资336.09亿元，增长18.3%，增幅高于全省国有投资2.6个百分点。其中作为“一点”的长沙、株洲、湘潭三市共完成投资209.89亿元，增长20.9%，占全省国有投资31.3%。作为中部地区的常德、益阳、娄底、永州四市，共完成投资127.84亿元，增长20.8%，增幅高于全省国有投资5.1个百分点。张家界、湘西自治州、怀化、邵阳等西部四市州，共完成投资74.32亿元，增长10.6%，低于全省国有投资增幅5.1个百分点。

投资的主要特点：

国债资金仍是拉动投资增长的关键因素。2000年，国家继续实行积极的财政政策，累计发行长期建设国债

投资1500亿元，保证在建国债项目的顺利实施。我省246个国债项目年内安排国债资金40.7亿元，完成投资172.6亿元，占国有投资的25.1%，直接促进了投资增长。此外，国债资金的注入，还有助于改善社会投资者的投资预期，增强其投资信心，间接促进了社会投资增长。

市场需求明显好转，在带动投资中同样发挥了重要作用。2000年全省市场需求状况明显好转，全年实现社会消费品零售总额1365亿元，增长11%，比上年快1.9个百分点。生产资料市场交易继续趋向活跃，商品房销售更是呈现旺销局面。出口持续快速增长，全年出口16亿美元，增长24.8%。在市场需求带动下，房地产、纺织工业、石油加工、冶炼、机械等行业投资迅速增长。集体和个体经济投资能够逐步回升，分别增长13.7%、12.9%，也在很大程度上得益于市场环境的好转。

企业经济效益好转，提高了企业投资能力，促进了工业投资大幅回升。在深化国有企业改革、扩大内需政策和市场需求转旺的多重作用下，企业经济效益显著提高。全省工业经济效益综合指数90.4%，提高5.9个百分点；产销率98.3%，提高1.6个百分点。全年国有及国有控股企业盈亏相抵实现净盈利12亿元；增长66%。企业经济效益的好转，使企业自筹能力增强，促进了制造业投资较快增长。

但投资运行中仍存在一些值得注意的问题：如投资增长对国债投资的依赖性还比较强；鼓励和引导民间投资的政策措施还不够明朗，没有落到实处；重大项目前期工作还需要进一步加快进度。

2000年投资运行总体良好，为实现全省“九五”投资计划画上了一个圆满句号。第一，投资增长较快。五年全社会固定资产投资4237.26亿元，年均增长15.3%。其中国有经济投资2295.68亿元，占54.2%；非国有投资1941.58亿元，占45.8%。国有投资中，基建、技改、房地产完成投资1627.42、661.44、246.69亿元，年均增速分别为13.2%、13.7%和8%。全社会投资总量（除1997年位居15外）均排在全国第13位。第二，结构不断优化。基础设施投资大幅增长。“九五”全省国有经济投资基础设施建设1497.42亿元，比“八五”增长2.31倍，年均增长20.8%；占全省投资比重为62.3%，比“八五”上升17.8个百分点。重点行业建设更加突出。五年全省农林牧渔业共投资14.45亿元，年均增长41.3%；以石油、钢铁和电子通信为支撑的制造业共投资405.32亿元，比“八五”增长52%；教育文化、卫生体育和科学研究行业共投资169.84亿元，年均增速分别为12.9%、12.5%和15%。第三，拉动作用显著。投资的持续快速增长，有力地拉动了经济增长。“九五”投资对经济增长的平均贡献率达到51.5%，比“八五”高23.2个百分点，支撑了GDP年均增长9.7%。

二、“十五”投资建设展望

（一）投资总规模

通过投资与经济增长相关系数测算，规划“十五”全省全社会固定资产投资总规模为7300亿元，年均增长11%，投资率提高到30%以上，比“九五”高3个百分点。

1. 按投资性质划分　国有投资3800亿元，年均增长9.5%，占52%，比“九五”下降4.6个百分点。其中，基建2300亿元，年均增长8%；技改1200亿元，年均增长15%；房地产开发300亿元，年均增长15%。非国有投资3500亿元，年均增长13.5%，占48%，比“九五”提高4.6个百分点。

2. 按重点行业划分　农村气象生态300亿元，水利350亿元，交通1000亿元，能源300亿元，一般工业1800亿元，高新技术1000亿元，信息基础设施500亿元，城市基础设施430亿元，文教卫体广播200亿元，其他（包括旅游、市场、城乡住宅等）1420亿元。

3. 按资金构成划分　7300亿元投资中，国家预算内投资450亿元；占6%；银行贷款1500亿元，占20%；证券融资300亿元，占4%；利用外资500亿元，占7%；企业自筹及其他投资4550亿元，占63%。

（二）投资重点

1. 加强基础设施建设　水利，组织实施洞庭湖、四水流域综合整治，新建皂市水利枢纽，加强现有灌溉设施挖潜配套，建立安全有效的水利设施体系。交通，优先建设“一纵四横”，即京珠、上瑞、衡昆、长渝国道主干线湖南段及常张高速公路，并以高速公路为骨架，建设一批重要的干线公路；基本形成省会长沙与全省13个市州首府之间以高速公路连接，市县之间用二级以上公路连接的便捷交通网；加快建设洛湛铁路湖南段和渝怀铁路湖南段；加快张家界荷花机场改扩建，完善配套长沙黄花机场；重点实施“一江一湖一港”航运工程，即湘江株洲航电枢纽、洞庭湖区常德至岳阳鲇鱼口航运工程和长沙主枢纽港霞凝港区工程。构筑便捷快速的综合交通体系。能源，重点建设耒阳、株洲、鲤鱼江等3座各装机60万千瓦的燃煤电厂和装机分别为100、22.5、24万千瓦的三板溪、洪江、碗米坡水电站；建设和改造长沙、益阳、衡阳500千伏输变电工程，湘潭500千伏开关站，郴州500千伏直流换流站，芙蓉、祁阳、黔城等34个220千伏输变电工程，加快

110千伏及以下城乡电网建设；加快岳阳、长沙、株洲、湘潭、醴陵五市利用川气入湘工程建设。完善稳定的能源保障体系。城建，重点抓好一批以城镇道路、供水、排水、燃气、绿化、污水处理和垃圾处理为重点的骨干项目建设。提高城镇基础设施建设水平。信息，加快建成以光纤传输网为主干、数字微波和卫星通讯相结合的干线传输网络。加快用户接入网建设，扩大利用互联网，促进电信、电视、计算机三网融合，构筑高速宽带、大容量、多媒体、智能化的信息网络平台。

2.改造提升传统工业　改造提升冶金、机械、石化、食品、医药、建材、轻工、纺织等具有相对优势的产业。冶金，扩大高档次板带材、无缝管、硬线、锰系列深加工和特种合金产品生产。加快发展锌、铅、锑、铋、钨、钼和硬质合金及其深加工产品。机械，发展中高档越野车、重型高速牵引车、高速列车、轨道交通设备、输变电成套设备、工程机械、环保设备、农业机械、印刷机械等名牌拳头产品，振兴装备制造业。石化，突出发展石油化工延伸产品和高附加值的精细化工产品。食品，研究开发低焦油、混合型卷烟品种，扩大白沙、芙蓉等名牌高档卷烟产量和重点企业的生产规模；突出发展肉类加工、乳制品、粮油加工、酒类制造、营养保健和绿色食品。医药，在稳定发展化学医药基础上，努力促进中药现代化。建材，提高干法回转窑水泥、浮法玻璃、中高档卫生洁具、新型建材特别是新型墙体材料的比重。轻工，发展胶印书刊纸、白卡纸等系列产品；开发生产智能化节能、无氟家电系列产品；支持陶瓷、制盐、皮革、日杂用品等行业优势企业的技术改造。纺织，重点发展高档面料、化纤纺织原料、服装加工和产业用、装饰用纺织品。

3.培育壮大高新技术产业　重点发展电子信息、新材料、生物工程和先进制造技术产业。电子信息产业，突出发展计算机应用产品、通讯产品、数字广播电视产品、显示器件和传感器件。新材料产业，重点发展具有比较优势的能源新材料、超硬材料、粉末冶金、稀土应用材料、光纤材料、复合材料及纳米材料。生物工程技术产业，加快发展安全性能好的动植物基因工程产品、高效生物农药、生物肥料等生物技术产业；培育壮大生物医药产业，加速基因工程药物、疫苗、医疗诊断用生物制品的开发和产业化。先进制造技术产业，重点发展数控精密高效加工设备、现代工程建设机械、智能化仪器仪表、新型交通运输设备、电力监控设备及控制系统、空调制冷等方面的产品及其产业。

4.调整优化农业结构　实施优质种苗工程，加快农林牧渔优新品种的选育、引进、推广和应用。优化种植业结构，加大优质稻米开发力度，发展高效经济作物。大力发展畜牧业，加大生猪品改力度，发展名特优水产养殖，加快湘西南草地牧业开发工程建设。推进农业产业化经营，发展农产品加工、储藏、保鲜、运销产业；培植壮大优质米、肉制品、乳制品、水产、水果、蔬菜、林木等产业。

广东省投资建设情况

广东省常务副省长 欧广源

一、2000年投资建设

2000年，广东认真贯彻执行中央扩大内需的重要决策，积极开拓市场，努力扩大投资需求，经济发展出现了回升的良好势头。全省全年国内生产总值9506.04亿元，比上年增长10.5%；从三大需求来看，社会消费品零售总额增长11.4%，外贸出口总值增长18.3%，全社会固定资产投资增长6.8%。投资与消费、出口“三驾马车”共同驱动，合力推动了经济增长。

（一）投资规模继续保持平稳增长

2000年全省全社会完成固定资产投资3233.70亿元，增长6.8%。从投资总规模来看，广东仍居全国首位（不含城乡集体和个体投资，投资额约占全国的10.5%，高出居第二位的上海市800多亿元）；但从增长速度来看，广东省在经过1998、1999连续两年的快速增长之后，逐步进入调整期，增速已明显趋缓，低于全国平均增长速度近两个百分点。在东部地区中，也明显低于浙江、山东、辽宁、北京等省市。扩大投资需求仍是广东今后一个时期的一项重要任务。

（二）第三产业投资比重不断提高，基础设施和基础产业继续得到加强

广东自古以来商贸发达。近几年，信息化程度的不断提高又为第三产业的发展注入新的活力，第三产业投资规模不断增长。2000年，第三产业完成基建和更改投资1032.97亿元，占全省基建和更改投资的64.6%，行业主要集中于交通运输业、邮电通信业和社会服务业。以基础设施和基础产业为核心的全省47个基本建设重点项目全年累计完成投资291.81亿元，飞来峡水利枢纽、广州汽车整车项目、广州抽水蓄能电站二期工程以及一批高速公路等基础设施项目竣工开通。

（三）投资继续向经济发达的珠江三角洲聚集，广州、深圳两个中心城市更为明显

珠江三角洲是国内经济发展最具活力的地区之一。2000年，这一地区完成投资2364.71亿元，增长9.0%；投资量占全省的73.1%，比上年提高了1.4个百分点。作为中心城市的广州、深圳两市，完成投资占全省的49.5%，增速也较快，成为带动全省投资增长的排头兵。

（四）企业技术改造意愿增强，更新改造投资快速增长

目前，国际范围内的经济结构调整力度不断加大，国内国企改革和脱困的政策力度也较大，因此，企业通过技术改造来增加产品品种和技术含量、提高效益的意愿不断增强，尤其以邮电通讯业和制造业最为明显。2000年，广东更新改造投资从4月份开始出现持续快速增长。全省全年累计完成更新改造投资435.44亿元，增长18.1%，增幅是近几年所没有过的。更新改造投资快速增长成为广东投资领域的新亮点。

（五）房地产开发投资持续快速增长，商品房销售市场活跃

受住房制度改革、鼓励住房消费贷款、培育房地产二级市场交易等措施刺激，广东房地产开发投资自1998年以来持续保持两位数的增长。2000年，全省累计完成房地产开发投资858.61亿元，增长20.9%；商品房新开工面积增长15.3%，销售面积增长31.2%，销售市场活跃。房地产开发投资对带动全社会投资平稳增长产生了重要作用。

（六）民间投资形势向好

2000年全省累计完成城乡集体和个体投资649.63亿元，比上年增长9.8%，其中农村集体、城镇个人投资增速分别达25.4%、15.3%。

（七）融资渠道以自筹资金为主

改革开放以来，广东积极探索多种融资方式，实现了融资渠道多样化；地方和企业自身建设能力不断提高。2000年，在全省基建、更改、房地产和其他投资中，47.9%的资金来自自筹。而债券融资、项目融资、资本运作等融资方式还有待继续探索。

当前广东投资在整体运行良好的情况下，还存在一些问题：第一，社会投资未能有效启动。2000年，全省城乡集体和个体投资仅占全社会固定资产投资的20%左右，这一比重远低于江苏、浙江、上海一带。第二，第二产业投资增长乏力。2000年，全省第二产业增加值在国内生产总值中的比重达51.1%，而在同期基建和更改投资中，第二产业所占比重仅为32.2%。这种情形在整个“九五”期间都比较明显，长期下去，势必影响到第二产业对经济增长的持续贡献。第三，当年基建投资出现负增长。2000年，全省基建投资1163.63亿元，比上年下降6.3%；基建投资施工项目数4853个，下降8.3%。基建投资负增长已影响到全省固定资产投资的持续稳定增长。第四，缺乏对投资具有拉动作用的大项目开工建设。2000年，全省基建和更改投资施工项目数、新开工项目数、新开工项目计划总投资均比上年有不同程度的下降。

当前投资领域中存在的问题，影响到全省投资需求的持续增长，限制了投资效益的进一步改善，需要在发展中努力解决。

二、“九五”投资建设工作

“九五”期间，广东大力推进经济体制和经济增长方式两个根本性转变，着力消除亚洲金融危机带来的影响，经济发展实现了稳中求进，有效增长。全省GDP

年均增长 10.3%；全社会累计完成固定资产投资 13555.17 亿元，年均增长 6.8%，平均投资率达 34.1%。与此同时，还不断深化投融资体制改革，使投资领域发生了积极而重要的变化。

（一）积极扩大投资需求，拉动经济增长

从三大需求来看，1996 年和 1997 年，由于投资增长缓慢，广东国内生产总值主要依靠消费和出口拉动。1998 年以来，由于国内消费需求不足、亚洲金融危机爆发使出口减少，消费率和净出口率降低，而期内基础设施投资需求大，投资方向明确，国家推行积极财政政策和适度货币政策，增发特种建设国债，免征投资方向调节税和国家鼓励发展的内外资项目进口设备关税，这一系列的政策措施有效地启动了投资需求，投资成为拉动广东经济增长的主要因素。1998 年和 1999 年，固定资产投资对 GDP 增长的贡献度分别达 49.6% 和 48.3%，即分别拉动同期 GDP 增长 5.1 个百分点和 4.5 个百分点。

（二）基础设施建设成效显著

“九五”期间是广东基础设施建设投资规模最大的时期，特别是 1998 年以来，全省集中财力，建成了一批重大项目，使基础设施建设日臻完善。“九五”期末，全省公路通车里程达 9.7 万公里，其中高速公路 1186 公里，分别是 1995 年的 1.15 倍和 3.3 倍，形成了以广（州）深（圳）高速、广（州）佛（山）高速、佛（山）开（平）高速、深（圳）汕（头）高速组成的珠江三角洲高速公路网；电话普及率达 38.8%，比 1995 年提高 26.7 个百分点；有效发电装机容量达 2718 万千瓦，电源结构进一步改善，并与西南、香港、澳门实现了联网；五年修建、加固江海堤围 2117 公里；加快江河整治，建设生活污水和垃圾处理设施，城市环境质量明显提高；人民居住条件得到改善，城镇居民人均居住面积达到 19.5 平方米。

（三）推进投融资体制改革，投资效益进一步改善

“九五”期间，广东大力推行建设项目法人责任制度、投资项目资本金制度，初步建立起了投资风险约束机制；不断完善建设项目招标投标、监理、合同管理、竣工验收等制度，初步形成了比较完善的建设项目管理体系；改革政府财政性资金投资项目管理；加强工程质量管理，开展重大项目稽察。投资管理体制的不断健全，为投资效益的提高创造了良好的条件。“九五”期间，全省基本建设和更新改造投资固定资产交付使用率、建成项目投产率进一步提高，更新改造投资项目建设周期缩短。

三、“十五”投资建设展望

“十五”时期，是广东率先基本实现社会主义现代化的重要奠基期。广东将继续保持旺盛的投资需求，预计固定资产投资 20000 多亿元，已规划建设重大项目 136 项。可观的投资需求蕴涵着巨大的投资机遇。广东将以广州、深圳为中心大力加强基础设施建设，推进工业化、城市化和信息化的进程。

（一）大力推进基础设施现代化

重点加强高速公路网、信息网、分质供水网、天然气网、电网、地铁、轻轨、航空港、海港等“五网、两铁、两港”建设。投资 1000 多亿元，新增高速公路 1300 公里以上，形成连通全部地级以上市、连接周边省区的高速公路主骨架；逐步建设以自来水直接饮用为目的的珠江三角洲城市分质供水网，解决 1000 万人口直接饮用供水问题；建设珠江三角洲城市液化天然气接收站和输气主干管线，向居民、商业和工业供气；积极贯彻国家“西电东送”战略，充分吸纳西南各省水电，加大淘汰小火电机组力度，“以大顶小”，建设本省国家规划内的大型骨干电厂；投资 600 亿元，完成城市电网和农村电网改造工程，新增 500 千伏输电线路 1700 公里；建设广州、深圳地铁工程和以广州为中心、衔接港澳的珠江三角洲城际快速轨道交通系统；加快广州白云国际机场及配套设施建设，形成以广州白云国际机场为枢纽机场，深圳、汕头、珠海、湛江等机场为干线机场的民用航空运输体系；继续发展和完善深圳港、广州港等枢纽港口；综合整治珠江、淡水河、观澜河、岐江河、榕江、练江、枫江、小东江、东莞运河、天沙河、汾江河，加快县级市以上城市污水处理和垃圾无害化处理设施建设，全省城市生活污水处理率达到 40% 以上。

（二）优化提高第二产业

以结构调整为主线，全面提高工业竞争力。大力发展信息技术、生物技术、光电一体化和新材料等高新技术产业，壮大发展电子信息、电器机械、石油化工等三大支柱产业，改造提高纺织服装、食品饮料、建筑材料等三大传统产业，培育发展汽车、医药和森工造纸等一批有发展潜力的产业。建设惠州南海石化、茂名乙烯扩建、湛江纸浆、深圳超大规模集成电路、广东宽带 IP 网、珠三角全光传输网、广州本田经济型轿车、广州软件园、广州国际生物岛等一批重大项目，力争把珠江三角洲建成以电子信息产业为先导的高新技术产业带。实现经济结构战略性调整。坚决关闭污染环境的小玻璃厂、小水泥厂、小炼油厂、小钢铁厂和小火电厂等“新五小”企业。

（三）大力发展第三产业，促进社会全面发展

根据率先基本实现社会主义现代化，抓住我国加入WTO的机遇，大力发展信息服务、金融保险、旅游、现代流通体系、房地产和中介服务等第三产业。继续扩大高校招生规模，使同龄人口高等教育入学率达到16%，重点建设一两所具有世界先进水平的大学；继续实施文化事业的“南粤锦绣工程”，重点建设广东科学中心、中山图书馆改造等工程；积极开展全民健身运动和竞技体育，重点建设广东奥林匹克体育中心、广州体育馆等工程。

四、争创投资体制新优势

（一）加快投融资体制改革的步伐

根据建立市场经济体制和加入WTO的要求，深化投融资体制改革。进一步完善“谁投资、谁决策、谁收益、谁承担风险”的投资决策体制，除重大项目和有特殊规定的项目外，企业投资的一般性的竞争性项目，凡符合国家产业政策的，由企业自主决策，政府主要通过制定产业政策、发布投资信息等方式引导企业投资活动，并对投资项目的用地、环保等方面进行必要的审批。除国家特殊规定的项目外，努力扩大基础设施和公益性建设领域的开放程度，允许和鼓励不同所有制的投资者参与建设。

（二）加快技术进步和产业结构优化升级

进一步推进技术创新，加快高新技术产业发展，加大科技投入，鼓励和促进创业投资，建立健全高新技术风险投资机制，培育有利于高新技术产业发展的投融资环境。以市场为导向、结构调整为主线，推动企业紧紧围绕增加品种、改善质量、节能降耗、防治污染和提高劳动生产率，加大技术改造力度。以信息化带动工业化，加快用信息技术改造传统工业。按照效率优先、兼顾公平的原则，根据各地的区域优势优化投资布局，形成各具特色的地区经济体系，鼓励地区间实行产业转移，扶持和促进欠发达地区的经济发展。

（三）鼓励和引导社会投资

将投资工作重点放到鼓励和引导社会投资上，为社会创造一个良好的投资环境。扩大民间投资的产业领域，减少集体、民营、个体投资的准入限制。按照BOT、TOT等项目融资方式，将有收费机制、收益稳定的基础设施项目，逐步转由社会投资者投资，把社会投资吸引到一些重大建设项目上。选择部分已营运的基础设施项目向社会出让股权，盘活存量，筹措资金用于新项目投资或投向更需政府投资的领域。拓宽集体、民营、个体投资的融资渠道，选择个别条件较好的集体、个体投资者，经过国家批准后，通过证券市场直接融资。

（四）积极利用外资，提高吸收外资质量

随着我国加入WTO，广东金融保险、商贸旅游、网络信息、中介服务等服务业将成为“十五”时期外资进入中国的重要登陆点。在适度扩大利用外资规模的同时，将吸收利用外资同产业结构调整、科技进步与创新、开发人才资源、国有企业改革和扩大就业紧密结合，着力优化外资结构，提高吸收外资质量。进一步吸引跨国公司投资，加强中小企业的对外合作。

广西壮族自治区投资建设情况

广西壮族自治区发展计划委员会投资处

一、“九五”投资建设

“九五”是广西固定资产投资和项目建设取得巨大成绩的五年。五年中，全区上下在自治区党委、人民政府正确领导下，认真贯彻中央制定的方针政策，牢牢抓住国家增发国债，加强基础设施建设，以及实施西部大开发战略的历史性机遇，把扩大投资需求作为拉动经济增长的主要措施，积极争取国家支持，多渠道筹措建设资金，抓紧组织项目实施，全区固定资产投资规模进一步扩大，基础设施建设成就显著。

“九五”时期全区全社会固定资产投资累计完成2808亿元，是“八五”的2.1倍。其中交通投资430亿元，增长2.3倍；邮电通讯业投资150亿元，增长2.4倍；电力投资250亿元，增长1.8倍；农林水利投资180亿元，增长2.3倍；科教文卫投资110亿元，增长1.43倍；住宅投资858亿元，增长1.38倍。1998至2000年，广西共争取国家安排国债项目184项，项目总投资470亿元，争取国家安排国债资金80亿元，带

动地方、部门、企业投入配套资金和银行贷款166亿元，到2000年末完成项目投资276亿元。在投资力度加大，特别是国债资金的有力支持下，广西集中力量建成了一大批重大项目，"九五"全区新增固定资产2300亿元，比"八五"增长1.36倍。建成投产的自治区重点项目56个，比"八五"增加37个。

2000年是"九五"计划的最后一年，全区继续抓住国家扩大国债投资和实施西部大开发战略的有利时机，千方百计扩大投入规模，基础设施建设进一步加强。全年完成全社会固定资产投资660亿元，比上年增长6.4%，其中基本建设投资281.81亿元，增长7.2%；更新改造投资80.21亿元，增长14.4%；房地产开发投资38.91亿元，增长18.2%。在全部投资中国有经济投资完成328.77亿元，增长8.34%。

（一）投资结构调整有新的起色

2000年广西基础产业和基础设施投资力度进一步加大。在国有单位投资中，农林水利投资16.63亿元，增长5.4%；交通运输邮电通讯业投资118.91亿元，增长12.2%；能源工业投资87.32亿元，增长39.8%；市政工程投资25亿元，增长19.3%。在基础设施投入稳步增加的同时，竞争性项目特别是工业项目投入取得了恢复性增长。2000年第二产业完成投资140.11亿元，增长12.3%，其中工业投资138.91亿元，增长13.8%，明显快于同期全社会投资增长，第二产业投资占全部投资比重比上年提高了16个百分点，改变了"九五"以来第二产业特别是工业投资比重持续下降的局面。

（二）国债项目建设不断加快

2000年广西争取到国家安排国债项目107个，国债资金20.3亿元，全年完成国债项目投资80亿元。国债资金投入有力地支持了基础设施建设，建成了一批重大项目。一是加快了交通基础设施建设，建成了桂海高速公路、黎钦铁路、西江航运二期等一批项目，进一步优化了全区交通网络总体结构；二是促进了农林水利项目建设，提高了全区防灾抗灾能力，南宁、柳州、桂林、梧州、北海、钦州、防城港等沿江、沿海城市防洪防潮能力大大增强；三是加快了城市基础设施建设，建成了梧州平浪水厂、南宁机场高速路、南宁市管道燃气一期工程、北海市白水塘无害化垃圾处理厂等一批项目，提高了城市承载能力；四是加快了农网建设步伐，农村电价降至每千瓦时0.5元左右的合理水平；五是新增粮食储备仓容10.5亿斤，有效缓解了国家储备粮食仓容紧张局面；六是促进了教育、旅游基础设施和部分工业技术改造项目建设。

（三）重点项目建设进展顺利

2000年广西重点建设项目共96项，到年底累计完成投资138.3亿元。天生桥一级和二级水电站、防城港9号和10号泊位、西江航运二期工程、广西鹿化24万吨磷铵工程、桂海高速公路、南宁机场高速路、宜州至柳州高速、容县至岑溪一级公路、大新至靖西二级公路、来宾至玉林500千伏变电站、来宾火电厂B厂、桂林火电厂以大代小工程、浮石水利枢纽工程、兴安灵湖开发一期工程、广西种子商业化项目、南宁第二长途电信枢纽工程、桂林人表皮生长因子技改工程、柳钢650轧机技改工程建成投产。新开工建设了南宁至广州高速公路六景至山心段、水任经都安至南宁高等级公路、钦州港航道工程、防城港西湾跨海大桥、广西220千伏电网工程。

（四）边境建设大会战全面启动

广西边境地区由于长期遭受战争破坏，经济建设和人民生活受到很大影响。自治区党委、人民政府作出重大决策，从2000年8月起实施边境建设大会战，用一年半左右时间，集中物力、财力重点支持边境地区建设，为边境地区办好24件实事，包括村级道路改造、村村通电、村村通电话、村村通广播电视、人畜饮水、村委会办公用房、村级完小、村卫生室、农村茅草房改造等。2000年完成投资2.8亿元，年底竣工项目2000个。

（五）重大项目前期工作取得实质性进展

抓住西部大开发机遇，积极推进了龙滩水电站、百色水利枢纽等一批关系全局的重大项目前期工作，为2001年开工建设奠定了坚实基础。此外桂西铝基地、林浆纸结合、"西电东送"、木薯酒精及深加工、沿海工业园等一批重大项目前期工作也得到推进。

二、"十五"投资建设展望

"十五"时期是广西完善社会主义市场经济体制和扩大对外开放的重要时期，是全面建设小康社会，实施西部大开发战略，推进工业化、城镇化进程的关键阶段。"十五"广西经济和社会发展的主要目标是：国民经济保持较快发展；增长速度高于全国平均水平，经济增长质量和效益明显提高，为到2010年国内生产总值比2000年翻一番奠定坚实基础。"十五"计划提出为保持投资对经济增长的必要拉动，五年全区固定资产投资规模累计达到4300亿元以上，年平均增长9%。根据自治区"十五"计划、西部大开发规划，以及自治区工业化、城镇化发展规划的要求，广西"十五"固定资产投资和项目建设的重点主要是以下几个方面：

（一）优化投资结构，大力推进经济结构调整

1. 巩固加强农业基础地位　以“吨粮田”、“吨糖田”、“万元田”建设为载体，重点发展优质水稻、良种甘蔗、名特优水果、蔬菜、桑蚕、花卉等高附加值农作物。大力发展畜牧业、水产业特别是海洋渔业，重点在沿海建设海水珍珠、对虾、大蚝等海产养殖基地，在桂东南建设名特优新稀淡水鱼养殖基地，以发展短轮伐期工业原料林为重点，重点加快以桉树、相思、松类等主要树种的木浆造纸和人造板工业原料林和以八角、玉桂枝为主的名特优经济林、竹林基地建设。大力开展现代农业示范园区建设，重点建设南宁、玉林、梧州、贺州、桂林等现代农业科技示范园和沿海、桂中、右江河谷、贵港、桂西北等现代农业实验区。

2. 大力推进工业化进程　一是积极运用高新技术和先进适用技术改造提高广西现有的汽车、机械、制糖、建材等传统优势工业。二是大力开发优势资源，着力培育和发展新的工业优势。充分利用自治区水电资源优势和丰富的铝土矿资源，优先发展氧化铝，滚动发展电解铝，按照市场需求发展铝材加工。加快平果铝二、三期工程建设，加快建设桂西新的氧化铝和电解铝项目，加快推进南宁大型铝材加工和沿海大型电解铝项目前期工作。充分发挥广西亚热带林业资源优势，大力发展林浆纸结合工业，加快在沿海建设大型制浆和造纸项目前期工作。充分利用沿海条件，积极做好大型炼油厂、天然气分离厂和天然气化工等项目前期工作。充分利用广西丰富的农业和海洋资源优势，建设大型木薯酒精厂，发展粮油食品、果蔬、肉类、水产品等系列食品加工业。充分利用广西中草药、海洋生物、材业和矿产资源优势，重点发展有特色的中成药、海洋生物药品，以香精香料、松脂加工为主的林化工业、林板工业和铅锌、锡、锰深加工业等。有选择、有重点地发展高技术产业，重点培育电子信息、生物工程、新材料、环保等高新技术产业，加快南宁、桂林、柳州三个高新技术产业开发区建设。

3. 积极推进城镇化进程　“十五”期间，突出抓好以南宁市为核心城市的南北钦防沿海城市群的建设，加快发展桂林、柳州、梧州、玉林、贵港、贺州、百色、河池等中心城市。加强县级城市建设，特别是基础好、潜力大，区位优势和经济优势明显的县城。重点抓好全区204个小城镇建设。加强城镇基础设施建设，不断提高城市承载能力和完善城市服务功能。

4. 大力发展服务业　以桂林为龙头，以桂林—柳州—南宁—北海—防城港黄金旅游带为重点，基本建成桂北，桂南、桂东、桂西四大旅游区，重点建设桂林山水、北海银滩、南宁绿都、防城港金滩，以及少数民族聚居地方的民俗风情和沿边境的边关民俗为特色的主要景区景点，完善旅游基础设施。充分利用西南出海区通道的区位优势，加快发展与工业化进程相适应的现代运输业和商贸业，重点加快专业性、区域性和全国性市场和仓储区建设；建设南宁、桂林会展中心；加快建设煤炭配送中心、散装水泥配送中心、南亚热带果蔬批发市场、旅游商品批发市场、港口和交通枢纽仓储区等现代化流通设施和区域性市场设施；大力促进县乡镇农贸市场体系建设，支持新建一批乡镇农贸市场。

5. 加速推进信息业　积极配合国家“八纵八横”主干光缆网建设；建设南宁信息港，加快广西互联网络中心建设，形成以南宁为中心的高速宽带信息传输网；积极建设区域性的信息网络交换平台，把广西建设成为大西南信息传输交换中心。加快发展信息产业，重点发展通信产品、光纤及网络接入设备。数字视听设备、新型电子元器体和显示器件等，扶持桂林、南宁和北海软件园发展，加快桂林信息化试点城市和电子城建设。

6. 促进区域经济战略实施　全面启动和实施五大经济区发展规划，到“十五”期末，全区初步形成以港口经济、海洋产业、现代农业和高新技术为重点的桂南沿海经济区，以工业为重点的桂中经济区，以旅游和农林为重点的桂北经济区，以现代农业、乡镇工业和外向型经济为重点的桂东经济区，以种养业和矿业为重点的桂西经济区。

（二）进一步加快基础设施建设

1. 加强水利建设，完善防灾减灾体系　加强西江干流浔江、郁江、黔江、邕江等主要江河防洪建设、沿海防潮工程建设和综合治理，建设重要控制性水利枢纽。强化南宁、梧州，柳州、桂林等重点城市防洪堤建设。完成重点病险水库除险加固，支持中小水利工程建设。对现有大中型灌区进行以节水为中心的灌区配套建设及节水技术改造，抓紧建设一批节水灌溉工程。突出抓好百色水利枢纽工程、西江流域重点防洪城市防洪工程和重点河段防洪工程、重点海堤加固整治工程、大型水库灌区完善配套工程、桂中旱片综合治理工程，桂西北石山地区地头水柜集雨灌溉工程、病险水库除险加固工程等工程建设。

2. 加快交通建设，完善西南出海通道　公路建设，以打通出区出海、出边为重点，突出抓好南宁至水任、南宁至友谊关、南宁至百色罗村口、南宁至苍梧、桂林至梧州等高等级公路；加快建设滨海高等级公路；不断完善区内路网结构，基本实现县县通二级公路、乡乡通柏油路、村村通机动车。到2005年，力争全区所有地市所在地通一级以上高等级公路，90%左右的县城通二

级以上公路。铁路建设，配合国家建设一级干线洛阳至湛江铁路广西段，开工建设合浦至河唇铁路，改造南昆、湘桂、黔桂、南防、钦北铁路。开展四川隆昌至百色铁路的前期工作。沿海港口建设，按照把防城港发展成为以大宗物资转运为主的枢纽港、北海港发展成为商贸旅游港、钦州港发展成为工业港的功能定位，以最终形成合理分工、功能互补、竞争有序的现代化大型组合港为目标，统筹规划、建设和发展沿海港口，突出抓好深水航道、大能力泊位和集装箱泊位的建设。内河航运建设，加快西江航运干线的完善配套，适时建设红水河、柳江、黔江航运整治工程以及右江航道那吉枢纽工程。民航设施建设，续建北海机场扩建工程，扩建南宁机场飞行区及桂林机场飞行区，力争桂林机场成为区域性中型航空枢纽。做好在南丹、北海涠洲岛支线机场建设的前期工作。

3. 加快能源发展，建设“西电东送”基地　到2005年，全区发电装机容量达到1120万千瓦，“十五”总建设规模约900万千瓦，新增约300万千瓦。“十五”期间，水电建设重点是开发并形成以红水河梯级电站为主体的水电基地，在加快开工建设龙滩水电站的基础上，尽早开工建设恶滩、平班、长洲等大型水电站，同时抓紧做好大藤峡、瓦村、桥巩，抽水蓄能电站等一批大型水电项目的前期工作，创造条件加快开发建设。积极开发效益好的中小水电项目。火电建设重点是开发并形成南部沿海火电基地，除续建盘县电厂二期工程外，抓紧开工建设沿海天然气发电厂及合山电厂改扩工程，抓紧做好北海、南宁、贵港火电厂等项目储备工作。配合大型骨干电源建设，加快建设和完善广西电网主干网络。配合“西电东送”，建设若干条通向广东的550千伏和220千伏输电线路，以及一批500千伏变电站，加强广西与贵州、云南电网的联接。全面完成城乡电网建设与改造工程。开发和引进利用石油天然气，积极创造条件，从南海引进天然气，以沿海天然气电厂为起步，以临海工业园为依托，建设沿海大型油气供应基地。

（三）促进科技教育事业发展

通过实施重大高新技术工程项目，力争在电子信息、生物工程、精细化工、新材料、环保技术等领域实现自主创新和产业化，围绕实施区域经济战略，集中力量，增加扶持对推动农业、制糖、机械、建材、有色、食品等传统产业升级的共性、关键及配套技术进行攻关和推广应用的投入。按照“十五”巩固基础教育，大力发展职业教育，扩大高中阶段教育和高等教育规模的教育发展任务要求，重点扶持贫困地区基础教育，在大中城市和经济比较发达地区扩大普通高中教育规模，大力发展各级各类职业教育和成人教育。加快发展高等教育，努力把广西师范大学、广西医科大学、广西民族学院和桂林电子工业学院建设成为在全国有较大影响的院校，积极推进北海大学的前期工作。

（四）加强生态建设和环境保护

实施绿色工程，大力植树种竹种草，有计划、分步骤地抓好退耕还林还草还竹，加快珠江流域、沿海防护林体系建设。实施石漠化治理工程，加快石山地区的综合治理。抓紧小流域治理，减少水土流失。抓好沿海及海洋生态环境治理，加强自然保护区和生态示范区建设。广泛开展城市绿化，抓好桂林、防城港、南宁、北海等生态城市建设。在继续抓好污染源治理的基础上，结合经济结构战略性调整，淘汰一批落后的生产工艺和设备，关闭一批浪费资源、污染严重的企业，重点抓好造纸、建材、制糖、冶金、火电、化工、食品等污染严重行业的治理，对主要污染物排放实行总量控制。加强城市环保基础设施建设，提高主要城市的生活污水、生活垃圾等处理能力。抓紧做好郁江、邕江、左江、漓江、湘资江、钦江、南流江等水污染防治与生态环境保护规划，巩固刁江、武鸣河，绿水江治理成果。

（五）提高公共服务水平，巩固和发展扶贫成果

大力改善居民居住和出行条件，提高住房质量，改善居住环境。全面完成农村电网改造，提高通电质量，逐步降低电价。加大农村道路改造力度，实现行政村通汽车。大力发展基本医疗、预防保健、卫生监督、义务教育、公共文化、公共安全等基本公共服务。坚持开发式扶贫的方针，加大贫困地区基础设施建设力度，建设一批不同类型的扶贫示范区。继续实施边境地区建设大会战工程。

海南省投资建设情况

海南省副省长 于迅

一、“九五”投资建设

“九五”期间，海南省面对“八五”期间泡沫经济留下的后遗症、亚洲金融危机对海南经济与金融的冲击和国内有效需求不足的挑战，坚决贯彻和落实国家积极的财政政策和稳健的货币政策，积极扩大内需，加强投资力度，启动民间投资，最大限度地发挥了投资对经济的推动作用。同时，继续深化改革和对外开放，推进国有企业改革，推动科技进步，增强经济自我发展能力；全面规范市场，化解金融风险，实施项目推进，强化投资管理，开拓市场，促进消费，使国民经济步入良性发展轨道。

（一）“九五”面临的挑战与困难

1. 房地产热潮退却，建设资金大量沉淀，投资资金匮乏

“八五”前期，随着开发建设对住宅、写字楼、商铺、厂房等的需求的增加和特区优惠政策，人才、资金从各地大量涌入海南投向房地产及其相关产业，推动了海南经济快速发展，1992年经济增长速度达到40.2%。但是，房地产业的发展远远超过了实际需求，带有很大的盲目性，形成了泡沫。1995年开始泡沫破灭，房地产业急剧降温，给海南经济带来了严重的负面影响，经济增长速度降至4.3%。海南房地产过热产生大量呆账坏账，不仅使海南的商业银行失去了支持地方建设的能力，也使海南被列入金融高风险区而备受困扰。许多企业和个人的资金沉淀于积压的房地产中，造成市场流动的资金量锐减，减缓了资源优化配置的速度，影响了企业基本建设和技术更新产业升级；由于个人持币量的减少，也使全社会出现消费需求低迷的现象。加上适逢国家实行经济紧缩政策，使本无经济基础、尚未形成自我发展能力的海南经济承受了严峻的考验。

2. 投资结构不合理，经济效益低下，财政对经济发展的支持有限

房地产过热造成投资结构的严重不合理，以1993年为例，全年房地产投资为57.3亿元，占全社会固定资产投资的30.35%；但同期全社会固定资产投资中农业、工业及基础设施的投资仅占1.5%、21%、28.8%。投资效益明显下降，房地产竣工率仅为9.21%，形成大量半拉子工程和闲置建设土地。与此同时，海南省农业发展水平低，农作物结构单一，经济附加值低；工业基础薄弱，新的支柱产业尚未形成，整体经济实力不强，自我积累与自我发展能力较弱；一、二产业得不到足够投资，三产内部层次低传统行业所占比重较大。产业结构的不合理，导致经济资源配置与财政收入来源的不对称，在全社会固定资产投入188亿元的1993年，全年财政收入仅为23亿元。不合理的投资结构造成资金的大量浪费，使百废待兴的经济建设资金严重缺乏。

3. 受亚洲金融危机影响，利用外资下降，影响经济发展

海南建省以后，利用政策及区域优势，加大了利用外资的力度。到1995年，全省仅国有单位固定资产投资中利用外资就达6.7亿美元，占同期全社会固定资产投资的36%。但由于当时海南利用外资工作尚在起步阶段，对外商直接投资的吸纳与培育工作尚未开展，一经1998年亚洲金融危机冲击，原本脆弱的海南资本市场便被严重催跨，融资渠道再一次堵塞。

（二）“九五”投资发展历程

为了尽快结束经济的大起大落，实现稳步增长，海南省及时调整产业发展方向，重新评估了海南在全国经济中的定位，提出了以资源优势为主的经济发展思路。

1. 调整投资结构，明确投资重点，以投资引导产

业发展

为加快发展经济，“九五”期间海南省提出明确的产业发展方向，制定了“突出发展热带高效农业，加快发展海岛旅游业，抓住机遇发展技术含量高的新兴工业，积极培养信息、海洋产业”的产业方针和“建设生态省”的发展目标。

为了实现这一目标，省里制定了一系列的投资优惠政策，只要不污染环境，不破坏资源，不搞重复建设，在产业投向上不设限制。同时为了扶持重点行业的发展，对大型工业项目、高新技术产业项目、海洋渔业项目等制定了更加详尽而优惠的政策。

“九五”期间，海南全社会固定资产投资完成920.7亿元，与“八五”时期相比，增长24.5%，并在1998年结束了1995年以来全社会固定资产投资连年下滑的局面。全省国内生产总值由1995年364.17亿元增加到2000年的518.48亿元，按可比价格计算增长40.78%，年平均增长7.44%；其中第一产业年平均增长8.46%，第二产业年平均增长6.38%，第三产业年平均增长7.08%。地方财政收入由28.5亿元增加到44.9亿元，年平均增长9.6%；人均国内生产总值由5225元增加到6894元，按可比价格计算年平均增长5.84%。

经过努力，“一省两地”（新兴工业省份，热带高效农业基地和度假休闲旅游胜地）发展战略得到进一步落实，新的产业格局初步形成。

热带高效农业方兴未艾，持续多年高速增长。“九五”期间，海南农业增加值平均增长8.46%，高出同期全国年均增幅3.6个百分点。农业内部结构调整力度加大，传统产品粮、糖、胶占农业产值的比重由1995年的43.4%下降到2000年23.3 %。同时以热带冬季瓜菜、热带水果生产为代表的热带高效农业及以海洋渔业等为代表的优势产业发展迅猛，热带高效产业产值占整个农业产值的比重由48%提高到60%，海洋渔业产值占农业的比重由14.2%提高到19.2%。

新兴工业健康成长，经“九五”期间的不断提高，工业增加值占国内生产总值的比重从“八五”期间的11.53%上升到12.38%。大力发展高新技术产品，培养优势、名牌产品，涌现了一批特色产品与龙头行业，生物制药、食品加工行业的发展在全国走在前列。以生物制药和电子信息为代表的高新技术产业和海洋经济发展势头强劲，新的经济增长点不断涌现。“九五”期间工业完成增加值277亿元，按可比价格计算年平均增长8.7%。

旅游业迅速崛起，已成为海南具有发展潜力与影响的优势产业。“九五”期间全省加大旅游基础设施建设，旅游业投入资金97.5亿元，开发了亚龙湾国家旅游度假区、兴隆及琼海官塘温泉度假区、三亚南山文化旅游区、博鳌国际会议中心等一批旅游精品；不断探讨新兴旅游产业模式，开辟了热带海滨度假休闲游、热带雨林观光游、温泉康乐度假休闲游、高尔夫球休闲游、中国文化观光游、南中国海潜水游等特色系列游。到2000年游客数量突破1000万人次，旅游总收入达到78.56亿元，相当于全省国内总产值的15.2%，高于全国平均水平10个百分点。

2. 抓住机遇，利用积极的财政政策，加快基础设施建设

为扩大内需促进经济发展，国家在1998年开始实施积极的财政政策，增发国债用于基础设施建设。海南省积极响应国家政策，加大国债投资力度，进一步夯实经济基础。

自1998年以来，海南共争取国债项目111个，国债资金43.2亿元，用于农林水、公路交通、市政基础设施、社会文化事业设施建设与环境保护等方面。三年多来国债投资有效地扩大了投资需求，不仅带动了59.3亿元的银行贷款及企业自有投资，还带动了社会投资和相关工业生产的增长，成为拉动经济增长的一个重要因素。国债投资加快了重点工程的建设进程：粤海铁路通道项目得以及时开工建设、新建高速公路318公里、完成大中型病险水库除险加固3座、新建水源工程1座、干渠防渗加固27.5公里、节水灌溉工程7宗、新建海堤28.5公里、新建城市防洪堤6.7公里、新建和改造10千伏线路107.2公里、改造电网线路1029公里、新建城市道路32公里、新增城市供水能力36.12万吨/日、新增城市污水处理能力38万吨/日、新增城市垃圾处理能力1000吨/日、新增粮库库容5亿斤、完成人工造林20.5万亩、封山育林33万亩、森林抚育30万亩、完善沿海防护林13.65万亩、治理水土流失13.4平方公里、高校实施了教学、科研等基础设施项目7个、2000年全省高校扩大招生3000人等等。

3. 拓宽融资渠道，加大招商引资力度，鼓励民间投资

为加快对外开放以及鼓励民间投资的步伐，海南省先后出台了《进一步鼓励和扩大外引内联投资若干规定》、《加快非公有制经济发展暂行办法》、《招商引资奖励暂行办法》等规定，为投资者创造宽松的投资环境，为社会投资者创造公平的竞争机制和刺激投资机制。

通过“九五”的努力，海南省全方位对外开放格局基本形成，利用外资结构日趋合理，与世界经济关系日趋紧密。外商投资由传统的房地产、旅游业、服务业扩大到基础设施、基础产业、金融、商业等领域，投资规模及投资档次都有明显的提高。年产60万吨纸浆的浆纸厂、年产300万公里光纤光缆项目、50万吨面粉厂

等落户洋浦。国际著名酒店管理公司喜尔顿、假日等参与亚龙湾开发区建设。

利用外资从单纯追求数量与规模转向追求质量与技术转移，积极开拓新的融资渠道与融资方式。“九五”期间，海南克服亚洲金融危机带来的种种困难，利用外资和对外贸易都有较好的发展。五年累计实际利用外资48.6亿美元，其中外商直接投资31.3亿美元，使用国外贷款17.3亿美元。

对民间投资进一步放宽投资领域，鼓励民间投资进入基础性领域，在信贷、税收、融资、财政贴息、进出口等方面与国有企业享有同等待遇；引导民间投资结合海南产业发展方向朝着“专、精、优、特”方向发展。通过努力，“九五”海南的民间投资有了长足的发展。据统计，“九五”海南民间投资占全社会投资总额的比重由1996年的23.6%增加到2000年的46%。民间投资发展极具地方特色，海口市重点发展以医药为代表的高新工业，三亚、琼海重点发展旅游业，文昌、儋州、临高则因地制宜发展远洋捕捞，沿海市县发展海水养殖，中部地区市县发展热带水果。

4.挤掉泡沫，规范市场，投资环境进一步改善

“九五”期间，海南省清理了223项不合理收费，降低了63项收费标准；实施农网工程改造，逐步实行城乡同网同价；通过制定有关政策法规，加强对企业税外负担的管理和监督，清理不合理的行政事业收费、罚款项目及各种摊派，减轻企业负担；严格收费管理，对企业的收费实行“交费登记”制度，对行政事业性收费实行收费许可证和年审管理制度，杜绝收费用中的腐败违规行为。

为了盘活房地产，省里出台了《处置海南省积压房地产试点方案》以及关于土地确权、土地所有权置换、土地出让金返还补贴、积压房地产转化为经济实用房上市限价销售等12个方面的政策文件。清理不良资产，收回闲置土地，盘活房地产积压资金存量，重新营造富有生机与活力的海南房地产市场。全省共处置积压商品房165万平方米，依法无偿收回闲置土地3649公顷，盘活闲置土地2000公顷。由于出台了多项刺激住房消费政策，使低迷多年的房地产市场开始活跃起来，仅2000年一年商品房交易量为146万平方米，销售额达16亿元。沉淀资产的盘活，不仅为经济发展提供新的动力，也为我省重新建立良性的金融秩序奠定了基础。

5.深化投资体制改革，加强投资的宏观管理，提高投资效益

为了给投资者提供一个良好的投资发展环境，省里制定了省鼓励发展产业政策目录，指导投资者投资行为；将不涉及国家配额许可证管理，建设和生产经营条件不需要国家综合平衡的项目的审批权限进一步下放，减少行政审批环节，率先在洋浦试行建设项目审批登记备案制。

通过对国家出资项目招投标管理及重大建设项目全过程稽察，加强对政府出资项目的管理，进一步加强对全社会固定资产的监测与宏观调控手段，逐步建立与社会主义市场经济体制相适应的投融资体制。

制定相关政策，加强对国有企业的监督管理，切实落实企业经营者的经营责任，明确其投资行为中的“责、权、利”，对其投资行为的约束。促进企业扭亏增盈和国有资产保值增值，提高国有企业的经营效率。

“九五”期间，全省投资效益明显增强，固定资产交付使用率由1995年的68%增加到2000年的73%；工业经济效益明显改善，全行业提前三年实现了扭亏为盈，2000年全省411家规模以上工业企业，经济效益综合指数为89.1，比1999年提高16.1个百分点。

二、“十五”投资建设展望

（一）“十五”主要预期目标

全省“十五”期间经济实力将进一步增强，2005年国内生产总值按2000年价格计算达到798亿元，年平均增长9%；人均国内生产总值超过10000元。“十五”海南全社会固定资产投资额累计达到1100亿元，比“九五”增加180亿元。产业结构明显改善，竞争力进一步提高，一、二、三产业比例由2000年的37.9:19.6:42.5变化为2005年的37.9:21.5:40.6，工业占整个经济的比重达到15%左右，旅游业总收入相当于GDP的18%左右。城乡结构初步改善，城镇化水平提高到35%。城镇居民人均可支配收入和农民人均纯收入分别年均增长5%和6%，按2000年价格计算，2005年分别达到6830元和3910元。2005年初中适龄人口入学率达到97%以上，高中及高等教育入学率达到60%和15%。

（二）“十五”投资重点

1.热带高效农业，要发挥海南农产品的“季节差、名优特、无公害”三重优势，加快热带高效农业基地建设，提高农业产业化水平，推进农业现代化进程。突出“订单农业”、“绿色农业”、“科技农业”的特色，提高农业生产经营的集约化、良种化、信息化、市场化水平，把海南建设成为全国较有竞争力的冬季菜篮子基地、无公害农产品出口基地、种子产业基地、高效速生林产品生产基地、优质海洋水产基地和热带花卉生产基地。

2.充分利用海南的天然气、热带速生丰产林、海洋资源和矿产资源，抓住市场机遇，发展资源开发及其

深加工。利用天然气重点发展清洁能源、尿素、复合肥、甲醇及精细化工产品，建成全国最大的化肥生产基地；利用热带速生丰产林，发展木浆及高档纸制品。

积极采用先进技术对汽车摩托车、饮料食品、纺织化纤、医药等现有优势产业进行改造与提高；充分利用海南现有的条件和环境优势，在信息产业、生物制药、海洋资源深加工、航天发射基地等领域取得突破，培育新的经济增长点。

3. 充分发挥海南热带海岛旅游资源优势和生态环境优势，提高旅游整体产业素质和旅游人均消费水平，实现由观光旅游为主向度假旅游为主的方向发展。形成若干个具有一定规模达到国际水准的旅游精品景区：博鳌成为国际会议中心，亚龙湾成为国际滨海休闲度假区，南山成为中国文化旅游区，尖峰岭成为以原始热带雨林为特色的生态旅游区。

4. 积极利用已有条件与优势，努力推进信息产业的发展及信息技术的应用，建设完善的信息基础设施，大力发展信息产业，使其真正成为国民经济新的增长点，信息化水平进入全国较为先进行业，为建设信息智能岛奠定基础。

5. 基础设施发展重点由以提高供给能力为主转向开拓市场、扩大需求为主；利用国家扩大内需的机遇，配套完善各项基础设施的建设；加快改革步伐，引入竞争机制，改善服务质量，提高基础设施的使用效益。"十五"期间重点抓好"四网"（电网、公路网、通信网、水利网）、"两通道"（粤海铁路通道、西线天然气管道）的建设。

（三）"十五"投资发展策略

保持必要的投资强度，积极引导投资方向，提高投资效益。利用国家积极的财政政策，继续加大基础设施投资力度。下大力气改善政策环境、融资环境和服务环境，强化招商引资，吸引民间投资，努力扩大社会投资。大力推进资本运营，加快企业资产重组步伐，充分利用资本市场筹集建设资金。努力全面完成"十五"预期目标。

重庆市投资建设情况

重庆市市长 

一、"九五"投资建设

"九五"期间重庆市认真贯彻中央关于加大投资力度、扩大内需的方针政策，经济增长速度明显加快，经济发展势头与全国经济出现重要转机的趋势基本一致，并在一些重要领域取得突破性进展。尤其是固定资产投资保持强劲增长，成为经济增长的主要支撑力量。

（一）固定资产投资高速增长，成为经济增长的主要拉动力

重庆市紧紧抓住国家实行扩大内需政策、三峡库区建设和启动西部大开发战略的机遇，促进了投资规模的快速增长，拉动了经济较快增长。

2000年重庆完成全社会固定资产投资656亿元，增长16.50%，高于全国7.2个百分点，增速位列西部地区第4位。其中：基本建设完成263亿元，增长24.3%；房地产开发完成140亿元，增长24.1%；技术改造完成92亿元，增长0.3%；其它投资完成161亿元，增长9.6%。全年投资率达到41.2%，比1999年提高3.4个百分点，拉动全市经济增长5.4个百分点。

"九五"重庆经济增长呈现出明显的"投资拉动"特征。全市完成固定资产投资2408.5亿元，是"八五"

投资的2.9倍，年均增长19.3%，对经济增长贡献度达到40.1%，比“八五”提高11个百分点；年均投资率达到34.3%，比“八五”提高7.6个百分点。五年累计投入530亿元重点建设资金，建成39个关系经济和社会发展大局的重点工程项目。

（二）在国债资金的强力支撑下，一大批重点建设项目竣工或开工

投资对经济增长的明显拉动作用主要得益于国家实施积极的财政政策和稳健的货币政策，发行长期建设国债。

2000年，重庆新增国债投资29.57亿元，一批重大工程项目完工或开工建设。70项市级重点项目整体推进，全年到位资金175亿元，其中纳入市级建设资金平衡计划的44个重点项目到位资金155亿元，到位率为95.4%。完工投入使用一批高速公路、城市桥梁、港口码头、市政设施、邮电设施、工业技改等重点工程项目；开工建设列入2000年国家西部大开发10大重点工程的渝怀铁路、轨道交通等21个重点项目。

国债资金投入成为重点建设顺利推进的关键性因素。从1998年下半年开始，重庆市三年累计投入国债资金92.7亿元，带动银行贷款和各种配套资金220.5亿元，国债资金拉动投资增长年均达到7.6个百分点，是全市固定资产投资连续三年高速增长的主要支撑。一大批多年来想干又无力干的重大工程得以建成或推进实施，特别是大量的交通、能源、市政、水利、通讯等基础设施项目建成投入使用，使经济发展“瓶颈”制约得以缓解，城乡面貌显著改观，直辖市的辐射带动作用明显增强。根据规划，国债项目全部建成后，全市水利化程度将提高5.3个百分点，新增50年一遇标准的城市河段堤防52.5公里，新增高速公路327公里和扶贫公路2240公里，新增铁路干线162公里，新增城市道路25公里，新增桥梁7座，新增日供水能力56万吨、日污水处理能力99.8万吨、日垃圾处理能力1500吨，新增粮库库容8.3亿斤，新建和改建农村电网43.6万公里，新增高等院校教学、科研用房及学生公寓40万平方米，新增城市轨道交通13.5公里。同时，国债资金支持了9个技术改造项目和29个高新技术产业化、重大技术装备、军工建设项目顺利实施，推动了全市经济结构调整和企业技术进步。

（三）固定资产投资结构有所改善，以住宅为重点的房地产开发强势增长

在固定资产投资较快增长的同时，投资结构也有所改善，呈现出一些新的特点：

*一是基础设施建设投资力度进一步增强。*水利、能源、交通、邮政通信和市政设施投资力度加强，投资增幅远远高于全市固定资产的平均增幅。“九五”期间，水利设施建设累计投入45亿元，年均增长54.5%；能源建设累计投资213.9亿元，年均增长26.9%，其中电力建设投资169.3亿元，年均增长35.6%，五年累计投入91.9亿元用于城乡电网改造；交通运输建设累计投入280.9亿元，年均增长33.8%；邮电通讯累计投资162.0亿元，年均增长38.6%；城市基础设施加快建设，市级累计投资117亿元，年均增长28.5%。

*二是第三产业投资比重大幅提高，三次产业投资结构加快调整。*第一产业完成投资25.6亿元，年均增长40.7%，比重由1996年的1%提高到2000年的1.1%，农业基础地位进一步得到加强。第二产业完成投资652.6亿元，年均增长5.7%，比重逐年下降，由1996年的48.7%下降到27.1%。第三产业完成投资1730.3亿元，年均增长28.5%，比重由1996年的50.3%提高到2000年的71.8%。

三是非国有经济投资快速增长，投资主体多元化格局加快形成。“九五”期间，非国有经济完成投资1215.4亿元，是“八五”时期的4倍，年均增长21.8%，高出同期国有经济投资增幅4.9个百分点；占全社会固定资产投资的比重提高到50.5%，上升13.3个百分点。其中，集体经济完成投资305.9亿元，个体经济完成投资438.3亿元，其他经济类型完成投资471.2亿元。国有、集体、个体和其他经济类型完成投资比例由“八五”时期的63：15：14：8演变为“九五”时期的50：13：18：19。

四是以住宅为重点的房地产开发投资强势增长，成为投资增长的新亮点。“九五”期间，全市房地产开发投资累计472.5亿元，年均增长24.4%，占全社会固定资产投资的比重提高4个百分点；房地产开发企业从1200多家增加到1700多家；房地产开发投资结构趋于合理，住宅投资占房地产开发投资的比重保持在45%以上。住宅建设投资逐年走高，年均增长16.5%；累计竣工住宅面积1.75亿立方米，比“八五”增长70%。2000年，重庆市认真贯彻落实国家计委关于清理商品房价格中不合理收费、加快商品房建设的有关部署，加大危旧房改造力度，促进了以住宅为主的房地产开发投资的稳定增长。住宅建设完成投资72.8亿元，增长39.1%，占房地产开发投资的比重由1999年的46.5%上升至52.1%，提高5.6个百分点；全年商品房竣工面积849.4万平方米，增长37.1%；房地产市场保持了交易活跃，购销两旺，销售面积580.0万平方米，增长34.9%，其中个人购买商品住宅473.6万平方米，占住宅销售面积的96.4%。住宅建设更加重视人居环境营造，龙湖花园、南方花园、洋河花园、加州花园等

住宅新区成为城市亮丽风景线。居民住房水平明显提高，2000年末城镇居民人均居住面积达到10.8平方米，比“八五”末期增加3.8平方米。

（四）实施“十个一批”工程，发展环境明显改善

为进一步扩大开放，提高招商引资成效，重庆市开展了全市发展环境综合整治行动，实施了“十个一批”工程，有效地改善了投资环境。

“十个一批”的措施，一是废止或停用一批地方性政策规章，已停止适用或废止不适应改革和发展新形势的地方性政策、规章24333件；二是停止施行一批许可审批项目，对不适应西部大开发和市场经济体制要求的许可审批项目分期分批予以停止施行，已停止施行许可审批项目110项；三是取消一批行政事业性收费项目，对依据原四川省和重庆市各级各类政策、规章设置的行政事业性收费项目予以全部取消，对直辖后设置的项目进行逐项清理审核后再施行，减少了行政收费项目249项，减幅达38%；四是破除一批行政性和行业性垄断，首批选择公安、交通、教育等行政部门和供水、供电、供气、邮政、电信、运输、银行、保险等行业进行整治，立案查处了54件涉及行政性垄断和行业性垄断的违法违规事件；五是脱钩一批政府主管部门与所办中介机构的关系，2000年年内已全部脱钩完毕；六是规范一批报刊的征订发行，按照自愿原则订阅，规范了122种报刊的征订发行工作；七是公开评价一批政府职能部门，已将市计委、市教委、市建委、市卫生局、市工商局、市质量技术监督局等15个政府部门推出接受市民公开评价；八是综合整治一批重点窗口地区和行业，首批整顿了火车站、机场、汽车客运站、出租车行业等10个窗口地区和行业；九是制定一批优惠政策，已出台招商引资、人才引进、改善公安管理、强化社会服务功能等一批新的优惠政策；十是表彰一批人民建议获奖人员，对为市里经济社会发展建言献策做出突出贡献者进行奖励和表彰。

发展环境的改善提高了招商引资的成效。2000年重庆市成功举办了重庆·中国西部开发国际研讨会、第五届中国三峡国际旅游节暨投资贸易洽谈会、西南六省区市七方经济协调会和第二届重庆高新技术成果展示交易会，加强了国内外经济合作与交流。特别是投资贸易洽谈会期间，共签订合同、协议项目261项，协议引进资金305亿元人民币，其中外资项目109个，吸收境外资金23.3亿美元。德国麦德龙公司、德国克罗姆公司、日本美多乐电装株式会社、澳大利亚空调国际集团公司和新西兰英特麦克公司等6家跨国公司来渝投资。国内跨区域中小商业银行全部进驻重庆，金融环境趋于改善。资本市场融资取得一定成效，股票筹资工作进展较好，九龙电力、重庆港九、乌江电力三家企业上市发行股票，重庆实业进行了配股，全年股票融资额达13.88亿元。截至2000年底，全市共有上市公司28家，2000年末股票市值为803亿元。高新技术产业投融资体系的构建有新的进展。高新技术产业化风险管理中心已进行正式运作，重庆市科技风险投资公司重组并开始运作。

二、“十五”投资建设展望

“十五”国家将加快实施西部大开发战略，基础设施、生态环境、结构调整等重点领域的投资力度将进一步加大，从而支撑全市固定资产投资保持高速增长。投资对经济增长的拉动作用将得到进一步发挥。

“十五”期间重庆市将实施90项重点建设项目，按合理工期，在资金保障状况较好的前提下，预计可建成61个关系经济和社会发展全局的重点项目。主要包括以下八大方面：一是交通基础设施建设。公路方面，加快推进骨干公路网建设，实现“8小时重庆”，即重庆范围内任何一个区县所在地在8小时之内能够到达主城区；铁路方面，建成渝怀铁路，开工建设遂渝铁路、万枝铁路，进一步强化重庆铁路枢纽功能；航空方面，完成江北机场航站区、万州机场和黔江机场“一大两小”机场建设；水运方面，加快万州枢纽港、涪陵港、奉节港建设以及其他三峡库区淹没港口复建。二是城市基础设施建设。城市交通方面，加快建成主城区三条滨江路和轨道交通较场口至新山村线，新建和改造一批城市道路、城市桥梁、主城区立交桥，完成“半小时城区”工程。城市供水和管网建设方面，完成丰收坝水厂建设、8座老水厂的改造，新建供水管网68公里，改造旧管网497公里，建设15个区县城镇水厂及供水管网。开发建设北部新区，抓好基础设施建设，初步形成以高新技术产业和出口加工贸易为主的现代产业基地。积极推进危旧房改造，完成主城区352万平方米危旧房改造任务。加快建设和完善国（境）外驻渝人员必要生活设施。三是电力建设和电网改造。建成武隆江口水电站，开工建设乌江彭水电站，建成输变电工程58项，全面完成全市城乡电网改造。四是邮电通信建设。重点建设重庆至怀化、重庆至昆明干线光缆，建设重庆地理信息系统、宽带长途交换设备、宽带数据多媒体、重庆西部互联网交换中心等项目，继续实施本地网的扩建。五是三峡库区生态环境建设保护和地质灾害防治。重点推进三峡库区生态环境建设、库区水资源保护、地质灾害治理，以及中日环保示范城市大气污染治理等一批重大项目的实施。六是水利设施及城市防洪工程。全面完成在建的17座中型水库，基本建成开县鲤鱼塘和开工建设大足玉滩两座大型水库；完成165万农村人口的饮水工程；加强长江、嘉陵江、乌江干支流重点城市防洪护岸

综合治理。七是社会文化事业基础设施建设。加快以重庆中国三峡博物馆、袁家岗体育中心体育场和红岩革命纪念馆二期工程为重点的一批社会文化事业项目；推进中小学危房改造和高等院校基础设施建设；加快重点旅游景区的基础设施建设。八是传统产业改造和高新技术产业化。利用高新技术对汽车摩托车行业、天然气化工和医药行业。冶金行业等传统产业进行技术改造的一批重大技改项目，包括长安15万辆奥拓轿车、长安福特合资项目、川维天然气化工、天然气合成油、重钢薄板、重钢汽车用优质特钢、西铝热轧生产线升级改造等重大项目。加快推进信息、生物、环保三大先导产业和机电一体化、新材料两大优势产业，以及八个“百万工程”为重点的农业产业化项目的实施。

预期“十五”重庆市累计完成固定资产投资5200亿元左右，比“九五”总投资翻一番，每年平均要完成1000亿元以上，比“八五”期间累计完成的投资总量还要多。如此高强度的投资，在重庆历史上是没有的。投资建设不仅可以反映经济建设的面貌和成就，而且还可以推动经济的快速发展。预期“十五”投资年均增长16%，拉动GDP年均增长3个百分点，将有力地支撑“十五”经济发展目标的实现。

四川省投资建设情况

四川省省长 张中伟

一、“九五”投资建设

“九五”期间，四川省在党中央、国务院的正确领导下，在国家有关部门的大力支持下，经过全省人民的不懈努力，全省投资持续稳步增长，基础设施建设取得重大进展，长期制约四川经济社会发展的能源、交通、通信等基础设施明显改善，投资体制改革进一步深化，有力推动了国民经济和社会事业发展，使全省经济实力得到显著增强，为“十五”发展奠定了良好基础。

投资总量跃上新台阶 “九五”期间，全社会固定资产投资规模翻了一番多，从“八五”的2200亿元增加到5562.4亿元，超额完成了“九五”计划5000亿元的调控目标，占全国的比重由1995年的3.4%提高到2000年的4.3%，上升了0.9个百分点，投资率达到31.6%，年均增长15.6%，投资对经济增长的贡献率明显提高，最高的1998年达到58%。

基础设施建设取得重大进展 “九五”期间，在交通、通信、能源、城市基础设施和水利建设方面共投入2228.7亿元，占全社会固定资产投资的40.1%，集中建设了一批重大项目，办成了一些多年想办而没有办成的大事，能源、交通、通信等基础设施的“瓶颈”制约基本得到缓解。新增公路通车里程1.59万公里，高速公路达到1000公里；新增铁路通车里程350公里，铁路电气化改造1244公里。全省光缆总里程达到10万公里，全省固定电话用户达到570万户，移动电话用户达到330万户，电话普及率达到10.6%。建成了20世纪亚洲最大的水电站——装机330万千瓦的二滩水电站及其500千伏输变电线路等一批重点工程，5年新增电力装机774.3万千瓦。新增调供库容60.8亿立方米，新增有效灌溉面积280万亩。城乡基础设施不断改善，城乡面貌明显变化。新增城市日供水能力320万吨，基本解决了81个严重缺水县城的吃水问题和884万农村人口的饮水困难。

投融资体制改革进一步深化 制定了《四川省人民政府关于深化投资体制改革的决定》，推行建设项目法人责任制、固定资产投资项目资本金制度、建设项目招投标制度和工程建设监理制四项基本制度，强化项目审批、设计管理、概预算管理、施工管理和宏观调控五项管理。切实减少行政审批事项，积极推进行政审批制度改革，对52个省级行政部门及单位的审批事项（包括审批、核准、审核和备案）进行了清理，第一批减少行政审批255项。废止和修改了不适应西部大开发、影响发展的政策性文件和规章219件。制定《四川省“九五”产业政策实施方案》，加强了资金投入的政策导向。加强招标投标行政监督，制定了《四川省工程建设项目招标投标管理若干规定》。实行重大建设项目稽察制度，制定了《四川省重大建设项目稽察办法》，成立了省重大建设项目稽察特派员办公室。

投资主体呈多元化发展 除国有经济、城乡集体和个体投资外，以股份制、中外合资和外商独资等为代表的其他经济类型的投资增长迅速。“九五”期间，全省国有经济累计投资3003.6亿元，年均增长12.0%；集体和个体投资703.7亿元，年均增长4.7%，股份制、中外合资等其他经济类型的投资1855.1亿元，年均增长28.4%，比国有经济投资增幅高16.4个百分点。

融资渠道不断扩大 随着投资体制改革的深化和对外开放的扩大，国家投资、国内贷款、利用外资、自筹资金等多种形式并存的格局逐步形成。1998年发行国债以来，通过国债资金的引导和带动，地方、企业投入配套资金和银行安排贷款共2500亿元。金融机构各项贷款由1995年的1609.8亿元增长到2000年的4053.46亿元，年均增幅为13.67%，其中中长期贷款年均增幅达18.89%。到2000年，我省审批上市的股份有限公司共56户。其中，国内上市公司53户，募集资金163.57亿元；在香港上市的公司3户，募集资金23.22亿港币。通过发行债券募集资金30.2亿元。“九五”实际利用外资45.8亿美元，比“八五”增长1.4倍。全省利用外资领域不断扩大，利用外资方式更趋多样化。

二、2000年投资建设工作

2000年是实施西部大开发战略的第一年，也是完成“九五”计划、全面实现第二步战略目标的关键年。在1—2月投资下降7.84%的不利局面下，省委、省政府抓住西部大开发机遇，采取相应的措施，认真抓好投资领域的目标分解落实、项目管理、重大项目新开工以及协调等各项工作，加大农林水利生态建设、交通通讯、城乡电网、城建环保等基础设施以及企业设备更新和技术进步、经济适用住房和社会事业等方面的投入，经过各方面的努力，扭转了投资下滑的局面。从3月份全省投资开始稳步增长，其中农林牧渔业、制造业、以市政工程为主的社会服务业、房地产业和教育、文化艺术、广播、电影、电视业呈高速增长，全省全社会完成固定资产投资1403.85亿元，同比增长15.0%，超额完成了全年1400亿元的投资目标任务。

基本建设投资力度加大 全年全省完成基本建设投资663.6亿元，同比增长19.18%，高出上年25.16个百分点。尤其是加快了封山育林、退耕还林还草工程的建设，加大了城市基础设施建设的投资力度，农林牧渔业和以市政建设为主的社会服务业投资增长较快，分别投资22.73亿元、87.24亿元，同比增长99.0%、29.28%。全省纳入目标考核的83个重点建设项目共完成投资263.94亿元，占年度计划的115.92%，比上年增加20.23个百分点。

工业投资增长较快 全省工业制造业共完成投资133.17亿元，同比增长28.34%，高出上年18.57个百分点。其中：纺织业投资6.46亿元，增长2.11倍；化学工业投资20.17亿元，增长29.69%；黑色金属冶炼及压延加工投资7.85亿元，增长28.38%；有色金属冶炼及压延加工投资4.33亿元，增长63.25%；电子及通信设备制造业投资22.07亿元，增长93.4%；机械工业投资25.21亿元，增长4.79%；轻工业投资32.12亿元，增长0.3%；其他制造业投资14.92亿元，增长51.39%。工业投资快速增长，主要得益于工业企业经济效益好转，自筹能力增强，在国债贴息资金的引导下，吸引了大量银行贷款，也加大了企业对新建和技术改造的投入力度。

房地产投资快速稳定增长 2000年，房地产投资持续快速增长，增幅一直稳定在30%左右。全年全省完成房地产开发投资194.39亿元，同比增长36.41%。国家大力推行房改政策、停止福利分房，银行积极发放住房抵押贷款，调动了居民个人购房的积极性，使商品房出现旺销局面。房地产竣工面积1199.22万平方米，实现销售面积861.84万平方米，其中销售给个人的716.19万平方米，占83.1%，居民个人成为房地产市场的主要购买群体。房地产投资的资金来源主要为房地产开发企业的自筹资金和定金及预付款，两项合计占全部资金来源的72.18%，分别增长13.86%和31.59%，国内贷款仅增长1.61%。在投资结构上，居民住宅投资比重继续上升，增幅为42.94%，占全部投资的67.66%，而办公楼投资6.0亿元，同比下降16.67%，仅占全部投资的3.08%。

非国有投资继续快速增长 随着市场逐步回升，四川省民间投资自1999年下半年开始增长，特别是2000年国家西部大开发战略的实施和启动、鼓励民间投资的举措逐步到位，非国有投资进入快速增长期。非国有民间投资包括城乡集体、个体及其他非国有经济成份全年共完成投资699.39亿元，占四川省全社会投资的49.82%。其中，集体、个体完成投资364.7亿元，同比增长13.43%；其他非国有单位完成投资334.69亿元，同比增长37.98%，分别比同期国有单位7.32%的投资增幅高出6.11、30.66个百分点。非国有投资已成为推动全省投资增长的重要力量。全年国家预算内资金投入46.60亿元，增长22.75%；利用外资48.8亿元，增长101.03%；中长期贷款余额1217.77亿元，比年初增加138.16亿元，增长12.80%；发行债券募集资金6.58亿元，增长54.49%；股票市场融资25.7亿元。

三、投资建设中存在的问题

尽管2000年四川固定资产投资取得了明显成效，但仍存在一些不容忽视的矛盾和问题。

一是交通、能源和水利等投资处于明显调整期。近年来，四川对制约经济的“瓶颈”行业采取了投资倾斜政策，尤其是加大了基础设施建设的投入力度。但2000年交通、能源、水利等基础设施由于缺乏像二滩电站、达成铁路这样的大项目支撑，加之基数较大，投资处于明显的调整期。全年固定资产投资中，交通运输投资完成158.2亿元，比1999年下降了0.8%；能源投资152.6亿元，只增长1.7%，其中电力投资122.9亿元，增长10.8%，石油和天然气投资27.0亿元，下降13.7%；水利投资17.9亿元，下降9.2%。这些行业占总投资的比重，均呈下降趋势，交通、能源和水利投资分别占投资总额11.3%、10.9%和1.3%，依次比1999年下降了1.8、1.4和0.3个百分点。上述基础设施投资徘徊不前，不利于投资环境的进一步改善，进而影响全省经济发展后劲。

二是科研和综合技术服务投资严重萎缩。科学技术是第一生产力，其投资应适度超前。但近年来这方面的投资不仅总额偏小，还出现了萎缩态势。2000年，全省科学研究和综合技术服务业投资4.5亿元，比1999年下降了19.0%，与投资总额增长15.6%形成明显反差，占投资总额的比重仅为0.4%，下降了0.2个百分点。科学研究和综合技术服务投资不足，将影响全省科研和技术整体优势的发挥，不利于科研成果的转让和先进技术的推广应用。

三是民间投资特别是城乡集体、个体投资未真正启动。以往年份，全省集体、个体投资一般占全社会的1/3左右，1998年这一比例下降至22.8%，1999年回升到27.8%，2000年又降为26%左右，增长率比全社会固定资产投资增长率低1.6个百分点，尚未有启动迹象。

四、“十五”投资建设展望

（一）固定资产投资的目标

21世纪前10年，四川省总体发展目标是：建成西部经济强省和长江上游生态屏障，经济社会协调发展，努力实现新的跨越。根据这一目标和《四川省国民经济和社会发展第十个五年计划纲要》规划GDP年均增长8%以上的要求，“十五”期间全省固定资产投资增速要保持在10%以上的较高水平，投资总规模达到8500亿元，投资对经济增长的贡献率为45%—50%左右。

（二）固定资产投资的重点

1. 培育六大支柱产业

电子信息业　电子信息产业是四川省的“一号工程”，要重点发展通信产品、软件、新型元器件及新材料、计算机与网络产品、数字化及信息化视听产品等5大类主导产品。

水电业　实施“川电外送”，重点加快金沙江、雅砻江、大渡河等水电资源的滚动开发，积极促进瀑布沟、溪洛渡、向家坝、锦屏一级、亭子口等一批大中型水电站早日开工，建设国家重要的水电能源基地。电冶结合，大力发展高耗能工业。

机械冶金业　机械业以提高大型发电设备、重型机械、工程机械的科技含量为重点，提升产品档次，建设国家重大装备国产化基地。冶金工业加强钒钛、稀土等优势资源的综合利用，大力开发新产品，建设我国重要的特种钢和钒钛新材料基地。

医药化工业　以中药为重点，加快发展中成药工业和生物制药工业，大力发展以中药材为原料的保健食品、功能食品和化妆品，努力建设国家中药现代化科技产业基地。积极发展天然化工、磷化工、精细化工，建设国家天然气化工基地。

旅游业　围绕自然生态、历史文化两条主线和大熊猫、三星堆、九寨、黄龙、峨眉山－乐山大佛、都江堰—青城山等国际旅游品牌，统筹规划，突出重点，强化宣传和营销，创建世界级和国家级旅游精品。加快建设旅游基础设施，加速旅游商品开发，努力把四川建成全国自然生态和文化旅游的重要目的地。

饮料食品业　以名酒、名烟、川菜、肉制品、绿色保健品等为拳头产品，扩大名牌产品比重，提高市场占有率。

2. 健全综合交通运输体系

公路　按照“内联市县、外接周边、通江达海”的要求，重点实施“通达、联网、通乡”三大工程，力争“十五”末建成以成都为中心，连接各市、州和周边省市区，以高速或高等级公路主骨架为依托的高效、畅通的公路网络。5年新增高速公路700公里。

铁路　以基本实现全川铁路干线电气化，形成内外畅通、优质高效运输网为目标，重点加快在建的内宜铁路电气化及内昆、达万等铁路建设。5年新增铁路里程175公里。

机场　以建设干、支线机场合理布局的民用运输体系为目标，抓紧完成成都双流国际机场的改扩建，加快九寨黄龙、攀枝花等机场建设。

水运和管道　重点建设长江水运出海通道，加快兰州至成都输油管道项目建设。

3. 合理开发利用能源

电力　以水电建设为重点，大力开发具有调节能力和综合效益的水电，同时加强城乡电网改造，努力开拓省内外市场。5年新增电力装机300万千瓦。

天然气　加快天然气资源的勘探开发利用和管网建设，积极发展天然气化工和CNG汽车，适度建设燃气电厂，加大天然气输送管道的改造力度。

4. 加强水利设施建设

防洪　积极争取省内主要江河的控制性水利工程纳入国家长江流域防洪建设总体规划，建成紫坪铺水库枢纽工程。加快岷江、沱江、涪江、嘉陵江、渠江、青衣江与安宁河流域防洪设施建设，加强沿江城市以堤防为基础的防洪体系建设，到2005年，成都市及沿江的15个地级市基本达到国家规定的防洪标准。

供水　争取武都引水、升钟、大桥3个水利二期工程早日开工建设，新建一批中型水利工程，努力创造条件，解决川南、川北、川中缺水问题，到2005年，新增供水能力14亿立方米，新增农田有效灌溉面积150万亩。

5. 加快城市基础设施建设

到“十五”末，城市供水的综合生产能力达到1215万立方米/日，自来水普及率达到98.8%；人均生活用水量210升/日；城市公共交通达到8.0标台/万人；城市民用燃气普及率达到90.1%；市政设施达到人均道路面积8.9平方米；城市污水处理率35%；人均公共绿地5.5平方米。

贵州省投资建设情况

贵州省省长　石秀诗

一、“九五”投资建设

（一）固定资产投资规模迅速扩大，成为拉动经济增长的重要因素

“九五”期间，贵州省累计完成全社会固定资产投资1583亿元，比“八五”期间增长1.8倍，年均增长18.2%；固定资产投资率由1995年的29%提高到2000年的42.9%，扭转了贵州省固定资产投资率长期低于全国平均水平的局面，全省累计新增固定资产1247.84亿元，是“八五”时期的2.9倍。在固定资产投资的拉动下，“九五”期间，贵州国内生产总值年均增长8.7%、高于全国平均增速0.6个百分点。

（二）积极财政政策作用明显，投资结构进一步改善

一是以交通为重点的基础设施建设投资大幅度增加。五年共完成基本建设投资603亿元，年均增长21.2%，比“八五”时期增长1.6倍，年度基本建设投资额由1995年的65亿元提高到2000年的151亿元。二是技术改造的投入力度不断加大。五年累计完成更新改造投资32亿元，年均增长16.9%，比“八五”时期增长1.5倍，年度更新改造投资额由1995年的39亿元提高到2000年的80亿元。三是房地产投资持续增长。五年累计完成房地产开发投资128亿元，年均增长15.3%。年度房地产开发投资额由1995年的16亿元扩

大到2000年的39亿元，商品房销售成倍增长。四是投资结构得到改善，基本建设投资、更新改造投资、房地产开发投资和其它投资所占比重由1995年的36.4%、21.0%、1.9%和40.7%调整为2000年的37.7%、23.2%、11.6%和27.5%。

（三）重点项目建设取得成效，生产能力得到提高

“九五”期间，全省大中型基本建设项目累计完成投资283.5亿元，先后建成投产项目20个。更新改造限额以上项目累计完成投资127.19亿元；先后建成投产项目67个。建成南昆铁路贵州段、贵遵公路、贵阳东北绕城公路、贵阳龙洞堡机场、贵阳火车站新客站等一批重点交通设施项目，新建改建公路6635.79公里，扩建城市道路242.22公里，建成干线光缆1万公里，新增97个乡通公路，完成55个县农网改造，基本实现乡乡通公路、通电、通电话。竣工投产安顺电厂一期、凯里电厂、贵阳电厂技改项目和天生桥至广东输电工程、水城钢铁公司2号高炉改造、贵钢大炼钢节能环保工程、贵州铝厂电解铝改造、振华科技股份公司片式钽电容生产线改造、赤天化节能技改、贵州轮胎厂无内胎工程生产线改造、贵州水泥厂和贵阳水泥厂改造。“九五”期间发电机组容量达600万千瓦，新增180万千瓦；新增110千伏输电线路2831公里、220千伏输电线路993公里；电解铝年生产能力达26万吨、氧化铝年生产能力达48万吨、水泥年生产能力达1367万吨，均比“九五”初有较大提高。

（四）按照建立社会主义市场经济体制的要求，投融资体制改革不断深化

一是改革政府的投资管理方式，将政府投资按性质分为公共事业投资和产业开发投资，公共事业投资继续由政府管理，产业开发投资原则上交由省政府授权的投资机构进行市场运作。二是调整政府的投资结构，政府原则上只投资于农、林、水利、交通、环境保护、高新技术、科技、教育等方面的项目，对一般竞争性工业项目不再直接投资。三是改革政府投入方式，变直接投资为间接投资；通过采取财政贴息等方式，广泛吸引银行贷款和社会投入。四是按照政企分开的原则，“八五”以来，先后组建了省基本建设投资公司、省技术改造投资公司、省乡镇企业投资公司和省旅游开发投资公司，利用资产抵押等方式向社会融资，有效地拓宽了投资渠道。五是清理和废除了一批限制投资的法规和政策，对国家及省鼓励和允许投资的项目，进一步放宽地州市的审批权限和范围。六是实行重大项目集体决策制度。省委、省政府于1998年7月发布了《贵州省重大建设项目集体决策制度（试行）》，从制度上保证了投资决策的科学和民主。同时，从1997年起，由省委、省政府集体研究决定，每年向社会承诺办好年度“十件实事”，收效显著。七是切实加强对项目建设的资金管理，全面推行项目法人责任制、招标投标制、工程监理制、合同管理制，严格要求工程建设不超概算，有效地提高了项目建设资金的使用效益。

“九五”期间，贵州省固定资产投资呈现出以下特点：投资规模显著增加；投资结构调整初见成效；基础产业、基础设施得到加强；重点建设项目进展顺利；投资来源多渠道并举；从制度上加强了对建设项目的管理。

在充分总结成绩的同时，也应清醒地看到，全省固定资产投资还存在不少困难和问题。主要是：投资规模小，仅占全国总规模的1%左右；基础设施建设、生态环境建设、科技教育发展等方面欠账较多；不能适应经济和社会发展的需要；由于财力薄弱，自我发展和自我积累的能力不足，省及各地配套资金筹措困难；在调整投资结构、加强投资管理和提高投资效益等方面，与兄弟省市还存在一定的差距。为了切实解决这些问题，“十五”期间，将在继续积极争取国家政策和资金支持的基础上，进一步扩大开放领域，改善投资环境，加大招商引资力度，多渠道筹措建设资金，健全和完善投资管理体制，努力使固定资产投资规模迈上一个新台阶，推动全省经济增长和社会进步。

二、“十五”投资建设展望

今后五年，是贵州打好基础，加快发展的重要时期。中央继续实行扩大内需的方针和积极的财政政策及稳健的货币政策，全面实施西部大开发战略，推进新阶段扶贫开发，我国加入世界贸易组织，所有这些都为贵州加快发展提供了难得的机遇，为贵州不断扩大固定资产投资规模创造了十分有利的条件。省里将进一步采取有力措施，确保实现“十五”期间固定资产投资目标。

初步预测，确保“十五”期间国内生产总值年均增长9%左右的目标，固定资产投资规模须比“九五”期间增长1倍，达到3000亿元以上。按照这一要求，“十五”期间，贵州固定资产投资工作的基本思路是：按照“打好基础、加快发展、改革开放、维护稳定”的总体要求，进一步改革和完善投融资体制，拓宽投资渠道，扩大投资规模，优化投资结构，提高投资效益，突出重点，服务全局，努力开创固定资产投资工作的新局面。

“十五”期间，随着贵州省固定资产投资体制和政策环境进一步改善，投资来源将有所变化，一是国家对贵州的投资将有较大幅度增长，预计将在“九五”基础上再增加1.5—2倍；二是国内银行贷款将继续增加，预计能够保持“九五”期间15%左右的增长速度；三

是利用外资数额进一步扩大，预计将达到10亿美元以上；四是引进省外资金将达到250亿元；五是来自企业等方面的社会投资将会有较大幅度的增长，预计总规模将达到1000亿元左右。

为确保实现“十五”期间固定资产投资目标，全省将抓好以下重点工作：

（一）抓住中央实施西部大开发战略和积极财政政策的机遇，尽快建成一批重点项目

在继续做好在建项目工作，使之尽快投产达产的同时，围绕国家确定的投资重点，抓紧做好一批新项目的前期工作，积极争取一批重点项目纳入国家计划开工建设。一是加快以交通为重点的基础设施建设。按照把贵州建成西南地区南下出海通道和陆路交通枢纽的目标，全面加强公路、铁路、机场、内河航运等交通设施建设，到2005年初步建成以铁路、干线公路为主，航空和内河航运等相互配合的综合运输体系。力争2005年前陆续建成水黄、关兴、遵崇公路，2002年株六复线和内昆、水柏铁路建成通车。争取开工建设松桃道塘水库、黔中水利枢纽工程、独山南部灌区等一批骨干水利工程，继续搞好以“小山塘、小水池、小水窖”为重点的微型水利设施建设，力争到2005年农村人均保灌面积达到0.4亩。加快城乡通信、供电、供水等基础设施建设。二是加快实施以“西电东送”工程为重点的能源基地建设，搞好洪家渡、引子渡、索风营水电站和安顺、黔北、纳雍电厂等电源点、贵州—广东500千伏交流和直流输电通道以及中岭、林华煤矿等电煤基地的建设，确保“十五”期末新增装机容量800万千瓦，对外送电能力达到400万千瓦以上。三是加快以天然林保护和退耕还林还草为重点的生态建设，实施好每年100万亩退耕还林还草和100万亩荒山造林工程，配套推进农村沼气工程，到2005年森林覆盖率从目前的30.8%提高到35%以上。四是加快以“普九”为重点的教育事业发展，不断加大对“普九”的投入，实施好国家“第二期贫困地区义教工程”和“中小学危房改造工程”，力争到2005年全省基本实现“普九”。五是大力推进新阶段扶贫开发，下大力改善贫困地区的基本生产生活条件，重点解决治水、改土、修路、通电、通电视等问题，力争用五年左右时间解决贫困人口的温饱问题，用十年左右时间实现稳定脱贫奔小康的目标。

（二）积极推进投融资体制改革

确立企业在竞争性领域的投资主体地位，基本形成企业自主决策、自担风险，银行独立审贷，政府宏观调控的投融资体制。改革投资管理方式，对企业出资建立国家非限制和非禁止类项目，实行登记备案制。建立以政策引导、信息发布等间接调控手段为主的投资宏观调控体系。积极推进行政审批制度改革，精简审批事项，提高政府管理和服务水平，切实改善投资软环境。全面实行建设项目法人责任制、工程监理制、招标投标制、合同管理制。建立严格的政府投资项目管理机制，完善省级重大投资项目稽查制度。推动投资中介组织市场化改革。支持有条件的企业采取发行股票、债券以及项目融资、BOT等多种方式筹措资金投入开发建设，支持现有企业通过 转让经营权、出让股权、兼并重组等方式吸引外来投资。继续通过财政投入、出让股权、级差地税收益、存量资产置换、特许经 营权、土地批租等方式，积极筹措公益性项目资本金，努力扩大 国家投资和金融部门的贷款规模。

（三）大力调整和优化投资结构，以增量调整带动存量调整

按照贵州省经济结构调整思路，把投资重点放在农业、交通、生态等基本建设和发展支柱产业的技术改造项目上。在继续增加总量的同时，走内涵扩大再生产的道路，彻底改变重新建项目轻现有企业技术改造的状况，进一步提高技改投资比重。促进银企合作，推动信贷投资向产品有市场、经济效益好、投入产出率高的项目倾斜。国家和省里安排的投资，按照相对集中、保证重点，有所为、有所不为的原则，重点投向对财政贡献大、市场占有率高、产业带动性强、安排劳动就业多的重点项目。加强政策和信息引导，避免盲目重复建设，新建项目必须具有较高的技术起点、合理的经济规模、广阔的市场前景和良好的经济效益，凡属生产能力过剩、低水平重复建设以及严重污染环境的项目，一律不批准建设；凡是能够依托现有企业，通过改组、改造和扩建提高生产能力的，不得再铺新摊子。

（四）多渠道筹措资金，努力提高企业和社会投资的比重

积极推荐有条件的公司上市，通过证券市场直接融资。积极向国家争取债券发行额度，支持经济效益好，产品有市场的企业发行债券和可转换债券。加大招商引资工作力度，在国家法律和政策允许的范围内，放开对外招商引资领域，放开合资合作形式，放开控股比例，放开所有制形式，放开投资主体对经营管理者的选择。加大对国内外特别是东部地区优强企业的招商引资工作力度，推进跨区域、跨所有制、跨行业企业的联合和资产重组。努力扩大外商直接投资，积极争取利用外国政府贷款和国际金融组织贷款，努力探索多种筹措建设资金的方式。结合实际，探索建立产业投资基金。

（五）发展要素市场，培育投资市场体系

进一步发展和完善以银行融资为主的金融市场，拓宽直接融资的证券、期货市场，稳步发展城市合作银行等金融机构，积极培育劳动力市场，规范和发展房地产市场，逐步发展技术、信息等要素市场，建立和完善产权交易市场。加强对国家和省的建设资金的管理，努力提高预算内投资、专项建设投资、政策性银行贷款和国外贷款的投资效益。重视市场配置资源的积极作用，通过产业政策和产业规划，积极引导企业和社会资金投入优势资源开发和城乡基础设施等有收益的项目的建设。

（六）切实加强以工程质量、工程进度和建设资金为重点的项目管理工作

对国家和省投资的工程项目，严格执行概、预算制度；建立健全财务管理制度和工程档案制度，强化资金的审计检查和监督。加强省重点工程建设项目的招标投标执法检查，严肃查处违反招投标法的行为。特别是要抓好国债项目的建设和资金管理，确保按期建成投产，尽早发挥效益．

（七）重视项目前期工作，抓好项目库建设

做好项目前期准备工作，是争取国家支持和搞好项目建设的前提。千方百计挤出必要的资金，搞好发展规划，加强市场分析，认真筛选项目，进行科学论证，并在此基础上建好项目库，列出项目表，切实提高项目前期工作的质量，坚决避免项目建设的盲目性和随意性，确保固定资产投资的效益。

云南省投资建设情况

云南省发展计划委员会投资处

“九五”的五年，是云南省各族人民在党中央、国务院和中共云南省委的领导下，克服亚洲金融危机冲击以及自然灾害频繁发生等严重困难，各方面取得显著成就的五年。在固定资产投资领域，云南省也取得了许多大的突破。一是清理和整顿低水平重复建设，使资源的配置逐步趋向合理，推进了产业结构调整，改善了生态环境；二是国家在投融资体制改革中提出的银行自主审贷、企业成为投资主体、投资项目进行市场化和法制化管理三个主要内容的实施，以及云南省人民政府关于深化投融资体制改革和关于改革投资项目审批制度等文件的出台，对于探索符合本省省情的投融资体制，拓宽融资渠道，改善投资环境，加大改革的力度创造了条件；三是国家增发国债，云南省利用国债投资，加强了农林水利、交通通讯、生态和环境保护、城市基础设施、国家粮食储备库、企业技术改造、技术进步和产业升级以及文化教育等方面的建设；四是成功举办了'99昆明世界园艺博览会，为云南省营造了良好的投资环境，基础设施有了很大改善，促进了旅游业的较快发展。

从1998年到2000年云南省共争取国债资金87.76亿元，带动国债项目总规模584亿元。为确保国家国债投资对经济的拉动，省级财政又增加安排21亿元，专项用于国债配套和加快基础设施建设。

一、“九五”投资建设

（一）“九五”固定资产投资完成情况

“九五”期间，云南省全社会固定资产投资总规模计划为2600亿元，年均增长12%。实际完成投资3076亿元，年均增长13.4%，比“八五”时期增长2.6倍。其中：基本建设投资完成1512亿元，比“八五”增长3倍；更新改造完成投资530亿元，增长1.8倍；房地产投资完成315亿元，增长3.4倍；其他投资完成719亿元，增长2.3倍。其中2000年完成投资697.94亿元，比1999年下降2.7%（基本建设完成投资361.84亿元，增长3.2%；更新改造完成投资81.12亿元，下降9.6%；其他投资完成173亿元，增长6.2%；房地产投资完成83.22亿元，下降9.6%）。

通过投资建设，云南省“九五”期间新增固定资产2215亿元，比“八五”时期增长1.55倍，建成投产项目5.2万个。这些项目的建成，为全省的经济发展增添了后劲，奠定了坚实的基础。

（二）优化投资结构及主要建设成就

“九五”期间，云南省固定资产投资不仅总量呈平稳增长态势，而且投资结构正在向好的方向转化，并且取得了一系列重大建设成就。

1. 进一步加强了农业投资建设　“九五”期间，云南省进一步加强农业投资建设，五年累计投入农业建设资金130亿元，比“八五”时期增长79%。建成昭通渔洞、宜良柴石滩、蒙自五里冲等大中小型水库414处，新增加水库库容6亿立方米；农田有效灌溉面积225万亩，水利化程度由43%提高到48%；水利工程年供水新增15亿立方米，解决了400万人、325万头大牲畜的饮水困难；实施了天保工程、退耕还林、珠防工程、长防工程等，完成人工造林2500万亩、封山育林3500万亩，全省森林覆盖面积由40.6%提高到44.2%；实施了金沙江流域35个国家生态环境重点县建设，治理水土流失面积2500万平方公里。

2. 工业投资不断增加　经过几十年的投资建设，云南省工业经济已初具规模。“九五”期间，全省累计工业建设投资508亿元，比“八五”增长30%，相继建成了阳宗海电厂改建工程，滇西水泥厂一、二期工程，大红山铜矿等大批项目，为云南省新增煤炭开采能力180万吨，发电机组容量154万千瓦，平板玻璃173万重量箱，化学肥料41万吨，水泥367万吨，卷烟133.74万箱，机制糖61万吨，铜采矿98万吨等一大批生产能力，为云南省国民经济发展增添了强劲的力量。

3. 第三产业投资比重大幅上升　云南省经过不断调整，使一、二、三产业的投资结构逐步发生变化。“九五”期间，第三产业投资达1781亿元，比“八五”增长2倍多，投资比重由“八五”的47.8%上升到57.9%。第三产业的发展，对促进第一、第二产业的发展，提高人民物质文化生活水平起到了积极的作用。

4. 交通运输邮电业建设突飞猛进　交通通讯历年来是制约云南省经济发展的主要因素。“九五”期间，云南省交通运输邮电业累计完成投资700亿元，比“八五”时期增长了3倍多。相继建成了昆玉、昆曲、楚大等高等级公路以及昆明机场扩建、丽江、迪庆机场等工程；建成了全省程控通讯网，实现了村村通电话、村村通邮件。新增铁路里程400公里，公路2583公里。改造公路4454公里，新增长途电缆23389公里，市内电话215.93万门，长途电话自动交换机10030万门。目前，云南省已基本建成了以昆明为中心，呈放射状的交通运输邮电通讯网，为全省国民经济的发展打下了坚实的基础。

5. 与人民物质文化生活息息相关的商业贸易、文化教育卫生事业建设不断得到加强　“九五”期间，全省累计投入商业、文教卫生事业的资金达422亿元，比“八五”时期增长近4倍，新增商业网点822个，128万平方米；学校座位96万个，369万平方米；普通高校招生规模3.9万人；医院病床床位1.29万个，为改善城乡居民物质文化生活创造了必要的物质条件。

6. 城市基础设施得到加强　'99世界园艺博览会在昆明召开，为云南省的经济发展带来了难得的机遇，同时也为改善省内的城市基础设施带来了契机。云南省于1996年开始着手准备，通过三年的投资建设，全省各地城市基础设施和环境都发生了翻天覆地的变化，为云南营造了良好的投资环境。

7. 房地产投资逐年增加　随着国家房改政策的不断深化，“九五”期间全省房地产业发展迅速，累计投资达311亿元，比“八五”增长2.38倍，年均增长18.3%，投资比重由“八五”的7.7%上升到9.5%，上升1.8个百分点，使房地产业成为又一个新的经济增长点。

（三）存在的主要问题

从投资总量上看，“九五”后两年云南省固定资产投资增长逐年下降，投资总量明显不足。1999年，全省全社会固定资产投资增长率仅为6.65%，与1998年相比，大幅下降了17.78个百分点；2000年全社会固定资产投资又比1999年下降了2.7%。即使是在云南省固定资产投资增长率最高的1998年（云南省为24.3%，高于沿海发达省区如广东省16%、江苏省15.1%的水平），全年仅完成全社会固定资产投资额672.54亿元，为广东省（2268.12亿元）的29.65%，江苏省（2525.5亿元）的26.5%，投资总量明显不足。

从所有制结构看，国有经济投资比重过高，非国有经济投资增长缓慢，社会民间投资难以启动。非国有经济投资占投资比重由1995年的30.94%，上升到2000年的33.2%，仅增加了2.26个百分点。由于云南省非国有经济投资的基数小，且增长速度慢，全省固定资产投资主要由国有经济投资支撑的格局仍然没有改变。国有经济投资比重过高，社会民间投资严重不足的问题十分突出。

二、“十五”投资建设展望

（一）投资形势分析

1. 有利条件

一是中央实施西部大开发和云南省在“九五”期间取得的成就，给全省进一步发展带来良好的机遇。省委、省政府结合云南实际制定了“十五”规划总体设想，即一个机遇、三大优势、三大战略目标，也给投资建设创造了条件。

二是具有区位优势。云南省处在我国西南与南亚、东南亚联系的通道，实施“走出去”战略和“大通道”的建设，将给云南进一步发展带来良好的机遇。

三是资源优势。云南水能、煤、有色金属、多气候带、多物种资源丰富，这是其他省份所不可比拟的。

四是国家实施“西电东送”工程，将使云南三个大型水电站和三个火电厂列入国家计划建设，项目总投资达768亿元，电力建设将成为2001年和“十五”期间投资的亮点。

五是省政府近两年在投融资上采取的一系列措施，将在“十五”期间发挥作用，投资环境将明显改善。

六是省政府加强了重大建设项目的前期工作，并筛选出11个重大项目重点落实，云南省重大项目储备不足的问题有望在2002年后得到初步解决。

2. 制约因素

在分析云南省“十五”期间有利条件的同时，也要清醒地看到，当前投资领域还存在不少问题，需要认真加以研究和解决。

一是投资增长后劲不足，建设资金供需矛盾突出。在“十五”前几年，存在建设项目特别是重大建设项目和高技术、高附加值的项目储备不足；随着我国加入WTO，对项目建设和管理要求越来越高，人才将是关键因素，而云南高技术人才和管理人才匮乏。

二是项目前期工作滞后,项目储备特别是重大项目储备严重不足。在国家要求加大投资规模的领域,条件成熟的大项目储备不足,这种现象将严重影响“十五”前期投资增长。

三是财政收支矛盾突出,保持和加大对固定资产投资规模难度大。改革开放以来,依靠“两烟”产业的迅速发展,云南财政达到了一定的规模,为加大财政性建设投资力度创造了条件,“九五”期间达到了较高的水平。但到了“九五”后期,受国家“两烟”双控和市场竞争加剧等多种因素影响,云南省财力增幅趋缓的问题逐渐凸显,收支矛盾日益突出。预计“十五”期间,财政收支矛盾很难缓解。

四是财政性建设资金的资本化运作机制尚未建立，投资效益难以得到保证。

五是投资环境特别是投资软环境与沿海地区相比有较大差距。表现在社会经济发育程度低，区域性经济发展不平衡，基础设施总体水平不高，生态环境问题突出，城镇基础设施落后，吸引外资难度大。

根据以上分析，云南省“十五”期间全社会固定资产投资年均增长计划为12%左右。

（二）“十五”期间投资工作的指导思想、原则及重点

1. 指导思想

高举邓小平理论伟大旗帜，以江泽民“三个代表”重要思想为指导，坚持以加快发展为主题、经济结构调整为主线、改革开放和科技进步为动力、提高人民生活水平为根本出发点，特别要把始终代表广大人民的根本利益贯彻到全省固定资产投资工作中，促进全省固定资产投资健康、稳定的增长。

2. 投资工作应坚持的原则

根据建立社会主义市场经济的要求和中央精神，结合本省实际，云南的投资工作应坚持以下几点：

一是坚持调整投资结构，把调整投资结构和调整经济结构、产业结构和社会事业发展的需要结合起来。同时政府投资必须体现公共财政的特点，认真解决好政府投资越位和缺位的问题。

二是坚持深化投融资体制改革。必须在审批制度上进一步改革，既体现市场经济规律，又要体现国家的宏观调控。要结合省情大胆探索，坚持投融资改革方向。

三是坚持搞好前期工作,按程序办事。当前,前期工作不充分是个普遍问题,要认真抓好前期工作,增加前期费用投入,加强领导,实行责任制,加强检查督促。

四是努力争取国债。支南省财政形势严峻,政府投资逐年减少,多争取国债资金,对推动投资作用很大。要认真筛选好项目,争取国家支持。

3. 固定资产投资的重点领域

加快基础设施建设，集中力量建成一批关系经济和社会发展全局的重大工程，是西部大开发的重要内容，也是增强云南省发展后劲的关键所在。“十五”期间，云南省要在农业、交通、能源、城市基础设施等重要领域的建设上取得重大进展。

（1）坚持不懈地抓好以农田水利为重点的水利设施建设，不断改善农业条件。新建250万亩高产稳产农田。重点建设麻栗坝、引水济洱等大中型水利工程，搞好一批大型灌区和水利配套设施的新建和更新改造，重视病险水库的除险加固。开展从金沙江引水到滇中地区等跨区域调水工程的前期工作。加快山区“五小”水利设施建设，解决好农村人畜饮水困难。建设一批旱作农业、节水农业和生态农业示范县。力争全省有效灌溉面积达到2300万亩，水利化程度有较大提高。

（2）抓紧修建和改善通江达海、连接周边的重大交通通讯基础设施。实施“三纵三横”、“九大通道”高等级公路建设规划,建成大理—保山、昆明—石林和昆明—曼谷(云南段)等省内重要高等级公路,加快建设和改造经济干线、旅游干线、县乡公路和扶贫公路。全省公路总里程达到11.4万公里左右,其中高速公路1300公里。建成内昆铁路,完成贵昆铁路电气化复线和昆明火车枢纽站改造。争取建设文山、红河等支线机场。提高澜沧江—湄公河国际航运能力,建设中缅陆水联运通道。建设覆盖全省、连接世界的高速宽带基础传输网和用户接入网。为最终建成以通讯为先导、公路为基础、铁路为骨干、航空为辅助、水路为补充,集信息网络和多种运输方式及枢纽港站位一体的国际大通道奠定基础。

（3）大力培育以水电为主的电力产业，建设以小湾电站等一批有年调节能力的水电站和大容量、高参数火电厂。加快跨省区输电和全国联网等大型电网建设，完成宝峰—罗平、昆东—曲靖等一批50万伏变电工程，建成“西电东送”、“云电外送”的大通道。

（4）完善城市基础设施。建设一批与人民生活密切

相关的重大市政工程，在城市道路、通讯、防洪、污染治理和绿化等方面取得较大进展，增强城市综合功能。

西藏自治区投资建设情况

西藏自治区发展计划委员会主任 李国勇

一、近年来投资建设

和平解放以来，特别是1994年中央第三次西藏工作座谈会后，西藏在中央的关怀和兄弟省市的支援下，按照中央确定的西藏经济体制改革要围绕建立社会主义市场经济体制的总目标，总体上与全国框架一致、体制衔接和积极稳妥、循序渐进、适当变通的原则，与全国同步进行了计划、财税、投资、外资、金融、物价、流通等领域的改革，并取得显著成效。有8家股份公司股票在全国上市；非公有制经济有了较大发展；与兄弟省市区经济技术联合力度进一步增强。中央机关、国家部委和全国各省市区，特别是15个对口援藏省市，认真落实中央第三次西藏工作座谈会精神，加大对口援藏力度，5年间，实施援助项目716个，投入资金31亿多元，掀起了全国支援西藏的新高潮。对外开放领域不断扩大，外经、外贸、外资工作取得显著成绩；基础设施建设成效显著。1990年到1999年，全区累计完成固定资产投资72亿元，同时，“科教兴藏”战略实施不断深入，教育，文化、卫生、广播影视等各项事业取得了全面进步。

为创造一个宽松、良好的投资环境，近年来，西藏先后投入220多亿元，加强交通、能源、通讯等基础设施建设，努力打破制约经济发展的“瓶颈”，实行全方位、多层次、多领域的对外开放。与此同时，出台了一系列旨在增强招商引资吸引力的财税、金融、土地等优惠政策措施，努力营造吸引投资者的“磁场”。自治区共废止了94个不适应新形势要求的行政规章和规范性文件，制定并完善了招商引资政策；转换政府职能，转变工作作风，努力提高行政效率和服务质量，使投资环境得到改善。2000年，西藏自治区政府引导企业参加了厦门投资贸易洽谈会，还首次在香港成功举办了投资经贸洽谈会，项目之多，范围之广，引进投资额度之大，在西藏对外招商史上尚属首次。全年共批准外商投资企业11家，比上年增长37.5%；合同利用外资6869万美元，比上年增长9.6倍，招商引资取得了突破性进展。到去年底，西藏共批准建立115家外商投资企业，外商投资项目、国际援助项目和外国政府贷款项目累计达178个，利用外资2.4亿美元。在中央和全国兄弟省市区的大力支持下，西藏经济发展渐入佳境。1994年以来，全区国内生产总值平均以每年12.9%的速度增长，超过了全国平均增速。2000年，西藏全社会固定资产投资完成66.47亿元，比上年增长17.4%；实现国内生产总值117.42亿元，比上年增长9.4%。

二、“十五”投资建设展望

随着西藏经济发展，社会局势日益稳定，海内外客商在西藏投资呈逐年增加的趋势。但是，西藏与内地省市区，特别是与东部沿海地区相比，在投资软环境方面还有很大差距。主要表现在思想观念落后，对外部先进的技术和新观念接受缓慢，封闭排外思想在一些人头脑中仍有市场，“筹，靠、要”思想严重。《中共西藏自治区委员会关于制定国民经济和社会发展第十个五年计划的建议》提出，进一步扩大对外开放，欢迎国内外各类经济组织和个人到西藏发展；着力改善投资环境，依法保护各类投资者的合法权益，进一步完善招商引资的政策、法规，简化审批手续，为各类投资者提供优质高效服务；进一步加强横向经济技术联合，以经济效益为中心，以项目合作为基础，以企业合作为主体，以双赢、多赢为目标，积极发展与国内外的经济技术交流与合作，特别是与15个对口支援省市的交流与合作，通过政府牵线搭桥，企业主动出击，吸引、鼓励区外投资者以资金和先进管理方法与先进技术入股、控股、收购区内企业或来藏投资办厂。同时，西藏还将以最优惠的政策、最好的服务，最积极的态度和让利的精神，欢迎国内外投资者进藏创业发展，尤其是通过改组、改造、嫁接等形式与西藏企业进行联合协作；利用技术人才等优势，在能源、通信建设方面进行联合协作。

西藏在保持国有经济控制力的同时，大力发展非公有制经济。坚持“不限速度、不限规模、不限比例、不限数量、不限方式”，在政策上享受国有经济的同等待遇，在信贷、技术、信息等方面提供必要支持和良好服务，为非公有制经济发展创造良好的政策和社会环境。改革以行政审批为特征的投融资体系，对非国家投资的一般性项目，逐步取消行政审批，实行项目登记备案制和投资信息发布制度。政府投资的重点主要是基础性、公益性项目，对竞争性项目，在国家政策引导下由企业自主决策投资。加大招商引资的力度，争取在电信、医药、内外贸、旅游、资源开发等方面利用外资有大的突破。积极发展对外贸易，优化进出口商品结构，依托特色优势资源，培植发展出口产品，提高出口产品的附加值。在巩固和发展一般贸易的基础上，大力发展边境小额贸易，搞活边民互惠贸易。

进一步加强对外招商引资、横向经济联合与协作工作。

引导各类企业树立强烈的市场意识,充分利用各种媒介和招商活动,全面介绍西藏对外招商的优惠政策和优势项目,扩大招商引资规模。今年,由外经贸厅和经贸委等部门牵头,在自治区举办1—2次面向国内外市场的投资贸易洽谈会,增强西藏与国内外的经济交流与合作。同时,精心组织好赴欧洲、香港等地的招商引资活动,吸引更多的国内外经济组织和资金参与西藏的开发建设,力争外商直接投资增长2倍以上,并做好外国政府和国际组织对西藏的资金援助及贷款工作。广泛开展与内地省市,尤其是15个援藏省市的联合与协作,引进企业,引进资金,引进先进设备、技术、管理经验和管理人才,利用西藏的政策优势和资源优势,积极协调对口援藏省市,力争各组织10个较强企业,与西藏的企业联合,带动其发展。

进一步做好对外贸易工作。积极争取和创造优惠的政策环境,为保持西藏对外贸易的健康、快速发展创造条件。加强出口产品基地建设,培育具有市场竞争力的特色产品,努力扩大出口,提高区内产品和高附加值产品的出口比重。放开搞活与毗邻国家的传统贸易市场,加大沿边开放力度,大力发展以樟木、普兰口岸等为重点的边境小额贸易,积极开展旅游购物贸易活动。沿边各县要充分利用口岸和传统贸易点,举行多种形式的交易会。实行特殊优惠政策,大力发展边境互市贸易,力争边境互市贸易额有突破性的增长。

世纪之交,党中央做出实施西部大开发的战略决策,不仅具有现实的经济社会意义,而且具有深远而重大的政治意义。西部大开发对于西藏既是挑战,更是一个千载难逢的历史机遇。面对这一历史机遇,如何加大改革开放力度,进一步改善投资软硬环境,把西藏经济社会发展融入西部大开发之中,实现经济社会超常规、大跨度、跳跃式的发展,是西藏人民热情迎接、积极参与大开发的战略任务。

西藏在大开发中必须逐步革新与市场经济不相适应的那些思维习惯和思想方法,提高对改革开放所带来的冲击的承受能力,加强高原人民对外界思想意识与观念的接纳能力。对从区外来西藏的企业,不但不能歧视,而且要给予帮助,不仅市场应当开放,资源、建设项目也要开放,努力营造一个能够适应西部大开发的软环境。

根据西藏经济社会持续、快速、健康发展战略目标要求,结合中央实施西部大开发战略精神,初步提出要抓住五个重点、大力发展五大特色产业的发展思路。

第一,加快基础设施建设 由于西藏交通、能源、通讯、市政等基础设施严重滞后而成为"瓶颈"制约,加上各种自然、人文、历史、现实的因素制约,投资环境受到多方面的局限。因此,采取各种措施营造良好的投资环境,是西藏大开发中面临的最重要、最紧迫的任务。一是交通建设,按照中央的总体思路和要求,要打通出国的通道和省际间通道。以公路建设为重点,建设好中尼、青藏、川藏、新藏等骨干公路干线,加快拉萨通往各地县的干线公路,县乡公路和边防公路的建设,提高公路等级;加快进藏铁路建设,争取从根本设施上改变西藏目前交通运输方式单一的状况;航空建设,要搞好贡嘎、邦达机场的改扩建,完善硬件设施,提高承运能力,增开飞往区外、国外的航线,航班,积极发展区内支线航空运输。努力建成运输方式齐全、进出方便的现代化交通网络和西部地区乃至全国通往南亚市场的陆路大通道。二是能源建设坚持以水电为主,多能互补,在大力发展水电的同时,开发地热、太阳能等多种新能源,重点建设骨干电源,同步建设电网,努力扩大地市电网覆盖面和人口覆盖率,基本满足西藏加快经济和社会发展对能源的需求。三是通讯建设,按照中央提出的"村村通"的总体目标要求,坚持高标准、高起点和适度超前发展的原则,重点发展卫星通讯和光缆通讯,加快各县卫星通讯建设和农牧区电信网络建设,实现村村通电话的目标,建设方便、快捷、高效的通讯网络。四是水利设施建设。加强水资源的合理开发和有效利用,在建设大型水利枢纽工程的同时,把防洪工程建设、农田水利设施建设、农牧区人畜饮水工程建设和小流域综合治理、水土保持作为重点,逐步从根本上改变西藏农牧业生产生态条件脆弱的现状和原始、落后的生产经营方式,彻底改善农牧民生产生活条件。

第二,搞好生态环境保护和建设 加强生态环境保护和建设,是西藏开发建设的重点之一。抓好长江上游流域主要是昌都"三江流域"、雅鲁藏布江流域和藏北草原的生态保护和治理,从天然林保护、沙化治理、植树种草、建设恢复植被等方面综合规划、全面治理,特别要加大重点水土流失地区的小流域治理力度;有计划、有步骤地进行退耕还林还草等。与此同时,搞好扶贫开发建设,加快小城镇建设。在实施大开发中,要将扶贫开发作为重要内容,在搞好科技文化宣传、治乱治愚、提高农牧民科技文化素质的同时,首先解决贫困群众最基本的生产生活条件,结合退耕还林还草和小城镇建设,重点抓好高海拔地区、缺乏基本生产生活条件的10多万人的扶贫搬迁工作。由于西藏地广人稀、人口过于分散,对群众的生产生活极为不利,西藏的小城镇建设,主要以拉萨和各地区所在地为中心,以各县政府所在地和部分交通枢纽为重点,努力建成100个小城镇,使之成为农牧区政治、经济、文化中心,成为农牧业生产生活资源、农畜产品流通和交流中心,成为交通枢纽、可吸纳流动人口和农牧区剩余劳动力的集合点,成为新的经济增长点。

第三,加大经济结构调整力度,发展特色经济 要抓住实施西部大开发的机遇,以市场为导向,依靠科技进步,依托高原生物、农畜产品、水资源、石油、有色金属、旅游等优势资源和无污染的环境优势,大力培育和发展特色产业,培育新的经济增长点。

首先是高原生态特色农业。要充分发挥气候独特、生态多样性优势，依靠科技进步，大力发展种植业、养殖业，加快农业产业化步伐。一、充分挖掘高原青稞营养、保健内涵，把西藏建成全国的青稞生产、加工基地；二、加快高原食用菌人工种养步伐，扩大生产规模；三、加快建设红景天等藏药材生产基地；四、开发独特的高原人参果、沙参、手掌沙、雪地、荞麦等特色保健食品；五、加快牦牛繁育基地建设，实现综合开发利用，打出西藏牦牛特色的品牌。

其次是旅游业。西藏发展特色旅游有得天独厚的条件，围绕独特的自然和人文景观，深度开发旅游资源，大力发展特色旅游，放开旅游市场，扩大旅游范围，加强基础设施建设，增强服务意识，提高服务质量，并建立与尼泊尔、香港、澳门等国内外主要旅游城市的旅游联网，吸引国内外各类投资主体全方位参与旅游资源开发。发展旅游产品生产，以旅游业大开发促进相关产业大发展，力争把西藏建成国际精品旅游胜地。

第三是藏药业。西藏是一个野生植物王国，中药材、藏药材资源异常丰富，开发价值高。西藏传统藏药疗效独特，治疗疑难杂症独具优势。因此，将把藏药传统优势与现代化生产结合起来，吸收先进的管理和营销经验，提高藏药研制、开发、生产的整体水平，采取与国内外强势企业联合、嫁接等多种方法，把藏药业做大做强，使西藏成为全国乃至世界的藏药科研、生产中心。

第四是矿产业。西藏矿产资源开发前景广阔，要进行科学规划、规范管理，走集团化发展道路。按照国家规定，重点开发国家紧缺、市场需求、贵重的矿产资源，并将运用市场机制，吸引国内外资金和技术入股，合作开发，实现开发主体多元化。在股份比例上，不求区内控股。

最后是做好水资源开发利用的文章，加大力度，拓展啤酒、矿泉水市场，积极开发具有西藏特色的系列绿色饮料产品。

第四，发展科教事业，加快人才培养 目前西藏劳动者的整体科学文化素质偏低，人才匮乏，特别是与大开发需要相适应的高层次经济管理人才和专业技术人才严重缺乏。首先要采取灵活、有效的政策措施使用好现有人才，吸引更多的外来人才参与西藏的大开发。要改革人才管理制度，逐步建立健全人才培养、激励、成长的机制，努力挖掘和开发现有人才资源，促进优秀人才在西部大开发中脱颖而出，大显身手。

第五，深化改革，扩大开放的领域和范围，促进经济快速发展 按照新的思路，新的机制，采取重大政策措施，加快改革步伐，在体制创新和技术创新中实现大发展。同时建立健全有关的法律法规，尤其是进一步完善招商引资政策规定，从税收、土地、服务、金融、保险、财政等方面制定更加优惠的扶持政策和措施，吸引国内外各类组织和各方面人士投入西藏大开发。

这五个重点、五大特色产业既是西藏今后经济发展的重点，也是对外招商引资的重点领域。按照这一思路，西藏初步提出开发建设项目 1350 个，计划总投资 2100 亿元。目前，部分项目的可行性研究等前期工作已经完成，拉萨至羊八井高等级公路、雅鲁藏布江流域治沙工程、“三江流域”天然林保护、藏中电网联网等部分重点工程已开始实施；直孔电站、金河电站、巴河电站和玉龙铜矿、扎布耶盐湖锂资源开发等一批大中型项目已基本具备开工建设条件。

陕西省投资建设情况

陕西省省长 程安东

一、“九五”投资建设

“九五”前两年，陕西省成功地实现了经济软着陆，中后期又紧紧抓住了国家实施积极财政政策和西部大开发历史性机遇，促使投资保持了一个较高的增长速度，有效地改变了基础设施滞后的状况，对“九五”经济和社会发展发挥了至关重要的保障作用，保证了GDP年均递增9%，为“十五”乃至以后全省经济持续健康快速发展提供了条件。

（一）投资总量跃上新台阶，支持经济快速增长

“九五”期间，陕西省全社会固定资产投资额创解放以来各时期之最。2000年全省固定资产投资总额达到745.85亿元。“九五”期间累计完成固定资产投资额2706.11亿元，是“八五”时期投资总额的2.5倍，年均增长17.6%。投资额占全国的比重由1995年的1.6%提高到2000年的2.3%。五年间，建成投产的基本建设和更新改造项目10288个，其中基本建设大中型和更新改造限额以上项目94个，这些项目的建成投产，促进了全省国民经济的发展和人民生活水平的提高。

“九五”时期，陕西省全社会新增固定资产2070.27亿元，较“八五”时期增加1244.28亿元，增长1.5倍，平均年递增17.6%。2000年，新增固定资产607.27亿元，是1995年的2.4倍，其中国有经济单位新增固定资产403.96亿元，占全社会新增固定资产的比重为66.5%。

（二）投资结构进一步优化，国民经济整体素质得到明显提高

“九五”以来，陕西省着重加大基础产业和基础设施的投资力度，进一步优化工业投资结构，在投资中注重技术含量的提高，投资效益明显改善。

农业基础设施建设步伐加快。“九五”时期，全省用于农林牧渔业的投资76.00亿元，2000年达到20.40亿元，是1995年的33.4倍。先后完成了定边供水工程、东雷抽黄续建工程、马拦河引水工程、引冯济羊工程、泾惠渠加坝加闸工程等重大建设项目。实施农村改水节水的“甘露工程”，解决了四百多万人的饮水问题。新上了西安黑河水利枢纽、宝鸡峡渠首加坝加闸、三原西郊水库、洋县卡房水库等一批重点水利工程。利用世行贷款进行的关中九大灌区改造工程也全面启动。这些工程的兴建，使陕西省农业基础设施薄弱的状况明显改善。

能源、交通运输、邮电通信投资快速增长。全省基本建设、更新改造投资中用于能源、交通运输和邮电通信方面的投资1054.78亿元，平均每年增长27.1%，三者占全社会投资的比重由1995年的29.9%上升到2000年的40.9%。

能源工业投资比重不断上升。投资额由1995年的58.06亿元增加到2000年的148.56亿元，占全部投资的比重由1995年的17.9%上升到2000年的19.9%。五年来建成投产的重点项目有：渭河 电厂及送出工程、长庆油田、蒲城电厂一期及送出工程、靖西天然气管道工程、韩城矿务局、神府精煤公司、宝鸡第二发电厂等。

交通运输业投资迅猛增长，交通运输建设步入了高速发展时期。与“八五”时期相比，不但投资规模大、速度快，而且重大项目多、等级高、宏观效益好。2000年，全省交通运输投资额达到113.10亿元，是1995年的5.9倍，占全部投资的比重由1995年的5.9%上升到Z000年的15.2%。“九五”全省用于交通运输业的投资336.1亿元，年均增长45.3%。一个以西安为中心的高速公路、高等级公路网正在向全省各地延伸，已投运的西康铁路、神延铁路和正在建设的西南铁路将为全省经济腾飞插上新的翅膀，咸阳国际机场也将以崭新的面貌展现在世界面前。2000年，全省铁路延展里程3228公里，公路通车里程4.40万公里，民航通航里程18.76万公里，分别较1995年增长23.2%、11.1%和1.03倍。

邮电通信业投资成就斐然。陕西省以光纤数字传输、数字程控交换、数据平台建设及农村“两化”建设为重点，狠抓通信网络建设。“九五”时期，全省邮电通信业投资159.12亿元，平均每年增长16.2%，形成的新增生产能力和效益有。长途电缆11224延长公里、新建微波电路1120公里，市内电话自动交换机144.72万门、长途自动电话交换设备37万路端、程控交换机554.77万线/年、移动通信基站设备1.17万信道/年、移动电话机2.37万部/年。2000年，全省邮电业务总量达到85.04亿元，比1995年增长4.8倍。

高新技术产业蓬勃发展。以关中高新技术产业开发带为龙头，以重大科技产业项目为重点，建成了一批新的高新技术产业群。到2000年，关中高新技术产业开发带高新技术企业达到813家，并初步建成了西安交大、西北工大、西电科大、西北农科大、生物工程园等为代表的科技园区，杨凌示范区基础设施建设正在顺利进行，一批重大科技产业化项目建设步伐加快。西安大唐电信移动交换系统工程、西安开米15万吨/年无磷液体洗涤生产线工程、西安飞机公司变频模糊控制器、咸阳偏转可充锂电金属电池等项目的建成投产，为全省经济发展注入了新的活力。

（三）房地产开发投资迅速增长，城镇居民住房条件明显改善

随着城镇居民住房制度的改革和住房信贷政策的实施，房地产开发投资迅速增长。2000年，全省房地产开发投资达到78.89亿元，较1995年增长1.4倍。五年房地产开发累计投资额258.23亿元，是“八五”时期的3.8倍，平均每年增长20.8%。其中住宅投资176.16亿元，是“八五”时期的3.6倍，年均增长19.6%. 房地产开发投资的快速增长，极大地改善了城镇居民的住房条件。“九五”共建成商品房面积达1833.16万平方米，是“八

五”时期的 3.7 倍,商品房销售面积达 1240.4 万平方米,平均每年增长 34.9%,其中住宅销售面积 1166.69 万平方米,年均增长 37.6%。

（四）投资多元化、社会化格局基本形成

“九五”期间，高新技术开发及其产业化、现代设施农业、房地产及经济适用房建设，以及商贸流通、咨询中介、城乡客货运输等领域，已基本形成以社会投资为主体的投资格局。现代企业制度的确立和国有大中型企业改组改造的加强，使股份制企业蓬勃发展，进一步激活了全省投资市场。到 2000 年，非国有和其它经济成份投资占全省固定资产投资的比例达到 36%左右。宏观调控能力和水平进一步提高。面对社会投资主体形成，但投资市场不发育、不规范，缺乏有效约束和投资指向不明等问题，陕西省注重将国家积极的财政政策和本省实际需要相结合，以基础设施建设带动其他产业发展，引导和刺激社会投资，取得了积极的成效，办成了一些多年来想办而又没有条件办成的大事。如建设了西安至安康铁路、神木至延安铁路等重大骨干项目等。以市场经济为取向的投融资体制改革稳步推进，取消了不适应市场经济发展要求的计划内容，提高了投资计划的科学性。除国家重大项目和有特殊规定的项目外，凡是企业用自有资金或利用银行贷款投资于国家鼓励和允许类产业的项目，项目建议书和可研报告合并按一道程序报批，初步设计、开工报告不再报政府审批。从 1997 年开始取消了对银行贷款的规模控制，银行实行资产负债比例管理，独立审贷，贷款自主性和风险防范意识增强。工程咨询等投资中介服务组织开始与政府脱钩，逐步实现自主评审，提高了投资咨询的客观性和科学性。

二、投资建设展望

“十五”是陕西省为建设西部经济强省奠定坚实基础的关键时期。针对陕西省经济总量偏小和产业结构、经济结构以及投资结构不够合理的现状，必须通过保持固定资产投资较高速度的增长，激活存量和扩大增量并重，以支撑经济总量的扩张，推动产业结构和经济结构的调整。

为确保全省 GDP 年均递增 10%，经测算，在出口和消费平稳增长的前提下，“十五”期间固定资产投资保持年均 16%左右的增长幅度比较主动。按这个速度计算，“十五”期间约需投资 5700 亿元。

按照这一投资目标，全省将重点围绕生态环境和农业建设、基础设施、高新技术、能源等特色产业的发展，通过调整投资结构，促进产业结构和经济结构的优化，实现生产力的合理布局以及生产方式的转变；通过改善投资环境和投融资体制，加快对外开放步伐。加大利用外资规模，为社会各类投资主体和项目建设创造更加宽松、健康的投资氛围。通过机制创新，促进投资增长方式的转变。着重激发企业内在投资潜力，活跃投资市场，扩大投资需求，使企业自筹资金比例保持在投资总规模的 50%以上，利用外资比例达到 10%以上，银行贷款比例达到 30%以上。非国有和其它经济成份的投资比重达到 45%左右。

结合国家政策投向和本省经济和社会发展的需要，陕西省“十五”投资的重点领域是：

（一）生态环境和农业

以建设“山川秀美”的新陕西为目标，坚持“退耕还林（草）、封山绿化、以粮代赈、个体承包”的综合措施，大力开展防沙治沙、造林种草、封山育林、天然林保护等生态建设。“十五”期末，全省森林覆盖率将达到 34%，林草覆盖率达到 56%。水土流失治理率达到 63%，初步遏制生态环境恶化的趋势。

加强以水利为重点的农业基础设施建设,改善农业生产条件。在“十五”前期,建成黑河金盆枢纽等在建项目,创造条件尽快开工建设泾河东庄水库等骨干项目,加快黄河古贤水库前期工作进度。到“十五”末,全省新增灌溉面积 200 万亩,发展节水灌溉面积 800 万亩。

（二）以公路为重点的基础设施

重点加快“米”字型公路主骨架及“一纵三横两环”次骨架的新建改建，完善农村公路配套设施，提高通达深度。建成西安至汉中、黄陵至延安等高速公路。新增高速公路 770 公里、公路里程 4000 公里。

围绕“两纵五横四个枢纽”铁路干线网构架，新建、改造并举，看重打通干线通道，建好铁路枢纽，提高运输能力。建成神木至延安、西安至合肥陕西段等铁路，开工建设太原至中卫铁路。到 2005 年，全省新增铁路营业里程 751 公里，总营业里程达到 3500 多公里。

完成西安咸阳国际机场扩建工程，迁、扩建汉中、榆林机场，完善延安、安康机场设施。

建设西安三环路、高架快速干道和城市二级道路网络，争取启动建设西安地铁项目和铁路新客站工程。加快城市环保工程建设。“十五”末，全省主要城市污水处理率要达到 60%左右。

（三）高新技术、旅游、果业、国防科技和能源化工五大特色产业

以电子信息、光机电一体化、生物医药、新材料、环保和现代农业等领域为重点,依托关中高新技术产业开发带,大力发展高新技术产业,以高新技术改造传统产业。“十五”末,全省高新技术产品产值达到 1100 亿元,年均

增长22%，增加值315亿元，占全省工业增加值的比重达到35%，占全省GDP的比重达到12%左右。

以陕西旅游大环线建设为核心，以周、秦、汉、唐四大文化旅游区为重点，以秦岭和黄河、长江水系自然景观开发为依托，全面开发国际、国内和省内三个层面的旅游市场，发展具有陕西特色的旅游产业，把陕西建设成为全国乃至世界的旅游圣地之一。到2005年，全省接待境外游客110万人次，旅游外汇收入5亿美元。

加强贮运设施建设，提高鲜果现代化贮运能力，优化布局和品种结构，全面实施优果工程，加快以苹果为主的果业产业化步伐。2005年，全省水果年总量达到800万吨左右，果品商品率达到80%以上。

以飞机、电力机械、工程机械、汽车及零部件、信息和通讯设备、机床工具、航天产品等为重点，实施产品结构战略性调整，全面振兴国防科技工业。争取“十五”期间，国防科技工业总产值、增加值年均增长12%。

以煤、电、气、油等能源开发为重点，加速资源优势转化为经济优势。以建设优质环保煤基地和煤液化基地为目标，继续扩大神府、黄陵矿区规模，建设榆神矿区。“十五”末期，陕北能源基地煤炭生产能力要达到5000万吨。

重点建设蒲城电厂二期、韩城二电厂和汉江喜河水电站等工程，适时启动陕北火电基地和西电东输工程。2005年，全省电力装机容量达到1000万千瓦。

配合国家西气东输工程的实施，提升陕北气田生产能力。“十五”末期，年开采气量达到50亿立方米。加强石油资源勘探，增加储量，保持原油稳定开采，扩大原油产量。2005年，原油产量达到800万吨。

为保证“十五”经济增长和投资的需要，必须在加大在建项目建设力度的同时，储备一批重大骨干项目。“十五”期间，初步提出农业和生态环境建设、基础设施建设、特色产业等方面重大建设项目316个，作为陕西新世纪的起步工程，建设总投资4300多亿元。要围绕本省特色经济和优势产业的发展，以316个重大项目为重点，超前、准确和高效地开展工作，使前期准备工作完成国家规定环节，达到规范要求，为投资快速增长提供切实可靠的项目支撑。

甘肃省投资建设情况

甘肃省省长 陆浩

一、“九五”投资建设

“九五”期间，甘肃省投融资保持了持续、快速增长的良好态势，是甘肃历史上固定资产投资规模增加最多、项目建设成就最大的时期。全省完成固定资产投资由“八五”时期的629.5亿元增加到“九五”时期的1635.66亿元，增长了1.6倍，年均增速为17.9%，高于全国7.4个百分点。占全国同期投资的比重达1.2%，比“八五”时期上升了0.2个百分点。在总投资中，基本建设投资824.46亿元，更新改造投资380.81亿元，房地产开发投资108.82亿元，其它投资321.57亿元。“九五”期间，甘肃省金融机构各项贷款共增加671.97亿元，贷款年均增长14.7%。贷款中的中长期贷款共增加248.45亿元，占整个贷款增量的37%，年均增长16.3%。国家开发银行共向甘肃提供政策性贷款165亿元，重点投向能源和交通等基础设施项目。截至2000年底，甘肃累计有15家企业在沪、深证券交易所上市，共募集资金66.36亿元，总股本（A股）34.48亿股，占全国总股本的0.9%。其中流通股本为13.49亿股，上市企业的流通市值为180亿元。“九五”期间，实际利用外资总额达11.49亿美元，比“八五”时期增长43.6%。

2000年是西部大开发的启动年，为了抓住这一机遇，甘肃省认真贯彻江泽民总书记“三个代表”的重要思想，按照党中央、国务院的总体部署，抢抓机遇，开拓创新，进一步理清思路，编制了开发规划，明确了开发重点，制定了优惠政策，建立了项目储备库，加大了招商引资的力度，使实施西部大开发工作起步良好，进展顺利。全省投融资工作取得了新的突破。主要表现在：

一是投资总量快速增长，融资成效显著 全年固定资产投资在上年快速增长的基础上，继续稳定增长，全社会固定资产投资完成443.35亿元，比上年增长15.4%，比全国高出6.1个百分点，是近年来投资力度最大的一年。其中：基本建设投资225.4亿元，增长16.5%；更新改造投资101.91亿元，增长17.3%；房地产开发投资27.65亿元，增长13.9%；其它投资88.39亿元，增长11.3%。全省金融机构各项贷款增加128.93亿元，比上年多增17.48亿元，年末贷款增幅为12.4%；贷款中中长期贷款增加57.17亿元，占整个贷款增量的44.3%，同比多增25.19亿元，年末贷款增幅为16.8%，高出各项贷款增幅4.4个百分点。2000年是甘肃省开展企业上市、配股工作以来取得成绩最显著的一年，当年通过证券市场募集资金相当于前7年募集资金的总和。全省先后有兰光、兰铝、皇台、酒钢4户企业股票上市发行，有三毛、祁连山、长城电工、钢城集团4户企业配股。共计募集资金33.23亿元，其中发行募集资金26.91亿元，配股募集资金6.32亿元。

二是投资来源多渠道，投资主体多元化的格局开始形成 2000年甘肃省全社会固定资产投资中，国家预算内资金（合国债资金）54.4亿元，比上年增长53.1%；国内银行贷款116.38亿元，增长21.5%；利用外资7.7亿元，增长5.9%；地方及企事业单位自筹资金197.16亿元，增长37%。投资来源由过去的比较单一向多渠道转变。从投资主体看，2000年全省国有经济投资完成294.82亿元，增长15.2%；非国有经济投资完成148.53亿元，增长15.8%。在非国有经济投资中，集体经济完成投资30.5亿元，增长30.6%；城乡居民个体投资55.2亿元，增长6.6%。

三是投资重点进一步明确 按照西部大开发的重点，加大了对基础设施建设、生态环境保护和建设、加强农业基础地位、调整经济结构、发展科教和文化事业等方面的投入。在2000年基本建设和更新改造完成投资中，农林水利、交通运输、邮电通信、电力能源等基础设施的投资比上年增长42.5%，投资比重上升了10.8个百分点。

四是国债项目建设进度加快，重点项目完成情况较好 继续抓住国家实施积极财政政策的机遇，争取立项，确保重点。1998—2000年，国家共安排甘肃省国债项目资金76.91亿元，其中中央国债45.93亿元，地方国债30.98亿元。国债项目总投资近320亿元，到2000年底已累计完成投资201.8亿元，先后建成了一批基础产业和基础设施项目，项目建设进展良好。

五是金融机构加大融资力度，努力提供信贷支持 金融机构围绕实施西部大开发战略和认真执行国家稳健的货币政策，进一步加大融资力度，在努力扩大存贷款总量的同时，积极开展业务创新，灵活运用货币政策工具，千方百计增加各商业银行的可用资金量，促进甘肃经济发展。2000年，人民银行兰州中心支行适时申请增加再贷款、再贴现额度，比上年多申请到10.57亿元，是上年的3倍。全年累计为各家商业银行办理再贴现24.41亿元，比上年增长1倍；累计发放短期再贷款55.95亿元，增长82.9%。对中小金融机构发放再贷款累计达到19.75亿元，对农村信用社发放支农再贷款26.65亿元，是上年的2.3倍，增强了商业银行，特别是中小金融机构支持地方经济发展的实力。国家开发银行兰州分行贯彻执行贷款投向向中西部倾斜的政策，加大了对甘肃基础设施、基础产业和支柱产业的贷款支持力度，2000年共向7个项目提供贷款29.89亿元，是上年的3.6倍。同时，经总行评审，承诺项目11个，承诺贷款71.6亿元，这些项目从2000年起已陆续开工建设。

六是各类企业投资和利用外资有了较快增长 2000年新登记外资企业67户，投资总额3.16亿美元，比上年增长1.3倍。其中，合资企业投资额1.5亿美元，增长5.1倍，外商独资企业投资总额1.36亿美元，增长51倍。新登记个体私营企业注册资金38.24万元，增长20.3%。其中，私营企业注册资金30.76亿元，增长28%。在2000年全社会固定资产投资中，以企事业单位自有和民间资金为主的自筹资金投资比重，比上年提高7个百分点；非国有利用外资2.01亿美元，其中借用国外贷款1.39亿美元，外商直接投资0.62亿美元。当年新批准外商投资企业108家，合同外资额1.72亿美元。

七是投资体制改革步伐加快，投资环境得到进一步改善 在严格实施建设项目法人责任制、资本金制、招标投标制、合同制、工程监理制等一系列项目管理制度的同时，推进了投资软环境的改善工作。2000年，在现行法律法规允许的范围之内，对1996年以来地方制定的政策性文件进行了清理，并在此基础上制定了《甘肃省实施西部大开发的优惠政策》，其中包括了市场准入政策、国民待遇政策、鼓励投资政策、税收政策、土地政策、人才政策、投资服务等方面的内容。本着简化程序、提高效率的原则，成立了甘肃省招商引资联合服务中心，实行“一个地点办公，一个窗口对外”，“统一受理，限时办理”。结合政府机构改革，推行政府行政审批制度改革，规范审批行为，改进审批方法，减少审批事宜，简化审批手续，积极营造公开、公正、廉洁、高效的行政环境。还按照国家的统一部署，进一步整顿和规范市场经济秩序，开展了联合打假行动和各类专项斗争，取得了阶段性成果，进一步净化了市场环境，维护了企业和消费者的合法权益。

二、投资起到积极的促进作用

甘肃是个主要靠投资拉动经济增长的省份，投资对经济发展的积极影响尤为明显。以2000年为例，国内生产总值比上年增长8.7%中靠投资拉动占了5.6个百分点，对经济增长的贡献率为64.4%，说明全省经济增长有近三分之二是靠投资拉动的。“九五”期间，甘肃国内生产总值由1995年的553亿元增加到2000年的983亿元，年均增长9.2%，比全国平均水平8.3%高出0.9个百分点。财政收入由58.57亿元增加到108.11亿元，年均增长9.5%。2000年，全省农民人均纯收入比“八五”末增加了576元，达到1428元；城镇居民可支配收入达到4916元，比“八五”末增加1763元。近500万农民达到国家规定的小康生活标准，全省绝对贫困面缩小到3.4%。投融资对甘肃经济发展和人民生活水平的提高起到了积极的促进作用。

一是促进了农业生产条件的改善　在2000年全省实施西部大开发启动年“十大工程”项目中，农村电网改造工程投资47亿元，当年有48个县建成竣工，这些县实现了乡乡通电，通电的村基本实现了通广播和电视。当年，全省恢复和新增有效灌溉面积34.2万亩，治理水土流失面积980平方公里，完成退耕还林还草和荒山造林种草127.64万亩，扩大了灌溉面积，增强了抗御自然灾害的能力。

二是促进了工业生产和质量的稳步提高　2000年，甘肃省的技术改造投资首次突破100亿元大关。全省共有19个项目列入国家经贸委下达的国债技改专项项目，当年下达贴息6.4亿元，国家专项贴息和补助2022万元，省列技改资金3950万元，共近7亿元，是历史上财政对技改投入最多的一年。技改项目的实施，对工业生产保持较快增长，改善和提高企业经济效益，都起到了积极的作用。全省完成工业增加值328亿元，比上年增长10.2%，这是“九五”时期以来首次超过GDP的增幅。国有和国有控股企业扭转了连续五年的亏损局面，实现整体扭亏为盈。

三是基础设施建设得到加强　2000年实施的基础设施建设主要包括：公路主干线高等级化、铁路宝兰二线工程、兰州中川和敦煌机场改扩建工程、涩宁兰天然气管道、城乡电网建设与改造、中心城市基础设施建设等。

四是生态工程建设初见成效　2000年，全省有7个地（州、市）的41个县（市、区）启动了退耕还林（草）工程，完成退耕还林还草和荒山造林127.64万亩，顺利推进了国列31个续建生态县建设综合治理工程，新争取到的3个国列生态县工程也开始启动。

三、“十五”期间投资建设展望

“九五”期间投融资力度的加大，有力地拉动了全省经济的增长，保证了“九五”计划的顺利完成。但从总体上衡量，甘肃的投融资工作还面临着一些困难和问题：投资总量偏小，不能满足经济社会发展的需要；融资渠道比较单一，资本市场的培育和发展相对滞后，多层次的融资体系有待进一步完善；利用外资的实际水平比较低，占全国的比重很小；潜力巨大的民间投资还没有真正启动起来；上市公司的数量相对较少，规模偏小等。“十五”期间，全省投资力度的强弱和投资效益的高低，决定着甘肃经济发展的快慢和西部大开发战略能否顺利实施。据初步测算，“十五”期间全省固定资产投资的总规模为3200亿元左右。因此，需要进一步解放思想，更新观念，拓宽渠道，加大融资的力度。并努力实现投资领域的三大转变，即把投资重心由扩大资源开发的规模转变为强化产业成长的基础；把投资的作用由维持传统产业的地位转变为改善资金结构，促进产业结构的优化升级；把投资的内容由传统资源配置方式的复制转变为推进资源配置方式的创新。

一是深化投融资体制改革，逐步建立政策性投资为引导、企业投资为主体、外资及社会共同参与的投融资体系，多渠道筹措建设资金。继续积极争取国家国债项目和重点项目补助资金支持，发挥政策性银行、商业银行和地方金融机构的作用，加大信贷支持力度。继续致力于改善投资环境，扩大招商引资，提高民间资金和外资的投资规模，大力培育资本市场，扩大资金运筹总量。

二是尽快改革投资决策体制，完善政府宏观调控、银行独立审贷、企业自主决策和自担风险的投融资机制。制定鼓励政策，放宽投资领域，疏通民间资金，转化为项目投资的渠道，积极促进国有投资和社会投资以资产为纽带的有机融合，提高投资效率。

三是根据国家投资调控总目标和产业政策，研究制定区域投资政策，调控全省投资总量和结构。把重点项目的投资作为调整产业结构，促进西部大开发战略实施的重要一环。“十五”期间建成和开工建设一批大中型骨干项目，重点放在水利、能源、交通、通信、城市基础设施、生态环境建设及适应全省产业结构优化升级要求的石化、有色金属、机械、电子、建材，以及天然气综合利用、生物制药、新材料、高新技术等方面。

四是加强政府对投资的管理，完善国有投资、国有资产、国有资本运营管理体系，规范政府投资行为和内部约束机制。完善投资公司的运营机制，发挥在项目参股、控股、贷款、担保等方面的融资作用。

青海省投资建设情况

青海省副省长 苏森

一、“九五”投资建设工作

“九五”期间，青海的经济发展速度较快。全省国内生产总值年均增长8.8%，分别比“七五”、“八五”高出3.5和1.2个百分点，提前一年实现了翻两番的战略目标。

固定资产投资增幅较快，基础设施得到初步改善。全省固定资产投资累计完成574亿元，年均实际增长21%，分别比“七五”、“八五”高15.7和16.2个百分点，比全国平均水平高10个百分点。能源、交通、邮电通讯、水利、城镇建设领域投资大幅度增加。

产业结构调整取得积极进展。非农产业占农村牧区经济的比重由33%上升到46.5%，经济作物占农作物播种面积的比重由26%上升到39%。水电、盐化工、石油天然气、有色金属四大支柱产业增加值比重上升，旅游业和中藏药等新兴产业发展势头强劲。

对外开放不断扩大，利用外资成效显著。全省利用外资2.5亿美元，为”九五”前17年总和的2倍多。

科教事业不断发展；人民生活进一步改善。科技进步对经济增长的贡献率由30%提高到35%，九年制义务教育普及率达到78%，城镇居民人均可支配收入年均增长5.2%；农牧民人均纯收入年均增长4.8%。

二、2000年投资建设工作

2000年青海省认真贯彻中央关于实施西部大开发战略和扩大内需的各项政策，积极加快基础设施、生态环境、资源开发和综合利用、特色经济、高新技术、城市建设等方面的发展步伐。抓住西部大开发的大好机遇，积极筹措建设资金，努力优化投资结构，狠抓项目管理，固定资产投资继续保持了良好的增长态势，有力带动了全省国民经济持续、快速、健康发展。据统计，2000年全省全社会累计完成固定资产投资154.83亿元（含50万元以下及城乡私营个体投资），比上年增长20.8%，其中，国有及其他固定资产投资完成135.38亿元（按可比口径，下同），增长26.8%，城乡集体投资完成6.37亿元，增长0.8%，城乡私人投资完成13.08亿元。

（一）2000年全省固定资产投资运行的主要特点

1.基本建设、更新改造投资增幅较大。2000年全省基本建设完成投资100.37亿元，比上年增长33.6%，占全社会固定资产投资的64.8%，是“九五”以来增幅较高的年份之一。更新改造投资完成17.26亿元，增长11.9%，占全社会固定资产投资的11.1%，同时，青海省出台许多优惠政策，激发了开发商的投资热情，使房地产投资大幅增长，2000年房地产开发投资完成13.50亿元，增长20.5%，占全社会固定资产投资的8.7%，成为拉动全省投资增长的一个亮点。

2.中央单位投资增长较快，比重明显提高。2000年全省全社会固定资产投资中地方项目完成98.12亿元，比上年增长14.2%。中央项目完成56.70亿元，较上年增长34.3%，增幅高于全省平均水平13.5个百分点。全年落实国家基础设施建设资金26.4亿元，其中国债资金19亿元，有力支持了青海经济建设。

3. 农村集体和农村私人个体投资增长，城镇集体和城镇私人个体投资下降。2000年全省城乡集体和个体及私营投资明显加快，在全省城乡集体投资中，农村集体投资完成5.25亿元，比上年同期增长6.1%，城镇集体投资完成1.13亿元；比上年同期下降0.9%；农村私人个体投资完成7.72亿元，比上年同期增长28.2%，城镇私人个体投资完成5.36亿元，比上年同期下降40.4%。

4. 基础设施和基础产业投资大幅度增长。2000年全省用于基础产业和基础设施的投资为68.21亿元，较上年增长59.6%，增幅高于全省平均水平38.8个百分点，交通运输业邮电业仓储业完成投资43.98亿元，增长1.76倍，其中：交通运输业和邮电通讯业完成投资分别为36.40亿元、7.57亿元，较上年增长1.9倍和1.3倍；公共设施服务业完成投资9.35亿元，增长42.5%。经济建设的"瓶颈"制约和城市基础设施滞后的矛盾有所缓解。

5. 更新改造投资用于购置技术装备投资增加。2000年，更新改造投资中用于增加品种的投资为1.07亿元，占更新改造投资的比重由上年的2.3%上升到6.2%；用于设备、工具、器具购置投资为9.23亿元，较上年增长21.6%，所占比重由上年的49.2%上升为53.5%。

6. 全省十大重点项目和大中型及限上项目进展良好。2000年全省已开工的大中型基本建设及限额以上更新改造项目21个，完成投资37.83亿元，占全省投资比重的24.4%，其中基本建设大中型项目13个，完成投资32.97亿元，占基本建设投资的比重为32.8%。国家确定的西部开发"十大工程"之一——青海钾肥先导项目年产30万吨氯化钾工程完成投资0.67亿元，李家峡水电站完成投资2.80亿元，青海油田完成基本建设投资9.57亿元，青藏铁路扩能改造完成投资3亿元，涩宁兰输气管道工程完成投资13.2亿元。更新改造限额以上项目完成投资4.86亿元，占更新改造投资的28.1%。全省重点基础设施建设项目平安至西宁高速路完成投资3.7亿元，109国道日月山——格尔木段完成投资3.08亿元，青康公路姜清段完成投资1.35亿元，临平公路阿岱——大力加山段完成投资1.68亿元，阿赛公路同赛段完成投资0.85亿元。

7. 施工规模扩大，新开工项目增加。西部大开发的实施使青海省投资规模不断扩大。2000年全省城镇以上单位在建的施工项目2259个，项目总投资规模430.59亿元，分别比上年增长11.7%和0.2%，项目平均规模为1906万元，高于上年平均规模196万元。新开工的项目1806个，占全部施工个数的79.9%，比上年增加128个，新开工项目计划总投资132.25亿元，比上年增长1.02倍，新开工的项目平均规模为732万元，高于上年平均规模471万元。

8. 新增了一批生产能力。2000年全省新增的主要生产能力有：原煤年开采4.2万吨、原油开采40万吨、电解铝7000吨、水泥39.31万吨、新建公路448公里、改建公路1159公里、造林38.2万亩、增加有效灌溉面积14.3万亩、学生席位15860个、城市日自来水供应4.4万吨、城市自来水管道393.55公里、城市道路扩建长度58.5公里、铺设城市排水管道4.8公里、修建城市永久性桥梁2座。这些能力的建成为改善全省投资环境和城市面貌发挥了积极的作用。

（二）2000年全省招商引资力度加大，对外贸易呈现恢复性增长

2000年青海省政府相继修订和出台了《关于鼓励外商投资的若干规定》、《关于改善投资环境的决定》、《关于鼓励引进境外资金的奖励办法》等一系列优惠政策，成功举办了东部民营企业参与西北经济结构调整项目洽谈会、2000年青海省畜产品洽谈会，开通了青海省投资促进网；参加了一些全国和地区性的招商引资贸易洽谈会，签订了一批合资、合作项目协议和合同，部分项目开始实施。全年利用外资1.1亿美元，比上年增长1.3倍，其中直接利用外资1亿美元，增长5.3倍。全省全年协议利用省外资金115亿元，实际到位45亿元。

对外贸易，通过提高出口退税率、扩大生产企业进出口经营权以及对外贸企业进行全面改制等措施，扭转了近几年外贸出口持续下滑的局面。全年全省进出口总额1.5亿美元，其中出口1.1亿美元。自营进出口企业成为外贸出口的骨干力量，出口比重已占全省的72%。

三、"十五"投资建设展望

2001年是"十五"计划开局之年，在新世纪，在党中央西部大开发战略指引下，青海省将认真贯彻落实国家西部开发的各项政策措施，进一步深化改革、扩大开放、强化农牧业基础地位，加强基础设施和生态环境建设，加大经济结构调整力度，继续实施一批基础设施和工业建设项目。建成乌兰至格尔木330千伏输电线路。开工建设藏区11个无电乡光伏电站。建成涩宁兰天然气输气管线工程和西宁地区输气管网工程。建设100万吨氯化钾项目，做好60万吨纯碱和合成光卤石等项目的前期工作。建设赛什塘铜矿，做好15万吨PVC、5万吨镁系列产品项目的前期工作和大柴旦滩涧山金矿的风险勘探。依托青海制药厂、三普药业等几个龙头企业，大力开发系列中藏药品和保健药品。开发和生产天然绿色营养食品，促进农副产品转化增值。

加大资产重组和技术改造力度。建设西宁特钢集团小型连轧项目，青海水泥厂日产1000吨熟料生产线，青海新源铝加工有限责任公司铝板、铝箔生产线以及青海三普制药厂GMP改扩建工程。

加快交通通信设施建设，努力改善投资和发展环境。建设马场垣——西宁高速公路，改建西宁——湟源一级公路、日月山——格尔木二级公路、214线姜路岭至清水河段二级公路和临平公路阿岱至大力加山段，继续实施“乡村公路通达工程”。继续进行青藏铁路扩能改造，开工建设青藏铁路格尔木——拉萨段。实施格尔木、西宁机场改扩建工程，做好巴塘、花土沟等支线机场的前期工作。

与此同时，青海省将进一步改善投资环境，切实落实国家和省西部开发政策、措施，减少不必要的审批手续，整顿不合理收费，规范市场秩序，转变政府职能，努力为国内外客商提供快捷、便利、有效的服务，共同为建设青海做贡献。

宁夏回族自治区投资建设情况

宁夏回族自治区常务副主席 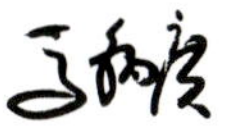

一、2000年投资建设

2000年，宁夏继续坚决贯彻中央关于扩大内需的一系列决策，加大投资力度，狠抓项目资金落实和工程管理，在基础设施、生态建设、工业技术改造以及房地产开发等投资带动下，全区投资增速一直排在全国前列。全年共完成投资160.16亿元，比1999年增长22.6%，其中，国有单位及其他经济类型完成投资130.77亿元，增长24.7%；集体和个体完成投资29.39亿元，增长14.1%。按可比口径（不含城乡集体、个体及跨省项目），投资增长22.8%，居全国第三位，比全国和西部地区平均增幅分别高13.1和8.4个百分点。

（一）基本建设投资继续发挥主要作用

2000年，全区完成基本建设投资88.77亿元，同比增长26.3%。基建投资在全社会投资中所占比重达55.4%，对保持全区投资快速增长发挥了主要作用。基础产业和基础设施投资进一步加大。用于农林牧渔业投资比上年增长62.8%，电力、交通运输和邮电投资的增幅分别达到102.2%、23.9%和35.4%，其中运输邮电投资在全社会投资中所占比重达21.9%。基础产业和基础设施建设有力地推动了全区投资增长。

（二）更新改造和房地产开发投资稳步提高。

2000年，全区更新改造投资完成23.5亿元，同比增长22.2%，增速创近几年新高，在各类投资中增速提高最快。用于化工、建材、有色金属、机械和电力工业等传统优势产业的技改投资继续增加，全年工业技改投资完成18.7亿元，增长39.9%，占全部更改投资比重高达79.6%。房地产投资完成15 .4亿元，增长18.4%，商品房销售额13.3亿元，增长37.6%，呈现出开发与销售同步增长的良好势头。其中全年完成住宅投资9.9亿元，增长32.1%，增速高于全部房地产投资13.7个百分点，占房地产开发比重由上年的55.4%提高到64.1%，作为房地产开发投资的主体地位进一步得到加强。

（三）产业投资结构进一步优化

国有及其他经济类型投资中，第一产业完成12.84亿元，增长62.8%，其中水利建设投资8.48亿元，增长52.4%。第二产业完成投资48.55亿元，增长18.2%，其中有色金属冶炼业完成8.45亿元，增长

1.3倍，电力工业完成13.23亿元，增长1倍，建材业完成1.31亿元，增长2.1倍。第三产业完成投资67.54亿元，增长23.5%，其中交通运输业完成25.18亿元，增长28.1%，邮电通讯业完成9.77亿元，增长35.4%。一、二、三产业投资比为10：38：52。

（四）一批项目相继建成，新增效益显著

2000年，宁夏相继建成了十省区农业综合开发宁夏子项目、农科院生物重点实验室、中卫西风口风沙治理、美利纸业热电站及碱回收工程、中宁至银川输油管道、姚伏至叶盛高速公路、三条贫困县道路、东部扶贫干线惠安堡至平凉段、苦参素原料药及注射液项目、林水良种繁育产业化项目、宁夏大学图书馆、银川市新市区北部供水、石嘴山和吴忠预备役团基地等。新增生产能力：开发土地12.3万亩、造林种草64.5万亩、年输油能力120万吨、日供气量1.22万立方米、煤质活性炭1万吨、单氰胺3000吨、高速公路28公里、二级公路199公里、三级公路173公里、光缆149公里、苦参素原料药40吨、钽铌制品438吨、日供水能力4.7万吨、供热面积30万平米等。自治区经济和社会发展基础得到进一步加强。

（五）项目管理水平有了明显提高

结合国债项目建设，宁夏认真贯彻执行国家关于加强项目管理和工程质量的一系列规定，在全区范围进一步完善和全面推行项目法人责任制、质量终身责任制、招标投标制、工程监理制和合同管理制，严格按照《招标投标法》，本着公开、公平、公正和择优、诚信的原则，全面、规范地实行招投标，以确保工程质量，并以此更好地为加快工程进度提供保证。

二、“九五”投资建设工作

（一）投资超额完成计划目标，总量大幅提高

“九五”期间，宁夏累计完成全社会固定资产投资565亿元，比“八五”增长1.2倍，年均增长16.3%，超额完成了原定500亿元的计划目标。特别是后三年，投资增速一直保持在20%以上，超过全国平均水平，实现了快速稳定增长。

指标名称	1995年	1996年		1997年		1998年		1999年		2000年		“九五”	
	实际	实际	增长%	实际	增长%	实际	增长%	实际	增长%	实际	增长%	合计	年均增长%
全社会投资	70.1	77.3	10.3	88.1	13.9	108.7	23.3	130.6	20.2	160.2	22.6	565	16.3
#国有及其他	55.7	66.1	18.6	74.2	12.3	91.2	23.0	107.5	17.9	130.8	24.7	470	18.0
#基本建设	33.6	41.8	24.5	47.0	12.3	59.5	26.6	70.3	18.1	88.8	26.3	307	20.9
更新改造	15.9	17.8	11.8	18.5	3.8	18.6	0.8	19.2	3.3	23.5	22.2	98	6.9
#集体个体	14.4	11.2	-21.9	13.9	23.5	17.5	25.3	23.1	32.2	29.4	14.1	95	9.3

“九五”前两年，宁夏投资运行基本平稳，分别实现增长10.3%和13.9%。进入1998年上半年，受亚洲金融危机等国内外经济环境影响，加之大中型项目在建规模严重不足，全区投资仅完成20亿元，比上年同期下降14%，增速处于全国排序的最后几位，形势非常令人担忧。中央审时度势，及时采取措施，实施积极的财政政策，加大投资，扩大内需，拉动经济增长。下半年以后，全区投资形势快速好转，仅用短短三个月时间就彻底扭转了下降的不良势头，全年实现投资增长23.3%。

“九五”后三年，国家共安排宁夏新增国债投资39.23亿元，国债项目110个，到“九五”末已有42个基础设施项目建成投入使用。随着国家加大国债投资力度，全区建设资金来源中预算内资金增长最快。“九五”共利用国家预算内资金55.5亿元，是“八五”时期的2.2倍，占全部资金的比重由“九五”初期的6.6%上升到“九五”末的13.5%。在国债资金的带动下，“九五”期间自筹资金、银行贷款和其他资金分别投入221亿元、154亿元和113亿元，比“八五”增长118.4%、92.6%和224%，为完成“九五”投资目标提供了有力的资金保证。

投资的快速增长，对拉动经济发挥了重大作用。“九五”后三年，在消费不振、出口下降的情况下，全区投资对经济增长的贡献率均在50%以上，为经济增长连续三年超过全国平均水平起到了举足轻重的作用。

（二）优化投资结构取得了明显进展，基础产业和基础设施建设进一步加强

在投资快速增长的同时，宁夏加快结构调整步伐，投资结构调整步入了以市场为导向、以效益为核心的轨道。在三次产业投入中，全区从经济发展

的规律和地区实际出发，按照加强第一产业、调整第二产业、积极发展第三产业的基本思路，大幅度调整三次产业间的投入结构。“九五”期间，第一、三产业投资增长快于第二产业，三次产业投资比重由“八五”期间的3.7：44.8：51.5调整到“九五”期间的8.7：36.4：54.9。“九五”用于第一产业的投资累计达到49.4亿元，比“八五”增长4.2倍；第二产业累计投资205.7亿元，增长83.1%；第三产业累计投资309.7亿元，增长1.4倍。农业基础地位大大加强，第三产业快速发展。

在调整三次产业投资结构的同时，自治区继续把“突出抓好工业”作为经济工作的重中之重，下大力气狠抓产业内部结构的调整优化。相继出台了优化工业经济结构和国有企业改革脱困等一系列加快工业发展的政策措施，投资向优势产业、支柱产业倾斜，加强了对传统优势工业的升级改造，涌现出一批具有较强竞争力的优势产业、强势企业和特色产品。五年间，能源、原材料工业投资占到第二产业投资的70.8%，其中化工、有色金属、电力行业投资分别实现年均增长49%、27.9%和18.1%。

“九五”期间，在国家加强基础设施建设的宏观政策指引下，全区农林水利、城乡电网、交通通讯、市政设施等基础设施建设实现了跨越式发展，五年累计完成投资245亿元，占全社会投资的43%，是“八五”的3.4倍。其中公路建设完成投资97亿元，是“八五”的2.7倍，占全社会投资比重达到19%，提高5个百分点。相继建成了包兰铁路电气化改造、银川河东机场、姚叶高速公路、盐兴二级扶贫公路、陕甘宁气田至银川天然气管道、大坝电厂二期工程和银川热电厂等一批重要项目。累计新增公路通车里程1617公里，城市日供水能力21万吨，完成人工造林合格面积258万亩。基础设施条件的显著改善，大大增强了对经济发展的支撑能力。

（三）高新技术产业化在全社会投资中逐渐占据重要地位

“九五”期间，特别是后三年，自治区共实施了7个高新技术产业化项目，总投资5.6亿元，远远超过了“八五”时期科技项目投资6000多万元的水平，在规模和效益上都实现了历史性的突破，预计全部项目投产后，可年新增产值14亿元。

（四）房地产开发投资快速增长

“九五”期间，房地产开发累计完成投资51.2亿元，比“八五”时期增长2.8倍，年均增长25.6%，比全社会固定资产投资年均增速高9.2个百分点。累计竣工面积达到3686万平方米，比“八五”时期增长23.3%，其中住宅2793万平方米，同比增长32%。五年累计商品房销售收入35.5亿元，个人购房比重不断上升。个人购买商品房26.5亿元，占全部商品房销售收入的74.6%，个人已成为市场购房的主体。

（五）非公有制投资增长加快，民间投资开始启动

“九五”期间，宁夏加大投融资体制改革步伐，加大对非国有经济的扶持力度，采取更加灵活有效的政策措施，鼓励集体、个体、民营企业、外商等投资主体通过独资、合作、参股等多种形式参与项目开发建设，努力创造有利于增加民间投资的外部环境。全区非国有投资比重不断上升，增长速度加快。“九五”期间，集体、个体、民营和外商投资完成178.6亿元，比“八五”期间增长33倍，年均增速达到22.4%，比国有单位投资年均增速高4.4个百分点。非国有投资占全社会固定资产投资的比重也由“八五”时期的21.6%上升到“九五”时期的31.6%。

在经历了10年的起步发展阶段后，随着各项政策的日趋完善和投资环境的不断改善，宁夏利用外资进入到“九五”期间的调整提高阶段。“九五”期间累计实际利用外资3.9亿美元，比“八五”时期增长2.2倍。累计新设立三资企业148家，建设借用国外贷款项目81个，其中44个已建成投产。外商投资领域日益扩大，外资已经覆盖了农业、工业、交通邮电等国民经济主要行业和部门，自治区已建成或正在建设的重大项目中多数有外资成分。

三、“十五”投资建设展望

“十五”期间，宁夏固定资产投资总的目标是：计划完成1100—1200亿元，实现年均增长11%—14%，基础设施建设再上一个新台阶，生态建设和环境保护初见成效。

（一）适度超前加强基础设施建设

水利建设北部引黄灌区实施灌区续建配套和节水改造工程，建成沙坡头水利枢纽工程，继续抓好黄河河道整治，南部山区加紧建设扶贫扬黄灌溉工程，建成长城塬、东山坡等引水工程，实施人畜饮水“生命工程”，抓紧黄河大柳树水利枢纽工程的前期工作。交通建设要全面贯通石嘴山至中宁、银川至王圈梁高速公路，开工建设银川至武汉高速公路宁夏段、中宁至营盘水高速公路，改建、新建“三纵六横”干线公路网，加速县乡村公路和国防公路建设。兴建太原至中卫铁路，实施包兰铁路复线改造。建设固原支线机场。实施陕甘宁气田至

银川天然气输气管线加压改造工程。能源建设要建成石嘴山电厂二期工程、建设中宁电厂扩建工程，抓紧大坝电厂三期工程、灵武第一电厂、灵武第二电厂的前期工作。城市基础设施建设要增强城镇工业、生活用水保障能力，建设污水处理厂，完善城镇内部路网，发展民用天然气管网和集中供热。

（二）加强生态建设和环境保护

全面实施三北防护林四期工程、天然林保护工程和草地建设工程，扩建、新建一批自然保护区和生态示范区，抓好生态环境建设重点县和重要生态功能区建设，大力推进退耕还林还草和荒山荒地绿化，实施风沙区生态环境整治工程和中日合作治沙造林工程，加紧绿色通道工程建设，完成黄河护岸林和贺兰山东麓防护林工程。

（三）突出抓好工业改组改造和结构优化升级

进一步发展"清真"系列乳、肉食品、马铃薯加工业、发酵酿造业、水产果菜加工业和粮食加工业等绿色食品产业；推进枸杞系列药品、麻黄系列药品、羊胎素系列药品等特色生物医药产业；重点建设银川化肥厂改造、宁夏化工厂二套大化肥装置扩能改造及三套大化肥工程、天然气精细化工工程等项目，逐步建成以天然气为原料、年产200万吨合成氨的大化肥基地以及天然气精细化工企业；重点发展以钽铌铍等特种稀有金属材料及其产品、铝镁合金及其深加工产品、碳化硅、高技术陶瓷、稀土材料及其制品等新材料产业。改造提升传统支柱产业，加快石化、冶金、机电、煤炭、轻纺、建材等产业的改造升级，积极采用先进适用技术和高新技术，重点改造一批骨干企业，使其产品档次和市场竞争力迈上一个新台阶。重点实施银川橡胶厂子午胎技改项目、大元炼油公司系列技改工程、宁夏有色金属冶炼厂技改工程、青铜峡铝厂一、二期技改工程、恒力集团优质出口镀锌钢丝绳及柔性抽油杆项目，开工建设灵武羊场湾大井，完成吴忠仪表集团节水灌溉设备和环保监测仪器设备国产化项目，实施美利纸业林纸一体化项目。

新疆维吾尔自治区投资建设情况

新疆维吾尔自治区发展计划委员会主任　韩学琦

一、"九五"投资建设

"九五"是新疆国民经济和社会发展承上启下的重要时期，是新疆各项体制改革、经济结构调整、基础设施建设力度最大的时期，也是新疆经济发展不寻常的时期。面对亚洲金融危机、国内市场供给相对过剩、石油和棉花两大主导产业发展遇到严重困难等复杂的国际国内经济环境，自治区党委和政府带领全疆各族人民，高举邓小平理论伟大旗帜，抓住西部大开发的历史机遇，认真贯彻落实积极的财政政策和扩大内需的方针，采取切实有效的应对措施，不畏艰难，奋力拼搏，扎实工作，保持了国民经济持续健康发展，各项社会事业全面进步，呈现出政治稳定、经济繁荣、民族团结、人民安居乐业的局面。

——国民经济持续增长，综合实力显著增强。2000年，新疆实现国内生产总值1365亿元，比1995年增长46.7%，年均增长8%；人均国内生产总值由1995年的4760元提高到7433元。基本实现了国内生产总值比1980年翻三番、人均国内生产总值翻两番半的目标，人民生活水平总体上实现了由温饱型向小康型的历史性转变。全口径财政收入135.5亿元，比1995年增长近1倍，年均增长14.5%。粮食生产稳定增长，棉花总产居全国首位，成为我国最大的商品棉生产基地。石油及石油化学工业已形成重要的产业基础，原油产量1850万吨，天然气产量35亿立方米。煤炭、电力、钢材、水泥、棉纱等主要工业产品产量均比1995年有较大幅度的增长。

——产业结构调整取得成效，经济增长质量有所提高。"九五"期间，新疆一、二、三次产业结构不断优化。农业结构调整积极推进，优质粮食、棉花和特色经济作物面积扩大，畜牧林果业发展较快。粮食作物种植面积所占比重由1995年的52.2%下降到42%，经济作物比重由37.8%上升为44.2%。石化、建材、轻纺等支柱产业稳步发展，以农副产品深加工为主的特色工业迅速崛起。压缩淘汰了部分落后的工业生产能力。第三产业不断优化，传统服务业得到改造，信息、金融、保险、旅游等现代服务业发展较快。

——基础设施建设取得巨大成就，"瓶颈"制约明显缓解。"九五"期间，新疆累计完成全社会固定资产投资2504亿元，比"八五"增长1.2倍。相继建成乌鲁瓦提水利枢纽、南疆铁路西延工程、吐鲁番—乌鲁木齐—大黄山高等级公路、乌鲁木齐—奎屯高速公路等水利、交通、通信、能源重点工程52项。石油天然气勘探开发、铜及其他矿产资源勘查取得重大突破。五年新增铁路974公里、公路4041公里、发电装机容量180万千瓦、原油1457.5万吨，为今后新疆开发和经济发展奠定了基础。

——各项改革进一步深化，社会主义市场经济体制初步建立。“九五”期间，新疆国有企业改革取得新进展，大多数国有大中型骨干企业初步建立现代企业制度，改革和脱困三年目标基本实现。积极稳妥地推进金融、财税、价格、外贸、流通、科教、住房、医疗、政府机构等各项体制改革。社会保障制度初步建立，政府宏观调控手段进一步完善，市场在资源配置中的基础性作用明显增强。资本市场正在形成，已有上市公司19家。非公有制经济发展迅速，全区个体工商户40.8万户，私营企业2万余户。

——开放型经济不断发展，全方位对外开放格局初步形成。“九五”期间，新疆与国内外经济联系日益密切，对外贸易和对外经济技术交流与合作规模不断扩大，已同99个国家和地区建立了经贸关系。五年累计实现外贸进出口额83.5亿美元，年均增长9%。实际利用外资8.27亿美元。经济技术开发区、高新技术产业开发区、边境经济合作区稳步发展。加强了与兄弟省市区的交流和协作。国际旅游日趋活跃。

——坚持为群众办实事，人民生活条件得到改善。“九五”期间，新疆投入农村改水资金10.22亿元，新增受益人口441.4万人。乡乡村村通广播电视、教师住房、县级医院和计划生育指导站、县乡道路、乡村通讯、乡村用电和“安居工程”建设都取得明显成效。城市居民人均可支配收入年均增长8.8%，农村居民人均纯收入年均增长7.3%。城乡居民储蓄存款大幅度增加，居民消费结构优化，市场物价保持稳定，居民消费品价格年均上涨率由“八五”期间的15%下降到2.1%。4.5万户牧民实现定居或半定居。扶贫开发力度加大，“八七”扶贫攻坚目标基本实现。

——科教兴新和可持续发展战略取得重大进展，社会各项事业全面进步。“九五”期间，新疆共获重大科技成果1177项，科技进步对经济增长的贡献率不断提高。投入贫困地区义务教育工程5.87亿元。完成了现阶段扫除青壮年文盲的历史任务，文盲率下降到2%以下。65个县、市、区实现了“两基”，覆盖人口1046万人。文化、卫生、体育、广播、电视、新闻出版等各项社会事业都取得了新成绩。

过去5年的实践，丰富了我们在复杂形势下保持经济持续增长的经验，是非常宝贵的。在肯定成绩的同时，也应清醒地认识到，新疆经济和社会生活中还存在许多不容忽视的矛盾和问题。主要有：一是经济结构特别是产业结构不合理，所有制结构调整缓慢，地区经济发展不平衡；二是改革滞后，制度创新力度不大，投资环境有待进一步改善；三是企业市场应变能力弱，整体素质和竞争力不强，不少企业生产经营困难；四是财政收支缺口大，形势依然严峻；五是农民和部分城镇居民收入增长缓慢，就业压力大；六是生态环境问题较为突出等。对这些困难和问题，我们将在今后的工作中采取有效措施加以解决。

二、“十五”投资建设展望

今后5年是新疆进行经济结构战略性调整的重要时期，是完善社会主义市场经济体制的重要时期，是实施西部大开发战略，促进大开放、大发展的重要时期。我们将坚定信心，埋头苦干，为实现本世纪中叶与全国同步基本实现现代化目标奠定坚实基础。

“十五”期间的奋斗目标是：实现国内生产总值2100亿元，年均增长9%，人均国内生产总值达到万元以上；全口径财政收入230亿元以上，累计完成全社会固定资产投资4200亿元左右；服务业增加值比重提高到40%；城镇化水平达到38%；城镇居民人均可支配收入年均增长7%左右，农民人均纯收入年均增加150元左右；人口自然增长率控制在15‰以内；城镇登记失业率控制在5%以内。

新疆面临的机遇和有利条件主要有：一是实施西部大开发战略迈出实质性步伐，特别是国家已出台的西部大开发优惠政策，为新疆的大发展创造了有利条件；二是经过多年的努力，新疆已实现现代化建设第二步战略目标，经济发展的体制环境和对外经济关系出现了历史性重大变化；三是新疆资源丰富，特色鲜明，优势支柱产业逐步壮大，新的经济增长点不断形成；四是新疆各族干部群众进一步增强了思稳定、求发展、争富强的凝聚力和向心力。

“十五”期间，新疆经济建设和社会发展的主要任务是：

（一）加快产业结构调整 在农业生产方面，突出发展生态农业、效益农业、创汇农业，努力提高农业综合生产能力和经济效益，打“绿色牌、名优牌、特色牌”，提高市场占有份额，实现农业的突破性发展。粮食生产要提高品质，增加优质专用品种，确保粮食安全。棉花生产要根据市场需求，选育、推广优良品种和先进适用的栽培技术，在提高品质和单产、降低成本上实现大的突破，加快建设优质棉基地，使棉花年产能力保持在150万吨以上。大力发展以番茄、红花、枸杞和红葡萄为代表的红色种植业，因地制宜发展特色农产品。畜牧业生产要抓好细毛羊、牛羊肉、乳制品、绒山羊和特色养殖基地建设，推进集约化规模生产，提高肉、奶、蛋、禽等畜产品产量和商品率。林果园艺业要优先发展优质苗木种子基地，大力发展哈密瓜、葡萄、香梨、石榴、核桃、优质杏、巴旦木等特色产品，努力提高林果产品的质量、规模和效益，建成具有区域特色的果品园艺基地，使其成为农村经济发展的重要增长点。推进农业产业化经营和农村二、三产业发展，促进农业富余劳动力转移。积极培育和发展一批龙头企业，充分发挥乡镇企业的作用，引导农民参与农畜产品的初级加工、储藏、保鲜和运销，加快农业产业化进程。

在工业生产方面，依托优势资源，大力发展特色工业。加快石油天然气勘探开发，发展石油天然气化学工业，把新疆建成中国西部重要的石油化工基地。纺织工业要加大科技开发和技术改造投入，发展优质纱、优质布等产品，提高产品档次，努力使新疆成为具有较强竞争力的纺织品生产基地。加快发展特色农产品深加工工业，引进新工艺、新设备，努力开发新产品，发展番茄系列产品、果蔬饮料、葡萄酒等特色食品工业。培育和发展黄金、有色金属工业，加快铜矿和钾盐的勘探开发。积极发展高新技术产业，重点推进生物技术、信息技术、新型能源、保健食品、矿产资源开发等领域重大科研成果产业化，形成一批具有自主知识产权、技术起点高的高新技术产业和企业集团。改造提高传统产业，努力适应国内外市场变化，积极采用高新技术和先进适用技术，加快轻工、纺织、化学、钢铁、建材、煤炭、机械、医药等传统产业的改造，大力扶持发展技术含量高、有市场竞争能力的产业和产品，提高传统产业的新产品开发和科技创新能力。

在服务业方面：一是重点发展特色旅游业。依托丰富的旅游资源，积极开发具有地域民族风情的特色旅游项目和旅游产品，加强旅游基础设施和景区景点开发建设，营造有利于吸引国内外游客的大环境，努力提高旅游管理和服务水平，促进旅游收入较快增长。二是改造提升流通业。深化流通体制改革，充分发挥市场机制作用，形成新型的产销关系和市场流通主体，建立统一开放、公平竞争、规范有序的市场流通体系，为经济发展创造良好的市场环境。三是加快发展社区服务业。积极推进社区服务社会化、产业化，加强服务设施和网点建设，努力开拓服务领域，为居民和机关、企业提供社会化服务。四是积极发展中介、咨询服务业。发挥中介组织在市场经济中的服务、沟通、评估、公证、监督和仲裁作用；加快发展为农业产前、产中、产后服务和为提高农民生活质量服务的行业。五是大力发展运输业。加强综合运输服务体系建设，深化运输企业改革，提高服务质量。六是积极发展房地产和物业管理业，加大经济适用房建设力度，加快住房制度改革步伐，推进住房商品化，发展和规范物业管理市场，为居民提供优美环境、优质服务。

（二）促进地区和城乡经济协调发展 突出重点，扶优扶强，率先发展天山北坡经济带，辐射带动全疆经济发展；其它地区应依托资源、区位的比较优势和已形成的竞争优势，发展各具特色、充满活力的区域经济。加大天山北坡经济带改革开放力度，营造良好的开放环境；加快产业升级，大力发展石油天然气化学工业、农业产业化、特色工业和高新技术产业，培育新的经济增长点；充分发挥乌鲁木齐区域中心城市的功能与作用，建设现代化国际商贸城；加强水利、交通、能源等基础设施和生态环境建设。积极扶持贫困地区发展，坚持开发式扶贫，不断改善贫困地区的生产和生活条件。继续加大对和田、喀什、克州和贫困牧区、山区的扶持力度，使贫困人口从根本上摆脱贫困。

积极稳妥地实施城镇化战略。从新疆的实际出发，坚持统一规划、合理布局和城市职能多样化的发展道路，形成功能完善、规模适度、结构协调的城镇体系。扶持和培育具有较高综合服务功能的区域中心城市，重点发展乌鲁木齐和库尔勒市，加快发展现有地、州、市、县政府和兵团师级机关所在地城市，推进北屯、五家渠、阿拉尔和吐木舒克的设市工作和建设。结合农业产业化发展和农村剩余劳动力合理转移，加快铁路、公路沿线、沿边资源富集区的小城镇及部分乡镇政府、团场所在地城镇的发展。提高城市规划、建设和综合管理水平。

（三）加强基础设施建设 在水利建设方面，坚持开源节流并重，以节流为主。加快建设下坂地、布伦口、大石峡等一批骨干水利枢纽工程，逐步实现水资源的优化配置和合理利用。把大规模发展节水灌溉作为一项革命性的措施抓紧抓好。合理开发利用地下水，完成机井建设和更新改造 1.5 万眼，增加地下水采量 30 亿立方米。积极完成大型灌区节水改造工程，加强以渠系防渗为主的水利设施配套建设，新建防渗渠道 2 万公里，初步实现全区干、支、斗三级渠道全防渗，提高水的利用效率。建设节水灌溉农田 1000 万亩。

在交通建设方面，以增加运力为重点，扩大网络，完善布局，加快交通运输主骨架及西部大通道运输干线的建设。公路建设重点围绕国道 312 线和 314 线进行奎屯—赛里木湖、小草湖—托克逊、和硕—库尔勒的高等级公路建设及哈密—巴里坤—木垒—乌鲁木齐天山北线公路建设。继续加强县乡、团场道路及口岸、边防公路和扶贫公路的建设，增强区域间的交流能力。铁路重点是加快中—吉—乌铁路、精—伊—霍铁路的建设，尽快形成区内外铁路运输骨架。民航重点是加强机场基础设施建设，完善乌鲁木齐国际机场功能，使其成为区域航空客货运输中心和亚欧国际航线的重要枢纽港。改扩建和新建和田、哈密、克拉玛依、库尔勒、新源那拉提、吐鲁番等一批支线机场。管道建设要加快“西气东输”工程的实施，做好中—哈输油管道的前期工作，配套建设完善区内管网，加快建设新疆—兰州成品油长输管线。

在能源开发方面，充分发挥资源丰富的优势，利用低成本的煤炭和水能，加强电源电网建设。火电建设要向高参数、高效率、大容量机组发展，重点建设红雁池第二发电厂、喀什、库车、哈密、玛纳斯、托克逊等大中型火电基地；水电要按照“水利电力联合开发、枢纽与电站分别筹资”的方式，集中建设调节性能较强的梯级水电基地，增强电网的调峰能力；建设和田、叶城等大中型天然气电站，扩建达坂城风电厂，兴建阿拉山口风电工程，逐步提高清洁发电在电源结构中的比重。扩大电网覆盖范围和电力的有效供给，加快220千伏骨干电网的建设，逐步提高电网运行等级，重点抓好全疆联网。努力降低电力生产、运行和管理成本，继续保持发电低成本、供电低价位的优势，吸引高耗能产业发展，加快居民生活电气化。

（四）发展科技教育　农业科技要重点发展优质高产高效技术、农产品精深加工和综合利用技术，加快关键技术的配套开发和推广应用。将现代生物技术与常规技术相结合，着重解决农林草畜良种繁育、病虫害防治、高效种养殖等关键问题。加强特色瓜果保鲜储藏、包装及深加工技术研究和引进。实施种子工程、节水灌溉、精准农业、生态农业示范工程，创办一批高效特色农业科技示范基地和生态农业示范区。工业以提高产业技术水平和竞争力为目标，围绕增加品种、节能降耗和提高效益，大力推进工业技术创新。主要行业和重点企业要有选择地引进国内外先进技术和设备，提高工业装备技术水平。强化对引进技术的消化吸收，提高企业的新产品设计、生产加工能力和经营管理水平。鼓励科研机构和高等学校的科技力量与企业联合共建技术中心，瞄准市场潜力大的高新技术和产品，开展联合攻关，大力发展具有优势的高新技术。

加快教育体制改革，鼓励社会办学，形成以政府办学为主体、社会各界共同参与的办学体制。发展各类教育，全面推进普及九年义务教育，继续实施贫困地区义务教育工程。发展高中阶段教育，大力发展高等教育和高等职业教育。合理调整和配置现有高等院校教育资源，调整专业设置，加强学科建设，发展20个重点学科，重点办好新疆大学、石河子大学，推进新疆农业大学达到国家重点大学标准。研究生教育重点是巩固和发展博士、硕士培养点。调整中等职业学校的布局结构，积极发展多种形式成人高等教育，建设好一批重点职业学校和高等职业技术学院。

（五）保护生态环境，合理利用资源　加强生态环境保护与建设，遏制生态恶化趋势，合理使用、节约和保护资源，提高资源利用率。把中长期保护与解决当前重大环境问题结合起来，以治水为中心，植树种草为先导，改土为基础，重大工程为依托，全面推进生态环境的保护与建设。实施天然林保护工程，封山育林，保护山区天然林资源，加大平原天然林封育力度。以城镇、村庄绿化为依托，以公路、铁路、河渠沿线绿化为网络，建设绿色通道，形成较完备的人工生态屏障。建设人工草料基地，实行草场休牧制度，减轻天然草地的压力；推进塔里木河流域治理，兴修控制性工程，整治疏浚河道，保证生态用水，重建“绿色走廊”。继续实施两大盆地周边沙漠化治理工程，以生物治理与工程措施相结合，加强荒漠植被的保护和恢复，遏制沙漠化趋势。开展艾比湖区域生态保护整治，通过跨流域调水工程，扩大湖水面积。实施退耕还林还草工程和“三北”防护林四期工程，建立农林牧复合生态系统，改善绿洲生态环境。建立环境、气象和地震监测体系，做好防灾减灾工作。加强野生动植物保护区、自然保护区和生态示范区建设与管理。综合防治环境污染。

高度重视水资源的开发和有效利用，依法治水，加强水利工程和水资源管理工作。提倡节约用水，提高水资源的利用率，逐步建立节水型工农业生产体系和节水型社会。坚持合理利用土地和保护耕地的原则，做好西部大开发各项建设用地的供地工作。合理开发、利用土地资源，注重用养结合、大力改造中低产田，治理盐碱危害，培肥地力。加强矿产资源的勘查、开发和保护，大幅度提高矿产资源开采回采率、选矿回收率。积极推广节能新技术和新工艺，提高能源利用效率。

（六）深化改革，扩大开放　在加快经济发展、积极调整经济结构的同时，必须为实施西部大开发营造宽松的发展环境。要大胆探索，勇于创新，突破影响生产力发展的体制性障碍，逐步完善社会市场经济体制，为加快发展提供强大动力。

深化国有企业改革，加快建立现代企业制度。改革投融资体制，按照“谁出资、谁决策、谁受益、谁承担风险”的原则，确立企业的投资主体地位，建立企业自主决策、自担风险、银行独立审贷、政府间接调控的体制；继续推进财税体制改革，强化财政满足社会公共需要职能，提高对经济发展的支持力度；积极推进税费改革，取消一切不合法、不合理收费。进一步建立和完善开放、规范、有序的市场体系；改善城乡消费环境，调整消费政策，努力扩大消费需求；完善价格形成和调控机制，保护粮、棉、油、肉等重要农副产品价格稳定；发展资本市场，加大直接融资比重，引导社会闲散资金注入资本市场。

加快所有制结构调整，坚持和完善以公有制为主体、多种所有制共同发展的基本经济制度，依法保护各种所有制经济的合法权益。支持、鼓励和引导私营、个体企业健康发展,使非公有制经济成为经济的重要增长点。

努力适应加入世界贸易组织、全球经济一体化的形势，充分利用过渡期，提高竞争能力，拓宽开放领域，依托地缘优势，加强与周边地区多边经济贸易合作，发挥边境口岸的作用，扩大对外贸易，积极利用外资，提高对外开放的整体水平和综合效益。

继续实施大经贸战略，加快贸易主体多元化、贸易方式多样化和贸易手段现代化。努力扩大机电、轻纺、燃料、建材等产品出口，提高出口产品的技术含量和附加值。巩固中亚、韩国、日本、东南亚、香港和欧洲等传统市场，开拓中东海湾地区、美国、非洲、拉丁美洲等新兴市场，积极发展与俄罗斯经贸往来。引导东部发达地区企业集团和鼓励区内企业面向西部国际市场开展加工贸易。组织好区内短缺原材料及资源性产品和先进设备进口。

积极利用国外优惠贷款和赠款,落实自治区鼓励外商投资优惠政策,加大招商引资力度,扩大利用外资领域和市场准入,支持国家鼓励和允许类产业的企业采用转让经营权、出让股权、兼并重组方式吸引外商投资。着力改善投资环境,特别是软环境,提高人员素质,增强服务意识,靠科学规范、高效透明的管理,营造公开、公正、公平的竞争环境。实施“走出去”的开放战略。

发挥市场交易功能、金融服务功能、物流服务功能和信息服务功能，重点完善商品交易市场体系、商贸物流服务体系和政策法规体系，建设乌鲁木齐现代化国际商贸中心城市，增强地区中心城市库尔勒、喀什、伊宁、博乐、奎屯货物集散功能，发挥大通道和口岸出口商品中转作用，形成以乌鲁木齐为中心、亚欧大陆桥和区内铁路公路干线为通道、边境口岸为支点的西部国际商贸中心。

香港、澳门、台湾投资

香港特别行政区经济发展情况

国务院港澳事务办公室港澳研究所副研究员　蔡赤萌

2000 年，香港整体经济基本摆脱亚洲金融危机的影响。承接 1999 年下半年的复苏势头，香港经济在年内呈现高速增长态势，本地生产总值达到 10.5%，为 1987 年来的最高增幅。年内进出口贸易增长强劲，旅游业畅旺，航运业表现优异，金融市场总体平稳，财政状况稳健，失业率有所下降，通缩也有所收窄，表明大部分经济活动已经恢复正常，从上年的局部恢复走向全面复兴。

一、经济发展总况与特点

（一）香港经济在 2000 年呈现两个特点

一是复兴速度明显加快，增长势头十分强劲，大大高于政府、国际机构和所有民间分析员的预测。二是从局部复兴走向全面复苏，从形成 GDP 的各组成部分看，消费、投资和对外贸易均有较大幅度的增长。

一至三季度，香港本地生产总值均达到双位数增长，分别是 14.1%、10.8% 和 10.8%，第四季度由于基数较高增幅回落至 6.8%。全年实质增长高达 10.5%，这是自 1987 年以来的最高增幅。香港本地生产总值以现价计算达 12717 亿港元，以 1990 年固定价格计算为 8937 亿港元，与亚洲金融危机前的 1997 年比较，分别减少 522 亿港元和增加 647 亿港元。以绝对值计算，2000 年的实质本地生产总值自 1998 年经济严重衰退以来，首次超越 1997 年的高峰值。

年内启动经济复兴的动力，如货物出口、服务输出和内部消费进一步增长，投资活动也止跌回升。(1) 外部需求增长强劲。2000 年，香港对外贸易在外部需求增加的带动下出现强劲增长。有形贸易方面，全年进出口总额为 32307 亿港元，增长 16.6%；进口 16580 亿港元，增长 19%。据统计，香港对主要贸易伙伴美国、英国、日本、德国、新加坡的货物出口分别增长 14%、

15%、23%、17%和19%。内地是香港的第一大贸易伙伴，达12580亿港元，增长18.9%。2000年港产品出口1810亿港元，实质增长8%。无形贸易方面，服务输入为1855亿港元，服务输出达3340亿港元，盈余1485亿港元。抵消有形贸易赤字后，综合赢余632亿港元。服务输出实质增长达14%。（2）消费需求回升力度加大。2000年政府消费实质增长2.1%，私人消费实质增长5.4%。私人消费增加较多，主要是经济明显好转以及失业率下降，消费者信心增强。同时旅游业兴旺，也刺激了消费需求的回升。全年本地内部需求实质增长达到9.9%。（3）投资止跌回升。2000年本地固定资本形成总额为3278亿港元，增长8.8%，在1999年下降17.4%的基础上止跌回升。其中私人投资增长12.7%。私人投资回升主要是企业盈利增加和营商前景看好，机器和设备购置增加较多。

（二）政府财政稳健

香港的财政年度为当年4月1日至次年3月31日。1999/2000年度，香港财政收入2329亿港元，支出2230亿港元，盈余99亿港元，财政储备4443亿港元。2000/2001年度，财政预算收入2442亿港元，预算支出2504亿港元，预算赤字62亿港元。由于外汇基金及卖地收益减少、地铁上市集资额低于预期等因素，预计财政赤字将扩大到114亿港元。为了刺激经济、巩固经济复苏成果，特区政府采取了一系列财政政策。例如：拨专款支持多项培训和再培训计划，提升市民就业能力；调低股票交易印花税10%，维持金融市场的竞争力；延长柴油税减税期限，降低税负；将豁免电动汽车首次登记税期限再延长3年等。积极的财政政策为香港经济全面复苏创造了良好的环境。虽然出现少量财政赤字，但政府财政总体看是稳健的。

（三）通缩压力减缓

自1998年12月以来，综合消费物价指数持续25个月下跌。但在2000年的跌幅呈逐月收窄趋势，1月份跌幅为5.3%，12月份跌幅收窄至1.8%，全年跌幅为3.7%。虽然通缩状况难以改变，但跌幅已比上年缩小。

（四）失业率有所下降

2000年香港的失业率虽然有所下降，但仍处较高水平。1月份失业率由上年6.2%的高位下降至5.7%，以后逐月降低，12月份为4.5%，失业人数由年初的20.9万人减少到15.1万人，各主要服务行业就业人数均明显上升。香港的失业人群，集中在建造业和制造业，主要原因是经济结构由传统制造业向以资讯科技产业转型，传统行业中不断有劳动人口被淘汰出来。

二、主要行业经济发展走势

（一）银行业

随着2000年香港经济的强劲复苏，银行业在一定程度上有所受惠，各项业务平稳增长，经营利润也温和上升。总体上看，银行业经营保持稳健发展态势。

银行资产素质持续改善，呆坏账比例趋于下降。至2000年末，银行业总资产为66592亿港元，轻微下降1.9%。银行的资产质量有所好转，呆坏账比例第一季度为9.3%，到第四季度已降至7.3%。不良贷款比率从1999年底的9.81%下降到2000年第四季度的7.27%；信用卡撇账率从1999年底的4.83%下降到2000年第四季度的3.72%。

银行存款增长较快，贷款却继续下降。2000年底，香港银行存款为34823亿港元，增长9.6%。但银行贷款24626亿港元，下降12.5%，已连续26个月下跌。银行贷款下降，主要是在经济转型时期，地产市场不活跃，新的经济增长点不明，银行贷款较为谨慎所致。

主要银行的盈利水平普遍好转，税前盈利温和增长。据香港金融管理局统计，2000年香港银行业净息差为2.33%，比1999年的2.29%有所改善，使银行业净利息收入有所增加；加上银行积极拓展非利息收入，以及呆坏账准备大幅减少，2000年香港银行业税前盈利较1999年大幅增长34%，反映香港银行业经历亚洲金融危机后强劲复苏。2000年，香港银行业仍存在经营上的困难，股市波动较大、楼市交投清淡、通缩依然严重以及个人消费持续疲软等因素，使得银行业资金出路仍然较窄。

（二）资本市场

从总体上看，2000年香港资本市场基本消除了亚洲金融危机的影响，运行基本正常。为适应市场发展的需要，巩固和加强香港的国际金融中心地位，特区政府不断深化资本市场的改革，也促进了香港资本市场的健康发展。

股市出现较大起伏，但运行基本正常。在香港经济向好、外部经济增长、预期中国加入世贸组织以及美国股市下挫、本地利率较高、国际石油价格波动等因素交叉影响下，恒生指数呈波浪走向，在13700—18400点的区域间波动。经过年初的短暂调整后，迅即因电讯及科技股价格飙升而转势，并于3月28日创下18302点的历史最高点。其后因美国加息、美股下调的影响，恒生指数反复下挫，5月26日，跌至当年最低点13723点。虽然夏季出现反弹，但在国际原油价格飚升、美股再次暴跌等因素影响下，恒生指数再告下跌，年末收市报15096点，较1999年底下降11%，但相对表现较亚洲大部分市场优胜。

2000年港股成交和集资额均创金融风暴后的新高，股市集资功能进一步增强。2000年日均成交额为123亿港元（远高于1999年的78亿港元），上升幅度高达59%。年内新上市公司90家（其中创业板上市47家），通过一级市场集资1320亿港元；在二级市场集资3310亿港元，全年通过股市集资金额合计达4630亿港元。其中国企股及红筹股市场的集资额达3340亿港元，占整个香港市场年内集资总额的74%。2000年香港股票市场的上市活动虽然频繁，但其对资本市值的拉动作用却部分被股票价格下跌所抵消，年底的股票市场总市值只微升3%，为48620亿港元。虽然如此，香港股市的市场总值仍排名世界市场第十名，在亚洲排名第二。

债券市场发展健康。香港债券市场发展一直滞后。亚洲金融危机以后，香港的债券市场呈现出发展趋势，港元债券市场进一步增长，不但债券品种增多，而且新发行债券的平均年期也有所延长，发行规模明显增大。香港外汇基金、国际金融机构、海外银行等发债机构在港发行额增加，抵消了香港公司与法定机构发债减少的影响。2000年香港债券发行量达4556亿港元，比上年增加391亿港元，增长9%。

为完善金融市场的监管并推动金融市场的发展，年内政府推出一系列金融改革措施。1998年亚洲金融危机期间，香港资本市场暴露出结构性弊端，证券交易所和期货交易所之间、交易所与结算公司之间缺乏协调。1999年3月，特区政府决定将香港联合证券交易所、期货交易所和相关的三家结算公司合并，然后上市。经过一年多的努力，2000年6月27日，合并后的香港交易及结算公司在香港上市。此外，为统一规范证券、期货市场，对电子交易实施新的监管，并加强香港证监会的权力，特别行政区政府将原来相互独立的证券条例和期货条例合并，制定《证券及期货综合条例》。2000年香港还加快了资本市场的电子化步伐。6月5日，香港联合证券交易所开始引入第三代自动交易系统，计划3年内实现股票无纸化交易。6月2日，香港期货交易所告别长达24年的交易大堂公开叫价买卖方式，于6月5日开始，恒指期货及期权交易转移到HKATS电子交易系统进行。

（三）对外贸易

由于世界经济贸易增速加快，香港内外部经济环境显著改善，2000年香港对外贸易在上年恢复性增长的基础上，出现多年来少有的高增长势头，成为2000年香港经济强劲增长的主要动力。2000年，香港对外贸易总额为32307亿港元，增长17.8%，比历史最高水平的1997年增长5.2%。其中出口15727亿港元，增长16.6%；进口16580亿港元，增长19%。进口、转口和港产品出口全面大幅增长，基本上都是过去七年来的最高增幅。年内由于内地经济持续向好、东南亚其他经济体系大多数持续复苏、美国和欧洲的经济均有稳健增长等，因而带动所有主要市场的进口需求。此外，香港在过去两年多来，不断调整改善成本价格竞争力和提升生产力，使出口竞争力增强，均有助于刺激出口。不过出口的增长速度在接近年底时减慢，主要原因是比较基数已大大提高，以及全球需求因美国经济明显放缓而减弱所致。

整体出口增长明显加快：香港整体出口由转口和港产品出口两部分组成，年内整体出口增长加快，升幅呈双位数增长。其中转口贸易增长强劲、港产品出口止跌回升。

香港的转口贸易主要是将中国内地的商品转口至世界各地，同时将世界各地的商品转入内地。由于外部市场环境改善和中国内地经济、进出口贸易高速增长，2000年，香港转口贸易强劲增长，总额达到13917亿港元，增幅达18.1%，是1994年以来的最高增幅。转口贸易额占香港整体出口额的比重进一步提高，由1999年的87.4%上升到2000年的88.5%。

港产品出口扭转了自1996年以来连续四年的下滑局面，全年出口1810亿港元，增幅达6.1%，与1999年下降9.5%形成鲜明对比。但香港本地制造业大多数已转移到内地，而且这种转移还在继续，因此，港产品出口数量从总趋势来说还是下降的，2000年的出口数量仅相当于1995年的78%。目前港产品的出口以劳动密集型的纺织成衣、轻工和电子电器产品为主。

年内香港对主要国家地区出口均有全面增长。内地为香港第一大贸易伙伴，两地贸易额占香港贸易总额的38.9%。2000年，香港与内地贸易额达12580亿港元，增长19%；香港对亚洲、西欧、北美洲和大洋洲等传统出口市场也大幅增长，分别达20.4%、10.4%、13.8%、16.6%。从国别看，香港出口增幅较上年有大幅提高的国家或地区有：美国（23.2%）、日本（19.4%）、英国（12.7%）、德国（13.7%）、台湾（20.8%）和新加坡（13.4%）。

进口增长十分迅猛。2000年，香港实现进口16580亿港元，增长19%。进口大幅增长的主要原因是转口增长加快和本地经济恢复增长、本地销售扩大。从进口的地区结构看，内地是香港最大的进口货品供应地，占进口总值的43%，其次为日本、台湾、美国、韩国和新加坡，分别占12%、7.5%、6.8%、4.9%和4.5%。

（四）房地产业

房地产业是香港经济的重要支柱之一。亚洲金融危机后，香港的房地产业由盛而衰，进入了漫长的调整之中。这一局面在2000年依然没有突破，年内房地产市场继续调整。

2000年大部分时间，香港的房地产市场表现疲弱，有意置业人士鉴于未来有大量新落成楼宇供应，对置业普遍审慎，投资者也因对市况不明朗而多抱观望态度。根据土地注册处统计，2000年香港房地产市场的物业买卖合约宗数和金额分别为85744宗和2225亿港元，分别比上年下跌12.9%和13.3%。其中，前7个月楼宇买卖价格平稳，但成交合约宗数和金额持续下降；8月以后市场状况有所改善，楼宇买卖价格轻微回升，成交合约宗数和金额增加。

香港物业市场持续陷于疲弱的主要原因是：市民的置业信心自从受金融危机打击陷入低迷后一直未能稳定恢复。2000年香港经济增长虽达10%以上，但许多市民仍未能分享经济增长的成果。此外，新楼盘供应量庞大，住宅市场供大于求的状况短期内难以获得改善；年内股市大幅波动，科技股暴泻，也打击了置业信心的稳定与恢复。

年内房地产业主要市场表现如下：

住宅楼宇：2000年私人住宅楼宇建成量，在1999年急升59%后，显著下降27%，空置率也相应由1999年底的5.9%下降至2000年底的5.4%。

写字楼、商铺：写字楼建成量，继1999年急跌42%后，2000年再锐减78%至95600平方米。但由于需求回升，空置率由1999年底的14%下降到2000年底的10.2%。

工业楼宇：2000年新落成的传统分层工厂大厦面积为18700平方米，由于1999年新建工业楼宇面积大幅缩减87%，使得2000年出现368%增幅。但由于总的供应面积较少，空置率仍在降低，由1999年底的9.7%下降到2000年底的8.5%；工贸大厦面积37100平方米，较上年减少7%，空置率也由1999年底的28%下降到2000年底的15.7%。

租务市场：经济复苏强劲以及中国内地即将加入世贸组织，带动了香港写字楼租务市场需求回升。2000年写字楼租金平均上升4%，其中黄金地段租金升幅尤为显著。零售商铺租金大致与上年持平。私人住宅楼宇的租务比较活跃，租金上升约1%。但工业楼宇的租务市场整体疲软，全年平均租金下跌4%。

（五）旅游业

在特别行政区政府和旅游业界的共同努力下，2000年香港旅游业在上年明显复苏的基础上又取得前所未有的佳绩。据香港旅游协会（现易名为香港旅游发展局）的统计，全年访港人次创历史新高，达1306万人次，增长15.3%，高于同期世界平均增长水平（10.8%）；旅游收益在持续3年下降后出现增长，达615亿港元，增长16%，高出世界平均增幅9个百分点；酒店入住率高达83%，较上年高出4个百分点，其中甲、乙级高级酒店入住率分别为82%和84%。根据世界旅游组织统计，以旅客人数计算，香港全球排名14位，在亚洲仅次于内地。

香港旅游业是亚洲金融危机后率先全面复苏的行业，在经济中的地位逐步上升，已成为新的增长点。年内香港客源普遍增加。中国内地和台湾地区依然是香港旅游业两个最大的客源市场，访港旅客均创新高，分别达到379万人次和239万人次，占访港旅客地9%和18.3%，增幅分别为18.1%和15.6%。其他国家和地区旅客均有所增长。南亚及东南亚增长15.6%，美洲增长12.2%，澳大利亚、新西兰及南太平洋地区增长15.2%，欧洲及中东增长6.4%。其他主要旅游指标均好转，所有酒店类别均出现增长，酒店入住率居亚太区前列；旅游收益一改连续三年下滑势头，止跌回升，并强劲增长16%。但是游客在港人均消费仍在下降，只是跌幅有所减缓。2000年平均人均消费4539港元，比上年4778港元下降5%，但跌幅较1999年的13.8%为低。人均消费下跌，主要是香港2000年出现通缩，除酒店房租外，其他旅游产品价格均下调；同时旅客结构改变也影响消费支出。据旅协统计，2000年即日离境的旅客占32%，上升近5%，旅客的平均逗留时间也缩短至3天。

香港旅游业的发展，主要得益于亚洲经济全面复苏和中国内地经济稳定增长，同时与特别行政区政府和香港各界积极开拓旅游市场、改善服务质量，内地有关地区和部门主动配合也分不开。年内国家旅游局与有关部门决定，在原有4家特许旅行社基础上新增青旅、康辉等13家旅行社经营香港游业务，以进一步扩大内地居民赴香港地区旅游的规模；广东、福建、海南等地也相继放宽赴香港从事商业和旅游等活动的签注条件。2001年10月两地有关部门正式公布，自2002年初起取消香港游配额，同时内地香港游经营社范围进一步扩大至67家具有出国游经营资格的旅行社。

（六）零售业

零售业在经济加速复苏和旅游业兴旺的带动下，开始走出低谷，零售总值和零售量双双开始出现增长。全年零售业总销售价值达1867亿港元，增长3.8%，扭转了过去两年持续下跌的局面；零售量增幅则更大，上升8.1%，是1992年以来的最大增幅。几乎所有主要零售类别商品的零售量均告上升，升幅较大的类别依次是汽车及汽车零件、其他耐用消费品、家具及固定装置、鞋类及有关制品和服装。

年内零售业发展呈现以下特点：

零售量、值止跌回升，但增幅逐季下降。2000年首季零售量、值分别增长14.2%和7.5%，到第四季增幅已分别降至2.5%和0.9%。由于2000年香港经济复苏主要由出口带动，内部需求仍然受制于偏高的实质利率和失业率，加上香港科网股泡沫破裂，股市大跌，投资者损失不小，市民的消费意欲受到影响，导致零售业增长后劲不足。

零售价格持续下跌。虽然零售市场转好，但消费者购买力仍然疲弱，因此零售商大都采取“薄利多销”的策略，来吸引购买意欲不高的顾客，导致年内零售价格指数继1999年下跌6.7%后再跌4%，其中服装和汽车及家具以外的耐用消费品降价幅度最大，同为10.4%。

此外，在市场竞争日趋激烈和新科技的冲击下，零售业经营模式发生较大变化，网上销售也曾一度掀起热潮。

香港零售业目前面临的主要问题是：一、香港经济正处转型期，经济能否重获增长动力以及市民本身能否适应新的经济环境，都是未知数，这会影响市民的消费意欲增加储蓄倾向。二、本地中产阶层在亚洲金融危机中损失较大，部分更因物业价格大跌而成为“负资产”族，消费能力和意欲下降。中产阶层一直是香港零售市场支柱，其地位的下降对零售业将会产生深远的影响。三、港人跨境消费、北上购物对香港的零售业影响越来越大。受此影响，长假期对香港零售业的刺激作用已经大大不如从前。

（七）航运业

2000年，东南亚地区逐渐摆脱亚洲金融危机的影响，经济逐步复苏，美国及欧洲经济保持增长，中国内地经济持续高速发展，香港经济也出现强劲增长。得益于此，年内香港海运、空运均有较大幅度的增长，航运业整体表现优异。

空运业表现优异，货运量及客运量增幅均大大超过1999年。由于访港旅游业及外访旅游业皆持续增长，2000年全年香港客运量达到3200万人次，增幅超过一成，客运总量名列亚洲第一、全球第五。客运及货运的飞机航班次达到181900班，增长9%，增幅远高于1999年的3%。由于对外贸易增长强劲，总空运货物量在2000年更是急升13.5%，达230万公吨，位居全球之首。

港口货物吞吐量增幅开始加快。港口（包括海运和河运）货物吞吐量在经历两年低幅增长后，2000年出现明显增长势头。总货物吞吐量达17464万公吨，增长3.4%（1998和1999年的增幅分别为-1.2%和1.0%）。其中，离港货物吞吐量为6770万公吨，增长幅度达到8.3%，抵港货物吞吐量为10693万公吨，增幅为0.6%。香港集装箱吞吐量在2000年继续保持全球第一，全年集装箱吞吐量近1810万标准箱，增长11.7%，是近5年来的最大增幅。

为巩固香港的国际航运中心地位，香港采取了多项积极措施，包括降低注册费用、简化注册程序及精简验船要求等，提升香港船舶注册的竞争力，从而使在港注册船舶超过1000万吨的目标提前一年半成为现实。截至2000年12月31日，注册悬挂香港旗的船只共582艘、1071万吨，名列全球第六。此外，特别行政区政府积极推动城市交通运输，2000年5月，特别行政区政府制定《铁路发展策略2000》，决定斥资约1000亿港元在2-5年后建成6条铁路新线，以持续发展的方式应付未来20年的服务需求。

2000年经济虽然增长强劲，但也存在诸多不可忽视的问题。在2000年，香港经济出现前所未有的独特现象：经济高速增长与通缩并存、经济快速增长与失业率高企并存、经济的快速复兴与财富减值并存。失业人数高企、就业者普遍被冻薪减薪；房地产价格调整过大，导致负资产家庭进一步扩大；科技股泡沫破灭及整体股价下调，令投资者遭受不同程度的损失等，均影响到市民的财富及收入。正是因为这些现象，导致大部分市民在香港经济获得双位数高增长时其基本生活并没有改善，对经济强劲复兴感受不深。

目前香港经济正经历着从过分依赖地产转向知识型、高增值经济，但在新旧交替的过程中，作为支柱产业的地产业衰落过急，不仅是价格大幅下滑，而且交易萎缩、建造业活动倒退，并引发通缩、负资产以及就业机会减少等问题。与此同时，新经济却因仍处起步阶段，仍未成为新的支柱产业，未能消化地产业衰落出现的问题，经济发展的内部动力还明显不足，因此香港内部结构性问题将在较长时期影响香港经济发展。2000年香港经济的高速增长，是在基数较低并主要依靠外部需求带动取得的，一旦外部环境发生逆转，香港经济发展的动力就会出现困难。

因此，行政长官董建华在2000年10月施政报告中提出香港整体经济的发展策略，把深化与内地的经贸伙伴关系、提高人力资源素质以及加强香港作为高增值服务及国际金融中心地位作为三大发展方向。2001年3月财政司司长在财政预算案中配合施政报告策略方向进一步提出或落实有关措施，具体领域涉及运输和物流服务、旅游业、发展资讯科技、加强金融基础设施及强化企业管治等。行政长官董建华表示，香港的发展目标是跻身纽约、伦敦等“国际都市”。为达到这一目标，香港将充分发挥自身优势，利用中国内地及国际市场提供的机会，加强与内地的协作，保持并强化与国际贸易伙伴的联系，网聚英才大力发展外贸服务业。与此同时，积极保护环境、推广文化艺术，持续改进、提升香港的生活质素。的确，在外部经济环境趋于放缓的情况下，香港如何利用其得天独厚的优势在内地经济的快速发展中获得商机显得尤为重要。中国即将加入世贸、西部大开发也已全面启动，这些不仅会给香港带来挑战，更将给香港今后的长远发展带来新的机会。

澳门特别行政区经济发展情况

国务院港澳事务办公室港澳研究所研究员　陈　多

2000年是澳门回归祖国的头一年，也是“一国两制”方针在澳门成功实施，“澳人治澳”、“高度自治”取得明显成效的一年。这一年，澳门经济在外围环境改善的带动下出现复苏迹象。据澳门特别行政区统计暨普查局公布的结果显示，2000年澳门本地生产总值为498亿澳门元，增幅达4.6%，结束了1996年以来连续4年的负增长局面。去年澳门经济向好，从外部因素分析，主要是受到游客人数明显上升、货物出口大幅增加等利好因素影响。而从内因来看，则与特别行政区政府依法施政，使得澳门内部经济秩序与营商环境大为改观有关。

一、整体经济表现

在过去一年里，澳门特别行政区开局良好，以何厚铧先生为首的特别行政区政府务实进取，保证了澳门社会政治经济的平稳发展。良好的社会政治环境为经济的复苏和好转奠定了坚实的基础。从经济发展的外部环境看，尽管美国经济增长从第三季度起稍有放缓，但从其他国家看，中国内地保持强势，欧盟出现十多年来最快增速，日本也有所好转，亚洲各国基本上已经摆脱金融风暴的影响，出口改善，内需增加，经济重新步入上升轨道。在这种有利的外部环境因素作用下，澳门经济摆脱了持续多年衰退的困扰，取得了较为可观的增幅。

在各主要经济领域中，澳门总出口表现突出，出口货值较上年同期增加15.9%，进口也有11%的增幅，贸易盈余约为22.8亿元（澳门元，下同）。本地产品出口及再出口分别有13.5%及30.1%的升幅。

旅游业走出低谷，恢复增长。2000年，来澳游客人数上升约23%，达到创纪录的916万人次。其中，内地游客增幅最大，同比上升38%；台湾和香港游客也分别增加了33%和7%。酒店客房平均入住率上升3.8%。作为财政收入主要来源之一是博彩收益比上年大幅增加22%，已基本恢复到历史高峰时期的水平。

在地产建筑业方面，由于大量积压的楼宇仍有待消化，2000年内澳门建成或新开工的私人建筑工程都比上年同期大幅减少，水泥消耗量也比上年同期减少了22%。

在货币银行方面，2000年第四季综合货币供应量比上季略有增长，其中M1上升4.9%，M2也开始摆脱由于储备基金入账方式改变带来的影响，较上季增加2.8%。在信贷方面，由于整体经济活动尚未全面复苏，银行体系对机构及私人的贷款余额继续下降，但跌势已趋放缓。金管局及其他货币机构的对外资产净值均有增加。

年内，澳门消费物价稳中有降，反映通货膨胀的综合消费物价指数较上年下跌1.61%，通缩情况有所改善。在主要物价类别中，降幅明显的有“高等教育”（降5.9%）、“衣履类”（降5.4%）、“私人住宅租金”（降2.4%）、“交通及通讯类”（降1.7%），价格上升的有“石油气”（升11.9%）、“其他服务”（升11%）、“电费”（升5.8%）等。

据2000年第四季度的就业调查资料显示，澳门本地失业率为6.6%，较上季下降0.1%，与上年同期持平；劳动力参与率为63.6%，较上季增加1.2%，与上年同期相比则减少2%；就业不足率较上季上升0.5%，比上年同期增加2.7%。失业率趋缓的主要原因在于本地经济有所好转。第三季度工人每月平均收入4810元，与上年同期基本持平。收入最高的行业为公共行政、医疗卫生及社会福利等，收入最低的两个行业分别为制造业和家庭服务业。

2000年度澳门特别行政区政府财政收入为90.79亿元，比上年减少46.6%，扣除指定账目后减少10.6%；财政支出为87.65亿元，比上年减少47.3%，扣除指定账目后减少11%。财政盈余为3.14亿元，比上年略有增加。外汇储备为267亿元，比上年的229亿元大幅增加16.6%。

二、主要支柱产业情况

澳门经济从20世纪60年代开始起步，经历了约30年双位数字的高速增长和全面发展，形成了以旅游博彩业、出口加工业、银行保险业和地产建筑业为主要支柱的多元经济结构和有“亚洲第五小龙”之誉的经济规模。但是，由于经济基础薄弱，资源短缺，产业结构比较单一，过分倚重旅游博彩业（产值占澳门GDP的40%左右，专营税占财政收入的60%左右），致使整体经济比较脆弱，难以抵御外来因素的冲击。从1993年起，随着外来投机资金的撤离，澳门房地产业陷入困境，经济增长也逐年放缓，并从1996年起，连续四年出现负增长，给澳门的平稳过渡和顺利回归造成困难。

鉴于澳门经济这种基础不牢、规模不大、缺乏竞争力的实际情况，特别行政区政府力戒好大喜功、急功近利的浮躁思想，坚持“循序渐进”和“固本培元、稳健发展”的原则，扎扎实实地进行经济重建的基础工作，使澳门逐步走出困境，开始复苏，特别是旅游博彩业和出口加工业出现了可喜的增长势头，对全年经济止跌回升起了至关重要的作用。

（一）旅游博彩业

据澳门统计暨普查司的资料显示，2000年全年经海、陆、空三种通道入境的旅客总计为916.2万人次，比历史最高水平的1996年还多出100万人次。其中，经海路入境总数为519万人次，同比上升17%；经陆路为313.7万人次，上升34.4%；经空路则为83.4万人次，上升24%。按原居住地划分，到澳旅客中来自主要客源地香港（占54.1%）、中国内地（占24.8%）和台湾（占14.3%）的人数稳步增长，尤其是中国内地增幅最大，达26.4%。

随着留宿澳门的游客人数增加，本地酒店入住率上升到59.2%（比上年增加了3.7%），游客消费也显著增加。据统计，第四季度来自香港、中国内地和台湾地区游客的人均消费分别为929元、2420元和928元，比上年同期增加9.2%、9.2%和33.3%；博彩业收益则比上年同期上升14.8%，以全年计升幅达22.4%。

（二）出口加工业

对外贸易作为澳门的一个重要支柱产业，其复苏对澳门整体经济形势好转至关重要。据澳门政府统计，2000年澳门进出口贸易表现十分理想，贸易总值达到创纪录的384亿元，总出口及进口总值分别比上年增加15.9%和11.0%，贸易盈余更比上年大幅上升78.4%。对欧盟及美国两大市场的出口方面，受配额限制的纺织品及成衣出口分别增加3.8%及13.2%，而不受配额限制部分则大增了31.1%和35.8%。此外，主要销往欧盟市场的非纺织品出口也有23.2%的增幅，其中以鞋类及电子产品为最高。

与上年相比，再出口表现非常理想，货值全年增长30.1%，占本地总出口比重的16.2%。其中在经济大类物品中占72.7%的“原材料及半制成品”增长29.4%，澳门的两大再出口市场香港和中国内地分别有32.1%和23.9%的增长。

进口方面，整体货值较上年增加11%。受国际石油价格上升的影响，“燃料及润滑油”的货值增加35.5%，“其他消费品”上升24.5%，占进口总值一半以上的“原材料及半制成品”增加7.4%。澳门的两大进口来源地香港和中国内地表现不尽相同，占进口总值41%的中国内地市场大幅上升27.9%，而占15.2%的香港市场则下跌6.3%。

（三）银行保险业

2000年内，澳门综合货币供应量逐季上升，到第四季度末达到893.86亿元，但仍比上年同期减少0.5%。其中流通货币为16.87亿元，增长3.2%；活期及储备存款为190.68亿元，减少0.1%；预先通知及定期存款为0.07亿元，减少0.6%。在本地信贷需求不足的情况下，本地机构及私人总信贷余额（含金融投资）继续收缩，年底余额约为445亿元，全年下跌4. 3%。从信贷的行业结构看，“建筑及公共工程”逐月上升，而“酒楼、餐厅等有关行业”全面下跌，“制造业”比重进一步下降，“商业”更是在第四季度大幅下滑。

在银行业务方面，银行经营环境有所改善，银行总资产全年上升4.8%，“外地投资”全年增幅达68.7%，显示澳门银行业对海外投资的信心有所恢复。截至第四季度，全澳门银行的净利息收入较上年同期增加8.2%，全年则上升5.2%，较上年的－17.6%大有改善。此外，银行业服务收入在年内增加了16.6%，中间业务利润增加了12%，反映出银行经营在经历了多年困境后开始走出谷底，进入良性循环。

（四）地产建筑业

澳门房地产市场自1993年下半年起开始调整，步入下滑，虽1996年一度轻微反弹，但自1997年金融风暴起又一蹶不振。据估计，从高峰时算起，几年来楼价已平均下跌一半，后入市者损失惨重。楼市不振造成大量楼宇单位空置，一般估计高达5至6万个单位，其中住宅楼宇的空置单位约在4万个左右，积压资金累计上千亿元。

2000年内，澳门的地产建筑业仍处于低潮，新建成楼宇总面积为37万平方米，比上年大幅下跌44.6%。其中住宅楼宇面积为20.3万平方米，下跌25.2%，商业楼宇面积为5万平方米，下跌57.4%。从楼宇交易情况看，随着开工和建成楼宇数量的迅速萎缩，居民对住宅贷款的需求也相应减少，楼宇成交数量全年下降7.5%，这反映出澳门房地产市场要走出困境尚有待时日。

三、面临的困难及竞争压力

当前，世界经济已经进入知识经济时代，争创竞争优势成为各国各地区经济发展的主流，这使澳门经济发展面临着空前的竞争压力。

首先，知识经济本身给澳门带来的竞争压力。知识经济时代的到来，世界经济正经历着巨大的变革。澳门作为一个微型经济体系，也必然受大势所趋，走科技创新之路。否则，就会违背“适者生存”的规律而将被知识经济时代所抛弃。

其次，经济全球化带来的竞争压力。随着科技发展日新月异，货物、劳务、资本以及科技和信息的流动日益加速，从而使经济全球化成为不可阻挡的世界潮流。澳门是一个高度开放的自由港，与100多个国家和地区有着经贸往来关系。经济全球化的发展一方面将为澳门的经济转型提供新的机遇，另一方面也将大大增加澳门在国际竞争中的风险。特别是中国加入WTO后，必将对澳门经济造成一定程度的冲击，逐渐削弱其中介优势。因此，澳门只有依靠科技，提升自己的中介优势，才能具有吸引力，从而将所受的冲击降到最低程度；另一方面则要科技创新、产业升级、开发新兴产业，使外在的中介优势为自身的产业优势所替代，从而开创澳门经济发展的新局面。

再次，澳门主导产业所面对的竞争压力。

从旅游博彩业情况看，近年来亚太地区的韩国、马来西亚、菲律宾、澳大利亚等地区已先后开设了赌场，大力发展旅游博彩业；在泰国、缅甸及老挝三国交界的金三角地区正在兴建一座现代化赌城；台湾及东南亚地区要求开放赌场的呼声亦越来越高。这说明，澳门赌业在亚太地区的垄断局面已被打破，正在面对周围地区的强势竞争。

再看出口加工业，澳门制造业大多为以劳动密集型的轻纺工业为主的中小企业，80%以上的企业固定资产不到100万元，平均每家企业不过几十人。多年来，纺织和成衣在工业结构和出口结构中均占了70%以上的比例，而且技术水平低，设备落后，很多还处于六、七十年代的水平。由于澳门工业结构的落后，导致其在国际竞争中优势弱化，近年来出口表现日趋疲弱，只是凭借配额优势才在国际市场争得一席之地。面对实力雄厚的欧美日成衣工业的竞争，澳门只有走科技创新之路，凭借后发优势，才能重振昔日雄风。

最后，基础设施建设面临的竞争压力。近年来，随着各项大型工程相继落成启用，澳门的通讯、交通、水电供应等基础设施已有较大的改善。但与澳门经济发展的要求相比，还远远不够。比如，缺乏可以停泊大吨位货轮的深水港，致使产品出口运输成本高昂，自由港功能大打折扣；又如，陆路通道狭窄，运输不畅，如果能够实现铁路、高速公路与香港以及珠三角西部地区的铁路网、高速公路网的直接接驳，使其不仅有利于三地的经济合作，更有利于将粤港澳区域合作延伸至珠江三角洲西部地区，以至整个西江流域。这种基础设施建设方面的脱节，势必使澳门在与周边地区合作与竞争发展中承受更大的压力。

四、澳门经济2001年展望

2001年，世界经济形势将发生深刻的变化。据经济合作与发展组织预测，由于美国经济增长放缓、油价高企以及利率水平较高，全球经济增长将低于上年。但也有专家认为，持续降温的美国经济仍有升温的可能，特别是美联储的连续大幅降息对美国内需求的刺激作用将逐渐显现。因此，美国经济增长有可能在年内止跌回升。而香港经济在上年出现双位数字的高速增长后，2001年可能会大幅放缓至3%左右的较低水平，但如果美国经济能够好转，则香港出口尚不致受太大影响。2001年是中国“十五”计划的第一年，一般认为内地经济仍然可以维持近年7%—8%的稳定增长，如果年内顺利入世，出口状况将进一步改观。总之，对澳门而言，无论是世界经济形势，还是周边地区的发展，都将朝着有利于澳门经济继续恢复和增长的方向发展。

虽然目前澳门在经济上面临的来自各方面的严峻挑战和竞争压力不容忽视，但也应该客观地认识到，澳门仍然还有许多其他地方无法比拟的优势和有利条件。

首先，毗邻内地辽阔市场和与内地经贸关系密切是振兴澳门经济可以借助的一个最有利的因素。由于地理、历史和文化的原因，澳门与内地的经贸关系一直十分密切。特别是改革开放以来，澳门与内地在贸易、投资、经济技术合作和金融服务等领域展开了广泛的合作。在贸易方面，经过二十多年的发展，内地与澳门的贸易总额由少到多，目前内地是澳门的第三大出口市场和第一大进口来源地；在投资方面，澳门对内地投资在外商对中国内地投资中居第10位，中资在澳则是最大的外来资本，资产总值已达450亿美元；在金融服务方面，在澳门目前的银行体系中，有中资成分的银行4家，占全澳门银行总资产近40%，占存放款总额的50%以上。

粤澳合作是澳门与内地经贸合作的重点。改革开放20年来，粤澳产业合作的规模和范围不断扩大，有利地促进了两地社会经济发展。20世纪80年代以来，澳门的制造业大量地转移到广东，特别是珠江三角洲地区，形成“前店后厂”模式，使粤澳两地形成产业结构相似的外向型轻加工生产体系，促进了资金、技术、物资、劳动力、土地等生产要素组合的优化。粤澳两地在生产领域的密切合作，带动了两地贸易特别是澳门转口贸易的迅速增长。从20世纪70年代末到90年代中期，两地产业合作的规模与层次呈现出不断扩大和提高的良性态势。目前，粤澳产业合作随着整个华南经济圈经济合作的日益加强而不断深化，除继续加强以制造业转移为特征的产业合作外，还加快向第三产业多元化结构性合作发展。此外，粤澳在金融、信息、交通、旅游、教育等产业的合作也在不断深化，利用双方的互补优势，推动两地的经济发展。澳门与内地的经贸关系的发展，是两地的经济发展的互动要求所产生的必然结果，也必将对未来澳门经济的稳定和繁荣产生深远的影响。

其次，虽然澳门自身拥有的比较优势在局部领域有所弱化，但有些则是客观存在并将长期发生作用的。如广泛的对外经贸联系优势，这一优势不但没有为澳门回归所削弱，反而还进一步加强了：澳门目前已与125个国家和地区发展并保持经贸和文化交往关系，其中主要是拉丁语国家；澳门作为一个独立的经济体和关税区，参加了世界旅游组织和世界贸易组织等十多个国际性组织；澳门享有欧美等国给予的配额和关税优惠，特别是澳门与葡语国家有着传统的特殊关系，等等。

再比如低成本优势：澳门工业把一部分工序转移到内地，还有一部分在当地聘用内地劳工，使劳动力成本很低；澳门地价、楼价、租金相对于周边地区较为低廉，以及低税制也构成其低成本优势；澳门是历史悠久的自由港，对进出口货物免征关税，也不实行外汇管制，人员、资金、货物可自由进出，等等。

澳门的上述优势受到基本法的保护并将在未来澳门经济的发展中长期发挥作用。

最后，中国入世一方面会对澳门的中介作用形成冲击，另一方面也将为澳门与内地经贸关系发展提供新的机遇。中国入世后，两地同为世贸组织的成员，二者之间的经贸关系在原有的以“一国两制”为基础的前提下，又得到了国际多边体系保障和制约。WTO国际多边机制有利于提高两地对经济合作的认识，促进两地经济合作向更合理的方向发展，既有互利互补的合作因素，也有很突出的竞争因素。撇开竞争加强的因素不谈，从有利于澳门的方面分析，主要有以下几个方面：

澳门享有WTO一切优惠关税待遇的网络优势，有利于内地通过澳门获取国际经贸信息。澳门作为世贸组织的正式成员，在市场准入、补贴和反倾销政策、信息产品、动植物检疫、纺织品、通讯服务、金融保险服务、专门人士服务、版权、企业产权等方面，已与WTO的118个成员国家和地区达成各种协议，形成关税优惠网络优势。根据协议，有关国家和地区对澳门本地产品实行减免关税等优惠政策。在中国加入WTO后，由于内地和澳门地区与各WTO成员所达成协议的内容不同，在相当长的时间内，澳门仍然比内地具有更多的减免性关税的网络优势，内地可以利用澳门获取国际经贸信息，有利于促进两地经贸关系的顺利发展。

澳门具有纺织品出口优惠的国际市场优势，有利于内地借助澳门的纺织品配额优势进入国际市场，避开一些国家和地区对大陆产品的歧视与限制。澳门作为发展中地区、独立的关税区和WTO成员，首先它受惠于欧盟的两项优惠政策：纺织品协议和优惠制。根据纺织品协议的规定，欧盟给予澳门28类纺织品配额，使带有配额出口到欧盟的纺织品免交关税。因为澳门出口到欧盟的商品中有80%是纺织品，因此，纺织品协议对澳门向欧盟出口非常重要，普惠制给所有发展中国家和地区的优惠政策，使发展中国家和地区的产品在限定数量内出口到欧盟享有免税或低税优惠。澳门一直享有相对较多的纺织品配额，除了来自WTO内部达成的各成员之间的配额外，还有欧盟、美国、奥地利、加拿大、芬兰、挪威、瑞典等国提出的WTO规定以外的配额。现在澳门每年都有8%—46%的配额没有用完，其优势尚未充分发挥出来，潜力很大，同时，在人造花、玩具、旅游用品等的出口中，享有普惠制的比例都超过50%。此外，由于葡萄牙的关系，澳门拥有其他地区所没有的优势。比如自行车市场。欧盟目前正对从中国大陆及台湾省所进口的自行车实行反倾销政策，但澳门出口到欧洲的自行车仍拥有优惠税率。而且，澳门在回归后仍可维持独立关税区，所以以欧盟市场而言，澳门比其他地区仍然具有竞争优势，内地仍可以利用澳门的纺织品配额优势开拓欧美市场。

澳门具有多元文化相交融、对外文化交流和合作的国际文化网络优势，这一点对中国吸引外资投资于内地的服务业尤其有利，它可能会是中国掀起新一轮外商投资内地服务业高潮的主要原因。服务业的内在特性决定了服务业要有更多的人文投入，澳门的历史集英、法、德、葡、拉丁语和中文背景于一身的独特优势，可以吸引有以上几种语言背景的外国企业前来投资。所以，澳门可以成为外资进入中国服务业市场的桥梁。

台湾地区投融资情况

中国社会科学院台湾研究所经济研究室主任　张冠华

一、经济概述

2000年台湾地区经济大起大落，上半年一度呈现强劲增长势头，但下半年在民进党执政后形势急转直下，经济结构性矛盾进一步激化。

（一）经济增长先盛后衰

2000年台湾经济增长率为5.98%，其中民间及政府消费年增长率分别为5.55%与1.87%，民间、官营企业与政府固定投资毛额分别增长13.68%、-1.91%与-3.49%。从岛内外需求对经济增长的贡献率看，岛内需求扩张贡献率由上年的34.7%上升至71.4%，岛外净需求（商品及劳务输出额减输入额）贡献率相应由上年的65.3%下降至28.6%。全年消费者物价上涨1.26%，批发物价上涨1.82%。岛内生产总值（GDP）上升为3144亿美元，人均国民生产总值（GNP）14216美元。从产业结构看，农业占GDP比重为2.1%；工业比重为32.4%，其中制造业比重26.3%；服务业比重65.6%；服务业比重较上年增加1.3个百分点，农业和工业则分别下降0.5和0.8个百分点，显示台湾经济结构进一步向服务业转变。纵观全年走势，台湾经济表现大起大落，尤其在台湾新当局上台后整体经济形势一路衰退、危机丛生，上、下半年反差十分强烈。

上半年，由于美国经济表现强劲、欧亚经济景气逐渐回升、岛内经济景气处于扩张期，以及全球电子产业蓬勃发展等诸多有利因素，台湾经济增长率首季增幅高达7.92%，为1992年以来单季增长率所仅见。第一季岛内经济景气综合判断分数达32分，为1996年3月以来的最高点；其他各项宏观指标也有较佳表现：民间消费增幅为7.65%，民间投资增长率更高达18.41%，消费者物价上涨率仅0.9%。

但5月20日台湾新领导人上台后，其经济施政能力明显不足，并挑起“核四”等一系列重大政经争议问题，引发岛内政局剧烈动荡，使岛内投资环境迅速恶化，重挫民众与工商界信心；加上美国经济增长趋缓，全球电子产业呈现过剩态势，导致岛内经济迅速滑坡。到第四季，台湾经济增长率跌至4.08%，其他各项指标也大幅度下降：民间消费增长率降为3.83%；民间投资出现0.56%的负增长，其中5月份以后岛内2亿元新台币以上重大投资案平均每月件数减少50%、金额减少20%。到12月，台湾经济景气综合判断分数剧降至16分，岛内景气扩张期昙花一现，转入衰退期。受其影响，12月份岛内消费者物价上涨到1.66%，批发物价上涨1.83%，失业率由年初的不到3%升至3.27%，失业人数急增至30万人，创近年来新高。民众生活痛苦指数（失业率加物价上涨率）由年初的2.99%上升至12月份的4.9%。

（二）台湾当局经济政策大而不当，施政能力严重不足

台湾新领导人上台后，由于人才、经验及能力等方面严重不足，且受在野政治势力及工商界的强力制约与杯葛，导致经济政策摇摆不定，施政效率空间低下，虽然推出一系列宏观经济发展策略，但内容过于空洞，被指责为“根本不懂经济”，具体施政前后矛盾，加剧了经济困境。其推出的重要经济举措包括：

1.*“绿色矽岛”发展蓝图*　所谓“绿色矽岛”是台湾领导人上台后，在过去“科技岛”计划的基础上，提出的一个新的经济社会发展目标，构想“在生态保育与经济发展之间取得相容的平衡点，让台湾成为永续发展的绿色矽岛”。其具体目标是：第一，发展“知识新经济”，将台湾建成“新兴产业创业的乐园”、“成长产业扩张的基地”、“传统产业全球经营的中心”以及“网络联结的全球运筹中心”；第二，创造“永续新环境”，强调环境保护，使台湾拥有“整洁方便的新都市”、“自然美丽的绿色农村”及“绿色生产、绿色消费与环保互信的社会”等；第三，建立“公义新社会”，具体包括改善收入分配差距、扫除黑金、加强工作、研究投资和生产的“公义制度”、加强文化建设与公共服务等。

2.*“知识经济发展方案”*　此项方案于2000年8月30日经“行政院”通过，是台湾新当局落实所谓“绿色矽岛”发展目标的具体推动措施。该方案拟通过以民间为主导、以“建立创新与创业机制”和“推广信息科技与网际网络应用”为动力，建立良好的知识经济发展环境，来推动台湾高新技术产业的发展。其未来10年的具体发展目标是：岛内研究发展（R&D）总经费占GDP比例由目前的不到2%提高至3%，其中民间占70%；技术进步对经济增长的贡献率超过75%；官方及民间投入教育经费总额占GDP的7%以上；知识密集型产业产值占GDP的60%以上；宽频网络配置率

和使用费与美国相当。

3.“全球运筹中心发展计划” “全球运筹中心”的概念来源于近年来国际跨国公司采取的一种新的经营管理方式——全球运筹管理（Global Logistical Management），即让企业的货物流动、生产与产品的信息交流、成品或半成品的交货服务等，通过供应链达到及时交货，让经营者的成本降至最低、效率达到最高、顾客服务做到最好的生产形态，最终使整个制造、销售与维护管理均从全球的角度达到最佳的生产管理模式。台湾当局所提出“全球运筹中心”的目标，就是一方面吸引跨国企业在台湾设立运筹管理据点，一方面推动台湾本土企业活动由过去的代工制造（OEM）或代工设计（ODM），转向代工运筹（ODL/GL Original design logistical/global logistics），从而使台湾在未来的全球生产供应链条中居有重要一环。该计划主要从电子商务和物流面来加以推动。在电子商务方面，具体措施包括确立“电子签章法”，建立电子付款机制、电子发票机制、电子资料交换及网域名称保护等；在物流方面，主要通过改善货物通关环境，提供适用土地，促进物流效率，改善岛内物流配送，简化商品检验程序等措施加以推动。“全球运筹中心计划”的推出，实际上宣告了1994年台湾当局提出的跨世纪发展计划——“亚太营运中心计划”被取代。

4.“振兴传统产业方案” 针对岛内传统产业的持续衰退，台湾当局于6月实施“振兴传统产业方案”，目标是建立提供传统产业赋税金融协助的环境，增加传统产业的人力资源，提高传统产业全球竞争力。具体措施包括：协助传统产业改善经营体制，为传统产业取得资金提供便利条件，对传统产业提高竞争力予以赋税奖励，通过调整人力供给缓解传统产业的劳力短缺，建立全球运筹体系以拓展传统产业的销售渠道，加强技术市场信息推广及新产品和新技术的研发，加速高科技向传统产业的扩散，以及通过推动加工出口区转型、发展仓储和转运等关联产业、扩大“境外航运中心”经营范围等来建立新的国际分工体系，等等。为此，台湾当局专门成立了振兴传统产业专案小组，统一解决传统产业所面临的问题。

二、工农业生产与对外贸易

2000年台湾农业生产预计呈现－1.8%的衰退，其中农、林、渔、畜四大生产部门的产值增长率分别为1.5%、－5.5%、－15.3%、4.5%。

台湾工业在国际景气上升带动下，2000年总体上有不错的表现，较上年增长7.38%，为1988年以来的第三高增长率。其中矿业生产较上年衰退6.68%；制造业生产较上年增长7.96%；水电燃气业生产增长9.99%，创下1988年以来的最大增幅；房屋建筑业受经济景气影响，较上年大幅衰退14.28%，房屋完工面积较上年减少15.07%，申请核发建照面积减少5.45%。总体看，台湾工业在10月份达到生产高峰后，第四季受国际景气及岛内投资环境恶化影响开始衰退，工业生产指数11月和12月分别较上月下降2.68%和3.04%；其中制造业分别下降2.94%和2.31%。

2000年台湾对外贸易表现较佳。全年对外贸易总额达2883.9亿美元，较上年增长24.2%，其中出口金额为1483.2亿美元，较上年增长22%；进口金额1400.1亿美元，较上年增长26.5%；贸易出超83.1亿美元，较上年减少25.8亿美元。从台湾出口贸易商品结构看，工业产品占总出口比重的98.6%，其中重化工业产品占71.4%，较上年增加近4个百分点，是带动台湾出口的主力。从台湾对外贸易地区看，前三大贸易伙伴分别为美国、日本和香港（含祖国大陆），总计占台湾对外贸易总额的一半以上。

三、财政、金融与资本市场

本财政年度（1999年7月－2000年12月）台湾当局财政支出继续大幅增加，其所占GNP比重升至16.9%，较上财政年度提高2.6个百分点；年度赤字占支出总额比例达11.7%。为此，台湾当局不得不大力举债，2000年台湾各级政府公债总发行量达3625亿元新台币，较上年大幅增长28.17%，其中“中央政府”发行额3465亿元新台币，增长22.52%。台湾当局的累计债务余额已近2.5兆元新台币，占岛内GNP比例高达25.1%。由于举债不断增加，2000年度仅债务付息支出与社会安全支出两项，就占台湾当局总财政支出的三分之一以上，使台湾当局用于经济建设投资的能力大大降低。

2000年台湾金融政策基本维持较宽松局面。上半年在岛内经济景气扩张情况下，为防止通货膨胀，台“中央银行”分别于3月24日和6月27日两次调高重贴现率和担保贷款融通利率各半码。下半年台湾经济景气转趋低迷，台“央行”于7月17日起调高银行存放“央行”的存款准备乙户利率0.8个百分点。10月1日起，分别降低支票存款及定期存款应提准备率1.5和0.75个百分点，储蓄存款应提准备率则调高1个百分点。12月29日，台“中央银行”又分别降低重贴现率及担保贷款融通利率各半码。

随着岛内经济由盛转衰，台湾货币供给额增长率也由高走低。与经济活动密切相关的M_{1B}（通货净额＋存款货币）在3月份的日平均余额年增率曾高达19.88%，为1994年9月以来的新高点；但下半年增幅逐月趋缓，年底仅增长0.37%，创1988年第三季以来最低；全年增长率为10.58%，为三年来最高。货币供给额 M_2（M_{1B}+准货币）日平均余额增长率由2月最高的8.33%逐渐走低，年底为6.73%，全年为7.04%，低于上年8.33%的增长率。

台湾银行体系在经济衰退影响下，经营困难加剧，积弊丛生。台湾当局实施金融“自由化”以来，岛内金融机构家数急剧增多，包括分行在内的金融机构家数近十年来由996家上升至去年的2689家，竞争十分激烈。2000年银行存贷款持续走低，存贷款增长率由年初最高的4.15%下降至6月份最低的2.76%，年底回升至3.24%，全年平均增长率为3.63%，低于上年平均5.64%的水平。尤其2000年台湾股市狂跌、房地产不景气与失业率迅速上升，使岛内银行逾放比例持续增加，据官方统计，由第一季的5.18%上升至年底的6.20%，到年底止岛内共53家银行逾期贷款总额为7，735亿元新台币，大大超过亚洲金融危机时期。基层金融机构问题尤其严重，到6月底全体农会信用部逾放比率平均高达15.7%，累积逾放款达1，900亿元新台币以上，其中台湾省农会逾放比更高达90%。实际上，由于台湾当局的逾放计算标准与国际计算标准有相当差距，因此台湾银行的坏账率当远不止官方公布数字。根据岛内外学者及机构估计，台湾银行逾放率实际应在15%左右，总逾放金额可能高达600亿美元，占GDP的20%。如果这种势头不能得到有效遏制，爆发本土型金融危机的可能性将大大增加。

2000年底台湾股票上市公司家数为531家，较上年增加69家；上市股数为3630亿股，较上年增加18.86%；全年股票总成交值为30兆5266亿元新台币，较上年增长4.22%。年初，由于总体经济表现较好，加上执政的国民党为“大选”营造经济繁荣景象，连续推出多项利多政策，股市因此一度大涨。2月18日达到10，393点，创台湾股市十年来的新高。但“五·二〇”台湾新领导人就职后，政局动荡，两岸关系紧张，加上受美国纳斯达克股市下挫影响，投资者信心日益丧失，股市开始巨幅振荡，直线下跌。虽然新当局动用“政府四大基金”、“国安基金”及采取一系列措施强力护盘，但仍无法止住股市跌势。股市在半年之内接连跌破8000点、7000点、6000点与5000点关卡，12月27日股市一度跌至4614点，直冲4500点的“生死线”。到年终封关日，台湾股价指数仅为4739.09点，比上年收盘指数下跌3709.75点，跌幅高达43.9%。就股市类别看，不仅传统产业股与金融股全面下跌，近年来支撑台湾股市的龙头——电子股也未逃脱惨跌命运。到年底，一半以上的上市公司股票面值已不足10元新台币，四分之一以上的股票面值不足5元新台币，所谓“垃圾股”、“鸡蛋股”充斥股市。股市重挫，使全年股价最低与最高时相比，总市值缩水6兆多元新台币，平均每户投资者损失88万元台币；台湾当局用于护盘的各类基金也损失甚巨，其中仅“国安基金”损失据估计就超过500亿元新台币。

汇市在股市牵累下也出现波动，台币兑美元汇率从新当局上台时的30.7元一路下滑，11月31日贬破33元大关；12月20日又进一步贬至33.114元，创下全年最低价位。在台“中央银行”大量抛汇、强力干预，再加上季节性的“作账”因素，台币汇率封关日才以1美元兑32.992元台币收盘。与上年封关日相比，新台币全年贬值1.597元，贬幅达5%。

四、岛内投资

2000年台湾岛内固定资本形成总额共计22569亿元新台币，占GDP比例为22.47%，同期储蓄率为25.17%，超额储蓄率（储蓄率减投资率）为2.7%。从实质增长率看，全年较上年增长7.75%，其中第一季增长9.73%；第二季增长6.18%；第三季增长14.43%；到第四季则滑落至2.27%。同样呈现先盛后衰形势。

按照投资成份划分，2000年官方投资额为4989亿元新台币，占总投资额的22.1%。由于官方投资因台湾“九·二一大地震”后震灾工程影响进度滞后，导致全年投资实质增长率为−3.49%。官营企业虽然第四季投资有较大幅度增长，但仍较上年衰退1.91%，全年投资额为2321亿元，占10.3%。民间投资为岛内投资的主力，全年投资额为15260亿元，占67.6%，实质增长率为13.68%。民间投资在上半年岛内经济景气处于上升时表现活跃，尤其正值岛内半导体及薄膜电晶体液晶面板（TFT−LCD）的建厂装机高峰，加上大型飞机的进口与固定电信网络的建设，使前三季民间投资实质增长率分别高达18.41%、27.13%和17.47%。但第四季由于经济形势逆转，民间投资增长率大幅下降至−0.56%。

台湾当局将2亿元新台币以上的工业投资项目列为重大投资案，并予以政策扶持。2000年台湾重大投资案共376件，较1999年减少212件；但总投资金额达6253.32亿元新台币，较上年增长14.8%，说明本年岛内投资更趋于大型化。最为典型的大型投资案为8月份台积电公司二座12英寸芯片厂的投入，合计资金1495亿元新台币，加上达碁科技公司350亿元的新增投资，使8月份岛内重大投资额金额达新台币1897亿元，创单月份投资金额新高。从重大投资案的投资产业看，主要集中于电力及电子机械器材业及化学材料业，前者投资金额为3733.1亿元新台币，占整个重大投资案完成金额的59.7%；后者投资金额为1685.2亿元新台币，占26.9%。而传统产业除纺织业投资额为181.9亿元、印刷业8.5亿元外，其余产业均无重大投资案件。这种态势说明，台湾资金过度集中于电子等新兴产业，而传统产业在岛内生存环境日益恶化，岛内投资持续减少，大量移向岛外。

2000年台湾共有公司587145家，较上年减少5729家；资本额共计135393.6亿元新台币，较上年增长10.2%，公司平均规模有所增大。其中新设公司34404家，较上年减少963家；新设公司资本额共计5818.8亿元新台币，较上年增长67.2%。撤销及解散公司家数达39347家，较上年大幅增长73.5%；资本额累计4983.9亿元新台币，是上年的2.75倍。

五、对外投资

由于岛内投资环境恶化，企业纷纷出走，岛内资金加速外流。全年台商对外投资（不含对祖国大陆）项目1，391件，金额为50.8亿美元，投资件数增长79.72%，金额增长55.31%，均创历史最高。从对外投资地区布局看，主要集中在英属中美洲（威京群岛等地，占总对外投资比重44.28%）、美国（占16.97%）、美洲其他地区（占12.2%）、日本（占6.15%）及新加坡（占4.32%），上述五大地区总计占台湾对外投资总额的83.92%。从对外投资行业看，居前5名的行业分别为金融保险业（占总对外投资的58.28%，主要为投资控股公司）、服务业（占13.45%）、电子电器制造业（占12.61%）及运输业（占3.84%）。

根据2000年台湾当局所做的《制造业对外投资实况调查》报告，台商对外投资大体呈现以下几个特点：

第一，约有74%的海外投资集中于祖国大陆，23%集中于东盟地区。投资行业以电子电机业为主，占31%；其次分别为金属制品业、塑胶制品，约各占12%。

第二，当地价廉充沛的劳工与市场发展潜力，为台商对外投资考察的首要因素。因“岛内投资环境恶化”而导致的对外投资也大幅增加。

第三，台商海外事业多以制造生产为主，占对外投资企业的86%；同时设立研发部门的占37%，较以往调查比例有所提高。从海外事业的主要技术来源看，87%仍来源于台湾公司；由海外事业自行研发的占22%。

第四，海外事业生产所需原料、零组件及半成品仍主要由台湾提供，但由当地提供的比例逐年上升。如大陆台商所需原料及零组件，1998年由当地提供的比例不到四成，1999年上升至47%。大陆台商为适应当地市场的激烈竞争与争取内销市场，就地取材、致力于本土化已成为其重要的经营策略。

第五，台湾接单、海外生产比例增加。在有海外投资企业的外销接单中，台湾出货比例由1998年的69.2%下降至1999年的65.4%；同期由大陆出货的比例则由24.9%上升至28.3%。其中越是规模较小的厂商，海外出货比例越高。

第六，海外台资企业产品以外销或销往当地市场为主，回销台湾比例下降。海外企业产品与台湾产品的关系以水平分工形态居多，进行垂直分工形态的仅约占三成。

六、外商对台投资

由于上半年台湾电信固定网络业务产生的庞大资金需求，以及创业投资、金融保险及软件业等成为外商新的投资热点，侨外商在台湾投资也呈现大幅增加趋势。全年经核准的侨外商投资项目1，410件，金额为76.1亿美元，分别较上年增长29.48%和79.79%。从资金来源地区看，排名前5位的分别是英属中美洲（占外商总投资的30.23%）、美国（占17.46%）、新加坡（占17.05%）、日本（占9.63%）和英国（占8.99%），投资金额合计占侨外商投资总额的83.36%。从投资行业看，主要集中在金融保险业（占侨外商投资比重的28.69%，主要为控股投资公司）、电信业（占15.98%，主要是固网、行动通讯业务）、电子电器制造业（占14.37%）、服务业（占13.86%）及批发零售业（占13.02%）等5大行业，合计占侨外商总投资的85.92%。

七、两岸经贸关系

由于亚太经济复苏加快、岛内投资环境急剧恶化及两岸加入WTO的临近等诸因素影响，2000年两岸经贸关系出现新的局面，两岸间接贸易额及台商赴大陆投资均呈现大幅度增长，高新技术产业成为台商对大陆投资的主体。

在两岸间接贸易方面，据台湾统计，全年贸易总额312.5亿美元，较上年增长21.0%；其中台湾对大陆出口金额250.3亿美元，增长17.4%；自大陆进口62.2亿美元，增长37.5%；台对大陆贸易顺差增至188.1亿美元，增长12.0%。而据大陆外经贸部统计，两岸贸易总额为305.3亿美元，较上年增长30.1%；其中大陆对台出口金额为50.4亿美元，增长27.6%；从台湾进口金额为254.9亿美元，较上年增长30.6%。从两岸贸易商品结构看，台湾对大陆出口产品主要为电机设备及零件、机械用具及零件、塑胶及其制品、钢铁、人造纤维丝、工业用纺织物、光学照相等仪器及零件等；从大陆进口产品主要为电机设备及零件、机械用具及零件、钢铁、矿物燃料及矿油、锌及其制品、玩具运动用品及附件等等。

台商对大陆间接投资迅速增长。据台湾方面统计，2000年台商赴大陆间接投资项目为840件，金额26.1亿美元，分别较上年大幅增长72.1%和108.8%。据大陆外经贸部统计，全年台商赴大陆间接投资项目为3,108件，协议投资金额40.4亿美元，实际利用金额23.0亿美元。截至2000年底，台商赴大陆投资项目累计达46598件，协议金额486亿美元，实际利用台资265亿美元。从台商对大陆投资地区结构看，仍主要集中于江苏省（占全年总投资金额的48.32%）、广东省（占38.80%）及福建省（占3.82%）等东南沿海地区，特别是长江三角洲成为台商新的投资热点。从投资的行业结构看，高新科技产业成为台商投资的主流。投资前5大行业分别为电子电器产品制造业（占全年总投资金额的56.18%）、塑胶制品制造业（占7.09%）、基本金属制造业（占7.09%）、服务业（占4.91%）及化学品制造业（占4.25%），这5大行业合计占台商赴大陆投资金额的79.48%。

附表1 **台湾地区重要经济指标**

项目		单位	1999年	2000年
国民生产总值	1. 经济增长率	%	5.42	5.98
	2. 国民生产总值（GNP）	亿美元	2,905	3,144
	3. 人均GNP	美元	13,215	14,216
	4. 储蓄总额占GNP比重	%	26.1	25.2
	5. 投资总额占GNP比重	%	23.2	22.5
	6. 超额储蓄占GNP比重	%	2.9	2.7
	7. 民间消费增长率	%	5.4	5.6
	8. 固定投资增长率	%	1.8	7.8
	9. 民间固定投资增长率	%	-0.7	13.7
	10. 产业结构（合计）	%	100.0	100.0
	农业	%	2.6	2.1
	工业	%	33.2	32.4
	制造业	%	26.6	26.3
	服务业	%	64.3	65.6
工业生产	1. 工业生产增长率	%	7.7	7.4
	2. 矿业生产增长率	%	-0.9	-6.7
	3. 制造业生产增长率	%	8.1	8.0
	重工业	%	11.1	11.1
	轻工业	%	0.4	-1.0
	4. 水电燃气业增长率	%	3.7	10.0
	5. 房屋建筑业增长率	%	6.6	-15.1
	6. 停歇业工厂家数	家	3,982	4,995
	7. 新增工厂家数	家	5,846	5,689
对外贸易	1. 进口金额	百万美元	110,689.9	140,010.6
	增长率	%	5.8	26.5
	2. 出口金额	百万美元	121,590.9	148,320.5
	增长率	%	10.0	22.0
	3. 贸易差额	百万美元	10,901.0	8,309.9
	4. 出口商品结构（按美元计）	%	100.0	100.0
	农产品	%	0.3	0.2
	农产加工品	%	1.3	1.2
	工业产品	%	98.4	98.6
	5. 进口商品结构（按美元计）	%	100.0	100.0
	资本设备	%	26.4	28.0
	农工原料	%	64.1	64.1
	消费品	%	9.5	7.8
财政（年度）*	1. 财政支出总额占GNP比重	%	14.3	16.9
	2. 赤字总额占GNP比重	%	-0.5	2.0
	3. 赤字总额占年度支出比重	%	-3.4	11.7
	4. 债务余额年增率	%	-3.4	10.0
	5. 债务余额占GNP比重	%	14.6	25.1
	6. 赋税收入年增率	%	-3.2	1.7

续表

项目		单位	1999年	2000年
金融	1."央行"年底外汇储备	亿美元	1,062	1,067
	2.货币供给额M1B年增率	%	16.9	-0.4
	3.货币供给额M2年增率	%	8.3	6.5
	4.重贴现率	年息百分率	4.500	4.625
	5.全体金融机构年底逾放比	%	5.67	6.20
	6.年底加权股价指数	指数	8,449.	4,739.
	7.汇率(年底)	1美元=新台币	31.395	32.992
物价	1.消费者物价上涨率	%	0.2	1.3
	2.批发物价上涨率	%	-4.6	1.8
人口就业	1.年底总人口数	万人	2,203.4	2,221.6
	2.就业人数	万人	939	949
	3.失业人数	万人	28.3	29.3
	4.失业率	%	2.92	2.99
两岸经贸交流#	1.两岸间接贸易总额	亿美元	257.5	312.5
	年增长率	%	14.5	21.0
	2.台对大陆间接出口金额	亿美元	212.2	250.3
	年增长率	%	15.5	17.4
	3.台从大陆间接进口金额	亿美元	45.3	62.2
	年增长率	%	10.1	37.5
	4.两岸贸易差额	亿美元	166.9	188.1
	5.台核准台商赴大陆投资额	亿美元	12.5	26.1
	年增长率	%	-38.4	108.0
	6.台核准台商赴大陆投资项目	个数	488	840
	年增长率	%	-62.0	72.1

*:2000年财政年度为1999年7月至2000年12月。　　资料来源:台湾各主要财经统计刊物

#:为台当局统计数额。

附表2　　**台湾固定资本形成**　　单位:亿元新台币,百分比

	1999年		2000年	
	投资额#	实质增长率*	投资额#	实质增长率*
固定资本形成	21247	1.78	22569	7.75
官方投资	5207	3.64	4989	-3.49
官营企业	2412	13.28	2321	-1.91
民间投资	13269	-0.68	15260	13.68

注:"#",为当年价格;"*":按1996年固定价格计算。　　资料来源:台"行政院"主计处网站,http://www.dgebasey.gov.tw/.

附表3　　**外商在台投资金额(按地区来源)**　　单位:件,万美元

	1999年		2000年	
	件数	金额	件数	金额
亚洲地区	479	111189.3	633	240416.2
新加坡	74	39076.0	100	129688.0
日本	231	51412.7	317	73286.9
香港	94	16108.2	92	27064.5
美洲地区	458	252803.5	617	391709.3
英属中美洲	200	121576.5	358	229985.3
美国	218	114534.5	213	132863.3
欧洲地区	112	46153.8	130	120031.2
大洋洲地区	33	6683.5	14	6304.0
非洲地区及其它	7	6310.3	16	2314.9
合　计	1089	423140.4	1410	760775.5

资料来源:(台)"经济部投审会",《华侨及外国人投资、对外投资、对外技术合作、对大陆间接投资统计月、大陆产业技术引进统计月报》,2001年4月。

附表 4 台商对外投资金额（按投资地区） 单位：件数，万美元

	1999 年		2000 年	
	件数	金额	件数	金额
亚洲地区	153	83637.8	222	85106.5
东南亚*	64	52218.0	90	38944.6
日本	23	12186.7	39	31222.2
韩国	8	8096.6	34	9305.3
香港	51	10031.8	53	4751.2
美洲地区	555	226771.0	1094	394602.1
英属中美洲	167	135937.3	224	224806.4
美国	345	44508.1	801	86163.8
欧洲地区	48	6098.2	42	6222.5
大洋洲地区	15	4119.6	24	14759.1
非洲地区及其它	3	6274.7	9	7016.0
合　　计	774	326901.3	1391	507706.2

注："*"：包括新加坡、马来西亚、印尼、菲律宾、泰国及越南。

资料来源：同附表三

附表 5 台当局核准台商间接赴大陆投资额 单位：件，万美元

		1999 年		2000 年	
		件数	金额	件数	金额
总计		488	125278.0	840	260714.2
主要投资地区	广东	177	50011.4	288	101970.3
	福建	44	5889.9	32	9948.6
	上海	70	15120.1	163	32106.6
	江苏	99	32380.7	219	93055.7
	浙江	27	7898.4	36	6867.1
	北京	22	3536.8	44	5083.3
	其它	49	10440.7	58	11682.6
主要投资行业	电子及电器产品制造业	190	53775.1	343	146477.5
	塑胶制品制造业	25	9907.4	48	18477.6
	基本金属及金属制造业	28	10449.4	97	18385.4
	化学品制造业	33	14301.5	37	11078.3
	一般服务业	23	1803.1	86	12809.7
	其它	189	35041.5	229	53485.7

资料来源：同附表四

西 部 大 开 发

实施西部地区大开发战略的重大意义

1999年11月，中央经济工作会议敲定对西部进行大开发的战略决策。会议提出，要不失时机地实施西部大开发战略，这直接关系到扩大内需，促进经济增长，关系到民族团结、社会稳定和边防巩固，关系到东西部协调发展和最终实现共同富裕。要从大局、从战略的高度充分认识实施西部大开发的重大意义，要作为党和国家一项重要的战略任务，摆在更加突出的位置。随后，在12月份举行的全国计划工作会议上，国家发展计划委员会主任曾培炎指出："要像当年搞特区那样，加快西部地区大开发。"

1. 实施西部大开发战略是实现共同富裕、加强民族团结、保持社会稳定和边疆安全的战略举措

新中国成立50年特别是改革开放20年以来，各地区经济和社会发展都取得了长足进展，东部地区由于具有较好的经济基础，有利的地理位置，加上国家政策的支持，现代化建设走在了全国的前列，经济和社会发展突飞猛进，人们普遍过上了小康生活。西部地区由于受历史、自然和区位等诸多因素的影响，总体发展水平与东部相比，存在着较大的差距，近十几年来，这种差距还呈拉大趋势。在继续加快东部沿海地区经济发展的同时，不失时机地实施西部大开发战略，对于逐步缩小地区间发展差距，加速实现全国各地区的共同繁荣和人民的共同富裕，保持全国社会稳定，将发挥重要作用。广大西部省区地处祖国边疆，是少数民族集中聚居的地方。多年来，国内外敌对势力对我国实行"分化"和"西化"，利用西部民族和宗教问题搞颠覆和分裂活动。维护和保持民族地区的稳定，挫败国内外敌对势力分裂我国的阴谋，很关键的一条，就是不断加快这些地区的经济发展和社会进步，进一步巩固和发展平等、团结、互助的社会主义民族关系，增强整个中华民族的凝聚力和向心力，从根本上巩固社会稳定和边疆安宁的大好局面。

2. 实施西部大开发战略是扩大国内有效需求，实现经济持续快速增长的重要途径

近年来，国内有效需求不足，成为影响我国经济发展的主要制约因素。在这种情况下，国内有相当一部分资金、技术和劳动力需要寻求新的生产领域、新的市场、新的发展空间。西部地区幅员辽阔，自然资源丰富，但发展水平较低，还蕴藏着巨大的投资机会、巨大的市场潜力和发展潜力。实施西部大开发战略，加快中西部地区发展，通过发展特色经济，可以提高人民的生活水平，并有效地扩大国内投资需求和消费需求。

3. 实施西部大开发战略是实现现代化建设第三步战略目标的客观需要

我国实现现代化建设第三步战略目标，与其它地区相比，西部地区的任务更为艰巨。加上千百年来频繁的战乱、自然灾害和各种人为的原因，西部地区的自然环境不断恶化，荒漠化年复一年地加剧，并有逐步向东推移的趋势。这不仅对西部地区，而且也给东部的经济社会发展带来了严重的不利影响。因此，不遏制西部地区的生态环境恶化趋势，就没有全国经济社会的可持续发展；没有西部地区的小康，就没有全国的小康；没有西部地区的现代化，也就谈不上全国的现代化。

4. 实施西部大开发战略是适应世界范围结构调整，提高我国国际竞争力的迫切要求

当今世界经济的一个突出特点是，经济结构调整正在全球范围内广泛而深刻地进行，给各国经济发展带来深刻的影响。我们既面临着新的发展机遇，也面临着严峻挑战。为了在新世纪抓住机遇，迎接挑战，努力使我们发展得更快、更好，必须加快结构调整的步伐，不断增强综合国力和国际竞争力。实施西部大开发战略，加快中西部地区发展，充分发挥这些地区市场潜力大、自然资源丰富和劳动力成本低的比较优势，为加快全国经济结构调整和产业优化升级提供广阔的空间，为东部地区发展提供市场和能源、原材料支持，为东部地区的结构调整创造条件。

西部地区开发的基本思路和战略任务

2000年1月，国务院组成了以朱镕基总理任组长、温家宝副总理任副组长、国务院和中直19个相关部委主要负责人参加的西部地区开发领导小组。1月19日至22日，国务院西部地区开发领导小组在京召开西部地区开发会议，研究加快西部地区发展的基本思路和战略任务。

会议指出，新中国成立50年，特别是改革开放20年来，我国综合国力显着增强，人民生活接近小康水平，国家有能力加大对中西部地区的支持力度。特别是当前正在实施扩大内需的积极财政政策，可以用更多的财力直接支持西部开发。现在我国已基本解决全国人民的吃饭问题，粮食出现了阶段性的供过于求，这是在生态脆弱地区，有计划、分步骤退耕还林（草），改善生态环境的大好时机。随着我国加入世界贸易组织进程的加快，对外开放进入了一个新的阶段，中西部地区也将像东部沿海地区一样更加开放。加快中西部地区发展的条件已经基本具备，时机已经成熟。

实施西部大开发是一项规模宏大的系统工程，也是一项艰巨的历史任务。当前和今后一个时期，要集中力量抓好几件关系西部地区开发全局的重点工作：

第一，加快基础设施建设　必须从战略眼光出发，下更大的决心，以更大的投入，先行建设，适当超前。要以公路建设为重点，加强铁路、机场、天然气管道干线建设；加强电网、通信和广播电视等基础设施建设；加强水利基础设施建设，特别是要坚持把水资源的合理开发和节约利用放在突出位置。要在做好充分论证的基础上，着力抓好一批重大骨干工程。

第二，切实加强生态环境保护和建设　这是推进西部开发重要而紧迫的任务。要加大天然林保护工程实施力度，同时采取“退耕还林（草）、封山绿化、以粮代赈、个体承包”的政策措施，由国家无偿向农民提供粮食和苗木，对陡坡耕地有计划、分步骤地退耕还林还草。坚持“全面规划、分步实施，突出重点、先易后难，先行试点、稳步推进”，因地制宜，分类指导，做到生态效益和经济效益相统一。坚持先搞好实施规划和试点示范。试点的规模要适当，不宜铺得太大，防止一哄而起。要加强政策引导，尊重群众意愿，不能搞强迫命令。

第三，积极调整产业结构　实施西部大开发战略，起点要高，不能搞重复建设。要抓住我国产业结构进行战略性调整的时机，根据国内外市场的变化，从各地资源特点和自身优势出发，依靠科技进步，发展有市场前景的特色经济和优势产业，培育和形成新的经济增长点。要加强农业基础，调整和优化农业结构，增加农民收入；合理开发和保护资源，促进资源优势转化为经济优势；加快工业调整、改组和改造步伐；大力发展旅游等第三产业。

第四，发展科技和教育，加快人才培养　要充分发挥老工业基地、军工企业、科研机构和高等院校现有科技力量的作用，加快科技成果的转化和推广应用，积极引进国内外先进技术。要确保教育优先发展，在办好高等教育的同时，特别要加快少数民族地区和贫困地区教育的发展，提高劳动者素质。要千方百计使用好现有人才，采取积极措施从国内外引进人才，大力培养各类人才。

第五，加大改革开放力度　实施西部大开发，不能沿用传统的发展模式，必须研究适应新形势的新思路、新方法、新机制，特别是要采取一些重大政策措施，加快西部地区改革开放的步伐。要转变观念，面向市场，大力改善投资环境，采取多种形式更多地吸引国内外资金、技术、管理经验。要深化国有企业改革，大力发展城乡集体、个体、私营等多种所有制经济，积极发展城乡商品市场，逐步把企业培育成为西部开发的主体。

这次会议强调要加强对西部地区开发工作的领导，当前必须在深入调查研究的基础上，制定切实可行的总体规划和专项规划，并纳入国民经济和社会发展“十五”计划。所有的重要建设项目都要纳入规划，进行充分论证。推进西部大开发，既要有紧迫感，也要有长期奋斗的思想准备，不能急于求成。要坚持从实际出发，按客观规律办事，积极进取，量力而行，注重实效。既要解放思想，勇于探索，又要认真执行国家法律和政策，不能乱集资、乱收费，增加企业和农民负担。要加强民族团结，巩固和发展安定团结的社会政治局面，保证西部开发扎扎实实地健康发展。

国务院西部地区开发的领导机构

为落实以江泽民同志为核心的党中央作出的实施西部大开发、加快中西部地区发展的重大战略决策，加强西部开发的组织领导，国务院于2000年1月成立了西部地区开发领导小组。由国务院总理朱镕基同志担任组长，副总理温家宝同志担任副组长。领导小组成员包括国务院有关部门的主要负责人。

国务院西部地区开发领导小组下设办公室，在国家发展计划委员会单设机构，具体承担领导小组的日常工作。西部开发办已于2000年3月正式成立并开始工作。曾培炎同志兼任办公室主任，王春正、李子彬、段应碧、王志宝兼任办公室副主任。

1. 办公室职责

国务院西部地区开发领导小组办公室的主要职责是：

一是研究提出西部地区开发战略、发展规划、重大问题和有关政策、法规的建议，推进西部地区经济持续快速健康发展。

二是研究提出西部地区农村经济发展、重点基础设施建设、生态环境保护和建设、结构调整、资源开发以及重大项目布局的建议，组织和协调退耕还林（草）规划的实施和落实。

三是研究提出西部地区深化改革、扩大开放和引进国内外资金、技术、人才的政策建议，协调经济开发和科教文化事业的全面发展；承担领导小组交办的其它事项。

根据党中央和国务院的部署，西部开发办2000年重点抓好四个方面的工作：一是认真做好西部开发的总体规划。二是抓紧制定促进西部开发的政策措施。三是加快西部地区基础设施建设。四是加强西部地区生态环境保护和建设。

国务院各有关部、委、局，西部开发包括的12个省区市（重庆市、四川省、贵州省、云南省、西藏自治区、陕西省、甘肃省、青海省、宁夏自治区、新疆自治区、广西自治区、内蒙古自治区），大都相应成立了西部开发领导小组及其办公室。中部及东部地区的一些省市，也加强了对东西合作和地区开发的组织领导。

2. 西部办领导成员及下设机构

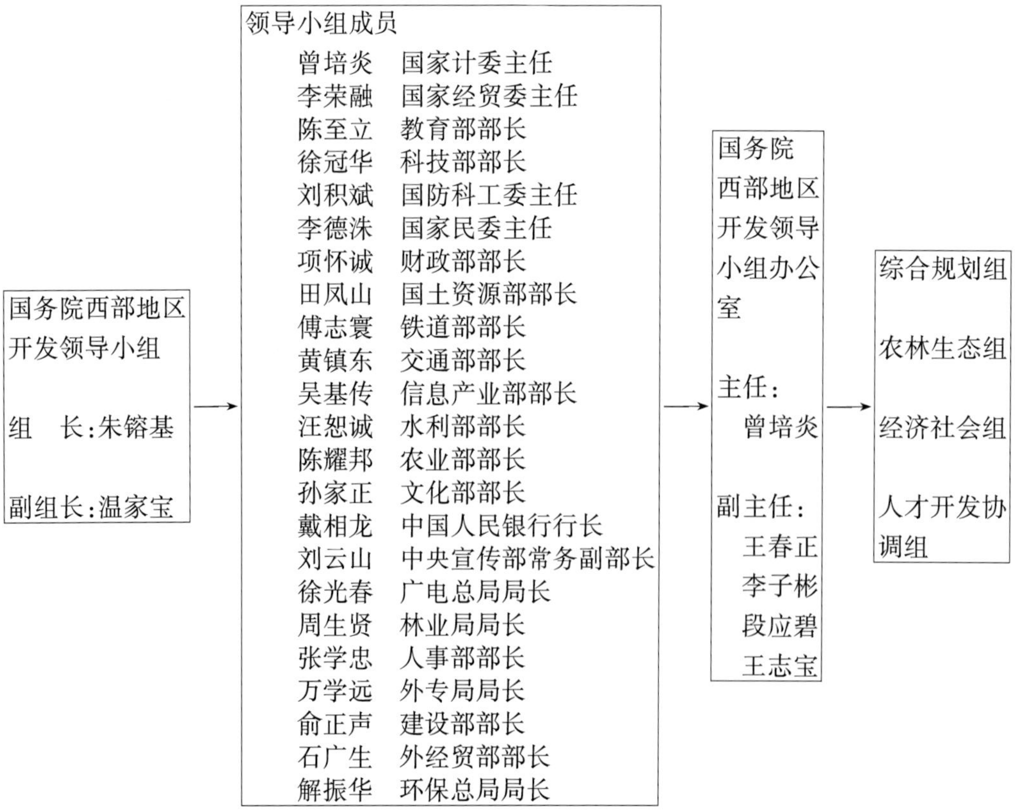

（摘自《国务院公报》2000.6）

国务院关于实施西部大开发若干政策措施的通知

国发［2000］33号

实施西部大开发战略，加快中西部地区发展，是我国现代化战略的重要组成部分，是党中央高瞻远瞩、总揽全局、面向新世纪作出的重大决策，具有十分重大的经济和政治意义。为体现国家对西部地区的重点支持，国务院制定了实施西部大开发的若干政策措施。现将有关问题通知如下：

一、制定政策的原则和支持的重点

（1）制定政策的原则。实施西部大开发是一项宏大的系统工程和艰巨的历史任务，既要有紧迫感，又要充分做好长期艰苦奋斗的思想准备。要坚持从实际出发，按客观规律办事，积极进取、量力而行，立足当前、着眼长远，统筹规划、科学论证，突出重点、分步实施，防止一哄而起，反对铺张浪费，不搞”大呼隆”。要加快转变观念，加大改革开放力度，贯彻科教兴国和可持续发展战略，把发挥市场机制作用同搞好宏观调控结合起来，把西部地区广大干部群众发扬自力更生精神同各方面支持结合起来。

（2）重点任务和战略目标。当前和今后一段时期，实施西部大开发的重点任务是：加快基础设施建设；加强生态环境保护和建设；巩固农业基础地位，调整工业结构，发展特色旅游业；发展科技教育和文化卫生事业。力争用5到10年时间，使西部地区基础设施和生态环境建设取得突破性进展，西部开发有一个良好的开局。到21世纪中叶，要将西部地区建成一个经济繁荣、社会进步、生活安定、民族团结、山川秀美的新西部。

（3）重点区域。西部开发的政策适用范围，包括重庆市、四川省、贵州省、云南省、西藏自治区、陕西省、甘肃省、宁夏回族自治区、青海省、新疆维吾尔自治区和内蒙古自治区、广西壮族自治区。实施西部大开发，要依托亚欧大陆桥、长江水道、西南出海通道等交通干线，发挥中心城市作用，以线串点，以点带面，逐步形成我国西部有特色的西陇海兰新线、长江上游、南（宁）贵（阳）昆（明）等跨行政区域的经济带，带动其它地区发展，有步骤、有重点地推进西部大开发。

二、增加资金投入的政策

（1）加大建设资金投入力度。提高中央财政性建设资金用于西部地区的比例。国家政策性银行贷款、国际金融组织和外国政府优惠贷款，在按贷款原则投放的条件下，尽可能多安排西部地区的项目。对国家新安排的西部地区重大基础设施建设项目，其投资主要由中央财政性建设资金、其它专项建设资金、银行贷款和利用外资解决，不留资金缺口。中央将采取多种方式，筹集西部开发的专项资金。中央有关部门在制定行业发展规划和政策、安排专项资金时，要充分体现对西部地区的支持。鼓励企业资金投入西部地区重大建设项目。

（2）优先安排建设项目。水利、交通、能源等基础设施，优势资源开发与利用，有特色的高新技术及军转民技术产业化项目，优先在西部地区布局。加强西部地区建设项目法人责任制、项目资本金制、工程招投标制、工程质量监督管理制、项目环境监督管理制等制度的建设和建设项目的前期工作。

（3）加大财政转移支付力度。随着中央财力的增加，逐步加大中央对西部地区一般性转移支付的规模。在农业、社会保障、教育、科技、卫生、计划生育、文化、环保等专项补助资金的分配方面，向西部地区倾斜。中央财政扶贫资金的安排，重点用于西部贫困地区。对国家批准实施的退耕还林还草、天然林保护、防沙治沙工程所需的粮食、种苗补助资金及现金补助，主要由中央财政支付。对因实施退耕还林还草、天然林保护等工程而受影响的地方财政收入，由中央财政适当给予补助。

（4）加大金融信贷支持。银行根据商业信贷的自主原则，加大对西部地区基础产业建设的信贷投入，重点支持铁路、主干线公路、电力、石油、天然气等大中型能源项目建设。加快国债配套贷款项目的评估审贷，根据建设进度保证贷款及早到位。对投资大、建设期长的基础设施项目，根据项目建设周期和还贷能力，适当延长贷款期限。国家开发银行新增贷款逐年提高用于西部地区的比重。扩大以基础设施项目收费权或收益权为质押发放贷款的范围。增加对西部地区农业、生态环境保护建设、优势产业、小城镇建设、企业技术改造、高新技术企业和中小企业发展的信贷支持。在西部地区积极发放助学贷款及学生公寓贷款。农村电网改造贷款和优势产业贷款中金额较大的重点项目，由农业银行总行专项安排和各商业银行总行直贷解决。有步骤地引入股份制银行到西部设立分支机构。

三、改善投资环境的政策

(1) 大力改善投资的软环境。深化西部地区国有企业改革，加快建立现代企业制度，搞好国有经济的战略性调整和国有企业的资产重组。加大对西部地区国有企业减负脱困、改组改造的支持力度。加强西部地区商品和要素市场的培育和建设。积极引导西部地区个体、私营等非公有制经济加快发展，依照有关法律法规，凡对外商开放的投资领域，原则上允许国内各种所有制企业进入。加快建立中小企业信用担保体系和中小企业服务机构。除国家重大项目和有特殊规定的项目以外，凡是企业用自有资金或利用银行贷款投资于国家鼓励和允许类产业的项目，项目建议书和可行性研究报告合并一道按规定程序报批，初步设计、开工报告不再报政府审批，相应简化外商投资项目审批程序。要进一步转变政府职能，实行政企分开，减少审批事项，简化办事程序，强化服务意识，消除行政垄断、地区封锁和保护，加强依法行政，保护投资者合法权益。加强环境保护，防止盲目重复建设，依法关闭产品质量低劣、浪费资源、污染严重、不具备安全生产条件的厂矿企业。

(2) 实行税收优惠政策。对设在西部地区国家鼓励类产业的内资企业和外商投资企业，在一定期限内，减按15%的税率征收企业所得税。民族自治地方的企业经省级人民政府批准，可以定期减征或免征企业所得税。对在西部地区新办交通、电力、水利、邮政、广播电视等企业，企业所得税实行两年免征，三年减半征收。对为保护生态环境，退耕还生态林、草产出的农业特产品收入，在10年内免征农业特产税。对西部地区公路国道、省道建设用地比照铁路、民航用地免征耕地占用税，其它公路建设用地是否免征耕地占用税，由省、自治区和直辖市人民政府决定。对西部地区内资鼓励类产业、外商投资鼓励类产业及优势产业的项目在投资总额内进口自用先进技术设备，除国家规定不予免税的商品外，免征关税和进口环节增值税。

(3) 实行土地和矿产资源优惠政策。对西部地区荒山、荒地造林种草及坡耕地退耕还林还草，实行谁退耕、谁造林种草、谁经营、谁拥有土地使用权和林草所有权的政策。各种经济组织和个人可以依法申请使用国有荒山荒地，进行恢复林草植被等生态环境保护建设，在建设投资和绿化工作到位的条件下，可以出让方式取得国有土地使用权，减免出让金，实行土地使用权50年不变，期满后可申请续期，可以继承和有偿转让。国家建设需要收回国有土地使用权的，依法给予补偿。对于享受国家粮食补贴的退耕地种植的生态林不能砍伐。对基本农田实行严格保护，实现耕地占补平衡。进一步完善建设用地审批制度，简化程序，及时提供并保障建设用地。现有城镇建设用地的有偿使用收益，主要用于城镇基础设施建设。加大对西部地区矿产资源调查评价、勘查、开发、保护与合理利用的政策支持力度。制定促进探矿权、采矿权依法出让和转让的政策办法，培育矿业权市场。

(4) 运用价格和收费机制进行调节。深化价格改革，进一步提高市场调节价格的比重。合理制定“西气东输”、“西电东送”价格，建立天然气、电力、石油、煤炭产销环节的价格形成机制。加快水价改革步伐，根据节水的要求，逐步将水价提高到合理水平，完善水资源费的征收和管理。加强流域水资源的统一管理，严格执行计划用水和水量分配制度，促进水资源的合理利用和开发。普遍实行城市污水和垃圾处理收费制度，收费专项用于污水和垃圾处理。加强江河上游和源头地区水资源的污染防治和保护工作。西部省际间及省、区内航空支线票价实行经营者自主定价。对西部地区新建铁路可实行特殊运价。加强西部地区邮政电信的普遍服务。

四、扩大对外对内开放的政策

(1) 进一步扩大外商投资领域。鼓励外商投资于西部地区的农业、水利、生态、交通、能源、市政、环保、矿产、旅游等基础设施建设和资源开发，以及建立技术研究开发中心。扩大西部地区服务贸易领域对外开放，将外商对银行、商业零售企业、外贸企业投资的试点扩大到直辖市、省会和自治区首府城市，允许西部地区外资银行逐步经营人民币业务，允许外商在西部地区依照有关规定投资电信、保险、旅游业，兴办中外合资会计师事务所、律师事务所、工程设计公司、铁路和公路货运企业、市政公用企业和其它已承诺开放领域的企业。一些领域的对外开放，允许在西部地区先行试点。

(2) 进一步拓宽利用外资渠道。在西部地区进行以BOT方式利用外资的试点，开展以TOT方式利用外资的试点。允许外商投资项目开展包括人民币在内的项目融资。支持符合条件的西部地区外商投资企业在境内外股票市场上市。支持西部地区属于国家鼓励和允许类产业的企业通过转让经营权、出让股权、兼并重组等方式吸引外商投资。积极探索以中外合资产业基金、风险投资基金方式引入外资。鼓励在华外商合资企业到西部地区再投资，其再投资项目外资比例超过25%的，享受外商投资企业待遇。对外商投资西部地区基础设施和优势产业项目，适当放宽外商投资的股比限制，适当放宽国内银行提供固定资产投资人民币贷款的比例。允许西部地区的某些项目适当提高总投资中国外优惠贷款的比例。对西部地区优势产业及出口创汇项目引进国外先进技术和设备，国家在国外商业贷款指标安排上给予支持。积极争取多边、双边赠款优先安排西部地区项目。

（3）大力发展对外经济贸易。进一步扩大西部地区生产企业对外贸易经营自主权，鼓励发展优势产品出口、对外工程承包和劳务合作、到境外特别是周边国家投资办厂，放宽人员出入境限制。对西部地区经济发展急需的技术设备，在进口管理上给予适当照顾。对从西部地区重要旅游城市入境的海外旅游者，根据条件实行落地签证和其它便利入境签证政策。实行更加优惠的边境贸易政策，在出口退税、进出口商品经营范围、进出口商品配额、许可证管理、人员往来等方面，放宽限制，推动我国西部地区同毗邻国家地区相互开放市场，促进与周边国家区域经济技术合作健康发展。

（4）推进地区协作与对口支持。在防止重复建设和禁止转移落后技术与导致环境污染的前提下，在投资、财政、税收、信贷、经贸、工商、劳动、统计等方面积极采取有力措施，支持东部、中部地区企业到西部地区以投资设厂、参股入股、收购兼并、技术转让等多种方式进行合作。在中央和地方政府指导下，动员社会各方面力量加强东西对口支持，进一步加大对西部贫困地区、少数民族地区的支持力度，继续推进“兴边富民”行动。围绕西部开发的重点区域，发展多种形式的区域经济合作。

五、吸引人才和发展科技教育的政策

（1）吸引和用好人才。制定有利于西部地区吸引人才、留住人才、鼓励人才创业的政策。随着工资改革，建立艰苦边远地区津贴，提高西部地区机关和事业单位人员的工资水平，逐步使其达到或高于全国平均水平。依托西部开发的重点任务、重大建设项目及重要研究课题，提供良好的工作和生活条件，吸引国内外专门人才投身于西部开发。改革户籍管理制度，允许到西部地区投资经营和参加开发的其它地区居民保留原籍户口，凡在西部地区地级以下城市（含地级市）和小城镇有合法固定住所、稳定职业或生活来源的人员，可根据本人意愿办理城镇常住户口，鼓励农业富余劳动力合理转移和跨地区人口合理流动。扩大东部和西部地区之间的干部交流。中央有关部门、东部地区大专院校和科研机构，要加强对西部地区提供智力服务和人才支持。加强西部地区引进国外智力工作。依托中央有关部门和沿海经济较发达地区，加强对西部地区领导干部、少数民族干部的培养和公务员、专业技术人员、企业管理人员的培训。

（2）发挥科技主导作用。加大各类科技计划经费向西部地区的倾斜支持力度，逐步提高科技资金用于西部地区的数额。围绕西部开发的重点任务，加强科技能力建设，组织对关键共性技术的攻关，加快重大技术成果的推广应用和产业化步伐。支持军转民技术产业化的发展。支持西部地区科研机构、高校加强有特色的应用研究和基础研究。深化科技体制改革，加快从事应用研究的科研机构向企业转化，加强产学研联合，推动科技与经济的紧密结合。允许并提高西部地区企业在销售额中提取开发经费的比例。加大科技型中小企业创新基金对西部地区具备条件项目的支持力度。对科技人员在西部地区兴办科技型企业，简化工商登记，提高股权、期权和知识产权入股比例的上限。

（3）增加教育投入。继续实施贫困地区义务教育工程，加大国家对西部地区义务教育的支持力度，增加资金投入，努力加快实现九年义务教育。对西部地区高等学校建设予以支持，扩大东、中部地区高校在西部地区的招生规模。加大实施东部地区学校对口支持西部贫困地区学校工程以及西部地区大中城市学校对口支持农村贫困地区学校工程的力度。建设西部地区远程教育体系。加强对农村基层干部和农民的科学文化知识教育培训。

（4）加强文化卫生建设。国家安排的补助地方文化设施建设、广播电视建设投资和文物经费，向西部地区倾斜。进一步落实国家文化宣传单位经济政策，繁荣文艺创作。推进自然村“村村通”广播电视建设，进一步扩大广播电视有效覆盖面。促进边疆地区和少数民族地区文化事业发展。支持西部地区文化建设和精神文明建设。加强对西部地区卫生、计划生育建设的支持力度，重点建立健全农村初级卫生保健体系。

国务院西部开发办要会同有关部门，根据以上政策措施，在今年内抓紧研究制定有关政策细则或实施意见，经国务院批准后发布实施。西部地区各级政府，要按照国家规定，执行统一的西部大开发政策。

以上政策措施，主要适用于当前和今后10年（2001——2010年）。随着西部大开发战略的实施，将作进一步完善。所规定的各项政策措施及其细则，自2001年1月1日起开始实施。

国务院

2000年10月26日

中西部地区外商投资优势产业目录

为实施国家西部大开发战略,鼓励利用外资,引进先进技术、设备,发展中西部地区比较优势产业和技术先进的企业,促进产业结构的优化升级,带动中西部地区经济整体素质的提高,依据国家产业政策,制定本目录。

本目录基于中西部地区自身的条件,提出了各地在环境、资源、人力、生产、技术、市场等方面确有显著优势和潜力的产业、产品。中西部地区通过积极有效地利用外资、国外先进技术装备、现代化的经营管理方式和国际大市场,促进这些产业和产品快速成长,发展成为具有地方特色的经济增长点,推动中西部地区产业结构、技术结构以及经济结构的转化和提高。同时,这些产业和产品也属于国家产业政策支持和鼓励发展的范畴。

属于本目录的外商投资建设项目,享受《指导外商投资方向暂行规定》中鼓励类项目的各项政策和《国务院办公厅转发外经贸部等部门关于当前进一步鼓励外商投资意见的通知》(国办发〔1999〕73号)中的有关优惠政策。

本目录生效前的在建项目,亦按照本目录的有关政策执行。

各有关方面依据本目录审批外商向中西部地区投资项目时,要全面贯彻国家产业政策,严格执行国家有关法律、法规,按照现行的审批权限和程序进行审核,要注重生产技术水平的提高和产品结构的改善,注重资源的合理利用和对生态环境的保护,防止重复建设和盲目扩大生产能力。

国家将根据经济发展和国内外市场环境变化的需求,适时对此目录进行调整、修订。

中西部各省、自治区、直辖市外商投资优势产业目录

山西省

1. 粮食、蔬菜、水果、禽畜产品的贮藏、保鲜和加工
2. 林木营造及林木良种引进
3. 无磷洗衣粉生产
4. 棉纺织、印染生产企业技术改造
5. 新型纺织机械制造
6. 公路、独立桥梁和隧道的建设、经营
7. 煤炭加工应用技术开发及产品生产
8. 煤焦油深加工
9. 煤层气资源勘探、开发利用
10. 单机容量30万千瓦及以上火电站的建设、经营
11. 铜资源的勘查、开采(不允许外商独资)
12. 高性能钕铁硼材料及稀土电机的开发、制造

内蒙古自治区

1. 粮食、蔬菜、水果、禽畜产品的贮藏、保鲜和加工
2. 林木营造及林木良种引进
3. 保健酒的生产
4. 皮革的后整理及高档皮革产品制造
5. 乳制品加工
6. 毛纺织、毛针织品生产企业技术改造
7. 公路、独立桥梁和隧道的建设、经营
8. 煤炭加工应用技术开发及产品生产
9. 煤层气资源勘探、开发利用
10. 单机容量30万千瓦及以上火电站的建设、经营
11. 风力发电站建设、经营
12. 稀土矿物加工及产品制造
13. 铜资源的勘查、开采(不允许外商独资)
14. 中、蒙药材加工

黑龙江省

1. 粮食、蔬菜、水果、禽畜产品、水产品的贮藏、保鲜和加工
2. 林木营造及林木良种引进
3. 大豆、玉米深加工及其制品开发、生产
4. 木浆及造纸生产企业技术改造
5. 亚麻纺织及制品生产
6. 公路、独立桥梁和隧道的建设、经营
7. 煤炭加工应用技术开发及产品生产
8. 煤层气资源勘探、开发利用
9. 铜资源的勘查、开采(不允许外商独资)
10. 高精铝材加工企业技术改造
11. 电工仪表及电网智能管理控制系统设备制造
12. 计算机软件开发
13. 新型电子元器件开发、生产
14. 石墨开采、加工及制品生产
15. 抗生素药物原料生产
16. 中药冻、干、粉、针制剂生产

吉林省

1. 粮食、蔬菜、水果、禽畜产品、水产品的贮藏、保鲜和加工

2. 优良农业作物和畜禽品种繁育基地建设、经营
3. 林木营造及林木良种引进
4. 农作物副产品（玉米秸秆等）的综合利用
5. 化纤木浆生产企业技术改造及综合利用
6. 公路、独立桥梁和隧道的建设、经营
7. 风力发电站建设、经营
8. 乙烯下游深加工产品及精细化工产品生产
9. 汽车零部件制造
10. 汽车电子元器件生产
11. 高性能钕铁硼材料及稀土电机的开发、制造
12. 液晶显示器开发、制造
13. 计算机软件开发
14. 药用植物种植、加工和制药新工艺开发
15. 生物工程技术制药

安徽省

1. 粮食、蔬菜、水果、禽畜产品、水产品的贮藏、保鲜和加工
2. 林木营造及林木良种引进
3. 竹资源的综合利用
4. 棉纺织生产企业技术改造
5. 碳纤维的开发、生产
6. 公路、独立桥梁和隧道的建设、经营
7. 煤炭加工应用技术开发及产品生产
8. 煤层气资源勘探、开发利用
9. 非金属矿的勘查、开采及产品深加工
10. 农用机械制造
11. 铜材料相关电子产品制造
12. 旅游景区（点）及其配套设施的开发、建设和经营

江西省

1. 粮食、蔬菜、水果、禽畜产品、水产品的贮藏、保鲜和加工
2. 林木营造及林木良种引进
3. 竹资源的综合利用
4. 高档日用陶瓷生产（青花玲珑瓷除外）
5. 苎麻纺织及制品生产
6. 公路、独立桥梁和隧道的建设、经营
7. 煤炭加工应用技术开发及产品生产
8. 煤层气资源勘探、开发利用
9. 稀有金属（铷、铯、钴、钽、铌）冶炼、加工
10. 湿法磷酸及高浓度 NPK 复合肥生产
11. 新型电子元器件及电子发光材料开发、制造
12. 中药材、中成药加工
13. 发酵工艺药物的开发、生产
14. 旅游景区(点)及其配套设施的开发、建设和经营

河南省

1. 粮食、蔬菜、水果、禽畜产品、水产品的贮藏、保鲜和加工
2. 林木营造及林木良种引进
3. 棉纺织、印染生产企业技术改造
4. 公路、独立桥梁和隧道的建设、经营
5. 煤炭加工应用技术开发及产品生产
6. 单机 30 万千瓦及以上火电站的建设、经营
7. 铜加工企业技术改造
8. 天然碱矿开采、加工
9. 新型电子元器件开发、制造
10. 新型数字产品及配套件生产
11. 电能综合管理自动化及电工仪表制造
12. 优质浮法玻璃加工
13. 中药材种植、加工

湖北省

1. 粮食、蔬菜、水果、禽畜产品、水产品的贮藏、保鲜和加工
2. 林木营造及林木良种引进
3. 竹资源的综合利用
4. 水资源合理开发、利用与保护工程
5. 水产品养殖及深加工
6. 棉纺织、印染生产企业技术改造
7. 高档服装面料及服装加工
8. 公路、独立桥梁和隧道的建设、经营
9. 风力发电站建设、经营
10. 磷矿开采、高浓度磷复肥、磷化工及盐化工产品生产
11. 汽车零部件制造
12. 大型环保设备制造
13. 新型电子元器件开发、制造
14. 石墨开采及深加工

湖南省

1. 粮食、蔬菜、水果、禽畜产品、水产品的贮藏、保鲜和加工
2. 林木营造及林木良种引进
3. 竹资源的综合利用
4. 红壤改造工程

5. 水资源合理开发、利用与保护工程
6. 高档日用陶瓷生产
7. 苎麻纺织及制品生产
8. 公路、独立桥梁和隧道的建设、经营
9. 煤炭加工应用技术开发及产品生产
10. 铁、锰矿采选及锰系列产品深加工
11. 大规模集成电路设计与封装
12. 中药材、中成药半成品及成品生产

广西壮族自治区

1. 粮食、蔬菜、水果、禽畜产品、水产品的贮藏、保鲜和加工
2. 林木营造及林木良种引进
3. 竹资源的综合利用
4. 松香深加工
5. 水产品养殖和加工
6. 蔗糖生产的综合利用
7. 公路、独立桥梁和隧道的建设、经营
8. 水电资源的开发、建设和经营
9. 铟、锌有色金属矿的开采（不允许外商独资）
10. 氟化盐、氯化盐、聚合磷酸盐生产企业技术改造
11. 新型电子元器件开发、制造
12. 中药材、中成药半成品及成品生产
13. 旅游景区（点）及其配套设施的开发、建设和经营

四川省

1. 粮食、蔬菜、水果、禽畜产品、水产品的贮藏、保鲜和加工
2. 林木营造及林木良种引进
3. 优质农产品基地建设和经营
4. 竹资源的综合利用
5. 棉纺织、麻纺织、丝绸企业生产线改造
6. 公路、独立桥梁和隧道的建设、经营
7. 煤炭加工应用技术开发及产品生产
8. 水电资源的开发、建设和经营
9. 钒钛矿物开采及加工（不允许外商独资）
10. 天然气资源开发及天然气化工产品生产
11. 计算机软件开发及网络产品制造
12. 新型数字产品及配套件制造
13. 新型电子元器件制造
14. 中药材、中成药、植物化学原料药开发、生产
15. 旅游景区（点）及其配套设施的开发、建设和经营

重庆市

1. 粮食、蔬菜、水果、禽畜产品、水产品的贮藏、保鲜和加工
2. 林木营造及林木良种引进
3. 竹资源的综合利用
4. 水资源合理开发、利用与保护工程
5. 库区生态环境保护及整治工程
6. 苎麻纺织及制品生产企业技术改造
7. 公路、独立桥梁和隧道的建设、经营
8. 城市地铁、轻轨交通建设、经营（中方控股或占主导地位）
9. 天然气勘查、开采及天然气化工产品生产
10. 汽车、摩托车零部件及电子元器件制造
11. 大型环保设备制造
12. 大型成套自动控制系统制造
13. 中药材、中成药半成品及成品生产

云南省

1. 粮食、蔬菜、水果、禽畜产品、水产品的贮藏、保鲜和加工
2. 林木营造及林木良种引进
3. 花卉及栽培技术引进、开发、经营；现代花卉园区建设和经营
4. 竹资源的综合利用
5. 天然香料、食用菌的种植、加工
6. 水资源合理开发、利用与保护工程
7. 滇池污染治理及环境保护工程
8. 绿色食品、保健食品开发、生产
9. 蔗糖生产的综合利用
10. 公路、独立桥梁和隧道的建设、经营
11. 煤炭加工应用技术开发及产品生产
12. 磷矿开采、高浓度磷复肥、磷化工产品生产
13. 中药、生物药开发、生产
14. 旅游景区（点）及其配套设施的开发、建设和经营

贵州省

1. 粮食、蔬菜、水果、禽畜产品、水产品的贮藏、保鲜和加工
2. 林木营造及林木良种引进
3. 竹资源的综合利用
4. 水资源合理开发、利用与保护工程
5. 公路、独立桥梁和隧道的建设、经营
6. 煤炭加工应用技术开发及产品生产
7. 钛冶炼、加工企业技术改造

8. 低品位、难选冶金矿开采

9. 钡盐生产企业技术改造

10. 磷矿开采、高浓度磷复肥、磷化工产品生产

11. 新型电子元器件开发、制造

12. 中药材、中成药半成品及成品生产

13. 旅游景区（点）及其配套设施的开发、建设和经营

西藏自治区

1. 粮食、蔬菜、水果、禽畜产品的贮藏、保鲜和加工

2. 林木营造及林木良种引进

3. 民族特需产品、工艺美术、包装及容器材料及制品生产

4. 公路、独立桥梁和隧道的建设、经营

5. 电力基础设施及新能源电站建设、经营

6. 铬矿的开采与加工（不允许外商独资）

7. 盐湖资源的开发利用

8. 新型干法水泥生产线

9. 藏成药品的开发、生产

10. 旅游景区（点）及其配套设施的开发、建设和经营

陕西省

1. 粮食、蔬菜、水果、禽畜产品、水产品的贮藏、保鲜和加工

2. 林木营造及林木良种引进

3. 棉纺织及印染生产企业技术改造

4. 公路、独立桥梁和隧道的建设、经营

5. 煤炭加工应用技术开发及产品生产

6. 煤层气资源勘探、开发利用

7. 铜资源的勘查、开采（不允许外商独资）

8. 天然气资源开发及天然气化工产品生产

9. 现场总线智能仪表制造

10. 新型电子元器件开发、制造

11. 天然药物、保健药物及保健用品生产

12. 民用飞机设计与制造（中方控股或占主导地位）

13. 旅游景区（点）及其配套设施的开发、建设和经营

甘肃省

1. 粮食、蔬菜、水果、禽畜产品、水产品的贮藏、保鲜和加工

2. 林木营造及林木良种引进

3. 优质酿酒葡萄基地建设，优质葡萄酒酿制

4. 马铃薯淀粉、玉米淀粉深加工

5. 水资源合理开发、利用与保护工程

6. 毛纺织生产企业技术改造、产业用纺织品开发、生产

7. 公路、独立桥梁和隧道的建设、经营

8. 超高功率石墨电极及碳素制品生产

9. 天然气化工产品生产

10. 钻机及油田设备制造

11. IC元件集成电路封装及电子专用设备、仪器制造

12. 旅游景区（点）及其配套设施的开发、建设和经营

青海省

1. 粮食、蔬菜、水果、禽畜产品、水产品的贮藏、保鲜和加工

2. 林木营造及林木良种引进

3. 水资源合理开发、利用与保护工程

4. 公路、独立桥梁和隧道的建设、经营

5. 铜、铝、锌矿开采、冶炼、加工（不允许外商独资）

6. 钾资源的开发、加工

7. 盐湖资源综合利用及产品生产

8. 新型建筑材料生产

9. 中药、藏药材种植、加工

10. 旅游景区（点）及其配套设施的开发、建设和经营

宁夏回族自治区

1. 粮食、蔬菜、水果、禽畜产品、水产品的贮藏、保鲜和加工

2. 林木营造及林木良种引进

3. 水资源合理开发、利用与保护工程

4. 葡萄的种植和酿酒

5. 玉米、马铃薯种植及深加工

6. 蚕养殖、蚕茧丝加工

7. 公路、独立桥梁和隧道的建设、经营

8. 钽、铌的冶炼和加工

9. 钽电容及钽粉生产制造

10. 旅游景区（点）及其配套设施的开发、建设和经营

新疆维吾尔自治区

1. 粮食、蔬菜、水果、禽畜产品、水产品的贮藏、保鲜和加工

2. 林木营造及林木良种引进

3. 优良蕃茄种植及深加工

4. 优质葡萄的种植及酿酒生产

5. 水资源合理开发、利用与保护工程

6. 公路、独立桥梁和隧道的建设、经营

7. 棉纺织生产企业技术改造及新产品的开发

8. 风力发电、太阳能发电的建设、经营

9. 锂盐的开发（不允许外商独资）

10. 旅游景区（点）及其配套设施的开发、建设和经营

长春市建设投资公司

长春市建设投资公司，地处吉林省长春市云鹤街11-1号，于1991年9月创建。总经理周勇。公司是经长春市政府批准并授权的国有独资企业。主要职能是经营管理地方建设基金，筹集建设资金，从事基础设施、基础产业的投资；是市政府投资主体和国有资产经营主体，具有独立的企业法人地位。

十年来，公司在市委、市政府的正确领导下，先后对长春热电二厂、铁北热电厂、长春有线电视系统工程、伊河旧区改造、城市集中供热、城市道路网改造、北郊污水处理等十几项工程进行投资建设，累计完成投资16.5亿元。公司净资产已达到6.5亿元，实现了国有资产的滚动积累和保值增值。

1993年3月，公司以定向募集的方式，独家发起组建了长春投资集团股份有限公司。公司组建以来，经济效益稳步提高，1996年初被评为全省“标准化股份有限公司”。1998年12月更名为长春燃气股份公司，2000年12月在上海证券交易所挂牌上市。

2001年，公司在体制改革上实现了政企分开，隶属长春市城市开发集团管理。公司将继续拓宽筹、融资渠道，以城市基础设施开发为重点，注重高新技术产业项目的投资建设，通过控股、参股等模式不断扩大经营范围，实现规模经营，让公司逐步发展成跨地区、跨行业、跨所有制的现代化大型集团。

嵊州剡园

城市立交桥

营造一流环境　欢迎前来投资

——绍兴市人民政府

浙江绍兴是首批中国投资硬环境四十优城市。近年来，绍兴在严格保护古城风貌和水乡特色的前提下，城市建设日新月异，基础设施日臻完善。境内交通便捷，有八方通衢的十条国省道，沪甬、上三、杭金衢高速公路穿境而过，浙赣、萧甬复线铁路纵横贯通，内河航运比较发达，还拥有3000吨级的上虞海港。新建的杭州国际机场距绍兴市区仅30公里。电网结构日趋完善，众多的水力发电站和热电厂与华东电网并网运行，全市已形成“高电压、大容量、大电网”的格局，供电能力为现有需求量的二倍以上。通讯现已跻身邮电通讯先进城市行列，交换机容量达141万门，主线普及率为22.2线/每百人，国际计算机互联网用户7.6万户，移动电话用户62万户。

绍兴在十分重视硬环境建设的同时，致力于营造软环境，着力培育有利于招商、安商、扶商的一流的综合投资环境。对国内外投资商实行优惠用地价格，实施财政扶持，提供贴息支持，改革收费方法，实行“税外无费区”等一系列优惠政策；实施投资项目专人代理制，开展市领导定期会见外商活动，推行行政公示制，简化审批手续，实行“一个窗口对外，一个楼层审批，一个口子收费”的运行机制和项目办理服务承诺制，为投资者提供优质、高效、便捷的服务。

面对跨世纪竞争和发展，绍兴将进一步发挥自身比较优势，充分利用袍江工业园区和绍兴经济开发区等省级开发区在全市招商引资中的龙头带头作用，发挥好市、县、中心镇三级园区的各自优势。绍兴利用外资的重点是生物医药、精细化工、机电一体化、电子信息、新材料和环保等高新技术产业项目，以及传统产业技术改造、高效创汇农业、商贸服务业和旅游业等等。

上虞港

绍兴经济开发区管委会大楼

电力通讯调度中心

亚洲最大的轻纺产品集散地——中国轻纺城

云南玉溪市市长　孙学明

玉溪

——云岭明珠 滇中碧玉

玉溪——云岭高原上一颗璀璨的明珠，滇中大地上一块晶莹的碧玉，辖一区八县，面积1.5万平方公里，人口201万人，距昆明88公里，素以云烟之乡、花灯之乡、聂耳故乡的“三乡”美誉驰名于世。

玉溪自然资源丰富，全市已探明的矿藏有20余种，可供开发的水能资源总量近100万千瓦。森林覆盖已超过全市总面积的三分之一。农业生产条件优越，被称为“滇中粮仓”，水稻、烟叶、油料、蔬菜、甘蔗在全省占有重要地位。玉溪的工业生产基础扎实，形成了以玉溪卷烟厂为主的红塔集团的卷烟及其配套产业和矿冶、电力、机械、化工、皮革、蔗糖、造纸、彩印、包装、食品、建筑、建材、塑料制品等为主的工业体系。

经过多年建设，玉溪的基础设施日臻完善。城市环境优美，交通便捷，昆玉铁路穿境而过，全市公路通车里程近1.4万公里，玉溪至昆明六车道高速公路为西南第一路。电力发展迅速，变电总容量213万千伏安，输电线路1305公里，实现了大小电联网供电。电信、移动建成了长途光缆传输数字网，电话普及率已达每百人18.5部，移动电话用户18万户，无线寻呼15万户，互联网用户2.5万户。

改革开放以来，在历届地委、行署和市委、市政府的领导下，玉溪国民经济和社会发展取得巨大成就。2000年全市国内生产总值294.55亿元，人均GDP1.5万元。

在实施西部大开发战略中，玉溪市委、市政府为进一步优化投资环境，提高对内对外开放水平，吸引更多的国内外资金、技术、人才、管理经验，颁布实施了《关于进一步扩大开放的意见》和《关于深化投融资体制改革的决定》，并设立了高新技术开发区和投资便民服务中心，力争把玉溪建成全省乃至西南地区收费最低、服务最优、效率最高的城市之一。

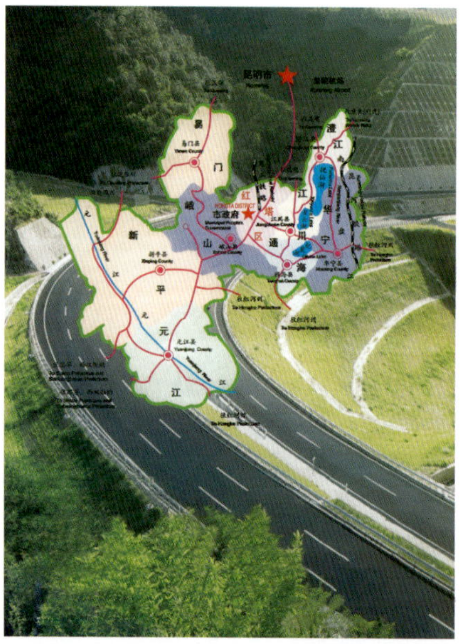

“十五”期间，玉溪固定资产投资的重点是：农业基础设施建设、水利建设、公路网络、电力和城市基础设施建设，改造和提升传统产业、发展高新技术产业，全面推进“两烟”及配套产业，特色生物资源开发，以旅游为突破口的现代服务业，以及信息产业建设、环境保护、旧城改造和城镇化建设、教育科技、文化卫生体育等社会事业建设。

宁波「九五」投资回顾和「十五」投资展望

——宁波投资建设成绩卓著

一、“九五”投资的主要成绩

1.保持较大的投资规模，促进了国民经济的增长。“九五”期间宁波全社会固定资产投资累计达1600亿元，是“八五”的2.3倍。其中基本建设769.4亿元，增长229.8%；更新改造投资410.9亿元，增长91.8%房地产开发投资167.9，增长67.6%；农户建房投资151.8亿元，增长51.5%。

2.开展了大规模的交通设施建设，交通“瓶颈”制约基本缓解。“九五”期间建成20万吨级矿石码头、25万吨级原油码头、5万吨级液体化工码头、杭甬高速公路、沿海国道主干线宁波段及连接线、萧甬铁路复线等项目，港口新增能力3000万吨，新增公路里程2750公里。

三江口新景

集装箱码头

3.加大临港工业的投资力度，促进产业结构的调整升级。“九五”期间，一批大的工业项目相继建成，北仑电厂形成300万千瓦的发电能力，镇海炼化公司形成1600万吨原油加工能力，中华纸业白板纸生产能力达40万吨，LG甬兴ABS生产能力达12万吨，宝新不锈钢生产能力达8万吨等。

4.兴修水利设施，改善了农业生产条件。全市以标准海塘和大型水库为重点，开展了新一轮的农业水利设施建设。水库蓄水能力增加到13.5亿立方米，农业有效灌溉面积达297万亩，旱涝保收面积177万亩，分别占耕田面积的83%和55%。

北仑发电厂二期

5.实施二轮城市建设计划，促进了城市基础设施现代化。新增城市道路280公里，完善了城市交通网络；建成一批供水、排水、供热等项目，新增城市供水能力50万吨/日，集中处理污水能力10万吨/日；中山广场、月湖历史文化景区等项目，极大地改变了城市形象。

二、“十五”投资展望

“十五”时期是宁波加快发展、提前基本实现现代化的重要时期。

到2005年宁波的国内生产总值要达到2000亿元，人均国内生产总值达3.5万元，经济增长要保持10%以上的速度。要实现这一目标，一个重要条件就是要保证投资的年均增长率在10%以上，五年累计投资2300亿元。

突出投资重点，调整优化投资结构，实施“新世纪工程”。“新世纪工程”建设有近百个项目，总投资1600多亿元。在港口发展方面，重点要建成北仑港三期国际集装箱码头，大榭25万吨级原油中转码头，建成北仑港四期国际集装箱码头，以及杭州湾大道等一批交通通道，建设依托港口的物流园区，巩固宁波国际深水中转枢纽的地位。在产业发展方面，建设镇海炼化扩建、白板纸三期和宝新特钢二期工程，争取建设大乙烯工程和东海油气田利用等项目，发展高新技术，基本建成全国重要的石化基地，能源原材料基地，电子信息产业基地和国家级新材料产业化基地。在城市化方面，要加大城市基础设施改造和环境整治力度，建设中央商业区、城市防洪工程、生态工程，基本形成现代化中心城市的框架。在社会事业方面，建设大剧院、图书馆、博物馆等一批标志性文化设施。

马鞍山市市长 丁海中

加大投资力度 加快发展步伐

——马鞍山市“九五”投资回顾和“十五”投资展望

装机容量为230万千瓦发电机组的马鞍山万能达发电有限责任公司一期工程

马鞍山是我国重要的钢铁工业基地，并荣获“国家卫生城市、国家园林城市、中国优秀旅游城市和全国创建文明城市工作先进市”等称号。

“九五”期间，马鞍山市累计完成固定资产投资160亿元，实施重点建设项目46项，主要是加强了以下几方面的建设：一是实施了一系列重大工业装备和技改项目建设。马鞍山钢铁股份有限公司完成了H型钢、棒材轧机、平改转等重点项目建设，不仅产量达到双400万吨，而且产品结构得到改善。地方工业先后建成了3万吨牛皮箱板纸、1000辆专用汽车、10万吨啤酒等一批重大项目。二是开展了大规模农田水利设施建设。五年间，共实施水利国债及重点项目总投资4亿多元，有力地提高了沿江地区防汛能力，改善了山丘区抗旱条件。三是加快了第三产业硬件设施建设。四是全面展开了城市基础设施建设。

雨山湖排水综合整治工程永丰河道两岸绿地景观

“十五”期间，马鞍山的发展目标是：抓住机遇，加快发展，构造新形势，拓展新空间，实现新跨越，为在全省率先基本实现现代化打下基础。

在工业领域，要围绕建设七大产业基地，实现投资“双百”亿元，即马钢公司投资超过百亿元，地方工业投资超过百亿元。一是钢铁工业基地。未来五年，马钢将实施以冷轧薄板为重点的15项重点工程，使马钢板带比达到60%以上，具有国际先进水平的产品将达到80%以上。二是磁性材料产业基地。投资10亿元，形成10万吨磁材产销。三是专用汽车基地。投资2.5亿元，建成5000辆专用汽车项目。四是炭黑生产基地。投资1.8亿元，建成3.5万吨炭黑项目。五是食品饮料基地。支持青啤在马鞍山建成20万吨的生产量，成为青啤在华东地区最大的生产基地。六是生物制药基地。以阿拉瑞林等自有药品知识产权为核心，加强研发，加快转化。七是纺织服装基地。力争到2005年，地方规模以上工业企业年销售收入达90亿元，年销售收入亿元以上企业达到25家，其中年销售收入10亿元以上企业达到5家。

在农业领域，推进农业综合开发，建设一批良种繁育基地和生态、都市、特色农业以及各具特色的农产品生产基地。加快长江马鞍山干堤加固达标工程建设，继续做好平垸行洪、移民建镇工作。搞好丘陵地区抗旱综合治理、重要圩区的排涝设施改造建设、城郊及沿江农村水网灌溉配套工程。

在服务业领域、城市化领域，进一步加大投资力度，进一步优化经济发展环境，吸引更多的海内外有识之士前来投资兴业，共同开创美好的明天。

规格品种齐全的马钢H型钢产品（摄影：刘正发）

我国规模最大的马钢热轧大H型钢生产线（摄影：刘正发）

成都：建设西部大开发战略高地

——成都市人民政府

一、社会经济建设成就

2000年，成都国内生产总值达到1313亿元，比1978年增长9.6倍，年平均增长11.3%，基础设施建设成效显著，城市面貌发生重大变化，相继完成了一、二环路、内环路、府南河综合整治城区段工程和天府广场一期工程。实施了蜀都大道、羊市街西延线、东城根街南北延线等多条城区道路的改造建设；城市立体交通发展迅速，兴建立交桥数十座。建成成温邛、成彭、唐巴、成仁、新蒲快速通道和成绵、成渝、成乐、成雅、成灌高速公路。完成自来水六厂、西郊天然气储罐站、成都污水处理厂和成都长途电话枢纽工程等若干重点项目，城市供电、供气、供水和通信能力大幅度提高。

开发区快速发展，建设规模不断扩大。全市主要开发区有：成都高新技术产业开发区，1991年3月被国务院批准为国家级高新技术产业开发区。成都经济技术开发区，2000年2月被国务院批准为国家级经济技术开发区，2000年区内国内生产总值达21亿元。

二、"十五"规划

"十五"时期，以西部大开发为契机，在提高投资效益的基础上适度扩大投资规模，预计"十五"期间成都市全社会固定资产投资总额为3142亿元-3390亿元，比"九五"期间的计划投资额增长71.1%-84.6%。"十五"期间成都市固定资产投资的重点是：

1、重点安排在建重点城市基础设施项目特别是国债项目建设，加快"五路一桥"工程、沙河综合整治工程、成都市天然气扩建二期工程、成都市自来水六厂B厂BOT项目等重大项目建设进度。

2、加强生态环境建设，优先安排城市生态、园林项目，建设国家园林城市，到2005年城市人均公共绿地面积不低于5平方米。保护农村生态环境项目，加快建设城市生活污水处理设施。

3、加强科技、教育和旅游等行业的基础设施投资力度，促进高新技术产业化、科技产业升级和技术进步，加快经济结构调整。把电子信息产业作为"一号工程"加快信息安全技术、集成电路设计与制造的产业化步伐。以高新区体制创新为突破口，加大政策支持力度，建成国家信息安全产业化基地、电子信息人才基地。加强旅游资源开发，发展特色旅游。

4、加快建设一批重点交通运输项目

铁路："十五"末期重点完成宝成复线成都境内在建工程及成都铁路枢纽西货场等工程；筹建线成昆成都—燕岗段复线等工程。

民航：继续完善成都双流国际机场航站区改扩建工程，建成4E级的国际机场，积极开展成都第二民用机场的建设工作。

公路：实施成温邛和郫彭高速公路建设工程；完成成阿公路都江堰至漩口段和大邑至普兴公路的建设。建设成都—上海高速公路。

航运：完成岷江成都段（府河）航道的修复及配套工程，达到八级航道标准，"十五"期末实现成都—乐山的复航。

贵阳市城市景观

贵阳市委副书记、市长 孙国强

学习《讲话》开拓

江泽民同志的“七一” 重要讲话，政治上高瞻远瞩、登高望远；理论上博大精深，开拓创新，是一篇马克思主义的纲领性文献。当前，要把学习《讲话》作为头等大事抓紧抓好。要联系贵阳市改革开放、经济建设的实际，把学习和解决实际问题与推动工作结合起来。通过学习，进一步提高贯彻党的基本路线、基本理论、基本纲领的自觉性和坚定性；把江总书记重要讲话精神落实到改革、发展、稳定的实践中去，解放思想，不断创新，以“三个代表”的重要思想总揽各项工作全局。

实施西部大开发战略的号角已经奏响。贵阳市作为贵州省会、南贵昆经济区三个重要支点城市之一，在西部大开发和贵州省经济社会发展中肩负着重任。要按照江总书记“三个代表”重要思想的要求，坚持“开拓创新，强市升位”的主旋律，紧紧依靠全市各族人民，以实现跨越式发展为主题，以经济结构调整为主线，以改革开放和科技进步为动力，以提高人民生活水平为根本出发点，“两个文明”建设一起抓，正确处理改革、发展、稳定的关系，以只争朝夕的精神，高昂的斗志，科学的态度，遵循市场经济规则，扎扎实实、认认真真做好各项工作，更好地发挥贵阳在全省的龙头带动和辐射作用，为推进“十五”计划的胜利完成，实现社会主义现代化第三步战略作出新贡献。

回顾中国共产党 80 年的峥嵘岁月，我们豪情满怀；展望新世纪的锦绣前程，我们欢欣鼓舞。让我们高举邓小平理论的伟大旗帜，更加紧密地团结在以江泽民同志为核心的党中央周围，以“三个代表”的重要思想为指导，为实现中华民族的伟大复兴，同心同德，艰苦奋斗，开拓创新，创造新的业绩！

贵阳市大十字

贵阳机场

人民广场

贵阳市基本情况介绍

创新

贵州省是享誉海内外的资源大省和“公园省”，省会贵阳是云贵高原上一颗奕奕生辉的高原明珠。贵阳市辖六个区、一个市、三个县，面积8034平方公里，是一个以汉族为主的多民族聚居城市，总人口315.72万人。1992年被国务院列为内陆开放城市。1998年社会经济综合实力进入全国地级以上城市50强，名列第34位。2000年全市国内生产总值达264.81亿元。

在新兴的工业城市贵阳，现已建成以食品、机械、化工、冶金、电子、轻纺、建材为主，14个工业部门，65个门类的综合性工业体系。2000年，全市许多实现工业总产值368.71亿元，比上年增长12.91%。工业产品和工业行业在全国都居于重要的地位。贵州的铝工业是全国最大的生产基地之一，磷化工是全国三大生产基地之一，精密光学仪器是全国三大生产基地之一，电子仪器仪表是全国五大生产基地之一，卷烟、磨具磨料、轮胎、钎钢、汽车配件、中成药等也是全国重点生产基地。

贵阳地处黔中腹地，是大西南距出海口最近的省会城市。川黔、湘黔、黔桂、贵昆铁路交汇于贵阳，322、310国道贯穿全境。年旅客吞吐量达500万人次的贵阳新机场，使贵阳市的交通枢纽地位进一步增强。近几年贵阳市的通讯事业发展也十分迅速。1999年末，电话机用户达37.51万户，城乡居民住宅电话普及率为29.63部/百人。贵阳已初步形成了各种通信手段相结合，通达全国、联通世界的现代化通信网络。

作为全国的内陆开放城市和“中日环保示范城市”，贵阳享受着国家给予的一系列优惠政策。两个国家级开发区和一个省级开发区初具规模，成为贵州省对外开放的窗口。随着中央西部大开发战略的实施，加大基础设施建设投资力度，实施株六铁路复线、贵新高等级公路、贵毕公路贵阳段的建设和大水厂、城市中心环线、城市电网、污水处理厂一系列市政、交通、环保、电力等基础设施建设，都为贵阳发挥资源优势、推进东西合作、增强发展后劲、实现后来居上创造了极好的环境。

贵阳资源丰富，山川秀丽，气候宜人，人民勤劳。经济建设取得的成绩令世人瞩目，社会事业发展的速度非常迅速。作为西部中心城市之一的贵阳市，决心抓住西部大开发这一难得的历史性机遇，发挥独特的区位优势和丰富的资源优势，依靠高科技，利用新机制，努力实现工业强市和跨越式发展的奋斗目标。

都司路高架桥

高雁垃圾填埋场管理中心

贵阳市西郊水厂电脑设计鸟瞰效果图

小车河两岸修建的截污沟

东北绕城线

建设中的小河污水处理厂

嘉兴固定资产投资及重大基本建设项目

浙江省嘉兴市是长江三角洲的重要城市之一。2000年，嘉兴市实现国内生产总值540.8亿元，财政一般性预算收入40.2亿元，城市居民人均可支配收入9338元，农村居民人均纯收入4594元。

嘉兴综合实力的不断提升，有力地拉动投资的快速增长。“九五”期末，全社会完成资产投资额264亿元，比“八五”期末扩大1.34倍，五年累计完成投资905亿元，比“八五”投资额增长1.74倍，投资率达40%。“九五”期间，全市投资建设亿元以上项目53个，完成投资额355亿元。

“九五”期间，嘉兴市固定资产投资及重大基本建设项目完成情况的主要特点：

一是农业水利建设加快，资金投入成倍增长。先后建成了以杭嘉湖南排工程、太浦河工程、北郊河工程、钱塘江北岸标准海塘建设、红旗塘工程等为代表的一批骨干水利工程。农业水利建设完成投资26亿元，比“八五”增长5.8倍。

投资环境优越的嘉兴市经济开发区

二是工业投资稳步增长，结构调整得到优化。五年中，工业生产性投资244亿元，年均增长11.9%，其中2000年完成工业性投资75亿元，同比增长64%。全市千万元以上投资项目达172项，工业技术改造总投入比“八五”翻了一番，电子信息、机械、化工、医药、食品等行业增长较快。区域特色经济发展迅速，服装、皮革、化纤、丝织、木业等五大行业的年销售额均超过50亿元。

三是电力建设突飞猛进，能源基地初具规模。“九五”时期，在秦山核电一期装机容量30万千瓦，嘉兴电厂一期60万千瓦的基础上，又开始建设了装机容量分别为120万千瓦和140万千瓦的秦山核电二三期工程，并完成嘉兴电厂二期4×60万千瓦项目的前期工作。五年中电力建设完成投资250亿元，比“八五”增长了6倍。

四是交通投资大幅增长，邮电通信快速发展。公路建设项目主要有：沪杭高速公路嘉兴段建成使用，320国道嘉兴段工程拓宽改造，乍（浦）嘉（兴）苏（州）高速公路开工建设等；水运建设项目有铁水中转港、乍浦港二期建设和京杭运河、杭申线内河航道改造等。五年中，共新建、改造干线公路537公里，县乡公路380公里，改造航线总长247公里，新增年吞吐量323万吨。邮电通信能力进一步增强，电话主线普及率21.6部/百人，居浙江省第四位，共建成各种光

嘉兴市委书记陈加元（左）、市长杨荣华共商发展大计

环路38个，本地网铺设光缆1968皮长公里。五年中，交通运输邮电业共完成投资90.4亿元，比“八五”增长4倍。

五是城市面貌日新月异，人居环境日臻完善。嘉兴市区新建了中环南路、中山西路延伸段、昌盛路、东方路，拓宽改造了内环路、城东路、城南和城北路，建造了勤俭大桥、南湖大桥和嘉兴大桥等，基本形成了“三纵、三横、三环、四放射”的城市道路网络，覆盖面积已达到50平方公里，大大改善了市区的交通状况。到2000年全市城市道路面积1267万平方米，比“八五”增长1.5倍。环境设施建设步伐加快，公共绿地面积456.8公顷，比“八五”末增长2.3倍。五年中城市公用设施建设共完成投资45.6亿元，比“八五”增长13.3倍。

根据“十五”计划，嘉兴市固定资产投资预期目标为1400亿元，比“九五”增长54.7%，五年平均投资率为36.4%。

浙北地区唯一的出海口、年吞吐量达1500多万吨的综合性港口—乍浦港

成功举办第四届"中国投资贸易洽谈会"的厦门国际会议展览中心

迈向现代化的国际性港口风景城市

——厦门市"九五"时期固定资产投资成就

"九五"期间厦门市围绕"现代化国际性港口风景城市"的目标，克服了亚洲金融危机的影响，采取积极的财政政策，扩大内需，加大基础设施建设投资力度，建设了一批大中型工业项目，使全市固定资产投资成倍增长，城市经济实力得到进一步增强，人民生活继续改善。

"九五"时期，厦门市全社会固定资产累计完成投资852.24亿元，比"八五"时期增长1.44倍，年平均增长速度为5.21%。基础设施日臻完善，城市面貌焕然一新。"九五"时期，厦门城市基础设施建设完成投资194.05亿元，比"八五"时期增长了1.02倍，占全社会固定资产投资的比重为22.77%。2000年，厦门市航空客运吞吐量达355万人次，居全国第九位，港口吞吐量达1960万吨位，集装箱吞吐量超过100万标箱，信息化综合指数达60%，居全国前列。城市用水普及率99.2%，城市气化率95.6%，配供电可靠率99.8%，污水处理率62.5%，垃圾无害化处理率97%，建成区绿化覆盖率35.6%。优美的城市环境为可持续发展奠定了良好的基础。厦门市先后获得了"国家卫生城市"、"国家园林城市"、"国家环保模范城市"、"中国优秀旅游城市"、"全国十佳人居城市之一"等殊荣。一批新经济增长点的工业项目建成投入使用，为经济发展增添了后劲。"九五"时期，厦门市制造业行业完成投资217.17亿元，比"八五"时期增长3.02倍，占全社会固定资产投资的比重为25.48%，柯达海沧感光材料制造厂、DELL电脑、太古飞机维修、林德叉车、ABB开关、厦杏摩托、翔鹭涤纶等一批项目的建成投产，既推动了厦门市传统产业升级，又带动了高新技术产品的发展，促进了工业经济结构的优化，成为厦门工业经济的骨干企业。区域性的外向型中心城市功能进一步增强。厦门国际会展中心的建成和四届"中国投资贸易洽谈会"的成功举办，极大地提高了厦门的知名度和对周边地区的辐射带动作用。"厦门对台商品出口贸易交流会"成为海峡两岸规模最大经贸交流活动。"两会"在境内外影响巨大，不仅客商云集、商机无限，而且已成为中外商贾寻求发展，共创未来的基地和纽带。

设立于厦门海沧台商投资区的柯达（中国）股份有限公司厦门分公司

连接厦门岛与厦门海沧台商投资区的跨海大桥——海沧大桥

佛山市“十五”投资建设情况

佛山市安居工程——惠景城新苑

佛山大堤——佛山市防洪防讯的重点工程

佛山市位于广东珠江三角洲腹地，现辖城区、石湾区，代管顺德市、南海市、三水市和高明市。“九五”期间佛山市经济保持较快增长，2000年全市国内生产总值948.37亿元，约占全国的1/100、全省的1/10。佛山市“九五”期间全社会固定资产投资完成806.54亿元。

“十五”是佛山市率先基本实现现代化的关键时期。这五年，固定资产投资的方向是：

一 完善基础设施建设

1、完善公路网络建设。重点建设谢边佛山枢纽立交桥、雅瑶枢纽立交桥、顺德碧桂路高速化改造等项目。积极筹建佛山市区新的过境公路。努力推动珠江二环高速公路网络建设。

2、加快天然气（LNG）接入网建设。配合广东省天然气（LNG）项目工程的实施，搞好佛山市城市输配管网建设，实现城市管道燃气由液化石油气向天然气转换。

3、完善电网结构。重点加快500kv主网建设，提高200kv主变容量，调整、完善110kv网络，将佛山电网建成供电能力充足、安全、可靠、经济和灵活的一流电网。

4、完善港口建设。重点建设南海三山港一期第三阶段、九江港一期、高明西江联运码头、佛山新港二期等工程。“十五”期间，新增泊位9个，改造泊位2个，增加吞吐能力360万吨。

5、按照广东省统一规划，积极建设佛山市自来水分质供水管网和广州至佛山快速轨道交通项目。

6、加快水利设施建设。计划投入35.4亿元，完成36条万亩以上堤围安全达标（提高一级标准）加固，122座中小型水库除险加固工程。新建、扩建、改造电排站74处，整治主干排灌河涌1000公里，加快城镇围内排渍系统建设。

7、加快信息设施建设。加快以IP网络为主导的宽带传输网建设，抓好电信网、广电网、移动通讯网、DMB网等一批骨干网络建设，促进通讯网、计算机网和有线电视网的融合与互通。

二 加大对高新技术产业的投入 推动重点企业成为技术创新主体，加大对具有自主知识产权项目的开发研究，积极扶持中小企业技术创新。建设一批高新技术产业发展基础，重点建设DMB产业基地、信息和软件业生产基地，光机电一体化生产基地、生物工程生产基地和新材料生产基地。

三 维持房地产市场的适度活跃 房地产投资在佛山市总投资中所占的比重较大，保持房地产投资以适当的速度增长，有利于拉动投资需求，促进经济发展。引导房地产企业投资中低档住宅和经济适用型住宅建设。

佛山市普立华照相机有限公司生产车间

佛山市区季华路一瞥

一、曲靖市"九五"固定资产投资完成情况

"九五"期间，全社会固定资产投资完成257.6亿元，年均增长11%，其中基本建设完成140.5亿元，年均增长24.8%；技术改造完成38亿元，年均减少15%；房地产开发完成11.8亿元，年均增长38%；其它建设投资7.62亿元，年均增长21.9%；集体投资完成66亿元，年均增长17.7%；个体投资完成35.33亿元，年均增长11.1%。"九五"的投资工作，总体上是规模合理，重点明确，发展平稳，极大地促进了曲靖市的国民经济持续、稳定、健康发展和社会的全面进步。

云南省
曲靖市固定资产投资状况

二、曲靖市"十五"固定资产投资计划

（一）投资重点

——进一步加大农业、水利、交通、通讯、城乡供水、供气、供电、经济适用住房等基础设施的建设力度，使全市公路通车里程快速增加，主要干道公路高等级化，水利化程度、城乡通讯、供水、供电、供气状况和居民居住环境明显改善。

——实行社会办学，多渠道投资，努力改善办学条件，使全市教育设施明显改善，办学质量和效益显著提高。

——加大以生物制药、食品工业为主的生物资源开发。新上一批科技含量高、市场前景好、产业带动作用大、劳动密集型、符合国家和省的产业政策的生物资源开发项目。

——以现有企业为依托，以发展高新技术产业为目标，加大科技开发力度，增加产品品种，进一步提高经济增长的质量和效益，使投资结构更加合理。

——加大旅游资源的开发，积极培育旅游产业。

（二）投资目标

为增强发展后劲，实现经济社会的可持续发展，"十五"期间，计划实现全社会固定资产投资规模441.14亿元，保持年均12%的增长速度。

1、交通建设。到2005年，全市公路通车总里程达16400公里，比"九五"增加5600公里。铁路全部实现电气化，沾益至昆明铁路复线开工建设。完成罗平、师宗码头港点建设，开发南盘江航道100公里。

2、能源建设。到2005年，全市发电总容量达380万KW，其中新增装机容量180万KW。发电量达到150亿KWh，年均增长10.8%。

3、水利建设。"十五"期间，新增供水1.7亿立方米，新增库容1.175亿立方米，总库容达16.85亿立方米，年供水能力达到14.997立方米。净增有效灌溉面积20万亩。

4、生态环境建设。到2005年，治理水土流失面积2500万平方公里，新增森林面积100万亩，森林覆盖率达到35%以上；新增自然保护区面积25平方公里；改造坡耕地35万亩，新建人工草地5万亩，治理"三化"草地1万亩。

5、旅游景点建设。"十五"期末，全市接待境内外游客达417万人次，年均增长12%；旅游业总收入11.4亿元，年均增长12%。

6、城镇化建设。到2005年，全市非农业人口达到140万人左右，城镇化水平达到25%左右。

抓住机遇 共谋发展

——四川绵阳市人民政府

营运中的绵阳南郊机场

长虹电子集团有限公司国家级技术中心

长虹电子集团有限公司精显投影电视生产线

被小平同志称为“第二都江堰”的武都引水工程取水枢纽

“九五”期间，四川省绵阳市投资情况良好，重点建设进展顺利。五年间全市固定资产投资累计完成332.1亿元，年均增长19.3%。

一、交通、城市基础设施建设取得重大进展，“瓶颈”制约基本缓解

投资8.99亿元的绵阳南郊机场已全面营运，宝成铁路复线、成绵高速公路和绵江、绵三、绵梓、绵盐等一级公路以及芦溪大桥相继建成。新增城市道路280公里，城市河堤78公里，公共绿地面积1273公顷。城区面貌焕然一新。

二、农、林、水利建设成效显著，生态环境得以改善

投资18.06亿元的武引一期工程全面完工，两岔滩水库、沉抗水库等水利工程相继建成，天然林保护工程投资9843万元，营造公益林5.2万亩，封山育林44.3万亩，人工促进天然林更新7.7万亩，飞播造林18.2万亩。

三、社会事业投资硕果累累

“九五”期间，绵阳市社会事业基本建设投资10.22亿元，市博物馆、广电中心等工程相继建成。

四、企业技术改造步伐加快，投资结构不断优化

五年间，绵阳市累计完成技术改造投资76.17亿元，年均递增24%，长虹精显背投彩电、空调、无汞碱锰电池等一批重点技改项目相继竣工投产，取得了良好的投资效益。

“十五”期间，绵阳市固定资产投资规模预计为500亿元，比“九五”增加167.9亿元，增幅50.55%。重点建设项目有：

（一）农、林、水利建设项目：武引二期工程（计划总投资41.03亿元）、火溪河梯级开发工程（总投资17.65亿元）、三江电站工程（总投资2.32亿元）、千拂山生态旅游开发（总投资5.59亿元）、绵阳仙海风景区开发（计划投资1.11亿元）、全市天然林保护工程（计划总投资2.9亿元）。

（二）基础设施建设项目：城区二环路工程，总体规划分期实施，一期道路长12.2公里，城市快速路1级，总投资8.3亿元。城区绕城路工程，计划投资4.62亿元。科教创业园区基础设施工程，项目总投资4.7亿元。经济技术开发区基础设施工程，计划投资6.15亿元。高新区基础设施工程，计划投资4.5亿元。科技城现代农业科技示范区基础设施工程，计划投资1.2亿元。三水厂二期工程，计划总投资1.4亿元。污水处理厂二期工程，计划投资9500万元。

（三）交通建设项目：成南公路绵阳段，计划投资7.2亿元。万阿公路，计划投资5.5亿元。成青公路，计划投资3.9亿元。盐射蓬公路，计划投资1.18亿元。绵阳火车货站改扩建，计划投资6亿元。

改建后的步行街——翠花街

神奇的沃土——泉州市

福建泉州市市长　施永康

泉州市地处福建省东南部，是国务院批准的闽南厦漳泉沿海经济开放区的重要组成部分。是全国综合配套改革试点城市。改革开放以来，泉州人民大胆探索，勇于实践，走出了一条“以市场经济为主，外向型经济为主，股份合作制为主，多种经济成分共同发展”的具有活力的地区之一。全市国内生产总值22年间年均递增19.9%，2000年为1045亿元，至2001年10月，全市累计批准外商投资企业8244家，合同外资121.64亿美元，已开业企业5463家，外商实际到资67.94亿美元。泉州与100多个国家和地区建立了贸易关系，经济外向度达30%以上。目前，泉州市已形成纺织鞋服、建材陶瓷、工艺制品、食品饮料、机械制造等五大传统优势产业，正在努力培育石油化工、电子信息、旅游服务三大主导产业。

泉州市早在1992年就被评为全国首批“城市投资硬环境40优”之一。全市公路通车里程9450公里，高级及次高级路面4820公里，实现村村通公路。漳（平）泉（州）肖（厝）铁路已全线通车。泉州晋江机场先后开通24条国内航线和香港、菲律宾马尼拉包机航线。全市现有大中小码头24座41个泊位，港口吞吐量1712万吨，全市有程控电话182万门，微波通讯已开通使用，长途电话可直拨国内500多个城市以及185个国家和地区；拥有移动电话交换容量160万门，覆盖全市各县（市、区）并与全省各地联网，实现自动漫游；全国最大容量120万门的无线传呼系统已开通，各种现代电讯邮政服务一应俱全。

在搞好投资硬环境建设的同时，泉州市努力改善投资软环境。相继出台了有关进一步鼓励外商投资、加强外商投资软环境建设和加强政府机关勤政效能建设的规章。

温陵路

“十五”期间，泉州市将围绕在福建省率先基本实现现代化的目标，加快体制、技术、管理创新，实施科教兴市、产业升级、外向带动、山海联动和可持续发展战略，推进经济体制和经济增长方式的根本性转变，全面增强经济发展后劲和综合经济实力，努力把泉州建设成为富裕、文明、安定的现代化工贸旅游港口城市。到2005年，全市将基本实现宽裕型小康生活，经济总量保持在福建省前列，国内生产总值1760亿元左右，财政总收入突破100亿元，城市化水平在48%以上，成为福建省三大中心城市之一。

丰泽广场

西福高速公路入口

改造后之新门街一角

东湖街

平原渠

刺桐路

加大投入　增强后劲

——泰安市人民政府

位于泰安市高新技术开发区的巨菱工业园区鸟瞰。该企业年生产柴油机能力达35万台，其中出口16万台

泰安泰山复合材料有限公司万吨无碱玻璃纤维池窑，该企业2001年底无碱玻纤生产能力达5.8万吨

坐落在泰城南郊的京沪、京福高速公路泰山立交枢纽

泰安地处山东省中部，北依省会济南，南临孔子故里曲阜，交通通讯便捷，科技文化发达，各类资源丰富，有着巨大的发展潜力。改革开放为泰安的发展注入了新的生机和活力，经济综合实力逐步增强，社会各项事业全面进步。"九五"期间泰安市固定资产投资累计完成390.4亿元，年均增长9.8%，先后实施了一批重点基建、技改项目，城市基础设施进一步完善和提高，经济发展的后劲明显增强。

跨入新的世纪，泰安的发展正处在一个重要时期。"十五"期间，全市国内生产总值将年均增长12%，地方财政收入年均增长13%，为2010年建成经济强市奠定坚实的基础。围绕实现这一目标，全市将着力抓好以下几个方面的工作：

集中力量抓好重点项目建设。积极推进投资主体多元化，发挥企业的投资主体和财政资金的导向"酵母"作用，调动各个方面增加投入的积极性，多渠道、多形式筹集融通资金，加快项目建设步伐。市里将集中力量抓好泰山抽水蓄能电站、环泰山旅游公路、莱新高速公路、泰肥一级公路、肥城年产200万吨水泥项目、新泰电厂以及山东农业大学、山东科技大学、泰山医学院新校建设等重点基建、技改项目。

加大工业园区建设力度。在加快泰安开发区建设的同时，与省级高新技术产业开发区、经济开发区和泰山旅游度假区开发建设相衔接，市里重点规划了电子信息、复合材料、动力机械、新型建材等四个工业园。

大力培植旅游支柱产业。按照"营造大泰山，开拓大市场，发展大旅游，构筑大产业"的思路，抓好泰山华夏文化旅游城、速度赛马场、环泰山旅游线等项目建设和东平湖、徂徕山国家森林公园、大汶口文化遗址等景区、景点的开发。

加快城镇开发建设步伐。坚持高起点、高标准，重点实施好泰城"一环六横八纵"干道网络工程、时代发展线二期工程、泰山大街、东岳大街和泰佛路两侧改造、集中供热工程、供水扩建及管网改造工程、天然气输气干线工程和岱岳区行政中心等城市开发建设项目。

泰安市市长 耿文清

大力改善优化投资环境。进一步完善海关、商检、金融外汇、外商投资服务中心等涉外服务机构和服务配套体系建设，实行外商投诉和环境评价制度，为客商投资提供一条龙服务。搞好城市通讯、供水、供电等基础设施和配套设施建设，加快泰山国际保税物流中心建设。认真落实国家和省、市鼓励招商引资的政策措施，为来泰安投资的客商营造优良的创业环境。

泰安物华天宝，人杰地灵，是一片正在开发的热土。热情好客的泰安人民，真诚地欢迎海内外客商前来观光旅游，考察合作，投资兴业，共谋发展。

泰安市泰城东岳大街夜景

创新机制 加大投入
努力实现新世纪发展目标

常州市代市长　范燕青

改革开放以来，常州市坚持以经济建设为中心，深化改革，扩大开放，求实奋进，开拓创新，国民经济和社会事业取得了长足发展，提前实现了“翻两番”及小康生活的目标。早在1992年，常州就成为“中国城市综合实力50强”和“中国城市投资硬环境40优”城市之一，所辖三市也都先后进入了“中国农村综合实力百强县”行列。1995年以来，常州又连续两年被江苏省权威部门评为投资回报率最高的地区、国内第一批可持续发展试点城市，已成为经济实力较强、产业门类较多、内外贸易发达、投资环境优良、基础设施日臻完善、社会事业协调发展的中国经济发展最具活力的城市之一。

“九五”回顾

“九五”期间，常州市紧紧抓住国家扩大内需的机遇，全面贯彻、落实中央有关经济工作的一系列方针和政策，加大投资力度，强化目标责任，全市固定资产投资取得了较快增长。5年来，共实现全社会固定资产投资705亿元，是“八五”的1.9倍。“九五”期间，常州市固定资产投资呈现以下特点：一是投资体制不断创新，初步形成多元投资格局。“九五”期间，全市非国有经济完成投资350.4亿元，占全社会固定资产投资的比重达50.4%。二是投资结构不断优化，投资效益稳步提高。三是重点建设项目不断推进，城市综合功能显著增强。“九五”期间，全市先后完成了沪宁高速公路常州段、民航机场、火车站改扩建、常州港万吨级码头等重大项目建设。

“十五”展望

“十五”期间，常州市投资工作的指导思想是：紧紧围绕“富民强市、率先基本实现现代化”的宏伟目标，以投资体制创新为动力，以外商投资和民间投资为突破口，重点加大工业和基础设施的投资力度，切实增强工业发展后劲，不断提高城市基础设施建设水平，加快城市化和城市现代化进程，促进经济和社会事业协调发展。今后5年，全市固定资产投资预期投入将达1342亿元，为“九五”的1.9倍，年均增长12.8%。全市国内生产总值和财政收入将在2000年的基础上实现翻一番，分别达到1200亿元和120亿元。“十五”期间，常州市的工作重点是：一是加大招商引资力度，加快外向型经济发展。重点加强与跨国公司的合资合作，大力引进产业关联度大、技术含量高、辐射带动力强、出口带动作用大的高新科技项目、整机项目和基础产业项目。二是拓展民间资本发展空间，加快形成经济的后发优势。通过放宽领域、降低门槛、加强融资担保、人才引进、减轻负担以及信息咨询、法律服务等方面的有效扶持，促进民间资本增加总量、扩大规模、提高水平。三是加大工业投入，提高工业整体素质和竞争力。四是继续加大基础设施投入，加快推进城市化和城市现代化进程。

正在建设中的自贡江东新区一角

加大投资力度 调整经济结构

——四川自贡市人民政府

四川省自贡市，素以“千年盐都”、“恐龙之乡”、“南国灯城”闻名中外。全市面积4373平方公里，人口315万人。自贡是国家历史文化名城、对外开放城市、全国卫生城市和省级风景名胜区。

自贡经过多年的建设，已从一个单一产盐的古老盐都发展成为综合性中等工业城市。“九五”以来，自贡市按照建设大城市的发展目标，不断加大投资力度，城市面貌发生了巨大的变化。五年全市完成固定资产投资121亿元，比“八五”增长72.4%。一是加大了基础设施建设力度，投资环境得到明显改善。自贡高新技术产业开发区建成面积已达4.5平方公里，区内道路网络已形成，竣工各类建筑250万平方米。公路建设成效显著，全市公路总里程比“八五”末增加234公里，高级、次高级公路比重达76.9%。邮电通讯能力明显增强，电话交换机容量达30万门，移动电话用户发展到12万户。二是加大了技术改造投资力度，工业结构调整步伐加快。“九五”期间，全市实施重点技术创新、技术改造项目400多项，形成了一大批新的生产能力，盐业、机械、化工、建材、纺织、轻工食品等六大主要产业格局正逐步形成。三是加大了旅游业投资力度，第三产业快速发展。到2000年底，全市有旅游星级饭店、涉外饭店16座，有各类景区、景点70多处。以盐业历史博物馆、以恐龙历史博物馆、恐龙王国公园为主的恐龙文化等特色旅游格局正逐渐形成。金融市场、劳动力市场、技术市场、信息市场等生产要素市场不断完善。四是加大了住房建设力度，居民的居住条件明显改善。“九五”期间，全市住宅建设总投资达22.6亿元，开工建设住宅572万平方米，建成住宅378万平方米。五是投融资体制改革稳步推进，投资渠道呈多元化格局。“九五”期间，全市共引进市外资金11.4亿元，比“八五”增长11.25倍，金融机构贷款规模比“八五”末增长52%，企业、私人投资比重呈上升趋势。

通过大规模的投资建设，自贡经济和社会事业发展取得了可喜的成就。2000年，全市实现国内生产总值151.82亿元，“九五”期间年均增长8.6%。与此同时，自贡的投资优势也逐渐显现，区位优势。自贡地处成渝之间，居川南五地市的腹心，是川南商品集散地。自贡与成都、重庆、宜宾、泸州均有高速公路连接，到川南各市只需30分钟，形成了半小时经济圈。丰富的资源优势。天然气已探明储量达300多亿立方米，年供电能力在20亿千瓦时以上。比较成本优势。国家实施西部大开发的优惠政策，自贡市出台的一系列鼓励外商投资和民营企业发展的优惠政策及自贡丰富的劳动力资源、低廉的能源价格，对降低投资成本创造了有利的条件。科技人才优势。全市有各类科研机构64个，各类专业技术人员7.5万人。工业基础优势。全市有大中型工业企业50多万户，拥有全国最完整的盐卤化工体系，全国最大的甲烷氯化物生产厂家和西南最大的联碱生产企业，有全国大型火电、机电设备、石油化工容器生产骨干厂家，有世界六大硬质合金厂家之一的合金刀具、钨钼制品生产企业，西南最大的化纤纺织生产基地也在自贡。

为迎接西部大开发，抓住机遇，加快发展，“十五”期间，自贡市将围绕发展这一主题，以改革、开放为动力，大力推进经济结构的战略性调整，力争到2010年，把自贡建设成为结构合理的工业城市和独具特色的文化旅游名城。“十五”期间，全市将实施建设项目146个，总投资326亿元。目前，全市上下正在围绕这些项目的实施，大力发展“三高”农业，加快农业产业化进程。大力发展由盐化工向精细化工延伸的产业链、由聚酯原料向差别化纤维延伸的产品链，着力培育大化工、大化纤产业，巩固和壮大机械工业，培育和提高建材、轻工、食品和医药工业。狠抓旅游资源开发，努力发展特色旅游，促进第三产业快速健康发展。同时热情的盐都人民欢迎国内外客商前来投资合作，共同开发中国西部这片沃土。

自贡城区夜景一角

南门外广场

积极拓宽融资渠道　不断加大投资力度

——西安市人民政府

进入新世纪，西安的发展面临着新的机遇和挑战。“十五”期间西安经济增长速度预期为年均12.5%左右，到2005年，国内生产总值将达到1170亿元以上，人均国内生产总值突破15000元。要确保这一目标实现，“十五”全市固定资产投资必须保持年均15%的增长幅度，约需投资1800亿元。为此，必须积极拓宽融资渠道，千方百计增加建设资金投入。

“十五”期间西安投资的重点方向是：

1、多渠道增加农业投入，努力改善农业生产条件。首先要抓好生态环境、天然林保护、退耕还林等工程建设，加快水源工程和防洪工程的开发建设。其次要抓好主要农副产品生产基地的建设，建设优质高产吨粮田，立体精种田和机械化旱作农田等，同时大力建设林果牧渔肉基地。

2、大力发展高新技术产业，加快传统产业改造升级。以高新技术产业为导向，发展壮大电子信息、现代生物与新医药、机电一体化、光电子、航空航天、新材料和高效节能环保等六大产业，提高高新技术产业在全部经济总量中的比重。鼓励企业采用高新技术和先进适用技术，加快传统产业的技术改造和产业重组。

西安南城墙

3、搞好旅游综合开发，大力发展旅游产业。配合省上重点建设秦陵博物院和开发汉阳陵，搞好古城墙旅游项目、明清历史街区等项目的深度开发，启动“四大遗址”旅游项目的开发建设，重点实施骊山景区、秦岭北麓自然风景区等沿山六大生态旅游区和“三园”建设，形成关中历史人文景观和秦岭自然风景交相辉映的旅游资源开发格局。

4、加强城市基础设施建设。充分运用市场机制，多渠道筹集建设资金，加大对交通运输、邮电通讯、城市给排水、供气、供电、供热、园林绿化和环境保护项目的投资力度，重点建设水、路、房、气、通讯等工程。全面建成黑河水利枢纽工程和南郊水厂。“十五”要开工建设西安三环路、高架快速干道工程。

5、加快交通运输建设。建成市区与郊县的高等级公路网络，并建设东西过境公路和城市出入口公路，继续有步骤地建设县乡公路。配合国家建设西安铁路枢纽工程的新客站，以及西安至包头、安康、南京等的铁路线。完成西安航空港扩建工程，增开航线，扩大航空运输能力。

6、加快住宅建设步伐，提高群众的居住水平。到2005年建设住宅1500万平方米，平均每年300万平方米，实现市区居民每户有一套经济实用住宅，人均居住面积不低于15平方米。

7、发挥区位优势，加快商品流通业发展。在统一规划的基础上，合理布局，建立中央商务区，建设一批大、中、小配套，功能完备的商贸设施和市场，形成功能齐全、具有强大辐射带动作用的四级商贸网络。

西安市经济技术开发区

努力探索内陆开发区建设新路

——湖南省邵东县经济技术开发区

邵东县位于湖南省中部，面积约1768平方公里，人口118万。地处邵东县城的经济技术开发区，是1992年由湖南省人民政府批准设立的省级开发区。“九五”期间，开发区坚持“依托市场、民营投入、滚动开发”的建设方针，取得了良好的成效。到目前为止，开发区在总体规划的18平方公里内已完成10平方公里的开发建设，引进大宗项目100余个，投入建设资金31亿元，实现盈利4亿元。开发区的快速发展促进了县域经济综合实力的显著增强。

一、依托市场，寻求开发投资主载体

开发区建立伊始，便认为市场是邵东的经济特色，也是邵东的传统优势，应当成为开发建设的投资主载体。八年来，开发区建成工业品市场、家电城、五金城、副食城、建材城、眼镜城、皮革鞋业城等12个市场，正在建设的有托运城等4个，市场年成交额超过100亿元。如区内的邵东工业品市场占地72亩，总投资8000万元，设经营摊位7200个，门面200多间，年成交额达15亿元。其余10余个专业市场一般都在100亩左右，经营方式是商住一体化，投资在千万元以上。开发区已成为湖南省最大的农村市场群落。

二、民营投入，开辟开发融资主渠道

邵东县地处内陆，不沿海，不沿边，没有区位优势，没有自然资源优势，没有大城市工业的辐射，没有集体经济较强的资金积累，也没有多少外资可以引进。邵东经济技术开发区自建设以来，采取有效举措，积极吸纳民间资金，走社会融资之路，在整个园区建设投入的31亿元资金中，社会融资占了近20亿元。开发区内的中南五金大市场由一百多位个体户集资联建，总投资1.2亿元，建筑面积10万平方米，成为中南地区最大的五金产品贸易市场。开发区以这种联建形式聚集的民间资金就达10余亿元。

三、滚动开发，摸索开发建设主方向

开发区始终坚持“以地主财，滚动开发，前方推进，后方繁荣”的工作方针，稳步推进开发建设。一是注意合理布局，营造“兴奋点”来带动开发。在规划设计上，重点突出市场建设、专业街建设，具体规划为金融、商贸、个体批发、科教文卫、行政办公、生产加工等6个功能小区。在每一期或每一个小区的开发上，都注意制造“兴奋点”带动开发。二是营造良好环境促进开发。在硬环境方面，围绕改善开发区外部环境，县里先后投资11亿元，实施水、电、交通、通讯四大总体战略，使开发区基础设施状况得到根本改观。在软环境方面，注意靠优惠的政策和宽松的环境吸引投资，有效地推动开发区快速、健康、持续发展。

让世界了解开发区　让开发区走向世界

青岛经济技术开发区

青岛经济技术开发区管委会主任、青岛市黄岛区区长　姜杰

青岛经济技术开发区概况

青岛经济技术开发区（简称青岛开发区）是1984年10月经国务院批准设立，于1985年3月28日正式动工兴建的国家级经济技术开发区，是享有沿海经济技术开发区优惠政策的经济区域。区内拥有国家级青岛经济技术开发区、青岛保税区、青岛新技术产业开发试验区和省级薛家岛旅游度假区，是中国开放区域最集中的地区之一。

青岛开发区位于胶州湾西海岸，与青岛市区隔海相望，海上最近距离2.26海里。1992年，青岛开发区与同处一地的青岛市黄岛区体制合一，现有面积220平方公里，人口23.8万。这里依山傍海、地域广阔、环境优雅、气候宜人。

青岛开发区作为对外开放的特殊经济区域，为青岛发展提供了历史性的机遇。建区16年来，青岛开发区从改善投资环境入手，遵循国际惯例，以高效的保障、优质的服务，吸引了世界上50多个国家和地区以及国内20多个省区的投资者前来投资。

目前青岛开发区已形成以发展高新技术、外向型经济为主导、金融商贸第三产业相协调，功能齐全的现代化综合性经济新区，已建设成为世人了望青岛改革的窗口，是青岛市对外开放的重点区域和21世纪的发展支撑点。

青岛开发区管理委员会作为青岛市人民政府的派出机构，管理开发区的行政事务和招商引资事务，拥有投资额在3000万美元以下的外商投资项目的审批权，并拥有工商税务登记、土地征用、海关监管、商品检验检疫等方面的审核权。青岛开发区行政管理机关和中介服务机构实施24小时工作制度，国内外投资商在这里可以得到优质、便捷、高效的服务。按照城区总体规划，青岛开发区在区域布局上规划为六个主要功能区：

1．**重化工业区**　主要在新区北部一带，依托黄岛油港，发展石油化学工业和化纤生产，形成北方最大的石油化工基地。

2．**国际贸易、仓储、加工工业区**　主要利用保税区政策和临近前湾港的优势，完善保税设施，努力扩大保税业务范围，借鉴自由贸易区的运作经验，建成以进出口、转口、过境贸易为主的贸易中心；以仓储运输为主的货物集散中心；以加工贸易为主的加工中心；以高科技产业为

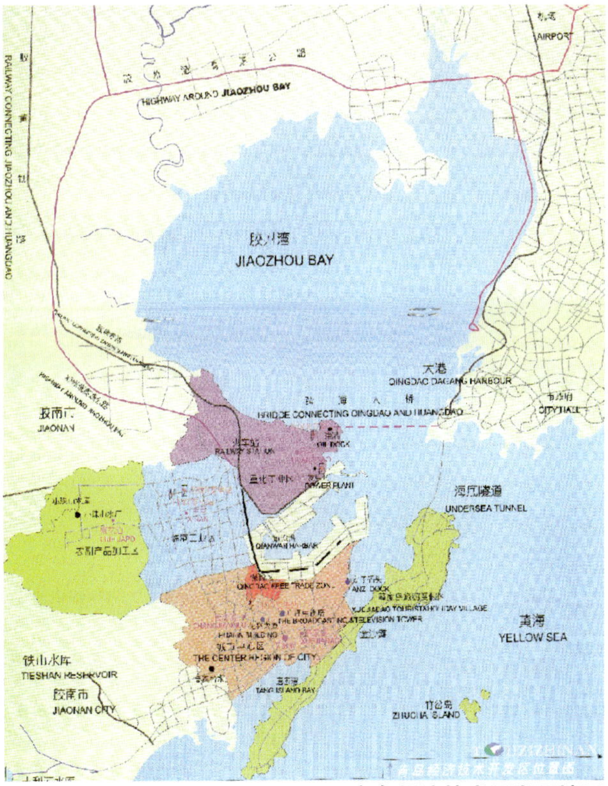

青岛经济技术开发区地图

主的高新技术中心；以国内外信息为主的信息传递中心；以国外商品为主的展览中心；使开发区与保税区优势互补成为与国际市场接轨、设施完善功能齐全、服务一流、效益上乘的现代化自由贸易区。

3．临港生物制药、家电、电子信息、新型建材工业区 在临近港口一带区域充分利用区位优势，加速工业园建设和重大工业项目的引进开发，着重发展生物制药、家电、电子信息、新型建材等工业项目，不断扩大生产规模，形成企业群体，逐步发展成为依托港口性强、运输量大、技术优良、规模较大的工业基地。

4．生态高效农业区 主要在新区的西部，积极发展生态农业和林果业、蔬菜、畜牧业，逐步建设成为全区的果品生产基地和居民的“菜篮子”基地，为新区发展提供丰富的农副产品。

5．行政商务中心区 主要在新区南部，长江路以北地域，以新的行政区为中心，进一步带动周边文化区、金融区、商业区的完善，逐步形成第二个十年的标志性的中心区域。

6．综合旅游区 主要包括薛家岛办事处所辖区域和柳花泊小珠山风景区，利用丰富的自然风景资源，突出山海景观特点，建成集娱乐、度假、休疗养、海上体育活动为一体的具有现代化水准和特色的综合旅游区。

优越的投资环境

港口 位于青岛开发区内的前湾为天然良港，水深域阔。目前已建成一期工程的六个杂货、矿石、煤炭泊位，年吞吐能力2200万吨，可以停靠10万吨级的货轮。已建成的20万吨矿石码头，其规模为世界第二、亚洲第一。

与英国铁行集团合资1.76亿美元兴建的前湾港二期集装箱码头，建成后可以靠泊第五代集装箱运输船，年吞吐能力可达150万标准箱。

目前，前湾港已成为远东地区的杂货、集装箱和矿石重要集散地之一。位于前湾港北侧的两座黄岛油港，是中国目前规模最大、设施最先进的原油、成品油输出输入码头之一，年吞吐能力3000万吨，停靠过30万吨级的油轮。

铁路 青岛开发区至胶州的胶黄铁路已建成通车，全长42公里，与青岛至济南的胶济铁路接轨。

公路 青岛开发区至青岛市区的环胶州湾高速公路全长66公里，已于1995年竣工运行。这条高速公路连接济南至青岛高速公路和烟台至青岛一级公路。区内道路四通八达，形成网络。

空港 青岛开发区距青岛国际机场53公里，汽车行程约50分钟。机场为民航等级4D，开通国际、国内航线56条，有13家中外航空公司参与运营，是国家批准对外开放的一类航空口岸。

渡轮 青岛开发区至青岛老市区有轮渡和快船相通，渡轮30分钟，快船12分钟即可抵达彼岸。

海湾大桥 连接青岛开发区与青岛老市区之间的海湾大桥，已经国家计委批准立项动工兴建，是青岛开发区和青岛市新世纪的标志性建筑和新增长点。

开发区工业园开园奠基

通讯 青岛开发区拥有7.5万门程控电话，可提供国内国际电话服务以及电报、传真、移动通讯、信息数据传输等多项业务，各项通讯技术均达到全国先进水平。移动电话已达到了无缝隙覆盖。

供水 青岛开发区拥有日供水能力10万吨的给水设施，具有日供水8万吨的供水能力。从棘洪滩水库向开发区输水10万吨的供水工程已开始实施。

排水 青岛开发区南城区拥有日处理4万吨污水的泥布湾污水处理厂及配套排污设施。北城区日处理4万吨污水的镰湾河污水处理工程建设前期工作已经完成，计划2002年底前建成并投入运行。

供电 青岛开发区的电源来自山东省电力网。区内的黄岛发电厂，现有2台21万千瓦、2台12.5万千瓦机组运行，装机容量67万千瓦，是山东省四大火力发电厂之一。正在筹建增加装机容量60万千瓦的扩建工程，开发区电力充足，输电配置合理。

供热 青岛开发区实行集中供热，目前锅炉容量210吨／小时。主蒸汽管线 60 公里，汽水热交换站11座。已投产使用的有3×20吨／小时和2×75吨／小时锅炉系统。其中为二期6×75吨／小时锅炉系统配套建设的150米烟囱、上煤系统、沉淀池已建成投产。目前，在黄岛老城区利用黄岛电厂余热，供热面积160万平方米的集中供热工程正顺利实施。

供气 青岛开发区为用户提供管道液化石油气和天然气及罐装液化气。

教育 青岛开发区大力推进素质教育，优化新区教育结构，营造出了良好的教育环境。现有高等院校3所，中小学42所，在校生3万人，教职工2100人。

全区民办教育发展迅速，现有32所私立学校，每年可为三资企业提供大批高素质的劳动者。区内的滨海职业学校是教育部批准的首批民办高校。

南洋发展集团在青岛开发区投资1.5亿元人民币兴建的占地300亩，总建筑面积6万平方米的青岛南洋国际学校，1999年9月1日已正式开学，是胶东地区规模最大、档次最高的民办学校。许多外商子女已入校就读。

医疗保健 青岛开发区现有医院5所，防疫机构和妇幼保健机构各一处，副高级以上专业技术人员76人，中级专业技术人员226人。已形成了医疗、预防、康复、保健、科研为一体的完善的医疗保障体系，医疗设施先进，拥有全身CT（日本和德国产各一台）、核磁共振、日本产800ma大型X光机、彩色多普勒超声诊断仪、自动生化分析仪、人工肾、动态心电监护仪、电子胃镜、高压氧舱直线加速器等先进诊疗设备。有设施和技术力量比较完备的"120"急救中心、中心血库和网上远程会诊中心、肿瘤诊疗中心和骨伤诊疗中心。

文化生活 青岛开发区投资兴建了大型科技文娱中心，区内设电视台、有线电视台和广播电台，拥有自办的《开发区报》和全国刊号的《沿海经贸》杂志。公园、油画院、电影院、书店、游乐场、游泳馆、舞厅等一批文化生活娱乐设施，是中外宾朋工作之余的好去处。

居住 青岛开发区现有旅游涉外宾馆多家，迎宾馆、黄岛宾馆、太平洋大酒店、海都大酒店、怡隆大酒店的特色餐饮以及保龄球馆及在建设之中的大型高尔夫球场，是旅游、度假、生活的理想场所。

金融、保险 随着青岛开发区的发展建设，区内银行、保险等服务体系日趋完善，目前驻区的金融机构主要有人民银行、工行、农行、中行、建行、交行、中信银行、商业银行以及农村信用合作社。驻区保险机构主要有中国人民保险公司、中国人寿保险公司、太平洋保险公司和平安保险公司。证券机构有青岛万通证券交易营业厅。

外商投资领域及重点

青岛开发区优先发展并重点扶植家电、电子信息；石化；制药；机械制造；新型建材；加工贸易等六大主导产业，按照重化工业区、临港工业区、国际贸易区、生态高效农业区、旅游度假区和行政商务中心区六个功能区建设和招商引资。同时，超前发展基础设施建设，包括水、电、热力、燃气、交通、通讯、市政设施等。

石化 石油化工、精细化工、合成橡胶等。

机械 汽车及摩托车关键零部件、汽车摩托车模具、夹具、汽车及摩托车用铸锻毛件、新型纺织机械、新型仪表元器件和材料、精密轴承等。

电子 大中型电子计算机、计算机应用系统、大容量光、磁盘存储器及其部件、新型电子元器件、HDTV新型显示器等。

纺织 纺织化纤木浆、工业用特种纺织品、纺织用助剂、油剂、染料剂、高仿真化纤及高档织物面料及后整理加工等。

建材 新型建筑材料、玻璃纤维及玻璃钢制品、平板玻璃深加工、无机非金属材料及制品等。

轻工 非金属制品模具、皮革整饰加工、合成香料、单离香料，替代氟利昂应用技术、烟用二醋酸、纤维素及丝束等。

服务贸易 金融、商贸、旅游开发、中介服等。

税收优惠政策

根据国家有关法规和青岛市政府有关规定，进入开发区的企业主要享受以下优惠政策：

增值税方面

1．外商投资企业从事境外"来料加工"业务，其工缴费免征增值税。

2．从事农业、林业、牧业、养殖业，销售自产货物免征增值税。

外商投资企业所得税方面：

1．对设立在经济技术开发区的生产性外商投资企业，减按15%的税率征收企业所得税。

2．生产性外商投资企业，除了属于石油、天然气、稀有金属、贵重金属等资源开采项目的，由国务院另行规定以外，实行经营期在十年以上的，从开始获利年度起，第一年和第二年免征所得税，第三年至第五年减半征收企业所得税。

3．对从事农业、林业、牧业的外商投资企业，在依照规定享受"二免三减半"企业所得税优惠待遇期满后，经企业申请，国务院税务主管部门批准，可以在以后的十年内继续减征企业所得税15%—30%。

4．外商投资企业举办的产品出口企业在依照规定享受"二免三减"企业所得税优惠待遇期满后，凡当年出口产品产值达到当年企业产品的70%以上的，可以按照税法规定减按10%的税率征收企业所得税。

5．外商投资企业兴办的产品先进技术企业，在依照规定享受"二免三减"企业所得税优惠待遇期满后，仍为先进技术企业的，可以按照税法规定的税率延长三年减半征收企业所得税。

6．外国投资者从外商投资企业取得的利润，直接再投资于该企业，增加注册资本，或者作为资本投资开办其他外商投资企业，经营期不少于五年的，经投资者申请，税务机关批准，退还其再投资部分已缴纳的所得税40%的税款，再投资不满五年撤出的，应当缴回已退税款。

7．外国投资者从外商投资企业取得的利润，直接再投资于兴办、扩建产品出口企业或先进技术企业，可以依照国务院的有关规定，全部退还其再投资部分已缴纳的企业所得税。外国投资者直接再投资于兴办、扩建产品出口企业或先进技术企业，自开始生产经营月份起三年内没有达到产品出口企业标准的，或者没有被继续确认为先进技术企业的，应当缴回已退税款的60%。

8．外国投资者从外商投资企业取得的利润，免征所得税。

9．对用自有的运输工具和储藏设施，直接为客户提供仓储、运输服务的外商投资企业，可认定为生产性外商投资企业，可以享受"二免三减"的税收优惠政策。

10．从事生产技术科学研究和开发的外商投资企业，认定为生产性外商投资企业，可以享受“二免三减”的税收优惠政策。

投资形式

根据《中华人民共和国中外合资经营企业法》、《中华人民共和国中外合作经营企业法》、《中华人民共和国外资企业法》的规定，外国(或境外地区)投资者可采用以下三种形式在青岛开发区进行投资：举办中外合资经营企业、中外合作经营企业和外资企业（统称外商投资企业）。

中外合资经营企业：外国或境外地区的公司，企业和其它经济组织或自然人，同中国的企业共同举办经中国政府批准的合资企业，是具有中国法人地位的有限责任公司。合营各方共同协商投资比例，共同投资、共同经营、共担风险、共负盈亏。合资外方占合营公司注册资本的比例不得少于25%。合营者可用现金、实物或工业产权出资，作为各自投资的股份，并按照投资比例分配收益，承担风险。

中外合作经营企业：合作双方的权利、义务由双方通过协议、合同加以规定。合同须经中国政府批准，受中国法律保护和管辖。合作经营的一般做法是：由中方合作者提供土地使用权、劳动力和劳动服务或现有可利用的房屋、设备、设施和少量资金，由外国或境外地区合作者提供资金或技术、主要设备、材料等。合作各方在平等互利的原则下，商定适当的管理形式和利润分配方式与比例。

外资企业：外国或境外地区的公司、企业或其它经济组织或自然人均可以其全部来自境外的资金或在中国境内已投资企业中取得的利润投资，亦可用实物、工业产权作价投资。

此外，还有股权出让、产权交易、发行股票、经营权转让等吸收外资方式。

中国境内投资者可以在青岛开发区设立有限责任公司、股份有限公司、国有公司、集体所有制企业、股份合作企业、私营企业及个体工商户的各类企业。

开发开放成效

青岛开发区的开发开放，吸引了大量的国外投资和项目。截至2001年7月，全区累计批准三资项目1211个，总投资40.17亿美元，合同利用外资30.7亿美元。实际利用外资15.8亿美元。投资额在1000万美元以上的大项目达108个，投资过亿美元的三资企业达到4家。日本的松下、三菱、三美、韩国高合、SK、美国的辉门活塞、美铝、英国的铁行等世界500强企业中有17家在我区兴办了项目。累计兴办内联项目3000余家，协议金额超过100亿元，海尔、海信、澳柯玛、国风药业、轻骑、颐中汽车、海西湾船舶、白雪文具等十大工业园区相继建设或已建成投产，形成了一批实力较强的骨干企业和一批有市场潜力的名牌拳头产品。其中2001年1－7月份，引进投资额在1000万美元以上的大项目达12个，投资过亿美元的三资企业达到2家。全区合同利用外资4.67亿美元，增长177.07%；实际利用外资1.42亿美元，增长49.73%；出口总额 3.22亿美元，增长9.87%。

开发区近年实际利用外资一览表（亿美元）

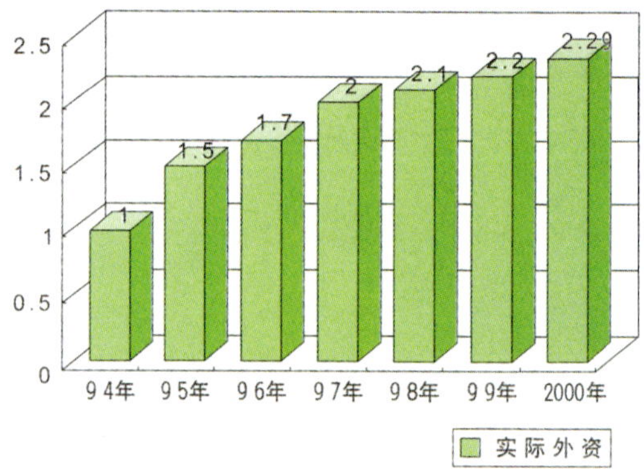

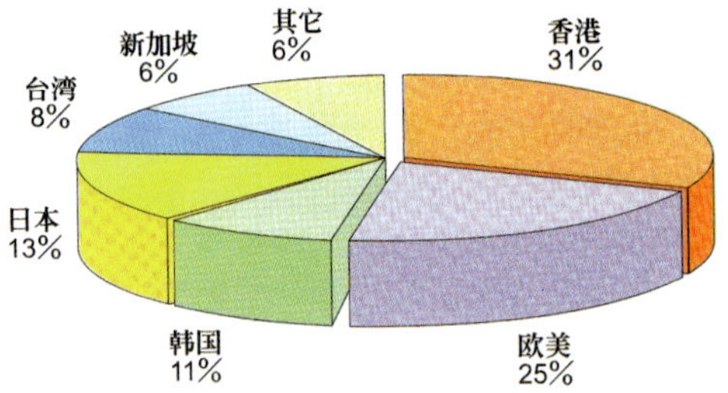

调查为2000年底的比例

新技术产业开发试验区

青岛新技术产业开发试验区1992年由国务院批准设立，位于青岛经济技术开发区临港工业区内，享有国家相应的优惠政策，重点发展电子信息技术、海洋工程技术、生物工程位术、光电一体技术、新材料及精细化工技术等领域的民族高新技术产业。

1998年，青岛开发区为加快民营科技企业发展，设立了占地600多亩的民营科技工业园，为民营科技企业营造了良好的发展空间和政策环境。

高新技术领域投资方向：

1．电子信息技术：遥感遥测技术、传感器技术、大规模集成电路技术、计算机技术、无线通讯及光通讯技术。

2．光机电一体化技术：数控机床、加工中心、智能仪表、机器人等。

3．新材料：工程塑料、电子陶瓷、特种合金、复合材料、合成纤维、人造晶体、压电铁电材料、非晶硅材料、新型磁性材料、纳米材料等。

4．生物工程：现代微生物发酵技术、基因克隆技术、酶制剂技术、活性菌、环境保护技术等。

5．海洋工程技术：海珍品养殖与加工技术、海水综合利用与开发、防海水腐蚀、防附着物的技术及产品、海洋生物综合利用与开发、海底海洋探测技术及设备、海洋

区内投资商

开发的仪器仪表。

试验区和民营科技工业园优惠待遇：

1．对区（园）内的高新技术企业所需用地，根据“按项目给土地，按效益给优惠”的原则，给予开发成本价格，土地出让金除土地补偿费外，其他部分可在三年内缴清。

2．对区（园）内高新技术企业项目用地免征综合建设开发费。

3．凡生产经营场所在试验区、民营园内的高新技术企业，经营期限在10年以上的，从其投产年度起，免征第1–2年企业所得税，对第3–5年的企业所得税超过7.5%部分实行先征后返。对技术先进、产品附加值高，对全区经济发展带动性较强的企业，实行特殊扶持优惠政策，一事一议、特事特办。

4．凡生产经营场所在试验区、民营园内的高新技术企业所发生的固定资产投资方向调节税，经申请批准，先征后返。

5．凡生产经营场所在试验区、民营园内的高新技术企业招聘的人才（中、高级经济、技术管理人员及大学本科毕业生）免交城市增容费；其父母配偶、子女免交城市增容费，对未成年子女负责就近安排入托或就读。

6．对进入试验区、民营园内进行包片开发的高新技术企业，管委会可委托招商，成片开发和招商期间形成的土地增值部分可作为企业开发收益，滚动发展。

开发区大道

7．凡在试验区、民营区内的高新技术企业需要的其它优惠政策，比照开发区的现行政策执行。

发展先进生产力
建设现代化国际新城区

江泽民总书记在建党80周年大会上指出：“不断解放和发展生产力，依然是我们长期的中心任务”，并强调“我们必须坚持不懈地发展先进生产力”。从青岛开发区的实际看，发展先进的生产力，就必须始终坚持以经济建设为中心，立足区情，明确重点，理清思路，进一步突出“五大一高”即大工业、大港口、大旅游、大项目、大城建和高科技，努力实现区域经济的跨越式发展，不断加快现代化国际新城区建设步伐。

1．发展“大工业”。大力发展先进工业，是开发区在大青岛产业布局中的定位。要进一步发展壮大新型家电、机械制造、石化化纤等产业，努力建设大青岛西部现代化工业基地。在发展新型家电方面，以海尔、海信、澳柯玛集团开发区工业园为依托，重点发展智能化、节能化、绿色化新型家电，尽快形成规模，进而把开发区建设成为我国北方地区最具辐射力的新兴家电生产基地。在发展机械制造加工业方面，以牙颐中汽车、大造船和海尔机器人项目为重点，形成船舶、农用车和机器人等为主要载体的集团化、专业化机械工业体系，努力培育一批专业配套企业。在发展石化工业方面，积极推进大炼油、大乙烯项目，争取合资建设1000万吨级炼油企业及深加工石油城。以高合、中达化纤等企业为依托，增资、合资建设氨纶、丙纶、聚脂切片项目，引进建设聚丙烯项目，基本形成规模合理、技术先进的大化纤格局。

2．拓展“大港口”。港口是青岛开发区最重要的资源。要抓住前湾港功能的完善和港航业务的拓展，加快“港区联动”步伐，大力发展以港口运输、商品配送和电子商务为支撑的现代物流业，积极推进北方现代化物流中心的建设。一要加快前湾港集装箱码头建设。要将老港区的集装箱业务有序地转移到前湾港区，并带动临港产业快速发展。积极推进三期集装箱码头工程建设，2001年底前完成2个深水集装箱泊位，今后五年使深水集装箱泊位达到7个，到2005年吞吐量达到500万标准箱。二要加快黄岛油罐区工程建设。配套扩建油码头三期工程，力争建成进口原油储备、中转基地。三要加快液体化工基地建设。四要加快物流配送中心建设，促进批发市场升级和临港仓储业转型。

3．突破“大项目”。进一步加大国际大商社、国内大公司和私营企业大户的引进力度。大力引进世界500强投资项目和符合区产业发展规划、带动作用强、产业关联度大的项目。突出把握三个重点：一是依托已在开发区落户的海尔、海信、澳柯玛等国内知名企业，加快新型家电、电子信息产业利用外资的步伐。二是依托建设石化工业基地，积极推进大炼油、大乙烯项目；三是依托前湾港、保税区，积极推进三区联动发展，引进外资发展加工贸易、仓储物流和转口贸易。

4．开发“大旅游”。围绕“山海”资源优势，加大旅游资源开发力度，努力把新区建成特色鲜明的旅游胜地。在具体工作中，要围绕一线（106公里海岸线）、一岛（薛家岛省级旅游度假区）、一园（珠山国家森林公园）“三个一”的发展重点，实施“三步走”的发展战略，第一步从2000年到2005年搞好金沙滩、行政中心广场旅游景点建设，要使金沙滩景区开发达到国家二级旅游区标准。第二步开发银沙滩旅游景区和石雀滩景区，建成青岛“新的八大关”。第三步开发珠山国家森林公园。

5．构筑“大城建”。根据市里的要求，主要抓三个方面：一是突出滨海城市的特点。整个布局必须围海岸线来展开。随着海湾大桥的建设，青岛开发区作为青岛的明天，根本的问题就在突出滨海城市的特点。二是要凸现青岛市的城市特点。青岛城市的特点是两大块：一块是以八大关为主体的老城区，基本是欧洲大陆的风格。再一块就是往东以北美为主的城市风格。要研究如何在开发区体现青岛的这两块大板块特色。三是可持续发展的特点。要重视环境问题，努力把开发区建成一个生态环境示范区。围绕这一城市定位，在具体的城市建设项目上，要坚持“长眼光、大手笔、高水平、出精品”的指导思想，抓好十大亮点工程：城市道路工程，污水处理工程，“门景”亮点工程，金沙滩绿化广场工程，行政中心广场工程，薛家岛绿岛工程，唐岛湾改造工程，安子旅游码头工程，黄岛和行政中心集中供热及棘洪滩引水工程，珠山国家森林公园开发工程，要把这十大工程建成精品，进一步美化城市形象，提升城市品位，优化投资环境。

6．狠抓“高科技”。继续培育一批实力强的高新技术企业。对已通过认定的48家高新技术企业，通过政策引导、信息交流等措施促使其加大科技投入。同时不断扩大高新技术企业队伍，年内新认定企业15家，继续扶持高新技术成果产业化项目。管理用好高科技风险投资资金和科技三项经费，抓紧筹组科技创业风险投资公司，重点选择10项成熟的高科技成果实现产业化。加快产学研联合和企业技术开发中心建设。尽快启动高新技术市场，发挥其在科研成果交易和高新技术项目合作中的桥梁纽带作用。加快建设一个较大规模、较高档次、有较强吸引力的创业中心，吸引高科技人才和归国留学人员携带高科技成果入区创业。

薛家岛旅游度假区
珠山风景区

青岛开发区拥有较丰富的旅游资源，有海、有山、有岛、有湾。其中薛家岛、小珠山便是区内理想的旅游胜地。

薛家岛旅游度假区是1995年11月经山东省人民政府批准设立的省级旅游度假区，位于胶州湾的西岸，南濒黄海，总规划面积9.8平方公里，地形为东北西南走向的狭长半岛，像一只展翅欲飞的凤凰，横卧在黄海之滨，故薛家岛又有凤凰岛之称。按照总体规划，度假区共分为金沙滩、银沙滩、石雀滩、连三岛及山里四个功能小区。

度假区旅游资源丰富。拥有国际旅游业最推崇的三“s”资源：大海、阳光、沙滩；有金沙滩及其姊妹滩银沙滩、月牙滩等多处海水浴场；有竹岔岛、连三岛等天然岛屿。地理位置优越，风光秀丽。其中，金沙滩长3.5公里，呈月牙形东西展开，水清滩平、沙细如粉。

银沙滩是金沙滩的妹妹滩，位于金沙滩西南部，全长2公里多。这里风平浪静，沙质细腻、色泽银白，是薛家岛旅游区又一个风光迷人的景点，其优美的环境吸引了许多中外游客来此旅游观光。

珠山风景区位于青岛开发区西部。小珠山是胶州湾西海岸最高山峰，海拔724.9米，呈东南西北走向，长约13公里，宽约8公里，面积104平方公里。小珠山层峦叠峰，景色秀丽。有望夫山、石老山、大庵山、釜台筒、大黑涧等四十多座大小山峰。有青蛙石、观音石、大肚佛及元宝石等奇石；山峰奇险壮观，山石奇特神似。景区内已开发农业观光、影视城、鸵鸟园、鹿圈等旅游景点，另有森林公园、中华历史一条街等项目已列入开发规划。

欢迎国内外客商前来投资开发旅游宾馆、酒店、娱乐中心、海滨度假村、游乐园、海上运动游乐、旅游纪念品加工等旅游及其相关的项目。

青岛开发区既是中国的开发区，更是世界的开发区。青岛开发区欢迎国内外的朋友前来携手发展、共同繁荣，努力把青岛开发区建设成为“进入中国经济的大门”，打开中国市场的金钥匙，连接中国与世界经济的桥梁。

鹰潭市"十五"主要投资项目简介

江西省鹰潭市市长　缪　兵

鹰潭市位于江西东北部　辖贵溪市、余江县、月湖区、龙虎山风景旅游区。"十五"期间是鹰潭市经济和社会发展实现新跨越的重要时期，因此我市将举全市之力，集中力量抓好以下一批支撑力强，带动力大，事关经济社会发展全局的项目建设，使全市基础设施得到明显改善，经济发展后劲显著增强。

强化交通枢纽地位　二年左右完成犁园——温家圳高速公路鹰潭段的建设，继续做好206国道、贵溪——神前、贵溪——白庙、黄柏刘——锦江等国、省道的改造和县乡公路改建，力争"十五"期间改造国道、省道200公里，县乡公路150公里，新(改)建通村公路100公里，使我市公路等级有明显提高，成为赣东北交通枢纽中心。

搞好电力建设　继续完善城乡电网的改造，进一步开拓用电市场。做好500千伏变电站选址工作，力争三峡送我省的500千伏回路中有一条在鹰潭落点，形成稳定可靠的能源保障体系，确保经济建设和社会发展需要。

加强城市基础设施建设　围绕将我市建设成为赣东北中心城市的目标，进一步完善城市基础设施建设。建成年供气2.2万户，罐装1万户能力的市管道液化气工程和日处理200吨生活垃圾的城市生活垃圾处理场工程；努力抓好"五路一湖"工程的建设，即兴建市沿江大道、龙虎山大道、五洲路、湖东路、40#路及东湖景区环境综合整治工程，同时兴建龙虎山风景旅游区道路；完成"院里小区"安居工程建设；做好市梅园水厂10万吨/日给水工程前期工作；建设市科技馆和鹰潭胜利文化休闲广场；实施梅园大桥、贵溪大桥及引道工程。

加强水利设施建设　以江河治理特别是城市防洪和5千亩以上堤防工程中型和小(一)型水库除险加固为重点，加强水利设施建设，提高防洪能力。建设信江鹰潭段城市防洪工程，使鹰潭市区达到抗50年一遇洪水标准；抓好余江中潢圩堤除险加固整治以及余江白塔渠挖潜配套工程；实施贵溪塘湾水库及硬石岭水库除险加固。工程竣工后，将改善全市灌溉面积10万亩，保护耕地21.7亩、人口55万人，城市防洪标准有明显提高。

加快市工业园区建设　搞好园区内基础设施建设，完善优惠政策，把工业园区建成我市招商引资的重要基地。

搞好农业高新技术开发项目　建设市生态农业科技示范园，培育引进优良动植物品种，为我市农业结构调整提供示范。抓好余江邓埠镇倪桂村现代农业生态示范村建设。

加强生态保护与建设　实施"跨世纪绿色工程"。重点抓好龙虎山景区环保工程；完成贵溪电厂出灰及加工工程，形成年产粉煤灰10.77万吨的能力；实施好贵溪市清洁能源(沼气)综合利用工程。

努力改善公共服务设施　新建市人民医院综合楼；争取建设市体育中心；完成龙虎山省级旅游度假区、龙虎山道教博览中心建设；办好鹰潭职业技术学院；实施"网上鹰潭"工程，实现政府、企业、社会上网，为推进我市国民经济和社会信息化进程打好基础。

武汉市投资建设成就

武汉市计划委员会主任　路　策

一、"九五"武汉投资建设的主要成就

"九五"期间，面对亚洲金融危机，武汉市紧紧抓住国家扩大内需、实施积极财政政策的机遇，加快重点工程建设，加大重大项目组织协调和策划力度，全市投资建设取得了显著成效。据统计，市级管理的78项重大项目，已竣工投产51项，先后建成的一批代表武汉形象的重点工程，促进了产业结构调整，提升了城市整体功能，壮大了经济实力。

(一)重点工程建设带动了全社会投资，拉动了武汉经济快速增长

"九五"期间，武汉市累计完成投资2091亿元，是"八五"时期完成投资759亿元的2.8倍，超额完成了"九五"计划2000亿元的投资预期目标。全社会固定资产投资总量规模在全国15个副省级和计划单列市中仅次于广州、深圳居第三位。由于投资强度加大，促进了支柱产业成长，有力地拉动了全市经济持续发展。"九五"期间，武汉GDP年均增长13.3%，分别比全国及湖北省同期平均增长水平高5.1和2.5个百分点；全口径财政收入年均增长16.2%；五年实际利用外资累计达53.7亿美元；城市综合经济实力居全国第6位。

(二)基础设施建设迈上新台阶，中心城市整体功能得到进一步提升

"九五"是武汉城市基础设施大规模投入的时期，目前，以商贸金融城、科技城、汽车城、钢铁城为主体框架的功能分区初步形成。基础设施建设大步推进，逐步实现了从解决供给不足向现代化的转变。新建、扩建了一批城市道路、出口公路，先后建成了白沙洲长江大桥、江汉月湖桥、晴川桥、武汉第二邮件处理中心等枢纽性基础设施；军山长江大桥、江汉五桥开工建设并即将建成通车，天兴洲公铁长江大桥、阳逻长江大桥正在抓紧筹建，三条环线雏形初现；五年新改扩建道路177公里，新建城市道路面积580万平方米；新建改造排水管网224.5公里和泵站4个，重点解决了晒湖、沙湖、汉西地区渍水问题；新建改造水厂3座，综合供水能力由361万吨／日提高到370.6万吨／日；居民燃气使用率由65%提高到83.3%；垃圾无害化处理能力达5800吨／日，生活垃圾处理率达96.8%。五年全市住宅竣工面积达到1554万平方米，城区人均住房建筑面积由14.4平方米提高到18平方米。市区及郊区堤防改建工程逐步改善了武汉防洪减灾的能力，特别是龙王庙险段的综合整治，经受了1999年洪水的考验；轻轨1号线一期工程的动工兴建，将对进一步解决我市交通拥挤状况发挥重要作用；市话改造使全市交换机容量达到191.34万门，移动通信总容量达到180万门。山水园林城建设全面启动，城区绿地面积达5873公顷，建成区绿化覆盖率达32.9%，人均公共绿地面积达7.7平方米。城市整体基础设施水平不断提高，为全市经济发展创造了良好的硬件环境。

(三)产业结构不断得到调整，新的经济增长点逐步形成

交通通信重点工程的实施，成为促进我市第三产业快速增长的重要动力之一，武汉经济增长格局由过去依靠工业单一支撑转变为依靠二、三产业共同推动的新格局。支柱产业、高新技术产业的重点工程项目，促进了全市产业和产品结构的调整。武钢滚动实施综合改造，不仅使钢、铁产量跃过500万吨台阶，而且在连铸技术、硅钢片生产技术上也有了新的突破，为我市钢铁工业增强了后劲；神龙轿车形成了年产15万辆能力，并带动了一批汽车零部件配套企业在汉聚集，使汽车工业成为我市重要的支柱产业；长飞光纤光缆等一批重点高新产业化重点工程的实施，为"武汉·中国光谷"的诞生奠定了坚实的基础。

我市以钢铁、汽车、高新技术产业为支柱的工业格局基本形成。特别是一批重点产业工程在东湖新技术开发区、武汉经济技术开发区两大国家级开发区的建设,使之迅速成为我市新的经济增长极,增强了全市整体经济实力。

(四)国债重点项目的组织实施,充分体现了国家扩大内需的政策效应

1998年下半年以来，武汉市先后争取国家计委安排农林水利、城市基础设施、国家粮库、公检法司、社会事业和高新技术产业化等国债项目33项，计划总投资98.8亿元，安排国债资金21.3亿元，占近两年全市全社会固定资产投资净增额的38%；截止2000年底累计完成投资44.73亿元，已竣工投入使用的项目19项，占57.6%。在国债资金的引导和支持下，我市展开了大规模的城市基础设施和农林水利建设，有力地支撑了全市固定资产投资规模和拉动了全市经济增长，使一批有利于城市功能提升的重点城建项目如城市道路、排水排渍、污水处理、垃圾处理等工程提前3—5年实施，城市面貌有了很大改观。国家实行积极财政政策的效应在武汉得到充分显现。

(五)一批标志性重点工程建设,促进了全市精神文明建设，加快了山水园林城市建设步伐

"九五"期间，我市把加强社会主义精神文明建设和创建山水园林城市作为投资工作重点，不断加大投入力度,先后安排市图书馆、博物馆、新江汉大学、武汉体育中心、市二医院、中医院、儿童医院、武汉晚报社等重点工程建设。积极创建全国卫生城市和旅游城市,先后建设了一批高品位、多功能的城市环境品牌工程。武汉图书馆、武汉博物馆等一批标志性重点项目已建成投入使用。新改扩建了洪山广场、西北湖广场、首义广场等10个广场和8个公园、22个游园，改造建设了江汉路步行商业街、中山大道一期、东湖环湖路等城市景观工程。洪山广场改造后成为华中地区最大的现代化城市中心广场；东湖环湖景观及道路建设使东湖周边环境焕然一新，城市环境质量不断提高。

二、"十五"武汉投资建设展望

从新世纪开始,武汉进入全面建设小康社会,加快推进社会主义现代化的新的发展阶段。在新的发展阶段,我市提出了新世纪发展"三步走"的战略目标。

——**长远战略目标**：争取经过30多年的持续奋斗,把武汉建设成为现代化国际性城市,进一步增强城市综合实力，强化城市综合服务功能，优化城市综合发展环境，提高城市综合竞争力。

——**中期战略目标**：用新世纪初的10—15年时间，把武汉建设成为我国中部地区的重要发展点，在经济发展、基础设施、人民生活、社会文明等各个方面基本实现现代化，努力构建可持续发展的经济、社会、生态"三大"系统，为建设现代化国际性城市的长远战略目标奠定坚实的基础。

——**近期战略目标**：用"十五"时期5年左右的时间，为基本实现现代化打基础、建框架，把武汉建设成为华中地区重要的经济、贸易、金融、交通信息、科技教育"五大"中心。

围绕上述目标，"十五"时期要保证武汉经济可持续发展，必须保持较高的投资强度，综合考虑我市面临的宏观环境和发展的各种因素，"十五"时期预期全社会固定资产投资总规模为3000亿元左右，年均增长10%左右，平均投资率将达到35%。我市投资建设又将进入新一轮的高潮期，其投资建设的重点是：

(一)推动结构优化和产业升级，突出工业"五大产业基地"建设

1．以通信设备、激光产品为特色的光电子信息产业基地。

2．以轿车制造为重点的现代制造业基地。

3．钢铁制造及新材料产业基地。

4．生物工程及新医药产业基地。

5．环保产业基地。

(二)着力提升中心城市综合服务功能，突出第三产业"五大功能中心"建设

(三)着眼于建立现代都市型农业，突出以十大产品为主导的产业化新体系建设

(四)着力培植新的经济增长点，突出"一带、一区、一港"建设

(五)初步构建现代城市的基本框架，突出城市基础设施建设

(六)努力创建国家级山水园林城市，突出可持续发展的生态系统建设

与此同时,武汉市还将进一步加强精神文明方面的建设力度,初步形成具有武汉特色的社会经济发展的精神文化支撑。回顾过去,展望未来,我们相信,在江总书记"三个代表"思想的指导下,在国家和湖北省的正确领导和大力支持下,通过全市700多万人民的共同努力,武汉市将以一个崭新姿态阔步迈向新的世纪。

培育新产业　争创新优势
建设新黑河

黑龙江省黑河市市长　赵学礼

黑河是一座山川秀丽、资源富饶的边疆城市。改革开放以来，黑河的经济建设进入了前所未有的快速发展时期，尤其是近几年来，黑河市政府始终坚持实施旅贸牵动和可持续发展战略，致力于建设祖国北方旅贸名城，黑河现已成为一座发展前景十分广阔的新兴城市。

一、优越的基础条件

黑河市地处黑龙江省北部边陲，辖2市3县1区，总面积6.87万平方公里；总人口171万，有满、蒙、达斡尔、鄂伦春等31个少数民族。黑河是经国务院批准的首批沿边开放城市，设有国家级边境经济合作区、大黑河岛中俄边民互市贸易区。黑河市与俄罗斯阿穆尔州首府布拉格维申斯克市相对应，两市码头相距仅3.5公里，最近处只有750米。以两市为中心，通过铁路、公路、空运、水运立体交通网络，南下可至中国内地、港澳地区及朝鲜半岛、日本、东南亚各国，北上可进入俄罗斯腹地和独联体其他国家及欧洲各国。黑河市资源富集，有耕地125.5万公顷，适于种植大豆、小麦、玉米、马铃薯等作物；有林地281.3万公顷，森林覆被率58.5%，是黑龙江省三大林区之一；有天然草原98.6万公顷；境内有黑龙江、嫩江两大水系，621条河流；共有各种矿藏93种，多宝山铜矿为全国第二大铜矿，五大连池矿泉是世界三大冷泉之一；有1500多种野生植物、50多种兽类、200多种飞禽。黑河自然生态保持较好，有冰雪、森林两种旅游资源，是别具北国特色的净土观光带。有被称之“北方沙头角”的大黑河岛；世界罕见的天然博物馆——五大连池火山群；闻名遐迩的爱辉历史古城；民族风情浓厚的鄂伦春族、达斡尔族聚居发祥地；风光幽美的卧牛湖及胜山狩猎场；水流湍急、气象万千的沾河；景色迷人的中俄两国界河等。

二、辉煌的建设成就

“九五”期间，经过全市共同努力，黑河市国民经济和社会事业取得了长足发展。2000年全市国内生产总值完成79亿元。全市投资结构明显改善，投资效益显著提高，全面完成了“九五”期间的增长目标，成为全市经济增长的重要拉动力量。全社会固定资产投资完成874071万元，比“八五”增长1.2倍，年均递增18.8%。

1、农业基础设施建设成就显著。“九五”期间，黑河市启动了肉牛、生猪生产基地等三个世界银行农业贷款项目；集中力量兴建了一批以防洪、灌溉、除涝、发电、蓄水、供水为重点的水利工程项目，相继完成了象山、宝山水电站、山口水利枢纽工程建设和宋集屯病险水库的改造，新增库容13.34亿立方米，新增发电能力15941万千瓦时，开工新建了乌宋岗电站和富地营子水库等重点水利工程。续建改造重点灌涝区15处，新增水田实灌面积7.19万亩，改善除涝面积52万亩。共完成主要江河堤防消险加固总长18.87公里。

2、工业实力明显壮大。“九五”期间，我们全力推进以“粮、豆、畜、菜、药、木、水、铜、煤、石”为重点的资源开发项目建设。共完成投资15.6亿元，实施技改项目95项，先后对黑河市水泥厂、双兴木制品厂、铜山铜矿堆浸、宋集屯煤矿、黑宝山煤矿、孙吴卷烟厂等进行了大规模技术改造，建成投产了富地营子铜矿、黑河药厂等工业项目。通过联营联合，组建了黑河市爱辉山珍集团公司、黑河药业有限公司、五大连池金义矿泉水集团公司等企业集团。

3、交通运输能力显著增强。共完成投资13.3亿元。公路重点改造了黑大公路宝山泉至北安段、北五、黑嘉等10多条公路；新开工了黑大公路黑河至北安二井子段改扩建工程。铁路完成了北黑铁路扩能改造工程，铁路技术装备水平明显提高。新增铁路运能，客运年均180万人次，货运年均200万吨。民航完成了黑河机场扩建任务，开通了3条国内航线，每年新增客运11.3万人次。黑龙江大桥的前期工作也正在积极推进。中俄国际经贸大通道的重点工程已初具雏形。

4、城市建设日新月异。黑河市大水源和北安市闹龙河水库建成投产，新增城市供水能力10万吨／日，改造城市配水管网57万延长米；完成了黑河城区热网二期和北安热网三期工程，新增供热面积240万平方米；升级改造城镇道路面积718万平方米；扩建了多处园林景点，新增绿地面积2512公顷。住宅建设发展较快，全市城乡住宅竣工面积370万平方米。

5、邮电通信业迅猛发展。新建光缆2071公里，改造了城乡电话通信网络，新增市话装机11万户，农话装机6.5万户，是“八五”的8.3倍。新建了北安邮件处理中心、北安邮政营业厅、黑河移动通信生产楼、中国联通黑河公司移动通信网，新增移动通信6.6万户，寻呼8万户。

三、灿烂的发展前景

“十五”期间，黑河市将以“三个代表”的重要思想为指导，坚定不移地继续实施旅贸牵动和可持续发展战略，努力增加投入，推进新产业发育进程，争创新优势。到2005年，全社会固定资产投资计划达到33亿元，年均递增11%。

1、大力发展以绿色食品为重点的优质高效农业。“十五”期间，计划投资35.3亿元，用于农业重点项目建设。到2005年，全市地方口径农业增加值达到16亿元，年均递增4%。投资重点：一是向调整优化品质品种结构的项目上倾斜。以高脂大豆、专用小麦、饲用玉米、脱毒马铃薯为重点，扩大特色粮食品种生产；以油菜、亚麻、北药为重点，扩大经济作物面积；以饲草为重点，扩大优质饲料作物种植。突出抓好优质肉牛、羊，大力发展奶牛、大鹅、瘦肉型猪以及特色珍稀动物养殖。植树造林面积要达到30万亩，拟投资5亿元，建设黑龙江流域局部沙棘保持基地、速生丰产林基地、人工天然林等林业重点项目。二是向绿色食品基地建设上倾斜。充分发挥生态优势，加快绿色食品的生产、加工、销售、服务一体化进程，逐步使黑河市成为全省绿色食品基地。投资9.3亿元，建设黑河市蔬菜出口基地、双低油菜生产基地、优质大豆、小麦、甜菜、矿泉稻生产示范基地、日光节能温室蔬菜基地、食用菌养殖基地、野生动物养殖基地、林蛙养殖基地以及奶牛、肉牛、肉马养殖基地等绿色种养项目。三是向改善农业生产条件的项目上倾斜。“十五”期间，投资16亿元，建设黑龙江及嫩江干流堤防工程和护岸工程、乌宋岗电站、三道湾子电站、病险水库消险加固工程以及重点灌涝区治理、水土保持工程。投资1.9亿元，用于搞好辖区内六个县(市)区的农业综合开发项目，抓好23个农业综合开发小区建设，改造中低产田65万亩。

2、突出发展以资源精深加工和出口导向型工业为重点的地方工业。到2005年，全市老工业企业技术改造投资规模完成10亿元以上，地方口径工业增加值达到8.53亿元，年均递增10.8%，其中规模以上企业实现工业增加值5.57亿元，年均递增12.5%。一是发展农副产品加工业 。投资2.5亿元，建设黑河市合作区磷脂厂、五大连池免洗米加工厂、北安玉米加工厂、爱辉区卵磷脂、爱辉区及逊克县山野菜、桦树汁、马铃薯系列产品、黑河生猪加工厂、嫩江肉牛加工厂、五大连池大鹅加工厂等农畜产品加工重点项目。投资2.6亿元，建设嫩江县植物蛋白质纤维、磷脂、谷丰浸油、长福乡肉类加工、高蛋白豆奶粉、正大饲料、伊拉哈马铃薯加工以及嫩江、逊克山野菜加工等项目。投资1.52亿元，扩建黑河制药有限责任公司、北安“三九”药业有限公司、爱辉中药材生产基地，重点开发甘草素、景天泡腾片、五味子素、沙棘油等北药新产品。投资15亿元，扩建黑河木材加工厂、新建年产10万吨纸浆厂及年产3万立方米的高密度板厂。同时，在俄罗斯新建年加工50至100万立方米木材的加工厂，研究开发集成材、装饰板材、人造板、地板块、中密度板、木制工艺品、高档实木家具等木材系列产品。二是发展矿产品精深加工业。投资5.4亿元，对五大连池矿泉水集团实施大规模技术改造，年均产量达到20万吨，并培育成国内知名品牌。投资6.82亿元，建设多宝山年产2500吨电解铜生产线，开发制铜产品并建设日处理矿石2万吨的大多宝山铜矿和铜山铜矿。投资7.8亿元，新建年产120万吨水泥熟料的关鸟河水泥厂。投资6280万元，新建峰前工业硅冶炼厂，生产高纯石墨等深加工产品。投资2.91亿元，新建年产60万吨的三季屯煤矿、年产30万吨的黑河兴安煤矿，改造盘肠沟煤矿和一五一煤矿，形成100万吨煤炭的生产能力。投资12亿元，建设富地营子水库、西沟抽水蓄能电站、三道湾子水电站，组建以西沟水电公司为核心的水电集团。三是发展出口导向型工业。抓住入世的契机，全方位扩大对外开放。立足资源优势，适应俄方市场需求，构建出口导向型工业群体，重点在黑河经济合作区辟建出口加工园区，发展出口加工业。

3、加速发展对外经贸业。坚持立足于阿州市场，抢占远东市场的发展思路，逐步开拓乌拉尔山以东百万人口以上城市市场。到2005年，对外贸易进出口总值实现3.8亿美元，年均递增20.9%。利用外资达到1.06亿美元。为实现这个目标，必须加强市场载体建设。拟投资2亿元，扩建龙港塑料纺织有限公司，在俄罗斯新建克市中国轻工商品市场，并发展房屋开发、森林采伐、木材加工等境外开发项目。继续推进大黑河岛边民互市贸易区的建设，投资2.57亿元，建设口岸旅检大厅、中俄商务信息服务中心、国际娱乐中心、跨江索道、江滨浴场等服务设施，使大黑河岛逐步发展成为中俄边境地区自由贸易区。抓好克拉斯诺亚尔斯克等俄腹地城市中国商品城建设，构建起完备的黑河—布市—俄腹地城市“三点一线”的直销网络。完善对俄果菜批发大市场和粮油综合批发市场建设，建立流畅快捷的“绿色通道”，把黑河建设成为对俄果菜、花卉、粮油批发零售的集散地。

4、积极发展具有黑河特色的旅游业。坚持以边境旅游带动国内旅游，大力发展旅游朝阳产业。到2005年旅游接待人数达到100万人次，其中出入境游客38万人次，年均增长14%；旅游收入达到6.58亿元，年均增长56.6%。拟投资2.5亿元，加快建设五大连池国家级风景区、逊克沾河漂流区、卧牛湖省级风景区、鄂伦春民俗旅游区以及胜山森林公园、孙吴日军侵华遗址、爱辉历史陈列馆等景区景点。

5、加快中俄国际经贸旅游大通道等基础设施建设。“十五”期间，投资33亿元，完成北黑地方铁路改造工程、黑河机场扩建工程、202国道黑河至北安二井子段改扩建工程，推进中俄黑龙江大桥、111国道讷河至嫩江段、黑河港码头二期扩建等项目建设，形成中俄经贸旅游大通道建设为主干的交通运输网络。投资40亿元，新建绥北公路二级白色路面78公里、嫩呼公路星火至黑宝山至金水铁路25公里等公路网络建设。

6、大力发展服务业。投资12亿元用于邮电通讯业，建设黑河移动通信GMS交换局和光缆工程、联通公司光缆工程、管道工程、通信枢纽、GMS工程、双CDMA工程以及数据通信网；建设电信局中继光缆、用户主干光缆、交换局改造、市内电话线路改造。新建光缆2608公里，新增交换容量51万门。到2005年，移动通讯实装率达到50%；固定电话普及率达到23%。投资4.5亿元用于房地产开发、医疗保健、文化娱乐等服务业设施建设。

努力扩大投资 确保经济快速增长

贵州省安顺市市长　陈海峰

安顺市位于贵州省中部，国土总面积9264平方公里，占贵州省总面积的5.26%，下辖镇宁苗族布依族自治县、关岭布依族苗族自治县、紫云苗族布依族自治县、平坝县、普定县和西秀区共6个县(区)，其中有4个国家贫困县。总人口252万，少数民族人口占全市总人口的38.3%。

2001年全市国内生产总值为63.5亿元，“九五”期间年均增长9.87%，地方财政收入达到3.6亿元，年均经济增长率22.41%。安顺位于黔中产业带，是国家和省规划的重点旅游经济区，旅游资源十分丰富，辖区内有国家级风景名胜区2个(黄果树风景区、龙宫风景区)，省级风景名胜区3个(紫云县格凸河、关岭县花江大峡谷、普定夜郎湖)。通过近20年的发展，安顺旅游业具有了一定的基础。

自改革开放以来，在省委、省政府的领导下，安顺市经济社会的发展取得了很大进步，特别是自1998年国家实施积极财政政策以来，给安顺市经济社会的发展带来了难得的机遇。由于得到国家的大力支持，安顺市相继开工建设了一批急需的基础设施项目，固定资产投资大幅度增长，“九五”时期，全市全社会固定资产投资额累计达52亿元，年均增长18%。

“九五”时逢安顺市行政区划发生重大变动，原安顺地区辖二市八县、1996年将东部四县市划给贵阳。1995年以前，安顺市经济发展的投资重点一直在原东部四县市，1996年区划变更后，不仅使安顺市经济实力大为削弱，而且导致安顺市经济发展后劲不足。1996年和1997年，正值国家实施适度从紧政策，对投资规模进行有效控制，投资大幅度减少，安顺市受此影响，1996年投资对经济增长的拉动仅0.09%，1997年也仅为0.71%。但是，由于我们采取了一系列行之有效的招商引资政策，拉动了经济的增长。1998年，面对买方市场的逐步形成以及亚洲金融危机的影响，国家采取了积极的财政政策，增加固定资产投入扩大内需。安顺市紧紧抓住国家实施积极财政政策的机遇，努力争取国债投入，1998年投资增长达36.12%，增幅较上年提高29.44个百分点，投资率达18.88%，拉动经济实际增长1.34个百分点，“九五”期间，我市固定资产投资比“八五”期间增长了1.02倍，是新中国成立以来投资规模最大的时期，也是经济增长最快的时期。“九五”时期，我市实施了梭筛引水工程、王若飞大道改扩建工程、市东路改扩建工程、段家山国家粮食储备库工程、王二河水库工程、安西灌区改造工程、虹山水库除险加固暨贯城河治理工程、株洲至六盘水电气化铁路复线建设工程、安顺电厂一期工程、紫云至黄果树公路工程、紫云至望谟公路工程、紫云和关岭商品粮基地建设工程、普定和镇宁生态环境综合治理工程、农村电网改造工程等。通过这些项目的建设，初步缓解了我市基础设施建设滞后的压力，为“十五”时期经济快速发展奠定了较好的基础。

2000年经国务院批准撤销安顺地区设立地级安顺市。这对于进一步加快安顺经济发展，社会进步，更好地实施西部大开发战略，具有极大的促进作用。“十五”期间，安顺市经济社会发展的主要目标是：全面启动实施西部大开发战略，国民经济加快发展，经济增长质量和效益明显提高，交通、通信和城市基础设施建设有突破性进展，城市化进程明显加快，到2005年，全市人均国内生产总值、人均财政收入、城乡人均收入等主要指标在全省排位前移，为力争2010年前实现国内生产总值在2000年的基础上翻一番奠定坚实基础。为确保安顺市“十五”计划的全面完成，必须抢抓机遇，扩大开放，争取国家和省的大力支持，同时营造良好的投资环境，吸引社会资金，全方位扩大投资需求。“十五”期间，固定资产投资总额在“九五”基础上将增加1倍，年均增长12%以上。国家实施积极的财政政策、扩大内需和实施西部大开发战略，已为我们提供了扩大投资需求的大好机遇，必须树立抢抓机遇的意识，用足用活国家实施西部大开发战略的政策措施，努力扩大投资需求，拉动经济快速增长。

“十五”时期，安顺市基础设施建设的基本目标是：初步建立与经济社会发展相适应的城市基础设施、环境治理保护系统、城市给排水系统、城市能源保障系统、城市信息网络的基本框架。

交通基础设施建设以市区为中心，以高等级公路为主骨架，构建向六方辐射、水陆空结合、通江达海的立体交通运输网络，强化作为贵州西部的交通枢纽功能。“十五”期间建成安顺至普定尚家冲公路、安顺至紫云高等级公路、紫云至黄果树公路、普定经黄桶至镇宁公路、平坝至长顺公路，实施紫云至望谟公路改(扩)建工程，配合省有关部门完成清镇至黄果树高速公路、水城至黄果树公路、关岭至兴义公路建设和黄果树至云南省胜境关高速公路改(扩)建工程，形成安顺市公路骨架网络，实现市政府所在地到各县城通高等级公路。规划建设安顺公路二级枢纽。完善安顺机场作为“支线机场”的改造工作，开通旅游专线业务，逐步形成独立对外的空港。围绕西南出海通道起步工程，以航道整治和配套设施建设为主，按五级标准建设百层至打邦河口航道、盘江桥至毛口航道，新建盘江桥码头，扩建坝草码头，打通西南水运出海通道。

城市基础设施建设。完成王若飞大道南北段工程和市东路南段工程，建设龙青路、市西路南北段和龙泉路，打通南北向主要交通干道；建设城区二环线，解决过境交通入城的问题；扩建贵黄大道、西航大道、东西大街，新建连接市区和机场的北郊路。在完善城市道路的同时，配套建设供水管网、排水、供电、通信、消防和环卫等公用及公共设施。做好梭筛引水工程二期扩建工作，继续实施五个县城联合供水工程。到2005年，新增城市道路42km，新增城市道路面积128万m^2，城市道路网密度达4.5km/km^2，城市人均城市道路面积达6m^2/人。城市排水管网新增84km，城市排水密度达53%。全市新增供水能力10万吨/日，供水普及率达95%，城市生活用水量达200升/人·日。从适应经济社会发展和加快工业化、城市化进程需要出发，发挥城市的经济、贸易、金融、信息、科技和文化中心作用，“十五”期间，建成安顺广播电视中心和文化中心。加大住宅建设尤其是经济适用住房的建设力度，提高人民群众的居住水平，改善居住环境。结合旧城改造，新建一批设施完善的住宅小区。“十五”期间，新增住宅建筑面积600万m^2，2005年，住宅成套率达90%，城镇居民人均居住面积达12m^2/人。完成市贯城河治理，完成垃圾无害化综合处理工程，新建区污水处理厂。

加强重点水利基础设施建设，认真实施好在建水利工程，完成王二河水库工程、安西灌区工程、桂家湖水库与油菜河水库治理工程。争取紫云黄家湾水库开工建设，积极配合争取国家支持建设黔中水利枢纽工程。

抓住国家优先安排中西部地区基础建设的机遇，完成全市城乡电网改造，配合有关部门加快安顺火电厂二期工程、引子渡电站和“西电东送”安顺至广东500kV交流换流站及输电线路、安顺至广东500kV直流换流站及输电线路等重大项目的建设，争取光照电站、王二河水库坝后电站、三岔湾电站等项目开工建设。协调建设“西电东送”的安顺500kV交流变电站和直流变电站。

加快旅游基础设施建设，实施黄果树新城及配套设施建设，整治景区环境，力争黄果树风景名胜区尽早列入世界自然遗产名录。加快龙宫风景区深度开发，做好紫云格凸河穿洞风景区、花江大峡谷风景区、引子渡电站建坝成湖后景区的开发建设。实施夜郎湖风景区和红枫湖南片区的深度开发。搞好安顺文庙、普定穿洞古人类遗址的设施配套完善工作。建设“安顺明清风情小区”、“明代屯堡文化城主题公园”及关岭海百合和“中国龙”、平坝恐龙等古生物化石群博物馆。

“十五”期间，安顺市将加快投融资体制改革，改变计划管理体制，强化长期规划、宏观指导、产业政策和综合协调职能。确立企业投资主体地位，建立企业自主决策、自担风险、银行独立审贷、政府间接调控的投融资体制。积极拓宽投融资渠道，争取国家增加国债投入，扩大直接融资，支持有条件的企业发行股票、债券。改革政府投资方式，通过政府贴息、资产置换等方式，引导信贷资金和社会资金，鼓励国内外客商投资参与基础设施建设、重点产业发展、生态建设等。采取财政投入、出让股权、级差地租收益、存量资产转换、特许经营权、土地批租等方式，筹措公益性项目资本金。建立和完善项目法人责任制、招投标制、工程监理制和合同管理制，建立严格的项目建设监督和风险责任约束机制。

进一步改善投资环境，努力营造富有凝聚力和吸引力的经济发展环境，切实转变“管理就是审批”的观念，按照小政府、大社会、少审批、多服务的要求，凡不属于政府职能、不应当由政府直接管理的，从实际出发，坚决取消，全面放开。营造优质透明的政策环境，政府和有关部门切实推行政务公开，对各个部门的权限、责任以及办事程序、办事时限等，都予以公开。切实做好清费减负工作，公开收费标准，采取有效措施坚决治理乱收费、乱罚款、乱摊派行为。营造市郊优质的服务环境，建立办事高效、运转协调、行为规范的管理体制。营造严明规范的法制环境，依法办事，依法行政，规范行政行为，完善政策法规，维护投资者的合法权益。

加大固定资产投资力度
推动兰州经济快速发展

兰州市市长　张玉舜

兰州是甘肃省省会，是中国西部地区重要的政治、经济、科技、文化、信息中心之一。现辖三县五区，总面积1.31万平方公里，其中市区面积1631.6平方公里；全市总人口314万人，其中非农业人口160万人。经过建国后50多年特别是改革开放20多年的建设，兰州已发展成为国家重要的能源、原材料工业基地，西北地区的交通、通信枢纽和重要的商贸中心，综合经济实力进入全国大中城市50强。数十年的发展历程表明，兰州是一个典型的投资拉动型城市，投融资对全市经济增长举足轻重。

"九五"时期，在省委、省政府和市委的正确领导下，全市上下紧紧抢抓国家扩大投资、启动内需的政策机遇，加强基础设施等重点项目建设，固定资产投资保持了持续快速增长的良好态势。

一是投资规模迅速扩大，拉动经济稳步增长。全市固定资产投资完成610亿元，成为我市历史上固定资产投资规模最大、项目建设成就最大的时期。其中基本建设、技术改造、房地产投资分别比"八五"增长2.46倍、1.63倍和2.29倍，年均分别增长28.2%、21.3%和26.9%。全市投资拉动经济增长3.5-4个百分点，固定资产投资成为促进国民经济发展的最主要因素之一。

二是国债项目建设顺利，投资效益显著提高。"九五"时期，国家共安排我市国债资金25.3亿元。到目前为止，已建成兰州中川机场飞行区、北滨河路中段道路、银滩黄河大桥、兰州南北放射线道路、兰大综合教学楼等一批基础设施项目；开工建设了兰州至峡口、柳沟河至古浪、兰州至白银等几条高等级公路和生态环境综合治理、城乡电网、城市供水、污水处理、"二热"、煤气管网等一批重大骨干项目。

三是投资结构调整步伐加快，一批重大项目建成投产。农业基础条件得到进一步改善。引大入秦工程支渠建设、渠系配套和平田整地基本完成，榆中"三电"、西岔电灌、大沙沟、彭家坪、西津坪等一批水利工程和农村道路、电网、电话网、广播电视网等基础设施建设步伐明显加快，百合、花卉、蔬菜、养殖等一批产业化项目和龙头企业快速发展。工业企业技术改造得到加强。全市用于企业技术改造的资金累计达到179.77亿元，先后建成兰炼炼油扩能改造和4万吨聚丙烯生产线、兰化20万吨乙烯配套项目、兰化52万吨尿素项目、兰州炭素厂1万吨高功率石墨电极配套项目、永登水泥厂100万平方米高档彩色釉面砖生产线、兰州三毛集团引进2000吨澳毛制条生产线、兰州佛慈制药厂中成药浓缩丸生产线等一批新建和技术改造项目。已建成营业额上亿元的批发市场10个，百盛、世纪春天、兰新、华联等大型百货商场和超市相继建成。

四是基础设施建设力度进一步加大，城市功能日臻完善。"九五"末，建成城市道路211条、总长度541.68公里，道路总面积922.55万平方米；全市日供水能力达到130万立方米，人均生活用水量164升，污水处理率37.11%；日供气量14万标立方米；集中供热面积1458.1万平方米，集中供热普及率30.34%；城市公共交通线路92条，总长度1056.48公里，营运车辆1873标台；城区公共绿地面积355.3公顷，绿化覆盖率达12.1%。

五是科技进步不断加快，社会事业全面发展。各类科研机构发展到700多个，有1300多项科技成果得到推广应用，兰州高新技术产业开发区已初步形成了以精细化工、生物技术、新医药、节能环保、信息技术为主的产业格局，技工贸总收入年均增长50.2%，达到42亿元。地方财政用于教育事业的支出累计达到16.5亿元。建成标准化小学207所，完成32所中学校舍改造。全市用于文化、卫生、体育、广播电视等各项社会事业的投资累计增加91.36亿元，增长2.7倍。累计竣工住宅面积1052万平方米，增长18.6%，居民居住环境逐步改善。

“十五”期间，全市社会固定资产投资计划年均增长10%以上，投资总规模累计达到1100亿元。其中重点建设项目195个，总投资1070亿元。

一、明确投资重点。主要投资方向是：能源、交通、通信、农田水利、城市基础设施、生态建设和环境保护、企业技术改造、高新技术产业化以及教育、卫生等社会事业。资金重点投向：实施西部大开发的10大工程，即老工业基地改造振兴工程、城郊型农业综合开发工程、南北两山绿化工程，城区路桥建设工程，黄河40公里风情线旅游开发工程、天然气开发利用工程、大气污染治理工程、兰州信息港建设工程、商贸中心建设工程和技术创新工程。突出抓好引大入秦上水、县区生态环境，南北两山绿化上水、农村电网，百合及其它农业产业化项目，改造扩建兰州客站，新建兰州东国际集装箱陆运口岸，开发黄河市区段航运，争取建设柴家峡、乌金峡、小峡水电站，加快兰铝扩建、连铝扩建、生物高科技药品、铝板带箔、高压径向柱塞泵，口服轮状病疫苗，乙烯及地方配套深加工等技术改造和新建设项目以及柳古、兰白、柳巉、兰海、兰洮等几条高等级公路。全面启动和建设城市副中心，以安宁、七里河“三滩”(迎门滩、马滩、崔家大滩)区域为主要空间布局，高起点规划、高标准设计、高质量建设城市副中心。重点发展技术含量高的出口加工业和教育、文化产业，布局建设一批大项目和标志性公共设施，再造一个现代化新城区。

二、继续推进投融资体制改革。按照“谁投资，谁决策，谁受益，谁承担风险”的原则，加快建立投资风险约束机制，积极培育自主决策、责权利相统一的多元投资主体。进一步转变政府职能，合理界定政府投资范围。对一般竞争性项目政府要退出投资领域；对有收费机制，收益稳定的基础设施项目，政府要完全交给社会投资者投资建设；对一些有收费机制但效益难以做到投资收益平衡的基础设施以及公用设施项目，政府通过适当的补贴等政策，鼓励社会资金规范、有序地投入。

三、拓宽投融资渠道。紧紧抓住推进西部大开发的政策机遇，积极争取国家支持；继续用足用好各级财政、金融等常规性投资。在城市基础设施建设中，增强敢于举债建设的意识，加大信贷投入对经济建设的支持力度；加大招商引资力度，培育资本市场，扩大债券、股票发行份额，加快土地置换。把工作重点放在鼓励和引导民间投资上，在行业准入上逐步扩大民间投资范围，在土地使用、企业开办、上市融资等方面给予民间投资与国有企业和外商投资同等待遇。吸引各类投资主体向基础设施、公共事业、社会事业、高新技术产业、生态环境建设、农业产业化等领域投资。按市场经济体制的要求，积极转变观念，转变职能，致力于为投资者创造宽松的投资环境，努力使兰州成为低成本、高回报的投资热点城市。

甘肃省信托投资公司简介

甘肃省信托投资公司是1980年经中国人民银行和甘肃省人民政府批准成立的国有独资非银行金融机构。业务涉及人民币、外汇信托存贷款和投资、委托存贷款和投资、有价证券经纪和承销、金融租赁、代理收付、经济担保、信用鉴证等多个领域。二十年来，累计为甘肃省内十多个行业发放各类贷款20多亿元，并投资参与发起了甘肃省中小企业信用担保有限公司、兰州同建生物科技有限公司、华龙证券有限公司等多家企业，有力地支持了甘肃地方经济的发展。同时积极开展证券业务。作为股票发行主、副承销商及分销商，成功地组织完成了甘肃祁连山股份有限公司等十多家公司股票上市及企业债券发行工作，并先后设立了上海源林路证券营业部等多家证券营业部。截至2000年底，公司总资产204854万元，净资产33961万元。

2001年，甘肃信托整合省内其余三家信托投资公司，组建新的甘肃省信托投资有限责任公司。新公司注册资金达5亿元以上，可经营资金信托，动产、不动产信托，其它财产及财产权信托，公益信托业务；投资基金业务；企业资产的重组、购并及项目融资、公司理财、财务顾问等中介业务；国债、企业债券承销业务；代理业务；代保管业务；信用鉴证、资信调查及经济咨询业务；担保、投资、融资租赁业务；金融同业拆借等多项业务。公司将遵循“诚实、信用、谨慎、有效”的原则，为委托人和受益人创造最大价值。

公司地址：兰州市静宁路138号
邮　　编：730030
联系电话：(0931)4890367
传　　真：(0931)8410739

深化投资融资体制改革 促进天水经济快速发展

甘肃省天水市市长　赵　春

天水市位于甘肃东南部，东接陕西，南通巴蜀，是古丝绸之路上的重镇。经过解放后50多年特别是改革开放20多年来的建设，天水市的经济实力有了很大的增强。但人口多、底子薄、地处内陆欠发达地区的基本市情，决定了天水的经济发展必须要走大力改善工农业基本生产条件，扩大城乡基础设施建设，扶持新的经济增长点这样一条依靠投资拉动型发展道路。因此，进一步深化投融资体制改革，加大全市投资融资力度，对于全市经济发展具有十分重要的意义。

一、“九五”投融资回顾

“九五”期间，在国家、省里的大力支持下，天水市积极争取国家国债资金，并通过招商引资和社会融资，上了一些多年想干没干成的项目，使全市城乡面貌和生态环境大为改善，人民生活水平不断提高，城市基础设施不断完善，全市经济实力和发展后劲大大增强。

(一)总量增长、增幅较高。“九五”期间天水市全社会固定资产投资累计完成81.55亿元，比“八五”增长1.5倍，年均增长26.4%。在投资总额中，基本建设投资所占比重达49%，技改投资占18%，房地产投资占11.4%，其他投资占21.6%。投资的加大，较好地拉动了全市的经济增长。

(二)基础设施建设有突破性进展，国债项目进展良好。“九五”期间，全市的基础设施建设规模加大，建成了一批重大基础设施项目。特别是1998年中央增发国债以来，又实施了一批国债项目，安排投资规模约12亿元。这些项目涉及道路、供水、供热、垃圾处理、退耕还林(草)、水土流失治理等方面。

(三)投资结构调整成效显著，重点建设项目进展顺利。在投资来源上，民间投资、外资(包括境外、国外)投资比重不断上升。在投资结构上，二三产业比重明显上升。市政府每年实行重点建设项目调度制度，实施了一大批重点建设项目，新增了生产能力和效益。

(四)各类企业投资和利用外资有了较快增长。全市建成或在建的三资企业有21户，总投资11608万元，已到位资金6868万元。

(五)投资管理工作不断完善，投资体制改革步伐加快。在投资工作中，天水市积极推行项目资本金制度、项目法人责任制和工程监理制、招投标制、合同制、工程质量终身责任制，实行了投资许可证制度和重大项目稽察制度，强化了政府对投资的宏观管理，工程质量和投资效益不断提高。同时规范审批行为，简化审批手续，积极营造公开、公正、廉洁、高效的投资环境。

二、“十五”投融资展望

“十五”期间，天水将以富民强市为目标，以改革开放为动力，发挥五大优势(相对区位优势、加工工业优势、旅游资源优势、农副产品资源优势、劳动力资源优势)，实施三项战略(科教兴市战略、可持续发展战略、开放带动战略)，调整三大结构(产业结构、所有制结构、投资结构)，加强两个建设(基础设施建设、生态环境建设)，把天水建设成为集旅游、商贸和加工工业为一体的甘肃东南部中心城市。

(一)继续深化投融资体制改革。要在继续争取国家、省里国债项目和重点项目补助资金的同时，积极开展招商引资，吸收大量国外和民间资本进入投资领域。今后除资源、国家安全和因自然原因必须由政府垄断的领域外，其余领域均应向民间投资开放，要给予民间投资与国有企业和外商投资同等待遇。

(二)要尽快改革投资决策体制，完善政府宏观调控、银行独立审贷、企业自主决策和自担风险的投融资机制。要进一步转变政府职能，合理界定政府投资范围，处理好政府、企业与市场的关系，为投资者创造宽松的投资环境、公平的竞争机制。

(三)要不断优化投资结构，发挥投资最大效益。要根据国家、省里投资调控目标和最新产业政策以及鼓励外商与民间投资的产业指导目录，研究制定本地投资政策，运用各种经济和行政手段调控全市投资总量和调整投资结构。把重点项目的投资作为调整产业结构，促进西部大开发战略实施的重要环节。

(四)要加强政府对投资的管理，完善国有投资、国有资产、国有资本运营管理体系，规范政府投资行为和内部约束机制。要尽快组建专门的投资公司，完善投资运营机制。

天津环渤海创业投资管理有限公司

天津环渤海创业投资管理有限公司是由环渤海经济区内各地政府科技风险投资机构共同出资，于2000年5月在天津组建的专业性风险投资管理公司。公司注册资金2300万元，现已在太原、大连、青岛、呼和浩特、沈阳等地设立代表处。

经营宗旨：立足环渤海经济区，以创业投资管理为主业，吸收国际上先进的风险投资管理经验，结合环渤海经济区在技术、经济、投资环境等方面的优势，通过跨地区运作，优化资源配置，在风险资本和创业企业间架起一座桥梁，促进高新技术成果产业化进程，为高速成长的科技企业向更高层次、更大规模发展提供服务。

经营理念：诚信、公允、协作。

发展目标：构建环渤海经济区完整的创业投资体系，以高水准的人才组合，树立一流的创业投资管理公司的形象。

业务范围：资产委托管理、投资顾问业务、企业管理咨询、企业财务咨询、经济信息服务。

公司依靠股东方雄厚的资金支持，拥有环渤海经济区内丰富的项目资源和通畅的融资渠道。到目前为止，公司与国内外风险投资机构建立了紧密的合作关系，并接受了多家机构投资者的专项投资委托，业务范围涉及生物制药、电子信息、新材料等领域。

兰州铝厂在飞跃发展

兰州铝厂位于兰州市工业密集的西固区，始建于1958年，1966年复建投产，设计生产能力为年产铝锭2.5万吨。复建投产30多年来，企业不断挖潜改造，增加产能，加快发展。1997年兼并西北铝加工厂，进行产品结构调整；1999年控股以发起方式设立兰州铝业股份有限公司，并于2000年成功发行股票上市挂牌交易。兰州铝厂通过并购重组和转机建制，企业资产总额已达28.8亿元，净资产15.7亿元，主营业务已调整为铝冶炼、铝材加工。现年综合产能14.5万吨，到2002年底将达到30万吨。

近年来，一批高技术产业化示范工程项目相继在兰州铝厂施工建设。10万吨电解铝环境治理、节能技术改造工程系国家经贸委和国家计委批准立项的国家重点技术改造项目。该工程主要采用先进的200kA中间下料大型预焙阳极电解槽技术及配套建设6万吨预焙阳极，投资13.5亿元。项目建成后，每年将增加企业销售收入12.4亿元，利润19370.5万元。

企业生产的“兰铝”、“LL”牌铝锭和“奔马”牌铝加工产品，广泛应用于航天、航空、电力、交通运输、建筑、造币等行业，产品知名度高，信誉好，畅销全国，远销海外。

主导产品重熔用铝锭、电工用铝锭、稀土铝合金锭、ZLD—102铸造铝合金锭获省、部优质产品奖，其中重熔用铝锭获国优银质奖，被确认为甘肃省名牌产品和免检产品，在伦敦金属交易所注册。铝管、棒、型、板、带、箔等深度加工产品达14类、90种合金、9000种规格，其中水性铝膏等20多种产品获国家、省、部级优质产品奖，通过ISO9002质量认证。尤其在箔材方面，独特的技术诀窍和自然条件，生产的0.007mm铝箔达到国际先进水平，具有很大的市场潜力。

兰州铝厂具有美好的发展前景。企业正在积极组织实施“调整、升级、创新、发展”战略，力争2002年底，完成几项重点在建技改和高技术项目并达产达标，使产品产量达到30万吨，资产总额、销售收入分别达到30亿元。在此基础上，再上两个科技含量高、附加值大的大项目。经过三至五年的努力奋斗，使企业产品产量超过50万吨，资产总额、销售收入分别超过50亿元，成为西部地区一个管理科学、技术先进、环境优美、效益显著、可持续跨越式发展的现代化特大型铝冶炼、加工联合企业。

发展网络邮政
创造广东邮政新辉煌

广东省邮政局党组书记、局长　喻　军

广东邮政自1998年底独立运营以来，以江泽民总书记"三个代表"重要思想为指导，在国家邮政局的正确领导下，大胆采用电子信息技术和自动化技术改造传统邮政，构建物理网络层、业务平台层、业务应用层三层架构基础设施，建设以电子化、信息化、网络化、自动化为特征的现代物流配送网络、金融网络和信息处理网络，发展以物流配送为基础的电子商务，使邮政分散的资源得到有效整合，形成了传统业务稳步增长、新业务蓬勃发展的良好局面。在此基础上，广东邮政提出发展网络邮政，以全新的经营理念和更为有效的手段，在更大范围内整合社会资源，促进广东邮政持续、健康的发展。

一、网络邮政基本内涵

网络邮政就是通过网络技术和网络经营的方式整合邮政资源与社会资源，向用户提供各种服务的统称。网络邮政围绕市场，服务社会，致力于建设开放的服务应用体系，在更大的范围、更深的层次实现邮政资源的公用化、邮政业务的社会化，在促进社会发展的同时，实现邮政的可持续发展。发展网络邮政不仅没有偏离邮政的服务宗旨，而且是对传统邮政服务内涵、方式的丰富和发展。由传统邮政到电子邮政、网络邮政的跨跃，其实质是经营理念和技术手段上的跨跃。

(一)网络邮政基础设施建设

网络邮政基础设施主要包括基础网络层、业务平台层、业务应用层三层架构。

1．基础网络层。基础网络包含了两大部分，一是利用电子信息技术不断改造、完善，并始终代表邮政的本质特征和核心竞争力的部分——实物传递网；二是利用电子信息技术构建的计算机与通信网络——信息网、金融网。

2．业务平台层。业务平台目前主要包括：185语音接入平台、183因特网接入平台、邮政综合网业务平台、邮政金融网业务平台、96200电话银行业务平台、帐务处理业务平台、区域间物流业务平台、同城物流配送业务平台、车辆监控与调度平台(GPS)。

3．业务应用层。业务应用层是邮政企业服务社会，获得企业效益和社会效益的重要界面。在业务应用层的建设上，广东邮政主要进行两个方面的工作：

一是对传统邮政业务进行二次开发。二次开发主要是通过市场细分、服务对象和营销方式的调整来实现。

二是通过邮政业务平台与社会资源的整合，形成了邮政开放的、可扩展的业务应用体系。目前，广东邮政在综合业务网、金融业务网、183互联网接入、185电话语音、物流配送等业务平台上开发的新业务主要有以下60类：(见表)

(二)网络邮政的经营服务理念

面对市场经济和邮政企业职能的双重要求，在发展网络邮政的过程中，广东邮政提出了"与日月同行，与大众相伴"的经营服务新理念。"与日月同行"就是邮政服务要突破时间、空间限制，太阳出来了，邮政在行动，月亮出来了，邮政还在行动；"与大众相伴"就是邮政服务要贴近市场、贴近客户，不断满足人民群众日益增长的物质和文化生活需要。

这一经营服务理念继承了传统邮政服务社会、服务大众的优良传统，又体现了市场经济对邮政服务的新要求。具体包含以下三个方面内容：

一是"热情贴心，诚信守法，方便快捷，规范准确，安全可靠"的"五句话"要求。

二是服务对象的调整。由原来单一的普遍服务，转为普遍服务与市场营销兼顾，重视与社会各行业的联合发展，在创造社会效益的同时，获得企业的经济效益。

三是营销方式的转变。由独立运营初期的个人包销、全员包销，逐步走向专业营销、方案营销。

(三)网络邮政的机制体制创新

近年来，在构建网络邮政的进程中，广东邮政按照建立现代企业制度，健全企业法人治理结构的改革方向，积极探索由单一投资和单纯依靠行政管理的模式向多元投资和股份制法人治理结构转变，对企业的经营机制、管理体制和生产作业体系等进行了改革，初步明晰了企业内部的生产关系，促进了生产力的发展。

通过改组、改造、改制，广东邮政先后成立了邮政信息技术局(电子邮政局)、帐务中心、广东邮政物流配送服务有限公司(YCC)、广东邮政现代通货物流公司(THL)等单位。

二、发展网络邮政的成效

(一)企业经济效益明显提高

1998年，广东邮政当年亏损18.8亿元，1999年减亏87%，2000年盈利2010万元，提前一年扭亏为盈。1998年广东邮政的固定资产为80.86亿元，到2000年达到87.2亿元，两年净增6.34亿元，增长幅度达到7.84%。1999年净资产收益率为-1.65%，2000年为0.16%，增长109.15%。1999年总资产报酬率为-1.42%，2000年为0.13%，增长为109.15%。全员劳动生产率1999年为7.94万元／人·年，2000年为9.39万元／人·年。1999—2000年的两年间，广东邮政共上缴国家和地方税收3.7亿元，偿还债务3.46亿元。

(二)形成了两个增长点

通过发展网络邮政，广东邮政的传统业务改变了过去连年下滑的局面，传统的八大业务仍然发挥了重要增长点的作用。2000年与1999年相比，储蓄业务增长9%，速递业务增长26%，函件业务增长34%，汇兑业务增长7%，发行增长3%，包件增长26%，广告增长77%。邮政的业务结构得到进一步优化，为降低企业经营风险奠定了良好的基础。1999年邮递类占总收入的比重为44%，2000年提高到48%，金融类由1999年的33%，降低为31%。

另外，以物流配送为基础的邮政电子商务成为新的增长点。1999年末，广东邮政在全国邮政率先开通“网上购物、网上支付、物送到户”三位一体的完整电子商务；2000年，广东邮政物流配送服务有限公司(YCC)成立半年内，实现物流配送业务收入5274万元，税后利润87万元，全省实现电子商务交易额7000万元，完成网上交易近17万笔，引起了全国邮政系统、IT业界、新闻媒体的广泛关注。

(三)取得了良好的社会效益

发展网络邮政不仅使广东邮政获得了良好的企业效益，同时也获得了良好的社会效益。1999—2000年，广东邮政以“与日月同行，与大众相伴”的经营服务理念要求自己，把代发中央企业养老金工作和“村村通邮”当作政府“民心工程”和企业的“形象工程”，全省邮政延伸邮路1865公里，23万个行政村提前两个月完成省委、省政府提出的实现村村通邮目标。

两年来，在拓展业务应用的过程中，广东邮政与IT业、制造业、商贸业、零售业开展了多层次合作，为社会提供以物流配送为基础的电子商务服务，服务对象已经延伸到政府部门、事业单位和20多个行业，近期又与我国信息化试点城市——南海市，签订了发展电子商务和物流配送长期合作协议，有力地促进社会和地方经济发展。

通过实施网络邮政，广东邮政从一个亏损的企业发展为一个盈利性企业，从传统的服务企业成为电子商务和物流服务领域的一支重要力量，得到了国家邮政局、广东省委、省政府的充分肯定，并于2001年5月获得“全国五一劳动奖状”的光荣称号。“十五”期间，广东邮政将在实践中不断发展和完善网络邮政，大胆探索，勇于实践，把邮政事业发展得更快更好。

业务平台			业务应用		
综合业务网	邮政经营管理系统	邮运生产与指挥调度系统	总包和给据邮件查询系统	报刊发行系统	集邮业务处理系统
	中心局生产作业系统	支局生产作业系统	汇兑业务处理系统	特快专递系统	机要邮件处理系统
	邮政新业务系统	国际业务处理系统	邮政广告系统	邮购系统	
金融业务平台	全国性业务	全省性业务		地方性业务	
	全国通存通兑	电信长话通平台	联通计费系统	本地证券系统	电信计费系统
	养老保险发放	电信200平台	银证直通车	税务系统	移动计费系统
	代售国债	网上支付平台	缴费易系统	彩票系统	
	汇兑系统				
183互联网接入平台	信息浏览与查询	网上商城	网上支付	网上票务系统	电子邮资系统
	网上用户投诉与建议	网上邮政金融业务	电子邮戳	电子与实物混合邮件	
185电话语音接入平台	信息查询	电话受理业务	业务咨询	声讯信息服务	
	用户投诉与建议	电话邮政金融业务	座席出租业务		
物流配送业务平台	货物集散	直递物流	报刊投递	广告专送	商品配送
	区间物流	仓储服务	函件投递	礼仪专送	社区服务
	采购物流	包件投递	特快专递	特种专送	业务揽收

深化改革　强化管理
顺利完成“两改一同价”工作

广东省蕉岭县供电局局长　郑海坤

“两改一同价”是国家扩大内需，开拓农村市场，减轻农民负担的一项重要举措。近年来，广东省蕉岭县供电局把它作为“德政工程”、“民心工程”来抓，严格按照“先改制，后改造，资金跟着项目走，项目跟着体制走”的原则规范操作，打好“两改一同价”的攻坚战，取得了可喜的成果，受到省、市电力管理部门领导充分的肯定和蕉岭县22.8万人民的好评。

一、深化改革，全面理顺农电体制

为了搞好“两改一同价”工作，我局首先把理顺农电体制作为实施电网改造的基础工作来抓。大家深刻领会“两改一同价”的精神实质，从我县的实际出发，合理兼顾国家、集体、个人三者利益，做出农电体制改革实施方案，报县委、县政府审核并批准施行。

首先成立了“两改一同价”工作领导小组，由县长任领导小组组长，领导小组成员由政府办、农委、计划、工业、监察、供电、水利、审计、财政、国资、乡镇企业局等部门组成。二是认真部署。1999年9月16日专门召开了由各镇党委书记、镇长、分管农电的党政负责人，各镇、区电管所长和县属有关部门负责人参加县“两改一同价”工作会议，要求各镇党政一把手亲自挂帅，并分工一名领导具体抓；县政府各职能部门抽调精干力量，配合做好相关工作。三是与各镇政府签订了电网经营权移交协议，明确双方的权利和义务。四是实现厂网分开。供电局在发电厂与供电线路之间安装高压计量装置，对上网电量进行计量核算。五是完成农电资产的清查、评估、登记，组建供电营业所。至1999年10月20日止，完成全县11个趸售镇供电营业所的接管工作，提前2个月实现了省委、省政府规定的农户电价每千瓦时1元以下的目标，2000年6月22日又完成了市驻单位蕉岭华侨场电力公司的接管和改组工作。至此，蕉岭县供电局全面理顺了农电管理体制，实现县镇电力一体化管理。

改组后的供电营业所实行“五统一”、“四到户”、“三公开、一监督”制度，即统一电价、统一电费票据、统一抄表到户和核算、统一报装及工程收费标准、统一职工考核。管理到户、抄表到户、收费到户、服务到户。公开农村到户电价构成、公开电费电量、公开办事制度的守则，接受政府和人民群众的监督。

二、锐意进取，全力抓好农村电网建设与改造

蕉岭县供电局在全面理顺农电体制基础上，乘胜前进，锐意进取。为进一步深化电力企业改革，增强企业发展后劲，抓住机遇，集中力量对全县农村10千伏及以下农网进行建设与改造。由于我局认识到位、领导到位、资金到位、管理到位，农网改造工作又走在全市前列，到2001年6月底，全面完成了农网改造任务。

据了解，省计委和省电力集团公司下达给我局10千伏及以下农网建设与改造项目投资为4924万元。工程分二期进行，第一期计划投资1300万元，于2000年6月底竣工，实际完成投资1242.18万元，已建设与改造10千伏线路129.8千米，低压线路466.5千米，更换高耗变压器95台共7825千伏安，更换电能计量表12610只；第二期计划投资3624万元，于2001年6月中旬竣工，实际完成投资3624万元，已建设与改造10千伏线路343千米，低压线路1792.9千米，更换高耗能变压器260台共17405千伏安，更换电能计量表27749只。在农网建设与改造中，蕉岭县供电局着重抓好了安全、质量、进度三个环节管理。

在抓好安全管理方面，蕉岭县供电局工程指挥部与施工队签订农网改造工程安全责任合同，明确发包方和承包方各自的安全职责。落实各级各类人员的安全责任，严格执行“两票”制度及按规定的程序履行监护职责，细致抓好近电、带电施工作业工作。监理小组人员经常深入施工现场，督促施工队伍落实安全措施；对违章者给予警告或勒令停工整顿。广泛开展了安全宣传教育活动，抓好施工人员的安全知识培训。同时加大力度做好农网建设与改造及施工后“回头看”的工作，坚决把不安全隐患消除在萌芽状态。

在抓好工程全面质量管理方面，坚持把好“四关”。一是把好工程勘测设计质量关，严格执行国家有关设计规程和技术政策，设计人员提前介入，深入实地合理勘测、认真研究论证、精心设计，选准最佳设计方案，从而确保了在设计上达到规范化、标准化要求。二是把好设备材料质量关。分清主次急缓，坚持货比三家，做好投标材料进仓校验。农网建设与改造的主材(配电变压器、电力电缆、导线、电能计量装置等)全部上报由省局一级招标小组进行招投标；余下的其他材料由梅州局二级招标小组组织招投标，有效地防止了不合格或已被淘汰的产品在网改施工中使用。三是把好施工质量关，制订了《10千伏及以下架空配电线路建设现场技术标准》，在施工作业前组织施工人员学习标准及参观示范工程建设，使施工人员在施工过程中统一规范、统一标准、统一要求。同时落实工程质量监理制，对改造项目实行三级质量保证体系，加大对工程质量监督检查，对查出的质量隐患，发出整改通知书，并追踪整改情况。四是把好竣工验收质量关，严格按照《架空配电线路设计规程》、《电气装置安装工程施工及验收规范》、《农村低压电力技术规程》的要求进行验收，验收中不“走马观花”，做到不留后遗症，坚决杜绝出现“豆腐渣”工程。

此外，还抓好了工程档案资料管理，严格执行《档案法》和科技档案管理规定，提高档案资料管理的归档率、完整率、准确率、合格率。

与此同时，在抓好资金管理方面，我局严格按照省、市电力主管部门规定的资金管理制度，保证“专款专用，统一管理”，为早日完成农网建设与改造提供强大的资金后盾。省电力管理部门多次派员审计检查均表示满意。

蕉岭县的农网改造工作，由于认识足、方法对、步子稳、标准高、管理严，取得了显著成效。这项工作的开展，理顺了农电管理体制，彻底治理了农村用电“三乱”现象，减轻了农民负担。农村到户电价由1998年高达1.33元/千瓦时降至0.99元/千瓦时，仅此一项便可减轻农民负担约1200多万元。农村用电量大幅度增长，用电量由1998年的3600万千瓦时增至2000年的4000万千瓦时，增加11%。农网建设和改造的完成，使农村电网布局更加合理，供电质量改善了，供电可靠性提高了，农村低压线损率由20-30%降至12%以下，供电半径得到改善，由长达1.2千米改善到0.5千米范围内；供电未端电压由140-160伏改善到规程规定的例题范围之内。

蕉岭县供电局党委书记、局长郑海坤同志
荣获广东省“五一”劳动奖章

农网建设与改造结束后，蕉岭县供电局没有固步自封，满足已取得的成绩，而是认真贯彻江泽民总书记“三个代表”重要思想，进一步深化企业改革，强化管理，努力提高农电人员综合素质，提高优质服务水平，坚持依靠科技兴电。按照省委、省政府要求，力争在2001年7月将农村到户电价降至0.85元/千瓦时，至2002年初降到0.79元/千瓦时，继续为扩大内需实现城乡同网同价减轻农民负担出一份力。

甘肃省电力公司总经理　刘肇绍

甘肃省农村电网建设改造工程

1998年10月，国家计委批准甘肃省农网建设改造一期工程计划，总投资48亿元，要求用三年时间理顺农电体制，完成农村电网建设与改造，实现城乡用电同价。由此拉开了全省农村电网建设与改造工程的序幕。

三年来，在有关部门的正确领导下，经过广大电力职工的艰苦努力，甘肃省农村电网建设与改造工程整体进展顺利，并取得了显著成效。

一、项目投资及工程量完成情况良好

截至2001年6月底，批复投资规模全部下达，共计480482万元。省电力公司帐户到位资金共254072万元，其中到位国债资金96096万元。1998年和1999年下达投资计划326072万元，全部完成。2000年下达投资计划80000万元，基本完成。2001年下达74410万元，也顺利实施。

全省总工程量完成情况如下：

1、110千伏送变电工程完成27项，其中变电站16座，容量80.5万千伏安，送电线路755公里。

2、新建35千伏变电站145座，容量60万千伏安；改造35千伏变电站149座；新建35千伏送电线路4761公里，改造35千伏线路1353公里。

3、新建10千伏线路10919公里，改造10千伏线路12646公里；新建0.4千伏低压线路15672公里，改造0.4千伏线路19523公里；新建10千伏配电台区22374台，容量118.7万伏安，改造10千伏低压台区20626台。

4、全省已完成竣工的县58个。2001年底，全面完成农村电网建设改造的批复工程。

二、农网建设与改造取得显著成效

1、线损率明显下降，农村用电状况得到极大改善。目前全省行政村低电网线损率已由过去的平均28%下降到15%以内，电压合格率提高5—10个百分点，农村分类综合电价每千瓦时平均下降0.07元，估算年减轻农民电费负担1.3亿元。

2、通电率明显提高。2000年乡、村、户的通电率分别为99.42%、95.10%、92.88%，分别比1997年增长0.7、2.41、5.6个百分点。2001年10月份全省彻底消灭无电乡。

3、开拓农村用电市场，带动了经济发展。据统计，全省农村三年来用电量年平均增长8%以上，高出同期城市用电量增幅3.2个百分点。据抽样调查，三年内全省农村新增各种电器和农副产品加工机械400多万台(件)，进一步提高了农民的生活质量和生产水平。农网建设改造投资的60%用于工程设备和材料，又有力地拉动了省内外各类电气设备及钢材、水泥等产业的发展。

4、广大农民普遍受益，进而更加积极支持农网建设与改造工程的实施。

5、加强了边远民族地区电网建设，促进了当地经济发展。

甘肃省农网建设改造一期工程虽取得一定成绩，但工程规模偏小，与国家规定的技术标准还有一定的差距。为适应西部大开发的要求，甘肃省编制了《农村电网建设与改造二期工程可行性研究报告》，并已上报国家计委和国家电力公司，以求从根本上解决全省农村的用电问题。

第四部分

国家重点投资项目与开发区建设

本栏目由安徽省马鞍山市政府协办

国家重点投资项目

青藏铁路工程

一、党的三代领导核心关心修筑青藏铁路

早在50年代初，党和国家就着手研究进藏铁路建设问题。1958年，在毛泽东、周恩来、邓小平同志的关怀下，青藏铁路西宁至格尔木段开工建设，1979年铺轨到格尔木，1984年正式交付运营。囿于当时经济实力和高原、冻土等筑路技术问题尚未解决，青藏铁路格尔木至拉萨段停建。对青藏铁路高原、冻土问题的科研工作一直没有停止。

江泽民总书记十分关心西藏铁路建设问题，1994年7月，他亲自主持召开第三次西藏工作座谈会，提出做好进藏铁路建设的前期准备工作。1996年八届人大四次会议通过的《国民经济和社会发展“九五”计划和2010年远景目标纲要》，对进藏铁路方案研究提出明确要求。2000年11月，江泽民总书记作出重要批示指出，修建青藏铁路是十分必要的，对发展交通、旅游、促进西藏地区与内地的经济文化交流是非常有利的。我们应该下决心尽快开工修建。最近，国务院总理办公会议对青藏铁路建设方案进行了研究，朱镕基总理指出，经过20多年的改革开放，我国综合国力显著增强，已具有修建青藏铁路的经济实力，通过多年不间断的科学研究和工程试验，对高原冻土地区筑路技术问题也提出了比较可行的解决方案。修建青藏铁路时机已经成熟，条件也已经基本具备，可以批准立项。应该说，批准修建青藏铁路，是党的三代领导核心关怀重视的结果。现在，几代人的期盼和梦想将要变为现实，时代列车驶向“世界屋脊”的日子已经为期不远。

二、铁道部部长傅志寰谈建设青藏铁路

铁道部部长傅志寰指出，最近，党中央、国务院作出了建设青藏铁路的重大决策，这不仅是西藏人民的殷切企盼，也是全国各族人民和几代铁路建设者的共同愿望。铁路广大干部职工正以积极的态度、扎实的工作，按照党中央、国务院的要求，认真做好前期准备，全力以赴建设好这条造福西藏人民、有利国泰民安的幸福路、团结路。

修建青藏铁路是加快西部大开发、促进西藏经济社会发展的迫切需要。

傅志寰说，西藏自治区地处祖国西南边陲的青藏高原，面积120多万平方公里，平均海拔4000米以上，是目前我国唯一不通铁路的省级行政区，交通运输设施的落后，制约了这一地区经济社会的发展。

他说，西藏地区自然资源丰富，有得天独厚的自然风光和人文景观，草场、天然林、野生动植物资源丰富，有国家级自然环境保护区，是著名的旅游胜地。随着国民经济的持续发展，90年代后，西藏步入快速发展的新阶段。“九五”期间，西藏GDP年均增长11%，同期进藏客货运量持续增长，且增长率均大于GDP的增长。经济发展对交通运输的需求越来越迫切。

目前，进出藏主要依靠公路和航空运输，已有的青藏、川藏、滇藏、新藏公路，对加强西藏地区与祖国内地的联系，促进西藏经济社会发展，发挥了重要作用。但由于特殊自然环境的限制，目前四条公路只有青藏公路能保持常年畅通，承担了进出藏客货运输的80%左右。随着西部大开发战略的实施，西藏以公路为主体的格尔木至拉萨主通道已不能满足经济发展的需要，建设铁路运输通道势在必行。

傅志寰介绍说，青藏铁路从青海格尔木到西藏拉萨，全长1118公里。途经青海省的望昆，翻越唐古拉山，进入西藏自治区，经安多、那曲、当雄，到达自治区首府拉萨市。铁路建成后，在货运方面，将为西藏交通增加经济、快速、运能大、全天候的运输通道；在客运方面，将适应旅游业快速增长的需要，为广大游客提供更加方便、安全、舒适、价廉的运输方式，大大提高这一地区的客货综合运输能力。

总之，青藏铁路的修建，将进一步改善青藏高原的

交通条件和投资环境，促进西藏资源开发和经济的快速发展，对加强内地与西藏的联系，促进藏族与各民族的经济、文化交流，增进民族团结，造福沿线人民将发挥重要的作用。

三、青藏铁路的投资将全部由中央政府承担

出席九届全国人大四次会议的铁道部副部长孙永福透露，兴建青藏铁路的巨额投资将全部由中央政府承担。

他说："兴建青藏铁路是一项具有战略意义的重大项目，由中央政府承担所有经费，体现了国家对西部大开发的重视和对少数民族地区的关怀。"

从青海格尔木到拉萨的这条铁路长达一千一百多公里，将是世界上海拔最高的铁路。按现在的计划，青藏铁路将用六年的时间建成。

孙永福说，兴建青藏铁路不会对沿途生态环境带来"灾难性后果"，铁道部正与有关部门寻求有效途径，把兴建青藏铁路对环境带来的不利影响降低到最低程度。

他认为，青藏铁路路经的黄河、长江、澜沧江源头地区植被脆弱，兴建青藏铁路最重要的是要严防植被遭受破坏。他表示，有关部门正在研究措施，考虑在取土筑路前先将草皮移植，完工后再将草皮移回。另外，可以考虑喷种草籽的办法，通过加注养料，促使草皮再生。青藏铁路公路经可可西里自然保护区的边缘，对野生动物活动影响相对较小。

孙永福说，除生态环境外，青藏铁路的兴建还面临地质灾害、冻土和高寒缺氧的三重考验，但中国有信心和能力克服困难。他说："中国兴建青藏铁路，在技术上有把握，在投资上有保障，兴建的时机也十分成熟，完全能够把它建成一流铁路。"

"西电东送"工程

一、西部地区大开发的序幕

"西电东送"，是党中央、国务院根据邓小平同志关于我国现代化建设"两个大局"的战略思想，统揽全局，面向新世纪，实施西部大开发战略作出的重大决策，是在社会主义市场经济基础上，把西部丰富的资源优势转化为经济优势，促进东西部地区共同发展的重大战略举措。实施"西电东送"不仅可以为东部地区提供清洁、优质、可靠、廉价的电力，促进东部地区经济发展和社会进步，而且可以充分利用西部地区得天独厚的自然资源，获得西部大开发所急需的启动资金，增加就业，增加税收，增加财政收入，改善基础设施和投资环境，进而大大促进西部地区的经济发展。

国务院总理朱镕基在2000年11月8日，对"西电东送"首批工程的开工作了重要批示："西电东送"工程是西部大开发的重点骨干工程，必须全力以赴、按时完成，力争到"十五"计划末期新增向广东送电能力1000万千瓦，这对于开发西部地区电力资源，满足广东经济发展用电需要，提高双方整体经济效益，都具有重要作用。"西电东送"工程的开工标志着西部地区大开发拉开序幕，我代表国务院表示祝贺。

在此前后，天生桥至广东第三回500千伏交流输电线路，云南宝峰至罗平500千伏交流输电线路，重庆万县至三峡电站500千伏交流输电线路工程和云南宣威60万千瓦火电项目也相继开工建设。

二、"西电东送"对东西部发展是双赢方案

国家计委副主任张国宝说，国家已明确要求广东"十五"期间原则上不再建新的电厂，为"西电"腾出了市场空间。克服亚洲金融危机之后，特别是在2000年，像广东、浙江等沿海发达地区的电力需求成倍增长。西部地区有比较丰富的水电资源，而且开发程度比较低，目前开发的只有15%左右。"西电东送"的主要任务，就是把西部丰富的水电资源这样一种清洁、廉价的能源供应东部，这样既给西部经济发展创造了一个机遇，同时又为东部持续的电力需求增长提供了廉价的电源，应该说这对东西部协调共同发展是一个双赢的方案。

张国宝介绍说，党中央、国务院对"西电东送"一直高度重视，十分关心，在十五届五中全会关于"十五"规划的建议当中，党中央明确把"西电东送"列为一个很重要的内容。

广东省2000年夏季已开始缺电，并提出"十五"期间要新增1500万千瓦的供电能力。中央研究，要把能源建设的重点放到西部，通过能源建设推动西部的发展。

三、"西电东送"要用市场经济的办法

张国宝介绍说，广东提出搞"西电东送"既要"讲

政治”、“讲大局”，也要“讲市场”、“讲效益”。确实应该用市场经济的办法来办。现在国家正在研究进行电力体制改革，进行厂、网分开，竞价上网。电力部门正在加快改革步伐，方案很快就会出台。

水电本身是廉价能源。比如乌江渡电站，已建成的一期工程，发电成本每度只有4分钱，如果加上现在扩机，包括还贷，可以做到每度成本2毛钱。现在天生桥到广东罗洞的落地价是每度2毛9分5，就算3毛吧，也远远低于广东的平均上网电价3毛8分。所以西电供应过去，对于降低整个广东的平均电价是可以做出贡献的。

从市场经济规律出发，更应该有利于促进“西电东送”。电力体制改革，就是用更加市场化的办法，比如厂、网分开，竞价上网，让“西电东送”用市场经济的办法，而不是用行政命令的办法。

四、外商直接投资电网尚须《电力法》认可

今年西部开发有两大重点工程：一个是“西气东输”，一个是“西电东送”。过去制定的《电力法》中有一条规定：电网由国家经营。因此，目前输变电线路还不能像供气管网一样开放。管网输气过去比例很小，没有具体立法，所以这次政府把这个管网对外全面开放。当然，在新的形势下，《电力法》也可以做出调整，但这需要一个立法程序。外商投资电站建设，现在没有任何问题。特别是我们推进电力体制改革后，实施厂、网分开，竞价上网，独立发电企业可以参加平等竞争，打破过去国家电力部门的行业垄断，也为外商投资兴办电厂扫清了障碍。实际上，最近已有不少外商来到西部省份，商谈合资兴办电厂。

“西电东送”是一个大市场，既欢迎外资，也希望中国企业拿到更多的市场份额。

五、我国将加速实现直流输变电设备国产化

“西电东送”工程有一个重要内容，就是直流输变电线路的国产化。目前我国仅有两条直流输变电线路。从葛洲坝到上海的正负50万伏直流输变电线路，基本上是进口的。另外在舟山群岛正负10万伏输变电线路当中，西电公司提供了部分设备。但总的来看，我们国家正负50万伏的直流输变设备的制造能力还比较欠缺，所以还要在这方面科研攻关，同时也搞一些技术引进，把这个能力提高上去。因为直流和交流有很大的不同，交流输变电容量比较小，一般在80至120万千瓦，直流输变电容量一般可以达300万千瓦。今后我们长距离、大容量的输电，有不少线路要采用直流输变电线路，这个市场比较广阔，所以要在直流输变电设备国产化方面做出努力。

“西电东送”工程特别是直流输变电项目的规划和建设，给我国设备制造商提供了非常好的机会。他们有一定的基础，而且有做正负10万伏线路的能力。这些企业应该在原来引进设备的基础上，加大消化吸收，加大科研开发力度，争取有更大的作为。

六、西部电力要努力开拓本地市场

张国宝说，现在西部各省区都盯着广东这个市场，西部省区本身是不是就没有潜力了？实际上，我国用电水平很低，是一种低水平的相对过剩。西部省区在积极向外卖电的同时，也要大力开拓本地市场，特别是农村市场。改造农村电网，特别是要把农电价格坚决降下来。

七、“西电东送”工程背景资料

“西电东送”工程是西部大开发的标志性工程，也是西部大开发的骨干工程。“西电东送”指开发贵州、云南、广西、四川、内蒙古、山西、陕西等西部省区的电力资源，将其输送到电力紧缺的广东、上海、江苏、浙江和京、津、唐地区。

我国是世界上水能资源最丰富的国家，可开发装机容量为3.78亿千瓦，年发电量1.92亿千瓦时。但水能资源的分布极不均匀，90%的可开发装机容量集中在西南、中南和西北地区。特别是长江中上游的干支流和西南国际性河流，其可开发装机容量占到全国可开发装机容量的60%。由于水电资源分布与用电负荷分布的不平衡，客观上制约了水电的开发和利用。到1999年底，全国水电总装机容量为7300万千瓦，仅占水电可开发装机容量的19%。此外，我国煤炭资源也集中在山西、陕西、内蒙古西部。我国经济发达的东部沿海地区，能源资源非常短缺，而北京、广东、上海等东部七省市的电力消费占到全国的40%以上。

实施“西电东送”是我国资源分布与生产力布局的客观要求，也是变西部地区资源优势为经济优势，促进东西部地区经济共同发展的重要措施。根据有关部门规划，“西电东送”将形成三大通道。一是将贵州乌江、云南澜沧江和桂、滇、黔三省区交界处的南盘江、北盘江、红水河的水电资源以及黔、滇两省坑口火电厂的电能开发出来送往广东，形成“西电东送”南部通道；二是将三峡和金沙江干支流水电送往华东地区，形成中部“西电东送”通道；三是将黄河上游水电和山西、内蒙古坑口火电送往京津唐地区，形成北部“西电东送”通道。

“十五”期间，国家将重点加快实施“西电东送”南线的电源和输电线路建设。除开工的贵州洪家渡水电站、引子渡水电站和乌江渡水电站扩机工程外，还将尽快开工贵州纳雍、黔北、安顺二期火电厂和广西龙滩水电站、云南小湾水电站及开远、曲靖、滇东等一批火电项目，总装机容量达1500多万千瓦。同时，在建设天生桥水电站至广东第三回输电线路的基础上，还将新建从贵州安顺地区经广西到广东的输电通道。

到2005年底，从云南、贵州两省送电到广东的输电能力将增加到700万千瓦，加上三峡送至广东的300万千瓦，基本可以满足广东“十五”期间的电力需要。随着广西龙滩水电站和云南小湾水电站的投产，在“十五”期间还可再增加送电广东能力400万千瓦。据悉，完成这些工程投资将达到1000亿元。

“西气东输”工程

“西气东输”工程，是指通过管道将新疆塔里木盆地等西部的天然气，输送到上海以及整个长江三角洲地区的工程，整个工程包括上游气田开发、输气管道干线建设和下游利用配套设施建设。“西气东输”工程是一项上中下游一体化的特大型国家基础工程，得到中国政府的有力支持和国内外客商的广泛关注。

一、丰富的天然气资源

1、塔里木盆地的资源概况：塔里木盆地面积56万平方千米，天然气资源量8.39万亿立方米，占全国天然气资源量的22%，占全国陆上天然气资源量的28%，是中国天然气资源量最丰富的盆地之一。作为“西气东输”主供气田所在的库车——塔北地区，探明储量为4092亿立方米，可采储量2902亿立方米，可以实现年供120亿立方米商品气，稳定供气14年。其中；克拉2气田是我国目前发现的最大的高丰度整装气田，探明天然气地质储量2506亿立方米，可采储量1879亿立方米，储量比较落实，能够保证年产100亿立方米，稳产14年，是“西气东输”工程的主力气田。

2、主供气田：对中国石油天然气股份有限公司及中国石化集团公司已探明的14个油气田进行优选，确定“西气东输”工程初期，选择库车地区的克拉2号气田、牙哈、英买力、雅克拉、羊塔克、玉东2、吉拉克等7个气田作为外供主力气田。

3、接替储量和产能：目前，在巴楚突起的和田河气田已探明天然气地质储量617亿立方米，为“西气东输”工程提供了进一步的资源保证。到2001年底，库车－－塔北地区探明储量还将增加1636亿立方米，届时塔里木盆地的天然气探明储量将超过6300亿立方米，可以满足年供气120亿立方米，稳定供气20年的资源需要。从塔里木盆地的资源条件看，经过进一步勘探，使累计探明储量达到7900亿立方米，实现稳定供气30年是可能的。

4、补充气源：近年来，长庆气区的天然气勘探取得了重大进展，特别是新发现的苏里格大气田，探明储量达2205亿立方米。使长庆气区累计探明天然气储量7504亿立方米，可采储量5081亿立方米，可建产能110亿立方米。长庆气区作为“西气东输”工程的补充气源，大大提高了“西气东输”工程的抗风险能力。

二、巨大的天然气市场

1、目标市场：“西气东输”工程的目标市场主要在长江三角洲地区江苏省、浙江省、上海市及沿途经过的河南省、安徽省。长江三角洲地区是中国经济最发达的地区之一，能源消费量和调入量很大，环保的压力也很大，天然气需求迫切。1998年，长江三角洲地区总人口占全国总人口的10.5%，GDP占全国的20%；人均GDP约为全国人均GDP的1.9倍，其城镇居民人均收入和支出水平也远远超过国内其它地区。目前能源消费以煤炭为主，占70%以上，以煤炭为主的能源消费结构，不但给交通运输带来巨大压力，也是大气污染的主要原因。因此，长江三角洲地区急需利用天然气优质能源，改善大气环境。

2、天然气需求量预测：目前，中国石油与河南、安徽、浙江、江苏、上海四省一市的38家用气企业签署了“西气东输”项目天然气购销及管道运输意向书。到2003年第四季度下游用户的天然气用量可以达到90亿立方米，能够满足管道运输的经济输量。到2005年，下游用户的天然气需求为110多亿立方米，总用气规模完全能够满足“西气东输”管道设计输量要求。

三、管道工程

1、干线线路走向：“西气东输”管道干线线路起点设在塔里木轮南（新疆库尔勒轮台县）终点设在上海市。线路方案西起塔里木轮南首站，向东经库尔勒、南胡戈壁进入甘肃境内，经柳园、武威进入宁夏境内，向东进入陕西省。在靖边与长庆气田连接，穿（跨）越黄河后进入山西省，向东南到郑州，经淮阳进入安徽，途经阜阳、淮南进入江苏，在南京穿越长江后，经常州、无锡、苏州后到达末站上海市，线路总长约4000公里。

本线路横贯中国东西部，所经地区地形复杂多样，其中有腾格里沙漠南缘、毛乌素沙漠南缘、晋陕黄土丘陵、吕梁山、太岳山、太行山、黄淮平原以及长江中下游平原。方案设计线路70%以上有公路或铁路伴行。线路在南京穿越长江1次，在宁夏中卫、陕西延水关和河南郑州共3次穿（跨）越黄河，在淮南和蚌埠之间穿越淮河。

2、支线方案：根据天然气用气市场需求，目前拟建设24条支线管道，其中合肥一定远、常州一杭州、南京一芜湖支线纳入干线建设。

3、输气工艺：经多方案比选，在保证第一期工程输气量120亿立方米/年时，确定管径1016毫米，输气压力10兆帕。输气站场：沿线共设输气站（场）五座，包括首、末站、中间压气站、分输站、清管站。压缩机组拟选用燃气轮机驱动和电力驱动离心式压缩机。干线用钢采用X70强度等级，用钢量约160万吨，其中螺旋管2750千米，直缝管1250千米。支线管径273－813毫米，输气压力6.4兆帕，材质X52一X70，用钢约14万吨。

4、自控与通信：管道自动控制采用SCADA系统，首末站、中间压气站和分输站控制系统按有人值守、无人操作的原则设计，实现对全线的数据采集、监控、调度管理；管道通信采用主备用方式，主用通信拟采用光缆，备用通信租用公网电路，在公网不能覆盖地区建设卫星地面站。

5、调峰及地下储气库：为保证长江三角洲地区的稳定用气，满足用户需求，需要一定的调峰气量，主要包括日调峰、季节调峰、事故调峰等方面。调峰需求规模为20.8亿立方米/年，占输气能力的17%。初步考虑在靠近市场地区寻找废弃气田、盐田或在用气田进行调峰。

6、投资估算及经济评价：管道工程总投资495亿元，其中干线投资456亿元，支线投资18亿元，储气库投资21亿元。考虑上游气田勘探开发和下游天然气利用项目投资，“西气东输”工程上中下游总投资初步估算为1463亿元左右。管道干线固定资产投资资本金比例按35%计算，需资本金148亿元，借贷资金规模276亿元。经测算，项目盈亏平衡点为73.7%，即输气量只要达到88.44亿立方米/年时；项目开始盈利，投资回收期为9年。

7、建设进度：在完成可行性研究且基本具备施工条件时，管道工程计划于2001年9月下旬开工建设，2003年下半年东段靖边至上海建成，并先期利用长庆气区的天然气向华东地区供气，2004年全线贯通，塔里木的气可以直供华东地区。

四、对外招商

国家对“西气东输”工程非常重视，专门制定了对外合作的原则及优惠政策。

对外合作原则包括：“西气东输”工程全线开放、全面对外合作；“西气东输”管道工程不搞国有独资，外方可以控股，比例不受限制；合作方式不受限制，可以采取合资、合作或者其它形式。

政府提供优惠政策包括：“西气东输”管道工程外方可以控股；进口设备免税；可以享受基础建设方面的优惠政策，西部大开发方面的优惠政策，对外合资、合作企业方面的优惠政策。同时经批准可以扩大与其相关的经营范围；管线敷设用地拟采用审批地下通过权的办法解决；探矿权采矿权使用费减免；城市天然气管网建设列入对外开放的合作范围。

五、“西气东输”工程将发挥的重要作用

“西气东输”工程是落实国家实施西部大开发战略的重要举措，是把西部地区资源优势转变为经济优势的重大工程。基础设施建设是我国西部大开发的基础性工作。“西气东输”工程是我国西部大开发的标志性工程。通过建设横跨我国东西部的输气管道，把西部地区的天然气送到东部地区，实现资源供给与市场需求的衔接，把西部地区丰富的地下资源变成实实在在的经济收益。同时，管道线路途经的9个省区市，其中有4个省区属西部，气田勘探开发投资的全部、管道建设里程的66%都在西部地区，这对西部地区经济发展带来了良好的发展机遇。

“西气东输”工程有利于拉动国内经济发展和推动国内相关产业升级。通过实施“西气东输”工程，可以扩大内需，增加就业机会，促进经济发展。根据国外经验，每利用1立方米天然气需要下游工程建设投资5－8元，可以促进相关行业和系统工程的建设。过去我国生产的钢材最高达到X60，为备战“西气东输”，经过各方面共同努力，已经能够生产出合格的X70管道用钢，使我国的钢铁工业上了一个新台阶。同时，对制管、机械、电力、化工、建材等相关行业也都起到了积极的带动作用。

有利于治理大气污染，改善我国能源结构。天然气在燃烧过程中几乎没有烟尘、二氧化硫等排放，二氧化碳也大大小于石油与煤炭，对温室效应的作用仅为石油的54%，煤的48%，是非常清洁高效的能源。“西气东输”工程完成以后，将使我国天然气在一次能源结构中的比例由2%提高到3%左右，极大地促进我国天然气的利用水平。

六、目前工程准备情况

为了加强对“西气东输”工程的组织领导，国务院成立了国家西气东输工程建设领导小组，中国石油天然气集团公司成立了西气东输工程领导小组，中国石油天然气股份公司组建了西气东输管道分公司（简称中国石油西气东输管道公司），沿线省区市成立了西气东输工程领导小组办公室。工程将在国务院、石油集团和沿线政府的支持和协调下全面展开。

中国石油西气东输管道公司（前中国石油西气东输工程项目经理部），是中国石油天然气股份有限公司直属地区公司。该公司将在中国石油天然气股份公司授权范围内，代表中国石油组织实施“西气东输”管道工程项目，主要负责完成“西气东输”工程项目的前期工作、招投标组织及工程建设管理、天然气市场开发和管道投产后的运营等工作。

截至2001年7月，经过紧张准备，“西气东输”工程各项工作取得重大进展。

管理体制：2001年4月22日，中国石油天然气股份公司研究决定，将中国石油西气东输工程项目经理部更名为“中国石油西气东输管道公司”，积极推行项目法人制、招投标制、合同管理制和工程监理制，初步形成了以项目管理为主要内容、适应市场经济要求的管理模式和运行机制。

可行性研究：2001年4月，可行性研究报告通过CNPC咨询中心专家评审，并上报国家计委评审。

招标工作：“西气东输”管道工程引入招投标机制，坚持设计、监理、施工、物资采购都实行公开招标，平等竞争。目前已经完成和正在进行的招标有工程设计招标、工程监理招标、采办招标、首批16.3万吨直缝钢管招标、施工招标等。

工程设计：初步设计工作全面展开，今年开工项目的初步设计即将完成，计划2001年9月底完成全线初步设计工作；长江、黄河、淮河大型穿跨越方案已基本确定；施工图设计于2001年7月陆续展开。

物资准备：螺旋焊管用卷板、直缝焊管、外防腐材料、内涂涂料、移动防腐厂、现场物资服务等招标，相继展开。

技术准备：针对工程确定了23项技术专题，其中管道内涂层、外防腐、穿跨越、站场工程、焊接、无损检测、补口补伤等12项施工技术标准和规范已编制完成；工程施工技术装备配置方案已确定；国内X70型轧卷板的各项试验已基本结束，已安排有关厂商进行试生产；国内管厂螺旋管8月底前陆续完成安装调试；焊接工艺试验及评定工作将于7月份完成并将提交相关成果；“环境影响评价”、“地震安全性评价”、“劳动安全卫生预评价”、“管道沿线地质灾害危险性评估”、“水土保持方案”等5项专题评估评价研究工作，除“环境影响评价”2001年10月完成外，其它4项已经完成。

对外招商：从2000年12月到目前，已经完成外商资格预审和确定招商短名单前两个阶段的工作。在众多外国公司中，通过严格的招商程序，现已开始与埃克森美孚与中电企业创建有限公司组成的投资集团，BP阿莫科、马来西亚国家石油公司、三菱商事株式会社、日商岩井株式会社和伊藤忠商事株式会社五家公司组成的投资集团，壳牌，俄罗斯天然气股份有限公司和天然气建设运输公司财团组成的集团，香港中华煤气等5家外商（集团）进行合作谈判，第三阶段的工作开始起步。“西气东输”的合作者最终将通过谈判确定。

市场开发：已与38家用气单位签订了供用气意向书。到2003年第四季度下游用户的天然气量可以达到90亿立方米，能够满足管道运输的经济输量。到2005年下游用户的天然气需求为110多亿立方米，总用气规模完全能够满足“西气东输”管道设计输量要求。

（中国石油天然气股份有限公司　西气东输管道分公司　陈吉庆）

“南水北调”工程

一、战略性的调水工程——南水北调

我国是水资源短缺的国家，同时，水资源在时间和地区分布上很不均衡。北方黄、淮、海流域人均水资源只有501立方米，是全国平均水平的五分之一，仅为世界平均水平的十六分之一，是我国缺水最严重的地区。八十年代以来，随着经济社会的发展，北方地区水资源供需矛盾日趋尖锐。许多河流断流、湖泊干涸，地下水过量开采，地面沉降塌陷，水体污染严重。一些地区因缺水而导致生态环境恶化，直接危及人民群众的身体健康。由于缺水，不仅制约北方地区经济社会的正常发展，而且影响全国的可持续发展。为解决北方地区严重缺水问题，从五十年代以来国家有关部门就组织各方面专家对南水北调进行了长期勘察调查和可行性研究。长江是我国最大的河流，水资源丰富，年平均径流量约为

9600亿立方米，入海水量约占径流量的94%以上。因此，有条件从长江流域调出部分水量。

根据我国地形地貌特点、水土资源的分布与组合状况以及社会、经济发展对水资源的需求，确定的南水北调工程分东线、中线、西线三条调水线路，形成与长江、黄河、淮河和海河相互联接的“四横三纵”总体格局。利用黄河贯穿我国从西到东的天然优势，通过黄河水量重新分配，协调东、中、西部经济、社会发展对水资源的需求关系，达到我国水资源南北调配，东西互济的优化配置目标。

二、党和国家领导人关心“南水北调”工程

国务院总理朱镕基在中南海听取了国务院有关部门领导和各方面专家对“南水北调”工程的意见后，指出：“南水北调”工程是解决我国北方水资源严重短缺问题的特大型基础设施项目。朱镕基强调，必须正确认识和处理实施“南水北调”工程同节水、治理水污染和保护生态环境的关系，务必做到先节水后调水，先治污后通水、先环保后用水。“南水北调”工程的规划和实施要建立在节水、治污和生态环境保护的基础上。

朱镕基在听取部门报告和专家意见后说：北方地区特别是华北地区缺水越来越严重，已经到了非解决不可的时候，实施“南水北调”工程是一项重大战略措施。

党中央、国务院对“南水北调”工程十分重视，江泽民总书记和中央其他领导对“南水北调”问题多次作过重要指示。最近，党的十五届五中全会通过的“十五”计划《建议》，强调要加紧“南水北调”工程的前期工作，并尽快开工建设。

三、“南水北调”工程介绍

从五十年代提出“南水北调”的设想后，经过几十年的研究，形成比较合理的“南水北调”总体布局：分别从长江上、中、下游调水，通过黄河对水量进行重新分配，满足西、中、东部地区对水资源的需要。

中国大陆地势形成三个阶梯。西线工程在最高一级的青藏高原上，地形上可以控制整个西北和华北，因长江上游水量有限，只能为黄河上中游的西北地区和华北部分地区补水。中线工程从第三阶梯西侧通过，从长江中游及其支流汉水，可自流供水给黄、淮、海平原大部分地区。东线工程位于第三阶梯东部，因地势低需抽水北送。

东线、中线、西线三项工程年调水总量约为380－480亿立方米，相当于在黄、淮、海平原和西北地区增加一条黄河的水量，可基本改变我国北方地区水资源严重短缺状况。

据初步估算，东线应急（第一期）、第二期和中线第一期工程共需投资1310－1480亿元，其中干线投资700－800亿元，地方支线配套投资530－630亿元。

2000年国家重点建设项目

国家计委关于下达2000年国家重点建设项目名单的通知

计投资〔2000〕397号　2000年4月10日

现将2000年国家重点建设项目名单下达给你们，请按有关要求认真组织实施，并将有关事项通知如下：

一、各部门、地区、金融机构及有关单位，要积极落实国家重点建设项目建设资金，并优先保证国家重点建设项目的需要。

二、在国家重点建设项目的实施中，各有关方面要继续大力推行和完善项目法人责任制、招标投标制、工程监理制和合同管理制，充分发挥市场机制的作用。

三、各有关方面要加强协调调度，及时解决国家重点建设项目建设中出现的问题，并要继续在征地拆迁、设备材料、交通运输、供水、供电等方面，对国家重点建设项目给予优先安排，保证国家重点建设的顺利进行。

四、国家重点建设项目单位，要按照《国务院办公厅关于加强基础设施工程质量管理的通知》（国办发〔1999〕16号）的要求，进一步强化工程质量管理，严格搞好“三大控制”，确保工程质量，努力降低工程造价，提高投资效益。

五、严禁任何部门、地区和单位，向国家重点建设项目乱收费、乱摊派和乱集资，各国家重点建设项目单位有权拒绝各种不正当的收费。

六、要加强对国家重点建设项目的检查监督，发挥重大项目稽察特派员的作用，开展对国家重点项目的专项稽察，对截流、挪用国家重点建设项目资金，擅自扩大建设规模、提高建设标准、搞计划外工程，向国家重

点建设项目乱收费、乱摊派、乱集资等问题，一经发现，要严肃处理。

2000 年确定的国家重点建设项目

项　目	名　　称
水利项目	1. 淮河入海水道工程
铁道项目	2. 秦沈铁路客运专线 3. 陇海铁路宝鸡至兰州增建第二线
石油项目	4. 四川油气田开发
电力项目	5. 江苏田湾核电站
有色项目	6. 宁夏青铜峡铝厂（三期）
轻工项目	7. 山东日照木浆有限责任公司漂白木浆工程
船舶项目	8. 上海外高桥造船基地
城建项目	9. 北京城市快速轨道交通西直门—回龙观—东直门工程（地方项目） 10. 南京地铁南北线一期工程（地方项目） 11. 广州地铁二号线工程（地方项目） 12. 昆明掌鸠河引水供水工程（地方项目）

2000 年以前确定的在建项目（73 项）

项　　目	名　　称
水利项目	1. 宁夏扬黄扶贫灌溉工程 2. 黄河小浪底水利枢纽 3. 黄河万家寨水利枢纽 4. 治淮工程 ——淮河干流上中游河道整治及堤防加固 ——怀洪新河工程 ——沂沭泗洪水东调南下近期工程 5. 太湖综合治理 ——拦路港工程 ——红旗塘工程 ——黄浦江上游干流防洪工程 ——杭嘉湖北排工程 6. 浙江珊溪水利枢纽工程（地方项目） 7. 洞庭湖治理二期 ——堤防加固及洪道整治工程 8. 湖南江垭水利枢纽工程 9. 甘肃引大入秦工程（地方项目） 10. 甘肃疏勒河农业灌溉 11. 甘肃疏勒河农业灌溉及移民综合开发（地方项目）
林业项目	12. “三北”防护林三期工程
铁道项目	13. 包西铁路神木北至延安北 14. 内昆线 15. 水株复线 16. 西安安康线

续表

项　　目	名　　称
铁道项目	17. 邯济线 18. 安徽芜湖长江大桥 19. 成昆线电化 20. 哈大线电化 21. 新菏兖石复线一、二期工程 22. 达万线 23. 朔黄铁路
交通项目	24. 川藏公路 25. 广西防城港二期码头 26. 秦皇岛港戊己码头 27. 烟台港西港池三期 28. 黄骅港一期工程 29. 天津港（地方项目） 30. 黑龙江哈同公路（地方项目） 31. 南京长江第二大桥（地方项目） 32. 湖南湘江航运二期工程（地方项目） 33. 京沈高速公路山海关——沈阳段（地方项目） 34. 京珠国道主干线湖南湘潭至耒阳高速公路（地方项目）
煤炭项目	35. 神府东胜矿区
石油项目	36. 黑龙江大庆油田开发 37. 辽宁辽河油田开发 38. 山东胜利油田开发 39. 新疆油田开发 40. 新疆塔里木油田开发 41. 陕甘宁长庆油田开发
电力项目	42. 福建棉花滩水电站 43. 辽长吉哈 50 万伏输变电工程 44. 华东江苏 50 万伏输变电工程 45. 浙江秦山核电站三期 46. 全国农村电网建设与改造工程 47. 长江三峡水利枢纽及 50 万伏输变电工程 48. 浙江天荒坪抽水蓄能电站 49. 广州抽水蓄能电站二期 50. 云南大朝山水电站 51. 天生桥水电站一级、二级及天生桥广州 50 万伏直流输电工程 52. 二滩水电站 50 万伏输变电工程 53. 河北邯峰电厂 54. 山西阳城电厂及 50 万伏输变电工程 55. 辽宁绥中电厂 56. 浙江北仑港电厂二期 57. 陕西宝鸡第二电厂 58. 浙江秦山核电站二期工程 59. 广东岭澳核电站
钢铁项目	60. 上海宝山钢铁公司三期 61. 邯钢薄板坯连铸连轧工程
有色项目	62. 江西铜业公司贵溪冶炼厂

续表

项　目	名　称
石化项目	63. 南京化学工业公司大化肥项目 64. 天津石化公司聚酯工程 65. 浙江镇海石化股份公司油扩建工程 66. 洛阳石化总厂化纤工程
医药项目	67. 山东鲁抗医药集团青霉素钾盐集团
机械项目	68. 大型水电设备制造项目

续表

项　目	名　称
教育项目	69. 高等教育“211工程”
粮食项目	70. 世行贷款粮食流通项目
城建项目	71. 上海轨道交通明珠线一期工程（地方项目） 72. 深圳地铁一期工程（地方项目） 73. 河南义马煤气化工程（地方项目）

国家级经济技术开发区经济发展情况

2000年，43家国家级经济技术开发区（以下简称国家级开发区）坚持国务院确定的“以工业项目为主，吸收外资为主，出口为主，致力于发展高新技术”的发展方针，根据所在地区经济发展的特点和经济结构战略性调整的要求，充分发挥区位优势，加快产业结构调整和建设步伐，全年经济发展呈现良好势头，各项主要经济指标实现全面增长，其国内生产总值、工业产值、进出口和吸收外商投资增幅均高于全国相应经济指标增幅，对所在地区的经济发展起到积极有效的示范、带动、辐射和促进作用。

国务院2000年新批准的11个中西部地区国家级开发区国内生产总值、工业产值、税收、出口和实际利用外资金额等主要经济指标同比大幅增长，增幅分别高达40.57%、34.69%、67.92%、71.07%和38.98%，对中西部地区经济发展的促进作用明显增强。

截至2000年底，国家级开发区已完成开发（实现“七通一平”）的土地面积408.52平方公里，累计投入资金近900亿元，其投入产出率和土地使用集约程度均达到较高水平，已成为具有更大发展潜力的优质国有资产。

国家级开发区概况

自1984年至1995年，国务院先后批准设立了大连、天津、青岛等32个国家级经济技术开发区（以下简称1995年前设立的国家级开发区）。

2000年，作为实施西部大开发战略的重要举措，根据国办发〔1999〕73号文件关于“允许中西部各省、自治区、直辖市在其省会或首府城市选择一个符合条件并已建成的省级开发区申办国家级经济技术开发区”的有关规定，国务院又先后批准合肥、郑州、西安、成都、昆明、长沙、贵阳、南昌、石河子、西宁、呼和浩特等11个国家级经济技术开发区。目前尚有5个中西部省会（首府）城市的省级经济技术开发区（广西、山西、宁夏、西藏、甘肃）的升级认定和报批工作正在按经国务院批准的核报程序抓紧进行，预计2001年内将全部完成。届时，2000年以来经国务院批准的中西部省会（首府）城市的国家级经济技术开发区共计为16个（以下简称中西部国家级开发区）。

目前，国务院已批准设立的国家级开发区为43个。待中西部国家级开发区报批工作完成后，经国务院正式批准设立的国家级开发区，总计为48个，在48个国家级开发区中，东部地区国家级开发区26个，中部地区国家级开发区9个，西部地区国家级开发区13个。

2000年国家级开发区经济发展简况

2000年国家级开发区各项主要经济指标实现全面

增长，国内生产总值、工业产值、进出口和吸收外商投资增幅依次为26.72%、26.29%、38.95%和9.29%，分别高于全国相应经济指标增幅18.72、8.39、7.45和8.36个百分点，同时均高于所在地区的增长水平。其中，国务院新批准的11家中西部国家级开发区，在国家实施西部大开发战略效应的带动下，各项主要经济指标大幅增长，增幅均高于1995年前设立的国家级开发区的增长水平并大幅度高于全国相应经济指标的增长幅度。11家中西部国家级开发区国内生产总值、工业产值、税收、出口和实际使同外资金额的增长幅度高达40.57%、34.69%、67.92%、71.07%和38.98%，对中西部地区经济发展起到积极有效的示范、带动、辐射和促进作用。

国家级经济技术开发区主要经济指标

2000年国家级开发区国内生产总值、工业产值、税收、吸收外资、进出口等主要经济指标情况如下：

1. 国内生产总值（GDP）

2000年，43个国家级开发区实现国内生产总值1861.38亿元，同比增长26.72%，高于全国GDP增幅（8.00%）18.72个百分点，占全国GDP（89404亿元）的2.08%。其中：

1995年前设立的32个国家级开发区（以下简称32个国家级开发区）国内生产总值达1711.21亿元，同比增长25.64%，高于全国GDP增幅（8.00%）17.64个百分点，高于其1999年GDP增幅（14.75%）10.89个百分点。2000年国内生产总值逾100亿元的国家级开发区有天津、大连和广州，GDP分别为256.44亿、165.53亿和140.94亿元，比上年净增加47.99亿、25.33亿和35.39亿元。GDP增幅最高的前五位国家级开发区为秦皇岛、北京、威海、杭州和乌鲁木齐，其GDP增幅依次为88.86%、66.67%、48.30%、45.37%、45.14%。

11个新批准的中西部国家级开发区（以下简称11个中西部国家级开发区）实现国内生产总值150.17亿元，同比增长约40.57%，高于3 2个国家级开发区G DP增幅（ 25.64%）14.93个百分点，高于全国GDP增幅（8.00%）32.57个百分点。在11个中西部国家级开发区中，GDP逾2 0亿元的有3家：西安开发区（28.07亿元）、长沙开发区（26.14亿元）和成都开发区（21.00亿元）。郑州开发区GDP增幅最高，为677.78%。

2. 工业产值

2000年，43个国家级开发区完成工业产值4710.30亿元，同比增长26.29%，高于全国工业总产值增幅（17.90%）8.39个百分点，占全国工业产值（84870.62亿元）的5.55%。其中：

32个国家级开发区完成工业产值4435.97亿元，同比增长24.91%，高于全国工业产值增幅（17.90%）7.01个百分点，高于其1999年工业产值增幅（21.88%）3.03个百分点。32个国家级开发区中工业产值超100亿元的有16家，位居前五位的为：天津开发区、大连开发区、广州开发区、昆山开发区和长春开发区。天津开发区位居首位，达731.82亿元，同比增长30.33%。威海开发区工业产值增长幅度最高，达214.51%。

11个中西部国家级开发区完成工业产值274.33亿元，同比增长34.69%，高于32个国家级开发区工业产值增幅9.78个百分点，高于全国工业产值增幅16.79个百分点。11个中西部国家级开发区中，工业产值超30亿元的有3家：西安、合肥、长沙，西安开发区工业产值为50.51亿元，同比增长62.62%，居11个中西部国家级开发区之首。工业产值位居前五位的中西部国家级开发区为：西安、合肥、长沙、成都和南昌开发区。郑州开发区工业产值增幅最高，达135.39%。

3. 税收

2000年43个国家级开发区税收收入295.52亿元。同比增长20.40%，低于全国增幅（ 22.79%）2.39个百分点，占全国税收总额的2.33%。其中：

32个国家级开发区税收279.68亿元，同比增长18.55%，低于全国税收增幅4.24个百分点。除福建的东山、惠州大亚湾开发区外，30个国家级开发区的税收均超过亿元。天津开发区税收48.82亿元，居32个国家级开发区之首；另有广州、大连、福州、闵行、沈阳、武汉、宁波、哈尔滨等8家开发区税收超过10亿元；福州开发区税收增幅最高，达122.45%。上海虹桥、惠州大亚湾开发区的税收为负增长。

11个中西部国家级开发区实现税收16.02亿元，同比增长67.92%，高于32个国家级开发区税收增幅47.37个百分点，高于全国税收增幅45.13个百分点。税收超过亿元的中西部国家级开发区有7个，长沙居首位，为2.58亿元。税收增幅最高的为郑州开发区，达326.32%。

4. 吸收外商直接投资

2000年，43个国家级开发区新批准设立外商投资企业1376家；合同外资金额88.91亿美元，同比增长35.29%；实际使用外资金额46.58亿美元，同比增长9.29%，高于全国实际使用外资增幅8.36个百分点。43个国家级开发区吸收外资（设立企业数、合同外资金额、实际使用外资金额）占全国同期吸收外资总量的6.11%、14.19%和11.42%。

32个国家级开发区2000年吸收外商直接投资步伐明显加快，全年新批设立外商投资企业1208家；合同外资金84.00亿美元，同比增长8.35%，高于全国实际利用外资增幅（0.93%）7.42个百分点。32个国家级开发区中，实际使用外资金额超过亿美元的有13家，天津开发区居首位，实际使用外资金额10.10亿美元；宁波、武汉、长春开发区实际使用外资额增幅最大，增幅依次为275.47%、62.92%和36.59% 。

11个中西部国家级开发区新批准设立外商投资企业168家；合同外资金额4.91亿美元，同比增长45.52%；实际使用外资额逾千万美元的有长沙、西安、合肥开发区；实际使用外资增长幅度最高的中西部国家级开发区为郑州、石河子开发区，增幅达300.00%和133.33% 。

截至2000年底，43个国家级开发区共设立外商投资企业15977家，合同外资金额709.12亿美元，实际使用外资金额368.85亿美元，占全国吸收外资总量（累计设立企业数、合同外资金额、实际使用外资额）的比重依次为4.39%、10.48%和10.58%。其中：32个国家级开发区累计批准设立外商投资企业15247家，合同外资金额677.38亿美元，实际使用外资金额352.90亿美元，占全国总量的比重分别为4.18%、10.01%和10.12%。11个中西部国家级开发区累计批准设立外商投资企业730家，合同外资金额31.74亿美元，实际使用外资金额15.95亿美元。

5. 进出口

2000年，43个国家级开发区进出口总额317.63亿美元，同比增长38.95%，其中进口154.27亿美元，同比增长49.21%；出口163.38亿美元，同比增长30.48%；其进、出口增幅分别高于全国增幅12.66和2.63个百分点。国家级开发区出口额占工业产值的比重达28.69%，对外依存度（出口额/工业产值）高于全国对外依存度（24.28%）4.41个百分点。

32个国家级开发区全年完成出口总额310亿美元，同比增长38.63%，高于全国进出口增幅（31.50%）7.13个百分点，占全国进出口总额的6.54%。其中：出口157.94亿美元，同比增长29.42%，高于全国出口增幅1.57个百分点，占全国出口总额的6.34%；进口152.06亿美元，同比增长49.69%，高于全国进口增幅13.14个百分点，占全国进口总额的6.76%。32个国家级开发区的对外依存度为29.55%。

11个中西部国家级开发区全年实现进出口额7.63亿美元，比1999年增长53.21%，高于全国进出口增幅（31.50%）21.71个百分点，高于32个国家级开发区进出口增幅14.58个百分点。其中：出口5.44亿美元，同比增长71.07%，高于全国出口增幅43.22个百分点，进口2.21亿美元，同比增长22.52%，低于全国进口增幅（36.55%）14.03个百分点。11家中西部国家级开发区的对外依存度为16.46%。

国家级经济技术开发区主要经济指标统计表

经济指标	全国同比增幅%	43个国家级开发区			1995年以前批准的32家			2000年新批准的11家		
	2000年	2000年	1999年	增幅%	2000年	1999年	增幅%	2000年	1999年	增幅%
国内生产总值（亿元）	8.00%	1861.38	1468.86	26.72%	1711.21	1362.03	25.64%	150.17	106.83	40.57%
工业总产值（现价）（亿元）	17.90%	4710.30	3729.72	26.29%	4435.97	3551.35	24.91%	274.33	203.67	34.69%
税收收入（亿元）	22.79%	295.52	245.45	20.40%	279.68	235.91	18.55%	16.02	9.54	67.92%
进出口总额（亿美元）	31.50%	317.63	228.59	38.95%	310.00	223.61	38.63%	7.63	4.98	53.21%
其中：出口（亿美元）	27.85%	163.38	125.21	30.48%	157.94	122.03	29.42%	5.44	3.18	71.07%
进口（亿美元）	36.55%	154.27	103.39	49.21%	152.06	101.58	49.69%	2.21	1.81	22.52%
合同外资金额（亿美元）	50.84%	88.91	59.94	48.33%	84.00	56.57	48.49%	4.91	3.37	45.52%
外商实际投资（亿美元）	0.93%	46.71	42.62	9.59%	44.91	41.33	8.66%	1.80	1.29	38.98%

二、国家级开发区土地开发简况

国务院批准43个国家级开发区土地面积（一期开发目标）总计为428.51平方公里，其中：1995年前设立的32个国家级开发区的土地面积为320多平方公里；2000年新设立的11家中西部国家级开发区土地面积为108.51平方公里。

截至2000年底，43个国家级开发区已完成开发（实现“七通一平”）的土地面积408.52平方公里，占国务院批准的一期开发土地面积的95%，其中已建成的工业区面积近265.34平方公里，约占已开发土地面积的65%。43个国家级开发区土地开发（征地、“七通一平”、部分其他基础设施）累计投入资金近900亿元，其投入产出率和土地使用集约程度均达到较高的水平。

综上所述，经过近17年的努力，国家级开发区已成为具有更大发展潜力的优质国有资产。继续支持国家级开发区的发展，充分发挥国家级开发区的潜能，不仅对于调整产业结构和区域经济协调发展将发挥更加积极的作用，同时，将有利于国有资产结构的进一步优化。鉴此，有关部门应有针对性地解决国家级开发区在新形势下继续发展所面临的新问题，从政策上继续支持国家级开发区在体制创新、产业结构调整、基础设施建设、发展高新技术产业、集约化土地利用、在规划内调整土地使用规模、扩大招商引资范围、新开辟领域的试点及投资项目审批管理制度改革等方面，开拓新局面，更上一层楼。

附：国家级经济技术开发区名单

1995年前批准设立的国家级经济技术开发区
32个国家级开发区

名　　称	批准时间
大连经济技术开发区	1984.09
秦皇岛经济技术开发区	1984.10
天津经济技术开发区	1984.12
烟台经济技术开发区	1984.10
青岛经济技术开发区	1984.10
连云港经济技术开发区	1984.12
南通经济技术开发区	1984.12
上海闵行经济技术开发区	1986.08
上海虹桥经济技术开发区	1986.08
上海漕河泾济技术开发区	1988.06
宁波经济技术开发区	1984.10
温州经济技术开发区	1992.03
萧山经济技术开发区	1993.05
福州经济技术开发区	1985.01
广州经济技术开发区	1984.12
广州南沙经济技术开发区	1993.05
广东省惠州大亚湾经济技术开发区	1993.05
湛江经济技术开发区	1984.11
昆山经济技术开发区	1993.05
营口经济技术开发区	1992.10
威海经济技术开发区	1992.10
福建省福清融侨经济技术开发区	1992.10
福建省东山经济技术开发区	1993.04
沈阳经济技术开发区	1993.04
哈尔滨经济技术开发区	1993.04
长春经济技术开发区	1993.04
杭州经济技术开发区	1993.04
武汉经济技术开发区	1993.04

1995年前批准设立的国家级经济技术开发区
32个国家级开发区

续表

名　　称	批准时间
重庆经济技术开发区	1993.04
芜湖经济技术开发区	1993.04
北京经济技术开发区	1994.08
新疆乌鲁木齐经济技术开发区	1994.08
上海浦东新区	1990.06
苏州工业园区	1994.02

2000年以后批准的
中西部国家级开发区11个

名　　称	批准时间
合肥经济技术开发区	2000.02
郑州经济技术开发区	2000.02
西安经济技术开发区	2000.02
成都经济技术开发区	2000.02
昆明经济技术开发区	2000.02
长沙经济技术开发区	2000.02
贵阳经济技术开发区	2000.02
南昌经济技术开发区	2000.04
石河子经济技术开发区	2000.04
西宁经济技术开发区	2000.07
呼和浩特经济技术开发区	2000.07

正在报批的中西部地区国家级开发区省份甘肃、广西、山西、宁夏、西藏

国家级高新技术产业开发区建设和发展情况

高新技术产业开发区的建设

1991年，为迎接世界新技术革命的挑战，发展民族高新技术产业，国务院正式批准建立了第一批26个国家高新技术产业开发区（以下简称高新区），并颁布了一系列政策。1992年又批准第二批25个国家高新区，1997年批准建设杨凌农业高新技术产业示范区。连同1988年批准的北京新技术产业开发试验区，目前全国有国家级高新区53个。

高新区是改革开放的产物，它的建设与发展顺应了当代新技术革命和国际竞争的潮流，成为中国在新时期实施科教兴国战略、加快经济建设和产业结构调整，实现两个根本性转变的重要举措。高新区十年的建设与发展，在改革、发展以及创新体系和企业孵化能力建设、创新人才培育等方面取得了长足进步，为实现我国第二步战略目标作出了贡献。

一、高新区已成为中国高新技术产业发展的重要基地和新的经济增长点

高新区通过不断完善区内的软硬环境，创造了科技创新和产业化发展的良好条件，聚集了一大批特色鲜明、有竞争力的高新技术企业。据统计，2000年底，国家高新技术产业开发区内有企业20796家，其中年产值过亿元的企业1252家，过10亿元的企业143家，过100亿元的企业6家，而1991年高新区内过亿元的企业只有7家。以联想、四通、方正、华为、中兴、地奥等为代表的著名高新技术企业在高新区内迅速崛起。

高新区充分发挥科技第一生产力的作用，实现了产业超常规的发展，主要经济指标年均增长都在60%以上。2000年，53个国家高新区实现技工贸总收入9209亿元，工业总产值7942亿元，财政收入460亿元，出口创汇186亿美元，分别是1991年的106倍、112倍、118倍和103倍；2000年高新区工业增加值达1979亿元，比上年增加503亿元，占全国工业增加值新增部分的24%。高新区已经成为所在省市经济增长快、投资回报率高、创新能力强、极具大发展前景的新经济增长点。近两年来，国家高新区实施“科技兴贸”战略、发展外向型经济初见成效，促进了中国高新技术产品出口的快速增长和出口产品结构的优化。在高新区的总收入中，出口创汇的比例逐年稳步上升，已从1996年的15%上升到现在的20%。2000年，高新区的出口创汇额达到186亿美元，同比增长了56.1%。

高新区成为改革开放的先行区

高新区以市场为导向，全面推进科技体制、经济体制和行政管理体制的改革，按社会主义市场经济体制的要求，促进产权、分配、劳动人事、社会保障等制度的改革和现代企业制度的建立。高新区实施“特区化管理，开放式运行”，这是高新区快速发展的前提和重要保证。十年来国家和地方政府都在努力建立适应高新技术产业发展的新型管理体制和市场化运行机制，如赋予高新区管理委员会规划、建设、土地、财政、工商、税务、项目审批、劳动人事、进出口业务等省、市级经济管理权限和部分行政管理职能。高新区在精简机构，强化服务，简化办事手续方面迈出较大步伐，建立了“小机构、大服务”的管理和服务支撑体系，创造了“一站式”、“一网式”管理和“一条龙”服务等成功经验。

三、高新区成为中国科技成果转化和高新技术企业孵化的重要基地

高新区已成为我国电子信息、新材料、新医药、生物工程等新兴产业的重要基地，如电子信息产业、程控交换机、光纤光缆、计算机及外设器件、软件、网络等产品，约有50%—80%的份额出自高新区的企业，有力地支持了国家信息化进程。近年来，有近6000项省部级以上科技成果在国家高新区内实现了产业化，具有自主知识产权和企业自有技术的高新技术产品占区内产品总额的80%以上。

在全国现有的近300家科技企业孵化器中，有相当一部分建在国家高新区内。这些孵化机构为广大科研人员、留学归国人员兴办科技型中小企业提供场地、设施和咨询等各种服务，并组织开展风险投资活动，积极帮助企业疏通融资渠道，有效地推动了“技术——资本——商品”以及“大学、科研机构——企业——市场”的结合。据对其中的110家统计，孵化面积已达188.8万平方米，设立孵化基金5亿元，在孵企业5293家，累计毕业企业1934家，创造就业机会16.4万个。

四、高新区成为改造和提升传统产业的辐射源

高新区充分发挥了技术、机制、人才“辐射源”的影响力，利用高新技术和民营机制激活、改造、提升传统产业，有力地促进了“提升老企业、培育新产业、塑造大企业”目标的实现。高新区内企业采用承包、租赁、股份制改造及兼并等方式，对传统企业的生产要素进行优化重组，注入技术、资金和新的管理机制，使一大批高新技术成果在传统产业推广应用，带动了传统产业的技术升级，推动了地区产业结构的优化。重庆庆铃汽车集团和苏州高新区是较为成功的案例。庆铃在90年代初，通过引进当时国际上最先进的技术和设备，在重庆高新区新建、改建了重庆庆铃铸造公司、车桥公司、模具公司等7家具有国际领先水平的企业，使各种汽车配备产品质量一下提高到国际先进水平，产品供不应求。苏州高新区电子信息产业1999年产值达172亿元，占苏州高新区经济比重72.7%，成为区域经济发展的支柱性产业，对整个苏州市产业结构调整产生了较大的带动和辐射作用。

五、高新区成为吸引和培养我国高新技术产业化人才的重要基地

高新区通过制定一系列吸引和使用人才的专门政策，加强知识产权保护，维护创新创业者的权益，努力促成尊重知识、尊重人才、大胆选拔和使用优秀人才、鼓励青年人才脱颖而出的局面。高新区内由大学、科研院所科技人员创办的企业近2000家，在251万从业人员中，大专以上学历人员占1/3，具有中高级职称人员35万人，还有硕士生3万多人，博士生4000余人，吸引留学归国人员近5000。高新区已成为众望所归的高新技术产业人才栖息地。

六、高新区正走向新时期两个文明共同繁荣的新社区

大多数高新区都已具备了良好的产业发展所需的交通、通讯、动力等设施，为高新技术产业发展提供了必需的硬件条件。截至1999年底，53个国家高新区累计竣工建筑面积7324万平方米，不少新建筑成为所在城市靓丽的风景。高新区非常重视精神文明建设，努力营造创新文化繁荣的新社区，并在文教、卫生、民政、体育、旅游等方面协调发展，特别是在支持教育事业发展、活跃人民文化生活方面不断取得新的进步。不少地方已经将高新区作为实践“三个代表”思想的重要阵地。

“十五”期间，随着国际政治、经济和科技环境的深刻变化，国家将大力推进经济结构战略性调整，加快发展高新技术产业和提升传统产业，这对国家高新区提出了新的更高的要求。为此，国家高新区将在已有的发展基础和取得的经验之上，继续开拓创新，努力为实施“科教兴国”和“可持续发展”两大战略、为经济结构的优化调整做出新贡献。到“十五”期末，高新区将实现技工贸总收入17000亿元，工业总产值14000亿元，出口创汇300亿美元；在电子信息、软件、生物工程、光机电一体化、新材料、新能源和环保产业等方面，力争取得更大的突破。

高新技术产业开发区的发展

我国的高新技术产业开发区是指经国务院或省级人民政府批准成立，旨在促进高新技术及其产业的形成和发展的特定区域，主要依靠我国的科技实力和工业基础；同时借用一切可能的国外先进科技资源、资金和管理手段来加快建设，稳步发展。高新技术产业开发区的建设，是我国经济和科技体制改革的重要成果，是符合我国国情的发展高新技术产业的有效途径。在1996年亚太经合组织（APEC）领导人非正式会议上，江泽民总书记高度评价了包括中国在内的世界科技工业园区对人类社会发展做出的重要贡献，他指出：“本世纪在科技产业化方面最重要的创举是兴办科技工业园区。这种产业发展与科技活动的结合，解决了科技与经济脱离的问题，使人类的发现或文明能够畅通地转移到产业领域，实现其经济和社会效益。”

目前，经国务院批准建立的国家高新技术产业开发区有53个，批准面积727.14平方公里，其中：集中新建区388.92平方公里，政策区338.22平方公里；截至1999年底，新建区累计开发面积335.65平方公里。

“九五”期间，高新区的建设迅猛发展，面向国内外市场，通过大力实施高新技术产业的优惠政策和各项改

革措施，进一步优化了局部的产业环境和条件，有力地推进了科技产业化进程，形成一批发展高新技术的主要基地，为在我国建立比较完整的高新技术产业发展体系打下了坚固基础。

"九五"期间，高新技术产业开发区开始进入了以加强技术创新为核心的发展新阶段，在党中央、国务院的关心和支持下，在各省、市党委、政府的领导和高新区全体员工的共同努力下，高新区已经成为当地经济增长快、投资回报率高、创新能力强、具有极大发展前景的经济增长点。

（一）高新技术产业开发区发展迅速，取得了巨大的经济效益和社会效益，逐步发展成为我国发展高新技术产业最重要的基地

我国高新技术产业开发区继续保持迅猛发展的势头，在国民经济和地方经济发展中起着越来越突出的作用。2000年，高新区实现技工贸总收入8864亿元，比上年增长30.8%；工业总产值7680亿元，比上年增长29.2%；工业增加值1700亿元，比上年增长15.2%；净利润520亿元，比上年增长30.3%；实际上交税费400亿元，比上年增长18%；出口创汇220亿美元，比上年增长84.9%。从经济总量来看，我国的高新技术开发区已经在整个国民经济中占据着重要的地位；从发展的速度上来说，超常的发展展示着高新区经济的光辉前景。

"九五"期间，高新区共计实现技工贸总收入26166.5亿元，总产值23208.7亿元，利税2722.1亿元，出口创汇532.1亿美元。高新区的发展，为我国国民经济的稳定增长发挥了重要的作用，"九五"的累累硕果，充分表明了高新技术产业开发区是发展我国高新技术产业的重要力量，它们所培育的高新技术产业正是我国经济发展的增长点。

"九五"期间高新区主要经济指标一览表　（单位：亿元，亿美元）

年份	企业数（个）	职工总数（万人）	技工贸总收入	总产值	利税	出口创汇（$）	人均销售收入（万元/人，年）
1996	13722	129	2300.3	2142.3	238.1	43	19.1
1997	13681	148	3387.8	3109.2	350	64.8	24
1998	16097	184	4839.6	4333.6	477	85.3	27.2
1999	17498	221	6774.8	5943.6	737	119	30.7
2000	19000	—	8864	7680	920	220	—
合计			26166.5	23208.7	2722.1	532.1	

（二）高新技术产业开发区培育了一大批高新技术企业，开发了一批具有自主和知识产权的高新技术产品

高新技术产业开发区的发展，培育了一大批高新技术企业。截至到2000年底，高新区内高新技术企业已达1.9万家，从业人员210万人，年产值超过亿元的高新技术企业达到1015家。同时，一大批机制灵活、适应市场经济要求、技术创新能力强的中小型高新技术企业在高新区内得到了迅速的发展，成为我国高新技术产业领域一支重要的生力军。

高新区在电子信息、生物医药、新材料等高新技术领域孵化和培育出一大批具有自主知识产权的高新技术企业，在若干技术领域已经形成了我国具有一定优势的高新技术产业，成为推动产业结构升级的主要力量，产生了众多的名牌产品和杰出的企业家群体。这些明星企业跟踪国际高新技术产业发展的前沿，在生产领域、产品技术含量、质量管理标准、市场多元化等方面，迅速地向高层次、国际化发展。

高新技术产业发展的动力在于不断地创新，高新区的建设为我国科技成果转化提供了良好的环境和条件，高新区的产业发展实行"以自主研究开发创新为主，以引进吸收为辅"的基本方针，引进是为了掌握国外先进技术和管理经验，在更高层次上实现创新发展。自主研究开发创新是高新区发展的根本和主要手段。根据1999年的统计，高新区内企业产品的主要技术来源于国内和具有自主知识产权的占86%。国外技术的比例仅占12.9%；1999年国家高新区内由大专院校、科研院所直接兴办的高新技术企业已达1917家；有4905项国家自然科学基金、攀登计划、"863"计划、国家和地方攻关计划、国家和地方火炬计划、国家成果推广计划项目在高新区实现产业化。同时，高新区形成了一定的技术创新功能和支撑服务体系。特别是高新技术创业服务中心作为高新区创新孵育体系的核心，在促进科技成果转化、培育中小型科技企业发展方面起着关键性作用。创新中心为技术创新活动和新办企业提供场所、设施和相关服务，进行培训和咨询指导，并组织开展风险投资活动，有效地推进了"技术——资本——商品"以及"大学和研究机构——企业——市场"的有效结合，培养了大批成熟的高新技术企业和企业家。

“九五”期间，我国的高新技术产业开发区通过不断地吸引高素质科技和管理人才，鼓励高新技术企业加大研发投入，极大地提高了区内高新技术企业的科技创新能力，加快了高新技术领域研究和应用的步伐。高新区 R&D 投入占销售收入的比重接近 4%，大大高于我国大中型企业 R&D 投入占销售收入不到 1% 的水平；2000 年，我国高新技术产业开发区人均销售收入约 44.2 万元/人，是全国平均值的 10 倍多。

“九五”的实践充分表明，高新技术产业开发区已经成为我国发展高新技术，培育高新技术企业，提高科技创新能力，实施高科技产业化的重要基地。

（三）高新技术产业开发区的软硬件环境不断改善，形成了科技创新和产业化发展的良好环境

随着高新技术产业开发区的发展，其软硬件环境处在不断地改善过程中。在政策方面，1999 年 8 月，中共中央、国务院召开了全国技术创新大会，发布了《关于加强技术创新，发展高科技，实现产业化的决定》，提出了“加强国家高新技术产业开发区建设，形成高新技术产业化基地”的要求。其后，科技部制定颁布了一系列促进高新区发展的政策文件；《关于加强国家高新技术产业开发区发展的若干意见》，进一步明确了新形势下高新区发展的战略目标和任务及重点工作；《国家高新技术产业开发区评价指标体系》，将引导高新区今后的发展方向，促进高新区管理的科学化、制度化和规范化发展。此外，上海、深圳、北京等地也相继出台了一系列鼓励高新技术产业发展的政策措施。

高新区率先建立了适应社会主义市场经济和高新技术产业发展需要的环境和条件，实行了新的经济管理体制和运行机制，在产权制度、分配制度、劳动人事制度、社会保障制度、行政管理制度和建立现代企业激励和约束机制等方面进行了大量的探索和实践。为高新技术企业顺利健康的发展创造了良好的体制和机制环境。

在政策等软环境不断完善的同时，高新区的硬件环境也在不断地优化，截至 1999 年，高新区已累计开发土地面积 336 平方公里，其中 1999 年新开发土地面积 27 平方公里；累计竣工建筑面积 7324 万平方米，其中 1999 年竣工建筑面积 1265 万平方米；苏州、深圳、厦门等高新区先后通过 ISO14000 环境质量体系认证。

（四）高新技术产业开发区对外开放和国际化进程进一步加快，逐步发展成为国家最重要的高科技产品出口基地

对外开放和推进国际化是我国发展高新技术产业的基础性方针，“九五”的实践证明，这是一条提高我国高新技术产业企业素质，发展我国高新技术产业的有效途径。从我国高新区经济发展状况来看，“九五”期间，与同期其他经济指标相比，高新区出口创汇增势迅猛，由 1996 年的 43 亿美元增加到 2000 年的 220 亿美元，同时，在高新区总收入中所占的比重也稳步上升，1996 年仅为 15%，到 2000 年末这一比例已达到 20%，这表明，我国高新区发展外向型经济，走国际化道路来发展高新技术产业的大政方针已经取得了骄人的成绩。截至 1999 年底，高新区累计外商实际投资 224 亿美元，并继续保持高速增长的势头，受到国家的高度重视。科技部与外经贸部组织实施《科技兴贸行动计划》，充分利用国家给予高新区的有关政策，积极引导区内企业开拓国际市场，促进高技术产品的出口，有力地促进了高新区的国际化进程。

（五）高新技术产业开发区的建设，为探索适合我国高新技术产业发展的体制和机制，积累了许多宝贵的经验

作为发展高新技术产业的基地，高新区在管理体制、运行机制等方面进行了积极的探索和大胆的实践，特别是在产权制度、分配制度、劳动人事制度和社会保障制度等方面进行了深入、有序的改革。大多数高新区作为当地政府的派出机构，本着面向市场经济、衔接国际规范的原则，在政府机构设置、职能转变和运行机制等方面进行了大胆的创新和实践。参考西方发达国家科技工业园区的职能设置，管理模式和运营机制等方面的经验，创造性地建立和实践了具有中国特色的高新技术产业开发区经营管理模式，为高新技术产业化的发展营造良好的环境。

在建立现代企业制度方面，国家高新区依托民营科技企业“自由组合、自筹资金、自主经营、自负盈亏、自我约束、自我发展”的“六自”机制，形成了依托市场发展、政策引导扶持、政府宏观管理和服务的高新技术企业发展机制。国家和地方政府有关部门结合实际情况，在高新技术产业开发区采取多种形式，促进科技与金融的结合，积极探索新的适合于高新技术产业发展的投融资体制和机制，这些都为经济体制和科技体制改革的进一步深化积累了经验，创造了条件。

（六）高新技术产业开发区的建设，为改造传统产业，促进产业结构的优化和升级发挥了积极的作用

通过高新技术产业开发区的建设和发展，形成了一批特色鲜明、具有一定规模的高新技术产业，促进了产业结构的高度化。如电子信息产业高新区 1995 年的销售收入已占全国电子信息行业销售额的 17.8%，总量达到 756.6 亿元，1998 年上升到 1226.4 亿元，占有的市场份额不断扩大。苏州高新区电子信息产业 1999 年产值达 172 亿元，占苏州高新区经济比重的 72.7%，成为区域经济发展的支柱产业，对整个苏州市产业结构调整产生了较大的带动和辐射作用。苏州高新区许多电子信息产品已在世界市场上占有较大的份额，如鼠标年产7000万只，约占世界市场的65%；电脑键盘年产600万只，占10%；扫描仪年产600万台，占13%，液晶显示器年产240万只，占30%；彩显年产800万台，占10%；石英振子年产4.7亿只，占30%。

国家高新区在发展新兴产业的同时，用高新技术和民营机制激活、改造、提升老企业，发挥对传统产业的辐射和带动作用。高新技术产业开发区充分发挥技术、机制、人才“辐射源”的影响力，改造国有企业的运行机制，提供急需的技术人才和技术服务。通过辐射，激活了这些老企业的创新机制，从而提升了这些企业。一方面，高新区在理顺产权关系和转换经营机制的前提下，从原有的大中型企业分流出相应的人、财、物和场地，组建一个或多个高新技术企业。这些企业利用高新区的政策环境，按照市场经济规律运作，采取现代管理模式组织运营，取得了较好效果；另一方面，高新区用高新技术嫁接的方式改造老企业，既盘活了沉淀的资产，实现资源的重组和优化，又使高新技术在老企业经营的基础上迅速占领市场，取得良好效益，实现了优势互补，迅速发展。高新区采取承包、租赁、股份制改造及兼并等方式，对传统企业的生产要素进行优化重组，充分利用原有场地、设备和人员，通过技术、资金和新的管理机制的注入，使老企业实现了再生。

随着高新技术产业开发区的建设和发展，其对传统产业的辐射、渗透功能正在逐步加强。一大批高新技术成果在传统产业中推广应用，带动了产业技术的升级，推动了地区产业结构的优化。如天津高新区上千种高新技术应用于传统产业，仅为天津夏利轿车配套的就有装配线自动控制系统、装配线焊接夹具、悬挂式一体化点焊机、点焊机微电脑控制箱、发动机及气缸、空调器气化罐、防护快干漆、高效光反射器等一批高新技术产品和项目。

附：国家级高新技术产业开发区名单

序号	所在省市	开发区名称	序号	所在省市	开发区名称
1	北京	北京市新技术产业开发试验区	28	江西	南昌国家高新技术产业开发区
2	北京	天津武清高新技术开发区	29	广西	南宁高新技术产业开发区
3	天津	上海张江高科技园开发区	30	江苏	南京高新技术产业开发区
4	吉林	长春高新技术产业开发区	31	辽宁	沈阳国家高新技术产业开发区
5	安徽	蚌埠市高新技术开发区	32	河北	石家庄国家高新技术产业开发区
6	内蒙古	包头稀土高新技术产业开发区	33	江苏	苏州高新技术产业开发区
7	河北	保定国家高新技术产业开发区	34	山西	太原高新技术产业开发区
8	江苏	常州高新技术产业开发区	35	广东	深圳科技工业园
9	辽宁	鞍山高新技术产业开发区	36	山东	淄博高新技术产业开发区
10	四川	重庆国家高新技术开发区	37	山东	潍坊高新技术产业开发区
11	四川	成都高新技术产业开发区	38	山东	济南高新技术产业开发区
12	黑龙江	大庆高新技术产业开发区	39	新疆	乌鲁木齐高新技术产业开发区
13	广东	佛山高新技术开发区	40	陕西	西安高新技术产业开发区
14	湖南	长沙国家高新技术产业开发区	41	山东	烟台高新技术产业开发区
15	广东	广州高新技术开发区	42	河南	郑州高新技术产业开发区
16	黑龙江	哈尔滨高新技术产业开发区	43	广东	中山火炬高技术产业开发区
17	广西	桂林国家高新技术产业开发区	44	湖南	株洲高新技术产业开发区
18	浙江	杭州国家高新技术产业开发区	45	广东	珠海高新技术产业开发区
19	安徽	合肥高新技术产业开发区	46	湖北	襄樊高新区
20	广东	惠州仲凯高新技术产业开发区	47	陕西	国家杨凌农业高新技术产业
21	云南	昆明国家高新技术产业开发区	48	山东	青岛高科技工业园
22	甘肃	兰州高新技术产业开发区	49	江苏	中国宜兴环保科技园
23	河南	洛阳国家高新技术产业开发区	50	贵州	贵阳高新技术产业开发区
24	陕西	宝鸡高新技术开发区	51	江苏	无锡国际高新技术开发区
25	福建	福州市科技园区洪山园	52	湖北	武汉东湖高新技术开发区
26	海南	海南国际科技工业园	53	山东	济南高新技术产业开发区
27	四川	绵阳高新技术产业开发区			

第五部分

资本市场

本栏目由上海市政府协办

综 合 论 述

中国资本市场的发展途径

中国证券监督管理委员会首席顾问　梁定邦

一、融资途径单一易累积金融风险

美国经济历史学家恩格思·麦迪逊教授通过对从唐朝到今天的中国经济发展状况的研究，预言中国经济发展能力将继续维持，如果以1990年的货币比价水平为基准并扣除通胀和通缩的因素，到2015年中国每年的经济增长将为7.5%，届时中国的GDP将达到和美国同样的规模，不过人均GDP则只有美国的10%。麦迪逊同时认为，要达到上述发展目标，中国必须做好三件事：资本市场在内的金融制度要顺应世界的发展水平，国企要进行重大改革，税收制度要有重大调整和发展。而这3者相互之间又息息相关。

麦迪逊的上述研究代表了一种对中国经济比较公允客观的看法，所提出的三个条件也是合理的。而从金融制度方面来看，我国亟待完善的地方还有很多，比如企业融资途径单一就是一个突出的例子。除了上市公司外，我国企业对银行贷款的依赖度相当高。1998年国际清算银行报告的统计显示，中国的银行贷款相当于GDP的97%左右；而在工业化国家，企业的资金来源就要均衡得多，企业从银行获取的贷款和从资本市场所筹得资金的比例相差不多。

融资途径单一所带来的市场后果不能不引起警惕。如果一个国家的融资过于依赖银行，风险就会累积得太高。因为相对于资本市场而言，银行对企业监督的有效性很低。因为银行对企业放贷是两个组织之间的关系，同时这一过程往往又控制在少数几个经办人手里，而且贷款是商业秘密，他人无从得知。企业如果经营不善常常就会借新债还旧债，这样日积月累就会积聚巨大的风险。

日本银行界近年的颓势主要就根源于此，这通过亚洲金融危机的放大使不少国家吃足了苦头。1997到1998年底，从亚洲新兴市场撤出的资金高过1000亿美元，主要流回了日本。因为日本银行界在前些年的盲目放贷中出了不少问题，继任的银行家们为了保住银行纷纷从海外收回资金，这对处于危机中其它国家的打击是相当沉重的。

二、全面金融服务冲击分业经营原则

从国际潮流来看，银行本身的角色定位近来也在不断改变，过去银行靠息差生存，但由于竞争越来越激烈，息差越来越低，而风险却越来越高，于是不得不拓展其他业务，为客户提供全方位的金融服务，比如清算、代人理财和做托管网络等。其实，国内的许多银行家也有类似想法，由于《商业银行法》有分业经营的限制，银行不许从事证券市场等方面的业务；但是，商业银行要跟上国际潮流和资本市场接轨绕不开这一法律障碍。现在，保单正在逐步演变为一种投资工具，与基金的投资组合已相去不远。而这种金融市场的一体化会不断冲击我们的市场结构，促使我们对现有的法律框架作适当校正。这样的改变也许在数年之后，也许在一两年后就会发生。

加大市场的流通量，可以解决市场波动过于剧烈的问题。公司盘子的大小其实不是问题，关键要理顺发行制度。在未来几年，收购兼并很可能成为市场扩容的重要方式。收购兼并条例很快就将送交给社会咨询。此外，现有的不流通的股份也应该设法使之流通起来，当然，把全部股份一下子扔进市场会把大家吓坏的，这既不必要也不实惠，稳妥的办法是使之逐渐转向市场；这一过程可能不会超过五六年，不过，企业之间的并购活动也许会缩短这一进程。

三、是否让金融衍生工具重新登场

除了股票，基金在资本市场也是不可或缺的成员，市场要扩容，需要一大批机构投资者。但现在市场上的基金都是封闭式基金，由于种种原因，开放式基金迟迟出不来，这样的市场是不完整的。我们现在几乎没有金

融期货与期权等避险工具。经过“3·27事件”后，金融期货等衍生金融工具被禁止了，但如果没有它们市场就很难扩容，因为开放式基金对它们的需求非常迫切。我们现在还处于资本市场的初级阶段，下一步要仔细琢磨如何在充分管理风险的情况下，把衍生工具逐步引入市场。金融一体化在下一步扩容中的作用和位置要好好考虑清楚，银行、证券和保险三类业务和机构的市场位置该如何布局以及三个监管机构如何协调交流，这对提高市场运作的效率都至关重要。

四、如何使市场交易制度更公平

国内上市公司及其董事弄虚作假的不少。新《刑法》已经开始加重在这方面的处罚力度了；但在民事责任方面仍无大的进展。如果投资者的利益不能得到充分保障的话，将给股市扩容带来很大困难。如何使投资者的民事诉讼权利得到伸张和维护，应该引起管理层的重视。要处理好前端的预防工作，还需要发展中介机构来作市场的第一看门人；在市场中没有谁是配角，大家都是主角。作为投资者和公司最先接触的人，中介机构的地位非常重要。没有好的中介机构，就没有好的监管者；而有好的监管者，就必定有好的中介机构。

这就需要具有良好的职业操守和业务规范的专业队伍，由他们来引导投资者和公司合法地参与市场活动。如果他们未能尽到引导责任，就是违反了专业操守，应当受到处罚，轻则罚款，重则除牌。这套规范在全世界都是得到了切实的执行的，我们在下一阶段的发展中也须遵循类似的道路，信守公平和公正的市场观念。

五、投资者队伍的多元化

市场要优化就必须容纳多方面的投资者。现在市场上只有十几只基金，资金规模约有300亿—400亿元，只占市值的1%左右；其他的大多是散户，他们能够动用的资金很少，这不利于市场的稳健发展。法人应当成为市场的主要参与者，国企能够买卖股票是必要的一步，但在操作方式方面还有待进一步探讨。美国通用金融公司可以成为一些大企业理财的一种参考，它原来只是通用电气的内部财务公司，现在已经发展成了世界上最大的投资者之一。不过，他们要参与市场运作，需要很多金融工具，否则就难以满足其长期和短期的财务要求。此外，保险和退休基金也可以成为市场的长期投资人。老龄人口增加是我国人口发展的必然趋势。如果年龄超过50岁的人占人口的一半以上，显然会超出国家的承受力，也不可能完全寄希望于银行存款利息的增加，必须寻找能够保值并能不断增长的投资，以此建立新的退休保障制度，而退休制度的改革必须要和资本市场的发展紧密结合起来。

从更长远的角度来看，我们还可以考虑让外国的机构投资者进来投资，目前B股和H股实际上就是这方面的先导。当然，这是一个需要极其谨慎对待的问题。可利用可控制的开放模式：外国机构投资者先要在中国银行开户，把外币兑换成人民币并获准以一定额度的人民币参与A股市场的买卖；如果他们想把资金撤回国外，必须在缴纳了税费和管理费用后，才能到中国银行把人民币兑换成外币汇往海外，如果，我们给外国机构投资者设定了这样的运行通道后，就能确保我国的监管当局有效掌握和控制其动向了。

允许外国机构投资者进来有很多好处，它们的投资周期很长，在亚洲金融危机发生时，它们其实比当地资金守得更久；在中国台湾和印度市场上，都有上百亿美元的资金在参与买卖，如果我们也引进的话，会比它们的市场扩容更快。它们很珍惜自己的市场声誉，挑选企业时要作大量的分析和研究，这使它们所选取的企业股票会引起市场的跟风，而企业也将主动与之沟通，使市场透明度得到提高，市场环境得到优化。同时，它们的投资也可帮助我们股票进入MSCI（摩根士丹利国际资本指数）、IFC（国际金融公司金融资产指数）和FTSE（英国金融时报指数）等主要指数，这将会大大提升我们的金融地位。

从财政和金融结合的角度推动国债市场发展

中国社会科学院研究员　李　扬

对于面向21世纪的中国经济发展来说，国债市场的发展是非常重要的议题；在我看来，很可能还是最为重要的议题之一。

关注国债市场动态的人们可能会注意到，1997年以来，在国际金融界甚至全球经济界，掀起了新一波关于国债问题的热烈讨论。讨论的因由来自美国：这个实行赤字财政政策时间最长，国债未清偿额最大的国家，预算开始出现盈余，由此，美国财政部开始在市场上净额清偿（购回）国债。总体来说，美国政府经过长达数十年的艰苦努力，终于做到预算平衡并有盈余，对于美国经济发展和全球经济发展，都是一件值得欢迎的事情。

但是，政府预算出现盈余，并相应在市场上净额清偿国债这件事情，在美国的财政界、金融界，乃至全球金融界引起了轩然大波。就此发表的论文和讲话不胜枚举，就这个问题召开的研讨会也接踵而来。讨论的焦点集中于：在预算持续出现盈余的情况下，如何协调财政政策和货币政策。这个问题当然涉及很多方面，其中最直接也是最迫切需要研究的问题，是国债的净额清偿对金融体系的影响。这是因为，从目前的情况来看，已有种种迹象表明，美国财政部在市场上净额购回国债，已经造成美国金融市场上出现流动性不足的问题。

从历史上看，因财政部净额清偿国债而导致金融市场流动性不足的情况，在美国历史上曾经出现过若干次。二次大战期间就是一次。当时，由于战争结束，生产得到恢复，运用财政赤字手段来筹集战争经费的必要性消失，政府预算开始出现盈余。面对此状，根据谨慎财政原则，美国政府开始在市场上净额收回在第一次世界大战期间发行的国债。当时也同样出现了金融部门流动性不足的问题。这是因为，国债已经成为所有金融机构的流动性储备资产的主体，同时也成为中央银行吞吐基础货币（通过公开市场操作）所要买卖的主要资产。因此，该资产的迅速减少，几乎使所有的金融机构均感到流动性不足，同时也使得中央银行感到缺乏有效的资产来从事增减货币供应的公开市场操作。应对这一问题所采取的措施，就是财政部紧急发行了一笔国债，缓解了市场上流动性不足的问题。回顾美国历史，并借鉴其他一些国家的经验，我们就会看到，国债不止是一个财政问题，甚至不主要是一个财政问题；它在相当程度上是一个金融问题。因此，讨论国债问题，必须从财政和金融相结合的角度来进行，否则就是不完全的。

我们看到，对于国债问题，从财政角度和从金融的角度所做的分析以及得出的观点，几乎完全相反。

从财政角度来分析，对于国债基本上持比较消极的态度。普遍认同的看法是：财政运行必须遵循“谨慎财政”原则，即必须追求收支平衡，不到万不得已，政府不出赤字，当然也就不发行国债。与此相应，一旦财政预算有盈余，政府便会自然地要净额清偿国债。

关于从财政角度对国债所做的分析，我们大致可以归纳出如下几种观点：

1．政府赤字以及相关联的发债有排挤效应，因此，发行国债不利于经济的发展。这种观点认为，相比政府而言，市场和民间企业是更有效率的，会把事情做得更好。而政府通过发债挤占了民间的资金，因此会使整个经济的效率降低。这是关于国债的一个基本看法。

2．根据李嘉图等价原理，现在的债就意味着未来的税，二者没有太大的差别。既然如此，政府就不应当发债。这种观点认为，债的经济效果和税收对经济的效果是一样的。然而，最近的一些比较深入的研究表明，“李嘉图等价”所需要的前提条件是非常严格的，而这些前提条件在现实生活中并不可能完全具备。因此，李嘉图等价原理并不是经济的现实，我们不能用它来评判国债的经济影响。

3．从“代际交换”角度看，这一代人发行债券并安排支出，其实质是提前占用了一些经济资源。对这些经济资源的使用，而且常常是滥用，会给后一代人使用资源造成一些缺口；后一代人会因此而承担沉重的负担。在一定意义上，这种说法与李嘉图等价异曲同工，即，它们都特别强调，这一代人用发行国债方式筹集了资金，就要由下一代人用增加税收的方式来偿还。当然也有不同，这就是，“代际交换”观点更关注实际可用的经济资源的消耗问题。

4．政府大量发债，会降低私人部门的储蓄意愿，从而降低全社会的储蓄率，并最终导致经济增长率下降。这是因为，储蓄率以及长期来看由之决定的投资率，到底还是决定经济增长的主要因素。

简言之，从财政角度，如果确认谨慎原则是健全财政政策的立足点，则对财政赤字以及相关的国债一般持否定态度。从总体来讲，虽经多年发展，这种财政观点依然没变化。我们都说美国奉行凯恩斯主义，特别是美国政府，一直执行赤字财政政策。这是针对美国战后几十年来财政一直存在赤字并且国债越发越多的状况说的。但是，同样还是这些凯恩斯主义者，一旦财政有盈余，也是立刻要清偿国债的。可见，平衡预算，既无内债，又无外债等等，是财政当局根深蒂固的指导思想，是其最基本的一个原则。

当然，在财政界也有些其他的看法，比较重要的看法，是认为公债和私债不一样。这种看法认定：从国民经济总体来说，公债是从左口袋掏钱放到右口袋里，而且，发行公债，在整个国家中，并没有任何人感觉到增加了负担，相反，倒是很多人感觉到金融财富增加。比较而言，私债就不是这样，私债虽然并不构成整个国民经济的负担（因为，在总账上，债务是相互抵消的），但是，对于很多人来说，私债一定是净的负担。此外，讨论公债和私债的差别还有其他种种看法。但是，这些观点不占主导地位。总之，从财政界角度来看，对于国债是持比较消极的态度的。

与此相反，对国债问题，金融界一般都持比较积极的态度，至少在金融界，人们不会去谈国债过多的问题，不会去谈净额清偿国债问题。这在最近几年的理论文献中看得特别明显。我们可以将主要观点归纳如下：

1. 对于金融市场来说，国债市场是一个基准性市场，国债是一种基准性金融产品，其利率是市场的基准利率，总之，国债市场是整个金融市场的基础。它提供了一种无风险的资产，成为全部金融上层建筑的基础。一切金融工具都依据它进行套算和操作，各个经济主体要凭借它来进行风险对冲。另外，国债市场上形成的利率期限结构，会成为全社会利率结构的一个基础。这一点在中国已经感觉到了。我们现在搞利率市场化改革，就因为依靠银行存款和贷款利率比较难形成一个合理的利率期限结构。没有一个合理的利率期限结构，几乎所有的金融活动都很难展开，或者说很难有效展开。这个功能是其他的金融市场都不可替代的。目前在美国金融界及国际金融界引起激烈争论的问题，主要与这一点相联系。目前，美国政府和货币当局一直想用证券化的抵押贷款（Mortgage - backed Security，MBS；Assets - backed Security，ABS）等一些新的工具来取代国债的作用，几年前，这些 MBS 和 ABS 的发行方式、发行时间、发行规模、交易方式等等，都已经开始完全模仿国债。但是，两年多来的实践显示，这些债券，尽管信誉很高，市场也很稳定，交易量也足够大，由于究竟还是“私债”，仍然还是替代不了国债的基准作用。

2. 对于中央银行来说，国债是其实施货币政策的主要操作对象，国债市场是其贯彻实施货币政策的主要渠道和场所。我们知道，公开市场操作在国外已有多年历史。就是说，国债一直就同货币供应密切联系在一起。例如在美国，联邦储备券（我们通常所说的“美钞”）的发行准备资产的94%以上是政府债券。90年代以来，情况更有了重大发展。在传统的准备金率、再贴现率和公开市场操作等各种货币政策工具中，各国中央银行已经基本上或者主要是依靠公开市场操作了。其他手段或者被封冻，或者干脆被废弃不用。现在，世界上已经有7个国家和地区，如加拿大、英国、新西兰，以及欧洲中央银行等，已经对商业银行实行零准备金率；在另一些国家，如美国、德国等，准备金率已经很长时期没有变化。可以说，在所有市场经济国家中，货币政策的主要工具都是公开市场操作。公开市场操作要想有效，富有弹性，就必须有一个相当大规模的国债市场存在。

由于历史原因，美国一直存在着容量极大的国债市场，因此，其货币政策可以通过国债市场来有效实施。中国就不一样了，迄今为止，我们还不能说国债市场已经有了怎样的发展。几年来，我们已经多次感受到缺乏有效和大容量国债市场的弊端。举例来说，1994 年以及其后几年，我国外汇储备每年以 300 亿美元以上的速度在增长。当时国内物价水平较高；外汇储备的迅速增加，更给国内带来了“输入型”通货膨胀。当时我们就发现如果我们能够在大量买入外汇的同时，反方向地大量卖出等额的国债，通货膨胀就不会那么严重。遗憾的是，我们的中央银行手中，根本就没有可供用来做“对冲”操作的工具和手段。现在我们又面临相反的情况，最近几年我们遇到了通货紧缩。为了对付通货紧缩，我们需要增加货币发行。同样，我们也痛切感觉到，此时，我们的市场上并没有那么多金融产品可供中央银行去“购买”，从而增加货币供应。总之，90 年代以来，我们一直感到现有的国债市场基础是非常欠缺的。中央银行为了弥补这个缺陷，不得不采取很多替代性的手段。如发行政策性金融债，甚至用自己的融资债来进行操作，当然还保留部分再贷款操作，等等。这些都给货币政策实施造成一些障碍，使得它缺乏灵活性。好在我国的中央银行已经提出，在今后一段时期中，要把发展货币市场，特别是发展国债市场作为一个非常重要的目标。总之，正反两个方面的经验都说明，在现代经济条件下，要想有效地实施货币政策，必须要有一个发达的国债市场为依托。

3. 对于金融机构来说，发达的国债市场是其实施流动性管理的一个基础。过去中国的金融机构没有意识到这一点。最近几年，随着市场风险的增大，随着改革开放步伐的加快，随着金融监管的逐渐成熟，随着金融机构的内部控制系统逐渐健全，金融机构普遍发现，要想在经济的原则上有效地管理自己的资产和负债，其持有的资产中必须有相当份额的高流动性、无风险的资产，这种资产，亦非国债莫属。目前，中央银行已经注意到，中国包括四大国有商业银行在内的金融机构，都在逐渐地调整它们的资产和负债结构。调整的主要方向就是增大对债券的持有，减少贷款，提高资产和负债的流动性。

4. 对于工商企业来说，国债市场也有助于它们进行流动性管理。目前，企业的流动性风险很大、而且日益不确定，在一个风险很大且不确定性很大的市场中，要进行稳健经营，必须要有手段来防范风险，必须要有一个很好的蓄水池，能够让暂时不用的资金得到运用，同时，在今后可能需要临时性资金的时候，能够立刻获得。因此，对工商企业来说，持有相当份额的高流动性的国债资产，也是非常必要的。

5. 降低政府的筹资成本。存在一个有效的国债市场，毫无疑问会有效地降低政府的筹资成本。

6. 对于居民来说，一个具有深度和广度的国债市场，是他们建立有效的投资组合，进行风险对冲的前提条件。

显然，从金融角度来讨论国债市场，则是另外一种看法。如果中国的国债市场要想充分满足中央银行货币政策操作的需要，满足金融机构进行流动性管理的需要，满足居民对于资产组合的需要，就必须有一个相当大的市场容量，我初步算过，其规模约为数万亿。更为重要的是，由于经济总要发展，由于金融“上层建筑”总要不断增长，那些用来作为货币发行准备资产的国债，以及作为广大金融机构和非金融机构“二级准备”资产的国债，本质上并没有“还”的问题。说得明白一些，如果将金融和财政的关系理顺，我国经济中客观存在着总量约为几万亿的非通货膨胀性发债空间。

于是，有一个问题必然要被提出：从财政角度看，需要把国债的发行严格地限制在赤字所需要的范围内，而且，一旦财政状况好转，人们首先就会想到清偿债务。但是，从金融角度，对国债的需求几乎是无限的，而且，今后随着中国金融上层建筑的逐渐增大，我们对于国债市场的需要还会日益增大。

其实，美国金融界目前感觉到的市场流动性因国债净额清偿而出现不足的问题，在我们中国也已经感觉到了，当然是在与美国的金融资产相关联的那些部门中，首先有了这种感觉。举例来说，最近一段时间以来，我国外汇管理当局就指出，由于美国政府净额清偿国债，我国外汇储备的“摆布”就出现了新问题。过去，我们的外汇储备主要“摆布”在美元定值的债券，主要是美国国债上，现在，由于美国国债的供应已绝对减少，其他替代性的产品又不足，所以，现在包括中国在内的各国外汇管理当局，都觉得无所适从。其中很重要的原因在于，国家的外汇是国家财富，绝对不能允许“摆布”在存在一定风险的私债上，否则，出了问题，谁都负不了责任。问题是，无风险的美国政府国债现在却在净额减少，难怪各国货币当局都忧心忡忡。这充分说明，国债问题必须从金融角度加以考虑。

要解决这个矛盾的问题，看一看若干发达国家的经验，有助于寻找解决的思路。我们注意到，发债在大多数国家是弥补财政赤字的一个手段，这是一个基本的因素。但是，在很多国家，也常常可能在弥补赤字之外，还有一些其他的理由也需要发债。

我注意到，除了弥补财政赤字，至少还有两个原因需要政府发债。第一，为筹集社会保障资金而发债。例如美国，在相当长时间以来，其发债的收入中就有很大的一块是为筹集社会保障资金的。第二，政府的一些兼有财政性、公共性，同时又具有一定的金融性和商业性的事务，也就是那些介于纯商业活动和纯公共活动之间的活动，不适合直接用财政手段来筹资，常常也是政府发行债务筹资的领域。

美国历史数据表明，在绝大多数的年份中，政府国债发行的净额，都是超过了当年的赤字额和当年还本付息额之总和的，而且超过的规模很大。显然，这个超出的部分，都是为弥补财政赤字之外的目的发行的。这一点对我们很有借鉴意义。我们考虑，既然国债兼有财政和金融两种功能，就不能从纯财政的观点来考虑它的规模、结构、种类、清偿等等，而应当在更广的范围内来运筹它。

另外，各国政府债券的种类非常多，短期、中期、长期，应有尽有，而且，它们的功能也不尽相同。针对此状，国会在控制这些不同的国债时通常会采取不同的方法和标准，根据政府债券种类的不同，控制方法有的比较严格，有的不甚严格。我们可以通过工具的创新，既满足弥补财政赤字的需要，又满足金融市场流动性的需要。总之，我们应当拓宽思路，不应当仅仅限于财政赤字的几个比例来谈国债市场的发展，因为各种各样的比例都是些经验性的总结，并没有严格的分析意义。

我们最近研究了将近一百年的各国历史，发现国债与国民经济发展基本上不相关。就是说，由于国债占 GDP 的比重很高而导致经济出现问题的有；但是，由于国债占 GDP 比重很高导致经济发展非常迅速且质量很高的也有。相反，国债占 GDP 比重很低而导致经济发展良好的固然有；但国债占 GDP 很低，而经济状况不好的例子也很多。很典型的是东南亚危机的例子。在危机发生之前，用各种标准来衡量，亚洲各国的财政状况都不能算是很坏的，有的国家甚至被

IMF夸奖为"财政十分健全"。但是，金融危机还是发生了。所以，国债问题绝对不能仅限于纯财政的角度来看它，我们应当充分认识到它的财政功能和金融功能，全面认识它对经济的全面影响。我有一个感觉，如果说国债发行有什么界限约束的话，那就是市场：如果有一天，我们的市场不接受国债了，那就说明国债规模已经太大了。

为了推动国债市场的发展，中国应当做很多事情。

首先，对国债管理政策应当有个新的看法，不应当仅仅局限于财政角度来看它。特别是目前全国人民代表大会对国债的控制方式应有所改变。即从原先的控制当年发债额，改变为对余额进行控制。这样，财政当局可以在期限、品种上有一些比较灵活的处置。

第二，在国债品种的设计上应当多样化，应当充分吸收世界各国的经验。当前的主要问题是要增加短期国债品种，为金融市场提供流动性。

第三，今后的发行市场应当更规则，不能只考虑财政筹资的需要，更应当考虑到金融市场的需要。因此我们需要有一种滚动式的、规则的发行方式。这是因为，既然国债市场是整个金融市场的基准，它就应当是稳定的，规则的，其发行数量、发行时间、发行对象等等，都应当是事先公布的，让金融市场的参与者有一个稳定的预期。另外，发行方式应当逐步过渡到招标制。

第四，关于建立一个统一的国债市场的问题。目前关于银行间市场和交易所市场的沟通问题，大家意见相当不统一。我认为，首先应当看到这两个市场存在的基础是什么。如果基础相同，则容易统一，但若执行不同的功能，则统一较难。目前，正是因为两个市场的功能有所不同，所以两个市场统一起来不甚容易。从各自产生和发展的历史来看，这两个市场发挥着不同的功能。银行间市场目前主要是进行公开市场操作、实施货币政策，以及为各个金融机构调节头寸用的；而交易所市场的国债市场主要是券商用来融通短期头寸的。两者功能存在很大差别。我们曾对两个市场做过两年的跟踪分析，发现：两个市场的走势完全不同，而且两个市场之间基本上不存在套利机制。如果注意到这一特点，就应当承认，统一两个市场的条件和途径，就是逐渐让两个市场发挥相同的功能；于是，我们要做的事情，就不是整天喊着要统一，而是创造条件让它们走向统一。

在交易所市场上，如果今后券商融通资金的渠道逐渐打通，他们可能会逐渐失去依赖这个市场来筹集短期资金的需求，那么，这两个市场逐渐打通的根本基础就会存在。事实上，货币当局、证券当局和财政当局目前已经采取了一些措施在沟通两个市场。这种"沟通"，可以有多种方式和渠道：可以是品种上的沟通，例如，一个品种可以在两个市场上同时交易；也可以在参与者上沟通，即同一个交易者可以参与两个市场。现在我们主要做的是参与者的沟通，我想两个市场会逐渐拉平。如果两个市场发挥相同的功能，彼此之间替代性很强，这个问题本身就解决了。更何况，从世界各国来看，国债市场主要是一个场外市场，我们应当注意到国外的这种经验。

最后，还有对国债周边的一些政策问题，如税收政策问题、关于统一的登记和清算问题，都是为建立中国统一的国债市场所必须的。非常有幸的是，我们的几个监管当局都在推动这件事情，并且取得了相当大的进展。如果我们沿着这条路走下去，中国的国债市场会有相当大的发展，今后中国的财政政策和货币政策的实施就会有更多的手段，就会更为有效。

积极的财政政策与中国经济发展

财政部办公厅副主任　欧文汉

积极财政政策，是我国应对亚洲金融危机冲击和国内需求不足的矛盾所采取的一项重要宏观调控措施。积极财政政策的实施，为有效抑制通货紧缩趋势、保持我国国民经济持续增长作出了巨大的贡献。积极财政政策的实践，也丰富了我国按照社会主义市场经济原则实施宏观调控的经验，展示了党和国家在复杂经济形势下正确处理改革、发展、稳定关系，熟练驾驭经济工作局面的高超艺术。

实施积极财政政策是我国财政政策的重大调整

1997年，亚洲地区爆发了金融危机，东南亚国家股市暴跌，汇率下降，生产停滞，经济出现负增长。日本、欧美国家都受到不同程度的影响。全球经济和贸易的增长步伐明显减慢。我国在亚洲金融危机的影响下，长期以来结构不合理等深层次矛盾突出地显现出来，内需不振，出口下降，投资增长乏力，经济增长速度回落。为了应对亚洲金融危机的影响，确保经济稳定增长，我国政府决定实施积极的财政政策。1998年8月，九届全国人大常委会第四次会议审议通过了财政部的中央预算调整方案，决定增发1000亿元国债，全部用于基础设施专项建设。这标志着财政政策实现了由适度从紧向以增发国债、扩大投资为主的积极财政政策的重大转移。1998年，积极财政政策的内容主要是：国家财政向国有商业银行增发1000亿元长期国债，全部用于基础设施建设；为防范金融风险，国家财政向国有独资商业银行发行2700亿元特别国债，充足银行资本金；调整税收政策以支持出口、吸引外资以及减轻企业负担；增加社会保障、救灾和科教等的重点领域支出。1999年，我国经济社会发展面临的国际国内环境更加严峻，国内有效需求不足和通货紧缩的趋势继续发展。这种情况下，我国政府进一步加大了积极财政政策的实施力度：继续增发1100亿元长期建设国债，用于基础设施建设和支持传统工业的技术改造，推动产业结构升级；进一步调整税收政策，鼓励投资和消费；调整收入分配政策，提高低收入人员基本生活保障水平，增加机关事业单位职工工资，提高企业离退休人员待遇，提高居民收入，增强其消费信心。

经过连续两年实施积极财政政策，其扩张效应得到逐步释放。2000年我国国民经济出现了重要转机，初步摆脱了亚洲金融危机的影响。但是经济发展的重要转机在很大程度上依赖于短期政策效应和外部环境的好转，而影响经济增长的主要问题如结构问题、体制问题等，还没有得到根本解决，经济增长的内在动力不足。这种情况下，中国政府决定继续保持积极财政政策的实施力度。

一是发行长期国债专项用于西部大开发和未完工项目。2000年财政预算安排发行1000亿元长期建设国债，主要用于增加基础设施投入，支持国有企业技术改造，加大西部开发和生态环境建设力度，发展科技教育事业。下半年，为了巩固和发展经济运行出现的良好势头，中央财政又增发了500亿元长期建设国债。二是增加对西部地区的财政补助。中央财政进一步加大转移支付力度，增加对中西部地区行政事业单位人员工资和建立“三条保障线”的资金补助。2000年，这两项补助金额达615亿元。三是停征固定资产投资方向调节税。在1999年减半征收固定资产投资方向调节税的基础上，从2000年起，决定暂时停止征收。四是继续推进税费改革，减轻企业负担。先后公布取消了238项涉及交通和车辆收费项目，平均每年减轻社会负担约145亿元。并将51项收费、基金项目纳入预算管理，资金规模约为220亿元。五是实行“债转股”，增强企业活力。对部分产品有市场、发展有前景，但负债过重而陷入困境的国有大中型重点企业，在建立现代企业制度的同时，通过金融资产管理公司，将银行的债权转为股权，降低企业资产负债率，增强企业活力。六是加快社会保障体系建设步伐。研究和制订《关于完善城镇社会保障体系的试点方案》，推进城镇职工医疗保险制度、医疗卫生体制和药品流通体制改革，改进社会保险费征缴办法，调整财政支出结构，加大对下岗职工和城市贫困人群的保障力度。2000年，中央财政用于基本养老金补助和国有企业下岗职工基本生活保障补助分别比1999年增长98.1%和50.1%。提高城市低收入人群的保障标准，2000年，全国城市居民最低生活保障支出较上年增长了50%。

2000年是实施积极财政政策的第三年，与前两年相比，财政政策的力度、作用方向根据经济形势变化的需要进行了局部调整，更加注重政策组合效应的发挥。除了继续增发国债，保证在建国债项目资金需求外，还具有以下几个方面的特点：

1. 注重税收杠杆的作用。为拉动非政府部门的投资，减收和停征固定资产投资方向调节税；对符合条件的国产设备技术改造投资，实行抵免新增企业所得税的政策；对房地产业的营业税、契税、土地增值税等，出台了优惠政策；为支持高新技术产业的发展，先后出台了鼓励软件和集成电路产业发展的税收优惠政策以及促进科技成果转化的税收优惠政策；对企业、社会力量资助科研机构和高等学校的研究开发费用允许在企业所得税前扣除；为支持国有企业发展，对国有企业采取了加速折旧、加大新产品开发费提取、减免进口先进技术与设备的关税等。

2. 注重引导民间投资。在增加政府投资的同时，注重运用财政政策引导和带动民间投资，政府安排90亿元国债资金用于企业技改贴息，收效良好。贴息政策对拉动民间投资的增长起到了积极的作用，特别是一些有外部效益的产业，通过技改贴息促进了非政府部门投资。

3. 注重投资质量转变。为了提高国债资金的投资效益，2000年的积极财政政策强调，用于基础设施建设的国债资金原则上不准搞新项目，主要用于在建项目；用于技术改造的资金项目也必须认真选择、科学论证、谨慎决策，突出科技进步与产业升级，并强调绝对不能变相搞重复建设。

4. 注重发展中西部经济。一是为了协调中西部地区的发展，政府通过加大建设性资金投入，提高中央财政性建设资金用于西部地区的比例，对西部大开发给予支持。增发500亿元特别建设国债，主要用于西部大开发。二是加大了财政转移支付力度。中央逐年加大对西部地区一般性转移支付的规模，同时在农业、社会保障、教育、科技、卫生、计划生育、文化、环保等专项补助资金的分配方面，向西部地区倾斜。

积极财政政策成效显著

积极财政政策是新中国财政史上的重要一笔。它的实施，对于完善我国宏观调控体系，加快经济体制转轨，推动经济社会发展目标的实现，具有重大的现实意义和深远的历史意义。三年多来，实施积极财政政策的成效主要集中在以下几个方面。

一、拉动了国民经济增长

由于积极财政政策的拉动作用，2000 年我国国民经济发展出现重要转机，全年国内生产总值实现了 8% 的较高增长速度，经济增长步入了适度增长区间。可以说，如果没有积极财政政策，就不可能有当前的经济形势和经济环境，势必会影响我国的改革和发展。积极财政政策的直接效应，在于有效拉动了投资、消费和出口的增长，推动国民经济持续稳定快速增长。一是扩大投资需求。1998—2000 年间共发行建设国债 3600 亿元，拉动社会投资 24000 亿元，完成 15100 亿元的工作量。值得一提的是，1999 年用 90 亿元国债资金作为技术改造的贷款贴息，带动银行贷款和企业配套资金 1800 亿元，形成 20 倍的资金规模。二是拉动消费需求。为了启动消费，政府实施了增加转移支付，调整抑制消费需求的税收政策，财政贴息和消费信贷相结合、改善居民消费预期和消费环境等一系列政策措施。2000 年，居民消费开始回升，全年实现消费 34143 亿元，增长率为 9.7%。三是推动外贸出口。在保持人民币汇率稳定的前提下，我国通过调整出口退税率政策缓解外贸出口压力。2000 年中国对外出口大幅增长，出口额 2492 亿美元，比上年增长 27.8%。

二、促进了经济结构调整

首先是基础设施得到加强。三年来用于基础设施建设的资金达 15100 亿元，开工基础设施建设项目 6000 多个。建成铁路新线里程 3000 公里，复线里程 2560 公里，电气化里程 3000 公里；新建成公路里程约 17.4 万公里；完成加固大江大河大湖堤防 16400 公里；城市基础设施建设和环境建设大大加快，许多城市面貌发生了显著变化；农村电网改造和建设取得重大进展；新建仓容 517 亿斤的国家储备粮库。大规模的基础设施建设，缓解了我国长期以来经济发展的“瓶颈”制约，为国民经济中长期发展奠定了基础。

其次是推动产业结构升级和经济发展模式转变。积极财政政策在加强基础设施建设的同时，通过国债资金的直接投入、税收政策调节等措施，发展高新技术产业，改造传统产业，支持了一批符合产业结构发展方向的重点行业、重点企业的技术改造，推动经济结构调整和产业结构升级。

再次是区域生产力布局得到调整。为了促进西部大开发战略的顺利实施，缩小东西部地区经济发展差距，推动国民经济整体协调发展，国家在安排国债建设资金时，加大了向中西部倾斜的力度，从基础设施和生态建设入手，逐步带动产业经济发展，以实现东部地区的经济技术优势和西部地区的资源优势有机结合。

三、加快了市场化进程

市场化进程加快的一个重要标志是投资环境得到改善。积极财政政策的实施，扭转了中国经济增幅下滑的势头，增强了国际投资者的信心。同时，我国加强了基础设施建设，调整了税收政策，加快了与国际接轨的步伐，实行国民待遇，扩大开放领域，加快了金融、国有企业市场化改革进程，清理了一些不利于市场经济发展的法规制度，投资环境进一步改善。2000 年实际利用外资额为 407.72 亿美元，扭转了外商投资下降趋势。

另一个重要标志是支持了国有企业改革。实施积极财政政策过程中，始终注意处理好改革、发展和稳定的关系，在稳定经济的同时，致力于市场机制的完善和市场主体的培育，为建立现代企业制度创造条件。一是加快社会保障体系建设，为国有企业改制创造宽松的环境和条件。二是清理不合理收费，减轻企业负担。三是实施财政贴息政策，推动企业技术革新和技术改造。四是实施国有企业改组改制和国有企业三年脱困计划。五是实施债转股政策。到 2000 年底，国家确定的 620 家大型国有企业中 514 家进行了公司化改制。国有企业效益明显转好，工业企业经济效益综合指数大幅提高，达到 99.3%，比上年提高 8.4 个百分点，基本实现了三年改革和脱困的基本目标。

四、丰富了宏观调控经验

在积极财政政策实施过程中，依靠市场机制作用，政府综合运用包括财政、货币、税收、物价、收入分配等在内的一揽子政策工具实行间接调控。这种调控手段上的积极变化，标志着我国宏观经济调控模式已经发生了根本性转变，也表明了市场经济条件下间接宏观调控体系已经基本建立。积极财政政策的实施也畅通了储蓄转化为投资的渠道，使财政政策与货币政策有机地协调起来。同时，积极财政政策十分注重需求管理和供给管理的结合，在扩大投资、加快社会保障体系建设、调整收入分配政策等加强需求管理的同时，注重产业组织结构调整，推动产业结构升级，加强基础设施建设，加大了环境保护和生态建设的力度等供给性措施。积极财政政策的成功实施，使我们在有了治理严重通货膨胀经验的同时，也有了成功地治理市场经济条件下通货紧缩的经验。

五、初步建立社会保障体系框架

在积极财政政策的实施过程中，我国加快了适合国情的社会保障体系建设，财政通过直接投入和增加财政转移支付等方式，提高国有企业下岗职工基本生活费和离退休人员基本养老金，建立了社会统筹和个人账户相结合的城镇职工基本养老制度，健全失业保险制度、城镇居民最低生活保障制度。2000年，各级政府共筹集国有企业下岗职工基本生活保障资金246亿元，其中财政承担的资金约占70%，许多地区已经实现国有企业下岗职工基本生活保障向失业保险并轨，截至2000年，全国参加失业保险的人数已达到10408万人。经济的稳定增长以及着眼于改善居民生活的收入分配政策的调整，使城乡居民生活质量有了明显提高。

“十五”期间财政政策展望

“十五”期间是中国改革开放和现代化建设十分关键的时期。这一阶段，我国将继续致力于推进市场化导向的经济改革，进一步扩大对外开放，加快产业结构调整步伐，逐步缩小地区经济发展差距和个人收入分配差距，确保国民经济持续快速健康发展，保持和促进社会稳定。为此，我国将继续运用包括财政政策在内的一系列经济政策手段，实施对经济的宏观调控，以更好地实现国家的战略重点和政策目标。

在过去三年多的时间里，实施以增发国债用于基础设施投资为主要内容的积极财政政策，取得了良好的成效，积累了宝贵的经验，为今后财政政策的更好运作奠定了基础。根据对国内外经济形势的判断，为巩固近年来积极财政政策的成果，在“十五”前期，将继续实施以扩大内需为主要着力点的积极财政政策，但政策的内容会有所变化，政策力度、作用方向和政策手段的组合方式将根据经济形势变化及经济发展需要进行适当调整。注重带动和刺激民间投资和消费，也将是这一时期积极财政政策的主要内容。与此同时，要大力推进公共支出管理改革，调整和优化支出结构，努力构建与社会主义市场经济体制相适应的公共财政体系。

一、调整财政政策扩张力度和工作重点

由于国内经济运行状况已经有了明显好转，“十五”前期财政政策的扩张力度将作适当调整。把“十五”期间国债投资重点转移到在建项目收尾上，原则上不再增加新的投资项目，确保在建项目能够并且尽快形成现实的生产能力。若经济形势发生变化，财政政策的作用方向再作相机调整。

二、继续调整收入分配政策

为了建立适应市场经济要求的收入分配机制，改变国家公职人员收入偏低的状况，稳定公务员队伍，以及增加低收入人群的收入，国家将继续调整收入分配政策，提高公务员工资和离退休人员养老金待遇，并逐步完善个人所得税，适时开征遗产税和赠与税。

三、加快社会保障体系建设

通过社会保障体制改革试点，进一步完善社会保障制度，逐步实现下岗职工基本生活保障向失业保险并轨，改革和完善养老保险、医疗保险制度，建立较为完整的社会保障体系。改革社会保险费征管办法，适时开征社会保障税，完善社会保险金管理制度和运作方式，建立健全相关的社会保障法律和法规体系。

四、支持产业结构调整和升级

财政将依据国家产业发展政策，通过支出、税收、债务、补贴等手段支持和促进产业结合的优化调整；通过财政贴息手段，支持企业的技术改造、固定资产更新和产品的升级换代；通过增加对教育和科技方面的政府投入，改善经济中的人力资本增量，以适应知识经济时代对高素质人才的要求；增加政府投资和实施必要的税收优惠政策，促进信息、生物、医疗等高新技术产业的发展。加大基础设施的建设力度，优化经济结构，促进产业升级。

五、建立公共财政管理体制

“十五”期间，将继续致力于财政体制改革，建立和完善公共财政制度。按照建立与市场经济体制相适应的公共财政的基本要求，在进一步转换政府职能的同时，在划分财权与事权的基础上，合理界定财政支出范围，调整支出结构。在此基础上，改革和完善财政管理制度，进一步完善和推广部门预算，改革现行预算资金管理办法，将预算外资金纳入预算体系。结合推行国库集中收付制度，改进和推广政府采购制度，扩大政府采购范围和规模，进一步提高政府采购的效益。改革现行税收制度，完善税收体系，改进税收征收管理办法。规范政府间转移支付制度，加大对中西部地区的转移支付力度，支持西部大开发战略，以缩小中西部与东部地区的发展差距，促进国民经济更加稳定和协调地发展。稳步推进税费制度改革，在试点的基础上，逐步推开。抓紧修订有关财税法律法规，建立较为完善的财政法律法规体系。

中国货币市场的发展与展望

中国人民银行货币政策司司长　戴根有

一、近几年来我国货币市场的发展情况

货币市场是由多个子市场所构成的。目前，我国货币市场主要包括银行间同业拆借市场、银行间债券市场和票据市场。最近几年，这三个市场都有了较快的发展。

（一）拆借市场

80年代初，我国开始建立拆借市场，其后经历了比较曲折的发展过程。特别是1992年前后，由于金融机构之间出现十分混乱的拆借行为，助长了房地产和股票投机，成为当时通货膨胀的重要原因之一，因而1993年加强宏观调控，人民银行开始规范同业拆借市场。这一年7月，在取消各种形式资金市场的同时，成立了各地的融资中心，赋于该中心组织当地短期资金融通的职能，随后根据这一思路于1996年1月成立全国银行间同业拆借中心。根据当时的体制安排，商业银行总行、城市商业银行、各地融资中心等组成全国同业拆借一级网络，直接通过设在上海的全国银行间同业拆借中心提供的电子交易网络进行拆借交易，人民银行对各商业银行的拆借资金的期限和额度进行了限制；其余金融机构参加当地融资中心的拆借业务，组成二级网络。各地的融资中心在当时占有重要地位，两级网络中，涉及融资中心的交易量占70%，它对活跃同业拆借市场曾经起过一定的积极作用。但是，其存在的问题也是明显的，主要是它不具备自我承担风险的能力，存在大量逾期拆借资金。1997年四季度，人民银行决定停止融资中心的自营业务，1998年决定集中精力清理融资中心的逾期债务，并决定在此基础上逐步撤消融资中心。

融资中心停止自营业务后，同业拆借市场同时出现新问题。一是市场信息难以沟通，金融机构相互之间难以了解对方的资金供需情况；二是由于金融机构间存在拖欠的情况比较普遍，互不信任，不敢进行信用拆借；三是大商业银行与众多中小金融机构在资金需求量上相差很大，大机构与小机构之间不易形成交易。结果，同业拆借市场交易大幅度下降。1998年，全国银行间同业拆借市场信用拆借额仅为989亿元，比上年下降86%。

面对同业拆借市场出现的新问题，1998年下半年人民银行冷静研究了我国银行间拆借市场的发展道路问题。从中国实际出发，提出发展我国银行间同业拆借市场，既要符合市场经济发展的方向，解决实际存在的问题，又要吸取前几年市场发展中的教训，不要脱离中国国情，人为造市。根据这一指导思想，当时我们确定，中国银行间同业市场发展的总体思路是：建立面向所有金融机构、全国统一、分层次的市场，中央银行与公开市场一级交易商构成同业市场的核心，信用良好的商业银行构成信用拆借市场的骨干，众多中小金融机构之间、及其与商业银行之间的交易，更多地通过代理业务和债券回购等交易形式相联结。在这一总体思路下，我们主要抓了三件事：一是扩大全国银行间同业拆借市场的电子交易信息系统的覆盖面，为全国所有的金融机构进入同业拆借市场提供技术支持。由于电子交易系统可以及时向中央银行提供每家金融机构各项交易的情况，因此，使金融监管部门也掌握了有效的技术手段。二是鼓励有条件的商业银行开展融资代理业务，为中小金融机构提供融资便利。三是吸收符合条件的证券公司、投资基金加入银行间市场，开展人民银行规定的资金拆借和其他业务。

由于采取上述政策措施，同业拆借市场交易日趋活跃。1999年同业拆借交易量迅速回升，当年累计成交3290亿元，比上年增长2.3倍；今年1到11月份，拆借成交5728亿元，同比增长1.1倍。经过几年的发展，拆借市场已经逐渐走上了健康稳步发展的轨道。1999年以来，人民银行通过批准证券公司和基金管理公司进入全国银行间同业拆借市场，一方面开辟了证券公司、基金公司合规的融资渠道，同时又通过交易主体的相互交叉，使货币市场和资本市场达到一定程度的相互渗透。目前证券公司和证券投资基金是同业拆借市场的主要资金拆入方，对活跃同业市场发挥了重要作用。

（二）银行间债券市场

长期以来，我国货币市场一直以同业拆借市场为主。近三年，随着市场经济的发展和金融风险意识的提高，金融机构普遍需要更为安全的融资方式和工具，债券回购正是满足这一要求的新工具。但发展债券回购市场，首先必须有一个健康的债券市场。1997年6月以前，商业银行主要是通过证券交易所进行债券买卖。后来由于风险问题突出，根据国务院统一部署，商业银行退出了交易所债券交易。与此同时，人民银行决定建立

银行间债券市场。同年6月，各商业银行所持有的国债、中央银行融资券和政策性金融债统一托管在中央国债登记结算公司，并同时可以进行债券回购和现券买卖。这标志着银行间债券市场正式启动。

经过三年的努力，到2000年11月底，在中央国债登记结算公司开立债券托管帐户并可在银行间市场进行债券交易业务的客户已达600家，包括中资商业银行、在华外资银行分行、中外资保险公司、证券公司、基金公司、农村信用社联社。1997年底，银行间债券市场余额为3819亿元，到2000年11月底，已达到15943亿元，增长3.2倍。

为了推动银行间债券市场的发展，近三年我们主要抓了两个方面的工作。一是1998年首先推动政策性金融债的市场化发行。国家开发银行每年增加1500亿元左右的贷款，期限较长。巨大的资金来源一直主要靠中央银行向各商业银行摊派政策性金融债，债券的数量和利率都由中央银行协调。近几年利率下调，特别是1998年三次降息，国开行要求在贷款利率下调的同时，对以前在利率高位时发行的债券利率也要相应下调，否则就要发生亏损。下调已发行的债券利率涉及各商业银行的切身利益，矛盾比较突出。而1998年当时整个金融形势，是商业银行普遍谨慎放款，货币市场利率很低。我们抓住这一有利时机，推动国家开发银行的债券走向市场化发行。国家开发银行自己积极性也很高。1998年9月，国开行在银行间债券市场首次成功地进行了市场化发债，这是我国债券市场发展的一次重要的突破。同年11月，进出口银行也在银行间市场成功实现了债券市场化发行。在政策性银行债券市场化发行成功的影响下，1999年10月21日，财政部首次在银行间市场实行利率招标发行国债。2000年，财政部在银行间债券市场上发行的国债已全部采用市场化招标方式发行。

二是努力完善市场法规体系，并严格监管。人民银行在银行间债券市场发展过程中，一直特别注意完善市场法规。在银行间债券市场建立初期，就颁发了《银行间市场回购暂行规定》等有关办法，随后又制定了《银行间市场债券交易规则》、《银行间市场债券结算规则》；在政策性金融债市场化发行改革之前，制定了《政策性金融债发行管理暂行办法》；在证券公司和证券基金管理公司加入银行间市场前，发布了《证券公司进入银行间同业市场管理规定》和《基金管理公司进入银行间同业市场管理规定》；根据市场发展的需要，今年以来，人民银行又公布了《银行间债券市场债券交易管理办法》和《债券回购主协议》等。由于操作和管理都有法规可循，1998年以来，银行间拆借和债券市场交易没有出现过一例重大违规行为，这在我国金融市场发展过程中，是很难能可贵的。

（三）票据市场

我国票据市场80年代初开始起步，1981年产生第一笔商业承兑汇票贴现业务。1993年5月人民银行颁布《商业汇票办法》，1994年确定再贴现重点支持“五行业四品种”，但一直到1997年，发展仍然比较缓慢。1998年3月，我们调整了贴现和再贴现利率的生成机制，使再贴现利率与再贷款利率脱钩，解决了贴现与再贴现利率倒挂问题。使中央银行根据货币政策需要自主确定再贴现利率，将贴现利率交由交易双方自行在再贴现利率基础上加点生成，这实际上也就放开了贴现利率，实现了票据交易价格的市场化。金融机构间票据转贴现利率也由交易双方自主商定。至此，中央银行通过调整再贴现利率、间接引导市场贴现率和转贴现利率的机制基本形成，再贴现利率由此成为中央银行货币政策调控的重要工具和信号。1999年6月10日的第七次降息中，我们对再贴现利率作了大幅度下降，即由3.96%下调为2.16%，一次下调1.8个百分点，从此票据市场进入了一个全新的快速发展阶段。2000年1-11月，商业银行贴现余额达到1120亿元，比年初增加794亿元，增长1.4倍；央行再贴现余额增加620亿元，比年初增长1.2倍。

近两年，在票据市场发展过程中，我们强调循序渐进，贴现业务先从商业银行发展专营窗口开始做起，并强调充分发挥中心城市的作用。实践证明，这样做符合中国国情，有利于防范票据风险，有利于提高票据市场运行效率。目前，依托中心城市和依托商业银行专营票据窗口的区域票据市场正逐步形成。上海、广州等10个中心城市商业银行专营窗口的票据业务量已占全国业务量的50%。这些中心城市经济和金融发展程度高，其商业票据业务率先发展，对周边地区的辐射和带动作用明显，有利于推动票据市场的发展，也为中央银行依托中心城市集中进行再贴现和票据操作创造了条件。

二、货币市场的发展，对提高金融运行效率和货币政策有效性，发挥了重要作用

（一）银行间同业拆借市场和债券市场已成为调节金融机构资金头寸的重要场所

银行间同业拆借和债券市场的发展，为商业银行及时调节流动性、降低超额储备水平创造了重要条件。根据过去经验，商业银行超额储备率低于5%，支付会出现突出问题。现在低于4%也仍然运转正常，主要是由于商业银行通过债券回购管理流动性，十分方便。目前，拆借市场20天以下的交易量占全部拆借交易量的

82%，债券回购市场14天以下的交易量占全部回购交易量的85%，拆借市场和债券回购市场已成为金融机构短期头寸调节的主要市场。

（二）改变了商业银行资产结构单一的状况，促进了银行的商业化经营

我国银行原有的资产负债以单一的存、贷款业务为基本特征，它极大地限制了银行的商业化运作。银行间债券市场的发展，为商业银行持有债券，改变资产结构单一的情况提供了条件。金融机构债券余额占总资产比重，1997年为4%，目前已上升到12.6%。2000年1－11月，金融机构各项贷款增加1.2万亿元，同期债券资产增加5100万元，后者相当于前者的43%。商业银行在债券市场的运作也成为其重要的利润增长点，促进了银行经营的商业化进程。

（三）保证了国债和政策性金融债的顺利发行，降低了发行成本

银行间债券市场的发展，有力地支持了国债和政策性债的大规模发行。1998年以来，国家实施积极的财政政策，国债和政策性金融债发行量大大增加。1998、1999两年财政部在银行间债券市场发债4269亿元，政策性银行在银行间债券市场发债2080亿元，二者合计占记账式债券发行量的90%以上。近三年，在债券发行持续大幅增加的情况下，债券发行利率却保持了稳步下降的趋势。银行间债券市场的发展，有效降低了政策性金融债和国债的发行成本，以国家开发银行为例，市场化债券发行利率比计划摊派的利率平均低1.4个百分点。

（四）为货币政策的有效实施创造了条件

银行间债券市场的快速发展为中央银行的公开市场业务提供了基础性条件。1998年和1999年，中央银行通过债券回购和现券交易累计净投放基础货币2621亿元，占这两年基础货币增加额的85%；2000年1－11月，净收回基础货币3046亿元，不但把前两年投放的基础货币全部回笼，而且还多收回了438亿元。以债券市场为基础，公开市场操作已经成为央行货币政策的主要工具。特别是今年，在增加金融资产管理公司再贷款、增加中小金融机构再贷款成为硬任务的同时，如果没有公开市场操作收回基础货币予以及时对冲，今年基础货币控制显然会成为突出问题。

银行间同业拆借市场和债券市场的发展也为利率市场化提供了基础，促进了货币政策传导机制的改革。我国利率市场化是从货币市场起步的，1996年6月1日，人民银行决定放开同业拆借利率的上限控制。1997年组建银行间债券市场后，债券回购利率完全由交易双方自行决定，债券发行利率通过招标机制决定。目前，我国同业拆借市场、债券市场和公开市场业务利率体系已基本形成。通过两年来的实践，中央银行具备了通过公开市场业务等货币政策工具调控货币市场利率的能力。中央银行在银行间同业拆借市场和债券市场放开利率管制的成功实践，为利率市场化改革积累了经验，同时也为中央银行将来通过调控货币市场利率间接影响金融机构存贷款利率的利率改革提供了良好的基础。

（五）票据融资正逐步成为企业的一种重要融资方式，提高了商业银行的经营水平

1999年，企业签发的商业票据相当于同期金融机构贷款增加额的47%，票据融资所占企业外源性融资的比重明显提高。根据对29个城市的调查，票据背书3－5次的占40%，背书5次以上的占11%，票据贴现业务的60%是由中小商业银行完成的。票据市场的发展，为挂账信用票据化、为解决企业间相互拖欠问题、为支持中小企业和中小商业银行，做出了突出贡献。

三、货币市场存在的问题和未来的发展

货币市场的发展，是资本市场发展的基础。近几年，货币市场有了长足的发展，但是由于种种主客观原因，货币市场发展比较滞后，与市场经济特别是资本市场发展的要求相比较，还存在一些需要解决的问题。

第一，全国银行间同业拆借市场还有待进一步完善

目前，由于同业拆借的电子交易网络所限，使相当部分小的金融机构无法通过电子交易系统进行交易，这就降低了这些小金融机构的交易效率。特别是目前社会信用观念淡薄，信用基础脆弱，是市场发展中的一个突出问题。

第二，债券市场的结构需要逐步调整　银行间债券市场始终未能与商业银行柜台交易实现联通，是制约银行间债券市场发展的重要原因。目前，由于商业银行已经退出交易所市场，无法通过原有渠道将债券分销给社会的各类投资人；而另一方面，商业银行在持有记帐式债券时，也无法通过银行柜台分销和买卖，使商业银行的债券分销能力受到限制。特别是对个人销售的国债多年仍采用凭证式，并承诺了个人投资者可以提前兑现的政策，一旦存款利率上升，个人投资者将有可能将所持有的大量凭证式国债卖给商业银行，这都加大了商业银行运营的风险，也会对货币稳定产生影响。

第三，货币市场工具单一　目前，货币市场工具主要限于少数几个可以流通的债券品种，无法满足各类投资者的不同需要。我们知道，世界发达国家的货币市场工具是很多很多的，商业银行和其他金融机构，以及企业法人和个人投资者，可以有很多选择。而在我国，商业银行吸收存款后，除了贷款，没有太多可以投资的货币工具，这就非常不利于金融机构的正常经营，也不利于形成利率市场化的基础。

第四，缺乏货币市场做市商 货币市场的发展必须逐步建立做市商制度，即一部分机构为了活跃市场而进行买卖双边的报价和交易活动，从而解决一对一交易时寻找交易对手和确定交易价格的困难。由于市场上缺乏做市商活跃市场的功能，货币市场上的买方和卖方不易找到对手，这也是制约货币市场发展的一个因素。

第五，票据市场市场规模小、工具单一、参与主体少、组织体系和运行机制不健全 目前，商业汇票年度签发量所占“三票”（支票、汇票、本票）业务量的比重约为1%，企业票据融资量占其外源性融资比重仍很低，商业票据未到期金额仅相当于国内债券余额的15%。企业尚未真正把商业票据作为融资渠道，而商业银行也未真正把商业票据业务作为其资产经营、流动性管理和改善金融服务的手段。从票据工具看，目前我国票据市场只有以真实贸易为背景的交易性票据，且主要是银行承兑汇票，商业承兑汇票很少（不足市场业务量的5%）。商业票据业务的发展完全依赖于银行信用，既不利于商业银行防范票据风险，也不利于推动商业信用的票据化和扩大票据融资。

我国加入WTO在即，国内市场经济的发展更需要发展货币市场。从中国国情出发，目前迫切需要在以下几方面展开工作：

首先，要进一步完善拆借市场，使之在调节商业银行短期头寸方面发挥更大的作用 为此，要利用新的电子技术，进一步推动全国电子交易网络的发展，使各家机构更方便的寻找到交易对手。在推动拆借市场发展的同时，要继续坚持严格管理，防止个别金融机构过度拆借，形成新的金融风险。

其次，将银行间债券市场改造成为覆盖全社会的债券市场 为了建立全国统一的债券市场，要进一步扩大银行间债券市场成员，参与的成员可以包括非银行金融机构和非金融机构。银行间债券市场将逐渐演变为大型机构者参加的公开市场。同时，通过与商业银行柜台交易市场的联结，与广大中小机构和个人投资者相联结，从而形成全国统一的债券市场。

第三，发展新的货币市场工具 例如逐步发展商业银行金融债，推进住房抵押贷款证券化进程等等。

第四，为了适应场外市场的特点，积极推动做市商制度 以便稳定市场价格，维持市场流动性，满足市场参与者尤其是中小金融机构调整债券结构的需要。

第五，大力发展票据市场 要从完善票据市场组织体系和运行机制入手，在规范票据行为、整顿票据流通秩序、防范票据风险的同时，首先以发展具有贸易背景的交易性票据为重点，发展银行承兑汇票和商业承兑汇票；支持商业银行建立票据专营机构，使票据业务逐步成为商业银行的重要资产经营和流动性管理手段；继续运用再贴现推动票据市场的发展，促进实现货币政策目标；发展票据融资，拓宽企业融资渠道，逐步提高票据融资所占社会融资总量的比重。

中国中长期信贷市场的培育与发展

国家发展计划委员会投资研究所

一、中长期信贷市场的发展过程

中长期信贷市场是指1年期以上的银行信贷市场。我国银行系统在1979年才开始发放中长期信贷，最初中长期信贷只有7.9亿元，占全部贷款的比重很小。整个80年代上半期，银行中长期信贷扩张速度较快，但总体规模较小。1979－1984年，中长期贷款余额年均增长98%，中长期贷款余额对全部贷款增长弹性达到9.9，但直到1984年，中长期贷款余额占全部贷款余额的比重也不到10%。这是我国中长期信贷发展的初期阶段。1985年实行固定资产投资“拨改贷”以后，银行信贷开始代替财政拨款，并正式成为固定资产投资的资金来源渠道。随着我国经济与投资增长进入快车道，中长期信贷发挥了越来越重要的作用，逐步成为我国经济发展的源泉与动力。80年代中期到90年代前期，是中长期信贷加速发展阶段。1985－1994年，中长期贷款余额年均增长31.4%，中长期贷款余额对全部贷款增长弹性为1.49，金融机构中长期贷款占全部贷款的比重由1985年的11.9%迅速上升到1994年的20.1%。90年代中期以后，由于股票与债券市场的发展，企业融资方式选择发生了一定程度的转变，加上制度性及政策性因素引起的银行坏帐不断积累，信贷风险与责任约束明显加强，中长期信贷市场进入一个平稳发展阶段。1995－2000年，中长期贷款余额年均增长13.8%，中长期贷款余额对全部贷款增长弹性为1.25，金融机构中长期贷款占全部贷款比重基本维持在22%左右。

表 1 中国中长期贷款增长及比例变动

年份	全部金融机构贷款（亿元）	中长期贷款（亿元）	中长期贷款占全部贷款比重（%）	全部金融机构贷款增长（%）	中长期贷款增长（%）	中长期贷款对全部贷款的增长弹性
1979	2039	7.9	0.39			
1980	2414	55.5	2.30	18.39	602.53	32.76
1981	2860	132.9	4.65	18.48	139.46	7.55
1982	3180	238.1	7.49	11.19	79.16	7.07
1983	3590	307.1	8.55	12.89	28.98	2.25
1984	4766	451.7	9.48	32.76	47.09	1.44
1985	5905	705	11.94	23.90	56.08	2.35
1986	7591	1006	13.25	28.55	42.70	1.50
1987	9032	1287	14.25	18.98	27.93	1.47
1988	10511	1559	14.83	16.38	21.13	1.29
1989	14360	1776	12.37	36.62	13.92	0.38
1990	17681	2246	12.70	23.13	26.46	1.14
1991	21338	3044	14.27	20.68	35.53	1.72
1992	26323	3925	14.91	23.36	28.94	1.24
1993	32943	5197	15.78	25.15	32.41	1.29
1994	39976	8041	20.11	21.35	54.72	2.56
1995	50544	10699	21.17	26.44	33.06	1.25
1996	61156	12672	20.72	21.00	18.44	0.88
1997	74914	15468	20.65	22.50	22.06	0.98
1998	86524	20718	23.94	15.50	33.94	2.19
1999	93734	20979	22.38	8.33	1.26	0.15
2000	99371	23546	23.70	6.01	12.24	2.03

资料来源：历年《中国金融年鉴》，《宏观经济监测月报 1999－2000 年》。

由于中长期贷款主要用于固定资产投资，所以从固定资产投资资金来源结构变动也能观察到中长期贷款的变动规律。改革以来，全社会固定资产投资资金来源结构变动很大。国家投资增长缓慢，比重大幅度下降，而国内贷款、利用外资和自筹投资比重呈明显上升趋势。其中国内贷款快速增长，从 1981 年的 122 亿元上升到 2000 年的 6727 亿元，年均增长 23.5%。

图 1

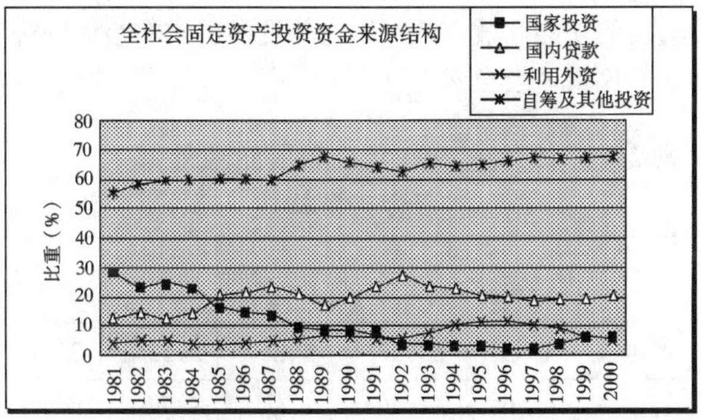

国内贷款占全部投资资金来源比重波动上升，从 1981 年的 12.7%逐年上升到 1987 年的 23%，之后有所下降，到 1989 年比重下降到 17.3%。随后又呈现上升趋势，比重逐渐回升到 1992 年最高点的 27.4%。1993 年起，国内贷款占投资资金来源的比重趋于下降，逐步下降到 1997 年的 18.9%。1998 年我国实施积极财政政策以后，商业银行支持国债项目投资力度明显加大，因此，国内贷款占比又有回升。1981－2000 年国内贷款占全部投资资金来源的平均比重为 19.5%。一些典型调查表明：在我国固定资产自筹投资中，企业及部门自有资金只占 20%，其余是债券、股票及贷款融资，[①]而债券及股票融资比例较小，所以，固定资产自筹投资中的很大部分仍与银行信贷密切相关，国内贷款在固定资产投资资金来源中所占比重比正式统计结果还要大。

二、中长期信贷市场发展的原因

（一）收入与储蓄结构变化是我国信贷市场迅速发展的基础

改革开放以后，我国国民收入分配结构发生了很大变化，政府部门在国民收入中所占比重急剧下降，而居民部门收入比重迅速上升。在国民收入最终分配结构中，政府部门收入所占比重由 1979 年的 23.5%下降到 1988 年的 11.7%，到 1990 年代中期以后，比重维持在 12%左右；而居民部门收入所占比重由 1979 年的 64.4%上升到 1988 年的 77.5%，到 1990 年代中期以后，比重维持在 70－80%。

我国 20 年来收入分配结构演变，是经济体制转变的直接结果。经济体制转变的主要内容是由过去的高度集中统一管理向分散与多元化过渡。在这一过程中，多元化的利益机制得以培育和建立，但个别利益主体的利益扩张冲动却没有受到适当的约束。伴随着国家对企业的放权让利和经济的日益市场化，国民收入的分配持续向个人倾斜。这主要表现在以下方面：第一，企业分配向职工倾斜。经济转轨时期国有企业运行的重要特征是内部人控制。国家作为资产所有者的地位与权力缺乏现实的体现与保障，企业领导和职工“共谋”以损害资产所有者的权益。结果，国家向企业放权实质上为企业内部职工收入扩张提供了便利条件。另外，企业还通过一些不合理甚至非法手段乱摊成本费用、偷税漏税，实现收入向企业与个人转移；第二，由于经济体制转轨过程中存在的价格、利率、汇率等的双轨制，形成了在各经济领域蔓延的寻租活动，再加上大量其他方式的权钱交易，构成了超出国家调控与监测范围的庞大的地下经济，据估计其规模相当于公开经济的15-20%。这些资金运行的结果主要形成个人收入。第三，如果说90年代以前收入向个人倾斜过程更多的是与体制不规范、改革不到位密切相联系，90年代以后，尤其是1992年以后，经济快速发展以及市场经济体制的逐步建立，为民营及私营经济提供了广阔的空间和良好的机遇，从而形成了一大批不再依赖工资收益的高收入阶层，国民收入向个人倾斜的局面没有发生根本的变化。第四，与居民收入快速增长相对应的是政府收入增长的相对滞后。2000年与1979年相比，我国的GDP（现价）增长22.1倍，而同期财政收入只增长11.7倍，这使财政预算收入占GDP的比重从28.3%下降到14.9%，其中，中央财政占GDP的比重由16.2%下降到7.8%。政府收入增长缓慢以及在国民收入中所占比重下降是与国家税收政策中存在的问题密切相关的，由于这些问题的存在，使很大部分应由国家所得的收入流失，转为个人所有。包括：税收减免政策管理不严，减免过多过滥的现象，一些企业通过享受合法或不合法的国家减免税待遇增加了收入，而增加的收入又大部分转为个人所有；对城乡个人税收征管不力，偷税漏税面很大，使大量国家税款流入个人手中。

收入格局的变化直接影响到储蓄格局的变化。城乡居民个人收入水平的迅速提高促进了储蓄的快速增长。居民储蓄自改革开放以来经历了一个高速增长的过程，2000年与1979年相比，城乡居民储蓄存款年均增长29.5%，大大高于同期现价GDP15.8%的增长幅度。居民储蓄已逐步成为国民储蓄的主体。1978年居民储蓄占我国国民储蓄的比重为14.9%，从1990年代中期以后上升到55%左右，与之相伴的是政府储蓄比重的急剧下降，政府储蓄占国民储蓄的比重由1978年的73.2%下降到1990年代中后期的4%左右。

（二）政府主导的融资模式强化了银行信贷市场的发展

80年代中期以来，我国银行融资规模迅速扩大，到2000年底，我国金融机构贷款余额99371亿元，占同期GDP的111%。这种变化是由什么因素引起的呢？是金融发展规律作用的结果，还是由我国特定的制度与政策性原因决定的呢？

实证分析表明：在发达国家融资结构中，银行信贷一直发挥着重要作用。70年代以来，在发达国家企业外部融资中，通过金融机构间接融资都占有举足轻重的地位，即使是以资本市场融资主导的国家也是这样。表2显示，1970-1985年间，四个主要发达国家中，企业从银行借款占外部融资的比重都接近或超过了60%。美国企业通过股票市场融资的规模很大，上市公司也很多，但在企业资金来源中，股票融资所占比重在四个发达国家中却是最低的，低于股票市场发展相对滞后的德国，而其银行融资的比重却占外部融资的61.9%，超过了全能银行占统治地位的德国。在发达国家企业净融资来源中，贷款也大都占有重要地位。因此，在发达国家近20年来的企业融资结构中，无论是以何种融资方式主导，银行间接融资都保持在较高的水平上。银行融资在各国企业融资中占主要地位的原因在于，银行具有较其它融资形式更大的规模经济优势，能够得到规模经济的好处，从而大大降低交易成本；银行具有信息收集的优势，银行有条件、有能力自己收集分析企业投资、经营、分配、收益的状况，同时能在一个比较长的时期里考察和监督企业，有助于防止企业“道德风险”的出现。而直接融资交易中，由于筹资者和投资者的信息不对称，容易产生证券交易中的不公平性，损害投资者利益，因而，交易成本比间接融资要高。只有在资本市场不断发展和证券交易的制度安排不断完善的前提下，直接融资的功能和效率就可以充分发挥，它在企业外部融资中的比重才会自然上升。

表2　1970—1985年　各国企业外部资金来源构成

单位：%

	债务融资	其中：银行信用	其中：债券	股票	商业信用
德国	57.37	55.53	1.84	5.53	37.1
日本	66.07	61.39	4.68	5.28	28.65
英国	71.22	62.21	9.01	14.24	14.54
美国	91.69	61.93	29.76	2.14	6.17

资料来源：俞乔著《商业银行管理学》，上海人民出版社出版。

注：以外部融资为100。

从表面上看，我国融资方式选择的轨迹符合金融结构发展规律，以银行融资主导的融资制度的逐步建立有其理论与实际的合理性。但是，从根本上看，我国银行融资的快速发展却不完全因为其天生具有的成本优势和信息优势，以及借鉴国外金融发展经验的结果。制度与政策性原因反而成为形成我国银行融资主导的融资格局的决定性因素。80年代以来，我国企业改革以及财税改革带来的是政府财力的相对削弱，但是，政府的职能却没有根本转变。政府还是作为主要的投资主体直接参与投资活动，并通过项目审批干预企业的投资活动；政府需要社会投资的规模与方向符合其经济发展战略及产业政策的要求。但是，在财政筹资能力减弱的条件下，不开辟新的融资渠道是难以达到上述目标的。相对而言，银行融资更有利于政府对经济与金融的直接控制，从而迅速成为替代财政融资的主要融资渠道，并逐步变成政府的重要政策性融资工具。

尽管政府在国民收入与储蓄结构中的地位不断下降，但其对国民经济资源的直接控制却未同步削弱，这突出表现在金融领域。改革以来，我国消费品及生产资料市场化水平明显提高，到1996年，国家指令性计划管理的产值比重已下降到6%，国家计划调拨的重工业生产资料和农产品占销售总额的比重也分别下降到5%和2%；②国家定价的社会商品零售总额、农副产品收购总额和生产资料销售总额的比重分别下降到4.8%、10.4%和13.8%。③但是，金融产品的市场化水平却非常低，截止到1999年，我国各银行和金融机构对非金融部门和个人的各种存、贷款利率档次约100种，其决定权和管理权基本集中于中央银行；80%以上的金融资产由国家银行和金融机构控制与经营；长期以来，绝大部分的贷款规模及投向是按照国家政策要求、由各级政府部门进行决策的；尽管1998年贷款规模的指令性计划被取消，但各级政府部门对银行贷款的行政干预却并未减少。根据有关机构的研究，中国工商银行的全部信贷资金中，按中央政府指令发放的专项贷款与固定资产贷款占2/3左右，中国工商银行总行可以自行决定的贷款只占1/3。在实际发放贷款过程中，中国工商银行可掌握贷款中的1/3又受到地方政府的影响。因此，中国工商银行真正自主决定的贷款仅为其全部信贷的20%以下。④其他国有商业银行也存在类似情况。

（三）国有企业过度负债以及经济效益不断下降，因而对银行借款产生强烈的依赖性

我国的国有经济规模庞大，国有企业借款占银行贷款总额的60－70%，是银行的主要债务人。据国家国有资产管理局的报告，1980年国有企业的负债率为38.7%，1995年上升到76.1%，上升了37.4个百分点，年均上升2.34个百分点。在这些企业中，负债率在100%以上（资不抵债）的为5.1万户，占17%；空壳企业（损失挂帐大于所有者权益）为6.1万户，占20.2%，两类企业合计占37.2%。据国家经贸委对国有企业初次分配现状分析，1980年国有企业利息支出与实现利润之比为0.033:1，1995年上升到1.73:1。上述数据说明，转轨时期企业负债率上升了1倍，利息支出上升了51倍。另据国家统计局的资料，1994－1996年国有工业企业利息支出分别为946亿元、1169亿元和1342亿元，占当年利润总额的78%、169%和321%。在我国企业的资本结构中，内部融资比例很低，外部融资中又以银行贷款为主。国有企业的过度银行负债的根本原因是体制性的。在计划经济时期，国家对国有企业的流动资金和固定资产投资实行的都是无偿的财政拨款制。1983年和1985年先后把上述两种财政拨款制改为由企业还本付息的银行贷款制。1993年税制改革后，又取消了从销售收入中提取1%补充流动资金和税前还贷的政策。这些改革是要破除国有企业在流动资金和固定投资使用上吃财政大锅饭的体制，形成资金使用上的约束机制。但其结果反而造成企业的高负债和对银行借款的依赖性。第一，上述改革后，财政就不再向国有企业注入资本金和补充流动资金，有些新建国有企业，没有一分资本金投入，完全依靠银行贷款建设，这使企业建成之初就背上了沉重的债务，并在其生产经营过程中不断需要银行资金的注入。第二，由于用银行贷款形成的企业资产都是国有资产，企业感到与使用财政资金没有什么区别，付利息等于变相交利润，因此就不再怕贷款，甚至争贷款。对于还贷也抱有无所谓的态度，因而不仅没有形成约束机制，反而形成一种“赖账机制”。第三，由于银行信贷体制改革相对滞后，贷款给谁、贷多贷少都是按政府的指令进行的，企业不能还本付息，银行也无可奈何。

与此同时，企业的经营效益却每况愈下。由于国有企业改革长期以来未能取得突破性进展，使它所掌握的资源不仅不能得到有效利用，反而出现大面积的亏损。特别是进入90年代以来，国有企业亏损增加很快，亏损企业亏损额占盈利企业盈利额的比重不断提高，由1978年的7.6%，上升至1997年的167%；国有企业净盈利（盈利企业盈利额减去亏损企业亏损额）1980年为585亿元，1997年反而下降到451亿元。近年来，国有工业企业资金利润率只有5%左右，连付息都很困难，更不具备还本能力。因此，国有企业拖欠银行债务的情况越来越严重，造成银行资金循环受阻，信贷资金不断沉淀，银行不得不不断扩张贷款规模以维持企业的正常经营活动，以期在未来企业经营状况好转时能够归还贷款。

三、中长期信贷市场的发展缺陷

（一）片面强调信贷的政府导向与政策需要，而忽视了贷款的效益原则和银行的自主经营

与政府的行为机制密切相关，我国长期实行的是政府主导的数量扩张的经济增长模式。其基本特征是：各级政府是经济与投资活动的主要规划者和参与者，政府通常喜好编制较高的经济增长目标，在要素生产率低下的条件下，为实现经济的高速增长只能依赖大规模的资本投入。改革之前，政府既是主要的储蓄主体也是主要的投资主体。由于在全社会资金来源和供给两方面具备支配地位，政府可以充分利用有限的社会资金保证经济目标的实现。改革以后，以往的收入分配格局发生了巨大的变化，政府储蓄在总储蓄中所占比重下降很快，而居民储蓄逐步占据主导地位。然而，政府在投资中的主导地位并未相应削弱，尽管中央和地方政府手中直接控制的财政投资有限，但是信贷规模和投向仍受政府控制，投资项目的审批权仍掌握在各级政府手中。从国有单位投资占全社会投资比重看，虽然这一比重从80年代初期的近80%下降到2000年的50%，但平均比重仍高达60%左右，在国有单位投资中绝大部分又带有政府投资的性质。

在转轨时期，企业自我积累、自我发展的能力有限，财政连年赤字，财政预算内筹资规模不断收缩，银行就成为社会资金供应的主渠道，成为弥补政府工程建设项目财政资金短缺的重要渠道，银行资金财政化严重。⑤政府为了集中更多的资金，促进经济的快速增长，实现经济发展目标，对银行实行“指令性贷款”和其他多方面干预。长期以来，银行贷款规模及投向受到政府的严格控制，绝大部分银行贷款都是根据政府计划，投向国有企业和国家重点工程，而这些企业和项目往往效益不佳、还款困难。根据有关分析结果，我国固定资产投资的膨胀是以超额银行负债方式实现的，1978－1994年间，国有资产投资总额中，国家资本金所占比重已由75－80%下降为10－15%，国有资产投资的内外债务已由10－15%上升到85－90%。⑥据统计，90年代以来，我国政策性贷款占国有商业银行贷款总量的35%左右。（见表3）另据IMF的统计，中国每一家国有银行都程度不同地给政府的许多重点项目和社会福利项目直接提供所谓政策性贷款，1992年这类贷款占其贷款总额的比重分别为：中国工商银行18%，中国银行22%，中国农业银行48%，中国人民建设银行53%，平均比重达35.3%。⑦为维持社会稳定，政府要求银行向经营不善的企业发放“安定团结”贷款；为了社会公平，政府要求银行信贷在不同地区均衡投放，使银行信用活动违反了效率原则和“三性”原则；另外，地方政府对银行经营活动的直接干预更为严重，地方政府大搞盲目建设、重复建设，由于决策失误和指挥失当，迫于地方政府压力形成的贷款不久就变成了银行的不良资产。

为了最大限度地实现国家对金融资产的支配与使用，国家对国有银行推行了高准备金制度。1984年，在中国人民银行与中国工商银行分设时，规定各专业银行要将一般储蓄存款的40%、农村存款的25%、企业存款的20%和财政性存款的100%作为存款准备金上交中国人民银行，从而使国家控制了全国信贷资金的大约40－50%。后来经过若干次调整，直到1998年以前，一般存款的准备金率仍统一在13%的高水平。此外，还要求各专业银行缴存5－11%的备付金。这样法定准备金总比率高达18－24%。我国的存款准备金制度是与中央银行信用控制密切相关的，央行正是利用这部分资金，通过再贷款实现调剂地区、部门间资金余缺的结构调整目的。但是，高存款准备金制度使商业银行自主运用资金的权力受到限制，尽管专业银行可以利用央行分配的再贷款增加资金来源，解决支付准备的不足、甚至发放贷款，但其总量规模仍是有限的，因为大量的央行再贷款都属于专项贷款，有明确的指定用途。因此，专业银行自主支配的资金并未增加，反而失去了对作为准备金上缴部分资金的自主控制权。

表3　　我国政策性贷款及其比重

	1991	1992	1993	1994	1995	1996
政策性贷款合计（亿元）	6781.7	7410.9	9322.6	11485.2	14159.7	16440.1
国家银行贷款总额（亿元）	18044.1	21615.5	29461.1	32441.3	39393.6	47434.7
政策性贷款比例（%）	37.58	34.29	35.23	35.40	35.94	34.66

资料来源：《总量态势、金融风险和外部冲击》，《经济研究》1998年第3期。

（二）片面强调了国有银行的战略地位，而民间金融发展相对不足，形成了金融结构的畸形发展和金融效率下降

我国国有银行一直居于金融体系的中心位置。1990年，我国国有银行贷款总额占全部金融机构贷款总额的85.7%；到1998年底，国有银行贷款额达到68442亿元，仍占全部金融机构贷款额的79.1%。而同期股份制商业银行、城市商业银行、城市信用社和农村信用社贷款额分别只占全部金融机构的6.7%、2.5%、1.9%和9.6%。国有银行的金融垄断虽然有利于金融为国家经济政策目标服务，但也为银行资金的政府过度干预、低效运营和高风险投资埋下了隐患。

国有银行也是国有企业，国有企业的产权关系不清、政企不分、“内部人控制”、法人治理结构不健全以及缺乏有效的监督约束机制等问题，国有银行同样存在。国有银行运营过程中的政府干预及其承担的政策性职能，使银行对政府产生了强烈的依赖感，银行可以把贷款失误的责任推给政府，而不必接受相应的市场风险约束。造成各银行重贷轻收现象严重，管理落后，制度不健全，经营者素质低下。不少信贷人员玩忽职守，违规经营，风险炒作，以权谋私。长期以来，我国的银行系统都是以国有经济为主要服务对象，国有银行资金的绝大部分都归国有单位占有和使用，而这部分经济类型企业活力明显不足，经济效益长期低下，对经济的贡献程度逐年下降。1978－1998年，尽管国有企业在工业总产值中的比重从77.6%下降到28.5%，国有经济在社会消费品零售总额中的比重从67.3%下降到20%，但它们在银行贷款中所占的比重却依然维持在80%以上。由于国有企业经营业绩差而日益依赖国有银行的信贷支持，呆帐贷款大量发生并越积越大，造成国有银行的经营困境。

与此相对应，产权相对明晰、自我约束能力强、经济增长活跃、经济效率较高、目前在经济总量中占70%以上、在经济增量中占90%以上的非国有经济，却仅能得到10－20%的银行贷款，而且很难从国有银行获得资助，依托的也只是规模较小、资金成本较高的民间金融业。因此，民间金融业的形成与发展是适应民营经济规模扩张、外源融资需要加大的金融制度安排，也是适应国家促进经济进一步发展、推进市场深化进程的自然选择。民间金融业的发展至少在两方面促进了经济与金融的改革与发展。其一，由于国有银行经营机制落后，缺乏活力，政府通过允许设立一些非国有金融机构，参与国内金融市场平等竞争，打破金融垄断局面，从而借助外部刺激，推动国有银行最终向现代商业银行转轨。其二，民间金融业的发展有利于民营经济的发展，而民营经济成长迅速，可以为国民经济提供大量的储蓄资金和金融剩余，从而满足了政府对国有企业及国有银行进行重组与制度改革的资金需要，并大大降低了改革过程中的金融风险因素。

但是，显而易见，相对于民营经济的迅速扩张来讲，为民营企业提供的金融服务却明显不足。这一方面反映在国有银行承担了大量的政府职能与政策功能，而不能根据盈利性、风险性和流动性的原则从事经营活动，从而大大限制了国有银行为经济增长活力较强的民间企业提供贷款支持；另一方面，也反映在与民营经济相适应的民间金融业发展严重不足。这其中有政策限制的原因，即政府期望民间金融业有所发展，以促进金融业的竞争与创新，同时，又担心金融业不同于其他行业，其风险涉及面大、对储户损害较为严重、社会成本过高、外部负效应明显，因此，对于经济风险较大的小型民间金融机构不轻易放松管制；也有民间金融机构自身规模过小、承担金融风险能力较弱的问题。目前，我国民间金融机构的金融风险也不容乐观。我国现有城市股份制商业银行88家，城市信用社3240家，农村信用社5万家。据人民银行1998年9月的调查，当年上半年有46家城市商业银行不同程度发生亏损，占城市商业银行总数的一半以上，比年初增加23家，有22家资不抵债、资产质量严重恶化和随时可能出现严重支付风险；约有1000家城市信用社资不抵债，资不抵债金额140亿元，有330家存在支付缺口，缺口金额80亿元。有5个城市的46家城市信用社陷入严重支付危机；农村信用社当中约16700家资不抵债，占农村信用社总数的33%，资不抵债金额约450亿元。但是，民间金融业发展不足的原因，前者是主要的。如果政府能够为民间金融业创造良好的制度环境，放宽对其业务的限制，鼓励其跨行政区域发展，提供融资工具和手段，促进其强强联合，就能提高其市场竞争能力，有效化解其金融风险。

图2

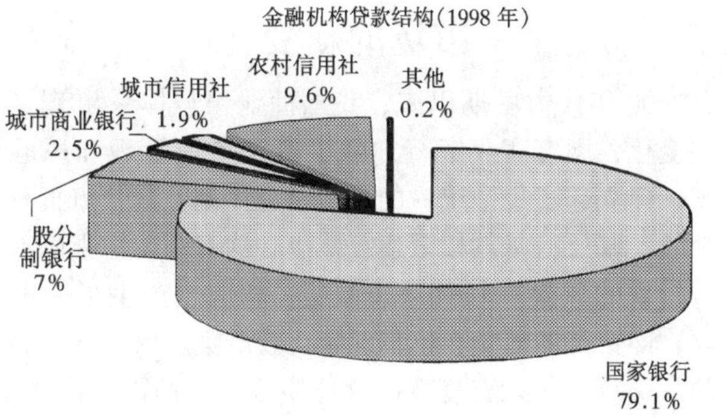

（三）利率的市场化进程相对较慢，限制了资金配置效率的发挥

我国改革以来利率机制市场化进程取得了一定成效，在调节利率总水平、调整利率结构和改革利率管理体制等方面都获得进展。但总体来看，利率改革与中央银行职能转换、国家专业银行商业化以及人民币汇率并轨等其他金融体制改革相比相对滞后。首先，从利率水平看，贷款利率应高于通货膨胀率和存款利率并与此保持适当差距。但近年来，特别是90年代上半期，我国银行贷款利率水平很低，甚至还出现了负的实际贷款利率，不能抑制对银行贷款的需求，同时存贷款利差也出现了缩小的趋势，这在一定程度上造成了银行经营困难和亏损。其次，差别利率的结构及管理不能适应政策导向、资金流动、风险管理的要求。要发挥利率促进资金市场配置的调节作用，就必需建立差别利率体系。我国长期以来的差别利率主要体现政府的政策优惠，类同于税收优惠。但从市场经济发展的趋势上看，差别利率没有体现出企业资信高低、风险大小的区别，经营好、信用高的企业不能以较低的利率获得贷款，而风险大、信用较差的企业也不会因此承担较高的利率风险。这样，使利率的优化资金配置、实现风险控制的功能不能充分发挥，并促进企业倾向于高风险的投资经营，加大银行信用风险的发生。同时，利率浮动的幅度小、范围窄，不能反映资金供求关系变化、银根松紧差异，不能有效引导资金流动。再次，优惠利率面宽量大，失去利率的结构调整的工具作用。所谓优惠利率就是低于基准贷款利率水平的利率。目前，相当规模的贷款利率仍保持优惠利率不变，优惠利率成为各地帮助国有企业“脱困”，帮助不发达地区“扶贫”的重要手段。这种做法有悖于优惠利率对国家重点行业、项目进行扶持、引导资金流向的初衷，而向财政补贴、税收减免的方向蜕变。最后，我国利率结构扭曲，套利行为严重，加大了国家通过利率体系进行间接调控的难度。表现在，国债利率大幅度高于存贷款利率，诱使企业及金融机构大量运用贷款购买国债进行套利活动。

四、近年来我国中长期信贷市场的新变化

90年代中后期以来，我国商业银行体系出现了一些变化，国有商业银行加强了资产负债管理和风险管理，建立起了集中统一的授信管理体制，贷款审批权限上收，基层行贷款权限逐级减小。这有利于增强国有银行贷款的风险责任约束，但是，相应也产生了一些问题，即银行的惜贷、慎贷现象比较严重。由于国有银行的基层行往往只有贷款的具体实施权，而没有决策权，县里企业贷款要跑市行，市里企业贷款要跑地区行或省行，这使企业申请贷款的程序增多，成本加大。困难之下，许多企业放弃了在国有银行贷款；为减少贷款失误和不良资产的发生，国有银行普遍加强了信贷人员的风险责任约束机制，贷款造成损失要追究相关人员的责任，特别是对民营企业贷款出现问题，对责任人的处罚更加严厉。这加剧了国有银行对民营经济的慎贷现象。国有银行在强化风险控制目标的同时，并没有确立明确的利润目标，于是就形成了国有银行贷款激励和风险约束不对称。失去盈利目标的国有银行还不是真正意义上的商业银行，向企业尤其是民营企业提供贷款的动力也就没有那么大。

其他正规金融组织尚不能充分满足民营经济的融资需要。股份制商业银行、城市商业银行都属于准民间金融组织，它们与政府有着紧密的联系，在运行机制上与国有银行有相似之处。这些银行及合作金融组织均不是真正意义上的民营银行。即便是民营企业股东占绝大多数的民生银行也未能实现政企完全分开和经营机制的灵活性，其它的股份制商业银行的股东则多为国有企业，因而更多地沿袭了国有银行的运作模式和经营方式，例如，股份制商业银行的国有股东短期行为严重，热衷于收益分红，而较少考虑银行的未来发展；股份制商业银行的经营机制与国有银行并无显著差异，奖勤罚懒、优胜劣汰的激励与约束机制并未形成；股份制商业银行的经营状况、资产质量和盈利状况也不容乐观。体制不活以及经营风险增大，极大地限制了股份制商业银行的贷款倾向。尽管从理论上讲，这些银行应该成为民营企业融资的主渠道，但实际上，股份制银行同样只是倾向于向大企业（包括民营大企业）以及有政府担保的投资项目提供贷款，而对民营中小企业贷款缺乏积极性。即便是民生银行这样的纯粹的民营银行的主要客户也是大企业（包括民营大企业）和大项目。地方性商业银行，其业务范围被严格限制在一个城市之内，难以满足客户跨区域业务发展的需要。部分行业，如社会保障、住房公积金、电力、通讯等部门只准在国有银行开户，这种明显的歧视性政策对城市商业银行的发展不利。国有银行的不良资产可以通过国有资产管理公司进行剥离，而城市商业银行只能通过自身化解。城市商业银行的服务对象主要是城市的中小企业，贷款成本高、风险大，但是，城市商业银行执行的贷款利率与国有银行相同。历史遗留问题以及政策环境限制，迫使城市商业银行无法在更大程度上履行对企业的中长期贷款的职责。

企业信用能力薄弱成为制约中长期信贷市场发展的重要因素。目前，无论是企业还是个人普遍信用观念淡薄，存在占用他人资金为荣，债多不愁的心理。部分企业多头开户以逃避银行的债务，部分企业销售收入不进贷款帐户，形成企业贷款户口无存款，存款户口无贷款的情况，使银行无法从由其帐户中扣收到期的贷款和应付的利息。部分企业借转换经营机制之名，采取各种手段转移企业资产，悬空银行贷款，有意逃债、赖债、废债。在这种情况下，银行不良贷款越积越多，银行风险增大。据中国人民银行统计，现在想改制的企业90%以上是企图利用改制逃避银行债务。截至2000年末，在工、农、中、建四家商业银行开户的改制企业为62656家户，涉及贷款本息5792亿元，经过金融债券管理机构认定的逃废债企业32140户，占改制企业51.3%，逃废银行债款本息1851亿元，占改制企业贷款本息的31.9%。[8]企业的信用危机对其发展来讲是致命的，它加剧了这类企业的融资困境。根据有关部门的统计，我国拥有信用记录的贷款规模尚不及银行信贷总

规模的1%。而在发达国家，这一比例常常高于30%。银行普遍反映民营中小企业的信用识别很难。目前，我国相当一部分民营中小企业缺乏信用记载，私人信用更是无从谈起。主要表现在：第一，信用没有“证据”，使得银行对中小民营企业及私人信用的评估无从下手。第二，信用较难统一，企业的盈利水平和人均收入差别也很大，不利于制定统一的信用标准。第三，信用无法评判，缺乏对居民个人及企业信用一个完整的判断。

五、中长期信贷市场的发展策略

无论从其他国家金融发展的经验来看，还是从我国经济发展的要求来看，中长期信贷市场的进一步发展都是十分必要的。但是，未来我国中长期信贷市场发展的关键问题不是数量扩张，而是如何提高市场效率与质量、化解与防范金融风险。

（一）建立多元化的银行体系，促进民营经济及中小企业发展，同时促进银行业的竞争 当前，制约民营经济及中小企业发展的问题之一是融资渠道不畅，主要表现在缺乏适应其发展的金融中介机构和金融服务体系。尽管目前国有商业银行对中小企业的贷款占贷款余额接近40%，中国农业银行、城市商业银行和城乡信用合作社向中小企业和乡镇企业贷款占其贷款余额的80%以上。[9]但是，仍难满足数量近千万的中小企业及民营企业的资金需求。应该说，国有商业银行规模较大，从降低交易成本和实现风险控制的角度讲，不适宜对众多中小企业及民营企业贷款。中小型企业和民营企业应该有区域性的、熟悉其信用状况的中小型、民间金融机构配合其发展。目前，我国的一些股份制商业银行以及小型非银行金融机构承担了为中小型企业和民营企业融资的功能。但这些金融机构资产规模较小，部分城乡信用社、基金会管理水平不高、信贷资产质量差，抵御金融风险的能力较弱。因此，未来对民间金融机构在鼓励其发展的基础上，要建立健全监管体系。在严格准入条件的基础上，应允许以参股方式组建民间商业银行或信用社，从而把多余的社会闲散资金集中起来；对业已存在的民间金融组织应在公开、规范的前提下允许其获得新的发展；出于谨慎性因素的考虑，也应为民间金融机构建立存款保险制度，以保护公众信心，降低这些金融机构的脆弱性；为使民间金融机构获得更大的发展空间，应逐步实现利率的市场化。

民间金融业的发展，将打破国有商业银行的垄断格局，促进金融业的竞争，为公众提供更多更方便的金融商品和服务，提高金融服务的质量和效率。中国“入世”以后，银行业将逐步对外资开放，外资金融机构将更大规模地在华开展资金融通和其他金融中介业务，外资金融机构带来了大量国际银行业先进的管理方式、经营理念、金融工具和服务手段，并为国内金融业的发展创造了竞争的环境，从而可能推动国内金融业进一步改革开放，为我国金融业的国际化打下良好的基础。但是，同国内金融机构相比，外资金融机构具有明显的竞争优势。外资银行进入中国，将在资金、客户、人才、信息方面与国内金融机构展开竞争。另外，我国金融机构将面临实行合业经营的外资金融机构的挑战，我国金融机构将由于经营范围狭窄而处于明显劣势。迫于国外竞争的压力，2000年以后，我国银行业将进入金融创新的新阶段，包括金融企业组织和金融工具的创新，金融管理制度的放松和业务范围的扩大以及金融产品价格的逐步市场化。对外资开放也将伴随着对民间资本的开放，以金融业为例，适应中小企业及民营经济发展的民间商业银行和信托、基金组织将在制度完善的基础上获得发展的机会。

（二）塑造规范化的政府金融支持体系 一般来讲，中小企业信用等级低，抗市场风险能力弱，融资渠道又相对狭窄，企业财务风险很容易转为银行信贷风险。因此，对中小企业提供专门的金融服务与担保是发达国家通行的作法。例如日本为解决中小企业发展资金不足问题，建有中小企业金融公库、国民金融公库、中小企业投资扶植株式会社等，为中小企业提供信贷服务。美国的中小企业管理局的主要职能就是向适合条件的小企业提供贷款帮助和担保；为支持中小企业技术改造和创新，美国金融部门还向中小企业发放科技贷款。鉴于我国中小企业在国民经济中的重要地位，以及中小企业发展中的融资需求，迫切需要建立相应的金融服务和担保体系。可能实现的措施包括：提高国有商业银行对中小企业的贷款比例，通过利率补助和财政担保的形式为中小企业提供信贷支持，建立中小企业风险发展基金，支持中小企业的技术创新。在中小企业信用担保体系建立过程中，应借鉴国际通行作法，并结合我国具体情况。第一，应在各大城市设立担保基金，在省级和中央建立再担保或补贴基金；担保基金的资金来源应体现多元化原则，以财政出资为主，同时吸收会员单位资金、银行资金、企业资金和国内外捐助。第二，担保机构应实现市场化运作和自主经营，防止行政干预和政府官员意志，防止担保机构演变为财政信用机构；第三，担保对象应是具备独立法人资格、有较高创新水平和市场竞争力的中小企业，担保额度不应太高，主要是对中小企业的流动资金和短期贷款进行担保。

（三）强化企业的信用体系建设，创立安全、健康的融资环境 2001年5月份，中国证监会、国家经贸委、国家工商行政管理总局等10部委联合下发《关于加强中小企业信用管理工作的若干意见》，指出“改善中小企业信用状况，对于提升中小企业整体素质和综合竞争力，抵御信用风险，改善中小企业融资条件，促进中小企业健康发展具有重要意义。要按照社会主义市场经济体制的要求，建立良好的信用制度。培育以中小企业为主要服务对象的社会化信用体系，有步骤地建立中小企业信用状况评价体系，建立信用风险的防范、信息披露和监督管理系统。制定相应的法规为中小企业的信用提升创造有利的条件。”[10]要真正解决好社会信用危机的问题，建立安全、健康的民营经济的融资环境，重要的是要加强法制建设，要维护法律在防范和化解信用风险和危机中的权威性、严肃性，把社会信用建立在法制的基础上。首先，应建立起开展信用管理的联合征信的法律体系。应修改商业银行法和反不正当竞争法中关于商业秘密的规定。及早制定公平使用信息法，以法律规范信用的公共信息、征信数据的取得和使用程序。通过立法为商业化的信用机构在市场上开展信用信息搜寻、保存、评价、服务提供基本法律依据和规范，改变社会信用体系缺少法律基础的状况。其次，在政府的统筹安排下建立企业的社会信用体系。政府有关部门特别是公安、法院、工商、税务等，在建立失信约束机制方面应发挥重要作用。政府要利用其宏观优势，在全国范围内形成统一的信息系统，建立跨地区、跨行业的网络化信用数据，使不守信者在全国范围内寸步难行。再次，应从企业资信的征信到评估、查询、公示，形成一个完整的中介服务体系。应对各类企业的社会整体信用建立数据库。其中包括企业的完税状况、守法状况、财务管理状况、产品质量状况、经营信用状况、盈亏状况和企业法人资信状况等，都要有系统完整的记录，并提供查询服务。而且，这个信用体系不应是部门分割的、封闭的，而应是统一的、资源共享的，使企业间、银企间的经营活动有据可查，有信用保证。

（四）建立金融风险控制体系　中央银行金融监管的指导思想应从单纯的合规性监管向合规性和风险性并重监管转变。借鉴国外成熟的经验，在考核资本充足度、流动性、资产质量、准备金政策、内部控制、国际借贷的标准方面，在监控市场风险、利率风险、外汇风险和金融衍生产品交易风险方面，建立适应我国实际的金融风险监管制度。当前，中央银行应对各金融机构的资本比例、资产负债结构等指标进行统一规定，对每一个银行的经营行为进行约束，并建立防范援救机制，使商业银行的经营风险减至最小，损失及破坏程度减至最轻。在资产方面，一是监控流动比率，即商业银行资产必须保持相当比率的流动性。通过监控流动比率促使银行合理安排资产的运用，防止将流动性资产用于长期贷款，达到限制信用任意扩张的目的，从而保证信贷资产经营的安全性。二是监控逾期贷款率，将逾期贷款等风险从贷款总额中扣减，以降低存贷比例，并以降低后的存贷比例控制信贷总量。

应建立适当的银行市场退出机制。银行与其他企业不一样，具有一定的公共产品性质，政府倾向于利用保护性措施（金融安全网）防止银行的破产倒闭，避免金融体系动荡给经济社会发展带来大的损害。但这样做的直接结果就是增加了银行的道德风险行为，从而有可能给公众利益带来新的、更大的损害。为保证金融体系的稳健运行，对经营不善、资不抵债的银行实行破产清算，迫使其退出金融市场是十分必要的。在我国实施银行市场退出，首先要建立有效的存款保险制度。存款保险机构的设立要兼顾大型金融机构和中小型金融机构；存款保险制度要确立合理的援助范围、条件，对存款者的保护程度。其次，银行市场退出必须是循序渐进的，在试点取得经验的基础上逐步推开。再次，市场退出不等于兼并重组，以兼并重组代替市场退出，实际上是以牺牲效率为代价，不断产生金融风险的积累，延迟危机的爆发。最后，利用好银行收购坏银行风险较大，很容易导致好银行被拖垮，产生新的银行破产倒闭。例如：海南发展银行就是因为不恰当接收 33 家城市信用社，最终导致关闭破产。

（五）有效化解银行不良资产　解决银行不良资产要着眼于增量控制，使银行不良资产今后减少发生。一方面由于银行不良贷款存量是已经发生的金融风险，花再大的功夫回收也难以取得成效；另一方面近年来我国银行不良资产增长很快，不良资产增量对资产质量的影响大大增加，如果不重视不良资产增量的控制，将使存量不断增加，并使银行资产质量加速恶化。因此，优化贷款增量是防范银行金融风险的关键。必须要加快企业、政府和银行三方面的改革，要从产权关系上进一步加强对金融风险的控制。企业和政府要形成贷款使用的风险约束和责任约束，从银行的角度看则是要加强资产负债管理和风险管理，促进银行业的相互竞争。要运用财政政策调整国有企业的负债及国有银行的不良资产比例。财政注资不足是导致国有企业过度负债和银行不良贷款增加的重要原因。因此，可考虑运用财政政策来解决一些国有企业永远无法偿还的债务和银行逐年增多的不良债权。具体办法是：分析企业的债务结构，凡是财政原因造成的债务，如企业因为财政注资不足、政策性亏损等财政应给予补贴，却靠银行贷款弥补的，应由财政向中央银行发行特种国债，专门用于国有企业的结构调整。财政由此筹集的资金应设专门的帐户列收列支，并由人大和审计署负责监督使用。财政这笔资金可以通过贴息、减税、补贴和直接投资等方式，支持一些符合产业政策的行业和企业发展，企业则用这笔资金偿还银行的贷款。这种债务重组方法，既可减轻企业的债务负担，便于企业的正常经营，同时又可减少银行的不良贷款。可以采取银行主导重组不良资产的方式，采取银行让利下的债权置换与折扣出售。银行实施或及时介入企业及资产重组、破产兼并、联营等程序或预案，采取重新安排贷款、给予流动性支持、停免息、挂账等减让措施，促成优质企业、民营、私营企业转换债权或收购兼并重债企业，出售前进行重组包装；出售抵押品、公开拍卖、招商租赁以及证券基金方式，把部分债权折扣出售给中介机构或债权重组机构，由其转为对企业的股权，降低企业负债率。对处于严重资不抵债，自身难以清偿到期债务而陷入困境的企业，可出售其资产或控制破产清算以抵偿贷款。还可以采取债权转股权的方式，把债权转为银行股权、可转换债券、可抵押流通的长期债券、货币市场工具，再出售产权、回收债权。

①《中国投资白皮书》1994 年，P55，中国计划出版社 1994 年版。

②《光明日报》，1997 年 9 月 15 日，第 5 版。

③ 汪海波：《中华人民共和国工业经济史》，P728，山西经济出版社 1998 年版。

④ 俞乔等：《商业银行管理学》，P875—876，上海人民出版社 1998 年版。

⑤ 田江海：《投资多元化与方式多样化》，P119，中国财政经济出版社 1993 年版。

⑥ 王元京：《固定资产超负债投资问题研究》，《中国投资白皮书》，P92。

⑦ 张杰：《中国国有金融体制变迁分析》，P22，经济科学出版社 1998 年版。

⑧《谁赖银行的债?》，2001 年 7 月 10 日 中国宏观经济信息网。

⑨ 焦瑾璞：《构筑中小企业的金融服务体系》，《开放导报》1999 年第 9 期。

⑩《关于加强中小企业信用管理工作的若干意见》，2001 年 4 月 27 日 中国宏观经济信息网。

证　券　市　场

中国证券市场的发展与展望

中国证券监督管理委员会主席　周小川

1990 年 12 月，上海、深圳两个证券交易所相继成立，标志着新中国证券市场的诞生。从那时起，中国证券市场已经走过了十年的历程，取得了令世界瞩目的成就。过去十年，是中国改革开放和经济建设取得巨大成就的十年。社会主义市场经济体制的基本框架初步建立，市场在资源配置中的基础作用日益显著，我国国民经济保持了持续、稳定、健康发展的良好势头，综合国力显著增强。

过去十年，伴随着改革开放推进，证券市场取得了巨大发展：

十年间，一大批国有企业发行上市，在国有企业建立现代企业制度的改革实践中起到了先导和示范的作用。也为推进传统产业升级换代开辟了直接融资渠道。截至 2000 年 11 月底，境内上市公司已达 1063 家，累计筹集资金 4846.1 亿元。境外上市公司筹资 1439.1 亿元（173.8 亿美元）。红筹股筹资 3158.0 亿元（381.4 亿美元）。我国证券市场境内外累计筹资总额达 9443.2 亿元。国有企业发行上市，降低了资产负债水平，加快了技术改革的步伐和高新技术的推广应用。推动了产业结构和产品结构调整，并使上市公司按照现代企业制度的要求，初步建立了法人治理结构，加速了决策科学化，经营市场化，监督社会化和经营责任法律化的进程，为国民经济整体素质的提高打下了基础。

十年间，证券市场从无到有，从小到大，建设成效显著，市场规模和水平实现了历史性跨跃。截至 2000 年 11 月底，我国股票市场价总值已达 46000 多亿元，投资者开户数达 5600 多万户。股票、基金、债券已全部实现无纸化发行与交易，沪深证券交易和结算网络覆盖全国各地，主要技术手段已达世界先进水平。证券市场中介机构不断成长，目前已有 98 家证券公司，2600 多家证券营业部，机构投资者发展壮大，已有 34 只证券投资基金，基金总规模 550 多亿元。

十年树木，百年树人。初具规模的中国证券市场对于提高社会资源配置效率，促进国民经济结构调整，现代金融体制改革及社会主义市场经济体制的建立，发挥了重要的作用。证券市场十年发展取得的巨大成绩，关键在于有邓小平理论的指引和党中央、国务院的正确领导，使我们能够不断克服各种困难，坚定不移地培育和发展市场，尊重市场规律，力求让市场机制发挥主导作用。

邓小平同志1992年的南方讲话，在一些重大理论和实践问题上解除了思想上的禁锢，带来了思想解放，为中国证券市场的发展创造了历史机遇，证券市场也由地区性试点进入了在全国范围内进行推广和发展的阶段。同时，在这十年中，党中央、国务院对证券市场的发展给予了充分正确的指导。江泽民总书记、朱镕基总理针对市场发展过程中遇到的各种问题和困难多次做过重要的批示，指明了证券市场发展的正确方向，使我们得以轻装上阵，把证券市场的发展坚持下去。十年的实践充分证明，只要以邓小平理论为指导，认真贯彻党中央、国务院的方针政策，按照市场经济的规律和要求规范发展证券市场，证券市场完全可以在国民经济中发挥重要作用。正如江泽民总书记指出的："实行社会主义市场，必然会有证券市场。建立发展健康、秩序良好、运行安全的证券市场，对我国优化资源配置，调整经济结构，筹集更多的社会资金，促进国民经济的发展具有重要的作用。"

《中共中央关于制定国民经济和社会发展第十个五年计划的建议》强调，要"规范和发展证券市场"，并提出证券市场要"支持高新技术产业化"，要"鼓励国有大中型企业通过规范上市，实行股份制"，要"培养和发展机构投资者"，要"增强市场监督和上市公司信息披露"以及"适应跨国投资发展趋势，积极探索采用收购、兼并、投资基金和证券投资多种方式利用中长期国外投资"。《建议》的精神为证券市场的发展进一步指明了方向。

为了更好地发展证券市场，我们需要认真总结十年的成就和经验，分析存在的问题，研究在新形势下规范和发展的措施。与成熟市场相比，我国证券市场在立法、监管，规范等方面还有待进一步加强，要针对市场规范化程度不够，操作市场和欺诈投资者行为时有发生，监管人才和手段不足，市场国际化程度有限，市场层次，品种单一及结构不完善等问题研究解决办法。

在这个过程中，要把握好三个关键：

第一，加强证券市场法制建设，在依法治市的基础上，加大对证券市场的规范力度。要根据市场需要，补充和完善现有的法律法规体系，同时，面对不断出现的新事物、新情况，积极研究监管办法，为市场的发展和规范提供良好的法律保障。

第二，面临即将加入WTO，要在加快证券市场发展、鼓励竞争和创新的基础上，不断推进市场化进程，坚持让市场机制发挥作用。积极培育机构投资者和有竞争力的证券公司，提高上市公司质量，逐步实现我国证券市场向成熟市场的过渡。

第三，要切实转变监管理念，把保护投资者利益作为首要的任务和目标，其重点是保护中小投资者的合法权益，这是国际资本市场的共识。要从制度保障、加强投资者教育、加大监管力度和社会监管等方面入手，增强投资者的信心，将保护投资者的利益落实到实处。

世纪之交，中国证券市场面临难得的机遇和挑战。展望今后十年，我国将进入经济结构战略性调整的重要时期，证券市场的健康、稳定发展及在优化资源配置中发挥的作用是促进我国经济继续保持较快增长的重要保障。总结过去，展望未来，我相信中国证券市场将有一个更加美好的明天。

（本文系作者在中国证券市场十年论坛上的讲话）

朝着市场化方向不断迈进的中国证券市场

中国证券监督管理委员会政策研究室副主任　黄运城

为了推动我国证券市场的发展，今年年初以来，中国证监会加大了改革力度，在以往的基础上推出了一系列改革措施，这些措施的最终目的都在于推动我国证券市场朝着市场化的方向不断迈进。

一、改革股票发行体制

在股票发行体制方面，年初以来中国证监会相继取消了发行额度和发行指标等行政手段的限制，落实《中华人民共和国证券法》规定的股票发行核准制，提高了股票发行过程中的透明度。与以往的行政审批制相比，核准制有以下特点：一是在选择和推荐企业方面，由主承销商培育、选择和推荐企业，增加了承销商的责任。二是在企业发行股票的规模上，由企业根据资本运营的需要进行选择，以适应企业按市场规律持续成长的需要。三是在发行审核上，将逐步转向强制性信息披露和合规性审核，发挥股票发行审核委员会的独立审核功能。新一届发行审核委员会委员绝大部分为中国证监会以外的专家、学者及市场专业人员。只有得到发行审核委员会表决通过的发行方案，中国证监会才发文核准，否则将不予核准。四是在股票发行定价上，由发行人与主承销商协商，并充分考虑股票市场的需求状况，使发行定价真正反映公司股票的内在价值和投资风险。五是在股票发行方式上，提倡和鼓励发行人及主承销商进行自主选择和创新，建立最大限度地利用各种优势、由证券发行人和承销商各担风险的机制。另外，在发行过程中，中国证监会还在允许国有企业等三类企业投资股市、允许保险资金间接入市、引进战略投资者等方面做了大量工作。

二、调整对上市公司的监管方式

在上市公司增发新股、购并重组、允许金融企业上市等方面，中国证监会的监管方式越来越向市场化方向迈进。

对上市公司增发新股的限制趋于宽松。从长远来看，如果增发机制的约束力足够，增发范围的限制最终将会取消，任何公司，只要有好的前景，能吸引投资者，都可以增发股票。目前，增发新股一是适用于高新技术企业，二是适用于进行重大资产重组的公司。具体而言，资产重组占原来总资产70%以上的公司，将被看作一个新公司，其经营业绩可以按注入资产和余下资产合并以后进行综合评定。换句话说，有些公司重组前可能出现过重大亏损，但以重组后注入的优质资产来计算，仍然符合三年盈利这一增发新股条件。但为了防止出现某些玩“空手道”、骗了钱就跑的假重组，中国证监会制定了相应的约束性规定，比如规定重组后一年以上才能增发新股。另外，发行过B股、H股的公司也可增发新股。对于上市公司增发新股，证监会的作用将逐渐淡化，市场本身的约束力和选择性将不断加强。

对上市公司购并的监管，可以说是亦宽亦严。最近中国证监会颁布的《关于规范上市公司重大购买或出售资产行为的通知》便体现了“宽严并举”的思路。所谓“严”，是指对购并活动中的规范运作提出了越来越高的要求，购并方案交股东大会时必须有严格的信息披露。而所谓“宽”，则指中国证监会的审核在“后撤”。过去重大重组要“先批准后实施”，现在完全交由上市公司股东大会来决定，中国证监会只关注其中有无违规等问题。此举使上市公司的购并活动更为自主、灵活。

另外，中国证监会还在进行允许包括商业银行、证券公司、保险公司在内的金融企业及房地产企业上市的试点工作。目前，中国证监会正在抓紧制定有关金融企业发行上市信息披露的指引，并会同有关部门就相关问题着手研究，这将为加快金融企业在境内外证券市场发行上市创造良好的外部环境。

三、鼓励证券公司增资扩股

《中华人民共和国证券法》规定，证券公司按照综合类、经纪类划分，实行分类经营和管理。为了扩大证券公司的实力，提高其竞争力，中国证监会鼓励证券公司增资扩股，通过改制、重组、兼并、合资等措施，壮大资本实力，提高素质，稳健经营，迎接未来的竞争和挑战。经过增资扩股以后，经中国证监会批准的主承销商已达到26家。

四、积极准备设立开放式基金

我国现有的证券投资基金都是封闭式基金。从国际经验看，发达股市的基金都走过从封闭式基金向开放式基金发展的历程。目前，美国的开放式基金占全部基金总资产的95%，英国、香港、台湾等国家和地区的开放式基金也已成为基金市场的主流产品。这种趋势也符合我国证券投资基金的发展方向，中国证监会正在做设立开放式基金的有关准备工作。

五、提高保险基金入市比例

1999年10月，经国务院批准，境内保险资金获准入市，保险公司可以总资产5%之内的资金购买证券投资基金，从而进入证券市场。2000年3月，平安、新华人寿、泰康人寿和华泰财产等四家保险公司首先获准将入市资金比例从上年末总资产的5%提高到10%。据了解，经中国保监会批准，中国太平洋保险公司已于近日将其入市购买证券投资基金的资金比例，从去年末总资产的5%一跃提升至15%。其他各家保险公司也在酝酿申请提高入市资金比例。

在发达经济国家，养老基金是证券市场最重要的机构投资者。我国的养老基金体制也在改革过程中，改革养老基金的现收现付体制，建立多渠道筹资的预筹积累制。一旦时机成熟，养老基金进入证券市场将是一个必然选择。

六、培育网上交易

2000年4月14日，中国证监会发布了《网上交易委托暂行管理办法》，随后又公告了《证券公司网上委托业务核准程序》，这标志着我国网上证券委托业务正式启动。迄今为止，有近100家证券营业部开展了网上业务，投资者开户数约25万户，大约1%的股票交易通过网上完成。预计到2000年底，我国互联网用户将达到1500万。这些互联网用户普遍具有受教育程度高、家庭人均收入高、工作时间紧等特点，他们将是网上证券交易最大的潜在用户。随着中国加入WTO日益临近，发展网上交易已经成为提高我国证券公司市场竞争力的一个重要内容。

七、加快创业板市场建设

创业板市场也叫二板市场，又称第二板市场、第二交易系统，是与现有证券市场（即第一板或主板市场）相对应而存在的概念。由于创新型高成长性的中小企业存在着高风险，以“谨慎”为主要原则的银行不可能为其提供大量资金，主板市场的发行条件又限制了这类企业上市筹资，因而需要有一种不同于常规的市场规则和制度安排为这些企业提供融资渠道。建立二板市场的目的即在于此。

在纳斯达克市场成功运作的示范下，二板市场已成为全球资本市场的发展亮点。欧洲、日本、加拿大、中国香港等国家和地区相继设立了为中小企业及高科技企业服务的二板市场，满足了以高科技为主导的产业转型需要。中国证监会目前也在积极进行开辟创业板市场的有关准备工作，争取早日为以高科技企业为核心的有发展前景的中小企业提供筹资场所，同时也为风险投资基金提供退出渠道。

八、改革监管制度

中国证监会正在进行监管理念的革新，从原来较多精力集中在行政审批事务上，逐步走向全面的市场培育和监管。在新的监管理念指导下，中国证监会将按照市场经济的原则来制定规则和管理市场，鼓励竞争，创造公平、透明、高效、有序的市场环境，让证券市场充分发挥资源配置功能。在加强监管的过程中，将进一步发挥中国证监会派出机构、证券交易所和证券业协会的重要作用。

为了进一步推动证券市场发展，有关部门正在酝酿一系列新政策和新措施，其中包括：加快建立统一的股票登记结算体系和指数体系；研究设立投资者权益保障基金；着手制定《基金法》、《期货法》；加快创业板市场和债券市场的发展，适时建立电子交易板；试行允许中外合资企业和外资企业在内地市场上市；研究向合格的外国机构投资者有限度地开放国内股票市场。

2000年宏观经济
对中国证券市场的影响

申银万国证券公司　周新辉　李明亮

综合多方面因素，我们认为2000年GDP增长将保持在7.0%—7.5%。2000年宏观经济对证券市场影响总体上来说，机遇大于挑战。积极的财政政策和适度宽松的货币政策为证券市场稳定发展奠定坚实的基础，西部开发也给我国证券市场注入新的活力，“入世”对证券市场直接冲击不大。持续低迷的物价将对证券市场产生一定压力。

一、财政政策与证券市场

2000年实施积极的财政政策主要从三方面影响证券市场。首先是通过扩大财政支出，加大财政赤字，可以扩大社会总需求，从而刺激投资，扩大就业。政府通过购买和公共支出增加商品和劳务需求，激励企业增加投入，提高产出水平，导致企业利润增加，经营风险降低，将使股票价格上涨。同时居民在经济复苏中增加了收入，持有货币增加，景气的趋势更增加了投资者信心，人气旺盛，股市和债市趋于活跃，价格上扬。其次，可以通过减少税收，降低税率，扩大减免税范围，如2000年固定资产投资方向调节税将继续降低，其直接效应是增加微观经济主体的收入，从而刺激经济主体的投资需求，扩大社会供给。总需求增加又会刺激投资需求，企业扩大生产规模，企业利润增加。特别是为了促进高科技产业发展，政府将采取给高新技术企业减税和对全国发展高新技术产业制定统一税收优惠政策，这无疑为高科技类上市公司发展提供良好机遇。同时，企业税后利润增加，也将刺激企业扩大生产规模的积极性，进一步增加利润总额，从而促进股票价格上涨。而且市场需求活跃，企业经营环境改变，盈利能力增强，可以降低企业还本付息风险，债券价格也将上涨。最后，2000年的积极的财政政策将改变政府孤军作战的局面，采用多种手段，充分调动社会各个投资主体的积极性，如财政贴息、政府控股或参股、财政担保等手段，投资方向上也将有所调整，当然主要面向机械、电子、石化、汽车等支柱产业，加大农业、能源、交通、通信等基础产业的投资力度，同时，高新技术投入比重将明显提高。因此，这些行业的上市公司将直接受惠，具有较好的发展前景。

二、货币政策与证券市场

2000年将继续实施适度宽松的货币政策，为我国证券市场稳定发展奠定了良好的基础。适度宽松的货币政策主要从以下几个方面对证券市场产生影响：第一，利率对证券市场影响比较直接，当前我国实行固定利率，利率作为一个货币政策工具受到政府直接控制。2000年利率将保持稳定，前几次降息的效应将逐步显现，有助于促使部分资金流入证券市场，从而为证券市场的稳定发展奠定良好的基础。较低利率使得储蓄存款收益下降，无疑会引导居民储蓄投资方向转化，尤其是随着人们投资意识的增强和投资渠道的拓宽，人们对除储蓄以外的股票、债券和基金等金融资产品种将更加感兴趣。随着我国证券市场不断规范和完善，广大投资者对证券市场的信心必定会逐步增强，尤其证券投资基金数量增多和规模不断扩大，这种专家理财、收益稳定的投资渠道必将吸引投资者的注意力。但是对居民储蓄资金大量分流到证券市场不应期望太高，一方面受宏观经济的影响，居民可支配收入的增长形势不容乐观；另一方面，诸多改革因素导致居民对未来收入预期的不佳也将增强居民的储蓄倾向。第二，2000年存款准备金率仍可能继续下调，法定存款准备金率由当前6%降至3%－4%。存款准备金率的下调对证券市场而言，其影响要通过一个传导过程。这种传导要经过两个层次：一个层次是中央银行下调存款准备金率，影响商业银行行为，商业银行为了盈利必定会寻找好的投资机会，最主要的是扩大贷款规模。第二层次是居民和企业对商业银行行为作出反应，相应增加投资和消费支出，从而扩大社会总需求，进而扩大证券市场资金供给，但其时滞性较大。下降准备金率，首先影响到投资者的信心，而真正带来资金面的变化要经过一段时间。所以，投资者在关注这一金融政策时，不要过分注意它的即时反应，重点看以后的实质性影响。第三，种种因素表明，2000年人民币汇率将保持基本稳定，这意味着我国证券市场受汇率影响较小。

三、“入世”对证券市场影响

自中美就中国加入WTO问题达成协议后，我国加入世界贸易组织步伐越来越快，预计2000年6月我国将可望加入WTO。虽然加入WTO将对我国国民经济产生深远影响，但是从总体上看，“入世”对证券市场的直接影响不大。从行业开放情况看，证券业开放度最低，A股市场没有对外开放，只是在“入世”当年，允许设立中外合资基金，外方控股比例不得超过30%，三年后也不得超过50%，并且审批控制权由中方把握。券商也要从合资开始，而这个过程大约需要5－10年时间，其后才允许成立外方独资证券公司，而且审批权仍控制在中方。当然“入世”对我国证券市场会产生间接影响，主要是对上市公司、券商和投资者产生影响。

（一）上市公司

开放电信市场对我国电信业及国民经济发展都具有重要意义。电信市场的开放，不仅可以吸引大量外资、引进先进的技术，而且还可以通过公平竞争，改变中国电信因长期独家经营所导致的低效率和服务质量不高的局面。不过，我们应该清醒认识到，短期内中国电信类上市公司发展面临较大竞争压力，这主要是由于发达国家在竞争中存在明显优势：一是技术先进，已经完成了网络现代化，服务先进；二是资金雄厚，企业规模较大。

我国加入世贸组织，外贸上市公司将受到最直接和最迅速的影响，从有利方面来看，可以从分配上改善外贸企业的经营环境，具有比较优势的出口商品将为外贸企业提供商机，将有助于扩大外贸企业进口业务。当然加入WTO也给我国外贸类上市公司提出严峻挑战，贸易方式单一制约着外贸类上市公司的发展，外部条件将更加严峻。

加入WTO后对我国纺织品类上市公司总体来说利大于弊。进入90年代以来，世界纺织工业和纺织市场发生了深刻的变化。加入WTO后，作为全球最大的发展中纺织品出口国，我国无疑是纺织品贸易自由化的最大受益者。

加入WTO对中国的汽车市场冲击是非常巨大的。我国的汽车行业是民族工业中的幼稚产业，与世界发达国家比，由于起步时间晚，无论从资金、生产技术、管理水平方面都相距甚远，预计加入WTO后，我国汽车行业整体承受冲击的能力较差。

加入WTO对我国农业影响较大，当然农业类上市公司也将受到较大的影响。首先，加入WTO将对部分上市公司产生积极影响：一是产品以出口导向的农业类上市公司，加入WTO将有利于这类行业上市公司开拓国际市场（主要是欧美市场）、扩大市场容量，提高产品竞争力和抗风险能力。二是生产原料由于“入世”而降低的农业上市公司，这类上市公司主要是饲料类上市公司为主。三是生产独具特色的农产品上市公司也面临机遇。另外，进口关税的逐步调减对于从事远洋渔业的上市公司也较为有利，因为远洋捕捞的鱼种在进入中国时同样需要交纳关税，关税税率的下降对于它们降低产品价格、提高产品竞争力有好处。其次，加入 WTO 后，从长期来看，也将对一些农业类上市公司产生一些冲击，我国放开美国几个州向中国输出柑橘的限制将直接对从事脐橙种植、加工等上市公司产生直接的冲击。与美国一些大型的水果企业相比，我国这类上市公司在众多方面仍存在不小差距。另外，国外一些价廉物美的粮食品种的纷纷进入国内市场将对我国粮食市场产生较大冲击，其中对粮食加工类上市公司影响较大。

高科技这一领域的开放，将增加外国高科技产品的进口和投资，导致我国高科技市场竞争激烈，国内高科技上市公司经营压力增大。

在化工医药行业，加入 WTO 以后，医药产品的进口关税将降低到 5.5%—6.5%的水平，进口药品将明显增加。化工医药行业外国大公司的科研能力和产品质量存在明显优势，国外产品进入将会使化工医药行业的企业竞争激烈。零售业方面，将进一步开放零售服务业，并在五年后取消对分销市场的限制，对我国国有商业企业的批发业务形成激烈竞争。在电影业，我国加入 WTO 后三年内将允许外资在中国电影院占 50%以上的股权。

（二）券商

我国开放证券市场，参与国际竞争，难度还是非常大的。因此，在开放证券市场方面我国将会比较慎重，可以援用《服务贸易总协定》中对发展中国家的保护性条款。无论怎样，外国证券公司进入我国证券市场只是个时间问题，为此必须要作好充分准备。外国证券公司进入中国市场，从短期来看，将对国内证券经营机构造成较大的影响，但从长远来看，对促进我国证券经营机构的发展具有重要意义。首先，可以促进国内证券经营机构不断提高自身经营管理水平。国外券商进入中国市场，当然会给国内券商产生巨大的压力同时国内券商也可以通过参与竞争，学习国外券商一些先进的管理方法、风险防范机制等。其次，有利于国内券商参与国际竞争，通过在国内与国外券商进行公平竞争，不仅可以壮大自身实力，而且还可以为积极参与国际竞争积累经验。最后，随着国外券商纷纷进入，券商之间的竞争必然更加激烈，一些实力弱小的券商必定会被收购或兼并，促进国内券商之间的重组兼并。我国券商应该抓紧时间，提高自身素质，按国际竞争的要求来调整自己的经营策略，以迎接国外券商的竞争和挑战。

（三）投资者

加入 WTO 后，随着国外投资者纷纷进入我国证券市场，将给市场带来较大压力，特别是我国投资者结构不合理严重制约证券市场发展，与国外一些机构投资者相比，我国机构投资者资金实力和投资管理水平仍存在较大差距，这无疑对国内机构投资者产生一定压力。近两年来，我国努力培育机构投资者，新成立了 20 只证券投资基金，但从总体上看，目前我国证券市场上，机构投资者的比重仅占到 20%左右，不利于树立理性投资的市场理念，因此进一步扩大机构投资者的比重，吸引保险资金等更多新生力量进入证券市场，这将有利于我国证券市场减少投机更加稳健地发展。政府管理层将采取更加积极措施加速培育机构投资者，2000 年证券投资基金将有较大发展机遇，尤其是开放式基金的推出，将为证券投资基金发展注入新的活力。

四、西部开发与证券市场

西部开发将是 2000 年我国经济工作重点之一，西部成为世纪之交中国最令人瞩目的地区。实施西部开发战略，具有重大的政治和经济意义，西部开发将促进国民经济持续稳定发展，是我国实现现代化建设第三步战略的必然要求。西部资源丰富，市场广阔，西部开发有利于改善国内生态环境，实现可持续发展，同时也有利于经济结构调整。同样，西部开发也给我国证券市场注入新的活力。在西部开发重点上，考虑到国内外市场需求的变化，将更加重视基础设施、生态环境建设、大农业和人力资源开发，更加注重培育新的竞争优势。西部地区虽然具有资源丰富的优势，但是随着资源的深度开发，低成本优势将不明显，同时资源产业受价格和汇率影响较大。特别是近年来，国际市场原材料和初级产品出现严重过剩，价格下降幅度大，国内由于产业结构调整滞后出现了一般加工工业能力过剩。因此，为了更好地开发西部，将改变以往粗放型开发矿产资源和盲目扩大加工工业生产能力的作法，更加重视产业结构调整，培育新的竞争优势，特别是加强基础设施建设、生态环境建设，加快老工业基地改造。西部地域辽阔，包括 10 个省、市、自治区，随着我国西部开发战略的实施，西部地区一些上市公司将面临良好的发展机遇，尤其是基础设施、农林水利、生态环境、旅游和特色矿产业等几类上市公司将首先受益。

五、物价对证券市场的影响

从当前宏观经济发展趋势及主要商品价格的变动趋势来看．对价格总水平下压作用仍然是主要的，因而在 2000 年仍然难以摆脱物价低迷的状态。但在若干主要影响因素中具有回暖倾向，物价下降幅度将会有所缩小。到目前为止，通货紧缩的时间实际上已经持续 25 个月，这不仅是对市场上商品供过于求的反映，也足以使投资者与消费者切身感受市场供给的压力。同时，通货紧缩改变了人们心理预期，使广大消费者即期消费意愿明显减弱，必然影响社会的消费需求，形成有效需求不足的预期。因此，通货紧缩的实际影响大于物价下跌幅度。由于受物价持续下降的困扰，企业产品价格大幅度下跌，必然会导致企业盈利能力下降，股息下降，将导致股票价格下跌。

2000年上海证券交易所运行情况

上海证券交易所总经理　朱从玖

2000年，上海证券市场规模迅速扩大，功能不断完善和发挥，技术设施大大改进，一线监管进一步加强，市场服务日渐完善，内部管理有效强化，各种风险得到及时防范和化解，全年保持了平稳运行、规范发展的良好态势。

一、市场发展状况

2000年是上海证券市场迅速发展的一年，不仅表现为上市公司数量、证券市场筹资金额、证券交易品种和交易规模的大幅提高上，也表现为投资者数量激增、结构优化，证券市场的市场化程度不断提高。

（一）市场规模快速扩大

至2000年底，上海证券交易所上市公司达到572家，比1999年增长18.18%，股票数达到614只，比1999年增长16.95%，其中A股559只，增长18.68%，B股55只，增长1.85%。股票发行总额达到2032.42亿股，比1999年增长28.62%，其中，流通股本规模达648.99亿股，比1999年增长31.26%。股票市价总值为26930.86亿元，比1999年增长84.71%，其中，流通市值为8481.33亿元，比1999年增长99.58%，股票市价总值和流通市值分别占到当年中国大陆证券市场的56%和52.72%。2000年末，上海证券市场股票市价总值对同年国内总产值的比率为30.12%，比1999年提高12.35个百分点；流通市值对同年国内总产值的比率为9.49%，比上年提高4.31个百分点。上证所总市值规模已排在全球交易所的第16位，亚太地区第5位。

（二）股指稳步上扬，股票交易大幅增加，国债、基金交易有所下降

全年上证综合指数最高达2125.72点，创下了历史最高纪录，最低为年初的1361.21点，年末收盘2073.48点，比上年上涨51.73%。上证30指数最高4263.17点，最低2963.15点，年末收盘3935.33点，比上年上升31.62%。从市场热点看，网络股、高科技股、重组股、国企大盘股都曾经成为一个阶段的市场热点。

全年股票交易量为2437.66亿股，比1999年上升56.22%。日均股票交易量为10.2亿股，高于1999年的6.53亿股。全年股票成交金额31373.86亿元，比1999年上升84.92%。日均股票成交金额为131.27亿元，高于1999年的70.99亿元。

2000年上海证券市场国债成交金额达到16804.27亿元，比去年下降3.42%，占大陆证券市场国债成交的88.95%，其中国债现货交易额3657.06亿元，比上年下降30.70%，国债回购交易额13147.21亿元，比上年上升8.44%。企业债券和可转换公司债券成交金额分别为39.13亿元和52.43亿元。

2000年基金成交金额为1334.17亿元，比上年下降2.32%，其中证券投资基金成交金额为1159亿元，比上年增加38.03%，其他基金成交175.17亿元，比上年下降66.71%。

2000年，上海证券市场向国家缴纳印花税248.77亿元，比上年增长84.27%，对国家财政的贡献进一步增加。

（三）筹资再上新台阶

2000年上海证券市场股票筹集资金总额为914.32亿元，比上年增加87.97%，占大陆证券市场股票总筹资额的59.25%。其中，94家A股公司股首次发行股票筹集资金总额为591.18亿元，1家B股公司首次发行股票筹集资金0.38亿美元；88家A股公司再次发行筹资319.50亿元。2000年大批国企和优质民营、三资企业登陆沪市，其中，大型企业上市则是新上市公司的一大亮点。宝钢股份和民生银行净募集资金额分别达到77.03亿元和40.88亿元，创下上海证券市场单个股票的筹资纪录。宝钢股份公开发行18.77亿股，总股本125亿股，是目前中国证券市场发行股本最大的上市公司。民生银行是继1999年浦东发展银行之后又一成功上市的银行股。沪市平稳承接宝钢股份和民生银行两个超级大盘股的发行和上市，标志着沪市市场深度已有质的提高。

2000企业债券和可转换债券市场得到长足发展。企业债券全年新上市总量达80亿元，占国内可上市企业债券发行总额的100%，至年底上证所企业债券上市总量达150.39亿元。2000年2月23日，沪市上市公司“虹桥机场”发行13.5亿元5年期可转换债券，这是《公司法》和《证券法》颁布后第一个由已上市公司发行的规范的可转换债券。

（四）投资者队伍继续扩大，结构不断优化

截至2000年底，上海证券市场的投资者开户总数为2957.84万户，比1999年上升了29.67%。其中，A股开户总数为2943.32万户，比上年增长了29.53%；B股开户数为14.52万户，同比增长了63.43%。在投资者总体规模扩大的情况下，投资者的结构变化呈现以下三个特点：一是机构投资者比重迅速加大。2000年新增机构投资者4.64万户，达12.95万户，机构投资者开户数所占比例从1999年末的0.37%提高到0.44%，增幅是个人投资者的2.2倍；二是个人投资者的年龄、收入、职业等结构不断优化，个人投资者日趋成熟；三是机构投资者在规模扩大的基础上，结构也不断优化，形成了以基金公司、券商、保险公司、企业法人等为主体的多元化格局。

二、加强制度建设，强化一线监管职能

2000年，上证所在证监会领导下，进一步完善市场制度建设，制定、修订了《上市规则》、《交易规则》、《停牌和复牌制度》、《年报内容与格式》、《股票质押贷款特别席位管理办法》、《结算备付金管理办法》等规章制度，规范程度不断提高。在总结经验的基础上，强化一线监管，初步形成了一个以上市公司监管、会员监管和市场监控为主要内容的自律监管体系。

（一）注重实效，抓上市公司监管。主要工作包括：(1) 逐步将临时公告的事前审核转为事后审核。目前临时公告事后审核试点扩大到110家上市公司，正在积极探索事后审核的方式和方法；(2) 实现信息披露方式的电子化，年内成功实施了上市公司年报、中报以及相关的补充、更正公告、基金中报等上网披露；(3) 加大了对网上股市传言的监管力度，年内共对17起网上股市传言进行了处理；(4) 在全面监管的基础上实施重点监管，包括对象上的重点监管，如ST和PT公司、利润下降较大和首度亏损公司等；内容上的重点监管，如股权拍卖、质押或者股权转让纠纷、资产重组等；方式上的重点监管，如对风险公司进行重点走访等。

（二）加大力度，强化会员公司监管。主要包括以下几个方面：(1) 认真做好会员1999年年检工作，通过对会员公司的经营状况、经营业绩及财务指标进行认真分析，列出须重点关注和跟踪的公司，对年检中发现的问题会员，进行会籍清理或按分类进行重点监控；(2) 在抓好会员日常监管和对五类会员实施重点监管的基础上，进一步加强对会员风险的监控、防范和化解工作；(3) 建立所内会员风险防范例会制度，完善会员风险快速反应和处理机制，切实做到会员风险的及时发现、严密防范和有效处理，保证市场的平稳运行和健康发展。

（三）突出重点，加强市场监控。2000年，上证所在全面监控的基础上加强重点监控：(1) 做好对风险券商的重点监控工作，先后对被托管的54家证券营业部、6家信托投资公司的交易情况进行动态和重点监控；(2) 对保险基金、财务公司进行重点监控；(3) 对有关股票进行重点跟踪监控。在加强对预亏公司、ST公司、PT公司实时监控的同时，对191只次异常波动的股票进行了临时停牌处理。

上证所坚持事前警告和事后处理两手抓，严格查处市场违规行为，先后对108只股票、13只基金的异常情况进行了核查，涉及营业部157家，分别对相关营业部给予口头警告、责令改正等处罚。配合证券主管机关及地方证管部门进行专案调查32起，涉及股票42只次，基金2只次，对有关股票、基金的交易情况进行汇综分析，提供查案线索。

三、强化服务意识、推进市场服务工作

2000年，上海证券交易所进一步加深对市场服务工作重要性的认识，正确处理了服务与监管的关系，坚持寓监管于服务，监管与服务并举的原则，服务方式不断改进，服务质量继续提高，社会形象进一步提升。

（一）改进服务方式。运用现代信息技术，积极采取网络、电子信箱、语音信箱、声讯电话等手段改进市场服务，提高服务质量；全面推进一站式服务，开设24小时咨询、服务热线、电脑技术与故障处理热线、结算查询热线、卫星故障报修及技术咨询电话等；开展对交易所服务情况的市场征询工作。

（二）抓住三个重点，不断提升市场服务的质量。(1) 投资者服务。根据周小川主席关于"保护投资者利益是重中之重"的讲话精神，进一步完善投资者服务工作，包括：通过上证所外部网，为投资者提供权威的市场信息，对投资者反映和咨询的问题予以解答；通过网站、电子信箱、语音信箱等现代技术手段改进服务工作；编制《投资者手册》，并发放至每个证券营业部；认真做好投资者的信访接待工作。(2) 上市公司服务。主要包括：认真总结宣传上市公司的好经验、好做法，组织了上市公司经验交流会；建立上市公司董事会秘书协会；积极办好《上市公司》杂志；抓好培训工作。(3) 会员公司服务。主要工作有：建立会员公司"一站式"服务制度；在外部网开设会员业务指南；完成会员业务流程电子流转系统项目的设计工作；积极培训会员单位负责人，举办交易员培训班、证券资金结算业务和PROP2000等培训班；举办会员座谈会、基金公司座谈会等，听取意见和建议；改进业务收费办法，将按营业部收费改为按会员合并收费，方便了会员单位。

四、加强战略规划，深入开展市场调研

（一）加强战略规划研究，强化组织领导保证。主

要工作有：(1) 成立发展战略委员会，设立发展战略委员会办公室，旨在充分借助国内外专家力量，研究各国证券交易所的竞争策略，密切结合上证所实际，制定上证所的发展战略；(2) 成立技术委员会，负责对上证所的技术发展和运行进行统一规划、协调，制定技术标准，进行技术检查和督促落实，提供决策建议；(3) 成立新一代交易系统设计开发领导小组和顾问小组；(4) 成立网站策划项目小组；(5) 成立信息系统建设领导小组。

(二) 重点抓好上市公司治理研究。上证所通过三年时间，在对国际上不同公司治理模式进行深入研究和对我国上市公司治理现状充分调研的基础上，撰写了20万字的公司治理报告，制订了《上海证券交易所上市公司治理指引（草案）》。

(三) 启动“上证联合研究计划”。联合券商和高校研究力量对证券市场理论、热点和发展趋势等一些课题进行专题研究，使交易所可以未雨绸缪，拥有进一步推进市场发展的广泛资源。第一批推出的《网上证券交易风险问题研究》等十个项课题已如期完成，并在业内产生了良好的影响。

五、完善制度建设，严抓内部管理

2000年，上海证券交易所大力堵塞制度漏洞，加强内部管理，消除薄弱环节，全员全岗防范风险。

(一) 加强规章制度建设。上证所全年制订或修订了《上海证券交易所工作人员守则》等几十项规章制度，使内部管理切实有章可循。

(二)“防风险、查漏洞、严操作”活动取得积极效果。一是进行深入的风险教育。各部门进行充分动员，各岗位进行岗位宣讲，查找风险点，排除风险隐患。二是对业务流程进行重新梳理。制定各岗位、各项业务的操作规程和操作手册，建立规范的文档和交接程序。业务流程和操作手册列明风险点和注意事项。三是实施有效措施。如每月或每周风险例会制度等。

(三) 严管理，抓落实。一是实行事前、事中、事后的全过程严格管理。推行扁平化，减少层次，优化结构；二是完善流程，定人定岗定责，实行重要岗位的双重复核、多重复核及跨部门复核等制度。三是严格落实和检查，加强内审监督，对重大项目、重大购置、信息保密，重要岗位进行重点检查、监督和审计，发现问题从严处理。四是严格督办工作，制定督办规程，全年督办93项，已全部结项，对推动各项工作的落实发挥了作用。

2000年是上海证券市场各项建设取得重要成果的一年。2001年是新世纪的开端，也是上海证券交易所面向新世纪、面临新形势、迎接新挑战、实现新发展的新起点。未来的一年，上证所的工作重点将放在以下这几个方面：积极培养蓝筹群体，不断推出创新产品；强化依法监管，保障市场透明和公平运行；全面提升技术系统，培育核心竞争力；稳健推进国际化，拓展市场的广度和深度；加大人才引进和培养力度，建立高素质人力资源基础。上海证券交易所将积极适应国内证券市场规范化、市场化的要求，同时把握国际证券交易所的变革趋势，通过建立自己的技术优势、创新优势、服务优势和人才优势，不断向世界一流的证券交易所迈进。

2000年深圳证券交易所运行情况

深圳证券交易所总经理　张育军

进入新世纪，深圳证券交易所迎来新的挑战和机遇，在确保主板市场稳定发展的同时，全力推进创业板市场建设，为高新技术企业提供高效便捷的融资场所。2000年，在中国证监会的正确领导下，在深圳市政府的大力支持和社会各界的关心下，深交所励精图治，开拓创新，在市场规模、市场活力、会员实力、投资者队伍、筹资功能等方面又取得长足的发展。

一、市场规模进一步扩大、市场主要指标稳步增长

2000年，在自9月份起暂停新股发行的不利因素的情况下，深圳证券市场在上市公司家数、总股本、总市值、投资者开户数等市场主要指标依然保持快速增长，呈现稳步发展态势。

(一) 上市公司市价总值达21160.08亿元，占GDP25.44%

截至2000年底，深圳证券交易所上市公司总数为514家，新增51家，比1999年增长11.02%；上市公司总股本1580.97亿元，新增252.27亿元，增长18.99%，上市公司股票市价总值达21160.08亿元，流通市值为7606.19亿元，分别比上年增长77.95%和91.87%。总市值所占GDP的比重为25.44%，比上年增长了78.03%，证券市场在国民经济中的地位显著提高。市价总值前20名的上市公司总市值为3329.72亿元，占市场总额的15.74%，流通市值前20名的上市公司总流通市值为1264.64亿元，占市场总流通市值的16.63%。

（二）投资者队伍不断壮大、投资者累计开户达2843.29万户

截至2000年底，深证所投资者累计开户总数2843.29万户，新增642.44万户，增长29.11%。从投资者开户地区分布来看，有十个省、市投资者开户总数均超过了100万户，中西部及边远地区开户增长速度较高，青海省开户数增加一倍以上，云南、内蒙古、甘肃、新疆等地区增幅都超过三成。

表1　深交所市价总值最大的二十家上市公司（截至2000年底）

名次	公司名称	流通市值(元)	市价总值(元)	占市场流通总值%
1	深发展	20,214,497,610	28,253,337,603	1.3352
2	粤电力	6,497,120,492	27,651,731,738	1.3068
3	首钢股份	3,944,500,000	26,033,700,000	1.2303
4	银广夏	10,595,044,079	19,063,511,867	0.9009
5	五粮液	4,741,176,159	18,979,200,000	0.8969
6	东方电子	11,495,296,945	17,633,857,862	0.8334
7	中关村	9,603,578,602	17,289,578,603	0.8171
8	中信国安	4,996,632,725	16,549,500,000	0.7821
9	吉林化工	1,259,731,620	16,356,690,000	0.7730
10	中兴通讯	4,727,938,730	15,738,138,000	0.7438
11	三九医药	4,030,000,000	15,172,950,000	0.7171
12	福地科技	3,201,263,349	15,071,004,749	0.7122
13	深科技	4,027,840,109	14,797,899,139	0.6993
14	风华高科	4,976,376,556	14,239,386,008	0.6729
15	东方钽业	5,484,960,000	13,923,360,000	0.6580
16	扬子石化	1,924,831,205	12,815,000,000	0.6056
17	清华紫光	3,455,360,000	11,126,259,200	0.5258
18	唐钢股份	2,283,208,944	10,830,638,720	0.5118
19	华菱管线	1,725,000,000	10,801,087,500	0.5104
20	深南玻	3,479,695,160	10,645,651,462	0.5031
	合　计	112,664,052,290	332,972,482,451	15.7357
	市场总额	760,618,894,396	2,116,008,440,492	100.0000

表2　深市流通市值最大的二十家上市公司(截至2000年底)

名次	公司名称	流通市值(元)	市价总值(元)	占市场流通总值%
1	深发展	20,214,497,610	28,253,337,603	2.6576
2	东方电子	11,495,296,945	17,633,857,862	1.5113
3	银广夏	10,595,044,079	19,063,511,867	1.3930
4	中关村	9,603,578,602	17,289,578,603	1.2626
5	粤电力	6,497,120,492	27,651,731,738	0.8542
6	深万科	6,189,750,209	7,744,894,296	0.8138
7	东方钽业	5,484,960,000	13,923,360,000	0.7211
8	湘火炬	5,118,880,166	8,010,451,680	0.6730
9	中信国安	4,996,632,725	16,549,500,000	0.6569
10	风华高科	4,976,376,556	14,239,386,008	0.6543
11	五粮液	4,741,176,159	18,979,200,000	0.6233
12	中兴通讯	4,727,938,730	15,738,138,000	0.6216
13	深宝安	4,126,165,603	6,826,727,499	0.5425
14	三九医药	4,030,000,000	15,172,950,000	0.5298
15	深科技	4,027,840,109	14,797,899,139	0.5295
16	深能源	3,978,982,907	9,850,440,935	0.5231
17	首钢股份	3,944,500,000	26,033,700,000	0.5186
18	许继电气	3,934,402,135	7,667,573,440	0.5173
19	长城电脑	3,896,310,264	9,885,076,740	0.5123
20	粤美的	3,884,210,887	6,492,673,431	0.5107
	总　额	126,463,664,186	301,803,988,841	16.6265
	市场总额	760,618,894,396	2,116,008,440,492	100.0000

二、市场活力显著增强、指数大幅上扬、成交量迅猛增长

（一）指数大幅上扬，综合指数屡创新高，平均每周创一次纪录

深证成份指数年终收报4752.75点，比年初上涨1383.14点，涨幅为41.05%。综合指数年终收报635.73点，比年初上涨233.55点，涨幅为58.08%。2000年综合指数屡创新高，全年创出历史新高55次，平均每周刷新一次历史最高纪录。

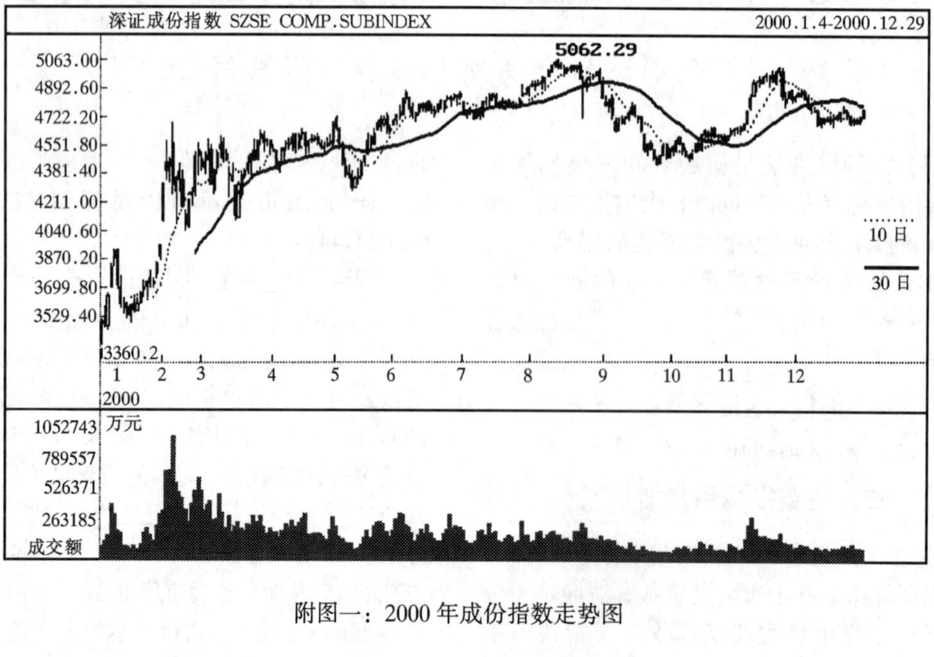

附图一：2000年成份指数走势图

表 3　　　　2000 年深市 A 股涨幅前 30 名

序号	股票代码	股票简称	涨幅(%)	2000 年成交金额	2000 年成交量	1999 年收盘	2000 年收盘
1	0557	银广夏 A	440.01	22426588359	935696183	13.97	37.73
2	0540	世纪中天	428.20	5551375221	201187436	13.19	35.55
3	0012	深南玻 A	371.67	10981688482	657738815	5.40	25.47
4	0554	泰山石油	293.50	13161059752	1323053629	4.31	16.96
5	0004	ST 深安达	287.78	5310404778	276679216	8.51	33.00
6	0676	思达高科	287.12	7093314073	285189403	13.66	26.44
7	0028	深益力 A	268.68	3705279319	173231058	10.60	21.71
8	0510	金路集团	247.22	10585500652	1041398605	5.40	18.75
9	0504	ST 港 澳	227.17	7497513477	657209276	5.30	17.34
10	0532	粤华电 A	223.16	8239839457	627542462	5.57	18.00
11	0710	天兴仪表	218.44	3573889142	239812699	9.87	31.43
12	0020	深华发 A	200.97	4887345301	358989018	7.19	21.64
13	0590	紫光生物	199.94	4692304583	140340816	17.12	28.49
14	0619	海螺型材	194.56	2913406657	83335980	17.45	25.60
15	0650	九江化纤	183.53	3799335168	242724294	9.47	25.99
16	0425	徐工科技	183.00	4682577150	217205222	15.29	21.64
17	0578	数码网络	176.50	6434610040	328092988	10.34	15.86
18	0803	美亚股份	176.49	3699488197	199772724	8.89	24.58
19	0602	ST 金马	171.43	3421559534	221036214	9.45	25.65
20	0607	华立控股	170.02	3386546378	234063793	8.04	21.71
21	0892	三爱海陵	168.19	6619435293	351598268	8.77	23.52
22	0030	ST 英达 A	161.95	2826887961	256257733	5.86	15.35
23	0518	ST 振 新	161.13	2912060002	210469889	6.20	16.19
24	0695	灯塔油漆	159.33	5287933645	334279529	9.22	22.98
25	0953	河池化工	154.68	4596384791	320959146	8.01	17.00
26	0637	茂化实华	153.51	4703588617	283385323	9.12	22.82
27	0616	大连渤海	153.00	2614703495	129188755	10.34	26.16
28	0680	山推股份	150.55	11253971094	1164607834	4.57	11.45
29	0785	武汉中商	150.00	4173984920	258813423	9.34	23.20
30	0713	丰乐种业	145.68	7000449528	406017262	13.18	17.78

注:本表涨幅已考虑除权因素

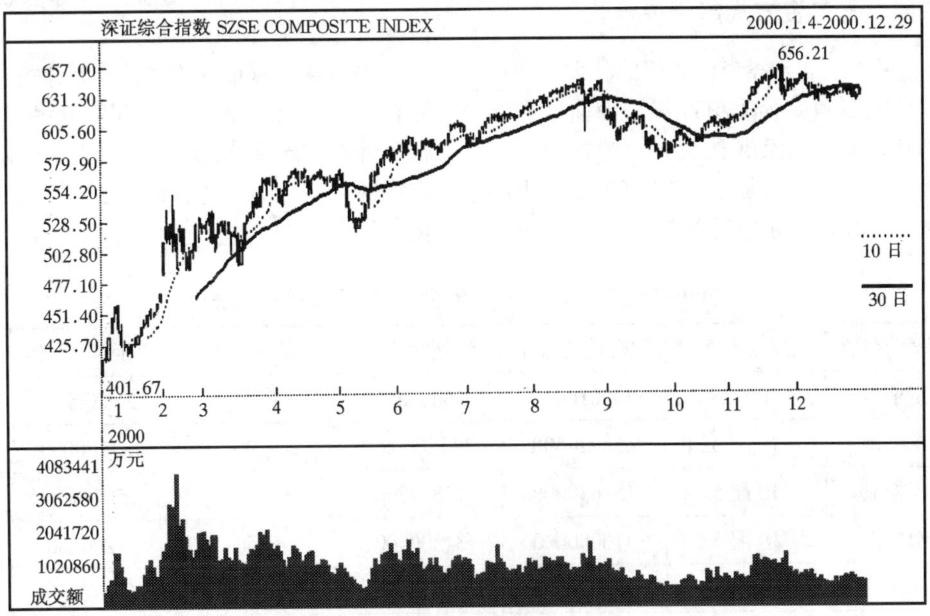

附图二:2000 年综合指数走势图

（二）市场交投活跃，股票基金全年成交金额突破3万亿元

2000年深圳证券市场成交活跃，全年股票、基金成交金额高达30920.45亿元，首次突破三万亿元，比上年增加15446.98亿元，增长99.83%。2000年2月17日，创下股票基金单日成交426.22亿元的历史新高。深交所代征A股股票印花税233.99亿元，比上年增加120.20亿元，增长105.63%。

从交易金额地区分布来看，深圳、上海两地交易金额所占市场比重均超过10%，分别为14.93%和13.53%；广东（不含深圳、广州）、北京、江苏、浙江、广州、四川、山东、辽宁和湖北等地区总交易金额都超过2000亿元。

从资金流向来看，资金主要流向国企大盘股和网络科技股。在全年成交金额前二十名股票中，网络科技股有八家，成交金额均超过130亿元，其中最高的中关村成交金额达到491.83亿元。在成交量上，国企大盘股优势明显，在成交量前十名中有八家是国企大盘股。

表4　深市2000年各股成交量、成交金额前二十名　单位：百万

名次	代码	股票名称	成交股数	百分比	代码	股票名称	成交金额	百分比
1	0959	首钢股份	2726.62	1.1749	0931	中关村	49183.28	1.6699
2	0009	深宝安A	2555.34	1.1011	0682	东方电子	39673.33	1.3470
3	0898	鞍钢新轧	2540.24	1.0946	0001	深发展A	33194.04	1.1270
4	0825	太钢不锈	1856.74	0.8001	0839	中信国安	23768.97	0.8070
5	0001	深发展A	1816.44	0.7827	0002	深万科A	23451.51	0.7962
6	0817	辽河油田	1807.94	0.7790	0959	首钢股份	23236.38	0.7889
7	0800	一汽轿车	1792.37	0.7723	0557	银广夏A	22426.59	0.7614
8	0002	深万科A	1773.66	0.7643	0962	东方钽业	18582.50	0.6309
9	0866	扬子石化	1764.74	0.7604	0009	深宝安A	18402.29	0.6248
10	0916	华北高速	1578.95	0.6804	0021	深科技A	17246.05	0.5855
11	0682	东方电子	1555.04	0.6701	0956	中原油气	16660.05	0.5657
12	0931	中关村	1518.14	0.6542	0016	深康佳A	16276.29	0.5526
13	0533	万家乐A	1505.08	0.6485	0527	粤美的A	15930.78	0.5409
14	0571	新大洲A	1449.30	0.6245	0040	深鸿基A	15834.21	0.5376
15	0653	ST九州	1404.47	0.6052	0817	辽河油田	14882.35	0.5053
16	0956	中原油气	1379.76	0.5945	0063	中兴通讯	14215.68	0.4827
17	0501	鄂武商A	1368.97	0.5899	0066	长城电脑	14178.69	0.4814
18	0005	世纪星源	1352.40	0.5827	0406	石油大明	14122.44	0.4795
19	0068	赛格三星	1342.83	0.5786	0533	万家乐A	13857.50	0.4705
20	0040	深鸿基A	1342.70	0.5786	0733	振华科技	13820.23	0.4692

三、筹资功能日益完善，再筹资方式趋于多样化

随着市场规模的扩大化和投资者队伍的壮大，深圳证券市场的筹资功能日益完善。2000年，深圳证券交易所在十月份停发新股后，深市A股累计筹资金额仍然高达628.93亿元，比上年增加258.72亿元，比上年同期增长69.88%，其中上市公司首次新股发行筹资250.03亿元、新股增发再筹资113.51亿元、配股发行再筹资270.52亿元，基金发行筹资65.24亿元，公司债券发行筹资15.00亿元。

2000年，深市共有43上市公司实施了配股方案，还有14家上市公司公布了配股方案，还有12家公司实施了增资发行新股，增发也成为上市公司再筹资越来越重要的一个手段，上市公司再筹资方式正趋于多样化。

表5　2000年度（深市）上市公司配股情况一览表

股票代码	公司简称	配股方案	发行前总股本	计划配股数	配股价格	实际配股数	集资金额
0631	兰宝信息	10配3	145010000	26682542	9.00	26682542	165780000.00
0729	燕京啤酒	10配3	554224500	113200000	9.30	113200000	1041677854.30
0419	通程控股	10配3	159650000	15867800	13.60	15858155	209527364.31
0717	韶钢松山	10配3	416000000	31200000	6.50	31200000	197904431.70
0420	吉林化纤	10配3	331254799	47002665	6.00	47002665	274183649.33
0889	华联商城	10配3	198089999	28470250	13.00	28470250	361701550.00

表 5 续表 1

股票代码	公司简称	配股方案	发行前总股本	计划配股数	配股价格	实际配股数	集资金额
0859	国风塑业	10 配 2.5	216000000	19800000	9.50	19800000	182964923.29
0779	三毛派神	1 配 2.608	162094800	21060000	8.00	21060000	161847000.00
0856	唐山陶瓷	10 配 3	160000000	15000000	8.80	15000000	127810000.00
0650	九江化纤	10 配 3	102744000	8424000	8.50	13962000	67604000.00
0401	冀东水泥	10 配 3	814401612	68226029	4.00	67383938	264073016.72
0423	东阿阿胶	1 配 2.499	167676667	41919000	8.00	41919000	322655321.00
0737	南风化工	10 配 3	404740000	52560000	7.50	52560000	385000000.00
0831	关铝股份	10 配 3	215000000	27000000	7.20	27000000	187754874.46
0651	格力电器	10 配 3	325200000	32760000	14.00	32760000	449595785.73
0429	粤高速 A	10 配 3	764256200	91257800	11.00	73822250	801020000.11
0786	北新建材	10 配 3	260250000	27325000	15.00	27325000	394911580.20
0665	武汉塑料	10 配 3	129427845	11676083	11.50	11541643	127980231.65
0606	青海明胶	10 配 3	66950000	8901000	9.00	8901000	76200000.00
0795	太原刚玉	10 配 3	248000000	28800000	8.00	28800000	222743054.00
0549	湘火炬 A	10 配 3	221707200	38372400	15.00	38372400	559803389.19
0861	茂化永业	10 配 3	64999998	9169666	11.00	9169666	95994169.49
0089	深圳机场	10 配 2	450000000	49890000	12.00	49890000	351569097.18
0623	吉林敖东	10 配 3	195468000	38196600	10.00	38196600	371015500.00
0900	现代投资	10 配 4	285118500	114047400	9.00	114074000	1001680136.60
0615	湖北金环	10 配 3	138532829	16375631	9.80	16375631	153623900.00
0830	鲁西化工	10 配 3	200000000	15900000	12.00	15900000	183247581.81
0877	天山股份	10 配 3	129460000	15000000	12.30	15000000	176500000.00
0061	农 产 品	10 配 2.5	154132291	30936445	12.80	30725352	385289240.45
0027	深能源 A	10 配 2.5	906616206	95463239	5.80	95463238	536664700.00
0693	聚友网络	10 配 3	119164856	9297750	18.00	9297750	160997800.00
0899	赣能股份	10 配 3	496000000	52032000	7.00	52032000	352772549.87
0525	红 太 阳	10 配 2.5	147776860	36944215	12.68	17069518	209184452.32
0417	合肥百货	10 配 3	75403830	8837520	14.00	8837520	120144234.00
0681	远东股份	10 配 2.4	125000000	7500000	20.00	7500000	145759327.10
0832	龙涤股份	1 配 2.143	31779692	34272853	7.00	34272853	231674421.14
0581	威孚高科	1 配 2.308	394466150	41900000	10.00	41900000	405060000.00
0001	深发展 A	10 配 3	1551847092	393975057	8.00	393975057	3089885122.92
0736	重庆实业	10 配 3	60000000	6000000	15.00	6000000	85812430.35
0815	美利纸业	10 配 3	114000000	18000000	9.00	18000000	140299868.50
0635	民族化工	10 配 3	100600000	13962000	8.00	13962000	107159879.68
0881	大连国际	1 配 1.667	171774000	22800000	10.00	27300000	207983255.38

表 5 续表 2

股票代码	公司简称	配股方案	发行前总股本	计划配股数	配股价格	实际配股数	集资金额
0719	焦作碱业	10 配 3	73027000	7832805	10.00	7832805	67710000.00
0065	深圳西林	10 配 3	80000000	21523200	9.00	N/A	N/A
0630	铜都铜业	10 配 8	364000000	101556000	7.60	N/A	N/A
0705	浙江震元	10 配 3	99449992	25879368	8.00	N/A	N/A
0862	吴忠仪表	10 配 3	189900000	28440000	10.00	N/A	N/A
0890	法 尔 胜	1 配 2.142	201600000	23040000	14.00	N/A	N/A
0686	锦州六陆	10 配 3	110166000	15194000	10.00	N/A	N/A
0019	深深宝 A	10 配 3	166707684	15215404	5.00	N/A	N/A
0765	华信股份	10 配 2	147058800	9252120	12.00	N/A	N/A
0878	云南铜业	10 配 3	730800000	67888800	6.60	N/A	N/A
0825	太钢不锈	10 配 3	942000000	134170000	6.00	N/A	N/A
0887	飞彩股份	10 配 3	280000000	21000000	10.00	N/A	N/A
0880	山东巨力	10 配 1.5	172577000	11490000	13.90	N/A	N/A
0672	铜城集团	10 配 3	65000000	7800000	17.50	N/A	N/A
0627	百科药业	1 配 1.388	278890560	10140000	15.00	N/A	N/A

四、会员综合实力进一步提高，资产规模迅速扩大

随着深圳证券市场的快速发展，深交所会员单位的综合实力也获得了很大提高，2000 年，又有一批证券公司进行了增资扩股。如 2000 年成立的“证券航母”——中国银河证券有限责任公司，在股票基金交易额排名中居于首位。由于 2000 年市场行情持续上涨，成交剧增，各会员单位的成交额也都接近翻番。2000 年投资基金继续保持迅猛的发展势头，市场影响力越来越大。同时，各会员单位在股票承销业务上竞争也越来越激烈，强弱分化比较明显。

表 6 **2000 年度深交所会员股票基金交易额前二十位一览表** 单位：百万元

名 次	会员名称	股票基金	%	A 股	A 股名次
1	中国银河证券有限责任公司	372，986.326	6.031	355，179.679	1
2	国泰君安证券股份有限公司	356，363.121	5.763	335，944.403	2
3	南方证券公司	274，391.088	4.437	258，232.142	3
4	广发证券有限责任公司	263，095.145	4.254	248，396.114	4
5	海通证券有限公司	247，421.442	4.001	236，216.955	5
6	华夏证券有限公司	239，507.223	3.873	227，857.099	6
7	申银万国证券股份有限公司	228，154.367	3.689	216，237.440	7
8	国通证券有限责任公司	132，264.641	2.139	121，723.277	9
9	广东证券股份有限公司	129，226.834	2.090	123，635.937	8
10	光大证券有限责任公司	117，066.165	1.893	112，836.938	10
11	联合证券有限责任公司	104，666.968	1.693	99，745.185	11
12	山东证券有限责任公司	99，083.903	1.602	94，585.365	12
13	国信证券有限责任公司	98，226.887	1.588	93，872.551	13
14	大鹏证券有限责任公司	88，291.610	1.428	83，455.038	14
15	中信证券有限责任公司	75，676.193	1.224	70，502.987	15
16	华泰证券有限责任公司	73，681.866	1.192	69，752.409	16
17	平安证券有限责任公司	71，364.873	1.154	62，570.204	18
18	浙江省国际信托投资公司	66，881.259	1.082	63，296.402	17
19	湘财证券有限责任公司	65，530.276	1.060	58，147.249	22
20	深圳经济特区证券公司	63，915.546	1.034	60，431.798	19

表 7　　2000 年深交所会员股票承销前二十名一览表

排序名称	主承销家数	募集资金总额（元）	副承销家数	分销家数
1 南方证券有限公司	21	13，289，720，219	5	24
2 中信证券有限公司	16	9，247，574，800	13	21
3 国信证券有限公司	14	7，070，363，919	3	25
4 广发证券有限公司	11	7，158，226，897	7	14
5 国泰君安证券有限公司	10	7，936，605，262	9	11
6 国泰君安证券股份有限公司	8	3，840，006，000	2	3
7 光大证券有限公司	8	4，291，576，902	16	35
8 海通证券有限公司	7	7，113，419，400	7	6
9 联合证券有限公司	6	2，592，843，445	6	29
10 华夏证券有限公司	5	2，176，000，000	6	23
11 湘财证券有限公司	5	2，124，095，700	5	27
12 华泰证券有限公司	5	2，478，780，000	3	16
13 长江证券有限公司	5	1，860，050，000	0	15
14 广东证券有限公司	4	1，563，530，000	0	10
15 大鹏证券有限公司	4	2，294，471，154	4	32
16 西南证券有限公司	4	3，297，484，986	7	27
17 国通证券有限公司	3	1，596，810，000	4	17
18 平安证券有限公司	3	1，380，542，896	2	23
19 安徽证券有限公司	3	948，194，700	0	4
20 中国科技国际信托投资有限公司	2	467，382，500	2	1

五、上市公司结构有所改善，投入高科技项目资金明显增多

2000 年新上市公司中高新技术企业所占比重较大，且定位较高，如新上市的华工科技、隆平高科、诚志股份、安泰高科、中科三环等上市定价都在 35 元以上。这些高新技术企业把握股票发行筹资的良好机遇，围绕生物工程、电子信息、新材料等重点领域，加大技术投入和研究开发力度，将资金投向技术领先、产品附加值高、市场前景广阔的高新技术项目，为企业持续快速发展奠定了良好的基础。截至 2000 年底，深圳证券交易所高新技术产业的上市公司达 79 家，涉足电子信息技术、生物工程和新医药技术、新材料及应用技术、光机电一体化技术、新能源与高效节能技术、环保技术、航空航天技术和现代农业技术等多个领域。

2000 年中国国债市场综述

中国投资学会副会长　刘慧勇

对于我国国债市场的发展来说，2000 年是承前启后的一年。这一年我国国债市场呈现出两个突出特点。一是国债发行规模跃上新台阶，年度发行额达到 4592 亿元（详见附表），年度新增额突破 2000 亿元，国债余额突破 12000 亿元。二是国债交易量迅速扩大，全年交易额达到 8560 亿元，为上年的 4.2 倍。这为 21 世纪我国国债市场的长期稳定发展，奠定了坚实的基础，提供了宝贵的经验和启示。

一、2000 年国债市场发展的主要经验

仔细分析 2000 年我国国债市场发展情况，从中可以总结出以下几条经验。

（一）居民个人购买国债的潜力巨大，凭证式国债仍将长期热销

2000 年 3 月和 9 月财政部分三期共计向城乡居民个人发行 1900 亿元（详见附表）凭证式国债，比 1999 年多发 371 亿元。其中第一期 500 亿元，第二期 600 亿元，第三期 800 亿元，年利率为二年期 2.55%、三年期 2.89%、五年期 3.14%，发行市场出现“火爆”现象，很多城市一个上午就卖完分售的数额，原计划两个月的发行期，不到 20 天就在全国范围基本销售完毕。究其原因，最主要的一条是有 1100 多亿元的 1997 年 3 年期凭证式国债到期兑付本息，需要用来购买利率高于银行存款利率的新债券。今后，随着居民个人手中国债

总量和到期兑付额的不断增多，再加上居民收入增长因素，面向居民个人的凭证式国债的购买需求将长期大于发行供给。因此，今后凭证式国债热销的现象，有可能在我国持续相当长的时期。

（二）商业银行等金融机构已经成为国债的主要购买者和持有人，记账式国债今后将以更快的速度增长

2000年2月至12月财政部分十二期共计发行2600亿元（详见附表）记账式可流通国债，主要由商业银行等金融机构购买并持有 。因此，在我国的国债市场上，机构投资者已经超过居民个人所占份额，成为国债的主要购买者和持有人。商业银行和其它金融机构在购买国债时，会立即等额地增加银行系统的财政存款。当国家运用这些国债资金时，这部分新增加的财政存款就要逐渐转化为相关的企业和个人存款，变为新增加的民间存款，进一步增强商业银行系统的资金实力。在2000年全国金融机构新增的15000亿元存款中，约有2000亿元是由此而来的。银行业看清楚了这种好处，必然更加积极地购买国债。因而，面向机构投资者的记账式国债今后将会以更快的速度增长。

（三）长期浮息国债深受投资者欢迎，发展前景良好

2000年财政部发行的二、三、四、七、九共4期10年期和一、十、十二等3期7年期总计1692亿元（详见附表）记账式长期国债，都是利率随银行定期存款利率上下浮动的浮息债券。在2000年总计发行8期的7年以上记账式长期国债中，只有记账式六期200亿元是利率固定的附息券，占比仅为10.6%，浮息券占比达89.4%。长期浮息国债降低了证券投资的利率风险，受到投资者欢迎，今后的发展前景将会更好。

（四）银行间债市为主、交易所债市为辅的格局得到加强

从一级发行市场看，2000年财政部发行的12期2600亿元记账式国债中，在银行间债市发行10期共计2340亿元，占90%，在证券交易所债市发行2期共计260亿元，占10%。从二级流通市场看，银行间债市的交易量也增长迅速。2000年二级市场国债交易总量达到8560亿元，其中国债现货交易量427亿元，为上年的12.2倍；国债回购交易量8133亿元，为上年的4.1倍。中央银行的公开市场业务操作在国债交易总量中占相当大的比重，发挥了主导作用，银行间债市的迅速发展，使我国目前国债二级流通市场上“银行间债市为主、交易所债市为辅”的格局得到进一步加强。

附表　　**2000年国债发行情况一览表**　　单位：亿元

日　期	名　称	规　模	期　限	种　类	票面利率	发行场所
2.24	记账式一期	200	七年	浮息券	基本利差 0.65%	银行间债市
3.1	凭证式一期	500	二年	定　息	2.55%	银行代销
			三年	定　息	2.89%	
			五年	定　息	3.14%	
	凭证式二期	600	同上	定　息	同上	
4.18	记账式二期	280	十年	浮息券	基本利差 0.55%	银行间债市
5.16	记账式三期	200	二年	定　息	2.44%	银行间债市
5.23	记账式四期	140	十年	浮息券	基本利差 0.62%	交易所债市
6.21	记账式五期	200	五年	附息券	3.00%	银行间债市
8.17	记账式六期	200	七年	附息券	3.50%	银行间债市
9.15	凭证式三期	800	三年	定　息	2.89%	银行代销
			五年	定　息	3.14%	
9.21	记账式七期	200	十年	浮息券	基本利差 0.47%	银行间债市
10.18	记账式八期	200	五年	附息券	3.40%	银行间债市
10.31	记账式九期	500	十年	浮息券	基本利差 0.3%	面向国有商业银行
11.14	记账式十期	120	七年	浮息券	基本利差 0.38%	交易所债市
11.24	记账式十一期	200	一年	定　息	2.35%	银行间债市
12.20	记账式十二期	252	七年	浮息券	基本利差 0.60%	银行间债市
合　计		2592	其中增发长期建设国债1500亿元			

（五）进一步增发长期建设国债，国债投资成效显著

在1998年发行1000亿元、1999年发行1100亿元长期建设国债的基础上，2000年又增发1500亿元长期建设国债。国家运用这些国债资金共安排6620个国债项目，投资总规模24000亿元，到2000年底累积完成15000多亿元，带动地方、部门、企业投入配套资金和银行贷款7500多亿元。这些国债投资项目的施工建设，在1998年带动国民经济增长1.5个百分点、1999年带动2个百分点的基础上，2000年又带动经济增长1.7个百分点。在国债资金的支持下，我国办成不少多年想办而办不成的大事。譬如，对大江大河大湖进行了大规模的堤防工程建设和水毁 工程修复；加快了公路、铁路、港口和机场建设，改善了交通运输条件；改造农村电网，建设数百亿公斤的粮食仓储设施；加快了企业技术进步，促进了产业升级；国债投资向中西部地区倾斜，推动西部大开发迈出实质性步伐；加强环境保护和生态建设，封山育林、种树种草、治理水与空气污染；加强市区道路、广场、自来水、垃圾处理和污水处理等城市基础设施建设；安排数百个教学、实验、科研建设项目，改善了高等学校的办学条件，扩招100多万名高校学生，提高全民族文化素质。国债投资的显著成效，举世瞩目，得到国内外公认。

（六）促进财政收入大幅度增长

2000年我国财政收入超常规大幅度增长，达到13395.23亿元，比1999年的11444.08亿元增加1951.15亿元，增幅高达17%。财政增收的原因是多方面的，其中增发国债、增加国债投资无疑是非常重要的一个因素。按照宏观经济学的投资乘数理论，每增加1元钱的投资就会带动当年GDP增加数元，其中的投资乘数即为一国投资率的倒数。目前我国投资率平均为30%多，投资乘数约等于3。据此推算，增加1500亿元国债投资，带入1500亿元银行配套贷款投资，总计增加3000亿元投资，其结果应当是增加9000亿元GDP。从近年我国财政收入占GDP的比重平均约为20%的情况看，增加9000亿元GDP就应当相应增加1800亿元财政收入。国债投资对财政收入的促增作用，十分明显。

（七）表明国债投资与通货膨胀并无必然联系

2000年我国的物价非常稳定，全国商品零售价格指数下降1.5%，居民消费价格指数微升0.4%，其中城市居民消费价格指数上升0.8%，农村居民消费价格指数下降0.1%。这表明大规模的国债投资与通货膨胀之间并不存在必然的联系，只要具备一定的条件，即使大量增发建设国债，大规模进行国债投资，也不会带来通货膨胀。这中间最重要的条件就是人力物力的供给必须大于需求。而我国人力物力供大于求的局面短期内不会改变，在今后相当长的时期内都会满足这个条件。因而，我国在近期内增大国债投资力度并无通货膨胀之虑。这样讲，并不排除由于调节分配关系，提高工资奖金和调高农副产品收购价格等，而促使生产成本与物价以较大幅度上升的可能性。这与国债投资对物价的影响，是两码事。

二、2000年国债市场发展带给我们的启示

说2000年是我国国债市场发展承前启后的关键一年，不仅是因为当年的国债发行与交易规模都上升到一个新台阶，更重要的还是由于这一年的国债发行与运用实践给全国人民带来观念更新和理论政策启迪。

（一）需要把增发国债作为一项长期国策

既然运用国债投资能够办成很多大事，给全国人民带来巨大好处，而在人力物力供大于求的条件下，又不构成引发通货膨胀的因素，那么，为什么不可以把增发国债作为一项长期国策持续实施，以期收到更大的累积效果、尽快缩短我国与发达之间的差距呢？否定的理由可能有以下三条。一是觉得没有很多大事必须由国家来办，因而不需要长期实行这一政策。二是认为人力物力供大于求的情况将要发生逆转，害怕在充分就业的状态下增加国债投资会引发通货膨胀。三是担心国家财政承受不了那么多的国债，出现偿债危机。

然而，我国的实际情况是需要国家办的大事还很多很多，少说需要50年，多说可能需要100年，才能真正将国家建设好，赶上世界发达国家。因而，增发国债的必要性，无疑是长期存在的。我国人口众多，人力物力供大于求的状况，估计50年之内不可能发生逆转。至于财政究竟能够承受多少国债，完全是个理论认识与国民心理问题。当人们切实感受到国债给他们带来的多种好处，并有大量到期兑付的国债本息需要再投资国债时，对国债数量界限的理论认识和国民心理感觉都将随之而发生变化，财政的承债能力自然会随之水涨船高。因此，反对把增发国债作为长期国策的上述三种理由，在我国实际上都不能成立。从我国社会经济发展的客观需求与国外经验看，不可避免地需要在今后50—100年内持续增发国债。

（二）国债淡出论不合时宜，近期需要进一步加大国债增发力度

既然运用国债投资能够办成很多大事，给全国人民带来巨大的好处，那么，国民自然要思考：在 人力物力都存在着大量闲置、而急需由国家办的大事又非常多的目前阶段上，为什么不可以在近期进一步增发国债，

既利用闲置资源，又加快国家发展呢？否定的理由可能有三条。一是需要运用国债投资建设的的很多大项目目前还没有勘察设计好，暂时还用不上那么多钱。二是担心国债增长过快，财政承受不了。三是怕国债投资对民间投资产生“挤出效应”。

其实，我国要加强重大公共工程的勘察设计工作，增加项目储备，这件事本身就需要增发相当数量的国债。在有充足的人力物力供给情况下，对国债增长快慢的财政承受力实际上也是个国民心理问题。从2000年1900亿元凭证式国债热销的情况看，我国民众是希望多发一些国债的。至于国债投资对民间投资的所谓“挤出效应”，实际上并不存在。客观事实是：国债投资既改善民间投资的外部环境，又给民间投资带来切实的机会，对民间投资具有实实在在的“拉动效应”。通过2000年的国债发行与运用实践，越来越多的人看清了上述各点。从人力物力供给和社会经济发展需求两个方面看，我国既有必要又有可能在今后5—10年内逐步加大国债增发力度。

（三）需要持续发行西部大开发长期国债

西部大开发是党中央国务院审时度势、高瞻远瞩作出的重大战略决策，对我国社会经济发展和政治稳定具有极其深远的意义。大开发需要大投资，大投资需要大融资。近几年的实践表明，发行国债是大融资的一条有效途径，应当在西部大开发中充分地加以运用。西部大开发是一项长期的事业。因此，我国需要在今后一、二十年内持续发行西部大开发长期国债，直到西部地区的社会基础设施和种树种草、防风固沙等环保工程都基本上建设好了为止。

（四）需要在适当时机推出地方公债和市政债券

在2000年我国增发的1500亿元长期建设国债中，有一部分是转借给地方和城市政府使用的。这样做不规范，各地区、各城市之间的机会不均等。2000年国债市场的发行与交易情况显示，居民个人、商业银行和机构投资者——对政府债券的购买需求不断增大。无论从满足证券投资者购买需求的角度看，还是从政府债券的具体用途分析，都可以清楚地看到，对于我国公债市场的正常发展来说，只有国债一种政府债券已经不够了，需要进一步考虑地方公债和市政债券的发行与流通问题。包括地方道路修筑、城市基础设施建设、普及和加强义务教育等方面在内的许多事情，都需要由地方和城市政府筹资兴办，而不宜由中央政府统借国债来办。在适当时机推出地方公债与市政债券，使信誉较高的地方和城市政府有可能通过发行政府债券筹资办事，就可以减轻中央政府的负担，以便中央政府更好地支持落后地区的社会经济发展。只有地方公债和市政债券发展成为债券市场上的重要投资品种，我国的公债市场才是完整的，国债也才能够真正规范。

（五）商业银行应当进一步增加国债购买数量

2000年我国商业银行增加了国债购买和持有数量，其结果是随着国债资金的实际运用，并且逐步支付给相关的企业与个人，商业银行系统的民间存款相应地大量增加，银行业几乎不增加运营成本就获得国债和一般存款之间的利差，有助于提高银行的经营效益。这一经验非常重要。如能自觉地加以运用，进一步增加商业银行的国债购买与持有数量，尤其是增加西部大开发长期国债、地方公债和市政债券的购买和持有数量，必将带来银行增加存款、企业增加利润、居民增加收入和城市美化、地方繁荣、国家强盛的“六赢”效果。

（六）适当增加交易所债市的国债发行次数和数量

2000年财政部发行的12期2600亿元记账式国债中，只有第四期140亿元和第十期120亿元共260亿元在交易所债市发行。从记账式国债的全年发行次数看，交易所债市占六分之一；从发行量看，交易所债市仅占十分之一。这一比例显然偏低。今后可以考虑在增加银行间债市国债发行次数和发行数量的同时，适当多增加交易所债市的国债发行次数和数量，逐步提高交易所债市的市场份额，进一步方便非银行机构投资者和居民散户购买国债。

中国的国债市场以优良的业绩告别了20世纪，迎来更加辉煌的21世纪。在新世纪中，国债市场必将为中国的社会经济发展作出史无前例的特殊贡献。

政策性金融债券对债券市场发展和重点建设投资的贡献

国家开发银行市场与产业分析局　王大用　李晓峰

一、政策性金融债券的缘起及批发式银行在中国的诞生

在我国，政策性金融债券是伴随着政策性银行的诞生而产生的。1994 年，为加快金融体制改革，促进国家专业银行向国有商业银行转变，国家决定分离其政策性信贷业务。经国务院、中国人民银行批准，由国家财政拨付资本金成立三家政策性银行（国家开发银行、中国进出口银行、中国农业发展银行），从事政策性信贷业务。由于国家财政紧张，除拨付一定数量的资本金外，根据国务院国发［1994］22 号文件精神，国家开发银行和中国进出口银行以发行政策性金融债券作为主要筹资方式，中国农业发展银行以中国人民银行再贷款作为其信贷资金的主要来源。

政策性银行的职能性质和筹资方式与商业银行不同，所以在运作方式上不能再走 80 年代建立专业银行的老路，不必建立庞大的人员队伍和遍布全国的吸收存款机构，而是以较小的人员规模专注于发债筹资、信贷评审、贷款的发放及管理，这种业务方式是批发式银行的业务方式。银行批发业务是指在货币市场和资本市场从事大额融资中介的金融活动，包括大型项目融资、债券发行、投资业务及其他相关业务。主要从事银行批发业务的金融机构就是批发式银行，其特点是规模大、贷款期限长、资金供应能力强。银行批发业务与银行零售业务的主要区别是批发业务的对象是大型工商企业和机构，单笔业务数额大；银行零售业务的对象是消费者个人和私营小企业，单笔业务量小。

政策性金融债券是国家开发银行和中国进出口银行筹集信贷资金的主要方式，资金来源是认购这些债券的商业银行等金融机构。政策性金融债券为无纸化登录债券，由中央国债登记结算有限责任公司负责托管登记，各承销商和认购人均在中央国债登记结算有限责任公司开设托管账户，中央国债登记结算有限责任公司接受政策性银行的委托办理还本付息业务。

经国务院、中国人民银行批准，政策性金融债券首先由国家开发银行于 1994 年 4 月采用计划派购方式（主要面向商业银行）发行，从此拉开了政策性金融债券的发行序幕。计划派购的发行方式主要是通过行政手段，由中国人民银行实行指令性派购发债，其发债规模根据每年项目贷款需要和还本付息额决定的当年资金缺口确定；对商业银行的派购额则参照各商业银行新增贷款规模按相应比例确定；发行利率由人民银行、政策性银行以及商业银行协商决定。在当时我国债券市场还未发展的背景下，计划派购的发行方式能够保证政策性信贷资金来源的稳定性和连续性，运作程序也较为简单，在一定条件下，保证了政策性银行对国家政策的顺利贯彻和执行。截至 1998 年 8 月共派购发行政策性金融债券 4300 多亿元，有力地支援了国家重点建设，促进了国家经济结构的调整。

但是，计划派购发行带有浓重的行政色彩，扭曲了人民银行、政策性银行和商业银行的经济角色，也难以及时准确地反映市场上的资金供求关系。计划派购发行的债券期限固定，品种单一，几乎没有流动性，不利于商业银行的资产负债管理和流动性控制，而且商业银行缺少认购自主权，普遍缺乏认购热情。派购债券的利率基本上由人民银行与商业银行商定，利率通常较高。由于债券发行成本普遍偏高，政策性银行的经营困难也较大。

随着金融体制改革的深入，国有专业银行商业化的改制，计划派购的发行方式已经很难维持下去。

二、政策性金融债券的市场化发行及中国债券市场的发展

1998 年 9 月 2 日，在中国人民银行的大力支持和协助下，国家开发银行开市场化发行先河，通过公开招标方式首次成功地发行了 50 亿元一年期金融债券，从而开始了政策性金融债券由计划派购发行向市场化发行的转变。随后，中国进出口银行于 1998 年 10 月通过市场化发行 30 亿元 2 年期金融债券。至 1998 年底，两家银行市场化发行金融债券总额为 410 亿元。政策性金融债券发行方式的改革，也有力带动了国债发行市场化的进程。1999 年 10 月，财政部在银行间债券市场首次以底价利率招标的方式发行国债，从此公开招标成为我国银行间债券市场债券发行的主流方式。

市场化发行一般采用承购包销招标发行方式，由发行人通过市场公开招标，符合条件的承销商参加投标，发行利率或收益率由承销团通过竞标确定。目前的政策

性金融债券发行是由各大商业银行、保险公司和证券公司等金融机构组成承销团竞标承销；未能进入承销团的其他金融机构通过承销团成员分销购买政策性金融债券。

市场化发行遵循金融市场的基本规律，本着公平、平等、自愿的基本原则，能够正确反映出货币市场上资金的供求关系。利率由承销团竞标确定，基本上反映了市场参与者的利率预期，极大地激发了认购单位的积极性。发行主体可根据自身的经营状况和市场上的资金供求状况，自主选择发行金融债券的金额、期限、招标方式等要素，有利于发行主体降低筹资成本，改善资产负债结构和经营状况。参与认购的金融机构可根据自身的资金和流动性状况自主确定是否购买，以及购买债券的品种和数量，合理调整资产负债结构和流动性。随着金融体制改革的不断发展，还可以发展其他机构和个人投资者，使货币市场和资本市场有机结合、相互融通，建立起统一、有序的金融秩序和金融环境。

政策性金融债券发行的市场化改革，使得政策性金融债券一级市场得到了长足的发展，同时改善了债券品种结构。银行间债券市场已成为中国债券发行的首要场所。目前，国家开发银行和中国进出口银行发行的政策性金融债券，在银行间债券市场上不仅全部采用市场化发行，而且由于发行量的不断增加，使得可交易债券规模继续扩大，为银行间债券市场成交量的成倍放大提供了基础。据中央债券登记结算中心的统计，截至2001年10月底，各类债券托管总额19237.41亿元，其中国债10657.49亿元，政策性金融债券8228.93亿元。近三年市场化发行的政策性金融债券情况见表1。

表1　1999—2001年政策性金融债券发行量　单位：亿元

发债单位＼年份	1999年	2000年	2001年*
国家开发银行金融债券	1430	1450	1750
中国进出口银行金融债券	140	195	415

*注：2001年为11月12日前数据

政策性金融债券的市场化发行还为债券在二级市场的流通创造了良好的条件。通过一级承销商的债券分销业务，可以使中小金融机构通过认购债券进入银行间债券市场，使市场的活跃程度大大增加。1997年，银行间债券市场的交易主体只有16家商业银行，截至2001年10月底，在中国债券登记结算有限公司开户的各类金融机构已达682家。通过市场上各交易主体的现券买卖和回购操作，政策性金融债券在银行间二级市场上的成交量成倍扩张，流动性不断提高。1998年，银行间债券市场成交量仅为1055亿元，1999年增加到4032亿元，到2000年猛增到16464亿元。更为可喜的是，2001年上半年债券交易结算总量达到16476亿元，与2000年同期相比增加了271%，超过了2000年全年结算总量。

政策性金融债券的市场化发行还为我国货币政策操作方式的改革创造了条件。目前，在银行间债券市场上交易的国债和政策性金融债券已经成为中国人民银行进行公开市场业务的操作工具。运用公开市场业务手段，人民银行可以随时在债券市场上主动地买进或卖出债券，来调节基础货币投放量，实现货币供应量目标，并努力稳定货币市场短期利率水平。1998年和1999年，中央银行通过债券回购和现券交易累计净投放基础货币2621亿元，占这两年基础货币增加额的85%；2000年当年累计投放基础货币4470亿元，回笼基础货币5292亿元，不但把前两年投放的基础货币全部回笼，而且还多收回了822亿元。2000年通过公开市场业务操作投放的基础货币占基础货币投放总额的比例为52%。可见，公开市场操作已成为人民银行控制基础货币供应量的主渠道。

政策性金融债券的市场化发行也为利率市场化提供了条件。在银行间债券市场上，债券的发行利率通过承销团招标决定，债券回购利率则完全由交易双方自行决定。目前，我国银行间债券市场、同业拆借市场和公开市场业务利率体系已基本形成。中央银行在银行间债券市场和同业拆借市场放开利率管制的成功实践，为中央银行将来通过调控货币市场利率间接影响金融机构存贷款利率的利率改革提供了良好的基础。

三、政策性金融债券的信用背景及发行利率

政策性银行由政府全额拨付资本金，执行国家的宏观规划和产业政策，扶持基础设施、基础产业和支柱产业的发展，发挥引导社会投资的功能。政策性银行的信用是以国家主权信用为基础的信用。政策性金融债券的发行、运用和偿还等方面与国债差别不大，可以看作“准国债”。

在国际上，国家开发银行和中国进出口银行发行的债券被权威评级机构评为准国家主权级债券。美国穆迪投资家服务公司对国家开发银行和中国进出口银行的评级结果是Baa1级，中国财政部的评级结果是A3级；标准普尔公司的评级结果是国家开发银行、中国进出口银行与中国财政部同为BBB级。标准普尔公司对政策性银行的评级与中国国家主权级一致，穆迪投资家服务公司的评级为国内金融机构的最高信用等级。表2列出了国内各主要银行的信用评级情况。

表 2　国外信用评级机构对中国各主要银行的信用评级

评级公司 \ 单位		国家开发银行	中国进出口银行	中国工商银行	中国银行	中国建设银行	中国农业银行
穆迪	长期	Baal	Baal	Baal	Baal	Baal	Baal
	财务	稳定		E	E+	E	稳定
标准普尔	长期	BBB	BBB	BB+	BB+	BB+	
	财务	稳定	稳定	稳定	稳定	稳定	

注：财政部穆迪评级为 A3，标准普尔评级为 BBB

政策性银行自身良好的资产质量和经营业绩对政策性金融债券良好信用构成了有力支撑。国家开发银行经过坚定的内部改革，改进了信贷管理，从 2000 年初至 2001 三季度，当期贷款本、息回收率均达 99% 以上，累计本、息回收率达到 92.8%，比 1998 年提高了 20 个百分点以上。同时，国家开发银行不良资产率大幅下降，已由 1998 年的 32.6% 下降到当前的 6% 左右，信贷资产质量有了大幅度的提高。美国安达信会计师事务所的审计结果认为：国家开发银行 1998－2000 年的财务报表，在所有重大方面公允地反映了财务状况，经营成果和现金流量情况，并符合国际会计准则。

政策性银行良好的偿债记录也增加了市场上债券持有人的信心。截至 2000 年底，国家开发银行和中国进出口银行累计发行金融债券分别为 8272 亿元和 754 亿元人民币，金融债券余额为分别为 6383 亿元和 540 亿元人民币，已兑付债券到期本金分别为 1888 亿和 214 亿元人民币，兑付债券利息分别为 1345 亿和 94 亿元人民币，从未发生债务逾期及利息未兑付的情况。

政策性银行的良好信用背景直接决定了政策性金融债券的发行利率水平，使政策性银行可以在市场上以较低成本筹集信贷资金。政策性金融债券的发行利率比同期国债发行利率仅高 0.2－0.6 个百分点，考虑到免税因素的影响，实际上政策性金融债券与国债的投资收益率基本持平。

在银行间债券市场上招标发行的政策性金融债券，其发行利率由市场竞标产生。其中，1 年期以内的短期债券主要通过价格招标采用贴现发行，2－5 年的中期债券主要通过利率招标采用固定利率发行，对于 7－10 年的长期债券主要通过利差招标方式采用浮动利率发行。随着市场发育程度的提高，近来，用固定利率发行的长期债券也取得了成功。由于自 1999 年 6 月以来基础利率一直处于较低水平（一年期定期存款利率 2.25%），宏观经济形势持续向好，市场广泛存在对利率趋升的预期，所以可以规避利率风险的中长期浮动利率债券受到了市场的追捧。在中长期浮息债券大量成功发行的基础上，国家开发银行最近又在银行间债券市场上成功地发行了 7 年、10 年和 20 年定息债券，以锁定长期负债成本，降低经营的利率风险。截至 2001 年 11 月 10 日，国家开发银行已发行 7 年期定息债券 1 笔，75 亿元，发行利率 3.74%；10 年期定息债券 4 笔，450 亿元，平均发行利率 3.88%；20 年期 2 笔，200 亿元，平均发行利率 4.20%。

近三年，在政策性债券发行持续增加的情况下，政策性金融债券发行利率却保持了稳步下降的趋势。从占发行数量较大比重的中长期债券的发行利率和基础利率变动趋势可以看出这一点（如图 1）。

表 3　7—10 年期浮动利率政策性金融债券　（1999—2001＊）

债券 \ 项目	发行量（亿元）	期限（年）	票面利率（%）	基本利差（%）	基础利率（%）
99 国开 01	100	10	4.95	1.165	3.78
99 国开 02	100	10	4.60	0.821	3.78
99 国开 04	100	10	3.08	0.831	2.25
99 国开 08	100	10	3.381	1.131	2.25
99 国开 11	100	10	3.345	1.095	2.25
定向发行	100	7	3.237	0.987	2.25
99 国开 12	200	7	3.237	0.987	2.25
99 国开 13	150	10	3.249	0.999	2.25
00 国开 01	180	10	3.11	0.855	2.25
00 国开 02	170	10	2.98	0.725	2.25
00 国开 03	100	7	2.94	0.688	2.25
00 国开 05	100	10	2.86	0.608	2.25
00 国开 09	100	10	2.848	0.598	2.25
00 国开 10	100	10	2.848	0.598	2.25
00 国开 12	120	10	2.838	0.588	2.25
00 国开 13	150	7	2.918	0.668	2.25
00 进出 01	50	10	2.81	0.555	2.25
00 进出 02	50	10	2.84	0.590	2.25
01 国开 03	100	10	2.898	0.648	2.25
01 国开 05	100	10	2.898	0.648	2.25
01 国开 06	100	7	2.89	0.638	2.25
01 国开 07	100	7	2.893	0.643	2.25
01 国开 08	75	7	2.898	0.648	2.25
01 国开 10	100	10	2.903	0.653	2.25
01 进出 03	80	10	2.898	0.648	2.25

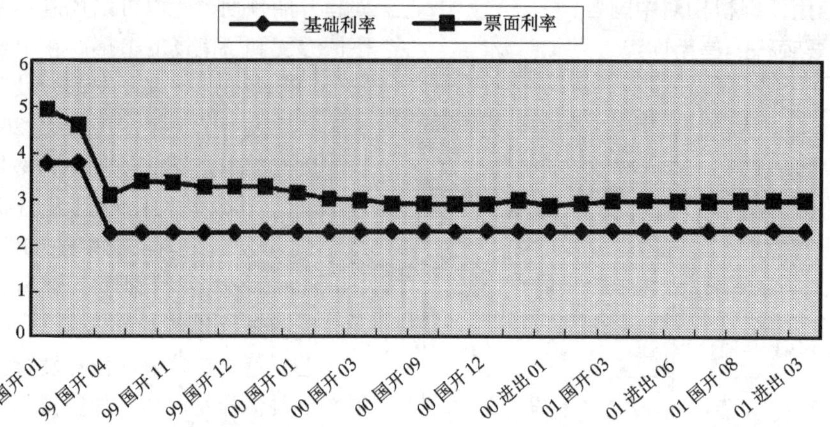

图1　中长期政策性金融债券发行成本趋势图1999—2001

*注：2001年为11月10日前数据

四、政策性金融债券的期限结构及收益率曲线

目前，政策性金融债券根据期限长短可分为三个月期、六个月期、一年期、二年期、三年期、五年期、七年期、八年期和十年期、二十年期等品种。

国家开发银行发行的政策性金融债券期限结构

表4　(1999—2001)

年份 \ 期限	1999		2000		2001*	
	1430		1450		1570	
	数量	比重	数量	比重	数量	比重
短期(1年以内)	300	21%	200	13.8%	300	17.1%
中期2—5年	180	12.6%	230	15.9%	150	8.6%
中长期7—10年	950	66.4%	1020	70.3%	1100	62.9%
长期10年以上	0	0	0	0	200	11.4%

*注：2001年为11月10日前数据

政策性银行市场化发行的金融债券中，7年以上10年以下的中长期债券占较大的比例，1年以内的短期债券发行量较少，2—5年的中期债券发行量更少。表4是1999—2001年国家开发银行发行的政策性金融债券的期限结构比较。

从2001年下半年开始，政策性金融债券加大了发行数量和创新力度，截止到2001年11月7日，国家开发银行在银行间债券市场上已经发行债券1750亿元，比当年原计划1500亿元增加了16.7%；在发行品种上增加了7年、10年和20年固定附息债券。

从债券市场的长远发展看，需要以市场为导向，在尽量降低发行成本，满足自身筹资需要的前提下，发行各种期限和品种结构的债券来满足市场需求。近日国家开发银行在银行间债券市场上，发行了2笔20年期固定附息债券，标志着政策性金融债券在长期品种上的突破。

政策性金融债券期限品种的不断丰富为描绘我国债券收益率曲线提供了基础。在一级市场上，通过承销商投标竞价确定的票面利率，客观地反映了市场上的资金供求状况和价格，也代表着市场对未来收益的预期。以2001年发行的政策性金融固定附息债券的平均利率作为样本点，大体上描绘出政策性金融债券一级市场上的收益率趋势（图2）。可以看出，市场对政策性金融债券长期的信用背景和收益持肯定态度，对未来经济和通货膨胀持稳定预期。

五、政策性金融债券为国家经济建设筹集了大量长期资金

政策性银行通过发行政策性金融债券筹集的大量信贷资金，根据国家的产业政策和外经贸政策，投向相关的产业部门，在拉动内需、支持基础设施和基础产业发展、扩大进出口等方面发挥了重要作用，为我国的经济持续稳定增长作出了巨大贡献。

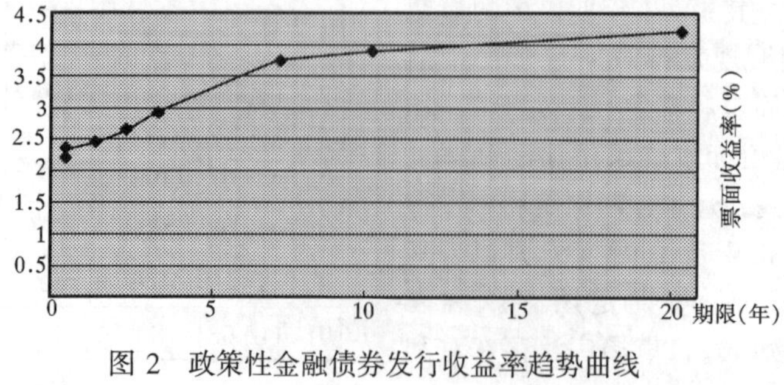

图2　政策性金融债券发行收益率趋势曲线

作为我国最大的政策性银行，国家开发银行通过发行金融债券筹资，根据国家经济发展的战略，积极支持国家产业结构优化，促进了国家经济结构的调整和产业竞争力的提高。1994年至2000年，国家开发银行累计发行金融债券8272亿元，外债发行总额11.1亿美元。在国家开发银行累计发放的贷款总额中，列入国家投资计划的占89%，贷款支持了国家重点项目263个，发放贷款3495亿元，占国家重点项目贷款总额89%。与此同时，国家开发银行积极为国债项目提供配套资金。1998年以来累计承诺国债项目318个，贷款额2048亿元，占国有银行承贷项目总额的39.2%；目前已为301个国债项目累计投放贷款1416亿元，占国有银行发放国债项目贷款总额的42%。在此基础上，国家开发银行还制定了“十五”期间的发展目标：即5年主要通过市场累计筹措资金9000亿元，其中发行政策性金融债券8550亿元；发放中长期贷款7500亿元，净投放贷款4260亿元；到“十五”期末信贷余额达到10000亿元，总资产达到12000亿元，同时不良资产率控制在3%以内。

作为我国的出口信用机构，中国进出口银行通过发行金融债券作为筹资手段，自成立以来的七年间，累计支持了582亿美元合同金额的机电产品出口，其中对高技术含量、高附加值的机电产品和成套设备的出口占60%以上，为促进我国机电产品和高新技术产品出口的快速增长，优化出口商品结构，实施出口市场多元化及科技兴贸战略、增加境外投资、利用外资和配合援外工作，作出了积极的贡献。2000年，中国进出口银行共批准各类贷款（不含转贷外国政府贷款）折合人民币405.79亿元，发放各类贷款折合人民币345.75亿元，承保出口信用保险及出口信贷担保12.34亿美元，办理对外担保2.69亿美元。以上融资业务共为约132亿美元的机电产品、成套设备和高新技术产品出口，以及13.7亿美元的对外承包工程和对外投资提供了政策性金融支持。

可以看出，政策性银行在我国的经济发展中发挥着不可替代的作用，在今后一段时期内，政策性银行仍将依托资本市场和政府支持继续发挥其主导作用。

六、政策性金融债券
对降低银行系统流动性风险的巨大作用

随着银行间债市的不断发展，利用债券工具，通过债券市场现券交易、回购，商业银行可以灵活地调节银行资金余缺，改善资产负债结构，提高资产流动性水平。我国商业银行一直存在资产结构单一，存贷款期限错配，流动性差等问题。由于政策性金融债券流动性好、收益稳定而且风险也不大，已经成为各金融机构的主要投资工具。据中国人民银行的统计，2000年末金融机构债券资产余额19651亿元，占资产总额的14.2%，在1997年只有4%左右。其中，国有独资商业银行债券资产余额18310亿元，占资产总额的21.2%。商业银行资产结构已有了明显的好转，流动性也得到了提高。

自从1998年秋国家开发银行市场化拍卖发行政策性金融债券以来，由开发银行和进出口银行拍卖发行的可流通债券已经成为我国债券市场上主要的债券品种。商业银行将吸收存款得来的部分资金购买金融债券，相应减少了贷款的数量。

这一看来简单、平常的变化，其意义却是非常深刻的。它表明传统商业银行的存、贷、汇业务正在一定程度上发生分离。吸收存款、办理结算和汇兑、发放短期流动资金贷款和中长期消费贷款这些业务在商业银行的传统业务中的比重将加大，使商业银行具有大量零售网点和大批零售业务人员的优势得到充分发扬；而发放大额长期贷款的业务一定程度上将向开发银行和进出口银行这类批发性银行转移，这种转移意味着零售银行和批发银行之间业务分工合作新格局的诞生。

分工合作的好处是银行功能的相对集中，使不同类型银行的专业能力和专业人才相对集中，有利于提高各自的业务水平和业务质量，它将使存款人、借款人及其它银行服务的消费者得到更多的好处和方便。分工合作的基础是债券市场的发展，债券市场是联结两类银行的纽带。

金融企业债券的发行和流通，所带来的最大好处是降低了整个银行系统的金融风险。商业银行的资金基本上来源于存款，即对成千上万存款人的负债，其中大部分是可以随时提取的活期存款，所以商业银行对债务的兑付是被动的，只有任何时候都保持资产的一定程度的流动性，才能防止挤兑的威胁。

国家开发银行和进出口银行是批发性质的银行，它们向商业银行发行各种期限长短不等的债券，发放中长期贷款。每笔债券的到期日和利息支付日都是很清楚的，所以批发性银行可以准确预测贷款发放和兑付债务的资金需求，并预测贷款本息回收的数量，从而比较精确地计划新债发行的时间及数量，这是它们可以既大量满足中长期信贷资金需求，又没有太大的流动性风险的原理。而在另外一面，商业银行认购并持有这种金融债券，却不是作长期投资，也不同于发放长期贷款。原因就是它们持有的是可以在市场上及时变现的债券，在需要流动资金的时候，商业银行可以通过把部分债券卖给别人来取得现金。因此，尽管在批发性银行方面，通过发债筹集的是长期资金，但在投资这些债券的商业银行方面，它们的资金却是在作短期运用，它们持有的长期债券仍然是具有足够流动性的债权资产。

这就是一个具备足够流动性的债券市场的妙用，它

把商业银行靠吸收存款得到的短期资金作了长期运用，却既没有增大商业银行的流动性风险，也没有增大批发性银行的流动性风险。奥妙的根源是，一个组织良好、交易活跃的债券市场可以创造出新的流动性，整个银行体系的流动性风险因此而降低。

另外,政策性金融债券的发行也降低了商业银行的信用风险,提高了其资产的质量。原因是,政策性银行具有比国内其它企业和金融机构都高的信用级别,投资政策性金融债券的信用风险比直接贷款的信用风险要小得多。

七、依托资本市场和国家信用——政策性银行的优势所在

政策性银行是为国家经济发展政策服务，为国家基础设施、基础产业和支柱产业的建设融通资金的特殊金融机构。政策性银行的资金来自资本市场（债券市场），因此政策性银行必须提供为资本市场乐于接受的债务投资工具，才能够从市场上筹集到足够的资金。国家基础设施、基础产业和支柱产业的建设需要政策性银行为之筹集期限很长、成本相对较低的资金，这就需要政策性银行具有很高的信用，使得市场上的投资者确信政策性金融债券的信用风险很低，这还需要政策性金融债券有很好的流动性，使投资者确信投资政策性金融债券的流动性风险很低。投资者对低风险债券要求相对较低的风险酬报，这是政策性金融债券实现低利率发行的基础。

政策性银行能够满足资本市场的上述要求，首先凭借自己良好的管理，提高自己的信用级别，还要凭借国家主权信用的支持，以实现信用的增级；其次要积极地为资本市场的发展贡献力量，通过自己发行的具有高度流动性的债券，促进一个交易活跃、流动性很强的债券市场的形成。

政策性银行是为政府的经济政策服务的银行，政府给它的最大支持，不是来自纳税人的国家预算资金，而是政府利用国家信用基础给它的信用支持，使它拥有比其他债券发行者更高的信用，更强的发债能力，这是它的最大优势。让政策性银行在国内外具有主权级的信用等级，是政府信用的价值在市场上的体现和量化。政府对政策性银行的信用支撑，这是国家利用资本市场为长期经济发展筹资的最佳选择。

除了中央政府的政策扶持，地方政府对政策性银行的信用支持也非常重要，各级地方政府的支持更多地是通过强化市场纪律的约束和严格的行政监管，确保借款人合理使用政策性银行的贷款，按时偿还到期本息，确保政策性银行信贷资产的安全，以保证政策性银行对资本市场投资人的良好信用。

政策性银行是市场的参与者，在依照市场规则规范自己行为的前提下，充分利用和依托市场来达到自己的政策性目标，同时还担当着发展和完善市场、建立良好市场信用和秩序的重任。首先，政策性银行按照市场化原则来经营管理信贷资金，保证资金使用的安全性，这与其经营目标的政策性丝毫不矛盾。按市场化原则强化内部管理，改善经营，是为了把政策性银行办成有高度信用的好银行，政策性银行办得越好，其在资本市场上的筹资能力越强，它对国家经济发展政策目标的支持力度也就越大。其次，政策性银行不断丰富金融债券的品种，促进债券市场的发育和完善，并引导商业金融和社会资金的流向。市场发育的加快，市场容量的扩大，最终也为国家的政策性融资开辟了充沛的资金源泉。再次，政策性银行既严格规范自身行为，为市场作出表率，同时也严格要求借款人严格遵守信用合同，促进市场纪律的形成，促进整个社会信用体系的建立，这既是对加快我国经济体制改革所作的贡献，也是提高自身市场信誉的举措。

政策性银行是联结政府和市场的纽带，这也是政策性银行的优势所在。在市场经济中，单纯依靠政府或者单纯依靠市场都是有缺陷的，必须要把市场和政府结合起来，互相促进，互相补充。政策性银行既贴近政府，又参与市场，有效弥补了二者的不足，起到了联结纽带的作用。政策性银行依托资本市场，遵循市场原则，服从市场纪律，促进市场发展，从而把自己的融资能力植根于市场经济的沃土之中，使自己成为国家为长期经济发展融资的主要政策性工具。政府则通过明确的信用支持，促进市场对政策性银行的信任，帮助政策性银行进入市场，为市场所接受，使政府为国家发展制定的经济政策，能够透过政策性银行的努力，得到源源不断的市场资金的支持。这是在市场经济中发挥政府的作用，加快经济发展的一种优选方式。

企业债券融资及债券利率市场化问题

中央财经大学教授　秦池江

一、我国企业债券融资现状

我国的工商企业，特别是国有企业的资金来源，历来以财政拨款和银行贷款为主，从其他渠道获得资金不多。1986年以前，少数企业为了发展生产，在企业内部发行了内部债券，当时的总余额约为100亿元。1986年，国务院对企业内部发行债券作了严格规定，并由中国人民银行统一管理。1993年8月，国务院发布《企业债券管理条例》，对企业债券的发行实行规模控制，并对企业发行债券的用途、程序、利率和购买企业债券的资金来源都作了严格的规定。在宏观经济管理上，把企业债券筹资，作为投资不足的一种补充手段，不是作为企业正常融资的一条渠道。因此，只有少数企业经过批准才发行了一些债券，到2000年，中央及地方企业债券余额，约为900亿元，只占企业全部资金来源的1%左右，如果按流动资产额计算，也只占流动资产的2%左右。国务院规定："企业债券的利率不得高于银行相同期限居民储蓄定期存款的40%"，一般都采取固定利率，除了铁路、三峡等大企业债券比较畅销之外，投资者对其他企业债券的购买比较谨慎。所以，到现在为止，企业没有发债权，国内企业债券的债信也不高，发行市场狭小，在二级市场中很少流通。

在工业化国家中，企业债券是企业重要资金来源之一。债券占比重比较大的是美国，企业的资金来源，债券占29.8%，银行贷款占61.9%，股票只占2.1%，其他占6.2%。德国企业债券不多，债券只占2%。从80年代以来，发达国家的企业债券融资放开了限制，企业可根据自己的融资需要和市场资金供求情况发行多种形式的债券，包括商业票据（短期债券）、中期债券和长期债券，企业债券融资逐步上升，有继续超过股票筹资的趋势。可以说，企业债券成为企业最稳定的资金来源。

二、我国企业债券融资的体制和行为缺陷

债券是一项契约，也是融资合同，是筹资方在确定日期向债券持有人支付利息和本金的有法律效应的文件。如果债券到期得不到清偿，就构成侵权行为，给投资者带来损失，也会使筹资者最终陷入债务危机。所以，发行债券，必须有足够的保障条件。我国企业债券的发行和管理走过一段弯路，至今存在许多争议和疑虑，从早期的开放到80年代后期政府对债券发行实行了严格管制。分析其原因，并不在于债券融资本身有什么弊病，而在于经济环境、经济管理体制和企业融资行为方面存在许多缺陷，阻碍了债券融资的顺利发展。

首先是企业发债行为缺乏自主决策和自我约束机制。企业能不能发行债券、要不要发行债券，决定于企业有没有创造新价值的能力。如果企业得到资金以后，可以创造出更多的资产净值，可以得到超额的收益，那么，发行必要数量的债券是可行的，也是非常安全的。我国企业发行债券时，单纯从某种短期利益目标出发，就作出财务决策，往往以高利作为诱饵，或者以行政机构作为担保，误导投资者。企业发行债券，应该在充分权衡成本与收益、风险与获利能力、市场不确定性与未来现金流量保障之后，作出发行债券的决策，这是企业发行债券必须具备的基础条件。

其次缺乏负责的中介服务机构。企业提出的发债条件过于笼统，过于夸张，债券购买者对企业的发展前景、偿债能力得不到可靠的信息，很难作出投资判断。如果有负责的合格的信用评级、信用担保和信用监督机构，对企业的发债能力进行充分而公正的评估，提供真实的信息，就可以增强企业的信用度，投资者才能放心购买债券。一些信用卓著的企业，可能不需要中介机构为它增强信用，但大多数企业发行债券，特别是发行公募债券，只有得到合格的中介机构作出可靠的评估，才可能得到投资者认同。

再次是缺乏有效的决策控制体系。一个有发展前途的企业，必须有精明的管理，包括企业的发展战略、资本结构和财务目标管理。企业发行债券，不是单纯为了获得资金，不是一种权宜之计，而是为实现企业发展战略服务，要达到资本结构的调整和预定的财务目标。所以，企业必须有良好的投资决策、融资决策和资产管理决策。我们的企业作出发债决策，不是完全听从于政府的安排，就是局限于小环境和财务解困的需要，缺乏严密的有效的决策控制。往往不够条件的企业发行了不少的债券，够条件的企业又得不到发债的机会，其结果，不是浪费了资源就是失去了发展的时机。

第四是缺乏完整的社会融资体系。我国的金融市场建设，除了传统的借贷市场之外，偏重于国债市场、股票市场、金融业的同业拆借市场，没有把企业债券市场纳入市场建设体系以内。在金融体制改革中，虽然强调

发展直接融资，但对企业进行债券融资没有作出相应的体制安排，也没有设立市场空间。所以，国债融资依附于财政预算的需要，企业债券融资服务于投资缺口的需要。目前的债券市场，完全是一种政府主导和控制的市场，企业没有成为市场主体，没有获得企业进行债券融资的法律保障。

三、债券融资工具的类型和品种多样性

我国过去十几年中发行过的企业债券，其特点是中长期债券、特定建设投资项目债券和按行政程序批准的债券。在国内市场上发行的企业债券，主要是由银行代理财政发行的国家重点建设债券、国家建设债券、国家投资公司安排的基本建设债券、补充计划内建设项目资金的重点企业债券和一般企业债券，这些债券的发行数额比较大，集中在少数行业和企业，都经过计委、财政的批准，所筹集的资金主要用于补充计划内建设项目投资和重点企业流动资金。对一般企业，有经过中国人民银行批准发行过企业短期融资债券和企业自主发行过企业内部债券与企业集资证券，这些债券数量不大。在国外市场上，主要是由金融机构直接或代理企业发行外币债券，如日本和武士债券，美国扬基债券、欧洲市场债券和新加坡与香港的债券。所有这些债券除了少数的债券采用浮动利率以外，大多数是采用固定利率，而且品种也比较单调。

国外的债券融资，主要是商业融资，是企业为了改善资本结构，增强资产流动性以及降低财务成本而采用的债券融资。当企业的投资决策和财务目标确定之后，如何取得资金，取得什么样的资金，由企业作出融资决策，从财务成本、现金头寸管理和资本结构方面的考虑，进行融资方式的选择，即从银行贷款、发行股票、发行债券、设备租赁、股东增资等途径中，选择最佳的融资方式。企业选择债券方式，主要原因是不影响股权结构、可以在税前列支融资利息、较低的发行费用、保持最低的综合资本成本、较大的灵活性和经营者的自主操作性。国外企业的债券融资完全是商业行为，采取市场方式，遵循的基本原则是风险性、流动性、分散性和获利性，政府只规定若干的融资标准，不直接干预企业的债券发行和市场流通行为。

国外的债券融资工具非常发达，大体上可以划分为三大类：

1.商业票据(Bill)。这是一种企业签发的短期无担保期票,期限在270天以内,一般是采用贴水方式,直接对投资者出售,或者由经纪商代售。一些信用高的大公司,大多用这种方式获得资金。在美国,期限大于270天的商业票据,发行前要得到美国证券管理委员会认可,接受证券管理规则的约束;在欧洲发行的商业票据期限,还可以超过270天,还可以在二级市场流通。这是我们通常所说的融资票据,其实就是一种短期融资债券。

2. 中期债券（Note)。通常是到期日短于10年的债务凭证。美国在20世纪70年代出现了期限1年到10年的企业债券，到80年代形成了较大规模。这类债券最初是筹资者向投资者直接发行，这样发行的成本较高，后来转化为由投资银行代销，在二级市场可以流通；企业发行中期债券，需向证管会申请发行限额，申请生效后的两年以内，可以在额度内多批发行，发行方式灵活，可以有多种利率、多种期限、多种发行方式。如：抵押债券、资产信托债券、机构担保债券、信用债券和高利债券（垃圾债券）。

3. 长期债券（Bond)。是指到期日为10年或10年以上的债务凭证。企业发行长期债券要经过证券管理机构认可，在信用等级评估的基础上发行有担保的债券和信用债券。如：以公司具体资产的留置权担保的债券，以租赁设备为担保的设备信用证，没有任何财产为担保的债券，以企业盈余支付利息的收益债券，高于普通债券收益率的次级债券，高风险高收益的垃圾债券等等。各种债券的发行，还可以设定不同的发行条件，如回购条款、首次大份额付款条款、利息初期延付条款、分期偿付条款、附偿债基金条款、赎回权条款、赎回价格约定条款、可转换债券条款等等。

四、债券融资利率形成基础与利率决策

债券是一种生利资产，投资者必然要求有适当的收益率，筹资者希望保持适度的融资成本，两者构成谈判对手，只有双方都能接受的利率，才是一种供求均衡利率。但是，债券收益率和融资成本不是同一概念，更不是指某一利率水平。收益率包括利息收入和债券交易的市场收入；融资成本包括利息支付和筹资费用。所以不能用利率高低作为判断收益与成本高低的唯一标准。

债券利率的设定，在成熟的市场经济条件下，一般以国债利率和同业拆借利率作为参照系，债券利率略高于国债和同业拆借利率。所以，债券具有收益稳定的特点，收益低于股票，而相应的风险也低于股票，因而债券成为稳健型投资者的首选投资品种。

利率的市场化，表明利率始终处于一种波动状态，无论是筹资者还是投资者，都有利率风险，各自对利率变动趋势持有某种预期，并对某种利率水平作出判断和决策。为了规避利率风险，在国外的债券发行中，有多种利率防险安排，以便把利率风险降到可以接受的限度以内。主要方式是：

1. 固定利率。即债券票面利率，不管利率如何波动，始终按票面利率支付利息。固定利率的设定，受通货膨胀预期的影响较大，现行利率处于低谷时，投资者

会要求高于现行利率；处于通货膨胀高峰时，筹资者会要求略低于现行利率，或者答应设立保值条款。

2. 零利率（折扣销售）。即按票面值折价出售债券，实际是一次性利息预扣贴现。通过竞价销售的办法出售债券，在债券到期日按票面额还本不再支付利息。在债券存续期内，债券的价值在二级市场中随行就市，能过多次买卖，把利率收益和风险分散到不同的市场参与者。

3. 浮动利率。筹资者和投资者对利率波动方向不确定的情况下，愿意确定一个最低的票面利率，同时约定以某一利率为参照系，在债券支付利息时，实行上下浮动。实际上是买卖双方共同承担利率风险，同时也共同分享市场利率波动的收益。

4. 利息延付。筹资者为了减轻筹资初期的现金流出压力，要求设定债券发行后前几年不支付利息，后几年的利息实行逐年累进支付。当然，投资者会要求得到复利收益。

5. 双币选择权。在利率和汇率风险同时存在条件下，设定两种货币购买和支付，双方自愿选择。如甲币对乙币贬值时，要求以乙币支付，从而避免汇率损失和本利率的双重损失。

6. 利率期货。筹资方为了减轻利率风险损失，可通过金融机构进行利率互换交易，卖出利率现货，买进利率期权，把利率风险锁住。

我国的债券发行利率，包括国债在内，都是参照银行同期居民储蓄存款利率，上浮一定比率。而银行利率是由政府管制的利率，所以债券利率也是一种管制利率，没有形成真正的市场利率。

五、转型期债券融资拓展与利率市场化

发展中国的债券融资，首要的前提是提高企业信用度，确保投资安全，并解除债券发行管制和利率管制。根据“十五”计划的安排，在近期集中整顿市场秩序，强化社会信用，在此基础上，发展和完善金融市场，为债券融资的拓展开辟道路。在当前，大规模进行债券融资是不现实的，但是，从加快债信意识和利率适应能力的培养入手，有步骤地推进债券融资的现代化和规范化是完全可能的，也是必然的选择。债券利率的市场化也是一种必然趋势，债券利率市场化还可能先于银行存贷款的利率市场化。

1. 全面推进商业票据市场。我国的商业票据，目前仅限于支票、汇票和本票。这些票据是以真实交易为基础的票据。当前信誉比较好一点的是银行承兑汇票，近几年的交易量有6000亿元左右，市场空间非常大，是未来企业取得短融资的普遍途径。至于商业承兑汇票因企业信誉差，可接受性很低，还处于休眠状态，基本是一片空白。通过加快商业票据市场的发展，一方面可以普遍培养债信意识，另一方面可以树立企业在市场的信用品牌，为今后企业融资票据的发展打下基础。

2. 有选择地扩展企业担保债券。对于高新技术产业、国家重点建设项目和管理优良竞争力较强的企业，可以在担保的基础上允许企业发行一定规模的企业债券进行中长期的融资。这种担保，可以有区别地发行财政担保债券、金融机构担保债券、中介机构担保债券和集团公司担保债券。在市场基础不够牢固的情况之下，对这类担保债券的发行要实行必要的限额管理和标准管理，防止一哄而起，一起就乱。

3. 加快债券融资品种的创新。债券品种的设计，要满足筹资者和投资者的需要，有利于企业灵活调度资金，保持稳定的现金流。如，发行价格、发行时限、发行对象、发行时机，都要有较大的选择性。如，企业在认可的发债额度以内，可以发行短期债券，也可发行申请的长期债券，进行长短交替，提高企业运筹资本的的有效性，并降低筹资成本。

4. 从放开商业票据利率入手，逐步实现债券利率市场化。目前商业票据利率形式非常混乱，在“三角债”盛行的情况下，几乎大多数的签发人承担了“负利率”，而拖欠他人资金的企业几乎不承担任何成本。这种状况既不利于利率市场化，同时从根本上动摇了市场基础。因此，除了强化法律手段进行票据监督并实行强制执行制度之外，也要逐渐形成票据融资的价格形成机制。首先放开银行承兑贴现利率，其次放开票据转让和买卖利率，最后放开企业债券发行利率。

5. 政府加快制订债券发行和流通规则。首先对现有的票据法进行修改，重点是增列融资票据条款，并对票据违约的责任进行具体规范，制订票据法细则，作为保证票据正常流通的程序法。从现在起，要为企业进行中长期债券融资制订具体的法律和法规，如资格审定、限额申报、发债标准、会计准则、信用评级、信息披露、委托代理、监管机构和违约责任等等。政府不参与企业具体发债活动，但政府对规则的制订和对市场主体的行为监督是必不可少的。

6. 强化宏观政策的协调和配合。扩大债券融资，可以从根本上减轻财政和银行的投融资压力，分散社会信用风险，活化金融市场。同时也为宏观经济金融调控带来了新的课题。对目前的财政税收政策、货币政策和投资政策进行修改和完善是非常必要的。中央银行对国内市场的利率水平和利率结构承担着宏观调控的责任，要更多的运用货币政策工具来调控利率，使利率从管制－有选择的管制－到取消管制，最终实现完全市场化。

债券投资者的构成与现有市场模式

中央国债登记结算公司　徐良堆

交易方式是影响投资者参与程度的最主要因素之一，任何一个证券市场都离不开投资者的参与，因此，采用什么样的交易方式很重要。目前各国普遍采用的证券市场交易模式有场外交易、柜台交易和自动撮合交易。这三种交易方式适用于不同的证券品种和投资者，其中债券市场采用最普遍的是场外交易，这是由国外的债券市场以机构投资者为主的特点决定的。在我国，由于机构投资者在债券市场中并不占绝对主力的地位，这就决定了发展我国债券市场不应照搬国外的模式。

我国债券市场主体投资者构成

从这几年我国债券包括国债、金融债券、企业债券等的发行情况看，我国债券市场的主体投资者呈现以下两个特征：

特征之一，个人投资者是我国债券不可忽视的主力投资者之一。这有三个方面的表现：一是个人认购债券绝对量大，占债券发行余额的比例高；二是个人投资者数量庞大；三是个人投资者投资债券的行为稳定。

在我国，个人能成为债券的主力投资者，既有政策上的原因，也有客观的经济基础，而后者又是最主要的决定因素。给予债权的种种优惠条件是个人热衷于购买债券的外部动力。投资债券所享有的优惠条件有：个人购买国债和金融债免缴个人所得税；购买凭证式国债除了享有税收优惠外，投资者还可以按比同期银行定期存款利率高的利率随时到原认购网点去兑现；购买企业债券虽然在税收上没有以上优惠条件，但在利率上规定企业债券最高可以比同期银行定期储蓄存款利率高40%的利率发行；出于对个人投资者积极性的保护和社会稳定考虑，各级政府对个人持有企业债券的兑付是力保的。高储蓄率是个人大量并长期稳定购买债券的客观经济基础，它为我国各发债机构面向个人发行债券提供了充足的资金基础。我国金融机构的储蓄存款已达到六万多亿人民币，每年面向个人发行的一千多亿债券实际上远远满足不了需要。从造成我国高储蓄率的两个客观因素看，高储蓄率还将是我国国民经济生活中一个长期的特征。个人购买债券是一种储蓄行为，在债券的利率和税收政策要比储蓄优惠的条件下，购买债券将是个人的首要选择。

特征之二，在我国债券的另一主力投资者群体中，即在机构投资者群体中，债券发布呈现过度集中和过度分散的特点。具体表现为，在投资者持有的债券中，少数几家大银行占有了债券的绝大部分（要占可流通债券的四分之三），几十家中等金融机构持有了债券的很大一部分（约占可流通债的六分之一）。而为数众多的广大中小金融机构投资者和其他机构投资者持有了债券的很小部分（只占可流通债的十二分之一）。

我国债券在机构投资者中的分布呈现过度集中和过度分散的特点，原因有：第一，资金实力是最根本的决定因素。第二，我国中小金融机构数量众多。这是我国特殊的地缘政治经济体制决定的。金融机构的分散，决定了债券分布的分散。如果将其他机构投资者也考虑在内，那么债券分布的分散程度将更高。

债券市场的交易模式及特点

目前，我国的债券市场由两个互相分割的市场即证券交易所市场和银行间债券市场组成。由于市场交易方式不同和参与者的差异，两个市场表现出各自的优缺点。

证券交易所债券市场是我国起步较早、发展较快的债券市场。其参与者包括了除商业银行以外的所有机构投资者和个人投资者。它采用集中撮合的交易方式，净额结算。证券交易所提供结算担保并承担结算风险。实践表明，在没有更好的交易方式或可供选择的条件下，自动撮合的交易方式为债券中小机构投资者所欢迎，这种交易方式免除了投资者场外交易方式下的寻找交易对手方和关于价格、结算方式、结算地点等的谈判过程。只要向交易所下达一委托指令即可完成交易结算。这种交易方式受欢迎还有一个重要原因，就是它采用净额结算方式，交易所为债券交易提供了结算担保，投资者不必承担结算风险。但交易所的债券市场却并不为个人投资者所欢迎，这是因为：一，个人投资者到交易所购买债券需要在交易所开立证券帐户，并到证券公司开立资金帐户，存入一定数量的保证金；二，交易成本过高。为了满足个人购买国债需要，从1997年开始，我国发行了大量适合个人投资者购买的凭证式国债，并成了我国这几年国债发行的主力品种。这个市场也不适合商业银行。商业银行投资债券的主要目的是进行资产流动性管理，优化资产结构，实现债券投资的收益性、安全性和流动性。而商业银行参与交易所债券市场以后，成了单纯的股票一级和二级市场的资金供应方，加大了股市的泡沫成分。为此，1997 年 6 月，我国政府决定成立银行间债券市场。

银行间债券市场是在 1997 年 6 月建立起来的，其参与者包括银行、农村信用联社和保险公司和部分证券公司，采用场外一对一询价的方式进行交易，逐笔交割，金额结算，交易双方自行承担交易结算风险。其最大的优点是几乎没有交易成本，作为银行间市场的两个组织机构，中国外汇交易中心和中央国债登记结算有限公司都没有收取任何费用，这一举措对市场建设是极为重要和有利的。经过两年的努力，市场取得了一定的发展，参与者不断增加，市场规模迅速扩大，债券场外市场的雏形已基本形成，并已成为我国货币市场的重要组成部分，是我国商业银行进行流动性管理的主要场所。但这一市场也还存在较大的缺陷，一个突出的问题是这是市场在债券流动性方面存在一定差距，其中现券交易尤为突出。它采用的是场外交易方式，由于缺乏场外市场所不可缺少的做市商制度和有效的报价系统，参与者仅限于商业银行、农村信用社和保险公司等，投资者缺乏多样性，供需趋同，债券难以很好地流通起来。

债券市场主体投资者和现有市场模式间的矛盾

无论是交易所债券市场，还是银行间债券市场，都有各自的特色和优缺点，但作为整个国家债券市场整体来看都不能满足市场主体投资者的客观需要。

首先，两个市场都不能满足个人投资者买卖债券的需要。两个债券市场都把我国债券的一大投资主力排除在外，这个市场显然是不完整的，其结果是无法流通的凭证式国债的大量发行。

第二，不能充分发挥债券作为资产管理工具的作用，从而无法为金融机构的资产流动性管理、为社会主义市场经济提供其应有的服务。交易所市场尽管流动性较好，但它是资本市场，可以满足部分金融机构有限的资产流动性管理的需要，但无法满足所有金融机构的资产流动性管理需要，至于作为国家的宏观调控场所，那更是不可思议的事情。银行间债券市场具备了为国家提供宏观调控工具的部分条件，但由于债券缺乏流动性，政策导向习惯受到了很大影响。

第三，交易所债券市场高流动性的背后是使固定收益的债券带有了一定的投机性，不利于风险管理。

第四，债券作为重要投资工具的功能不能完全得以体现。由于债券有稳定的收益，所以大家要把它作为投资工具的首选，但这必须有一个前提，就是要有一个发达而完善的现券市场。如果说作为资产流动性的管理工具，则只有通过现券交易来实现。在交易所债券市场，现券交易很活跃，但这一市场与股市直接联系在一起，债券价格经常随股市的起落而出现异常波动，债券也具备了投机性，风险较大，使许多真正的投资者望而却步；在银行间债券市场，现券交易不大活跃，要到期兑付时才能实现投资收益，债券也就失去了投资工具的功能。

第五，两大债券市场相互割裂，没有形成统一的债券市场，债券市场的价格发现功能不但体现不出来，反而存在价格失真或者说价格扭曲现象。一个成熟的债券市场具有很强价格发现功能。在美国，债券市场的国债往往代表利率的长期变化趋势。而在我国，由于债券市场是分割的，相互之间不能流通，同一种债券在不同市场有不同的价格，甚至大相径庭。

综上所述，现有的债券市场模式还不能完全满足我国债券主体投资者的需要，还缺少适合个人投资者债券买卖需要的柜台市场和适合众多而又分散的中小机构投资者债券买卖需要的市场。我国债券主体投资者结构所呈现出来的特征，决定了单纯的某一种市场模式是满足不了我国债券市场需要的。真正适合我国债券市场要求的应该是融多种市场模式于一体的混合型市场模式。

保 险 市 场

迎接 WTO 挑战加快发展中国保险业

中国保险监督管理委员会政策法规部副研究员　吕　宙

市场经济是风险经济，作为提供风险保障的保险业具有十分重要的地位与作用。然而，由于起步晚、起点低，我国保险业仍处于发展的起步阶段，加入 WTO 面临严峻挑战。因此，如何加快发展我国保险业，是"十五"期间我国经济工作的一项重要任务。

一、"九五"及 2000 年中国保险业的主要成就

"九五"期间，我国保险业得到快速发展，取得了巨大成就，为改革开放和国民经济发展作出了重要贡献。

（一）保险业务持续发展。"九五"期间，全国保费收入年均增长 21.8%，高于同期国内生产总值年均增长 8.3%的速度。2000 年，全国保费收入 1595.9 亿元，比上年增长 14.5%，其中，财产险保费收入 598.4 亿元，人身险保费收入 997.5 亿元；保险赔偿和给付金额 527.4 亿元；上缴营业税 55.9 亿元；保费收入占国内生产总值的 1.8%，人均保费收入 127.7 元。截至 2000 年底，保险公司总资产 3373.9 亿元，提留各项准备金 3185.8 亿元。

（二）市场竞争格局初步形成。截至 2000 年底，全国共有保险公司 32 家，其中，国有独资保险公司 4 家，中资股份制保险公司 9 家，中外合资保险公司 10 家，外资公司分公司 9 家，初步形成了以国有保险公司和股份制保险公司为主体、中外保险公司并存、多家保险公司竞争的市场新格局。

（三）体制改革取得进展。"九五"期间，我国保险体制改革迈出了重大步骤。确立了保险与银行、证券分业监管的模式，成立了独立的保险监管部门。实行产、寿险分业经营，原中国人民保险公司改组成产、寿、再三家独立的专业公司；中国太平洋保险公司改组成保险集团公司，下设产险、寿险两家子公司；新疆兵团保险公司主要经营产险业务，对寿险业务实行了分离。允许民营资本、外资参股，股份制保险公司股权结构得到优化。

（四）保险监管不断加强。1998 年保监会的成立，标志我国保险监管进入新的历史阶段。保监会成立后，一是依据《保险法》，制定了《保险公司管理规定》等一系列法规和部门规章达 166 件，形成了保险法律法规体系的基本框架。二是确立了市场行为监管与偿付能力监管并重的方针，加强现场检查，加大查处力度，保险市场秩序明显好转。截至 2000 年底，保监会共查处 58 个保险公司分支机构和 2 家专业保险代理公司、1 家外资保险中介公司；取消 5 家兼业代理机构的保险代理资格；撤销了 4 家严重违规的外资代表处；对 13 名保险高级管理人员予以行政处罚，其中取消 10 人的保险任职资格。三是在全国 31 个省市和深圳市设立了保险监管派出机构，初步建立起统一的垂直领导的保险监管组织体系。

（五）对外开放进一步扩大。市场准入不断增加。外国保险公司以设立合资公司、分公司和参股中资保险公司等多种形式进入我国保险市场。"九五"期间，共有 15 家外国保险公司获准进入中国市场。截至 2000 年底，有 19 个国家和地区的 112 家外国保险公司在华设立了 199 个代表处。开放区域不断扩大，对外开放城市从上海扩大到广州、深圳、佛山等地。

二、"九五"及 2000 年中国保险业存在的突出问题

（一）保险业发展的总体水平较低。首先，从保险深度和保险密度看，目前我国保费收入仅占 GDP（保险深度）的 1.8%，人均保费（保险密度）只有 15 美元，而 1999 年世界平均水平分别为 7.52%和 387.3 美元，我国在世界排名分别为第 58 位和第 73 位。其次，从覆盖面看，据抽样调查显示，目前我国购买商业保险占总人口的比例为 25%左右，其中购买财产保险的仅占 7%，广大农民基本上没有购买保商业保险；只有

15%的工商企业购买了财产保险，财产险承保金额仅占全国非金融企业总资产的57.3%。

（二）市场体系不完善，垄断程度偏高。一是市场主体过少。目前，我国共有各类保险公司32家，而从国外看，如1996年，美国有保险公司5162家，英国814家，德国690家，中国香港220家。二是市场集中度过高。截至2000年底，财产保险市场份额分别为：中国人民保险公司77%，太平洋保险公司11.4%，平安保险公司7.9%，三家公司占整个保险市场的份额达96.3%，其他公司仅占3.7%；寿险市场份额分别为：中国人寿保险公司65%，平安保险公司22.8%，太平洋保险公司8.4%，三家公司占整个市场的份额达96.2%，其他公司仅占3.8%。三是保险组织形式单一。目前，我国的保险组织形式只有两种：股份制保险公司和国有独资公司，而其他保险组织形式如互助合作保险和行业自保等游离于商业保险体系之外。

（三）国有独资保险公司体制问题始终没有得到解决。近年来，尽管国有保险公司在深化改革、转换机制和加强管理等方面做了大量工作，取得一定成效，但体制性问题始终没有解决。主要是：企业制度落后，产权不清，所有者缺位，法人治理结构尚未形成，缺乏所有者对经营者的有效监督；经营机制不活，用人、用工、分配等缺乏自主权，难以充分调动职工的积极性；公司创新能力不足，适应市场的能力较差，缺乏核心竞争力。

（四）保险风险不容忽视。当前，我国保险业面临两大风险：一是利差损风险，这主要是由于央行多次降息保单承诺的利率过高所致。该项风险对于个别大公司来说，任务十分艰巨。二是投资风险。随着保险资金入市数量的增加，若投资组合不当，会产生严重风险。

（五）保险监管亟待加强。监管手段落后，非现场监控系统尚未建立；监管方式比较陈旧，行政审批过多，没有充分发挥市场机制的作用；监管的权威性不够，特别是对人的处罚，监管部门无能为力；监管力量薄弱，人员素质有待提高，精算、财务分析等方面的专业人才比较缺乏；保险监管的信息系统滞后，尚未建立起风险预警系统和保险公司业绩评价系统，缺乏保险机构的信息披露和外部审计制度。

（六）保险政策环境有待改善。主要表现在两个方面：一是保险税收政策不合理或不到位。目前，我国对保险公司征收的营业税为8%，对比国外一般为2－3%显得税负偏高，影响了保险公司的承保能力。与此同时，我国尚未建立起个人或团体购买商业保险的扣税制度，抑制了部分商业保险需求。二是资金运用渠道有待进一步拓宽。从国外看，保险资金运用渠道一般包括债券、股票、抵押贷款、贷款和房地产等，而我国主要是银行存款、购买国债以及少量的证券投资基金等，渠道过窄，不利于保险资金的保值增值。

三、“十五”中国保险业发展的环境分析

“十五”期间，随着国民经济的发展和体制改革的深入，特别是加入WTO，我国保险业迎来前所未有的发展机遇，也面临空前的挑战。

从有利条件看，一是国民经济的快速增长和居民收入的继续增加为保险业持续发展提供了物质基础。未来五年，我国经济仍将处于一个较快的发展时期，国民经济将继续保持较快增长，城乡居民可支配收入将继续增加，为保险业的发展提供了强有力的支撑。二是深化体制改革将为保险业创造新的需求。“十五”期间，国家将继续推进国有企业、社会保障体系等各项改革进程，企业和居民的风险与保险意识将进一步增强，形成新的保险需求。三是巨大的潜在市场使保险业具有广阔的发展空间。我国人口众多，总人口近13亿人，每年新增人口达1200万人，且人口结构趋向老龄化，特别是随着农村城市化进程加快，保险市场拥有丰富的潜在客户。四是加入WTO与经济全球化为保险业提供了国际化发展的舞台。“十五”时期，经济全球化趋势将进一步增强，国际竞争将更趋激烈。随着加入WTO，我国对外开放将进入新的阶段，中国保险业将在更大范围内和更深程度上参与国际保险市场的合作与竞争。

与此同时，“十五”期间，我国保险业也面临着许多困难和不利因素：企业特别是国有企业的经营状况要实现根本好转还有一个过程，制约了其投保能力；我国虽然人口多，发展空间大，但占人口绝大部分的农民由于收入低对保险需求非常有限；资本市场不够成熟，保险资金运用渠道较窄，影响保险公司资金增值能力；受历史、文化和传统体制的影响，公众保险意识淡薄，制约了保险需求。

四、“十五”中国保险业发展的目标模式

为了迎接加入WTO的挑战，适应国民经济发展和体制改革需要，“十五”期间，中国保险业要坚持以发展为主线，以改革创新为动力，以防范化解风险为核心，走集约化、国际化的发展道路，提高保险企业核心竞争能力，提升保险产业在国民经济中的地位，充分发挥商业保险在支持经济发展、维护社会稳定等方面的积极作用。初步预测，“十五”期间，我国保费收入年均增长12%，其中寿险业为14%，产险业为9%；到2005年底，全国总保费规模将达到2800亿元，其中产险900亿元，寿险1900亿元；保费收入占国内生产总值的2.3%，人均保费230元；保险业总资产超过10000亿元。

未来五年，我国保险市场体系将发生重大变化：国

有独资保险公司垄断市场的局面将被彻底打破，股份制保险公司成为市场的主导力量，合作保险、自保以及政策性保险等其他保险组织形式开始发挥作用；中介市场初具规模，再保险市场渐显端倪；保险市场全方位对外开放，外资保险份额不断扩大。初步形成以经营主体多元化、经营方式集约化、政府监管法制化、从业人员专业化和业务发展国际化为特征的保险市场格局。

——经营主体多元化。保险经营主体逐步增加，出现多种保险组织形式，有竞争的保险市场开始形成。

——经营方式集约化。转变经营观念，以效益为中心，以科学管理为手段，加大对技术和信息化建设的投入，实现公司科学决策，走内涵式发展道路，为社会提供价格合理、质量优良的保险服务。

——政府监管法制化。拥有比较完善的法律法规体系及有力的监管体系，形成相对稳定的监管模式，具备有效的监管手段，从而实现保险监管的制度化、程序化和透明化。

——从业人员专业化。拥有一批遵守职业道德、具备现代专业知识、了解国内外市场、锐意进取的新型的复合型保险人才，树立起一流人才、一流管理、一流服务行业新形象。

——业务发展国际化。企业经营和政府监管更加符合国际惯例，国内保险市场逐步融入国际市场。

五、"十五"中国保险业发展的政策取向

（一）完善市场体系，促进公平竞争。放宽市场准入，增加市场主体，尽快批设新的特别是中资保险公司；发展多种保险组织形式，允许设立合作保险公司、相互保险公司、专属自保公司以及农业保险等政策性保险公司；培育和发展保险（金融）集团，允许寿险公司设立产险子公司，产险公司设立寿险子公司；打破保险公司地域限制，允许区域性保险公司在全国设立分支机构。发展保险中介市场，培育信誉好、专业技术强、服务水准高、管理与国际接轨的保险中介机构，引进国际知名的保险精算师事务所和保险评级机构；顺应国际金融一体化发展趋势，鼓励保险公司与不同行业包括银行、证券等建立长期稳定的战略合作关系。培育再保险市场，增加商业再保险竞争主体，发展专业再保险公司；研究建立多层次的国内分保体系，完善国内优先分保机制，逐步降低法定再保险比例。

（二）调整产品结构，提高服务水平。完善和改进传统产品，积极开发分红保单和投资连接型产品；发挥商业保险在社会保障体系中的作用，大力开发商业补充养老、补充医疗等保险产品；研究开发健康保险产品、责任保险产品，丰富子女教育保险和住房按揭保险等险种；配合国家实施西部大开发战略，开发适合西部开发的工程险及符合西部地区特点的各种财产和人身保险产品。强化服务意识，把提高服务质量作为树立公司形象、提高公司竞争力的重要手段；制定和推行统一的保险服务体系，规范服务标准；坚守诚实信用的服务原则，维护公司和行业信誉；加强服务管理，改进服务手段，成立专门的保险客户投诉处理中心，建立全国统一的客户服务网络系统。积极探索与发展保险电子商务，鼓励有条件的保险公司积极开办电子商务，为投保人提供安全便捷的网上保险服务。

（三）按照现代企业制度要求，深化保险公司体制改革。优化保险公司股权结构。在坚持国家控股的前提下，对国有独资保险公司实行股份制改造，引进民营资本和外资参股，实现股权多元化，真正建立起约束和激励机制。鼓励股份制保险公司增资扩股，支持符合条件的规范上市，增强保险公司资本实力。切实转换保险公司运营机制。健全法人治理结构，规范股东大会、董事会、监事会、经理层运作模式和工作程序；引进独立董事制度，建立健全内控机制、激励约束机制、投资决策机制和风险管理机制；试行职工持股和高级管理人员期权制，提高公司凝聚力。

（四）加强管理，防范和化解经营风险。转变业务增长方式。坚持以效益为中心的经营指导思想，转变过去单纯追求规模和市场份额的粗放经营模式，注重业务质量，增强企业长期发展的后劲，实现企业可持续发展；加强企业发展战略研究，制定和实施适应市场的产品创新战略、技术创新战略、管理创新战略和市场营销战略，形成各具特色的竞争优势。健全企业内控机制。建立健全公司决策系统，完善决策程序；实行严格的核保、核赔制度，建立风险分摊机制；实行全额预算管理，严格执行保险机构高级管理人员和重要岗位人员的离任审计制度，建立直属总公司独立的内部稽核机构。加强对资金运用的集中统一管理。将资金运用业务与保险业务严格分离，实行专家理财；建立独立、有效的投资决策机制、投资风险评估机制和投资行为的监督与制约机制，提高投资回报。

（五）完善法律法规，加强和改善保险监管。根据加入WTO协议，借鉴国际经验，清理与WTO基本原则和对外承诺不相符的法规和规章，对一些法规条文进行修改和补充；同时，尽快将修改《保险法》纳入议事日程，并制订与《保险法》相配套的行政法规和规章，包括《机动车辆交通事故责任强制保险条例》、《保险违法行为处罚办法》、《外资保险公司管理条例》等。转换保险监管方式，由目前注重市场行为监管逐步向国际通行的偿付能力监管方式过渡，减少行政审批，推进费率市场化，保险公司分支机构的设立、高级管理人员的任职资格管理等逐步过渡到备案制；建立信息披露制度，

提高监管的透明度；完善监管组织体系，充实监管力量，提高监管的权威性。

（六）调整相关政策，改善保险业发展的外部环境。 进一步拓宽保险资金运用渠道。适当提高购买证券投资基金的比例；放开对保险业投资高信用等级企业债券、国家大型基础设施等的限制；允许一定比例的保险资金直接进入资本市场；允许保险公司成立专门的保险基金管理公司。完善保险税收政策，降低保险公司营业税率，建立对购买商业养老保险、医疗保险实行个人所得税扣税及延期纳税制度。

（七）大力培养和引进人才，提高保险队伍素质。 加入WTO之后，保险业的人才竞争将更加激烈，人才短缺的矛盾会更为突出。要从现有人员中择优选拔业务骨干出国受训，实地学习国外的先进技术和管理经验；采取公开招考的方式，从其他行业引进监管部门和保险公司急需的专业人才；从海外聘请专家，充实到保险高级管理岗位和技术岗位；改革用人和分配制度，充分调动和发挥职工的积极性、创造性。

（八）积极扩大对外开放，推进保险业国际化进程。 按照我国加入WTO的承诺，积极推进保险市场对外开放。对外资保险公司实行国民待遇，实现中外资保险公司平等竞争。实施“走出去”战略，积极开拓海外市场。加强国际交流与合作，学习借鉴国外先进经验和技术，加快与国际接轨的步伐。

按国际惯例加快
保险资金与资本市场对接

中国人寿保险公司总经理　王宪章

我国保险业自改革开放以来，保费收入以年均35%的速度递增，经过20多年的快速发展，保险市场日趋成熟，保险资金规模不断增大，去年底，保险公司总资产超过3300亿元。据预测，今后5年，我国保险业还将保持年均13%的增速，保险业在整个金融体系中的地位和作用将日益增强。随着保险业的快速发展，保险资金运用的重要性也进一步凸现。保险资金运用的资产结构、投资回报水平及风险控制能力已成为保险公司承保业务集约化、保险产品结构合理化以及市场竞争力进一步提高的关键因素。而如何拓宽保险资金投资渠道，加快保险资金与资本市场的对接，这是摆在保险界、证券界乃至整个金融领域的一个现实问题。

保险资金的运作
必须以资本市场为基本取向

从国际发展趋势看，80年代后，保险资金运用的资产证券化不断加强，美国保险公司证券化资产已超过80%，90年代后，甚至不动产投资、贷款也开始趋于证券化，而证券化是以发达的资本市场为基础的。单就股票投资看，美国保险公司的投资占20%，日本34%，香港24%，英国高达60%。从保险产品的结构调整看，过去保险公司是以传统的储蓄型产品为基本方向的，但在利率频繁调整的环境下，带来了较大的经营风险，出现了一定程度的利差损。为适应国际保险市场的产品调整的形势要求，国内已从单一的储蓄型产品向保障型产品、投资分红型产品等多元产品体系转化。投资分红型产品的最大特点是既为保户保留了保险的利益，又可分享资本市场快速成长的收益，从而把保险业务、保险资金与资本市场有机地结合在一起。从投资回报水平看，美国过去20年货币市场的收益率为3.7%，债券市场5%，股票10.3%；德国过去30年货币市场收益率3.5%，债券市场7.9%，股票市场14.4%；新兴市场国家债券市场收益率8.7%，股票市场15.5%。这表明，债券和股票市场为投资者带来了较高的回报。因此，保险资金以资本市场为取向是市场发展的必然选择。

1999年底，我国保险资金开始部分间接入市，允许买卖证券投资基金。去年保险公司投资于基金的资产130多亿元，平均投资回报率达到12%，中国人寿去年投资于基金的资产占保险业的40%，并取得了较高的收益率，这对于提高保险资金的整体回报水平有重要影响。保险资金之所以能从资本市场分享较高的收益，根本原因就在于资本市场是一个有效率的市场，其中，政府发行的债券都是风险控制有保障的债券，中央企业债也是国民经济中一些支柱产业、基础产业项下质量较高、效益较好的公司债，股票市场中虽然有部分效益不稳定的企业鱼目混珠，进入了上市行列，但总体看，上市公司仍然是效益较好、产品有市场、产业有发展前景的企业群体。这些就保证了投资者可以从资本市场取得长期、稳定和较高的回报。

中国资本市场的发展需要保险资金的积极参与

中国资本市场经过近十年的高速发展，目前正步入规范发展时期。一个成熟的资本市场必须具备三个条件：一是成熟的产品，二是成熟的监管体系，三是成熟的投资者。从超常规发展机构投资者的战略来看，就是要为资本市场培育成熟、理性的市场参与主体，就是要树立长期、稳定的投资理念。从这个意义出发，资本市场呼唤保险资金的积极参与。保险资金进入资本市场，不仅可以丰富资本市场的投资主体，还将为其提供长期稳定的资金来源。目前我国证券市场的投资者结构过于分散，机构投资者过少，大量短期资金和小额资金充斥资本市场，加剧了资本市场的波动性和投机性。为了促进资本市场的规范、稳步发展，保险资金尤其是寿险资金因为具备长期性、稳定性、规模性的特点，而且根据寿险公司的经营规模，可以为资本市场提供大量长期的资本流入，推动资本市场规模增长与结构改善，保险资金必将成为中国资本市场规范发展过程中的中坚力量。

保险资金与资本市场对接需要培育基本的环境和条件

从资本市场看，保险资金需要一个相对规范成熟的债券市场和股票市场，其标志是，市场有品种丰富的各类债券，特别是各类公司债券；有业绩稳定、质量较高的各类股票，特别是各类大盘蓝筹股；有严格规范的监管体系，以保证市场稳定健康运行。从保险公司看，保险资金要应对资本市场的挑战，必须在内部建立健全规范稳健的资金运用体系。这个体系要求有一套科学的投资决策体系、业务运作体系、风险控制体系、分配激励体系和人才队伍体系。从政府监管看，保险资金与资本市场对接需要各金融监管部门的协调配合，实行联动监管，政策一致，并建立健全各类相关的法律、法规，保证市场运转的合规性和政府监管的有效性。

保险资金与资本市场对接需要遵循循序渐进和控制风险的原则

由于保险资金对安全性要求较高，需要较为充分的外部环境和条件，而这些条件的形成又受制于多方面的因素，因而在对接中要循序渐进，先易后难，根据市场条件和法律完善的进程逐步放宽投资渠道。这要把握一个度，就是保险资金对市场风险的承受能力和保险公司管理风险的能力，这就是风险控制原则。进行风险控制，需要从系统性风险、非系统性风险和管理性风险三方面来把握。其中最突出的是系统性风险控制，这要求保险公司能够站在宏观高度，准确预测市场走势，动态地规避风险，同时也要求资本市场能建立风险对冲机制；非系统性风险要充分利用技术方法和科学的操作进行规避，通过资产的战略性配置、战术性分配和资产负债管理等技术降低市场风险；管理性风险属于道德风险，必须通过严密的制度体系和规范的操作规程加以控制。

保险资金与资本市场对接的方式是多样化的

从资金运作的主体看，国外对保险资金的管理有三种模式：一是保险公司设立投资管理公司、资产管理公司或专门的基金公司；二是保险公司在内部设立专门的资产管理部；三是保险公司以信托或委托的方式将资金交由专门的投资机构或资产管理机构来管理。

从我国投资的具体渠道看，近期条件比较成熟的对接方式有这样几种：(1) 面向保险公司发行定向保险投资基金，通过公开招标，委托经营水平高的基金管理公司管理；(2) 尽快放开投资连结产品直接入市的限制；(3) 以战略投资者身份参与国有股、法人股减持；(4) 扩大可投资的企业债范围；(5) 面向保险公司发行定向的长期特种国债、金融债；(6) 试办基础设施投资基金，参与一些有效益的大型基础设施和重点项目的开发建设。当然，这些方式都需要进一步研究和可行性论证。

（本文系作者在保险资金与资本市场对接研讨会上的演讲）

外汇市场

中国国际收支与外汇市场发展情况

中国人民银行副行长、国家外汇管理局局长　郭树清

2000年是世纪更替的一年，是“九五”计划的最后一年，也是中国经济在克服亚洲金融危机影响后进入新一轮发展时期的一年。2000年及整个“九五”期间，我国国际收支平衡发展，外汇市场平稳运行，人民币汇率保持稳定，有力地促进了改革开放和社会主义现代化建设事业。

一、2000年中国国际收支与外汇市场发展情况

在国际经济环境趋好，国内经济持续、快速、健康发展的大背景下，中国国际收支继续保持了良好发展势头，外汇市场交易活跃，外汇储备稳步增长，人民币汇率基本稳定。

（一）国际收支继续“双顺差”，国际清偿能力进一步增强

经常项目顺差，规模略有下降　全年顺差205.2亿美元，较1999年减少2.8%。经常项目顺差下降的主要原因是货物贸易顺差下降和服务贸易逆差增加，货物贸易顺差344.7亿美元，较上年下降4.2%；服务贸易逆差56亿美元，增加4.9%。经常转移顺差63.1亿美元，上升27.7%，这抑制了经常项目顺差的下降势头。同期收益项目逆差141.9亿美元，与上年基本持平。

资本和金融项目顺差，规模大幅下降　全年顺差19.2亿美元，比1999年大幅缩减62.9%。顺差下降主要是因为其他投资项下逆差增长较快，全年逆差达到315.4亿美元，增长53.5%。从其他投资的项目构成看，逆差增长的主要原因有二：一是境内金融机构的境外资产大幅上升，国内金融机构存放境外同业和拆放境外同业比上年末分别增加65.41亿美元和183.95亿美元，即当年通过境内金融机构的对外资本输出达到近250亿美元；二是外债项下净流出增加，全年对外借债新提款249亿美元，归还本金291亿美元，外债项下净流出42亿美元，较1999年净流出量增加了33亿美元。加之由于美元对日元、欧元升值产生的汇率调整数为负20亿美元，到2000年末，中国登记外债余额为1457亿美元，较上年末减少61亿美元，这是改革开放以来中国首次出现外债余额下降。2000年，贸易信贷总体顺差52.6亿美元，而1999年为逆差96.3亿美元；证券投资项下出现39.9亿美元逆差，但较上年下降64.5%。贸易信贷和证券投资项目收支状况的改善，抑制了资本账户收支情况的恶化。此外，直接投资项下顺差374.8亿美元，与上年基本持平，依然是资本与金融账户顺差的主要来源。

国际储备资产保持较快增长　在国际收支双顺差的基础上，国际储备资产较上年末上升105.5亿美元，比上年增加28.2%。

净误差与遗漏额下降　净误差与遗漏额为负118.93亿美元，较1999年下降19.7%。其占国际收支贸易总额的比例为2.6%，较1999年下降2.4个百分点，低于5%的国际经验标准，这表明中国国际收支统计水平和国际收支平衡表的准确度进一步提高。

（二）银行间市场平稳运行，人民币汇率基本稳定

银行间外汇市场成交量大幅回升　银行间外汇市场交易系统顺利跨越新千年，全年累积成交折合421.8亿美元，日均成交1.68亿美元，比1999年增加34.1%。

人民币汇率稳中趋升　全年美元对人民币日加权平均汇率最高为8.2799，最低为8.2768，上下波幅只有31个基本点。12月29日，美元对人民币加权平均汇率为8.2774比1，较上年末下跌了21个基本点。

外汇储备加速增长　到2000年末，国家外汇储备达到1655.7亿美元，较上年末增加109亿美元，比上年多增加11亿美元。

（三）2000年中国国际收支形势良好是经济基本面改善和加强管理共同作用的结果

国民经济运行呈现良性发展态势，为国际收支进一步好转创造了有利条件　2000年是中国经济工作取得

显著成绩的一年。中国坚持扩大内需，继续实行积极的财政政策和稳健的货币政策，国民经济保持了较快发展势头，总体物价水平止跌企稳，经济增长的质量和效益明显改善，经济结构调整稳步推进，国有大中型企业改革和三年脱困目标基本实现，国民经济发展出现重大转机。

对外经济运行状况逐步改善，为国际收支“双顺差”奠定了物质基础 2000年，中国外贸进出口逐步摆脱了亚洲金融危机的影响，累计出口2492亿美元，进口2251亿美元，分别比上年增长27.8%和35.8%；进出口总额4743亿美元，增长31.5%，圆满实现“九五”期间进出口总额超4000亿美元的目标。同时，中国利用外资形势改善，全年合同利用外商直接投资627亿美元，新批外商投资项目22532个，均扭转了前两年的下降势头，分别比1999年增长50.8%和36.9%；实际利用外商直接投资408亿美元，与上年基本持平；境外发行证券筹资200多亿美元，较上年也有较大增长。

国家继续打击走私和逃骗汇活动，为国际收支的好转提供了政策保障 1998年以来，国家通过开展专项打击斗争、改进电子化监管手段、完善管理法规等措施，保持了打击走私、逃骗汇的高压态势。一方面遏制了外汇领域的违法犯罪活动，减少了违法违规的外汇交易；另一方面维护了正常的外汇市场秩序，保护了合规经营企业的合法权益。2000年，中国贸易结售汇增幅与进出口增幅基本一致，实现外贸“顺差顺收”。

人民币汇率的贬值预期明显改善，为国内外汇市场正常运行创造了良好的外部环境 受亚洲金融危机影响，市场人民币贬值预期一度比较强烈，在一定程度上加剧了逃骗汇活动。2000年，随着国际金融市场动荡逐渐平息，国内经济运行状况不断改善，人民币贬值预期减弱，促进了外汇市场的平稳运行。据中国企业经营者问卷跟踪调查报告显示，2000年对于人民币汇率水平认为“偏低”和“过低”的比重之和比认为“偏高”和“过高”的比重之和高出近11个百分点，表明企业经营者增强了对人民币币值稳定的信心。

二、中国“九五”国际收支和外汇管理工作

（一）“九五”中国国际收支的特点

“九五”期间，中国对外经济运行经受了亚洲金融危机的考验，国际收支总体保持了良好发展态势。经常账户持续顺差；资本与金融账户除1998年小额逆差外，其余四年均为顺差。特别是1999年和2000年连续实现“双顺差”，表明中国已基本消除了亚洲金融危机的影响，国际收支重新步入健康发展的轨道。

“九五”时期中国国际收支状况 单位：亿美元

	1996	1997	1998	1999	2000
经常项目	**72.42**	**369.63**	**314.71**	**211.14**	**205.19**
货物贸易	195.35	462.22	466.14	359.80	344.74
服务贸易	-19.85	-33.99	-27.77	-53.39	-56.00
收益项目	-124.37	-111.70	-165.36	-140.93	-141.88
经常转移	21.29	51.43	42.78	49.43	63.11
资本和金融项目	**399.67**	**210.15**	**-63.21**	**51.80**	**19.22**
资本项目	—	**-0.21**	**-0.47**	**-0.26**	**-0.35**
金融项目	**399.67**	**210.36**	**-62.75**	**52.05**	**19.58**
直接投资	380.66	416.74	411.18	369.78	374.83
证券投资	17.44	69.42	-37.33	-112.34	-39.91
其他投资	1.57	-275.80	-436.60	-205.40	-315.35
储备资产变动	**-316.62**	**-357.24**	**-64.26**	**-85.05**	**-105.48**
净误差与遗漏	**-155.47**	**-222.54**	**-187.24**	**-177.88**	**-118.93**

资料来源：国家外汇管理局《中国外汇管理年报2000》

经常项目顺差由升转降 1996到2000年，经常账户顺差占当年GDP的比重分别为0.9%、4.1%、3.3%、2.1%和1.9%。其变化主要受贸易顺差变化影响。货物贸易顺差逐步缩小，服务贸易和收益项目逆差扩大，经常转移顺差稳定，这是“九五”期间经常项目四大项变化的主要特点。

资本与金融项目波动性较大 其中，直接投资总量基本保持稳定，依然是资本与金融账户顺差的主要来源。但其他投资变动较大，特别是贸易信贷项下的收支情况已经成为决定账户差额变动的主要因素。证券投资由总体流入转为流出，但规模始终较小。

净误差与遗漏逐渐减少 依据国际收支口径，“九五”期间，净误差与遗漏项占货物贸易总额的比重分别为5.5%、6.9%、5.8%、5.0%、2.6%。值得注意的是，国内外一些学者在估算中国资本外逃规模时，往往把误差与遗漏全部计入测算，这大大高估了中国的资本

外逃规模。由于国际收支统计数据来源不同、统计口径不同、计价方式不同以及统计时点不同，统计结果中必然存在误差与遗漏，这在各国国际收支统计中都普遍存在。由于中国各主管部门统计方法不一致，所导致的统计误差中就有很大一部分在国际收支中反映在净误差与遗漏项中。

外汇储备恢复较快增长　1996、1997年，外汇储备年增加额均超过300亿美元，1998年受亚洲金融危机影响，当年外汇储备仅增加51亿美元，1999年、2000年又恢复较快增长，增长额分别为97.2亿美元和109亿美元。“九五”期间，国家外汇储备规模再次翻番，从1995年末的736亿美元增至2000年末的1656亿美元。人民币汇率保持基本稳定。1994年汇率并轨到1997年初，人民币汇率一直呈升值趋势，年平均汇率从1994年的1美元兑8.6187元人民币升值到1美元兑8.2921元人民币。亚洲金融危机后，受市场预期影响，人民币面临一定的贬值压力，但在宏观基本面依然良好的基础上，通过加强外汇管理以及加大鼓励外贸与吸引外资等政策，中国保持了人民币汇率稳定。亚洲金融危机以来，人民币汇率基本稳定在1美元兑8.2780元的水平，这对于稳定中国乃至亚洲经济、金融发挥了信心锚的作用。

（二）“九五”外汇管理工作

“九五”期间，中国在国民经济总体健康发展的基础上，继续巩固1994年外汇体制改革的成果，提前实现了人民币经常项目完全可兑换，进一步确立了市场在外汇资源配置方面的主导地位。此后，还不断完善了“经常项目完全可兑换、资本项目外汇实行管制”的现行外汇管理框架。

建立了符合国际惯例的国际收支统计申报制度，较好地发挥了监测预警作用，改善了国家宏观调控手段　为了适应经济发展的需要，与国际标准接轨，提高国际收支统计质量，中国从1996年1月1日起实行《国际收支统计申报办法》，明确了国际收支申报对象，对国际收支申报人的权利和义务进行了法律规定。随后，又两次改革、完善国际收支统计申报制度，并从1997年起按照国际货币基金组织《国际收支手册》第五版的原则进行编制和公布。至此，中国已经建立起一整套与国际货币基金组织要求相一致的国际收支统计申报体系，并以此为基础健全完善了相关的分析、监测体系，为切实掌握国家涉外经济状况，监测、预警国家经济安全，发挥了重要作用。

坚持资本项目外汇审慎管理，抵御了亚洲金融危机冲击，维护了国家经济安全　1997年亚洲金融危机的爆发与随后的迅速扩散，对中国出口、利用外资，以及经济增长都带来了较大的冲击。由于中国长期坚持对资本项目的审慎管理，保持了较为合理的外资、外债存量结构，抑制了短期资本流动冲击，对保持国际收支总体平衡，维护人民币汇率稳定发挥了重要的防火墙作用。同时，针对受危机影响，资本流出的动机增强，一些不法分子和企业出于走私、骗税等目的，想方设法骗购外汇，以及非法截留、转移和买卖外汇的情况，外汇管理部门还根据党中央、国务院的统一部署，会同有关部委对进口售付汇业务进行了专项检查，并在国际货币基金协定第八条款的框架下进一步完善了外汇管理法规。1998年，第九届全国人大常务委员会第六次会议对《刑法》进行了补充修改，增加了骗购外汇罪，进一步加大了外汇执法力度。通过采取上述措施，有效打击了非法骗汇势头，维护了外汇市场的平稳运行。1998年下半年，国家外汇储备开始恢复正常增长，1999年起“外汇顺差不顺收”局面得到根本转变。

及时清理、修改、完善外汇管理法规，促进了涉外经济健康发展　“九五”期间，特别是1997年以来，按照党中央、国务院部署，外汇管理方面积极配合，适时进行了政策调整，加大力度鼓励外贸与吸引外资。如取消出口收汇结汇和入帐审核、取消外商投资企业外汇结算账户不得作定期存款的限制等。这些措施有效地支持了外贸出口和利用外资。同时，为积极创造更为宽松、透明的外汇管理法制环境，外汇管理部门还对解放以来的外汇管理法律、法规进行了全面清理和修订，废止了多项过时法规，进一步完善了中国的外汇管理法规体系，并先后通过新闻媒体、互联网站点、银行联席会议等多种形式进行外汇管理政策法规的解释与宣传工作，增加了外汇管理政策的公开性和透明度，进一步推进了依法管理、依法行政的进程。

在肯定成绩的同时，也要清醒地看到中国还存在较为严重的逃骗汇。前几年开展的打击走私和骗汇斗争，以及近期正在开展的打击出口骗退税斗争，都暴露了外汇管理工作存在不少问题。例如，对有些外汇收支活动监管存在空白，或者是有规定，但规定不够严密，操作不落实，给不法分子以可乘之机；管理手段还比较落后，仍大量依赖手工监管和纸质单据，管理的效率欠佳，伪造、盗用、假挂失单据逃避监管的现象时有发生，等等。加强和改进外汇收支管理工作还任重道远。

三、“十五”国际收支状况展望和外汇管理工作规划

（一）国际收支展望

“十五”期间，中国将加入世界贸易组织，国际收支将会呈现出新特点、新格局。

经常项目继续保持顺差，但顺差有可能缩小　入世

有利于中国与各国形成稳定的贸易往来关系，促进出口正常增长。但是，出口既受到自身国际竞争力的限制，也受到外部需求的约束。2000年下半年以来，美、日、欧经济增长放缓，外部需求减弱，全球经济复苏尚待时日，加上全球贸易保护主义抬头，都将抑制我国出口增长。而从进口来看，随着履行世贸组织义务，降低关税和取消非关税限制，以及国内加快经济建设和结构调整的内在需要，今后一段时期进口很可能会保持较快增长，导致货物贸易顺差减少。同时，由于国内服务业总体水平与国际相比存在很大差距，随着居民可支配收入逐步增加，消费结构改变，入世后服务贸易逆差可能进一步增大。因此，今后几年经常项目顺差有可能下降。

资本项目不确定性较大，但有可能保持基本平衡

入世后，中国将进一步扩大对外开放，增加新的投资领域和投资方式，这将对国际上的资金、技术和人才形成更大的吸引力。不过，由于进口限制减少，为回避进口限制而进行的外商直接投资可能减少，而当前外国投资以跨国购并为主，中国还不具备相关的政策法规环境，制约了吸收外商投资的能力。对外借款已经出现了下降的势头，如果今后在国际债券市场筹资方面没有较大发展，以外债形式流入的资本会减少。在证券投资方面，当前由于受全球股市暴跌的影响，境内企业在境外上市发股筹资的难度加大，意愿降低，今后几年通过国际资本市场股票融资的金额可能会有所下降。同时，"十五"规划明确指出要实施"走出去"发展战略，今后中国企业将更多地参与开拓国际市场，对外直接投资也会出现较快增长。总之，未来中国资本项目收支状况的不确定性较大。不过，由于中国在吸收外国直接投资和证券投资方面还存在较大潜力，因此，只要采取一定措施，有可能争取资本项目平衡有余的结果。

国际收支有望保持基本平衡，外汇储备在此基础上将保持适度增长　从国际经验看，一些国家在加入世贸组织，扩大市场开放的初期，往往是经常项目收支状况弱化，而资本项目收支状况强化，总体国际收支平衡状况有所改善。入世后，鉴于中国经常项目顺差有可能减少，国际收支平衡对资本项目顺差的依赖将有所加重，甚至不排除有时要靠资本项目顺差来弥补经常项目的逆差。但总的来看，入世后中国仍然有望保持国际收支基本平衡，外汇储备稳定增加，但增幅可能减小。

（二）"十五"外汇管理工作规划

"十五"规划明确提出，中国要大力发展开放型经济。同时，国家对国际收支问题高度重视，规划明确提出要"保持国际收支基本平衡"。规划中涉及"十五"国际收支管理的重大举措有："改进人民币汇率形成机制，完善以市场供求为基础的、有管理的浮动汇率制度"，"保持人民币币值稳定和汇率的基本稳定"；要通过多个领域的服务贸易出口，"逐步缩小服务贸易逆差"；"要进一步改善投资环境，积极探索采用收购、兼并、风险投资、投资基金和证券投资等形式，扩大利用外资"，等等。

"十五"期间，中国外汇管理的主要任务是：维护国际收支平衡，保持人民币汇率稳定，促进经济增长和市场发育，保护国家涉外经济安全。

为达到上述目标，第一，外汇管理要进一步深化改革，依法行政，提高国际收支和外汇收支监测预警能力，加强外汇收支管理，在满足外汇合理需求的前提下，打击逃骗汇和外汇非法交易，减少违规资本流出。

第二，要改进国际收支统计申报体系，进一步提高国际收支统计申报质量和定期发布频率。要建立健全相应统计制度，正式编制和定期发布国际投资头寸表。要完善银行结售汇统计体系，建立银行收付汇统计监测体系，改进外汇账户统计。要建立健全国际收支、外汇收支早期预警机制和应急机制，进一步提高国际收支、外汇收支监测预警水平。

第三，要建立银行结售汇业务监管体系和制度，全面规范银行结售汇业务，严格区分银行代客结售汇与自营结售汇业务，统一中、外资银行结售汇监管。

第四，要摸清服务贸易外汇收支的状况，加强服务贸易外汇管理制度建设，建立健全服务贸易外汇收支监管机制。充分利用和改进监管的电子技术手段，加强贸易结售汇真实性审核，巩固贸易外汇管理成效。

第五，按照国际标准调整登记外债口径，对外债实行全口径管理，控制外债规模，优化债务结构。进一步加强对外借款（含对外或有负债）和对外发债的审核，严禁非法对外融资。制定与利用外资新形式相配套的外汇管理办法，保障资本市场开放的有序进行。同时，还要进一步规范企业境外投资行为。

第六部分

涉外投资

本栏目由四川省成都市政府协办

利 用 外 资

中国鼓励外商投资新举措

对外贸易经济合作部部长　石广生

吸收外商直接投资是我国对外开放基本国策的重要内容。为了迎接新世纪的挑战，抓住经济全球化的机遇，促进与世界各国和地区的投资合作，中国政府已经并将继续采取下列鼓励外商投资的政策措施，致力于创造一个稳定和宽松的有利于外商投资的环境，更多更好地吸引外商直接投资。

（一）鼓励外商投资企业技术开发和创新。对外商投资设立的研究开发中心，在投资总额内进口的自用设备及其配套的技术、配件、备件，可免征关税和进口环节税；外国企业向我境内转让技术，可以免征营业税，经批准，还可免征企业所得税；外商投资企业取得的技术转让收入免征营业税；外商投资企业技术开发费比上年增长10%以上的，经批准，允许再按技术开发费实际发生额的50%，抵扣当年度的应纳税所得额。对符合条件的、已设立的国家鼓励类外商投资企业、外商投资研发中心、先进技术型和产品出口型外商投资企业进行技术改造，进口技术、设备、配件免征关税和进口环节税；采购国产设备，可全额退还国产设备增值税并按有关规定抵免企业所得税。

（二）鼓励外商到中西部地区投资。对外商投资于《中西部地区外商投资优势产业目录》中的项目可享受鼓励类项目政策，其进口的自用设备及其配套的技术、配件、备件，免征关税和进口环节税；放宽中西部地区吸收外商投资领域和设立外商投资企业条件，放宽中西部地区设立外商投资企业外商持股比例限制；对设在中西部地区的国家鼓励类外商投资企业，可延长企业所得税的减免期；外商投资企业到中西部地区再投资，凡外资比例达到25%以上的再投资项目，可享受外商投资企业待遇；允许沿海地区的外商投资企业到中西部地区承包经营管理外商投资企业和内资企业。

（三）按照中国加入世贸组织的对外承诺，逐步扩大服务贸易领域的对外开放，进一步推进商业、外贸、金融、保险、证券、电信、旅游等领域的吸收外资工作。外商投资零售商业企业的地域已扩大到全国省会城市、直辖市和经济特区，外贸吸收外资的试点范围也将在总结经验的基础上进一步放宽。

（四）鼓励外商投资的新举措还包括：允许符合条件的外商投资企业在中国A股、B股市场上市；扩大跨国公司在华设立的投资性公司的经营范围；简化外商投资企业设立的审批手续，对不涉及综合平衡的国家鼓励类外商投资企业，不论金额大小，均可在省级政府审批。取消对外商独资企业进口设备的价值鉴定；清理并调整不利于吸收外资的有关政策规定等。

（五）我们将积极探讨扩大外商投资的领域和方式，完善相关的法律法规，加快制订鼓励外商参与中国企业改造和发展的政策措施，支持和促进外商采取收购和兼并等多种方式参与中国国有企业改组改造，进一步引入技术、资金、管理经验和经营机制，促进中国国有企业的改革与发展，促进技术和产品结构调整。在继续鼓励跨国公司来华投资的同时，我们也将积极推动中外中小企业间的经济合作，大力发展龙头产品的配套产业，进入跨国公司全球配套网络。

面向21世纪，中国经济生活的各个方面都将出现新的变化，崭露新的发展趋势。中国将进入一个建设更加富裕的小康社会并向基本实现现代化迈进的新的发展阶段。面对世界科技进步和经济全球化加速发展的新形势，中国的经济结构将进行战略性调整，经济体制将进行深层次改革，对外开放将全方位扩大。中外投资者应关注中国经济发展的新增长点，从中找到发展的新机遇。我认为，在今后的发展进程中，各国和地区的工商企业可以发挥自身的优势，与中国当地优势相结合，充分运用各项优惠政策，积极参与中国的经济发展及现代化建设，实现共同发展。

2000年的中国国际贸易投资促进工作

中国国际贸易促进委员会会长 俞晓松

一、2000年中国国际贸易促进工作的基本情况

（一）加强国际交流，寻求合作机遇

2000年，中国国际贸易促进委员会、中国国际商会通过组团互访、参加国际组织活动等方式，与世界各国、各地区的政府机构、经贸组织和各界人士进行了广泛交往。全年共接待外国团组90批，其中随外国领导人来访的企业家团组12批；组织出访团组57批。通过上述多方面的活动并举办数十场洽谈会、报告会、恳谈会，使众多中外企业建立了直接联系，使中国企业了解了各国、各地区商贸环境，开辟了贸易和投资通道，有效开拓了市场。

继续加强与我国主要贸易伙伴的经贸关系。全年接待了15个美国州政府或商协会和大公司的代表团及多批知名人士来访，为促进中美两国就中国加入WTO达成协议和解决PNTR问题进行了积极努力；接待了日本国际贸易促进协会和日中经济协会两个大型年度访华团；举办了第二届中欧商务对话、第六届中法经济研讨会；组织多批经贸代表团出访美国、欧洲、日本、韩国；继续执行日益受到中欧企业界及欧盟驻华使团重视的“欧盟青年经理在华培训计划”。

与国外对口机构和组织合作，增进双边经贸往来。协助美国亚洲协会在上海举办了该协会第十一届国际企业年会；同东盟、南亚、西亚、中东等地区各国工商协会加强联系，组织大型经贸代表团互访；组织中国企业家访问秘鲁、哥伦比亚、厄瓜多尔，加强了与这些国家经贸界的相互了解；成功召开了中国——土耳其企业家理事会会议、首届中国——巴基斯坦企业家理事会会议；与韩国、保加利亚、乌克兰等国对口组织签署了14个合作协议；举办中墨企业家第九次双边会议，签署了深化双边经贸合作的会议纪要。

加强对港澳台地区的经贸促进工作。就建立内地与香港民间经贸联席会议机制同香港四大商会进行磋商，建立新的沟通渠道；派出工作小组出席澳门国际贸易投资博览会，同澳门对口机构进行了工作交流；针对海峡两岸的新变化，提出应在“一个中国”原则下扩大两岸经贸交流的建议；接待台湾工商界考察团100多人次。

密切与国际组织的联系。组织中国企业家代表团出席文莱亚太经济合作组织工商领导人峰会；派团参加太平洋盆地经济理事会（PBEC）第33届国际大会、亚洲贸促论坛、亚洲邻人会议、第二届墨西哥—亚洲商务论坛、南方拉美商界会议等国际经贸重要会议。代表国际商会中国国家委员会参加了国际商会第33届世界大会。

（二）发挥国际展览的促贸功能，开展信息咨询服务和宣传出版工作

围绕国家外交、外经贸工作的总体部署，2000年，中国国际贸易促进委员会综合运用各种服务手段帮助我国企业开拓国际市场。

代表国家成功地参加了汉诺威世博会的展出。中国馆展出153天，接待观众380多万人次，接待世界各国贵宾团513个。通过世博会展出，加深了各国人民对中国巨大进步的了解，增强了外资对中国的信心。

国际展览成效显著。2000年，中国国际贸易促进委员会以中国展览团的名义组织了赴24个国家的36个出国经贸展览，展出总面积、参展企业、签订贸易合同额等各项指标均创历史新高。在来华展览方面，仅在北京中国国际展览中心，全年就举办各类国际展览会和交流会110个，来自50多个国家和地区的1.2万家厂商参展，接待观众180万人次；贸易成交总额250亿元人民币。汽车展、电信展、纺织机械展、冶金展等知名大展的规模创历史最高记录。

采用网络手段开展贸促工作。努力建立贸促系统信息咨询服务体系；继续建设经贸资料库、中英文贸促会网站，组建“中国贸促网”商业网站，向全球推荐中国产品；为推动中国电子商务的应用与发展，参与举办了第四届中国国际电子商务大会，并在国内5个大城市及香港、美国巡回举办了“数字化中国论坛”活动。

（三）为中外企业提供多种法律服务，优化经贸与投资环境

2000年，中国国际贸易促进委员会的法律服务领域进一步扩大，服务手段更加多样化。

1993年以来，中国国际经济贸易仲裁委员会年受案总量在世界各主要仲裁机构中一直居于首位。2000年，受案范围由涉外经济案件扩大到包括国内经济纠纷案件，并成立了域名争议解决中心。仲裁规则经修改后，更加与国际惯例接轨。中国国际经济贸易仲裁委员会和中国海事仲裁委员会全年共受理案件649件，涉及

40多个国家和地区，争议标的总金额75亿元人民币；审结案件757件。以仲裁方式公平、公正、快捷、经济地解决经贸纠纷，促进了我国贸易和投资环境的改善，增进了中外企业间的合作。

中国贸促会、中国国际商会调解中心成立于1987年。自1992年开始，先后在34个分会陆续成立调解中心，形成覆盖全国的贸促调解网络。2000年，共受理案件328件，结案246件，调解成功218件。

出证认证业务继续增长。2000年，全国贸促系统共签发原产地证40多万份，认证各类商业单证9万份，出具涉外经贸文件证明书1.7万份，代办领事认证6万多份。为我国一些知名企业在世界各地进行项目投标、投资建厂提供了各类文件的认证。通过出证认证服务，协助企业顺利通关、结汇以及申办各种投资与进出口手续，促进了我国对外贸易和投资的开展。

ATA单证册服务起步良好。我国于1998年1月1日起实施有“货物通关护照”之称的ATA单证册制度，中国贸促会、中国国际商会成为我国ATA单证册的出证和担保商会。2000年，共签发ATA单证册25份，所涉货物金额约2亿美元；办理外国来华使用的单证册300余份，为有关单位和企业参与国际贸易、投资活动与文化交流提供了便利。

知识产权保护事业继续发展。2000年，中国国际贸易促进委员会专利商标事务所和中国专利代理（香港）有限公司共受理专利申请2万件，商标注册申请、专利商标检索服务量均有大幅度的增长。受理各类侵权案件670件。通过知识产权服务，保护了发明人、申请人、合法持有人的权益，促进了技术交流和创新。

开展各种法律咨询服务。向国家立法机构和政府有关部门提供立法建议与法律草案修改意见；为企业出具法律意见书；答复国（境）外企业提出的投诉函；开展反倾销法律咨询；协助中国当事人在国外执行国际经贸仲裁裁决。

大力进行理论研究和对外交流。举办国际商事仲裁大会、联合国国际实务法委员会仲裁专家小组会议、世界ATA会议、21世纪亚洲仲裁会议等高层次的国际会议，接待了大量来访的国外及境外法官、仲裁员、律师等代表团并举办研讨会，派员参加仲裁和知识产权等方面的国际会议，宣传中国相关法律制度和良好的投资环境。

二、2000年中国国际贸易投资促进工作的业务开拓特点

（一）加强投资促进工作，提升中外企业合作层次

开展专项促进工作。举办或参与主办中意投资项目洽谈会、俄罗斯应用高新技术项目推广暨经贸洽谈会、2000年国际投资与高新技术产业项目洽谈会等大型活动，使中外企业就一些有良好发展前景的投资项目达成合作协议；组织工作小组赴瑞士、英国、日本、韩国、意大利进行招商引资和项目推广。

积极促成具体项目合作。协助落实东南亚国家与中国在农业、金融、电子商务等领域的技术合作项目；邀请美国垃圾处理和环保产业公司总裁考察吉林、辽宁，与当地政府就环保BOT项目签订了合作意向书。

拓展国际展览的投资促进功能。积极开展代理业务、对外投资、散件组装等多种形式的活动，举办研讨会、洽谈会、投资说明会；帮助企业“引进来、走出去”。

支持地方政府招商引资。帮助建立对外联系渠道，宣传区域发展优势。参与主办或协办地方大型经贸活动31个，有力地支持了地方政府的引资工作。

推进项目上网工程。收集各省区特别是中西部地区的招商引资项目资料，通过贸促网站、出版物和驻外代表处向国外推荐。至2000年年底，共收集省级招商引资重点项目3000多个，经筛选、分类编辑后，已将200多个项目上网，取得一定效果。

驻外机构加大投资促进工作力度。驻外代表处与驻在国投资促进机构和商协会组织、经贸界加强联系，就招商引资建立长期合作关系。努力协助国内地方政府在海外开展引资活动，并利用答复咨询和参加投资恳谈会等方式，介绍我国投资环境，推荐合作伙伴。积极参与驻在国中国商会或中资企业协会的筹建和日常工作，为中资企业在外发展创造条件。

（二）落实西部大开发战略方针，积极支持中西部地区的对外开放和经济建设

建立协调机制，增强支持力度。成立支持西部大开发工作领导小组，确定以宣传、对外交往、招商引资、展览、培训、法律服务为支持中西部开发的6项重点工作。召开开发中西部地区贸促工作座谈会，听取在京各国商会和外国公司的意见与建议，并及时向政府部门反映。

大力宣传介绍中西部地区的投资环境和开发优势。邀请多个日、韩投资考察团深入西部省区实地考察，组织中国内陆地区促进投资代表团访问上述两国；协助安排美国5个州的代表团与西部地区建立联系和开展合作；促成港澳地区商协会组织的8个投资考察团去中西部考察，签订了一批合作协议；邀请港澳台企业参加中西部经济洽谈会和研讨活动；组织十几个国家的驻华使节赴西安进行经贸考察。

提供各种出展优惠条件，帮助中西部地区企业走向国际市场。全年在出国展览中为中西部企业提供展位238个，占展位总数的17%，创历史最高记录。中西部

地区企业在参展中现场成交5000多万美元。

为中西部地区引进和培训人才。参与举办西部大型人才交流会；与香港总商会合作，在香港举办西部企业家培训班；举办多个外贸、法律培训班，为中西部地区培训了一批急需的外经贸人才。

（三）促进外贸市场多元化，大力协助企业开发新兴市场

加大对非洲经贸交往的工作力度。参与举办“中非合作论坛”，安排44个非洲国家的政府要员、企业家同中国企业家交流、洽谈；积极探讨建立中国——非洲商务理事会工作机制；接待了随博茨瓦那总统、刚果总统、坦桑尼亚总理等非洲国家领导人访华的经贸代表团；派出4个经贸代表团访问非洲国家。

利用出国展览，开拓发展中国家市场。全年组织参加赴发展中国家的国际展览会16个，接待观众177余万人次，签订贸易合同金额7000多万美元，意向性协议金额9800万美元。

探索新的合作形式。与世界葡语企业家协会合作举办北京——澳门企业家大会，加强葡语国家、澳门与内地企业家的交流与合作，促成浙江义乌小商品集团公司和世界葡语企业家协会签订了成立合资公司的协议。

发挥民间外交优势，推动与我新建交国家及未建交国家经贸关系的发展。组团访问了前两年与我建交的圣卢西亚、巴哈马，在当地商界引起了积极反响；邀请哥斯达黎加外企代表、批发商和进口商商会代表团访华，与之签订了双边合作协议；继1999年组团访问多米尼加和在圣多明各举办中国经贸展览会后，利用圣多明各商会会长来北京参加国际会议之机，与其签订了两会合作协议。

（四）为中小企业提供务实服务

为中小企业开展国际合作牵线搭桥。组织三批中国企业参加欧盟专门为中小企业举办的欧盟合作伙伴会议，使一批中外中小企业建立了合作关系；邀请由德国中小企业组成的业主联合会代表团访华，签订了50多个合作协议，投资总额达1亿美元；出席世界中小企业协会第29届理事会，中国贸促会副会长当选为世界中小企业协会主席。

增强信息服务的针对性、实用性。不断扩大信息服务面，通过建设CCPIT贸易机会网和大量的答复贸易咨询、发布国际贸易信息、提供国际市场报告等工作，使广大中小企业迅速掌握各类经贸信息，把握贸易和投资机会。

利用品牌活动，推介中小企业及其产品。参与举办2000年首届中小企业外商投资贸易洽谈会、中国常州中小企业商品博览会，为中小企业引进资金、管理、技术和销售产品创造条件。

改进服务方式，便利中小企业。巡回举办“中国产品如何出口欧洲”、“中国出口产品如何获得美国标准认证技术”等报告会，使各省区众多中小企业了解贸易要领；发展出证认证网点，使企业能得到便捷的服务；邀请国外有机食品、摩托车行业的专家来华，到企业现场指导。

帮助中小企业了解国际贸易规则与惯例。与联合国世界贸易中心合作，翻译出版《贸易秘密——中小企业出口问答》，介绍中小企业的出口策略和方法；推出了《国际技术贸易合同书示范文本及相关法律法规》、《国际货物买卖格式合同》、《航次租船合同确认书》，使企业能较快掌握实用法律知识。

三、面向新世纪的中国国际贸易投资促进工作

新世纪来临之际，经济全球化趋势迅速发展、世界范围内的产业结构调整步伐不断加快，企业特别是中小企业在竞争中所承受的风险和压力大大增加，开拓市场面临更多困难，贸易投资促进工作对支持其参与国际经济竞争与合作具有更加重要的意义。

建立和完善社会主义市场经济体制进程的不断加快，按WTO规则建立透明、统一、公正的外经贸法律和管理体系，推动着我国政府机构职能的进一步转变，要求贸易投资促进机构等社会中介组织加速发展，在政府和企业间有效发挥桥梁和纽带作用，并加强企业间的沟通、协调，及时提供所需服务，提高企业的竞争能力，培育良好的市场环境和市场秩序。

我国加入WTO后，与其他成员相互扩大市场开放，既使国内市场竞争更加激烈，也有利于我国具有比较优势的企业实施“走出去”战略。但是，与发达国家和地区跨国公司相比较，我国企业从总体上看，尚处于弱势地位，许多企业尤其是中小企业更不了解国际市场，缺乏开展国际化经营的各种要素，不熟悉国际贸易规则和惯例，迫切需要我国国际贸易投资促进机构等社会中介组织根据其具体需求，提供全方位的指导和服务，帮助其参与国际竞争与合作。

明确指导思想 以“培育和发展社会中介组织”重要精神为指导，借鉴国外社会中介组织长期在市场经济条件下积累的经验，深入研究新世纪我国国际贸易投资促进工作的任务与运作方式，建立科学机制，优化人员结构，增强服务意识，积极贴近企业。

推动制度建设 促进国家制订和完善相关法律与政策措施，进一步规范社会中介组织，营造有利其健康成长和发挥作用的宏观环境，健全有效促进企业特别是中小企业开拓国际市场的贸易投资促进体系。

加大企业协调力度 积极与其他涉外商会、行业协

会配合，参与价格市场协调、反倾销、反补贴和组织反倾销、反补贴应诉等工作，促进公平竞争、规范有序的市场秩序的建立。按国务院授权，认真做好全国出国经贸展览的协调和审批管理准备工作。

强化贸促职能 利用广泛的对外联系渠道，加强与国际组织和外国对口机构的联系与合作，开展全方位、多层次、有重点的民间交往和经贸促进活动，促进国家对外开放和经济建设。

提高服务质量 发挥信息、展览、咨询、法律、宣传服务手段齐全的优势，不断拓宽服务领域，切实帮助企业特别是中小企业把握市场动态，了解市场环境，结识合作伙伴，提高商贸信誉，降低经营成本。

加强"入世"应对工作 研究加入 WTO 对我国产业、企业的影响，帮助企业制定发展战略，培养高素质人才，强化自身素质；沟通政府与企业的联系，积极反映企业意见和要求，对我国企业在国际化经营中所遇到的问题提出解决建议。

积极参与国际非政府组织的活动 反映中国工商企业界对区域和全球重大经贸问题的立场和观点，推动区域经济合作和国际新经济秩序的建立。

注：除已在文中特别说明以外，本文统计资料仅限于中国国际贸易促进会总会 2000 年的工作内容，不包含其他商协会和中国国际贸易促进会各分支机构所做的贸易投资促进工作。

2000 年利用外资形势和 2001 年利用外资工作

国家计委副秘书长兼国外资金利用司司长　张晓强

2000 年是"九五"计划的最后一年，也是抓紧制定"十五"计划、准备跨入新世纪的关键一年。在党中央、国务院的正确领导下，我国经济工作取得显著成绩，国民经济发展出现了重要转机。我国坚持积极合理有效利用外资、扩大对外开放的方针，在加入世界贸易组织（WTO）进程加快、实施西部大开发战略、国际经济发展较强劲等有利因素下，利用外资也取得了可喜进展。

一、2000 年利用外资形势

随着国内外经济环境的改善，2000 年我国利用外资形势出现好转。合同外商直接投资金额扭转了下滑势头，实现了较快的恢复性增长。福建后石电厂一期、北京东方广场、广州本田汽车等一批外商投资重点项目相继建成。对外发行股票取得重要进展，中国联通、中国移动、中国石油、中国石化、首都机场等对外发行股票筹资约 200 亿美元，为历史最高水平。借用国外贷款保持适度规模，外债融资能力有所提高。沈阳至山海关高速公路、乌鲁木齐至奎屯高速公路、贵新高等级公路、上海外环线一期、广西鹿寨化肥、杭州萧山机场等借用国外贷款重大项目建成投产。我国全年利用外资总额近 600 亿美元（不含红筹股筹资），居发展中国家首位。我国继续保持合理的外债规模，偿债率、负债率、债务率指标均在安全线之内，对外偿债情况总体良好。

为贯彻和实施"走出去"的开放战略，有关部门抓紧制定、完善境外投资管理的法规和配套政策，加强了对境外投资的宏观调控和引导。"中色建设"的赞比亚铜矿、安徽华源的委内瑞拉棉纺厂、深圳中兴投资韩国通信开发中心等一批境外投资项目进入实施阶段，境外加工贸易取得可喜进展，境外投资的规模稳步扩大。

二、2000 年利用外资特点和问题

（一）2000 年利用外资的特点

1. 外商直接投资合同金额出现较快恢复性增长，实际金额小幅增加。近年来，国家在税收、股票上市、扩大审批权限、国内融资等方面出台了一系列鼓励外商投资的政策措施，这些政策措施的落实到位对 2000 年利用外资产生积极的影响。我国加入 WTO 的进展加快和国民经济出现重要转机，增强了外商投资的信心。国际经济环境的改善，特别是亚洲经济复苏加快，也促进了外商对华投资的发展。2000 年外商直接投资合同金额 627 亿美元，同比增长 51%。外商直接投资实际金额 408 亿美元，同比增长 1%，基本遏制了下滑趋势。

2. 外商投资企业对国民经济增长的促进作用进一步增强。外商投资企业工业增加值、出口、税收占全国的比重进一步提高。2000 年，外商投资企业工业增加值 5333 亿元，同比增长 14.6%，占全国工业增加值的 22.5%。外商投资企业进出口总额 2367 亿美元，占全国进出口总值的 50%，成为我国最大贸易主体。其中，出口 1194 亿美元，同比增长 39%，占全国出口总值的比重由 1999 年 45.5% 提高到 48.9%。我国 2000 年涉外税收达到 2316 亿元，同比增长 40.48%，占全国税

收比重由上年的15.99%提高到18.27%。外商投资企业在促进高新技术发展和增加就业方面继续发挥积极作用。

3. 国内大型企业以对外发行股票方式利用外资大幅度增长。国有大中型企业改革的进一步深化，加快了国内大型企业利用境外资本市场筹资的步伐，通过对外发行股票筹集了大量外汇资金，也促进了企业界经营机制转换。

4. 在国家统一规划下，国际金融组织和日本政府贷款加大了向中西部地区倾斜力度，预计全年安排用于中西部地区的贷款比重约70%。国家计委出台了《关于加强利用国际金融组织和日本政府贷款规划及项目管理暂行规定》，规范和加强了贷款项目的管理。2000年此类贷款的签约额和使用额分别达52亿美元和43亿美元，安排了长江干堤加固，浙江桐柏抽水蓄能，京珠线信阳至驻马店公路，北京环保，西安至南京铁路，重庆雷神店至贵州遵义高速公路，四川紫坪铺水利枢纽，新疆、甘肃节水灌溉，重庆轻轨，重庆、贵阳、大连环保，广州白云国际机场，武钢二热轧等一批重点项目。

5. 借用外国政府贷款的管理进一步完善。国务院批准出台了《关于进一步加强外国政府贷款管理若干意见的通知》，明确了建立健全外国政府贷款"借、用、还"管理机制的原则，进一步完善和规范了贷款项目的管理和对外工作程序。通过改革外国政府贷款转贷方式，实行分类转贷，减少了不必要的程序，加快了项目的转贷进度。经对外工作，德国、西班牙、意大利等国同意将对我贷款的第三国采购比例从15%提高至30－50%。下半年以来，完成对外谈判签约的项目有较大增长，其中包括厦门垃圾焚烧、洛阳水厂、上海明珠线信号系统、广西钦州港等重点工程。

6. 在国际资本市场债务性融资能力逐步恢复。财政部和中国建设银行进行了境外发债，筹资成本有所降低。为提高发债资金使用效益，防范国家外债风险，规范境内机构境外发债行为，经国务院批准下发《国家计委、中国人民银行关于进一步加强对外发债管理意见的通知》，并做好对外宣传和解释工作，提高了我国外债管理政策透明度。使用国际商业贷款的广东岭澳、江苏田湾、浙江秦山三期核电站及三峡工程进展顺利。

7. 认真贯彻实施中央关于"走出去"的开放战略，境外投资取得长足进展。境外投资项目涉及林业、矿产、机电、电信、高技术和服务业等领域，投资主体主要是在资金、技术、市场、经营管理和人才等方面具有相应能力的大中型企业，如中国海运、中国地质、中国纺机、中国成达和四川电力等公司。新批准项目投资目的明确，符合国家发展规划要求，与我国国民经济发展具有较强的互接互补性。项目能够达到合理的经济规模，具有较好的经济效益。除境外资源开发和生产加工类投资项目外，在境外设立研究开发和高技术的项目增多，部分国内企业开始尝试以并购外国企业方式进行境外投资。

（二）2000年利用外资存在的主要问题

1. 部分国家（地区）的直接投资实际金额继续下降，外商投资占我国固定资产投资的比重下降。亚洲10国和地区及美国对华实际投资仍略有下降。"八五"末外商直接投资占全社会固定资产投资的比重为15.65%，1999年降为11.17%，2000年降至10%左右。

2. 外商投资地区结构改善进展不快，绝大部分仍集中在东部沿海省份。基础设施、管理、人才、市场需求、开放意识等方面的问题仍是制约中西部扩大利用外资的主要因素。2000年西部利用外资虽然有所增长，但增长的绝对额不大。

3. 国外贷款比较成本偏高。国际金融组织贷款成本有所提高，国际商业贷款成本虽有所下降，但仍处于较高水平。总体上看，国外贷款相对于国内人民币贷款在利率上不具有优势。

4. 国外贷款项目对转贷机构的拖欠问题经过有关方面的共同努力已有所缓解，对外信誉逐步提高。但少数项目、个别信托投资公司和境外中资企业债务问题仍未全部解决，不容忽视。

三、2001年利用外资工作重点

2001年利用外资面临的国际、国内环境总体比较有利。世界经济将继续保持增长势头。我国经济在2000年出现重要转机的基础上，将继续保持稳定增长，积极财政政策和稳健货币政策的效果将进一步显现；国企改革和3年脱困目标的基本完成，为今后持续发展奠定了良好基础，也为外商投资带来更多机会。"十五"计划的颁布和实施，将增强国外投资者对我国经济、社会发展前景和政府意图的认识和理解，特别是重点领域的专项规划将对外商投资产生积极的引导作用。西气东输、西电东送等西部开发重点工程将陆续进入实施阶段，为外商投资带来新的机会。加入世界贸易组织，将有助于改善外商投资环境，增强外商投资信心，服务贸易等领域放宽外商投资的市场准入，将对外商投资产生新的吸引力。2001年国内外经济运行中存在一些不确定因素。美国经济的未来走势将对世界经济产生很大影响。国际金融监管体系尚未健全，国际资本市场中的巨额"游资"对一国或一个地区经济的潜在威胁并未消除。我国经济结构调整的任务还很艰巨，制造业能力普遍过剩，扩大内需的任务仍很艰巨。

2001年利用外资工作基本思路是：认真贯彻党的

十五大和十五届五中全会精神，根据中央关于制定“十五”计划的建议精神和实施“西部大开发”战略、“走出去”开放战略的要求及加入世界贸易组织进程加快的新情况，以积极扩大利用外资、提高外资质量和效益、保证外债安全为主要工作目标，以改善利用外资软环境、健全利用外资和境外投资政策法规、改进宏观管理和调控手段为工作重点，进一步拓展利用外资领域和地域，开拓利用外资新方式，力争利用外资和境外投资规模比2000年有所增加。

（一）适应加入WTO的新形势和新要求，采取积极有效的应对措施

全面清理利用外资的相关法律、部门规章和规范性文件，对不符合WTO规则要求的内容抓紧作好必要的修订，该废止的予以明文废止。重点做好《指导外商投资方向暂行规定》和《外商投资产业指导目录》的修改和颁布工作，明确政府对外商投资的产业导向，以及各个领域对外商投资的市场准入和股权比例要求，更加有效地发挥《规定》和《目录》对外商投资的引导作用。同时，相应修改免征外商投资项目进口设备关税和进口环节增值税等与《目录》有关的政策性文件。

提高行政审批的透明度和规范性，使政府工作适应新形势的要求。结合投融资体制改革，改进外资项目行政审批管理办法，合理简化审批程序，严格审批时限，提高办事效率。牢牢把握利用外资的主动权，严格把好市场准入关。在审批外商投资项目时，严格遵循国家产业政策和加入WTO的承诺，借鉴其它国家在过渡期有益经验和做法，充分运用WTO规则中反不正当竞争、反垄断等手段，防止外资给我国产业和经济安全可能带来的危害。注意掌握入世后出现的新问题，采取积极有效的应对措施。

（二）积极拓展领域，提高质量，稳定并扩大利用外资规模

继续抓好已出台的鼓励外商投资各项政策的贯彻落实，切实改善外商投资软环境，保持合同利用外资的增长势头，争取实际利用外资有所增长。逐步扩大商业、外贸、金融、保险、证券、电信、旅游、运输、咨询、会计等服务业领域的对外开放，规范和引导外资投向教育、医疗事业，减少对外商投资在股权等方面的限制。结合我国经济结构调整，积极引导外商投资方向，鼓励外商投资高新技术和基础设施领域，积极吸收跨国公司投资，扩大外资项目的规模和技术含量，重点推进天津摩托罗拉、上海中芯、宏力大规模集成电路、南海石化、扬子——巴斯夫、上海BP、西气东输等若干重大外资项目的前期准备和实施工作。

采取针对性措施，努力用好国外贷款。主动调整贷款行业结构，结合国外优惠贷款的特点和优势，逐步增加水利、生态、环保、城市基础设施以及教育、卫生等社会发展领域所占比重，适当减少交通项目所占比重，原则上不再安排常规火电站项目。同时，围绕西气东输、西电东送工程，积极安排城市天然气管网、输变电干线等项目。积极利用与贷款项目结合的多边及双边赠款等，如GEF（全球环保基金）、日本扶贫基金、英国政府赠款，以软化贷款条件。加强贷款信息发布工作，利用其他政府贷款放宽采购限制的有利条件，抓紧组织安排备选项目。严格控制一般性城市供水、污水处理等类项目使用限制采购的国外贷款。加大对外工作力度，努力拓宽优惠贷款领域，减少限制条件。实行国有商业银行中长期外债余额管理，促进国有商业银行外币资产结构调整。推进企业直接融资的试点，选择一至两家大型企业集团直接进入国际资本市场进行债务性融资。在贷款规划、项目内外资安排、对外工作与内部审批进度方面加强协调，大力推进项目前期工作。

（三）积极开拓利用外资新方式

结合国有经济战略性调整，在继续推进中方以实物出资和转让经营权等方式利用外资的同时，抓紧研究跨国公司并购国有企业的政策措施，鼓励跨国公司参与国有企业改革和资产重组。推进中外合资投资基金工作。继续推进条件成熟的企业以对外发行H股和红筹股的方式利用外资，鼓励有条件的高新技术和成长型企业到境外创业板市场融资。做好公路项目BOT和市政项目转让产权的TOT试点工作，推动外商投资特许权项目管理规定出台。积极研究利用国际金融组织“规划贷款”等新方式，并要在2001年取得明显进展。

（四）促进西部地区扩大利用外资，优化利用外资地区结构

在已出台《中西部地区外商投资优势产业目录》的基础上，结合西部地区特点和优势，抓紧出台西部开发利用外资政策的实施细则。鼓励外商投资于西部地区农业、水利、生态、交通、能源、市政、环保、旅游等基础设施建设和资源开发，对外商投资西部地区非油气矿产资源，在探矿权、采矿权使用费和矿产资源补偿费等方面给予优惠。扩大西部地区服务贸易领域对外开放，对一些尚未全面开放的领域，可选择西部地区先行试点。加大对西部外商投资项目在国内融资方面支持力度。国外优惠贷款新签约项目中，中西部地区所占比重争取保持在70%以上，并适当提高优惠贷款占项目总投资比重，以减轻中西部地区配套资金压力。优先安排国外商业贷款指标，支持西部地区优势产业及出口创汇项目引进国外先进技术和设备。中西部地区，特别是西部地区，应抓住机遇，根据“十五”计划积极筛选贷款项目，并做好项目前期工作。

（五）加强外债的宏观管理，做好全口径外债的总

量控制、结构优化和监测工作

研究制定全口径外债管理办法，规范对外借债行为，强化对违规外债和变相举债的监管，加强对外商投资企业和境外中资企业外债情况的监控。保持外债余额、偿债率、负债率、债务率的合理水平，以及长期外债和短期外债的合理比例。抓紧完善外债监测预警体系，及时把握国际资本动态，防范金融风险。有关部门要加强配合，妥善解决信托投资机构偿债问题，防止连锁反应，减少对我国债信的不良影响。对金融机构和重点外债企业加强指导，把握市场时机，适时进行主动性的债务结构调整，以降低外债成本和规避利率、汇率风险。建立健全涉外经济统计制度，准确把握涉外经济底数。

（六）抓紧实施“走出去”开放战略

为鼓励和引导能够发挥我国比较优势的对外投资，继续做好境外投资法规和配套政策的出台、修订工作。研究制定境外资源类和生产加工类投资发展战略和规划，积极推进《境外资源类投资方向指导政策》早日出台，加大石油、天然气、林业等资源类投资项目前期工作力度。研究支持有实力的企业在境外设立高新技术研究开发中心的政策措施。根据外汇管理体制改革的要求，对于国家鼓励的境外投资项目，在国家境外投资用汇计划内，保证其用汇需要。加大对境外投资项目在信贷、保险等方面的支持力度。适应新形势要求，修订境外投资项目的审批管理办法，提高投资决策的科学性。各有关部门和地方要抓紧健全境外投资企业的管理机制，加强我国在境外企业的管理和投资业务的协调，积极促进有竞争力国内企业参与国际化经营。积极探索扩大对外投资、提高经济效益的有效途径，包括研究试点以产权权益开展境外投资、在境外融资发展等方式。

利用外资有关规定

对外贸易经济合作部

申请设立外资企业的手续

（一）设立外资企业的条件

1. 设立外资企业，必须有利于中国国民经济的发展，能够取得显著的经济效益；

2. 采用先进技术和设备，从事新产品开发，节约能源和原材料，实现产品升级换代，可以替代进口的；

3. 年出口产品的产值达到当年全部产品产值50%以上，实现外汇收支平衡或者有余的。

（二）下列行业禁止设立外资企业

1. 新闻、出版、广播、电视、电影；

2. 国内商业、对外贸易、保险；

3. 邮电通信；

4. 中国政府规定禁止设立外资企业的其他行业。

（三）下列行业限制设立外资企业

1. 公用事业；

2. 交通运输；

3. 房地产；

4. 信托投资；

5. 租赁。

（四）批准设立外资企业的机关

1. 设立外资企业的申请，由对外贸易经济合作部审查批准后，发给批准证书；

2. 设立外资企业的申请属于下列情形，国务院授权省、自治区、直辖市和计划单列市、经济特区人民政府审查批准后，发给批准证书：(1) 投资总额在国务院规定的投资审批权限以内的；(2) 不需要国家调拨原材料，不影响能源、交通运输、外贸出口配额等全国综合平衡的。

（五）申请设立外资企业的手续

1. 外国投资者在提出设立外资企业的申请前，应当就下列事项向拟设立外资企业所在地的县级以上地方人民政府提交报告。报告内容包括：设立外资企业的宗旨；经营范围、规模；生产产品；使用的技术设备；产品在中国和国外市场的销售比例；用地面积及要求；需要用水、电、煤、煤气或者其他能源的条件及数量；对公共设施的要求等。县级或者县级以上地方人民政府应当在受到外国投资者提交的报告之日起30天内以书面形式答复外国投资者。

2. 申请设立外资企业，其产品涉及出口许可证、出口配额、进口许可证或者属于国家限制进口的，应当依照有关管理权限事先征得对外贸易经济合作部的同意。

3. 外国投资者设立外资企业，通过拟设立外资企业所在地的县级或县级以上地方人民政府向审批机关提出申请，并报送下列文件：

(1) 设立外资企业申请书；

(2) 可行性研究报告；

(3) 外资企业章程；

(4) 外资企业法定代表人（或者董事会人选）名

单；

（5）外国投资者的法律证明文件和资信证明文件；

（6）拟设立外资企业所在地的县级或者县级以上地方人民政府的书面答复；

（7）需要进口的物资清单；

（8）其他需要报送的文件。

上列（1）、（2）项文件须用中文书写；（3）、（4）、（5）项文件可以用外文书写，但应当附中文译文。两个或者两个以上外国投资者共同申请设立外资企业，应当将其签订的合同副本报送审批机关备案。设立外资企业的申请书应包括：外国投资者的姓名或者名称、住址、注册地和法定代表人的姓名、国籍、职务；拟设立外资企业的名称、住所；经营范围、产品品种和生产规模；拟设立外资企业的投资总额、注册资本、资金来源、出资方式和期限；拟设立外资企业的组织形式和机构、法定代表人；采用的主要生产设备及其新旧程度、生产技术、工艺水平及其来源；产品的销售方向、地区和销售渠道、方式以及在中国和国外市场的销售比例；外汇资金的收支安排；有关机构设置和人员编制、职工的招用、培训、工资、福利、保险、劳动保护等事项的安排；可能造成环境污染的程度和解决措施；场地选择和用地面积；基础建设和生产经营所需资金、能源、原材料及其解决办法；项目实施的进度计划；拟设立外资企业的经营期限。外资企业的章程包括：名称及住所；宗旨、经营范围；投资总额、注册资本、出资期限；组织形式；内部组织机构及其职权和议事规则。法定代表人以及总经理、总工程师、总会计师等人员的职责、权限，财务、会计及审计的原则和制度；劳动管理；经营期限、终止及清算；章程的修改程序。上列（1）、（2）、（3）项手续可以委托中国的外商投资企业服务机构或者其他经济组织代为办理，但双方须签定委托合同。

（六）申请设立外资企业，有下列情况之一的不予批准

1. 有损中国主权或者社会公共利益的；

2. 危及中国国家安全的；

3. 违反中国法律、法规的；

4. 不符合中国国民经济发展要求的；

5. 可能造成环境污染的。

（七）审批的期限及得到批准后申请登记的期限

1. 审批机关在收到申请设立外资企业的全部文件之日起90天内决定批准或者不批准。审批机关如果发现上述文件不齐备或者有不当之处，可以要求限期补报或者修改。

2. 设立外资企业的申请经审批机关批准后，外国投资者应当在收到批准证书之日起30天内向工商行政管理机关申请登记，领取营业执照。外国投资者在收到批准证书之日起满30天未向工商行政管理机关申请登记的，外资企业批准证书自动失效。

中外合资外贸公司审批手续

（一）设立合资外贸公司的条件和标准

在我国设立合资外贸公司是对外开放的一项新举措，为确保试点工作稳步推进并取得积极成效，有必要对合资双方规定一些必要条件，以体现高起点、规范化运作的要求。根据《关于设立中外合资对外贸易公司试点暂行办法》，设立合资外贸公司应符合下列条件：

1. 外方公司应具备以下条件：

（1）申请前1年营业额在50亿美元以上；

（2）申请前3年年均对华贸易额在3000万美元以上；

（3）申请前已在中国境内设立代表处3年以上，或在中国境内投资超过3000万美元。

2. 中方公司应具备以下条件：

（1）具有外贸经营权；

（2）申请前3年年平均进出口额在2亿美元以上，其中出口额不低于1亿美元；

（3）已在国境外设立分公司、子公司以及合资企业3个以上，申请前3年境外企业年均营业额超过1000万美元。

3. 合资外贸公司应具备下列条件：

（1）注册资本不得低于1亿元人民币；

（2）有自己的名称和组织机构；

（3）有与其对外贸易经营相适应的营业场所、专业人员以及其他必备的物质条件。

（二）设立合资外贸公司的审批手续

申请设立合资外贸公司，中方公司须将下列文件通过当地外经贸主管部门报国家外经贸主管部门审查：

1. 项目建议书、中外各方签署的可行性研究报告、合同、章程；

2. 中外各方的注册登记证明文件（复印件），资信证明文件和法定代表人证明文件；

3. 外方公司在中国已投资企业的批准证书（复印件）或者设立驻华代表处的批准文件（复印件）、营业执照（复印件）和中国注册会计师事务所出具的验资报告（复印件）；

4. 中方公司在境外设立的分公司、子公司以及合资企业的注册登记证明（复印件）；

5. 中外各方近3年的资产负债表及审计机构出具的确认证明；

6. 拟设立合资外贸公司的经营商品范围；

7. 国家外经贸主管部门要求的其他文件。

合资外贸公司经国家外经贸主管部门审查并报国务院批准后，由国家外经贸主管部门颁发批准证书。

（三）合资外贸公司的经营范围

合资外贸公司进口经营范围必须符合《中华人民共和国对外贸易法》中外贸经营许可制度的有关规定和国家有关进出口管理的法规、条例和管理办法。首先，不得经营国家禁止进出口的商品；其次，国家组织统一联合经营的出口商品和核定公司经营的进口商品须经批准后方能经营；第三，实行配额、许可证管理的进出口商品，必须依照国家有关规定，向国家有关主管部门申请并获得批准后，方可进口或出口国家实行配额招标的进出口商品，合资外贸公司须按照主管部门关于进出口商品投标、招标的规定参加投标。

（四）对合资外贸公司股份比例和法人代表的规定

合资外贸公司为有限责任公司，在合资外贸公司的注册资本中中方公司所占比例不得低于51%；外方公司所占比例应在25%以上。法定代表人应由中方公司委派。

（五）合资外贸公司的政策待遇

合资外贸公司总的政策待遇应该是与国有外贸公司同等对待、平等竞争。在经营范围上，与国有外贸公司一样都应遵循《中华人民共和国对外贸易法》中有关外贸经营许可制度的规定，在出口退税、税收等政策上与国有外贸公司同等对待；在其他方面应按照国家关于外商投资企业的有关规定执行。

（六）设立合资公司的适用法律问题

设立合资外贸公司，主要适用《中华人民共和国对外贸易法》、《中华人民共和国中外合资经营企业法》和《关于设立中外合资对外贸易公司试点暂行办法》。

（七）合资外贸公司的外汇平衡问题

《关于设立中外合资对外贸易公司试点暂行办法》第10条要求“合资外贸公司根据国家对国有外贸公司的有关规定办理结汇、售汇及付汇。合资外贸公司必须保持外汇平衡。具体管理办法由中国人民银行、国家外经贸主管部门制定。”这一方案基本体现了国民待遇原则，同时考虑到中国是一个发展中国家，在试点阶段提出外汇平衡的要求，这也是可以理解的。

中外合资、合作经营企业申请产品以产顶进的手续

我国为鼓励外商投资兴办先进技术企业，帮助企业解决外汇收支平衡，允许能够提供国内需要的先进技术，从事新产品开发，实现产品升级换代的生产型中外合资经营、合作经营企业以产顶进。

（一）申请以产顶进的合资、合作企业的条件

1. 确属国内需要的技术先进型的合资、合作企业的产品，投产初期，在实现国产化进程中，外汇平衡出现暂时困难；

2. 上述企业生产的产品属于目前和今后几年中央、地方和部门需要进口的；

3. 申请以产顶进的产品规格、性能、交货期和技术服务、培训应符合国内用户的需要，产品须经国家级产品质量检测中心鉴定，确认达到同类进口商品的质量标准，原则上价格不高于当时的国际市场价格。

（二）审批合资、合作企业产品以产顶进申请的机关

按分级管理的原则，合资、合作企业产品申请以产顶进，分别由中央、地方（部门）两级审批。中央审批的限额以上项目需要以产顶进的，由国家计委审批；地方和部门审批的限额以下项目需要以产顶进的，由地方计委和部门审批。

1. 由国家计委审批的限额以上项目的以产顶进：(1) 凡已列入国家批准的中长期中央进口计划的商品，除对外已签长期贸易协议和必须安排进口的以外，还有可能提供以产顶进的，在审批可行性研究报告时，可预批中央进口计划期内的以产顶进。(2) 没有列入中长期中央进口计划的商品，原则上不预批以产顶进，但在年度中央进口计划中有这类商品进口且能以产顶进的，企业可向国家计委提出申请，批准后，由外经贸部办理只在当年有效的以产顶进手续。(3) 没有列入中长期和年度中央进口计划的商品，如当年地方有进口，企业可向地方计委提出申请，经批准后，由地方经贸部门办理以产顶进手续。

2. 由地方和部门审批的限额以下项目的以产顶进：(1) 已列入本省、自治区、直辖市的中长期和年度进口计划内可供以产顶进的商品，由省、自治区、直辖市计委参照中央的审批办法，预批和办理本地区进口计划期内的以产顶进。(2) 没有列入本地区中长期或年度计划，由本地区或其他地区进口的，可实行跨地区的以产顶进。企业可直接向进口这一商品的省、自治区、直辖市经贸部门办理以产顶进手续。(3) 部门用自有外汇进口的商品，企业可直接向该部门申请，经同意后，办理以产顶进手续。

（三）可以实行以产顶进产品的范围

1. “七五”计划期内中央进口计划内可实行以产顶进的产品有：钢材、生铁、木材、铜、铝、锌、橡胶、化肥、木浆、腈纶、人造丝。

2. 机电产品的以产顶进，由国家经贸委制定并公布以产顶进目录和以产顶进管理方法。凡生产目录内产品的合资、合作企业可参加中国机电设备招标中心（或经国家经贸委批准的招标公司）组织的进口机电设备招标，中标的企业，由该中心出具证明，实现以产顶进。

（四）申请以产顶进应提交的文件

要求以产顶进的企业，在申报项目建议书时，提出以产顶进的申请。报送的项目可行性研究报告，须明确合资、合作企业产品的内外销比例；国产化的进度；以及对以产顶进的可行性（包括分年顶替进口的产品数量和外汇金额）的论证或评估。

对外贸易经济合作部关于外商投资企业进口设备有关问题的通知

为认真贯彻执行国务院关于进一步鼓励外商投资的精神，海关总署印发了《关于进一步鼓励外商投资有关进口税收政策的通知》（署税［1999］791号）。经商海关总署，现就该通知中涉及鼓励类、限制乙类外商投资企业、外商投资研发中心、产品出口型和先进技术型外商投资企业进口设备有关问题通知如下：

一、关于鼓励类、限制乙类外商投资企业进口更新设备、技术及配备件证明

（一）原已获得项目确认书的鼓励类、限制乙类外商投资企业，在投资总额外以自有资金对原有设备进行更新或维修，其进口更新设备、技术及配备件证明由原颁发项目确认书的部门出具，增资等企业变更项目由其审批机关出具，其中限额以下项目由省级审批机关出具。

证明格式见署税［1999］791号附件1，下同。

（二）1997年12月31日前批准设立的鼓励类、限制乙类外商投资企业，在投资总额外以自有资金对原有设备进行更新或维修，其进口更新设备、技术及配备件证明由原批准企业设立的外经贸主管部门出具证明（地方项目由省级外经贸主管部门出具证明）。

二、关于外商投资研发中心进口设备、技术及配备件证明

（一）外经贸主管部门按照有关规定批准设立的外商投资研发中心（包括外商投资企业内部的研发机构），由该外经贸主管部门出具国家鼓励发展的外资项目确认书（地方项目由省级外经贸主管部门出具），格式见附件，参照《海关总署〈关于贯彻国务院关于调整进口设备税收政策的通知〉的紧急通知》（署税［1997］1062号）附件四的要求填写。

（二）外商投资研发中心（包括外商投资企业内部的研发机构）在投资总额外以自有资金对用于研发的原有设备进行更新或维修，其进口更新设备、技术及配备件证明由审批外商投资研发中心项目确认书的部门出具。

（三）以法人形式设立的外商投资研发中心的免税进口设备用汇额度按其投资总额及自有资金核定。

（四）允许类、限制甲类外商投资企业以非法人形式设立的外商投资研发中心，原则上应以公司形式设立，其免税进口设备用汇额度按经批准的分公司营运资金核定；设立在企业内部的研发中心，由审批机关根据企业申报的研发中心免税进口设备的清单及金额一次性核定，但项目确认书、进口更新设备、技术及配备件证明仍由省级审批机关出具。企业应在申请报告中详细列明企业财务预算与仅用于研发中心的设备清单和用汇额度，并提供经审计的上年度财务报表。

三、关于产品出口型和先进技术型外商投资企业进口更新设备、技术及配备件证明

产品出口型和先进技术型外商投资企业在投资总额外以自有资金对原有设备进行更新或维修，其进口更新设备、技术及配备件证明由颁发《外商投资产品出口企业确认书》或《外商投资先进技术企业确认书》的外经贸部或省级、经济特区外经贸主管部门出具。

上述企业如同时属于五类企业中的两类以上的，可自行选择申领进口设备、技术及配备件证明的方式。

四、进口设备验放依据

外商投资企业以投资总额外以自有资金进口更新设备、技术及配备件属企业生产自用，应列入“合资、合作设备”或“外资设备物品”进口项下，其设备、技术及配备件进口比照投资项下进口管理规定，由海关凭外经贸部或省级外经贸主管部门在进口设备物料清单上加盖的“外商投资企业进口审核专用章”验放，其中，属国家限制进口管理商品，须凭上述外经贸主管部门批件办理进口许可证件。

请各地外经贸主管部门认真按照补充通知的规定，做好项目确认书和进口证明的出具工作，各地不得将审批权限层层下放。在执行过程中，如有问题，请及时向我部（外资司）反映。

对外贸易经济合作部关于外商投资设立研发中心有关问题的通知

国家鼓励外商在华投资设立研发中心。现将外商投资设立研发中心合同、章程审批的有关问题通知如下：

一、外商投资研发中心的形式及经营范围

（一）外商投资研发中心的形式可以是外国投资者（包括外商投资设立的投资公司）依法设立的中外合资、合作、外资企业，也可以是设在外商投资企业内部的独立部门或分公司。

（二）研发中心是从事自然科学及其相关科技领域的研究开发和实验发展（包括为研发活动服务的中间试验）的机构，研发内容可以是基础研究、产品应用研究、高科技研究和社会公益性研究，研发科目不包括《外商投资产业指导目录》禁止类项目，也不得从事非本研发技术成果的其他技术贸易和除中试外的生产活动。研发中心可以转让自己的研发成果，可以委托或联合开发的形式与国内科研所开展合作研发。研发中心不包括培训中心。

二、外商投资研发中心的设立条件

（一）有明确的研究开发领域和具体的研发项目，固定的场所、科研必需的仪器设备和其它必需的科研条件，研发中心用于研发的投资应不低于200万美元；

（二）研发中心应配备专职管理和研发人员，其中具有相当本科以上学历的直接从事研发活动人员占研发中心总人数的比例应不低于80%。

三、外商投资研发中心设立程序

（一）外商以合资、合作、独资形式投资设立研发中心，由省级审批部门进行审批。

（二）外商投资企业（包括投资性公司）内部设立研发中心。

1. 设立研发分公司或独立研发部门，由外商投资企业设立的审批机关按相应权限审批，但如属限额以下限制甲类企业，一律由省级审批部门审批（或按下款受理备案）；

2. 已设立外商投资企业内部设立独立研发部门，如企业经营范围已包含“研究”或“开发”业务的，应补报独立研发部门的有关材料［见本条款（三）款］向原审批机关备案；如企业经营范围中未包含上述业务的，应修改合同、章程，报原审批机关批准。备案及增项企业的资格认定条件同第二条。

（三）上报审批机关的申请报告应增加下述内容：

1. 研究开发的方向、领域，主要任务和实施计划。

2. 场所、人员及有关科研条件的情况。

3. 进行研发所需资金的来源、具体用途、数额、相应的财务预算报告。

4. 在投资总额内或自有资金进口自用设备及其配套技术、配件、备件及研发过程中的研究样品、化学试剂清单。

5. 关于研发内容先进性的说明及研发成果的归属。

四、其他有关规定

（一）外商投资研发中心应依法开展研发经营活动，设立研发中心的投资必须用于从事研发经营活动。

（二）以独立部门或分公司形式设立的研发中心所需经费应在设立该中心的企业的年度财务预算中单独列账、单独核算。

（三）限制甲类外商投资企业设立独立部门和分公司形式的研发中心的投资不得高于企业投资总额的50%。

（四）研发中心每年应将其上一年度研究开发进展及经营活动情况于3月31日前上报审批机关。

（五）研发中心按照国家有关规定享受优惠政策。

附：

跨国公司在中国投资情况

中国市场经济体制的建立，引发了跨国公司对华的投资热潮。截至到2000年底，已有300家企业去华投资500多个项目，单项投资额平均超过1000万美元，超过1亿美元的项目也越来越多。跨国公司在中国步入了大规模、系统化投资的新阶段。为了便于了解跨国公司在中国的投资情况，现列举部分跨国公司在中国的投资项目，仅供参考。

名　称	建立时间	地　点	经营范围或产品
LG（10）			
LG曙光电子有限公司	1994.8	长沙	彩色显像管、彩色显示管、电子枪
北京LG电子部品有限公司	1995.8	北京	FBT/DY
LG电子（沈阳）有限公司	1994.12	沈阳	彩色电视机
LG同创彩色显示器有限公司	1997.9	南京	显示器
南京LG熊猫电器有限公司	1995.12	南京	洗衣机
LG电子（天津）电器有限公司	1995.8	天津	微波炉、空调、吸尘器、马达、空调压缩机
LG电子（秦皇岛）有限公司	1995.12	秦皇岛	铸件
泰州LG春兰家用电器有限公司	1995.12	泰州	冰箱、冰箱压缩机
上海乐金广电电子有限公司	1995.8	上海	录像机、VCD、DVD
LG电子（惠州）有限公司	1993.10	惠州	音响、CD-ROM
杜邦（13）			
杜邦中国集团有限公司	1988	深圳	投资与投资管理

跨国公司在中国投资情况

续表 1

名　　称	建立时间	地　　点	经营范围或产品
无纺布加工厂	1989	深圳	无纺布
特灵工程塑料工厂	1995	深圳	工程塑料
耐力丝工厂	1995	深圳	牙刷用尼龙丝
特富龙涂层制造厂	1998	深圳	特富龙及银石涂层
东莞杜邦电子材料有限公司	1993	东莞	厚膜浆料
佛山杜邦鸿基薄膜有限公司	1995	佛山	聚酯纤维
上海杜邦农化有限公司	1990	上海	“农得时”高效农药
上海杜邦光掩模有限公司	1994	上海	光掩模
杜邦纤维（中国）有限公司	1995	上海	“莱卡”Lycra 氨纶弹性纤维
苏州杜邦有限公司	1999	苏州	聚酯切片和涤纶长丝
杜邦青岛尼龙有限公司	1995	青岛	工业用尼龙 66 丝和帘子布
杜邦—大源非织造布有限公司	1998	北京	水刺无纺织物
丰田（8）			
天津客车桥有限公司	1994	天津	盘式卡钳
天津丰田钢材加工有限公司	1995.4	天津	钢材切断加工、成形加工及销售；钢板冲压、成形、焊接等各种加工及销售
天津市汽车电器有限公司	1995.9	天津	分电器
天津电装汽车电机有限公司	1995.12	天津	交流发电机、起动机
天津丰田合成汽车软管有限公司	1995.12	天津	制动软管
天津丰津汽车传动部件有限公司	1995.12	天津	CVJ
天津阿斯莫汽车微电机有限公司	1996.4	天津	小型马达
丰田汽车中国投资有限公司	2001.7	天津	支持丰田汽车在华投资企业的宣传、促销等
惠普（10）			
中国惠普有限公司	1985.6	北京	销售代理、制造、研究与开发
华普信息技术有限公司	1991.5		系统集成
华泰软件工程有限公司	1993.2		软件开发
惠普医疗产品（青岛）有限公司	1994.7	青岛	医疗仪器
普天系统集成有限公司	1994.11		系统集成
惠普上海分析仪器有限公司	1995.10	上海	分析仪器
惠普计算机产品（上海）有限公司	1995.11	上海	喷墨、激光打印机
惠普（中国）投资有限公司	1995.11		投资管理
上海惠普有限公司	1996	上海	PC 及服务器
惠普租赁有限公司	1997.4		租赁服务
惠普贸易（上海）有限公司	1999.2	上海	货物仓储、分拨及转口
卡特彼勒（8）			
卡特彼勒徐州有限公司	1995	徐州	主要生产卡特彼勒 300 系列挖掘机
亚实履带（天津）有限公司	1997	天津保税区	为卡特彼勒徐州有限公司的液压挖掘机生产履带行走装置产品
山西国际铸造有限公司	1997	山西	主要生产发动机气缸体盖的铸件
帕金斯动力（天津）有限公司	1997	天津	生产系列发动机
广州马克柴油机有限公司	1994	广州	生产发动机
卡特彼勒路面机械（徐州）有限公司	2000	徐州	生产压路机
亚实动力系统有限公司	2001	天津	生产发电机组
卡特彼勒物流服务（天津）有限公司	2001	天津	物流服务
朗讯科技（8）			
朗讯科技（中国）有限公司	1996	北京	投资管理

跨国公司在中国投资情况

续表 2

名　　称	建立时间	地　　点	经营范围或产品
青岛朗讯科技通信设备有限公司	1995	青岛	数字程控交换机
上海朗讯科技通信设备有限公司	1990	上海	光纤数字传输设备
上海朗讯科技传输设备有限公司	1992	上海	数字接入设备
国信朗讯科技网络技术有限公司	1999	上海	高新网管技术及软件
上海朗讯科技有限公司	1999	上海	通信设备贸易
朗讯科技（深圳）有限公司	1999	深圳	光网系统及软件开发
朗讯科技光网络有限公司	2000	上海	开发光网络产品
联合技术（21）			
中国天津奥的斯电梯有限公司	1984	天津	电梯
上海通惠开利空调设备有限公司	1987	上海	空调
上海合众开利空调设备有限公司	1987	上海	空调
深圳开利服务有限公司	1988	深圳	
天津开利空调设备有限公司	1992	天津	空调
北京奥的斯电梯有限公司	1992	北京	电梯
广州奥的斯电梯有限公司	1993	广州	电梯
上海奥的斯电梯有限公司	1993	上海	电梯
深圳寿力亚洲实业有限公司	1994	深圳	螺杆空压机
联合开利（上海）空调有限公司	1994	上海	
上海一冷开利空调设备有限公司	1994	上海	
上海开利运输冷冻设备有限公司	1995	上海	
成都艾特航空制造有限公司	1995	成都	飞机发动机
西子奥的斯电梯有限公司	1997	杭州	电梯
联合技术研究中心（中国）有限公司	1997	上海	科技研究与开发
西安安泰叶片技术有限公司	1997	西安	飞机发动机
南方普惠航空发动机有限公司	1998	株州	飞机发动机
奥的斯（中国）有限公司	1998	天津	
厦门汉胜秦岭宇航有限公司	1998	厦门	汉胜电源产品及技术支持和服务
青岛澳柯玛—开利冷冻设备有限公司	2000	青岛	
青岛海尔—开利冷冻设备有限公司	2000	青岛	
诺基亚（8）			
北京诺基亚移动通信有限公司	1995	北京	GSM 系统和移动电话
北京诺基亚航星通信系统有限公司	1994	北京	网络交换设备
东莞诺基亚移动电话有限公司	1995	东莞	移动电话
东大诺基亚通信技术有限公司	2000	大连	无线应用产品、服务和解决方案
诺基亚（苏州）电信有限公司	1998	苏州	GSM 基站和蜂窝网络传输产品
诺基亚中信数字技术有限公司	1999	北京	数字多媒体终端

跨国公司在中国投资情况

续表 3

名　　称	建立时间	地　　点	经营范围或产品
福建诺基亚移动通信技术有限公司	1997	福建	GSM900/1800 网络技术服务和培训
重庆诺基亚电信有限公司	1998	重庆	接入设备
三井物产（45）			
国际租赁	1984.4	上海	租赁业
北京四通办公设备有限公司	1987.5	北京	办公设备
汕头高野毛绒有限公司	1988.11	汕头	毛绒玩具
友联国际租赁	1989.3	北京	租赁业
北京燕和石油化工产品运输有限公司	1990.8	北京	液化化工品运输
深圳丹下自行车有限公司	1990.9	深圳	自行车零部件
大连大器环保设备有限公司	1991.5	大连	FBP 净化槽
大连坤姿服装有限公司	1991.10	大连	胸罩
广东三国锑业有限公司	1991.10	广东	三氧化锑
深圳深通打印机设备有限公司	1991.10	深圳	打印机
大连三叶针织有限公司	1992.1	大连	羊绒衫
北京三佳时装有限公司	1992.4	北京	男装
三井物产（上海）贸易有限公司	1992.8	上海	贸易、进出口
大九国际流通有限公司	1992.9	大连	物流
上海新芝电子有限公司	1992.11	上海	显像管阴罩
北京四通软件工程有限公司	1992.12	北京	计算机软件
大路制衣有限公司	1993.3	宁波	服装
三井物产（深圳）贸易有限公司	1993.4	深圳	贸易
大连三井森包装	1993.12	大连	纸箱包装材料
广州日宝钢材制品有限公司	1994.1	广州	钢材加工
北京东陶有限公司	1994.3	北京	卫生陶瓷
东陶机器（北京）有限公司	1995.2	北京	卫生陶瓷
南京东陶有限公司	1994.6	南京	浴缸等卫生陶瓷
东陶机器（大连）有限公司	1994.6	大连	卫生洁具
太平洋马口铁工业有限公司	1994.12	广州	马口铁
南京宇都镁业有限公司	1995.3	南京	金属镁
三井华阳汽车配件有限公司	1995.8	贵州	汽车配件
大连 SB 食品有限公司	1995.9	大连	食品
三井物产中国有限公司	1995.9	北京	投资管理
武汉兴井钢材加工有限公司	1995.12	湖北	电磁钢板加工
烟台三福有机复合肥料有限公司	1996.9	山东	肥料
广州山九物流有限公司	1996.11	广东	物流运输
大连日东塑料加工有限公司	1997.1	大连	合成树脂制品
江阴长江石化储运	1994.2	江苏	石油制品及储运
广州宝钢井昌钢材配送	1998.3	广州	钢材加工/配送
上海申井钢材加工	1992.12	上海	钢材加工/销售
无锡锡井钢材加工	1996.3	无锡	钢材加工/销售
上海森茂国际房地产	1995.1	上海	办公楼的建设，运营及管理

跨国公司在中国投资情况

续表 4

名　称	建立时间	地　点	经营范围或产品
上海三明建材	1999.7	上海	卫生陶器及其它内装建材的加工及销售
上海三井复合塑料	1994.12	上海	各种合成树脂复合品的生产加工及销售
沧井化工	1998.8	沧州	氯乙烯的制造及销售
天津三之星机带	1998.3	天津	汽车用机带的制造及销售
南通升阳毛纺有限公司	1993.4	南通	丙烯及纺织品的制造及销售
上海华和国际储运	1990.11	上海	物流
青岛山九亚太物流	1997	青岛	物流
三星（22）			
三星（中国）投资有限公司	1996.3	北京	控股公司
天津三星电子公司	1993.4	天津	录像机
天津通广三星电子公司	1994.2	天津	CTV
天津三星显示器公司	1996.3	天津	MONITOR
山东三星通信设备公司	1993.7	威海	交换机/传真机
惠州三星电子公司	1992.12	惠州	组合音响
苏州三星电子公司	1994.12	苏州	白色家电
三星苏州半导体公司	1994.12	苏州	IC，TR
天津三星电机公司	1993.12	天津	Head drum
东莞	1992.7	东莞	Spk deck
深圳三星视界公司	1996. 9	深圳	CPT/CDP
天津三星视界公司	1996. 7	天津	CPT/CDP
东莞厚街星星电子枪厂	1997.12	东莞	LCD/电子枪
天津三星康宁公司	1992. 4	天津	电子零部件
深圳赛格三星股份公司	1998. 8	深圳	玻壳屏/锥
天津三星光电子公司	1994. 2	天津	照相机
天津三星毛纺织公司	1995. 5	天津	毛纺织
天津三星时装公司	1995.12	天津	西服
三星重工业公司	1995.12	宁波	船舶部件
顺德星浦钢铁开料公司	1997.7	广州	Coil 中心
光华长安大厦		北京	房地产
招商局大厦	1996.9	北京	房地产
三洋（32）			
三洋电机（蛇口）有限公司	1983.4	广东	录音机、电视机等
鸟取三洋电机（深圳）有限公司	1984.4	广东	发光二级管
三洋半导体（蛇口）有限公司	1984.9	广东	半导体
大连三洋制冷有限公司	1992.9	辽宁	吸收式制冷机
沈阳三洋空调有限公司	1993.3	辽宁	分体式空调
大连本庄化学有限公司	1993.3	辽宁	溴化锂
深圳三洋华强激光电子公司	1993.5	广东	激光拾音器
大连三洋冷链有限公司	1994.1	辽宁	商品陈列柜
合肥三洋荣事达电器有限公司	1994.3	安徽	洗衣机
苏州三洋机电有限公司	1994.4	江苏	摩电灯

跨国公司在中国投资情况

续表 5

名　　称	建立时间	地　　点	经营范围或产品
大连三洋压缩机有限公司	1994.9	辽宁	压缩机
天津三洋通讯设备有限公司	1995.4	天津	无绳电话
深圳三洋华强能源有限公司	1995.6	广东	镍铬电池
三洋家电用电器（苏州）有限公司	1995.9	江苏	吸尘器
大连三洋家用电器有限公司	1995.10	辽宁	小家电
大连三洋空调机有限公司	1995.12	辽宁	业务用空调
广州迪生鸟取三洋电机有限公司	1995.12	广东	传真机
东莞华强三洋电机有限公司	1995.12	广东	电话机、音响
东莞华强三洋马达有限公司	1995.12	广东	小型马达
广东三洋科龙冷柜有限公司	1995.12	广东	冷冻柜
大连三洋饮食设备有限公司	1995.12	辽宁	业务用冰箱等
沈阳华润三洋压缩机有限公司	1996.12	辽宁	旋转式压缩机
大连冰山金属加工有限公司	1998.1	辽宁	金属加工
天津蓝天三洋电源有限公司	1999.7	天津	设计生产镍氢电池
三洋能源（苏州）有限公司	2000.10	江苏	镍镉、镍氢、锂电池
三洋能源（北京）有限公司	2000.11	北京	锂离子电池板、电芯
三洋电机（中国）有限公司	1995.3	北京	投资管理
广东华强三洋集团有限公司	1996.3	广东	设计制造投资管理
深圳华强三洋技术设计有限公司	1995.9	广东	设计
大连冰山洗染有限公司	1997.9	辽宁	洗衣处理
北京三洋干洗有限公司	1997.12	北京	洗衣处理
三洋数码设计（深圳）公司	2000.8	广东	设计开发多媒体产品
松下（43）			
北京松下彩色显像管有限公司	1987.9	北京	显像管、显示管、荧光灯
杭州松下家用电器有限公司	1992.4	杭州	洗衣机、洗碗机、干衣机
北京松下通信设备有限公司	1992.5	北京	传呼机、手机
松下万宝广州电熨斗有限公司	1992.12	广州	电熨斗
珠海松下马达有限公司	1993.5	珠海	音响用微型马达
松下万宝广州空调器有限公司	1993.6	广州	空调器
松下万宝广州压缩机有限公司	1993.6	广州	压缩机
顺德松下精工有限公司	1993.9	顺德	吊扇、排气扇
北京松下电子部品有限公司	1993.9	北京	调谐器、调制器、遥控器
厦门松下音响有限公司	1993.9	厦门	CD收录机、收音机、随身听、收录机
上海松下电池有限公司	1993.10	上海	干电池
青岛松下电子部品有限公司	1993.12	青岛	轻触开关
青岛松下电子部品（保税区）有限公司	1997.12	青岛	轻触开关、各种电阻器
中国华录松下电子信息有限公司	1994.6	大连	机芯、录像机、数字激光视盘
唐山松下产业机器有限公司	1994.8	唐山	电焊机
上海松下微波炉有限公司	1994.8.22	上海	家用微波炉
上海松下电子应用机器有限公司	1994.8.22	上海	磁控管
沈阳松下蓄电池有限公司	1994.10.18	沈阳	中小型密封铅酸电池

跨国公司在中国投资情况

续表 6

名　称	建立时间	地　点	经营范围或产品
杭州松下马达有限公司	1994.11.16	杭州	洗衣机空调用电机
上海松下半导体有限公司	1994.11.18	上海	集成电路
大连松下通信工业有限公司	1995.6.22	大连	汽车音响及系统
北京松下精密电容有限公司	1995.6.28	北京	薄膜电容
无锡松下冷机有限公司	1995.7.4	无锡	无氟电冰箱
新会松下产业有限公司	1995.7.10	广东	家用电器用电容器
安阳松下碳素有限公司	1995.9.25	安阳	干电池用碳棒
天津松下电子部品有限公司	1995.11.20	天津	片式电阻器、铝电解电容、钽电解电容
山东松下映像产业有限公司	1995.11.22	山东	彩电
苏州松下通信工业有限公司	1995.11.24	苏州	语言教学系统、监控头、音箱
珠海松下电池有限公司	1995.12.5	珠海	碱蓄电池
杭州松下燃气具有限公司	1995.12.7	杭州	煤气炉、煤气热水器
北京长城松下精工空调设备有限公司	1995.12.14	北京	组合空调机组、风机盘管组
无锡松下冷机压缩机有限公司	1995.12.18	无锡	冰箱压缩机
松下电器（中国）有限公司	1994.8.11	北京	科、工、贸三位一体的综合性公司
松下电器机电（香港）有限公司		香港	FA中心、销售、物流、售后服务
松下电器机电（深圳）有限公司	1994.6.30	深圳	FA中心、销售、物流、售后服务
松下电器机电（上海）有限公司	1996.4.18	上海	FA中心、工业产品保、税、代理销售
松下电器机电（天津）有限公司	1998.12.1	天津	FA中心、工业产品保、税、代理销售
杭州松下厨房电器有限公司	1998.4.2	杭州	电饭煲
松下精工香港国际制造有限公司	1981.3	香港	电风扇、换气扇
香港松下电子部品有限公司	1995.10	香港	高压电源
松下电器国际物流香港有限公司	1982.10	香港	销售、物流
上海松下等离子显示器有限公司	2000.10 签约	上海	等离子显示器
松下电器研究开发（中国）有限公司	2001.2	北京	研究开发
索尼（5）			
上海索广映像有限公司	1995.12	上海	彩色电视机、背投影彩色电视机、高分辨率彩色显示器、彩色显像管、高分辨彩色显示管及相关的关键部件
上海索广电子有限公司	1993.9	上海	8mm摄录放一体机的整机与机芯、DVD视盘机、光学拾音头/机芯、音响等
北京索鸿电子有限公司	1995.10	北京	通信终端设备及其零部件、软件等，如无绳电话与移动电话
索尼精密部件（惠州）有限公司	1995.10	惠州	光学拾音头、机芯、马达等
索尼电子（无锡）有限公司	2000.8	无锡	聚合锂离子电池
GE（28）			
GE中国	1994	上海	控股公司
GE中国采购及出口公司	2000	北京	采购及出口
GE航卫医疗系统	1991	北京	医疗设备（CT）
GE华伦医疗设备	1996	北京	医疗设备（X光）
GE医疗贸易发展	1995	上海	医疗设备贸易

跨国公司在中国投资情况

续表 7

名　称	建立时间	地　点	经营范围或产品
GE 超声波医疗设备	1996	无锡	医疗设备（超声波）
GE 塑料中国公司	1995	番禺	塑料材料
GE 塑料上海公司	1999	上海	塑料材料
GE 东芝有机硅有限公司	2000	上海	有机硅生产
上海 GE 建设设备工程	1996	上海	设备租赁
闸北电厂	1996	上海	电厂
GE 金融服务资产	1983/1996	中国	飞机租赁和集装箱
GE 财务公司	1997	上海	外汇金融服务
GE 管理技术咨询公司	2000	大连	财务咨询服务
GE 照明	1994	上海	照明
GE 传动系统	1995	上海	传动系统
GE 奇圣（惠州）工业	1996	惠州	断路器
GE 发那科	1995	北京	计算机数控装配
万惠通	1996	深圳	服务/控制系统
上海通华自动化	1996	上海	服务/控制系统
富士/GE 电动机	1995	大连	电机
无锡富士通用电气驱动控制有限公司	1998	无锡	变频器
上海通用电气开关有限公司	1999	上海	断路器、开关及相关产品
上海通用电气广电有限公司	1999	上海	断路器、开关及相关产品
飞机发动机维修培训中心	1994	成都	发动机维修培训
GE 发动机现场支援（厦门）有限公司	1999	厦门	维修服务
GE 发动机现场维修（厦门）有限公司	1999	厦门	发动机维修服务
通用数据系统公司	1998	北京	电子数据交换、销售和专业服务
爱立信（9）			
北京爱立信通信系统有限公司	1994.6	北京	开发、生产和销售 MD110 数字程控小交换机及其相关的通信产品，并提供设备安装、开通和维修等服务
北京爱立信移动通信有限公司	1995.8	北京	主要生产和销售移动电话、无线基站及通信电源等，提供全面的网络系统工程服务
南京爱立信熊猫通信有限公司	1992.9	南京	主要生产、销售和安装 GMS900/1800MHz 数字移动通信系统和数字程控交换机 AXE10
广东爱立信科技有限公司	1994.5	广州	为移动通信基础设施的建设和维护提供技术和咨询服务
上海爱立信-新泰电子有限公司	1996.3	上海	生产和销售全线交互电路和大功率组件等电子元器
重庆爱立信科技有限公司	1998.11	重庆	从事移动电话通信系统产品和固定网产品的市场营销、销售和服务提供，包括预售、安装测试及售后服务
重庆爱立信通信有限公司	1998.9	重庆	从事数字小微波通信设备及其升降产品的生产、销售和售后服务
南京爱立信熊猫移动终端有限公司	1998.11	南京	开发、生产和销售数据通信终端设备产品，包括数字移动电话和其它多媒体终端设备

跨国公司在中国投资情况

续表 8

名　称	建立时间	地　点	经营范围或产品
黑龙江爱立信科技有限公司	2000.5	哈尔滨	提供通信设备的工程服务、技术服务及软件研发等
东芝（22）			
东芝（中国）有限公司	1995	北京	统管当地东芝法人企业
东芝技术发展上海公司		上海	半导体销售
东芝大连有限公司		大连	马达、录像机鼓制造
杭芝机电有限公司		杭州	家电零件、电子零件制造
沈阳东东系统有限公司		沈阳	软件开发
东芝复印机（深圳）有限公司		深圳	复印机制造和销售
广东美芝制冷设备有限公司		顺德	空调压缩机制造
广东美芝电机有限公司		顺德	空调用压缩机制造
常州东芝变压器有限公司		常州	变压器压缩机用马达制造
沈阳东芝电梯有限公司		沈阳	电梯、自动扶梯制造和销售
上海崇友东芝电梯有限公司		上海	电梯、自动扶梯制造和销售
上海新芝电子有限公司		上海	彩显阴罩制造
无锡华芝半导体有限公司		无锡	半导体制造和销售
芝荣厦门象屿贸易公司		厦门	半导体销售
大连东芝电视有限公司		大连	TV 的制造和销售
江西东芝电子材料有限公司		江西	电子材料制造
江苏宏芝同创网络系统设备有限公司		南京	服务器、路由器制造
东芝电脑（上海）有限公司		上海	笔记本电脑制造
宁波华通东芝开关器有限公司		宁波	开关断路器制造
南京普天王芝通信有限公司		南京	移动电话的开发
河南平高东芝高压开关有限公司		河南	高压绝缘开关（GIS）的制造和销售
珠海许继芝电网自动化有限公司		珠海	配电自动化系统的制造和销售
IBM（10）			
北京鼎新信息系统开发有限公司	1994	北京	软件开发
IBM 中国有限公司	1992	北京	投资管理
北京蓝色快车计算机工程有限公司	1996	北京	微机维修服务
上海国际商业机器工程技术有限公司	1997	上海	仓储零部件
万国软件开发（深圳）有限公司	1991	深圳	软件开发
深圳海量存储器公司	1995	深圳	磁阻磁头
长城国际信息产品有限公司	1994	深圳	微机生产
深圳长科国际电子有限公司	1995	深圳	电子板卡生产
天津先进信息产品有限公司	1990	天津	零售终端生产
北京金长科国际电子有限公司	2000	北京	印制电路卡
可口可乐（24）			
可口可乐中国有限公司	1974	香港	
北京可口可乐饮料有限公司	1981	北京	最初是一个灌装车间，1992 年建立目前合资公司
成都可口可乐饮料有限公司	1996	成都	
大连可口可乐饮料有限公司	1996	大连	
广东太古可口可乐有限公司	1983	广州	原“广州可口可乐装瓶厂”，1996 年合资，改为现名

跨国公司在中国投资情况

续表 9

名　　称	建立时间	地　点	经营范围或产品
哈尔滨可口可乐饮料有限公司	1996	哈尔滨	
海南可口可乐饮料有限公司	1991	海口	原“海南饮料食品有限公司”1997 年合资，改为现名
杭州中萃食品有限公司	1988	杭州	
合肥太古可口可乐饮料有限公司	1996	合肥	
昆明可口可乐饮料有限公司	1996	昆明	
南京中萃食品有限公司	1989	南京	
南宁可口可乐饮料有限公司	1993	南宁	
青岛可口可乐饮料有限公司	1993	青岛	
上海申美饮料食品有限公司	1986	上海	
沈阳可口可乐饮料有限公司	1995	沈阳	
太原可口可乐饮料有限公司	1994	太原	
天津可口可乐饮料有限公司	1990	天津	
天津津美饮料有限公司	1987	天津	
武汉可口可乐饮料有限公司	1994	武汉	
西安中萃汉斯食品有限公司	1995	西安	
厦门太古可口可乐饮料有限公司	1984	厦门	原“厦门饮料厂”，1995 年合资，改为现名
郑州太古可口可乐饮料有限公司	1995	郑州	
珠海可口可乐饮料有限公司	1985	珠海	
太古饮品（东莞）有限公司	1995	东莞	
戴姆勒－克莱斯勒（5）			
北京吉普汽车有限公司	1983.6	北京	切诺基
亚星－奔驰有限公司	1996.11	扬州	奔驰和亚星客车和客车底盘
安特优发动机工程（苏州）有限公司	1997.6	苏州	MTU 柴油发动机
上海新代车辆技术有限公司	1999.11	上海	汽车电子，电子包装和铁路技术
珠海保税区摩天宇航空发动机维修有限公司	2000.5	珠海	飞机发动机维修和保养
大众（2）			
上海大众汽车公司	1985	上海	桑塔纳、桑塔纳旅行车、桑塔纳 2000
一汽－大众汽车公司	1991	长春	捷达、新捷达王、奥迪 A6
巴斯夫（9）			
上海高桥巴斯夫分散体有限公司	1986	上海	苯乙烯——丁二烯胶乳
巴斯夫染料化工有限公司	1994	上海	各种有机颜料，金属络合染料和皮革及纺织助剂
扬子巴斯夫苯乙烯系列有限公司	1994	南京	乙苯，苯乙烯及聚苯乙烯
巴斯夫维生素有限公司	1995	沈阳	各种维生素及复合维素
巴斯夫吉化新戊二醇有限公司	1995	吉林	新戊二醇
巴斯夫华源尼龙有限公司	1996	上海	地毯纤维
巴斯夫上海涂料有限公司	1997	上海	阳极保护电泳涂料、固体有色面漆、金属底漆及清漆等
巴斯夫展宇聚胺酯（中国）有限公司	1997	番禺	聚氨酯
巴斯夫（中国）有限公司	1996	北京	统筹在华业务

（摘自《2001 跨国公司在中国投资报告》）

海 外 投 资

中国的资本输出

加拿大西安大略大学　徐滇庆　耿　健

在一般人的印象中，中国作为一个发展中国家，必然会发生资本短缺问题。因此，中国应当尽量争取外国资本流入中国，尚且还谈不上资本输出的问题。实际上，这是一个误解。资本输出并不一定是富国的专利。

世界各国资本流动的历史数据表明：最穷的国家几乎没有资本流出，流入的外国资本也很少。但是随着经济增长，流入的资本逐渐增加。到了一定程度，在流入资本继续增加的同进出现了资本流出。也就是说，在相当长的一段时期内，资本流入和流出将同时存在于许多发展中国家。

中国是一个经济发展很不平衡的大国。按照世界银行的估计，中国在 1997 年的人均国内生产总值 860 美元左右，如果按照购买力平价（PPP)，人均国内生产总值大约在 3570 美元。虽然内地省份人均国内生产总值还停留在 600 美元上下，但是，在东南沿海人均国民生产总值已经超过 5000 美元。因此，在中国必然同时存在资本输入和输出。在目前阶段出现资本外流现象是完全符合经济发展规律的。

一、资本的国际流动规律

资本在国家之间的流动主要有三种形式：商品输出、贷款和海外直接投资。在经济发展史上也体现为三个不同阶段。二次世界大战之后，资本输出进入第三阶段：大量海外投资。事实证明，单纯的商品贸易不可能充分利用参与贸易各方所具有的比较优势（例如区位优势、资源优势等等)。当贸易量达到一定程度的时候很可能遭遇到当地政府所设置的关税或非关税壁垒的限制。大规模信贷又遇到了发展中国家债务负担过重、甚至无力归还欠款的问题。于是，为了充分发挥双方的比较优势，或者为了绕开市场障碍，跨国投资成了合乎逻辑的选择。从表面上来看，由于世界各国之间在政治、文化、风俗、法律、语言上差异很大，跨国公司对当地市场缺乏了解，直接投资也许会增加风险，提高成本。可是，大量事实已经证明了跨国投资是当今不可逆转的潮流。

早期的跨国公司按照产业分工，在经济发达国家生产资本和技术密集型产品，在发展中国家生产劳动力密集型产品。现在，资本和技术密集型产品的某些生产环节也转移到发展中国家进行。跨国公司的生产经营方式从原来的产业纵向分工扩展到在产业内的纵向分工。资本增值的过程已经不再局限于某个国家和地区，而是在全球范围内进行。跨国公司增长速度远远超过了各国经济增长率。跨国公司的平均利润率远远超出单纯在某个国家境内经营的企业。跨国公司越来越多，规模越来越大。许多跨国公司已超过大多数国家的经济规模。

近年来全世界对外直接投资呈直线上升趋势。其累计额在 1967 年为 1041 亿美元，1985 年超过 6500 亿美元。增长了 6 倍多。根据联合国贸发会议《1998 年世界投资报告》，1970 年外国直接投资总额 400 亿美元，1980 年上升为 1700 亿，1989 年 2320 亿，1996 年 3490 亿，1998 年 4300 亿。仅仅在 1996 年一年之内流入发展中国家的外国直接投资就高达 1290 亿美元。

二、中国对外投资规模

1. 对外投资规模

从统计数据看，目前中国合法的资本输出规模尚还很小。到 1998 年底中国总共有境外投资企业 5666 家，中方投资额 63.3 亿美元。其中贸易性投资企业 3288 家，非贸易性投资企业 2378 家。中国对外投资在澳大利亚最多，为 12.4 亿美元。加拿大 7 亿美元，美国 5.7 亿美元，香港 3.6 亿美元，泰国 2 亿美元，俄罗斯 1.9 亿美元，南非 1.1 亿美元。中国对外投资在俄国和东欧发展得比较快。

2. 为什么中国国有企业资本输出并不成功

中国的国有企业在海外投资项目成功概率并不高。其主要原因：一是缺乏经验。有些投资的目标是解决国内企业生产原料短缺问题。例如，首都钢铁公司投资

3.12亿美元到秘鲁开采铁矿。结果陷于劳资纠纷，亏损严重。二是有些国有企业到海外投资，结果以已之短较人之长，难免亏损。例如有的国有企业到美国佛罗里达和纽杰西购买地产，指望从房地产投资中捞一把，结果赔得一塌糊涂。三是有的国有企业以为背靠着国家这棵大树，非大生意不做，要和世界500强平起平坐。在选择海外经营目标时好大喜功，不切合实际。结果一事无成。四是缺乏企业家人才，人员素质差。把选派出国人员当作是一种照顾或福利。这些人按照上级指示办事，不求有功但求无过。在外期间尽量节省驻外津贴，熬到时间就打道回府。五是有些投资海外的国有企业官气十足，不懂得国际竞争规则，把国有企业官僚主义的弊病都带到海外。六是缺乏明确的激励机制。说到底，仍然是一个国有企业的所有和代理关系问题。有些投资海外的国有企业在初期比较成功，随后由于利益分配不合理而矛盾重重，最后，许多比较优秀的国有企业代理人都跳槽“流失”了。七是还有一些所谓的官方海外投资实际上是化公为私的骗局。

3. 民营企业在国际市场上的成功范例

中国民营企业在国内市场上表现出很强的生命力，在国民生产总值中所占比重逐年上升。虽然走出国门的民营企业还不多，但是我们仍然可以发现一些非常成功的案例。例如东欧最大的华资跨国公司丰佳集团竭力推进中国国内企业和罗马尼亚的合作，取得了巨大成功。这家华资跨国公司产权清晰，有一个非常有效率的经营管理体系和完整的营销网，推行名牌策略，严格遵守当地的规章制度，照章纳税，现在已经发展成为综合性的跨国企业集团，企业资产总值上亿，为罗马尼亚创造了成千上万个工作机会。

为什么中国跨国公司对罗马尼亚的直接投资能够取得如此成功？在总结管理经验的同时我们注意到了这样几点：中国的改革开放比罗马尼亚进展得快几年，双方在生产结构上具有许多相似之处。罗马尼亚的市场化程度不如中国，两国之间存在着巨大的互补性。因此，中国企业到罗马尼亚投资比较容易结合双方的比较优势。在劳动力密集型产品的开发过程中，双方具有相当广阔的合作前景。就象当年港台商人到大陆来投资一样，很容易就建立了双方互利的合作基础。这家来自于中国的跨国公司在罗马尼亚的投资已经达到了相当水平，成为罗马尼亚的纳税大户和出口大户。罗马尼亚政府高度评价了他们的贡献，非常欢迎来自中国的外国直接投资。在并没有实际资金流出国门的前提下，中罗双方互利，达到双赢局面。

这也就证明了，中国的经济发展程度已经到了资本输出阶段。完全可以效仿当年港商和台商的经验，有计划、大规模地向那些和中国发展水平比较相近的地区增加资本输出，发展经济合作。

三、中国资本输出的发展策略

1. 价值链上比较优势分工

国与国之间的分工是在价值链上比较优势的分工。外国直接投资并不简单是一个资产交易过程，包括了非金融和无形资产的转移。企业是否应当向国外发展取决于行业性质、国家比较优势和企业所处的价值链地位。

企业的价值活动可以分为基本增值活动和辅助性增值活动。基本增值活动又分上游环节和下游环节。上游环节包括材料供应、产品开发和生产运行。其中心是产品：是否具有比较优势取决于产品技术或生产规模。下游环节包括成品分运、市场营销和售后服务。其中心是顾客和销售渠道。如果跨国公司的优势在于价值链的上游环节则应当采用全球策略，如果优势来自于下游环节则应当采取地区性的产品策略。关键是要保持在战略环节上的比较优势，而并不需要在所有的环节上都保持比较优势。战略环节要紧紧控制在企业内部，很多非战略性的活动则可以以合同的方式承包出去，尽量利用市场合作以降低成本。

在香港和内地的分工中香港主要是在价值链的后半部分发挥了商品营销的功能。其优势来自于香港的信息、销售渠道、营销和组织能力。中国内地则发挥了劳动力价格低廉、生产成本低的比较优势。

经过改革开放20年之后，中国不仅在某些产品生产上具有比较优势，在商品营销上也积累了相当多的经验。如果在高科技产品中有一个环节，例如产品装配是劳动力密集型产品，那么中国企业就会在这个环节的生产上具有比较优势。现代化的运输和信息使得产品分工更加仔细，可以在一个产品的许多个生产环节上进行分工。中国资本输出既可以在上游环节开展，也可以在下游环节突破。

2. “早半拍”准则

港台企业来大陆投资成功的概率远远高于欧美企业，其主要原因是港台企业所拥有的比较优势和大陆所拥有的比较优势非常容易结合。

一般说来，港台经济发展程度比大陆早10－20年。港台市场的发育程度以及市场消费形态和大陆相差并不太远。港台企业生产的产品更能够适应大陆民众的消费习惯，所以港台企业比较容易利用大陆的比较优势。

欧美经济发展程度远远超过中国，消费形态和市场规则和大陆相差较远。他们的企业很难适应中国的经济环境。双方的合作具有较大难度。欧美企业来华投资的成功率远远低于港台和新加坡企业。

从战略行为论来看，跨国投资就是一个寻找战略同盟军的过程。港台企业很容易在大陆找到同盟军。而欧美企业来华则难以找到合适的伙伴。同样的道理，如果港台企业到非洲或者某些拉美国家投资，由于双方在发展程度上相差较远，投资的效益也就比较差。

如果我们按照世界各国出口产品的资本和技术密集度为参数，将世界各国排个队。那么，最容易合作的国家也许就是在这个排列中比较靠近的那些国家。或者说，如果甲国比乙国的发展程度早半拍，那么乙国可能是甲国对外直接投资的最佳选择。如果两个国家的排列次序相差较远，那么，外国直接投资的效果就要差一点。这也许可以称为跨国投资的“快半拍”准则。

3. 中国资本输出的地区选择

按照“快半拍”准则，中国资本输出的最佳地区应当是那些在经济发展程度上和中国仅仅差半拍的国家和地区。也许东欧和中亚各国比较符合这一条件。

东欧各国的工业基础不比中国差，民众的教育和工人的技术水平不比中国差。但是，有些东欧国家国内市场化的程度不如中国，参与世界经济的程度不如中国。东欧各国出口能力很差，其产品国际市场上没有什么竞争能力。从这些方面讲，中国的经济发展比东欧各国快了半拍。中国和东欧各国之间的合作能够发挥双方的比较优势。

外资直接投资最终都要解决一个国家之间的协调问题。各个国家的目标几乎肯定不完全一致。例如，对通货膨胀的宏观管理，保护就业，对未来的预测，政府目标和国家长期目标也许并不一致等等，在利益和成本上各个国家之间的分配也会出现许多矛盾。这些分歧必然具有时间性。要设法保护这个共同目标尽可能存在于更长的时期。

中国的产品价廉物美，比西欧产品更适合于东欧市场。中国企业的运行规律和东欧各国企业更为相近。有利于企业之间的合作。中国企业在这些 国家中更容易得到其他相关产业的支持。在国际合作中每一个国家承担不同的责任，各自去追求它的目标的一部分。必须指出，发展中国家的目标是在不断变化的。在中国开发初期最需要的是资金和关于传统商品的市场信息。需要解决走向市场经济的转型问题，建立民营企业，发展体制外经济成分。90年代后期，中国所面临的是产品市场和国内就业问题。东欧各国在目前要解决就业问题，增加外汇储备、出口额和税收，关键在于解决资金短缺和扩展市场渠道。中国有可能带动东欧国家在劳动力密集型产品上走向世界。跨国经营过程是跨国公司追求最大利润的行为，同时也是帮助所在国开发比较优势，从而达到双方互利的过程。只要中国能够继续保持较高的发展速度，双方就存在着长期合作前景。

4. 中国的产业结构调整

经济发展就是产业结构不断调整的过程。根据在世界经济中的比较优势，各国都有各自的“夕阳工业”和新兴产业。在第二次世界大战结束时美国是世界上最大的劳动力密集型产品生产国。随着科学技术发展和平均工资水平上升，这些工业逐渐成为夕阳工业，随后被转移到日本。日本在60年代经济起飞就得益于这些劳动力密集型产品。当日本失去了比较优势后，亚洲四小龙迅速取而代之，成为“雨伞王国”、“鞋帽王国”。中国改革开放之后，这些劳动力密集型产品逐渐转移到中国大陆。

产业升级是经济发展的必然规律。在改革开放20年以后，沿海地区的科学技术和工业发展程度已经发展到相当水平。随着人民生活水平上升，不少传统的支柱产业，例如轻纺产业、玩具、包箱等逐渐失去了竞争优势。为了持续发展就必须迅速实现产业升级，集中财力、物力和人才发展技术密集和资本密集型产业。事实上，在沿海地区的一些生产自行车、纺织品的企业已经开始把他们过剩生产能力向内地转移。通常人们认为，中国尚且存在着非常广阔的内地市场，所以当沿海地区的工资水平和生产成本上升之后，这些产业会逐步向内地转移，而这个转移过程可能还要持续相当长的时间。

不过，放眼全球，这个产业升级的过程完全可以在更广阔的范围内进行。沿海的夕阳产业不仅可以向内地转移，也可以向那些发展程度尚且不如中国的地区转移。在上海、广东的夕阳工业向甘肃、新疆转移固然可以降低成本，帮助开发西部地区，但是却不一定能够有效地在世界范围内扩展市场规模。因此，夕阳工业的扩散转移过程应当是全方位的：在国内由东向西扩散的同时要走出国门，以跨国公司的形式向一切能够开发市场的地区发展。

5. 中国资本输出的主体

中国现有许多对外经济合作机构大部分是国有企业。其规模比较大，具有一些经验。但如同其他国有企业一样，由于内部产权不清，缺乏正确的激励机制，他们不仅在国内市场缺乏竞争能力，在国际市场竞争中更加暴露出许多弊病。在没有彻底改革之前，很难指望这些企业担负起资本输出的重任。

中国民营企业已经在国内竞争中迅速成长起来，在国内生产总值中超过了国有部门。但是，大多数民营企业规模较小，缺乏对外交往的人才和经验。因此，应当在今后有计划地扶植民营企业，提供信息和咨询服务，在各种对外政策上解除对民营企业的约束，提高他们在国际市场上的竞争能力，鼓励更多的有条件的民营企业走向世界。中国未来的资本输出主力军必然是那些迅速崛起的民营企业。

中国企业的对外直接投资

对外经济贸易大学教授　卢进勇

一、中国对外直接投资的发展

（一）中国对外直接投资的发展阶段和特点

1. 中国对外直接投资的发展阶段与现状

新中国成立后的50年来，对外直接投资大体上经历了五个发展阶段：

第一阶段为初步发展阶段，自1949年到1978年。

从新中国成立到实行改革开放政策以前的30年间，为了开拓国际市场，发展与世界各国的贸易往来，中国各专业外贸总公司先后分别在巴黎、伦敦、汉堡、东京、纽约、香港、新加坡等国际大都市设立了对外分支机构，建立了一批贸易企业。与此同时，中国的一些与贸易相关的企业也在对外投资开办了一些远洋运输和金融等方面的企业。这批对外企业的投资规模普遍较小，多分布在世界上的一些著名港口和大城市，主要从事贸易活动，基本属于贸易性的对外投资。这批对外企业的设立为新中国对外贸易事业的发展作出了积极的贡献。

第二阶段为进一步发展阶段，自1979年到1985年。

自从1979年中国实行改革开放政策以后，国内企业到对外投资办企业得到了较迅速的发展。1979年11月，北京市友谊商业服务总公司与日本东京丸一商事株式会社在东京合资开办了“京和股份有限公司”。这是中国实行改革开放政策后对外开办的第一家合资经营企业。从1979年到1985年的7年时间里，中国政府共批准在对外开办非贸易性的合资、合作与独资企业180家，中方投资1.77亿美元。其中，1984和1985年对外企业发展较快，两年共批准开办119家，中方投资1.3亿美元。这些企业分布在40多个国家和地区，涉及的领域主要有资源开发、加工生产装配、承包工程、金融保险、航运服务和中餐馆等。这批对外企业的建立，对于扩大对外经济合作领域，探索新的合作方式起到了积极作用。由于这批企业多属于非贸易性企业，因此这期间的对外投资标志着中国非贸易性对外投资的起步和发展。

第三阶段为加快发展阶段，自1986年到1992年。

在这一阶段，中国对外直接投资有了较快的发展，主要表现在：参与对外投资的国内企业类型增加，不仅外经外贸企业而且工业企业、商贸物资企业、科技企业及金融保险企业等也参与到了对外投资之中；对外投资的领域进一步拓宽，在服务业、工农业生产加工、资源开发等几大产业内的若干行业中都有对外企业设立；对外企业的数量增加，截至1992年底，对外非贸易性企业达1360家，中方投资15.89亿美元，仅1992年就批准设立对外非贸易性企业355家，中方投资1.95亿美元，是中国对外投资发展史上投资增长最快的一年。与此同时，中国对外贸易性企业也达到了相当的规模，总数达2600家左右。对外投资的总体规模和项目平均规模扩大，到1992年底，对外贸易性企业和非贸易性企业的中方投资总额已达40多亿美元，中方投资规模超过百万美元的项目增多，其中有的项目中方投资超过1亿美元，如首钢秘鲁铁矿项目中方投资达1.2亿美元；分布的国家和地区更加广泛，到1992年底，中国企业已经在世界上120多个国家和地区设立了对外企业。

第四阶段为调整发展阶段，自1993年到1998年。

从1993年中开始，国家决定实行经济结构调整，紧缩银根，让过热的经济软着陆。与此相应，对外投资业务也进入清理和整顿时期。国家主管部门对新的对外投资实行严格控制的审批政策，并对各部门和各地方已开办的对外企业进行重新登记，对外投资的发展速度开始放慢。在这6年间，中国对外直接投资为12.78亿美元，批准设立对外企业1500家左右。通过对以往对外投资经验教训的总结和对中国企业国际竞争力现实状况的分析，在这一阶段的后期，中国政府提出了发展对外投资的新的战略方针：鼓励发展能够发挥我国比较优势的对外投资，更好地利用两个市场、两种资源；组建跨行业、跨部门、跨地区的跨国经营企业集团；在积极扩大出口的同时，要有领导有步骤地组织和支持一批有实力有优势的国有企业走出去，到国外，主要是到非洲、中亚、中东、东欧、南美等地投资办厂。新的对外投资战略方针的提出预示着对外投资将出现新一轮快速发展时期。

第五阶段为新的较快发展阶段，自1999年开始。

从1999年开始，为了推动出口贸易的发展，为了加快产业结构的调整，为了向对外转移国内成熟的技术和产业，中国政府提出鼓励有实力的国内企业到对外投资，通过开展境外加工装配，就地生产就地销售或向周边国家销售，带动国产设备、技术、材料和半成品的出口，扩大对外贸易。上述新的政策措施被系统地概括成为“走出去”战略。为了加快实施“走出去”战略，外经贸部先后向100多家企业颁发了“境外加工贸易企业批准证书”。由境外加工贸易而引发的对外投资将成为今后中国对外投资一个新的增长点，这种类型对外投资的加快发展还将导致对外投资主体、方式和行业结构出现新的变化。另外，中国加入世界贸易组织后，在外国企业和产品大举进入中国市场的同时，中国企业也应当大步走向国外，只有走向国外，才能充分抓住入世后的机遇和充分利用其他缔约方给与我们的权力。1999年，中国批准设立对外企业437家，对外投资金额为6.19亿美元，是继80年代中期和90年代初期两个增长高潮之后开始出现的又一个新的增长高潮。

截至2001年6月底，经中国对外贸易经济合作部批准或备案的非金融类海外中资企业总计达6439家，协议投资总额为116.32亿美元，其中中方协议投资总额为77.82亿美元。这些对外企业既有贸易性的也有非贸易性的，分布在160多个国家和地区。

2. 改革开放以来中国对外直接投资发展的特点

(1) 发展速度较快，平均投资规模逐步扩大，投资主体不断优化。自从中国实行改革开放政策以来，仅仅21年的时间，中国对外直接投资就在原来较低的基础上获得了迅速的发展，并已形成一定规模，对外投资企业数量和对外直接投资金额的年均增长率都较高。近年来，中国对外直接投资的平均发展速度超过了许多发展中国家。但也应当看到，同发达国家和地区相比，就整体而言，中国开展对外直接投资的实力还较薄弱，对外投资企业的数量、每年对外投资的金额与对外直接投资的累计总额都还较小。而且，中国的对外投资大多数为中小型项目。

(2) 对外投资企业分布多集中于港澳地区和经济较发达地区，但近年来呈现出多元化趋势。中国的6000多家对外投资企业虽然分布在160多个国家和地区，但仅港澳地区就有2184家，占总数的35%左右，其余的主要分布在其他亚洲国家和地区、欧洲地区及北美地区等地。从具体国家和地区来看，除港澳地区外，日本、泰国、新加坡、阿联酋、美国、澳大利亚、德国、俄罗斯、巴西等国家和地区的中国对外企业分布较多。截至2001年6月底中国对外投资企业与对外投资金额的区域分布情况见表1。总体来看，中国对外投资的区域分布呈现出日趋多元化的趋势，对外企业的分布格局与中国对外贸易的市场结构有着一定的联系。

表1　截至2001年6月底中国对外投资企业与对外投资金额的区域分布

	企业个数（家）	协议中方资金额（亿美元）
港澳地区	2184	36.83
亚洲地区	1271	7.98
欧洲地区	1102	4.36
北美地区	774	10.74
非洲地区	524	7.13
拉美地区	307	5.92
大洋洲地区	277	4.86

资料来源：《国际商报》2001年9月7日

(3) 投资领域重点与一般相结合。中国对外投资企业在一、二、三产业中都有分布，其中，服务贸易、工业生产加工、农业与农产品开发、资源开发等行业相对集中。近几年，境外加工贸易因受到国家鼓励而成为中国对外投资的主要形式，发展较快。截至1999年底，对外投资企业中服务贸易行业企业占绝大多数，共计4267家，占总数的71.4%，中方投资43.2亿美元，占中方协议投资总额的62.2%；其次为工业生产加工行业，共有1383家对外企业，占总数的23.1%，中方投资11.2亿美元，占中方协议投资总额的16.1%。截至2001年6月底中国对外投资企业与对外投资金额的行业分布情况见表2。

表2　截至2001年6月底中国对外投资企业与对外投资金额的行业分布

	企业个数（家）	协议中方资金额（亿美元）
服务贸易型	4476	44.5
生产加工型	1580	16.7
资源开发	133	14.3
农业及农产品综合开发	142	1.5
投资类	85	0.481
其它类型	23	0.341

资料来源：《国际商报》2001年9月7日

(4) 出资方式多种多样，对外企业以合资合作居多。中国企业对外直接投资的出资方式（或称投资方式）越来越多样化，有的以现汇出资，有的以从国外获得的贷款出资，有的以国内机械设备等实物出资，还有的以国内的技术专利或专有技术（含劳务）出资。从中国对外投资企业所有权结构来看，对外独资企业占20%左右，与东道国或第三国共同举办的合资与合作企业约占80%左右，合营伙伴多数为当地华侨。这些对外投资企业分别采用了股份有限公司和有限责任公司的组织形式。中国对外投资企业采用较传统的新建方式的约占80%，而采用目前国际上较流行的收购与兼并方式的仅为20%左右。

(5) 对外投资企业对国内母（总）公司的依赖较重，自我开拓和横向联系能力不强。就目前的状况而言，中国多数对外投资企业都是各方面由国内直接控制，是国内母公司的补充，在对外进行较孤立和分割式的经营，没有形成属于企业自己的营销网络和信息网络。有一些对外投资企业只是与母公司进行双向联系，对外企业之间以及对外企业与当地企业之间的横向联系较少。多数对外企业还不知道如何利用转移价格，把整个世界市场作为经营与赚钱的舞台，在世界范围内进行资源优化配置和产品生产与销售。

(6) 对外投资的推动促进工作由战术型转向战略型。近年来，一些经济发展较快、对外投资起步较早的沿海省市在对以往对外投资经验进行认真总结的基础上，结合自己的比较优势，对对外投资国别和领域进行认真的比较选择，有步骤、有重点地推动和组织当地有实力的企业到境外进行投资。在推动工作中，使项目相对集中、相互配套，使产品成系列、上规模，从而实现了投资促进工作由战术型向战略型的转变。

（二）中国对外直接投资的作用

1. 利用国外资源弥补中国资源的不足

中国是一个幅员辽阔的大国，自然资源相对丰富。但是，从另一方面来看，中国人均自然资源占有量比较低，而且有些种类的自然资源国内储量和产量都较少，因而导致国内资源供需的总量和结构矛盾随经济发展日益突出。要保持下个世纪国民经济的持续稳定增长，国内现有资源无论从质和量上都难以满足经济增长的需要。而资源产品通过一般贸易进口，不仅市场供应不稳定，而且价格易受国际市场的冲击出现波动。所以，要通过对外投资，建立稳定的国外资源供应渠道，开发国外资源为我所用，利用国外资源弥补国内资源短缺。中国在国外开办的林业开发、矿产开采和海洋渔业等对外投资企业，对满足国内这方面的资源需求已经起到了很好的作用。

2. 充分利用国外资金

到国外办企业所需的资金不一定都出自国内，有相当一部分可以在国外筹集，从一定意义上讲是在境外利用外资。我们可以利用国外庞大的金融机构，完善的金融市场，更自由、更大规模地筹措所需贷款。也就是借外国人的钱，在双方认为最理想的投资地区，选择有前景的预期效益较好的行业，运用双方的优势，兴办企业。运用这种方式，可以缓解企业的资金短缺，开拓国外市场，取得较好的投资收益。

3. 学习和引进国外先进技术和管理经验，提高企业生产能力和经营管理水平，提高竞争力

借助于对外投资企业，能以优惠的价格和优质服务为国内企业引进先进的技术、设备和关键零部件，引进外资，推动国内企业的技术改造，增强国内企业的新产品开发能力和出口供货能力，提高企业的国际竞争力。而且，我方人员还可以通过参与对外投资企业的经营管理学到国外一些先进管理经验，促进中国企业管理水平的提高。

4. 扩大出口，推动中国对外贸易的发展

对外投资企业的建立，很重要的一个目的就是要巩固、扩大和开拓对外市场。创办对外投资企业，绕过关税和非关税壁垒，变国内生产国外销售为国外生产国外销售，可以扩大出口；在对外创办零部件供应与产品维修服务企业，可以扩大机电产品出口，巩固和扩大原有市场；那些生产与消费必须在同一地点同一时间进行的有形商品（如食品）与无形商品（如各种各样的服务）的出口，也需要通过对外投资来实现；对外投资还可以直接带动国产的机械设备、原材料出口。

5. 有助于实施市场多元化战略

改变中国出口市场过分集中的状况，开辟新的市场，实现出口市场多元化，是保证中国对外经济贸易持续稳定发展的重要条件之一。为此，就需要通过对外投资在新的出口市场所在地建立一些贸易企业和零部件组装与加工企业，扩大中国商品在该区域国家内的销售。

6. 有助于消化和转移国内过剩的加工能力和传统技术，加快产业结构和产品结构调整，搞活国营大中型企业

目前，中国一些传统加工产业的国内市场已经面临饱和，而且，随着国民经济的发展和技术进步，还会不断地出现过剩的加工能力和技术。这就要求我们在大力开拓国外产品市场的同时，通过大力开拓国外投资业务来消化和吸收国内过剩的加工能力。通过国际投资，带动设备、技术和劳务出口，转移一部分加工能力和适用技术。赋予国有大中型企业对外投资权，让它们参与国际市场的竞争，对于提高企业素质，调整企业产品结构，进而促进国有大中型企业搞活是有利的。

7. 促进对外承包工程的发展和扩大劳务输出

有些国家规定，外国承包公司只有与本国公司在当地依法登记注册组成合资承包公司才能在当地开展业务。中国的国际经济技术合作公司与对外资信好、有经营和业务活动能力的承包商组成合资承包工程公司或集团公司，是一种扩大业务的有效作法。通过组建合资承包工程公司或公司集团，可以使双方在资金、人力、技术、信息等方面互为补充，有利于增强竞争能力，提高中标率。

8. 取得了一定的经济效益和社会效益

中国已经在对外设立了6000多家企业，其中大多数的经营状况良好，取得了一定的经济效益。据外经贸

部1999年的统计，对外企业盈利的占55%，收支平衡的占28%，亏损的占17%。经济效益是从企业微观的角度来讲的，是对外投资最基本也是最重要的作用和目标；当然，从国家宏观的角度来讲，对外投资还有上面所讲的其他一些作用，即对外投资还有社会效益。

除以上所讲的几点作用外，对外直接投资还可以起到使中国企业充分利用入世后的机遇和权利、巩固和扩大中国对外经济援助的成果、及时了解和把握国际经贸信息与动态以及有助于培养跨国经营所需人才等方面的作用。

（三）中国企业已具备对外直接投资的条件

1. 中国已经拥有一批具有一定实力且在国际上享有信誉的企业

这些企业，有的已经进入美国《财富》杂志评选的世界500强，有的被收录到了联合国贸发会议《世界投资报告》所选出的发展中国家最大的50家跨国公司之中，其中绝大多数已列入120家国家大型试点企业集团和1000家国家重点联系企业。这些企业管理科学，经营机制先进，信誉好，产品有出口，有一定的跨国经营和对外投资办厂经验，比较优势明显。它们可用自有资金进行对外投资，也可以利用在国际金融市场上筹集的资金进行对外投资。另外，中国的大多数大型企业或企业集团都已制定了国际化经营战略，这也将有力地促进和推动中国对外投资事业的发展。

2. 中国已经具有一定的资金实力

中国目前年外贸出口达1800多亿美元，外汇储备达1700多亿美元，这说明每年拿出一部分资金创办对外投资企业是有条件的。当然，就总体而言，目前及今后相当长的一段时间，利用和引进外资仍然是中国国际资本流动的主要方面。但是，中国已经发展到应适当加快对外投资的阶段，资金方面的有来有往是当今国际经济发展的潮流，两者之间是可以相互促进的。

3. 中国在技术和设备方面具有比较优势

中国在一些技术领域是拥有国际先进水平的，而且还具有大量的适用技术、特色技术和传统技术，技术商品的价格相对便宜，这些技术在广大发展中国家是受欢迎的。同样，在单项设备和成套设备方面中国也具有相对优势。特别是近年来中国国内许多产品变成长线产品，许多企业的生产能力闲置，因此也迫切需要借助对外投资向对外转移具有一定竞争力的设备和技术。

4. 中国在管理和人才方面也具有一定的优势

尽管中国企业的总体管理水平同发达国家相比还有差距，但是，在一些地区和行业以及一些企业中管理水平还是比较先进的。

（四）中国企业在进行对外直接投资中应注意的几个问题

1. 要注意对投资环境的综合评估和投资项目的可行性研究

对投资环境的综合评估和对投资项目的可行性研究虽然都涉及到对东道国各方面情况的分析，但侧重点有所不同。前者侧重于宏观方面的分析，如投资软环境与硬环境的分析和评估，也就是地区和国别可行性的分析；后者则侧重于微观方面的分析，即项目可行性的分析。在评估投资环境时，要针对投资软、硬环境所包括的各方面具体内容，采用一种或几种较为典型的评估方法进行全面综合评估，得出结论，以确定是否将资金投入该国或地区。对投资环境进行评估之后，还要就具体的投资项目进行可行性研究，以确定该项目是否成立以及是否将资金投入该项目。进行可行性研究，要按照可行性研究报告所包含的各项内容逐项进行详细的研究与分析，要从经济、财务、技术、法律等方面进行可行性论证。

2. 要注意选好合作伙伴

选择国外合作者时主要应掌握以下几个方面的情况：资金能力、经营信誉、产品销售渠道、共同的奋斗目标。以上几个方面缺一不可，否则尽管我们投入了大量的资金、技术、设备和人力，也可能落个毫无效益的结果。为此，应当在合资或合作项目正式签约前，对合作对象的资信情况、履约能力、销售渠道等方面进行调查了解。

3. 要注意人才的选派和培养

要选派那些政治素质好、技术业务过硬、身体健康、年富力强的人员到对外投资企业工作。派往对外投资企业工作的人员应当是复合型的人才，不仅要懂得外语，还要懂法律、懂经济、懂管理。对外投资企业所需要的人才也可以在国外招聘，这也是一条重要途径。

4. 其他应注意的问题

（1）风险防范问题。一般而言，到国外投资办企业比在国内所遇到的风险要多要大，对可能遇到的风险要进行研究，要采取一些行之有效的措施加以防范。

（2）合理避税问题。合理避税一不违法，二可以增加企业盈利，因此，要认真分析可能性，适当加以运用。

（3）出资方式（或称出资物）的选择问题。较常见的股权式投资出资方式有：用企业的国内资金出资、用从国外筹集的资金出资、用技术折股出资、用机器设备折股出资、用管理折股出资等，企业可根据自身的条件选择于已最有利的出资方式。

（4）企业组织形式和所有权战略问题。对外直接投资的企业组织形式主要有：对外分公司、对外子公司和对外联络办事处，它们各有特点，企业应根据自己的投资目的与经营战略加以选择。在对外直接投资的所有权战略方面，企业可根据自己的资金实力及经营管理和决策控制的考虑而在拥有百分之百股权、拥有多数股权、拥有半数股权和拥有少数股权等不同的所有权战略之间进行选择。

二、中国对外直接投资的鼓励政策与行业导向

（一）中国对外直接投资的鼓励与保护政策

为了推动和鼓励中国公司、企业和其他经济组织对外投资开办企业，为了扶持中国对外企业的发展，中国政府制定了一些具体的鼓励、支持和保护政策。

1. 资金扶持

举办对外资源开发或投资较多的生产性企业，国内投资者除自筹部分资金外，可向国家银行申请外汇或人民币优惠贷款，作为中方投资。应发展中国家的要求，经中国政府同意的带援外性质的合资或合作项目，列入援外计划，所需资金从国家年度援外资金和外汇额度中统筹解决。

2. 税收减免和外汇留成

国内投资者从对外企业分得的利润或其他外汇收益(不论中国政府与对外企业所在国或地区是否签有避免双重征税协定)，自该对外企业正式投产或投入营业之日起五年内全额留成，国家免征企业所得税，五年后按国家有关规定缴纳所得税，并上缴20%外汇额度。资源开发型对外投资项目的产品需返销国内，凡纳入国家进口计划的，可享受同类产品的进口关税待遇。中方从远洋渔业合营项目中捕捞运回国内的产品，国家长期免征进口关税。对于中方作为投资带动出口的机械设备、器材、原料和半成品，中国海关凭外经贸部发给的对外投资项目批准证书和对外合营企业合同副本等文件予以放行，免征出口关税。

3. 对外企业产品进口

对外投资企业生产的产品，凡属国家需进口的，按同质同价的条件，可申请纳入国家进口计划，优先安排进口。对于不能纳入国家进口计划的产品，国家允许对外企业及其国内投资者在自负盈亏的前提下，在国内市场自行经销。对国内投资者以利润形式从对外企业分得的产品，允许运回国内和自行销售。

4. 机电产品出口企业对外投资优惠政策

为了推动中国机电出口企业积极开拓国际市场，提高中国机电产品在国际市场上的竞争能力，鼓励机电产品出口企业在对外投资设立维修服务网点和开办以扩大出口为目的的生产性企业。

5. 向对外投资者提供保护的政策

到1999年底，中国已同92个国家签定了投资保护协定，其中生效的已达73个；同世界上62个国家签订了关于避免双重征税和防止偷漏税的协定，其中已经生效的有54个，尚未明确协定生效日期的有8个。另外，1988年4月30日中国政府批准《多边投资担保机构公约》，成为其创始成员国；1990年2月9日中国政府在《关于解决东道国与其他国家国民之间投资争端公约》上签字，正式参加了该《公约》。同其他国家和地区签订双边投资保护协定与双边税收协定，以及参加一些主要的有关国际投资方面的国际公约，是保护本国对外投资者合法权益的一项重要措施，同时对本国企业的对外投资活动也会起到积极的推动作用。

（二）中国对外直接投资的行业导向

考虑到目前中国进行对外投资的可能性和世界直接投资发展的新特点，现阶段中国对外投资的重点行业是：

1. 加工装配型的制造业

设立这种类型的企业可以突破东道国所实行的贸易保护主义政策，带动和扩大国内的技术、设备、半成品、零部件和原料的出口，实现就地生产就地销售和向第三国销售；与此同时，还可以充分利用中国企业在设备、技术和人力等方面的比较优势，取得比较利益。目前，国家对这一行业的对外投资给予重点支持，为此制定了一系列的鼓励和优惠政策。这一行业主要涉及机电行业和轻工服装业，具体涉及到汽车、摩托车、小型农机具的组装和电视机、电冰箱、洗衣机、电风扇、空调器等家用电器的加工装配等。

2. 资源开发行业

资源开发性项目一般建设周期长，投资额较大。过去的十几年，资源开发型项目成为中国对外直接投资的一个重点，今后仍应是中国对外投资的重点。这是因为中国人均占有资源不多，在国外对中国短缺资源项目进行投资，对打破资源垄断有利，具有重要的战略意义。

3. 科技开发行业

这方面的企业分为三类：一类是通过对中国目前技术上仍属空白或落后的东道国技术密集型企业的投资和参加管理，从中学习和吸取对方的先进技术，将技术带回国内应用；另一类是在国外发达国家组建高科技新产品开发公司，将开发的新产品交给国内企业生产，然后再将产品销往国外；还有一类是指鼓励国内的高科技企业走向国际市场，进行对外投资，扩大高科技产品的出口，实现科技产品的国际化。国家鼓励和支持技术含量较高的对外投资项目的发展。

4. 工程承包与劳务合作

中国具有丰富的劳动力资源，中国承包劳务企业在国际市场已具有较强的竞争力，因此，国家支持承包劳务企业在国外创办一些相关企业，以扩大中国的对外工程承包和劳务合作业务。

5. 服务贸易行业

这类企业包括金融保险、进出口贸易、商业批发、信息咨询、运输通讯、医疗卫生、旅游、广告、维修服务等行业的服务性企业。通过创办独资或合资的服务行业企业，可以直接扩大中国的服务出口，并可间接促进中国有形商品的出口。

三、中国对外直接投资中有待深入研究的几个问题

（一）对外投资主体多元化问题

目前的对外投资主体主要是具备条件的大型国有、国有控股和集体企业，这些企业基本上都属于公有经济的范畴。中国经济体制改革的总目标是发展有中国特色的社会主义市场经济，为此，允许多种经济成份并存。属于多种经济成份中的一些三资企业、私营企业和股份制企业等出于业务发展的需要，也有到国外投资办企业的愿望，对于它们的这个愿望应当给予考虑，对于其中具备条件的也应给予对外投资权。另外，还有公民个人（包括个体工商户）是否可以进行对外投资的问题（个人直接进行或通过投资基金间接进行）也应当加以研究并提出对策。总之，对外投资的主体应日趋多元化。

（二）对外投资方式多样化问题

对外投资的方式（或称出资物）指的就是到底拿什么东西对外去投资。现在已经办起来的几千家对外投资企业有不少是拿外汇资金作为出资物的。其实，对外办企业不一定都拿资金去，就像外商到中国来办企业一样，拿机械设备、拿技术、拿管理折股投资都是可以的。中国企业在设备、技术和管理方面已经具有一定的相对优势，今后应鼓励更多的企业利用这些优势从事对外投资，对外投资企业的中方出资物应更加多样化。

（三）更多地采用收购与兼并方式建立对外投资企业问题

创建对外投资企业有两种基本方式，即新建方式和收购与兼并方式。这两种方式各有利弊，但相对而言，后一种优点要多一些。通过收购与兼并方式创建对外投资企业有三大优点：一是速度快，建设周期短；二是可以借助原有企业的销售网络迅速进入当地与第三国市场；三是有利于对外投资企业开展当地化经营。正因为这样，收购与兼并方式在国际上十分流行。以往，中国对外投资企业主要是靠新建方式创立，不少人把创建对外企业完全等同于在境外新建一个企业。因此，有必要让更多的国内企业对收购与兼并方式的优点和重要性加深认识，让它们更习惯于采用这种方式创建对外投资企业。

（四）对外间接投资问题

对外间接投资从狭义上来讲主要是指对外证券投资，也就是购买对外股票或债券的一种投资方式。国内企业目前到国外投资主要是进行创办各类企业方面的直接投资，进行间接投资的较少。但是，间接投资是国际上很重要和很流行的一种投资方式，它也可以为投资者带来可观的收益。当然，间接投资的风险比较大，尤其是进行股票投资。相对而言，购买债券比购买股票的风险要小一些，购买政府发行的债券（俗称金边债券）比购买企业发行的债券风险还要小一些。但从另一方面看，风险小往往收益也低，况且进行直接投资也有风险。我们要研究一下其他国家是如何对企业和个人从事对外间接投资进行协调管理的，并考虑能否适当放松对对外间接投资的管制。

（五）非股权投资问题

企业进行对外投资，除股权投资外，还有非股权投资。非股权投资是指不以持有股份为主要目的的投资方式。最常见的非股权投资是技术授权、管理合同和生产合同。企业采用作为直接投资替代物的非股权投资方式，不仅可以不用出资和少承担投资风险，而且还可以使它们的技术、管理和销售机制获得令人满意的回报。中国企业在技术、管理和生产销售方面已拥有一定的相对优势，应鼓励它们利用这些相对优势进行对外非股权投资。

（六）向对外服务业投资问题

服务出口是一国外贸出口的一个重要组成部分。由于服务可运输性差，且生产与消费多为同时间同地点进行，因此，到国外就地生产就地销售就成为服务出口的一种重要方式。而要作到这一点就需要进行对外投资，就需要创办对外服务企业，通过对外投资来促进服务出口。创办对外服务企业，还可直接或间接地促进商品出口。但是，到目前为止，除贸易行业外，中国在对外服务业的投资还不是很多。我们应采取措施，支持中国具有一定国际竞争力的服务业企业通过投资进军对外服务市场。这类企业有：商业与贸易企业、工程承包与劳务合作企业、金融与保险企业、运输企业、旅游企业、信息与咨询企业和广告企业等。

（七）对外投资企业可否经营高风险性业务的问题

高风险性业务包括：证券买卖、外汇买卖、黄金买卖、期货买卖和艺术品买卖等。对外投资企业创办起来之后可否主营或兼营这些业务，这确实是一个需要解决的问题。如果允许经营，出现亏损尤其是连续出现亏损怎么办，责任应当由谁来承担以及如何承担。如果一概不允许经营这些业务，又如何落实企业经营自主权和实行经营当地化。要解决这个问题，就需要在对外投资企业类型的审批、经营范围的界定、效益的衡量、风险的承担、投资权限的规定和人才的选拔等方面作出更加明确具体的规定。

非传统安全和中国海外投资战略

北京师范大学经济学院　钟　伟

经济全球化背景下 中国非传统安全的现状

非传统安全是指相对于国防、外交等传统范畴以外的非传统范畴，它主要指一国的经济、信息、社会安全。由于90年代以来发展中国家遭受的外源性金融危机和社会动荡日益频繁，故非传统安全问题不容忽视。

我国经济在日益融入全球体系的同时，也面临非传统安全的挑战，其中较为突出的是跨国公司对国家监管理体制挑战、金融和资源安全等问题。

1.以国际投资为例，目前以年均30%的速度快速增长，分别为全球贸易和全球总产出增幅的3倍和5倍；1998年全球FDI已占全球国内资本形成的10%。1999年全球宣布的企业兼并交易额达到3.4万亿美元，较1998年的2.4万亿美元大幅增加。国际投资已成为将国家经济整合为有机的全球经济体的重要途径。近年来我国利用FDI的年均规模在300亿美元以上，约占国内资本形成的20%，这给我国宏观经济带来了深刻影响。这种影响体现在3个方面，一是FDI的隐性使用成本急剧上升，以1998年为例，在华三资企业有5.2万户出现财务亏损，亏损总额为1055亿人民币，亏损面为61.6%。跨国公司的价格转移战略已使国家监管效能大为降低；二是跨国公司的“战略控制”，在1989年以前，利用FDI在华设立控股公司或独资企业的比重尚不足5%，到1998年底已上升至50%。2000年1－4月外方独资投资额为87亿美元，而其它形式的FDI仅为59亿美元，跨国公司对其在华子公司的总体调度能力明显强化；三是在相当多的产业中，尤其是高科技领域，跨国公司已处于明显主导地位，我国企业不仅缺乏核心技术，甚至缺乏跟踪升级能力。

2.以金融领域为例，IMF保守估计目前外国人持有的美元资产已经超过6.4万亿美元，美国国债的38%、企业股票和债券的20%也为境外持有，这也可能带来潜在的国家安全风险。

3.以资源储备和占有为例，以目前我国经济增长模式外推到2010年，可能需要消耗10亿吨原油和7亿吨铁矿石。由于我国大约能维持1.5亿吨原油和4亿吨铁矿石的生产，那么势必需进口8.5亿吨原油和3亿吨铁矿石，前者约需耗费3000亿美元以上，而后者则是目前国际市场年总交易额的1.5倍。可见在经济全球化背景下，中国的非传统安全，尤其是经济安全已面临挑战。

正视这些挑战的关键在于减弱经济全球化和国家监管之间的不对称性。仅以跨国公司的全球战略为例，跨国公司的国际投资是基于对全球经济自身利益综合考虑的结果，但国家监管却局限于对这种整体性投资的境内部分；跨国公司的全球特性势必使其形成全球生产网络、销售网络和资金调度网络，而在华分公司往往是生产或销售中心而不是资金调度中心，但国家监管却很难对价格转移进行控制；跨国公司可以最大限度地利用中国在自然资源、劳动力、产业、税收、金融等各方面的差异以达成全球资源配置优化和利润最大化战略，将孤立的有效的国家监管政策放到经济全球化框架中，则其效能就会大打折扣。或者说，孤立的国家监管仅仅是一根根孤立的木条，其对国际经济活动的整体监管效能取决于这些木条中最短的那一根。在西方甚至随着跨国公司的发展出现了国家无能论的激进观点。要弱化经济全球化的外部冲击，最现实的途径就是进行海外投资，以投资指向他国的优势自然资源、优惠政策安排，缓解国内的资源稀缺、制度稀缺和环境压力，在海外投资的逐步发展中孕育自身的跨国公司。

海外投资战略中 的产业优先序列选择

以谨慎推动海外投资来回应外国对华投资，以培育自身的跨国公司来分享弱化了的国家监管的好处，其实质在于形成对外经济制衡机制，或者说是我国非传统安全机制从防御到扩张的根本转变。中国对此应予关注。

我国海外投资战略必须有明确的产业序列选择。以台湾制造业对外投资为例，在1986－1991年间，台湾对外投资中约有3/4属于防御动机，1/4属于扩张动机。此期间台湾的海外投资促成了出口增长，但却不利于国内投资与就业，也对国内经济增长不利，估计制造业海外投资每增加100元，则将使GDP减少187元；如果此部分海外投资可能给岛内制造业带来了净福利损失，同样的情况也发生在80年代的日本并导致所谓产业的“空心化”问题。可见海外投资的产业优先序列选择问题，也就是在进行海外投资和扶持自身在经济全球化中所处的位置和可能扮演的分工角色问题，这对我国海外投资战略的成败是比较重要的。

我国海外投资战略应服务于增强我国经济增长可持续的安全性，这意味着我国的对外投资带有全球资源指向型特征，应优先选择境外的、在我国属于稀缺或不经济的资源密集型产业。这种优先选择有两层涵义：一是海外投资可缓解我国稀缺资源的供给状况，并且海外投资策略对海外相关资源的支配能力超出了进口等其它替代方式。二是海外投资可以避免我国对应资源的不经济开发，并且海外投资策略使得我国原本稀缺的相关资源得到了战略性的储备保护。

我国海外投资战略应服务于增强我国宏观经济的稳定性，这就意味着我国的对外投资带有效率导向特征，应优先选择优势产业和有升级潜力的产业。

将上述海外投资产业优先序列选择原则和我国资源状况、产业竞争力相结合，则不难发现，近期我国海外投资战略的优先序列是：我国相对稀缺或不经济的能源、森林、金属和非金属矿产资源、未来可能处于衰退产业的加工贸易业、具有较强竞争优势的机电行业和轻工纺织服装行业等。据统计，到1998年底，我国海外投资额为60亿美元，设立境外企业5600余家，到1999年底为70亿美元，设立境外企业6000余家。可见尽管我国非传统安全机制还远未确立，但有选择地进行审慎的海外投资已开始起步。

渐进的海外投资战略和外汇监管框架

要形成我国的非传统安全机制，除了强化境内金融、经济和社会安全之外，我国的海外投资存量和境外企业必须达到一定水平，使境外资源、市场和企业辐射能力能增强国内经济成长的可持续性和稳定性，并在一定程度上影响到对我国非传统安全具有显著意义的他国经济。这不是一蹴而就的，我国海外投资战略只能是渐进的和可控的。

渐进的海外投资战略和兼容的对外开放必须协调，否则一国的非传统安全就会受到损害。所谓兼容的对外开放，是指一国政府的市场管理能力必须和宏观经济的对外开放保持同步。借口海外投资风险太大并采取过于保守的态度则政府和企业都不可能掌握如何监管和运作真正的跨国公司；借口经济全球化而盲目加速海外投资，则可能导致政府在培育起身的市场监管能力之前，海外投资已因过于混乱而损害了本国经济成长乃至安全。我国海外投资和同期的对外贸易、国际储备、GDP总量等相比，规模不是偏大而是滞后了。相反，这种口径的差异可能显示出相当部分的海外投资游离于国家监管体系之外，我们的监管体系仍亟待完善。

渐进的海外投资战略可以分为5个阶段，即萌芽时期、渐进时期、成长时期、快速扩张时期和全球化时期。(1) 萌芽时期。一国的外汇比较短缺，希望引进外资，以促成本国出口导向型企业的快速成长，此时海外投资对象往往是本国出口导向型企业的上游产业，例如境外贸易服务公司。(2) 渐进时期。一国已经有较为稳定扩大的贸易顺差，本国资本密集型产业开始加速发展，此时海外投资主要是为建立海外营销网络和稳定的原料供应网络。(3) 成长时期。一国进出口持续增长并导致储备大量增加，本国资本密集产业已成体系，并且技术密集型企业步入快速发展，此时海外投资主要是为确保天然的、不可再生资源的国际占有。(4) 快速扩张时期。一国往往出现土地和劳动力价格上涨、国内环境恶化和投资收益下滑、外汇管制放松等变化，此时海外投资主要为实现产业迁移、优势产业的初步跨国运作，故在加工业和制造业向海外移动的同时伴有金融保险业的海外扩张。(5) 全球化时期。一国的经济体已基本融入全球体系，国家经济疆界趋于模糊但民族国家的经济利益仍然分立，此时海外投资往往开始集中在服务业、高科技高附加值的资讯、航空航天、环保等产业，本国已初步形成一批成熟的跨国公司。上述渐进的海外投资战略，正是台湾从1959年至今走过的轨迹，这对我们不无启示。

鉴于我国经济发展的梯度性，不同产业的海外投资策略可能处于从萌芽时期到快速扩张时期等不同时期。不同产业的海外投资阶段和外汇监管不同：(1) 金融保险领域的海外投资基本处于萌芽时期，故外汇监管可以管制为主、放松为辅；(2) 我国加工贸易（尤其是境外带料加工装配）、餐饮服务领域的海外投资基本处于渐进时期，且海外投资并不等同于投汇，故外汇监管可从审核制向登记备案制为主过渡，协助企业建立海外行销网络；(3) 我国机电类、资源开发类和金属加工类行业已成体系并积累了一定的海外投资经验，海外投资大致处于成长期，故外汇监管必须和其它政府职能部门相协调，对外汇来源可仅进行合规性管理，重点则转移到追踪海外企业的投资收益、再投资和利润汇回等方面；(4) 我国轻工、纺织、服装、鞋帽、对外工程承包等产业具有很强的国际竞争力和较成熟的海外协作网络，海外投资基本处于快速扩张阶段，外汇监管可以淡化微观的汇率风险监管，而以监管境外投融资为主，并可考虑给予有较成熟的跨国运作的企业以有限的海外投资资助权。显然，一国的海外投资是富有挑战性和风险性的战略选择，如果外汇监管能够兼顾海外投资风险保障机制的构建，那么可能会更有效地提高一国的非传统安全水平。

附:

著名华人跨国公司介绍

美　　洲

1. 王安电脑公司（Wang Lab.Lnc）

王安创办于1951年，在其最高峰的1988年销售额达30.68亿美元，在美国、爱尔兰、中国大陆和台湾有生产厂，员工总数达3.15万人，由于技术路线上的失误和王安“传子不传贤”，1990年王安去世后公司急剧衰落。

2. 国际联合电脑公司（Computer Associates Lnt'l lnc.）

由王嘉廉在1976年创办于美国纽约。在1987年成为全球最大的电脑软件专营厂商，直到1991年才被微软公司超过而屈居第二至今。目前CA已成为一个在近30个国家设有机构、拥有近万名员工的大型跨国公司。其1994年的营业额达22.3亿美元。王嘉廉在CA不搞家族式经营，他仅持有4.22%的股份。

3. 慧智公司（Wyse Tech.Lnc.）

1983年由谢家鹏等建于美国硅谷，目前是全球最大的终端设备制造商，在美国、荷兰、中国台湾和香港设有工厂，在14个国家设有24家分公司，员工2000余人，一半在海外。从1990年起，慧智的产权由台湾聚合公司、神通电脑等6家公司拥有。

4. 虹志电脑公司（AST Research Inc）

1980年由黄朝虹、S·Qureshey、袁志坤3人在美国加州创办，1992年已成为全美第七大电脑公司。在美国、中国大陆和台湾、香港设有工厂，在17个国家设有销售机构。遗憾的是，黄朝虹已于1989年离开AST，袁志坤也于1992年离去。

5. 旭电公司（Solectron Corp）

1977年创办于硅谷，1978年由陈文雄任董事长。其主要业务是电路板的装配及测试，1994年营业额超过14亿美元，在美国、马来西亚、法国设有工厂。

6. 西湖集团（Westlake Group.）

张济民在日本售药致富后，到美国加州创办，主要业务为房地产和医药。在美国拥有各种楼宇百余幢、医院18座，在日本拥有日独药品股份公司。

7.Corteloc集团

李信鳞在美国创办，主要生产电讯器材和电脑零部件，在美国、中国、新加坡设有工厂。

8. 童子军产业（Bugle Boy Industries.）

毛昭寰在美国大学毕业后，先从事电子业，后转做服装业，1981年创办Bugle Boy，1995年营业额达7.5亿美元。在中国、印尼、菲律宾等地设有工厂。

9. 善美集团（Semi－Tech Group）

由丁谓创办的以生产和销售小型家用电器为主的大型跨国公司，总部设于加拿大的多伦多市。1989年善美集团通过其香港上市公司善美环球，以2.7亿美元收购美国老牌跨国公司胜家（Singer Co.）51%的股权。目前，善美集团在北美、欧洲、日本、中国内地和香港、印度等国家和地区拥有十几家生产厂，在全球上百个国家拥有近万个销售点。

10. 方大集团（Fanta Group.）

由张福禄、张用凯父子创办，是以医药保健品生产为主的跨国公司，总部设在巴西。该集团生产的代糖原料Cyclomate，占有全球市场50%的份额。目前该集团在巴西、中国大陆和台湾、印尼、泰国设有十几家工厂。

11.Petropar集团

由林训明创办于巴西，是以石化业为主的跨国公司，在美国、东南亚有工厂。

东南亚

12. 卜蜂/正大集团（Charoen Pokphand.）

由谢易初父子创办、泰国最大的农牧工贸一体化的跨国公司，总部设于曼谷。该集团的饲料产量居亚洲第一、世界第二。目前在东南亚、中国大陆和台湾、香港、葡萄牙、土耳其设有100多家生产销售公司，海外投资额估计为40亿美元左右，年营业额超过50亿美元，员工达8万人，其业务向摩托车制造、石化和通讯业扩展。

13. 盘谷银行（Bangkok Bank.）

1944年由陈弼臣等人在曼谷创办，现已成为东南亚最大的银行。1954年开始向海外发展，目前在亚洲、欧洲、美洲的13个国家设在18家海外分行，其资产在1994年末已达360亿美元。

14. 泰国石化工业集团（TPI Group.）

由廖汉渲创办的水泥、石化业跨国公司，在老挝、菲律宾、印度设有工厂。

15. 顺和成集团（SoonHuaSeng）

张锦程创办的泰国最大的粮食加工企业，在中国设有多家加工厂。

16. 波·乍仑攀集团

陈兴勤创办，泰国第二大养殖业集团，在中国设有多家工厂。

17. 郭氏兄弟集团（Kuok Brother Group）

马来西亚最大的跨国公司，由郭鹤年家族创办，50－60年代以蔗糖生产及贸易为主发展起来。目前，该集团控制的香格里拉（Shangri－La）连锁酒店分布于亚太9国共30座，在海外的工厂已超过20家。

18. 丰隆(马)集团(Hong Leong Group, Malaysia)

郭芳枫兄弟从40年代起在新加坡创建丰隆集团，60年代郭芳来、郭令灿父子分得马来西亚的几家公司和工厂，在此基础上发展成马来西亚丰隆集团，目前已成为马来西亚第二大跨国公司，主要从事金融业、制造业和房地产，其海外的工厂和银行分布于新加坡、菲律宾、中国内地和香港、英国、斯里兰卡等地。

19. 常青集团（Rimbunan Hijau Group）

以东马来西亚为基地的林木业跨国企业集团，由张晓卿创办。目前在巴布亚新几内亚、新西兰、澳大利亚和喀麦隆都拥有林木产业。

20. 金狮集团（Lion Group）

以马来西亚为基地的华资跨国集团，主要从事钢铁、百货和食品业，目前在新加坡、印尼、中国内地及香港设有工厂和百货公司。

21. 云项集团（Genting）

林梧桐创办，总部在马来西亚的游乐业跨国集团。

22. 吉隆坡甲洞集团（KL－Kepong）

李莱生家族创办，马来西亚第二大种植业集团，在中国、美国、英国设有公司和工厂。

23. 南源永芳集团（Nan Yuan Yin Fong）

姚永芳父子创办，以生产经销日用化工和百货为主的跨国集团，在马来西亚、中国内地和香港、泰国、美国、加拿大设有公司和工厂。

24. 马婆集团（MBF Group）

由雷贤雄等创办的以马来西亚为基地的金融业跨国集团。目前在澳洲、北美洲、亚洲设有20家公司和企业，业务为金融、快餐、电讯、橡胶品制造等。

25. 成功集团（Berjaya Group）

以马来西亚为基地，主要从事博彩游乐和酒店业的华资跨国集团，在20余个国家拥有分支机构。

26. 立达环球公司（Leader Universal Holdeing）

马来西亚最大的电缆制造企业，由华人创办并经营。目前在新加坡、菲律宾、泰国、中国内地及香港设有生产厂。

27. 马联集团（MUI Group）

以马来西亚为基地的华资多元化跨国集团，从事游乐、酒店、金融和制造业，目前在美国、菲津宾和香港拥有游乐园和酒店等。

28. 钢山公司（Kanzen Bhd）

由林金煌创办，主要生产家具，是马来西亚第一家向中国直接投资的企业，在天津、上海及香港设有企业。

29. 陈永裁集团（Tan Group）

是菲律宾一家以烟酒、农牧业起家的多元化集团。目前在美国、加拿大、文莱、中国内地和香港拥有50多家公司和工厂，从事香烟、食品、毛纺、游乐、金融业。

30. 亚洲世界集团（Asiaworld Group）

以菲律宾为基地的华资跨国集团，主要从事纺织、地产、金融业。目前在中国大陆与台湾、香港、印尼、美国、加拿大设有公司和工厂。

31. 黄登士集团（Uytengsu Group）

食品业跨国集团，拥有菲律宾最大的面粉厂GMC和最大的奶品厂AMC；拥有美国第三大零食制造公司Sunshine Biscuit，以及加州的3家食品公司。

32. 首都银行（Metrobank）

华资银行，目前居菲律宾民营银行首位，在亚太地区设8家海外分行。

33. SGV集团（Sycip，Gorres，Velayo&Co.）

薛华成等人创办的以菲律宾为基地的会计事务跨国集团，在60多个国家设有机构，集团员工5000人，其中海外占70%。

34. 华昌国际公司（Wah Chang Int'l Corp）

李国钦创办，1962年其女婿何日华出任董事长，1970年总部迁至新加坡后主要活动在东南亚，业务为海洋工程机械、食品、酒店、贸易等。该集团在东南亚、中国内地、香港、美国设有25家工厂；拥有酒店20家，分布于亚太各国。

35. 杨协成公司（YHS Ltd）

以新加坡为基地的食品业跨国公司，目前在海外设有5个生产厂及2个特许生产厂，分布于马来西亚、香港、印尼和毛里求斯，在英国、美国和加拿大设有销售公司，海外员工近3000人。

36. 吉宝集团（Keppel Group）

以新加坡为基地，从修造船起家的多元化跨国集团。目前在菲律宾、越南、中国内地和香港、印度、澳大利亚、美国设有公司和工厂，主要从事造船、海洋工程、海运、电讯、房地产和金融业。

37. 花莎尼集团（Fraser&Neare Group）

19世纪末由欧洲人在新加坡建立的饮料上市公司，1957年后逐渐为华资控股，成为食品业跨国公司，在大马、印尼、文莱、新西兰、英国设有公司和工厂。

38. 丰隆（新）集团（Hong Leong Group, Singapore）

郭芳枫兄弟创建，后分为新、马两个集团。现已成为多元化的跨国集团，在马来西亚、中国设有工厂，酒店遍布亚太各国。

39. 创新科技公司（Creative Technoogy Ltd）

这是目前世界最大的多媒体声卡制造企业，总部在新加坡，在美国拥有上市公司和工厂，在爱尔兰设有生产厂。

40. 联合工业集团（UIC Group）

原为新加坡政府在60年代初建立的以生产洗涤剂为主的国有企业，1980年开始民营化。目前在马来西亚、印尼、泰国、中国内地和香港、澳大利亚、英国、美国设有公司和工厂，主要从事化工、电子、矿山、金融、海运、酒店业。

41. IPC集团

这是泰国华人严名炽兄弟在新加坡创办的电脑业跨国集团，其电脑销售量在新加坡居第二位，在法国居第六位，该集团在欧美有10家公司，在亚洲有7家公司，产品除电脑外还有收银机、多媒体卡等。

42. 爱捷特（Aztech Systems）

由文汉耀等人1980年在新加坡创建，目前已成为全球第二大电脑声卡供应企业，在中国和印尼设有工厂。

43. 三德集团（Sen Teh）

商新平创办的以新加坡为基地的全球第二大硅导电橡胶制造企业，在马来西亚、中国大陆与台湾设有工厂。

44. 华侨银行（OCBC）

以新加坡为基地的华资跨国银行集团，在海外有44家分行和代理行，分布于马来西亚、中国内地和香港、美国、法国、英国、日本等地。

45. 大华银行（UOB）

以新加坡为基地的华资跨国银行集团，在海外设有40余家分行和代理处，分布于东南亚、中国内地和香港、澳大利亚、美国、英国、日本等地。

46. 三林集团（Salim Group）

这是印尼最大的跨国公司，由林绍良等人创办。在新加坡、香港、美国有大型的投资项目，在菲律宾、马来西亚、泰国、中国、澳大利亚、德国、荷兰及俄国设有公司和工厂，包括5家上市公司，业务有金融、水泥、食品、化工、地产和贸易等。

47. 金光集团（Sinar Mas Group）

这是印尼的一家以造纸业为主的华资集团，目前在新加坡、中国内地和香港、印度、美国设有公司和工厂。

48. 力宝集团（Lippo Group）

以印尼为基地的金融业跨国集团，40%资产在海外，在美国、澳大利亚、泰国、新加坡、中国内地和香港设有银行或公司，并从事房地产和制造业。

49. 大马集团（Dnarmala Group）

印尼的一家华资多元化集团，主要从事农产品加工、食品、电子、金融 及房地产业，在菲律宾拥有十几家公司和工厂，在中国内地和香港也有投资。

50. 巴里多太平集团（Barito Pacific Group）

以印尼为基地的华资林木业跨国集团，目前在巴布亚新几内亚、马来西亚及中国设有林场或夹板厂。

51. 三宝那集团（Sampoerna）

印尼的香烟制造商，目前在马来西亚、越南设有烟厂。

52. 金鹰集团（Raja Garuda Mas）

陈江和创办于印尼的种植—加工业集团，在印尼、马来西亚、菲律宾拥有许多种植园和加工厂。

53. 香港长江实业集团（Cheung Kong Group）

香港最大的华资企业集团，在加拿大、英国和新加坡的直接投资超过10亿美元，主要经营石油、电讯和房地产业。

54. 新世界发展公司（New World Development）

以香港为基地的华资房地产和酒店跨国集团，在世界各地辖有137座酒店和许多物业。

55. 永新集团（Novel Group）

以香港为基地的毛纺业跨国公司，在葡萄牙、印度、毛里求斯、澳门设有生产厂，集团职工达1.4万人。

56. 永泰集团（Wing Tai Group）

亚洲最大的成衣制造商之一，在香港、新加坡、马来西亚设有生产厂和Stock－Mart连锁店，在英国拥有销售公司。

57. 德昌电机集团（Johnson Electric Holdings）

世界第二位的微型电机厂商，汪氏父子创办，在香港和中国内地、泰国设有生产厂，在德国设有技术开发机构。

58. 宝光集团（Stelux Group）

这是香港以至全球主要的钟表制造商之一，在香港和中国内地、瑞士设有生产厂，其“时间廊”连锁店在亚洲各国设有126家表店。

59. 方氏集团（Fang Group）

以香港为基地的纺织制衣业跨国集团，在东南亚、美国、爱尔兰、巴拿马、中国内地和香港共有20家工厂，其Toppy服装连锁店在世界各地共有60家。

60. 超群集团（Maria's Group）

以香港为基地的糕点业跨国集团，在香港、中国大陆与台湾、美国、加拿大共有110多家厂店。

61. 永安集团（Wing On）

郭乐等创办于20世纪初，以百货零售业为主的跨国集团，总部设在香港。在中国内地与香港、新加坡、澳大利亚设有公司。

62. 香港友宁纺织投资有限公司

包从兴创办于香港，60年代起在非洲加纳开办三家纺织厂。

63. 达成集团（Tak Sing Alliance Holding）

马介璋创办，总部设在香港的服装业跨国公司，在中国内地与香港、澳门、南非、莱索托、危地马拉设有工厂。

64. 黛丽斯（Top Form）

罗杰伦等人在70年代接管，目前是全球最大的女胸衣厂商之一，在中国内地与香港、菲律宾、泰国、法国设有生产厂。

65. 裕元工业集团（Yue Yuen Industrial Holdings）

蔡其能创办于香港的制鞋业跨国公司，在中国内地与香港、印尼、越南设有工厂。

66. 品质国际（QPL Int'l Holding）

李同乐创办于香港的半导体业跨国公司，在香港、英国、法国设有芯片工厂。

中国大陆与台湾

67. 中国国际信托投资公司（CITIC）

由荣毅仁先生创办的以金融业为主的多元化跨国公司。目前在美国、加拿大、澳大利亚、泰国、香港有几十家企业，主要经营金融、纸业、金属、纺织业等。

68. 首钢总公司（Shougang Corp）

以钢铁业为主的多元化跨国集团，在美国、秘鲁、东南亚、香港设有多家矿山、公司。

69. 中国化工进出口总公司（CINOCHEM）

中国试建的第一家综合商社。在美国、泰国、伯利兹设有化工厂等，在英国设有保险公司，在30多个国家设有115家营销公司。

70. 中国银行（BOC）

以中国为基地的跨国银行，海外分行、子公司和办事处共460个，分布18个国家，海外资产超过1000亿美元。

71. 联想集团（Legend Group）

总部设在北京中关村的电脑业跨国集团，在香港设有生产厂，在美国硅谷设有科研机构，在美国、加拿大、英国等地设有20多个分公司。

72. 中国蓝星化学清洗总公司（China Lansig Cemica Cleaning Co）

总部设在兰州市，是中国最大的专业清洗和清洗剂生产厂商，已在海外建立4家公司，承接大批海外清洗工程。

73. 健力宝集团（Jian Libao Group）

总部设在广东三水，是中国最大的饮料厂商，在美国、新加坡、巴西、瑞士设有工厂和公司。

74. 东方集团（Orient Group）

总部设在哈尔滨市的民营跨国集团，拥有境外企业12家，分布于俄国、美国、西班牙、日本等地，从事建筑、航运、食品业等。

75. 南德集团（Land Group）

总部设在北京的民营企业集团，在海内外设有近30家企业和研究所，包括设在美国的卫星公司和投资银行。

76. 上海复华实业股份有限公司（Forward）

总部设在上海，生产电脑外围设备——不间断电源的中国最大企业，在中国内地与香港、日本、美国设有公司和工厂。

77. 台塑集团（Formosa Plastics Group）

世界最大的化工集团之一，总部设于中国台湾。1980年台塑开始在美国投资办厂，目前在美投资已累计达40亿美元，共有21个工厂。

78. 大同集团（Tatung Go）

这是台湾电子业最早海外投资的企业，目前在美国、英国、泰国、马来西亚、印尼设有工厂，员工近2000人；在日本、美国、新加坡、卢森堡设有营销公司。该集团已转成监视器和工作站的大制造商。

79. 宏碁电脑集团（Acer）

名列全球最大个人电脑制造商第七名，以台湾为基地的电脑业跨国公司。在欧、美、亚拥有十几家工厂和组装厂及全球性销售网，年销售额已超过50亿美元。

80. 远东集团（Far Eastern Group）

台湾最早海外投资的企业，主要从事纺织、水泥和百货销售业，目前在新加坡、马来西亚、菲律宾设有生产厂，在美国设有几家百货公司。

81. 东元电机集团（Teco Co）

总部在台湾以生产电动机为主的跨国公司，目前在新加坡、马来西亚、泰国、印尼、澳大利亚、英国、美国设有工厂。

82. 长荣集团（Evergreen Group）

以台湾为基地的航运业跨国集团，有全球最大集装箱远洋船队。

83. 太平洋电线电缆集团（PEWCC）

总部设在台湾，在新加坡、泰国、美国设有企业。

84. 神通电脑集团（Mitac Group）

总部设在台湾，在英国、美国设有生产厂，在德国、日本、比利时、澳大利亚、新西兰、墨西哥设有营销公司。

85. 统一集团（President Enterprise Group）

总部在台湾的食品业跨国集团，拥有美国第三大饼干公司 Wyndham Foods 和另一饼干厂 Famous Amos，在印尼和泰国设有食品厂。

86. 庆丰集团（China Fong Group）

以台湾为基地的机动车制造跨国集团，在越南设有两家摩托车制造厂，一家水泥厂等，总投资约 3.5 亿美元。

87. 味全集团（Wei－Chuan Food Corp）

以台湾为基地的食品业跨国集团，在美国有工厂及销售网，在泰国有食品厂。

88. 华隆集团（Hualon Group）

以台湾为基地的纺织业跨国集团，在马来西亚设有大型纺织厂，正在北爱尔兰、越南建厂。

89. 永信药品集团（Yung Shin Pharmaceutical Corp）

总部在台湾，在大马、菲律宾、美国设有工厂。

90. 中国石油公司（Chinese Petroleum）

总部设于台湾，在美国等地有油田，海外资产 2.6 亿美元。

91. 声宝集团（Sampo Group）

总部设于台湾的家电业跨国公司。

92. 东帝士（Tuntex Group）

总部设于台湾的多元化跨国公司，在东盟各国设有工厂。

93. 光宝集团（Lite－on）

总部设在台湾的电脑零部件厂商，在泰、马、菲、英国有工厂。

94. 诚洲（ADI Group）

总部设在台湾的多元化集团，在新加坡、泰国、美国设有工厂。

95. 中兴纺织（Chung Shing Textile）

总部设在台湾的纺织业跨国公司，在中国大陆与台湾、越南、洪都拉斯设有工厂。

96. 宝成集团（ Pou Chen Int'l）

总部设在台湾的鞋业跨国公司，在中国大陆、印尼、越南设有工厂。

97. 台达电子（Delta Electronics）

总部设在台湾生产电脑外围设备的跨国公司，在中国大陆与台湾、墨西哥、泰国、英国设有工厂和实验室。

98. 春雨公司（Chung Yu Works&Co）

生产小五金，在中国台湾、印尼、美国设有企业。

其　他

99. 日清食品公司（Nissin Food Products）

日本食品业最大的公司，由吴百福创办，吴氏是方便面的发明人，目前在美国、巴西、荷兰、印度、东南亚、中国内地和香港共设有 21 家工厂。

100. 大龙食品公司（Daloon）

由范岁久创办于丹麦，号称“春卷大王”，另在英国设有工厂，产品行销 20 多个国家。

第七部分

投资政策法规

本栏目由

浙江省嘉兴市政府协办

项目投资管理

中华人民共和国招标投标法

1999年8月30日第九届
全国人民代表大会常务委员会第十一次会议通过

第一章 总 则

第一条 为了规范招标投标活动，保护国家利益、社会公共利益和招标投标活动当事人的合法权益，提高经济效益，保证项目质量，制定本法。

第二条 在中华人民共和国境内进行招标投标活动，适用本法。

第三条 在中华人民共和国境内进行下列工程建设项目包括项目的勘察、设计、施工、监理以及与工程建设有关的重要设备、材料等的采购，必须进行招标：

（一）大型基础设施、公用事业等关系社会公共利益、公众安全的项目；

（二）全部或者部分使用国有资金投资或者国家融资的项目；

（三）使用国际组织或者外国政府贷款、援助资金的项目。

前款所列项目的具体范围和规模标准，由国务院发展计划部门会同国务院有关部门制订，报国务院批准。法律或者国务院对必须进行招标的其他项目的范围有规定的，依照其规定。

第四条 任何单位和个人不得将依法必须进行招标的项目化整为零或者以其他任何方式规避招标。

第五条 招标投标活动应当遵循公开、公平、公正和诚实信用的原则。

第六条 依法必须进行招标的项目，其招标投标活动不受地区或者部门的限制。任何单位和个人不得违法限制或者排斥本地区、本系统以外的法人或者其他组织参加投标，不得以任何方式非法干涉招标投标活动。

第七条 招标投标活动及其当事人应当接受依法实施的监督。有关行政监督部门依法对招标投标活动实施监督，依法查处招标投标活动中的违法行为。对招标投标活动的行政监督及有关部门的具体职权划分，由国务院规定。

第二章 招 标

第八条 招标人是依照本法规定提出招标项目、进行招标的法人或者其他组织。

第九条 招标项目按照国家有关规定需要履行项目审批手续的，应当先履行审批手续，取得批准。招标人应当有进行招标项目的相应资金或者资金来源已经落实，并应当在招标文件中如实载明。

第十条 招标分为公开招标和邀请招标。公开招标，是指招标人以招标公告的方式邀请不特定的法人或者其他组织投标。邀请招标，是指招标人以投标邀请书的方式邀请特定的法人或者其他组织投标。

第十一条 国务院发展计划部门确定的国家重点项目和省、自治区、直辖市人民政府确定的地方重点项目不适宜公开招标的，经国务院发展计划部门或者省、自治区、直辖市人民政府批准，可以进行邀请招标。

第十二条 招标人有权自行选择招标代理机构，委托其办理招标事宜。任何单位和个人不得以任何方式为招标人指定招标代理机构。招标人具有编制招标文件和组织评标能力的，可以自行办理招标事宜。任何单位和个人不得强制其委托招标代理机构办理招标事宜。依法必须进行招标的项目，招标人自行办理招标事宜的，应当向有关行政监督部门备案。

第十三条 招标代理机构是依法设立、从事招标代理业务并提供相关服务的社会中介组织。

招标代理机构应当具备下列条件：

（一）有从事招标代理业务的营业场所和相应资金；

（二）有能够编制招标文件和组织评标的相应专业力量；

（三）有符合本法第三十七条第三款规定条件、可以作为评标委员会成员人选的技术、经济等方面的专家库。

第十四条 从事工程建设项目招标代理业务的招标代理机构，其资格由国务院或者省、自治区、直辖市人民政府的建设行政主管部门认定。具体办法由国务院建设行政主管部门会同国务院有关部门制定。从事其他招标代理业务的招标代理机构，其资格认定的主管部门由国务院规定。招标代理机构与行政机关和其他国家机关不得存在隶属关系或者其他利益关系。

第十五条 招标代理机构应当在招标人委托的范围内办理招标事宜，并遵守本法关于招标人的规定。

第十六条 招标人采用公开招标方式的，应当发布招标公告。依法必须进行招标的项目的招标公告，应当通过国家指定的报刊、信息网络或者其他媒介发布。招标公告应当载明招标人的名称和地址、招标项目的性质、数量、实施地点和时间以及获取招标文件的办法等事项。

第十七条 招标人采用邀请招标方式的，应当向三个以上具备承担招标项目的能力、资信良好的特定的法人或者其他组织发出投标邀请书。投标邀请书应当载明本法第十六条第二款规定的事项。

第十八条 招标人可以根据招标项目本身的要求，在招标公告或者投标邀请书中，要求潜在投标人提供有关资质证明文件和业绩情况，并对潜在投标人进行资格审查；国家对投标人的资格条件有规定的，依照其规定。招标人不得以不合理的条件限制或者排斥潜在投标人，不得对潜在投标人实行歧视待遇。

第十九条 招标人应当根据招标项目的特点和需要编制招标文件。招标文件应当包括招标项目的技术要求、对投标人资格审查的标准、投标报价要求和评标标准等所有实质性要求和条件以及拟签订合同的主要条款。国家对招标项目的技术、标准有规定的，招标人应当按照其规定在招标文件中提出相应要求。招标项目需要划分标段、确定工期的，招标人应当合理划分标段、确定工期，并在招标文件中载明。

第二十条 招标文件不得要求或者标明特定的生产供应者以及含有倾向或者排斥潜在投标人的其他内容。

第二十一条 招标人根据招标项目的具体情况，可以组织潜在投标人踏勘项目现场。

第二十二条 招标人不得向他人透露已获取招标文件的潜在投标人的名称、数量以及可能影响公平竞争的有关招标投标的其他情况。招标人设有标底的，标底必须保密。

第二十三条 招标人对已发出的招标文件进行必要的澄清或者修改的，应当在招标文件要求提交投标文件截止时间至少十五日前，以书面形式通知所有招标文件收受人。该澄清或者修改的内容为招标文件的组成部分。

第二十四条 招标人应当确定投标人编制投标文件所需要的合理时间；但是，依法必须进行招标的项目，自招标文件开始发出之日起至投标人提交投标文件截止之日止，最短不得少于二十日。

第三章 投 标

第二十五条 投标人是响应招标、参加投标竞争的法人或者其他组织。依法招标的科研项目允许个人参加投标的，投标的个人适用本法有关投标人的规定。

第二十六条 投标人应当具备承担招标项目的能力；国家有关规定对投标人资格条件或者招标文件对投标人资格条件有规定的，投标人应当具备规定的资格条件。

第二十七条 投标人应当按照招标文件的要求编制投标文件。投标文件应当对招标文件提出的实质性要求和条件作出响应。招标项目属于建设施工的，投标文件的内容应当包括拟派出的项目负责人与主要技术人员的简历、业绩和拟用于完成招标项目的机械设备等。

第二十八条 投标人应当在招标文件要求提交投标文件的截止时间前，将投标文件送达投标地点。招标人收到投标文件后，应当签收保存，不得开启。投标人少于三个的，招标人应当依照本法重新招标。在招标文件要求提交投标文件的截止时间后送达的投标文件，招标人应当拒收。

第二十九条 投标人在招标文件要求提交投标文件的截止时间前，可以补充、修改或者撤回已提交的投标文件，并书面通知招标人。补充、修改的内容为投标文件的组成部分。

第三十条 投标人根据招标文件载明的项目实际情况，拟在中标后将中标项目的部分非主体、非关键性工作进行分包的，应当在投标文件中载明。

第三十一条 两个以上法人或者其他组织可以组成一个联合体，以一个投标人的身份共同投标。联合体各方均应当具备承担招标项目的相应能力；国家有关规定或者招标文件对投标人资格条件有规定的，联合体各方均应当具备规定的相应资格条件。由同一专业的单位组成的联合体，按照资质等级较低的单位确定资质等级。联合体各方应当签订共同投标协议，明确约定各方拟承担的工作和责任，并将共同投标协议连同投标文件一并提交招标人。联合体中标的，联合体各方应当共同与招标人签订合同，就中标项目向招标人承担连带责任。招标人不得强制投标人组成联合体共同投标，不得限制投标人之间的竞争。

第三十二条 投标人不得相互串通投标报价，不得排挤其他投标人的公平竞争，损害招标人或者其他投标人的合法权益。投标人不得与招标人串通投标，损害国家利益、社会公共利益或者他人的合法权益。禁止投标人以向招标人或者评标委员会成员行贿的手段谋取中标。

第三十三条 投标人不得以低于成本的报价竞标，也不得以他人名义投标或者以其他方式弄虚作假，骗取中标。

第四章 开标、评标和中标

第三十四条 开标应当在招标文件确定的提交投标文件截止时间的同一时间公开进行；开标地点应当为招标文件中预先确定的地点。

第三十五条 开标由招标人主持，邀请所有投标人参加。

第三十六条 开标时，由投标人或者其推选的代表检查投标文件的密封情况，也可以由招标人委托的公证机构检查并公证；经确认无误后，由工作人员当众拆封，宣读投标人名称、投标价格和投标文件的其他主要内容。招标人在招标文件要求提交投标文件的截止时间前收到的所有投标文件，开标时都应当当众予以拆封、宣读。开标过程应当记录，并存档备查。

第三十七条 评标由招标人依法组建的评标委员会负责。

依法必须进行招标的项目，其评标委员会由招标人的代表和有关技术、经济等方面的专家组成，成员人数为五人以上单数，其中技术、经济等方面的专家不得少于成员总数的三分之二。前款专家应当从事相关领域工作满八年并具有高级职称或者具有同等专业水平，由招标人从国务院有关部门或者省、自治区、直辖市人民政府有关部门提供的专家名册或者招标代理机构的专家库内的相关专业的专家名单中确定；一般招标项目可以采取随机抽取方式，特殊招标项目可以由招标人直接确定。与投标人有利害关系的人不得进入相关项目的评标委员会；已经进入的应当更换。评标委员会成员的名单在中标结果确定前应当保密。

第三十八条 招标人应当采取必要的措施，保证评标在严格保密的情况下进行。任何单位和个人不得非法干预、影响评标的过程和结果。

第三十九条 评标委员会可以要求投标人对投标文件中含义不明确的内容作必要的澄清或者说明，但是澄清或者说明不得超出投标文件的范围或者改变投标文件的实质性内容。

第四十条 评标委员会应当按照招标文件确定的评标标准和方法，对投标文件进行评审和比较；设有标底的，应当参考标底。评标委员会完成评标后，应当向招标人提出书面评标报告，并推荐合格的中标候选人。招标人根据评标委员会提出的书面评标报告和推荐的中标候选人确定中标人。招标人也可以授权评标委员会直接确定中标人。国务院对特定招标项目的评标有特别规定的，从其规定。

第四十一条 中标人的投标应当符合下列条件之一：

（一）能够最大限度地满足招标文件中规定的各项综合评价标准；

（二）能够满足招标文件的实质性要求，并且经评审的投标价格最低；但是投标价格低于成本的除外。

第四十二条 评标委员会经评审，认为所有投标都不符合招标文件要求的，可以否决所有投标。依法必须进行招标的项目的所有投标被否决的，招标人应当依照本法重新招标。

第四十三条 在确定中标人前，招标人不得与投标人就投标价格、投标方案等实质性内容进行谈判。

第四十四条 评标委员会成员应当客观、公正地履行职务，遵守职业道德，对所提出的评审意见承担个人责任。评标委员会成员不得私下接触投标人，不得收受投标人的财物或者其他好处。评标委员会成员和参与评标的有关工作人员不得透露对投标文件的评审和比较、中标候选人的推荐情况以及与评标有关的其他情况。

第四十五条 中标人确定后，招标人应当向中标人发出中标通知书，并同时将中标结果通知所有未中标的投标人。中标通知书对招标人和中标人具有法律效力。中标通知书发出后，招标人改变中标结果的，或者中标人放弃中标项目的，应当依法承担法律责任。

第四十六条 招标人和中标人应当自中标通知书发出之日起三十日内，按照招标文件和中标人的投标文件订立书面合同。招标人和中标人不得再行订立背离合同实质性内容的其他协议。招标文件要求中标人提交履约保证金的，中标人应当提交。

第四十七条 依法必须进行招标的项目，招标人应当自确定中标人之日起十五日内，向有关行政监督部门提交招标投标情况的书面报告。

第四十八条 中标人应当按照合同约定履行义务，完成中标项目。中标人不得向他人转让中标项目，也不得将中标项目肢解后分别向他人转让。中标人按照合同约定或者经招标人同意，可以将中标项目的部分非主体、非关键性工作分包给他人完成。接受分包的人应当具备相应的资格条件，并不得再次分包。中标人应当就分包项目向招标人负责，接受分包的人就分包项目承担连带责任。

第五章 法律责任

第四十九条 违反本法规定，必须进行招标的项目而不招标的，将必须进行招标的项目化整为零或者以其他任何方式规避招标的，责令限期改正，可以处项目合同金额千分之五以上千分之十以下的罚款；对全部或者部分使用国有资金的项目，可以暂停项目执行或者暂停资金拨付；对单位直接负责的主管人员和其他直接责任人员依法给予处分。

第五十条 招标代理机构违反本法规定，泄露应当保密的与招标投标活动有关的情况和资料的，或者与招标人、投标人串通损害国家利益、社会公共利益或者他人合法权益的，处五万元以上二十五万元以下的罚款，对单位直接负责的主管人员和其他直接责任人员处单位罚款数额百分之五以上百分之十以下的罚款；有违法所得的，并处没收违法所得；情节严重的，暂停直至取消招标代理资格；构成犯罪的，依法追究刑事责任。给他人造成损失的，依法承担赔偿责任。前款所列行为影响中标结果的，中标无效。

第五十一条 招标人以不合理的条件限制或者排斥潜在投标人的，对潜在投标人实行歧视待遇的，强制要求投标人组成联合体共同投标的，或者限制投标人之间竞争的，责令改正，可以处一万元以上五万元以下的罚款。

第五十二条 依法必须进行招标的项目的招标人向他人透露已获取招标文件的潜在投标人的名称、数量或者可能影响公平竞争的有关招标投标的其他情况的，或者泄露标底的，给予警告，可以并处一万元以上十万元以下的罚款；对单位直接负责的主管人员和其他直接责任人员依法给予处分；构成犯罪的，依法追究刑事责任。前款所列行为影响中标结果的，中标无效。

第五十三条 投标人相互串通投标或者与招标人串通投标的，投标人以向招标人或者评标委员会成员行贿的手段谋取中标的，中标无效，处中标项目金额千分之五以上千分之十以下的罚款，对单位直接负责的主管人员和其他直接责任人员处单位罚款数额百分之五以上百分之十以下的罚款；有违法所得的，并处没收违法所得；情节严重的，取消其一年至二年内参加依法必须进行招标的项目的投标资格并予以公告，直至由工商行政管理机关吊销营业执照；构成犯罪的，依法追究刑事责任。给他人造成损失的，依法承担赔偿责任。

第五十四条 投标人以他人名义投标或者以其他方式弄虚作假，骗取中标的，中标无效，给招标人造成损失的，依法承担赔偿责任；构成犯罪的，依法追究刑事责任。依法必须进行招标的项目的投标人有前款所列行为尚未构成犯罪的，处中标项目金额千分之五以上千分之十以下的罚款，对单位直接负责的主管人员和其他直接责任人员处单位罚款数额百分之五以上百分之十以下的罚款；有违法所得的，并处没收违法所得；情节严重的，取消其一年至三年内参加依法必须进行招标的项目的投标资格并予以公告，直至由工商行政管理机关吊销营业执照。

第五十五条 依法必须进行招标的项目，招标人违反本法规定，与投标人就投标价格、投标方案等实质性内容进行谈判的，给予警告，对单位直接负责的主管人员和其他直接责任人员依法给予处分。前款所列行为影响中标结果的，中标无效。

第五十六条 评标委员会成员收受投标人的财物或者其他好处的，评标委员会成员或者参加评标的有关工作人员向他人透露对投标文件的评审和比较、中标候选人的推荐以及与评标有关的其他情况的，给予警告，没收收受的财物，可以并处三千元以上五万元以下的罚款，对有所列违法行为的评标委员会成员取消担任评标委员会成员的资格，不得再参加任何依法必须进行招标的项目的评标；构成犯罪的，依法追究刑事责任。

第五十七条 招标人在评标委员会依法推荐的中标候选人以外确定中标人的，依法必须进行招标的项目在所有投标被评标委员会否决后自行确定中标人的，中标无效。责令改正，可以处中标项目金额千分之五以上千分之十以下的罚款；对单位直接负责的主管人员和其他直接责任人员依法给予处分。

第五十八条 中标人将中标项目转让给他人的，将中标项目肢解后分别转让给他人的，违反本法规定将中标项目的部分主体、关键性工作分包给他人的，或者分包人再次分包的，转让、分包无效，处转让、分包项目金额千分之五以上千分之十以下的罚款；有违法所得的，并处没收违法所得；可以责令停业整顿；情节严重的，由工商行政管理机关吊销营业执照。

第五十九条 招标人与中标人不按照招标文件和中标人的投标文件订立合同的，或者招标人、中标人订立背离合同实质性内容的协议的，责令改正；可以处中标项目金额千分之五以上千分之十以下的罚款。

第六十条 中标人不履行与招标人订立的合同的，履约保证金不予退还，给招标人造成的损失超过履约保证金数额的，还应当对超过部分予以赔偿；没有提交履约保证金的，应当对招标人的损失承担赔偿责任。中标人不按照与招标人订立的合同履行义务，情节严重的，取消其二年至五年内参加依法必须进行招标的项目的投标资格并予以公告，直至由工商行政管理机关吊销营业执照。因不可抗力不能履行合同的，不适用前两款规定。

第六十一条 本章规定的行政处罚，由国务院规定的有关行政监督部门决定。本法已对实施行政处罚的机关作出规定的除外。

第六十二条 任何单位违反本法规定，限制或者排斥本地区、本系统以外的法人或者其他组织参加投标的，为招标人指定招标代理机构的，强制招标人委托招标代理机构办理招标事宜的，或者以其他方式干涉招标投标活动的，责令改正；对单位直接负责的主管人员和其他直接责任人员依法给予警告、记过、记大过的处分，情节较重的，依法给予降级、撤职、开除的处分。个人利用职权进行前款违法行为的，依照前款规定追究责任。

第六十三条 对招标投标活动依法负有行政监督职责的国家机关工作人员徇私舞弊、滥用职权或者玩忽职守，构成犯罪的，依法追究刑事责任；不构成犯罪的，依法给予行政处分。

第六十四条 依法必须进行招标的项目违反本法规定，中标无效的，应当依照本法规定的中标条件从其余投标人中重新确定中标人或者依照本法重新进行招标。

第六章 附 则

第六十五条 投标人和其他利害关系人认为招标投标活动不符合本法有关规定的，有权向招标人提出异议或者依法向有关行政监督部门投诉。

第六十六条 涉及国家安全、国家秘密、抢险救灾或者属于利用扶贫资金实行以工代赈、需要使用农民工等特殊情况，不适宜进行招标的项目，按照国家有关规定可以不进行招标。

第六十七条 使用国际组织或者外国政府贷款、援助资金的项目进行招标，贷款方、资金提供方对招标投标的具体条件和程序有不同规定的，可以适用其规定，但违背中华人民共和国的社会公共利益的除外。

第六十八条 本法自2000年1月1日起施行。

国有企业监事会暂行条例

2000年3月15日 国务院第283号令

第一条 为了健全国有企业监督机制，加强对国有企业的监督，制定本条例。

第二条 国有重点大型企业监事会（以下简称监事会）由国务院派出，对国务院负责，代表国家对国有重点大型企业（以下简称企业）的国有资产保值增值状况实施监督。

国务院派出监事会的企业名单，由国有企业监事会管理机构（以下简称监事会管理机构）提出建议，报国务院决定。

第三条 监事会以财务监督为核心，根据有关法律、行政法规和财政部的有关规定，对企业的财务活动及企业负责人的经营管理行为进行监督，确保国有资产及其权益不受侵犯。

监事会与企业是监督与被监督的关系，监事会不参与、不干预企业的经营决策和经营管理活动。

第四条 监事会管理机构负责监事会的日常管理工作，协调监事会与国务院有关部门和有关地方的联系，承办国务院交办的事项。

第五条 监事会履行下列职责：

（一）检查企业贯彻执行有关法律、行政法规和规章制度的情况；

（二）检查企业财务，查阅企业的财务会计资料及与企业经营管理活动有关的其他资料，验证企业财务会计报告的真实性、合法性；

（三）检查企业的经营效益、利润分配、国有资产保值增值、资产运营等情况；

（四）检查企业负责人的经营行为。并对其经营管理业绩进行评价，提出奖惩、任免建议。

第六条 监事会一般每年对企业定期检查1至2次，并可以根据实际需要不定期地对企业进行专项检查。

第七条 监事会开展监督检查，可以采取下列方式：

（一）听取企业负责人有关财务、资产状况和经营管理情况的汇报，在企业召开与监督检查事项有关的会议；

（二）查阅企业的财务会计报告、会计凭证、会计账簿等财务会计资料以及与经营管理活动有关的其他资料；

（三）核查企业的财务、资产状况，向职工了解情况、听取意见，必要时要求企业负责人作出说明；

（四）向财政、工商、税务、审计、海关等有关部门和银行调查了解企业的财务状况和经营管理情况。

监事会主席根据监督检查的需要，可以列席或者委派监事会其他成员列席企业有关会议。

第八条 国务院有关部门和地方人民政府有关部门应当支持、配合监事会的工作，向监事会提供有关情况和资料。

第九条 监事会每次对企业进行检查结束后，应当及时作出检查报告。

检查报告的内容包括：企业财务以及经营管理情况评价；企业负责人的经营管理业绩评价以及奖惩、任免建议；企业存在问题的处理建议；国务院要求报告或者监事会认为需要报告的其他事项。

监事会不得向企业透露前款所列检查报告内容。

第十条 检查报告经监事会成员讨论，由监事会主席签署，经监事会管理机构报国务院；检查报告经国务院批复后，抄送国家经济贸易委员会、财政部等有关部门。

监事对检查报告有原则性不同意见的，应当在检查报告中说明。

第十一条 监事会在监督检查中发现企业经营行为有可能危及国有资产安全、造成国有资产流失或者侵害国有资产所有者权益以及监事会认为应当立即报告的其他紧急情况，应当及时向监事会管理机构提出专项报告，也可以直接向国务院报告。

监事会管理机构应当加强同国家经济贸易委员会、财政部等有关部门的联系，相互通报有关情况。

第十二条 企业应当定期、如实向监事会报送财务会计报告，并及时报告重大经营管理活动情况，不得拒绝、隐匿、伪报。

第十三条 监事会根据对企业实施监督检查的需要，必要时，经监事会管理机构同意，可以聘请注册会计师事务所对企业进行审计。

监事会根据对企业进行监督检查的情况，可以建议国务院责成国家审计机关依法对企业进行审计。

第十四条 监事会由主席一人、监事若干人组成。监事会成员不少于3人。

监事分为专职监事和兼职监事：从有关部门和单位选任的监事，为专职；监事会中国务院有关部门、单位派出代表和企业职工代表担任的监事，为兼职。

监事会可以聘请必要的工作人员。

第十五条 监事会主席人选按照规定程序确定，由国务院任命。监事会主席由副部级国家工作人员担任，为专职，年龄一般在60周岁以下。

专职监事由监事会管理机构任命。专职监事由司(局)、处级国家工作人员担任，年龄一般在55周岁以下。

监事会中的企业职工代表由企业职工代表大会民主选举产生，报监事会管理机构批准。企业负责人不得担任监事会中的企业职工代表。

第十六条 监事会成员每届任期3年，其中监事会主席和专职监事、派出监事不得在同一企业连任。

监事会主席和专职监事、派出监事可以担任1至3家企业监事会的相应职务。

第十七条 监事会主席应当具有较高的政策水平，坚持原则，廉洁自律，熟悉经济工作。

监事会主席履行下列职责：

(一) 召集、主持监事会会议；

(二) 负责监事会的日常工作；

(三) 审定、签署监事会的报告和其他重要文件；

(四) 应当由监事会主席履行的其他职责。

第十八条 监事应当具备下列条件：

(一) 熟悉并能够贯彻执行国家有关法律、行政法规和规章制度；

(二) 具有财务、会计、审计或者宏观经济等方面的专业知识，比较熟悉企业经营管理工作；

(三) 坚持原则，廉洁自律，忠于职守；

(四) 具有较强的综合分析、判断和文字撰写能力，并具备独立工作能力。

第十九条 监事会主席和专职监事、派出监事实行回避原则，不得在其曾经管辖的行业、曾经工作过的企业或者其近亲属担任高级管理职务的企业的监事会中任职。

第二十条 监事会开展监督检查工作所需费用由国家财政拨付，由监事会管理机构统一列支。

第二十一条 监事会成员不得接受企业的任何馈赠，不得参加由企业安排、组织或者支付费用的宴请、娱乐、旅游、出访等活动，不得在企业中为自己、亲友或者其他人谋取私利。

监事会主席和专职监事、派出监事不得接受企业的任何报酬、福利待遇，不得在企业报销任何费用。

第二十二条 监事会成员必须对检查报告内容保密，并不得泄露企业的商业秘密。

第二十三条 监事会成员在监督检查中成绩突出，为维护国家利益做出重要贡献的，给予奖励。

第二十四条 监事会成员有下列行为之一的，依法给予行政处分或者纪律处分，直至撤销监事职务；构成犯罪的，依法追究刑事责任：

(一) 对企业的重大违法违纪问题隐匿不报或者严重失职的；

(二) 与企业串通编造虚假检查报告的；

(三) 有违反本条例第二十一条、第二十二条所列行为的。

第二十五条 企业有下列行为之一的，对直接负责的主管人员和其他直接责任人员，依法给予纪律处分，直至撤销职务；构成犯罪的，依法追究刑事责任：

(一) 拒绝、阻碍监事会依法履行职责的；

(二) 拒绝、无故拖延向监事会提供财务状况和经营管理情况等有关资料的；

(三) 隐匿、篡改、伪报重要情况和有关资料的；

(四) 有阻碍监事会监督检查的其他行为的。

第二十六条 企业发现监事会成员有违反本条例第二十一条、第二十二条所列行为时，有权向监事会管理机构报告，也可以直接向国务院报告。

第二十七条 对国务院不派出监事会的国有企业，由省、自治区、直辖市人民政府参照本条例的规定，决定派出监事会。

第二十八条 国务院向国有重点金融机构派出的监事会，依照《国有重点金融机构监事会暂行条例》执行。

第二十九条 本条例自发布之日起施行。1994 年 7 月 24 日国务院发布的《国有企业财产监督管理条例》同时废止。

工程建设项目招标范围和规模标准规定

2000 年 4 月 4 日　国务院批准

2000 年 5 月 1 日国家发展计划委员会发布

第一条 为了确定必须进行招标的工程建设项目的具体范围和规模标准，规范招标投标活动，根据《中华人民共和国招标投标法》第三条的规定，制定本规定。

第二条 关系社会公共利益、公众安全的基础设施项目的范围包括：

（一）煤炭、石油、天然气、电力、新能源等能源项目；

（二）铁路、公路、管道、水运、航空以及其他交通运输业等交通运输项目；

（三）邮政、电信枢纽、通信、信息网络等邮电通讯项目；

（四）防洪、灌溉、排涝、引（供）水、滩涂治理、水土保持、水利枢纽等水利项目；

（五）道路、桥梁、地铁和轻轨交通、污水排放及处理、垃圾处理、地下管道、公共停车场等城市设施项目；

（六）生态环境保护项目；

（七）其他基础设施项目。

第三条 关系社会公共利益、公众安全的公用事业项目的范围包括：

（一）供水、供电、供气、供热等市政工程项目；

（二）科技、教育、文化等项目；

（三）体育、旅游等项目；

（四）卫生、社会福利等项目；

（五）商品住宅，包括经济适用住房；

（六）其他公用事业项目。

第四条 使用国有资金投资项目的范围包括：

（一）使用各级财政预算资金的项目；

（二）使用纳入财政管理的各种政府性专项建设基金的项目；

（三）使用国有企业事业单位自有资金，并且国有资产投资者实际拥有控制权的项目。

第五条 国家融资项目的范围包括：

（一）使用国家发行债券所筹资金的项目；

（二）使用国家对外借款或者担保所筹资金的项目；

（三）使用国家政策性贷款的项目；

（四）国家授权投资主体融资的项目；

（五）国家特许的融资项目。

第六条 使用国际组织或者外国政府资金的项目的范围包括：

（一）使用世界银行、亚洲开发银行等国际组织贷款资金的项目；

（二）使用外国政府及其机构贷款资金的项目；

（三）使用国际组织或者外国政府援助资金的项目。

第七条 本规定第二条至第六条规定范围内的各类工程建设项目，包括项目的勘察、设计、施工、监理以及与工程建设有关的重要设备、材料等的采购，达到下列标准之一的，必须进行招标：

（一）施工单项合同估算价在 200 万元人民币以上的；

（二）重要设备、材料等货物的采购，单项合同估算价在 100 万元人民币以上的；

（三）勘察、设计、监理等服务的采购，单项合同估算价在 50 万元人民币以上的；

（四）单项合同估算价低于第（一）、（二）、（三）项规定的标准，但项目总投资额在 3000 万元人民币以上的。

第八条 建设项目的勘察、设计，采用特定专利或者专有技术的，或者其建筑艺术造型有特殊要求的，经项目主管部门批准，可以不进行招标。

第九条 依法必须进行招标的项目，全部使用国有资金投资或者国有资金投资占控股或者主导地位的，应当公开招标。

招标投标活动不受地区、部门的限制，不得对潜在投标人实行歧视待遇。

第十条 省、自治区、直辖市人民政府根据实际情况，可以规定本地区必须进行招标的具体范围和规模标准，但不得缩小本规定确定的必须进行招标的范围。

第十一条 国家发展计划委员会可以根据实际需要，会同国务院有关部门对本规定确定的必须进行招标的具体范围和规模标准进行部分调整。

第十二条 本规定自发布之日起施行。

国家重大建设项目稽察办法

2000年7月31日 国办发［2000］54号通知

第一条 为了加强对国家重大建设项目的监督，保证工程质量和资金安全，提高投资效益，制定本办法。

第二条 对国家重大建设项目的监督，实行稽察特派员制度。

国家重大建设项目稽察特派员由国家发展计划委员会派出，对国家重大建设项目的建设和管理进行稽察。

第三条 国家发展计划委员会负责组织和管理国家重大建设项目稽察工作。

依照本办法派出稽察特派员的国家重大建设项目（以下简称建设项目）名单，由国家发展计划委员会商国务院有关部门或者省、自治区、直辖市人民政府后确定。

第四条 国家重大建设项目稽察工作，坚持依法办事、客观公正、实事求是的原则。

稽察特派员与被稽察单位是监督与被监督的关系。稽察特派员不参与、不干预被稽察单位的日常业务活动和经营管理活动。

第五条 国家重大建设项目稽察工作，实行稽察特派员负责制。

一名稽察特派员一般配备三至五名助理，协助稽察特派员工作。

稽察特派员及其助理，均为国家公务员。

第六条 国家发展计划委员会设国家重大建设项目稽察特派员办公室，负责协调稽察特派员在稽察工作中与国务院有关部门和有关地方的关系，承办建设项目稽察的组织工作和稽察特派员及其助理的日常管理工作。

第七条 稽察特派员履行下列职责：

（一）监督被稽察单位贯彻执行国家有关法律、行政法规和方针政策的情况，监督被稽察单位有关建设项目的决定是否符合法律、行政法规和规章制度规定的权限、程序；

（二）检查建设项目的招标投标、工程质量、进度等情况，跟踪监测建设项目的实施情况；

（三）检查被稽察单位的财务会计资料以及与建设项目有关的其他资料，监督其资金使用、概算控制的真实性、合法性；

（四）对被稽察单位主要负责人的经营管理行为进行评价，提出奖惩建议。

第八条 一名稽察特派员一般负责五个建设项目的稽察工作，每年对每个建设项目进行一至二次现场稽察。

稽察特派员可以根据实际需要，不定期开展专项稽察。

第九条 稽察特派员开展稽察工作，可以采取下列方式：

（一）听取被稽察单位主要负责人有关建设项目的情况汇报，在被稽察单位召开与稽察事项有关的会议，参加被稽察单位与稽察事项有关的会议；

（二）查阅被稽察单位有关建设项目的财务报告、会计凭证、会计账簿等财务会计资料以及其他有关资料；

（三）进入建设项目现场进行查验，调查、核实建设项目的招标投标、工程质量、进度等情况；

（四）核查被稽察单位的财务、资金状况，向职工了解情况、听取意见，必要时要求被稽察单位主要负责人作出说明；

（五）向财政、审计、建设等有关部门及银行调查了解被稽察单位的资金使用、工程质量和经营管理情况。

国家发展计划委员会根据需要可以组织稽察特派员与财政、审计、建设等有关部门人员联合进行稽察，也可以聘请有关专业技术人员参加稽察工作。

第十条 被稽察单位应当接受稽察特派员依法进行的稽察，定期、如实向稽察特派员提供与建设项目有关的文件、合同、协议、报表等资料和情况，报告建设和管理过程中的重大事项，不得拒绝、隐匿、伪报。

第十一条 国务院有关部门和有关的地方人民政府应当支持、配合稽察特派员的工作，为稽察特派员提供被稽察单位的有关情况和资料。

国家发展计划委员会应当加强同财政、审计、建设等有关部门以及银行的联系，相互通报有关情况。

第十二条 稽察特派员对稽察工作中发现的问题应

当向被稽察单位核实情况，听取意见；被稽察单位提出异议的，国家发展计划委员会可以根据具体情况进行复核。

第十三条 稽察特派员每次对建设项目进行的稽察工作结束后，应当及时提交稽察报告。

稽察报告的内容包括：建设项目是否履行了法定审批程序；建设项目资金使用、概算控制的分析评价，招标投标、工程质量、进度等情况的分析评价；被稽察单位主要负责人经营管理业绩的分析评价；建设项目存在的问题及处理建议；国家发展计划委员会要求报告的或者稽察特派员认为需要报告的其他事项。

第十四条 稽察报告由稽察特派员负责提出，由国家发展计划委员会负责审定；重大事项和情况，由国家发展计划委员会向国务院报告。

第十五条 稽察特派员在稽察工作中发现被稽察单位的行为有可能危及建设项目工程安全、造成国有资产流失或者侵害国有资产所有者权益以及稽察特派员认为应当立即报告的其他紧急情况，应当及时向国家发展计划委员会提出专题报告。

第十六条 稽察特派员由国家发展计划委员会任免。

稽察特派员由司（局）级公务员担任，年龄一般在55周岁以下。

稽察特派员应当熟悉并能贯彻执行国家有关法律、行政法规和方针政策，熟悉项目建设和管理，坚持原则，廉洁自持，忠实履行职责，自觉维护国家利益。

第十七条 稽察特派员助理由国家发展计划委员会任免。

稽察特派员助理由处级以下公务员担任，年龄一般在50周岁以下。

稽察特派员助理应当具备下列条件：

（一）熟悉并能贯彻执行国家有关法律、行政法规和方针政策；

（二）坚持原则，廉洁自持，忠实履行职责，保守秘密；

（三）熟悉项目建设和管理，具有财务、审计或者工程技术等方面的专业知识，并有相应的综合分析和判断能力；

（四）经过专门培训。

第十八条 国家发展计划委员会选派稽察特派员及其助理，应当吸收国务院有关部门的人员参加。

第十九条 稽察特派员及其助理对建设项目的稽察实行定期轮换制度，负责同一建设项目的稽察一般不得超过3年。

稽察特派员及其助理均为专职。

第二十条 稽察特派员的派出实行回避原则，不得派至其曾经管辖、工作过的建设项目或者其近亲属担任被稽察单位高级管理人员的建设项目。

第二十一条 稽察特派员开展稽察工作所需费用由国家财政拨付。

第二十二条 稽察特派员及其助理不得泄露被稽察单位的商业秘密。

第二十三条 稽察特派员及其助理在履行职责中，不得接受被稽察单位的任何馈赠、报酬、福利待遇，不得在被稽察单位报销费用，不得参加被稽察单位安排、组织或者支付费用的宴请、娱乐、旅游、出访等活动，不得在被稽察单位为自己、亲友或者其他人谋取私利。

第二十四条 稽察特派员及其助理在稽察工作中成绩突出，为维护国家利益做出重大贡献的，给予奖励。

第二十五条 稽察特派员及其助理有下列行为之一的，依法给予行政处分；构成犯罪的，依法追究刑事责任：

（一）对被稽察单位的重大违法违纪问题隐匿不报或者严重失职的；

（二）与被稽察单位串通编造虚假稽察报告的；

（三）有违反本办法第二十二条、第二十三条所列行为的。

第二十六条 被稽察单位发现稽察特派员及其助理有本办法第二十二条、第二十三条、第二十五条第（一）项、第（二）项所列行为时，有权向国家发展计划委员会报告。

第二十七条 被稽察单位违反建设项目建设和管理规定的，国家发展计划委员会依据职权，可以根据情节轻重作出以下处理决定：

（一）发出整改通知书，责令限期改正；

（二）通报批评；

（三）暂停拨付国家建设资金；

（四）暂停项目建设；

（五）暂停有关地方、部门同类新项目的审查批准。

涉及国务院其他有关部门和有关地方人民政府职责权限的问题，移交国务院有关部门和地方人民政府处理。

重大的处理决定，应当报国务院批准。

第二十八条 国家发展计划委员会发出限期整改通知书后，应当跟踪监测整改情况，并适时组织复查，直至达到整改目标。

有关地方、部门和单位应当根据整改通知书的内容和要求，认真进行整改。

第二十九条 被稽察单位有下列行为之一的，对直接负责的主管人员和其他直接责任人员依法给予纪律处分，直至撤销职务；构成犯罪的，依法追究刑事责任：

（一）拒绝、阻碍稽察特派员依法履行职责的；

（二）拒绝、无故拖延向稽察特派员提供财务、工程质量、经营管理等有关情况和资料的；

（三）隐匿、伪报有关资料的；

（四）有妨碍稽察特派员依法履行职责的其他行为的。

第三十条 本办法自公布之日起施行。

关于鼓励和促进中小企业发展的若干政策意见

国家经贸委 2000年7月6日

为贯彻落实党的十五大和十五届四中全会精神，切实加大对中小企业特别是高新技术类中小企业的扶持力度，促进中小企业健康发展，提出以下政策意见。

一、大力推进结构调整

（一）各级政府要充分利用当前经济结构调整的有利时机，大力推进中小企业结构调整。认真执行已颁布的《淘汰落后生产能力、工艺和产品的目录》、《工商投资领域制止重复建设目录》，鼓励先进，淘汰落后。当前，国家扶持的重点是：科技型、就业型、资源综合利用型、农副产品加工型、出口创汇型、社区服务型等中小企业，使之不断提高产品质量和技术档次、增加产品品种，满足市场需求。对那些技术落后、质量低劣、污染环境、浪费资源，以及不符合安全生产条件的中小企业，依据国家法律法规和政策，采取有力措施，坚决予以关闭。

（二）简化中小企业设立审批程序，除法律、行政法规规定外，有关部门不得在企业进行登记注册前设置前置审批条件。研究探索中小企业破产与清算的简易程序，逐步建立企业督促、风险预警、债务重整和依法破产等制度。

（三）坚持发展大企业大集团与扶持中小企业并举的方针，鼓励中小企业向“专、精、特、新”方向发展，形成与大企业大集团分工协作、专业互补的关联产业群体。着力扶持“优强”中小企业发展，不断总结推广不同类型中小企业的发展经验和典型模式。

（四）加大对中西部地区中小企业发展的扶持力度。中西部地区地方政府可在规定权限内给予财政、税收和土地使用等方面的政策支持，以鼓励和吸引国内各类投资者以及外商到中西部地区投资创办中小企业。

二、鼓励技术创新

（五）各级政府要认真贯彻《中共中央、国务院关于加强技术创新，发展高科技，实现产业化的决定》（中发［1999］14号），采取设立风险投资基金等必要措施，在提高技术创新能力、促进科技成果产业化等方面，对中小企业特别是科技型中小企业予以有效扶持。

（六）在充分发挥现有各类科技、工业园区带动、辐射功能基础上，研究总结区域性、行业性中小企业技术创新服务机构的成功经验，认真落实《国务院办公厅转发科技部等部门关于促进科技成果转化若干规定的通知》（国办发［1999］29号）精神，加快培育中小企业技术创新基地和产业化基地。

（七）鼓励社会各类投资者以技术等生产要素投资创办中小企业，其作价金额可占注册资本的35%（另有约定的除外）。已改制的国有、集体中小企业，可将企业净资产增值部分按一定比例作为股份，奖励有特殊贡献者。

三、加大财税政策的扶持力度

（八）各级政府要根据财力情况，安排一定的资金投入，重点用于中小企业的信用担保和创业资助、科技成果产业化、技术改造项目贴息等，支持中小企业发展。

（九）各类中小企业凡在我国境内投资符合国家产业政策的技术改造项目，可按规定享受投资抵免企业所得税的政策，具体办法按国家统一规定执行。国有企业下岗职工创办中小企业的，可按国家规定享受减免税优惠政策。为鼓励中小企业更快发展，要抓紧研究减轻工业企业增值税小规模纳税人税收负担的办法。对纳入全国试点范围的非营利性中小企业信用担保、再担保机构，可由地方政府确定，对其从事担保业务收入，3年内免征营业税。

四、积极拓宽融资渠道

（十）鼓励和支持股份制银行、城市商业银行、城乡合作金融机构等以中小企业为主要服务对象。鼓励商业银行特别是国有商业银行在注意信贷安全的前提下，建立向中小企业发放贷款的激励和约束机制，在保证贷款质量的同时，切实提高对中小企业的贷款比例。鼓励政策性银行在现有业务范围内，支持符合国家产业政策、有市场前景、技术含量高、经济效益好的中小企业的发展。

（十一）继续扩大中小企业贷款利率的浮动幅度。银行要根据中小企业的经营特点，及时完善授信制度，合理确定县级行贷款审批权限，减少贷款审批环节，提高工作效率。要积极研究开发适应中小企业发展的信贷服务项目，进一步改善银行对中小企业的结算、财务咨询、投资管理等金融服务。

（十二）逐步扩大中小企业的直接融资渠道，逐步放宽中小企业特别是高新技术企业上市融资和发行债券的条件。选择有条件的中心城市进行企业法人间的中小企业产权交易试点。引导、推动并规范中小企业通过合资、合作、产权出让等方式利用外资进行改组改造。

（十三）鼓励社会和民间投资，探索建立中小企业风险投资公司，以及风险投资基金的管理模式和撤出机制。有关部门要严格风险投资的市场准入和从业资格管理，规范风险投资的市场行为，充分发挥政府对风险投资的导向作用。各级政府部门均不得直接从事中小企业风险投资业务。

五、加快建立信用担保体系

（十四）各级政府和有关部门要加快建立以中小企业特别是科技型中小企业为主要服务对象的中央、省、地（市）信用担保体系，为中小企业融资创造条件。建立和完善担保机构的准入制度、资金资助制度、信用评估和风险控制制度、行业协调与自律制度。

（十五）要选择若干具备条件的省、自治区、直辖市进行担保与再担保试点，探索组建国家中小企业信用再担保机构，为中小企业信用担保机构提供再担保服务；在加快发展中小企业信用担保机构的同时，推动企业互助担保和商业性担保业务的发展。对于政府出资的中小企业担保机构，必须实行政企分开和市场化运作，并一律纳入地方中小企业信用担保体系。各级政府部门一律不得操作具体担保业务。

六、健全社会化服务体系

（十六）各级政府要转变对中小企业的管理职能，推动建立以资金融通、信用担保、技术支持、管理咨询、信息服务、市场开拓和人才培训等为主要内容的中小企业服务体系，并对中小企业服务体系建设给予必要的资金及政策支持。要推动中小企业行业协会等中介机构的发展，建立有效的执业标准和监督机制，强化监管，实现服务社会化、专业化和规范化。

（十七）各级政府要从本地实际出发，结合科技体制改革，鼓励和支持各类科研单位改制为以中小企业为主要服务对象的中介机构；鼓励和支持科研院所、大专院校和各类商会等机构，积极开展面向中小企业的服务，并通过技术洽谈、专利和零配件招标、人员培训等方式，为中小企业提供技术创新和科技产业化方面的服务。

（十八）充分利用计算机网络等先进技术手段，逐步建立健全向全社会开放的中小企业信息服务体系，为中小企业获取政策、技术、市场、人才信息等提供方便。在有条件的地区可进行中小企业电子商务试点，为降低中小企业市场开发成本创造条件。

（十九）采取政府引导、行业辅导、企业互助和企业自我培训等多种形式，充分利用现有管理院校、培训中心等力量，开展面向中小企业的投资咨询和职业技能培训等。逐步建立经理人才测评与推荐中心，发展完善中小企业职业经营者市场。

七、创造公平竞争的外部环境

（二十）积极改善中小企业的经营环境。各级政府要从本地区的实际出发，依法认真清理各种不利于中小企业发展的行政法规和政策规定，制定有利于各类中小企业发展的政策，促进本地区中小企业的健康发展。

（二十一）各地区、各有关部门要严格按照《中共中央、国务院关于治理向企业乱收费、乱罚款和各种摊派等问题的决定》（中发［1997］14号）精神，切实减轻中小企业负担。要逐步取消县（市）国有、集体中小企业上交管理费以及城市供水、供气的增容费和供电增容费（贴费）的有关规定；降低中小企业贷款抵押品登记收费标准。各地要加强对已取消收费项目落实情况的监督检查，提出减免本地区中小企业费用的具体措施。对巧立名目、变相增加中小企业负担的，要坚决予以查处。各级政府应创造条件，鼓励大企业将部分产品及零配件生产分包给中小企业。同时，要坚决取消各类地方保护主义措施，创造有利于中小企业与大企业公平竞争的市场环境。

（二十二）鼓励和支持中小企业开展自营进出口业务，加快由审批制向资格登记备案制的过渡，帮助符合条件的中小企业办理相关手续，为中小企业参与国际竞争创造条件。中小企业特别是出口高新技术产品的中小企业可享受《国务院办公厅转发外经贸部等部门关于进一步采取措施鼓励扩大外贸出口意见的通知》（国办发［1999］71号）的有关优惠政策，鼓励外商独资或参股创办中小企业。

八、加强组织领导

（二十三）鼓励和促进中小企业健康发展是一项长期而艰巨的战略任务，各级政府和有关部门应高度重视中小企业工作，要坚持放开搞活与扶持发展并举的方针，以市场为导向，以扶持、服务为宗旨，为中小企业发展创造良好的外部环境。各地要从全局出发，加强组织领导，切实负起责任，做好中小企业发展的政策协调工作。

为促进中小企业发展，由国家经贸委牵头，科技部、财政部，人民银行、税务总局等部门参加，成立全国推动中小企业发展工作领导小组，办公室设在国家经贸委。各地要结合地方机构改革，理顺中小企业管理体制，尽快明确中小企业管理机构，推动本地区中小企业的发展。

（二十四）有关部门要在调查研究的基础上，尽快提出客观反映中小企业实际情况的统计指标体系和中小企业标准。

（二十五）本意见适用于城乡国有、集体、私营、股份制、股份合作制、合伙制和个人独资等各类中小企业，具体实施办法由全国推动中小企业发展工作领导小组组织有关部门制定。

国有大中型企业建立现代企业制度和加强管理的基本规范（试行）

2000 年 9 月 28 日　国办发［2000］64 号

根据党的十五届四中全会《关于国有企业改革和发展若干重大问题的决定》的要求，为推动国有及国有控股大中型企业（以下简称企业）建立现代企业制度和加强管理，制定本基本规范。

一、政企分开与法人治理结构

（一）政企分开。政府通过出资人代表对国家出资兴办和拥有股份的企业行使所有者职能，不干预企业的日常经营活动，并努力为企业创造良好的外部环境。

（二）明确政府与企业的责任。企业依法自主经营、照章纳税、自负盈亏，以其全部法人财产独立承担民事责任。政府以投入企业的资本额为限对企业的债务承担有限责任。

（三）取消企业行政级别。企业不再套用党政机关的行政级别，也不再比照党政机关干部的行政级别确定企业经营管理者的待遇，实行适应现代企业制度要求的企业经营管理者管理办法。

（四）分离企业办社会的职能。位于城市的企业，要逐步把所办的学校、医院和其他社会服务机构移交地方政府统筹管理，所需费用可在一定期限内由企业和政府共同承担，并逐步过渡到由政府承担，有些可以转为企业化经营。独立工矿区也要努力创造条件，实现社会服务机构与企业分离。各级政府要采取措施积极推进这项工作。

（五）国有资产实行授权经营。国有资产规模较大、公司制改革规范、内部管理制度健全、经营状况好的国有大型企业或企业集团公司，经政府授权，对其全资、控股或参股企业的国有资产行使所有者职能。中央管理的企业由国务院授权，地方管理的企业由各省、自治区、直辖市及计划单列市人民政府授权。其他企业中的国有资产，允许和鼓励地方试点，探索和建立国有资产管理的具体方式。

政府与被授权的大型企业、企业集团公司或国有资产经营公司等（以下统称被授权企业）签订授权经营协议，建立国有资产经营责任制度。被授权企业应当有健全的资产管理、股权代表管理、全面预算管理、审计和监督管理制度，对授权范围内的国有资产依法行使资产收益、重大决策和选择管理者权利，并承担国有净资产保值增值责任。

（六）实行股份制改造。除必须由国家垄断经营的企业外，其他国有大中型企业应依照《中华人民共和国公司法》（以下简称《公司法》）逐步改制为多元股东结构的有限责任公司或股份有限公司。

（七）建立规范的法人治理结构。依照《公司法》明确股东会或股东大会（以下简称股东会）、董事会、监事会和经理层的职责，并规范运作。充分发挥董事会对重大问题统一决策和选聘经营者的作用，建立集体决策及可追溯个人责任的董事会议事制度。董事会中可设独立于公司股东且不在公司内部任职的独立董事。董事会与经理层要减少交叉任职，董事长和总经理原则上不得由一人兼任。

（八）强化监事会的监督作用。依照国务院发布的《国有企业监事会暂行条例》，国有重点大型企业监事会由国务院派出，对国务院不派出监事会的国有企业，由省级人民政府决定派出，监事会依法履行监督职责。

国有控股的公司制企业，监事会中的国有股东代表半数以上应由不在企业内部任职的人员担任。

（九）建立母子公司体制。企业集团应按照《公司法》的要求建立母子公司体制，母公司对子公司依法行使出资人权利并承担相应责任。子公司应依法改制，建立规范的法人治理结构。

大型企业内部管理层次要科学、合理，除极少数特大型企业集团外，企业集团的母子公司结构一般应在三个层次以内。

二、发展战略

（十）加强发展战略研究。企业应了解经济全球化及当代科学技术的发展趋势，切实把握国家宏观经济政策、本行业关键技术的发展方向、企业主导产品在国内外市场的地位和变化趋势，全面分析、掌握自身及竞争对手的优势和劣势。

（十一）确定科学合理的战略目标。大型企业或企业集团应将研究发展战略列入重要议事日程，并设立专门机构负责制定发展战略。发展战略必须符合国家产业政策，突出主业的发展、核心业务能力的培育和整体优势的发挥，有利于增强技术创新能力和形成本企业的竞争优势，并根据市场的变化适时调整。

（十二）做好重大决策的可行性研究。投资项目必须进行科学、审慎的可行性研究、论证。重大投资项目的可行性研究应聘请有相应资质的科研机构、中介机构或有关专家进行咨询或参与评估、论证。严禁在国家明令禁止的投资领域内上项目，防止盲目投资和重复建设。

（十三）建立重大决策的责任制度。对于重大投融资项目（包括兼并收购企业），公司制企业由公司董事会集体决策，并由股东会审议批准；其他企业由经理（厂长）会议等形式集体决策。董事会或经理（厂长）会议必须对所作出的决定作成会议记录，并由出席会议的人员签名确认。对于违反法律、国家产业政策致使企业遭受严重损失的决策，必须追究有关人员的责任。

三、技术创新

（十四）企业要成为技术创新的主体。企业应认真贯彻落实《中共中央、国务院关于加强技术创新，发展高科技，实现产业化的决定》（中发［1999］14号），切实把技术创新作为增强企业竞争力的关键措施。以市场为导向，从企业实际出发，研究、制定技术创新的方向、目标和规划。引进技术应注重技术的先进性和适用性，并做到消化吸收。积极实行“产、学、研”相结合的研究开发方式，跟踪国际上技术的最新发展动态，加快推进企业技术创新和科研成果的转化，提高企业自主开发能力。

（十五）建立企业技术中心，国务院确定的国有大中型重点联系企业（以下简称重点企业）中的国有和国有控股企业必须建立技术中心，并达到《关于印发〈企业技术中心认定与评价办法〉及〈企业技术中心评价指标体系〉的通知》（国经贸技术［1998］849号）规定的要求。其他企业的技术开发机构及其人员、装备、经费等也要适应企业发展的需要。

（十六）增强技术创新能力。企业应根据实际情况逐步增加研究开发费用。通过技术创新，属于新兴产业和高技术产业的企业应逐步掌握核心技术，占领技术制高点；属于传统产业的企业要拥有一批具有自主知识产权、具有竞争优势的产品和技术。

（十七）加强科技人员队伍建设。采取面向社会公开招聘等多种形式吸引优秀科技人才，关键技术人才的引进不受地域、国别的限制。对科技人员可实行项目成果奖、新产品新增利润提成、技术折价入股或实行股票期权等分配办法。适应现代科学技术发展和产品更新换代的要求，对科技人员开展继续教育，有条件的企业可以与大专院校联合培训，不断更新科技人员的知识。

（十八）加大技术改造力度。围绕增加品种，改进质量、防治污染、提高效益和扩大出口进行技术改造，大力采用新技术、新工艺、新材料，不断提高企业的技术装备水平和工艺水平。技术改造项目资本金必须按照《国务院关于固定资产投资项目试行资本金制度的通知》（国发［1996］35号）的规定及时足额到位，项目资金必须专款专用，不得用项目资金兴建非生产性设施。技术改造项目必须实行责任制，项目的投资、质量、工期责任必须落实到人。

（十九）加强现代信息技术的应用。密切跟踪信息技术的发展，在产品开发、设计、制造以及物资采购、市场营销过程中，应积极采用现代信息技术手段，通过运用企业资源计划（ERP）等计算机管理系统，实现企业内部管理的信息化。同时，应借助网络技术实现商务信息的传输与共享，探索电子商务等新的贸易方式。

四、劳动、人事、分配制度

（二十）全面实行劳动合同制度。依照《中华人民共和国劳动法》（以下简称《劳动法》），企业与职工通过平等协商签订劳动合同，确定劳动关系。加强劳动合同管理，做好劳动合同变更、续订、终止和解除等各项工作，完善企业内部劳动争议调解制度。

（二十一）改革用工制度。企业根据生产经营需要依法自主决定招聘职工，完善定员定额，优化劳动组织结构；科学设置工作岗位、测定岗位工作量、确定用工人数，实行定岗定员，减员增效，多渠道安置富余人员。实行全员竞争上岗制度，经培训仍未能竞争上岗的职工，企业可依法与其解除劳动合同，形成职工能进能出的机制。

（二十二）改革人事制度，按照精干、高效原则设置各类管理岗位和管理人员职数，精简职能部门，减少管理层次。打破“干部”和“工人”的身份界限，企业内部各级管理人员必须实行公开竞聘、择优聘用、定期考核，并实行任期制，不称职的必须及时从管理岗位上调整下来，形成管理人员能上能下的机制。

（二十三）改革收入分配制度。建立以岗位工资为主要形式的工资制度，明确岗位职责和技能要求，实行以岗定薪，岗变薪变。岗位工资标准应与企业经济效益挂钩，效益下降时相应降低岗位工资标准。调整职工收入分配结构，工资收入与企业效益和职工实际贡献挂钩，形成收入能增能减的机制。

实行职工工资收入银行个人账户制度，委托银行代受全部工资收入，严禁违规违纪发放工资外收入，提高工资收入分配的透明度。

（二十四）改革住房分配制度。认真贯彻执行建设部、财政部、国家经贸委、全国总工会《关于进一步深化国有企业住房制度改革加快解决职工住房问题的通知》（建房改［2000］105号），停止住房实物分配，加快企业自管公有住房向职工出售的步伐，逐步实现住房供应商品化、住房分配货币化。

（二十五）维护职工合法权益。严格执行《劳动法》及其配套法规、规章关于工作时间、休息休假、安全卫生、女工和未成年工特殊保护的规定，认真落实各项劳动标准，严格执行最低工资制度，保证按时足额支付职工工资。企业可与工会就劳动条件、工作时间和劳动报酬等事项通过民主协商签订集体合同。

（二十六）按时足额缴纳社会保险费。依照《国务院关于建立统一的企业职工基本养老保险制度的决定》（国发［1997］26号）、《国务院关于建立城镇职工基本医疗保险制度的决定》（国发［1998］44号）、《失业保险条例》（国务院令第258号）、《社会保险费征缴暂行条例》（国务院令第259号）等有关规定参加各项社会保险，并按时足额缴纳社会保险费。各项社会保险费必须按时足额计入成本。企业离退休人员养老金实行社会化发放，退休人员逐步与原企业分离，由社区管理。

（二十七）建立健全对企业经营管理者的激励机制和约束机制。企业经营管理者的薪酬必须与其职责、贡献挂钩。监督约束机制健全的企业，在严格考核的基础上，对经营管理者可以试行年薪制、持有股权、股票期权等分配方式。

五、成本核算与成本管理

（二十八）做好成本核算与成本管理的各项基础工作。健全成本费用管理制度，科学合理地确定各种原材料、能源消耗定额，准确计量验收各项原材料、能源，严格按照国家统计制度如实统计各项指标，建立跟踪市场价格的内部价格核算体系。

（二十九）正确核算成本费用。按照《中华人民共和国会计法》和国家统一的会计制度（指财政部制定的关于会计核算、会计监督、会计机构和会计人员以及会计工作管理的制度，下同）规定的各项费用划分、分摊原则，制订适合于本企业的费用划分标准、费用在完工产品与在产品成本之间的分摊方法、费用分摊期限。合理划分生产费用与非生产费用的界限、期间费用与产品成本的界限、直接计入当期损益的费用与可以分摊计入期间费用或产品成本的费用界限、费用与支出的界限等。

（三十）合理计提固定资产折旧。按照国家统一的会计制度规定的有关固定资产划分原则，制订具体的固定资产标准和目标，作为核算的依据。根据所列固定资产的具体使用情况，估计各项固定资产的预计可使用年限，并根据科技发展、环境及其他各方面情况，选择合理的固定资产折旧方法，作为企业计提折旧的依据。固定资产折旧年限和折旧方法一经确定，不得随意变更。企业不得不提或少提折旧。

（三十一）按国家统一的会计制度核算利息支出。企业购建固定资产所发生的借款利息支出，在固定资产交付使用前的，计入在建固定资产的成本；在固定资产交付使用后的，计入财务费用。已经完工的在建工程必须及时办理竣工决算，不得利用拖延办理竣工决算的办法将应计入财务费用的利息支出计入在建工程成本。非购建固定资产的各项借款利息支出，在生产经营期间的必须全部计入财务费用。

（三十二）按规定预提和摊销费用。预提费用与实际数额发生差异时，应及时调整提取标准，多提数额应在年终冲减成本、费用，需要保留余额的，应在年度财务报告中予以说明。凡属一次或分期摊销的待摊费用，应按费用项目的受益期分摊，分摊期限不得超过一年。递延资产必须严格按照国家统一的会计制度规定的项目进行列示，并制定严格的摊销计划，分期进行处理。

（三十三）按规定计提和处理资产损失。企业应在国家统一的会计制度允许的范围内，根据本企业的具体情况，选择合理的资产损失预计方法，预计各项资产可能发生的损失。实际发生的各项资产损失，除按规定应由有关责任人员承担的以外，应当制订内部的具体审批程序，在年度终了前，经企业董事会或经理（厂长）会议批准后进行处理。

（三十四）开展目标成本管理。依据产品的市场价格、目标利润和原材料、能源消耗定额等确定目标成本，把目标成本分解到产品开发和生产经营的各个环节，目标责任落实到人，严格考核成本指标，奖罚兑现。对于有市场需求、实际成本高于市场价格的产品必须制定措施，限期达到降低成本的目标。

（三十五）推行比质比价采购。企业生产经营所需物资的采购必须严格执行《国有工业企业物资采购管理暂行规定》（国家经贸委令第9号）。结合实际制订和完善本企业物资采购的具体规章制度，对物资采购实施有效的管理和监督，做到决策透明、权利制衡、比质比价，对损公肥私行为要从严惩处。

（三十六）大力节能降耗。淘汰原材料、能源消耗高的落后生产工艺和装备，大力采用先进技术改造现有生产工艺和装备，降低原材料、能源消耗，杜绝跑、冒、滴、漏等各种浪费现象。

（三十七）降低企业管理费用。从严控制非生产性支出。差旅费的开支必须公布标准、严格控制；业务招待费的开支必须控制在财政部发布的有关财务制度规定的比例以内，并向职代会报告支出情况。企业亏损或欠交税费、欠发职工工资、拖欠职工医药费期间，不得购置非生产性固定资产。

六、资金管理与财务会计报表管理

（三十八）加强资金的监督和控制。实行母子公司体制的大型企业和企业集团，应当通过法定程序加强对全资、控股子公司资金的监督和控制，建立健全统一的资金管理体制，充分发挥企业内部结算中心的功能，对内部各单位实行统一结算。严格按照银行账户管理办法开立和使用银行账户，结算账户统一归口管理，取消内部各单位违规开立的银行账户，杜绝资金账外循环现象。

（三十九）建立全面预算管理制度。以现金流量为重点，对生产经营各个环节实施预算编制、执行、分析、考核，严格限制无预算资金支出，最大限度减少资金占用，保证偿还到期银行贷款。预算内资金支出实行责任人限额审批制，限额以上资金支出实行集体审议联签制。严格现金收支管理，现金出纳与会计记账人员必须分设。

（四十）严格控制对外担保。企业对外担保应依据《中华人民共和国担保法》的有关规定，必须有严格的内部管理制度和责任追究制度，并严格审查被担保单位的偿债能力和信用程度。各级政府部门不得强令企业对外担保。

（四十一）确保财务会计报告真实、完整。按照《企业财务会计报告条例》（国务院令第287号）的规定，编制和提供财务会计报告。严格按照国家统一的会计制度规定，合理地确认和计量各项资产、负债、所有者权益、收入、费用等。企业只能设一套会计账簿进行核算，不得账外设账。任何人不得授意、指使、强令会计机构、会计人员违法办理会计事项，对弄虚作假的行为，要依法追究有关人员责任。

（四十二）建立健全财务报表内部管理制度。企业应根据国家统一的会计制度规定，对资产负债表、利润表和现金流量表及其附表的设置、格式、填报口径、填报时间、报送单位、复核制度、责任制度等建立全面的内部管理制度，并根据需要，合理选择、设置成本费用明细表、营业外收支明细表等内部报表，多种经营的企业还应对其他业务设置相关的报表进行专门反映。

（四十三）加强财务审计。企业年度会计报表必须经注册会计师审计，并在规定的时间内连同注册会计师的审计报告一并提供给报表使用者及政府有关部门。企业必须向注册会计师提供有关财务会计资料或文件，不得妨碍注册会计师办理正常业务。

（四十四）加强项目的招投标管理。基本建设项目、技术改造项目等必须严格按照《中华人民共和国招标投标法》和《工程建设项目招标范围和规模标准规定》（国家计委令第3号）、《关于加强国债专项资金技术改造项目招标监管工作的通知》（国经贸投资［1999］1162号）进行招标。国务院有关行政监督部门依法对招标投标活动实施监督，依法查处招标投标活动中的违法行为。

七、质量管理

（四十五）明确质量发展目标。严格执行《中华人民共和国产品质量法》，认真贯彻《国务院关于印发质量振兴纲要（1996—2010年）的通知》（国发［1996］51号）和《国务院关于进一步加强产品质量工作若干问题的决定》（国发［1999］24号）有关规定。坚持质量第一、用户至上的方针，树立最大限度满足用户需要的质量观念，把技术进步和加强管理紧密结合起来，制定积极可行的质量发展目标，实施名牌战略。大型企业和企业集团应当瞄准世界先进水平，开发生产高质量、高档次的名优产品，在国际市场上占有一定份额。

（四十六）开展全面质量管理。贯彻质量管理和质量保证系列国家标准，提倡企业开展GB/T19000—ISO9000质量体系认证。大力开展对职工的质量意识教育，学习和借鉴国内外先进的质量管理经验和方法，推行“零缺陷”和可靠性管理。经理（厂长）是质量工作的第一责任者，要建立健全各级质量责任制，严格实行质量否决制度。

（四十七）加强标准化和计量检测工作。企业必须按标准组织生产，严禁无标准或不按标准生产。凡生产涉及人体健康和人身、财产安全产品的企业，必须严格执行国家强制性标准和安全认证的规定。享受国家贴息政策的技术改造项目生产的产品，引进设备、技术和利用外资生产的一般工业产品，质量水平不得低于国际标准或国外先进标准。建立计量检测体系，完善计量检测手段，严格对计量设备进行定期检定，实施生产全过程的计量检测。

（四十八）搞好产品开发过程的质量控制。通过有效的制度和健全的机构，用科学的市场调研方法，了解用户对产品质量、性能、款式等方面的要求，及时将信息反馈到产品开发设计等部门，按用户要求改进产品设计。

（四十九）强化生产过程的质量管理。提高技术装备水平，确保生产设备能满足产品质量要求。严格执行生产工艺纪律。加强现场管理，做到设备良好、物流合理、信息准确、环境整洁。

（五十）强化质量检验。建立健全质量检验的各项规章制度。严格原材料和外购件入厂质量检验，不合格的不得使用。严格生产加工过程质量检验，不合格品不得进入下道工序。严格产成品入库和出厂检验，确保不合格产品不出厂。

（五十一）建立健全售后服务质量体系。执行售后服务质量国家标准，严格执行修理、更换、退货责任制度。充实售后服务人员队伍，建立健全售后服务网络，忠实履行对用户的各项承诺，及时为用户提供技术咨询、安装调试和维修服务。

八、营销管理

（五十二）面向市场制定营销战略。认真进行市场调查和市场预测，了解用户需求，进行市场细分，选准目标市场，明确市场定位，制定切实可行的营销策略。具有产品出口能力的企业，应当加强国际市场营销研究，大力开拓国际市场。企业应当通过改进产品质量、增加产品品种、提高服务水平等措施和采取合法的促销手段提高市场占有率。营销行为不得违反《中华人民共和国价格法》、《中华人民共和国反不正当竞争法》以及《关于制止低价倾销行为的规定》（国家计委令第2号）等有关规定。

（五十三）加强营销机构和营销队伍建设。大型企业应当强化研究市场、开拓市场的职能，建立健全营销网络，积极采用连锁经营、代理配送等现代营销方式，开拓销售渠道，提高物流效率。培养高素质营销人才，对销售人员可以实行工资收入和有关销售费用与产品销售额和货款回笼额挂钩的办法。

（五十四）加强资信管理。企业必须强化法律意识，守合同，讲信用，按期交货，不拖欠货款。及时了解和掌握用户资信状况，建立用户资信档案。

（五十五）加强货款回收管理。严格按合同和订单组织生产和销售，杜绝无合同或不按合同发货。企业应当实行货款两清或不见款不发货。对市场没有销路的产品必须停止生产；对销售不畅或货款回笼差的产品必须限产；对资信下降的用户应及时采取减少发货、实行担保和加强货款催收等措施；对资信差、长期拖欠货款的用户停止发货。

九、安全生产与环境保护

（五十六）建立健全安全生产规章制度。坚持预防为主，确保安全生产。依据国家有关安全生产的法律、法规，结合本企业的实际情况，制定切实可行的以岗位责任制为核心的安全生产管理规章制度和安全生产操作规程，并保证实施。落实安全生产责任制，经理（厂长）对安全生产工作全面负责，明确企业各级领导、各职能机构和各岗位人员的安全生产职责，并严格考核与奖惩。

（五十七）改善安全生产条件。按照《劳动法》有关规定，为职工提供劳动安全卫生条件和劳动防护用品。新建、改建、扩建工程必须进行安全预评价，保障安全生产的设施应与主体工程同时设计、同时施工、同时投入生产和使用。安全设施建成后必须按规定进行验收，未经验收或验收不合格的，不得投入生产和使用。

（五十八）防止重特大事故发生。对重大危险源进行评估和监控，并制定应急预案。对存在的事故隐患必须采取措施及时整改，防止发生事故。事故发生后，企业必须立即、如实向当地政府和有关部门报告，并迅速采取必要措施组织抢救，防止事故扩大。积极配合有关部门进行事故调查处理。

（五十九）加强职工安全生产教育。未经安全生产教育的职工不得上岗。特种作业人员必须按照《劳动法》等有关规定进行安全技术培训，建立持证上岗制度，取得操作资格证书后方可上岗作业。

（六十）依法保护环境。严格执行国家有关环境保护的法律、法规，环境保护设施必须保持正常、稳定运行，污染物排放必须达到国家环保总局或省、自治区、直辖市人民政府规定的标准。在实施污染物排放总量控制的地区，污染物排放必须符合总量控制指标的要求。企业在新建、扩建、改建及技术改造时，要严格执行环境影响评价制度和环境保护“三同时”（同时设计、同时施工、同时投入使用）制度。

（六十一）大力推行清洁生产。淘汰污染严重的生产工艺和设施。企业在建设项目中，严禁采用污染严重的生产工艺和设施。严格按照《中华人民共和国大气污染防治法》的规定生产和使用清洁能源，大力开展综合利用。大中型企业或产品出口企业应努力贯彻ISO14000环境管理系列标准，提倡企业开展环境管理体系认证。

（六十二）建立健全环境保护责任制。把污染防治和生态保护纳入企业发展规划，明确决策、生产、运输等各环节的环保责任人，严格按照环境保护法律、法规的规定，开展污染防治工作，把企业污染治理任务与责任人的经济利益挂起钩来。

十、职工培训

（六十三）大力开展经营管理者培训。企业应加强对经营管理者管理知识培训，掌握现代管理及相关知识，提高经营管理者的素质。

（六十四）加强职工培训。对新招或转岗的职工必须先培训，后上岗。有针对性地对职工进行新设备、新工艺、新材料和计算机知识的培训，加快技师和高级技师的培养，提高职工的业务水平和专业技能。进行企业文化的培训教育，塑造现代企业的良好形象。

十一、加强党的建设

（六十五）充分发挥企业党组织的政治核心作用。要按照《中国共产党章程》和中央有关规定，建立和健全企业党的组织，切实加强企业党的建设，不断改进企业党组织的工作内容和活动方式，进一步探索发挥政治核心作用的途径和方法。

（六十六）加强企业精神文明建设。加强企业思想政治工作，发展企业文化，开展创建文明企业、文明班组和争当文明职工活动，树立爱岗敬业、诚实守信、奉献社会的良好职业道德和职业风尚，建设有理想、有道德、有文化、有纪律的职工队伍。

（六十七）加强职工民主管理。坚持和完善以职工代表大会为基本形式的企业民主管理制度，发挥工会和职工代表大会在民主决策、民主管理、民主监督方面的作用。建立健全厂务公开和民主评议企业领导人员的制度。工会应当利用多种形式和途径，组织职工广泛开展劳动竞赛、技术革新、技术协作、发明创造等群众性经济技术活动。

十二、组织实施

（六十八）加强组织领导。建立现代企业制度工作由国家经贸委负责组织实施。中央管理的企业，由国家经贸委会同有关部门进行指导；地方管理的企业，在地方政府领导下，由地方经贸委（经委，计经委）会同有关部门进行指导。中央管理的国有大中型企业进行股份制改革，其改制方案及公司章程由国家经贸委商有关部门提出意见，报国务院审批；地方管理的国有大中型企业进行股份制改革，其改制方案及公司章程由地方经贸委（经委、计经委）商有关部门提出意见，报地方政府审批。

（六十九）认真贯彻落实。重点企业中的国有及国有控股企业，以及各省、自治区、直辖市及计划单列市人民政府确定的地方重点企业，应对照本规范查找不足，采取有效措施认真加以改进，尽快达到本规范的各项要求。其他企业也应认真贯彻执行本规范，努力达到各项要求。各级经贸委（经委、计经委）要深入调查研究，总结推广典型经验，进一步推动国有企业改革和发展。

本规范适用于国有及国有控股大中型工业企业，其他行业的国有及国有控股大中型企业参照执行。

金 融、债 券 管 理

关于进一步加强对外发债管理的意见

国家计委　人民银行　2000 年 2 月 23 日

为了规范我国境内机构境外发债行为，提高发债筹集资金的使用效益，防范国家外债风险，根据国务院领导同志指示精神，现就进一步加强对外发债管理问题，提出以下意见：

一、对外发债的定义

对外发债是指我国境内机构，包括国家机关、金融机构及境内其他企事业单位和外商投资企业，在境外金融市场上发行的，以外币表示的，构成债权债务关系的有价证券。

境内机构发行境外外币可转换债券、大额可转让存单、商业票据，视同对外发债进行管理。可转换债券是指根据债权人的要求，按照发行时所定条件，可转换为公司股票或其他债券的有价证券。大额可转让存单是指银行发行具有一定期限的、可以在金融市场上转让流通的银行存款凭证。商业票据是指境内机构为满足流动资金需求,发行期限为2至270天、可流通转让的债务凭证。

二、对外发债的审批管理

（一）发债资格的认定。

对外发债实行资格审核批准制。境内机构（财政部除外）对外发债资格，由国家计委会同人民银行和有关主管部门，借鉴国际惯例进行评审报国务院批准。发债资格每两年评审一次。具体管理办法另行制定。

（二）对外发债的审批。

1. 境内机构（财政部除外）对外发债，经国家计委审核并会签国家外汇管理局后报国务院审批。国务院批准后，市场选择、入市时机等由国家外汇管理局审批。地方政府不得对外举债。

2. 境内机构发行商业票据由国家外汇管理局审批，并占用国家外汇管理局核定该机构的短期对外借款余额指标；发行前设定滚动连续发行的，由国家外汇管理局会签国家计委后审批。

3. 境内机构为其海外分支机构境外发债进行融资担保，发债所筹资金不调入境内使用的，由国家外汇管理局按现行有关规定审批；若发债资金调入境内使用，按境内机构对外发债的审批程序办理。

4. 已上市外资股公司对外发行可转换债券，不实行资格审核批准制。国家计委会同中国证监会根据外资股公司境外融资需求及市场条件，确定境外可转换债券年度发行规模，并纳入当年利用外资计划。在年度规模内，按境内机构对外发债的审批程序办理，发债说明书报中国证监会备案。

5. 境内机构对外发债后，要按照国家外汇管理局的规定办理外债登记。

（三）申请对外发债需报送的材料。

境内机构申请对外发债应向主管机关报送以下资料：

1. 最近3年的经营业绩、财务状况及相关财务报表；

2. 发债所筹资金的投向、用途；

3. 国家有关部门批复的项目可行性研究报告或利用外资方案，以及纳入国家利用外资计划的证明文件；

4. 主管部门要求的其他文件。

三、进一步加强对外发债的监督管理

为了把握境外筹资的有利时机，对外发债经国家批准后，境内机构在一定期限内自主确定承销商和发行成本等。有关发行条件和境外评级状况，由对外发债机构报国家计委及国家外汇管理局备案。

对外发债机构要严格自律，发债资金要按照国家批准的用途专款专用，其中商业票据只能用于贸易性周转，不得短贷长用。同时，要落实偿债措施，防范外债风险，保证按期对外支付，维护对外信誉。

本意见自国务院批准之日起实行。以前有关对外发债的规定与本意见不一致的，以本意见为准。

关于企业加强应收应付账款管理的指导意见

2000年2月12日　国经贸综合［2000］130号通知

近年来，企业应收、应付账款居高不下，逾期货款增加，相当一部分应收账款事实上已难以收回，长期虚列挂账，严重影响了企业资金的使用效率和经济运行的质量。为贯彻落实十五届四中全会关于“狠抓管理薄弱环节”，“抓紧解决企业互相拖欠款项问题”的精神，进一步加强以财务成本为中心的企业管理，提出以下指导意见：

一、全面清理，分类建档。企业要对应收、应付账款情况进行全面清理，摸清底数，准确掌握应收、应付账款的详细情况，包括应收账款的账龄、数额、类别、缘由、收回的风险及虚列的账目，并与欠款单位进行核对，及时获取有效的追款凭据。在对应收账款的账龄、风险程度全面分析的基础上，根据账龄的长短、额度的大小和欠款对象的经营状况，分类建立档案。应付账款也要及时、主动与供货企业核对，建立相应档案。

二、建立和健全往来账户结算登记、核查、清理制度。要及时登记每笔往来款项，准确反映应收、应付账款的形成、回收、支付及增减变化情况，并按月对往来款项进行核对与清理。要制定严格的管理办法，对超过信用期的应收、应付账款要逐笔查实原因，分清责任，责成有关人员提出明确的处理意见，制定具体催收、支付计划，责任到人。

三、加强对客户资信的管理。要加强对客户资信程度的调查和分析评估，通过银行、同行业及社会中介等各种渠道，及时了解和掌握客户的生产、经营、资产、负债、经营人员变动和财务状况等相关信息，以确定其是否具有履行合同的能力和独立承担民事责任的能力。在此基础上建立客户档案，对客户的资信实行动态管理，对资信下降的客户要及时采取减少发货、实行担保和加强催收等预防和减少风险的措施；对资信差、长期拖欠货款的客户要停止发货。

四、严格按合同组织生产和销售。企业要坚持按合同组织生产，销售货物，杜绝随意发货的现象。对于市场无销路的产品要坚决停下来；对于货款回笼差的产品要限产，防止产生新的积压和拖欠。要认真落实国家已出台的各项控制总量的政策措施，把淘汰落后生产能力与结构调整、资产重组和产品升级结合起来。

五、建立销售回款责任制。企业要将产品销售和资金回笼结合起来，把销售回款率作为考核销售人员的一项重要指标，并与其工资、奖金、旅差费挂钩。凡因自身原因导致货款被拖欠的，要视情节轻重追究有关人员的责任，对人为造成的呆死账，要有明确的赔偿制度，损失重大的，依法追究刑事责任。

六、严格赊销管理。要严把赊销关，建立并完善企业赊销审批程序和风险防范制度。要制定严格的赊销内部控制制度，科学地选择赊销对象、确定赊销限额和赊销期限，把赊销风险严格控制在预算之内。同时，企业要通过制定营销计划，加强合同管理，把赊销纳入严格的合同管理之中。

七、强化信用观念，积极支付到期的债务。企业要重合同、守信用，从自身做起，认真清理应付账款。要按合同约定的时间，积极组织资金，按期支付到期的债务，对一时无力偿付的，企业必须要有明确的书面承诺，作出还款计划。对有纠纷的货款，要依法核对账务，及时提供欠款凭据，落实债权债务。凡不及时偿付货款，又不积极配合提供欠款凭据的企业，要追究当事人的行政责任。

八、及时消化处理呆坏账。要健全呆坏账损失的核销制度，及时消化处理当期发生的呆坏账。对可能破产、关闭的客户，要积极采取保全债权措施；已经破产的，要及时取得各种法律文书，以备核销之用；对长期挂账、事实上已难以收回的逾期货款或对因其他原因虚列的应收账款要明确责任，报经有关部门审批后，予以核销、纠正，不得长期挂账。对企业核销的历史债务可计入企业当期损益，年度考核时可予以扣除。对企业清欠收回的抵账物资，要及时盘活处理，防止造成新的积压和损失。

九、积极运用法律手段加大追索债务的力度。要强化法律意识，充分运用法律手段清理欠款，以维护企业合法权益。对于逾期的货款，凡债务人没有明确的还款计划或有效承诺的，都要立足于诉诸法律进行清缴。对于有潜在风险的债务企业，要做好法律防范的基础工作。由于债权企业追缴不力，错过法律有效诉讼期造成拖欠损失的，要追究有关人员的责任。

十、建立应收、应付账款检查通报制度，强化监督考核。各级经贸委要建立企业货款拖欠大户披露制度，对不讲信誉，恶意拖欠的企业要给予通报批评、曝光，并追究其法人代表的责任。要对企业应收、应付账款的管理纳入年度考核经营者业绩的重要内容，把企业逾期货款的清理、追缴情况、呆坏账的核销等纳入考核体系，并把企业应收、应付账款指标作为对企业法人离任审计评估的重要内容。

十一、总结经验，推广典型。各级经贸委要加强领导，积极帮助企业采取各种有效措施开展清理陈欠工作，加大追缴逃废债务的力度。要深入调查研究，注意发现、总结和推广行之有效的强化应收账款管理、清收货款拖欠的方法和经验。要以企业应收、应付账款管理为切入点，强化资金管理，完善企业内部财务管理制度，提高资金使用效率。

国有重点金融机构监事会暂行条例

2000年3月15日　国务院第282号令

第一条　为了健全国有重点金融机构监督机制，加强对国有重点金融机构的监督，根据《中华人民共和国商业银行法》、《中华人民共和国保险法》等有关法律的规定，制定本条例。

第二条　本条例所称国有重点金融机构，是指国务院派出监事会的国有政策性银行、商业银行、金融资产管理公司、证券公司、保险公司等（以下简称国有金融机构）。国务院派出监事会的国有金融机构名单，由国有金融机构监事会管理机构（以下简称监事会管理机构）提出建议，报国务院决定。

第三条　国有金融机构监事会（以下简称监事会）由国务院派出，对国务院负责，代表国家对国有金融机构的资产质量及国有资产保值增值状况实施监督。

第四条 监事会的日常管理工作由监事会管理机构负责。

第五条 监事会以财务监督为核心，根据有关法律、行政法规和财政部的有关规定，对国有金融机构的财务活动及董事、行长（经理）等主要负责人的经营管理行为进行监督，确保国有资产及其权益不受侵犯。监事会与国有金融机构是监督与被监督的关系，不参与、不干预国有金融机构的经营决策和经营管理活动。

第六条 监事会履行下列职责：

（一）检查国有金融机构贯彻执行国家有关金融、经济的法律、行政法规和规章制度的情况；

（二）检查国有金融机构的财务，查阅其财务会计资料及与其经营管理活动有关的其他资料，验证其财务报告、资金营运报告的真实性、合法性；

（三）检查国有金融机构的经营效益、利润分配、国有资产保值增值、资金营运等情况；

（四）检查国有金融机构的董事、行长（经理）等主要负责人的经营行为，并对其经营管理业绩进行评价，提出奖惩、任免建议。

第七条 监事会一般每年对国有金融机构定期检查两次，并可以根据实际需要不定期地对国有金融机构进行专项检查。

第八条 监事会开展监督检查，可以采取下列方式：

（一）听取国有金融机构主要负责人有关财务、资金状况和经营管理情况的汇报，在国有金融机构召开有关监督检查事项的会议；

（二）查阅国有金融机构的财务报告、会计凭证、会计账簿等财务会计资料以及与经营管理活动有关的其他资料；

（三）核查国有金融机构的财务、资金状况，向职工了解情况、听取意见，必要时要求国有金融机构主要负责人作出说明；

（四）向财政、工商、税务、审计、金融监管等有关部门调查了解国有金融机构的财务状况和经营管理情况。监事会主席根据监督检查的需要，可以列席或者委派监事会其他成员列席国有金融机构董事会会议和其他有关会议。

第九条 监事会指导国有金融机构的内部审计、稽核、监察等内部监督部门的工作，国有金融机构内部监督部门应当协助监事会履行监督检查职责。

第十条 监事会每次对国有金融机构进行检查后，应当及时作出检查报告。检查报告的内容包括：财务、资金分析以及经营管理评价；主要负责人的经营管理业绩评价以及奖惩、任免建议；存在问题的处理建议；国务院要求报告或者监事会认为需要报告的其他事项。

监事会不得向国有金融机构透露前款所列检查报告内容。

第十一条 检查报告经监事会成员审核，并征求有关部门意见后，由监事会主席签署，经监事会管理机构报国务院。监事会成员对检查报告有原则性不同意见的，应当在检查报告中说明。

第十二条 监事会在监督检查中发现国有金融机构的经营行为有可能危及金融安全、造成国有资产流失或者侵害国有资产所有者权益以及监事会认为应当立即报告的其他紧急情况，应当及时向监事会管理机构提出专项报告，也可以直接向国务院报告。

第十三条 国有金融机构应当定期、如实向监事会报送财务报告、资金营运报告，并及时报告重大业务经营活动情况，不得拒绝、隐匿、伪报。

第十四条 监事会根据对国有金融机构进行监督检查的情况，可以建议国务院责成审计署和财政部、中国人民银行、中国证券监督管理委员会、中国保险监督管理委员会依据各自的职权依法对国有金融机构进行审计或者检查。监事会应当加强同财政部、中国人民银行、中国证券监督管理委员会、中国保险监督管理委员会的联系，相互通报有关情况。

第十五条 监事会由主席一人、监事若干人组成。监事分为专职监事与兼职监事：从有关部门和单位选任的监事，为专职；监事会中财政部和中国人民银行、中国证券监督管理委员会、中国保险监督管理委员会等派出代表担任的监事，监事会管理机构聘请的经过资格认证的专业会计公司的专家和国有金融机构工作人员的代表担任的监事，为兼职。监事会可以聘请必要的工作人员。

第十六条 监事会主席人选按照规定程序确定，由国务院任命。监事会主席由副部级国家工作人员担任，为专职，年龄一般在60周岁以下。

专职监事由监事会管理机构任命。专职监事由司（局）、处级国家工作人员担任，年龄一般在55周岁以下。

监事会成员每届任期3年，其中监事会主席和专职监事、派出监事不得在同一国有金融机构监事会连任。

第十七条 监事会主席应当具有较高的政策水平，坚持原则，廉洁自持，熟悉金融工作或者经济工作。监事会主席履行下列职责：

（一）召集、主持监事会会议；

（二）负责监事会的日常工作；

（三）审定、签署监事会的报告和其他主要文件；

（四）应当由监事会主席履行的其他职责。

第十八条 监事应当具备下列条件：

（一）熟悉并能贯彻执行国家有关金融、经济的法律、行政法规和规章制度；

（二）具有财务、金融、审计或者宏观经济等方面的专业知识，比较熟悉金融机构经营管理工作；

（三）坚持原则，廉洁自持，忠于职守；

（四）具有较强的综合分析和判断能力，并具备独立工作能力。

第十九条 监事会主席和专职监事、派出监事、专家监事实行回避原则，不得在其曾经工作过的或者其近亲属担任高级管理职务的国有金融机构的监事会中任职。

第二十条 监事会开展监督检查工作所需费用由国家财政拨付，由监事会管理机构统一列支。

第二十一条 监事会成员不得接受国有金融机构的任何馈赠，不得参加国有金融机构安排、组织或者支付费用的宴请、娱乐、旅游、出访等活动，不得在国有金融机构中为自己、亲友或者其他人谋取私利。监事会主席和专职监事、派出监事、专家监事不得接受国有金融机构的任何报酬或者福利待遇，不得在国有金融机构报销任何费用。

第二十二条 监事会成员必须对检查报告内容保密，并不得泄露国有金融机构的商业秘密。

第二十三条 监事会成员在监督检查工作中成绩突出，为维护国家利益做出重要贡献的，给予奖励。

第二十四条 监事会成员有下列行为之一的，依法给予行政处分或者纪律处分；构成犯罪的，依法追究刑事责任：

（一）对国有金融机构的重大违法违纪问题隐匿不报或者严重失职的；

（二）与国有金融机构串通编造虚假报告的；

（三）有违反本条例第二十一条、第二十二条所列行为的。

第二十五条 国有金融机构有下列行为之一的，对直接负责的主管人员和其他直接责任人员依法给予纪律处分，直至撤销职务；构成犯罪的，依法追究刑事责任：

（一）拒绝、阻碍监事会依法履行职责的；

（二）拒绝、无故拖延向监事会提供财务状况和经营管理情况等有关资料的；

（三）隐匿、伪报有关资料的；

（四）有阻碍监事会监督检查的其他行为的。

第二十六条 国有金融机构发现监事会成员有违反本条例第二十一条、第二十二条所列行为时，有权向监事会管理机构报告，也可以直接向国务院报告。

第二十七条 本条例自发布之日起施行。1997年10月20日国务院批准、1997年11月12日中国人民银行发布的《国有独资商业银行监事会暂行规定》同时废止。

关于《银行卡业务管理办法》跨行交易收费条款补充规定的通知

银发［2000］72号

中国人民银行各分行、营业管理部、金融监管办事处、省会（首府）城市中心支行；各国有独资商业银行、股份制商业银行、邮政储汇局：

为有利于银行卡业务联合工作的开展，现将《银行卡业务管理办法》（银发［1999］17号）中有关跨行交易收费条款做如下补充规定，请遵照执行。

一、ATM跨行取款交易执行以下收费及分配标准：

（一）对于持卡人在它行ATM机上发生的取款交易，发卡行应向代理行缴纳代理费，并执行如下标准：

1. 同城跨行交易的代理费为每笔4.5元人民币；

2. 异地跨行交易的代理费为每笔5.1元人民币。

（二）对于通过信息交换中心转接的跨行交易，代理行应向信息交换中心缴纳网络服务费，并执行如下标准：

1. 同城跨行交易的网络服务费为每笔0.6元人民币；

2. 异地跨行交易的网络服务费为每笔1.2元人民币，在本地和异地两个银行卡中心之间分配。银行卡信息交换总中心不参与网络服务费的分配。

（三）持卡人在它行ATM机取款应向发卡行缴纳手续费，并执行如下收费标准：

1. 持卡人在其领卡城市内取款，每笔交易手续费不超过2元人民币；

2. 持卡人在其领卡城市以外取款，每笔交易手续费为2元十取款金额的0.5～1%（由发卡行确定）；

3. 为了推动银行卡业务的发展，培养持卡人的用卡意识，发卡银行每月应为持卡人提供3次同城跨行免费取款服务。

二、POS跨行消费交易的收费和分配标准

（一）不通过信息交换中心转接的跨行交易，收单行从商户所得的结算手续费，按发卡行90%，收单行10%的比例进行分配。

商业银行也可以通过协商，实行机具分摊、相互代理、互不收费的方式进行跨行交易。

（二）通过信息交换中心转接的跨行交易，从商户所得的结算手续费，按发卡行80%，收单行10%，信息交换中心10%的比例进行分配。

（三）已实现业务联合并解决POS设备重复摆放问题的城市，可以采用征收设备租用费的方式保护投资行利益。设备租用费的征收和分配执行如下标准：

1. 设备租用费的收取应以公共POS网络中的POS总数为基数，每台POS的月租金为20～40元人民币，各地可依据本地各商业银行发卡量和POS投入情况，将发卡量越大、租金越多和POS投入越多、租金越少两项原则相结合，制定出具体租金标准。

2. 对于商业银行缴纳的设备租用费，按照80%为设备费、20%为维护费的比例进行汇总后，平均分配至每台POS，并全部返还投资行和维护方，但汇总后每台POS的月租用费收入总额不得超过200元人民币，各地应根据发卡银行数量的变化随时调整租金标准。

3. 公共POS网络中产权不属于银行的POS（如：商业MIS系统中的POS、由专业POS公司布放的POS等），不参与设备租用费的分配，但负责维护的银行可以参与维护费的分配。

三、城市（区域）银行卡信息交换中心的收费

城市（区域）银行卡信息交换中心是专门提供银行卡跨行信息转接的非盈利性会员组织。其收费执行以下规定：

（一）信息交换中心按前述（一）和（二）中的规定收取网络服务费，并可对会员银行委托开办的其他增值服务项目收取服务费；

（二）信息交换中心应按年度平衡收支；

当收入大于支出并有盈余时，应适当降低网络服务费标准，以体现中心的非盈利性质；

当收入不抵合理支出时，其亏损部分经监事会和理事会审查批准后，由各会员银行分摊。

以上补充规定自2000年5月1日起施行。

中国人民银行

二〇〇〇年三月七日

全国银行间债券市场债券交易管理办法

2000年4月30日　中国人民银行［2000］第2号令

第一章　总　　则

第一条　为规范全国银行间债券市场债券交易行为，防范交易风险，维护交易各方合法权益，促进全国银行间债券市场健康发展，根据国家有关法律法规，制定本办法。

第二条　本办法所指全国银行间债券市场债券交易（以下称债券交易）是指以商业银行等金融机构为主的机构投资者之间以询价方式进行的债券交易行为。

第三条　债券交易品种包括回购和现券买卖两种。

回购是交易双方进行的以债券为权利质押的一种短期资金融通业务，指资金融入方（正回购方）在将债券出质给资金融出方（逆回购方）融入资金的同时，双方约定在将来某一日期由正回购方按约定回购利率计算的资金额向逆回购方返还资金，逆回购方向正回购方返还原出质债券的融资行为。

现券买卖是指交易双方以约定的价格转让债券所有权的交易行为。

第四条　本办法所称债券是指经中国人民银行批准可用于在全国银行间债券市场进行交易的政府债券、中央银行债券和金融债券等记账式债券。

第五条　债券交易应遵循公平、诚信、自律的原则。

第六条　中央国债登记结算有限责任公司（简称中央结算公司）为中国人民银行指定的办理债券的登记、托管与结算机构。

第七条 中国人民银行是全国银行间债券市场的主管部门。中国人民银行各分支机构对辖内金融机构的债券交易活动进行日常监督。

第二章 参与者与中介服务机构

第八条 下列机构可成为全国银行间债券市场参与者，从事债券交易业务：

（一）在中国境内具有法人资格的商业银行及其授权分支机构；

（二）在中国境内具有法人资格的非银行金融机构和非金融机构；

（三）经中国人民银行批准经营人民币业务的外国银行分行。

第九条 上述机构进入全国银行间债券市场，应签署债券回购主协议。

第十条 金融机构可直接进行债券交易和结算，也可委托结算代理人进行债券交易和结算；非金融机构应委托结算代理人进行债券交易和结算。

第十一条 结算代理人系指经中国人民银行批准代理其他参与者办理债券交易、结算等业务的金融机构。其有关规定由中国人民银行另行制定。

第十二条 双边报价商系指经中国人民银行批准的，在进行债券交易时同时连续报出现券买、卖双边价格，承担维持市场流动性等有关义务的金融机构。双边报价商有关规定由中国人民银行另行制定。

第十三条 全国银行间同业拆借中心（简称同业中心）为参与者的报价、交易提供中介及信息服务，中央结算公司为参与者提供托管、结算和信息服务。

经中国人民银行授权，同业中心和中央结算公司可披露市场有关信息。

第十四条 债券交易的资金清算银行为参与者提供资金清算服务。

第三章 债券交易

第十五条 债券交易以询价方式进行，自主谈判，逐笔成交。

第十六条 进行债券交易，应订立书面形式的合同。合同应对交易日期、交易方向、债券品种、债券数量、交易价格或利率、账户与结算方式、交割金额和交割时间等要素作出明确的约定，其书面形式包括同业中心交易系统生成的成交单、电报、电传、传真、合同书和信件等。

债券回购主协议和上述书面形式的回购合同构成回购交易的完整合同。

第十七条 以债券为质押进行回购交易，应办理登记；回购合同在办理质押登记后生效。

第十八条 合同一经成立，交易双方应全面履行合同规定的义务，不得擅自变更或解除合同。

第十九条 债券交易现券买卖价格或回购利率由交易双方自行确定。

第二十条 参与者进行债券交易不得在合同约定的价款或利息之外收取未经批准的其他费用。

第二十一条 回购期间，交易双方不得动用质押的债券。

第二十二条 回购期限最长为365天。回购到期应按照合同约定全额返还回购项下的资金，并解除质押关系，不得以任何方式展期。

第二十三条 参与者不得从事借券、租券等融券业务。

第二十四条 金融机构应每季定期以书面形式向人民银行当地分支行报告其在全国银行间债券市场的活动情况。

第二十五条 同业中心和中央结算公司应定期向中国人民银行报告债券交易、交割有关情况。

第四章 托管与结算

第二十六条 参与者应在中央结算公司开立债券托管账户，并将持有的债券托管于其账户。

第二十七条 债券托管账户按功能实行分类管理，其管理规定另行制定。

第二十八条 债券交易的债券结算通过中央结算公司的中央债券簿记系统进行。

第二十九条 债券交易的资金结算以转账方式进行。

商业银行应通过其准备金存款账户和人民银行资金划拨清算系统进行债券交易的资金结算，商业银行与其他参与者、其他参与者之间债券交易的资金结算途径由双方自行商定。

第三十条 债券交易结算方式包括券款对付、见款付券、见券付款和纯券过户四种。具体方式由交易双方协商选择。

第三十一条 交易双方应按合同约定及时发送债券和资金的交割指令，在约定交割日有用于交割的足额债券和资金，不得买空或卖空。

第三十二条 中央结算公司应按照交易双方发送的诸要素相匹配的指令按时办理债券交割。

资金清算银行应及时为参与者办理债券交易的资金划拨和转账。

第三十三条 中央结算公司应定期向中国人民银行报告债券托管、结算有关情况，及时为参与者提供债券托管、债券结算、本息兑付和账务查询等服务；应建立严格的内部稽核制度，对债券账务数据的真实性、准确性和完整性负责，并为账户所有人保密。

第五章 罚 则

第三十四条 参与者有下列行为之一的，由中国人民银行给予警告，并可处三万元人民币以下的罚款，可暂停或取消其债券交易业务资格；对直接负责的主管人员和直接责任人员由其主管部门给予纪律处分；违反中国人民银行有关金融机构高级管理人员任职资格管理规定的，按其规定处理。

（一）擅自从事借券、租券等融券业务；

（二）擅自交易未经批准上市债券；

（三）制造并提供虚假资料和交易信息；

（四）恶意操纵债券交易价格，或制造债券虚假价格；

（五）不遵守有关规则或协议并造成严重后果；

（六）违规操作对交易系统和债券簿记系统造成破坏；

（七）其他违反本办法的行为。

第三十五条 结算代理人和双边报价商违反规定的，按中国人民银行的有关规定处理。

第三十六条 同业中心和中央结算公司有下列行为之一的，由中国人民银行给予警告，并可处三万元人民币以下的罚款；对直接负责的主管人员和直接责任人员由其主管部门给予纪律处分。

（一）工作失职，给参与者造成严重损失；

（二）发布虚假信息或泄露非公开信息；

（三）欺诈或误导参与者，并造成损失；

（四）为参与者恶意操纵市场和融券等违规行为提供便利；

（五）其他违反本办法的行为。

第三十七条 债券交易的资金清算银行不及时为参与者划拨资金和转账，给参与者造成损失的，应承担相应的民事责任。

第六章 附 则

第三十八条 同业中心和中央结算公司应依据本办法制定相应的业务规则和实施细则，报中国人民银行批准或备案，并组织实施。

第三十九条 本办法施行前制定的有关规定，与本办法相抵触的，以本办法为准。

第四十条 本办法由中国人民银行负责解释。

第四十一条 本办法自发布之日起施行。

金融租赁公司管理办法

2000年6月30日 中国人民银行［2000］第4号令

第一章 总 则

第一条 为促进我国融资租赁业的健康发展，加强对金融租赁公司的监督管理，根据《中华人民共和国合同法》、《中华人民共和国公司法》、《中华人民共和国中国人民银行法》，制定本办法。

第二条 本办法所称金融租赁公司是指经中国人民银行批准以经营融资租赁业务为主的非银行金融机构。

第三条 金融租赁公司组织形式、组织机构适用《公司法》的规定，并在其名称中标明“金融租赁”字样。未经中国人民银行批准，其他公司名称中不得有“金融租赁”字样。

第四条 金融租赁公司依法接受中国人民银行的监督管理。

第二章 机构设立及变更

第五条 申请设立金融租赁公司应具备下列条件：

（一）具有符合本办法规定的最低限额注册资本金；

（二）具有符合《中华人民共和国公司法》和本办法规定的章程；

（三）具有符合中国人民银行规定的任职资格的高级管理人员和熟悉金融租赁业务的合格从业人员；

（四）有健全的组织机构、内部管理制度和风险控制制度；

（五）有与业务经营相适应的营业场所、安全防范措施和其他设施；

（六）中国人民银行规定的其它条件。

中国人民银行审查金融租赁公司设立申请时，要考虑国家经济发展需要和融资租赁业竞争状况。

第六条 金融租赁公司的最低注册资本金为人民币5亿元，经营外汇业务的金融租赁公司应另有不低于5千万美元（或等值可兑换货币）的外汇资本金。

中国人民银行可以根据融资租赁业发展的需要调整金融租赁公司的最低注册资本限额。

第七条 金融租赁公司的设立须经过筹建和开业两个阶段。

第八条 经中国人民银行批准，发起人可进行金融租赁公司的筹建工作。申请筹建金融租赁公司，须向中国人民银行提交下列文件资料：

（一）筹建申请书，其内容应包括拟设立金融租赁公司的名称、所在地、注册资本金、股东及其股权结构、业务范围等。

（二）可行性研究报告，其内容包括发起人情况（名称、法定代表人、经营情况、资信状况、近3年资产负债及利润状况）和市场预测情况；

（三）拟设立金融租赁公司的章程；

（四）筹建负责人名单及简历。

（五）中国人民银行要求提交的其他文件。

第九条 中国人民银行对金融租赁公司筹建申请的答复期为3个月。如未获批准，申请人在6个月内不得再次提出同样的申请。

第十条 金融租赁公司筹建期限为6个月。逾期不申请开业或筹建期满未达到开业标准的，原批准筹建文件自动失效。筹建期内不得以金融租赁公司的名义从事经营活动。

第十一条 金融租赁公司筹建工作完成后，应向中国人民银行提出开业申请，并提交下列文件：

（一）筹建工作报告和申请开业报告；

（二）会计师事务所出具的股东投资能力证明和中国人民银行指定金融机构出具的股东货币入账证明；

（三）金融租赁公司章程；

（四）拟任高级管理人员的名单、详细履历及任职资格证明；

（五）从业人员中从事金融工作三年以上人员的资格证明；

（六）拟办业务的规章制度和内部风险控制制度；

（七）工商管理机关出具的对拟设公司名称的预核准登记书；

（八）营业场所和其它与业务有关设施的资料；

（九）中国人民银行要求的其它文件。

第十二条 金融租赁公司的开业申请经中国人民银行批准后，由中国人民银行颁发《金融机构法人许可证》，并凭该许可证到工商行政管理机关办理注册登记，领取《企业法人营业执照》后方可开业。金融租赁公司自领取营业执照之日起，无正当理由3个月不开业或开业后自行停业连续6个月的，由中国人民银行吊销其许可证，并予以公告。

第十三条 经中国人民银行批准，金融租赁公司可设立分支机构。设立分支机构的具体条件由中国人民银行另行规定。

第十四条 金融租赁公司有下列变更事项之一的，须报经中国人民银行批准：

（一）变更名称；

（二）改变组织形式；

（三）调整业务范围；

（四）变更注册资本；

（五）调整股权结构；

（六）修改章程；

（七）变更营业地址；

（八）变更高级管理人员；

（九）中国人民银行规定的其他变更事项。

第十五条 金融租赁公司经中国人民银行批准变更《金融机构法人许可证》上有关内容后，需按规定到中国人民银行更换许可证。

第十六条 金融租赁公司的股东及其投资比例应符合《公司法》及中国人民银行有关规定。

第十七条 金融租赁公司不得吸收境内自然人为公司股东，但采取股份有限公司组织形式，并经批准上市的除外；金融租赁公司可以吸收外资入股。

第三章 业务经营

第十八条 经中国人民银行批准，金融租赁公司可经营下列本外币业务：

（一）直接租赁、回租、转租赁、委托租赁等融资性租赁业务；

（二）经营性租赁业务；

（三）接受法人或机构委托租赁资金；

（四）接受有关租赁当事人的租赁保证金；

（五）向承租人提供租赁项下的流动资金贷款；

（六）有价证券投资、金融机构股权投资；

（七）经中国人民银行批准发行金融债券；

（八）向金融机构借款；

（九）外汇借款；

（十）同业拆借业务；

（十一）租赁物品残值变卖及处理业务；

（十二）经济咨询和担保；

（十三）中国人民银行批准的其他业务。

第十九条 适用于融资租赁交易的租赁物为固定资产。

第二十条 金融租赁公司经营租赁业务或提供其他服务收取租金或手续费。租金或手续费标准由金融租赁公司和承租人协商确定。

第二十一条 金融租赁公司作为受托人经营的委托租赁财产和作为转租人经营的转租赁财产独立于金融租赁公司的其他财产。金融租赁公司应当对上述委托租赁、转租赁财产分别管理，单独建账。公司清算时，委托租赁和转租赁财产不作为清算资产。

第二十二条 经营外汇租赁业务的金融租赁公司在境外或向境内外资金融机构筹措外汇资金、发行债券，向境外投资，必须按国家外汇管理规定办理，并报中国人民银行备案。

第二十三条 金融租赁公司必须按照国家有关规定实行审慎会计原则和会计制度。

第四章 监督管理

第二十四条 金融租赁公司必须按照中国人民银行的有关规定，建立、健全内控制度。

第二十五条 金融租赁公司必须接受中国人民银行的现场检查和非现场检查。

第二十六条 金融租赁公司业务经营须遵循下列资产负责比例：

（一）资本总额不得低于风险资产总额的10%；

（二）对同一承租人的融资余额（租赁+贷款）最高不得超过金融租赁公司资本总额的15%；

（三）对承租人提供的流动资金贷款不得超过租赁合同金额的60%；

（四）长期投资总额不得高于资本总额的30%；

（五）租赁资产（含委托租赁、转租赁资产）比重不得低于总资产的60%；

（六）拆入资金余额不得超过资本总额的100%；

（七）对外担保余额不得超过资本总额的200%；

（八）中国人民银行规定的其他比例。

中国人民银行可对上述比例进行调整。

第二十七条 金融租赁公司对股东租赁和其他融资逾期1年后，中国人民银行可责成金融租赁公司转让该股东出资及其他权益，用于偿还金融租赁公司的负债。

第二十八条 金融租赁公司必须按规定向中国人民银行报送资产负债表、损益表及业务比例考核报表和书面报告；并于每一会计年度终了后的一个月内报送上一年度的财务报表和资料。

金融租赁公司法定代表人及直接经办人员应对所提供的财务会计报表的真实性承担法律责任。

第二十九条 中国人民银行对日常监督管理中发现的问题，可以向金融租赁公司的法定代表人和高级管理人员提出质询，并责令该公司限期改正或进行整顿。拒不改正或整顿的，中国人民银行可以取消该公司法定代表人或有关高级管理人员的任职资格。

第三十条 金融租赁公司应建立对各项业务的稽核、检查制度，并设立独立于经营管理层的专职稽核部门，直接向董事会负责，以加强内控制度的建设。

第三十一条 金融租赁公司应建立定期审计制度。金融租赁公司的董事会或监事会应于每年初委托具有资格的会计师事务所对公司上一年度的经营活动进行一次审计。并于每年的4月15日前将经董事会或监事会主席签名确认的审计报告报送中国人民银行。

第三十二条 中国人民银行认为有必要时，有权随时要求金融租赁公司报送有关业务和财产状况的报告和资料。

第三十三条 中国人民银行对金融租赁公司的设立、变更、撤销等重大事项实行公告制度。

第三十四条 金融租赁公司可成立行业性自律组织，对金融租赁实行自律管理。中国人民银行认为必要时，可授权行业性自律组织行使有关管理职能。

第三十五条 凡违反本办法有关规定者，由中国人民银行按《金融违法行为处罚办法》进行处罚。金融租赁公司对中国人民银行的处罚决定不服的，可以依法提请复议或者向人民法院提起行政诉讼。

第三十六条 中国人民银行对金融租赁公司实行年检制度。

第五章 整顿、接管及终止

第三十七条 金融租赁公司出现支付困难等紧急情况时，应立即向中国人民银行报告。

第三十八条 金融租赁公司出现下列情况之一的，中国人民银行可视情况责令其内部整顿或停业整顿：

（一）当年亏损超过注册资本的30%或连续3年亏损超过注册资本的10%；

（二）出现严重支付困难；

（三）违反国家有关法律或规章；

（四）中国人民银行认为其他必须整顿的情况。

第三十九条 中国人民银行责令金融租赁公司整顿后，可对金融租赁公司采取下列措施：

（一）要求更换或禁止更换金融租赁公司高级管理人员；

（二）暂停其部分或全部业务；

（三）要求在规定期限内增加资本金；

（四）责令改变股本结构；

（五）责令金融租赁公司重组；

（六）中国人民银行认为必要的其他措施。

第四十条 金融租赁公司经过整顿，符合下列条件的，可恢复正常营业：

（一）已恢复支付能力；

（二）亏损得到弥补；

（三）违法违规行为得到纠正。

整顿时间最长不超过1年。

第四十一条 金融租赁公司已经或者可能发生支付危机，严重影响债权人利益和金融秩序的稳定时，中国人民银行可对金融租赁公司实行接管。

接管的目的是对被接管的金融租赁公司采取必要措施，恢复金融租赁公司的正常经营能力。被接管的金融租赁公司的债权债务关系不因接管而变化。

接管由中国人民银行决定并组织实施。

第四十二条 金融租赁公司出现下列情况时，经中国人民银行核准后，予以解散：

（一）组建金融租赁公司的发起人解散，金融租赁公司不能实现合并或改组；

（二）章程中规定的解散事由出现；

（三）股东会议决定解散；

（四）金融租赁公司已分立或者合并。

第四十三条 金融租赁公司经营出现严重困难或有重大违法违规行为时，中国人民银行可依法对其予以撤销。

第四十四条 金融租赁公司解散或撤销后，应依法成立清算组，按照法定程序进行清算，并由中国人民银行发布公告。

中国人民银行可直接委派清算组成员并监督清算过程。

第四十五条 清算组在清理财产时发现金融租赁公司的资产不足以清偿其债务时，应立即停止清算，并向中国人民银行报告。经中国人民银行同意，向人民法院申请该金融租赁公司破产。

第六章 附 则

第四十六条 本办法中所称融资租赁业务，是指出租人根据承租人对出卖人、租赁物的选择，向出卖人购买租赁物件，提供给承租人使用，向承租人收取租金的交易，它以出租人保留租赁物的所有权和收取租金为条件，使承租人在租赁合同期内对租赁物取得占有、使用和受益的权利。

第四十七条 本办法中所称回租业务是指承租人将自有物件出卖给出租人，同时与出租人签定一份融资租赁合同，再将该物件从出租人处租回的租赁形式。回租业务是承租人和供货人为同一人的特殊融资租赁方式。

第四十八条 本办法中所称转租赁业务是指以同一物件为标的物的多次融资租赁业务。在转租赁业务中，上一租赁合同的承租人同时是下一租赁合同的出租人，称为转租人。转租人从其他出租人处租入租赁物件再转租给第三人，转租人以收取租金差为目的的租赁形式。租赁物品的所有权归第一出租人。

第四十九条 本办法中所称委托租赁业务是指出租人接受委托人的资金或租赁标的物，根据委托人的书面委托，向委托人指定的承租人办理融资租赁业务。在租赁期内租赁标的物的所有权归委托人，出租人只收取手续费，不承担风险。

第五十条 本办法中所称租赁当事人包括出租人、承租人、出卖人、委托租赁的委托人。

第五十一条 本办法由中国人民银行负责解释。

第五十二条 本办法自公布之日起施行。

金融资产管理公司条例

2000年11月10日 国务院第297号令

第一章 总 则

第一条 为了规范金融资产管理公司的活动，依法处理国有银行不良贷款，促进国有银行和国有企业的改革和发展，制定本条例。

第二条 金融资产管理公司，是指经国务院决定设立的收购国有银行不良贷款，管理和处置因收购国有银行不良贷款形成的资产的国有独资非银行金融机构。

第三条 金融资产管理公司以最大限度保全资产、减少损失为主要经营目标，依法独立承担民事责任。

第四条 中国人民银行、财政部和中国证券监督管理委员会依据各自的法定职责对金融资产管理公司实施监督管理。

第二章 公司的设立和业务范围

第五条 金融资产管理公司的注册资本为人民币100亿元，由财政部核拨。

第六条 金融资产管理公司由中国人民银行颁发《金融机构法人许可证》，并向工商行政管理部门依法办理登记。

第七条 金融资产管理公司设立分支机构，须经财政部同意，并报中国人民银行批准，由中国人民银行颁发《金融机构营业许可证》，并向工商行政管理部门依法办理登记。

第八条 金融资产管理公司设总裁1人、副总裁若干人。总裁、副总裁由国务院任命。总裁对外代表金融资产管理公司行使职权，负责金融资产管理公司的经营管理。

金融资产管理公司的高级管理人员须经中国人民银行审查任职资格。

第九条 金融资产管理公司监事会的组成、职责和工作程序，依照《国有重点金融机构监事会暂行条例》执行。

第十条 金融资产管理公司在其收购的国有银行不良贷款范围内，管理和处置因收购国有银行不良贷款形成的资产时，可以从事下列业务活动：

（一）追偿债务；

（二）对所收购的不良贷款形成的资产进行租赁或者以其他形式转让、重组；

（三）债权转股权，并对企业阶段性持股；

（四）资产管理范围内公司的上市推荐及债券、股票承销；

（五）发行金融债券，向金融机构借款；

（六）财务及法律咨询，资产及项目评估；

（七）中国人民银行、中国证券监督管理委员会批准的其他业务活动。

金融资产管理公司可以向中国人民银行申请再贷款。

第三章 收购不良贷款的范围、额度及资金来源

第十一条 金融资产管理公司按照国务院确定的范围和额度收购国有银行不良贷款；超出确定的范围或者额度收购的，须经国务院专项审批。

第十二条 在国务院确定的额度内，金融资产管理公司按照账面价值收购有关贷款本金和相对应的计入损益的应收未收利息；对未计入损益的应收未收利息，实行无偿划转。

第十三条 金融资产管理公司收购不良贷款后，即取得原债权人对债务人的各项权利。原借款合同的债务人、担保人及有关当事人应当继续履行合同规定的义务。

第十四条 金融资产管理公司收购不良贷款的资金来源包括：

（一）划转中国人民银行发放给国有独资商业银行的部分再贷款；

（二）发行金融债券。

中国人民银行发放给国有独资商业银行的再贷款划转给金融资产管理公司，实行固定利率，年利率为2.25%。

第十五条 金融资产管理公司发行金融债券，由中国人民银行会同财政部审批。

第四章 债权转股权

第十六条 金融资产管理公司可以将收购国有银行不良贷款取得的债权转为对借款企业的股权。

金融资产管理公司持有的股权，不受本公司净资产额或者注册资本的比例限制。

第十七条 实施债权转股权，应当贯彻国家产业政策，有利于优化经济结构，促进有关企业的技术进步和产品升级。

第十八条 实施债权转股权的企业，由国家经济贸易委员会向金融资产管理公司推荐。金融资产管理公司对被推荐的企业进行独立评审，制定企业债权转股权的方案并与企业签订债权转股权协议。债权转股权的方案和协议由国家经济贸易委员会会同财政部、中国人民银行审核，报国务院批准后实施。

第十九条 实施债权转股权的企业，应当按照现代企业制度的要求，转换经营机制，建立规范的公司法人治理结构，加强企业管理。有关地方人民政府应当帮助企业减员增效、下岗分流，分离企业办社会的职能。

第二十条 金融资产管理公司的债权转股权后，作为企业的股东，可以派员参加企业董事会、监事会，依法行使股东权利。

第二十一条 金融资产管理公司持有的企业股权，可以按照国家有关规定向境内外投资者转让，也可以由债权转股权企业依法回购。

第二十二条 企业实施债权转股权后，应当按照国家有关规定办理企业产权变更等有关登记。

第二十三条 国家经济贸易委员会负责组织、指导、协调企业债权转股权工作。

第五章 公司的经营和管理

第二十四条 金融资产管理公司实行经营目标责任制。

财政部根据不良贷款质量的情况，确定金融资产管理公司处置不良贷款的经营目标，并进行考核和监督。

第二十五条 金融资产管理公司应当根据不良贷款的特点，制定经营方针和有关措施，完善内部治理结构，建立内部约束机制和激励机制。

第二十六条 金融资产管理公司管理、处置因收购国有银行不良贷款形成的资产，应当按照公开、竞争、择优的原则运作。

金融资产管理公司转让资产，主要采取招标、拍卖等方式。

金融资产管理公司的债权因债务人破产等原因得不到清偿的，按照国务院的规定处理。

金融资产管理公司资产处置管理办法由财政部制定。

第二十七条 金融资产管理公司根据业务需要，可以聘请具有会计、资产评估和法律服务等资格的中介机构协助开展业务。

第二十八条 金融资产管理公司免交在收购国有银行不良贷款和承接、处置因收购国有银行不良贷款形成的资产的业务活动中的税收。具体办法由财政部会同国

家税务总局制定。

金融资产管理公司免交工商登记注册费等行政性收费。

第二十九条 金融资产管理公司应当按照中国人民银行、财政部和中国证券监督管理委员会等有关部门的要求，报送财务、统计报表和其他有关材料。

第三十条 金融资产管理公司应当依法接受审计机关的审计监督。

金融资产管理公司应当聘请财政部认可的注册会计师对其财务状况进行年度审计，并将审计报告及时报送各有关监督管理部门。

第六章 公司的终止和清算

第三十一条 金融资产管理公司终止时，由财政部组织清算组，进行清算。

第三十二条 金融资产管理公司处置不良贷款形成的最终损失，由财政部提出解决方案，报国务院批准执行。

第七章 附 则

第三十三条 金融资产管理公司违反金融法律、行政法规的，由中国人民银行依照有关法律和《金融违法行为处罚办法》给予处罚；违反其他有关法律、行政法规的，由有关部门依法给予处罚；构成犯罪的，依法追究刑事责任。

第三十四条 本条例自公布之日起施行。

财务、税收管理

国家税务总局关于实施对设在中西部地区的外商投资企业给予三年减按15%税率征收企业所得税的优惠的通知

国税发［1999］172号

国务院最近决定，对设在中西部地区的国家鼓励类外商投资企业，在现行税收优惠政策执行期满后的3年内，可以减按15%的税率征收企业所得税。为此，国家税务总局就实施这一税收优惠政策的有关问题通知如下：

一、关于执行的地域范围

可执行本项税收优惠政策的中西部地区是指：山西、内蒙古、吉林、黑龙江、安徽、江西、河南、湖北、湖南、重庆、四川、贵州、云南、西藏、陕西、甘肃、青海、宁夏和新疆共19个省（自治区、直辖市）的全部行政区域。

二、关于执行的产业范围

可执行本项税收优惠政策的国家鼓励类外商投资企业是指：从事经国务院批准，由国家发展计划委员会、国家经济贸易委员会和对外贸易经济合作部联合发布的《外商投资产业指导目录》中鼓励类和限制乙类项目以及经国务院批准的优势产业和优势项目的外商投资企业。

三、关于优惠期的计算

在现行税收优惠政策执行期满后的三年内为本项税收优惠政策的优惠期间。在现行税收优惠政策执行期满后的三年是指，享受《中华人民共和国外商投资企业和外国企业所得税法》（以下称税法）第八条第一款和税法实施细则第七十五条第一款第（八）项规定的减免税期满后的三年。

在本项税收优惠期间，企业同时被确认为产品出口企业且当年出口产值达到总产值70%以上的，可再依照税法实施细则第七十五条第一款第（七）项规定，减半征收企业所得税，但减半后的税率不得低于10%。

四、关于审批程序

可享受本项税收优惠政策的企业应将其申请、营业执照、章程和生产经营情况等有关资料报当地主管税务机关审核。

具体申报期限、审核程序和批准权限，由省（自治区、直辖市或计划单列市）级税务主管机关依据有关税收法律、法规和本通知规定，结合各地实际情况制定实施办法，并报国家税务总局备案。

五、关于执行时间

本项税收优惠政策自2000年1月1日起执行。至2000年1月1日尚处于本通知第三条第一款规定的税收优惠期间的企业，可就自2000年1月1日起的剩余优惠年限享受本项税收优惠政策；至2000年1月1日已过本项优惠期间的企业，不得追补享受本项税收优惠政策。

关于加工贸易企业以多种形式缴纳税款保证金实施办法

1999年12月29日　国经贸贸易［1999］1271号

第一条　为完善加工贸易银行保证金台账制度，允许开展加工贸易业务的企业（以下简称“企业”）以多种形式向海关缴纳关税及其他税费保证金（以下简称“税款保证金”），根据《中华人民共和国海关法》、《中华人民共和国担保法》等有关法律、法规的规定，制定本办法。

第二条　企业开展加工贸易业务因故无法向海关缴纳税款保证金的，可凭中国银行出具的以海关为受益人的税款保付保函办理海关备案手续。税款保付保函及索赔函格式见附件。

第三条　中国银行下列机构可根据企业资信，经自行评估，向海关出具保函：

（1）中国银行总行营业部；

（2）各省、自治区、直辖市分行；

（3）深圳市分行；

（4）珠海、汕头、苏州、无锡、宁波、厦门、沈阳市分行。

第四条　中国银行提供担保的金额包括税款及利息两部分。其中税款指海关核定的企业应缴关税和其他税费的金额。利息和利率适用按海关有关规定执行。

第五条　担保期限至台账核销期满后60天。

第六条　担保期限内，企业加工合同增额或展期的，应向原出具保函的中国银行申请办理相应的保函增额或展期手续后，方可向海关、中国银行办理台账变更手续。为简化手续，经企业申请，中国银行提供的保函金额可大于保证金金额。

第七条　对符合法律、法规及本办法的，中国银行根据海关开出的《银行保证金台账开设联系单》或《银行保证金台账变更联系单》，对企业资信情况及提供的保证、抵押、质押、留置和定金（包括企业自有外汇资金、其他非金融机构担保人为其出具的担保）等多种形式的担保进行评估，经评估符合风险控制要求的，可为其出具以海关为受益人的税款保付保函，并转往有关台账业务点。对不符合国家法律、法规及本实施办法的，中国银行可以拒绝受理。

第八条　中国银行台账业务点收到本行保函业务授权分行开立的银行台账保证金保付保函后，开具《银行保证金台账登记通知单》或《银行保证金台账变更通知单》。企业凭上述《银行保证金台账登记通知单》或《银行保证金台账变更通知单》和保付保函向海关办理加工贸易合同备案手续。

第九条　在担保期限内，企业出口合同执行完毕或履行缴纳税款义务的，中国银行的担保责任自行解除；在担保期限内，企业未能全部或部分履行出口义务的，海关按应补税额及缓税利息向中国银行开出《索赔书》和《海关专用缴款书》（进口料件未经批准内销的，需加开《税款缴纳扣划通知书》），中国银行凭此履行保函项下的赔付责任。中国银行履行了保函项下的赔付责任后，可以依法向被担保人追索。

第十条　海关与中国银行间建立的现行台账联系制度不变。海关与中国银行按照《关于印发＜加工贸易进口料件保证金台账“实转”联系配合办法实施细则＞的通知》(中银发［1999］89号)及有关配套办法的各项规定处理银行保证金台账事宜。

第十一条 未能取得中国银行出具的税款保付保函的加工贸易企业应以现金、转账支票、汇票、汇款等方式缴纳税款保证金。

第十二条 本办法自2000年1月1日起执行。实施细则由海关总署、中国银行制定并颁布。

附件：一、税款保付保函（略）

二、索赔函（略）

技术改造国产设备投资抵免企业所得税审核管理办法

2000年1月17日 国税发［2000］13号

第一条 为贯彻落实技术改造国产设备投资抵免企业所得税的政策规定，规范和加强审核管理工作，根据《中华人民共和国企业所得税暂行条例》及其《实施细则》和财政部、国家税务总局关于《技术改造国产设备投资抵免企业所得税暂行办法》(以下简称暂行办法)等有关规定，制定本办法。

第二条 本办法适用于以查账征收方式缴纳企业所得税的内资企业和组织（以下称企业)。

第三条 暂行办法所称设备是指企业实施技术改造项目所需的、在批准的实施技术改造期限内实际购置并作为固定资产管理的生产经营性机器、机械、运输工具、设备、器具、工具等。不包括未作为固定资产管理的工具、器具等。

第四条 暂行办法所称国产设备投资是指购置设备的增值税专用发票价税合计金额。不包括设备的运输、安装和调试等费用。

第五条 同一技术改造项目分年度购置设备的投资，均以每一年度设备投资总额计算应抵免的投资额，以设备购置前一年抵免企业所得税前实现的应缴企业所得税为基数，计算每一纳税年度可抵免的企业所得税额，在规定的期限内抵免。

企业设备购置前一年为亏损的，其投资抵免年限内每一年度弥补以前年度亏损后实现的应缴企业所得税，可用于抵免应抵免的国产设备投资额。

第六条 税务机关查补的企业所得税，计入查补税款隶属年度投资抵免的应缴企业所得税基数，但不得计入可抵免的新增企业所得税额。

第七条 财政拨款购置设备的投资，不得抵免企业所得税。

既有自筹资金和银行贷款投入，又有财政拨款的技术改造项目，按财政拨款数额占项目总投资的比例，计算确定购置国产设备的财政拨款投资额。国产设备投资总额扣除按照上述方法计算确定的购置国产设备的财政拨款投资额，余额为计算抵免企业所得税的国产设备投资额。

第八条 技术改造项目国产设备投资抵免企业所得税，由实施技术改造的企业提出申请，经主管税务机关逐级上报省级以上税务机关审核，也可直接报省级以上税务机关审核。中央企业及其与地方企业组成的联营企业、股份制企业，总投资额在5000万元以上的技术改造项目，报国家税务总局审核；总投资额在5000万元以下的项目，由省级国家税务局审核。地方企业及地方企业组成的联营企业、股份制企业，由省级地方税务局审核。

第九条 企业申请抵免企业所得税，应在技术改造项目批准立项后两个月内递交申请报告。

纳税人递交申请报告时，须提供如下资料：

(一)《技术改造国产设备投资抵免企业所得税申请表》(式样见附表1)；

(二）技术改造项目批准立项的有关文件；

(三）技术改造项目可行性研究报告、初步设计和投资概算；

(四）盖有有效公章的《符合国家产业政策的企业技术改造项目确认书》；不需经贸委审批的技术改造项目，可提供省级经贸委出具的符合国家产业政策的确认文件；

(五）税务机关要求提供的其他资料。

技术改造项目计划调整、改变投资概算等，均须及时向原审核税务机关报送有关资料。

第十条 企业未在规定时间递交申请报告，或虽在规定时间递交申请报告但提供的资料和证明不完整的，税务机关不予受理。

第十一条 省级以上税务机关在接到企业技术改造国产设备投资抵免企业所得税的申请后，一个月内要做出准予或不准予享受抵免企业所得税的决定，通知当地主管税务机关，并同时将核准文件抄送企业。

凡未经税务机关审查核准的，一律不得抵免企业所得税。

第十二条 每一纳税年度终了后10天内，企业应将实施技术改造项目实际购买的国产设备的名称、产地、规格、型号、数量、单价等情况报送当地主管税务机关，填报《技术改造国产设备投资抵免企业所得税审核表》(式样见附表2)，并附送购置设备的增值税专用发票（发票联复印件）。

第十三条 主管税务机关将有关情况与省级以上税务机关核准文件中列明的国产设备有关资料相核对，在20天内核定该年度可抵免的国产设备投资额。

第十四条 企业报送年度企业所得税纳税申报表时，应在纳税申报表备注栏中注明本年度申请抵免的企业所得税额，并附送《技术改造国产设备投资抵免企业所得税明细表》(式样见附表3)。

第十五条 主管税务机关接到企业报送的《技术改造国产设备投资抵免企业所得税明细表》后，要对企业填报项目、数额认真审核，准确计算填写《技术改造国产设备投资抵免企业所得税明细表》中的有关项目，并据以办理企业所得税的汇算清缴。

第十六条 主管税务机关要加强企业技术改造国产设备投资抵免企业所得税的管理，分户建立抵免档案和台账，专档归集保管有关文件、资料，详细记录应抵免的国产设备投资额、已抵免的投资额、未抵免的投资额，并按规定报送技术改造国产设备投资抵免企业所得税的有关情况和资料。

第十七条 汇总（合并）纳税企业均以每一成员企业申报办理技术改造国产设备投资抵免企业所得税。年度终了后，由汇总（合并）纳税的总机构（或母公司）在办理汇总（合并）纳税时，凭成员企业所在地主管税务机关在《技术改造国产设备投资抵免企业所得税明细表》中确认的本年度抵免企业所得税额计算抵免额。

汇总（合并）纳税成员企业亏损的，其技术改造国产设备投资，只能向以后年度结转抵免，不得由其他盈利成员企业的所得税抵免。

汇总（合并）纳税的总机构（或母公司）将成员企业的年度企业所得税申报表进行汇总（合并），确定汇总（合并）后应纳税所得额，据以计算的应缴企业所得税额，可用于抵免成员企业经税务机关核定的抵免企业所得税额。总机构（或母公司）汇总（合并）后的应缴所得税额不足抵免时，未予抵免的成员企业投资额，可用总机构（或母公司）以后年度汇总（合并）后的应缴所得税额延续抵免，但抵免期限最长不得超过5年。

第十八条 企业弄虚作假骗取抵免企业所得税，未经批准擅自抵免企业所得税，或已抵免税款的设备出租、转让而未补缴已抵免税款的，税务机关除令其纠正外，并可根据《中华人民共和国税收征收管理法》等有关规定，予以处罚。

第十九条 本办法自1999年7月1日起执行。

1999年底已经批准的技术改造项目，1999年7月1日至12月31日购置符合抵免企业所得税规定的国产设备投资，可在2000年6月底前向税务机关申报。经税务机关按上述规定审核后，准予抵免企业所得税。

第二十条 各省、自治区、直辖市和计划单列市税务机关，可根据本办法制定具体实施方案，并报国家税务总局备案。

附：1.《技术改造国产设备投资抵免所得税申请表》(式样)(略)

2.《技术改造国产设备投资抵免所得税审核表》(式样)(略)

3.《技术改造国产设备投资所得税明细表》(式样)(略)

核定征收企业所得税暂行办法

2000年2月25日 国税发［2000］38号

第一条 为了加强企业所得税的征收管理，进一步规范核定征收企业所得税的工作，根据《中华人民共和国税收征收管理法》、《中华人民共和国企业所得税暂行条例》及其实施细则的有关规定，特制定本规定。

第二条 纳税人具有下列情形之一的，应采取核定征收方式征收企业所得税：

一、依照税收法律法规规定可以不设账簿的或按照税收法律法规规定应设置但未设置账簿的；

二、只能准确核算收入总额，或收入总额能够查实，但其成本费用支出不能准确核算的；

三、只能准确核算成本费用支出，或成本费用支出能够查实，但其收入总额不能准确核算的；

四、收入总额及成本费用支出均不能正确核算，不能向主管税务机关提供真实、准确、完整纳税资料，难以查实的；

五、账目设置和核算虽然符合规定，但并未按规定保存有关账簿、凭证及有关纳税资料的；

六、发生纳税义务，未按照税收法律法规规定的期限办理纳税申报，经税务机关责令限期申报，逾期仍不申报的。

第三条 核定征收方式包括定额征收和核定应税所得率征收两种办法，以及其他合理的办法。

定额征收是指税务机关按照一定的标准、程序和方法，直接核定纳税人年度应纳企业所得税额，由纳税人按规定进行申报缴纳的办法。

核定应税所得率征收是指税务机关按照一定的标准、程序和方法，预先核定纳税人的应税所得率，由纳税人根据纳税年度内的收入总额或成本费用等项目的实际发生额，按预先核定的应税所得率计算缴纳企业所得税的办法。

第四条 核定征收的基本要求：

一、全面分析、掌握纳税人的生产经营、财务管理、履行纳税义务等情况，为鉴定其所得税的征收方式提供依据；

二、针对纳税人生产经营、财务管理、履行纳税义务等情况及存在的问题，帮助、督促其建账建制，改善经营管理，并积极引导其向自行申报、税务机关查账征收方式过渡；

三、对企业所得税征收方式的鉴定要准确，审批要及时；

四、要严格按照核定征收企业所得税的有关政策规定进行审批，严禁违反规定，扩大范围；

五、企业所得税征收方式的鉴定工作要方便纳税人，工作部署要与本地税收总体工作协调一致。

第五条 纳税人所得税征收方式可按下列程序和方法确定：

一、通过填列《企业所得税征收方式鉴定表》（见附表，以下简称鉴定表），由纳税人提出申请，税务机关审核，确定其征收方式。

二、鉴定表中5个项目均合格的，可实行纳税人自行申报、税务机关查账征收的方式征收企业所得税；有一项不合格的，可实行核定征收方式征收企业所得税。实行核定征收方式的，鉴定表1、4、5项中有一项不合格的，或者2、3项均不合格的，可实行定额征收的办法征收企业所得税；2、3项中有一项合格，另一项不合格的，可实行核定应税所得率的办法征收企业所得税。

三、主管税务机关对鉴定表审核后，应报县（市、区）级税务机关。县（市、区）级税务机关接到鉴定表后，要按照有关规定和要求，分类逐户及时进行审核确认。

四、《企业所得税征收方式鉴定表》一式三份，主管税务机关和县级税务机关各执一份，另一份送达纳税人。

第六条 企业所得税征收方式鉴定工作每年进行一次，时间为当年的1至3月底。当年新办企业应在领取税务登记证后3个月内鉴定完毕。

第七条 企业所得税征收方式一经确定，如无特殊情况，在一个纳税年度内一般不得变更。实行纳税人自行申报纳税，税务机关查实征收方式的，如有第二条规定的情形，一经查实，可随时变更为核定征收的方式。

第八条 对实行核定征收方式的纳税人，主管税务机关应根据纳税人的行业特点、纳税情况、财务管理、会计核算、利润水平等因素，结合本地实际情况，按公平、公正、公开原则分类逐户核定其应纳税额或应税所得率。

第九条 实行定额征收办法的，主管税务机关要对纳税人的有关情况进行调查研究，分类排队，认真测算，并在此基础上，按年从高直接核定纳税人的应纳所得税额。

第十条 实行核定应税所得率征收办法的，应纳所得税额的计算公式如下：

应纳所得税额＝应纳税所得额×适用税率

应纳税所得额＝收入总额×应税所得率

或……＝成本费用支出额／（1－应税所得率）×应税所得率

应税所得率应按下表规定的标准执行：

应税所得率表

行业	应税所得率（%）
工业、交通运输业、商业	7—20
建筑业、房地产开发业	10—20
饮食服务业	10—25
娱乐业	20—40
其他行业	10—30

企业经营多业的，无论其经营项目是否单独核算，均由主管税务机关根据其主营项目，核定其适用某一行业的应税所得率。

第十一条 纳税人年度应纳所得税额或应税所得率一经核定，除发生下列情况外，一个纳税年度内一般不得调整：

一、实行改组改制的；

二、生产经营范围、主营业务发生重大变化的；

三、因遭受风、火、水、震等人力不可抗拒灾害的。

第十二条 实行定额征收办法的，主管税务机关应将核定的应纳税额分解到月或季，由纳税人根据各月或季核定的应纳税额，填制《企业所得税纳税申报表》，在规定的期限内进行纳税申报。该类纳税人在填制《企业所得税纳税申报表》时，只填写应纳税额一栏，并在备往栏中注明实行的征收办法及核定的税额。

第十三条 实行核定应税所得率征收办法的，纳税人可按下列规定进行纳税申报：

一、实行按月或者季预缴，年终汇算清缴的办法申报纳税。预缴期限由主管税务机关根据纳税人应纳税额的大小确定。

二、纳税人预缴所得税时，应依照确定的应税所得率计算所属期实际应缴纳的税额进行预缴。按实际数预缴有困难的，可按上一年度应纳所得税额的1/12或1/4,或者经当地税务机关认可的其他方法分期预缴。预缴方法一经确定，不得随意改变。

三、纳税人预缴所得税或年终进行所得税汇算清缴时，应按规定填制预缴所得税申报表或《企业所得税纳税申报表》，并在规定的时限内报送主管税务机关。该类纳税人在填制预缴所得税申报表或《企业所得税纳税申报表》时，只需填写与收入总额（或成本费用）相关的项目、应纳税所得额、适用税率和应纳税额等项目，并在备注栏中注明实行的征收办法及应税所得率。

第十四条 税务机关要合理调配稽查力量，加强对实行核定征收方式的纳税人的稽查力度，并将汇缴检查与日常检查结合起来，年度检查面不得低于30%。对不按期申报或申报不实的，要按《中华人民共和国税收征收管理法》的有关规定给予处罚。

第十五条 纳税人对其企业所得税征收方式的鉴定、核定的应纳税额或应税所得率等事项有争议的，可在规定的期限内依法向上级税务机关申请复议，对复议结果不服的，可向法院起诉。

第十六条 纳税人实行核定征收方式的，不得享受企业所得税各项优惠政策。纳税人按规定在享受企业所得税优惠政策期间或优惠政策到期后3年内，如出现第二条规定情形之一的，一经查实，应追回因享受优惠政策而减免的税款（不包括2000年1月1日以前享受优惠政策已经期满的纳税人），其中，按规定执行优惠政策尚未到期的，还应按核定征收的方式恢复征税。

第十七条 各省、自治区、直辖市和计划单列市税务局可根据本规定，结合本地实际情况制定具体实施办法，并报国家税务总局备案。

第十八条 本办法自2000年1月1日起施行，以前有关规定与本办法有抵触的，一律改按本办法执行。

附表：企业所得税征收方式鉴定表（略）

外商投资企业和外国企业购买国产设备投资抵免企业所得税管理办法

2000年5月18日　国税发［2000］90号

第一条 为贯彻执行外商投资企业和外国企业（以下简称企业）购买国产设备投资抵免企业所得税的政策规定，规范和加强审核管理工作，根据《中华人民共和国外商投资企业和外国企业所得税法》（以下简称税法）及其实施细则和财政部、国家税务总局《关于外商投资企业和外国企业购买国产设备抵免企业所得税有关问题的通知》（财税字［2000］49号，以下简称通知）等有关规定，制定本办法。

第二条 本办法适用按核实征收方式缴纳企业所得税的企业。

第三条 通知所称设备是指符合通知规定范围、并作为固定资产管理的生产经营性（包括生产必需的测试、检验）机器、机械、运输工具、设备、器具、工具等。不包括未作为固定资产管理的工具、器具等。

第四条 通知所称国产设备必须是1999年7月1日以后、且以货币购进的未使用过的国产设备，不包括投资方作为注册资本投资的设备。

第五条 通知所称国产设备投资是指购买设备发票价税合计价格，但不包括按有关规定退还的增值税税款以及设备运输、安装和调试等费用。

设备购置时间以设备发票开具时间为准。采取分期付款或赊销形式取得设备的，以设备到货时间为准。

第六条 企业购买国产设备投资抵免企业所得税的，由企业提出申请，经主管税务机关逐级上报省级税务机关审核批准。

第七条 企业每一年度投资抵免的企业所得税税额，应按通知规定的限额和期限内抵免。企业购买国产设备的前一年为亏损或者处于税法规定免税年度的，其设备购买前一年度的企业所得税额以零为基数，计算其新增企业所得税。

第八条 企业购买国产设备的以前年度为累计亏损的，购买设备的当年度或以后年度实现的应纳税所得额，应根据税法规定，弥补企业以前年度亏损后，确定投资抵免。企业购买设备的当年度或以后年度处于税法规定免税年度的，其该年度的应纳所得税额，首先按照税法规定给予免税，其设备投资抵免额可延续下一年度进行抵免，但延续期限不得超过通知规定的年限。

第九条 税务机关查补的企业所得税额，属于设备购买以前年度的，计入该所属年度缴纳的企业所得税税额基数；属于设备购买当年或以后年度的，不得作为可抵免的新增企业所得税额。

第十条 企业申请抵免企业所得税，应在购置国产设备后两月内，向主管税务机关递交申请报告。主管税务机关在接到申请后，应逐级上报省级税务机关。省级税务机关在接到申请后应在一个月内作出审核批准，同时，应将批准文件抄送企业。

纳税人递交申请报告时，须提供如下资料：

（一）《外商投资企业和外国企业购买国产设备投资抵免企业所得税申请表》（式样见附表1）；

（二）企业法人营业执照副本复印件；

（三）企业税务登记证副本复印件；

（四）外经贸部门项目批准书复印件；

（五）企业合同复印件；

（六）国产设备供货合同及发票复印件；

（七）税收（出口货物专用）缴款书复印件；

（八）税务机关要求提供的其他资料。

第十一条 企业在每一纳税年度终了后四个月内向主管税务机关报送年度所得税申报表、会计决算报表时，应在纳税申报表备注栏中注明本年度申请抵免的企业所得税额，同时附送《外商投资企业和外国企业购买国产设备投资抵免企业所得税汇总审核表》（式样见附表2）、购置设备的发票（复印件）、《外商投资企业和外国企业购买国产设备投资抵免企业所得税明细表》（式样见附表3）。

第十二条 主管税务机关接到企业报送的有关报表、资料后，要认真审核企业填报的项目和数额，并据以办理企业所得税投资抵免及汇算清缴。

第十三条 主管税务机关要加强企业购买国产设备投资抵免企业所得税的管理，分户建立抵免档案和台账，专档归集、保管有关文件、资料，详细记录应抵免的投资额、已抵免的投资额、未抵免的投资额。

第十四条 外商投资企业在境内设立的各分支机构购买国产设备投资抵免，统一在总机构所在地办理。

第十五条 本办法自1999年7月1日起执行。外商投资企业和外国企业在1999年7月1日至1999年12月31日间购置符合抵免企业所得税规定的国产设备投资，应于2000年6月底前向主管税务机关申报。各级税务机关应按上述规定审核批准后，于2000年9月底前办理完投资抵免退税。

第十六条 各省、自治区、直辖市和计划单列市税务机关可根据本办法制定具体实施方案，并报国家税务总局备案。

附件：附表1：《外商投资企业和外国企业购买国产设备投资抵免企业所得税申请表》（式样）（略）

附表2：《外商投资企业和外国企业购买国产设备投资抵免企业所得税汇总审核表》（式样）（略）

附表3：《外商投资企业和外国企业购买国产设备投资抵免企业所得税明细表（式样）（略）

企业财务会计报告条例

2000年6月21日　国务院第287号令

第一章　总　　则

第一条 为了规范企业财务会计报告，保证财务会计报告的真实、完整，根据《中华人民共和国会计法》，制定本条例。

第二条 企业（包括公司，下同）编制和对外提供财务会计报告，应当遵守本条例。本条例所称财务会计报告，是指企业对外提供的反映企业某一特定日期财务状况和某一会计期间经营成果、现金流量的文件。

第三条 企业不得编制和对外提供虚假的或者隐瞒重要事实的财务会计报告。企业负责人对本企业财务会计报告的真实性、完整性负责。

第四条 任何组织或者个人不得授意、指使、强令企业编制和对外提供虚假的或者隐瞒重要事实的财务会计报告。

第五条 注册会计师、会计师事务所审计企业财务会计报告，应当依照有关法律、行政法规以及注册会计师执业规则的规定进行，并对所出具的审计报告负责。

第二章　财务会计报告的构成

第六条 财务会计报告分为年度、半年度、季度和月度财务会计报告。

第七条 年度、半年度财务会计报告应当包括：

（一）会计报表；

（二）会计报表附注；

（三）财务情况说明书。

会计报表应当包括资产负债表、利润表、现金流量表及相关附表。

第八条 季度、月度财务会计报告通常仅指会计报表，会计报表至少应当包括资产负债表和利润表。国家统一的会计制度规定季度、月度财务会计报告需要编制会计报表附注的，从其规定。

第九条 资产负债表是反映企业在某一特定日期财务状况的报表。资产负债表应当按照资产、负债和所有者权益（或者股东权益，下同）分类分项列示。其中，资产、负债和所有者权益的定义及列示应当遵循下列规定：

（一）资产，是指过去的交易、事项形成并由企业拥有或者控制的资源，该资源预期会给企业带来经济利益。在资产负债表上，资产应当按照其流动性分类分项列示，包括流动资产、长期投资、固定资产、无形资产及其他资产。银行、保险公司和非银行金融机构的各项资产有特殊性的，按照其性质分类分项列示。

（二）负债，是指过去的交易、事项形成的现时义务，履行该义务预期会导致经济利益流出企业。在资产负债表上，负债应当按照其流动性分类分项列示，包括流动负债、长期负债等。银行、保险公司和非银行金融机构的各项负债有特殊性的，按照其性质分类分项列示。

（三）所有者权益，是指所有者在企业资产中享有的经济利益，其金额为资产减去负债后的余额。在资产负债表上，所有者权益应当按照实收资本（或者股本）、资本公积、盈余公积、未分配利润等项目分项列示。

第十条 利润表是反映企业在一定会计期间经营成果的报表。利润表应当按照各项收入、费用以及构成利润的各个项目分类分项列示。其中，收入、费用和利润的定义及列示应当遵循下列规定：

（一）收入，是指企业在销售商品、提供劳务及让渡资产使用权等日常活动中所形成的经济利益的总流入。收入不包括为第三方或者客户代收的款项。在利润表上，收入应当按照其重要性分项列示。

（二）费用，是指企业为销售商品、提供劳务等日常活动所发生的经济利益的流出。在利润表上，费用应当按照其性质分项列示。

（三）利润，是指企业在一定会计期间的经营成果。在利润表上，利润应当按照营业利润、利润总额和净利润等利润的构成分类分项列示。

第十一条 现金流量表是反映企业一定会计期间现金和现金等价物（以下简称现金）流入和流出的报表。现金流量表应当按照经营活动、投资活动和筹资活动的现金流量分类分项列示。其中，经营活动、投资活动和筹资活动的定义及列示应当遵循下列规定：

（一）经营活动，是指企业投资活动和筹资活动以外的所有交易和事项。在现金流量表上，经营活动的现金流量应当按照其经营活动的现金流入和流出的性质分项列示；银行、保险公司和非银行金融机构的经营活动按照其经营活动特点分项列示。

（二）投资活动，是指企业长期资产的购建和不包括在现金等价物范围内的投资及其处置活动。在现金流量表上，投资活动的现金流量应当按照其投资活动的现金流入和流出的性质分项列示。

（三）筹资活动，是指导致企业资本及债务规模和构成发生变化的活动。在现金流量表上，筹资活动的现金流量应当按照其筹资活动的现金流入和流出的性质分项列示。

第十二条 相关附表是反映企业财务状况、经营成果和现金流量的补充报表，主要包括利润分配表以及国家统一的会计制度规定的其他附表。

利润分配表是反映企业一定会计期间对实现净利润以及以前年度未分配利润的分配或者亏损弥补的报表。利润分配表应当按照利润分配各个项目分类分项列示。

第十三条 年度、半年度会计报表至少应当反映两个年度或者相关两个期间的比较数据。

第十四条 会计报表附注是为便于会计报表使用者理解会计报表的内容而对会计报表的编制基础、编制依据、编制原则和方法及主要项目等所作的解释。会计报表附注至少应当包括下列内容：

（一）不符合基本会计假设的说明；

（二）重要会计政策和会计估计及其变更情况、变更原因及其对财务状况和经营成果的影响；

（三）或有事项和资产负债表日后事项的说明；

（四）关联方关系及其交易的说明；

（五）重要资产转让及其出售情况；

（六）企业合并、分立；

（七）重大投资、融资活动；

（八）会计报表中重要项目的明细资料；

（九）有助于理解和分析会计报表需要说明的其他事项。

第十五条 财务情况说明书至少应当对下列情况作出说明：

（一）企业生产经营的基本情况；

（二）利润实现和分配情况；

（三）资金增减和周转情况；

（四）对企业财务状况、经营成果和现金流量有重大影响的其他事项。

第三章 财务会计报告的编制

第十六条 企业应当于年度终了编报年度财务会计报告。国家统一的会计制度规定企业应当编报半年度、季度和月度财务会计报告的，从其规定。

第十七条 企业编制财务会计报告，应当根据真实的交易、事项以及完整、准确的账簿记录等资料，并按照国家统一的会计制度规定的编制基础、编制依据、编制原则和方法。

企业不得违反本条例和国家统一的会计制度规定，随意改变财务会计报告的编制基础、编制依据、编制原则和方法。

任何组织或者个人不得授意、指使、强令企业违反本条例和国家统一的会计制度规定，改变财务会计报告的编制基础、编制依据、编制原则和方法。

第十八条 企业应当依照本条例和国家统一的会计制度规定，对会计报表中各项会计要素进行合理的确认和计量，不得随意改变会计要素的确认和计量标准。

第十九条 企业应当依照有关法律、行政法规和本条例规定的结账日进行结账，不得提前或者延迟。年度结账日为公历年度每年的12月31日；半年度、季度、月度结账日分别为公历年度每半年、每季、每月的最后一天。

第二十条 企业在编制年度财务会计报告前，应当按照下列规定，全面清查资产、核实债务：

（一）结算款项，包括应收款项、应付款项、应交税金等是否存在，与债务、债权单位的相应债务、债权金额是否一致；

（二）原材料、在产品、自制半成品、库存商品等各项存货的实存数量与账面数量是否一致，是否有报废损失和积压物资等；

（三）各项投资是否存在，投资收益是否按照国家统一的会计制度规定进行确认和计量；

（四）房屋建筑物、机器设备、运输工具等各项固定资产的实存数量与账面数量是否一致；

（五）在建工程的实际发生额与账面记录是否一致；

（六）需要清查、核实的其他内容。

企业通过前款规定的清查、核实，查明财产物资的实存数量与账面数量是否一致、各项结算款项的拖欠情况及其原因、材料物资的实际储备情况、各项投资是否达到预期目的、固定资产的使用情况及其完好程度等。企业清查、核实后，应当将清查、核实的结果及其处理办法向企业的董事会或者相应机构报告，并根据国家统一的会计制度的规定进行相应的会计处理。企业应当在年度中间根据具体情况，对各项财产物资和结算款项进行重点抽查、轮流清查或者定期清查。

第二十一条 企业在编制财务会计报告前，除应当全面清查资产、核实债务外，还应当完成下列工作：

（一）核对各会计账簿记录与会计凭证的内容、金额等是否一致，记账方向是否相符；

（二）依照本条例规定的结账日进行结账，结出有关会计账簿的余额和发生额，并核对各会计账簿之间的余额；

（三）检查相关的会计核算是否按照国家统一的会计制度的规定进行；

（四）对于国家统一的会计制度没有规定统一核算方法的交易、事项，检查其是否按照会计核算的一般原则进行确认和计量以及相关账务处理是否合理；

（五）检查是否存在因会计差错、会计政策变更等原因需要调整前期或者本期相关项目。

在前款规定工作中发现问题的，应当按照国家统一的会计制度的规定进行处理。

第二十二条 企业编制年度和半年度财务会计报告时，对经查实后的资产、负债有变动的，应当按照资产、负债的确认和计量标准进行确认和计量，并按照国家统一的会计制度的规定进行相应的会计处理。

第二十三条 企业应当按照国家统一的会计制度规定的会计报表格式和内容，根据登记完整、核对无误的会计账簿记录和其他有关资料编制会计报表，做到内容完整、数字真实、计算准确，不得漏报或者任意取舍。

第二十四条 会计报表之间、会计报表各项目之间，凡有对应关系的数字，应当相互一致；会计报表中本期与上期的有关数字应当相互衔接。

第二十五条 会计报表附注和财务情况说明书应当按照本条例和国家统一的会计制度的规定，对会计报表中需要说明的事项作出真实、完整、清楚的说明。

第二十六条 企业发生合并、分立情形的，应当按照国家统一的会计制度的规定编制相应的财务会计报告。

第二十七条 企业终止营业的，应当在终止营业时按照编制年度财务会计报告的要求全面清查资产、核实债务、进行结账，并编制财务会计报告；在清算期间，应当按照国家统一的会计制度的规定编制清算期间的财务会计报告。

第二十八条 按照国家统一的会计制度的规定，需要编制合并会计报表的企业集团，母公司除编制其个别会计报表外，还应当编制企业集团的合并会计报表。企业集团合并会计报表，是指反映企业集团整体财务状况、经营成果和现金流量的会计报表。

第四章 财务会计报告的对外提供

第二十九条 对外提供的财务会计报告反映的会计

信息应当真实、完整。

第三十条 企业应当依照法律、行政法规和国家统一的会计制度有关财务会计报告提供期限的规定，及时对外提供财务会计报告。

第三十一条 企业对外提供的财务会计报告应当依次编定页数，加具封面，装订成册，加盖公章。封面上应当注明：企业名称、企业统一代码、组织形式、地址、报表所属年度或者月份、报出日期，并由企业负责人和主管会计工作的负责人、会计机构负责人（会计主管人员）签名并盖章；设置总会计师的企业，还应当由总会计师签名并盖章。

第三十二条 企业应当依照企业章程的规定，向投资者提供财务会计报告。

国务院派出监事会的国有重点大型企业、国有重点金融机构和省、自治区、直辖市人民政府派出监事会的国有企业，应当依法定期向监事会提供财务会计报告。

第三十三条 有关部门或者机构依照法律、行政法规或者国务院的规定，要求企业提供部分或者全部财务会计报告及其有关数据的，应当向企业出示依据，并不得要求企业改变财务会计报告有关数据的会计口径。

第三十四条 非依照法律、行政法规或者国务院的规定，任何组织或者个人不得要求企业提供部分或者全部财务会计报告及其有关数据。

违反本条例规定，要求企业提供部分或者全部财务会计报告及其有关数据的，企业有权拒绝。

第三十五条 国有企业、国有控股的或者占主导地位的企业，应当至少每年一次向本企业的职工代表大会公布财务会计报告，并重点说明下列事项：

(一) 反映与职工利益密切相关的信息，包括：管理费用的构成情况，企业管理人员工资、福利和职工工资、福利费用的发放、使用和结余情况，公益金的提取及使用情况，利润分配的情况以及其他与职工利益相关的信息；

(二) 内部审计发现的问题及纠正情况；

(三) 注册会计师审计的情况；

(四) 国家审计机关发现的问题及纠正情况；

(五) 重大的投资、融资和资产处置决策及其原因的说明；

(六) 需要说明的其他重要事项。

第三十六条 企业依照本条例规定向有关各方提供的财务会计报告，其编制基础、编制依据、编制原则和方法应当一致，不得提供编制基础、编制依据、编制原则和方法不同的财务会计报告。

第三十七条 财务会计报告须经注册会计师审计的，企业应当将注册会计师及其会计师事务所出具的审计报告随同财务会计报告一并对外提供。

第三十八条 接受企业财务会计报告的组织或者个人，在企业财务会计报告未正式对外披露前，应当对其内容保密。

第五章 法律责任

第三十九条 违反本条例规定，有下列行为之一的，由县级以上人民政府财政部门责令限期改正，对企业可以处3000元以上5万元以下的罚款；对直接负责的主管人员和其他直接责任人员，可以处2000元以上2万元以下的罚款；属于国家工作人员的，并依法给予行政处分或者纪律处分：

（一）随意改变会计要素的确认和计量标准的；

（二）随意改变财务会计报告的编制基础、编制依据、编制原则和方法的；

（三）提前或者延迟结账日结账的；

（四）在编制年度财务会计报告前，未按照本条例规定全面清查资产、核实债务的；

（五）拒绝财政部门和其他有关部门对财务会计报告依法进行的监督检查，或者不如实提供有关情况的.

会计人员有前款所列行为之一，情节严重的，由县级以上人民政府财政部门吊销会计从业资格证书。

第四十条 企业编制、对外提供虚假的或者隐瞒重要事实的财务会计报告，构成犯罪的，依法追究刑事责任。有前款行为，尚不构成犯罪的，由县级以上人民政府财政部门予以通报，对企业可以处5000元以上10万元以下的罚款；对直接负责的主管人员和其他直接责任人员，可以处3000元以上5万元以下的罚款；属于国家工作人员的，并依法给予撤职直至开除的行政处分或者纪律处分；对其中的会计人员，情节严重的，并由县级以上人民政府财政部门吊销会计从业资格证书。

第四十一条 授意、指使、强令会计机构、会计人员及其他人员编制、对外提供虚假的或者隐瞒重要事实的财务会计报告，或者隐匿、故意销毁依法应当保存的财务会计报告，构成犯罪的，依法追究刑事责任；尚不构成犯罪的，可以处5000元以上5万元以下的罚款；属于国家工作人员的，并依法给予降级、撤职、开除的行政处分或者纪律处分。

第四十二条 违反本条例的规定，要求企业向其提供部分或者全部财务会计报告及其有关数据的，由县级以上人民政府责令改正。

第四十三条 违反本条例规定，同时违反其他法律、行政法规规定的，由有关部门在各自的职权范围内依法给予处罚。

第六章 附 则

第四十四条 国务院财政部门可以根据本条例的规

定，制定财务会计报告的具体编报办法。

第四十五条 不对外筹集资金、经营规模较小的企业编制和对外提供财务会计报告的办法，由国务院财政部门根据本条例的原则另行规定。

第四十六条 本条例自2001年1月1日起施行。

企业集团财务公司管理办法

2000年6月30日 中国人民银行［2000］第3号令

第一章 总 则

第一条 为了规范企业集团财务公司（以下简称财务公司）行为，促进财务公司发展，依据《中华人民共和国公司法》和《中华人民共和国中国人民银行法》，制定本办法。

第二条 本办法所称财务公司是指依据《中华人民共和国公司法》和本办法设立的、为企业集团成员单位（以下简称成员单位）技术改造、新产品开发及产品销售提供金融服务，以中长期金融业务为主的非银行金融机构。

第三条 本办法所称成员单位包括集团母公司，母公司控股51%以上的子公司（以下简称子公司），母公司、子公司单独或共同持股20%以上的公司，或持股不足20%但处于最大股东地位的公司。

外资企业集团的成员单位还包括该外资企业集团的外方投资者在中国境内直接持股或与该外资企业集团共同持股20%以上的公司。

第四条 财务公司依法接受中国人民银行的监督管理。

第二章 机构设立及变更

第五条 申请设立财务公司应具备下列条件：

（一）申请人必须是具备下列条件的企业集团：

1. 符合国家产业政策；

2. 申请前一年集团控股或按规定并表核算的成员单位总资产不低于80亿元人民币或等值的自由兑换货币，所有者权益不低于30亿元人民币或等值的自由兑换货币，且净资产率不低于35%；

3. 集团控股或按规定并表核算的成员单位在申请前连续3年每年总营业收入不低于60亿元人民币、利润总额不少于2亿元人民币或等值的自由兑换货币；

4. 母公司成立3年以上并具有集团内部财务管理和资金管理经验，近3年未发生重大违法违规行为。

（二）具有符合《中华人民共和国公司法》和本办法规定的章程；

（三）具有符合本办法规定的最低限额注册资本；

（四）具有符合中国人民银行规定的任职资格的高级管理人员和从业人员；

（五）有健全的组织机构、管理制度和风险控制制度；

（六）有与业务经营相适应的营业场所、安全防范措施和其他设施；

（七）中国人民银行规定的其他条件。

第六条 财务公司的最低注册资本金为3亿元人民币或等值的自由兑换货币。

财务公司的注册资本为实收货币资本。财务公司依法注册登记后，不得以任何形式抽减资本金。

第七条 财务公司的资本金应主要从成员单位（包括中外合资的成员单位）中募集，成员单位以外的股份不得高于40%。其资金来源限于按国家规定可用于投资的自有资金，其股本结构、股东资格还应符合《中华人民共和国公司法》和中国人民银行关于向金融机构投资入股的规定。

第八条 财务公司高级管理人员须具备中国人民银行规定的任职资格，并在任职前报经中国人民银行审核。

第九条 财务公司从业人员中从事金融或财务工作2年以上的人员应超过总人数的三分之二，其中从事金融或财务工作5年以上人员应超过总人数的三分之一。

由外资企业集团设立的财务公司，其高级管理人员中至少须有1名中国公民。

第十条 财务公司的设立须经过筹建和开业两个阶段。

第十一条 申请筹建财务公司，申请人须向中国人民银行提交下列文件、资料：

（一）筹建申请书，其内容应包括拟设财务公司名称，公司所在地、注册资本金、股东及其股权结构、业务范围等；

（二）设立财务公司的可行性研究报告，其内容包括：

1. 集团生产经营状况、现金流量分析、在同行业中所处的地位以及中长期发展规划；

2. 设立财务公司的目的及作用；

3. 经会计师事务所审计的企业集团或集团母公司最近3年的合并资产负债表及损益表；

（三）企业集团的设立批文；

（四）拟设立财务公司的章程；

（五）成员单位的名册及产权关系证明；

（六）发起单位的营业执照复印件、资信证明及出资保证；

（七）筹建负责人名单及简历；

（八）母公司法定代表人亲笔签名确认上述文件、材料真实可信的证明；

（九）中国人民银行要求提交的其他文件。

上述文件用中文书写。申请人如为外资或中外合资的企业集团，须同时附英文文本。

第十二条 中国人民银行对财务公司筹建申请的答复期为3个月。如未获书面批复，申请人在6个月内不得再次提出同样内容的申请。

第十三条 财务公司的筹建期限为6个月。逾期不申请开业或筹建期满未达到开业标准的，原批准筹建文件自动失效。如遇特殊情况，由筹建人提出申请，经中国人民银行批准，可适当延长筹建期限，但延长的期限不得超过6个月。筹建期内不得以财务公司名义从事经营活动。

第十四条 财务公司筹建工作完成后，应向中国人民银行提出开业申请，并提交下列文件：

（一）筹建工作报告和申请开业报告；

（二）中国法定验资机构出具的股东资金到位的验资证明和中国人民银行指定的金融机构出具的货币资金入账证明；

（三）财务公司章程；

（四）拟任高级管理人员的名单、详细履历及符合中国人民银行规定的任职资格证明材料；

（五）从业人员中从事金融或财务工作5年以上人员的证明材料；

（六）股东名称及其出资额；

（七）拟办业务的规章制度及内部风险控制制度；

（八）营业场所及其他与业务有关设施的资料；

（九）中国人民银行要求的其他文件。

第十五条 财务公司的开业申请经中国人民银行批准后，由中国人民银行颁发《金融机构法人许可证》。财务公司凭该许可证到工商行政管理机关办理注册登记，领取《企业法人营业执照》后方可营业。

第十六条 经批准开业的财务公司自领取营业执照之日起，无正当理由3个月不开业或开业后自行停业连续6个月的，由中国人民银行吊销其许可证，并予以公告。

第十七条 财务公司有下列变更事项之一的，须报经中国人民银行批准：

（一）变更名称；

（二）改变组织形式；

（三）调整业务范围；

（四）变更注册资本；

（五）调整股权结构；

（六）修改章程；

（七）变更高级管理人员；

（八）变更营业场所；

（九）中国人民银行规定的其他变更事项。

第十八条 财务公司经中国人民银行批准变更《金融机构法人许可证》上有关内容后，需按规定到中国人民银行更换许可证。

第三章 业务范围与风险控制

第十九条 经中国人民银行批准，财务公司可从事下列部分或全部业务：

（一）吸收成员单位3个月以上定期存款；

（二）发行财务公司债券；

（三）同业拆借；

（四）对成员单位办理贷款及融资租赁；

（五）办理集团成员单位产品的消费信贷、买方信贷及融资租赁；

（六）办理成员单位商业汇票的承兑及贴现；

（七）办理成员单位的委托贷款及委托投资；

（八）有价证券、金融机构股权及成员单位股权投资；

（九）承销成员单位的企业债券；

（十）对成员单位办理财务顾问、信用鉴证及其他咨询代理业务；

（十一）对成员单位提供担保；

（十二）境外外汇借款；

（十三）经中国人民银行批准的其他业务。

第二十条 企业集团规模较大、集团成员单位之间经济往来密切、且结算业务量较大的财务公司，需办理成员单位之间内部转账结算业务的，应另行报中国人民银行批准。

第二十一条 财务公司应加强风险管理及控制，业务经营遵循下列资产负债比例：

（一）资本总额与风险资产的比例不低于10%；

（二）一年期以上的长期负债与总负债的比例不低于50%；

（三）拆入资金余额与注册资本的比例不高于100%；

（四）对集团外的全部负债余额不高于对集团成员单位的全部负债余额；

（五）长期投资与资本总额的比例不高于30%，且对单一企业的股权投资不得超过该企业注册资本的50%；

（六）消费信贷、买方信贷及产品融资租赁金额均不得超过相应产品售价的70%；

（七）自有固定资产与资本总额的比例不得高于20%。

第二十二条 财务公司对股东融资逾期1年后未归还，人民银行可责成财务公司股东会转让该股东出资及其他权益，用于偿还对财务公司的负债。

第二十三条 财务公司应依据审慎原则进行授信业务，并要求受信方依法提供担保。

第四章 监督管理与行业自律

第二十四条 财务公司应按中国人民银行的有关规定确定其贷款利率及各项手续费率。业务涉及外汇及外债管理的，按国家外汇管理局的有关规定办理。

第二十五条 财务公司必须按照国家有关规定，实行审慎会计原则和会计制度。编制并按规定向中国人民银行报送资产负债表、损益表、现金流量表、非现场检查指标考核表及中国人民银行要求的其他报表，并于每一会计年度终了后的一个月内报送上一年度的财务报表和资料。

财务公司的法定代表人及直接经办人员应对所提供的财务会计报表的真实性承担法律责任。

第二十六条 财务公司应按照国家有关规定提取呆账准备金、坏账准备金及投资风险准备金，并冲销呆坏账。

第二十七条 财务公司应按照中国人民银行的规定，制定本公司的业务规则，建立、健全本公司的业务管理、现金管理和安全防范制度。

第二十八条 财务公司应建立对各项业务的稽核、检查制度，并设立独立于经营管理层的专职稽核部门，直接向董事会负责，以加强内控制度的建设。

第二十九条 中国人民银行对财务公司实行现场检查及非现场检查制度。

第三十条 中国人民银行认为有必要时，有权随时要求财务公司报送有关业务和财务状况的报告和资料。

第三十一条 中国人民银行根据日常监管中发现的问题，可以向财务公司的法定代表人和其他高级管理人员提出质询，并责令该公司限期改正或进行整顿，拒不改正或整顿的，中国人民银行可以取消该公司法定代表人或有关高级管理人员的任职资格。

第三十二条 财务公司应建立定期审计制度。

财务公司的董事会或监事会应于每年初委托具有资格的会计师事务所对公司上一年度的经营活动进行一次审计，并于每年的4月15日前将经董事长或监事会主席签名确认的年度审计报告报送中国人民银行。

第三十三条 财务公司可成立行业性自律组织，对财务公司实行行业自律管理。中国人民银行认为有必要时，可授权行业性自律组织行使有关行业管理职能。

第三十四条 中国人民银行对财务公司实行年检制度。

第五章 整顿、接管及终止

第三十五条 财务公司出现支付困难等紧急情况时，应立即向中国人民银行报告，其董事会有义务对财务公司采取必要的救助措施。

第三十六条 财务公司出现下列情况之一的，中国人民银行可视情形责令其进行整顿：

（一）出现严重支付困难；

（二）当年亏损超过注册资本的30%或连续3年亏损超过注册资本的10%；

（三）违反国家有关法律或规章；

（四）中国人民银行认为其他必须整顿的情况。

第三十七条 中国人民银行责令财务公司整顿后，可对财务公司采取下列措施：

（一）要求更换或禁止更换财务公司高级管理人员；

（二）暂停其部分或全部业务活动；

（三）要求在规定期限内增加资本金；

（四）责令改变股权结构；

（五）责令财务公司重组；

（六）中国人民银行认为必要的其他措施。

第三十八条 财务公司经过整顿，符合下列条件的，可恢复正常营业：

（一）已恢复支付能力；

（二）亏损得到弥补；

（三）违法违规行为得到纠正。

整顿时间最长不超过1年。

第三十九条 财务公司已经或者可能发生支付危机，严重影响债权人利益和金融秩序的稳定时，中国人民银行可对财务公司实行接管。

接管的目的是对被接管的财务公司采取必要措施，恢复财务公司的正常经营能力。被接管的财务公司的债权债务关系不因接管而变化。

接管由中国人民银行决定并组织实施。

第四十条 财务公司出现下列情况时，经中国人民银行核准后，予以解散：

（一）组建财务公司的企业集团解散，财务公司不能实现合并或改组；

（二）章程中规定的解散事由出现；

（三）股东会议决定解散；

（四）财务公司因分立或者合并不需存在的。

第四十一条 财务公司经营出现严重困难或有重大违法违规行为时，中国人民银行可依法对其予以撤销。

第四十二条 财务公司解散或撤销后，应依法成立清算组，按照法定程序进行清算，并由中国人民银行发布公告。

中国人民银行可直接委派清算组成员并监督清算过程。

第四十三条 清算组在清理财产时发现财务公司的资产不足以清偿其债务时，应立即停止清算，并向中国人民银行报告。经中国人民银行核准，向人民法院申请该财务公司破产。

第六章 附 则

第四十四条 凡违反本办法有关规定者，由中国人民银行按《金融违法行为处罚办法》及其他有关规定予以处罚。财务公司对中国人民银行的处罚决定不服的，可以依法提请复议或者向人民法院提起行政诉讼。

第四十五条 本办法适用于外资企业集团财务公司。

第四十六条 本办法颁布前设立的财务公司须按本办法进行规范，过渡期由中国人民银行另行通知。

第四十七条 本办法自发布之日起生效。中国人民银行原发布的《企业集团财务公司管理暂行办法》、《关于加强企业集团财务公司资金管理有关问题的通知》及《关于外资企业集团财务公司设立及经营有关问题的通知》同时废止。

第四十八条 本办法由中国人民银行负责解释。

国家税务总局关于企业股权投资业务若干所得税问题的通知

国税发［2000］118号

各省、自治区、直辖市和计划单列市国家税务局、地方税务局：

为适应企业改革的需要，鼓励和促进有正常经营需要的企业投资活动的健康发展，规范和加强对企业投资的资产增值转移等应税行为的管理，根据《中华人民共和国企业所得税暂行条例》及其实施细则的精神，现将企业股权投资中涉及所得税问题明确如下：

一、企业股权投资所得的所得税处理

（一）企业的股权投资所得是指企业通过股权投资从被投资企业所得税后累计未分配利润和累计盈余公积金中分配取得股息性质的投资收益。凡投资方企业适用的所得税税率高于被投资企业适用的所得税税率的，除国家税收法规规定的定期减税、免税优惠以外，其取得的投资所得应按规定还原为税前收益后，并入投资企业的应纳税所得额，依法补交企业所得税。

（二）被投资企业分配给投资方企业的全部货币性资产和非货币性资产（包括被投资企业为投资方企业支付的与本身经营无关的任何费用），应全部视为被投资企业对投资方企业的分配支付额。

货币性资产是指企业持有的现金及将以固定或可确定金额的货币收取的资产，包括现金、应收账款、应收票据和债券等。非货币性资产是指企业持有的货币性资产以外的资产，包括存货、固定资产、无形资产、股权投资等。

被投资企业向投资方分配非货币性资产，在所得税处理上应视为以公允价值销售有关非货币性资产和分配两项经济业务，并按规定计算财产转让所得和损失。

（三）除另有规定者外，不论企业会计账务中对投资采取何种方法核算，被投资企业会计账务上实际做利润分配处理（包括以盈余公积和未分配利润转增资本）时，投资方企业应确认投资所得的实现。

（四）企业从被投资企业分配取得的非货币性资产，除股票外，均应按有关资产的公允价值确定投资所得。企业取得的股票，按股票票面价值确定投资所得。

二、企业股权投资转让所得和损失的所得税处理

（一）企业股权投资转让所得或损失是指企业因收回、转让或清算处置股权投资的收入减除股权投资成本后的余额。企业股权投资转让所得应并入企业的应纳税所得，依法缴纳企业所得税。

被投资企业对投资方的分配支付额，如果超过被投资企业的累计未分配利润和累计盈余公积金而低于投资方的投资成本的，视为投资回收，应冲减投资成本；超过投资成本的部分，视为投资方企业的股权转让所得，

应并入企业的应纳税所得，依法缴纳企业所得税。

（二）被投资企业发生的经营亏损，由被投资企业按规定结转弥补；投资方企业不得调整减低其投资成本，也不得确认投资损失。

（三）企业因收回、转让或清算处置股权投资而发生的股权投资损失，可以在税前扣除，但每一纳税年度扣除的股权投资损失，不得超过当年实现的股权投资收益和投资转让所得，超过部分可无限期向以后纳税年度结转扣除。

三、企业以部分非货币性资产投资的所得税处理

（一）企业以经营活动的部分非货币性资产对外投资，包括股份公司的法人股东以其经营活动的部分非货币性资产向股份公司配购股票，应在投资交易发生时，将其分解为按公允价值销售有关非货币性资产和投资两项经济业务进行所得处理，并按规定计算确认资产转让所得或损失。

（二）上述资产转让所得如数额较大，在一个纳税年度确认实现缴纳企业所得税确有困难的，报经税务机关批准，可作为递延所得，在投资交易发生当期及随后不超过5个纳税年度内平均摊转到各年度的应纳税所得中。

（三）被投资企业接受的上述非货币性资产，可按经评估确认后的价值确定有关资产的成本。

四、企业整体资产转让的所得税处理

（一）企业整体资产转让是指，一家企业（以下简称转让企业）不需要解散而将其经营活动的全部（包括所有资产和负债）或其独立核算的分支机构转让给另一家企业（以下简称接受企业），以换取代表接受企业资本的股权（包括股份或股票等），包括股份公司的法人股东以其经营活动的全部或其独立核算的分支机构向股份公司配购股票。企业整体资产转让原则上应在交易发生时，将其分解为按公允价值销售全部资产和进行投资两项经济业务进行所得税处理，并按规定计算确认资产转让所得或损失。

（二）如果企业整体资产转让交易的接受企业支付的交换额中，除接受企业股权以外的现金、有价证券、其他资产（以下简称“非股权支付额”）不高于所支付的股权的票面价值（或股本的账面价值）20%的，经税务机关审核确认，转让企业可暂不计算确计资产转让所得或损失。转让企业和接受企业不在同一省（自治区、直辖市）的，须报国家税务总局审核确认。

转让企业取得接受企业的股权的成本，应以其原持有的资产的账面净值为基础确定，不得以经评估确认的价值为基础确定。

接受企业接受转让企业的资产的成本，须以其在转让企业原账面净值为基础结转确定，不得按经评估确认的价调整。

五、企业整体资产置换的所得税处理

（一）企业整体资产置换是指，一家企业以其经营活动的全部或其独立核算的分支机构与另一家企业经营活动的全部或其独立核算的分支机构进行整体交换，资产置换双方企业都不解散。企业整体资产置换原则上应在交易发生时，将其分解为按公允价值销售全部资产和按公允价值购买另一方全部资产的经济业务进行所得税处理，并按规定计算确认资产转让所得或损失。

（二）如果整体资产置换交易中，作为资产置换交易补价（双方全部资产公允价值的差额）的货币性资产占换入总资产公允价值不高于25%的，经税务机关审核确认，资产置换双方企业均不确认资产转让的所得或损失。不在同一省（自治区、直辖市）的企业之间进行的整体资产置换，须报国家税务总局审核确认。

（三）按本条第（二）款规定进行所得税处理的企业整体资产置换交易，交易双方换入资产的成本应以换出资产原账面净值为基础确定。具体方法是按换入各项资产的公允价值占换入全部资产公允价值总额的比例，对换出资产的原账面净值总额进行分配，据以确定各项换入资产的成本。企业整体资产置换交易中支付补价的一方，应以换出资产原账面净值与支付的补价之和为基础，确定换入资产的成本。企业整体资产置换交易中收到补价的一方，应以换出资产的账面净值扣除补价，作为换入资产成本确定的基础。

六、本通知所称公允价值是指独立企业之间按照公平交易原则和经营常规自愿进行资产交换和债务清偿的金额

七、此前规定与本通知规定不一致的，按本通知规定执行

国家税务总局

二〇〇〇年六月二十一日

涉外投资管理

国家税务总局关于外商投资企业征收城市房地产税若干问题的通知

国税发［2000］44号

各省、自治区、直辖市和计划单列市地方税务局：

一个时期以来，由于外商投资企业和内资企业分别适用《城市房地产税暂行条例》和《中华人民共和国房产税暂行条例》，在对外商投资企业征收城市房地产税过程中陆续反映出一些问题。为便于各地执行，现将有关问题明确如下：

一、关于利用人防工程免征城市房地产税问题

为鼓励利用地下人防设施，对外商投资企业利用人防工程中的房屋进行经营活动的，可比照《关于检发〈关于房产税若干具体问题的解释和暂行规定〉、〈关于车船使用税若干具体问题的解释和暂行规定〉的通知》（财政部税务总局〔1986〕财地税字008号）的有关规定，暂不征收房产税。

二、关于出租柜台征收城市房地产税问题

出租房屋以优先从租计征城市房地产税为原则，外商投资企业将房屋内的柜台出租给其他经营者等并收取租金的，应按租金计征城市房地产税。凡按租金计征的房产税税额超过按房产价值计征的，按租金收入计征城市房地产税；未超过的，按房产价值计征。

对外商投资企业在商品房开发过程中搭建临时铺面出租经营的，如果房地产管理部门对该临时铺面不予确定产权，企业“固定资产”账上也不反映的，为支持商品房开发，对该出租经营用的临时铺面暂不征收城市房地产税。建造的商品房交付使用后依旧保留的出租经营用的临时铺面，无论如何计账，是否确定产权，均应照章征收城市房地产税。

三、关于外籍个人购置的房产免征城市房地产税问题

外籍个人（包括华侨，港、澳、台同胞）购置的非营业用房产，可比照《中华人民共和国房产税暂行条例》第五条的有关规定，暂免征城市房地产税。

四、本通知自2000年1月1日起执行。

国家税务总局

二〇〇〇年三月八日

中外合资、合作经营企业中方投资人新增资本贷款管理办法

2000年3月3日　银发［2000］68号通知

第一章　总　　则

第一条　为扩大利用外资，增强中外合资、合作经营企业中方投资人融资能力，促进中外合资、合作企业稳步健康发展，根据《中华人民共和国商业银行法》、《贷款通则》及有关规定，制定本办法。

第二条　中外合资、合作经营企业中方投资人新增资本贷款（以下简称中方增资贷款），是指境内中资商业银行对中外合资、合作经营企业（包括港澳台资）的中方投资人增加注册资本金时不足部分发放的人民币或

外币中长期贷款。

第三条 中方增资贷款必须用于从事《外商投资企业产业指导目录》中鼓励类、允许类项目的企业。

第二章 贷款的对象和条件

第四条 凡经国家有权部门核准登记，已取得企业法人资格，实行独立核算，并已与外商（含港澳台商，下同）设立合资或合作经营企业的中方企业法人（以下简称借款人），均可向贷款人申请中方增资贷款。

第五条 借款人申请中方增资贷款应具备下列条件：

（一）信用状况良好，没有逃废银行债务、恶意欠息、逃汇或骗汇行为，产品有市场、有效益，近两年连续盈利；

（二）与外商投资设立的中外合资、合作企业经国家有权部门批准，依法取得外商投资企业批准证书、营业执照，生产经营在1年以上，发展前景良好；

（三）借款人在中外合资、合作企业中增加注册资本后，可保持或取得控股地位；

（四）借款人在中外合资、合作企业增资前应投入的注册资本和增加注册资本的自筹部分，已经依法验资并按期足额到位（比例不低于50%）；

（五）贷款人要求的其他条件。

第三章 贷款的申请和发放

第六条 申请中方增资贷款的借款人必须向贷款人提供以下材料：

（一）贷款书面申请报告；

（二）国家有权部门批准合资、合作企业项目建议书、可行性研究报告的文件、外商投资企业批准证书和企业法人营业执照；

（三）国家有权部门同意中外合资、合作企业增加注册资本金的批复证明；

（四）借款人同意用其自身综合效益还贷的承诺及贷款人认可的还款计划；

（五）借款人的资产负债表、损益表、现金流量表及贷款人需要的其他报表；

（六）借款人在中外合资、合作企业中的控股权证明或贷款人认可的增资后将获控股权的证明；

（七）贷款人认可的借款人及其投资的中外合资、合作企业一年以上的财务状况及现金流量测算报告；

（八）贷款人要求的其他材料。

第七条 贷款人接到贷款书面申请报告及有关资料后，要按照《贷款通则》和本办法的有关规定进行贷款审查。

第八条 贷款人可根据需要要求借款人提供有效的贷款担保。

第九条 贷款人审查同意后，须与借款人签订借款合同。在中外合资、合作企业外方投资人所增加注册资本金和中方投资人增加注册资本金的自筹部分（比例不低于50%）已经足额到位以及贷款人要求的其他提款条件落实的前提下，借款人方可提款。

第四章 贷款用途、金额、期限及利率

第十条 贷款金额最高不超过中方投资人所增注册资本金的50%。

第十一条 贷款币种为人民币或外币。

第十二条 贷款人应根据实际情况，合理确定贷款期限，贷款期限最长不得超过十年（含展期）。

第十三条 贷款利率按中国人民银行规定的同档次中长期人民币贷款利率和中国人民银行授权中国银行公布的外汇贷款利率执行。

第五章 贷款管理

第十四条 借款人必须根据贷款人的要求及时报告本企业及中外合资、合作企业生产经营情况，报送财务报表和相关资料。

第十五条 借款人应当按照借款合同规定的期限足额归还贷款本息。借款人偿还贷款本息的资金来源为：

（一）股权收益；

（二）借款人的综合经济效益；

（三）由借款人支配的其他资金。

借款人不能按借款合同约定期限归还贷款时，贷款人有权按有关规定加收罚息，并有权根据借款合同约定从借款人账户中划收贷款本息，无法收回贷款本息的，贷款人可依法向保证人、抵押人、质押人追偿。

第十六条 贷款人依据借款合同定期了解借款人生产经营管理情况，对各项财务报表进行审核分析。在借款人出现危及贷款安全及违反借款合同的情况时，贷款人有权依据借款合同采取贷款保全措施，保障贷款安全。

第十七条 贷款人对保证人、抵押物、质押物实施有效监督，有权采取有关措施保障贷款担保的实现。

第六章 附 则

第十八条 商业银行总行可根据本办法制定实施细则，并报中国人民银行总行备案。

第十九条 本办法由中国人民银行总行负责解释和修改。

第二十条 本办法自实施之日起，中国人民银行和各贷款人在此以前制定的各种规定，与本办法有抵触者，以本办法为准。

第二十一条 本办法自发布之日起施行。

国家税务总局关于外国投资者享受再投资退还所得税优惠有关问题的通知

国税发［2000］49号

各省、自治区、直辖市和计划单列市国家税务局，深圳市地方税务局：

近来各地屡有询问，在中国境内设立专门从事投资业务的外商投资企业及其他形式的公司集团发生重组时，如外国投资者在依照有关规定享受再投资退税优惠后不满五年的期限内，将该项再投资转让给集团内另一家公司，是否应依照《中华人民共和国外商投资企业和外国企业所得税法》第十条的规定缴回该项再投资实际已获得的退税款。经研究，现明确如下：

在以合理经营为目的进行的公司集团重组中，外国投资者（包括由外国投资者持有100%股份并专门从事投资业务的外商投资企业）在依照有关规定享受再投资退税优惠后，将该项再投资转让给与其有直接拥有或者间接拥有或被同一人拥有100%股权关系的公司，可不认定其撤回该项再投资，因而不予追回该项再投资实际已获得的退税款。除上述情况外，外国投资者以转让股权等方式撤回该项再投资的，均应按照《国家税务总局关于上海纳铁福传动轴有限公司的外国投资者再投资退税有关问题的批复》（国税函［1999］31号第一条的规定处理。

国家税务总局

二〇〇〇年三月十四日

出口收汇考核试行办法奖惩细则

2000年2月17日　银发［2000］58号

第一条　根据国家外汇管理局、对外贸易经济合作部发布的《出口收汇考核试行办法》的规定，为了扩大出口，扶优限劣，特制定本细则。

第二条　本细则中所称出口收汇荣誉企业、出口收汇达标企业、出口收汇风险企业和出口收汇高风险企业系指按《出口收汇考核试行办法》中确定的标准，在年度考核评定时，根据出口收汇业绩对各出口企业评定的等级称号。

第三条　为鼓励大型企业出口，凡年度出口额在2亿美元以上（由外经贸部提供详细名单）且出口收汇率达到85%、交单率达到80%的企业，视同出口收汇荣誉企业。

第四条　对出口收汇荣誉企业，国家外汇管理局、对外贸易经济合作部给予通报表彰（登报），并通报海关、税务、银行。

第五条　对出口收汇荣誉企业，对外贸易经济合作部在中央外贸发展基金、国际经济合作基金、援外合资合作项目基金等方面在同等条件下优先安排，并在其参加出口商品招标时给予适当优惠。

第六条　商业银行对出口收汇荣誉企业的人民币贷款利率可以在中国人民银行的贷款利率基础上适当下浮，最高下浮幅度为10%。

第七条　出口收汇荣誉企业来源于境外投资的利润或者其他外汇收益，在当地会计年度终了后应当调回境内的期限，经国家外汇管理局或其分支局（以下简称外汇局）核准后，可从6个月延长为1年；出口收汇荣誉企业的境外投资，可免交汇回利润保证金。

第八条　加快出口收汇荣誉企业外汇账户年检速度，由集中核定年检结果改为逐户实时核定。

第九条　提高外汇结算账户最高限额的标准。对出口收汇荣誉企业外汇结算账户的限额，由现行的年度进出口总额的15%扩大为30%。

第十条　为出口收汇荣誉企业在核销业务操作环节提供便利条件；

（一）出口预计收汇日期按企业出口合同规定的实际天数核定；

（二）按出口实际需要领取出口收汇核销单；

（三）外汇局设置专门窗口，优先为出口收汇荣誉企业办理领单和核销业务。

第十一条 报关单的进口日期为1998年9月1日以前的货到付款项下的购付汇业务，银行对属于出口收汇荣誉企业且未列入“由外汇局审核真实性的进口单位名单”的企业，其报关金额低于50万美元的，可先付汇然后办理报关单的二次核对手续；对报关单的进口日期在1998年9月1日以后的，仍须用进口报关单联网系统核查报关单的真实性后再办理购付汇手续。

第十二条 出口收汇荣誉企业如符合《国家税务总局关于出口货物退（免）税实行按企业分类管理的通知》(国税发［1998］95号）的B类企业标准的退税按B类企业办理（出口收汇荣誉企业同时又是退税分类管理A类企业的维持不变）。

第十三条 对经贸部门和外汇局联合在媒体上对被评为出口收汇高风险的企业进行通报，并报同级海关、税务和银行。

第十四条 外经贸易经济合作部在中央外贸基金、国际经济合作基金、援外合资合作项目基金等方面，在同等条件下对出口收汇高风险企业进行严格审核。

第十五条 外汇局对出口收汇高风险企业加强核销单的发放和核销手续管理。

第十六条 出口收汇风险企业和出口收汇高风险企业退税按出口退税分类管理中的C类企业办理（出口收汇风险企业和出口收汇高风险企业同时又是退税分类管理中的D类企业的按D类企业办理)。

第十七条 商业银行对出口收汇高风险企业的人民币贷款利率可以在中国人民银行的贷款利率基础上适当上浮，最高上浮幅度为30%。

第十八条 各年度的出口收汇荣誉企业、出口收汇达标企业、出口收汇风险企业和出口收汇高风险企业自评定之日起生效，有效期为一年。

第十九条 一个年度被评定为出口收汇高风险企业或连续两个年度被评定为出口收汇风险企业的，由对外贸易经济合作部或其授权的外经贸主管部门暂停其进出口业务经营权。

第二十条 本办法由中国人民银行、国家外汇管理局、国家税务总局和对外贸易经济合作部负责解释。

第二十一条 本细则自2000年4月1日起执行。

关于进一步加强外国政府贷款管理工作的若干意见

财政部、国家计委　2000年5月30日

利用外国政府贷款是我国引进外资的重要方式之一。改革开放以来，我国利用外国政府贷款取得了显著的经济和社会效益。但是，在利用外国政府贷款管理工作中，还存在着体制不顺、权责不统一、管理职责不到位、转贷行为不规范、还款责任不落实等问题，特别是一些贷款项目单位拖欠到期债务问题比较严重，甚至无力还款，给国内转贷机构带来了很大的资金垫付压力，也给国家财政造成了很大的负担。这些问题如不及时解决，将有损于我国政府的对外形象和信誉，并对利用外资造成极为不利的影响。根据党的十五大精神和中央关于“积极、合理、有效”利用外资的总方针，现就进一步加强外国政府贷款管理工作，建立和实行统一规划、严格管理、职能明确、责任落实、分工合作、高效运转的外国政府贷款“借、用、还”管理机制问题提出以下意见：

一、建立健全外国政府贷款“借、用、还”管理机制的基本原则

（一）积极利用优惠贷款，努力保持贷款规模。在当前和今后一段时间内，要继续积极利用外国政府贷款，努力使贷款规模保持在现有水平。根据我国外债的结构特点，要多争取长期低息贷款，进一步优化贷款结构，改善贷款条件，拓宽贷款资金来源。

（二）贯彻产业和区域发展政策，提高贷款的社会经济效益。利用外国政府贷款必须纳入国民经济和社会发展计划；依照国家产业政策，主要投向农业、水利、交通、能源、通信、环保以及城市基础设施建设等领域；依照国家区域发展政策和西部大开发战略，进一步提高贷款用于中西部地区的比重，加大支持西部开发的力度；利用外国政府贷款投资基础性、公益性项目，要在注重社会效益的同时兼顾经济效益，投资竞争性项目必须把经济效益放在首位。

（三）加强宏观调控，注意量力而行。要加强对利用外国政府贷款的宏观调控，根据国家及地区、部门的总体经济状况和资金供求水平，合理确定利用贷款的规模、结构；各地区、各部门要从实际情况出发，根据各自的财政或财务状况，以及产业和资源优势，既积极利用外国政府贷款，又注意量力而行，切实防止和扭转片

面追求贷款数量，忽视项目质量，重贷轻还的不良倾向。

（四）明确责任，理顺关系，强化管理，保证还款。有关部门要认真贯彻中央关于对政府外债实行统一管理的决定，按照国务院机构改革的“三定”规定，完善利用外国政府贷款的管理职能，理顺工作关系，进一步明确和落实主管部门、地方政府、转贷机构和项目单位的责任，加大对贷款项目的管理力度，提高决策和经营水平，确保项目按时还款。

二、做好外国政府贷款项目的国内审批和对外工作

（一）国家计委要加强对外国政府贷款的总量控制、结构优化和监测工作，会商有关部门提出利用外国政府贷款的中长期规划和年度借用外国政府贷款的总规模，编制利用外国政府贷款备选项目规划；制定外国政府贷款的区域投资政策及产业投资方向；按照国家基本建设程序和有关规定做好项目建议书及可行性研究报告的评估和审批工作。

（二）借用外国政府贷款的地区和中央部门（包括中央直属机构及中央计划单列企业，下同）要按照国家有关政策和规定加强对申报项目的审查；督促项目单位做好贷款项目的科学论证和预期效益分析，落实项目建设条件，实行建设项目法人责任制，严格遵守国家有关财务会计制度。

（三）财政部要认真做好外国政府贷款（包括双边财政合作项下的赠款）的对外谈判与磋商工作；为各地区和有关部门申报项目及时提供贷款资金信息；指导项目所属地区财政部门和中央部门组织好对贷款项目的财务评估；加强对谈判、签约、转贷、使用及偿还等环节的管理；根据国内的贷款需求并结合贷款国的具体情况，统筹做好对外工作。

（四）进一步完善、规范贷款项目的立项审批和对外提交程序。贷款项目严格按照国家基本建设程序和有关规定办理立项审批手续，重大项目由国家计委商财政部后报国务院审批。计划部门负责审核项目的资金使用规模及投向；财政部门负责审核项目的财务偿还能力，以及是否符合贷款国的有关规定。项目经批准立项后，由财政部统一对外提交。贷款项目在项目建议书得到批准并列入备选项目规划后，方可对外正式开展工作，原则上应在可行性研究报告得到批准后才能对外正式签署项目贷款协议和商务合同；确需提前签署商务合同的，限额以上项目应事先征得财政部和国家计委的同意，限额以下项目在签署合同后应及时报送财政部、国家计委备案，合同中均须明确，在可行性研究报告批准后方可生效。贷款项目金额和建设方案如有重大调整，须按立项审批程序重新报批。

（五）进一步加强和完善贷款项目的采购工作。按照市场经济和项目法人责任制的要求，由承担还款责任的项目法人或执行机构通过竞争机制，在有资格的外贸公司中择优选择进口代理商。贷款项目采用国际招标方式进行采购的，要严格遵循国家及贷款国有关招标采购的规定，坚持公平、公正、公开的原则；招标采购过程中的重大问题，由财政部商国家计委等有关部门协调解决。贷款项目的采购，要积极贯彻促进国内产业发展的方针。

三、规范转贷行为，落实转贷责任

（一）划分贷款项目类别。根据还款责任，外国政府贷款项目分为三类：由省、自治区、直辖市及计划单列市财政部门（以下简称省级财政部门）或中央部门作为借款人的项目为一类项目；由省级财政部门或中央部门出具还款担保的项目为二类项目；上述两类以外的其他项目为三类项目。

（二）理顺转贷方式。按照贷款项目类别，实行分类转贷。一类和二类项目原则上由承担转贷的省级财政部门或转贷银行按原条件直接转贷；项目在申报之前，由申报项目的省级财政部门或中央部门对项目的财务偿还能力进行评估，转贷时不再另做评估。三类项目由转贷银行独立评估，自主决定是否转贷，并按照有关规定及转贷项目的风险程度确定转贷条件。

（三）合理确定转贷机构。根据我国金融机构的特点及转贷工作的要求，建立以财政部门、国家政策性银行和国有商业银行为主体，吸收少数具备条件的其他商业银行参加，适度竞争的外国政府贷款转贷机构体系。转贷工作实行“自愿转贷、认真负责、合理收益”的原则。转贷收费标准由财政部商有关部门确定。

（四）落实转贷机构的责任。转贷机构要按照有关规定认真履行转贷职责，充实配备力量，完善转贷项目贷前评估、贷中检查和贷后跟踪管理制度，加强信息反馈，及时向财政部报告转贷情况。转贷机构与国外经办银行签订贷款项目的金融协议，并承担对外按时还款的义务。转贷机构应加强资金调度，确保对外还本付息和临时垫付。财政部要加强对各转贷机构的监督指导。

四、履行还款责任，确保按时还款

（一）切实增强还贷意识，依法落实各项还款和担保措施。一类项目由作为借款人的省级财政部门和中央部门承担还款责任。二类项目由项目单位承担还款责任，由出具担保的机构承担担保还款责任。三类项目由项目单位承担还款责任；若发生项目单位拖欠情况，由转贷银行承担对外垫付还款责任。

（二）加强贷款项目的实施管理。有关地区和部门

要建立贷款项目跟踪检查制度，加强对项目的后期监管，落实项目单位的还款责任，督促项目单位按时还款，防止发生拖欠现象。

（三）建立有效的还贷制约机制。财政部要加强对各类债务人的监督，建立还款统计通报制度。对拖欠到期债务且催收无效的地区和部门，国家计委、财政部将暂缓审核及对外提交新的项目；对一、二类项目拖欠到期债务的，财政部将采取财政扣款措施，确保对外还本付息，维护国家对外信誉。

（四）严格规范贷款项目的资产重组。利用外国政府贷款的项目单位实行资产重组、企业改制等产权变更或破产时，必须事先征得项目审批部门、财政部和转贷机构的同意，必要时还应征得外方同意。项目所属地区的省级财政部门或中央部门负责对此类项目的还款计划作出相应的调整和安排，落实新的债务人并与转贷机构签订新的转贷协议，确保对外还款。严禁以各种名目逃废债务，推卸还款责任。

五、建立地方外债预答体系

（一）抓紧建立地方外债预警系统。各地区要根据自身经济增长、社会发展以及财政收支状况，研究制定适合自身特点的外债风险预警指标体系，加强对外国政府贷款等地方政府外债和或有外债的统计监测工作。财政部要会同有关部门提出建立地方政府外债（含或有外债）风险预警体系的指导性意见，推动这项工作的开展。

（二）高度重视防范汇率风险。转贷机构要加强对贷款项目汇率风险及其防范的研究和宣传，积极为项目单位提供相应的金融服务；项目单位要积极关注国际金融市场的动向，按照国家有关法律法规，在金融机构的帮助下，通过掉期等金融手段，规避债务的汇率风险。

六、分清责任，采取措施，限期清欠

各地人民政府和中央各有关部门负责清理本地区、本部门利用外国政府贷款项目拖欠债务工作；各转贷银行要积极、及时地提供有关数据资料。要进一步明确和落实还款及担保还款的责任，对已实行重组、改组或破产的项目，必须重新确定债务人和担保人；项目单位同原主管部门脱钩的，原主管部门要负责办理全部债务责任转移手续，落实新的责任机构，并及时通报同级政府财政部门。任何单位都不得以任何借口推脱或逃避偿还欠款的责任。清理欠款工作于2000年底以前完成。各地区、各部门要积极采取措施，在2001年底以前将全部欠款还清。确有困难的地区和部门，要制订分年偿还欠款计划，于2000年底以前报财政部，经财政部审核批准，可通过财政手段在一定期限内逐年扣还。

这次清欠工作由财政部牵头，各地人民政府、中央各有关部门具体组织实施，各转贷银行予以配合。各地区、各部门要及时将清理结果报送财政部。

加强外国政府贷款管理工作，建立健全外国政府贷款的“借、用、还”管理机制，是一项既紧迫又艰巨的任务。各地区、各部门要提高认识，加强领导，认真开展深入细致的调查研究，制定切实可行的工作方案，坚决清收欠款，防止发生新的拖欠，进一步提高利用外国政府贷款的工作水平，促进我国利用外资工作的健康发展。

外商投资企业
投资自用进口汽车管理办法

2000年7月21日外经贸贸发［2000］第376号通知

一、为规范外商投资企业投资自用进口汽车的管理，特制订本办法。

二、本办法适用于依法批准设立的中外合资企业、中外合作企业和外资企业（包括设在保税区、出口加工区内的外商投资企业，以下简称企业）。

三、本办法所指企业自用进口汽车包括小轿车、越野车及客车，具体商品编码见附表。

四、企业自用进口汽车所需资金总额，按海关完税价格计算，不得超过企业注册资本的15%；并应按以下标准根据项目建设进度逐步配备：

（一）企业注册资本中，外方出资额在500万美元以下的企业，在其经营期限内累计可进口不超过4辆汽车，其中小轿车不超过2辆；

（二）企业注册资本中，外方出资额在500万美元及以上，1000万美元以下的企业，在其经营期限内累计可进口不超过6辆汽车，其中小轿车不超过3辆；

（三）企业注册资本中，外方出资额在1000万美元及以上，3000万美元以下的企业，在其经营期限内累计可进口不超过8辆汽车，其中小轿车不超过4辆；

（四）企业注册资本中，外方出资额在3000万美元以上的企业，在其经营期限内累计可进口不超过10辆汽车，其中小轿车不超过5辆。

五、各省级外经贸外资管理部门每年根据企业的实际需求，按照规定的配车标准编制外商投资企业投资自用汽车进口计划，报外经贸部审核汇总纳入年度机电产品进口配额方案，报经国务院批准后，由外经贸部下达给各省级外经贸外资管理部门执行。

六、各省级外经贸外资管理部门要严格按照外经贸部下达的外商投资企业投资自用汽车进口计划及本管理办法所规定的配车标准审批管理，不得超标准审批。

七、企业凭外经贸部或省级外经贸外资管理部门出具的汽车进口配额批准文件向发证机关申领进口许可证，海关凭进口许可证验放。

八、企业因特殊原因需进口汽车、小轿车数量超过本管理办法所规定的配车标准的，应通过所在地省级外经贸外资管理部门报外经贸部核准。外经贸部核准后，企业凭所在地省级外经贸外资管理部门出具的进口配额批准文件向发证机关申领进口许可证。

九、境外常设驻华机构及人员、三资企业外方常驻人员、外国专家进口的汽车仍按现行有关规定办理。

十、1996年3月31日前依法批准设立的外商投资企业购买国产汽车，可按有关规定继续享受关税优惠政策，购买的国产汽车和进口汽车应合并计算在上述配车标准之内。

十一、本管理办法由外经贸部负责解释，此前凡与本管理办法不一致的有关规定，均以本管理办法为准。

十二、本管理办法自发布之日起执行。

附：

企业自用进口汽车商品目录

商品编号	商 品 名 称
87021091	30座及以上的装有柴油发动机的机动客车
87021092	20座及以上至29座的装有柴油发动机的机动客车
87021093	10座及以上至19座的装有柴油发动机的机动客车
87029010	其他30座及以上的机动客车
87029020	其他20座及以上至29座的机动客车
87029030	其他10座及以上至19座的机动客车
87032130	排气量不超过1000毫升的汽油型小轿车
87032190	排气量不超过1000毫升的汽油型其他载人车辆
87032230	排气量超过1000毫升但不超过1500毫升的汽油型小轿车
87032240	排气量超过1000毫升但不超过1500毫升的汽油型越野车（4轮驱动）
87032250	排气量超过1000毫升但不超过1500毫升的汽油型小客车（9座以下）

续表1

商品编号	商 品 名 称
87032290	排气量超过1000毫升，但不超过1500毫升的汽油型其他主要用于载人的机动车
87032314	排气量超过1500毫升，但不超过2500毫升的汽油型小轿车
87032315	排气量超过1500毫升，但不超过2500毫升的汽油型越野车（4轮驱动）
87032316	排气量超过1500毫升，但不超过2500毫升的汽油型小客车（9座及以下）
87032319	排气量超过2500毫升，但不超过3500毫升的汽油型其他主要用于载人的机动车
87032334	排气量超过2500毫升，但不超过3000毫升的汽油型小轿车
87032335	排气量超过2500毫升，但不超过3000毫升的汽油型越野车（4轮驱动）
87032336	排气量超过2500毫升，但不超过3000毫升的汽油型小客车（9座及以下）
87032339	排气量超过2500毫升，但不超过3000毫升的汽油型其他主要用于载人的机动车
87032430	排气量超过3000毫升的汽油型小轿车
87032440	排气量超过3000毫升的汽油型越野车（4轮驱动）
87032450	排气量超过3000毫升的汽油型小客车（9座及以下）
87032490	排气量超过3000毫升的汽油型其他载人车辆
87033130	排气量不超过1500毫升的柴油型小轿车
87033140	排气量不超过1500毫升的柴油型越野车〔4轮驱动〕
87033150	排气量不超过1500毫升的柴油型/小客车（9座及以下）
87033190	排气量不超过1500毫升的柴油型其他载人车辆
87033230	排气量超过1500毫升，但不超过2500毫升的柴油型小轿车
87033240	排气量超过1500毫升，但不超过2500毫升的柴油型越野车（4轮驱动）
87033250	排气量超过1500毫升，但不超过2500毫升的柴油型小客车
87033290	排气量超过1500毫升，但不超过2500毫升的柴油型其他主要用于载人的机动车
87033330	排气量超过2500毫升的柴油型小轿车
87033340	排气量超过2500毫升的柴油型越野车（4轮驱动）
87033350	排气量超过2500毫升的柴油型小客车（9座及以下）
87033390	排气量超过2500毫升的柴油型其他载人机动车
87039000	未列名主要用于载人的机动车

关于外商投资企业境内投资的暂行规定

2000年7月25日　外经贸部、国家工商局〔2000〕第6号令

第一条　为规范外商投资企业的投资行为，根据《中华人民共和国公司法》（以下简称《公司法》）以及有关外商投资的法律、法规的有关规定，制订本规定。

第二条　本规定所称外商投资企业境内投资，是指在中国境内依法设立，采取有限责任公司形式的中外合资经营企业、中外合作经营企业和外资企业以及外商投资股份有限公司，以本企业的名义，在中国境内投资设立企业或购买其他企业（以下简称“被投资公司”）投资者股权的行为。

外商投资举办的投资性公司境内投资，依照国家有关外商投资的法律、法规以及《关于外商投资举办投资性公司的暂行规定》办理。

外国投资者与外商投资企业共同在中国境内投资，按照国家有关外商投资的法律、法规办理，其中外国投资者的出资比例一般不得低于被投资企业注册资本的百分之二十五。

第三条　外商投资企业境内投资，应遵守国家法律、法规。

外商投资企业境内投资比照执行《指导外商投资方向暂行规定》和《外商投资产业指导目录》的规定。外商投资企业不得在禁止外商投资的领域投资。

第四条　被投资公司应为有限责任公司或股份有限公司。

第五条　外商投资企业应符合下列条件，方可投资：

1. 注册资本已缴清；
2. 开始盈利；
3. 依法经营，无违法经营记录。

第六条　外商投资企业境内投资，其所累计投资额不得超过自身净资产的百分之五十；投资后，接受被投资公司以利润转增的资本，其增加额不包括在内。

第七条　外商投资企业在鼓励类或允许类领域投资设立公司，应向被投资公司所在地公司登记机关提出申请，并应提供下列材料：

1. 外商投资企业关于投资的一致通过的董事会决议；
2. 外商投资企业的批准证书和营业执照（复印件）；
3. 法定验资机构出具的注册资本已经缴足的验资报告；
4. 外商投资企业经审计的资产负债表；
5. 外商投资企业缴纳所得税或减免所得税的证明材料；
6. 法律、法规及规章规定的其他材料。

第八条　公司登记机关依《公司法》、《中华人民共和国公司登记管理条例》（以下简称《公司登记管理条例》）的有关规定，决定准予登记或不予登记。准予登记的，发给《企业法人营业执照》，并在企业类别栏目加注“外商投资企业投资”字样（以下简称“（加注）营业执照”）。

第九条　外商投资企业在限制类领域投资设立公司的，应向被投资公司所在地省级外经贸主管部门（以下称“省级审批机关”）提出申请，并应提供下列材料：

1. 依照第七条规定提供的材料；
2. 被投资公司的章程。

被投资公司的章程应当载明下列事项：

(1) 公司名称和住所；
(2) 公司经营范围及产品国内外销售比例；
(3) 公司注册资本；
(4) 投资者的名称或姓名；
(5) 投资者的权利和义务；
(6) 投资者的出资方式和出资额；
(7) 投资者转让出资的条件；
(8) 公司的机构及其产生办法、职权、议事规则；
(9) 公司的法定代表人；
(10) 公司的解散事由与清算办法；
(11) 投资者认为需要规定的其他事项。

投资者应当在公司章程上签名、盖章。

第十条　省级审批机关接到上述申请后，按照被投资公司的经营范围，征求同级或国家行业管理部门的意见。

省级审批机关应自收到同级或国家管理行业部门同意或不同意的意见起十日之内，作出书面批复。

第十一条　省级审批机关对外商投资企业作出同意批复的，外商投资企业凭该批复文件向被投资公司所在地公司登记机关申请设立登记。

公司登记机关依《公司登记管理条例》的有关规定，决定准予登记或不予登记。准予登记的，发给“（加注）营业执照”。

第十二条 自被投资公司设立之日起三十日内，外商投资企业应向原审批机关备案。备案材料包括：

1. 外商投资企业投资备案表；
2. 被投资公司的营业执照（复印件）；
3. 被投资公司经营范围涉及限制类领域的，还应提交省级审批机关作出的同意设立被投资公司的批复。

第十三条 外商投资企业以其固定资产投资而改变原经营规模或内容的，投资前应向原审批机关申请并征得原审批机关的同意。

原审批机关应自接到申请之日起十五日之内予以答复；逾期不答复的，视作同意。

原审批机关不同意的，外商投资企业可向其上级审批机关或对外贸易经济合作部（以下简称“外经贸部”）提出申诉。该上级审批机关或外经贸部应自收到申诉之日起二十日内，对外商投资企业作出书面答复。

第十四条 按照本规定第七条、第八条设立的公司变更经营范围，涉及限制类领域的，应按照本规定第九条、第十条规定的程序办理，并向其原公司登记机关申请变更登记。

第十五条 外商投资企业购买被投资公司投资者的股权，被投资公司经营范围属于鼓励类或允许类领域的，被投资公司应向原公司登记机关报送本规定第七条所列的材料，并按照《公司登记管理条例》等有关规定，申请变更登记。

被投资公司经营范围涉及限制类领域的，外商投资企业应按照本规定第九条、第十条规定的程序办理后，被投资公司凭省级审批机关的同意批复，按照《公司登记管理条例》等有关规定，向原公司登记机关申请变更登记。

公司登记机关依《公司登记管理条例》的有关规定，决定予以登记或不予登记。准予登记的，发给“（加注）营业执照”。

被投资公司属于外商投资企业的，按照《外商投资企业投资者股权变更的规定》办理。

第十六条 外商投资企业向中西部地区投资，被投资公司注册资本中外资比例不低于百分之二十五的，可享受外商投资企业待遇。

第十七条 被投资公司享受外商投资企业待遇，应按有关外商投资企业设立程序的规定，向被投资公司所在地的省级审批机关提出申请。申请人应提供下列材料：

1. 依照第七条规定应提供的材料；
2. 被投资公司的名称、住所；
3. 被投资公司的投资合同及章程；
4. 被投资公司经营范围涉及限制类领域的，还应提交设立被投资公司的项目建议书和可行性研究报告。

其投资者出让股权的被投资公司享受外商投资企业待遇的，申请人除向被投资公司所在地的省级审批机关提供上款所列材料之外，还应提交相应的投资者股权转让协议。

第十八条 省级审批机关确认外商投资企业的投资符合国家有关法律、法规且被投资公司注册资本中外资比例不低于百分之二十五的，向申请人下发批准文件，颁发《外商投资企业批准证书》，并加注“外商投资企业投资”字样。

被投资公司经营范围涉及限制类领域的，省级审批机关批准之前，应依照本规定第十条的规定，征求有关行业管理部门的意见。

第十九条 申请人凭《外商投资企业批准证书》向被投资公司所在地公司登记机关申请登记注册。

公司登记机关依《公司登记管理条例》的有关规定，决定准予登记或不予登记。准予登记的，发给“（加注）营业执照”。被投资公司经营范围未涉及限制类领域的，按本规定第七条办理。

第二十条 中西部地区的被投资公司凭《外商投资企业批准证书》和“（加注）营业执照”享受国家法律、法规规定的外商投资企业待遇。

第二十一条 在中西部地区设立的被投资公司投资总额超过其所在省、自治区、直辖市审批机关审批权限的，应报外经贸部审批。

第二十二条 被投资公司属于法律、法规和部门规章明确规定的应由外经贸部审批的特定类型或行业的外商投资企业的，省级审批机关应将有关申请材料转报外经贸部审批。外经贸部根据有关法律、法规和部门规章的规定决定批准或不批准。

第二十三条 本规定颁布前，根据有关规定已设立的外商投资企业参股企业，符合本规定要求的，可参照本规定补办有关手续，享受外商投资企业待遇。

第二十四条 本规定由外经贸部和国家工商行政管理局负责解释。

第二十五条 本规定自2000年9月1日起施行。

外商投资铁路货物运输业审批与管理暂行办法

2000年8月29日　铁道部、外经贸部［2000］第4号令

第一条　为了推动铁路货物运输业的对外开放，促进铁路货物运输业的发展，保护投资者的合法权益，根据《中华人民共和国中外合资经营企业法》、《中华人民共和国中外合作经营企业法》和有关铁路行业的法律、法规，制定本办法。

第二条　外国投资者以合营方式（包括合资、合作两种方式）在中华人民共和国设立中外合营铁路货运公司，适用本办法。

第三条　中华人民共和国对外贸易经济合作部（以下简称外经贸部）和中华人民共和国铁道部（以下简称铁道部）负责中外合营铁路货运公司的审批。

第四条　国家依法保护中外合营铁路货运公司的合法权益。中外合营铁路货运公司经营铁路货运业务，必须遵守中华人民共和国法律、法规和其他有关规章，不得损害中国的社会公共利益和既有铁路运输企业的合法权益。中外合营铁路货运公司应当接受铁道部和国家其他有关部门的监督管理。

第五条　设立中外合营铁路货运公司，外国主要投资者应是从事货运业务10年以上的货物运输公司，并具较强的资金实力和良好的经营业绩。中方主要投资者应是从事货运业务10年以上的铁路运输企业。在中国政府规定期限内，中方投资股比不低于51%。

第六条　设立的中外合营铁路货运公司应符合下列条件：

（一）拥有与经营规模相适应的货运车辆和其他运载工具，拥有办理铁路货运业务所必需的场地、设施；

（二）具有稳定的货源；

（三）具有从事经营业务所需要的专业技术和管理人员；

（四）注册资本额应满足从事业务的需要，最少不得低于2500万美元。

第七条　设立中外合营铁路货运公司，申请者（以中方主要投资者作为代表，下同）应当提交下列文件：

（一）申请书和项目建议书；

（二）可行性研究报告；

（三）中外合营合同和公司章程；

（四）申请者的法律证明文件和资信证明文件；

（五）中外合营铁路货运公司法定代表人的委托书和董事会成员的名单及简历；

（六）外经贸部和铁道部要求的其他文件。

第八条　申请设立中外合营铁路货运公司，按以下程序办理：

（一）申请者向铁道部提出本办法第七条规定的全部文件。铁道部自接到全部文件之日起，2个月内决定批准或者不批准。投资规模3000万美元及其以上项目，由铁道部转报国家发展计划委员会审批立项。经审查符合中外合营铁路货运公司设立要求并批准立项的，由铁道部核发《铁路货物运输经营许可证》。

（二）申请者通过铁道部将合营合同和章程转报外经贸部审批。申请者凭批复文件在外经贸部办理《外商投资企业批准证书》。

（三）申请者凭《铁路货物运输经营许可证》、《外商投资企业批准证书》，在规定的期限内，依照公司登记的有关规定，向工商行政管理机关办理企业注册登记。

（四）中外合营铁路货运公司需要在国内、国外和港澳地区设立分支机构的，应报铁道部和外经贸部批准。

第九条　铁道部根据铁路运输能力状况和铁路运输市场发展需要，审批立项及颁发《铁路货物运输经营许可证》。

第十条　中外合营铁路货运公司的经营期限由中外合营双方在合同中约定，一般不得超过20年。出资建设或购买线路和站场设施的中外合营铁路货运公司的合营期限可适当延长。

合营期满后，中外合营双方经协商同意继续经营的，应当报经原审批机关批准。

第十一条　中外合营铁路货运公司成立后，其合营合同、章程的修改，须通过铁道部转报外经贸部批准。

第十二条　中外合营铁路货运公司以自有及租用的货物列车经营大宗货物运输、冷冻和冷藏食品运输、罐状液体和气体运输、集装箱货物运输和其他货物运输，但关系中国国家安全及法律、行政法规另有规定的除外。

中外合营铁路货运公司从事危险货物运输等业务应符合中华人民共和国法律、法规及有关规定。

第十三条 中外合营铁路货运公司主要采取以下方式经营铁路货物运输业务：

（一）使用自有及租用的车辆和其他运载工具，租用其他铁路运输企业的机车、站场设施和线路通过能力，从事铁路货运业务；

（二）使用自有的机车车辆和其他运载工具，租用其他铁路运输企业站场设施和线路通过能力，从事铁路货运业务；

（三）使用自有的机车车辆和其他运载工具，通过出资建设或购买铁路支线、尽头线路和站场设施，在自有线路或其他铁路运输企业的线路上从事铁路货运业务。

第十四条 中外合营铁路货运公司要按照市场经济原则处理同其他铁路运输企业之间的关联交易和同业竞争关系。凡与关联公司之间相互提供的产品和服务，应按平等互利、成本补偿、利润合理的原则签订合同。

第十五条 国家提倡中外合营铁路货运公司与其他运输企业以及中外合营铁路货运公司之间实行联合运输。联合运输各方应当按照公平合理与平等互利的原则，签订联合运输协议，明确各方的权利和义务。

第十六条 中外合营铁路货运公司必须严格遵守中华人民共和国铁道部有关铁路运输安全的各项规定，运输设备和设施必须符合中华人民共和国的国家标准或者行业标准。

中外合营铁路货运公司必须接受铁道部及其授权的安全监督机构的安全监督。

第十七条 中外合营铁路货运公司从事货运业务必须服从全国路网的统一调度。

第十八条 中外合营铁路货运公司的货物运输价格及其管理办法，执行国家铁路运价政策。

第十九条 中外合营铁路货运公司依照中华人民共和国法律、法规缴纳税费。

第二十条 中外合营铁路货运公司依法向有关部门提报统计资料。

第二十一条 中外合营铁路货运公司使用的重要运输单证和票据式样，应报铁道部核备。

第二十二条 中外合营铁路货运公司应于每年四月底前向外经贸部和铁道部报告上一年度运输经营情况。主要内容包括：

（一）具体运行径路和货运产品；

（二）从业人员总数，中国雇员数；

（三）承运的货运量（万吨、万吨公里）、集装箱数量（TEU）、运输收入以及使用的机车车辆和线路基础设施等方面的情况；

（四）当年的总营业额、利润额和纳税额；

（五）外经贸部和铁道部规定的其他资料。

第二十三条 中外合营铁路货运公司必须依法经营铁路货运业务。对违反法律、法规和规章规定的，铁道部可以给予警告、责令停业整顿；情节严重的，吊销其《铁路货物运输经营许可证》，取消经营铁路货运业务的资格。

第二十四条 中国香港特别行政区、澳门特别行政区和台湾地区的投资者在中国其他省、自治区和直辖市设立合营铁路货运公司，比照本办法办理。

第二十五条 本办法由外经贸部和铁道部负责解释。

第二十六条 本办法适用于现行铁路运输管理体制，自发布之日起施行。

中华人民共和国外资企业法

1986年4月12日第六届全国人民代表大会第四次会议通过。
根据2000年10月31日第九届全国人民代表大会常务委员会
第十八次会议《关于修改〈中华人民共和国
外资企业法〉的决定》修正

第一条 为了扩大对外经济合作和技术交流，促进中国国民经济的发展，中华人民共和国允许外国的企业和其他经济组织或者个人（以下简称外国投资者）在中国境内举办外资企业，保护外资企业的合法权益。

第二条 本法所称的外资企业是指依照中国有关法律在中国境内设立的全部资本由外国投资者投资的企业，不包括外国的企业和其他经济组织在中国境内的分支机构。

第三条 设立外资企业，必须有利于中国国民经济的发展。国家鼓励举办产品出口或者技术先进的外资企业。

国家禁止或者限制设立外资企业的行业由国务院规定。

第四条 外国投资者在中国境内的投资、获得的利润和其他合法权益，受中国法律保护。

外资企业必须遵守中国的法律、法规，不得损害中国的社会公共利益。

第五条 国家对外资企业不实行国有化和征收；在特殊情况下，根据社会公共利益的需要，对外资企业可以依照法律程序实行征收，并给予相应的补偿。

第六条 设立外资企业的申请，由国务院对外经济贸易主管部门或者国务院授权的机关审查批准。审查批准机关应当在接到申请之日起九十天内决定批准或者不批准。

第七条 设立外资企业的申请经批准后，外国投资者应当在接到批准证书之日起三十天内向工商行政管理机关申请登记，领取营业执照。外资企业的营业执照签发日期，为该企业成立日期。

第八条 外资企业符合中国法律关于法人条件的规定的，依法取得中国法人资格。

第九条 外资企业应当在审查批准机关核准的期限内在中国境内投资；逾期不投资的，工商行政管理机关有权吊销营业执照。

工商行政管理机关对外资企业的投资情况进行检查和监督。

第十条 外资企业分立、合并或者其他重要事项变更，应当报审查批准机关批准，并向工商行政管理机关办理变更登记手续。

第十一条 外资企业依照经批准的章程进行经营管理活动，不受干涉。

第十二条 外资企业雇用中国职工应当依法签定合同，并在合同中订明雇用、解雇、报酬、福利、劳动保护、劳动保险等事项。

第十三条 外资企业的职工依法建立工会组织，开展工会活动，维护职工的合法权益。

外资企业应当为本企业工会提供必要的活动条件。

第十四条 外资企业必须在中国境内设置会计账簿，进行独立核算，按照规定报送会计报表，并接受财政税务机关的监督。

外资企业拒绝在中国境内设置会计账簿的，财政税务机关可以处以罚款，工商行政管理机关可以责令停止营业或者吊销营业执照。

第十五条 外资企业在批准的经营范围内所需要的原材料、燃料等物资，按照公平、合理的原则可以在国内市场购买，或者在国际市场购买。

第十六条 外资企业的各项保险应当向中国境内的保险公司投保。

第十七条 外资企业依照国家有关税收的规定纳税并可以享受减税、免税的优惠待遇。

外资企业将缴纳所得税后的利润在中国境内再投资的，可以依照国家规定申请退还再投资部分已缴纳的部分所得税税款。

第十八条 外资企业的外汇事宜，依照国家外汇管理规定办理。

外资企业应当在中国银行或者国家外汇管理机关指定的银行开户。

第十九条 外国投资者从外资企业获得的合法利润、其他合法收入和清算后的资金，可以汇往国外。

外资企业的外籍职工的工资收入和其他正当收入，依法缴纳个人所得税后，可以汇往国外。

第二十条 外资企业的经营期限由外国投资者申报，由审查批准机关批准。期满需要延长的，应当在期满一百八十天以前向审查批准机关提出申请。审查批准机关应当在接到申请之日起三十天内决定批准或者不批准。

第二十一条 外资企业终止，应当及时公告，按照法定程序进行清算。

在清算完结前，除为了执行清算外，外国投资者对企业财产不得处理。

第二十二条 外资企业终止，应当向工商行政管理机关办理注销登记手续，缴销营业执照。

第二十三条 国务院对外经济贸易主管部门根据本法制定实施细则，报国务院批准后施行。

第二十四条 本法自公布之日起施行。

中华人民共和国中外合作经营企业法

1988年4月13日第七届全国人民代表大会第一次会议通过。根据2000年10月31日第九届全国人民代表大会常务委员会第十八次会议《关于修改〈中华人民共和国中外合作经营企业法〉的决定》修正

第一条 为了扩大对外经济合作和技术交流，促进外国的企业和其他经济组织或者个人（以下简称外国合作者）按照平等互利的原则，同中华人民共和国的企业或者其他经济组织（以下简称中国合作者）在中国境内

共同举办中外合作经营企业（以下简称合作企业），特制定本法。

第二条 中外合作者举办合作企业，应当依照本法的规定，在合作企业合同中约定投资或者合作条件、收益或者产品的分配、风险和亏损的分担、经营管理的方式和合作企业终止时财产的归属等事项。

合作企业符合中国法律关于法人条件的规定的，依法取得中国法人资格。

第三条 国家依法保护合作企业和中外合作者的合法权益。

合作企业必须遵守中国的法律、法规，不得损害中国的社会公共利益。

国家有关机关依法对合作企业实行监督。

第四条 国家鼓励举办产品出口的或者技术先进的生产型合作企业。

第五条 申请设立合作企业，应当将中外合作者签订的协议、合同、章程等文件报国务院对外经济贸易主管部门或者国务院授权的部门和地方政府（以下简称审查批准机关）审查批准。审查批准机关应当自接到申请之日起四十五天内决定批准或者不批准。

第六条 设立合作企业的申请经批准后，应当自接到批准证书之日起三十天内向工商行政管理机关申请登记，领取营业执照。合作企业的营业执照签发日期，为该企业的成立日期。

合作企业应当自成立之日起三十天内向税务机关办理税务登记。

第七条 中外合作者在合作期限内协商同意对合作企业合同作重大变更的，应当报审查批准机关批准；变更内容涉及法定工商登记项目、税务登记项目的，应当向工商行政管理机关、税务机关办理变更登记手续。

第八条 中外合作者的投资或者提供的合作条件可以是现金、实物、土地使用权、工业产权、非专利技术和其他财产权利。

第九条 中外合作者应当依照法律、法规的规定和合作企业合同的约定，如期履行缴足投资、提供合作条件的义务。逾期不履行的，由工商行政管理机关限期履行；限期届满仍未履行的，由审查批准机关和工商行政管理机关依照国家有关规定处理。

中外合作者的投资或者提供的合作条件，由中国注册会计师或者有关机构验证并出具证明。

第十条 中外合作者的一方转让其在合作企业合同中的全部或者部分权利、义务的，必须经他方同意，并报审查批准机关批准。

第十一条 合作企业依照经批准的合作企业合同、章程进行经营管理活动。合作企业的经营管理自主权不受干涉。

第十二条 合作企业应当设立董事会或者联合管理机构，依照合作企业合同或者章程的规定，决定合作企业的重大问题。中外合作者的一方担任董事会的董事长、联合管理机构的主任的，由他方担任副董事长、副主任。董事会或者联合管理机构可以决定任命或者聘请总经理负责合作企业的日常经营管理工作。总经理对董事会或者联合管理机构负责。

合作企业成立后改为委托中外合作者以外的他人经营管理的，必须经董事会或者联合管理机构一致同意，报审查批准机关批准，并向工商行政管理机关办理变更登记手续。

第十三条 合作企业职工的录用、辞退、报酬、福利、劳动保护、劳动保险等事项，应当依法通过订立合同加以规定。

第十四条 合作企业的职工依法建立工会组织，开展工会活动，维护职工的合法权益。

合作企业应当为本企业工会提供必要的活动条件。

第十五条 合作企业必须在中国境内设置会计账簿，依照规定报送会计报表，并接受财政税务机关的监督。

合作企业违反前款规定，不在中国境内设置会计账簿的，财政税务机关可以处以罚款，工商行政管理机关可以责令停止营业或者吊销其营业执照。

第十六条 合作企业应当凭营业执照在国家外汇管理机关允许经营外汇业务的银行或者其他金融机构开立外汇账户。

合作企业的外汇事宜，依照国家有关外汇管理的规定办理。

第十七条 合作企业可以向中国境内的金融机构借款，也可以在中国境外借款。

中外合作者用作投资或者合作条件的借款及其担保，由各方自行解决。

第十八条 合作企业的各项保险应当向中国境内的保险机构投保。

第十九条 合作企业可以在经批准的经营范围内，进口本企业需要的物资，出口本企业生产的产品。合作企业在经批准的经营范围内所需的原材料、燃料等物资，按照公平、合理的原则，可以在国内市场或者在国际市场购买。

第二十条 合作企业依照国家有关税收的规定缴纳税款并可以享受减税、免税的优惠待遇。

第二十一条 中外合作者依照合作企业合同的约定，分配收益或者产品，承担风险和亏损。

中外合作者在合作企业合同中约定合作期满时合作企业的全部固定资产归中国合作者所有的，可以在合作企业合同中约定外国合作者在合作期限内先行回收投资的办法。合作企业合同约定外国合作者在缴纳所得税前回收投资的，必须向财政税务机关提出申请，由财政税务机关依照国家有关税收的规定审查批准。

依照前款规定外国合作者在合作期限内先行回收投资的，中外合作者应当依照有关法律的规定和合作企业合同的约定对合作企业的债务承担责任。

第二十二条 外国合作者在履行法律规定和合作企业合同约定的义务后分得的利润、其他合法收入和合作企业终止时分得的资金，可以依法汇往国外。合作企业的外籍职工的工资收入和其他合法收入，依法缴纳个人所得税后，可以汇往国外。

第二十三条 合作企业期满或者提前终止时，应当依照法定程序对资产和债权、债务进行清算。中外合作者应当依照合作企业合同的约定确定合作企业财产的归属。

合作企业期满或者提前终止，应当向工商行政管理机关和税务机关办理注销登记手续。

第二十四条 合作企业的合作期限由中外合作者协商并在合作企业合同中订明。中外合作者同意延长合作期限的，应当在距合作期满一百八十天前向审查批准机关提出申请。

审查批准机关应当自接到申请之日起三十天内决定批准或者不批准。

第二十五条 中外合作者履行合作企业合同、章程发生争议时，应当通过协商或者调解解决。中外合作者不愿通过协商、调解解决的，或者协商、调解不成的，可以依照合作企业合同中的仲裁条款或者事后达成的书面仲裁协议，提交中国仲裁机构或者其他仲裁机构仲裁。

中外合作者没有在合作企业合同中订立仲裁条款，事后又没有达成书面仲裁协议的，可以向中国法院起诉。

第二十六条 国务院对外经济贸易主管部门根据本法制定实施细则，报国务院批准后施行。

第二十七条 本法自公布之日起施行。

对外贸易经济合作部关于外商投资企业进口设备有关问题的通知

外经贸资发［2000］第478号

各省、自治区、直辖市及计划单列市外经贸委（厅、局）：

为认真贯彻执行国务院关于进一步鼓励外商投资的精神，海关总署印发了《关于进一步鼓励外商投资有关进口税收政策的通知》（署税［1999］791号）。经商海关总署，现就该通知中涉及鼓励类、限制乙类外商投资企业、外商投资研发中心、产品出口型和先进技术型外商投资企业进口设备有关问题通知如下：

一、关于鼓励类、限制乙类外商投资企业进口更新设备、技术及配备件证明

（一）原已获得项目确认书的鼓励类、限制乙类外商投资企业，在投资总额外以自有资金对原有设备进行更新或维修，其进口更新设备、技术及配备件证明由原颁发项目确认书的部门出具，增资等企业变更项目由其审批机关出具，其中限额以下项目由省级审批机关出具。

证明格式见署税［1999］791号附件1，下同。

（二）1997年12月对日前批准设立的鼓励类、限制乙类外商投资企业，在投资总额外以自有资金对原有设备进行更新或维修，其进口更新设备、技术及配备件证明由原批准企业设立的外经贸主管部门出具（地方项目由省级外经贸主管部门出具证明）。

二、关于外商投资研发中心进口设备、技术及配备件证明

（一）外经贸主管部门按照有关规定批准设立的外商投资研发中心（包括外商投资企业内部的研发机构），由该外经贸主管部门出具国家鼓励发展的外资项目确认书（地方项目由省级外经贸主管部门出具），格式见附件，参照《海关总署〈关于贯彻国务院关于调整进口设备税收政策的通知〉的紧急通知》（署税［1997］1062号）附件四的要求填写。

（二）外商投资研发中心（包括外商投资企业内部的研发机构）在投资总额外以自有资金对用于研发的原有设备进行更新或维修，其进口更新设备、技术及配备件证明由审批外商投资研发中心项目确认书的部门出具。

（三）以法人形式设立的外商投资研发中心的免税进口设备用汇额度按其投资总额及自有资金额核定。

（四）允许类、限制甲类外商投资企业以非法人形

式设立的外商投资研发中心，原则上应以分公司形式设立，其免税进口设备用汇额度按经批准的分公司营运资金核定；设立在企业内部的研发中心，由审批机关根据企业申报的研发中心可免税进口设备的清单及金额一次性核定，但项目确认书、进口更新设备、技术及配备件证明仍由省级审批机关出具。企业应在申请报告中详细列明企业财务预算与仅用于研发中心的设备清单和用汇额度，并提供经审计的上年度财务报表。

三、关于产品出口型和先进技术型外商投资企业进口更新设备、技术及配备件证明

产品出口型和先进技术型外商投资企业在投资总额外以自有资金对原有设备进行更新或维修，其进口更新设备、技术及配备件证明由颁发《外商投资产品出口企业确认书》或《外商投资先进技术企业确认书》的外经贸部或省级、经济特区外经贸主管部门出具。

上述企业如同时属于五类企业中的两类以上的，可自行选择申领进口设备、技术及配备件证明的方式。

四、进口设备验放依据

外商投资企业以投资总额外自有资金进口更新设备、技术及配备件属企业生产自用，应列入“合资、合作设备”或“外资设备物品”进口项下，其设备、技术及配备件进口比照投资项下进口管理规定，由海关凭外经贸部或省级外经贸主管部门在进口设备物料清单上加盖的“外商投资企业进口审核专用章”验放，其中，属国家限制进口管理商品，须凭上述外经贸主管部门批件办理进口许可证、件。

请各地外经贸主管部门认真按照补充通知的规定，做好项目确认书和进口证明的出具工作，各地不得将审批权限层层下放。在执行过程中，如有问题，请及时向我部（外资司）反映。

本文自下发之日起执行。文件下发前已到达口岸尚未办结海关手续和海关登记验放的上述进口货物，应比照本文补办有关手续。

附件：外商投资研发中心项目确认书(格式)(略)

对外贸易经济合作部

二〇〇〇年十一月八日

证 券 投 资 管 理

证券公司股票质押贷款管理办法

2000年2月2日　银发［2000］40号通知

第一章　总　则

第一条　为规范股票质押贷款业务的开展，维护借贷双方的合法权益，防范金融风险，促进我国资本市场的稳健发展，根据《中华人民共和国中国人民银行法》、《中华人民共和国商业银行法》、《中华人民共和国证券法》、《中华人民共和国担保法》和《贷款通则》的有关规定，特制定本办法。

第二条　本办法所指的股票质押贷款，是指证券公司以自营的股票和证券投资基金券作质押，向商业银行获得资金的一种贷款方式。

第三条　本办法所指的质押物，是指在证券交易所上市流通的、综合类证券公司自营的人民币普通股票（A股）和证券投资基金券（以下统称股票）。

第四条　本办法所指借款人为依照《中华人民共和国证券法》设立的综合类证券公司总公司贷款人为国有独资商业银行及其授权分行、其他商业银行总行。证券登记结算机构为本办法所指质押物的法定登记机构。

第五条　股票质押贷款业务的归口管理机关为中国人民银行总行。商业银行开办股票质押贷款业务须经中国人民银行总行批准。

第六条　借款人通过股票质押贷款所得资金的用途，必须符合《中华人民共和国证券法》的有关规定。

第二章　贷款人、借款人

第七条　申请开办股票质押贷款业务的贷款人，应具备以下条件：

（一）有健全的内控机制，制定和实施了统一授信制度；

（二）有专职部门和人员负责经营和管理股票质押贷款业务；

（三）有专门的业务管理信息系统，能同步了解股票市场行情，以及上市公司有关重要信息；

（四）中国人民银行认为应具备的其他条件。

第八条　借款人应具备以下条件：

（一）资产具有充足的流动性；

（二）其自营业务符合中国证监会规定的有关风险控制比率；

（三）已按中国证监会规定提取足额的交易风险准备金；

（四）在近一年内经营中未出现重大的违规违纪行为，现任高级管理人员和主要业务人员无任何重大不良记录；

（五）上一年度公司经营正常，未发生经营性亏损；

（六）未挪用客户交易结算资金。

第三章　贷款的期限、利率、质押率

第九条　股票质押贷款期限最长为6个月。贷款合同到期后，不得展期，新发生的质押贷款按本办法规定重新审查办理。借款人提前还款，须经贷款人同意。

第十条　股票质押贷款利率参照中国人民银行规定的金融机构同期同档次商业贷款利率确定，并可适当浮动，最高上浮幅度为30%，最低下浮幅度为10%。

第十一条　用于质押贷款的股票原则上应业绩优良、流通股本规模适度、流动性较好。贷款人不得接受以下几种股票作为质押物：

（一）上一年度亏损的上市公司股票；

（二）前6个月内股票价格的波动幅度（最高价/最低价）超过200%的股票；

（三）可流通股股份过度集中的股票；

（四）证券交易所停牌或除牌的股票；

（五）证券交易所特别处理的股票；

（六）证券公司持有一家上市公司已发行股份的5%以上的，该证券公司不得以该种股票质押；但是，证券公司因包销购入售后剩余股票而持有5%以上股份的，不受此限。

第十二条　股票质押率由贷款人依据被质押的股票质量及借款人的财务和资信状况与借款人商定，但股票质押率最高不能超过60%。质押率上限的调整由中国人民银行决定。

质押率的计算公式：

质押率＝贷款本金/质押股票市值

质押股票市值＝质押股票数量×前七个交易日股票平均收盘价。

第四章　贷款程序

第十三条　借款人申请质押贷款时，必须向贷款人提供以下材料：

（一）企业法人营业执照、法人代码证、法定代表人证明文件；

（二）中国人民银行颁发的贷款卡（证）；

（三）经会计（审计）师事务所审计的上一年度的财务报告及上月的资产负债表、损益表和现金流量表；

（四）用作质物的权利证明文件；

（五）用作质物的股票上市公司的基本情况；

（六）贷款人需要的其他资料。

第十四条　贷款人收到借款人的借款申请后，对借款人的借款用途、资信状况、偿还能力、资料的真实性，以及用作质物的股票的基本情况进行调查核实，并及时对借款人给予答复。

第十五条　贷款人在贷款前，应审慎分析借款人信贷风险和财务承担能力，根据统一授信管理办法，核定借款人的借款限额。

第十六条　贷款人对借款人的借款申请审查同意后，根据有关法规与借款人签定质押贷款合同。

第十七条　借款人和贷款人签定质押贷款合同后，双方应同时在证券登记机构办理出质登记。证券登记机构应向贷款人出具股票质押登记书面证明。

第十八条　贷款人在发放股票质押贷款前，应在证券交易所开设股票质押贷款业务特别席位，专门保管和处分作为质物的股票。

第十九条　借款人应按贷款合同的约定偿还贷款本息。在借款人清偿贷款后，贷款合同自行终止。贷款人应在贷款合同终止的同时办理质押登记注销手续，并将股票质押登记书面证明退还给借款人。

第五章　贷款风险控制

第二十条　贷款人发放的股票质押贷款余额，不得超过其资本金的15%；贷款人对一家证券公司发放的股票质押贷款余额，不得超过其资本金的5%。

第二十一条　一家商业银行接受的用于质押的一家上市公司股票，不得高于该上市公司全部流通股票的10%。一家证券公司用于质押的一家上市公司股票，不得高于该上市公司全部流通股票的10%，并且不得高于该上市公司已发行股份的5%。被质押的一家上市公司股票不得高于该上市公司全部流通股票的20%。上述比率由证券登记机构负责监控。中国人民银行可根据需要适时调整上述比率。

第二十二条 证券公司与商业银行自行协商建立主办行关系，一家证券公司只能在一家商业银行办理股票质押贷款。

第二十三条 贷款人有权向证券登记机构核实质押物的真实性、合法性，证券登记机构应根据贷款人的要求，及时真实地提供上述情况。

第二十四条 贷款人应随时分析每只股票的风险和价值，选择适合本行质押贷款的股票，并根据其价格、盈利性、流动性和上市公司的经营情况、财务指标以及股票市场的总体情况等，制定本行可接受质押股票及其质押率的名单。

第二十五条 贷款人应随时对持有的质押股票市值进行跟踪，并在每个交易日至少评估一次每个借款人出质股票的总市值。

第二十六条 为控制因股票价格波动带来的风险，特设立警戒线和平仓线。警戒线的公式为：（质押股票市值/贷款本金）×100%＝130%；平仓线的公式为：（质押股票市值/贷款本金）×100%＝120%。在质押股票市值与贷款本金之比降至警戒线时，贷款人应要求借款人即时补足因证券价格下跌造成的质押价值缺口。在质押股票市值与贷款本金之比降至平仓线时，贷款人应及时出售质押股票，所得款项用于还本付息，余款清退给借款人，不足部分由借款人清偿。

第六章 质押物的保管和处分

第二十七条 贷款人应在证券交易所开设股票质押特别席位（以下简称特别席位），用于质押物的存放和处分；在证券登记结算机构开设特别资金结算账户（以下简称资金账户），用于相关的资金结算。存放在特别席位下股票的处分权和存放在资金账户资金的处分权均属贷款人，未经贷款人同意，除法院以外的其他任何单位或个人均不得动用或冻结。

第二十八条 证券登记结算机构应根据出质人的申请将出质股票转移至贷款人特别席位下存放。

第二十九条 借款人可向贷款人提出申请，经贷款人同意后，双方重新签订合同，进行部分（或全部）质押物的置换，经贷款人同意后，由双方同时向证券登记结算机构办理质押变更登记。质押变更后，证券登记结算机构应向贷款人重新出具股票质押物登记书面证明。

第三十条 在质押合同生效期间，借款人可向贷款人申请，贷款人同意后，按借款人的指令，由贷款人进行部分（或全部）质押物的卖出，卖出资金必须进入贷款人特别资金账户存放，该资金用于部分（或全部）提前归还贷款，多余款项退借款人。

第三十一条 出现以下情况之一，贷款人应通知借款人，并要求借款人追加质押物、置换质押物或增加在贷款人资金账户存放资金：

（一）质押物的市值处于本办法第二十六条规定的警戒线以下；

（二）质押物出现本办法第十一条中的情况之一。

第三十二条 未经借款人同意，贷款人不得单方面处分质押物。但出现下列情况之一，贷款人可单方面处分质押物，由此产生的损失由借款人承担：

（一）质押物的市值处于本办法第二十六条规定的平仓线以下（含平仓线）；

（二）贷款合同期满后，借款人没有履行还款义务。

贷款合同期满，借款人履行还款义务的，贷款人应将质押物归还借款人；贷款合同期满，借款人没有履行还款义务的，贷款人可选择下列方式之一对质押物进行处分：

（一）由贷款人通过特别席位卖出质押物，所获资金用于清偿贷款本息；

（二）通过法律手段进行资产保全。

第三十三条 质押物在质押期间所产生的孳息（包括送股、分红、派息等）随质押物一起质押。

质押物在质押期间发生配股时，出质人应当购买并随质押物一起质押。出质人不购买而出现价值缺口的，出质人应当及时补足。

第七章 罚 则

第三十四条 商业银行有下列行为之一的，将视情节轻重，给予警告、通报和暂停、取消办理股票质押贷款业务资格的处罚，并追究有关人员的责任：

（一）未经中国人民银行总行批准从事股票质押贷款业务的；

（二）为不具备本办法规定资格的证券公司办理股票质押贷款的；

（三）发放股票质押贷款的期限超过6个月的；

（四）接受本办法禁止质押的股票为质押物的；

（五）质押率、警戒比率和其他贷款额度控制比率违反本办法规定的；

（六）未按统一授信制度等规定和谨慎原则发放股票质押贷款，造成贷款损失的；

（七）泄露与股票质押贷款相关的重要信息和借款人商业秘密，并造成损失的。

第三十五条 证券公司有下列行为之一的，将视情节轻重，给予警告、通报和暂停、取消办理股票质押贷款业务资格的处罚，并追究有关人员的责任：

（一）在一家以上商业银行办理股票质押贷款的；

（二）用非自营股票办理股票质押贷款的；

（三）提供虚假或隐瞒重要事实的文件或资料，造成贷款损失的；

（四）未按合同约定的用途使用贷款，挪作他用的；

（五）套取贷款牟取非法收入的；

（六）拒绝或阻挠借款人监督检查贷款使用情况的；

（七）未按合同约定归还商业银行贷款的。

第三十六条 证券登记机构有下列行为之一的，将视情节轻重，给予警告、通报的处罚，并追究有关人员的责任：

（一）未按贷款人要求核实股票的真实性与合法性；

（二）未按贷款人要求及时办理质押股票的冻结和解冻；

（三）一家上市公司被质押登记的股票超过全部流通股的20%。

第三十七条 本办法第三十四条规定的违法行为，由中国人民银行负责查处；第三十五条、第三十六条规定的违法行为，由中国人民银行、中国证监会按照各自的职责负责查处。

第八章 附 则

第三十八条 证券登记机构应按照本办法制定有关实施细则。

第三十九条 商业银行从事股票质押贷款业务，应根据本办法制定实施细则，以及相应的业务操作流程和管理制度，并报中国人民银行备案。

第四十条 贷款人办理股票质押业务中所发生的相关费用由借贷双方协商解决。

第四十一条 本办法由中国人民银行负责解释。

第四十二条 本办法自颁布之日起执行。

关于向二级市场投资者配售新股有关问题的通知

证监发行字［2000］5号

上海、深圳证券交易所，各证券公司：

为了进一步完善股票发行方式，促进证券市场的稳定健康发展，今后将在新股发行中试行向二级市场投资者配售新股的办法。现就有关问题通知如下：

一、基本规则

（一）向二级市场投资者配售新股，是指在新股发行时，将一定比例的新股由上网公开发行改为向二级市场投资者配售，投资者根据其持有上市流通证券的市值和折算的申购限量，自愿申购新股。

（二）投资者持有上市流通证券的市值，是按招股说明书概要刊登前一个交易日收盘价计算的上市流通股票、证券投资基金和可转换债券市值的总和（不含其它品种的流通证券及未挂牌的可流通证券），其中包含已流通但被冻结的高级管理人员持股。

（三）投资者每持有上市流通证券市值10,000元限申购新股1,000股，申购新股的数量应为1,000股的整数倍，投资者持有上市流通证券市值不足10,000元的部分，不赋予申购权；每一股票账户最高申购量不得超过发行公司公开发行总量的千分之一；每一股票账户只能申购一次，重复的申购视为无效申购。

投资者申购新股时，无需预先缴纳申购款，但申购一经确认，不得撤销。

（四）证券投资基金按现行有关规定优先配售新股后，不再按其持有上市流通证券的市值配售新股。

（五）证券交易所负责确认投资者的有效申购，并对超额申购、重复申购等无效申购予以剔除。

（六）有效申购量确认后，按以下办法配售新股：

1. 当有效申购总量等于拟向二级市场投资者配售的总量时，按投资者的实际申购量配售；

2. 当有效申购总量小于拟向二级市场投资者配售的总量时，按投资者实际申购量配售后，余额按照承销协议由承销商包销；

3. 当有效申购总量大于拟向二级市场投资者配售的总量时，证券交易所按1000股有效申购量配一个号的规则，对有效申购量连续配号。主承销商组织摇号抽签，投资者每中签一个号配售新股1,000股。

（七）中签的投资者认购新股应缴纳的股款，由证券营业部直接从其资金账户中扣缴。因投资者认购资金不足，不能认购的新股，视同放弃认购，由主承销商包销，证券营业部或其它投资者不得代为认购。

二、操作程序

（一）T－2刊登招股书概要

发行公司披露新股发行价格、发行方式和拟上市证券交易所。

发行公司拟上市证券交易所根据前一个交易日的收盘价，统计各投资者持有本所上市流通证券的市值。

（二）T－1 刊登发行公告

说明按规定向证券投资基金优先配售后，拟向二级市场投资者配售及上网公开发行新股的数量。

证券交易所计算各投资者可申购新股的数量。

（三）T+0 自愿申购

投资者按照其可申购新股的数量，自主委托申购新股。

证券交易所确认有效申购，剔除无效申购，并按有效申购量连续配号后，将配号结果传输给各证券营业部。

（四）T+1 摇号抽签

证券营业部在交易场所的显著位置向投资者公布配号结果。

主承销商在中国证券监督管理委员会（以下简称中国证监会）指定报纸上公布中签率，并在公证机关的监督下组织摇号抽签。

证券交易所将中签号码分别传送给登记公司和证券营业部。

（五）T+2 公布中签结果

证券营业部在交易场所的显著位置张贴中签结果公告。

主承销商在中国证监会指定报纸上公布抽签结果。

（六）T+3 收缴股款

各证券营业部向中签投资者收取新股认购款，将股款集中划入证券交易所的指定账户，并将投资者认购新股的明细数据报证券交易所。

（七）T+4 交割

证券交易所登记公司进行清算交割和股东登记，并将募集资金划入主承销商指定的账户。投资者放弃认购的新股，由主承销商包销。

（八）T+5 划款

承销商将募集资金划入发行公司指定账户。

三、附加说明

（一）向二级市场投资者配售新股的比例，目前暂定为向证券投资基金优先配售后所余发行量的 50%，今后根据市场情况调整。

采用向二级市场投资者配售部分新股的办法发行股票时，向二级市场配售与上网公开发行应同时进行（流程见附件）。

（二）投资者同时持有上海、深圳证券交易所上市流通证券的，分别计算市值；各证券交易所的交易系统只根据持有本所上市流通证券的市值配售新股。

（三）证券交易所及其会员单位应抓紧做好技术准备及有关宣传工作，帮助投资者熟悉新的发行方式。要切实维护投资者的合法权益。对在新股申购中侵害投资者权益的行为，中国证监会将依法查处。

（四）本通知自二月二十二日实施。

附件：新股同时向二级市场配售和上网公开发行的流程（略）

中国证券监督管理委员会

二〇〇〇年二月十三日

网上证券委托暂行管理办法

2000 年 3 月 30 日　证监信息字［2000］5 号通知

第一章　总　则

第一条　为切实保护投资者利益，防范风险，加强网上证券委托（以下简称”网上委托”）的管理，保证我国证券市场健康发展，制定本办法。

第二条　网上委托是指证券公司通过互联网，向在本机构开户的投资者提供用于下达证券交易指令、获取成交结果的一种服务方式。

第三条　本办法中的互联网是指因特网或其他类似技术形式的通用性公共计算机通信网络，不包括证券公司租用公共通信设施建设的专门用于委托业务的电话拨号网或其他形式的计算机网络。

第四条　网上委托的证券为上海证券交易所、深圳证券交易所挂牌的证券。

第五条　网上委托应遵循公开、公平、公正和诚实信用、安全高效的原则。

第二章　业务规范

第六条　在证券公司合法营业场所依法开户的投资者，经本人申请办理相关手续后，方能进行网上委托。

证券公司在为投资者办理网上委托相关手续时，应要求投资者提供身份证明原件，并向投资者提供证实证券公司身份、资格的证明材料。禁止代理办理网上委托相关手续。

第七条　证券公司应制定专门的业务工作程序，规范网上委托，并与客户本人签订专门的书面协议，协议应明确双方的法律责任，并以《风险揭示书》的形式，向投资者解释相关风险。

第八条 开展网上委托的证券公司，必须为网上委托客户提供必要的替代交易方式。

第九条 证券公司应定期向进行网上委托的投资者提供书面对账单。

第十条 开展网上委托业务的证券公司禁止直接向客户提供计算机网络及电话形式的资金转账服务。禁止开展网上证券转托管业务。

第三章 技术规范

第十一条 证券公司必须自主决策网上委托系统的建设、管理和维护。有关投资者资金账户、股票账户、身份识别等数据的程序或系统不得托管在证券公司的合法营业场所之外。

第十二条 证券公司应采取严格、完善的技术措施，确保网上委托系统和其他业务系统在技术上隔离。禁止通过网上委托系统直接访问任何证券公司的内部业务系统。

第十三条 证券公司必须将未申请网上委托的投资者的所有资料与网上委托系统进行技术隔离。

第十四条 网上委托系统应有完善的系统安全、数据备份和故障恢复手段。在技术和管理上要确保客户交易数据的安全、完整与准确。客户交易指令数据至少应保存15年（允许使用能长期保存的、一次性写入的电子介质）。

第十五条 证券公司应安排本单位专业人员负责管理、监督网上委托系统的运行，并建立完善的技术管理制度和内部制约制度。

第十六条 网上委托系统应包含实时监控和防范非法访问的功能或设施；应妥善存储网上委托系统的关键软件（如网络操作系统、数据库管理系统、网络监控系统）的日志文件、审计记录。

第十七条 在互联网上传输的过程中，必须对网上委托的客户信息、交易指令及其他敏感信息进行可靠的加密。

第十八条 证券公司应采用可靠的技术或管理措施，正确识别网上投资者的身份，防止仿冒客户身份或证券公司身份；必须有防止事后否认的技术或措施。

第十九条 证券公司应根据本公司的具体情况，采取技术和管理措施，限制每位投资者通过网上委托的单笔委托最大金额、单个交易日最大成交总金额。

第二十条 网上委托系统中有关数据传输安全、身份识别等关键技术产品应通过国家权威机构的安全性测评；网上委托系统及维护管理制度应通过国家权威机构的安全性认证；涉及系统安全及核心业务的软件应由第三方公证机构（或双方认可的机构）托管程序源代码及必要的编译环境。

第四章 信息披露

第二十一条 证券公司应提供一个固定的互联网站点，作为网上委托的入口网站。

第二十二条 证券公司应在入口网站和客户终端软件上进行风险揭示。

揭示的风险至少应包括：

因在互联网上传输原因，交易指令可能会出现中断、停顿、延迟、数据错误等情况；

机构或投资者的身份可能会被仿冒；

行情信息及其他证券信息，有可能出现错误或误导；

证券监管机关认为需要披露的其他风险。

第二十三条 证券公司开展网上委托业务的同时，如向客户提供证券交易的行情信息，应标识行情的发布时间或滞后时间；如向客户提供证券信息，应说明信息来源。并应提示投资者对行情信息及证券信息等进行核实。

第五章 资格申请

第二十四条 获得中国证监会颁发的《经营证券业务许可证》的证券公司，可向中国证监会申请开展网上委托业务。未经中国证监会批准，任何机构不得开展网上委托业务。

第二十五条 获得网上委托业务资格的证券公司可在其达到《证券经营机构营业部信息系统技术管理规范》要求的证券营业部开展网上委托业务。

第二十六条 证券公司以外的其他机构，不得开展或变相开展网上委托业务。证券公司不得以支付或变相支付交易手续费的方式与提供技术服务或信息服务的非证券公司合作开展网上委托业务。

第二十七条 证券公司申请开展网上委托业务，需具备以下条件：

1. 建立了规范的内部业务与信息系统管理制度；
2. 具有一定的公司级的技术风险控制能力；
3. 建立了一支稳定的、高素质的技术管理队伍；
4. 在过去两年内未发生重大技术事故。

第二十八条 证券公司申请网上委托业务，应向中国证监会提交下列材料：

1. 开展网上委托业务的申请书（需加盖公章）；
2. 《经营证券业务许可证》复印件；
3. （公司级）分管技术的负责人的简历；
4. 网上委托系统专职管理维护人员名单及简历；
5. 执行《证券经营机构营业部信息系统技术管理

规范》的情况汇报；

6. 网上委托业务的管理制度；

7. 计划开展网上委托业务的分支机构名单，内容主要包括通信地址、负责人姓名、联系方式、在证券交易所的会员代码及开展网上委托业务的席位（分支席位）代码等；

8. 与客户签订网上委托协议范本、《风险揭示书》范本及向客户提供的其他有关网上委托的所有资料；

9. 网上委托系统的简要系统分析报告和系统设计报告，其内容主要包括：网络结构、实时监控、身份识别、传输加密、数字签名、网络隔离、风险防范等方面遵循的技术标准及技术实现策略、网络通信方式及网络接入方式等，并提供简要的网络结构和功能图；

10. 系统测试报告，包括系统峰值容量、响应与延迟指标、容错能力、可靠性及有关系统配置的重要数据等；

11. 系统故障时的应急方案，包括信息传播及转移委托方式、数据及系统恢复措施等；

12. 国家权威机构提供的系统、有关产品、管理维护制度的安全性测评认证证书或其他有关质量监督部门的证书（复印件）；

13. 公司开展网上委托业务的互联网入口站点地址；

14. 公司开展网上委托业务的风险控制方案，包括控制网上委托有关风险的技术、管理、业务等方面的措施，如公司自定的网上单笔委托限额及单个交易日成交限额等；

15. 网络接入提供商、系统集成商、硬件和软件提供商名单及其他关联企业名单；

16. 网上委托系统中主要硬件及软件的规格型号及版本；

上述材料一式三份报送中国证监会。

第二十九条 中国证监会自受理申报材料之日起最长三个月内作出决定。

第三十条 获准开展网上委托业务资格的证券公司，采用相同的技术系统和业务规则，在原未开展网上委托业务的分支机构增加此业务时，应由证券公司总部将上述材料中与该分支机构有关的部分报送中国证监会备案。

第三十一条 获准开展网上委托业务的证券公司，对正在运行的网上委托技术系统进行重大升级或对业务管理制度作出重大修订时，应将上述材料中有关变化的部分报送中国证监会备案。

第六章 附 则

第三十二条 获准开展网上委托业务的证券公司，应于每年一月底前向中国证监会报送本公司开展网上委托业务的工作总结。

第三十三条 证券公司违反本办法有关规定的，中国证监会将视情节轻重，处以警告、没收违法所得、罚款、暂停网上委托业务等处罚，情节严重的，吊销网上委托业务许可。

第三十四条 证券公司执行本办法的有关情况纳入证监会对证券公司的年检范围。

第三十五条 本办法自发布之日起施行。

中国证监会股票发行核准程序

2000年3月16日 证监发［2000］16号通知

为进一步提高股票发行核准工作的透明度，根据《中华人民共和国证券法》的有关规定，现将修订后的股票发行核准程序公告如下：

一、受理申请文件

发行人按照中国证监会颁布的《公司公开发行股票申请文件标准格式》制作申请文件，经省级人民政府或国务院有关部门同意后，由主承销商推荐并向中国证监会申报。

中国证监会收到申请文件后在5个工作日内作出是否受理的决定。未按规定要求制作申请文件的，不予受理。同意受理的，根据国家有关规定收取审核费人民币3万元。

为不断提高股票发行工作水平，主承销商在报送申请文件前，应对发行人辅导一年，并出具承诺函。

在辅导期间，主承销商应对发行人的董事、监事和高级管理人员进行《公司法》、《证券法》等法律法规考试。如发行人属1997年股票发行计划指标内的企业，在提交发行审核委员会审核前，中国证监会对发行人的董事、监事和高级管理人员进行《公司法》、《证券法》等法律法规考试。应考人员必须80%以上考试合格。

如发行人申请作为高新技术企业公开发行股票，由主承销商向中国证监会报送推荐材料。中国证监会收到推荐材料后，在5个工作日内委托科学技术部和中国科学院对企业进行论证，科学技术部和中国科学院收到材料后在40个工作日内将论证结果函告中国证监会。经确认的高新技术企业，中国证监会将通知该企业及其主承销商按照《公司公开发行股票申请文件标准格式》制作申请文件，并予以优先审核。

二、初　审

中国证监会受理申请文件后，对发行人申请文件的合规性进行初审，并在30日内将初审意见函告发行人及其主承销商。

主承销商自收到初审意见之日起10日内将补充完善的申请文件报至中国证监会。

中国证监会在初审过程中，将就发行人投资项目是否符合国家产业政策征求国家发展计划委员会和国家经济贸易委员会意见，两委自收到文件后在15个工作日内，将有关意见函告中国证监会。

三、发行审核委员会审核

中国证监会对按初审意见补充完善的申请文件进一步审核，并在受理申请文件后60日内，将初审报告和申请文件提交发行审核委员会审核。

发行审核委员会按照国务院批准的工作程序开展审核工作。委员会进行充分讨论后，以投票方式对股票发行申请进行表决，提出审核意见。

四、核准发行

依据发行审核委员会的审核意见，中国证监会对发行人的发行申请作出核准或不予核准的决定。予以核准的，出具核准公开发行的文件。不予核准的，出具书面意见，说明不予核准的理由。

中国证监会自受理申请文件到作出决定的期限为3个月。

五、复　议

发行申请未被核准的企业，接到中国证监会书面决定之日起60日内，可提出复议申请。中国证监会收到复议申请后60日内，对复议申请作出决定。

股票发行上市辅导工作暂行办法

2000年3月16日　证监发［2000］17号通知

一、为了促进企业转换经营机制，发挥现代企业制度功能，提高上市公司质量，根据《中国证监会股票发行核准程序》，制定本办法。

二、拟公开发行股票（A、B股）的股份有限公司（以下称拟发行公司）应符合《公司法》的各项规定，在向中国证监会提出股票发行申请前，均须具有主承销资格的证券公司（以下称辅导机构）辅导，辅导期限为一年。

三、辅导机构应严格按照《公司法》、《证券法》等法律法规的要求，勤勉尽责，诚实信用，做好辅导工作。拟发行公司应积极配合辅导机构做好工作，按要求提供企业的有关情况，并对所提供资料的真实性负责。

四、中国证监会派出机构（以下简称派出机构）负责辖区内拟发行公司辅导工作的监督管理。

五、辅导内容主要包括以下方面：

1. 股份有限公司设立及其历次演变的合法性、有效性。

2. 股份有限公司人事、财务、资产及供、产、销系统独立完整性。

3. 对公司董事、监事、高级管理人员及持有5%以上（含5%）股份的股东（或其法人代表）进行《公司法》、《证券法》等有关法律法规的培训。

4. 建立健全股东大会、董事会、监事会等组织机构，并实现规范运行。

5. 依照股份公司会计制度建立健全公司财务会计制度。

6. 建立健全公司决策制度和内部控制制度，实现有效运作。

7. 建立健全符合上市公司要求的信息披露制度。

8. 规范股份公司和控股股东及其他关联方的关系。

9. 公司董事、监事、高级管理人员及持有5%以上（含5%）股份的股东持股变动情况是否合规。

六、辅导机构对拟发行公司进行辅导时应配置三名以上辅导人员，授权其代表辅导机构从事辅导工作。辅导人员必须是有主承销资格的证券公司正式从业人员、并从事证券承销业务两年以上。辅导人员中，至少有两人具有辅导两家以上企业股票发行上市经验。辅导机构可以聘请有证券从业资格的注册会计师、律师等协助辅导人员做好辅导工作。辅导报告由辅导人员完成，并签字负责。辅导机构、辅导人员及其所聘请的注册会计师、律师等视为内幕人员，应当遵守有关内幕人员的法律规定。

七、辅导工作开始前十个工作日内，辅导机构应当向派出机构提交下列材料：

1. 辅导机构及辅导人员的资格证明文件（复印件）；

2. 辅导协议；

3. 辅导计划；

4. 拟发行公司基本情况资料表（附表一）；

5. 最近两年经审计的财务报告（资产负债表、损益表、现金流量表等）。

八、辅导协议应明确双方的责任和义务。辅导费用由辅导双方本着公开、合理的原则协商确定，并在辅导协议中列明，辅导双方均不得以保证公司股票发行上市为条件。辅导计划应包括辅导的目的、内容、方式、步骤、要求等内容，辅导计划要切实可行。

九、从辅导之日起，辅导机构每两个月向派出机构报送一次《股票发行上市辅导报告》（附表二）。辅导机构每一次报送的报告，都要按照报告中列示的各项内容如实填报，并根据有关法律法规的要求逐项评估。在此基础上，针对公司存在的问题会同拟发行公司董事、监事或有关管理人员认真研究整改方案，跟踪辅导，督促整改，并在下一次报告时说明整改情况。若拟发行公司对辅导意见有异议，辅导机构应于下一次报告时书面报告派出机构。

十、辅导机构报送的《股票发行上市辅导报告》由派出机构存档备查。辅导期满后15个工作日内，辅导机构向派出机构报送《发行上市辅导汇总报告》（附表三），该报告同时作为拟发行公司股票发行申请文件的必备材料。

十一、辅导机构在辅导过程中应将有关资料及重要情况汇总，建立“辅导工作底稿”，存档备查。

十二、辅导机构委派的辅导人员发生变动时，应于变动后十个工作日内报告派出机构，接替人员承诺完全接受前任工作。拟发行公司更换辅导机构时，原辅导机构应向派出机构书面报告解约的原因，继任辅导机构应于变更后十个工作日内向派出机构提交第七条1、2、3之规定资料，同时对原辅导机构的解约原因发表意见。继任辅导机构表示完全同意前任辅导意见的，辅导期可以连续计算；否则，辅导期从继任辅导机构开始辅导起重新开始计算。

十三、派出机构应对辅导机构按第七条规定报送的资料进行审查，如有异议应于15个工作日内书面反馈给辅导机构。过期不予反馈的，视为无异议。辅导期间，派出机构可以根据辅导报告所发现的问题对辅导情况进行抽查。

十四、辅导有效期为三年。即本次辅导期满后三年内，拟发行公司可以由主承销机构提出股票发行上市申请；超过三年，则须按本办法规定的程序和要求重新聘请辅导机构进行辅导。

十五、经辅导机构申请，派出机构对拟发行公司的改制、运行情况及辅导内容、辅导效果进行评估和调查，并出具调查报告。

十六、辅导机构对拟发行公司的辅导情况作为评选“信誉主承销商”的重要内容，中国证监会优先受理“信誉主承销商”推荐的企业股票发行申请。中国证监会在核准过程中发现辅导不合格的，将视情节轻重对辅导机构依法作出处理。

十七、有以下情况之一的，中国证监会将认定该辅导不合格：

1. 拟发行公司存在重大法律障碍，不能实现规范运作；

2. 辅导报告或汇总报告内容存在重大虚假；

3. 中国证监会认定的其他情况。

十八、本办法自公布之日起执行。《关于对公开发行股票进行辅导的通知》（证监发［1995］138号）同时废止。

十九、本办法由中国证监会负责解释。

附表一、附表二、附表三（略）

证券交易所风险基金管理暂行办法

2000年4月4日　证监发［2000］22号通知

第一条　为保障证券交易系统的安全运转，妥善管理和使用证券交易所风险基金，根据《中华人民共和国证券法》第一百一十一条、一百一十二条规定，制定本办法。

第二条　本办法所称证券交易所风险基金（以下简称”本基金”）是指用于弥补证券交易所重大经济损失，防范与证券交易所业务活动有关的重大风险事故，以保证证券交易活动正常进行而设立的专项基金。

第三条　本基金来源：

（一）按证券交易所收取交易经手费的百分之二十

提取，作为风险基金单独列账；

（二）按证券交易所收取席位年费的百分之十提取，作为风险基金单独列账；

（三）按证券交易所收取会员费百分之十的比例一次性提取，作为风险基金单独列账；

（四）按本办法施行之日新股申购冻结资金利差账面余额的百分之十五，一次性提取；

（五）对违规会员的罚款、罚息收入。

第四条 每一个财政年度终了，本基金净资产达到或超过十亿元后，下一年度不再根据本办法第三条第（一）、（二）项提取资金。

第五条 每一个财政年度终了，本基金净资产不足十亿元，下一年度应按本办法第三条第（一）、（二）项规定继续提取资金。

第六条 中国证券监督管理委员会（以下简称"证监会"）会同财政部可以根据市场风险情况，适当调整本基金规模、资金提取和交纳方式、比例。

第七条 本基金由证券交易所理事会管理。理事会应当指定机构，负责本基金的日常管理和使用。

第八条 本基金应当以专户方式全部存入国有商业银行，存款利息全部转入基金专户。

第九条 本基金资产与证券交易所资产分开列账。本基金应当下设分类账，分别记录按本办法第三条各项所形成的本基金资产、利息收入及对应的资产本息使用情况。

第十条 本基金最低支付限额2000万元。证券交易所动用本基金时，必须报经证监会商财政部后批准。

第十一条 按本办法第三条第（四）项所提取的资金，应当在该条其他项资金支付完毕后才能动用。

第十二条 证券交易所应当按照有关法律、法规的规定，建立和完善业务规则、内部管理制度及会员监管制度，最大限度地避免风险事故发生。

第十三条 动用本基金后，证券交易所应当向有关责任方追偿，追偿款转入本基金；同时，应及时修订和完善业务规则、内部管理制度及会员监管制度。

第十四条 经证监会批准，本基金作相应变更、清算时，由证监会会同财政部另行决定本基金剩余资产中应当上交财政和退还有关出资人的比例和数额。

第十五条 本基金的财务核算与管理办法由财政部制定。

第十六条 本办法由证监会负责解释。

第十七条 本办法由颁布之日起施行。

证券结算风险基金管理暂行办法

2000年4月4日 证监发［2000］22号通知

第一条 为了防范和化解证券市场风险，保障证券登记结算系统安全运行，妥善管理和使用证券结算风险基金，根据《中华人民共和国证券法》第一百五十四条、一百五十五条规定，制定本办法。

第二条 本办法所称证券结算风险基金（以下简称"本基金"）是指用于弥补证券登记结算公司（以下简称"登记公司"）因技术故障、操作失误、不可抗力导致的重大经济损失，以及防范与证券结算业务相关的重大风险事故而设立的专项基金。

第三条 本基金来源：

（一）按登记公司业务收入、收益的百分之二十分别提取；

（二）结算会员按人民币普通股和基金成交金额的十万分之三、国债现货和回购成交金额的十万分之一逐日交纳；

（三）按本办法施行之日新股申购冻结资金利差帐面余额的百分之三十，一次性提取；

（四）对违规结算会员的罚款、罚息收入；

（五）中国证券监督管理委员会（以下简称"证监会"）和财政部规定的其他来源。

第四条 每一财政年度终了，本基金净资产达到或超过三十亿元后，下一年度不再根据本办法第三条第（一）项规定提取资金，结算会员不再根据本办法第三条第（二）项规定交纳，但每个结算会员加入结算系统后按本办法第三条第（二）项交纳资金的时间不得少于一年。

第五条 每个财政年度终了，本基金净资产不足三十亿元，下一年度应按本办法第三条第（一）项规定继续提取资金，结算会员应按本办法第三条第（二）项规定继续交纳。

第六条 证监会会同财政部可以根据市场风险情况，适当调整本基金规模、资金提取和交纳方式、比例。

第七条 登记公司应当指定机构，负责本基金的日常管理和使用。

第八条 本基金应当以专户方式全部存入国有商业

银行、存款利息全部转入基金专户。

第九条 本基金资产与登记公司资产分开列帐。本基金应当下设分类帐，分别记录按本办法第三条各项所形成的本基金资产、利息收入及对应的资产本息使用情况。

第十条 本基金最低支付限额2000万元。登记公司动用本基金时，必须报经证监会商财政部后批准。

第十一条 因结算会员违约导致出现第二条所列情形时，应当按以下次序动用本基金：

违约结算会员按本办法第三条第(二)项所交纳的资金；

其他结算会员按本办法第三条第(二)项所交纳的资金；

本办法第三条第(一)、(四)、(五)项所提取的资金；

本办法第三条第(三)项所提取的资金。

第十二条 登记公司应当按照有关法律、法规的规定，建立和完善业务规则、内部管理制度及结算会员监管制度，最大限度地避免风险事故发生。

第十三条 动用本基金后，登记公司应当向有关责任方追偿，追偿款转入本基金；同时，应及时修订和完善业务规则、内部管理制度及结算会员监管制度。

第十四条 经证监会批准，本基金作相应变更、清算时，由证监会会同财政部另行决定本基金剩余资产中应当上交财政和退还有关出资人的比例和数额。

第十五条 本基金的财务核算与管理办法由财政部制定。

第十六条 本办法由证监会负责解释。

第十七条 本办法自颁布之日起施行。

上市公司向社会公开募集股份暂行办法

2000年4月30日 证监公司字［2000］42号通知

第一条 为规范上市公司以向社会公开募集方式增资发行股份（以下简称“公募增发”）的行为，建立市场约束机制，保护投资者的合法权益，根据有关法律、法规的规定，制定本暂行办法。

第二条 上市公司公募增发必须依法报经中国证券监督管理委员会（以下简称“中国证监会”）核准。

第三条 申请公募增发的上市公司原则上限于以下范围：

（一）符合上市公司重大资产重组有关规定的公司；

（二）具有自主开发核心技术能力、在行业中具有竞争优势、未来发展 有潜力的公司；

（三）向社会公开发行股份的比例小于总股本25%或15%（总股本为4亿股以上时）的公司；

（四）既发行境内上市内资股，又发行境内或境外上市外资股的公司。

第四条 上市公司公募增发，必须具备以下条件：

（一）上市公司必须与控股股东在人员、资产、财务上分开，保证上市公司的人员独立、资产完整和财务独立。

（二）前一次发行的股份已经募足，募集资金的使用与招股(或配股)说明书所述的用途相符，或变更募集资金用途已履行法定程序，资金使用效果良好，本次发行距前次发行股票的时间间隔不少于《公司法》的相应规定。

（三）公司在最近三年内连续盈利，本次发行完成当年的净资产收益率不低于同期银行存款利率水平；且预测本次发行当年加权计算的净资产收益率不低于配股规定的净资产收益率平均水平，或与增发前基本相当。属于本办法第三条第一项进行重大资产重组的上市公司，重组前的业绩可以模拟计算，重组后一般应运营12个月以上。

（四）公司章程符合《公司法》和《上市公司章程指引》的规定。

（五）股东大会的通知、召开方式、表决方式和决议内容符合《公司法 》及有关规定。

（六）本次发行募集资金用途符合国家产业政策的规定。

（七）公司申报材料无虚假陈述，在最近三年内财务会计资料无虚假记载，属于本办法第三条第一项的公司应保证重组后的财务会计资料无虚假记载。

（八）公司不存在资金、资产被控股股东占用，或有明显损害公司利益的重大关联交易。

第五条 上市公司申请公募增发，必须由具有主承销商资格的证券公司向中国证监会报送推荐意见，并同时抄报上市公司所在地的中国证监会派出机构。证券公司内核小组应按规定对该发行项目进行评审，并同意推荐。担任主承销商的证券公司负责向中国证监会报送上市公司公募增发申报材料。

第六条 上市公司应按下列程序申请核准公募增发：

（一）上市公司的发行申请及证券公司的推荐意见自报送中国证监会备案之日起20个工作日之后，中国证监会未提出异议的，董事会可就本次发行的有关事宜作出决议，发出召开股东大会的通知。涉及股东利益协调问题，须提请股东大会表决。有关前次募集资金使用情况的专项报告，应与股东大会通知一并公告。

（二）股东大会须就本次发行的数量、发行定价方式、发行对象、募集资金用途、决议的有效期、对董事会办理本次发行具体事宜的授权等事项进行逐项表决，上市公司应当按规定公布股东大会决议。股东大会批准后，报中国证监会审核。

（三）经中国证监会核准后，上市公司择定时间刊登招股意向书及发售办法。核准后的招股意向书有修改时，应事先征得中国证监会同意。

（四）发行价格确定后，上市公司应编制招股说明书，并刊登发行公告，其中注明招股说明书的放置地点及互联网网址，供投资者查询，招股说明书应同时报中国证监会备案。

（五）募集资金转入上市公司账户，经注册会计师验资后，上市公司发布股份变动公告，并公布新股上市时间。

第七条 上市公司应审慎地作出发行当年的盈利预测，并经过具有证券从业资格的注册会计师审核，如存在影响盈利预测的不确定因素，应作出敏感性分析与说明。如果上市公司不能作出预测，则应在招股意向书、发行公告和招股说明书的显要位置作出风险警示。

第八条 上市公司公募增发应按照《上市公司向社会公开募集股份操作指引（试行）》的有关规定实施。

第九条 担任本次发行主承销商的证券公司应参照《证券公司承销配股尽职调查报告指引（试行）》编制尽职调查报告。

主承销商及上市公司应保证在有关本次发行的信息公开前保守秘密，不向参加配售的机构提供任何财务资助和补偿，并向中国证监会报送承诺函。

第十条 在获准发行后，上市公司与主承销商应组织市场推介活动，在不超越招股意向书的范围内向投资者介绍公司的情况。主承销商应组织承销团成员为本次发行出具研究分析报告，并应遵循《证券期货投资咨询管理暂行办法》的有关规定。

第十一条 上市公司公募增发后，凡不属于公司管理层事前无法预测且事后无法控制的原因，利润实现数未达到盈利预测的，上市公司董事长及其聘任的注册会计师、担任主承销商的证券公司法定代表人和项目负责人应在股东大会及指定报刊上公开作出解释；利润实现数未达到盈利预测 80％的，如无合理解释，上市公司董事长及其聘任的注册会计师、担任主承销商的证券公司法定代表人和项目负责人应在指定报刊公开道歉。中国证监会实行事后审查，如发现上市公司有意出具虚假盈利预测报告误导投资者的，将予以查处；如发现注册会计师违规，存在重大疏忽、遗漏或弄虚作假的，将依法予以处罚。

第十二条 本办法自发布之日起施行。

上市公司向社会公开募集股份操作指引（试行）

2000 年 4 月 30 日　证监公司字［2000］45 号通知

一、上市公司向社会公开募集股份（以下简称“公募增发”）定价可以采取市价折扣或市盈率定价等方法。

二、上市公司公募增发可以采用对公众投资者上网发行和对机构投资者配售相结合的方式，原则上，应预留一定比例的股份向机构投资者配售，上网发行部分和配售部分可以根据投资者认购情况相互进行回拨。具体实施可以选择以下形式：

（一）按机构投资者网下累计投标询价结果定价并配售，对公众投资者上网定价发行：承销期开始前，可以不确定发行定价和上网发行量（也可以确定上网发行量），发行人在指定报刊刊登招股意向书后，向机构投资者进行推介，根据机构投资者累计投标询价的结果，来确定发行价格及向机构配售的数量，其余部分向公众投资者（包括股权登记日登记在册的流通股股东）上网定价发行。

（二）网下对机构投资者累计投标询价与网上对公众投资者累计投标询价同步进行：经发行人股票上市的证券交易所（以下简称“交易所”）同意，发行人和主承销商可以在定价底限之上（包括定价区间），采取机构投资者网下累计投标询价和公众投资者网上累计投标询价同时进行的方式，通过累计计算对应不同价格的公众投资者和机构投资者的申购数量之和，按总申购量超过发行量的一定倍数，来确定发行价格以及配售与公开发行的数量。

（三）经中国证券监督管理委员会（以下简称“中国证监会”）认可的其他形式。

三、在配售中，发行人和主承销商应向机构投资者（包括战略投资者）和发行人股东说明新股申购及分配的方法。

四、配售中，申购数量高于配售上限时，可以采取等比例配售等方法进行。对于按某一标准将机构投资者分为不同类型，且不同类型按不同比例配售的，主承销商应披露有关标准。向机构投资者和股权登记日登记在册的股东以外的投资者发行新股，如有超额认购，可以按有效申购数量采取等比例分配、抽签等方法。

五、战略投资者应向发行人以书面方式表达认购意向。发行人选择的战略投资者应对其业务产生协同效应，符合其长期商业利益。有关战略投资者的认购情况应在招股意向书或发行公告中予以披露。

六、主承销商和发行人可以与机构投资者商定，就配售部分的上市流通时间作出限制，并报告交易所，交易所应就有关配售股份的锁定作出相应安排。

七、投资者申购本次发行的股票后，持有发行人股份达到发行人股本总额5%以上的（包括5%），主承销商应当提醒发行人和该投资者及时履行信息披露义务。

八、经中国证监会同意，发行人可以与主承销商在承销协议中约定授予主承销商超额配售选择权，在包销数额之外预留不超过本次拟发行股份数额15%的股份，预留股份应在发行人股东大会批准的本次发行股票的数量之内，为本次发行的一部分。

九、发行人在发行前，应与交易所协商，作出上网询价、停牌、复牌和新股上市等有关安排。

十、发行完成后，主承销商和发行人应当在15个工作日内，向中国证监会报送发行承销报告，并将配售的详细情况备案。

十一、释义

（一）累计投标询价：在发行中，根据不同价格下投资者认购意愿确定发行价格的一种方法。通常，证券公司将发行价格确定在一定的区间内，投资者在此区间内按照不同的发行价格申报认购数量，证券公司将所有投资者在同一价格之上的申购量累计计算，得出一系列在不同价格之上的总申购量；最后，按照总申购量超过发行量的一定倍数（即超额认购倍数），确定发行价格。

（二）超额配售选择权：俗称绿鞋。是指发行人授予主承销商的一项选择权，获此授权的主承销商可以根据市场认购情况，在股票发行上市后的一个月内，按同一发行价格超额发售一定比例的股份（通常在15%以内），即主承销商按不超过包销额115%的股份向投资者发售，发行人取得按包销额发售股份所募集的资金。新股上市后的一个月内，如果市价跌破发行价，主承销商用超额发售股份取得的资金从二级市场购回股票，分配给提出申购的投资者；如果市价高于发行价，主承销商可以要求发行人增发这部分股份，分配给提出申购的投资者，发行人取得增发这部分股份所募集的资金。这样，主承销商在未动用自有资金的情况下，通过行使超额配售选择权，以平衡市场对某只股票的供求，起到稳定市价的作用。

关于加强证券公司承销企业债券业务监管工作的通知

证监机构字［2000］85号

各证券监管办公室、办事处、特派员办事处：

近年来，证券公司因承销企业债券出现风险的情况时有发生，直接影响到证券公司的资产质量和客户交易结算资金的安全。根据国务院关于防范和化解金融风险的指示精神，现就加强证券公司承销企业债券业务监管工作的有关问题通知如下：

一、证券公司承销中央企业债券须经中国证监会批准，并具备以下条件：

（一）已取得中国证监会颁发的《经营股票承销业务资格证书》；担任主承销商的，应取得股票主承销商资格证书；

（二）具有健全的管理制度和内部控制制度；

（三）近一年内无严重的违法违规行为；

（四）中国证监会规定的其他条件。

二、证券公司承销地方企业债券须经中国证监会批准，并具备以下条件：

（一）已取得中国证监会颁发的《经营股票承销业务资格证书》；担任主承销商的，应取得股票主承销商资格证书，注册资本不低于人民币五亿元，净资本不低于人民币五亿元；

（二）已承销尚未到期的企业债券总金额不得高于其净资产的80%；

（三）具有健全的管理制度和内部控制制度；

（四）近一年内未出现过承销的企业债券卖不出去，挪用客户交易结算资金进行余额包销或到期不能兑付、被迫垫付兑付资金金额超过五百万元的情况；

（五）近一年内无严重的违法违规行为；

（六）中国证监会规定的其他条件。

三、证券公司从事企业债券的承销，注册地中国证监会派出机构应要求主承销商报送下列申请材料：

（一）申请书；

（二）本通知第一条、第二条要求的证明材料或陈述材料；

（三）承销协议；

（四）承销团协议；

（五）市场调查与可行性报告；

（六）主承销商对承销团成员的内核审查报告；

（七）风险处置预案。

中国证监会派出机构依据有关规定和本通知的要求对主承销商的申请材料进行初审，并在15个工作日内出具意见。初审通过的，将初审意见和申请材料报中国证监会复审，如副主承销商、分销商及发行人在异地的，还应将初审意见抄送其所在地中国证监会派出机构。复审通过的，由中国证监会批复，并抄送有关派出机构。

四、中国证监会派出机构要加强证券公司承销企业债券的日常监管：

（一）事前监督。督促证券公司进行充分的市场调查和可行性分析，并在法律文件中明确承销商、发行人和担保人三方的责任，明确担保和还款的资金来源，证券公司不得向发行人提供或变相提供各种形式的担保；

（二）提示风险。督促证券公司及发行人建立信息披露制度，依法披露企业债券的有关风险、财务状况和重大事项，增强企业债券发行的透明度；

（三）明确事后责任。企业债券到期出现兑付问题的，要按照“谁投资（或组建），谁负责；谁用钱（或担保），谁还债”的原则，由投资人、组建单位和主管部门共同落实到期债务所需资金，证券公司作为承销商不得垫付；

（四）加强沟通。遇有重大问题，负责承销的证券公司及其所属营业部，要积极向中国证监会派出机构、当地人民政府及有关方面反映，配合处理有关兑付问题，维护交易场所秩序。各有关派出机构之间应加强联系，及时通报情况，积极化解风险。

五、本通知自下发之日起执行。证券公司违反本通知规定的，比照《证券经营机构股票承销业务管理办法》的有关规定予以处罚。

中国证券监督管理委员会

二〇〇〇年四月三十日

上市公司股东大会规范意见

（2000年修订）

2000年5月18日　证监公司字［2000］53号

一、一般规定

第一条　为规范上市公司行为，保证上市公司股东大会能够依法行使职权，根据《中华人民共和国公司法》（以下简称《公司法》），《中华人民共和国证券法》（以下简称《证券法》）的规定，制定本规范意见。

第二条　董事会应严格遵守《公司法》及其他法律法规关于召开股东大会的各项规定，认真、按时组织好股东大会。上市公司全体董事对于股东大会的正常召开负有诚信责任，不得阻碍股东大会依法履行职权。

第三条　股东大会分为年度股东大会和临时股东大会。年度股东大会每年召开一次，应当于上一会计年度结束后的六个月内举行。

公司在上述期限内因故不能召开年度股东大会的，应当报告证券交易所，说明原因并公告。

在上述期限内，公司无正当理由不召开年度股东大会的，证券交易所应当依据有关规定，对该公司挂牌交易的股票予以停牌，并要求公司董事会做出解释并公告。董事会应当承担相应的责任。

第四条　股东大会应当在《公司法》规定的范围内行使职权，不得干涉股东对自身权利的处分。

股东大会讨论和决定的事项，应当依据《公司法》和《公司章程》的规定确定，年度股东大会可以讨论《公司章程》规定的任何事项。

第五条　公司召开股东大会，董事会应当在会议召开三十日以前以公告方式通知各股东。

第六条　年度股东大会和应股东或监事会的要求提议召开的股东大会不得采取通讯表决方式；临时股东大会审议下列事项时，不得采取通讯表决方式：

（一）公司增加或者减少注册资本；

（二）发行公司债券；

（三）公司的分立、合并、解散和清算；

（四）《公司章程》的修改；

（五）利润分配方案和弥补亏损方案；

（六）董事会和监事会成员的任免；

（七）变更募股资金投向；

（八）需股东大会审议的关联交易；

（九）需股东大会审议的收购或出售资产事项；

（十）变更会计师事务所；

（十一）《公司章程》规定的不得通讯表决的其他事项。

第七条 公司董事会应当聘请有证券从业资格的律师出席股东大会，对以下问题出具意见并公告：

（一）股东大会的召集、召开程序是否符合法律法规的规定，是否符合《公司章程》；

（二）验证出席会议人员资格的合法有效性；

（三）验证年度股东大会提出新提案的股东的资格；

（四）股东大会的表决程序是否合法有效；

（五）应公司要求对其他问题出具的法律意见。

公司董事会也可同时聘请公证人员出席股东大会。

第八条 董事会发布召开股东大会的通知后，股东大会不得无故延期。公司因特殊原因必须延期召开股东大会的，应在原定股东大会召开日前至少五个工作日发布延期通知。董事会在延期召开通知中应说明原因并公布延期后的召开日期。

公司延期召开股东大会的，不得变更原通知规定的有权出席股东大会股东的股权登记日。

二、股东大会讨论的事项与提案

第九条 股东大会的提案是针对应当由股东大会讨论的事项所提出的具体议案，股东大会应当对具体的提案作出决议。

第十条 董事会在召开股东大会的通知中应列出本次股东大会讨论的事项，并将董事会提出的所有提案的内容充分披露。需要变更前次股东大会决议涉及的事项的，提案内容应当完整，不能只列出变更的内容。

列入“其他事项”但未明确具体内容的，不能视为提案，股东大会不得进行表决。

第十一条 会议通知发出后，董事会不得再提出会议通知中未列出事项的新提案，对原有提案的修改应当在股东大会召开的前十五天公告。否则，会议召开日期应当顺延，保证至少有十五天的间隔期。

第十二条 年度股东大会，单独持有或者合并持有公司有表决权总数百分之五以上的股东或者监事会可以提出临时提案。

临时提案如果属于董事会会议通知中未列出的新事项，同时这些事项是属于本规范意见第六条所列事项的，提案人应当在股东大会召开前十天将提案递交董事会并由董事会审核后公告。

第一大股东提出新的分配提案时，应当在年度股东大会召开的前十天提交董事会并由董事会公告，不足十天的，第一大股东不得在本次年度股东大会提出新的分配提案。

除此以外的提案，提案人可以提前将提案递交董事会并由董事会公告，也可以直接在年度股东大会上提出。

第十三条 对于前条所述的年度股东大会临时提案，董事会按以下原则对提案进行审核：

（一）关联性。董事会对股东提案进行审核，对于股东提案涉及事项与公司有直接关系，并且不超出法律、法规和《公司章程》规定的股东大会职权范围的，应提交股东大会讨论。对于不符合上述要求的，不提交股东大会讨论。如果董事会决定不将股东提案提交股东大会表决，应当在该次股东大会上进行解释和说明。

（二）程序性。董事会可以对股东提案涉及的程序性问题做出决定。如将提案进行分拆或合并表决，需征得原提案人同意；原提案人不同意变更的，股东大会会议主持人可就程序性问题提请股东大会做出决定，并按照股东大会决定的程序进行讨论。

第十四条 提出涉及投资、财产处置和收购兼并等提案的，应当充分说明该事项的详情，包括：涉及金额、价格（或计价方法）、资产的账面值、对公司的影响、审批情况等。如果按照有关规定需进行资产评估、审计或出具独立财务顾问报告的，董事会应当在股东大会召开前至少五个工作日公布资产评估情况，审计结果或独立财务顾问报告。

第十五条 董事会提出改变募股资金用途提案的，应在召开股东大会的通知中说明改变募股资金用途的原因、新项目的概况及对公司未来的影响。

第十六条 涉及公开发行股票等需要报送中国证监会核准的事项，应当作为专项提案提出。

第十七条 董事会审议通过年度报告后，应当对利润分配方案做出决议，并作为年度股东大会的提案。董事会在提出资本公积转增股本方案时，需详细说明转增原因，并在公告中披露。董事会在公告股份派送或资本公积转增方案时，应披露送转前后对比的每股收益和每股净资产，以及对公司今后发展的影响。

第十八条 会计师事务所的聘任，由董事会提出提案，股东大会表决通过。董事会提出解聘或不再续聘会计师事务所的提案时，应事先通知该会计师事务所，并向股东大会说明原因。会计师事务所有权向股东大会陈述意见。

非会议期间，董事会因正当理由解聘会计师事务所的，可临时聘请其他会计师事务所，但必须在下一次股东大会上追认通过。

会计师事务所提出辞聘的，董事会应在下一次股东大会说明原因。辞聘的会计师事务所有责任以书面形式或派人出席股东大会，向股东大会说明公司有无不当。

三、股东或监事会提议召开临时股东大会

第十九条 单独或者合并持有公司有表决权总数百分之十以上的股东（下称“提议股东”）或者监事会提议董事会召开临时股东大会时，应以书面形式向董事会提出会议议题和内容完整的提案。书面提案应当报所在地中国证监会派出机构和证券交易所备案。提议股东或者监事会应当保证提案内容符合法律、法规和《公司章程》的规定。

第二十条 董事会在收到监事会的书面提议后应当在十五日内发出召开股东大会的通知，召开程序应符合本规范意见相关条款的规定。

第二十一条 对于提议股东要求召开股东大会的书面提案，董事会应当依据法律、法规和《公司章程》决定是否召开股东大会。董事会决议应当在收到前述书面提议后十五日内反馈给提议股东并报告所在地中国证监会派出机构和证券交易所。

第二十二条 董事会做出同意召开股东大会决定的，应当发出召开股东大会的通知，通知中对原提案的变更应当征得提议股东的同意。通知发出后，董事会不得再提出新的提案，未征得提议股东的同意也不得再对股东大会召开的时间进行变更或推迟。

第二十三条 董事会认为提议股东的提案违反法律、法规和《公司章程》的规定，应当做出不同意召开股东大会的决定，并将反馈意见通知提议股东。提议股东可在收到通知之日起十五日内决定放弃召开临时股东大会，或者自行发出召开临时股东大会的通知。

提议股东决定放弃召开临时股东大会的，应当报告所在地中国证监会派出机构和证券交易所。

第二十四条 提议股东决定自行召开临时股东大会的，应当书面通知董事会，报公司所在地中国证监会派出机构和证券交易所备案后，发出召开临时股东大会的通知，通知的内容应当符合以下规定：

（一）提案内容不得增加新的内容，否则提议股东应按上述程序重新向董事会提出召开股东大会的请求；

（二）会议地点应当为公司所在地。

第二十五条 对于提议股东决定自行召开的临时股东大会，董事会及董事会秘书应切实履行职责。董事会应当保证会议的正常秩序，会议费用的合理开支由公司承担。会议召开程序应当符合以下规定：

（一）会议由董事会负责召集，董事会秘书必须出席会议，董事、监事应当出席会议；董事长负责主持会议，董事长因特殊原因不能履行职务时，由副董事长或者其他董事主持；

（二）董事会应当聘请有证券从业资格的律师，按照本规范意见第七条的规定，出具法律意见；

（三）召开程序应当符合本规范意见相关条款的规定。

第二十六条 董事会未能指定董事主持股东大会的，提议股东在报所在地中国证监会派出机构备案后会议由提议股东主持；提议股东应当聘请有证券从业资格的律师，按照本规范意见第七条的规定出具法律意见，律师费用由提议股东自行承担；董事会秘书应切实履行职责，其余召开程序应当符合本规范意见相关条款的规定。

四、股东大会的召开

第二十七条 公司召开股东大会应坚持朴素从简的原则，不得给予出席会议的股东（或代理人）额外的经济利益。

第二十八条 公司董事会、监事会应当采取必要的措施，保证股东大会的严肃性和正常秩序，除出席会议的股东（或代理人）、董事、监事、董事会秘书、高级管理人员、聘任律师及董事会邀请的人员以外，公司有权依法拒绝其他人士入场，对于干扰股东大会秩序、寻衅滋事和侵犯其他股东合法权益的行为，公司应当采取措施加以制止并及时报告有关部门查处。

第二十九条 在年度股东大会上，董事会应当就前次年度股东大会以来股东大会决议中应由董事会办理的各事项的执行情况向股东大会做出报告并公告。

第三十条 在年度股东大会上，监事会应当宣读有关公司过去一年的监督专项报告，内容包括：

（一）公司财务的检查情况；

（二）董事、高层管理人员执行公司职务时的尽职情况及对有关法律、法规、《公司章程》及股东大会决议的执行情况；

（三）监事会认为应当向股东大会报告的其他重大事件。

监事会认为有必要时，还可以对股东大会审议的提案出具意见，并提交独立报告。

第三十一条 注册会计师对公司财务报告出具解释性说明、保留意见、无法表示意见或否定意见的审计报告的，公司董事会应当将导致会计师出具上述意见的有关事项及对公司财务状况和经营状况的影响向股东大会做出说明。如果该事项对当期利润有直接影响，公司董

事会应当根据孰低原则确定利润分配预案或者公积金转增股本预案。

第三十二条 股东大会对所有列入议事日程的提案应当进行逐项表决，不得以任何理由搁置或不予表决。年度股东大会对同一事项有不同提案的，应以提案提出的时间顺序进行表决，对事项作出决议。

第三十三条 临时股东大会不得对召开股东大会的通知中未列明的事项进行表决。临时股东大会审议通知中列明的提案内容时，对涉及本规范意见第六条所列事项的提案内容不得进行变更；任何变更都应视为另一个新的提案，不得在本次股东大会上进行表决。

第三十四条 股东大会就关联交易进行表决时，涉及关联交易的各股东，应当回避表决，上述股东所持表决权不应计入出席股东大会有表决权的股份总数。

第三十五条 股东大会审议董事、监事选举的提案，应当对每一个董事、监事候选人逐个进行表决。改选董事、监事提案获得通过的，新任董事、监事在会议结束之后立即就任。

第三十六条 公司股票应当在股东大会召开期间停牌。公司董事会应当保证股东大会在合理的工作时间内连续举行，直至形成最终决议。因不可抗力或其他异常原因导致股东大会不能正常召开或未能做出任何决议的，公司董事会应向证券交易所说明原因并公告，公司董事会有义务采取必要措施尽快恢复召开股东大会。

第三十七条 会议提案未获通过，或者本次股东大会变更前次股东大会决议的，董事会应在股东大会决议公告中做出说明。

第三十八条 股东大会各项决议的内容应当符合法律和《公司章程》的规定。出席会议的董事应当忠实履行职责，保证决议内容的真实、准确和完整，不得使用容易引起歧义的表述。

股东大会的决议违反法律、行政法规，侵犯股东合法权益的，股东有权依法向人民法院提起民事诉讼。

第三十九条 股东大会决议公告应注明出席会议的股东（和代理人）人数、所持（代理）股份总数及占公司有表决权总股权的比例，表决方式以及每项提案表决结果。对股东提案做出的决议，应列明提案股东的姓名或名称、持股比例和提案内容。

发行境内上市外资股的公司，应当对内资股股东和外资股股东出席会议及表决情况分别做出统计并公告。

第四十条 利润分配方案、公积金转增股本方案经公司股东大会批准后，公司董事会应当在股东大会召开后两个月内完成股利（或股份）的派发（或转增）事项。

五、其　他

第四十一条 召集、召开股东大会的方式和股东大会决议内容不符合《公司法》、本规范意见和《公司章程》要求的，中国证监会除责令公司限期纠正外，将给予通报批评；拒不纠正的，自该事实发生之日起十二个月内，不受理该公司从证券市场筹资的申请。

任何单位和个人利用召开股东大会之机，从事内幕交易、操纵市场等违法活动的，中国证监会将依法查处。

第四十二条 对股东大会的召集、召开、表决程序及决议的合法有效性发生争议又无法协调的，有关当事人可以向人民法院提起诉讼。

第四十三条 发行外资股的上市公司国家另有规定的，从其规定。

第四十四条 本规范意见自公布之日起施行。1998年2月23日中国证监会发布的《上市公司股东大会规范意见》（证监［1998］4号）同时废止。

关于规范上市公司重大购买或出售资产行为的通知

证监公司字［2000］75号

各证券监管办公室、办事处、特派员办事处，上海、深圳证券交易所，各上市公司：

为规范上市公司重组行为，支持上市公司通过重组提高资产质量，维护投资者合法权益，现就规范上市公司重大购买或出售资产行为的有关问题通知如下：

一、上市公司实施重大购买或出售资产的行为，应当遵守本通知和证券交易所上市规则的有关规定。

二、本通知所称“上市公司重大购买或出售资产的行为”，是指上市公司购买、出售或置换资产达到下列标准之一的情形：

收购或出售的资产总额占上市公司最近经审计后总资产的50%以上；

收购或出售的资产净额占上市公司最近经审计后净资产的50%以上；

收购或出售资产相关的利润占上市公司最近经审计后利润的50%以上。

三、上市公司实施重大购买或出售资产的行为，应履行下列程序：

上市公司董事会对有关事宜进行可行性研究，并按照法律、法规和证券交易所股票上市规则的要求履行信息披露义务；

上市公司董事会聘请具有证券从业资格的会计师事务所、律师事务所和财务顾问对有关事宜进行认证并出具意见；

董事会就有关事宜进行审议并形成决议；监事会对董事会履行诚信义务情况进行监督并发表意见；

董事会应当在形成决议后两个工作日内向证券交易所报告，并将该决议及中介机构和监事会的意见一并公告。同时，按照本通知附件的要求，向中国证监会及上市公司所在地的中国证监会派出机构报送备案材料。监管机构要求补充有关材料的，董事会应在召开股东大会前及时补充并作出公告；

股东大会就有关事宜进行审议并形成决议。董事会应就上市公司重组后是否产生关联交易或形成同业竞争等问题向股东大会提交单独议案。上市公司应当聘请具有证券从业资格的律师，对股东大会的合法有效性出具意见；

股东大会审议通过后，上市公司实施有关购买或出售资产的计划；

有关购买或出售资产过户手续完成后，上市公司应聘请具有证券从业资格的律师事务所对实施结果出具法律意见，并将该法律意见与过户手续完成情况一并及时公告。该法律意见书应当与其他相关文件共同备置于公司，供投资者查阅；

上市公司在股东大会作出有关购买或出售资产决议九十日后仍未完成有关手续的，应立即将实施情况报告证券交易所并公告。此后每三十日应当公告一次，直至完成有关购买或出售资产过户手续。

四、上市公司进行重大购买或出售资产交易时，如交易对方已与上市公司控股股东就直接或间接受让上市公司股权事宜或向上市公司推荐董事事宜达成默契，则上市公司所实施的该项购买或出售资产的交易属于关联交易，应执行有关法律、法规或者规则中关于关联交易的规定。同时，交易对方在与上市公司达成购买或出售资产的协议时，应立即向中国证监会和证券交易所报告其拟受让股权的情况并公告。

五、上市公司实施重大购买或出售资产的行为后，应当保证上市公司的持续经营能力，保证上市公司与控股股东在人员、资产、财务上分开。在资产重组完成后六个月内，上市公司应当按照中国证监会《关于对拟发行上市企业改制情况进行调查的通知》（证监发［1999］4号）第（二）至（四）项的要求，向中国证监会及上市公司所在地派出机构报送规范运作情况的报告。

六、上市公司购买或出售的资产占上市公司总资产70%以上，应当聘请具有主承销商资格的证券公司进行辅导，辅导的内容和报告程序应当参照中国证监会对公开发行股票公司进行辅导的规定执行。前述上市公司重组效果良好，运作规范的，可以在重组完成一年以后提出配股或增发新股的申请，其重组前的业绩可以模拟计算。经中国证监会同意，前述重组后申请增发或配股的期限也可以少于一年。对不符合本通知规定的，中国证监会将不受理其配股或增发新股的申请。

七、上市公司重组后不符合上市条件的，中国证监会将按照有关法律法规的规定作出暂停或终止上市的决定。

八、本通知自发布之日起执行，中国证监会《关于上市公司置换资产变更主营业务若干问题的通知》（证监上字［1998］26号）同时废止。

附件：上市公司购买或出售资产报备材料目录。

中国证券监督管理委员会

二〇〇〇年六月二六日

附件：

上市公司购买或出售资产报备材料目录

1. 上市公司董事会购买或出售资产事宜的书面报告。包括事件的经过、交易各方情况介绍、交易内容、价格及定价依据、金额、支付方式、对上市公司的影响等；

2. 上市公司董事会关于与控股股东在人员、资产、财务上分开的承诺和具体实施方案；

3. 董事会决议副本。董事会决议应就该项购买或出售资产事项是否有利于上市公司长远发展，是否有利于全体股东的利益表明意见，并说明董事投票情况，董事投反对票的情况应单独加以说明；

4. 上市公司购买或出售资产交易公告副本；

5. 购买或出售资产协议或协议草案；

6. 控股股东或上市公司股份收购人关于准备长期持有上市公司股份的声明；

7. 会计师事务所对上市公司拟购买或出售的资产连续两个会计年度的财务状况和经营业绩出具的审计报告；

8. 律师事务所出具的法律意见书。该法律意见书应包括购买或出售资产行为是否合法，是否符合本通知及相关法律、法规、规章或规则的规定，交易完成后上市公司是否符合上市条件，以及本次购买或出售是否有应披露而未披露的合同、协议、安排等内容；

9. 财务顾问报告。该报告应包括上市公司购买或出售资产后是否具有持续经营能力，上市公司与控股股东是否在资产、人员、财务方面实现了三分开、是否存在同业竞争和关联交易，以及该交易是否符合全体股东的利益等内容；

10. 中国证监会要求的其他文件。

法人配售发行方式指引

2000年8月21日　证监发行字［2000］111号通知

一、发行人和主承销商事先确定发行量和发行底价，通过向法人投资者询价，并根据法人投资者的预约申购情况确定最终发行价格，以同一价格向法人投资者配售和对一般投资者上网发行。

二、发行量在8000万股以下的，在目前市场条件下，原则上不建议使用该发行方式。若发行人和主承销商坚持使用该方式发行，则应当采取“回拨机制”，即根据一般投资者的超额认购倍数，确定对法人的配售量。具体操作规程详见附件1。

三、发行量在8000万股以上的，对法人的配售比例原则上不应超过发行量的50%。发行量在20000万股以上的，可根据市场情况适当提高对法人配售的比例。

四、发行人可参与对战略投资者的选择，但不应参与对一般法人投资者的选择。主承销商根据公开募集文件中规定的分配原则和方法，确定一般法人投资者。

五、发行人在招股意向书中必须细化和明确战略投资者的定义，使之充分体现出战略投资的意义。战略投资者的家数原则上不超过2家，特大型公司发行时，可适当增加战略投资者的家数。

六、战略投资者的持股时间不少于6个月。发行人应保证使其股票发行1年后，可随时流通的股票不少于公司总股本的25%，总股本在4亿股以上的不少于15%。

七、中国证券业协会内部设立“法人配售审核小组”，负责对法人配售对象的资格审查。

八、主承销商内部应有专人负责组织法人配售发行工作。主承销商应将其名单报“法人配售审核小组”及中国证监会备案。

九、发行前，发行人应将可能成为其战略投资者的法人单位的具体情况报“法人配售审核小组”审查并报中国证监会备案。

十、发行前，发行人的全体董事和主承销商配售负责人分别签署承诺书。发行人的全体董事保证战略投资者的选择不存在违法行为和黑箱操作；主承销商保证对配售对象的选择和整个配售过程不存在违法行为和黑箱操作。

十一、法人配售过程应有公证机构人员在场，并由公证机构人员对配售过程的公正性出据公证文书。

十二、发行人和主承销商应在法人配售结果公告前，将法人投资者的申购数量、申购家数、申购价格的具体分布情况报“法人配售审核小组”审查并报中国证监会备案。

十三、在法人配售结果公告中，发行人和主承销商应详细披露法人投资者的申购情况及战略投资者与发行人之间的关系，具体解释价格确定过程和依据。

十四、证券投资基金可以比照战略投资者或一般法人参加预约申购。已获配的法人投资者和证券投资基金不得同时参加上网申购。

附件1

“回拨机制”的操作方案

一、发行量在8000万股以下又坚持使用法人配售发行方式的，发行人和主承销商必须设计并采取“回拨机制”。

二、“回拨机制”指通过向法人投资者询价并确定价格，对一般投资者上网发行。根据一般投资者的申购情况，最终确定对法人投资者和对一般投资者的股票分配量。

三、发行人和主承销商在招股意向书中，规定拟向法人配售的比例，同时规定当一般投资者上网申购的超额认购倍数达到不同倍数时对法人投资者和对一般投资者相应的股票分配量。对法人投资者的配售量最低可调减至0股。

四、一般投资者上网申购超额认购倍数及股票分配比例，由发行人和主承销商在充分分析市场情况的基础上确定并报中国证监会核准。

关于股份有限公司国有股权管理工作有关问题的通知

财管字［2000］200号

各省、自治区、直辖市、计划单列市财政厅（局）、国有资产管理局（办公室），国务院有关部委，中央企业集团，中国人民解放军总后勤部，新疆生产建设兵团：

为进一步完善国有股权管理工作，促进股份有限公司（以下简称”公司”）健康发展，根据政府职能转变和证券市场发展的需要，重新规范国有股权管理中的有关事项，现就有关问题通知如下：

一、国有股权管理工作的职能划分

按照国家所有、分级管理的原则，地方股东单位的国有股权管理事宜一般由省级（含计划单列市，下同）财政（国有资产管理，以下简称“国资”）部门审核批准；国务院有关部门或中央管理企业（以下简称“中央单位”）的国有股权管理事宜由财政部审核批准。但发行外资股（B股、H股等），国有股变现筹资，以及地方股东单位的国家股权、发起人国有法人股权发生转让、划转、质押担保等变动（或者或有变动的）有关国有股权管理事宜，须报财政部审核批准。具体职能划分如下：

（一）省级财政（国资）部门国有股权管理职能

地方国有资产占用单位设立公司和发行A股股票；

地方股东单位未全额认购或以非现金方式全额认购应配股份；

地方股东单位持有上市公司非发起人国有法人股及非上市公司国有股权发生直接或间接转让、划转以及因司法冻结、担保等引起的股权变动及或有变动。

（二）财政部国有股权管理职能

中央股东单位的国有股权管理事宜；

地方股东单位涉及以下行为的，由省级财政（国资）部门审核后报财政部批准：

设立公司并发行外资股（B、H股等）；

上市公司国家股权、发起人国有法人股权发生直接或间接转让、划转以及因司法冻结、担保等引起的股权变动及或有变动；

国家组织进行的国有股变现筹资、股票期权激励机制试点等工作。

（三）国有资产占用单位设立公司和发行A股股票涉及地方和中央单位共同持股的，按第一大股东归属确定管理权限。

二、国有股权管理程序

（一）由省级财政（国资）部门负责的国有股权管理事宜，经地方财政（国资）部门逐级审核后，报省级财政（国资）部门批准。

（二）由财政部负责的国有股权管理事宜，按以下两种情形办理：

国有股权由地方单位持有的，国有股权管理事宜由省级财政（国资）部门审核后报财政部批准。

国有股权由中央单位持有的，国有股权管理事宜由中央单位审核后报财政部批准。

三、办理国有股权管理审核批复事宜需报送的材料

（一）设立公司需报送的材料：

1. 中央单位或地方财政（国资）部门及国有股东关于国有股权管理问题的申请报告；

2. 中央单位或地方政府有关部门同意组建股份有限公司的文件；

3. 设立公司的可行性研究报告、资产重组方案、国有股权管理方案；

4. 各发起人国有资产产权登记证、营业执照及主发起人前三年财务报表；

5. 发起人协议、资产重组协议；

6. 资产评估合规性审核文件；

7. 关于资产重组、国有股权管理的法律意见书；

8. 公司章程。

（二）配股时需报送的材料：

1. 中央单位或省级财政（国资）部门及国有股股东的申请报告；

2. 上市公司基本概况和董事会提出的配股预案及董事会决议；

3. 公司近期财务报告（年度报告或中期报告）和目前公司前10名股东名称、持股数及其持股比例；

4. 公司前次募集资金使用审核报告和本次募集资金运用的可行性研究报告及政府对有关投资立项的批准文件；

5. 以实物资产认购股份的，需提供该资产的概况、资产评估报告书及合现性审核文件等；

（三）转让或划转股权需报送的材料：

1. 中央单位或省级财政（国资）部门关于转让或划转国有股权的申请报告；

2. 中央单位或省级人民政府关于股权转让或划转

的批准文件；

3. 国有股权转让可行性研究报告、转让收入的收取及使用管理的报告；

4. 转让方、受让方草签的股权转让协议；

5. 公司上年度及近期财务审计报告和公司前10名股东名称、持股情况及以前年度国有股权发生变化情况；

6. 受让方或划入方基本情况、营业执照及近2年财务审计报告；

7. 受让方与公司、转让方的债权债务情况；

8. 受让方在报财政部审批受让国有股权前9个月内与转让方及公司发生的股权转让、资产置换、投资等重大事项的资料；

9. 受让方对公司的考察报告及未来12个月内对公司进行重组的计划（适用于控股权发生变更的转让情形）；

10. 关于股权转让的法律意见书。

（四）上市公司回购国有股时需报送的材料：

1. 中央单位或省级财政（国资）部门关于国有股回购的申请报告；

2. 国有股股东单位关于同意回购的文件；

3. 上市公司关于国有股回购方案；

4. 公司近期经审计的财务报告；

5. 回购协议书草案及国有股股东减持收入使用计划；

6. 公司对债权人妥善安排的协调方案；

7. 公司章程。

（五）国有股担保时需报送的材料：

1. 中央单位或省级财政（国资）部门及国有股东关于国有股质押担保的申请；

2. 国有股担保的可行性报告；

3. 担保的有关协议；

4. 国有股权登记证明；

5. 公司近期财务报告（年度报告或中期报告）；

6. 资金使用项目情况及还款计划；

7. 关于股权担保的法律意见书。

四、公司发行股票、增发股票或国有股股东与公司发生资产置换，国有股东应在此项工作完成后即将有关情况报财政（国资）部门备案。

五、财政部和省级财政（国资）部门出具的关于国有股权管理的批复文件是有关部门批准成立股份公司、发行审核的必备文件和证券交易所进行股权登记的依据。

六、省级财政（国资）部门在出具股权管理批复文件时须同时报财政部备案，并建立国有股权变动情况报告制度，每年7月份将上半年国有股权变化情况向财政部报告；每年1月份将上一年度国有股权变化情况向财政部报告。

七、国有股权管理工作的监督检查

财政部建立国有股权管理工作的监督检查制度,定期或不定期地对国有股权管理工作进行检查和监督。如发现违规行为,将严肃处理,并依法追究当事人的责任。

省级财政（国资）部门未按国家国有股权管理有关规定执行的，财政部将对其进行通报批评，限期整改。

八、本通知自2000年7月1日起实施，《关于规范股份有限公司国有股权管理有关问题的通知》（国资企发［1996］58号）文同时废止，其它文件中凡与本通知不一致的，以本通知为准。

财政部

二〇〇〇年五月十九日

关于涉及境内权益的境外公司在境外发行股票和上市有关问题的通知

证监公司字［2000］75号

各律师事务所：

最近一个时期，一些涉及境内权益的境外公司（以下简称境外公司）在香港创业板、美国纳斯达克等境外市场发行股票和上市。针对境内律师就上述股票发行和上市事宜向我会进行的查询或报送的法律意见书，现将有关问题通知如下：

一、如有关境外发行股票和上市事宜属于《国务院关于进一步加强在境外发行股票和上市管理的通知》（国发［1997］21号）规定的情形，则依照该通知执行。

二、如上述事宜不属于国发［1997］21号文件规定的情形，律师就该境外发行股票和上市事宜出具的法律意见书应包括（但不限于）以下内容：

1. 境外公司的基本情况：设立时间、注册地点、股权结构及其股东背景（最终权益持有人）. 拟上市资产构成、从事业务等；

2. 本次发行的基本情况：主承销商及保荐人、拟上市地、预计筹资规模及用途等；

3. 如果中国境内机构或公民直接或间接持有该境外公司的股权，应详细说明该权益的形成及其演变过程，并对其合法有效性发表意见；

4. 境外公司上市资产中，如果直接或间接涉及境内权益，应详细说明该权益的形成过程，并对其合法有效性发表意见；

5. 说明境外公司直接或间接持有权益的境内企业所从事的业务，并对其是否符合外商投资产业政策及其他相关法律法规发表意见。

三、中国证监会发行监管部负责受理法律意见书，并按以下程序办理：

1. 如认为法律意见书陈述的事实不清楚或发表了不恰当的法律意见，将对律师进行书面查询，律师应及时作出修改补充；

2. 证监会可就有关外商投资涉及的法律、法规及政策问题征求国务院有关主管部门的意见；

3. 如没有进一步意见，则在收到法律意见书之日起15个工作日内提出处理意见，由法律部函复律师事务所。

四、对于出具虚假、误导性法律意见或有重大遗漏的法律意见书的律师和律师事务所，证监会将依照有关法律法规予以查处。

中国证券监督管理委员会

二〇〇〇年六月九日

开放式证券投资基金试点办法

中国证券监督管理委员会　2000年10月8日

第一条　为促进证券投资基金的发展，规范开放式证券投资基金（以下简称“开放式基金”）的公开募集设立、运作及其相关活动，保护证券投资基金投资人的合法权益，根据《证券投资基金管理暂行办法》（以下简称《暂行办法》）的有关规定，制定本办法。

第二条　开放式基金活动及与该活动相关的自然人、法人和其他组织，应当遵守本办法；本办法未规定的，应当遵守《暂行办法》及其他有关规定。

第三条　开放式基金可以按照本办法，在规定的场所和开放时间内，由投资人向基金管理人申请申购基金单位；或者应基金投资人的要求，由基金管理人赎回投资人持有的基金单位。

第四条　开放式基金由基金管理人设立。

开放式基金的设立，必须经中国证券监督管理委员会（以下简称”中国证监会”）审查批准。

第五条　申请设立开放式基金，除应当遵守《暂行办法》第七条第（三）、（四）、（五）项的规定外，还应当具备下列条件：

（一）有明确、合法、合理的投资方向；

（二）有明确的基金组织形式和运作方式；

（三）基金托管人、基金管理人近一年内无重大违法、违规行为。

第六条　申请设立开放式基金，除应当按照《暂行办法》第八条的规定报送材料外，基金管理人还应当向中国证监会报送开放式基金实施方案及相关文件。

第七条　基金管理人有下列情形之一的，中国证监会不受理其设立开放式基金的申请：

（一）因有重大违法、违规行为正在受到国家有关部门的调查；

（二）因公司高级管理层变动、与公司有关的诉讼、仲裁等重大事件，可能或已经对所管理的基金运作造成不良影响；

（三）中国证监会认定的其他情形。

第八条　基金管理人应当自开放式基金设立申请获得批准之日起6个月内进行设立募集；超过6个月尚未开始设立募集的，原申请内容如有实质性改变，应当向中国证监会报告；原申请内容没有实质性改变的，应当向中国证监会备案。

第九条　开放式基金的设立募集期限不得超过3个月。设立募集期限自招募说明书公告之日起计算。

符合下列条件的，开放式基金方可成立：（一）设立募集期限内，净销售额超过2亿元；（二）在设立募集期限内，最低认购户数达到100人。

不符合上述条件的，该基金不得成立。基金管理人应当承担募集费用，已募集的资金并加计银行活期存款利息，应当自募集期满之日起30天内退还基金认购人。

第十条　开放式基金成立后的存续期间内，其有效持有人数量连续20个工作日达不到100人，或者连续20个工作日最低基金资产净额低于5000万元的，基金管理人应当及时向中国证监会报告，说明出现上述情况的原因以及解决方案。

第十一条　开放式基金可以对单个账户持有开放式

基金单位的比例设置限制，并应当在基金招募说明书中予以载明。

第十二条 开放式基金成立初期，可以在基金契约和招募说明书规定的期限内只接受申购，不办理赎回，但该期限最长不得超过3个月。

第十三条 开放式基金可在基金契约及招募说明书中载明预期的基金规模，在达到预期的基金规模后，可不再接受申购申请。

第十四条 开放式基金的基金托管人除应当遵守《暂行办法》第十九条的规定外，还应当履行下列职责：

（一）依法持有基金资产；

（二）采取适当、合理的措施，使开放式基金单位的认购、申购、赎回等事项符合基金契约等有关法律文件的规定；

（三）采取适当、合理的措施，使基金管理人用以计算开放式基金单位认购、申购、赎回和注销价格的方法符合基金契约等法律文件的规定；

（四）采取适当、合理的措施，使基金投资和融资的条件符合基金契约等法律文件的规定；

（五）在定期报告内出具托管人意见，说明基金管理人在各重要方面的运作是否严格按照基金契约的规定进行；如果基金管理人有未执行基金契约规定的行为，还应当说明基金托管人是否采取了适当的措施。

第十五条 开放式基金的基金管理人除应当遵守《暂行办法》第二十六条的规定外，还应当履行下列职责：

（一）依据基金契约，决定基金收益分配方案；

（二）编制并公告季度报告、中期报告、年度报告等定期报告；

（三）办理与基金有关的信息披露事宜；

（四）确保需要向基金投资人提供的各项文件或资料在规定时间内发出；并且保证投资人能够按照基金契约规定的时间和方式，随时查阅到与基金有关的公开资料，并得到有关资料的复印件。

第十六条 基金单位计价出现错误时，基金管理人应当立即公告、予以纠正，并采取合理的措施防止损失进一步扩大；计价错误偏差达到基金资产净值0.5%时，基金管理人应当通报基金托管人并报中国证监会备案。

因基金单位计价错误给投资人造成损失的，基金管理人应当承担赔偿责任；有关投资者获得赔偿的方法应当在基金契约中具体列明。

第十七条 开放式基金单位的认购、申购和赎回业务可以由基金管理人直接办理，也可以由基金管理人委托其他机构代为办理。

基金管理人委托其他机构代为办理开放式基金单位认购、申购和赎回业务的，应当与有关机构签订委托代理协议。

第十八条 商业银行以及经中国证监会认定的其他机构可以接受基金管理人的委托，办理开放式基金单位的认购、申购和赎回业务。

商业银行开办开放式基金单位的认购、申购和赎回业务，应当经中国证监会和中国人民银行审查批准。

第十九条 申请开办开放式基金单位的认购、申购和赎回业务的机构，应当符合下列条件：

（一）设有专门管理开放式基金单位认购、申购和赎回业务的部门；

（二）有足够的熟悉开放式基金业务的专业人员；

（三）有便利、有效的商业网络；

（四）有安全、高效的办理开放式基金单位认购、申购和赎回业务的技术设施；

（五）中国证监会规定的其他条件。

第二十条 基金管理人或者其他机构及其经办业务人员，在直接或者代为办理开放式基金单位的认购、申购和赎回业务过程中，应当严格遵守法律、法规、以及本行业公认的道德标准和行为规范，不得误导、欺骗投资人。

第二十一条 开放式基金单位的注册登记业务可以由基金管理人办理，也可以委托商业银行或者中国证监会认定的其他机构办理。

商业银行办理开放式基金的注册登记业务，应当经中国证监会和中国人民银行审查批准。

第二十二条 代办注册登记业务的机构，可以接受基金管理人的委托，开办以下业务：

（一）建立并管理投资人基金单位帐户；（二）负责基金单位注册登记；（三）基金交易确认；（四）代理发放红利；（五）建立并保管基金投资人名册；（六）基金契约或者注册登记代理协议规定的其他职责。

第二十三条 基金管理人可以根据开放式基金运营的需要，按照中国人民银行规定的条件，向商业银行申请短期融资。

第二十四条 开放式基金每周至少有一天应为基金的开放日，办理基金投资人申购、赎回、变更登记、基金之间转换等业务申请。

基金开放日期及时间应在基金契约中规定。

第二十五条 开放式基金的基金管理人应当于每个开放日的第二天公告开放日基金单位资产净值。

第二十六条 申购开放式基金单位的份额和赎回基金单位的金额，依据申购赎回日基金单位资产净值加、减有关费用计算，具体计算方法应当在招募说明书中予以载明。

基金单位资产净值，应当按照开放日闭市后基金资产净值除以当日基金单位的余额数量计算。具体计算方法应当在基金契约和招募说明书中予以载明。

第二十七条 投资人申购基金单位时，必须全额交付申购款项。款额一经交付，申购申请即为有效；除有基金招募说明书载明的不接受投资人申购申请的情形发生外，基金管理人不得拒绝基金投资人的申购申请。

第二十八条 基金管理人应当于收到基金投资人申购、赎回申请之日起3个工作日内，对该交易的有效性进行确认。

除本办法另有规定外,基金管理人应当自接受基金投资人有效赎回申请之日起7个工作日内,支付赎回款项。

第二十九条 除有下列情形外，基金管理人不得拒绝接受基金投资人的赎回申请：

（一）不可抗力；

（二）证券交易场所交易时间非正常停市，导致基金管理人无法计算当日基金资产净值；

（三）其他在基金契约、基金招募说明书中已载明并获批准的特殊情形。

发生上述情形之一的，基金管理人应当在当日立即向中国证监会备案；已接受的赎回申请，基金管理人应当足额兑付；如暂时不能足额兑付，可按单个帐户占申请总量的比例分配给赎回申请人，其余部分按基金契约及招募说明书载明的规定，在后续开放日予以兑付。

第三十条 开放式基金单个开放日，基金净赎回申请超过基金总份额的10%时，为巨额赎回。巨额赎回申请发生时，基金管理人在当日接受赎回比例不低于基金总份额的10%的前提下，可以对其余赎回申请延期办理。对于当日的赎回申请，应当按单个账户赎回申请量占赎回申请总量的比例，确定当日受理的赎回份额；未受理部分可延迟至下一个开放日办理，并以该开放日当日的基金资产净值为依据计算赎回金额，但投资者可在申请赎回时选择将当日未获受理部分予以撤消。

发生巨额赎回并延期支付时，基金管理人应当通过邮寄、传真或者招募说明书规定的其他方式、在招募说明书规定的时间内通知基金投资人，说明有关处理方法，同时在指定媒体及其他相关媒体上公告；通知和公告的时间最长不得超过三个证券交易所交易日。

第三十一条 开放式基金连续发生巨额赎回，基金管理人可按基金契约及招募说明书载明的规定，暂停接受赎回申请；已经接受的赎回申请可以延缓支付赎回款项，但不得超过正常支付时间二十个工作日，并应当在指定媒体上进行公告。

第三十二条 发生基金契约或招募说明书中未予载明的事项，但基金管理人有正当理由认为需要暂停开放式基金申购、赎回申请的，应当报经中国证监会批准；经批准后，基金管理人应当立即在指定媒体上刊登暂停公告；暂停期间，每两周至少刊登提示性公告一次；暂停期间结束，基金重新开放时，基金管理人应当公告最新的基金单位资产净值。

第三十三条 开放式基金可以收取申购费，但申购费率不得超过申购金额的5%，申购费用可以在基金申购时收取，也可以在赎回时从赎回金额中予以扣除。

开放式基金可以根据基金管理运作的实际需要，收取合理的赎回费，但赎回费率不得超过赎回金额的3%；赎回费收入在扣除基本手续费后，余额应当归基金所有。

开放式基金可以选用可调整的申购、赎回费率。开放式基金收取费用的方式、条件以及费率标准应当在基金契约和招募说明书中予以载明。

第三十四条 基金的投资方向应当符合基金契约及招募说明书的规定；基金名称显示投资方向的，基金的非现金资产应当至少有80%属于该基金名称所显示的投资内容。

第三十五条 开放式基金的收益分配，应当根据基金契约及招募说明书的规定进行。

第三十六条 开放式基金的广告、宣传推介应当经中国证监会核准；其内容应当真实、完整、准确，不得有虚假、误导性陈述和重大遗漏。

第三十七条 开放式基金的各相关机构应当依法保存基金业务活动的记录、账册、报表和其他业务资料。

第三十八条 开办开放式基金单位认购、申购和赎回业务、注册登记业务的机构违反《暂行办法》或者本办法的，比照《暂行办法》第六章的有关规定执行。

第三十九条 本办法自发布之日起施行。

其　　他

中央级科研院所科技基础性工作专项资金管理暂行办法

2000年4月25日　国科发财字［2000］176号

第一条　为规范科技基础性工作专项资金（以下简称专项资金）的管理，提高专项资金的使用效益，促进中央级科研院所科技基础性工作的开展，根据国家有关财务制度的规定，制定本办法。

第二条　专项资金的来源为中央财政拨款。其年度预算总额，根据开展科技基础性工作的合理需要和财力可能，由科技部商财政部确定。

第三条　专项资金的安排，要体现国家科技发展政策和重点发展领域的要求，坚持突出支持重点，科学公正评审，择优确定项目，资金专款专用的原则。

第四条　专项资金的支持方向

专项资金主要支持中央级科研院所（不含转制为企业的原中央级科研院所）科技基础性工作的开展，主要包括：

（一）基础数据类：对科技、经济与社会发展具有重要影响的基本科技数据与资料的采集、鉴定、分析和积累等方面的工作。

（二）基础标准类：对经济与社会发展具有重要作用的国家基础标准和计量、检测体系维护更新等方面的工作。

（三）种质资源类：对科技及其产业发展具有重要意义及具有我国自然、地理与人文资源特色的动物、植物、微生物等种质资源及各类标（样）本的采集、鉴定、分析和保存等方面的工作。

（四）其他有关科技基础性工作。

第五条　专项资金的支持方式

专项资金按照批准的项目（任务）采取一次性补助的支持方式；每个项目的支持额度为30～500万元；支持额度大的项目，要严格控制数量。

第六条　专项资金的支出范围

专项资金的支出范围包括项目费和组织管理费。项目费主要用于开展科技基础性工作发生的相关支出，主要包括：原材料及标（样）本购置费、小型仪器设备购置费及相关业务费等，项目费由项目（任务）承担单位管理和使用；组织管理费主要用于开展项目评审（评议）、监督检查等工作发生的支出，支出预算经财政部核定后，由科技部具体管理和使用。

第七条　科技部根据国家科技、经济与社会发展规划和科技发展的需要，结合国家财力可能，制定并发布年度《中央级科研院所科技基础性工作专项资金支持重点》。

第八条　项目的申报

（一）申报的项目必须符合本办法有关规定，并经过科学论证。

（二）专项资金一般每年申报一次。各单位根据科技部发布的《中央级科研院所科技基础性工作专项资金支持重点》的要求，按规定的时间和要求填写《中央级科研院所科技基础性工作专项资金项目申报书》报送科技部。

第九条　项目的审批

（一）科技部组织专家对申报项目以评审或评议方式进行审查，对专项资金项目及其预算提出意见。

（二）科技部根据评审（评议）意见进行综合平衡，并会同财政部审定专项资金的支持项目及其预算后，由科技部向科研院所下达专项资金通知。

（三）经批准的项目及其预算一般不作调整，如有特殊情况确需进行调整时，应按规定的程序重新报批。

第十条　项目经费的拨付

专项资金项目及其预算确定后，由科技部将资金拨付到项目承担单位。

第十一条　由专项资金形成的资产属国有资产，由项目承担单位行使使用权。

第十二条 项目形成的成果属国家所有。项目完成后，项目承担单位应及时总结、验收。适宜公开的成果应以适当方式向社会公布并为社会共享。特殊项目成果的管理按国家有关规定执行。

第十三条 项目承担单位对项目及其资金的使用与管理

（一）承担单位根据确定的当年支持项目及其预算，制定科技基础性工作项目实施计划，严格组织管理，并为项目的实施提供必要的条件。

（二）专项资金要与其它资金来源统筹安排，单独立项核算。

（三）专项资金的使用与管理要严格执行国家有关财务制度规定，项目承担单位财务部门要加强监督检查，做到专款专用。

（四）项目承担单位应当按照要求及时向科技部报送年度专项资金使用情况及项目完成情况的总结报告。总结报告将作为以后年度申报专项资金项目资格审查的重要依据。

第十四条 专项资金管理部门对项目及资金的监督检查

（一）科技部、财政部对项目的工作进展、项目资金的使用管理情况进行定期或不定期的监督检查。

（二）对弄虚作假、截留、挪用和挤占专项资金等违反财经纪律和财务制度的行为，科技部将收回部分或全部资金，并根据情况采取取消申报单位以后年度的专项资金申报资格等措施。

（三）项目（任务）因故中止，科技部将根据具体情况收回部分或全部资金。

第十五条 在项目申报、审批过程中，一切接触申报材料的单位和个人负有对申报项目保守秘密的义务。

第十六条 本办法由科技部、财政部负责解释。

第十七条 本办法自发布之日起施行。

科研院所社会公益研究专项资金管理暂行办法

2000年4月26日　国科发财字［2000］177号通知

第一条 为规范科研院所社会公益研究专项资金（以下简称专项资金）的管理，提高专项资金使用效益，促进科研院所社会公益研究工作的开展，根据国家有关财务制度的规定，制定本办法。

第二条 专项资金的来源为中央财政拨款。其年度预算总额，根据开展社会公益研究的合理需要和财力可能，由科技部商财政部确定。

第三条 专项资金的使用和管理要符合国家科技政策，遵守国家财务制度，坚持诚实申请、公证受理、科学评估、择优支持、专款专用的原则，建立项目与经费管理相互监督制约的机制，并充分发挥政府有关部门、中介机构在决策管理过程中的管理、评议和咨询作用。

第四条 专项资金的支持方向

专项资金主要支持中央级科研院所（含转制的原中央级科研院所）开展资源环境、人口健康、防灾减灾、社会保障、社会服务、国家与社会公共安全等领域的社会公益研究工作。

第五条 专项资金的支持方式

专项资金按照批准的项目采取一次性补助的支持方式；每个项目研究周期一般不超过2年；每个项目的支持额度一般为30—300万元。

第六条 专项资金的支出范围

专项资金按照课题制管理的要求，实行全成本核算。支出范围包括项目费和组织管理费。

（一）项目费，指项目研究过程中发生的各项直接费用，由项目承担单位管理和使用。主要包括人员费、设备补助费、相关业务费和项目管理费。其中：人员费，指为直接参加项目研究的人员所支出的劳务费用。项目研究人员所在单位有事业费拨款的，应将研究人员的人员费按照国家规定在预算中列示出，并从原渠道列支，在专项资金中不得重复列入；没有事业费拨款的转制原中央级科研院所，人员费预算占项目经费总预算的比例应控制在15%以内。

设备补助费，指项目研究过程中发生的小型仪器设备购置和试制费用。

相关业务费，指项目研究过程中发生的材料、燃料、动力、测试、化验、差旅等费用。

项目管理费，指项目承担单位为组织、支持项目研究而支出的各项费用，包括项目执行过程中使用现有仪器设备及房屋的占用费、直接管理人员费用和其他相关费用。项目管理费预算一般占项目经费总预算的比例为5%；项目承担单位为转制原中央级科研院所的，项目管理费预算占项目经费总预算的比例应控制在10%以内。

（二）组织管理费，指科技部在组织项目评审（评估）、监督检查等工作中所支出的费用，组织管理费预算经财政部核定后，由科技部具体管理和使用。

第七条 项目的申报

（一）申报的项目必须符合本办法的有关规定，并经过科学论证。

（二）项目申报单位必须保证为开展项目研究提供所需的必要条件。

（三）专项资金项目申报一般每年一次。各单位根据科技部发布的《科研院所社会公益研究专项资金项目申报指南》要求，按规定的时间和要求编报《科研院所社会公益研究专项资金项目申报书》。

第八条 项目的审批

（一）科技部组织专家或委托中介机构对申报项目以评审或评估方式进行审查，并分别对专项资金项目及其预算提出意见。科技部根据评审或评估意见进行综合平衡，会同财政部审定专项资金的支持项目及其预算。

（二）科技部根据审定的项目及其预算，下达《科研院所社会公益研究专项资金项目任务书》，并据此进行项目验收考核。

（三）经批准的项目及其预算一般不作调整，如有特殊情况确需进行调整时，应按规定的程序重新报批。

第九条 项目经费的拨付

专项资金项目及其预算确定后，由科技部将资金拨付到项目承担单位。

第十条 由专项资金形成的资产属国有资产，由项目承担单位行使使用权。

第十一条 项目形成的研究成果属国家所有。项目完成后，项目承担单位应及时总结、验收。国家将汇总研究成果并以适当方式向社会公布并为社会共享。特殊研究成果的管理按国家有关规定执行。

第十二条 项目承担单位对项目及其资金的使用与管理。

（一）根据《科研院所社会公益研究专项资金项目任务书》的要求认真组织实施项目并严格按照批准的资金用途专款专用。

（二）专项资金要与其他资金来源统筹安排，单独立项核算。

（三）单位财务部门要加强对项目资金的监督检查，发现问题及时处理。

（四）项目完成后，项目承担单位应及时向科技部报送专项资金使用情况及项目完成情况的总结报告。

第十三条 专项资金管理部门对项目及其资金的监督检查

（一）科技部、财政部对项目的科研进展、项目资金的使用管理情况进行定期或不定期的监督检查。

（二）对弄虚作假、截留、挪用和挤占专项资金等违反国家财经纪律和财务制度的行为，科技部将收回部分或全部资金，并根据情况采取取消申报单位以后年度的专项资金申报资格等措施。

（三）项目因故中止，科技部将根据具体情况收回部分或全部资金。

第十四条 科技部、财政部要加强专项资金项目技术评估、资金预算评估工作的管理，严格审核评估机构资质条件，制订评估考核指标，保证评估过程的公平、公正，提高评估工作质量。

第十五条 在项目申报、审批过程中，一切接触申报材料的单位和个人负有对申报项目保守秘密的义务。

第十六条 本办法由科技部、财政部负责解释。

第十七条 本办法自发布之日起施行。

附件：1. 科研院所社会公益研究专项资金项目申报书（略）

2. 科研院所社会公益研究专项资金项目任务书（略）

鼓励软件产业和集成电路产业发展的若干政策

2000年6月24日　国发［2000］18号通知

为推动我国软件产业和集成电路产业的发展，增强信息产业创新能力和国际竞争力，带动传统产业改造和产品升级换代，进一步促进国民经济持续、快速、健康发展，制定以下政策。

第一章　政策目标

第一条 通过政策引导，鼓励资金、人才等资源投向软件产业和集成电路产业，进一步促进我国信息产业快速发展，力争到2010年使我国软件产业研究开发和生产能力达到或接近国际先进水平。

第二条 鼓励国内企业充分利用国际、国内两种资源，努力开拓两个市场。经过5到10年的努力，国产软件产品能够满足国内市场大部分需求，并有大量出口；国产集成电路产品能够满足国内市场大部分需求，并有一定数量的出口，同时进一步缩小与发达国家在开发和生产技术上的差距。

第二章 投融资政策

第三条 多方筹措资金，加大对软件产业的投入。

（一）建立软件产业风险投资机制，鼓励对软件产业的风险投资。由国家扶持，成立风险投资公司，设立风险投资基金。初期国家可安排部分种子资金，同时通过社会定向募股和吸收国内外风险投资基金等方式筹措资金。风险投资公司按风险投资的运作规律，以企业化方式运作和管理，其持有的软件企业股份在该软件企业上市交易的当日即可进入市场流通，但风险投资公司为该软件企业发起人的，按有关法律规定办理。

（二）"十五"计划中适当安排一部分预算内基本建设资金，用于软件产业和集成电路产业的基础设施建设和产业化项目。在高等院校、科研院所等科研力量集中的地区，建立若干个由国家扶持的软件园区。国家计委、财政部、科技部、信息产业部在安排年度计划时，应从其掌握的科技发展资金中各拿出一部分，用于支持基础软件开发，或作为软件产业的孵化开办资金。

第四条 为软件企业在国内外上市融资创造条件。

（一）尽快开辟证券市场创业板。软件企业不分所有制性质，凡符合证券市场创业板上市条件的，应优先予以安排。

（二）对具有良好市场前景及人才优势的软件企业，在资产评估中无形资产占净资产的比例可由投资方自行商定。

（三）支持软件企业到境外上市融资。经审核符合境外上市资格的软件企业，均可允许到境外申请上市筹资。

第三章 税收政策

第五条 国家鼓励在我国境内开发生产软件产品。对增值税一般纳税人销售其自行开发生产的软件产品，2010年前按17%的法定税率征收增值税，对实际税负超过3%的部分即征即退，由企业用于研究开发软件产品和扩大再生产。

第六条 在我国境内设立的软件企业可享受企业所得税优惠政策。新创办软件企业经认定后，自获利年度起，享受企业所得税"两免三减半"的优惠政策。

第七条 对国家规划布局内的重点软件企业，当年未享受免税优惠的减按10%的税率征收企业所得税。国家规划布局内的重点软件企业名单由国家计委、信息产业部、外经贸部和国家税务总局共同确定。

第八条 对软件企业进口所需的自用设备，以及按照合同随设备进口的技术（含软件）及配套件、备件，除列入《外商投资项目不予免税的进口商品目录》和《国内投资项目不予免税的进口商品目录》的商品外，均可免征关税和进口环节增值税。

第九条 软件企业人员薪酬和培训费用可按实际发生额在企业所得税税前列支。

第四章 产业技术政策

第十条 支持开发重大共性软件和基础软件。国家科技经费重点支持具有基础性、战略性、前瞻性和重大关键共性软件技术的研究与开发，主要包括操作系统、大型数据库管理系统、网络平台、开发平台、信息安全、嵌入式系统、大型应用软件系统等基础软件和共性软件。属于国家支持的上述软件研究开发项目，应以企业为主，产学研结合，通过公开招标方式，择优选定项目承担者。

第十一条 支持国内企业、科研院所、高等院校与外国企业联合设立研究与开发中心。

第五章 出口政策

第十二条 软件出口纳入中国进出口银行业务范围，并享受优惠利率的信贷支持；同时，国家出口信用保险机构应提供出口信用保险。

第十三条 软件产品年出口额超过100万美元的软件企业，可享有软件自营出口权。

第十四条 海关要为软件的生产开发业务提供便捷的服务。在国家扶持的软件园区内为承接国外客户软件设计与服务而建立研究开发中心时，对用于仿真用户环境的设备采取保税措施。

第十五条 根据重点软件企业参与国际交往的实际需要，对企业高中级管理人员和高中级技术人员简化出入境审批手续，适当延长有效期。具体办法由外交部会同有关部门另行制定。

第十六条 采取适应软件贸易特点的外汇管理办法。根据软件产品交易（含软件外包加工）的特点，对软件产品出口实行不同于其他产品的外贸、海关和外汇管理办法，以适应软件企业从事国际商务活动的需要。

第十七条 鼓励软件出口型企业通过GB/T19000—ISO9000系列质量保证体系认证和CMM（能力成熟度模型）认证。其认证费用通过中央外贸发展基金适当予以支持。

第六章 收入分配政策

第十八条 软件企业可依照国家有关法律法规，根据本企业经济效益和社会平均工资，自主决定企业工资总额和工资水平。

第十九条 建立软件企业科技人员收入分配激励机制，鼓励企业对作出突出贡献的科技人员给予重奖。

第二十条 软件企业可允许技术专利和科技成果作价入股，并将该股份给予发明者和贡献者。由本企业形成的科技成果，可根据《中华人民共和国促进科技成果转化法》规定，将过去3至5年科技成果转化所形成的利润按规定的比例折股分配。群体或个人从企业外带入的专利技术和非专利技术，可直接在企业作价折股分配。

第二十一条 在创业板上市的软件企业，如实行企业内部高级管理人员和技术骨干认股权的，应在招股说明书中详细披露，并按创业板上市规则的要求向证券交易所提供必要的说明材料。上述认股权在公开发行的股份中所占的比例由公司董事会决定。

第七章 人才吸引与培养政策

第二十二条 国家教育部门要根据市场需求进一步扩大软件人才培养规模，并依托高等院校、科研院所建立一批软件人才培养基地。

（一）发挥国内教育资源的优势，在现有高等院校、中等专科学校中扩大软件专业招生规模，多层次培养软件人才。当前要尽快扩大硕士、博士、博士后等高级软件人才的培养规模，鼓励有条件的高等院校设立软件学院；理工科院校的非计算机专业应设置软件应用课程，培养复合型人才。

（二）成人教育和业余教育（电大等）应设立或加强软件专业教学，积极支持企业、科研院所和社会力量开展各种软件技术培训，加强在职员工的知识更新与再教育。在有条件的部门和地区，积极推行现代远程教育。在工程技术人员技术职称评定工作中，应逐步将软件和计算机应用知识纳入考核范围。

（三）由国家外国专家局和教育部共同设立专项基金，支持高层次软件科研人员出国进修，聘请外国软件专家来华讲学和工作。

第二十三条 进入国家扶持的软件园区的软件系统分析员和系统工程师，凡具有中级以上技术职称，或有重大发明创造的，由本单位推荐并经有关部门考核合格，应准予本人和配偶及未成年子女在该软件园区所在地落户。

第二十四条 实施全球化人才战略，吸引国内外软件技术人员在国内创办软件企业。国内高等院校、科研院所的科技人员创办软件企业，有关部门应给予一定的资金扶持，在人员流动方面也应放宽条件；国外留学生和外籍人员在国内创办软件企业的，享受国家对软件企业的各项优惠政策。

第八章 采购政策

第二十五条 国家投资的重大工程和重点应用系统，应优先由国内企业承担，在同等性能价格比条件下应优先采用国产软件系统。编制工程预算时，应将软件与技术服务作为单独的预算项目，并确保经费到位。

第二十六条 企事业单位所购软件，凡购置成本达到固定资产标准或构成无形资产的，可以按固定资产或无形资产进行核算，经税务部门批准，其折旧或摊销年限可以适当缩短，最短可为2年。

第二十七条 政府机构购买的软件、涉及国家主权和经济安全的软件，应当采用政府采购的方式进行。

第九章 软件企业认定制度

第二十八条 软件企业的认定标准由信息产业部会同教育部、科技部、国家税务总局等有关部门制定。

第二十九条 软件企业实行年审制度。年审不合格的企业，即取消其软件企业的资格，并不再享受有关优惠政策。

第三十条 软件企业的认定和年审的组织工作由经上级信息产业主管部门授权的地（市）级以上软件行业协会或相关协会具体负责。软件企业的名单由行业协会初选，报经同级信息产业主管部门审核，并会签同级税务部门批准后正式公布。

第三十一条 信息产业部、国家质量技术监督局负责拟定软件产品国家标准。

第十章 知识产权保护

第三十二条 国务院著作权行政管理部门要规范和加强软件著作权登记制度，鼓励软件著作权登记，并依据国家法律对已经登记的软件予以重点保护。

第三十三条 为了保护中外著作权人的合法权益，任何单位在其计算机系统中不得使用未经授权许可的软件产品。

第三十四条 加大打击走私和盗版软件的力度，严厉查处组织制作、生产、销售盗版软件的活动。自2000年下半年起，公安部、信息产业部、国家工商局、国家知识产权局、国家版权局和国家税务总局要定期开展联合打击盗版软件的专项斗争。

第十一章 行业组织和行业管理

第三十五条 各级信息产业主管部门对软件产业实

行行业管理和监督。

第三十六条 信息产业主管部门要充分发挥软件行业协会在市场调查、信息交流、咨询评估、行业自律、知识产权保护、资质认定、政策研究等方面的作用，促进软件产业的健康发展。

第三十七条 软件行业协会开展活动所需经费主要由协会成员共同承担，经主管部门申请，财政也可适当予以支持。

第三十八条 软件行业协会必须按照公开、公正、公平的原则，履行其所承担的软件企业认定职能。

第三十九条 将软件产品产值和出口额纳入国家有关统计范围，并在信息产业目录中单独列出。

第十二章 集成电路产业政策

第四十条 鼓励境内外企业在中国境内设立合资和独资的集成电路生产企业，凡符合条件的，有关部门应按程序抓紧审批。

第四十一条 对增值税一般纳税人销售其自产的集成电路产品（含单晶硅片），2010 年前按 17％的法定税率征收增值税，对实际税负超过 6％的部分即征即退，由企业用于研究开发新的集成电路和扩大再生产。

第四十二条 符合下列条件之一的集成电路生产企业，按鼓励外商对能源、交通投资的税收优惠政策执行。

（一）投资额超过 80 亿元人民币；

（二）集成电路线宽小于 0.25μm 的。

第四十三条 符合第四十二条规定的生产企业，海关应为其提供通关便利。具体办法由海关总署制定。

第四十四条 符合第四十二条规定的生产企业进口自用生产性原材料、消耗品，免征关税和进口环节增值税。由信息产业部会同国家计委、外经贸部、海关总署等有关部门负责，拟定集成电路免税商品目录，报经国务院批准后执行。

第四十五条 为规避汇率风险，允许符合第四十二条规定的企业将准备用于在中国境内再投资的税后利润以外币方式存入专用账户，由外汇管理部门监管。

第四十六条 集成电路生产企业的生产性设备的折旧年限最短可为 3 年。

第四十七条 集成电路生产企业引进集成电路技术和成套生产设备，单项进口的集成电路专用设备与仪器，按《外商投资产业指导目录》和《当前国家重点鼓励发展的产业、产品和技术目录》的有关规定办理，免征进口关税和进口环节增值税。

第四十八条 境内集成电路设计企业设计的集成电路，如在境内确实无法生产，可在国外生产芯片，其加工合同（包括规格、数量）经行业主管部门认定后，进口时按优惠暂定税率征收关税。

第四十九条 集成电路企业的认定，由集成电路项目审批部门征求同级税务部门意见后确定。

第五十条 集成电路设计产品视同软件产品，受知识产权方面的法律保护。国家鼓励对集成电路设计产品进行评测和登记。

第五十一条 集成电路设计业视同软件产业，适用软件产业有关政策。

第十三章 附 则

第五十二条 凡在我国境内设立的软件企业和集成电路企业，不分所有制性质，均可享受本政策。

第五十三条 本政策自发布之日起实施。

第八部分

国民经济、社会发展与投资统计

本栏目由江苏省常州市政府协办

综　合

1－1　全国行政区划（2000 年底）

单位：个

省级区划名称	地级区划数		县级区划数		地县级市个数	市辖区数
		＃地级市		＃县级市		
全国	**333**	**259**	**2074**	**400**	**659**	**787**
北京市			5			13
天津市				4		14
河北省	11	11	138	23	34	35
山西省	11	10	97	12	22	22
内蒙古自治区	12	5	84	15	20	17
辽宁省	14	14	44	17	31	56
吉林省	9	8	41	20	28	19
黑龙江省	13	12	66	19	31	64
上海市			3			16
江苏省	13	13	58	28	41	51
浙江省	11	11	62	24	35	26
安徽省	17	17	61	5	22	45
福建省	9	9	60	14	23	25
江西省	11	11	80	10	21	19
山东省	17	17	92	31	48	47
河南省	17	17	110	21	38	48
湖北省	13	12	66	24	36	35
湖南省	14	13	88	16	29	34
广东省	21	21	77	31	52	45
广西壮族自治区	14	9	81	10	19	29
海南省	2	2	17	7	9	3
重庆市			26	4	4	14
四川省	21	18	140	14	32	40
贵州省	9	4	78	9	13	9
云南省	16	4	120	11	15	8
西藏自治区	7	1	72	1	2	1
陕西省	10	9	87	4	13	20
甘肃省	14	5	76	9	14	10
青海省	8	1	39	2	3	4
宁夏回族自治区	4	3	17	2	5	7
新疆维吾尔自治区	15	2	85	17	19	11
香港特别行政区						
澳门特别行政区						
台湾省						

1－2 自然状况

项　　目	2000
国土	
国土面积（万平方公里）	960
海域面积（万平方公里）	473
海洋平均深度（米）	961
海洋最大深度（米）	5377
岸线总长度（公里）	32000
大陆岸线长度（公里）	18000
岛屿岸线长度（公里）	14000
岛屿个数（个）	5400
岛屿面积（万平方公里）	3.87
气候	
热量分布（积温≥0℃）	
黑龙江北部及青藏高原	2000－2500
东北平原	3000－4000
华北平原	4000－5000
长江流域及以南地区	5800－6000
南岭以南地区	7000－8000
降水量（毫米）	
台湾中部山区	＞＝4000
华南沿海	1600－2000
长江流域	1000－1500
华北、东北	400－800
西北内陆	100－200
塔里木盆地、吐鲁番盆地和柴达木盆地	＜＝25
气候带面积比例（国土面积＝100）	
湿润地区（干燥度＜1.0）	32
半湿润地区（干燥度＝1.0－1.5）	15
半干旱地区（干燥度＝1.5－2.0）	22
干旱地区（干燥度＞2.0）	31

注:1.气候资料为多年平均值。

2.岛屿面积未包括香港、澳门特别行政区和台湾省。

1－3 自然资源

项　　目	2000
土地资源（万公顷）	
耕地面积	13004
荒地面积	10800
＃宜农荒地	3535
林业用地面积	26330
＃宜林荒山荒地	6303
草地面积	40000
＃可利用草地	31333
林木资源	
活立木总蓄积量（亿立方米）	124.9
森林面积（万公顷）	15894
森林蓄积量（亿立方米）	112.7
森林覆盖率（%）	16.55
水利资源	
大陆	
地表水资源总量（亿立方米）	28124
地表径流	27115
＃冰川融水量	560
地下(浅层)水量	8287
水力资源蕴藏量（亿千瓦）	6.76
＃可开发量	3.79
内陆水域总面积（万公顷）	1747
＃可养殖面积	675
＃已养殖面积	467
海洋	
海洋能源理论蕴藏量（亿千瓦）	6.3
海岸带面积（万平方公里）	28
滩涂面积（万平方公里）	2.08
海水可养殖面积（万公顷）	260.01
＃已养殖面积（万公顷）	109.49
浅海滩涂可养殖面积（万公顷）	242
＃已养殖面积（万公顷）	89.37
矿产资源(保有储量)（亿吨）	
煤	10063
铁矿石	458.1
磷矿石	132.5
钾盐	4.6
盐	4048.3

注：1. 土地、水利资源为以前清查数，有待进一步勘测；耕地面积为1996年农业普查数据(下表同)。
　　2. 森林资源为1994－1998年调查数；矿产资源为1999年数据。

1－4 土地状况

项　　目	面　　积	占总面积(%)
总面积（万平方公里）	**960**	**100.00**
按地形分：（万平方公里）		
山地	320	33.33
高原	250	26.04
盆地	180	18.75
平原	115	11.98
丘陵	95	9.90
按地高分：（万平方公里）		
500米以下	241.7	25.18
500－1000米	162.5	16.93

1-4 续表1

项目	面积	占总面积(%)
1000-2000米	239.9	24.99
2000-3000米	67.6	7.04
3000米以上	248.3	25.86
按特征分:(万公顷)		
耕地	13004	13.54
森林	15894	16.56
内陆水域面积	1747	1.82
草地	40000	41.67
#可利用草地	31333	32.64
其他	25355	26.41

注:本表数字多为过去清查数。

1-5 人口数及构成

本表各年人口包括中国人民解放军现役军人数据,未包括香港、澳门特别行政区和台湾省的人口数据。

单位:万人

年份	年底总人口	按性别分				按城乡分			
		男		女		城镇总人口		乡村总人口	
		人口数	比重(%)	人口数	比重(%)	人口数	比重(%)	人口数	比重(%)
1978	96259	49567	51.49	46692	48.51	17245	17.92	79014	82.08
1979	97542	50192	51.46	47350	48.54	18495	18.96	79047	81.04
1980	98705	50785	51.45	47920	48.55	19140	19.39	79565	80.61
1981	100072	51519	51.48	48553	48.52	20171	20.16	79901	79.84
1982	101654	52352	51.50	49302	48.50	21480	21.13	80174	78.87
1983	103008	53152	51.60	49856	48.40	22274	21.62	80734	78.38
1984	104357	53848	51.60	50509	48.40	24017	23.01	80340	76.99
1985	105851	54725	51.70	51126	48.30	25094	23.71	80757	76.29
1986	107507	55581	51.70	51926	48.30	26366	24.52	81141	75.48
1987	109300	56290	51.50	53010	48.50	27674	25.32	81626	74.68
1988	111026	57201	51.52	53825	48.48	28661	25.81	82365	74.19
1989	112704	58099	51.55	54605	48.45	29540	26.21	83164	73.79
1990	114333	58904	51.52	55429	48.48	30191	26.41	84142	73.59
1991	115823	59466	51.34	56357	48.66	30543	26.37	85280	73.63
1992	117171	59811	51.05	57360	48.95	32372	27.63	84799	72.37
1993	118517	60472	51.02	58045	48.98	33351	28.14	85166	71.86
1994	119850	61246	51.10	58604	48.90	34301	28.62	85549	71.38
1995	121121	61808	51.03	59313	48.97	35174	29.04	85947	70.96
1996	122389	62200	50.82	60189	49.18	35950	29.37	86439	70.63
1997	123626	63131	51.07	60495	48.93	36989	29.92	86637	70.08
1998	124810	63629	50.98	61181	49.02	37942	30.40	86868	69.60
1999	125909	64189	50.98	61720	49.02	38892	30.89	87017	69.11
2000	126583	65355	51.63	61228	48.37	45844	36.22	80739	63.78

注:1.1981年以前数据为户籍统计数,1982—1989年数据根据1982年、1990年两次人口普查数据有所调整,1990-1999年数据是人口变动抽样调查推算数(下表同),2000年数据为第五次全国人口普查快速汇总的11月1日零时数。

2.总人口和城镇人口中包括中国人民解放军现役军人。

1-6 各地区总人口和性别比

本表是2000年全国人口普查快速汇总的11月1日零时数。

地 区	总人口（万人）			占总人口比重（%）		性别比（女性=100）
	合计	男	女	男	女	
全国总计	**129533**					
大陆31个省、自治区、直辖市和解放军现役军人合计	126583	65355	61228	51.63	48.37	106.74
北 京	1382	721	661	52.15	47.85	108.97
天 津	1001	510	491	50.98	49.02	103.99
河 北	6744	3433	3311	50.90	49.10	103.67
山 西	3297	1706	1591	51.76	48.24	107.28
内蒙古	2376	1229	1147	51.73	48.27	107.17
辽 宁	4238	2161	2077	50.99	49.01	104.04
吉 林	2728	1397	1331	51.20	48.80	104.92
黑龙江	3689	1886	1803	51.12	48.88	104.60
上 海	1674	860	814	51.39	48.60	105.74
江 苏	7438	3766	3672	50.64	49.36	102.58
浙 江	4677	2402	2275	51.35	48.65	105.57
安 徽	5986	3089	2897	51.60	48.40	106.61
福 建	3471	1789	1682	51.54	48.46	106.36
江 西	4140	2153	1987	52.00	48.00	108.31
山 东	9079	4596	4483	50.63	49.37	102.53
河 南	9256	4775	4481	51.59	48.41	106.58
湖 北	6028	3138	2890	52.06	47.94	108.59
湖 南	6440	3359	3081	52.16	47.84	109.02
广 东	8642	4402	4240	50.94	49.06	103.82
广 西	4489	2378	2111	52.98	47.02	112.68
海 南	787	412	375	52.33	47.67	109.77
重 庆	3090	1605	1485	51.93	48.07	108.04
四 川	8329	4305	4024	51.69	48.31	106.98
贵 州	3525	1847	1678	52.40	47.60	110.10
云 南	4288	2247	2041	52.41	47.59	110.11
西 藏	262	133	129	50.65	49.35	102.62
陕 西	3605	1875	1730	52.02	47.98	108.42
甘 肃	2562	1328	1234	51.83	48.17	107.59
青 海	518	268	250	51.70	48.30	107.06
宁 夏	562	288	274	51.29	48.71	105.28
新 疆	1925	996	929	51.75	48.25	107.27
解放军现役军人	250	236	14			
香港特别行政区	678					
澳门特别行政区	44					
台湾省和福建省的金门、马祖等岛屿	2228					

注：1. 全国总计为大陆31个省、自治区、直辖市和中国人民解放军现役军人、常住地待定以及香港特别行政区，澳门特别行政区，台湾省和福建省的金门、马祖等岛屿人口的合计。

2. 各省、自治区、直辖市和中国人民解放军现役军人的人口合计与祖国大陆总人口之差，为常住地待定的人口。

1-7 各地区每十万人拥有的各种受教育程度人口比较

单位:人

地 区	大专及以上		高中和中专		初中		小学	
	1990	2000	1990	2000	1990	2000	1990	2000
全国	**1422**	**3611**	**8039**	**11146**	**23344**	**33961**	**37057**	**35701**
北 京	9301	16843	18974	23151	30551	34391	22577	16956
天 津	4668	9007	15908	20851	29379	34590	29635	25031
河 北	955	2698	7429	10717	24689	39075	36805	33760
山 西	1384	3423	8820	11562	29237	38928	35713	31761
内蒙古	1475	3803	10056	13760	25473	34798	33397	31134
辽 宁	2596	6182	10933	13205	32321	40082	34270	29771
吉 林	2154	4926	12701	15076	26308	35687	35327	33598
黑龙江	2139	4797	11729	13866	28460	38863	34089	31253
上 海	6534	10940	19532	23018	31592	36803	22683	18934
江 苏	1474	3917	8670	13039	26426	36372	34791	32881
浙 江	1170	3189	7006	10758	23741	33336	39664	36622
安 徽	883	2297	5035	7625	19967	32780	34685	37342
福 建	1227	2967	6979	10602	16867	33708	43238	38317
江 西	991	2576	7097	9819	18841	33219	40672	38902
山 东	975	3331	7140	11036	25182	36634	36260	32736
河 南	848	2674	7069	10031	26545	39392	34729	33196
湖 北	1566	3898	8862	12595	23164	34311	35832	35416
湖 南	1138	2927	8010	11125	22567	35656	42071	38328
广 东	1338	3560	8928	12880	23041	36690	40451	33145
广 西	791	2389	6804	9554	19141	32339	45041	42176
海 南	1244	3167	10345	12491	22528	32502	34583	34404
重 庆	1070	2802	6230	8596	22860	29413	45000	43386
四 川	925	2470	5071	7587	21243	29358	43439	42960
贵 州	777	1902	3927	5626	14645	20480	37336	43595
云 南	807	2013	4095	6563	13795	21233	37905	44768
西 藏	574	1262	2122	3395	3850	6136	18597	30615
陕 西	1672	4138	9255	12246	24359	33203	31130	34475
甘 肃	1104	2665	7825	9863	16851	23925	29127	36907
青 海	1490	3299	8275	10431	17761	21661	26489	30944
宁 夏	1609	3690	8000	10910	20274	27830	29384	31770
新 疆	1845	5141	10372	12089	20662	27528	36423	37950

注：1. 1990年数据取自国务院人口普查办公室编的《中国第四次人口普查主要数据》(手工汇总资料)。2000年数据是第五次人口普查快速汇总的11月1日零时数。

2. 全国数据包括中国人民解放军现役军人,分省数据未包括。

1-8 就业基本情况

项　　目	1996	1997	1998	1999	2000
从业人员合计（万人）	**68850**	**69600**	**69957**	**70586**	**71150**
第一产业	34769	34730	34838	35364	35575
第二产业	16180	16495	16440	16235	16009
第三产业	17901	18375	18679	18987	19566
从业人员构成(合计=100)					
第一产业	50.5	49.9	49.8	50.1	50.0
第二产业	23.5	23.7	23.5	23.0	22.5
第三产业	26.0	26.4	26.7	26.9	27.5
按城乡分从业人员(万人)					
城镇从业人员	19815	20207	20678	21014	21274
＃国有单位	11244	11044	9058	8572	8102
城镇集体单位	3016	2883	1963	1712	1499
股份合作单位	—	—	136	144	155
联营单位	49	43	48	46	42
有限责任公司	—	—	484	603	687
股份有限公司	363	468	410	420	457
私营企业	620	750	973	1053	1268
港澳台商投资单位	265	281	294	306	310
外商投资单位	275	300	293	306	332
个体	1709	1919	2259	2414	2136
乡村从业人员	49035	49393	49279	49572	49876
＃乡镇企业	13508	13050	12537	12704	12820
私营企业	551	600	737	969	1139
个体	3308	3522	3855	3827	2934
职工人数（万人）	**14845**	**14668**	**12337**	**11773**	**11259**
国有单位	10949	10766	8809	8336	7878
城镇集体单位	2954	2817	1900	1652	1447
其他单位	942	1085	1628	1785	1935
城镇单位女性从业人员(万人)	**—**	**—**	**—**	**4613**	**4411**
城镇登记失业人数(万人)	**553**	**570**	**571**	**575**	**595**
城镇登记失业率（%）	**3.0**	**3.1**	**3.1**	**3.1**	**3.1**

注：1. 1990年以后，经济活动人口、从业人员总计、城镇和乡村从业人员小计资料根据人口变动情况抽样调查调整，因此分地区、分经济类型、分行业的资料相加不等于总计(下表同)。

2. 1998年及以后城镇单位从业人员、职工人数统计口径有调整，详见本篇末指标解释。

1－9 国民经济和社会发展总量与速度指标

指标	总量指标					速度指标(%)						
	1985	1990	1995	1999	2000	指数(2000为以下各年)				平均增长速度		
						1985	1990	1995	1999	1986－1990	1991－1995	1996－2000
人口与就业												
人口(万人)												
年底总人口	105851	114333	121121	125909	126583	119.6	110.7	104.5	100.5	1.6	1.2	0.9
市镇人口	25094	30191	35174	38892	45844	182.7	151.8	130.3	117.9	3.8	3.1	5.4
乡村人口	80757	84142	85947	87017	80739	100.0	96.0	93.9	92.8	0.8	0.4	
男性人口	54725	58904	61808	64189	65355	119.4	111.0	105.7	101.8	1.5	1.0	1.1
女性人口	51126	55429	59313	61720	61228	119.8	110.5	103.2	99.2	1.6	1.4	0.6
就业(万人)												
从业人员数	49873	63909	67947	70586	71150	142.7	111.3	104.7	100.8	5.1	1.2	0.9
＃职工人数	12358	14059	14908	11773	11259	91.1	80.1	75.5	95.6	2.6	1.2	
城镇登记失业人数	239	383	520	575	595	249.5	155.3	114.5	103.5	9.9	6.3	2.7
宏观经济												
国民核算(亿元)												
国民生产总值	8989	18598	57495	80579	88190	377.1	257.8	149.2	108.3	7.9	11.6	8.3
国内生产总值	8964	18548	58478	82068	89404	383.0	262.3	148.8	108.0	7.9	12.0	8.3
第一产业	2542	5017	11993	14472	14212	178.2	145.3	118.5	102.4	4.2	4.2	3.5
第二产业	3867	7717	28538	40558	45488	547.6	356.4	159.9	109.6	9.0	17.4	9.8
第三产业	2556	5814	17947	27038	29704	372.6	238.0	148.1	107.8	9.4	10.0	8.2
支出法国内生产总值	8792	18320	58511	82673	89113							
＃最终消费	5773	11365	33635	49723	54617							
居民消费	4589	9113	26945	39334	42912							
政府消费	1184	2252	6691	10388	11705							
资本形成总额	3386	6444	23877	30702	32255							
固定资本形成	2641	4732	20301	29476	32624							
存货增加	745	1712	3577	1226	－369							
固定资产投资(亿元)												
全社会固定资产投资总额	2543.2	4517.0	20019.3	29854.7	32917.7	1294.3	728.8	164.4	110.3	12.2	34.7	11.2
＃国有单位	1680.5	2986.3	10898.2	15947.8	16504.4	982.1	552.7	151.4	103.5	12.2	29.6	9.9
集体单位	327.5	529.5	3289.4	4338.6	4801.5	1466.1	906.8	146.0	110.7	10.1	44.1	8.0
个体经济	535.2	1001.2	2560.2	4195.7	4709.4	879.9	470.4	183.9	112.2	13.3	20.7	14.0
财政(亿元)												
国家财政收入	2004.8	2937.1	6242.2	11444.1	13395.2	668.2	456.1	214.6	117.0	7.9	16.3	16.5
中央	769.6	992.4	3256.6	5849.2	6989.2	908.2	704.3	214.6	119.5	5.2	26.8	16.5
地方	1235.2	1944.7	2985.6	5594.9	6406.1	518.6	329.4	214.6	114.5	9.5	9.0	16.5
国家财政支出	2004.3	3083.6	6823.7	13187.7	15886.5	792.6	515.2	232.8	120.5	9.0	17.2	18.4
中央	795.3	1004.5	1995.4	4152.3	5519.9	694.1	549.5	276.6	132.9	4.8	14.7	22.6
地方	1209.0	2079.1	4828.3	9035.3	10366.7	857.5	498.6	214.7	114.7	11.5	18.4	16.5
物价总指数(上年＝100)												
商品零售价格总指数	108.8	102.1	114.8	97.0	98.5							
居民消费价格总指数	109.3	103.1	117.1	98.6	100.4							
农产品收购价格总指数	108.6	97.4	119.9	87.8	96.4							
利用外资(亿美元)												
签订利用外资协议额	98.7	120.9	1032.1	520.1						4.1	53.6	
实际利用外资额	46.5	102.9	481.3	526.6	593.6	1276.6	576.9	123.3	112.7	17.2	36.1	4.3

1-9 续表 1

指　标	总量指标					速度指标(%)						
						指数(2000 为以下各年)				平均增长速度		
	1985	1990	1995	1999	2000	1985	1990	1995	1999	1986－1990	1991－1995	1996－2000
能源生产与消费(万吨标准煤)												
能源生产总量	85546	103922	129034	109126	109000	127.4	104.9	84.5	99.9	4.0	4.4	
能源消费总量	76682	98703	131176	130119	128000	166.9	129.7	97.6	98.4	5.2	5.9	
产　业												
农业												
耕地面积(千公顷)	96846	95673	94971									
农林牧渔业劳动力(万人)	30352	33336	32335	32912	32798	108.1	98.4	101.4	99.7	1.9		
农林牧渔业总产值(亿元)	3619.5	7662.1	20340.9	24519.1	24915.8	242.3	192.0	134.1	103.6	4.8	7.4	6.0
主要农产品产量(万吨)												
粮　食	37911	44624	46662	50839	46218	121.9	103.6	99.0	90.9	3.3	0.9	
棉　花	414.7	450.8	476.8	382.9	441.7	106.5	98.0	92.6	115.4	1.7	1.1	
油　料	1578.4	1613.2	2250.3	2601.2	2954.8	187.2	183.2	131.3	113.6	0.4	6.9	5.6
甘　蔗	5154.9	5762.0	6542.0	7470.3	6828	132.5	118.5	104.4	91.4	2.3	2.6	0.9
甜　菜	891.9	1452.5	1398.4	863.9	807.3	90.5	55.6	57.7	93.4	10.2		
茶　叶	43.2	54.0	58.9	67.6	68.3	158.1	126.5	116.0	101.0	4.6	1.8	3.0
水　果	1163.9	1874.4	4214.6	6237.6	6225.1	534.8	332.1	147.7	99.8	10.0	17.6	8.1
肉　类				5820.7	6125.4				105.2			
水产品	705.2	1237.0	2517.2	4122.4	4278.5	606.7	345.9	170.0	103.8	11.9	15.3	11.2
工业												
主要工业产品产量												
布（亿米）	146.7	188.8	260.2	250.0	277.0	188.8	146.7	106.5	110.8	5.2	6.6	1.3
机制纸及纸板(万吨)	911	1372	2812	2159	2487	273.0	181.3	88.4	115.2	8.5	15.4	
糖（万吨）	451	582	559	861	700	155.2	120.3	125.2	81.3	5.2	-0.8	4.6
家用电冰箱(万台)	145	463	919	1210	1279	882.1	276.2	139.2	105.7	26.1	14.7	6.8
彩色电视机(万台)	435	1033	2058	4262	3936	904.8	381.0	191.3	92.4	18.9	14.8	13.8
家用洗衣机(万台)	887	663	948	1342	1443	162.7	217.6	152.2	107.5		7.4	8.8
房间空气调节器(万台)	12	24	683	1338	1827			267.5	136.5			21.7
原煤（亿吨）	8.7	10.8	13.6	10.5	10.0	114.9	92.6	73.5	95.2	4.4	4.7	
原油（万吨）	12490	13831	15005	16000	16300	130.5	117.9	108.6	101.9	2.1	1.6	1.7
发电量（亿千瓦小时）	4107	6212	10070	12393	13556	330.1	218.2	134.6	109.4	8.6	10.1	6.1
钢(万吨)	4679	6635	9536	12426	12850	274.8	193.8	134.8	103.5	7.2	7.5	6.2
成品钢材(万吨)	3693	5153	8980	12110	13146	356.0	255.1	146.4	108.6	6.9	11.7	7.9
水泥(万吨)	14595	20971	47561	57300	59700	409.0	284.7	125.5	104.2	7.5	17.8	4.7
国有及限额以上非国有工业企业主要指标												
工业总产值(亿元)				72707	85673.7				116.9			
固定资产原价(亿元)	6926	14390	44989	71847	78646	1135.5	546.5	174.8	109.5	15.7	25.6	11.8
固定资产净值年平均余额(亿元)	4725	10139	32287	47281	51792	1096.1	510.8	160.4	109.5	16.5	26.1	9.9
利润总额（亿元）		560	1635	2288	4393		784.5	268.7	192.0		23.9	21.9

1-9 续表 2

指标	总量指标					速度指标(%)						
						指数(2000 为以下各年)				平均增长速度		
	1985	1990	1995	1999	2000	1985	1990	1995	1999	1986－1990	1991－1995	1996－2000
建筑业												
建筑业企业人数（万人）	1701	1717	2512	2766	2741	161.1	159.6	109.1	99.1	0.2	7.9	1.8
建筑业总产值(亿元)	985.1	1947.6	9505.0	15151.5	16780.9	1703.5	861.6	176.5	110.8	14.6	37.3	12.0
施工房屋面积(万平方米)	35492	37923	89863	147263	160141	451.2	422.3	178.2	108.7	1.3	18.8	12.2
竣工房屋面积(万平方米)	17073	19553	35666	73925	80715	472.8	412.8	226.3	109.2	2.7	12.8	17.7
交通运输												
货运量(万吨)	745763	970602	1234810	1292650	1358124	182.1	139.9	110.0	105.1	5.4	4.9	1.9
铁 路	130709	150681	165855	167196	178023	136.2	118.1	107.3	106.5	2.9	1.9	1.4
公 路	538062	724040	940387	990444	1038813	193.1	143.5	110.5	104.9	6.1	5.4	2.0
水 运	63322	80094	113194	114608	122391	193.3	152.8	108.1	106.8	4.8	7.2	1.6
管 道	13650	15750	15274	20232	18700	137.0	118.7	122.4	92.4	2.9		4.1
空 运	20	37	101	170	197	985.0	532.4	195.0	115.9	13.1	22.2	14.3
客运量(万人)	620206	772682	1172596	1394413	1478573	238.4	191.4	126.1	106.0	4.5	8.7	4.7
铁 路	112110	95712	102745	100164	105073	93.7	109.8	102.3	104.9		1.4	0.4
公 路	476486	648085	1040810	1269004	1347392	282.8	207.9	129.5	106.2	6.3	9.9	5.3
水 运	30863	27225	23924	19151	19386	62.8	71.2	81.0	101.2			
空 运	747	1660	5117	6094	6722	899.9	404.9	131.4	110.3	17.3	25.3	5.6
沿海主要港口货物吞吐量(万吨)	31154	48321	80166	105162	125603	403.2	259.9	156.7	119.4	9.2	10.7	9.4
邮电通信业												
邮电业务总量(亿元)	62.2	155.5	988.9	3330.8	4792.7	7704.1	3081.3	484.7	143.9	20.1	44.8	37.1
函 件（亿件）	46.8	54.9	79.6	60.5	77.71	166.0	141.5	97.6	128.4	3.2	7.7	－0.5
报刊期发数（万份）	30172	20078	21689	25035	20090	66.6	100.1	92.6	80.2		1.6	－1.5
局用交换机容量（万门）	613	1232	7204	15346	17826	2908.0	1446.9	247.4	116.2	15.0	42.4	19.9
中央国有	337	826	5456	11094	13306	3948.4	1610.9	243.9	119.9	19.6	45.9	19.5
地方国有	277	406	1747	4252	4519	1631.4	1113.1	258.7	106.3	7.9	33.9	20.9
电话机（万部）	626	1233	5762	17567	25607	4090.6	2076.8	444.4	145.8	14.5	36.1	34.8
中央国有	476	1026	4346	9505	12634	2654.2	1231.4	290.7	132.9	16.6	33.5	23.8
地方国有	150	205	1152	3732	4519	3012.7	2204.4	392.3	121.1	6.4	41.2	31.4
移动电话用户（万户）		1.8	362.9	4329.6	8453.3		461929.0	2329.1	195.2		188.1	87.7
国内商业												
社会消费品零售总额(亿元)	3801	7250	20620	31135	34153	898.5	471.1	165.6	109.7	13.8	23.3	10.6
对外经济贸易												
进出口总额（亿美元）	696.0	1154.4	2808.6	3606.3	4742.9	681.5	410.9	168.9	131.5	10.6	19.5	11.0

1－9　续表 3

指　标	总量指标					速度指标(%)						
						指数(2000 为以下各年)				平均增长速度		
	1985	1990	1995	1999	2000	1985	1990	1995	1999	1986－1990	1991－1995	1996－2000
出口额	273.5	620.9	1487.8	1949.3	2492	911.2	401.4	167.5	127.8	17.8	19.1	10.9
进口额	422.5	533.5	1320.8	1657.0	2250.9	532.8	421.9	170.4	135.8	4.8	19.9	11.3
国际旅游												
来华旅游人数(万人)	1783	2746	4639	7280	8344	468.0	303.9	179.9	114.6	9.0	11.1	12.5
旅游外汇收入(亿美元)	12.5	22.2	87.3	141.0	162.2	1296.0	729.7	185.6	114.9	12.2	31.5	13.2
金融保险												
金融机构各项存款(亿元)				108779	123804				113.8			
金融机构各项贷款(亿元)				93734	99371				106.0			
中外资保险公司保险金额(亿元)				666427	508579				76.3			
中外资保险公司保费(亿元)				1406	1598				113.6			
中外资保险公司赔款及给付(亿元)				508	526				103.5			
教育、科技、文化												
教育												
专任教师数(万人)												
普通高等学校	34.4	39.5	40.1	42.6	46.3	134.6	117.2	115.5	108.7	2.8	0.3	2.9
中等学校	296.7	349.2	388.3	459.6	473.4	159.6	135.6	121.9	103.0	3.3	2.1	4.0
小 学	537.7	558.2	566.4	586.1	586.0	109.0	105.0	103.5	100.0	0.8	0.3	0.7
在校学生数(万人)												
普通高等学校	170.3	206.3	290.6	413.4	556.1	326.5	269.6	191.4	134.5	3.9	7.1	13.9
中等学校	5092.6	5105.4	6191.5	8002.7	8518.5	167.3	166.9	137.6	106.4	0.1	3.9	6.6
小 学	13370.2	12241.4	13195.2	13548.0	13013.3	97.3	106.3	98.6	96.1		1.5	－0.3
教育经费支出(亿元)			1878.0	3349.0								
科技												
科学家、工程师数(万人)			155.4	159.5	200.4			129.0	125.6			5.2
研究与发展经费支出(亿元)		125.4	348.7	678.9	897.7	715.9	257.4	132.2			22.7	20.8
技术市场成交额(万元)		750969	2683447	5234123	6507519	866.5	242.5	124.3			29.0	19.4
文化												
出版数量												
图 书(亿册.张)	66.7	56.4	63.2	73.2	62.7	94.0	111.2	99.2	85.7		2.3	－0.2
杂 志(亿册)	25.6	17.9	23.4	28.5	29.4	114.8	164.2	125.6	103.2		5.5	4.7
报 纸(亿份)	246.8	211.3	263.3	318.4	329.3	133.4	155.8	125.1	103.4		4.5	4.6
故事影片产量(部)	127	134	146	82	91	71.7	67.9	62.3	111.0	1.1	1.7	－9.0
电视节目制作时间(小时)	38056	91572	383513	526483	585007	1537.2	638.8	152.5	111.1	19.2	33.2	8.8
家庭、生活、环境												
家庭												
家庭总户数(万户)	23804	27738	31676	34153	34837	146.3	125.6	110.0	102.0	3.1	2.7	1.9
城镇居民平均每户家庭人口(人)	3.9	3.5	3.2	3.1	3.1	79.5	88.6	96.9	100.0			－0.6
农村居民平均每户家庭人口(人)	5.1	4.8	4.5	4.3	4.2	82.4	87.5	93.3	97.7			－1.4
婚姻												

1－9 续表 4

指 标	总量指标					速度指标(%)						
						指数(2000 为以下各年)				平均增长速度		
	1985	1990	1995	1999	2000	1985	1990	1995	1999	1986－1990	1991－1995	1996－2000
结婚数(万对)	829.1	948.7	929.7	879.9	842.0	101.6	88.8	90.6	95.7	2.7		－2.0
离婚数(万对)	45.8	80.0	105.5	120.2	121.3	264.8	151.6	115.0	100.9	11.8	5.7	2.8
居住												
城市居民人均使用面积(平方米)		9.9	11.8	14.2	14.9		150.5	126.3	105.0		3.6	4.8
城市居民人均居住面积(平方米)	5.2	6.7	8.1	9.8	10.3	198.1	153.7	127.2	105.3	5.2	3.9	4.9
农村居民人均居住面积(平方米)	14.7	17.8	21.0	24.2	24.8	168.7	139.3	118.1	102.4	3.9	3.4	3.4
生活												
城镇居民人均可支配收入(元)	739	1510	4283	5854	6280	239.2	193.7	132.2	106.4	4.3	7.9	5.7
农村居民人均纯收入(元)	398	686	1578	2210	2253	179.8	155.4	126.0	102.1	3.0	4.3	4.7
城乡储蓄存款余额(亿元)	1622.6	7119.8	29662.3	59621.8	64332.4	3964.8	914.6	216.9	107.9	34.1	33.4	16.7
工资												
工资总额(亿元)	1383	2951	8100	9876	10656	770.5	361.1	131.6	107.9	16.4	22.4	5.6
职工平均工资(元)	1148	2140	5500	8346	9371	229.8	204.0	153.6	111.4	2.4	5.8	9.0
离休、退休、退职费(亿元)	145.6	396.2	1305.6	2420.9	2733.3	1877.3	689.9	209.4	112.9	22.2	26.9	15.9
卫生												
医院、卫生院(个)	59614	62454	67807	66935	66509	111.6	106.5	98.1	99.4	0.9	1.7	－0.4
医生(万人)	141.3	176.3	191.8	204.5	207.6	146.9	117.8	108.2	101.5	4.5	1.7	1.6
医院、卫生院床位数(万张)	222.9	262.4	283.6	292.8	294.8	132.3	112.3	103.9	100.7	3.3	1.6	0.8
市政建设												
自来水供应量(亿吨)	128.0	382.3	496.6	467.5	469.0	366.4	122.7	94.4	100.3	24.5	5.4	－1.1
下水道长度(公里)	31556	57787	110293	134486	141758	449.2	245.3	128.5	105.4	12.9	13.8	5.1
城市煤气和天然气供气量(万立方米)	411853	2389354	1940248	2121481	2345091	569.4	98.1	120.9	110.5	42.1		3.9
公共汽(电)车总数(辆)	45155	62215	136821	209884	225993	500.5	363.2	165.2	107.7	6.6	17.1	10.6
铺装道路长度(公里)	38282	94820	130308	152385	159617	417.0	168.3	122.5	104.7	19.9	6.6	4.1
绿地面积(公顷)	159291	474613	678310	778161	865295	543.2	182.3	127.6	111.2	24.4	7.4	5.0
环境、灾害												
污染治理项目本年完成投资额(亿元)	22.2	45.4	98.7	152.7	239.4	1078.4	527.3	242.6	156.8	15.4	16.8	19.4
环境污染与破坏事故次数(起)	2716	3462	1966	1614	2411	88.8	69.6	122.6	149.4	5.0		4.2
环境污染直接经济损失(万元)			9938	5711	17808			179.2	311.8			12.4
环境污染事故赔罚款金额(万元)			4260	2116	3683			86.5	174.0			－2.9
火灾发生数(起)	34996	57302	37136	179955	189185	540.6	330.2	509.4	105.1	10.4		38.5
火灾损失(万元)	28422	51182	107777	143394	152217	535.6	297.4	141.2	106.2	12.5	16.1	7.1
交通事故发生数(起)	97573	250244	271843	412860	616971	632.3	246.5	227.0	149.4	20.7	1.7	17.8
交通事故损失(万元)	6599	35362	152267	212402	266890	4044.4	754.7	175.3	125.7	39.9	33.9	11.9

注：1. 本表价值指标除邮电业务总量按 1990 年不变价格计算外，其余均按当年价格计算。
2. 本表速度指标中，国民生产总值、国内生产总值及三次产业、物价指数、农林牧渔业总产值、工业总产值、邮电业务总量、城乡居民收入和平均工资指标均按可比价格计算。
3. 2000 年人口数和家庭总户数均为第五次人口普查快速汇总数(下表同)。
4. 1999 年及以后职工人数为在岗人数，1995 年及以前为全部职工人数，故不可比。

1－10 国民经济和社会发展结构指标

单位：%

指　　标	1985	1990	1995	2000
人口与就业				
人口				
城乡结构				
城镇	23.7	26.4	29.0	36.2
乡村	76.3	73.6	71.0	63.8
性别结构				
男	51.7	51.5	51.0	51.6
女	48.3	48.5	49.0	48.4
就业				
产业结构				
第一产业	62.4	60.1	52.2	50.0
第二产业	20.9	21.4	23.0	22.5
第三产业	16.7	18.5	24.8	27.5
宏观经济				
国民核算				
国内生产总值产业结构				
第一产业	28.4	27.1	20.5	15.9
第二产业	43.1	41.6	48.8	50.9
第三产业	28.5	31.3	30.7	33.2
投资				
全社会固定资产投资结构				
基本建设	42.2	37.7	37.0	40.8
更新改造	17.7	18.4	16.5	15.5
房地产开发	－	5.6	15.7	15.1
其他投资	40.1	38.3	30.8	28.6
资金来源结构				
国家预算内资金	16.0	8.7	3.0	6.4
国内贷款	20.1	19.6	20.5	20.3
利用外资	3.6	6.3	11.2	5.1
自筹和其他投资	60.3	65.4	65.3	68.2
财政				
财政收入结构				
中央	38.4	33.8	52.2	52.2
地方	61.6	66.2	47.8	47.8
财政支出结构				
中央	39.7	32.6	29.2	34.7
地方	60.3	67.4	70.8	65.3
利用外资				
实际利用外资结构				
对外借款	57.8	63.5	21.5	16.8
外商直接投资	35.7	33.9	77.9	68.6
外商其他投资	6.4	2.6	0.6	14.6

1-10 续表1

单位：%

指　　标	1985	1990	1995	2000
能源生产与消费				
能源生产总量结构				
原煤	72.8	74.2	75.3	67.2
原油	20.9	19.0	16.6	21.4
天然气	2.0	2.0	1.9	3.4
水电	4.3	4.8	6.2	8.0
能源消费总量结构				
煤炭	75.8	76.2	74.6	67.0
石油	17.1	16.6	17.5	23.6
天然气	2.2	2.1	1.8	2.5
水电	4.9	5.1	6.1	6.9
产　业				
农业				
农林牧渔业产值结构				
农业	69.3	64.7	58.4	55.7
林业	5.2	4.3	3.5	3.8
牧业	22.1	25.7	29.7	29.7
渔业	3.5	5.4	8.4	10.9
工业				
工业总产值规模结构				
大型企业	28.1	33.2	39.7	44.7
中型企业	18.9	18.9	16.5	12.5
小型企业	53.0	47.8	43.8	42.8
建筑业				
建筑业总产值结构				
土木工程建筑业			86.8	87.8
线路管理设备安装业			11.0	8.7
建筑物装修装饰业			2.2	3.4
交通运输业				
货运量结构				
按运输方式分				
铁 路	17.5	15.5	13.4	13.1
公 路	72.1	74.6	76.2	76.5
水 运	8.5	8.3	9.2	9.0
民用航空	...	...	...	...
管道输油(气)	1.8	1.6	1.2	1.4
国内商业				
社会消费品零售总额构成				
市	49.3	53.6	60.0	61.8
县	19.4	18.4	14.2	12.3
县以下	31.3	28.0	25.8	25.8
对外经济贸易				
出口商品结构				
初级产品	50.6	25.6	14.4	10.2

1－10 续表 2

单位：%

指　　标	1985	1990	1995	2000
工业制成品	49.4	74.40	85.6	89.8
进口商品结构				
初级产品	12.5	18.5	18.5	20.8
工业制成品	87.5	81.5	81.5	79.2
国际旅游				
来华旅游人数结构				
外国人	7.7	6.4	12.7	12.2
华侨	0.5	0.3	0.2	0.1
港澳台同胞	91.8	93.3	87.1	87.7
金融保险业				
金融机构资金来源结构				
各项存款				91.4
金融债券				…
对国际金融机构负债				0.3
货币流通量				10.8
其他				−2.5
金融机构资金运用结构				
各项贷款				73.3
有价证券及投资				14.5
在国际金融机构资产				0.4
金银占款				…
外汇占款				10.5
财政借款				1.2
教育、科技、文化				
教育				
在校学生结构				
大学生	0.9	1.2	1.5	2.5
中学生	27.3	29.1	31.5	38.6
小学生	71.8	69.7	67.1	58.9
专任教师结构				
大学	4.0	4.2	4.0	4.2
中学	34.2	36.9	39.0	42.8
小学	61.9	59.0	56.9	53.0
科技				
科技经费筹集额结构				
#政府资金			25.8	25.1
企业资金			44.2	55.7
银行贷款			13.2	8.2
科技经费内部支出结构				
#劳务费			21.0	23.1
固定资产购建			28.5	30.0
#研究与发展经费支出			41.3	43.5
生活、环境				

1－10 续表 3

单位：%

指标	1985	1990	1995	2000
生活				
城镇居民消费结构				
食品类	52.2	54.2	49.9	39.2
衣着类	14.6	13.4	13.5	10.0
用品及其他	28.4	27.6	29.5	40.8
居住	4.8	4.8	7.1	10.0
农村居民消费结构				
食品类	57.8	58.8	58.6	49.1
衣着类	9.7	7.8	6.9	5.8
用品及其他	14.2	16.1	20.6	29.6
居住	18.2	17.3	13.9	15.5
福利				
离退休退职人员结构				
离休人员		7.9	6.4	4.4
退休人员		88.5	90.6	93.4
退职人员		3.6	3.0	2.2
离退休退职人员保险福利费结构				
离休金		7.4	8.0	6.6
退休金		51.5	64.8	75.8
退职生活费		1.1	1.0	1.0
医疗卫生费		16.4	15.5	11.4
其他		23.6	10.7	5.2
卫生				
医生结构				
中医	23.8	20.9	18.7	16.2
西医师	42.6	60.0	61.8	64.1
西医士	33.5	18.8	19.0	19.0
医院床位结构				
市医院	43.2	52.9	61.3	64.9
县医院	56.8	47.1	38.7	35.1
环境、灾害				
治理污染资金使用结构				
治理废水	44.6	47.6	46.2	45.8
治理废气	32.4	32.6	33.6	38.0
治理固体废物	9.0	11.2	14.2	4.8
治理噪声	2.3	2.6	2.2	2.5
其他	11.7	6.0	3.8	9.0
火灾事故损失额结构				
特大	41.4	35.1	35.8	13.1
重大	33.4	27.8	38.3	10.9
一般	25.2	37.2	25.9	75.9
交通事故损失额结构				
特大	18.0	12.5	11.8	8.9
重大	14.6	19.8	22.0	17.2
一般	67.4	67.7	66.2	73.9

1-11 国民经济和社会发展比例与效益指标

指标	1985	1990	1995	2000
人口与就业				
人口				
出生率(‰)	21.04	21.06	17.12	
死亡率(‰)	6.78	6.67	6.57	
自然增长率(‰)	14.26	14.39	10.55	
就业				
就业者负担人口	1.12	0.79	0.78	0.56
三次产业从业者比例(以第一产业为100)				
第一产业	100	100	100	100
第二产业	33.5	35.5	44.1	45.0
第三产业	26.8	30.8	47.5	55.0
城镇失业率(%)	1.8	2.5	2.9	3.1
宏观经济				
国民核算				
三次产业增加值比例(以第一产业为100)				
第一产业	100	100	100	100
第二产业	152.1	153.8	238.0	320.1
第三产业	100.6	115.9	149.6	209.0
全社会劳动生产率(元/人)	1797	2902	8606	12566
第一产业	817	1306	3381	3995
第二产业	3711	5652	18261	28414
第三产业	3061	4915	10651	15181
人均国内生产总值(元)	853	1634	4854	7078
固定资产投资				
全社会固定资产投资相当于国内生产总值比例(%)	20.2	24.4	34.2	36.8
全社会房屋建筑面积竣工率(%)	82.0	78.6	67.7	68.6
基本建设固定资产交付使用率(%)	68.2	80.0	63.7	77.7
基本建设项目建成投产率(%)	50.7	53.8	57.0	57.7
财政				
国家财政收入相当于国内生产总值比例(%)	22.4	15.8	10.7	15.0
国家财政支出相当于国内生产总值比例(%)	22.4	16.6	11.7	17.8
地方收入相当于中央财政收入比例(%)	160.5	196.0	91.7	91.7
地方支出相当于中央财政支出比例(%)	152	207	242	188
预算外资金收入相当于国家财政收入比例(%)	76.3	92.2	38.6	
物价指数				
工农商品综合比价(1978=100)	66.6	62.8	52.0	67.8
利用外资				

1-11 续表1

指标	1985	1990	1995	2000
实际利用外资额相当于签订利用外资额比例（%）	47.1	85.1	46.6	114.1
能源生产与消费				
能源生产弹性系数	0.73	0.58	0.83	
能源消费弹性系数	0.60	0.47	0.66	
每万元国内生产总值消耗的能源（吨）	8.6	5.2	2.2	1.4
产业				
农业				
人均耕地面积（公顷）	0.09	0.08	0.08	
农业从业者人均耕地面积（公顷）	0.33	0.29	0.29	
每公顷耕地农业机械总动力(千瓦)	2.09	3	3.8	
每公顷耕地用电量（千瓦小时）	510	883	1743	
每公顷耕地化肥施用量（公斤）	178	271	378	
每公顷耕地生产的农业产值（元）	2510	5178	12514	
农业从业者人均农产品产量（公斤）				
粮食	1222	1357	1435	1405
棉花	13.4	13.7	14.7	13.4
油料	50.9	49.1	69.2	89.8
肉类				186.2
水产品	22.7	37.6	77.4	130.1
每公顷播种面积农产品产量（公斤）				
粮食	3483	3933	4240	4261
棉花	810	810	879	1093
油料	1338	1480	1572	1919
工业企业效益				
总资产贡献率（%）			9.19	9.00
资产负债率（%）			65.31	60.81
成本费用利润率（%）			3.21	5.56
流动资产周转次数（次/年）			1.58	1.62
全员劳动生产率（元/人·年）（按增加值计算）			18477	45679
建筑业				
技术装备率（元/人）		2467	4264	6304
产值利税率（%）		5.4	4.2	4.6
全员劳动生产率（元/人）（按总产值计算）		13109	38680	59585
交通运输业				
客运量弹性系数	1.26	-	0.69	0.75
货运量弹性系数	0.3	-	0.44	0.63
铁路网密度（公里/万平方公里）	57.3	60.2	62.2	71.6

1－11 续表 2

指　　标	1985	1990	1995	2000
公路网密度（公里/万平方公里）	982	1071	1205	1461
铁路货运密度（吨/公里）	23765	26069	27781	25913
公路货运密度（吨/公里）	5709	7041	8128	7406
平均每一沿海港口泊位货物吞吐量(万吨)				
邮电通信业				
邮电业务总量弹性系数	1.35	33.15	4.16	5.49
全国电话普及率（部/百人）	0.6	1.1	4.7	20.1
城市电话普及率（部/百人）	3.2	6.4	15.8	39.2
国内商业				
批零和餐饮业人均消费品零售额(元)	17681	25852	50213	72380
对外经济贸易				
进出口总额相当于国内生产总值				
比例（%）	23.1	30.0	40.2	43.9
国际旅游				
每一来华游客花费（美元）	70	81	188	194
金融保险				
金融机构存款相当于				
国内生产总值比例（%）				138.5
金融机构贷款相当于				
国内生产总值比例（%）				111.1
金融机构现金支出相当于收入				
比例（%）				100.4
教育、科技、文化				
教育				
学龄儿童入学率（%）	96.0	97.8	98.5	99.1
小学升学率（%）	68.4	74.6	90.8	94.9
初中升学率（%）	41.7	40.6	48.3	51.1
学校教师负担系数（%）				
高等学校	5.0	5.2	7.2	12.0
中等学校	17.2	14.6	15.9	18.0
小学学校	24.9	21.9	23.3	22.2
科技				
研究与开发经费支出相当于				
国内生产总值比例（%）		0.71	0.60	1.00

1－11 续表 3

指　　标	1985	1990	1995	2000
文化				
每百万人有艺术表演团体（个）	3.13	2.45	2.21	2.08
每百万人有公共图书馆（个）	2.21	2.21	2.16	2.11
每百万人有博物馆（个）	0.67	0.89	0.99	1.10
家庭、生活、环境				
家庭				
负担少儿系数（%）	43.73 *	41.52	40.16	32.64
负担老年系数（%）	8.33 *	8.37	10.06	9.92
婚姻				
离婚率（‰）	0.88	1.38	1.75	1.91
生活				
城镇与农村居民收入增长率比例	0.36	0.46	0.67	0.74
(以农村居民收入指数为 1)				
(1978＝100)				
福利				
离退休退职费相当于工资总额比例(%)	10.5	13.4	16.1	25.6
离退休退职相当于在职人数比例(%)	13.2	16.4	20.8	34.4
卫生				
每万人医院数（个）	0.56	0.55	0.56	0.53
每万人医生数（人）	13.3	15.4	15.8	16.8
每万人医院床位数（张）	21.1	23	23.4	23.8
医院病床使用率（%）	82.7	80.9	66.9	60.8
市政建设				
城市自来水普及率（%）	81.0	89.2	93.0	96.7
城市用气普及率（%）	22.4	42.2	70.0	84.2
每万人绿地面积（公顷）	13.7	32.2	36.7	41.3
环境、灾害				
平均每起火灾损失（元）	8121	8932	29022	8046
平均每起交通事故损失（元）	676	1413	5601	4326
平均每起环境污染事故				
直接经济损失（元）			50549	73861

注:1. “*”负担少儿和老年系数为 1987 年数。
2. 预算外资金收入自 1993 年开始不含国有企业和主管部门收入。

1－12 国内生产总值

本表按当年价格计算。
单位：亿元

年份	国民生产总值	国内生产总值	第一产业	第二产业	工业	建筑业	第三产业	#交通运输仓储邮电通信业	#批发和零售贸易餐饮业	人均国内生产总值（元）
1952	679.0	679.0	342.9	141.8	119.8	22.0	194.3	29.0	80.3	119
1953	824.0	824.0	378.0	192.5	163.5	29.0	253.5	35.0	115.5	142
1954	859.0	859.0	392.0	211.7	184.7	27.0	255.3	38.0	120.3	144
1955	910.0	910.0	421.0	222.2	191.2	31.0	266.8	39.0	119.8	150
1956	1028.0	1028.0	443.9	280.7	224.7	56.0	303.4	46.0	131.4	165
1957	1068.0	1068.0	430.0	317.0	271.0	46.0	321.0	49.0	133.0	168
1958	1307.0	1307.0	445.9	483.5	414.5	69.0	377.6	71.0	136.6	200
1959	1439.0	1439.0	383.8	615.5	538.5	77.0	439.7	94.0	145.7	216
1960	1457.0	1457.0	340.7	648.2	568.2	80.0	468.1	104.0	133.1	218
1961	1220.0	1220.0	441.1	388.9	362.1	26.8	390.0	69.2	110.8	185
1962	1149.3	1149.3	453.1	359.3	325.4	33.9	336.9	57.4	80.5	173
1963	1233.3	1233.3	497.5	407.6	365.6	42.0	328.2	55.0	76.1	181
1964	1454.0	1454.0	559.0	513.5	461.1	52.4	381.5	58.4	94.0	208
1965	1716.1	1716.1	651.1	602.2	546.5	55.7	462.8	77.4	118.3	240
1966	1868.0	1868.0	702.2	709.5	648.6	60.9	456.3	85.1	148.1	254
1967	1773.9	1773.9	714.2	602.8	544.9	57.9	456.9	72.3	153.5	235
1968	1723.1	1723.1	726.3	537.3	490.3	47.0	459.5	70.5	138.9	222
1969	1937.9	1937.9	736.2	689.1	626.1	63.0	512.6	84.9	163.6	243
1970	2252.7	2252.7	793.3	912.2	828.1	84.1	547.2	100.2	178.1	275
1971	2426.4	2426.4	826.3	1022.8	926.6	96.2	577.3	108.4	178.3	288
1972	2518.1	2518.1	827.4	1084.2	989.9	94.3	606.5	118.0	194.3	292
1973	2720.9	2720.9	907.5	1173.0	1072.5	100.5	640.4	125.5	211.0	309
1974	2789.9	2789.9	945.2	1192.0	1083.6	108.4	652.7	126.1	206.6	310
1975	2997.3	2997.3	971.1	1370.5	1244.9	125.6	655.7	141.6	175.8	327
1976	2943.7	2943.7	967.0	1337.2	1204.6	132.6	639.5	139.6	147.2	316

1-12 续表 1

年份	国民生产总值	国内生产总值	第一产业	第二产业	工业	建筑业	第三产业	#交通运输仓储邮电通信业	#批发和零售贸易餐饮业	人均国内生产总值(元)
1977	3201.9	3201.9	942.1	1509.1	1372.4	136.7	750.7	156.9	213.8	339
1978	3624.1	3624.1	1018.4	1745.2	1607.0	138.2	860.5	172.8	265.5	379
1979	4038.2	4038.2	1258.9	1913.5	1769.7	143.8	865.8	184.2	220.2	417
1980	4517.8	4517.8	1359.4	2192.0	1996.5	195.5	966.4	205.0	213.6	460
1981	4860.3	4862.4	1545.6	2255.5	2048.4	207.1	1061.3	211.1	255.7	489
1982	5301.8	5294.7	1761.6	2383.0	2162.3	220.7	1150.1	236.7	198.6	526
1983	5957.4	5934.5	1960.8	2646.2	2375.6	270.6	1327.5	264.9	231.4	582
1984	7206.7	7171.0	2295.5	3105.7	2789.0	316.7	1769.8	327.1	412.4	695
1985	8989.1	8964.4	2541.6	3866.6	3448.7	417.9	2556.2	406.9	878.4	855
1986	10201.4	10202.2	2763.9	4492.7	3967.0	525.7	2945.6	475.6	943.2	956
1987	11954.5	11962.5	3204.3	5251.6	4585.8	665.8	3506.6	544.9	1159.3	1103
1988	14922.3	14928.3	3831.0	6587.2	5777.2	810.0	4510.1	661.0	1618.0	1355
1989	16917.8	16909.2	4228.0	7278.0	6484.0	794.0	5403.2	786.0	1687.0	1512
1990	18598.4	18547.9	5017.0	7717.4	6858.0	859.4	5813.5	1147.5	1419.7	1634
1991	21662.5	21617.8	5288.6	9102.2	8087.1	1015.1	7227.0	1409.7	2087.0	1879
1992	26651.9	26638.1	5800.0	11699.5	10284.5	1415.0	9138.6	1681.8	2735.0	2287
1993	34560.5	34634.4	6882.1	16428.5	14143.8	2284.7	11323.8	2123.2	3090.7	2939
1994	46670.0	46759.4	9457.2	22372.2	19359.6	3012.6	14930.0	2685.9	4050.4	3923
1995	57494.9	58478.1	11993.0	28537.9	24718.3	3819.6	17947.2	3054.7	4932.3	4854
1996	66850.5	67884.6	13844.2	33612.9	29082.6	4530.5	20427.5	3494.0	5560.3	5576
1997	73142.7	74462.6	14211.2	37222.7	32412.1	4810.6	23028.7	3797.2	6159.9	6054
1998	76967.2	78345.2	14552.4	38619.3	33387.9	5231.4	25173.5	4121.3	6579.1	6307
1999	80579.4	82067.5	14472.0	40557.8	35087.2	5470.6	27037.7	4460.3	6910.3	6547
2000	88189.6	89403.6	14212.0	45487.8	39570.3	5917.5	29703.8	4918.6	7306.9	7078

注:1980年以后一、二、三产业之和与国民生产总值的差额为国外净要素收入。

1-13 各地区国内生产总值(2000年)

本表绝对数按当年价格计算，指数按可比价格计算。

单位：亿元 表一

地区	国内生产总值(亿元)	第一产业	第二产业			第三产业				
				工业	建筑业		农林牧渔服务业	地质勘查业水利管理业	交通运输仓储及邮电通信业	批发零售贸易及餐饮业
北京	2478.76	89.97	943.51	745.32	198.19	1445.28	2.25	5.33	190.12	218.54
天津	1639.36	73.54	820.17	747.28	72.89	745.65	1.68	9.17	178.83	158.56
河北	5088.96	824.55	2559.96	2246.73	313.23	1704.45	7.12	21.61	415.79	459.00
山西	1643.81	179.86	827.59	706.39	121.20	636.36	7.67	12.97	146.01	135.19
内蒙古	1401.01	350.80	556.28	455.21	101.07	493.93	4.68	6.27	142.59	133.45
辽宁	4669.06	503.44	2344.40	2114.89	229.51	1821.22	14.01	8.29	350.46	631.64
吉林	1821.19	398.73	800.28	655.68	144.60	622.18	3.41	4.21	119.10	153.74
黑龙江	3253.00	357.00	1868.55	1664.35	204.20	1027.45	10.06	13.93	203.13	320.00
上海	4551.15	83.20	2163.68	1956.66	207.02	2304.27	4.55	8.55	315.42	485.30
江苏	8582.73	1031.17	4435.89	3848.52	587.37	3115.67	37.17	22.90	557.37	857.57
浙江	6036.34	664.16	3183.47	2883.37	300.10	2188.71	6.40	7.16	428.30	827.78
安徽	3038.24	732.19	1296.31	1100.45	195.86	1009.73	9.76	12.35	179.85	315.00
福建	3920.07	640.57	1711.16	1470.07	241.09	1568.34	6.14	6.18	444.13	384.17
江西	2003.07	485.14	700.76	539.78	160.98	817.17	7.23	8.22	194.98	181.96
山东	8542.44	1268.57	4244.40	3737.38	507.02	3029.47	15.52	17.85	553.17	785.68
河南	5137.66	1161.58	2413.78	2078.94	334.84	1562.30	6.10	30.30	391.88	380.66
湖北	4276.32	662.30	2123.70	1903.28	220.42	1490.32	5.38	8.89	256.94	442.82
湖南	3691.88	784.92	1461.86	1230.71	231.15	1445.10	9.12	15.00	277.69	348.10
广东	9662.23	1000.06	4868.75	4295.03	573.72	3793.42	18.97	25.19	908.45	968.99
广西	2050.14	538.69	748.00	619.84	128.16	763.45	5.21	4.30	160.87	277.73
海南	518.48	196.56	102.45	65.76	36.69	219.47	1.05	2.69	46.97	68.97
重庆	1589.34	283.00	657.51	527.48	130.03	648.83	4.83	3.07	98.19	154.46
四川	4010.25	945.58	1700.49	1393.84	306.65	1364.18	13.43	11.24	249.39	381.59
贵州	993.53	270.99	387.85	314.73	73.12	334.69	3.44	1.93	64.59	77.62
云南	1955.09	436.26	843.24	697.69	145.55	675.59	8.08	6.65	119.77	199.63
西藏	117.46	36.32	27.21	10.13	17.08	53.93	2.23	1.30	2.12	14.15
陕西	1660.92	279.12	731.90	549.58	182.32	649.90	6.32	11.86	156.18	113.21
甘肃	983.36	193.36	439.88	328.41	111.47	350.12	5.08	9.53	50.07	114.24
青海	263.59	38.53	114.00	80.55	33.45	111.06	1.59	4.11	19.19	21.37
宁夏	265.57	45.95	120.04	93.00	27.04	99.58	1.59	2.75	19.31	21.60
新疆	1364.36	288.18	586.84	422.08	164.76	489.34	5.83	13.12	121.79	118.08

1－13　各地区国内生产总值（2000 年）

本表绝对数按当年价格计算，指数按可比价格计算。

单位：亿元　　　　　　　　　　　　　　　　　　　　　　　　　　　　　　表二

地区	国内生产总值								构成%			指数　1999＝100				人均国内生产总值（元）
	第三产业															
	金融、保险业	房地产业	社会服务业	卫生体育和社会福利业	教育、文化、艺术及广播电影电视业	科学研究和综合技术服务事业	国家机关、政党机关和社会团体	其他行业	第一产业	第二产业	第三产业	国内生产总值	第一产业	第二产业	第三产业	
北京	378.89	77.37	191.18	43.19	148.42	102.87	70.01	17.11	3.6	38.1	58.3	111.0	104.0	111.4	111.1	22460
天津	55.80	69.35	104.98	29.08	61.90	25.54	46.27	4.49	4.5	50.0	45.5	110.8	103.7	111.5	110.5	17993
河北	183.77	99.53	115.47	47.79	113.93	19.25	169.25	51.94	16.2	50.3	33.5	109.5	105.1	110.1	110.4	7663
山西	103.59	29.39	43.36	17.33	47.25	7.31	83.26	3.03	10.9	50.3	38.7	107.8	110.7	107.9	106.7	5137
内蒙古	24.27	17.63	43.20	17.39	40.35	5.87	45.48	12.75	25.0	39.7	35.3	109.7	102.6	112.1	111.8	5872
辽宁	127.91	103.56	237.97	75.34	111.75	40.19	107.01	13.09	10.8	50.2	39.0	108.9	98.4	110.7	109.6	11226
吉林	62.15	45.83	52.60	24.27	53.43	30.30	56.15	16.99	21.9	43.9	34.2	109.2	97.0	113.4	111.7	6847
黑龙江	32.04	104.70	104.35	41.90	74.43	16.21	84.02	22.68	11.0	57.4	31.6	108.2	96.8	109.8	111.8	8562
上海	685.03	251.70	221.45	62.94	137.66	58.88	64.71	8.08	1.8	47.5	50.6	110.8	103.4	109.8	112.9	34547
江苏	430.68	351.92	265.25	92.16	203.85	30.42	235.08	31.29	12.0	51.7	36.3	110.6	103.9	111.6	111.2	11773
浙江	209.25	116.90	220.20	80.89	135.76	16.28	126.71	13.08	11.0	52.7	36.3	111.0	104.5	111.7	111.9	13461
安徽	100.00	114.29	98.19	35.11	72.59	8.43	59.51	4.65	24.1	42.7	33.2	108.3	101.2	109.9	110.3	4867
福建	187.85	118.02	159.83	41.82	100.96	11.75	98.21	9.28	16.3	43.7	40.0	109.5	102.6	111.2	110.2	11601
江西	98.84	89.76	52.76	20.44	57.58	6.50	82.50	16.40	24.2	35.0	40.8	108.0	106.8	106.7	110.4	4851
山东	450.94	309.99	174.51	111.41	209.50	28.75	243.84	128.31	14.9	49.7	35.5	110.5	103.8	112.4	110.3	9555
河南	125.30	154.71	119.72	67.37	110.86	16.40	146.54	12.46	22.6	47.0	30.4	109.4	104.5	111.7	109.3	5444
湖北	205.99	87.75	146.79	71.24	106.67	26.58	129.52	1.75	15.5	49.7	34.9	109.3	102.5	110.8	110.6	7188
湖南	140.70	97.14	82.87	77.11	154.16	17.38	203.67	22.16	21.3	39.6	39.1	109.0	103.9	110.6	110.6	5639
广东	371.53	515.52	477.01	94.36	183.81	32.15	162.23	35.21	10.4	50.4	39.3	110.8	102.4	111.7	111.8	12885
广西	20.42	46.12	54.16	37.33	69.33	6.14	65.86	15.98	26.3	36.5	37.2	107.3	100.2	109.0	111.5	4319
海南	33.56	9.32	23.68	5.14	14.89	1.56	11.29	0.35	37.9	19.8	42.3	108.8	110.2	107.5	108.2	6894
重庆	68.62	51.92	101.67	23.40	51.09	27.49	63.08	1.01	17.8	41.4	40.8	108.5	101.5	110.5	109.5	5157
四川	170.46	105.49	130.14	56.58	97.02	20.26	116.97	11.61	23.6	42.4	34.0	109.0	103.3	111.1	110.2	4784
贵州	33.12	27.58	26.71	17.88	33.71	4.09	38.41	5.61	27.3	39.0	33.7	108.7	103.6	110.3	110.5	2662
云南	69.00	71.09	44.00	35.50	60.45	10.00	44.51	6.91	22.3	43.1	34.6	107.1	105.7	105.7	109.7	4637
西藏	2.45	2.18	3.96	3.46	6.89	0.85	14.29	0.05	30.9	23.2	45.9	109.4	102.1	114.1	112.9	4559
陕西	29.51	35.85	65.61	24.55	71.68	15.39	66.36	53.38	16.8	44.1	39.1	109.0	104.5	109.7	110.3	4549
甘肃	55.87	24.77	14.92	11.43	22.36	9.17	23.21	9.47	19.7	44.7	35.6	108.7	101.5	110.8	109.6	3838
青海	16.20	4.06	6.26	4.07	11.98	1.58	19.14	1.51	14.6	43.2	42.1	109.0	96.0	111.5	111.3	5087
宁夏	15.49	5.46	5.43	3.77	9.64	1.23	9.15	4.16	17.3	45.2	37.5	109.8	98.0	114.5	110.3	4839
新疆	42.23	15.00	43.90	14.08	54.17	5.44	51.24	4.46	21.1	43.0	35.9	108.2	104.8	109.0	110.3	7470

1－14　支出法国内生产总值

本表按当年价格计算。

年　份	支出法国内生产总值（亿元）				资本形成率（投资率）	最终消费率（消费率）
		最终消费	资本形成总额	货物和服务净出口		
1978	3605.6	2239.1	1377.9	－11.4	38.2	62.1
1979	4074.0	2619.4	1474.2	－19.6	36.2	64.3
1980	4551.3	2976.1	1590.0	－14.8	34.9	65.4
1981	4901.4	3309.1	1581.0	11.3	32.3	67.5
1982	5489.2	3637.9	1760.2	91.1	32.1	66.3
1983	6076.3	4020.5	2005.0	50.8	33.0	66.2
1984	7164.4	4694.5	2468.6	1.3	34.5	65.5
1985	8792.1	5773.0	3386.0	－366.9	38.5	65.7
1986	10132.8	6542.0	3846.0	－255.2	38.0	64.6
1987	11784.7	7451.2	4322.0	11.5	36.7	63.2
1988	14704.0	9360.1	5495.0	－151.1	37.4	63.7
1989	16466.0	10556.5	6095.0	－185.5	37.0	64.1
1990	18319.5	11365.2	6444.0	510.3	35.2	62.0
1991	21280.4	13145.9	7517.0	617.5	35.3	61.8
1992	25863.7	15952.1	9636.0	275.6	37.3	61.7
1993	34500.7	20182.1	14998.0	－679.4	43.5	58.5
1994	46690.7	26796.0	19260.6	634.1	41.3	57.4
1995	58510.5	33635.0	23877.0	998.5	40.8	57.5
1996	68330.4	40003.9	26867.2	1459.3	39.3	58.5
1997	74894.2	43579.4	28457.6	2857.2	38.0	58.2
1998	79003.3	46405.9	29545.9	3051.5	37.4	58.7
1999	82673.1	49722.7	30701.6	2248.8	37.1	60.1
2000	89112.5	54617.2	32255.0	2240.3	36.2	61.3

注：支出法国内生产总值不等于国内生产总值是由于计算误差的影响。

1－15 国际收支平衡表(2000年)

单位：千美元

项目	差额	贷方	借方
经常账户	**20519248**	**298972814**	**278453565**
货物	34473606	249130638	214657032
出口		249130638	
进口			214657032
服务	－5600122	30430487	36030608
运输	－6725148	3670967	10396115
旅游	3117313	16231000	13113687
通讯服务	1103482	1345452	241970
建筑服务	－392131	602313	994444
保险服务	－2363620	107802	2471422
金融服务	－19637	77804	97441
计算机和信息服务	90934	355947	265013
专有权利使用费和特许费	－1200624	80348	1280972
咨询	－284016	355716	639732
广告、宣传	21018	223436	202418
电影、音像	－26122	11302	37424
其他商业服务	966651	7083865	6117214
别处未提及的政府服务	111778	284535	172757
收益	－14665541	12550854	27216395
职工报酬	－477490	201871	679361
投资收益	－14188051	12348983	26537034
经常转移	6311305	6860835	549530
各级政府	53573	147418	93845
其他部门	6257732	6713417	455685
资本和金融账户	**1922224**	**91986392**	**90064168**
资本账户	－35283	0	35283
金融账户	1957507	91986392	90028885
直接投资	37482887	42095575	4612688
我国在外直接投资	－915777	1323575	2239352
外国在华直接投资	38398664	40772000	2373336
证券投资	－3990732	7814483	11805215
资产	－11307470	54915	11362385
负债	7316738	7759568	442830
其他投资	－31534648	42076334	73610982
资产	－43863491	4643518	48507009
贸易信贷	－12959875	0	12959875
贷款	－18429647	91075	18520722
货币和存款	－6048944	1428243	7477187
其他资产	－6425024	3124200	9549224
负债	12328843	37432816	25103973
贸易信贷	18232379	18232379	0
贷款	－2391224	12200369	14591593
货币和存款	－53564	8782	62347
其他负债	－3458748	6991286	10450033
储备资产变动	**－10548400**	**407000**	**10955400**
货币黄金	0	0	0
特别提款权	－57000	0	57000
在基金组织的储备头寸	407000	407000	0
外汇	－10898400	0	10898400
其他债权	0	0	0
净误差与遗漏	**－11893073**		**11893073**

注:1.本表贸易数据来自海关统计。

2.本表直接投资贷方数据来自外经贸部统计和间接申报中的“与土地有关的土地批租和租赁”借方数据来自间接申报统计。

3.本表其余数据来自间接申报统计。

固定资产投资

2-1 全社会固定资产投资

指　　标	1999	2000	2000年比上年增长%
投资总额(亿元)	**29854.71**	**32917.73**	**10.3**
按经济类型分			
国有经济	15947.76	16504.44	3.5
集体经济	4338.55	4801.45	10.7
#农 村	3343.13	3791.62	13.4
个体经济	4195.70	4709.36	12.2
#农 村	2779.59	2904.26	4.5
联营经济	97.90	94.73	-3.2
股份制经济	2478.88	4061.88	63.9
外商投资经济	1433.40	1313.21	-8.4
港澳台投资经济	1218.07	1293.05	6.2
其他经济	144.44	139.61	-3.3
按管理渠道分			
基本建设	12455.28	13427.27	7.8
更新改造	4485.08	5107.60	13.9
房地产开发	4103.20	4984.05	21.5
其他投资	8811.15	9398.81	6.7
按资金来源分			
国家预算内资金	1852.14	2109.45	13.9
国内贷款	5725.93	6727.27	17.5
利用外资	2006.78	1696.24	-15.5
自筹资金	15885.26	17270.28	8.7
其他资金	4284.54	5306.86	23.9
按构成分			
建筑安装工程	18795.93	20536.26	9.3
设备工具器具购置	7053.04	7785.62	10.4
其他费用	4005.74	4595.85	14.7
房屋建筑面积(万平方米)			
施工面积	263294.25	265293.53	0.8
竣工面积	187357.07	181974.44	-2.9
#住宅	139305.93	134528.83	-3.4

注:1.按资金来源分组为财务拨款数,各项相加不等于投资总额。以下各表同。
2.增长速度未扣除价格因素,以下各表同。

2－2 全社会固定资产投资(按经济类型分)

指　标	总　计	国有经济	集体经济	个体经济	其他经济
投资额(亿元)					
1980	910.9	745.9	46.0	119.0	
1981	961.0	667.5	115.2	178.3	
1982	1230.4	845.3	174.3	210.8	
1983	1430.1	952.0	156.3	321.8	
1984	1832.9	1185.2	238.7	409.0	
1985	2543.2	1680.5	327.5	535.2	
1986	3120.6	2079.4	391.8	649.4	
1987	3791.7	2448.8	547.0	795.9	
1988	4753.8	3020.0	711.7	1022.1	
1989	4410.4	2808.2	570.0	1032.2	
1990	4517.0	2986.3	529.5	1001.2	
1991	5594.5	3713.8	697.8	1182.9	
1992	8080.1	5498.7	1359.4	1222.0	
1993	13072.3	7925.9	2317.3	1476.2	1352.9
1994	17042.1	9615.0	2758.9	1970.6	2697.6
1995	20019.3	10898.2	3289.4	2560.2	3271.5
1996	(22974.0)	(12056.2)	(3660.6)	(3211.2)	(4046.0)
	22913.5	12006.2	3651.5	3211.2	4044.6
1997	24941.1	13091.7	3850.9	3429.4	4569.1
1998	28406.2	15369.3	4192.2	3744.4	5100.3
1999	29854.7	15947.8	4338.6	4195.7	5372.7
2000	32917.7	16504.4	4801.5	4709.4	6902.5
增长速度(上年＝100)					
1981	5.5	－10.5	150.4	49.8	
1982	28.0	26.6	51.3	18.2	
1983	16.2	12.6	－10.3	52.7	
1984	28.2	24.5	52.7	27.1	
1985	38.8	41.8	37.2	30.9	
1986	22.7	23.7	19.6	21.3	
1987	21.5	17.8	39.6	22.6	
1988	25.4	23.3	30.1	28.4	
1989	－7.2	－7.0	－19.9	1.0	
1990	2.4	6.3	－7.1	－3.0	
1991	23.9	24.4	31.7	18.1	
1992	44.4	48.1	94.8	3.3	
1993	61.8	44.1	70.5	20.8	
1994	30.4	21.3	19.1	33.5	99.4
1995	17.5	13.3	19.2	29.9	21.3
1996	14.8	10.6	11.3	25.4	23.7
1997	8.8	9.0	5.5	6.8	13.0
1998	13.9	17.4	8.9	9.2	11.6
1999	5.1	3.8	3.5	7.9	5.3
2000	10.3	3.5	10.7	12.2	28.5

注：1. 其他经济类型包括联营经济、股份制经济、外商投资经济、港澳台投资经济等国有、集体和个体经济以外的经济成份。
2. 根据1994年房地产快速调查结果，对1990年至1994年的全社会固定资产投资数据进行了调整。

2－3　全社会固定资产投资(按资金来源和构成分)

年 份	按资金来源分				按构成分		
	国家预算内资金	国内贷款	利用外资	自筹和其他资金	建筑安装工程	设备工具器具购置	其他费用
投资额(亿元)							
1981	269.76	122.00	36.36	532.89	689.83	223.64	47.54
1982	279.26	176.12	60.51	714.51	871.12	291.41	67.87
1983	339.71	175.50	66.55	848.30	993.32	358.31	78.43
1984	421.00	258.47	70.66	1082.74	1217.58	509.23	106.06
1985	407.80	510.27	91.48	1533.64	1655.46	718.08	169.65
1986	455.62	658.46	137.31	1869.19	2059.66	851.95	208.99
1987	496.64	871.98	181.97	2241.11	2475.65	1038.78	277.26
1988	431.96	977.84	275.31	2968.69	3099.66	1305.37	348.77
1989	366.05	762.98	291.08	2990.28	2994.59	1115.81	300.00
1990	393.03	885.45	284.61	2954.41	3008.72	1165.54	342.74
1991	380.43	1314.73	318.89	3580.44	3647.68	1460.19	486.63
1992	347.46	2214.03	468.66	5049.95	5163.37	2125.14	791.58
1993	483.67	3071.99	954.28	8562.36	8201.21	3315.92	1555.18
1994	529.57	3997.64	1768.95	11530.96	10786.52	4328.26	1928.08
1995	621.05	4198.73	2295.89	13409.19	13173.33	4262.46	2583.48
1996	(629.72)	(4576.53)	(2747.41)	(15465.35)	(15153.41)	(4940.79)	(2879.83)
	625.88	4573.69	2746.60	15412.40	15109.29	4925.98	2878.28
1997	696.74	4782.55	2683.89	17096.49	15614.03	6044.84	3282.25
1998	1197.39	5542.89	2617.03	19359.61	17874.53	6528.53	4003.10
1999	1852.14	5725.93	2006.78	20169.80	18795.93	7053.04	4005.74
2000	2109.45	6727.27	1696.24	22577.14	20536.26	7785.62	4595.85
构成(%)							
1981	28.1	12.7	3.8	55.4	71.8	23.3	4.9
1982	22.7	14.3	4.9	58.1	70.8	23.7	5.5
1983	23.8	12.3	4.7	59.2	69.5	25.1	5.4
1984	23.0	14.1	3.9	59.0	66.4	27.8	5.8
1985	16.0	20.1	3.6	60.3	65.1	28.2	6.7
1986	14.6	21.1	4.4	59.9	66.0	27.3	6.7
1987	13.1	23.0	4.8	59.1	65.3	27.4	7.3
1988	9.3	21.0	5.9	63.8	65.2	27.5	7.3
1989	8.3	17.3	6.6	67.8	67.9	25.3	6.8
1990	8.7	19.6	6.3	65.4	66.6	25.8	7.6
1991	6.8	23.5	5.7	64.0	65.2	26.1	8.7
1992	4.3	27.4	5.8	62.5	63.9	26.3	9.8
1993	3.7	23.5	7.3	65.5	62.7	25.4	11.9
1994	3.0	22.4	9.9	64.7	63.3	25.4	11.3
1995	3.0	20.5	11.2	65.3	65.8	21.3	12.9
1996	2.7	19.6	11.8	66.0	66.0	21.5	12.5
1997	2.8	18.9	10.6	67.7	62.6	24.2	13.2
1998	4.2	19.3	9.1	67.4	62.9	23.0	14.1
1999	6.2	19.2	6.7	67.8	63.0	23.6	13.4
2000	6.4	20.3	5.1	68.2	62.4	23.7	13.9

2-4 按经济类型分的全社会固定资产投资（2000 年）

指　　标	总　计	国有经济	集体经济	＃农村	个体经济	＃农村	联营经济	股份制经济	外商投资经济	港澳台投资经济	其他经济
投资总额（亿元）	**32917.73**	**16504.44**	**4801.45**	**3791.62**	**4709.36**	**2904.26**	**94.73**	**4061.88**	**1313.21**	**1293.05**	**139.61**
按资金来源分											
国家预算内资金	2109.45	1719.10	318.69	314.43	0.68		1.19	60.37	3.83	2.33	3.26
国内贷款	6727.27	4160.24	592.25	412.36	234.92	69.11	16.86	1137.21	239.25	326.02	20.52
利用外资	1696.24	398.69	190.82	170.10	2.08		1.09	186.73	578.58	336.88	1.37
自筹资金	17270.28	7478.66	3200.50	2667.65	3765.50	2422.11	49.98	1914.79	340.79	445.90	74.16
其他资金	5306.86	2177.55	574.12	227.08	798.02	413.03	32.37	1087.26	180.09	415.11	42.34
按构成分											
建筑安装工程	20536.26	10413.97	2708.97	2015.79	3666.57	2174.47	52.95	2313.19	574.11	723.85	82.65
设备、工具、器具购置	7785.62	3720.27	1655.82	1488.84	550.07	450.06	25.52	924.89	552.51	323.14	33.40
其他费用	4595.85	2370.20	436.66	286.99	492.72	279.73	16.26	823.80	186.59	246.06	23.56
房屋建筑面积（万平方米）											
施工面积	265293.53	67585.51	36889.63	25370.38	119752.62	88231.83	719.47	24366.71	4849.16	10135.63	994.80
竣工面积	181974.43	33953.87	26106.89	20196.32	107128.46	81270.20	316.32	9500.84	1618.59	2904.26	445.20
＃住宅	134528.83	20281.60	8000.32	4153.67	97174.80	75515.31	145.83	6462.14	663.94	1601.03	199.16
按地区分投资总额（亿元）											
北　京	1280.46	758.06	76.65	53.58	69.35	30.58	1.24	186.01	64.86	124.19	0.10
天　津	610.94	255.52	75.36	56.47	43.97	13.10	1.64	121.51	81.04	15.02	16.88
河　北	1816.79	827.66	504.59	440.67	283.24	182.34	9.34	104.15	54.03	27.88	5.90
山　西	548.16	347.21	48.36	31.70	56.03	34.44	5.75	47.03	32.05	11.16	0.57
内蒙古	423.64	263.04	27.14	19.13	74.21	45.88	0.05	53.17	2.74	1.35	1.94
辽　宁	1267.68	649.42	154.13	118.53	149.10	82.05	2.43	182.15	53.65	72.99	3.81
吉　林	603.51	318.52	47.59	39.74	87.21	32.75	1.84	108.64	18.04	17.74	3.93
黑龙江	832.64	452.45	31.91	16.35	82.52	41.99	1.58	250.39	5.84	7.56	0.39
上　海	1869.38	826.83	265.75	161.32	56.03	10.36	15.03	394.78	220.32	86.36	4.28
江　苏	2569.97	1137.93	624.44	482.85	374.00	273.59	1.85	142.85	199.17	88.16	1.57
浙　江	2349.95	875.69	569.00	492.82	368.09	225.89	2.66	430.99	49.05	45.14	9.33
安　徽	803.97	428.76	75.35	57.14	178.77	120.64	6.48	62.51	35.30	11.67	5.13
福　建	1112.20	407.19	161.78	132.17	175.88	87.09	7.25	96.52	125.50	130.63	7.45
江　西	516.08	279.78	60.33	49.87	137.13	90.01	0.45	19.59	9.74	8.64	0.42
山　东	2531.10	1167.85	680.61	570.85	353.93	254.11	5.36	218.23	63.70	38.62	2.80
河　南	1377.74	728.56	204.44	179.68	319.56	254.95	1.77	74.76	13.39	26.32	8.94
湖　北	1339.20	762.24	175.09	145.73	187.08	84.88	3.94	139.61	23.70	36.77	10.77
湖　南	1012.24	520.08	118.79	100.02	281.89	202.40	1.36	49.80	24.72	13.69	1.91
广　东	3145.13	1260.84	356.55	214.28	460.05	250.58	10.30	479.75	140.71	416.34	20.59
广　西	583.34	314.77	38.09	27.92	162.15	85.59	0.69	35.17	14.75	13.49	4.23
海　南	198.87	83.14	11.36	9.09	34.68	19.18	1.09	42.44	12.23	12.14	1.79
重　庆	572.59	268.79	68.52	47.59	116.29	43.10	3.16	80.36	12.86	19.11	3.50
四　川	1418.04	667.30	223.52	191.34	231.57	147.37	3.14	229.98	27.42	23.66	11.45
贵　州	396.98	247.73	28.32	20.37	84.09	49.90	0.55	29.62	3.25	2.90	0.52
云　南	683.96	437.27	61.99	51.61	110.42	72.61	0.53	48.98	8.52	13.25	3.00
西　藏	64.05	61.42	0.17	0.00	1.27	0.00	0.03	0.92	0.02	0.18	0.04
陕　西	653.67	428.82	44.78	31.14	85.44	70.32	1.52	75.93	7.71	6.70	2.77
甘　肃	395.40	277.82	25.98	20.39	42.95	32.76	2.69	33.22	4.06	3.53	5.15
青　海	151.14	96.07	6.69	5.25	14.34	7.72	0.22	31.47	1.62	0.63	0.10
宁　夏	157.52	97.88	9.23	6.83	25.44	21.72	0.77	22.07	1.71	0.28	0.14
新　疆	610.39	329.42	24.91	17.19	62.69	36.35	0.01	174.66	1.53	16.97	0.20
不分地区	1021.01	926.38						94.63			

2-5 国有经济按各种分组的固定资产投资

指　　标	1990	1995	1998	1999	2000
投资总额（亿元）	**2986.30**	**10898.24**	**15369.30**	**15947.76**	**16504.44**
按资金来源分					
国家预算内资金	394.27	544.98	1080.62	1555.89	1719.10
国内贷款	704.91	2578.19	3578.07	3737.61	4160.24
利用资金	271.80	859.38	665.89	612.24	398.69
自筹资金	1289.58	5307.15	7664.69	7441.67	7478.66
其他资金	325.74	1731.82	2247.46	2240.08	2177.55
按构成分					
建筑安装工程	1789.44	6604.61	9594.45	10477.19	10413.97
设备、工具、器具购置	892.09	2750.51	3315.78	3336.31	3720.27
其他费用	304.77	1543.12	2459.07	2134.26	2370.20
按建设性质分					
#新建	911.60	3362.17	5507.37	5639.07	6133.01
扩建	1161.72	3722.60	4984.90	4748.68	4732.19
改建	581.25	1986.23	3058.98	3434.81	3052.76
按产业分					
第一产业	28.65	73.64	201.32	251.58	303.80
第二产业	1765.69	4692.72	4874.79	4805.91	4820.51
第三产业	1191.96	6131.88	10293.19	10890.27	11380.13
按国民经济主要行业分					
#农业	34.09	93.40	237.08	304.03	357.42
工业	1747.58	4526.20	4703.30	4591.06	4578.68
#能源工业	823.88	2025.28	2862.10	2963.21	2839.58
运输邮电业	333.67	2306.54	4695.28	4642.61	4902.23
新增固定资产（亿元）	**2408.45**	**7390.14**	**11471.31**	**12252.69**	**12924.63**
房屋建筑面积（万平方米）					
施工面积	41695	70420	73606	72981	67586
竣工面积	20481	31829	33907	38059	33954
#住宅	10189	17714	20288	24519	20282

注：1.改建投资中含单纯建造生活设施投资。

2.按国民经济行业分、按建设性质分不含房地产投资，其他统计分组均含。以下各表同。

3.根据新国民经济核算标准，对第一产业投资进行了调整。

2－6 基本建设和更新改造投资

单位：亿元

年份	基本建设投资	#国家预算内投资	更新改造投资	#国家预算内投资
1953	90.44	75.49	1.15	
1957	143.32	131.48	7.91	
1958	269.00	216.44	10.06	
1959	349.72	272.07	18.30	
1960	388.69	301.75	27.89	
1961	127.42	93.87	28.64	
1962	71.26	60.25	16.02	
1963	98.16	84.69	18.50	
1964	144.12	123.96	21.77	
1965	179.61	163.09	37.29	
1966	209.42	188.30	45.38	
1967	140.17	124.86	47.55	
1968	113.06	103.79	38.51	
1969	200.83	181.60	46.09	
1970	312.55	272.73	55.53	
1971	340.84	282.77	76.47	
1972	327.98	264.41	84.83	
1973	338.10	282.20	100.02	
1974	347.71	289.76	115.48	
1975	409.32	335.58	135.62	
1976	376.44	310.93	147.50	
1977	382.37	299.23	165.93	
1978	500.99	389.21	167.73	
1979	523.48	396.92	175.88	
1980	558.89	300.11	187.01	
1981	442.91	222.62	195.30	34.88
1982	555.53	232.48	250.37	32.95
1983	594.13	295.97	291.13	36.55
1984	743.15	359.85	309.28	45.57
1985	1074.37	381.18	449.14	19.69
1986	1176.11	417.39	619.21	20.58
1987	1343.10	438.52	758.59	32.35
1988	1574.31	381.66	980.55	27.02
1989	1551.74	323.33	788.78	14.15
1990	1703.81	363.59	830.19	17.56
1991	2115.80	348.45	1023.23	17.36
1992	3012.65	307.87	1461.10	20.11
1993	4615.50	431.76	2195.85	31.31
1994	6436.74	434.57	2918.61	30.60
1995	7403.62	491.67	3299.35	38.32
1996	(8610.84)	(524.38)	(3622.74)	(29.58)
	8570.79	521.11	3615.00	29.31
1997	9917.02	574.51	3921.94	36.48
1998	11916.42	1021.32	4516.75	60.96
1999	12455.28	1478.88	4485.08	107.48
2000	13427.27	1594.07	5107.60	155.31

2-7 按资金来源和隶属关系分的基本建设投资

单位：亿元

年份 地区	按资金来源分					按隶属关系分	
	国家预算内资金	国内贷款	利用外资	自筹资金	其他资金	中央项目	地方项目
1978	389.21		28.16	83.62		266.43	234.56
1979	396.92	5.31	16.34	104.91		273.20	250.28
1980	300.11	41.22	53.65	163.90		292.61	266.28
1981	222.62	44.60	34.82	140.87		241.03	201.88
1982	232.48	72.87	57.41	170.16	22.61	296.57	258.96
1983	295.97	53.74	63.25	152.96	28.21	355.03	239.10
1984	359.85	78.59	67.04	193.05	44.62	441.17	301.98
1985	381.18	187.92	73.52	339.99	91.76	575.24	499.13
1986	417.39	200.13	109.54	344.65	104.40	632.52	543.59
1987	438.52	255.46	139.01	382.78	127.33	761.66	581.44
1988	381.66	284.66	218.31	488.75	200.92	873.71	700.60
1989	323.33	293.00	221.45	495.03	218.91	837.71	714.03
1990	363.59	378.62	224.05	529.92	207.62	919.15	784.67
1991	348.45	527.07	239.96	746.73	253.59	1060.44	1055.37
1992	307.87	831.48	334.15	1242.92	296.24	1341.69	1670.96
1993	431.76	1117.55	456.15	1991.25	608.57	1834.90	2780.60
1994	434.57	1583.45	912.03	2820.48	584.48	2430.75	4005.99
1995	491.67	1646.24	1055.42	3121.86	899.98	2970.67	4432.95
1996	(524.38)	(1938.86)	(1235.43)	(3778.83)	(965.00)	(3379.33)	(5231.50)
	521.11	1937.76	1234.84	3752.32	956.86	3376.28	5194.50
1997	574.51	2239.88	1351.92	4432.24	1036.13	3858.22	6058.80
1998	1021.32	2814.36	1445.78	4870.26	1461.22	4122.92	7793.51
1999	1478.88	2972.04	1064.15	4857.15	1467.25	4046.79	8408.49
2000	1594.07	3586.35	852.18	5233.10	1396.78	4290.92	9136.35
北京	92.56	87.11	14.23	214.76	24.95	182.22	264.76
天津	16.47	49.70	67.89	122.90	18.05	127.68	152.68
河北	32.66	145.23	25.84	268.36	89.11	157.13	467.35
山西	28.18	65.65	27.86	76.10	44.56	107.70	170.80
内蒙古	35.79	48.21	12.89	80.90	38.45	27.58	201.83
辽宁	58.01	124.70	39.28	172.18	43.60	132.90	318.46

2-7 续表

单位：亿元

年份 地区	按资金来源分					按隶属关系分	
	国家预算内资金	国内贷款	利用外资	自筹资金	其他资金	中央项目	地方项目
吉林	26.67	66.37	14.44	105.19	40.61	69.06	207.59
黑龙江	30.95	77.75	13.42	148.70	80.64	110.79	269.04
上海	33.30	141.26	71.42	309.24	40.23	145.21	558.29
江苏	52.43	193.09	42.44	355.07	44.12	147.82	603.48
浙江	49.07	213.67	79.54	382.99	66.94	190.41	630.57
安徽	39.60	67.29	12.48	120.27	36.58	45.14	272.87
福建	37.48	80.60	31.87	113.13	32.25	38.66	295.93
江西	40.14	65.09	4.84	64.19	24.05	68.89	129.72
山东	46.71	231.34	31.21	373.65	68.60	193.34	568.89
河南	72.42	150.51	26.71	238.43	82.14	208.80	377.36
湖北	102.98	156.52	16.50	191.32	91.57	280.31	320.13
湖南	45.66	95.14	7.98	135.33	44.92	114.93	252.49
广东	33.61	249.06	154.70	580.17	67.68	128.79	1004.54
广西	36.97	73.86	12.67	102.96	36.95	71.48	196.06
海南	13.22	25.52	29.28	64.39	17.37	18.33	113.68
重庆	50.00	53.27	2.21	71.25	30.77	28.70	186.88
四川	40.31	180.60	35.58	261.39	84.73	133.53	503.40
贵州	26.82	56.38	6.96	48.71	15.42	35.86	112.13
云南	33.80	83.92	2.39	148.51	36.32	103.13	238.78
西藏	37.17	2.12	0.02	13.23	6.01	9.91	44.77
陕西	43.48	71.92	12.43	103.75	55.83	70.23	233.33
甘肃	29.89	72.11	4.85	57.98	38.15	65.73	142.55
青海	21.14	26.31	1.50	23.10	21.39	42.95	56.04
宁夏	15.17	35.52	1.97	22.79	8.39	19.65	66.56
新疆	42.78	94.84	8.52	185.76	42.81	234.37	158.37
不分地区	328.66	501.68	38.28	76.45	23.59	979.67	17.02

注：1993 年以后的资金来源为财务拨款数。以下各表同。

2－8 按构成和建设性质分的基本建设投资

单位：亿元

年份 地区	投资额	按构成分			按建设性质分		
		建筑安装工程	设备、工器具购置	其他费用	#新　建	#扩　建	#改建
1978	500.99	300.85	165.78	34.36	286.62	187.58	
1979	523.48	343.80	143.64	36.04	279.67	210.38	
1980	558.89	381.07	136.53	41.29	290.24	237.49	
1981	442.91	317.32	84.22	41.37	218.27	142.17	67.32
1982	555.53	397.35	101.67	56.51	269.90	168.17	96.78
1983	594.13	414.99	117.13	62.01	272.47	177.04	94.35
1984	743.15	507.71	151.88	83.56	349.81	237.25	117.70
1985	1074.37	726.71	217.39	130.27	481.42	350.29	171.60
1986	1176.11	770.60	260.34	145.17	549.89	415.01	154.64
1987	1343.10	856.76	325.19	161.15	610.16	507.87	140.52
1988	1574.31	1010.15	372.61	191.55	726.65	566.59	179.30
1989	1551.74	998.73	380.94	172.07	708.49	569.54	159.49
1990	1703.81	1045.37	453.76	204.69	822.96	610.99	175.28
1991	2115.80	1308.83	521.22	285.76	983.06	778.86	230.39
1992	3012.65	1889.39	667.34	455.92	1484.57	1003.45	351.45
1993	4615.50	3018.74	899.55	697.22	2400.13	1472.47	296.78
1994	6436.74	4123.89	1402.84	910.01	3523.90	1898.03	383.41
1995	7403.62	4641.13	1635.04	1127.44	3971.94	2348.01	443.32
1996	(8610.84)	(5345.27)	(1861.15)	(1404.42)	(4600.81)	(2797.68)	(521.42)
	8570.79	5310.07	1857.29	1403.43	4590.02	2782.24	516.56
1997	9917.02	6215.22	2060.60	1641.20	5513.98	3030.69	611.36
1998	11916.42	7695.75	2101.83	2118.84	6765.24	3204.87	1032.42
1999	12455.28	8543.60	2132.30	1779.39	6775.46	3241.87	1250.68
2000	13427.27	8936.81	2457.88	2032.59	7324.86	3368.07	1685.57

注：1980年以前按建设性质分的扩建中含改建。

2－8 续表

单位：亿元

年份 地区	投资额	按构成分			按建设性质分		
		建筑安装工程	设备、工器具购置	其他费用	＃新　建	＃扩　建	＃改建
北　京	446.98	284.90	47.09	114.99	135.91	247.75	28.37
天　津	280.36	190.19	65.70	24.47	189.14	49.14	28.10
河　北	624.48	444.21	106.52	73.74	390.03	131.64	58.56
山　西	278.50	189.16	55.46	33.88	150.70	51.86	44.02
内蒙古	229.40	170.26	33.62	25.53	61.77	100.92	47.52
辽　宁	451.37	309.51	77.69	64.17	221.97	120.35	78.21
吉　林	276.65	228.84	26.58	21.23	122.94	80.82	51.69
黑龙江	379.82	286.46	52.96	40.40	203.16	119.73	26.24
上　海	703.50	282.82	193.68	226.99	515.16	119.08	25.35
江　苏	751.30	565.03	100.43	85.84	337.15	264.80	137.44
浙　江	820.98	527.79	135.09	158.11	521.58	178.91	93.00
安　徽	318.01	221.91	52.35	43.74	189.69	83.55	28.82
福　建	334.59	229.74	59.66	45.20	225.46	61.97	37.99
江　西	198.61	140.59	36.28	21.74	84.16	56.84	53.28
山　东	762.23	522.59	173.25	66.39	270.17	358.93	76.75
河　南	586.16	354.42	153.32	78.42	344.27	128.10	81.11
湖　北	600.44	365.07	95.33	140.04	362.80	128.11	74.32
湖　南	367.42	275.02	48.27	44.13	186.01	97.45	55.11
广　东	1133.32	748.01	200.88	184.44	825.03	214.88	60.48
广　西	267.54	192.54	38.54	36.46	130.13	56.97	68.80
海　南	132.02	75.31	38.53	18.18	79.99	27.26	2.47
重　庆	215.58	165.54	24.36	25.68	111.00	49.51	31.07
四　川	636.92	440.59	118.70	77.64	315.99	164.27	90.81
贵　州	147.99	111.12	16.25	20.62	74.78	42.04	20.18
云　南	341.91	255.55	44.14	42.22	200.87	77.02	39.06
西　藏	54.67	51.39	1.92	1.36	37.23	2.38	13.28
陕　西	303.56	235.07	32.47	36.02	177.92	61.13	32.58
甘　肃	208.28	157.29	26.72	24.26	106.31	50.07	26.55
青　海	98.99	84.63	9.34	5.01	62.68	11.48	17.82
宁　夏	86.21	66.08	12.21	7.92	46.69	19.49	16.91
新　疆	392.75	296.58	62.70	33.47	124.28	114.59	112.14
不分地区	996.69	468.58	317.82	210.30	519.90	97.05	127.54

注：1980 年以前按建设性质分的的扩建中含改建。

2-9 国民经济各行业按建设性质分的基本建设投资（2000 年）

单位：亿元

行　业	投资额	#新　建	#扩　建	#改　建
全国总计	**13427.27**	**7324.86**	**3368.07**	**1685.57**
农、林、牧、渔业	**360.93**	**247.80**	**63.95**	**31.57**
农业	105.59	53.82	19.50	19.29
林业	174.22	146.16	22.12	4.71
畜牧业	17.32	11.57	4.19	0.94
渔业	8.86	6.08	2.29	0.07
农林牧渔服务业	54.94	30.17	15.84	6.55
采掘业	**589.36**	**271.37**	**162.39**	**143.12**
煤炭采选业	116.34	86.30	23.53	0.38
石油和天然气开采业	420.66	167.98	112.02	139.06
黑色金属矿采选业	12.81	1.39	8.76	0.01
有色金属矿采选业	12.10	3.92	7.20	0.09
非金属矿采选业	5.73	2.30	2.63	0.35
其他矿采选业	0.15	0.15	0.00	0.00
木材及竹材采运业	21.57	9.34	8.25	3.22
制造业	**1175.11**	**657.80**	**343.13**	**39.91**
食品加工业	32.43	20.64	8.09	0.84
食品制造业	37.57	30.96	4.09	0.67
饮料制造业	26.27	17.22	6.73	0.46
烟草加工业	18.23	2.33	12.07	2.12
纺织业	29.57	13.70	6.77	0.94
服装及纤维制品制造业	17.67	11.71	4.67	0.45
皮革毛皮羽绒及其制品业	12.18	9.68	1.52	0.46
木材加工及竹藤棕草制品业	8.22	6.33	1.13	0.10
家具制造业	7.15	5.84	0.65	0.01
造纸及纸制品业	39.54	31.82	6.04	0.35
印刷业、记录媒介的复制	13.05	4.09	5.28	1.23
文教体育用品制造业	2.66	1.57	0.68	0.01
石油加工及炼焦业	32.79	11.12	15.49	1.89
化学原料及化学制品制造业	172.18	114.79	46.69	1.72
医药制造业	42.42	26.39	11.43	0.49
化学纤维制造业	11.79	2.87	6.52	0.22
橡胶制品业	8.40	3.22	4.77	0.05
塑料制品业	27.70	20.53	5.07	0.32
非金属矿物制品业	61.42	38.84	11.23	2.52
黑色金属冶炼及压延加工业	50.85	17.90	26.30	2.73
有色金属冶炼及压延加工业	39.76	11.96	23.14	0.94
金属制品业	17.28	11.97	3.40	0.44

2－9 续表1

单位:亿元

行业	投资额	#新建	#扩建	#改建
普通机械制造业	31.18	12.74	5.63	1.54
专用设备制造业	29.93	10.66	10.51	1.82
交通运输设备制造业	107.56	45.80	31.22	11.29
电气机械及器材制造业	29.19	16.77	5.53	3.01
电子及通信设备制造业	214.80	137.52	62.15	1.98
仪器仪表及文化办公用机械制造业	9.21	5.88	1.36	0.21
其他制造业	44.11	12.95	14.96	1.13
电力、煤气及水的生产和供应业	**2479.80**	**1315.18**	**655.40**	**482.57**
电力、蒸汽、热水生产和供应业	2267.08	1191.65	588.00	466.54
煤气的生产和供应业	55.74	33.68	12.78	8.03
自来水的生产和供应业	156.97	89.85	54.62	8.01
建筑业	**197.47**	**86.23**	**38.95**	**38.79**
土木工程建筑业	186.27	82.29	34.38	37.93
线路、管道和设备安装业	8.50	1.53	4.35	0.84
装修装饰业	2.70	2.41	0.23	0.02
地质勘查、水利管理业	**596.64**	**300.31**	**132.17**	**148.49**
地质勘查业	16.56	3.14	8.75	1.35
水利管理业	580.08	297.17	123.42	147.14
交通运输、仓储及邮电通信业	**3641.94**	**2080.39**	**694.96**	**493.38**
铁路运输业	672.25	282.64	143.68	84.66
公路运输业	1317.61	1003.10	90.34	214.23
管道运输业	23.59	20.79	0.33	2.24
水上运输业	46.94	16.43	24.78	5.21
航空运输业	209.00	22.86	21.91	0.80
交通运输辅助业	578.14	302.12	109.37	158.28
其他交通运输业	31.41	19.66	3.96	7.02
仓储业	83.96	41.83	37.95	1.83
邮电通信业	679.04	370.95	262.63	19.11
批发和零售贸易餐饮业	**292.59**	**168.50**	**74.79**	**21.79**
食品饮料烟草和家庭用品批发业	91.03	51.85	26.05	4.64
能源材料和机械电子设备批发业	41.91	17.15	11.71	2.77
其他批发业	22.99	13.87	5.14	1.18

2-9 续表 2

单位:亿元

行业	投资额	#新建	#扩建	#改建
零售业	118.65	74.73	28.11	10.50
商业经纪与代理业	3.13	1.70	0.78	0.51
餐饮业	14.88	9.20	3.00	2.19
金融、保险业	**90.26**	**38.33**	**28.48**	**4.37**
金融业	79.05	32.06	25.82	4.16
保险业	11.22	6.27	2.66	0.21
房地产业	**151.71**	**96.34**	**9.74**	**13.61**
房地产开发与经营业	102.60	70.63	5.79	10.14
房地产管理业	47.80	24.58	3.88	3.46
房地产代理与经纪业	1.31	1.13	0.07	0.00
社会服务业	**1611.52**	**1071.64**	**360.65**	**143.37**
公共设施服务业	1402.70	930.27	314.60	129.51
居民服务业	10.28	4.91	2.60	1.60
旅馆业	82.92	50.71	22.82	7.58
租赁服务业	2.99	2.92	0.06	0.01
旅游业	29.01	16.88	9.92	1.14
娱乐服务业	32.73	27.15	3.20	1.63
信息、咨询服务业	3.36	2.07	0.59	0.31
计算机应用服务业	25.44	23.45	1.28	0.01
其他社会服务业	22.08	13.25	5.58	1.59
卫生体育和社会福利业	**218.36**	**89.09**	**87.58**	**12.40**
卫生	152.89	39.80	79.32	9.68
体育	48.67	40.53	5.90	1.09
社会福利保障业	16.80	8.76	2.35	1.63
教育、文化艺术和广播电影电视业	**823.37**	**308.19**	**379.31**	**38.74**
教育	661.67	210.56	333.58	31.05
文化艺术业	99.66	65.35	24.43	4.69
广播、电影、电视业	62.04	32.29	21.31	3.00
科学研究和综合技术服务业	**103.10**	**39.64**	**43.11**	**5.25**
科学研究业	61.52	17.03	31.62	3.20
综合技术服务业	41.57	22.61	11.49	2.05
国家机关、政党机关和社会团体	**878.18**	**393.04**	**266.13**	**63.32**
#国家机关	835.91	378.03	247.17	60.54
政党机关	25.57	5.75	14.29	1.53
其他行业	**216.94**	**161.02**	**27.33**	**4.90**

注：改建不含单纯建造生活设施投资。

2－10　按国民经济行业分的基本建设投资

单位：亿元

年份 地区	合计	农　林、 牧、渔业	采掘业	制造业	电力、煤气及水 的生产和供应业	建筑业	地质勘查业 水利管理业
1978	500.99	17.95		273.16		8.84	46.33
1979	523.48	22.44		256.85		11.47	42.36
1980	558.89	24.96		275.61		11.22	29.56
1981	442.91	15.72		216.01		9.09	15.63
1982	555.53	15.99		260.61		10.52	20.33
1983	594.13	13.84		282.28		10.52	24.45
1984	743.15	16.68		341.59		11.24	23.54
1985	1074.37	16.71	101.56	223.33	121.60	22.00	26.45
1986	1176.11	15.81	109.11	243.90	178.63	18.53	26.36
1987	1343.10	19.61	129.68	322.80	230.31	15.43	29.82
1988	1574.31	23.10	153.17	385.57	273.84	15.26	29.01
1989	1551.74	20.20	170.68	361.14	290.40	13.84	35.62
1990	1703.81	25.78	204.64	382.03	365.93	10.41	46.21
1991	2115.80	33.46	243.31	477.96	425.94	12.60	59.03
1992	3012.65	43.51	303.22	599.31	555.78	23.25	81.80
1993	4615.50	46.22	351.32	884.52	768.61	115.02	98.38
1994	6436.74	56.77	394.55	1216.33	1150.79	138.35	120.61
1995	7403.62	76.59	437.77	1540.08	1258.49	145.55	165.83
1996	(8610.84)	(111.30)	(498.75)	(1681.22)	(1546.83)	(183.70)	(228.46)
	8570.79	109.40	498.56	1679.71	1545.97	183.36	227.90
1997	9917.02	153.88	648.57	1532.05	1938.89	150.95	277.42
1998	11916.42	225.38	540.52	1484.08	2144.55	158.28	433.16
1999	12455.28	299.01	474.19	1182.72	2193.18	223.65	556.56
2000	13427.27	360.93	589.36	1175.11	2479.80	197.47	596.64
北　京	446.98	3.62	0.32	39.48	50.85	6.27	3.82
天　津	280.36	0.88	59.85	70.13	34.80	7.11	10.34
河　北	624.48	18.06	15.23	60.51	138.96	5.02	28.28
山　西	278.50	4.58	20.65	16.74	108.85	3.27	5.80
内蒙古	229.40	15.20	6.97	21.27	33.12	1.43	17.45
辽　宁	451.37	7.20	35.90	49.09	83.72	8.69	12.31
吉　林	276.65	3.21	17.62	31.05	47.64	5.40	4.92
黑龙江	379.82	10.43	32.42	24.39	61.87	14.55	11.50
上　海	703.50	4.09	7.68	139.62	81.51	0.03	9.98
江　苏	751.30	6.89	7.33	75.12	148.70	20.99	47.64
浙　江	820.98	2.59	0.04	45.32	175.14	4.00	46.45
安　徽	318.01	3.99	10.45	32.44	40.04	9.88	28.85
福　建	334.59	8.30	1.19	37.52	86.98	2.81	12.86
江　西	198.61	2.32	1.32	11.59	56.22	1.71	26.01
山　东	762.23	7.74	66.40	73.61	163.34	15.96	20.01
河　南	586.16	11.68	25.26	57.30	123.05	3.25	59.38
湖　北	600.44	12.72	7.23	40.07	203.61	17.06	28.90
湖　南	367.42	3.96	0.65	12.41	84.18	1.09	28.81
广　东	1133.32	9.04	4.75	170.61	146.70	33.89	34.38
广　西	267.54	7.43	1.05	13.33	77.79	1.69	16.07
海　南	132.02	16.15	5.43	11.70	11.43	1.01	2.87
重　庆	215.58	6.08	0.38	10.84	39.21	2.20	6.78
四　川	636.92	12.77	4.27	39.04	124.04	7.28	19.43
贵　州	147.99	3.38	1.98	7.37	39.14	1.68	3.90
云　南	341.91	9.46	2.59	13.97	59.63	1.61	12.77
西　藏	54.67	2.44	0.06	0.56	7.83	4.05	1.80
陕　西	303.56	9.86	8.83	26.20	56.11	3.12	10.54
甘　肃	208.28	9.61	7.69	15.49	45.01	2.20	7.93
青　海	98.99	5.65	11.07	3.19	13.56	2.28	3.87
宁　夏	86.21	1.68	0.02	12.33	16.24	0.40	8.57
新　疆	392.75	26.71	130.80	12.82	42.28	7.54	20.92
不分地区	996.69	113.19	93.93	0.00	78.25	0.00	43.52

2-10 续表

单位:亿元

年份 地区	交通运输储和邮电通信业	批发零售贸易和餐饮业	金融、保险业	房地产业	社会服务业	卫生体育和社会福利业	教育、文化艺术和广播电影电视业	科学研究和综合技术服务业	国家机关、政党机关和社会团体	其他
1978	68.04	15.29			15.39		22.49		33.50	
1979	64.09	20.57			29.91		33.99		41.80	
1980	62.34	28.57			33.81		44.83		47.99	
1981	40.47	28.01	3.08		31.85		34.29	9.70	39.06	
1982	57.21	35.97	5.88	22.31	19.90		40.85	10.50	55.46	
1983	78.04	28.93	3.36	18.69	19.33		48.85	11.11	54.73	
1984	108.46	35.17	3.09	33.34	24.02		65.74	13.66	66.61	
1985	178.10	39.85	7.13	62.32	55.60	23.10	78.12	20.83	49.63	48.08
1986	188.11	34.62	8.20	54.74	55.26	24.85	91.64	25.39	50.27	50.67
1987	195.39	42.10	13.18	35.86	56.71	28.56	96.99	26.44	59.99	40.21
1988	216.29	50.14	18.90	42.88	90.98	31.84	100.32	23.39	74.02	45.61
1989	170.23	41.62	15.59	39.55	72.45	28.30	100.33	21.98	58.33	111.43
1990	211.01	38.92	15.09	15.04	66.64	35.28	102.52	21.03	62.10	101.18
1991	340.18	63.78	18.80	27.89	93.90	32.83	119.39	23.13	87.75	55.85
1992	457.58	136.50	29.55	56.40	154.01	45.56	151.34	31.56	141.65	201.24
1993	901.24	203.45	66.67	140.90	301.73	66.23	204.45	48.65	301.44	116.66
1994	1372.94	254.73	96.06	316.34	417.45	93.66	261.53	52.76	376.58	117.29
1995	1587.53	249.37	125.50	183.19	490.01	105.05	352.69	68.28	474.08	143.60
1996	(1847.12)	(254.61)	(136.24)	(139.82)	(609.10)	(125.02)	(430.29)	(65.78)	(591.64)	(160.98)
	1844.62	251.05	135.14	139.64	607.79	122.50	418.31	65.29	580.89	160.70
1997	2197.45	265.00	142.79	146.47	820.36	148.51	529.21	68.17	715.99	181.33
1998	3252.19	295.37	148.28	186.18	1123.87	184.54	615.56	75.82	888.00	160.63
1999	3429.28	279.23	126.63	184.85	1355.52	198.70	711.65	88.56	1006.19	145.35
2000	3641.94	292.59	90.26	151.71	1611.52	218.36	823.37	103.10	878.18	216.94
北京	27.60	6.06	8.03	0.90	138.78	7.82	60.85	26.43	50.48	15.69
天津	44.07	1.71	0.04	2.86	24.30	2.90	13.00	2.94	5.37	0.07
河北	154.03	30.47	4.62	12.37	65.71	9.39	47.09	3.09	24.51	7.14
山西	61.20	6.19	2.77	2.71	10.74	3.64	11.07	1.82	14.43	4.04
内蒙古	70.50	6.05	2.30	2.32	15.93	2.20	11.06	0.71	20.03	2.89
辽宁	94.31	19.89	3.14	13.70	51.07	5.95	28.17	6.23	28.61	3.38
吉林	55.81	16.72	2.97	1.12	32.25	2.31	18.17	1.31	33.73	2.43
黑龙江	93.35	10.50	3.92	1.83	41.39	4.13	22.69	1.41	41.61	3.83
上海	76.44	14.18	1.78	37.50	214.03	14.97	57.79	8.91	17.80	17.17
江苏	189.18	12.87	4.00	1.71	86.58	16.41	73.66	4.03	42.71	13.47
浙江	235.40	13.64	2.97	1.60	166.81	20.33	63.78	2.12	33.46	7.31
安徽	84.02	7.64	3.54	4.41	26.97	5.94	20.15	1.46	33.79	4.44
福建	86.08	7.56	1.78	2.15	33.48	6.55	22.83	1.46	21.84	1.22
江西	50.69	4.25	1.76	0.81	12.51	3.12	10.06	1.58	14.41	0.26
山东	191.90	17.96	5.13	3.95	60.97	15.51	51.06	2.63	63.55	2.52
河南	163.34	9.85	5.98	1.49	33.95	9.75	26.38	4.51	44.58	6.41
湖北	123.25	8.64	7.01	3.11	41.25	9.69	34.70	4.92	55.08	3.18
湖南	116.18	13.10	2.54	1.11	44.39	6.27	28.67	2.34	19.42	2.31
广东	265.56	17.84	1.49	16.30	230.88	27.55	65.59	4.59	87.90	16.25
广西	77.47	3.89	2.25	0.71	30.58	4.19	13.89	1.13	15.28	0.77
海南	37.46	3.16	1.44	1.25	21.24	2.19	7.10	0.89	8.35	0.34
重庆	37.64	5.60	1.83	7.88	40.87	3.16	16.54	0.66	30.70	5.21
四川	206.12	12.56	5.46	14.62	77.90	9.00	40.97	4.58	49.84	9.03
贵州	46.71	3.51	0.95	1.50	18.56	2.35	7.95	0.39	8.27	0.34
云南	138.97	7.64	4.23	3.08	27.13	9.72	16.48	3.18	30.97	0.49
西藏	21.68	0.68	0.56	0.07	3.59	1.21	2.53	0.48	6.95	0.18
陕西	89.79	14.10	2.34	2.33	16.08	3.70	22.01	5.07	20.51	12.96
甘肃	62.36	6.00	2.10	3.59	7.49	2.01	7.71	1.46	22.87	4.77
青海	36.96	1.69	0.61	0.08	8.91	0.98	3.18	0.11	6.76	0.08
宁夏	30.20	1.82	0.36	0.19	5.74	0.85	2.90	0.68	3.93	0.31
新疆	73.13	6.86	2.37	4.44	21.43	4.58	15.32	1.16	20.44	1.95
不分地区	600.53	0.00	0.00	0.00	0.00	0.00	0.00	0.83	0.00	66.46

2－11　按项目规模分的基本建设投资及项目个数

年份 地区	项目投资（亿元）		施工项目（个）		全部建成	
	大中型	小　型		#大中型		#大中型
1978	243.94	233.92	45261	1723	11762	99
1979	216.16	291.49	53519	1610	17036	128
1980	215.98	330.67	67618	1106	24823	82
1981	169.18	267.57	59616	893	23532	79
1982	219.89	327.08	70819	819	29143	116
1983	262.46	318.99	76804	814	40861	91
1984	313.25	404.20	69380	821	37524	113
1985	394.24	627.60	87766	961	44477	121
1986	482.82	640.52	79667	930	45107	102
1987	619.61	666.42	76964	932	40520	119
1988	746.85	714.66	77475	952	41289	121
1989	729.70	686.59	66382	969	35370	95
1990	896.31	702.56	67842	1059	36502	152
1991	1058.23	935.54	77704	1053	41783	148
1992	1322.43	1528.32	90609	1153	50633	158
1993	1946.31	2543.70	90954	1340	51886	186
1994	2738.13	3562.00	88841	1412	49021	224
1995	3196.29	4053.07	88685	1408	50512	238
1996	(3615.88)	(4751.59)	(93997)	(1266)	(55436)	(200)
	3615.88	4714.14	77954	1266	42008	200
1997	4042.57	5634.40	84480	1240	48102	184
1998	4539.21	7192.94	99665	1308	54950	175
1999	3743.71	8332.93	97084	1135	57090	174
2000	3771.38	9251.13	91252	1245	52645	241
北　京	85.98	360.81	1210	37	486	10
天　津	160.14	117.23	545	50	313	13
河　北	186.62	424.77	4965	59	3029	14
山　西	60.11	218.17	2274	11	1170	1
内蒙古	41.99	186.67	2630	33	1871	2
辽　宁	119.79	327.80	2113	42	1239	7
吉　林	50.87	225.76	1516	16	1051	2
黑龙江	62.66	314.67	2603	21	1880	2
上　海	270.74	404.48	1245	56	373	7
江　苏	107.07	643.93	3658	30	2482	5
浙　江	183.77	635.39	4967	48	2607	7
安　徽	79.58	233.15	2951	37	1599	7
福　建	124.67	209.09	2788	55	1336	9
江　西	63.00	134.37	2367	20	1360	5
山　东	117.68	627.70	5051	32	2780	7
河　南	173.54	406.76	4573	49	2615	4
湖　北	179.20	419.07	4887	27	3301	7
湖　南	32.61	333.73	4225	32	2467	9
广　东	357.31	765.65	4845	100	2508	21
广　西	29.78	236.23	3432	25	2010	9
海　南	30.53	85.31	1182	35	699	4
重　庆	25.10	190.14	2088	62	945	16
四　川	104.63	503.68	5978	67	3412	11
贵　州	54.87	91.70	2554	25	1527	5
云　南	44.97	293.59	4364	27	2488	5
西　藏	17.79	36.74	997	43	741	16
陕　西	72.60	230.78	2896	33	1522	4
甘　肃	60.01	148.00	2519	64	1334	16
青　海	32.97	64.07	1282	11	769	2
宁　夏	17.37	68.83	756	5	507	1
新　疆	157.49	234.28	3060	24	2219	8
不分地区	665.91	78.58	731	69	5	5

2-12 基本建设房屋建筑面积

单位：万平方米

年份 地区	施工面积	#住宅	竣工面积	#住宅
1978	18484.90	7314.33	9010.92	3752.47
1979	23829.70	11998.30	11999.70	6255.80
1980	27537.60	14817.40	14499.90	8230.30
1981	25177.00	14774.00	12941.00	7904.00
1982	28450.40	16761.80	14356.60	9019.60
1983	25277.60	14018.10	13211.50	8124.50
1984	27928.80	14198.20	13809.10	7703.00
1985	37029.20	18893.90	17161.20	9565.10
1986	33086.20	15940.40	16650.50	8915.50
1987	29435.70	11990.10	14359.00	6452.80
1988	28413.79	11334.02	13307.84	6008.99
1989	24744.18	9749.94	11611.55	5064.20
1990	23236.54	9259.90	11245.93	4824.78
1991	27262.61	11309.23	12604.48	5687.92
1992	32709.19	13399.25	15133.72	6919.15
1993	39535.76	15016.40	17070.05	7993.44
1994	42749.88	16981.97	18644.05	8955.12
1995	41948.29	16739.06	19929.32	9249.25
1996	(43661.23)	(17269.40)	(21256.63)	(9824.79)
	42786.07	16974.08	20544.83	9589.36
1997	44206.26	18065.42	21439.12	10091.49
1998	52023.11	24529.90	24685.04	12552.44
1999	52833.80	25642.02	28620.79	16033.23
2000	50968.27	21559.64	26292.93	13145.97
北京	2131.47	936.54	839.77	402.94
天津	428.90	90.34	200.04	52.36
河北	2619.63	1108.78	1487.04	727.62
山西	1396.87	883.98	733.80	512.29
内蒙古	1006.28	494.78	655.04	367.84
辽宁	1710.99	734.72	907.97	490.80
吉林	1082.97	461.59	754.86	393.75
黑龙江	1807.65	1034.85	1209.74	757.11
上海	1316.10	235.35	513.26	69.33
江苏	2274.01	534.44	1365.52	396.77
浙江	2300.74	382.04	1020.93	194.44
安徽	1229.14	518.57	768.95	374.69
福建	1259.18	264.28	503.88	151.05
江西	1066.30	401.61	552.09	244.90
山东	3859.86	1189.46	1485.85	717.08
河南	2562.13	1266.45	1172.41	613.77
湖北	2219.47	1122.73	1290.13	701.92
湖南	2032.06	920.61	1071.75	553.70
广东	3814.74	1142.84	1753.48	547.66
广西	1032.40	417.85	541.94	286.75
海南	516.57	206.01	247.50	136.37
重庆	1692.50	943.65	854.34	522.04
四川	3171.02	1765.57	1733.91	1075.20
贵州	968.89	411.83	460.10	268.25
云南	1608.22	827.38	867.84	491.50
西藏	179.69	23.78	109.10	21.93
陕西	1848.36	1014.09	829.16	542.80
甘肃	1338.63	703.02	632.37	394.52
青海	262.01	147.62	141.86	83.76
宁夏	234.12	90.33	143.11	65.65
新疆	1541.06	957.90	1100.06	760.85
不分地区	456.31	326.66	345.12	226.31

2－13 国民经济各行业基本建设新增固定资产

单位：亿元

年份 地区	合计	农、林、 牧、渔业	采掘业	制造业	电力、煤气及水的 生产和供应业	建筑业	地质勘查业 水利管理业
1985	733.16	11.91	68.04	133.16	86.13	14.01	23.69
1986	929.88	11.52	81.58	243.28	102.49	15.63	23.52
1987	959.09	13.55	98.01	221.50	159.70	12.05	23.45
1988	1112.13	16.64	111.15	260.96	179.71	10.91	17.57
1989	1179.03	15.20	169.49	240.59	194.25	12.41	26.48
1990	1362.61	18.09	203.36	295.31	238.78	9.54	30.92
1991	1498.73	22.41	163.33	343.67	317.10	10.01	34.96
1992	1975.00	27.30	195.59	381.85	398.90	20.86	47.91
1993	2758.93	34.83	193.82	588.30	452.20	62.17	54.01
1994	3729.78	34.85	212.79	757.62	667.43	65.50	76.55
1995	4712.67	46.90	285.53	878.89	816.90	67.80	110.14
1996	(6168.14)	(63.08)	(281.64)	(1361.73)	(1029.85)	(100.12)	(109.91)
	6129.65	61.30	281.46	1360.26	1029.04	99.81	109.38
1997	7443.15	82.53	480.14	1407.61	1207.22	125.87	146.28
1998	8499.82	109.64	348.18	1272.65	1774.65	115.17	200.50
1999	9519.30	208.99	451.96	1327.96	1719.39	131.55	308.71
2000	10431.66	212.98	510.91	1028.28	2092.12	111.82	378.08
北　京	495.96	2.79	0.01	41.10	129.16	7.67	0.15
天　津	174.07	0.55	13.61	52.06	15.38	1.38	11.21
河　北	505.29	14.50	10.46	43.39	109.14	4.30	33.26
山　西	210.47	2.79	12.78	15.96	80.23	3.50	2.88
内蒙古	141.87	12.61	1.28	4.35	9.99	1.23	10.42
辽　宁	365.70	3.71	44.49	48.72	33.48	5.88	7.30
吉　林	215.17	2.61	15.35	21.85	46.47	4.22	1.44
黑龙江	290.19	9.05	24.32	16.73	37.78	8.69	7.34
上　海	587.43	3.46	11.22	91.74	171.68	0.02	4.95
江　苏	714.47	8.52	10.55	85.01	142.60	3.59	33.81
浙　江	585.14	1.39	0.06	27.43	113.44	6.00	20.85
安　徽	295.13	2.83	17.34	38.05	60.11	3.95	15.24
福　建	202.10	1.73	0.75	62.94	35.48	1.79	8.46
江　西	149.05	1.42	1.49	21.88	26.83	1.36	9.88
山　东	688.82	5.80	93.21	57.11	159.71	7.31	16.29
河　南	294.19	9.29	11.30	26.14	69.00	2.47	18.04
湖　北	362.22	11.27	8.03	21.45	77.21	6.15	26.59
湖　南	230.52	4.23	0.69	20.60	59.80	1.07	13.75
广　东	856.00	7.26	1.68	162.53	163.55	11.94	22.28
广　西	308.79	2.78	0.65	31.52	90.85	2.03	10.91
海　南	95.27	15.72	5.38	6.01	9.95	0.95	2.55
重　庆	130.69	3.83	0.26	5.21	19.03	0.87	3.41
四　川	491.60	7.65	2.63	27.27	98.76	5.72	27.30
贵　州	142.96	2.77	2.21	11.02	51.60	1.75	2.45
云　南	220.15	7.88	2.78	24.76	33.10	0.82	9.24
西　藏	57.66	2.07	0.06	0.14	8.56	2.01	1.64
陕　西	281.50	5.72	5.56	18.10	38.58	4.06	8.63
甘　肃	132.99	3.64	10.64	11.88	39.19	1.41	4.28
青　海	45.69	3.61	9.40	1.39	5.03	1.73	2.65
宁　夏	75.05	0.92	0.02	19.10	9.39	0.51	2.76
新　疆	481.37	50.57	144.43	12.84	42.17	7.45	9.39
不分地区	604.13		48.26		104.91		28.74

2－13 续表

年份 地区	交通运输仓储和邮电通信业	批发零售贸易和餐饮业	金融、保险业	房地产业	社会服务业	卫生体育和社会福利业	教育、文化艺术和广播电影电视业	科学研究和综合技术服务业	国家机关、政党机关和社会团体	其他行业
1985	132.73	24.77	4.54	43.01	36.12	15.49	57.60	13.70	34.40	33.85
1986	140.90	26.76	5.76	50.23	35.54	17.72	73.12	16.80	44.54	40.48
1987	130.74	28.52	9.55	28.34	33.48	21.78	80.56	19.18	46.92	31.78
1988	181.20	38.78	12.97	35.17	40.77	22.03	81.59	17.05	56.00	29.63
1989	129.60	37.41	14.61	38.08	34.97	22.65	81.96	17.46	54.18	89.70
1990	160.23	32.43	12.59	13.28	46.66	40.08	98.25	21.61	57.55	83.93
1991	203.15	48.44	15.61	13.53	77.73	30.11	102.14	19.75	68.16	28.63
1992	261.00	79.18	24.15	30.12	100.33	35.02	120.40	18.79	102.34	131.27
1993	491.22	124.63	42.93	65.41	172.16	42.14	148.84	27.19	195.29	63.81
1994	710.00	162.96	63.86	122.38	228.69	64.90	191.57	35.25	264.38	71.06
1995	1099.05	162.44	76.75	84.06	272.23	69.16	275.97	49.75	355.78	61.33
1996	(1414.87)	(190.09)	(100.10)	(100.65)	(356.06)	(98.65)	356.06)	(43.86)	(449.13)	(112.34)
	1412.52	186.58	99.02	100.47	354.84	96.22	344.37	43.42	438.86	112.10
1997	1809.58	219.70	114.17	100.77	479.43	111.95	418.11	50.00	543.39	146.40
1998	1784.80	256.88	152.56	135.68	826.72	132.22	501.52	57.22	717.21	114.22
1999	2090.66	231.85	118.82	124.07	1006.28	168.03	619.58	73.95	833.86	103.65
2000	2897.78	262.26	86.98	84.04	986.56	163.72	685.47	64.38	755.48	110.81
北京	80.52	14.98	5.62	0.71	55.08	8.38	60.16	18.90	59.94	10.78
天津	46.41	2.19	0.04	1.04	12.29	1.36	11.74	1.08	3.67	0.07
河北	144.78	19.09	2.59	10.43	43.45	6.85	36.93	1.56	21.25	3.31
山西	48.48	5.32	2.33	1.23	4.43	3.26	9.06	1.40	14.23	2.60
内蒙古	47.48	5.11	3.44	1.77	12.25	2.23	10.60	0.36	18.22	0.52
辽宁	118.78	15.00	1.68	4.26	28.52	4.50	22.76	3.26	19.72	3.64
吉林	32.41	10.40	2.35	1.10	26.87	1.42	16.41	1.19	30.12	0.97
黑龙江	61.82	12.09	4.85	1.82	39.10	3.54	21.50	0.88	33.32	7.36
上海	121.69	19.43	0.00	15.13	53.69	14.63	50.15	2.52	12.39	14.74
江苏	172.44	12.22	2.97	1.00	100.61	12.15	63.69	1.96	48.33	15.00
浙江	180.87	17.80	2.93	1.46	115.06	16.48	49.35	2.45	24.37	5.20
安徽	78.62	6.43	4.41	2.46	16.64	5.36	15..3	0.68	23.49	3.90
福建	30.58	4.28	1.62	1.02	19.25	3.27	10.86	0.43	18.98	0.67
江西	50.32	3.74	1.75	0.77	5.00	2.72	9.67	0.36	11.66	0.21
山东	178.22	13.40	5.03	3.26	40.63	9.68	42.27	2.77	52.75	1.39
河南	53.10	8.62	5.49	0.90	26.81	5.41	17.47	2.23	34.52	3.40
湖北	79.50	8.31	7.61	1.81	23.87	7.73	27.81	3.44	47.85	3.58
湖南	38.93	12.56	2.86	0.37	25.75	5.29	24.00	1.98	17.45	1.19
广东	143.17	19.02	1.91	7.39	162.07	17.61	54.22	2.76	71.53	7.08
广西	114.96	2.74	1.47	0.77	22.94	2.60	9.21	0.57	14.01	0.79
海南	24.13	1.94	1.36	1.26	10.87	0.78	5.38	0.28	7.41	1.29
重庆	23.62	4.46	1.64	3.99	21.54	2.49	14.38	0.31	23.06	2.60
四川	158.53	8.79	4.08	8.41	45.11	6.70	32.61	4.49	44.71	8.83
贵州	38.64	5.22	1.68	0.53	9.00	1.75	6.15	0.56	7.29	0.32
云南	59.91	5.88	4.35	2.13	21.39	4.99	14.56	2.66	25.15	0.55
西藏	28.43	0.60	0.65	0.07	2.37	0.76	2.37	0.50	7.21	0.23
陕西	130.98	6.38	2.02	2.46	15.88	3.61	21.07	2.33	12.69	3.41
甘肃	15.73	5.62	1.43	1.87	5.37	1.60	6.09	0.95	20.94	2.35
青海	8.46	1.44	1.31	0.07	1.73	0.74	1.92	0.06	6.12	0.04
宁夏	28.85	1.40	0.26	0.42	4.17	0.90	2.56	0.58	3.12	0.11
新疆	139.41	7.80	7.24	4.11	14.80	4.94	14.89	0.79	19.99	0.56
不分地区	418.02									4.12

2－14　各地区基本建设施工、投产项目个数和新增固定资产

年　份 地　区	施 工 项 目 （个）	全部建成投产项目 （个）	项目建成投产率 （%）	新增固定资产 （亿元）	固定资产交付使用率 （%）
1978	45261	11762	26.0	372.30	74.3
1979	53519	17036	31.8	438.02	83.7
1980	67618	24823	36.7	442.06	79.1
1981	59616	23532	39.5	383.40	86.6
1982	70819	29143	41.2	413.10	74.4
1983	76804	40861	53.2	453.10	76.3
1984	69380	37524	54.1	533.28	71.8
1985	87766	44477	50.7	733.16	68.2
1986	79667	45107	56.6	929.88	79.1
1987	76964	40520	52.6	959.08	71.4
1988	77475	41289	53.3	1112.13	70.6
1989	66382	35370	53.3	1179.03	76.0
1990	67842	36502	53.8	1362.61	80.0
1991	77704	41783	53.8	1498.73	70.8
1992	90609	50633	55.9	1975.00	65.6
1993	90954	51886	57.0	2758.93	59.8
1994	88841	49021	55.2	3729.78	57.9
1995	88685	50512	57.0	4712.67	63.7
1996	(93997)	(55436)	(59.0)	(6168.14)	(71.6)
	77954	42008	53.9	6129.65	71.5
1997	84480	48102	56.9	7443.15	75.1
1998	99665	54950	55.1	8499.82	71.3
1999	97084	57090	58.8	9519.30	76.4
2000	91252	52645	57.7	10431.66	77.7
北　京	1210	486	40.2	495.96	111.0
天　津	545	313	57.4	174.07	62.1
河　北	4965	3029	61.0	505.29	80.9
山　西	2274	1170	51.5	210.47	75.6
内蒙古	2630	1871	71.1	141.87	61.8
辽　宁	2113	1239	58.6	365.70	81.0
吉　林	1516	1051	69.3	215.17	77.8
黑龙江	2603	1880	72.2	290.19	76.4
上　海	1245	373	30.0	587.43	83.5
江　苏	3658	2482	67.9	714.47	95.1
浙　江	4967	2607	52.5	585.14	71.3
安　徽	2951	1599	54.2	295.13	92.8
福　建	2788	1336	47.9	202.10	60.4
江　西	2367	1360	57.5	149.05	75.0
山　东	5051	2780	55.0	688.82	90.4
河　南	4573	2615	57.2	294.19	50.2
湖　北	4887	3301	67.5	362.22	60.3
湖　南	4225	2467	58.4	230.52	62.7
广　东	4845	2508	51.8	856.00	75.5
广　西	3432	2010	58.6	308.79	115.4
海　南	1182	699	59.1	95.27	72.2
重　庆	2088	945	45.3	130.69	60.6
四　川	5978	3412	57.1	491.60	77.2
贵　州	2554	1527	59.8	142.96	96.6
云　南	4364	2488	57.0	220.15	64.4
西　藏	997	741	74.3	57.66	105.5
陕　西	2896	1522	52.6	281.50	92.7
甘　肃	2519	1334	53.0	132.99	63.9
青　海	1282	769	60.0	45.69	46.2
宁　夏	756	507	67.1	75.05	87.1
新　疆	3060	2219	72.5	481.37	122.6
不分地区	731	5	0.7	604.13	60.6

2-15 国民经济各行业基本建设施工、投产项目个数（2000年）

单位：亿元

行 业	施工项目(个)	# 新开工	全部建成投产项目(个)	项目建成投产率(%)
全国总计	**91252**	**55702**	**52645**	**57.7**
农、林、牧、渔业	**3866**	**2777**	**2481**	**64.2**
农业	1355	1041	910	67.2
林业	989	719	634	64.1
畜牧业	309	212	179	57.9
渔业	98	64	59	60.2
农林牧渔服务业	1115	741	699	62.7
采掘业	**775**	**411**	**397**	**51.2**
煤炭采选业	294	114	114	38.8
石油和天然气开采业	76	41	36	47.4
黑色金属矿采选业	42	25	20	47.6
有色金属矿采选业	142	94	88	62.0
非金属矿采选业	93	61	58	62.4
其他矿采选业	5	3	2	40.0
木材及竹材采运业	123	73	79	64.2
制造业	**7063**	**4372**	**3917**	**55.5**
食品加工业	505	354	327	64.8
食品制造业	287	198	151	52.6
饮料制造业	279	196	171	61.3
烟草加工业	118	55	85	72.0
纺织业	380	251	238	62.6
服装及纤维制品制造业	157	113	89	56.7
皮革毛皮羽绒及其制品业	88	63	51	58.0
木材加工及竹藤棕草制品业	120	86	86	71.7
家具制造业	59	39	37	62.7
造纸及纸制品业	135	84	78	57.8
印刷业、记录媒介的复制	161	103	93	57.8
文教体育用品制造业	40	25	26	65.0
石油加工及炼焦业	82	37	39	47.6
化学原料及化学制品制造业	633	374	328	51.8
医药制造业	284	169	128	45.1
化学纤维制造业	36	18	15	41.7
橡胶制品业	65	41	36	55.4
塑料制品业	210	146	124	59.0
非金属矿物制品业	539	335	325	60.3
黑色金属冶炼及压延加工业	157	80	76	48.4
有色金属冶炼及压延加工业	147	83	71	48.3
金属制品业	217	159	114	52.5
普通机械制造业	458	258	254	55.5
专用设备制造业	381	239	212	55.6
交通运输设备制造业	542	289	269	49.6
电气机械及器材制造业	270	159	146	54.1
电子及通信设备制造业	398	230	175	44.0
仪器仪表及文化办公用机械制造业	107	69	50	46.7
其他制造业	208	119	123	59.1
电力、煤气及水的生产和供应业	**5670**	**2778**	**2583**	**45.6**
电力、蒸汽、热水生产和供应业	4159	2040	1937	46.6
煤气的生产和供应业	330	156	128	38.8
自来水的生产和供应业	1181	582	518	43.9
建筑业	**1738**	**1111**	**1025**	**59.0**
土木工程建筑业	1593	1031	941	59.1

2-15 续表

单位：亿元

行业	施工项目(个)	# 新开工	全部建成投产项目(个)	项目建成投产率(%)
线路、管道和设备安装业	119	63	69	58.0
装修装饰业	26	17	15	57.7
地质勘查、水利管理业	**3714**	**2163**	**2035**	**54.8**
地质勘查业	268	128	154	57.5
水利管理业	3446	2035	1881	54.6
交通运输、仓储及邮电通信业	**10752**	**6458**	**5903**	**54.9**
铁路运输业	227	88	88	38.8
公路运输业	3453	2020	1847	53.5
管道运输业	20	9	7	35.0
水上运输业	205	76	72	35.1
航空运输业	110	42	44	40.0
交通运输辅助业	2289	1437	1354	59.2
其他交通运输业	127	76	69	54.3
仓储业	943	516	459	48.7
邮电通信业	3378	2194	1963	58.1
批发和零售贸易餐饮业	**5171**	**3332**	**3280**	**63.4**
食品饮料烟草和家庭用品批发业	1672	1026	1017	60.8
能源材料和机械电子设备批发业	734	492	475	64.7
其他批发业	440	265	276	62.7
零售业	2045	1379	1353	66.2
商业经纪与代理业	49	25	24	49.0
餐饮业	231	145	135	58.4
金融、保险业	**1920**	**1083**	**1237**	**64.4**
金融业	1603	904	1024	63.9
保险业	317	179	213	67.2
房地产业	**1154**	**667**	**578**	**50.1**
房地产开发与经营业	554	313	225	40.6
房地产管理业	567	331	328	57.8
房地产代理与经纪业	33	23	25	75.8
社会服务业	**8304**	**5270**	**4258**	**51.3**
公共设施服务业	6261	4069	3237	51.7
居民服务业	286	170	135	47.2
旅馆业	849	466	436	51.4
租赁服务业	32	29	23	71.9
旅游业	331	214	145	43.8
娱乐服务业	167	95	74	44.3
信息、咨询服务业	50	31	27	54.0
计算机应用服务业	42	19	12	28.6
其他社会服务业	286	177	169	59.1
卫生体育和社会福利业	**4327**	**2444**	**2522**	**58.3**
卫生	3487	2002	2096	60.1
体育	350	168	142	40.6
社会福利保障业	490	274	284	58.0
教育、文化艺术和广播电影电视业	**15413**	**9707**	**9838**	**63.8**
教育	13543	8795	8876	65.5
文化艺术业	963	431	464	48.2
广播、电影、电视业	907	481	498	54.9
科学研究和综合技术服务业	**1209**	**608**	**537**	**44.4**
科学研究业	583	276	219	37.6
综合技术服务业	626	332	318	50.8
国家机关、政党机关和社会团体	**18570**	**11714**	**11558**	**62.2**
# 国家机关	17602	11123	10982	62.4
政党机关	568	368	342	60.2
其他行业	**1606**	**807**	**496**	**30.9**

2－16 国民经济各行业基本建设投资和新增固定资产（2000年）

行　业	投资额（亿元）	新增固定资产（亿元）	固定资产交付使用率（%）
全国总计	**13427.27**	**10431.66**	**77.7**
农、林、牧、渔业	**360.93**	**212.98**	**59.0**
农业	105.59	110.55	104.7
林业	174.22	43.60	25.0
畜牧业	17.32	12.56	72.5
渔业	8.86	7.55	85.2
农林牧渔服务业	54.94	38.71	70.5
采掘业	**589.36**	**510.91**	**86.7**
煤炭采选业	116.34	134.47	115.6
石油和天然气开采业	420.66	336.92	80.1
黑色金属矿采选业	12.81	12.70	99.1
有色金属矿采选业	12.10	12.47	103.0
非金属矿采选业	5.73	6.27	109.3
其他矿采选业	0.15	0.12	81.3
木材及竹材采运业	21.57	7.96	36.9
制造业	**1175.11**	**1028.28**	**87.5**
食品加工业	32.43	28.73	88.6
食品制造业	37.57	38.19	101.7
饮料制造业	26.27	19.98	76.1
烟草加工业	18.23	23.48	128.8
纺织业	29.57	23.60	79.8
服装及纤维制品制造业	17.67	16.67	94.3
皮革毛皮羽绒及其制品业	12.18	5.89	48.4
木材加工及竹藤棕草制品业	8.22	8.30	101.0
家具制造业	7.15	6.20	86.6
造纸及纸制品业	39.54	65.86	166.6
印刷业、记录媒介的复制	13.05	10.37	79.4
文教体育用品制造业	2.66	1.69	63.6
石油加工及炼焦业	32.79	31.09	94.8
化学原料及化学制品制造业	172.18	223.70	129.9
医药制造业	42.42	33.01	77.8
化学纤维制造业	11.79	14.89	126.3
橡胶制品业	8.40	4.01	47.8
塑料制品业	27.70	20.93	75.6
非金属矿物制品业	61.42	56.50	92.0
黑色金属冶炼及压延加工业	50.85	24.38	47.9
有色金属冶炼及压延加工业	39.76	21.56	54.2
金属制品业	17.28	11.73	67.9
普通机械制造业	31.18	22.65	72.6
专用设备制造业	29.93	27.14	90.7
交通运输设备制造业	107.56	75.60	70.3
电气机械及器材制造业	29.19	22.64	77.6
电子及通信设备制造业	214.80	145.96	68.0
仪器仪表及文化办公用机械制造业	9.21	7.07	76.7
其他制造业	44.11	36.43	82.6
电力、煤气及水的生产和供应业	**2479.80**	**2092.12**	**84.4**
电力、蒸汽、热水生产和供应业	2267.08	1945.51	85.8
煤气的生产和供应业	55.74	30.87	55.4
自来水的生产和供应业	156.97	115.74	73.7
建筑业	**197.47**	**111.82**	**56.6**
土木工程建筑业	186.27	103.28	55.4

2-16　续表

行　　业	投资额(亿元)	新增固定资产(亿元)	固定资产交付使用率(%)
线路、管道和设备安装业	8.50	7.43	87.5
装修装饰业	2.70	1.11	41.1
地质勘查、水利管理业	**596.64**	**378.08**	**63.4**
地质勘查业	16.56	18.17	109.7
水利管理业	580.08	359.91	62.0
交通运输、仓储及邮电通信业	**3641.94**	**2897.78**	**79.6**
铁路运输业	672.25	544.13	80.9
公路运输业	1317.61	974.57	74.0
管道运输业	23.59	5.65	24.0
水上运输业	46.94	33.97	72.4
航空运输业	209.00	209.94	100.5
交通运输辅助业	578.14	538.78	93.2
其他交通运输业	31.41	32.17	102.4
仓储业	83.96	82.54	98.3
邮电通信业	679.04	476.02	70.1
批发和零售贸易餐饮业	**292.59**	**262.26**	**89.6**
食品饮料烟草和家庭用品批发业	91.03	75.61	83.1
能源材料和机械电子设备批发业	41.91	31.84	76.0
其他批发业	22.99	24.82	107.9
零售业	118.65	104.18	87.8
商业经纪与代理业	3.13	7.29	233.2
餐饮业	14.88	18.52	124.5
金融、保险业	**90.26**	**86.98**	**96.4**
金融业	79.05	75.21	95.1
保险业	11.22	11.78	105.0
房地产业	**151.71**	**84.04**	**55.4**
房地产开发与经营业	102.60	44.91	43.8
房地产管理业	47.80	38.37	80.3
房地产代理与经纪业	1.31	0.77	58.6
社会服务业	**1611.52**	**986.56**	**61.2**
公共设施服务业	1402.70	832.10	59.3
居民服务业	10.28	7.93	77.1
旅馆业	82.92	75.86	91.5
租赁服务业	2.99	4.30	143.6
旅游业	29.01	22.33	77.0
娱乐服务业	32.73	22.40	68.4
信息、咨询服务业	3.36	1.96	58.3
计算机应用服务业	25.44	5.63	22.2
其他社会服务业	22.08	14.05	63.6
卫生体育和社会福利业	**218.36**	**163.72**	**75.0**
卫生	152.89	126.13	82.5
体育	48.67	23.22	47.7
社会福利保障业	16.80	14.37	85.6
教育、文化艺术和广播电影电视业	**823.37**	**685.47**	**83.3**
教育	661.67	556.70	84.1
文化艺术业	99.66	87.22	87.5
广播、电影、电视业	62.04	41.54	67.0
科学研究和综合技术服务业	**103.10**	**64.38**	**62.4**
科学研究业	61.52	40.17	65.3
综合技术服务业	41.57	24.21	58.2
国家机关、政党机关和社会团体	**878.18**	**755.48**	**86.0**
#国家机关	835.91	715.91	85.6
政党机关	25.57	20.74	81.1
其他行业	**216.94**	**110.81**	**51.1**

2－17　基本建设新增主要产品生产能力

能力名称	1996	1997	1998	1999	2000
铁矿开采(原矿)(万吨/年)	16	274	402	913	12
烧结铁矿（万吨/年）			20	498	
生铁（万吨/年）	35	33	12	180	5
炼钢（万吨/年）	72	65	40	456	
初轧（万吨/年）	5				
铁合金（万吨/年）	2	1	2		1
铜选矿：					
处理原矿（万吨/年）	31	77	1	38	25
铜含量（吨/年）	200	8314			
原煤开采（万吨/年）	1694	3002	969	2347	2255
天然原油开采（万吨/年）	903	1246	835	950	920
硫酸（万吨/年）	90	75	1		10
纯碱（万吨/年）		2		20	20
烧碱（万吨/年）	2				8
合成氨（万吨/年）	40	111	52	68	90
化肥（万吨/年）	77	195	59	136	62
乙烯（吨/年）	260960		350000	80000	
塑料（吨/年）	24900	124855	540953	325400	16700
轮胎：(万条/年)					
内胎			494	416	
外胎	300	15	215	179	
发电机组容量（万千瓦）	1741	1398	2194	2201	1907
＃火电	1360	1026	1544	1275	1337
水电	373	369	622	908	452
汽车制造（辆/年）	122349	150200	151510	30000	119000
＃载重汽车制造	11649		210		
拖拉机制造（混合台/年）					
＃手扶拖拉机制造(混合台/年)					
蒸汽锅炉制造（台/年）					
蒸汽锅炉蒸发量(小时吨/年)					
交流电动机制造(万千瓦/年)					2000
金属切削机床制造（台/年）	50	2000		50	
民用钢质船舶制造（综合吨/年）					
胶合板（万立方米/年）	8	1	19	2	12
水泥（万吨/年）	794	1038	601	231	490
化学纤维（吨/年）	112780	183330	159873	117524	97080
棉纺锭（万锭）	6	10	2	1	2
棉布织机（台）	362	1254	216		
棉印染布（万米/年）			420	5409	3000

2－17 续表

能力名称	1996	1997	1998	1999	2000
毛纺锭（锭）		12800	3000		
机制糖					
年生产（万吨）	9	3	9	3	0.3
日处理原料（吨）	7830	2800	7000	1776	42000
卷烟（万箱/年）					
酒（万吨/年）	49		5	14	16
糖果（吨/年）	11221	8100	42300		4700
奶粉（吨/年）		2350	5200		
原盐（万吨/年）	19	20	2	2	2
机制纸及纸板（万吨/年）	19	31	78	87	8
肥皂（万箱/年）					1
合成洗涤剂（万吨/年）			5	3	
鞣制皮革（万张/年）	200		6	1	
皮鞋（万双/年）	53	218	300	906	85
日用搪瓷制品（万件/年）					
日用陶瓷器（万件/年）	1207	690	800	300	400
保温瓶（万个/年）					
灯泡（万只/年）		2411			
自行车（万辆/年）		50			
家用电冰箱（万台/年）			60		
电视机（万台/年）			60	6	46
录放音机（万部/年）					
家用洗衣机（万台/年）					
新建铁路主线正线交付营业里程(公里)	2171	970	1408	1438	514
新(扩)建港口码头					
年吞吐量（万吨）	2537	8374	2398	6393	4491
泊位（个）	89	114	95	98	96
新建公路（公里）	10179	12203	16205	18068	15432
改建公路（公里）	17090	20600	26361	28009	29561
商业石油库（万立方米）	10	76	14	44	8
物资储备石油库(万立方米)	19	9	5	2	5
商业冷藏库（万吨）	53	61	3	25	2413
粮食仓库（万平方米）	47	104	94	249	237
粮食仓库（万公斤）	135718	311683	243331	1001811	1018885
高等院校:学生席位（个）	100606	117445	127717	180886	406072
医院病床床位（张）	66737	58835	60937	64670	61490
城市自来水供水能力(万吨/日)	842	886	870	758	555

2－18　按资金来源和隶属关系分的更新改造投资

单位：亿元

年份 地区	按资金来源分					按隶属关系分	
	国家预算内资金	国内贷款	利用外资	自筹资金	其他资金	中央项目	地方项目
1978	26.48	11.28		129.97			
1979	43.64	19.86		112.38			
1980	32.98	45.83		108.20		23.80	113.58
1981	34.88	40.01	1.27	113.00	6.14	60.88	134.42
1982	32.95	64.03	2.71	142.89	7.79	65.40	184.97
1983	36.55	74.52	2.58	172.05	5.43	74.93	216.20
1984	45.57	91.95	2.78	163.96	5.02	75.76	233.52
1985	19.69	186.75	5.55	226.08	11.07	104.82	344.32
1986	20.58	249.18	8.34	317.61	23.50	148.67	470.54
1987	32.35	306.23	17.46	366.37	36.17	177.01	581.58
1988	27.02	378.72	26.01	501.18	47.61	211.65	768.90
1989	14.15	233.21	26.73	440.69	74.01	205.99	582.79
1990	17.56	269.55	33.85	455.37	53.87	228.46	601.73
1991	17.36	411.22	36.49	508.62	49.53	279.37	743.86
1992	20.11	604.56	53.15	722.56	60.73	370.46	1090.65
1993	31.31	800.71	84.97	1227.57	106.60	633.31	1562.54
1994	30.60	830.11	212.85	1675.08	151.10	909.26	2009.35
1995	38.32	803.55	321.11	1929.77	157.89	1081.46	2217.89
1996	(29.58)	(831.26)	(353.97)	(2191.19)	(166.72)	(1250.29)	(2372.45)
	29.31	830.45	353.90	2185.05	166.24	1249.49	2365.51
1997	36.48	796.09	272.35	2522.36	185.72	1407.73	2514.20
1998	60.96	845.29	219.29	3019.81	226.19	1739.79	2776.96
1999	107.48	933.06	237.11	2883.76	214.55	1581.91	2903.18
2000	155.31	1041.22	217.65	3449.94	220.10	1861.89	3245.71
北京	13.72	31.09	0.18	148.81	1.58	96.00	89.95
天津	0.41	20.56	18.48	67.50	6.36	15.26	96.67
河北	9.50	64.53	4.84	216.81	11.64	51.19	254.73
山西	4.15	25.32	1.81	82.48	7.11	34.95	75.89
内蒙古	1.41	8.72	1.84	41.31	4.21	22.72	35.86
辽宁	4.97	49.72	19.83	191.00	14.76	105.16	178.29
吉林	10.23	30.14	3.73	70.67	7.31	36.22	78.32
黑龙江	2.43	25.68	2.04	206.24	5.14	188.43	51.22
上海	9.36	60.51	34.94	250.99	3.51	105.48	290.78
江苏	8.14	66.14	24.18	222.71	19.20	96.97	241.02
浙江	12.20	52.50	3.14	156.09	4.13	100.61	141.95
安徽	4.07	51.01	2.35	89.61	4.44	49.07	103.76
福建	2.14	40.05	6.57	114.97	5.77	23.23	152.19
江西	1.20	16.16	1.38	50.01	6.64	13.28	62.10
山东	11.34	103.00	9.69	256.16	13.53	145.08	253.52
河南	2.53	26.27	1.64	117.35	15.24	60.53	102.83
湖北	5.71	45.60	5.34	169.28	16.54	85.39	159.77
湖南	5.17	62.20	5.78	91.03	7.13	104.92	70.29
广东	5.82	50.65	48.53	323.45	23.35	105.24	330.20
广西	0.39	17.25	0.71	57.91	2.84	38.51	41.65
海南	0.19	0.33	4.98	3.53	0.75	5.11	4.73
重庆	8.18	30.74	1.92	50.18	4.14	59.01	30.90
四川	3.52	33.99	9.10	120.13	7.35	57.51	116.41
贵州	5.10	37.76	0.97	45.33	2.47	29.06	64.25
云南	2.00	12.60	0.43	58.98	3.12	30.61	50.51
西藏	2.93	0.67		1.58	0.19	0.67	3.78
陕西	8.80	27.33	0.46	95.67	6.65	61.89	73.29
甘肃	5.94	22.94	1.79	54.72	5.95	47.26	41.74
青海	0.33	3.20	0.04	10.54	2.94	9.65	7.44
宁夏	0.88	6.74	0.20	14.13	1.24	6.11	16.62
新疆	2.56	17.81	0.77	46.45	4.86	52.47	25.07
不分地区				24.32		24.32	

2-19 按构成和建设性质分的更新改造投资

单位：亿元

年份 地区	投资额	按构成分			按建设性质分		
		建筑安装工程	设备工器具购置	其他费用	#新建	#扩建	#改建
1978	167.73						
1979	175.88						
1980	187.01	74.21	59.65	3.52			
1981	195.30	113.77	76.15	5.38	19.75	75.01	89.02
1982	250.37	143.81	99.51	7.05	18.21	80.06	136.68
1983	291.13	160.66	118.10	12.37	17.58	86.11	164.99
1984	309.28	152.22	141.36	15.70	14.59	85.55	178.76
1985	449.14	196.23	224.94	27.97	23.06	194.45	191.16
1986	619.21	267.80	308.58	42.83	36.26	274.59	261.84
1987	758.59	349.18	353.29	56.11	41.22	350.33	313.18
1988	980.55	477.76	430.87	71.92	58.08	462.78	402.41
1989	788.78	377.25	355.89	55.64	38.87	345.54	363.49
1990	830.19	372.91	397.36	59.92	45.62	370.35	364.57
1991	1023.23	426.33	513.35	83.54	42.82	460.91	448.46
1992	1461.10	620.64	715.34	125.12	71.63	659.72	642.35
1993	2195.85	945.27	1070.93	179.65	140.31	1069.26	888.40
1994	2918.61	1258.72	1419.79	240.09	189.95	1486.20	1076.44
1995	3299.35	1343.62	1682.20	273.53	288.19	1640.28	1179.86
1996	(3622.74)	(1396.77)	(1900.50)	(325.47)	(349.02)	(1818.44)	(1190.99)
	3615.00	1394.07	1895.69	325.24	347.03	1816.62	1188.12
1997	3921.94	1540.77	2033.74	347.43	381.82	1947.48	1298.31
1998	4516.75	1681.38	2445.24	390.13	452.61	2324.42	1407.51
1999	4485.08	1667.61	2465.70	351.77	364.83	2206.87	1531.27
2000	5107.60	1943.25	2776.41	387.93	455.86	2506.31	1746.58
北京	185.94	70.69	95.86	19.39	1.23	93.45	64.51
天津	111.93	47.31	58.15	6.47	16.95	53.17	29.58
河北	305.91	129.65	153.24	23.02	40.35	91.02	152.15
山西	110.84	44.60	55.44	10.80	17.84	44.00	44.95
内蒙古	58.58	23.02	33.59	1.97	1.58	36.98	16.91
辽宁	283.44	118.48	150.08	14.88	11.80	99.10	162.10
吉林	114.54	48.63	56.99	8.92	7.57	60.75	44.04
黑龙江	239.65	126.99	101.35	11.31	30.34	151.47	31.32
上海	396.26	142.99	212.04	41.23	89.73	86.74	167.50
江苏	337.99	134.79	181.97	21.22	17.44	172.06	121.46
浙江	242.55	65.13	159.39	18.03	7.08	148.02	74.18
安徽	152.83	46.72	96.96	9.15	15.48	86.37	46.35
福建	175.42	49.27	119.66	6.49	23.96	102.49	33.32
江西	75.38	27.95	43.48	3.95	1.72	36.58	34.37
山东	398.60	141.65	232.88	24.06	13.74	251.29	117.75
河南	163.36	69.52	80.79	13.05	8.04	87.22	59.31
湖北	245.16	81.59	142.62	20.94	15.45	109.57	98.28
湖南	175.20	75.62	89.09	10.49	2.59	114.86	49.57
广东	435.44	164.50	219.29	51.65	36.47	239.94	84.32
广西	80.16	22.11	53.80	4.25	8.85	46.11	18.10
海南	9.84	2.89	5.11	1.84	5.71	2.29	0.73
重庆	89.91	32.83	50.00	7.09	16.89	49.35	17.38
四川	173.92	59.31	102.45	12.16	22.00	99.00	47.79
贵州	93.30	35.01	50.41	7.88	13.38	34.90	41.20
云南	81.12	32.29	42.12	6.71	5.74	38.67	31.06
西藏	4.45	2.83	1.39	0.23	1.08	1.11	2.11
陕西	135.19	52.09	74.37	8.73	3.55	81.32	45.20
甘肃	88.99	35.36	47.42	6.21	6.39	46.61	32.73
青海	17.09	7.68	9.18	0.23	0.48	10.05	4.82
宁夏	22.73	8.06	12.26	2.41	2.36	11.54	8.42
新疆	77.54	34.07	42.18	1.28	10.09	19.41	41.61
不分地区	24.32	9.61	2.82	11.88		0.86	23.46

2-20 国民经济各行业按建设性质分的更新改造投资(2000年)

单位:亿元

行　业	投资额	#新建	#扩建	#改建
全国总计	**5107.60**	**455.86**	**2506.31**	**1746.58**
农、林、牧、渔业	**26.35**	**5.10**	**7.31**	**11.07**
农业	12.95	3.40	1.68	6.65
林业	3.91	0.47	3.14	0.28
畜牧业	1.82	0.35	1.22	0.22
渔业	3.13	0.73	0.26	1.49
农林牧渔服务业	4.54	0.14	1.01	2.43
采掘业	**373.86**	**6.05**	**207.47**	**137.74**
煤炭采选业	76.16	2.10	15.17	56.27
石油和天然气开采业	256.45	0.09	172.89	64.04
黑色金属矿采选业	7.59	0.38	1.58	5.38
有色金属矿采选业	21.77	0.97	12.41	8.30
非金属矿采选业	8.55	0.88	4.54	2.91
其他矿采选业	0.02	0.00	0.01	0.01
木材及竹材采运业	3.34	1.62	0.87	0.84
制造业	**2104.15**	**158.96**	**1031.22**	**782.01**
食品加工业	43.95	5.84	24.22	12.36
食品制造业	47.75	6.41	25.87	12.01
饮料制造业	82.52	7.21	58.70	14.22
烟草加工业	45.24	1.23	13.07	23.61
纺织业	107.86	4.39	40.21	51.86
服装及纤维制品制造业	17.28	2.18	9.46	3.19
皮革毛皮羽绒及其制品业	4.54	0.34	2.95	0.59
木材加工及竹藤棕草制品业	15.15	3.74	7.50	3.19
家具制造业	5.55	1.25	2.56	0.72
造纸及纸制品业	79.91	6.33	53.86	16.49
印刷业、记录媒介的复制	22.85	2.42	10.85	4.92
文教体育用品制造业	3.66	0.45	1.40	0.70
石油加工及炼焦业	129.91	3.91	43.67	82.06
化学原料及化学制品制造业	274.67	17.82	171.19	76.25
医药制造业	91.20	9.26	44.28	30.94
化学纤维制造业	34.94	3.84	19.69	10.44
橡胶制品业	20.86	2.96	11.96	4.11
塑料制品业	38.96	5.76	24.23	6.53
非金属矿物制品业	112.18	9.99	53.61	42.65
黑色金属冶炼及压延加工业	269.11	9.55	81.00	175.56
有色金属冶炼及压延加工业	82.00	2.93	39.39	37.43
金属制品业	29.20	2.73	15.10	7.74
普通机械制造业	61.08	4.63	27.88	19.02
专用设备制造业	43.10	4.55	19.39	12.97
交通运输设备制造业	178.90	6.56	98.91	64.26
电气机械及器材制造业	79.09	8.18	36.58	25.27
电子及通信设备制造业	147.52	21.38	78.25	35.97
仪器仪表及文化办公用机械制造业	10.55	0.80	5.44	1.89
其他制造业	24.60	2.37	10.03	5.05
电力、煤气及水的生产和供应业	**481.67**	**49.31**	**162.91**	**264.93**
电力、蒸汽、热水生产和供应业	438.19	40.72	139.75	253.42
煤气的生产和供应业	12.99	3.07	6.55	3.27
自来水的生产和供应业	30.50	5.51	16.61	8.23
建筑业	**65.82**	**5.18**	**3.74**	**42.91**
土木工程建筑业	62.59	4.60	2.88	41.91

2－20　续表

单位：亿元

行　　业	投资额	＃新 建	＃扩 建	＃改 建
线路、管道和设备安装业	2.51	0.58	0.64	0.68
装修装饰业	0.72	0.00	0.22	0.32
地质勘查、水利管理业	**24.89**	**1.79**	**5.00**	**17.14**
地质勘查业	1.62	0.03	1.03	0.22
水利管理业	23.28	1.76	3.97	16.92
交通运输、仓储及邮电通信业	**1553.60**	**170.70**	**964.68**	**299.85**
铁路运输业	98.44	0.01	19.73	69.11
公路运输业	83.52	2.77	11.45	41.08
管道运输业	1.46	0.72	0.05	0.52
水上运输业	23.37	0.25	3.33	5.81
航空运输业	49.29	0.36	4.92	0.59
交通运输辅助业	58.27	5.86	15.48	34.08
其他交通运输业	1.32	0.04	0.13	0.85
仓储业	11.29	0.08	0.83	10.32
邮电通信业	1226.63	160.63	908.76	137.49
批发和零售贸易餐饮业	**57.74**	**5.70**	**16.30**	**33.06**
食品饮料烟草和家庭用品批发业	9.85	1.34	2.22	5.83
能源材料和机械电子设备批发业	24.11	0.90	5.70	16.13
其他批发业	1.29	0.15	0.22	0.71
零售业	19.46	2.66	7.37	9.09
商业经纪与代理业	0.19	0.02	0.01	0.08
餐饮业	2.83	0.63	0.79	1.21
金融、保险业	**6.22**	**0.07**	**0.76**	**0.89**
金融业	6.11	0.05	0.75	0.84
保险业	0.11	0.02	0.02	0.05
房地产业	**32.25**	**18.74**	**0.51**	**7.44**
房地产开发与经营业	5.68	1.05	0.36	4.19
房地产管理业	26.52	17.69	0.13	3.22
房地产代理与经纪业	0.05	0.00	0.02	0.03
社会服务业	**225.13**	**19.71**	**65.24**	**80.55**
公共设施服务业	202.76	17.46	60.88	65.65
居民服务业	1.17	0.07	0.07	0.68
旅馆业	13.97	0.80	1.92	10.96
租赁服务业	1.05	0.03	0.00	1.00
旅游业	1.08	0.22	0.56	0.23
娱乐服务业	0.60	0.05	0.23	0.32
信息、咨询服务业	0.21	0.00	0.20	0.00
计算机应用服务业	2.92	1.00	1.11	0.78
其他社会服务业	1.37	0.09	0.27	0.91
卫生体育和社会福利业	**19.67**	**1.41**	**4.79**	**4.78**
卫生	17.96	1.19	4.58	3.94
体育	0.91	0.22	0.20	0.04
社会福利保障业	0.80			0.80
教育、文化艺术和广播电影电视业	**33.67**	**3.35**	**8.95**	**12.51**
教育	13.75	1.01	3.89	3.94
文化艺术业	5.36	0.79	0.86	2.40
广播、电影、电视业	14.56	1.56	4.19	6.17
科学研究和综合技术服务业	**34.35**	**0.69**	**3.55**	**26.10**
科学研究业	7.88	0.44	2.86	2.06
综合技术服务业	26.47	0.24	0.69	24.04
国家机关、政党机关和社会团体	**50.19**	**7.71**	**16.69**	**18.68**
＃国家机关	49.21	7.64	16.30	18.26
政党机关	0.29	0.00	0.26	0.01
其他行业	**18.05**	**1.41**	**7.19**	**6.92**

2－21 各地区更新改造施工、投产项目个数和新增固定资产

年份 地区	施工项目 (个)	全部建成 投产项目(个)	项目建成 投产率(%)	新增 固定资产(亿元)	固定资产 交付使用率(%)
1980	46152	23105	50.1	92.58	67.4
1981	66339	34832	52.5	143.24	73.3
1982	89926	47686	53.0	187.95	75.1
1983	83091	45631	54.9	222.61	76.5
1984	68051	36780	54.0	242.46	78.4
1985	77604	43149	55.6	316.79	70.5
1986	82618	46623	56.4	468.58	75.7
1987	87775	47952	54.6	582.62	76.8
1988	88964	46760	52.6	690.53	70.4
1989	60146	31805	52.6	636.88	80.7
1990	56825	31537	55.5	722.94	87.1
1991	64574	36770	56.9	858.30	83.9
1992	69781	40574	58.1	1105.05	75.6
1993	64670	35932	55.6	1531.93	69.8
1994	59089	33091	56.0	2192.57	75.1
1995	55242	35267	63.8	2524.87	76.5
1996	(57501)	(36534)	(63.5)	(3002.69)	(82.9)
	55235	34580	62.6	2995.31	82.9
1997	51576	33590	65.1	3250.55	82.9
1998	51054	33407	65.4	3690.36	81.7
1999	52484	34319	65.4	3644.67	81.3
2000	53641	33093	61.7	4111.51	80.5
北　京	1240	780	62.9	138.87	74.7
天　津	823	581	70.6	93.57	83.6
河　北	3648	2640	72.4	231.79	75.8
山　西	1507	1056	70.1	83.87	75.7
内蒙古	1249	1032	82.6	47.26	80.7
辽　宁	3592	1884	52.5	243.80	86.0
吉　林	1052	641	60.9	78.31	68.4
黑龙江	1285	1032	80.3	194.34	81.1
上　海	2475	104	4.2	270.68	68.3
江　苏	3595	2718	75.6	274.84	81.3
浙　江	3519	2601	73.9	186.20	76.8
安　徽	1023	639	62.5	109.63	71.7
福　建	1965	1340	68.2	159.96	91.2
江　西	1192	597	50.1	48.95	64.9
山　东	2408	1695	70.4	300.99	75.5
河　南	1675	1089	65.0	135.38	82.9
湖　北	2756	2067	75.0	220.91	90.1
湖　南	2140	1418	66.3	143.53	81.9
广　东	5303	2192	41.3	423.41	97.2
广　西	1785	1122	62.9	81.67	101.9
海　南	146	125	85.6	8.00	81.3
重　庆	890	563	63.3	62.76	69.8
四　川	1675	1061	63.3	145.73	83.8
贵　州	1509	874	57.9	75.01	80.4
云　南	1142	649	56.8	66.37	81.8
西　藏	82	59	72.0	4.79	107.5
陕　西	1108	670	60.5	89.35	66.1
甘　肃	1069	552	51.6	74.44	83.6
青　海	268	146	54.5	11.84	69.3
宁　夏	229	128	55.9	13.95	61.4
新　疆	1273	1031	81.0	73.77	95.1
不分地区	18	7	38.9	17.50	72.0

2－22　按国民经济行业分的更新改造投资(2000 年)

单位：亿元

年份 地区	合计	农林牧渔业	采掘业	制造业	电力煤气及水的生产和供应业	建筑业	地质勘查业水利管理业	交通运输仓储和邮电通信业	批发零售贸易和餐饮业	金融保险业	房地产业	社会服务业	卫生体育和社会福利业	教育文化艺术和广播电影电视业	科学研究和综合技术服务业	国家机关政党机关和社会团体	其他行业
1980	137.38	1.21	34.55	73.72	5.62	1.07	0.14	12.17	4.02	0.06	2.28		0.23	0.50	0.43	0.99	0.39
1981	195.30	5.04	43.17	92.20	7.60	2.22	0.28	21.88	7.46	0.65	6.63		0.73	1.85	1.13	2.60	1.86
1982	250.37	8.40	36.51	125.11	9.22	4.35	0.23	30.42	12.95	1.37	9.29		1.38	3.26	1.17	3.84	2.87
1983	291.13	6.13	47.62	148.02	11.82	4.29	0.17	32.58	14.08	2.07	9.97		1.72	3.60	1.34	4.28	3.44
1984	309.28	5.24	32.87	181.14	11.42	4.88	0.32	34.93	11.31	1.37	12.79		1.90	3.89	1.69	3.14	2.39
1985	449.14	5.56	44.09	289.71	17.25	6.97	0.79	41.49	10.37	0.97	3.05	17.41	1.78	2.91	2.35	3.24	1.49
1986	619.21	6.08	50.91	402.78	25.47	8.29	1.79	55.95	15.93	1.53	5.64	29.11	2.44	4.07	2.33	4.72	2.17
1987	758.59	7.75	59.71	495.70	29.15	8.92	2.12	65.63	24.48	1.94	10.45	30.19	2.77	4.20	2.41	9.17	3.94
1988	980.55	10.67	87.49	646.24	41.24	11.21	1.96	74.03	32.00	2.66	12.52	35.07	3.33	4.57	2.35	9.16	6.13
1989	788.78	8.40	87.83	500.12	35.23	7.66	3.34	65.28	22.46	2.07	8.95	27.49	2.13	4.31	2.35	6.19	4.26
1990	830.19	7.32	85.49	518.20	43.79	7.69	3.15	81.32	22.10	1.72	8.54	27.68	3.16	4.65	2.18	7.05	6.14
1991	1023.23	13.16	92.96	646.29	43.98	8.51	3.53	113.67	27.83	2.11	8.90	34.74	3.22	5.62	2.29	9.22	7.20
1992	1461.10	14.77	90.13	920.59	65.96	14.20	5.23	192.77	48.12	2.42	13.02	52.93	4.22	6.08	3.16	12.81	14.69
1993	2195.85	17.83	141.69	1298.33	99.31	32.98	7.04	361.47	65.47	3.73	33.80	78.68	6.04	9.37	3.18	21.22	15.73
1994	2918.61	19.64	171.02	1606.03	150.99	31.47	5.50	576.95	101.04	3.63	59.79	120.03	4.47	10.07	5.02	27.38	25.58
1995	3299.35	18.83	206.67	1775.84	217.64	45.80	8.26	680.73	97.30	2.85	56.57	108.50	5.93	15.27	6.29	29.94	22.93
1996	(3622.74)	(23.22)	(228.29)	(1843.01)	(259.21)	(34.17)	(10.35)	−875.97	−70.93	−8.11	−41.76	−131.30	−10.38	−13.38	−5.77	−37.47	−29.42
	3615.00	22.91	228.09	1839.23	258.93	33.98	10.31	875.19	70.38	8.07	41.75	131.01	10.17	12.98	5.64	36.93	29.42
1997	3921.94	27.21	244.37	1866.24	275.43	47.91	25.10	1050.13	61.06	11.77	56.92	151.47	10.77	17.95	4.85	37.55	33.21
1998	4516.75	27.11	308.78	1797.30	344.52	30.04	33.48	1542.25	52.64	12.86	25.54	189.48	11.64	20.41	5.83	49.86	64.99
1999	4485.08	26.33	251.66	1796.07	463.86	31.28	30.52	1420.67	46.03	6.89	35.51	228.33	15.31	26.77	18.89	54.87	32.09
2000	5107.60	26.35	373.86	2104.15	481.67	65.82	24.89	1553.60	57.74	6.22	32.25	225.13	19.67	33.67	34.35	50.19	18.05
北　京	185.94		0.53	47.13	8.16	1.13	7.59	65.84	0.54			24.59	0.84	2.33	20.72	2.82	3.73
天　津	111.93	0.10	0.54	65.41	3.55	3.86	0.30	18.80	9.63	0.12	1.55	2.90	0.03	1.29	0.30	1.95	1.58
河　北	305.91	3.56	12.35	139.78	33.79	0.75	2.14	90.10	3.58	0.17	0.29	14.18	1.24	3.10	0.02	0.51	0.37
山　西	110.84	0.09	15.08	56.67	3.77	2.04	0.06	27.19				5.57	0.05	0.16	0.05	0.11	0.00

2－22 续表

年份地区	合计	农林牧渔业	采掘业	制造业	电力煤气及水的生产和供应业	建筑业	地质勘查业水利管理业	交通运输仓储和邮电通信业	批发零售贸易和餐饮业	金融保险业	房地产业	社会服务业	卫生体育和社会福利业	教育文化艺术和广播电影电视业	科学研究和综合技术服务业	国家机关政党机关和社会团体	其他行业
内蒙古	58.58	0.01	3.67	25.14	5.81			20.45	0.26			1.42	0.25	0.03	0.60		0.95
辽　宁	283.44	0.86	38.79	150.73	16.34	0.94	0.05	69.92	0.86	0.22	0.03	3.88	0.03	0.28	0.25	0.26	
吉　林	114.54	2.35	4.78	76.36	17.19	0.11		8.05	0.05		0.04	1.43	0.03	0.12	0.05	3.98	
黑龙江	239.65	0.12	126.86	49.70	9.05	0.11	0.25	52.48	0.19			0.43		0.02		0.32	0.11
上　海	396.26	1.13	0.03	220.79	19.83	2.93	1.27	43.54	8.31	0.10	27.44	50.70	5.51	5.42	3.09	4.52	1.66
江　苏	337.99	1.74	9.79	152.10	45.68	6.39	0.20	88.00	3.97	0.18	0.01	18.88	1.47	2.33	0.28	1.02	5.95
浙　江	242.55	1.09	0.71	93.61	35.04	0.46	0.57	99.52	0.28	0.63	0.10	6.42	1.84	1.60	0.38	0.22	0.08
安　徽	152.83	0.18	7.23	58.75	29.92	0.97	0.41	50.52	0.51	0.02	0.04	0.87	0.13	0.80		2.24	0.23
福　建	175.42	0.40	1.71	63.45	20.09	0.32	0.15	85.24	0.46			1.24	0.20	0.64	0.22	1.13	0.18
江　西	75.38		5.24	30.02	6.59	0.23		31.15	0.02			0.65	0.13	1.19		0.16	0.00
山　东	398.60	0.37	36.59	190.28	44.71	0.20	1.08	100.24	4.21	0.01	0.56	13.91	0.37	0.26	0.03	4.94	0.85
河　南	163.36	0.42	24.55	75.70	5.93	1.16	0.65	40.47	0.34	0.03	0.55	7.53	0.36	0.83	0.35	4.44	0.06
湖　北	245.16	2.32	7.69	115.42	19.11	4.26	0.61	57.92	10.68	2.69		13.60	1.09	2.35	2.04	4.27	1.11
湖　南	175.20	0.01	3.12	75.02	3.51	0.22	0.03	87.34	0.69	0.14		2.59	0.58	0.88	0.68	0.31	0.08
广　东	435.44	1.22	1.32	91.90	36.27	22.43	7.64	224.78	0.81	1.23	0.50	27.55	4.11	6.13	1.00	8.25	0.31
广　西	80.16	0.40	1.00	23.83	13.59	0.10	0.13	36.91	1.93		0.01	1.42	0.23	0.15	0.17	0.28	
海　南	9.84	1.46		1.77	0.28			5.50	0.01	0.01		0.08		0.22		0.21	0.30
重　庆	89.91	0.01	1.22	24.69	10.98	0.08	0.01	48.39	0.76	0.01	0.51	1.77	0.04	0.46	0.12	0.84	
四　川	173.92	0.03	11.03	91.74	12.19	1.31	0.14	50.07	0.15		0.30	4.29	0.25	1.38	0.38	0.65	
贵　州	93.30	0.02	3.05	28.57	33.12	0.15	0.15	23.33	3.01	0.01		1.15	0.10	0.07	0.08	0.45	0.04
云　南	81.12	0.51	2.06	34.08	2.43	0.26	0.39	22.44	1.36	0.59	0.32	8.44	0.31	0.75	3.39	3.76	0.03
西　藏	4.45	0.01	0.15	0.54	1.97	0.18	0.01	1.08	0.01			0.08		0.20	0.01	0.22	
陕　西	135.19	0.09	18.31	43.62	26.15	1.28	0.28	39.40	0.45	0.01		5.09	0.05	0.01	0.08	0.38	
甘　肃	88.99	1.30	5.34	30.07	10.09	0.68	0.24	34.64	4.19			0.35	0.01	0.09		1.65	0.33
青　海	17.09	0.01	2.98	5.41	0.50	0.26		6.67	0.05			0.97	0.06	0.02	0.02	0.07	0.06
宁　夏	22.73		2.51	14.27	0.89	0.05	0.01	4.75	0.02			0.18	0.02	0.00	0.02		
新　疆	77.54	6.55	2.49	27.58	5.15	12.96	0.53	17.71	0.39	0.07	0.01	2.97	0.36	0.54	0.02	0.19	0.04
不分地区	24.32		23.15					1.17									

2-23 国民经济各行业更新改造施工、投产项目个数(2000年)

行业	施工项目(个)	# 新开工	全部建成投产项目(个)	项目建成投产率(%)
全国总计	**53641**	**38051**	**33093**	**61.7**
农、林、牧、渔业	**660**	**579**	**537**	**81.4**
农业	411	376	364	88.6
林业	77	61	59	76.6
畜牧业	49	42	40	81.6
渔业	41	36	30	73.2
农林牧渔服务业	82	64	44	53.7
采掘业	**2150**	**1477**	**1260**	**58.6**
煤炭采选业	1055	724	612	58.0
石油和天然气开采业	83	45	52	62.7
黑色金属矿采选业	175	128	132	75.4
有色金属矿采选业	561	390	293	52.2
非金属矿采选业	215	165	143	66.5
其他矿采选业	4	4	1	25.0
木材及竹材采运业	57	21	27	47.4
制造业	**21400**	**15194**	**12886**	**60.2**
食品加工业	921	760	698	75.8
食品制造业	550	421	353	64.2
饮料制造业	816	588	535	65.6
烟草加工业	413	207	132	32.0
纺织业	1144	937	756	66.1
服装及纤维制品制造业	192	148	132	68.8
皮革毛皮羽绒及其制品业	69	55	44	63.8
木材加工及竹藤棕草制品业	217	170	148	68.2
家具制造业	77	56	48	62.3
造纸及纸制品业	603	464	403	66.8
印刷业、记录媒介的复制	189	136	112	59.3
文教体育用品制造业	53	37	26	49.1
石油加工及炼焦业	1264	1003	842	66.6
化学原料及化学制品制造业	2928	2121	1928	65.8
医药制造业	977	605	474	48.5
化学纤维制造业	172	131	106	61.6
橡胶制品业	145	95	79	54.5
塑料制品业	345	266	191	55.4
非金属矿物制品业	2015	1590	1404	69.7
黑色金属冶炼及压延加工业	2099	1418	1275	60.7
有色金属冶炼及压延加工业	1233	851	675	54.7
金属制品业	421	335	243	57.7
普通机械制造业	851	494	414	48.6
专用设备制造业	663	357	308	46.5
交通运输设备制造业	1466	937	760	51.8
电气机械及器材制造业	666	427	340	51.1
电子及通信设备制造业	503	289	230	45.7
仪器仪表及文化办公用机械制造业	116	71	58	50.0
其他制造业	292	225	172	58.9
电力、煤气及水的生产和供应业	**9043**	**4914**	**3816**	**42.2**
电力、蒸汽、热水生产和供应业	8367	4537	3446	41.2

2－23　续表

行　业	施工项目（个）	＃新开工	全部建成投产项目（个）	项目建成投产率 %
煤气的生产和供应业	126	75	61	48.4
自来水的生产和供应业	550	302	309	56.2
建筑业	**474**	**324**	**322**	**67.9**
土木工程建筑业	418	288	297	71.1
线路、管道和设备安装业	34	29	20	58.8
装修装饰业	22	7	5	22.7
地质勘查、水利管理业	**334**	**233**	**210**	**62.9**
地质勘查业	22	21	21	95.5
水利管理业	312	212	189	60.6
交通运输、仓储及邮电通信业	**14679**	**11765**	**11010**	**75.0**
铁路运输业	2228	1642	1695	76.1
公路运输业	592	429	387	65.4
管道运输业	59	58	59	100.0
水上运输业	247	151	175	70.9
航空运输业	53	31	16	30.2
交通运输辅助业	601	443	394	65.6
其他交通运输业	12	5	5	41.7
仓储业	671	645	486	72.4
邮电通信业	10216	8361	7793	76.3
批发和零售贸易餐饮业	**1098**	**838**	**715**	**65.1**
食品饮料烟草和家庭用品批发业	214	144	105	49.1
能源材料和机械电子设备批发业	439	378	316	72.0
其他批发业	35	23	18	51.4
零售业	358	257	246	68.7
商业经纪与代理业	6	3	4	66.7
餐饮业	46	33	26	56.5
金融、保险业	**40**	**25**	**31**	**77.5**
金融业	34	20	28	82.4
保险业	6	5	3	50.0
房地产业	**90**	**37**	**32**	**35.6**
房地产开发与经营业	60	26	22	36.7
房地产管理业	28	9	9	32.1
房地产代理与经纪业	2	2	1	50.0
社会服务业	**1755**	**1240**	**1085**	**61.8**
公共设施服务业	1497	1073	935	62.5
居民服务业	18	12	9	50.0
旅馆业	157	98	99	63.1
租赁服务业	8	8	5	62.5
旅游业	20	14	10	50.0
娱乐服务业	15	12	10	66.7
信息、咨询服务业	4	4	1	25.0
计算机应用服务业	19	9	5	26.3
其他社会服务业	17	10	11	64.7
卫生体育和社会福利业	**246**	**170**	**147**	**59.8**
卫生	227	161	140	61.7
体育	9	3	3	33.3
社会福利保障业	10	6	4	40.0
教育、文化艺术和广播电影电视业	**493**	**354**	**260**	**52.7**
教育	275	209	144	52.4
文化艺术业	38	20	21	55.3
广播、电影、电视业	180	125	95	52.8
科学研究和综合技术服务业	**269**	**216**	**192**	**71.4**
科学研究业	92	61	35	38.0
综合技术服务业	177	155	157	88.7
国家机关、政党机关和社会团体	**721**	**551**	**468**	**64.9**
＃国家机关	694	528	455	65.6
政党机关	11	9	8	72.7
其他行业	**189**	**134**	**122**	**64.6**

2－24 按国民经济行业分的更新改造新增固定资产

单位：亿元

年份地区	合计	农林牧渔业	采掘业	制造业	电力煤气及水的生产和供应业	建筑业	地质勘查业水利管理业	交通运输仓储和邮电通信业	批发零售贸易和餐饮业	金融保险业	房地产业	社会服务业	卫生体育和社会福利业	教育文化艺术和广播电影电视业	科学研究和综合技术服务业	国家机关政党机关和社会团体	其他行业
1980	92.58	0.90	21.91	49.59	3.53	0.94	0.09	9.15	3.00	0.03	1.53		0.16	0.38	0.27	0.76	0.34
1981	143.24	3.70	27.96	68.17	5.40	1.82	0.12	18.10	6.18	0.46	4.86		0.62	1.52	0.69	2.08	1.56
1982	187.95	6.63	24.18	95.36	5.86	3.71	0.21	24.24	10.58	1.12	6.99		1.03	2.80	0.98	2.56	1.70
1983	222.61	5.09	32.72	114.60	7.81	3.96	0.16	25.35	11.68	1.96	7.12		1.40	3.12	1.05	3.69	2.90
1984	242.46	4.18	23.96	140.35	8.00	3.87	0.29	30.83	9.16	1.39	9.28		1.61	3.12	1.14	2.87	2.41
1985	316.79	4.30	32.13	196.46	11.95	6.40	0.67	33.24	7.91	0.77	2.54	11.13	1.67	2.47	1.93	2.33	0.90
1986	468.58	5.20	38.72	300.45	16.85	7.68	1.54	45.10	13.03	1.22	4.87	20.11	2.30	3.66	1.76	4.24	1.84
1987	582.62	6.60	45.23	372.71	24.82	8.20	1.63	54.77	18.28	1.60	9.29	21.03	2.30	3.02	1.80	8.99	2.37
1988	690.53	7.73	61.72	453.01	26.72	9.19	1.80	50.26	23.58	2.09	9.36	25.65	2.49	3.26	1.59	7.63	4.43
1989	636.88	7.15	67.58	399.22	27.48	7.07	2.50	49.23	21.34	2.23	8.29	26.31	2.72	3.82	2.12	5.46	4.39
1990	722.94	7.14	67.81	460.33	33.12	6.69	2.41	68.48	23.05	1.45	8.16	25.26	3.05	3.53	1.58	5.48	5.41
1991	858.30	11.43	75.91	542.84	38.30	8.05	3.93	98.28	21.32	1.85	7.97	26.03	2.86	4.96	1.50	7.12	5.95
1992	1105.05	12.71	70.87	685.35	49.34	12.82	2.46	154.62	34.44	2.03	9.14	39.88	3.49	5.36	2.81	10.05	9.68
1993	1531.93	15.23	110.63	876.43	68.59	27.27	4.28	285.30	36.62	2.82	18.31	51.72	4.21	5.40	1.89	14.63	8.58
1994	2192.57	17.12	145.08	1210.46	103.14	18.72	5.00	473.56	50.30	2.47	31.24	91.29	3.95	5.90	3.09	20.09	11.16
1995	2524.87	17.37	164.06	1381.19	146.54	29.86	6.38	563.74	49.92	2.32	38.80	69.34	4.60	11.23	3.00	21.19	15.33
1996	(3002.69)	(21.10)	(187.10)	(1512.97)	(218.13)	(30.27)	(7.39)	(739.95)	(65.07)	(6.28)	(36.99)	(100.87)	(7.79)	(10.23)	(5.76)	(28.51)	(24.28)
	2995.31	20.87	186.92	1509.36	217.86	30.10	7.34	739.21	64.53	6.24	36.98	100.60	7.60	9.82	5.63	27.99	24.26
1997	3250.55	23.36	219.23	1504.22	230.45	41.85	12.83	884.03	36.10	9.15	57.87	137.14	10.31	13.46	5.98	33.81	30.76
1998	3690.36	22.51	242.82	1518.86	284.26	24.82	15.42	1210.86	64.86	12.86	26.41	157.94	10.39	16.39	4.91	42.91	34.15
1999	3644.67	20.24	217.48	1527.02	324.89	25.82	16.37	1109.86	54.22	6.16	32.32	189.42	13.02	20.95	16.20	43.18	27.51
2000	4111.51	20.44	284.27	1660.99	351.38	61.12	16.22	1317.75	48.69	6.17	30.00	186.59	17.37	27.68	30.51	37.56	14.75
北京	138.87		0.41	20.61	9.80	1.38	1.67	59.81	0.33			17.43	0.43	0.78	20.29	2.90	3.03
天津	93.57	0.09	0.51	45.36	3.27	3.61	0.31	24.12	7.61	0.02	2.94	1.39	0.07	0.62	0.29	1.63	1.76
河北	231.79	4.08	9.22	111.12	20.34	0.62	2.13	67.05	1.60	0.17	0.25	11.13	1.08	2.20	0.02	0.51	0.27
山西	83.87	0.08	11.65	47.08	4.28	1.97	0.04	15.81	0.26			2.46	0.00	0.16	0.05	0.04	0.00

2－24 续表

年份地区	合计	农林牧渔业	采掘业	制造业	电力煤气及水的生产和供应业	建筑业	地质勘查业水利管理业	交通运输仓储和邮电通信业	批发零售贸易和餐饮业	金融保险业	房地产业	社会服务业	卫生体育和社会福利业	教育文化艺术和广播电影电视业	科学研究和综合技术服务业	国家机关政党机关和社会团体	其他行业
内蒙古	47.26	0.01	2.64	15.73	5.21			21.12	0.25			0.89	0.25	0.03	0.19		0.95
辽　宁	243.80	0.34	28.08	133.43	7.02	0.95	0.06	69.51	0.58	0.34		2.78	0.03	0.28	0.28	0.13	
吉　林	78.31	1.40	2.67	56.34	9.36	0.02		6.82	0.05		0.10	1.26	0.03	0.12	0.01	0.13	
黑龙江	194.34	0.10	88.21	48.80	5.66	0.08		50.85	0.01			0.05		0.02		0.45	0.11
上　海	270.68	0.81		143.74	14.74	1.98	2.05	23.51	7.47	0.03	23.79	37.86	4.49	5.06	0.37	3.72	1.08
江　苏	274.84	0.65	9.60	125.74	37.20	6.11	0.20	65.21	2.18	0.22	0.01	18.06	1.55	2.37	0.28	0.99	4.48
浙　江	186.20	0.99	0.74	72.87	15.30	0.45	0.44	84.06	0.22	0.63	0.10	5.75	1.56	1.51	1.26	0.21	0.11
安　徽	109.63	0.04	5.51	37.92	21.03	0.94	0.30	40.15	0.32	0.02	0.04	0.77	0.13	0.70	0.00	1.54	0.23
福　建	159.96	0.04	1.13	58.74	16.29	0.32	0.04	80.48	0.22			1.01	0.20	0.24	0.20	0.86	0.18
江　西	48.95		5.16	24.06	2.26	0.18		15.19	0.02			0.78	0.13	1.12		0.06	
山　东	300.99	0.37	32.10	128.04	34.48	0.19	1.08	84.09	2.91	0.01	0.56	11.33	0.21	0.17	0.03	4.58	0.84
河　南	135.38	0.42	19.36	64.51	2.47	1.09	0.75	35.36	0.22	0.03	0.05	7.08	0.36	0.37	0.31	2.98	0.04
湖　北	220.91	1.79	6.18	108.68	14.41	3.47	0.51	47.09	12.81	2.90		13.10	1.01	2.05	2.04	3.90	1.00
湖　南	143.53	0.01	2.55	55.28	2.38	0.28	0.04	78.22	0.28	0.14		2.63	0.58	0.70	0.02	0.31	0.12
广　东	423.41	1.07	1.04	83.66	47.71	21.87	5.35	217.23	0.73	0.99	0.50	27.72	3.89	5.92	0.83	4.67	0.24
广　西	81.67	0.37	0.73	22.45	19.13	0.08	0.09	33.31	3.36		0.01	1.45	0.20	0.17	0.04	0.28	
海　南	8.00	1.29		1.61	0.28			4.36	0.01			0.08		0.22		0.06	0.08
重　庆	62.76	0.01	1.14	19.91	8.09	0.08	0.01	28.95	0.89	0.01	1.15	1.88	0.04	0.25	0.05	0.31	
四　川	145.73	0.03	10.12	76.32	6.72	1.05	0.23	45.97	0.17		0.30	2.57	0.25	0.93	0.35	0.73	
贵　州	75.01	0.02	2.27	28.91	18.06	0.13	0.06	21.30	2.39	0.01		1.11	0.10	0.11	0.07	0.43	0.04
云　南	66.37	0.43	1.99	21.96	1.49	0.25	0.18	22.17	2.33	0.59	0.21	6.73	0.28	0.64	3.38	3.70	0.03
西　藏	4.79		0.23	0.91	2.28	0.12	0.01	0.80	0.01			0.08		0.20	0.01	0.15	
陕　西	89.35	0.07	14.48	28.11	12.25	1.16	0.19	27.03	0.50	0.01		5.01	0.05	0.01	0.08	0.41	
甘　肃	74.44		4.15	35.08	4.35	0.38	0.06	27.67	0.54			0.35	0.01	0.10		1.63	0.12
青　海	11.84	0.01	2.28	5.57	0.22	0.29		2.54	0.04			0.70	0.07	0.03	0.03	0.05	
宁　夏	13.95		2.57	6.60	1.14	0.05		3.33	0.02			0.18	0.02		0.04		
新　疆	73.77	5.94	2.06	31.85	4.15	12.04	0.41	12.66	0.39	0.06	0.01	2.98	0.38	0.60	0.02	0.19	0.04
不分地区	17.50		15.49					2.01									

2-25　国民经济各行业更新改造投资和新增固定资产（2000年）

行　　业	投资额(亿元)	新增固定资产(亿元)	固定资产交付使用率(%)
全国总计	**5107.60**	**4111.51**	**80.5**
农、林、牧、渔业	**26.35**	**20.44**	**77.6**
农业	12.95	10.33	79.7
林业	3.91	2.51	64.2
畜牧业	1.82	1.58	87.0
渔业	3.13	2.40	76.5
农林牧渔服务业	4.54	3.62	79.8
采掘业	**373.86**	**284.27**	**76.0**
煤炭采选业	76.16	65.27	85.7
石油和天然气开采业	256.45	186.76	72.8
黑色金属矿采选业	7.59	6.50	85.7
有色金属矿采选业	21.77	17.16	78.8
非金属矿采选业	8.55	7.76	90.7
其他矿采选业	0.02	0.01	46.8
木材及竹材采运业	3.34	0.81	24.3
制造业	**2104.15**	**1660.99**	**78.9**
食品加工业	43.95	37.74	85.9
食品制造业	47.75	43.93	92.0
饮料制造业	82.52	72.80	88.2
烟草加工业	45.24	34.67	76.6
纺织业	107.86	87.54	81.2
服装及纤维制品制造业	17.28	17.78	102.9
皮革毛皮羽绒及其制品业	4.54	3.72	81.9
木材加工及竹藤棕草制品业	15.15	10.45	68.9
家具制造业	5.55	4.73	85.2
造纸及纸制品业	79.91	60.62	75.9
印刷业、记录媒介的复制	22.85	20.15	88.2
文教体育用品制造业	3.66	2.37	64.8
石油加工及炼焦业	129.91	85.68	66.0
化学原料及化学制品制造业	274.67	207.31	75.5
医药制造业	91.20	72.04	79.0
化学纤维制造业	34.94	23.46	67.2
橡胶制品业	20.86	20.08	96.3
塑料制品业	38.96	32.88	84.4
非金属矿物制品业	112.18	100.84	89.9
黑色金属冶炼及压延加工业	269.11	241.22	89.6
有色金属冶炼及压延加工业	82.00	58.40	71.2
金属制品业	29.20	24.59	84.2
普通机械制造业	61.08	51.78	84.8
专用设备制造业	43.10	36.15	83.9
交通运输设备制造业	178.90	105.43	58.9
电气机械及器材制造业	79.09	59.20	74.8
电子及通信设备制造业	147.52	116.55	79.0
仪器仪表及文化办公用机械制造业	10.55	8.55	81.1
其他制造业	24.60	20.32	82.6
电力、煤气及水的生产和供应业	**481.67**	**351.38**	**73.0**
电力、蒸汽、热水生产和供应业	438.19	314.97	71.9
煤气的生产和供应业	12.99	8.34	64.2
自来水的生产和供应业	30.50	28.07	92.0

2-25 续表

行业	投资额(亿元)	新增固定资产(亿元)	固定资产交付使用率(%)
建筑业	**65.82**	**61.12**	**92.9**
土木工程建筑业	62.59	57.87	92.5
线路、管道和设备安装业	2.51	2.28	90.6
装修装饰业	0.72	0.98	136.2
地质勘查、水利管理业	**24.89**	**16.22**	**65.2**
地质勘查业	1.62	1.58	97.9
水利管理业	23.28	14.64	62.9
交通运输、仓储及邮电通信业	**1553.60**	**1317.75**	**84.8**
铁路运输业	98.44	82.99	84.3
公路运输业	83.52	70.41	84.3
管道运输业	1.46	1.46	100.0
水上运输业	23.37	18.05	77.2
航空运输业	49.29	49.08	99.6
交通运输辅助业	58.27	54.68	93.8
其他交通运输业	1.32	1.03	77.8
仓储业	11.29	5.07	44.9
邮电通信业	1226.63	1034.99	84.4
批发和零售贸易餐饮业	**57.74**	**48.69**	**84.3**
食品饮料烟草和家庭用品批发业	9.85	7.44	75.5
能源材料和机械电子设备批发业	24.11	17.59	73.0
其他批发业	1.29	0.72	55.4
零售业	19.46	20.36	104.6
商业经纪与代理业	0.19	0.20	108.6
餐饮业	2.83	2.39	84.2
金融、保险业	**6.22**	**6.17**	**99.2**
金融业	6.11	6.08	99.5
保险业	0.11	0.09	83.4
房地产业	**32.25**	**30.00**	**93.0**
房地产开发与经营业	5.68	6.10	107.4
房地产管理业	26.52	23.88	90.0
房地产代理与经纪业	0.05	0.03	66.7
社会服务业	**225.13**	**186.59**	**82.9**
公共设施服务业	202.76	169.47	83.6
居民服务业	1.17	0.61	52.7
旅馆业	13.97	10.54	75.5
租赁服务业	1.05	0.86	81.3
旅游业	1.08	0.88	81.7
娱乐服务业	0.60	0.66	109.7
信息、咨询服务业	0.21	0.15	70.3
计算机应用服务业	2.92	1.78	60.9
其他社会服务业	1.37	1.63	119.7
卫生体育和社会福利业	**19.67**	**17.37**	**88.3**
卫生	17.96	16.39	91.3
体育	0.91	0.77	84.5
社会福利保障业	0.80	0.21	25.9
教育、文化艺术和广播电影电视业	**33.67**	**27.68**	**82.2**
教育	13.75	12.01	87.4
文化艺术业	5.36	4.11	76.7
广播、电影、电视业	14.56	11.55	79.4
科学研究和综合技术服务业	**34.35**	**30.51**	**88.8**
科学研究业	7.88	3.83	48.6
综合技术服务业	26.47	26.68	100.8
国家机关、政党机关和社会团体	**50.19**	**37.56**	**74.8**
#国家机关	49.21	36.80	74.8
政党机关	0.29	0.28	97.3
其他行业	**18.05**	**14.75**	**81.7**

2-26 各地区限额以上更新改造项目个数、投资和新增固定资产（2000 年）

地区	施工项目（个）	全部建成投产项目（个）	项目建成投产率（%）	投资完成额		新增固定资产（亿元）	固定资产交付使用率（%）
				绝对数（亿元）	比重（%）		
全国	**1886**	**520**	**27.6**	**1496.31**	**100.0**	**1147.26**	**76.7**
北京	156	40	25.6	86.25	5.8	45.45	52.7
天津	44	11	25.0	33.23	2.2	26.58	80.0
河北	112	30	26.8	71.31	4.8	47.82	67.1
山西	15	2	13.3	16.98	1.1	18.43	108.5
内蒙古	35	10	28.6	15.10	1.0	9.25	61.3
辽宁	123	39	31.7	148.90	10.0	123.29	82.8
吉林	55	11	20.0	25.30	1.7	21.34	84.3
黑龙江	49	16	32.7	146.63	9.8	109.75	74.8
上海	373	104	27.9	220.50	14.7	138.20	62.7
江苏	61	18	29.5	46.99	3.1	17.52	37.3
浙江	74	23	31.1	61.06	4.1	43.96	72.0
安徽	71	13	18.3	46.08	3.1	24.48	53.1
福建	50	10	20.0	26.66	1.8	31.28	117.4
江西	9	2	22.2	5.86	0.4	5.95	101.7
山东	57	17	29.8	62.78	4.2	25.96	41.4
河南	20	5	25.0	15.14	1.0	16.10	106.4
湖北	28	12	42.9	12.46	0.8	22.29	178.9
湖南	38	8	21.1	46.77	3.1	37.96	81.1
广东	186	52	28.0	168.41	11.3	186.09	110.5
广西	30	9	30.0	14.30	1.0	22.89	160.1
海南							
重庆	21	5	23.8	7.18	0.5	6.81	94.9
四川	74	17	23.0	67.71	4.5	57.83	85.4
贵州	45	12	26.7	36.77	2.5	24.35	66.2
云南	34	7	20.6	16.90	1.1	7.87	46.5
西藏	4	1	25.0	1.74	0.1	2.55	146.7
陕西	52	16	30.8	42.20	2.8	27.68	65.6
甘肃	17	6	35.3	8.20	0.5	7.46	91.0
青海	9	4	44.4	4.86	0.3	4.65	95.7
宁夏	6	1	16.7	5.04	0.3	0.46	9.0
新疆	20	12	60.0	10.72	0.7	15.52	144.8
不分地区	18	7	38.9	24.32	1.6	17.50	72.0

2－27　国民经济各行业更新改造限额以上施工、投产项目个数(2000 年)

行　　业	施工项目(个)	#新开工	全部建成投产项目(个)	项目建成投产率(%)
全国总计	**1886**	**733**	**520**	**27.6**
农、林、牧、渔业	**1**	**1**	**1**	**100.0**
农业	1	1	1	100.0
林业				
畜牧业				
渔业				
农林牧渔服务业				
采掘业	**49**	**12**	**16**	**32.7**
煤炭采选业	7	1	1	14.3
石油和天然气开采业	28	7	13	46.4
黑色金属矿采选业	4	1	1	25.0
有色金属矿采选业	6	3	1	16.7
非金属矿采选业	4			
其他矿采选业				
木材及竹材采运业				
制造业	**1293**	**491**	**337**	**26.1**
食品加工业	10	1	4	40.0
食品制造业	18	11	11	61.1
饮料制造业	53	21	21	39.6
烟草加工业	27	8	10	37.0
纺织业	45	27	14	31.1
服装及纤维制品制造业	5	1	3	60.0
皮革毛皮羽绒及其制品业	2			
木材加工及竹藤棕草制品业	7	3	1	14.3
家具制造业				
造纸及纸制品业	39	14	11	28.2
印刷业、记录媒介的复制	13	4		
文教体育用品制造业	5		2	40.0
石油加工及炼焦业	45	23	16	35.6
化学原料及化学制品制造业	171	69	52	30.4
医药制造业	63	20	13	20.6
化学纤维制造业	25	12	10	40.0
橡胶制品业	20	3	4	20.0
塑料制品业	27	13	8	29.6
非金属矿物制品业	74	29	20	27.0
黑色金属冶炼及压延加工业	169	60	50	29.6
有色金属冶炼及压延加工业	51	17	9	17.6
金属制品业	13	4	5	38.5

2-27 续表 1

行　　业	施工项目（个）	#新开工	全部建成投产项目（个）	项目建成投产率（%）
普通机械制造业	55	17	13	23.6
专用设备制造业	45	15	12	26.7
交通运输设备制造业	154	39	20	13.0
电气机械及器材制造业	58	25	12	20.7
电子及通信设备制造业	78	46	14	17.9
仪器仪表及文化办公用机械制造业	7	5	2	28.6
其他制造业	14	4		
电力、煤气及水的生产和供应业	**134**	**52**	**33**	**24.6**
电力、蒸汽、热水生产和供应业	104	37	23	22.1
煤气的生产和供应业	8	4	5	62.5
自来水的生产和供应业	22	11	5	22.7
建筑业	**8**	**4**	**2**	**25.0**
土木工程建筑业	7	3	2	28.6
线路、管道和设备安装业	1	1		
装修装饰业				
地质勘查、水利管理业	**25**	**9**	**6**	**24.0**
地质勘查业				
水利管理业	25	9	6	24.0
交通运输、仓储及邮电通信业	**168**	**76**	**74**	**44.0**
铁路运输业	12	2	4	33.3
公路运输业	21	7	7	33.3
管道运输业				
水上运输业	2			
航空运输业	5		1	20.0
交通运输辅助业	24	4	5	20.8
其他交通运输业				
仓储业				
邮电通信业	104	63	57	54.8
批发和零售贸易餐饮业	**21**	**4**	**1**	**4.8**
食品饮料烟草和家庭用品批发业	4	2		
能源材料和机械电子设备批发业	3			
其他批发业	1			
零售业	12	1		
商业经纪与代理业				
餐饮业	1	1	1	100.0

2－27　续表 2

行　　业	施工项目（个）	#新开工	全部建成投产项目（个）	项目建成投产率（%）
金融、保险业	1			
金融业	1			
保险业				
房地产业	**9**	**2**	**1**	**11.1**
房地产开发与经营业	6	1	1	16.7
房地产管理业	3	1		
房地产代理与经纪业				
社会服务业	**119**	**53**	**29**	**24.4**
公共设施服务业	106	49	26	24.5
居民服务业	1			
旅馆业	9	4	2	22.2
租赁服务业				
旅游业				
娱乐服务业				
信息、咨询服务业				
计算机应用服务业	3		1	33.3
其他社会服务业				
卫生体育和社会福利业	**8**	**5**	**1**	**12.5**
卫生	5	4	1	20.0
体育	2			
社会福利保障业	1	1		
教育、文化艺术和广播电影电视业	**11**	**5**	**5**	**45.5**
教育	3	2	2	66.7
文化艺术业	6	2	2	33.3
广播、电影、电视业	2	1	1	50.0
科学研究和综合技术服务业	**21**	**11**	**4**	**19.0**
科学研究业	12	8		
综合技术服务业	9	3	4	44.4
国家机关、政党机关和社会团体	**7**	**4**	**4**	**57.1**
#国家机关	7	4	4	57.1
政党机关				
其他行业	**11**	**4**	**6**	**54.5**

2－28　更新改造新增主要产品生产能力

能力名称	1996	1997	1998	1999	2000
铁矿开采(原矿)(万吨/年)	88	88	173	47	185
烧结铁矿（万吨/年）	164	220	509	1176	284
生铁（万吨/年）	175	172	429	189	333
炼钢（万吨/年）	231	454	154	376	338
初轧（万吨/年）	15	41	23		120
铁合金（万吨/年）	9	5	3	3	55
铜选矿:					
处理原矿（万吨/年）	20			8	42
铜含量（吨/年）		4747		4700	1790
原煤开采（万吨/年）	456	530	680	901	614
天然原油开采（万吨/年）	14	39	76	35	340
硫酸（万吨/年）	155	98	65	109	83
纯碱（万吨/年）	32	47	28	26	4
烧碱（万吨/年）	52	27	25	15	58
合成氨（万吨/年）	229	204	180	141	142
化肥（万吨/年）	280	240	290	232	216
乙烯（吨/年）	216446	98000	280740	137500	42500
塑料（吨/年）	196100	279765	263180	512603	440801
轮胎:（万条/年）					
内胎	651	448	245	120	304
外胎	770	826	334	792	406
发电机组容量（万千瓦）	231	194	323	217	341
＃火电	209	181	142	159	157
水电	19	9	105	53	28
汽车制造（辆/年）	339174	187092	253460	143000	144120
＃载重汽车制造	198617	151232	152000	9500	800
拖拉机制造（混合台/年）	253159	225100	302953	90499	64400
＃手扶拖拉机制造（混合台/年）	71659	200000	220000	3000	50000
蒸汽锅炉制造（台/年）	18795	530	20	231	2
蒸汽锅炉蒸发量(小时吨/年)	5757	4074			
交流电动机制造(万千瓦/年)	211	92	85	34	256
金属切削机床制造（台/年）	6100	57761	2580	2803	4042
民用钢质船舶制造（综合吨/年）	380000	560000	140000	65011	330000
胶合板（万立方米/年）	5	60	19	12	28
水泥（万吨/年）	2152	1529	1191	1834	1616
化学纤维（吨/年）	51170	109156	200175	112000	191393

2－28 续表

能力名称	1996	1997	1998	1999	2000
棉纺锭（万锭）	50	47	32	15	31
棉布织机（台）	3757	4718	19063	2747	3370
棉印染布（万米/年）	20953	13146	12815	11952	23271
毛纺锭（锭）	31974	22580	12392	15200	5442
机制糖					
年生产（万吨）	34	31	38	21	6
日处理原料（吨）	25689	22000	29786	18250	14260
卷烟（万箱/年）	168	259	288	95	51
酒（万吨/年）	239	337	233	5730	300
糖果（吨/年）	81020	18240	5800	7010	11724
奶粉（吨/年）	29080	25515	8620	36910	2000
原盐（万吨/年）	10	99	33	25	80
机制纸及纸板（万吨/年）	142	96	86	159	174
肥皂（万箱/年）	3	10	2	2	1
合成洗涤剂（万吨/年）	11	25	49	20	7
鞣制皮革（万张/年）	262	210	490	157	9
皮鞋（万双/年）	411	180	463	370	826
日用搪瓷制品（万件/年）	1		50	1	
日用陶瓷器（万件/年）	11405	3014	14202	14647	11382
保温瓶（万个/年）	200	1340	950	1000	84
灯泡（万只/年）	18698	22990	5853	17083	24660
自行车（万辆/年）		80		70	20
家用电冰箱（万台/年）	122	220	222	275	45
电视机（万台/年）	150	340	80	336	80
录放音机（万部/年）		8	50		248
家用洗衣机（万台/年）	92	94	117	60	156
新建铁路主线正线交付营业里程(公里)				4	46
新(扩)建港口码头					
年吞吐量（万吨）	337	1876	344	138	261
泊位（个）	20	41	14	8	7
新建公路（公里）	307	572	822	978	437
改建公路（公里）	4053	6790	6413	6991	4760
商业石油库（万立方米）	13		3	19	6
物资储备石油库(万立方米)	7	1			2
商业冷藏库（万吨）	3		57	1	123
粮食仓库（万平方米）	5	9	18	17	11
粮食仓库（万公斤）	18110	56079	56048	48591	30461
高等院校:学生席位（个）	810		176		
医院病床床位（张）	4779	1765	4555	3360	2641
城市自来水供水能力(万吨/日)	187	253	197	162	183

2－29　按用途分的更新改造投资和房屋建筑面积

年份	按用途分的更新改造投资(亿元)							房屋建筑面积(万平方米)			
	增产	节约能源	其他节约	增加品种	提高产品质量	三废治理	其他	施工面积	#住宅	竣工面积	#住宅
1980	77.87	4.71	2.44		6.57	3.42	42.37	4019.90	1206.10	2133.00	683.80
1981	93.20	7.79	1.61		7.08	2.65	82.97	6305.80	2429.20	3603.60	1439.50
1982	87.01	11.98	2.15	15.70	11.46	4.12	117.95	8963.50	3531.40	5047.40	2108.50
1983	106.46	13.27	2.62	17.66	15.22	4.37	131.53	9363.60	3701.70	5358.70	2271.90
1984	106.83	17.35	2.09	23.80	17.50	6.11	135.60	8105.90	2652.32	4454.66	1554.78
1985	160.35	17.37	1.50	61.30	26.58	9.08	172.96	8784.45	2447.56	4596.04	1434.01
1986	211.20	22.75	2.10	97.88	39.16	11.78	234.34	10515.85	3591.34	5741.57	2070.70
1987	273.25	25.90	1.93	108.61	42.82	14.33	291.75	12318.43	4398.89	6330.23	2328.10
1988	394.78	30.55	2.93	140.12	48.38	16.79	347.00	13963.02	4820.65	6930.15	2467.93
1989	303.08	25.25	2.32	119.00	39.38	14.99	284.76	10616.70	3825.33	5403.15	1995.63
1990	291.95	27.28	2.65	130.10	52.00	14.76	311.45	9179.22	3386.48	4738.65	1771.70
1991	359.48	33.49	4.43	165.75	73.48	19.56	367.04	9270.12	3306.25	4793.31	1694.35
1992	496.47	41.38	5.16	225.97	107.66	23.33	561.13	10815.77	3530.70	5208.79	1750.73
1993	797.79	49.57	9.19	334.88	142.04	32.13	830.25	11337.62	3663.37	5282.45	1748.54
1994	1026.45	79.93	14.94	381.76	177.04	45.67	1192.81	11998.32	4373.66	5638.70	2031.18
1995	1222.17	92.86	10.53	409.58	196.93	47.47	1319.82	10691.39	3886.85	5360.98	1991.92
1996	(1301.97)	(80.84)	(14.95)	(434.35)	(201.79)	(61.35)	(1527.49)	(9619.27)	(3449.37)	(4799.24)	(1847.04)
	1299.96	80.66	14.90	433.54	201.20	61.24	1523.49	9580.36	3441.55	4764.94	1840.50
1997	1389.54	102.19	20.34	417.93	214.77	64.63	1712.54	8470.86	3263.66	4409.81	1771.22
1998	1426.53	103.11	32.46	422.79	245.17	71.17	2215.51	7467.81	2990.87	3861.51	1570.83
1999	1422.22	148.83	35.05	407.54	280.35	89.08	2102.02	6099.82	2270.36	3587.06	1516.71
2000	1707.78	163.66	55.15	440.37	392.33	120.41	2227.91	5595.94	1284.61	2913.96	802.06

2－30　城镇集体单位各行业固定资产投资和新增固定资产（2000年）

单位：亿元

行业	投资额	新增固定资产	固定资产交付使用率(%)
全国总计	**1009.82**	**839.96**	**83.2**
农、林、牧、渔业	8.98	7.27	80.9
采掘业	7.79	6.31	81.0
制造业	244.60	204.20	83.5
电力、煤气及水的生产和供应业	13.99	8.60	61.5
建筑业	24.47	18.85	77.0
地质勘查、水利管理业	3.05	2.46	80.4
交通运输、仓储及邮电通信业	23.40	43.66	186.6
批发和零售贸易餐饮业	75.61	62.00	82.0
金融、保险业	20.34	20.03	98.5
房地产业	482.04	372.77	77.3
社会服务业	30.18	29.61	98.1
卫生体育和社会福利业	8.31	7.61	91.5
教育、文化艺术和广播电影电视业	12.99	12.90	99.3
科学研究和综合技术服务业	1.61	0.57	35.5
国家机关、政党机关和社会团体	27.22	25.48	93.6
其他行业	25.24	17.63	69.9

2-31 各地区城镇集体单位按构成分的固定资产投资和房屋建筑面积

年份 地区	合计 (亿元)	建筑安 装工程	设备工具 器具购置	其他 费用	房屋建筑面积(万平方米) 施工 面积	#住宅	竣工 面积	#住宅
1985	128.23	71.28	51.20	5.75	5087.10	1606.90	2746.30	896.60
1986	146.39	77.06	61.90	7.43	4963.50	1671.60	2869.40	973.70
1987	181.30	96.25	71.77	13.28	5311.69	1516.91	2959.38	883.56
1988	254.97	131.76	104.57	18.65	5853.96	1528.39	3303.85	900.88
1989	185.63	98.94	72.27	14.41	4323.40	1256.99	2477.70	701.80
1990	163.38	84.81	69.18	9.39	3357.93	1085.76	1970.45	636.17
1991	203.83	106.51	84.84	12.48	3828.53	1110.36	2112.81	639.00
1992	364.49	182.52	159.91	22.05	5412.32	1418.52	2766.74	752.62
1993	686.12	381.97	253.44	50.71	6318.01	2176.48	3342.14	1129.77
1994	770.27	455.89	270.06	44.32	5060.25	1842.81	3086.87	1128.89
1995	921.74	616.06	167.08	138.61	12229.83	7677.71	5459.69	3286.38
1996	(858.31)	(565.92)	(176.52)	(115.87)	(10999.99)	(6650.62)	(5059.03)	(2966.39)
	849.24	560.71	172.91	115.62	10879.67	6615.88	4958.59	2939.13
1997	795.24	543.82	141.18	110.23	10094.11	6277.70	4927.40	3012.26
1998	958.93	654.10	165.31	139.52	11205.85	7085.82	5542.54	3492.10
1999	995.42	680.17	174.97	140.28	11466.58	7487.48	5856.91	3739.26
2000	1009.83	693.18	166.99	149.67	11519.24	7766.26	5910.57	3846.65
北京	23.07	17.78	1.42	3.88	267.72	186.35	104.42	74.72
天津	18.89	12.59	1.43	4.87	219.62	173.85	66.95	52.49
河北	63.92	42.07	16.06	5.79	537.12	281.39	335.80	143.25
山西	16.66	11.55	3.67	1.43	132.84	93.56	65.80	44.31
内蒙古	8.01	6.55	0.61	0.86	94.37	61.38	55.57	36.93
辽宁	35.60	27.02	3.79	4.79	408.68	270.41	263.30	178.73
吉林	7.85	5.42	1.57	0.86	72.20	53.66	48.02	36.10
黑龙江	15.56	11.15	2.42	1.99	200.28	125.65	119.57	74.64
上海	104.43	68.89	13.04	22.51	918.82	710.31	388.53	304.03
江苏	141.59	89.17	34.24	18.18	1144.31	737.93	741.89	467.08
浙江	76.18	44.03	14.98	17.17	767.48	479.59	359.01	212.70
安徽	18.21	13.79	2.23	2.19	253.32	179.08	136.79	90.28
福建	29.61	21.58	4.30	3.73	373.51	239.02	153.83	96.30
江西	10.46	6.89	2.35	1.23	150.50	113.04	89.91	68.90
山东	109.76	74.39	25.45	9.93	1288.01	841.60	628.33	365.91
河南	24.76	16.85	5.79	2.12	324.40	199.32	178.68	100.13
湖北	29.36	19.01	7.06	3.30	337.94	240.84	211.86	156.12
湖南	18.77	13.84	1.24	3.70	310.81	211.47	150.02	108.35
广东	142.27	104.79	13.58	23.90	1918.21	1378.20	938.01	647.78
广西	10.17	5.81	2.65	1.71	123.74	62.32	57.42	27.41
海南	2.27	1.97	0.12	0.18	15.81	11.98	7.57	5.18
重庆	20.93	15.66	1.23	4.04	395.17	286.51	163.33	124.98
四川	32.18	25.24	1.34	5.59	603.72	433.80	294.57	211.44
贵州	7.95	4.87	1.39	1.69	131.22	87.63	54.43	35.66
云南	10.38	7.81	1.54	1.03	109.81	54.07	68.22	33.08
西藏	0.17	0.17			1.09	0.35	0.49	0.35
陕西	13.64	10.76	1.04	1.84	181.76	95.47	104.72	54.28
甘肃	5.59	4.68	0.51	0.40	111.72	71.65	49.80	40.01
青海	1.44	0.97	0.35	0.12	16.29	11.12	8.33	6.18
宁夏	2.40	2.04	0.12	0.24	34.59	26.65	20.18	13.77
新疆	7.72	5.82	1.49	0.40	74.19	48.07	45.24	35.58

2-32 各地区城镇集体单位按国民经济行业分的固定资产投资（2000年）

单位：亿元

地区	合计	农林牧渔业	采掘业	制造业	电力煤气及水的生产和供应业	建筑业	地质勘查业水利管理业	交通运输仓储和邮电通信业	批发零售贸易和餐饮业	金融保险业	房地产业	社会服务业	卫生体育和社会福利业	教育文化艺术和广播电影电视业	科学研究和综合技术服务业	国家机关政党机关和社会团体	其他行业
全国	**1009.83**	**8.98**	**7.79**	**244.60**	**13.99**	**24.47**	**3.05**	**23.40**	**75.61**	**20.34**	**482.04**	**30.18**	**8.31**	**12.99**	**1.61**	**27.22**	**25.24**
北京	23.07			1.74	0.16	1.78		0.03	1.79		15.13	0.40		0.09	0.92	0.35	0.68
天津	18.89		0.04	1.59	0.18	0.12	0.18	0.20	0.19	0.02	13.32	0.26	0.64	0.16		0.28	1.71
河北	63.92	2.11	1.04	22.03	0.52	3.68	0.02	1.45	15.28	0.86	8.68	2.60	1.00	0.57	0.12	1.46	2.50
山西	16.66	0.92	1.02	5.96	1.77	0.03		0.07	1.14	0.53	3.95	0.72	0.02	0.18	0.02	0.24	0.08
内蒙古	8.01		0.24	1.48	0.19	0.18			0.78	0.32	4.55	0.20	0.02			0.04	0.02
辽宁	35.60	0.51	0.11	5.73	0.24	1.01	0.01	0.11	2.84	0.59	22.67	0.31		0.02	0.07	0.10	1.29
吉林	7.85	0.07	0.09	2.61		0.46		0.32	0.46	0.37	3.12		0.01	0.09		0.01	0.27
黑龙江	15.56	0.16	0.10	4.23	0.09	2.72		0.18	1.81	0.62	4.68	0.11	0.02	0.20		0.20	0.45
上海	104.43		0.14	18.69	0.71			0.15	2.10		78.69	1.64	0.40	0.35	0.14	1.40	0.03
江苏	141.59	0.98	0.23	45.99	2.28	2.02	0.52	7.04	8.81	0.49	56.72	3.18	1.41	2.43	0.04	4.22	5.23
浙江	76.18			20.68	2.74	0.69	0.03	1.40	3.26	2.44	37.69	2.69	1.13	1.71		0.47	1.25
安徽	18.21	0.11	0.31	3.18	0.01	0.53	0.06	0.31	1.20	0.14	9.30	1.60	0.05	0.37		0.81	0.23
福建	29.61	0.60	0.25	4.97	1.04	1.86		0.92	2.12	0.14	13.95	2.23	0.64	0.25	0.04	0.58	0.03
江西	10.46	0.04	0.04	2.82	0.07	0.38		0.17	0.62	0.31	5.60	0.12			0.02	0.24	0.03
山东	109.76	0.36	2.20	40.86	0.13	2.04	1.80	2.73	10.18	1.33	36.11	1.12	0.60	1.30	0.17	7.47	1.35
河南	24.76	0.21	0.13	9.01	0.10	0.70		0.13	3.63	1.26	5.09	1.62	0.36	0.55		1.56	0.41
湖北	29.36	0.69	0.58	9.76	0.45	0.29	0.05	0.32	2.31	0.29	8.52	0.69	0.19	0.13		2.47	2.62
湖南	18.77	0.14	0.03	3.11	0.24	0.66	0.06	0.30	2.86	0.56	9.77	0.09	0.13	0.29	0.02	0.29	0.21
广东	142.27	0.46	0.07	20.54	1.86	0.88	0.23	5.13	1.37	5.16	87.24	5.99	0.59	3.61		3.27	5.87
广西	10.17	0.09	0.29	3.17	0.10	0.05		0.58	1.39	0.11	3.25	0.30		0.01		0.67	0.15
海南	2.27	0.23	0.04	0.35	0.08	0.02		0.08	0.26	0.07	0.75	0.31	0.07				
重庆	20.93	0.10	0.01	1.71	0.32	0.66	0.02	0.89	1.18	0.58	14.60	0.40	0.21	0.10		0.09	0.06
四川	32.18	0.09	0.14	2.82	0.09	1.79	0.07	0.34	1.99	1.83	21.37	0.37	0.50	0.18	0.02	0.36	0.21
贵州	7.95	0.02	0.19	1.58	0.20	0.07		0.03	0.43	0.33	4.51	0.54		0.01			0.05
云南	10.38	0.33	0.10	3.88	0.16	0.31		0.07	1.47	0.52	2.18	1.04	0.04	0.08		0.14	0.06
西藏	0.17					0.03			0.02			0.10			0.02		
陕西	13.64	0.46	0.17	3.17	0.11	0.21		0.32	2.70	0.91	4.13	0.48	0.15	0.30		0.32	0.20
甘肃	5.59	0.11	0.07	0.77	0.13	0.28		0.04	0.59	0.21	2.80	0.30	0.01	0.01		0.12	0.14
青海	1.44	0.07		0.60	0.01	0.15		0.02	0.06	0.06	0.36	0.06				0.05	
宁夏	2.40			0.22		0.01			0.31		1.73	0.12					
新疆	7.72	0.13	0.17	1.33	0.02	0.84		0.08	2.47	0.29	1.59	0.59	0.10				0.11

2－33　城镇和工矿区个人建房

年份 地区	城镇工矿区 个数(个)	建房户数 (户)	竣工房屋 建筑面积 (万平方米)	#住宅	竣工房屋 价值 (万元)	#住宅
1985	5941	910362	7081.36	6306.80	567917	493872
1986	7182	1005549	8115.37	7234.80	745623	654192
1987	7110	1061119	9120.19	8294.36	1005133	899614
1988	7845	1108554	10526.83	9433.15	1568475	1401141
1989	8590	945178	8565.38	7822.55	1402278	1260234
1990	8304	775011	7180.55	6492.93	1247034	1103317
1991	8637	773083	7554.40	6808.24	1403230	1250861
1992	9367	919069	9673.43	8586.22	2164663	1897651
1993	10170	1052853	11463.44	9812.95	3385002	2804212
1994	11728	1234606	14098.18	12268.36	4513203	3870038
1995	12189	1279426	15194.84	13333.90	5523894	4770290
1996	13214	1294859	16556.86	14518.78	6552198	5629097
1997	21218	1338976	17570.24	15165.03	7041112	5938633
1998	14943	1552136	20781.49	18227.39	8485630	7272165
1999	15262	1490469	21830.37	19246.43	9175357	7818281
2000	13910	1440145	21763.53	18929.01	9529931	8120255
北　京	15	12280	33.89	29.74	22503	18378
天　津	79	10268	96.77	93.68	63163	61306
河　北	680	93368	1465.70	1142.93	758373	607076
山　西	469	30601	347.08	309.39	125763	109271
内蒙古	370	30906	280.40	238.81	109790	93030
辽　宁	226	27926	265.81	225.95	177778	140746
吉　林	495	65531	655.32	524.25	360425	288340
黑龙江	420	50418	510.00	441.47	231192	189665
上　海		2992	37.92	37.28	15017	14762
江　苏	779	96504	1285.11	1187.27	648033	595316
浙　江	822	90846	2060.87	1829.14	974618	853895
安　徽	862	85101	983.66	814.40	394678	317762
福　建	510	44842	1002.65	944.62	556848	521233
江　西	625	54894	1075.65	974.88	359544	276386
山　东	515	79763	928.55	675.83	455016	322103
河　南	181	68689	1114.46	951.01	490666	411239
湖　北	836	85582	1326.15	1144.11	499147	430284
湖　南	1022	80301	1663.82	1507.28	660908	595977
广　东	350	46274	1168.84	1050.21	654437	581448
广　西	793	108443	1884.70	1776.31	644685	608949
海　南	150	11736	220.27	168.90	137566	105052
重　庆	567	33090	510.11	437.93	179913	144775
四　川	1607	108539	1271.17	1067.12	442422	361686
贵　州	646	42791	555.24	485.08	151417	128668
云　南	246	22976	393.07	345.22	182909	156105
西　藏	132	2160	51.74	48.18	12216	11154
陕　西	119	10637	128.39	102.42	46561	34180
甘　肃	178	18994	156.55	133.58	54470	45627
青　海	45	7077	62.56	52.62	22381	19182
宁　夏	23	1750	18.46	14.34	9008	6739
新　疆	148	14866	208.64	175.09	88484	69921

2－34 农村个人固定资产投资和建房

年份 地区	投资总额（亿元）	#竣工房屋投资		施工房屋建筑面积（万平方米）	竣工房屋建筑面积（万平方米）		竣工房屋造价（元/平方米）	
		小计	#住宅		总计	#住宅	总计	#住宅
1985	478.43	350.13	313.15		78973	69542	44	45
1986	574.82	503.00	388.56	109622	103225	94468	49	41
1987	695.35	603.17	487.21	100923	96477	85524	63	57
1988	865.23	741.22	580.97	92781	89092	80799	83	72
1989	892.03	794.15	641.68	74906	71026	66134	112	97
1990	876.47	777.14	649.78	76819	71136	67812	109	96
1991	1042.56	912.48	759.25	85405	79501	74193	115	102
1992	1005.52	937.51	678.52	83392	65338	60442	143	112
1993	1137.73	1015.37	760.26	57432	56012	46129	181	165
1994	1519.24	1315.92	1002.73	72283	65390	57646	201	174
1995	2007.85	1709.41	1349.85	78192	73522	66230	233	204
1996	2544.03	2250.87	1766.40	96115	87277	79531	258	222
1997	2691.16	2405.80	1890.65	89309	85888	77287	280	245
1998	2681.52	2402.24	1907.23	89099	83864	77031	286	248
1999	2779.59	1908.20	1799.10	89050	83244	76758	229	234
2000	2904.26	1969.32	1846.85	88232	81270	75515	242	245
北京	30.58	20.14	18.31	471	450	374	447	490
天津	13.10	7.14	5.85	197	172	133	415	441
河北	182.34	118.56	106.05	4562	4157	3847	285	276
山西	34.44	23.61	22.73	973	793	765	298	297
内蒙古	45.88	22.09	20.02	1092	985	860	224	233
辽宁	82.05	58.16	50.79	1811	1750	1711	332	297
吉林	32.75	14.33	14.02	461	446	425	321	330
黑龙江	41.99	17.96	17.09	623	523	483	343	354
上海	10.36	10.21	9.11	194	187	168	547	541
江苏	273.59	222.58	209.60	6322	6184	5981	360	350
浙江	225.89	186.27	178.35	5291	4742	4452	393	401
安徽	120.64	83.22	82.25	4859	4771	4712	174	175
福建	87.09	56.97	53.26	2849	2067	1930	276	276
江西	90.01	58.71	57.53	5204	4781	4704	123	122
山东	254.11	172.17	157.50	7731	6960	6351	247	248
河南	254.95	162.51	154.75	7596	7333	6950	222	223
湖北	84.88	57.11	53.95	3855	3654	3319	156	163
湖南	202.40	145.80	137.12	6826	6701	6241	218	220
广东	250.58	170.08	163.98	5552	4992	4788	341	342
广西	85.59	59.87	58.81	2864	2625	2553	228	230
海南	19.18	6.56	6.25	181	171	168	384	372
重庆	43.10	33.68	32.30	2163	2049	1726	164	187
四川	147.37	99.87	86.17	6750	6224	5128	160	168
贵州	49.90	17.95	16.95	1306	1079	1013	166	167
云南	72.61	37.94	33.41	2469	2122	1723	179	194
西藏								
陕西	70.32	58.58	56.09	3450	3418	3247	171	173
甘肃	32.76	15.95	15.35	781	769	725	207	212
青海	7.72	3.13	2.88	197	197	175	159	164
宁夏	21.72	16.49	15.63	367	357	342	462	458
新疆	36.35	11.66	10.76	1234	611	523	191	206

2-35 房地产开发主要指标

指　　标	1997	1998	1999	2000
一、企业个数(个)	**21286**	**24378**	**25762**	**27303**
内资	17202	19960	21422	23277
＃国有		7958	7370	6641
集体		4538	4127	3492
港、澳、台投资	1989	3214	3167	2899
外商投资	2095	1204	1173	1127
二、平均从业人数(万人)	**68.32**	**82.59**	**88.03**	**97.19**
内资	57.89	70.87	76.72	86.22
＃国有		33.28	31.22	29.23
集体		13.49	12.74	11.64
港、澳、台投资	5.00	8.38	8.02	7.91
外商投资	5.43	3.34	3.29	3.06
三、土地开发及购置(万平方米)				
本年土地开发面积	7371.3	7730.1	9319.6	11666.1
本年土地购置面积	6641.7	10109.3	11958.9	16905.2
四、本年完成投资额(亿元)	**3178.37**	**3614.23**	**4103.20**	**4984.05**
＃住宅	1539.38	2081.56	2638.48	3311.98
＃经济适用房屋	185.50	270.85	437.02	542.44
五、资金来源小计(亿元)	**3817.06**	**4414.94**	**4795.90**	**5997.63**
＃国内贷款	911.19	1053.17	1111.57	1385.08
利用外资	460.86	361.76	256.60	168.70
自筹资金	972.88	1166.98	1344.62	1614.21
六、房屋建筑面积(万平方米)				
施工面积	44985.5	50770.1	56857.6	65896.9
竣工面积	15819.7	17566.6	21410.8	25104.9
本年新开工面积	14027.0	20387.9	22579.4	29582.6
＃住宅	10996.6	16637.5	18797.9	24401.2
＃经济适用房屋	1720.6	3466.4	3970.4	5313.3
七、商品房屋销售面积(万平方米)	**9010.2**	**12185.3**	**14556.5**	**18637.1**
＃住宅	7864.3	10827.1	12997.9	16570.3
＃经济适用房屋	1211.9	1666.5	2701.3	3760.1
商品房屋销售价格(元/平方米)	1997	2063	2053	2112
＃住宅	1790	1854	1857	1948
＃经济适用房屋	1097	1035	1093	1202
八、实收资本合计(亿元)	**3812.07**	**5778.73**	**4520.88**	**5302.91**
＃国家资本金	244.30	841.90	302.45	215.57
资产负债率(%)	76.2	76.1	76.1	75.6
九、经营总收入(亿元)	**2218.46**	**2951.21**	**3026.01**	**4515.71**
＃土地转让收入	103.28	132.25	103.25	129.61

2－36　房地产开发企业(单位)个数

单位:个

年份 地区	企业个数	内资企业	＃国有	＃集体	港、澳、台投资企业	外商投资企业
1997	21286	17202			1989	2095
1998	24378	19960	7958	4538	3214	1204
1999	25762	21422	7370	4127	3167	1173
2000	27303	23277	6641	3492	2899	1127
北　京	618	403	126	20	148	67
天　津	695	634	189	59	38	23
河　北	460	416	181	31	22	22
山　西	262	246	119	30	13	3
内蒙古	364	360	69	31	1	3
辽　宁	1417	1235	282	120	109	73
吉　林	271	250	82	10	9	12
黑龙江	439	405	170	32	25	9
上　海	2549	2264	571	298	201	84
江　苏	1930	1636	563	411	197	97
浙　江	1750	1637	354	258	69	44
安　徽	988	901	291	118	65	22
福　建	1777	1093	337	163	474	210
江　西	539	446	186	61	61	32
山　东	1297	1138	399	249	115	44
河　南	1020	902	247	117	85	33
湖　北	1052	848	370	87	149	55
湖　南	703	620	217	61	63	20
广　东	3792	3029	789	836	685	78
广　西	528	407	156	71	92	29
海　南	97	68	22	8	15	14
重　庆	1339	1189	149	80	102	48
四　川	1273	1190	220	152	56	27
贵　州	541	483	87	55	31	27
云　南	329	301	128	12	21	7
西　藏	2	2	1			
陕　西	359	334	133	34	13	12
甘　肃	387	343	110	57	21	23
青　海	177	170	18	7	4	3
宁　夏	139	132	25	13	4	3
新　疆	209	195	50	11	11	3

2－37 房地产开发企业(单位)从业人数

单位:个

年 份 地 区	平均从业 人 数	内资企业	#国有	#集体	港、澳、台 投资企业	外商投资 企 业
1997	683217	578927			50000	54290
1998	825888	708738	332834	134939	83784	33366
1999	880257	767187	312240	127370	80216	32854
2000	971942	862245	292252	116416	79066	30631
北 京	35320	23505	11002	1572	8098	3717
天 津	21223	19457	7119	1856	1148	618
河 北	22263	20848	10656	1091	783	632
山 西	14590	14234	8575	1490	306	50
内蒙古	18427	18177	2972	800	35	215
辽 宁	45268	41084	12069	4433	2327	1857
吉 林	15063	14230	6338	388	306	527
黑龙江	27841	27093	12830	1503	509	239
上 海	78155	68413	21256	7228	7118	2624
江 苏	57405	51702	24878	9995	3689	2014
浙 江	40463	38100	10209	4760	1285	1078
安 徽	27948	26155	9269	3211	1342	451
福 建	40873	28073	9087	3182	9109	3691
江 西	17737	15250	9102	1678	1440	1047
山 东	58349	52803	21808	13032	3427	2119
河 南	32775	27924	9643	3151	3769	1082
湖 北	46142	41523	20146	3591	3168	1451
湖 南	23044	21021	8344	1914	1438	585
广 东	127812	109910	29575	27419	16335	1567
广 西	14063	11521	4936	1346	1974	568
海 南	3013	2233	615	166	574	206
重 庆	63764	57004	7555	7478	5152	1608
四 川	65451	62834	13425	9376	1705	912
贵 州	14042	12917	2548	1488	520	605
云 南	11850	11207	4048	257	489	154
西 藏	58	58	38			
陕 西	13658	12947	5497	1556	486	225
甘 肃	8225	7658	3541	1009	302	265
青 海	8110	7744	1506	460	96	270
宁 夏	6109	5847	1305	574	101	161
新 疆	12901	10773	2360	412	2035	93

2－38 各地区房地产开发企业(单位)的土地开发及其购置

单位:万平方米

年 份 地 区	本年完成开发 土地面积	正在开发的 土地面积	待开发的 土地面积	本年购置 土地面积
1997	7371.3	8384.6	17670.1	6641.7
1998	7730.1	9242.8	13530.7	10109.3
1999	9319.6	8016.4	13505.2	11958.9
2000	11666.1	8587.6	14754.8	16905.2
北 京	460.1	250.5	482.8	539.0
天 津	492.2	332.0	483.3	330.8
河 北	334.9	164.2	123.0	415.1
山 西	114.9	103.7	76.7	117.8
内蒙古	51.1	5.0	14.1	167.9
辽 宁	770.0	343.0	298.1	1019.3
吉 林	220.7	56.4	44.1	125.6
黑龙江	238.4	8.3	8.2	256.5
上 海	165.6	241.5	875.3	592.7
江 苏	886.6	543.5	928.3	1396.0
浙 江	826.5	426.9	1056.5	1777.1
安 徽	428.0	297.7	343.8	641.3
福 建	585.7	462.9	666.9	901.1
江 西	258.7	127.4	108.8	287.8
山 东	1089.5	512.3	941.6	1165.9
河 南	239.1	318.0	305.5	503.9
湖 北	469.3	393.3	1076.6	838.1
湖 南	371.6	183.2	371.3	297.3
广 东	1754.5	2321.8	4071.9	1942.3
广 西	176.5	179.3	254.9	195.3
海 南	20.0	29.0	16.8	29.6
重 庆	384.7	425.7	922.3	619.2
四 川	235.8	319.5	427.9	943.1
贵 州	202.5	175.5	120.4	288.7
云 南	380.0	93.1	258.5	473.7
西 藏	3.7			11.1
陕 西	125.0	114.4	149.8	304.7
甘 肃	87.1	33.7	44.7	117.4
青 海	36.6	14.8	21.0	39.3
宁 夏	8.4	11.1	6.5	71.7
新 疆	248.2	99.9	255.2	496.0

2－39　各地区房地产开发建设投资总规模及完成投资

单位:亿元

年份 地区	实际需要总投资	自开始建设至本年底累计完成投资	#本年完成投资	全部建成尚需投资
1997	17685.72	9109.72	3178.37	8576.00
1998	19623.04	10515.44	3614.23	9107.60
1999	20207.68	11509.43	4103.20	8698.25
2000	22664.18	12816.37	4984.05	9847.82
北　京	4111.09	2043.88	522.07	2067.21
天　津	472.84	317.87	133.93	154.97
河　北	321.72	190.64	108.39	131.09
山　西	144.99	80.45	39.46	64.53
内蒙古	86.44	61.53	45.22	24.91
辽　宁	771.21	495.18	264.91	276.03
吉　林	139.58	90.00	63.52	49.57
黑龙江	220.20	157.59	104.10	62.61
上　海	2754.75	1916.68	566.17	838.07
江　苏	998.81	644.03	358.72	354.77
浙　江	1196.95	733.09	362.18	463.86
安　徽	309.12	153.14	87.93	155.98
福　建	1222.61	587.47	207.37	635.15
江　西	122.79	70.65	42.37	52.13
山　东	820.26	471.27	223.29	348.99
河　南	317.75	178.86	77.88	138.89
湖　北	708.95	375.36	134.63	333.59
湖　南	293.38	141.67	74.83	151.71
广　东	5035.25	2628.10	858.61	2407.15
广　西	234.80	132.82	38.67	101.98
海　南	67.71	37.79	10.34	29.92
重　庆	636.64	333.37	139.63	303.27
四　川	543.15	327.89	195.97	215.26
贵　州	168.59	93.85	46.58	74.74
云　南	300.18	177.50	83.23	122.68
西　藏	0.98	0.98	0.98	
陕　西	341.67	166.72	78.89	174.96
甘　肃	130.66	89.18	27.71	41.49
青　海	45.55	23.98	13.50	21.57
宁　夏	26.52	19.45	15.57	7.07
新　疆	119.02	75.38	57.43	43.65

2－40 各地区按用途分的房地产开发企业(单位)投资完成额

单位:万元

年份 地区	本年完成投资额	住宅	#别墅、高档公寓	#经济适用房屋	办公楼	商业营业用房	其他
1997	31783702	15393805	1562955	1854959	3889819	4258452	8241626
1998	36142292	20815647	1818526	2708523	4337956	4758297	6230392
1999	41032024	26384794	1786233	4370211	3385973	4843349	6417908
2000	49840529	33119839	2700142	5424365	2978511	5799927	7942252
北　京	5220737	2882583	636550	341873	452191	306195	1579768
天　津	1339294	900198	82704	259413	31251	71834	336011
河　北	1083938	711174	35393	220962	26187	132174	214403
山　西	394556	272280	2210	170266	19201	48178	54897
内蒙古	452181	289025	15290	186380	16257	107678	39221
辽　宁	2649062	1812920	127834	250726	155384	445326	235432
吉　林	635194	399799	32238	207725	19680	124702	91013
黑龙江	1040979	712644	36598	351905	35691	162186	130458
上　海	5661700	4088159	407160		574661	515052	483828
江　苏	3587177	2607891	141193	367680	215891	484781	278614
浙　江	3621771	2553026	96093	173659	231193	397485	440067
安　徽	879261	575174	13362	169288	48313	160520	95254
福　建	2073691	1250655	140028	154671	152004	299123	371909
江　西	423705	264555	14316	83853	14324	67984	76842
山　东	2232870	1462130	83972	341542	112497	274111	384132
河　南	778754	503744	43139	166053	44129	53817	177064
湖　北	1346280	931505	42832	235263	92844	107348	214583
湖　南	748269	401941	31136	151990	24176	88463	233689
广　东	8586126	5937459	419876	195289	368029	927409	1353229
广　西	386747	207861	12331	32545	11944	36306	130636
海　南	103372	67330	31853	5205	3517	11934	20591
重　庆	1396327	728125	69366	89333	86377	311708	270117
四　川	1959674	1283368	86892	282243	69134	276928	330244
贵　州	465815	271393	8553	87121	29140	74296	90986
云　南	832253	566317	59972	159968	34544	118938	112454
西　藏	9771	9672		9672			99
陕　西	788862	581607	24265	390727	53356	65653	88246
甘　肃	277135	173772	1011	57124	24331	36622	42410
青　海	134990	81416		21979	8369	24031	21174
宁　夏	155691	91735	1585	22987	10725	26544	26687
新　疆	574347	500381	2390	236923	13171	42601	18194

2－41 各地区房地产开发企业(单位)的资金来源

单位:万元

年份 地区	本年资金来源小计	国家预算内资金	国内贷款	债券	利用外资	#外商直接投资	自筹资金	其他资金来源
1997	38170650	124789	9111902	48691	4608565	3279010	9728831	14547872
1998	44149422	149480	10531712	62319	3617581	2588698	11669821	18118509
1999	47959012	100457	11115664	98703	2566022	1804807	13446210	20631956
2000	59976309	68720	13850756	34760	1687046	1348026	16142122	28192905
北京	7811518	3000	2388175	5900	370593	292080	1306631	3737219
天津	1597319		403967		21772	19258	489096	682484
河北	1161315	6131	201174		7737	7737	379971	566302
山西	429243	165	100228	915	3924	3754	102060	221951
内蒙古	438525	2000	87469		1872	1872	183052	164132
辽宁	2837089	5380	645522	3458	55167	45198	971842	1155720
吉林	663896	3127	112150		5716	4966	307407	235496
黑龙江	919019	1000	182528		10543	10543	362915	362033
上海	6646769	17911	1553671	1089	281100	162464	2118601	2674397
江苏	3911941	360	880054	5151	58195	41393	1013385	1954796
浙江	5260118	1917	1514388	400	16267	15767	837603	2889543
安徽	977459	407	185685	195	19163	17303	325053	446956
福建	2768523	3643	447781	1250	249419	229891	542060	1524370
江西	444086	620	71414	700	33925	32997	134697	202730
山东	2465145	9003	477047		40400	28646	664099	1274596
河南	851700	253	189573		7617	7186	282919	371338
湖北	1222817	2216	180817	6150	11542	8502	515185	506907
湖南	808181	3110	156630	34	9513	6933	302928	335966
广东	10645133	1829	2285310	3963	391615	335597	2877111	5085305
广西	502039	2260	92998		12916	11052	131654	262211
海南	104859	360	10932	500	648	161	47635	44784
重庆	1546651		435492		13998	13657	554272	542889
四川	2308142	410	455696	3020	19996	13996	747134	1081886
贵州	609149	110	138960	1250	4355	3437	165154	299320
云南	968424	950	259084		26742	26555	152588	529060
西藏	9780		1200				3481	5099
陕西	793235	2167	158692	785	6192	1362	164386	461013
甘肃	285545	51	62245		2414	2414	98297	122538
青海	128862		21719		3105	3105	85719	18319
宁夏	158495	340	36332				42419	79404
新疆	701332		113823		600	200	232768	354141

2-42 各地区房地产开发建设房屋建筑面积和造价

年 份 地 区	施工房屋面积 (万平方米)	竣工房屋面积 (万平方米)	房屋建筑面积 竣工率 (%)	竣工房屋 价值 (万元)	竣工房屋 价值 (元/平方米)
1997	44985.5	15819.7	35.2	18592458	1175
1998	50770.1	17566.6	34.6	21391927	1218
1999	56857.6	21410.8	37.7	24675822	1152
2000	65896.9	25104.9	38.1	28593463	1139
北 京	4455.0	1365.6	30.7	2662474	1950
天 津	1783.0	583.5	32.7	565469	969
河 北	1670.0	771.3	46.2	693774	899
山 西	789.5	306.4	38.8	245472	801
内蒙古	704.4	412.9	58.6	329269	797
辽 宁	3301.8	1619.0	49.0	1507495	931
吉 林	781.1	464.8	59.5	450250	969
黑龙江	1451.4	827.9	57.0	749084	905
上 海	5523.2	1643.6	29.8	3557851	2165
江 苏	4268.5	2143.2	50.2	1974602	921
浙 江	4612.5	1676.9	36.4	2059460	1228
安 徽	1687.2	759.3	45.0	531122	699
福 建	3422.9	1009.4	29.5	1177552	1167
江 西	896.6	402.8	44.9	263455	654
山 东	3551.1	1426.5	40.2	1275288	894
河 南	1657.5	597.5	36.0	405910	679
湖 北	2102.9	843.5	40.1	692336	821
湖 南	1318.4	577.6	43.8	414185	717
广 东	9911.8	3161.6	31.9	5114726	1618
广 西	766.2	226.7	29.6	164650	726
海 南	138.7	36.0	26.0	54601	1516
重 庆	2833.4	849.4	30.0	767601	904
四 川	3224.1	1285.3	39.9	955033	743
贵 州	1014.9	349.2	34.4	251406	720
云 南	959.0	426.0	44.4	556914	1307
西 藏	7.3	6.7	91.1	4453	669
陕 西	1337.1	585.3	43.8	468544	801
甘 肃	478.5	187.1	39.1	189552	1013
青 海	218.6	74.3	34.0	74089	998
宁 夏	258.6	155.5	60.1	107651	692
新 疆	771.9	330.1	42.8	329195	997

2－43　各地区按用途分的房地产开发企业(单位)新开工房屋面积

单位:万平方米

年份 地区	本年新开工房屋面积	住宅	# 别墅、高档公寓	#经济适用房屋	办公楼	商业营业用房	其他
1997	14027.00	10996.60	469.70	1720.60	872.40	1462.50	695.40
1998	20387.90	16637.50	638.60	3466.40	871.50	1938.60	940.20
1999	22579.41	18797.94	594.06	3970.36	690.29	2198.56	892.62
2000	29582.64	24401.15	1169.09	5313.32	898.81	3034.77	1247.91
北　京	1676.86	1322.06	152.83	148.32	57.05	50.57	247.18
天　津	617.86	567.84	16.55	210.67	16.54	26.15	7.33
河　北	859.72	748.85	33.91	197.79	13.01	80.78	17.08
山　西	242.78	222.97	0.69	143.66	3.75	13.37	2.69
内蒙古	480.37	353.56	13.65	219.52	11.83	109.75	5.23
辽　宁	1966.96	1589.50	42.25	225.57	63.14	264.48	49.84
吉　林	616.39	477.01	21.56	250.08	21.96	101.88	15.55
黑龙江	847.31	691.85	19.32	355.79	21.06	117.28	17.13
上　海	1992.31	1781.64	120.54		18.89	91.21	100.58
江　苏	2167.92	1772.85	87.43	277.70	62.23	230.80	102.05
浙　江	2376.09	1922.96	88.62	108.25	126.31	218.08	108.74
安　徽	896.08	708.67	9.72	240.92	31.26	135.67	20.49
福　建	1102.85	891.87	25.97	134.42	35.00	125.55	50.44
江　西	490.92	398.50	19.58	155.75	11.67	69.57	11.18
山　东	2110.73	1801.83	39.23	437.65	41.29	227.56	40.05
河　南	786.94	705.61	68.86	245.73	19.90	45.45	15.98
湖　北	954.36	832.00	16.61	222.30	45.38	47.55	29.42
湖　南	678.37	551.95	34.58	243.58	18.94	75.68	31.80
广　东	3245.03	2599.92	182.06	111.31	107.39	324.37	213.35
广　西	300.00	261.52	15.32	43.32	4.44	25.51	8.54
海　南	30.47	26.84	7.15	4.85	0.42	2.51	0.69
重　庆	1290.05	969.26	49.28	134.57	34.63	234.20	51.95
四　川	1627.48	1365.51	47.79	303.07	37.24	187.06	37.67
贵　州	412.67	320.46	7.05	78.27	15.87	57.17	19.18
云　南	351.37	278.19	17.84	90.37	18.53	38.05	16.60
西　藏	7.31	7.31		7.31			
陕　西	517.80	466.15	25.61	308.57	20.27	15.07	16.32
甘　肃	182.14	144.22	0.11	57.09	10.17	24.64	3.10
青　海	127.88	96.45		25.52	7.51	21.40	2.53
宁　夏	171.98	126.03	1.76	35.14	12.99	30.41	2.55
新　疆	453.63	397.77	3.21	296.25	10.17	43.00	2.69

2－44　商品房屋销售情况

年　份 地　区	房屋销售面积（万平方米）	#住宅	个人购买商品住宅（万平方米）	商品房销售额（万元）	#住宅
1991	3025.46	2745.17	926.55	2378597	2075979
1992	4288.86	3812.21	1456.01	4265938	3798493
1993	6687.91	6035.19	2943.39	8637141	7291913
1994	7230.35	6118.03	3344.53	10184950	7305208
1995	7905.94	6787.03	3344.81	12577269	10240705
1996	7900.41	6898.46	3666.82	14271292	11069006
1997	9010.17	7864.30	5233.72	17994763	14075553
1998	12185.33	10827.08	7792.62	25133027	20068676
1999	14556.53	12997.87	10408.53	29878734	24137347
2000	18637.13	16570.28	14464.38	39354423	32286046
北　京	956.90	898.22	772.71	4707247	4093363
天　津	391.76	378.34	354.62	912027	860428
河　北	489.44	443.52	295.64	708819	598658
山　西	190.64	177.39	117.61	213052	174809
内蒙古	293.84	239.46	223.48	333670	235743
辽　宁	948.67	804.39	700.35	1969468	1514151
吉　林	309.34	267.49	256.09	435515	347385
黑龙江	499.85	424.43	383.54	869447	669929
上　海	1557.87	1445.87	1242.68	5554492	4809654
江　苏	1740.93	1555.97	1397.09	2859863	2375442
浙　江	1502.23	1308.98	1205.13	2925114	2301115
安　徽	535.86	462.91	420.20	628613	472366
福　建	810.65	675.73	594.01	1689647	1193865
江　西	286.69	242.29	221.97	272008	206842
山　东	1078.38	934.20	765.23	1538824	1254872
河　南	509.21	438.41	345.44	641788	505119
湖　北	612.05	571.04	494.14	837368	731015
湖　南	377.76	343.28	329.41	407772	338900
广　东	2259.95	2009.34	1838.43	7295026	5973630
广　西	191.36	177.80	167.60	277384	245721
海　南	42.15	39.72	39.19	83450	77705
重　庆	579.96	491.09	473.60	783709	528698
四　川	945.64	837.54	715.02	1267444	950444
贵　州	251.71	228.83	208.38	319315	250815
云　南	343.16	311.03	179.54	596712	512009
西　藏	4.80	4.80	4.80	5160	5160
陕　西	396.40	370.69	324.36	496868	448659
甘　肃	123.01	109.12	76.08	160101	130790
青　海	39.91	36.84	15.88	49413	41847
宁　夏	104.49	90.61	79.82	141306	103746
新　疆	262.52	250.95	222.35	373801	333166

2-45 各地区按用途分的商品房屋实际销售面积

单位:万平方米

年份 地区	房屋销售面积	住宅	#别墅、高档公寓	#经济适用房屋	办公楼	商业营业用房	其他
1997	9010.20	7864.30	254.20	1211.90	341.40	634.10	170.40
1998	12185.30	10827.10	345.30	1666.50	400.60	810.80	146.80
1999	14556.53	12997.87	435.74	2701.31	403.43	1003.17	152.06
2000	18637.13	16570.28	640.72	3760.07	436.98	1399.31	230.56
北　京	956.90	898.22	107.58	166.18	41.23	6.14	11.31
天　津	391.76	378.34	16.93	155.34	3.44	9.01	0.98
河　北	489.44	443.52	13.98	164.34	1.81	41.30	2.81
山　西	190.64	177.39	0.08	103.76	3.18	9.76	0.31
内蒙古	293.84	239.46	2.77	114.56	5.35	47.98	1.04
辽　宁	948.67	804.39	35.04	146.87	20.29	114.27	9.71
吉　林	309.34	267.49	2.25	141.88	4.45	34.49	2.92
黑龙江	499.85	424.43	15.69	205.63	10.68	58.60	6.14
上　海	1557.87	1445.87	53.45		47.76	54.54	9.70
江　苏	1740.93	1555.97	54.24	313.98	35.58	124.27	25.11
浙　江	1502.23	1308.98	26.29	95.54	48.93	113.82	30.50
安　徽	535.86	462.91	6.16	142.97	12.82	58.41	1.72
福　建	810.65	675.73	45.57	61.65	41.74	77.89	15.30
江　西	286.69	242.29	1.69	85.97	3.57	37.31	3.52
山　东	1078.38	934.20	19.27	235.85	21.40	103.78	18.99
河　南	509.21	438.41	23.44	173.77	5.52	59.02	6.26
湖　北	612.05	571.04	11.17	172.99	13.98	24.07	2.97
湖　南	377.76	343.28	5.84	151.34	2.64	28.77	3.06
广　东	2259.95	2009.34	112.37	106.74	40.46	163.71	46.44
广　西	191.36	177.80	13.81	43.32	1.38	9.44	2.73
海　南	42.15	39.72	7.50	4.27	1.29	1.01	0.12
重　庆	579.96	491.09	18.46	71.07	20.08	61.09	7.70
四　川	945.64	837.54	13.88	195.82	20.39	82.69	5.01
贵　州	251.71	228.83	1.71	75.25	3.11	18.69	1.08
云　南	343.16	311.03	21.32	131.76	5.69	18.70	7.74
西　藏	4.80	4.80		4.80			
陕　西	396.40	370.69	6.74	247.69	11.70	8.55	5.46
甘　肃	123.01	109.12	1.96	41.60	4.43	8.54	0.92
青　海	39.91	36.84		8.66	0.37	2.50	0.20
宁　夏	104.49	90.61	0.78	20.72	2.23	11.12	0.54
新　疆	262.52	250.95	0.73	175.73	1.46	9.82	0.28

2-46 各地区按用途分的商品房屋平均销售价格

单位:元/平方米

年份 地区	房屋平均销售价格	住宅	#别墅、高档公寓	#经济适用房屋	办公楼	商业营业用房	其他
1997	1997	1790	5382	1097	4677	3090	2129
1998	2063	1854	4596	1035	5552	3170	1837
1999	2053	1857	4503	1093	5265	3333	1804
2000	2112	1948	4288	1202	4751	3260	1864
北京	4919	4557	8315	2644	12563	6915	4722
天津	2328	2274	4540	2138	4389	3790	2423
河北	1448	1350	2538	1141	1834	2428	2331
山西	1118	985	1694	903	3064	2805	3645
内蒙古	1136	984	1701	969	1790	1804	1729
辽宁	2076	1882	3651	1453	4007	3070	2384
吉林	1408	1299	2291	1278	2125	2080	2384
黑龙江	1739	1578	4495	1296	2947	2639	2187
上海	3565	3326	6108		9223	5111	2644
江苏	1643	1527	2282	1109	2988	2846	974
浙江	1947	1758	2337	1652	2643	3960	1444
安徽	1173	1020	2581	878	1692	2273	1032
福建	2084	1767	3110	1245	2617	4561	2049
江西	949	854	2026	804	850	1577	941
山东	1427	1343	3533	1081	2704	2019	870
河南	1260	1152	2107	950	1996	1952	1668
湖北	1368	1280	2755	952	2295	2956	1054
湖南	1079	987	1960	835	1258	2193	801
广东	3228	2973	4018	1389	8108	5411	2316
广西	1450	1382	2562	919	2521	2587	1375
海南	1980	1956	4299	1260	3080	1592	1194
重庆	1351	1077	2455	907	2227	3275	1328
四川	1340	1135	3837	845	2286	3164	1740
贵州	1269	1096	3426	888	2353	3191	1418
云南	1739	1646	2444	1317	2135	3143	1781
西藏	1075	1075		1075			
陕西	1253	1210	2594	999	1525	2455	1718
甘肃	1302	1199	1565	1065	2069	2226	1246
青海	1238	1136		811	3770	2257	2662
宁夏	1352	1145	3213	925	1958	2934	1074
新疆	1424	1328	1338	1259	3306	3578	2262

2-47 各地区房地产开发企业(单位)的资产负债

单位:万元

年份 地区	实收资本合计	#国家资本金	资产总计	累计折旧	#本年折旧	负债总计	所有者权益	资产负债率(%)
1997	38120741	2443003	164169597	1756884	410656	125154596	39015001	76.2
1998	57787310	8418989	195261772	1910386	390176	148572535	46689237	76.1
1999	45208800	3024487	187448042	2087894	398180	142638782	44809260	76.1
2000	53029071	2155664	251859857	2992816	577153	190321015	61538842	75.6
北京	5628449	113545	33426958	205486	46921	27262814	6164144	81.6
天津	1638557	50972	5955607	46201	8893	4610036	1345571	77.4
河北	345948	11276	2149814	23016	5829	1776614	373200	82.6
山西	155705	4579	1034418	24481	5188	859306	175112	83.1
内蒙古	198722	1750	637145	8534	1703	444938	192207	69.8
辽宁	1866983	136231	10049579	158829	29226	7982621	2066958	79.4
吉林	294925	18532	1474387	17788	6621	1184910	289477	80.4
黑龙江	724032	11829	6832979	58784	13822	5918124	914855	86.6
上海	13641534	808828	57926046	413774	94938	39406062	18519984	68.0
江苏	2102800	147760	12018229	132472	27534	9584655	2433574	79.8
浙江	2102178	80222	12165290	101944	22442	9931814	2233476	81.6
安徽	801091	28926	2471288	51914	11650	1685674	785614	68.2
福建	2724571	47464	9404295	135815	24045	6563088	2841207	69.8
江西	349564	13547	1070575	33802	4586	757204	313371	70.7
山东	1664110	66592	7072211	106924	20671	5623072	1449139	79.5
河南	817805	22529	3018825	56674	12183	2338003	680822	77.4
湖北	1552130	113518	5203333	98578	18113	3730780	1472553	71.7
湖南	643969	37277	2131887	45064	11551	1498638	633249	70.3
广东	9570743	222123	52127709	807326	127040	39903491	12224218	76.5
广西	543513	14606	2358698	28188	4485	1923579	435119	81.6
海南	422898	29724	1436433	24403	3089	898460	537973	62.5
重庆	1722040	50409	6814885	120715	26134	4952547	1862338	72.7
四川	1379307	40537	6368674	153601	22033	4697329	1671345	73.8
贵州	577011	27511	1513452	21901	3460	1121227	392225	74.1
云南	358815	22130	2459081	36287	6331	2072247	386834	84.3
西藏	11053		24472	135		11452	13020	46.8
陕西	475963	10745	1798703	24601	9028	1359745	438958	75.6
甘肃	235301	2303	871685	18131	2707	666188	205497	76.4
青海	189125	273	262676	14540	423	129894	132782	49.5
宁夏	89467	8932	448079	7881	2057	344569	103510	76.9
新疆	200762	10994	1332444	15027	4450	1081934	250510	81.2

2－48 房地产开发经营情况

单位:万元

年份 地区	经营总收入	土地转让收入	商品房屋销售收入	房屋出租收入	其他收入	经营税金及附加	营业利润
1991	2840325	153810	2378597	39221	268697	205551	275239
1992	5285565	427420	4265938	59617	532590	414435	635196
1993	11359074	839281	8637141	106348	1776304	965917	1559223
1994	12881866	959357	10184950	172817	1564742	951029	1674350
1995	17316624	1943981	12582817	257927	2531899	903047	1434087
1996	19687850	1203378	15337647	299899	2846926	927779	179805
1997	22184557	1032847	17552061	387878	3211770	1042143	－103462
1998	29512078	1322454	24084097	493192	3612325	1388134	－106565
1999	30260108	1032492	25550245	627408	3049963	1453611	－350926
2000	45157119	1296054	38968215	953237	3939613	2145704	732836
北京	3568022	98589	3105123	194363	169947	183527	－186159
天津	1098566	13887	890540	8072	186067	50642	35545
河北	836577	25093	719271	3164	89049	33487	9301
山西	244503	8754	211181	750	23818	10335	－4825
内蒙古	331787	1948	326780	1022	2037	14094	9704
辽宁	2339911	33981	2156412	10251	139267	129169	－4952
吉林	414847	3057	401650	1753	8387	21351	－4140
黑龙江	2222492	1247	2211716	4792	4737	61820	15917
上海	7836931	229857	5566293	296825	1743956	326932	131283
江苏	2939961	31916	2748391	34975	124679	131079	77748
浙江	3035439	46988	2925589	12565	50297	165083	116411
安徽	701896	12293	651668	1781	36154	38186	－14439
福建	1717929	80073	1472091	23029	142736	96971	22045
江西	302608	8797	281019	1481	11311	13066	6721
山东	1721014	14081	1524013	9183	173737	81635	54809
河南	590082	5061	540250	2006	42765	25251	33386
湖北	726012	23689	635023	11459	55841	35137	－27695
湖南	464019	48753	398573	3515	13178	23149	－4986
广东	9155672	413278	7884333	281392	576669	477037	435483
广西	338043	44056	275710	4073	14204	17404	－16017
海南	109286	14120	58179	1100	35887	6704	－4370
重庆	936822	33104	763810	16518	123390	45803	－20402
四川	1490581	58998	1370937	11052	49594	64530	37021
贵州	331670	3229	310162	3603	14676	16138	－16284
云南	525512	24885	478540	4282	17805	28944	5794
西藏	70528		70528			122	－914
陕西	339462	12254	309938	1743	15527	12961	2186
甘肃	225381	3816	175245	5155	41165	8644	28342
青海	55580		47182	28	8370	1538	－1636
宁夏	143586	250	138608	747	3981	7268	8399
新疆	342400		319460	2558	20382	17697	9560

建　筑　业

3－1　建筑业企业概况

年　　份	总　　计	＃国　有	＃城镇集体	＃农村建筑队
企业单位数（个）				
1980	57404	1996	4608	50800
1981	55627	2586	4741	48300
1982	61684	2808	5076	53800
1983	66653	2885	6768	57000
1984	90141	3017	6724	80400
1985	93750	3385	7765	82600
1986	88771	3608	8977	76186
1987	87474	3788	9837	73849
1988	87224	3798	10336	73090
1989	80106	3927	9179	67000
1990	74145	4275	9052	60818
1991	73094	4638	9187	59269
1992	77857	4985	9551	63321
1993	94582	6363	14130	70486
1994	94942	7251	15196	69842
1995	96935	7531	15348	71017
1996	108555	9109	29044	67191
1997	95956	9650	29872	51939
1998	90926	9458	26970	45292
1999	96648	9394	25443	49414
2000	97263	9030	22905	49745
从业人员（万人）				
1980	982.7	481.8	166.2	334.7
1981	1034.0	509.3	175.9	348.8
1982	1154.3	532.9	200.1	421.3
1983	1285.3	544.5	258.1	482.7
1984	1531.2	554.2	293.5	683.5
1985	1701.4	576.7	334.8	789.9
1986	1800.6	617.3	376.4	806.9
1987	1852.5	618.2	405.9	828.8
1988	1899.4	623.5	421.3	854.6
1989	1773.4	614.7	390.1	768.6
1990	1716.7	621.0	389.7	706.0

3-1 续表

年　　份	总　　计	#国　有	#城镇集体	#农村建筑队
1991	1783.3	638.9	419.4	725.0
1992	1961.2	681.2	476.3	803.6
1993	2156.7	657.1	455.7	926.8
1994	2448.8	818.2	601.9	969.3
1995	2511.9	824.3	631.9	980.4
1996	2992.3	855.9	1171.4	870.4
1997	2804.6	828.6	1148.2	703.1
1998	2778.9	738.4	1008.5	748.9
1999	2765.7	690.6	934.6	739.9
2000	2740.9	635.6	823.2	746.6
建筑业总产值（亿元）				
1980	346.98	220.90	66.03	60.05
1981	352.58	213.70	68.60	70.28
1982	445.71	258.03	87.30	100.38
1983	555.71	298.54	121.00	136.20
1984	733.69	371.56	145.59	216.54
1985	985.10	474.51	200.59	310.00
1986	1330.80	566.83	241.24	522.73
1987	1603.61	660.11	292.54	650.96
1988	1959.42	776.96	354.69	827.77
1989	2169.48	878.57	404.41	886.50
1990	1947.58	935.19	409.82	602.56
1991	2284.78	1062.48	501.85	720.45
1992	3298.70	1432.13	742.31	1124.26
1993	5498.35	2054.83	1163.85	2060.28
1994	7684.36	3033.66	1519.45	2952.34
1995	9505.00	3670.25	1899.47	3632.60
1996	11579.15	4160.21	3695.67	3296.90
1997	12462.57	4526.52	3925.81	3336.09
1998	13740.69	4571.44	3793.17	3678.70
1999	15151.46	4861.38	3786.35	3998.60
2000	16780.90	5053.79	3682.53	4283.30

注：1. 1996年起国有、城镇集体栏内的建筑业企业的统计范围是资质等级四级及四级以上建筑业企业；农村建筑队是指资质等级四级以下的乡、村集体建筑队，因此数据存在着与以前年度不可比因素。
2. 从业人员1993年以前是年末数，1993年起为年平均人数。

3－2 建筑业企业主要经济指标（2000 年）

指标	合计	内资企业	＃国有	＃集体	港澳台商投资企业	＃独资	外商投资企业	＃独资
建筑业企业个数（个）	47518	46564	9030	22905	635	76	319	30
从业人员（万人）	1994.30	1981.68	635.55	823.23	8.22	0.58	4.40	0.28
自有固定资产原价（亿元）	4204.71	4159.72	2211.39	1027.84	27.06	2.09	17.93	1.04
自有固定资产净价（亿元）	2831.25	2802.35	1418.68	729.76	17.38	1.38	11.52	0.59
自有机械设备台数（万台）	625.99	620.21	182.27	284.39	3.70	0.30	2.07	0.13
自有机械设备净值（亿元）	1257.23	1244.62	548.54	369.08	7.32	0.74	5.29	0.24
自有机械设备总功率（万千瓦）	9228.11	9177.76	4150.75	2995.29	30.50	3.36	19.86	1.42
建筑业总产值（亿元）	12497.60	12330.93	5053.79	3682.53	99.18	7.08	67.49	2.31
建筑业增加值（亿元）	3341.09	3301.30	1390.76	992.14	24.46	1.87	15.33	0.74
＃固定资产折旧（亿元）	211.54	208.42	112.86	46.95	1.80	0.14	1.31	0.06
应付工资（亿元）	1530.51	1516.40	558.29	518.21	8.64	0.49	5.46	0.29
应付福利费（亿元）	160.11	158.83	68.48	48.03	0.79	0.04	0.48	0.02
工程结算税金及附加（亿元）	362.19	357.59	144.32	110.45	2.97	0.19	1.63	0.07
管理费用中的税金（亿元）	24.96	24.73	10.34	8.80	0.14	0.02	0.09	0.01
工程结算利润（亿元）	943.56	927.47	415.05	248.91	9.86	0.97	6.23	0.29
施工面积（万平方米）	160141.10	159332.24	46237.53	63082.34	379.48	61.43	429.38	22.27
竣工面积（万平方米）	80714.90	80402.31	20144.98	35698.66	157.72	24.07	154.91	2.74
利润总额（亿元）	192.06	189.77	21.59	75.63	0.99	0.27	1.31	0.03
税金总额（亿元）	387.16	382.32	154.66	119.25	3.12	0.21	1.71	0.08
劳动生产率								
按总产值计算（元/人）	59585	59280	73301	44142	93447	73394	100620	66245
按增加值计算（元/人）	15929	15871	20172	11893	23042	19416	22853	21241
技术装备率（元/人）	6304	6280	8631	4483	8907	12773	12008	8587
动力装备率（千瓦/人）	4.6	4.6	6.5	3.6	3.7	5.8	4.5	5.1
房屋建筑面积竣工率（%）	50.4	50.5	43.6	56.6	41.6	39.2	36.1	12.3
工程质量优良品率（%）	29.0	29.1	28.3	27.5	24.9	59.4	23.6	15.0
产值利润率（%）	1.5	1.5	0.4	2.1	1.0	3.8	1.9	1.5
产值利税率（%）	4.6	4.6	3.5	5.3	4.1	6.7	4.5	4.7

3-3 各地区历年建筑业总产值

单位：万元

地 区	1996	1997	1998	1999	2000
全 国	**82822497**	**91264777**	**100619922**	**111528640**	**124975961**
北 京	4680761	5192363	6230089	6814102	7274774
天 津	1685191	1909999	2111208	2227406	2380991
河 北	3363064	3760962	3935044	4321432	4921005
山 西	1568405	1920095	2178150	2397739	2393974
内蒙古	876393	963852	1017600	1168732	1367309
辽 宁	3976734	4291256	4189831	4893444	5980933
吉 林	1358990	1369882	1460359	1713517	2391840
黑龙江	2229620	2435310	2739532	2996115	3340903
上 海	4406801	5524161	5859020	5683036	6223565
江 苏	10140598	10716094	11962007	13299853	15388416
浙 江	8362780	8773546	9425292	11282810	13837658
安 徽	2399465	2359972	2356154	2773364	3028240
福 建	2083515	2268855	2446658	2511292	2711420
江 西	972574	856436	893804	1022296	1164115
山 东	5780205	6479717	7001115	7672600	8170949
河 南	2715574	2946903	3049638	3169845	3573425
湖 北	2844273	3059698	3436527	3990201	4541767
湖 南	2783849	2965005	3273222	3338963	3544202
广 东	6240552	6747406	7886723	8719500	8919834
广 西	1233093	1275627	1344209	1491385	1509158
海 南	151799	279923	308507	333933	302139
重 庆		2440552	2896198	3175927	3486579
四 川	6715859	5206436	5977644	6495237	7138102
贵 州	660970	767046	831976	966508	1090571
云 南	1733649	2189844	2517439	3114900	3092645
西 藏	66122	79519	94455	134958	168178
陕 西	1294163	1642493	1879804	2183009	2423046
甘 肃	1037164	1056249	1133752	1187695	1251202
青 海	277727	309340	355576	396528	447162
宁 夏	253697	334919	393603	482827	562352
新 疆	928911	1141318	1434787	1569486	2349506

3－4 各地区历年建筑业增加值

单位：万元

地 区	1996	1997	1998	1999	2000
全 国	**24056186**	**25405426**	**27837909**	**30222586**	**33410864**
北 京	1348018	1424872	1787588	1809631	1861649
天 津	510525	508102	580644	599298	596889
河 北	1004433	1058799	1026622	1176002	1255840
山 西	533155	571361	619820	623871	659211
内蒙古	321049	309691	352602	387728	415530
辽 宁	1352915	1331824	1271822	1458714	1650483
吉 林	451124	428432	410049	477403	648043
黑龙江	675666	720763	796891	838384	901381
上 海	995145	1209914	1311338	1224694	1381463
江 苏	2540378	2620881	2915897	3212848	3700633
浙 江	2099332	2212090	2431151	2861430	3521692
安 徽	731606	680801	703797	783765	837832
福 建	561023	618988	738348	662526	710129
江 西	260372	256353	262760	303880	324209
山 东	1770885	1894007	2020712	2162466	2269464
河 南	849905	795700	875188	915452	1006563
湖 北	941654	951010	1063379	1208960	1346062
湖 南	804491	836320	876333	909667	965511
广 东	1854934	1964243	2230076	2492533	2509568
广 西	365971	378210	436240	463926	495053
海 南	35148	73788	67747	77185	68036
重 庆		677742	783224	870648	912266
四 川	1985461	1593421	1776678	1855648	2073881
贵 州	207235	230913	244071	276657	313945
云 南	496463	613405	678146	857556	819742
西 藏	31016	33468	41089	40991	45811
陕 西	440665	508819	509819	557333	591203
甘 肃	382693	347624	380112	388427	402922
青 海	92589	97950	117884	137154	162241
宁 夏	89034	110707	120438	145697	173888
新 疆	323300	345229	407445	442113	789737

3－5　各地区历年建筑业企业利税总额

单位：万元

地　区	1996	1997	1998	1999	2000
全　国	**2479508**	**2716661**	**3019269**	**4944082**	**5792206**
北　京	133026	149558	181706	341341	385714
天　津	44817	49575	53204	80172	96435
河　北	106402	117092	124915	207616	224663
山　西	49022	55488	69685	72317	93678
内蒙古	27891	35567	35960	51242	58719
辽　宁	122621	135564	132028	183582	255827
吉　林	42521	43660	46878	54198	88242
黑龙江	65909	68615	79214	109410	134863
上　海	124981	138251	142681	278825	342818
江　苏	256054	255623	278305	443934	585377
浙　江	232144	254643	281932	571252	740235
安　徽	74303	71736	79262	105523	126076
福　建	73709	81560	103386	120981	141997
江　西	28814	31303	33135	37586	44866
山　东	187394	197489	217180	416839	419264
河　南	83210	86335	92265	132961	148742
湖　北	89060	107238	113959	190966	216898
湖　南	84155	92669	96355	121018	153028
广　东	209670	218956	270277	522531	543688
广　西	39107	45010	49408	63830	64151
海　南	4507	11267	9391	17655	14801
重　庆		73410	84544	133598	152870
四　川	193794	158437	171098	268304	318422
贵　州	19910	24822	25871	32956	47008
云　南	57730	72166	84000	154874	160638
西　藏	2257	1367	2353	8358	12805
陕　西	38311	45563	54032	67403	84901
甘　肃	41448	38004	40692	61307	67918
青　海	8847	9646	11387	8921	18312
宁　夏	8518	9729	10696	19804	29994
新　疆	29377	36317	43472	64778	19257

3-6 各地区历年建筑业企业利润总额

单位：万元

地 区	1996	1997	1998	1999	2000
全 国	**1093504**	**1099170**	**1173285**	**1547982**	**1920635**
北 京	88896	104320	123744	135595	163561
天 津	13731	21445	29350	21991	27993
河 北	40251	48968	40479	62006	67370
山 西	-2263	-828	-10161	-882	-514
内蒙古	-2282	-5999	3241	13076	14561
辽 宁	28388	-8711	-42535	30962	66730
吉 林	-12983	-15110	-16523	790	17339
黑龙江	4700	3122	10870	23741	31070
上 海	81808	126383	130723	141889	184252
江 苏	142671	113507	138139	121082	206569
浙 江	165803	170603	194607	235308	318850
安 徽	29130	10221	774	15904	28127
福 建	23532	28436	26052	25773	25831
江 西	2569	-1710	-2548	3395	6157
山 东	150203	161762	162328	176337	182235
河 南	40204	26029	21442	37901	31281
湖 北	27263	16076	38036	51890	58425
湖 南	35440	29655	19488	17230	43938
广 东	143255	131085	153969	199092	203926
广 西	11299	8418	16059	13227	9147
海 南	841	4868	295	6439	3907
重 庆		27203	33093	41582	49310
四 川	60582	51222	58555	76014	100995
贵 州	-2880	-286	638	1775	9855
云 南	18013	34195	35929	53070	58350
西 藏	1564	4858	4392	5033	7385
陕 西	1528	3517	-3552	5799	14497
甘 肃	12741	10906	14455	16917	19977
青 海	-658	-797	-1555	-3873	3812
宁 夏	-1217	157	-622	5559	13722
新 疆	-8625	-4347	-5875	13359	-48022

3－7 各地区历年建筑业劳动生产率

按建筑业增加值计算。

单位：元

地 区	1996	1997	1998	1999	2000
全 国	**11337**	**12089**	**13350**	**14451**	**15929**
北 京	16344	17736	21203	21900	22553
天 津	18077	17364	19791	20875	21765
河 北	9816	10785	10807	12360	13070
山 西	12142	12101	14249	15071	16824
内蒙古	9252	9529	11716	11753	11913
辽 宁	11661	11883	12163	13948	15062
吉 林	11780	12059	11988	13355	16594
黑龙江	10365	11220	12917	13462	13991
上 海	18331	20666	23038	21488	24375
江 苏	12045	12683	12904	14540	16793
浙 江	14748	15863	17059	19013	21228
安 徽	9875	10080	10902	11195	11738
福 建	12754	12835	17159	16826	17061
江 西	8049	7566	8749	10455	11240
山 东	9725	10889	12026	12615	12517
河 南	8735	8501	10228	11656	12766
湖 北	12308	12499	12869	14105	16268
湖 南	10593	10297	10594	11787	12697
广 东	12868	14396	16332	17523	19829
广 西	9468	10578	12537	13273	15308
海 南	7663	8198	9463	12660	11868
重 庆		9826	10245	11656	12859
四 川	8849	10331	11163	11589	13118
贵 州	9454	9780	11386	12296	14311
云 南	10842	11432	12717	14653	15531
西 藏	19311	19937	23931	16375	17105
陕 西	10531	10644	11827	13599	14559
甘 肃	8202	8207	10728	11203	11701
青 海	6952	10241	12030	13505	15348
宁 夏	9354	10486	10448	11699	13895
新 疆	11348	11739	13545	15660	25209

3-8 各地区按登记注册类型分的建筑业企业单位数（2000年）

单位：个

地 区	合 计	内资企业	#国 有	#集 体	港澳台商投资企业	#港澳台商独资企业	外商投资企业	#外商独资企业
全 国	**47518**	**46564**	**9030**	**22905**	**635**	**76**	**319**	**30**
北 京	1697	1566	353	634	78		53	
天 津	446	423	135	221	14		9	
河 北	1730	1719	435	859	7	1	4	
山 西	792	783	205	426	8	2	1	
内蒙古	916	912	133	192	3	1	1	
辽 宁	2381	2317	526	1214	34		30	2
吉 林	752	748	331	267	3	1	1	1
黑龙江	1652	1639	473	652	7	2	6	1
上 海	1481	1319	230	368	106	2	56	1
江 苏	3930	3842	540	2016	56		32	
浙 江	3592	3545	297	981	28	4	19	4
安 徽	1565	1554	257	911	9	1	2	
福 建	1692	1610	266	761	59	26	23	5
江 西	1005	1004	224	703			1	
山 东	4190	4112	636	2300	55	14	23	10
河 南	1885	1861	440	1110	14	2	10	1
湖 北	1959	1920	473	1094	32	3	7	
湖 南	1754	1751	309	1200	3	1		
广 东	2773	2703	676	1309	58	2	12	
广 西	1078	1067	260	623	4	1	7	
海 南	239	233	135	79	3	1	3	2
重 庆	1737	1716	171	819	12	1	9	1
四 川	3290	3268	380	1675	15	5	7	1
贵 州	620	618	155	362	2	1		
云 南	1402	1394	190	747	7		1	1
西 藏	141	141	39	87				
陕 西	848	844	161	490	4			
甘 肃	504	500	100	283	3	2	1	
青 海	270	268	99	90	2	1		
宁 夏	508	505	161	140	2	1	1	
新 疆	689	682	240	292	7	1		

3-9 各地区按登记注册类型分的建筑业企业从业人员（2000 年）

单位：万人

地 区	合 计	内资企业	#国 有	#集 体	港澳台商投资企业	#港澳台商独资企业	外商投资企业	#外商独资企业
全 国	**1994.30**	**1981.68**	**635.55**	**823.23**	**8.22**	**0.58**	**4.40**	**0.28**
北 京	56.60	55.72	27.32	18.03	0.53		0.35	
天 津	20.31	20.21	12.91	4.98	0.08		0.02	
河 北	87.60	87.39	32.62	36.14	0.08	0.01	0.12	
山 西	37.33	37.29	23.97	9.66	0.04	0.01		
内蒙古	25.71	25.63	7.87	5.20	0.05	0.03	0.03	
辽 宁	95.26	94.33	37.77	40.05	0.42		0.51	0.01
吉 林	28.96	28.95	18.01	6.28				
黑龙江	45.41	45.13	22.74	12.86	0.25	0.01	0.03	
上 海	35.10	34.10	10.65	7.16	0.57	0.03	0.43	0.01
江 苏	227.46	225.82	41.28	118.21	0.88		0.77	
浙 江	171.05	169.48	19.93	55.19	0.86	0.04	0.71	0.02
安 徽	71.20	70.90	20.87	36.14	0.07	0.01	0.24	
福 建	41.13	40.28	13.46	14.25	0.58	0.20	0.28	0.14
江 西	29.77	29.77	11.85	16.21	—			
山 东	170.72	169.70	32.57	84.83	0.76	0.06	0.26	0.08
河 南	79.70	79.18	34.68	33.14	0.44		0.07	
湖 北	83.64	83.21	37.77	34.33	0.35	0.01	0.08	
湖 南	79.62	79.15	24.25	44.35	0.46			
广 东	133.29	132.07	44.52	57.82	1.03	0.07	0.19	
广 西	33.33	33.21	16.11	13.57	0.02		0.10	
海 南	5.54	5.53	3.33	1.76			0.01	0.01
重 庆	73.16	72.77	12.81	31.19	0.27		0.13	
四 川	163.45	163.13	41.73	71.61	0.26	0.08	0.06	
贵 州	22.30	22.30	12.70	7.78				
云 南	59.11	58.98	17.37	27.91	0.13			
西 藏	2.06	2.06	0.83	0.81	—			
陕 西	39.50	39.45	19.25	14.37	0.06			
甘 肃	32.64	32.63	9.98	11.15	0.01	0.01		
青 海	8.82	8.82	4.56	2.36	0.01			
宁 夏	8.37	8.36	3.84	1.64				
新 疆	26.16	26.14	17.99	4.25	0.02			

注：从业人员为年平均人数。

3-10 各地区建筑业企业技术装备情况

年份 地区	自有机械设备总台数（台）	自有机械设备总功率（万千瓦）	#施工机械功率	自有机械设备净值（万元）	技术装备率（元/人）	动力装备率（千瓦/人）
1991	2528110	4250.2	2780.6	2722151	2572	4.0
1992	2531578	4431.9	3006.6	3147398	2719	3.8
1993	2608091	4948.9	3349.6	4671699	4105	4.3
1994	2952629	5712.7	4012.5	4981982	3446	4.0
1995	3482784	7056.5	4399.4	6386383	4264	4.7
1996	5649612	9804.8	6448.9	8814352	4154	4.6
1997	5604603	8668.5	6782.4	9938659	4729	4.1
1998	5833748	8656.5	6641.1	10407189	5127	4.3
1999	6110175	9077.8	6973.0	11628317	5756	4.5
2000	6259885	9228.1	7100.1	12572317	6304	4.6
北京	162403	337.9	248.9	440441	7781	6.0
天津	75479	157.2	121.0	217637	10715	7.7
河北	380673	603.9	457.2	571565	6525	6.9
山西	94885	215.3	156.1	288115	7717	5.8
内蒙古	81281	146.1	118.4	151299	5884	5.7
辽宁	270080	610.9	441.2	696543	7312	6.4
吉林	79990	196.1	124.1	217253	7502	6.8
黑龙江	141843	329.2	252.7	481241	10598	7.3
上海	121659	204.9	159.1	373523	10641	5.8
江苏	654644	754.2	644.3	1263097	5553	3.3
浙江	526365	613.1	491.9	1192280	6971	3.6
安徽	237663	250.4	197.4	326270	4582	3.5
福建	138423	195.3	156.4	312640	7601	4.8
江西	90371	105.4	80.0	115922	3894	3.5
山东	436301	602.3	458.2	713993	4182	3.5
河南	265583	348.5	250.6	422476	5301	4.4
湖北	311971	403.9	316.8	609725	7290	4.8
湖南	279125	379.2	309.7	434056	5452	4.8
广东	572652	790.6	606.1	1021416	7663	5.9
广西	145627	200.7	145.1	226517	6797	6.0
海南	13895	44.7	32.0	35961	6492	8.1
重庆	162218	221.8	183.5	370938	5070	3.0
四川	380174	490.8	406.1	743150	4547	3.0
贵州	54179	88.0	58.0	115612	5184	4.0
云南	197083	282.3	208.7	419312	7093	4.8
西藏	5381	14.2	5.2	14509	7049	6.9
陕西	122126	199.2	146.3	248027	6279	5.0
甘肃	109448	144.5	107.1	152897	4684	4.4
青海	32291	49.9	36.1	80795	9157	5.7
宁夏	38138	66.3	54.0	90780	10845	7.9
新疆	77934	181.6	127.9	224326	8576	6.9

3－11 各地区国有建筑业企业技术装备情况

年份/地区	自有机械设备总台数（台）	自有机械设备总功率（万千瓦）	#施工机械功率	自有机械设备净值（万元）	技术装备率（元/人）	动力装备率（千瓦/人）
1991	1519637	3248.9	2036.3	2213621	3465	5.1
1992	1410064	3314.6	2137.4	2464943	3618	4.9
1993	1309360	3323.8	2149.6	2848367	4335	5.1
1994	1476295	3900.2	2555.7	3567576	4361	4.8
1995	1637276	3984.6	2780.5	4161384	5048	4.8
1996	1870826	4213.3	2995.3	4692164	5482	4.9
1997	1865910	4419.9	3222.3	5211213	6289	5.3
1998	1818321	4343.2	3157.3	5180338	7016	5.9
1999	1876329	4405.0	3189.1	5548440	8035	6.4
2000	1822716	4150.8	2996.3	5485356	8631	6.5
北京	68700	169.3	119.7	224451	8216	6.2
天津	38115	102.1	75.9	122408	9480	7.9
河北	115405	304.1	204.4	311862	9559	9.3
山西	52418	162.5	115.4	222870	9297	6.8
内蒙古	20793	54.9	40.9	63576	8080	7.0
辽宁	95953	313.3	208.4	321893	8522	8.3
吉林	50214	142.8	79.2	141932	7879	7.9
黑龙江	65098	192.0	141.0	269766	11864	8.4
上海	42768	100.7	80.1	150822	14164	9.5
江苏	151229	229.3	182.5	380111	9208	5.6
浙江	53149	95.9	71.2	172572	8658	4.8
安徽	63023	127.9	94.1	160000	7667	6.1
福建	30292	73.3	57.3	124698	9268	5.5
江西	33881	59.9	41.9	67727	5714	5.1
山东	79056	169.4	117.8	245322	7533	5.2
河南	115907	212.2	147.8	264912	7638	6.1
湖北	121962	233.2	183.3	399348	10572	6.2
湖南	75009	165.6	129.2	206825	8529	6.8
广东	180648	338.7	257.7	458534	10300	7.6
广西	42514	98.2	69.9	125314	7776	6.1
海南	7619	34.7	23.4	22494	6747	10.4
重庆	24316	57.4	47.1	79778	6230	4.5
四川	93199	181.9	136.3	238225	5709	4.4
贵州	26361	55.3	34.7	86250	6791	4.4
云南	35810	107.8	74.1	140842	8108	6.2
西藏	2180	5.6	2.9	6323	7641	6.8
陕西	42630	122.9	89.3	151422	7864	6.4
甘肃	27152	60.1	41.5	66871	6702	6.0
青海	16180	36.0	25.0	66419	14569	7.9
宁夏	14931	31.7	23.8	43558	11344	8.3
新疆	36204	112.0	80.3	148229	8238	6.2

3－12　各地区建筑业总产值（2000年）

单位：万元

地　区	建筑业总产值	建筑工程产值	安装工程产值	房屋、构筑物修理产值	非标准设备制造产值
全　国	**124975961**	**108452657**	**13943775**	**1921038**	**658491**
北　京	7274774	6467132	634278	166024	7340
天　津	2380991	1970207	359748	23935	27102
河　北	4921005	4268471	593771	33915	24848
山　西	2393974	2114612	265088	10876	3399
内蒙古	1367309	1209661	123376	31360	2913
辽　宁	5980933	4937818	870739	131194	41183
吉　林	2391840	2013506	354839	19260	4235
黑龙江	3340903	2653232	573026	83453	31193
上　海	6223565	5132511	853402	210959	26693
江　苏	15388416	13501045	1595124	205184	87062
浙　江	13837658	12136694	1471271	172738	56954
安　徽	3028240	2621894	331987	62315	12044
福　建	2711420	2394110	291124	17972	8214
江　西	1164115	1027595	117123	13842	5555
山　东	8170949	6754439	1210484	132629	73397
河　南	3573425	2943504	546347	47882	35691
湖　北	4541767	4028261	385424	96528	31554
湖　南	3544202	3134891	295490	79485	34336
广　东	8919834	7879040	914646	108343	17806
广　西	1509158	1321161	157836	16574	13587
海　南	302139	275743	25307	1070	19
重　庆	3486579	3221028	218062	36746	10743
四　川	7138102	6385595	636861	79720	35926
贵　州	1090571	973016	110819	4336	2400
云　南	3092645	2777488	254206	50415	10537
西　藏	168178	153121	10099	3626	1332
陕　西	2423046	2222068	174768	9957	16253
甘　肃	1251202	1003973	220306	15579	11343
青　海	447162	374755	62524	2506	7379
宁　夏	562352	482922	71276	6755	1399
新　疆	2349506	2073166	214425	45861	16055

3－13 各地区按登记注册类型分的建筑业总产值（2000 年）

单位：万元

地 区	合 计	内资企业	＃国 有	＃集 体	港澳台商投资企业	＃港澳台商独资企业	外商投资企业	＃外商独资企业
全 国	**124975961**	**123309294**	**50537890**	**36825265**	**991805**	**70774**	**674862**	**23080**
北 京	7274774	7025721	3404942	1579842	100970		148083	
天 津	2380991	2357721	1675670	342489	12213		11058	
河 北	4921005	4908591	2636648	1381182	6379	1264	6035	
山 西	2393975	2387381	1966530	242968	6237	1900	357	
内蒙古	1367309	1363118	486866	214549	2690	750	1501	
辽 宁	5980933	5849147	2653944	1762587	76951		54836	1797
吉 林	2391840	2391293	1680214	332650	303	54	244	244
黑龙江	3340903	3320013	1806322	767439	18921	843	1970	130
上 海	6223565	5912418	2029338	729844	198171	8201	112976	5730
江 苏	15388416	15187398	3781949	6970459	98683		102335	
浙 江	13837658	13654417	1639080	3969177	112836	3892	70405	962
安 徽	3028240	3016537	1349050	1130019	5587	600	6117	
福 建	2711420	2630363	1318156	657786	59614	31152	21442	5954
江 西	1164115	1163833	611052	449678			282	
山 东	8170949	8107592	2581049	3089136	45455	10117	17902	6568
河 南	3573425	3534390	2111650	978300	31737	85	7298	21
湖 北	4541767	4508679	2658933	1181484	26151	371	6937	
湖 南	3544202	3530754	1595463	1515470	13448	66		
广 东	8919834	8719852	3830609	2752962	117310	1876	82672	
广 西	1509158	1502681	888224	466152	670	140	5807	
海 南	302139	301081	233434	44890	517	12	540	60
重 庆	3486579	3459110	768029	1309602	18505	20	8964	67
四 川	7138102	7112161	2372949	2329642	20397	7540	5544	288
贵 州	1090571	1090052	769620	248931	519	483		
云 南	3092645	3084921	1329886	1065580	6465		1259	1259
西 藏	168178	168178	104699	35099				
陕 西	2423046	2415245	1601484	440189	7801			
甘 肃	1251202	1250360	565040	338621	727	503	115	
青 海	447163	446937	329320	58952	225	50		
宁 夏	562352	561711	292191	76941	454	154	187	
新 疆	2349506	2347637	1465550	362649	1869	699		

3－14 各地区按行业分的建筑业总产值（2000 年）

单位：万元

地区	建筑业总产值	土木工程建筑业产值	#房屋建筑业	#矿山建筑业	#铁路、隧道、公路、桥梁建筑业	线路、管道和设备安装业	#设备建筑业	建筑物装修装饰业
全国	**124975961**	**109778964**	**83306321**	**1219854**	**17066506**	**10914629**	**5258808**	**4282368**
北京	7274774	5796962	4870682	7516	617903	1013877	405525	463935
天津	2380991	1938002	1053112	5004	579612	394460	143710	48530
河北	4921005	4400043	3339067	206247	590224	411266	104307	109696
山西	2393974	2268422	900712	29895	1118544	117556	37398	7996
内蒙古	1367309	1230212	969433	22028	158149	128509	36574	8588
辽宁	5980933	4932467	3579026	47453	887071	813580	443553	234886
吉林	2391840	2208339	1542708	1618	508966	171584	57636	11917
黑龙江	3340903	2633448	1763372	31858	668136	627634	470660	79821
上海	6223565	5027898	3620718	9692	785994	542530	276902	653137
江苏	15388416	13801891	12230221	45668	786761	1126942	811838	459583
浙江	13837658	12380010	9705040	58988	1538372	910606	422502	547042
安徽	3028240	2780888	1982284	88394	526183	224136	29064	23216
福建	2711420	2394134	1791588	10415	380958	211040	113040	106246
江西	1164115	1136488	889791	2501	106885	20468	16782	7159
山东	8170949	7170890	5875068	111524	829654	829894	415216	170165
河南	3573425	3062959	2188896	19796	684014	472947	209038	37518
湖北	4541767	4127739	2949950	13296	610893	292822	149495	121205
湖南	3544202	3240713	2513195	10768	507173	291745	143047	11745
广东	8919834	7675022	6079376	6633	1040153	509530	247479	735282
广西	1509158	1319983	869522	3441	296402	162663	59465	26512
海南	302139	289979	196435	1540	77163	6549	4387	5610
重庆	3486579	3242061	2888155	28948	258448	180643	101053	63874
四川	7138102	6443531	5061792	2217	1023554	510513	156841	184058
贵州	1090571	915919	567447	17530	227820	163063	62859	11589
云南	3092645	2863504	1994420	3073	643433	146724	63613	82418
西藏	168178	167666	129898		20211	512		
陕西	2423046	2247652	969411	19486	1054079	147765	81931	27629
甘肃	1251202	1065939	907777	19152	69114	179234	71128	6029
青海	447162	382479	167267		84359	60140	24032	4543
宁夏	562352	484490	300178	3190	111248	61410	15698	16452
新疆	2349506	2149233	1409780	391985	275032	184287	84033	15986

3－15 各地区建筑业增加值（2000 年）

单位：万元

地 区	建筑业增加值合 计	本年提取的固定资产折旧	主营业务应付工资	主营业务应付福利费	管理费用中的劳动、待业保险费	工程结算税金及附加	工程结算利润	管理费用中的税金
全 国	**33410864**	**2115372**	**15305078**	**1601086**	**1082167**	**3621939**	**9435591**	**249631**
北 京	1861648	106035	655229	70724	71593	212745	735915	9408
天 津	596888	50044	207262	23523	43106	63567	204510	4875
河 北	1255840	86576	534436	53857	45562	146970	378117	10323
山 西	659211	58103	220158	26084	36583	74423	224092	19768
内蒙古	415530	26407	190639	18575	15378	39732	120373	4427
辽 宁	1650483	119917	728033	82335	57570	179924	473531	9173
吉 林	648043	35175	300099	35920	23290	67769	182656	3133
黑龙江	901381	60530	406934	49490	21968	99106	258668	4686
上 海	1381463	89102	527494	48674	62998	152349	494629	6217
江 苏	3700633	185686	2021994	209895	67307	360462	836943	18346
浙 江	3521692	160285	1872010	178218	54090	405436	835703	15949
安 徽	837832	55405	378617	41654	32862	89526	231345	8423
福 建	710129	40054	332306	30291	19385	111754	171928	4411
江 西	324209	20974	155313	12097	11874	35527	85242	3182
山 东	2269464	130273	1058100	118806	56565	216534	668690	20496
河 南	1006563	69338	442596	41572	51026	109387	284569	8075
湖 北	1346062	104970	503319	75082	56446	143592	447772	14881
湖 南	965511	76829	460292	40304	28358	101064	250639	8026
广 东	2509568	153625	1118034	112809	67852	319280	717487	20481
广 西	495053	31954	229932	20832	21808	49198	135523	5806
海 南	68036	5499	29284	1669	784	9892	19905	1003
重 庆	912266	51989	472329	45923	19285	97086	219181	6474
四 川	2073881	132150	1011213	108090	72639	203632	532362	13795
贵 州	313945	21783	143147	16080	11490	34593	84291	2560
云 南	819742	68374	341017	33176	33370	92418	241519	9870
西 藏	45811	3985	17337	341	723	4536	18004	884
陕 西	591203	52182	237832	25068	32356	64599	173361	5805
甘 肃	402912	22648	192475	19039	16938	44034	103871	3908
青 海	162240	18088	58949	9183	9804	13311	51717	1189
宁 夏	173888	12008	78863	6726	4209	14879	55809	1393
新 疆	789737	65383	379833	45052	34946	64614	197243	2665

3-16 各地区按登记注册类型分的建筑业增加值（2000年）

单位：万元

地　区	合　计	内资企业	#国　有	#集　体	港澳台商投资企业	#港澳台商独资企业	外商投资企业	#外商独资企业
全　国	**33410864**	**33013036**	**13907626**	**9921357**	**244552**	**18723**	**153276**	**7400**
北　京	1861648	1806160	974421	381696	24297		31192	
天　津	596888	591943	406130	87622	3704		1242	
河　北	1255840	1252832	639736	398600	1274	256	1734	
山　西	659211	657231	523542	83636	1922	449	58	
内蒙古	415530	414368	147345	76900	666	202	496	
辽　宁	1650483	1611580	725684	527036	23379		15524	394
吉　林	648043	647876	442732	94514	99	22	68	68
黑龙江	901381	895528	484314	208895	4473	320	1380	141
上　海	1381463	1320421	529599	173454	37828	787	23214	1374
江　苏	3700633	3656931	930395	1650823	24510		19192	
浙　江	3521692	3478617	427097	1037288	25590	1148	17484	581
安　徽	837832	834312	374640	311409	1426	230	2093	
福　建	710129	689519	332144	173119	14482	6544	6128	2398
江　西	324209	324155	180361	120953			54	
山　东	2269464	2250277	701716	857642	13316	3411	5870	1548
河　南	1006563	992820	590709	275024	11234	42	2509	36
湖　北	1346062	1335415	827145	342548	8730	146	1917	
湖　南	965511	959698	432634	413529	5813	30		
广　东	2509568	2467865	1047761	789622	27154	2274	14549	
广　西	495053	492693	301790	144590	221	47	2139	
海　南	68036	67316	46934	14014	178	15	542	432
重　庆	912266	906446	216456	324287	3787	9	2033	10
四　川	2073881	2065254	730543	668587	5244	2270	3384	83
贵　州	313945	313775	219916	70520	170	139		
云　南	819742	817476	332256	299740	1930		336	336
西　藏	45811	45811	22486	15150				
陕　西	591203	589224	371866	128212	1979			
甘　肃	402912	402676	197653	99211	166	117	71	
青　海	162240	162124	122240	21770	116	55		
宁　夏	173888	173678	83264	25839	142	57	68	
新　疆	789737	789016	544118	105127	721	153		

3－17 各地区按登记注册类型分的建筑业企业实收资本（2000 年）

单位：万元

地 区	合 计	内资企业			港澳台商投资企业		外商投资企业	
			#国 有	#集 体		#港澳台商独资企业		#外商独资企业
全 国	**32198390**	**31473298**	**12592585**	**9446460**	**457444**	**44947**	**267649**	**13655**
北 京	1769608	1652044	789528	356333	66892		50672	
天 津	613554	601774	374028	101952	6855		4925	
河 北	1329124	1324460	574805	438775	2116	153	2548	
山 西	576789	569478	436449	80749	7180	633	130	
内蒙古	398049	395439	137374	63469	1738	418	872	
辽 宁	1734487	1690269	724266	519737	18111		26107	669
吉 林	539108	538647	370268	74185	361	51	101	101
黑龙江	1012418	1003183	482385	239876	5205	736	4031	500
上 海	1800932	1646359	663492	223213	96121	2312	58452	986
江 苏	2967062	2904999	771185	1276408	43580		18482	
浙 江	2586413	2549539	289487	749433	15634	980	21240	977
安 徽	863365	857303	390254	288511	4494	678	1568	
福 建	1024266	972734	294997	288935	32837	13887	18696	3960
江 西	335582	335426	159872	144921			156	
山 东	1656050	1631106	476561	645310	16974	5489	7970	2465
河 南	904498	894919	461044	280909	5617	154	3962	1170
湖 北	1231879	1198560	562593	403950	29075	2092	4245	
湖 南	1001654	994944	343240	487209	6710	100		
广 东	2544258	2455386	1028495	807561	58868	8538	30005	
广 西	1118279	1112708	809855	191358	2735	327	2835	
海 南	101285	96333	53838	21073	2728	517	2224	1224
重 庆	952745	939692	188329	318498	11159	21	1894	52
四 川	1888966	1870000	502972	631857	15021	6948	3944	345
贵 州	244181	243976	141638	69873	204	194		
云 南	921067	918256	291875	357157	1606		1206	1206
西 藏	67267	67267	25361	23571				
陕 西	474225	470679	239416	131704	3546			
甘 肃	288976	287300	119451	91350	408	216	1268	
青 海	144094	143842	99314	20473	252	200		
宁 夏	215464	215082	91132	34591	266	173	117	
新 疆	892746	891596	699080	83520	1150	130		

3－18　各地区建筑业企业资产（2000年）

单位：万元

地　区	资产合计	# 流动资产	#固定资产	#专项工程	#无形及递延资产
全　国	**145783686**	**105875191**	**29697772**	**1627058**	**2281582**
北　京	10864580	8588493	1244720	191984	86965
天　津	3097218	2295084	614399	34200	40089
河　北	5153809	3526259	1325602	58144	108141
山　西	3221292	2286910	749035	55107	72811
内蒙古	1525185	1049511	408576	8033	30403
辽　宁	6984803	4996428	1625679	42831	158800
吉　林	2524158	1694338	689900	51980	31906
黑龙江	4192237	3066497	988901	18983	32696
上　海	8891230	6572247	836065	98009	223216
江　苏	14802564	11765264	2413073	84980	138893
浙　江	10495810	7732475	2078445	98051	146254
安　徽	3284878	2340979	783277	40816	45972
福　建	4434975	3418347	718135	46371	52942
江　西	1643130	1188840	368647	16376	23575
山　东	8599834	6416062	1696440	78200	192249
河　南	3545043	2332404	978805	42669	116978
湖　北	5351458	3371595	1530781	110516	108968
湖　南	3544822	2307984	1028691	34894	43736
广　东	16980457	13521496	2211040	165463	254341
广　西	3302364	2031262	858625	45500	29554
海　南	428187	298973	105708	5872	4593
重　庆	2796456	1860896	780746	29461	52192
四　川	6536346	4337135	1699109	94326	143065
贵　州	1455461	1082253	297271	20469	8800
云　南	3350287	2187775	975191	32048	37496
西　藏	194577	89937	88112	1434	1300
陕　西	2559749	1813274	617881	51344	23395
甘　肃	1409940	985832	362554	18403	21613
青　海	616421	388568	179948	16890	6711
宁　夏	740174	472911	227053	5211	8866
新　疆	3256241	1855164	1215366	28496	35063

3－19　各地区按登记注册类型分的建筑业企业资产（2000年）

单位：万元

地　区	合　计	内资企业	#国　有	#集　体	港澳台商投资企业	#港澳台商独资企业	外商投资企业	#外商独资企业
全　国	**145783686**	**143558293**	**70341056**	**35040183**	**1426338**	**174697**	**799054**	**44783**
北　京	10864580	10562641	6550600	1550169	170126		131814	
天　津	3097218	3062436	2169014	367139	25460		9322	
河　北	5153808	5140368	3150110	1192732	6385	952	7056	
山　西	3221292	3201578	2605706	351245	19503	8114	211	
内蒙古	1525185	1519877	610559	303447	3757	861	1551	
辽　宁	6984803	6833438	3339904	1866794	73473		77892	3718
吉　林	2524158	2522881	1797267	316475	1037	118	240	240
黑龙江	4192237	4170244	2526932	811933	14710	1572	7283	915
上　海	8891230	8521683	3577056	949467	230912	3982	138635	4610
江　苏	14802564	14553445	4983013	5563517	119478		129641	
浙　江	10495810	10338732	1794834	3019630	90002	1573	67075	4304
安　徽	3284878	3267231	1738378	979914	10300	1838	7347	
福　建	4434975	4302512	1657948	1436150	87516	39201	44947	14053
江　西	1643130	1642545	1023085	526028			585	
山　东	8599834	8507318	2943819	2957969	59516	9872	33000	10073
河　南	3545043	3484327	2276951	783886	49192	1116	11525	1264
湖　北	5351458	5267544	3529461	916687	72385	3984	11529	
湖　南	3544822	3535535	1815455	1300132	9287	279		
广　东	16980457	16615962	7483427	4298278	289801	73449	74694	
广　西	3302364	3290373	2308180	562175	3483	394	8508	
海　南	428187	421012	272798	60197	4200	517	2975	1908
重　庆	2796456	2763837	815427	867015	22652	26	9968	60
四　川	6536346	6477620	2554874	1761442	40297	22960	18429	592
贵　州	1455461	1455079	1097438	256073	382	297		
云　南	3350287	3340482	1604033	897103	6758		3047	3047
西　藏	194577	194577	129896	33274				
陕　西	2559749	2550812	1765990	373679	8937			
甘　肃	1409940	1406945	803788	293016	1445	1208	1550	
青　海	616421	615563	492672	58843	858	212		
宁　夏	740174	739351	368712	97616	593	332	230	
新　疆	3256241	3252348	2553727	288160	3894	1840		

3－20　各地区建筑业企业负债及所有者权益（2000年）

单位：万元

地　区	负债合计	#流动负债	#长期负债	所有者权益	#实收资本
全　国	**103452169**	**98021479**	**5430601**	**42331517**	**32198390**
北　京	8275634	7822187	453447	2588947	1769608
天　津	2330873	2233007	97867	766344	613554
河　北	3476509	3292312	184197	1677299	1329124
山　西	2308090	2197935	110155	913202	576789
内蒙古	1024632	949278	75355	500553	398049
辽　宁	4821262	4587496	233766	2163542	1734487
吉　林	1879194	1834014	45180	644964	539108
黑龙江	3057886	2911151	146735	1134351	1012418
上　海	6149911	5904181	245730	2741319	1800932
江　苏	11043612	10745031	298581	3758952	2967062
浙　江	7021060	6747933	273127	3474750	2586413
安　徽	2350220	2117092	233127	934658	863365
福　建	3187347	3079742	107605	1247629	1024266
江　西	1218914	1134162	84752	424216	335582
山　东	6367070	5993606	373464	2232765	1656050
河　南	2367022	2256184	110838	1178021	904498
湖　北	3700227	3321484	378743	1651232	1231879
湖　南	2283775	2061169	222606	1261047	1001654
广　东	13059461	12435896	623565	3920996	2544258
广　西	2005013	1858956	146056	1297351	1118279
海　南	263251	242078	21173	164936	101285
重　庆	1679214	1534492	144722	1117243	952745
四　川	4085484	3851394	234091	2450862	1888966
贵　州	1117353	1064061	53292	338108	244181
云　南	2241027	2082622	158405	1109260	921067
西　藏	73656	69002	4654	120921	67267
陕　西	1993902	1872506	121396	565847	474225
甘　肃	1033728	978318	55411	376212	288976
青　海	449641	428525	21116	166780	144094
宁　夏	518839	474475	44276	221336	215464
新　疆	2068364	1941193	127172	1187877	892746

3－21　各地区按登记注册类型分的建筑业企业所有者权益（2000年）

单位：万元

地　区	合　计	内资企业			港澳台商投资企业		外商投资企业	
			#国　有	#集　体		#港澳台商独资企业		#外商独资企业
全　国	**42331517**	**41543097**	**17287531**	**11871062**	**489075**	**52085**	**299345**	**14709**
北　京	2588946	2465075	1311196	524292	67588		56283	
天　津	766344	755074	475067	136121	6842		4428	
河　北	1677299	1670904	739504	556523	2457	181	3938	
山　西	913202	908344	746909	100328	4712	890	146	
内蒙古	500553	498038	175244	89017	1672	345	843	
辽　宁	2163542	2099570	870965	611859	31967		32004	632
吉　林	644964	644328	441459	89960	532	108	104	104
黑龙江	1134350	1125882	535494	271392	5747	670	2722	353
上　海	2741319	2594586	1122252	254388	87064	2382	59669	1414
江　苏	3758952	3689385	1044880	1587265	49752		19816	
浙　江	3474750	3428254	450976	962585	20575	1038	25922	1247
安　徽	934658	927860	398904	328444	4716	678	2082	
福　建	1247629	1187750	393153	369544	38113	17016	21766	4222
江　西	424216	423980	221550	168268			236	
山　东	2232765	2206729	596746	891244	19357	6775	6679	2157
河　南	1178021	1166746	628892	351297	8345	154	2930	－174
湖　北	1651232	1624471	833035	507332	22897	1361	3863	
湖　南	1261047	1254295	457186	603483	6752	142		
广　东	3920996	3813169	1685789	1092576	67576	10550	40250	
广　西	1297351	1291348	926814	245645	2805	327	3198	
海　南	164936	160696	102854	25206	3005	517	1235	1654
重　庆	1117243	1102590	206256	366161	11905	21	2748	57
四　川	2450862	2429682	681612	778494	16390	7492	4789	378
贵　州	338108	337822	204160	89986	286	217		
云　南	1109260	1104871	354747	422543	1723		2666	2666
西　藏	120921	120921	75063	24072				
陕　西	565847	562627	305177	147068	3220			
甘　肃	376212	374617	145366	111542	661	458	934	
青　海	166780	166112	118639	20969	668	197		
宁　夏	221336	221004	76720	40962	235	101	96	
新　疆	1187877	1186366	960924	102492	1510	464		

3－22　各地区按登记注册类型分的建筑业企业负债（2000 年）

单位：万元

地　区	合　计	内资企业			港澳台商投资企业		外商投资企业	
			＃国　有	＃集　体		＃港澳台商独资企业		＃外商独资企业
全　国	**103452169**	**102015196**	**53053525**	**23169121**	**937263**	**122613**	**499710**	**30074**
北　京	8275634	8097565	5239404	1025876	102538		75531	
天　津	2330873	2307362	1693947	231018	18618		4894	
河　北	3476509	3469464	2410606	636209	3928	771	3118	
山　西	2308090	2293235	1858797	250916	14790	7224	65	
内蒙古	1024632	1021839	435315	214430	2085	516	708	
辽　宁	4821262	4733868	2468940	1254935	41506		45888	3086
吉　林	1879194	1878553	1355808	226515	504	10	136	136
黑龙江	3057886	3044362	1991438	540541	8963	902	4562	562
上　海	6149911	5927097	2454804	695079	143848	1600	78966	3196
江　苏	11043612	10864059	3938133	3976252	69727		109826	
浙　江	7021060	6910479	1343858	2057045	69427	535	41153	3057
安　徽	2350220	2339371	1339474	651469	5584	1160	5265	
福　建	3187347	3114762	1264796	1066606	49403	22185	23181	9832
江　西	1218914	1218565	801536	357760			348	
山　东	6367070	6300589	2347073	2066725	40159	3098	26322	7916
河　南	2367022	2317580	1648059	432588	40846	962	8595	1438
湖　北	3700227	3643072	2696426	409354	49488	2622	7666	
湖　南	2283775	2281240	1358268	696650	2535	137		
广　东	13059461	12802792	5797638	3205702	222225	62898	34444	
广　西	2005013	1999024	1381366	316529	678	67	5310	
海　南	263251	260316	169944	34991	1195		1740	254
重　庆	1679214	1661247	609172	500854	10746	5	7220	4
四　川	4085484	4047938	1873262	982948	23906	15468	13640	213
贵　州	1117353	1117256	893279	166087	96	80		
云　南	2241027	2235611	1249286	474560	5035		381	381
西　藏	73656	73656	54833	9202				
陕　西	1993902	1988185	1460814	226610	5717			
甘　肃	1033728	1032328	658422	181474	784	751	617	
青　海	449641	449451	374033	37874	190	15		
宁　夏	518839	518348	291992	56653	358	231	134	
新　疆	2068364	2065981	1592803	185668	2383	1375		

3－23　各地区建筑业企业总收入（2000 年）

单位：万元

地　区	企业总收入	工程结算收入			其他业务收入	
			#工程结算成本	#工程结算利润		#其他业务利润
全　国	**115068245**	**110030241**	**96972710**	**9435591**	**5038004**	**683235**
北　京	7639480	7068086	6119426	735915	571394	91008
天　津	2398738	2299769	2031691	204510	98970	12094
河　北	4660847	4541030	4015944	378117	119817	16616
山　西	2471030	2330894	2032379	224092	140136	11814
内蒙古	1267976	1237682	1077578	120373	30294	5676
辽　宁	5908924	5724446	5070991	473531	184478	36206
吉　林	3068530	2325394	2074969	182656	743136	16371
黑龙江	3380021	3262959	2905185	258668	117062	18826
上　海	6068494	5818487	5171509	494629	250007	38519
江　苏	11026966	10590583	9393178	836943	436384	60452
浙　江	11511317	11172646	9931506	835703	338671	47454
安　徽	2789838	2653369	2332498	231345	136469	8197
福　建	2735619	2674632	2390950	171928	60987	12370
江　西	1019278	1001869	881100	85242	17408	2841
山　东	7149728	6845430	5960206	668690	304298	31456
河　南	3280853	3198761	2804806	284569	82092	17254
湖　北	4378376	4167516	3576152	447772	210860	31429
湖　南	3162664	3050616	2698914	250639	112048	28626
广　东	9330753	9010960	7974193	717487	319793	75060
广　西	1487174	1409287	1224567	135523	77887	12661
海　南	265351	263784	233988	19905	1567	1016
重　庆	2795294	2726719	2410452	219181	68575	8600
四　川	6066069	5914320	5178325	532362	151749	22607
贵　州	1057450	1018439	899555	84291	39011	5779
云　南	2973728	2885006	2551070	241519	88721	12831
西　藏	110072	108808	86269	18004	1264	682
陕　西	2232572	2137636	1899675	173361	94936	13015
甘　肃	1193466	1141262	993357	103871	52204	6865
青　海	436380	419853	354825	51717	16527	4658
宁　夏	541560	515986	445298	55809	25573	2293
新　疆	2659696	2514010	2252154	197243	145686	29962

3－24 各地区按登记注册类型分的建筑业企业总收入（2000年）

单位：万元

地 区	合 计	内资企业	#国 有	#集 体	港澳台商投资企业	#港澳台商独资企业	外商投资企业	#外商独资企业
全 国	**115068245**	**113523486**	**50964245**	**30403571**	**941052**	**62312**	**603707**	**21323**
北 京	7639480	7338888	4136346	1262020	141213		159379	
天 津	2398738	2382047	1724557	304934	13117		3574	
河 北	4660847	4650865	2583453	1294309	6025	1265	3958	
山 西	2471030	2464261	2032906	263459	6295	1900	475	
内蒙古	1267976	1264579	446072	215789	1895	285	1503	
辽 宁	5908924	5783843	2636740	1759862	76964		48116	2448
吉 林	3068530	3068083	1974412	327176	303	54	144	144
黑龙江	3380021	3365035	1924697	712904	12933	543	2053	130
上 海	6068494	5793812	1903491	702936	176831	8201	97851	5740
江 苏	11026966	10876325	3336968	4402168	82091		68550	
浙 江	11511317	11361991	1555233	3216346	87810	3004	61516	1044
安 徽	2789838	2779454	1333352	960016	4267	634	6116	
福 建	2735619	2658159	1335060	687978	54608	23161	22852	4815
江 西	1019278	1019076	566187	373421			201	
山 东	7149728	7094854	2458979	2472870	39002	9439	15872	4908
河 南	3280853	3245507	2048004	828029	29772	85	5574	56
湖 北	4378376	4351520	2711139	1036163	20092	371	6764	
湖 南	3162664	3149216	1491525	1287114	13448	66		
广 东	9330753	9131914	4101288	2590890	121190	2350	77649	
广 西	1487174	1482569	941452	400239	558	114	4047	
海 南	265351	263745	205804	38431	720	22	886	406
重 庆	2795294	2773177	690874	988104	15416	20	6702	66
四 川	6066069	6039320	2171896	1883327	18404	8534	8346	288
贵 州	1057450	1056748	782460	208469	702	666		
云 南	2973728	2966265	1362808	996886	6185		1278	1278
西 藏	110072	110072	53599	30658				
陕 西	2232572	2224776	1491420	387008	7796			
甘 肃	1193466	1192433	567024	299457	918	694	114	
青 海	436380	436155	327746	54197	225	50		
宁 夏	541560	540962	298190	67561	411	154	187	
新 疆	2659696	2657836	1770562	350850	1860	699		

3－25 各地区建筑业企业利税总额（2000 年）

地区	利税总额合计（万元）	利润总额	工程结算税金及附加	管理费用中的税金	产值利税率	资产利税率
全国	**5792206**	**1920635**	**3621939**	**249631**	**4.6**	**4.0**
北京	385714	163561	212745	9408	5.3	3.6
天津	96435	27993	63567	4875	4.1	3.1
河北	224663	67370	146970	10323	4.6	4.4
山西	93678	－514	74423	19768	3.9	2.9
内蒙古	58719	14561	39732	4427	4.3	3.8
辽宁	255827	66730	179924	9173	4.3	3.7
吉林	88242	17339	67769	3133	3.7	3.5
黑龙江	134863	31070	99106	4686	4.0	3.2
上海	342818	184252	152349	6217	5.5	3.9
江苏	585377	206569	360462	18346	3.8	4.0
浙江	740235	318850	405436	15949	5.3	7.1
安徽	126076	28127	89526	8423	4.2	3.8
福建	141997	25831	111754	4411	5.2	3.2
江西	44866	6157	35527	3182	3.9	2.7
山东	419264	182235	216534	20496	5.1	4.9
河南	148742	31281	109387	8075	4.2	4.2
湖北	216898	58425	143592	14881	4.8	4.1
湖南	153028	43938	101064	8026	4.3	4.3
广东	543688	203926	319280	20481	6.1	3.2
广西	64151	9147	49198	5806	4.3	1.9
海南	14801	3907	9892	1003	4.9	3.5
重庆	152870	49310	97086	6474	4.4	5.5
四川	318422	100995	203632	13795	4.5	4.9
贵州	47008	9855	34593	2560	4.3	3.2
云南	160638	58350	92418	9870	5.2	4.8
西藏	12805	7385	4536	884	7.6	6.6
陕西	84901	14497	64599	5805	3.5	3.3
甘肃	67918	19977	44034	3908	5.4	4.8
青海	18312	3812	13311	1189	4.1	3.0
宁夏	29994	13722	14879	1393	5.3	4.1
新疆	19257	－48022	64614	2665	0.8	0.6

3－26 各地区按登记注册类型分的建筑业企业税金总额（2000 年）

单位：万元

地 区	合 计	内资企业			港澳台商投资企业		外商投资企业	
			＃国 有	＃集 体		＃港澳台商独资企业		＃外商独资企业
全 国	**3871570**	**3823242**	**1546606**	**1192535**	**31184**	**2064**	**17145**	**751**
北 京	222153	213839	114204	44131	4287		4028	
天 津	68442	67933	43539	13592	420		89	
河 北	157293	156992	76174	52557	198	38	103	
山 西	94192	93947	74565	13204	230	58	14	
内蒙古	44158	44050	14210	7592	65	9	44	
辽 宁	189097	184929	78580	61455	2380		1788	60
吉 林	70903	70860	45965	12619	39	32	4	4
黑龙江	103792	103189	52807	25285	398	20	206	6
上 海	158566	150640	48523	21022	5259	217	2667	112
江 苏	378808	374065	99762	166457	2860		1883	
浙 江	421385	416039	47669	125261	3520	76	1827	69
安 徽	97949	97480	42486	37054	154	18	316	
福 建	116166	113329	61235	27343	2025	958	812	218
江 西	38709	38698	18492	17202			12	
山 东	237029	235011	71550	89714	1214	229	805	217
河 南	117461	116480	68360	34911	807	2	174	2
湖 北	158473	157586	88863	46220	641	7	245	
湖 南	109090	108558	40893	53717	531	2		
广 东	339762	333844	144448	107956	4440	95	1478	
广 西	55003	54875	30045	20031	14	3	114	
海 南	10894	10837	7918	2225	25	1	33	14
重 庆	103559	102770	21817	39640	568	1	222	2
四 川	217427	216659	69830	76400	536	228	232	9
贵 州	37154	37133	24757	9385	21	20		
云 南	102288	102061	44484	37212	188		38	38
西 藏	5420	5420	2018	2590				
陕 西	70404	70138	42584	16184	267			
甘 肃	47941	47907	16349	13372	31	21	3	
青 海	14500	14491	9982	2333	8	3		
宁 夏	16272	16260	8140	2200	6	6	6	
新 疆	67279	67223	36356	13672	56	21		

3-27 各地区按登记注册类型分的建筑业企业利润总额（2000年）

单位：万元

地区	合计	内资企业	#国有	#集体	港澳台商投资企业	#港澳台商独资企业	外商投资企业	#外商独资企业
全国	**1920635**	**1897695**	**215894**	**756330**	**9856**	**2702**	**13084**	**341**
北京	163561	160389	48327	53077	-924		4096	
天津	27993	27617	1354	9726	531		-155	
河北	67370	67312	9979	39009	150	47	-92	
山西	-514	371	-5738	3481	-885	-6		
内蒙古	14561	14558	3309	2416	1	4	1	
辽宁	66730	62029	-5257	33157	3575		1126	-50
吉林	17339	17362	1697	4024	-19	-16	-4	-4
黑龙江	31070	31002	14121	7372	189	-268	-121	-71
上海	184252	182845	41053	11777	166	-7	1241	298
江苏	206569	205070	29268	97324	1687		-188	
浙江	318850	315579	24627	89158	1533	44	1738	-55
安徽	28127	28099	-5159	24417	-2	15	30	
福建	25831	23064	2770	7378	2407	1022	360	18
江西	6157	6176	-351	5344			-19	
山东	182235	180488	26415	84341	2043	1625	-295	121
河南	31281	30520	-5988	29048	230	-34	532	-9
湖北	58425	60014	6424	38245	-1363	-149	-226	
湖南	43938	43139	3329	29518	799	-13		
广东	203926	199650	71415	53563	-199	1106	4475	
广西	9147	9122	440	11263	-86	-2	111	
海南	3907	3904	3512	466	-48		51	82
重庆	49310	49783	4137	17893	-491	-8	18	-2
四川	100995	100764	-5168	42354	-252	-549	484	
贵州	9855	9858	1924	2571	-3	3		
云南	58350	58442	7606	33083	-104		13	13
西藏	7385	7385	2102	3061				
陕西	14497	13603	3342	8084	893			
甘肃	19977	20071	-5793	8252	-3	-4	-91	
青海	3812	3815	3162	317	-3	-3		
宁夏	13722	13724	2687	1590	-3	-14	1	
新疆	-48022	-48059	-63650	5018	37	-89		

3－28　各地区按登记注册类型分的建筑业企业工程结算利润（2000年）

单位：万元

地　区	合　计	内资企业	#国　有	#集　体	港澳台商投资企业	#港澳台商独资企业	外商投资企业	#外商独资企业
全　国	**9435591**	**9274695**	**4150534**	**2489144**	**98615**	**9750**	**62281**	**2891**
北　京	735915	707754	348330	143230	10423		17738	
天　津	204510	201451	133277	29877	2285		773	
河　北	378117	377031	199338	115277	672	160	414	
山　西	224092	223509	183525	23788	551	232	31	
内蒙古	120373	120032	52794	19869	288	99	52	
辽　宁	473531	451548	214587	139578	15673		6310	152
吉　林	182656	182604	123464	25537	12	－14	40	40
黑龙江	258668	257339	146031	55409	1129	96	200	45
上　海	494629	470572	174452	54225	15177	219	8880	962
江　苏	836943	822874	249137	334093	8629		5440	
浙　江	835703	824960	132539	223360	6145	329	4597	255
安　徽	231345	230476	117387	76696	499	122	370	
福　建	171928	163423	80728	38913	6553	3330	1952	441
江　西	85242	85226	50306	27086			15	
山　东	668690	660852	211183	246997	5769	2281	2069	463
河　南	284569	279069	164522	81177	4383	16	1118	11
湖　北	447772	444102	274124	104822	3114	3	556	
湖　南	250639	248186	119593	99203	2453	4		
广　东	717487	700536	294028	202042	9952	1699	7000	
广　西	135523	134589	86804	35313	36	20	899	
海　南	19905	19493	14555	3126	98	3	314	272
重　庆	219181	217941	62076	69927	408		832	4
四　川	532362	527657	190043	140848	2248	1018	2458	49
贵　州	84291	84218	60532	14780	73	65		
云　南	241519	240858	95252	85152	463		198	198
西　藏	18004	18004	6504	6524				
陕　西	173361	172231	117065	31118	1130			
甘　肃	103871	103821	52695	22872	45	27	5	
青　海	51717	51704	42580	5096	13	－2		
宁　夏	55809	55732	26736	6242	57	13	20	
新　疆	197243	196904	126347	26967	339	30		

3-29 各地区建筑业劳动生产率（2000年）

单位：元

地 区	按建筑业总产值计算的劳动生产率	#国 有	#集 体	按建筑业增加值计算的劳动生产率	#国 有	#集 体
全 国	**59585**	**73302**	**44142**	**15929**	**20172**	**11893**
北 京	88132	81575	75644	22553	23345	18276
天 津	86819	92803	55509	21765	22492	14201
河 北	51217	71888	35283	13070	17442	10183
山 西	61099	76676	26593	16824	20413	9154
内蒙古	39198	53832	31965	11913	16292	11457
辽 宁	54580	67199	40170	15062	18375	12011
吉 林	61248	69997	42241	16594	18444	12002
黑龙江	51855	60523	41932	13991	16228	11414
上 海	109809	120116	78396	24375	31347	18632
江 苏	69831	85613	61105	16793	21062	14472
浙 江	83410	96567	74590	21228	25163	19493
安 徽	42424	62334	32253	11738	17310	8888
福 建	65143	96141	43227	17061	24225	11377
江 西	40358	52313	29002	11240	15441	7801
山 东	45066	65801	34714	12517	17889	9638
河 南	45321	60829	30762	12766	17016	8648
湖 北	54889	72700	34510	16268	22616	10006
湖 南	46609	69798	36049	12697	18927	9837
广 东	70478	85674	49291	19829	23434	14138
广 西	46667	57079	35244	15308	19393	10932
海 南	52704	65331	25968	11868	13135	8107
重 庆	49148	58360	43707	12859	16448	10823
四 川	45152	57701	33898	13118	17764	9728
贵 州	49713	60334	33117	14311	17240	9382
云 南	58592	83840	43216	15531	20947	12156
西 藏	62795	81181	36032	17105	17435	15553
陕 西	59672	82156	29566	14559	19077	8611
甘 肃	36335	51251	27009	11701	17928	7913
青 海	42300	55619	23968	15348	20645	8851
宁 夏	44936	54485	27923	13895	15526	9377
新 疆	74999	88009	48780	25209	32675	14141

3－30 各地区建筑业企业工程质量

年份 地区	单位工程竣工个数（个）	# 优良品	单位工程优良品率（%）	房屋建筑竣工面积（万平方米）	# 优良品	房屋建筑竣工面积优良品率（%）
1991	222304	70024	31.5	19791.7	6374.1	32.2
1992	238909	77895	32.6	23476.9	7828.1	33.3
1993	305041	118443	38.8	28684.8	9000.1	31.4
1994	286884	89346	31.1	32383.3	10429.3	32.2
1995	293698	94783	32.3	35666.3	11906.0	33.4
1996	419246	124436	29.7	60047.9	19935.3	33.2
1997	442604	131337	29.7	62244.0	22489.0	36.1
1998	415501	126069	30.3	65682.6	24353.6	37.1
1999	446236	142507	31.9	73924.9	29980.5	40.6
2000	534319	155172	29.0	80714.9	35843.5	44.4
北　京	15849	4055	25.6	2808.7	1553.9	55.3
天　津	9488	3501	36.9	1056.4	406.8	38.5
河　北	18058	7755	42.9	3481.4	1806.8	51.9
山　西	9409	4919	52.3	946.7	425.1	44.9
内蒙古	6392	3223	50.4	1119.5	543.3	48.5
辽　宁	24655	6915	28.0	3547.9	1563.5	44.1
吉　林	8564	3062	35.8	1439.7	592.0	41.1
黑龙江	11408	4279	37.5	1886.9	799.1	42.4
上　海	14185	5516	38.9	1710.0	860.1	50.3
江　苏	129179	19009	14.7	12237.6	6251.8	51.1
浙　江	35930	10249	28.5	7145.3	3491.9	48.9
安　徽	20435	5852	28.6	2595.3	868.0	33.5
福　建	11867	3016	25.4	1729.0	465.9	27.0
江　西	6968	2263	32.5	1359.8	464.5	34.2
山　东	38424	13541	35.2	5924.2	2558.9	43.2
河　南	17223	7146	41.5	2629.3	1191.0	45.3
湖　北	18973	6643	35.0	3149.1	1002.8	31.9
湖　南	12847	4531	35.3	2603.3	1175.6	45.2
广　东	24180	7830	32.4	6029.7	2757.2	45.7
广　西	11219	2758	24.6	1188.7	415.8	35.0
海　南	1399	265	18.9	167.5	67.5	40.3
重　庆	10566	2757	26.1	3083.7	1084.0	35.2
四　川	28908	10467	36.2	5839.3	2418.7	41.4
贵　州	5423	1214	22.4	824.0	253.2	30.7
云　南	14225	5035	35.4	2189.7	1025.0	46.8
西　藏	686	284	41.4	81.1	29.6	36.6
陕　西	7260	3153	43.4	1087.2	549.1	50.5
甘　肃	5370	1631	30.4	1058.8	417.6	39.4
青　海	1923	844	43.9	192.9	102.3	53.0
宁　夏	4255	663	15.6	340.7	138.5	40.7
新　疆	9051	2796	30.9	1261.4	564.1	44.7

3－31 各地区国有建筑业企业工程质量

年份 地区	单位工程竣工个数（个）	# 优良品	单位工程优良品率（%）	房屋建筑竣工面积（万平方米）	# 优良品	房屋建筑竣工面积优良品率（%）
1991	114741	47602	41.5	9270.9	3427.7	37.0
1992	119590	51902	43.4	10660.2	4142.3	38.9
1993	128248	59163	46.1	12085.4	4671.4	38.7
1994	124918	52651	42.1	14143.0	5331.2	37.7
1995	132356	58273	44.0	15182.4	5937.9	39.1
1996	141350	61529	43.5	17491.3	7326.9	41.9
1997	153417	64685	42.2	18507.5	8274.1	44.7
1998	140169	59863	42.7	17577.4	8049.2	45.8
1999	147506	63033	42.7	19868.6	9680.1	48.7
2000	221288	62567	28.3	20145.0	10455.5	51.9
北　京	4174	1728	41.4	1278.7	794.5	62.1
天　津	3284	1411	43.0	615.9	312.0	50.7
河　北	7939	3765	47.4	1097.4	600.2	54.7
山　西	6204	4000	64.5	460.8	223.2	48.4
内蒙古	1871	1206	64.5	175.2	81.6	46.6
辽　宁	8262	3101	37.5	818.7	380.8	46.5
吉　林	5158	2130	41.3	768.6	321.7	41.9
黑龙江	4646	1958	42.1	641.2	274.3	42.8
上　海	4182	2552	61.0	263.0	112.1	42.6
江　苏	86651	4115	4.7	1968.8	1202.5	61.1
浙　江	4330	1391	32.1	392.5	192.9	49.2
安　徽	6711	2802	41.8	566.5	285.2	50.3
福　建	4008	1160	28.9	546.4	189.7	34.7
江　西	2578	982	38.1	463.6	214.9	46.4
山　东	8379	4339	51.8	1030.0	628.7	61.0
河　南	7169	3901	54.4	908.7	494.0	54.4
湖　北	8661	4266	49.3	1096.1	450.4	41.1
湖　南	4316	2082	48.2	582.2	357.6	61.4
广　东	7941	3064	38.6	1792.6	1002.4	55.9
广　西	4579	1434	31.3	464.9	223.0	48.0
海　南	887	127	14.3	100.0	45.5	45.5
重　庆	2058	478	23.2	342.4	135.1	39.5
四　川	8227	3451	41.9	1247.3	622.4	49.9
贵　州	2240	530	23.7	404.5	157.0	38.8
云　南	3841	1767	46.0	613.9	391.9	63.8
西　藏	252	120	47.6	31.7	11.8	37.2
陕　西	3306	1686	51.0	393.9	248.7	63.1
甘　肃	1485	617	41.5	253.6	121.5	47.9
青　海	1085	530	48.8	82.0	44.3	54.1
宁　夏	2268	328	14.5	128.7	63.8	49.6
新　疆	4596	1546	33.6	615.3	272.0	44.2

3-32 各地区房屋建筑面积

单位：万平方米

年份 地区	房屋建筑面积		国有		集体	
	施工面积	竣工面积	施工面积	竣工面积	施工面积	竣工面积
1985	35491.8	17072.7	19295.8	8563.1	16196.0	8509.6
1986	37773.9	18601.0	20266.3	8870.5	17507.6	9730.5
1987	39856.6	19437.9	21153.1	9209.0	18703.5	10228.9
1988	42735.2	19060.7	22297.0	8899.3	20438.2	10161.4
1989	40649.9	19723.4	21399.0	9143.3	19250.9	10580.1
1990	37923.0	19552.5	20303.2	9361.7	17619.7	10190.9
1991	41054.2	20256.3	21395.4	9566.2	19658.8	10690.1
1992	51885.4	24045.5	25896.1	10968.0	25989.3	13077.5
1993	65374.2	28684.8	32118.1	12085.4	32724.1	16379.0
1994	78032.2	32383.3	39445.8	14143.0	37004.4	17674.0
1995	89862.8	35666.3	44562.9	15182.4	41829.5	19262.0
1996	129087.0	60047.9	48372.8	17491.3	74668.4	39827.3
1997	128680.3	62244.0	48830.1	18507.5	70795.3	39859.3
1998	137593.6	65682.6	45866.9	17577.4	68199.9	37517.6
1999	147262.5	73924.9	47055.7	19868.6	65984.5	37399.9
2000	160141.1	80714.9	46237.5	20145.0	63082.3	35698.7
北京	7246.8	2808.7	3287.5	1278.7	1875.5	840.1
天津	2254.0	1056.4	1504.7	615.9	499.6	338.7
河北	6260.1	3481.4	2087.3	1097.4	2479.8	1469.7
山西	2008.4	946.7	1118.8	460.8	566.9	330.1
内蒙古	1804.9	1119.5	379.8	175.2	288.6	201.6
辽宁	6334.9	3547.9	1721.4	818.7	2357.9	1574.6
吉林	2209.5	1439.7	1282.4	768.6	402.2	320.2
黑龙江	2962.6	1886.9	1085.8	641.2	966.5	652.0
上海	4625.8	1710.0	929.1	263.0	838.4	390.0
江苏	21190.2	12237.6	4110.6	1968.8	9932.8	6261.7
浙江	16570.1	7145.3	930.5	392.5	5371.6	2365.0
安徽	4631.3	2595.3	1166.5	566.5	2430.1	1447.0
福建	4085.4	1729.0	1574.6	546.4	1294.4	618.7
江西	2572.3	1359.8	1000.1	463.6	1457.4	830.4
山东	11392.2	5924.2	2430.1	1030.0	5486.5	3091.6
河南	5308.3	2629.3	2156.6	908.7	2358.7	1320.5
湖北	6255.5	3149.1	2888.9	1096.1	2388.9	1530.1
湖南	5088.1	2603.3	1295.3	582.2	3032.6	1639.6
广东	15168.7	6029.7	4925.7	1792.6	6367.3	2759.8
广西	2327.5	1188.7	1050.1	464.9	1033.5	590.1
海南	359.4	167.5	244.4	100.0	78.5	52.8
重庆	6088.5	3083.7	886.4	342.4	2462.0	1371.0
四川	10592.0	5839.3	2807.2	1247.3	4485.8	2803.7
贵州	1792.5	824.0	1015.9	404.5	628.7	346.4
云南	3479.2	2189.7	1192.6	613.9	1564.7	1097.4
西藏	87.0	81.1	35.1	31.7	35.2	33.7
陕西	2396.5	1087.2	1012.6	393.9	1031.8	522.8
甘肃	1905.4	1058.8	642.8	253.6	652.2	428.4
青海	339.4	192.9	156.3	82.0	95.3	62.8
宁夏	563.1	340.7	238.4	128.7	127.8	87.2
新疆	2241.5	1261.4	1080.3	615.3	491.3	321.0

3-33 各地区建筑业企业主要建筑材料消耗（2000年）

地 区	材料费用合计（万元）				实物量		
		#钢 材	#木 材	#水 泥	钢材（万吨）	木材（万立方米）	水泥（万吨）
全 国	**57960826**	**16220274**	**3609926**	**9733449**	**6237.9**	**3681.0**	**33311.3**
北 京	2513995	781907	106468	257068	284.5	98.9	839.8
天 津	707133	229496	22963	112788	82.2	19.4	350.3
河 北	2092200	591113	118667	333023	235.0	119.6	1312.5
山 西	1112675	316676	54295	283598	109.5	55.2	1130.5
内蒙古	741340	156964	39057	102322	61.6	42.4	334.9
辽 宁	2707881	753844	167912	384790	298.8	164.5	1263.2
吉 林	1273246	271543	63079	170213	99.5	65.7	505.1
黑龙江	1692533	335394	78993	262480	118.5	93.9	679.8
上 海	1990629	574142	99759	250669	219.2	72.0	796.0
江 苏	6258089	1846837	479887	1189743	721.5	385.8	4379.5
浙 江	7832188	2119809	471320	1479589	816.2	439.2	4992.5
安 徽	1419600	387279	107788	250637	152.3	98.5	884.8
福 建	1216186	413936	108091	235337	163.1	135.6	679.7
江 西	452858	158320	43983	112322	62.0	65.7	373.1
山 东	3185426	927550	245954	475986	363.9	228.7	2006.6
河 南	1744558	521689	107256	285929	204.6	98.7	1126.4
湖 北	2749893	609174	131595	341416	232.7	142.9	1196.3
湖 南	1663194	456896	110588	277665	170.7	181.7	1032.3
广 东	4880439	1281720	376073	743462	525.3	426.4	2322.4
广 西	956495	300169	72259	172017	113.6	108.3	598.4
海 南	91265	38360	11197	32564	17.3	16.2	108.2
重 庆	1625289	455648	99117	310993	178.1	101.7	1148.4
四 川	4065599	1237093	275321	770566	484.2	277.7	2362.4
贵 州	372273	135797	21680	83634	52.4	22.5	276.5
云 南	1492506	447408	61195	345454	168.4	78.8	1136.6
西 藏	43146	10055	5277	17662	3.9	7.0	27.6
陕 西	908317	259250	51898	165236	96.2	50.0	535.9
甘 肃	532103	181416	29054	79844	73.4	30.5	271.8
青 海	175832	38090	9155	33528	17.2	7.6	90.9
宁 夏	260298	65602	10656	39353	22.3	9.6	139.3
新 疆	1203639	317098	29391	133563	90.2	36.4	409.8

3-34 勘察设计机构和人员数（2000年）

地区及部门	单位数（个）	年底职工人数（人）	高级职称	中级职称	初级职称	非技术人员
全国	**10753**	**635198**	**124969**	**221204**	**154092**	**134933**
北京	407	42898	15325	13699	7734	6140
天津	173	33792	8200	13159	8244	4189
河北	402	24340	4857	8479	5942	5062
山西	204	10148	1866	4043	2662	1577
内蒙古	228	15412	1826	4767	3186	5633
辽宁	788	34791	8462	13496	8401	4432
吉林	211	14409	3095	4763	3399	3152
黑龙江	220	9062	1837	3300	1935	1990
上海	328	23942	6091	8856	5020	3975
江苏	458	26525	4148	9239	6988	6150
浙江	315	14586	3830	4891	3620	2245
安徽	427	19636	3944	7163	5806	2723
福建	421	15822	2303	5180	4140	4199
江西	436	14625	2755	5132	4223	2515
山东	856	39243	6509	19034	8968	4732
河南	479	30303	5591	10161	6944	7607
湖北	572	56188	7855	15168	11310	21855
湖南	393	23791	3828	8186	5070	6707
广东	755	32280	4413	11076	9173	7618
广西	315	14073	2779	5155	3814	2325
海南	66	2617	551	786	685	595
重庆	174	10912	2872	3918	2594	1528
四川	702	37427	7109	13047	9594	7677
贵州	320	13170	1824	5215	3983	2148
云南	234	11816	1850	3702	3800	2464
西藏	13	626	59	187	290	90
陕西	189	16512	3973	5070	3540	3929
甘肃	274	23977	2837	6777	7107	7256
青海	68	3073	508	1035	863	667
宁夏	84	3055	506	1075	971	503
新疆	202	12585	2272	4095	3451	2767

财 政 与 金 融

4－1　国家财政收支总额及增长速度

年　份	财政收入（亿元）	财政支出（亿元）	收支差额（亿元）	增长速度（%）	
				财政收入	财政支出
1950	62.17	68.05	－5.88		
1951	124.96	122.07	2.89	101.0	79.4
1952	173.94	172.07	1.87	39.2	41.0
1953	213.24	219.21	－5.97	22.6	27.4
1954	245.17	244.11	1.06	15.0	11.4
1955	249.27	262.73	－13.46	1.7	7.6
1956	280.19	298.52	－18.33	12.4	13.6
1957	303.20	295.95	7.25	8.2	－0.9
1958	379.62	400.36	－20.74	25.2	35.3
1959	487.12	543.17	－56.05	28.3	35.7
1960	572.29	643.68	－71.39	17.5	18.5
1961	356.06	356.09	－0.03	－37.8	－44.7
1962	313.55	294.88	18.67	－11.9	－17.2
1963	342.25	332.05	10.20	9.2	12.6
1964	399.54	393.79	5.75	16.7	18.6
1965	473.32	459.97	13.35	18.5	16.8
1966	558.71	537.65	21.06	18.0	16.9
1967	419.36	439.84	－20.48	－24.9	－18.2
1968	361.25	357.84	3.41	－13.9	－18.6
1969	526.76	525.86	0.90	45.8	47.0
1970	662.90	649.41	13.49	25.8	23.5
1971	744.73	732.17	12.56	12.3	12.7
1972	766.56	765.86	0.70	2.9	4.6
1973	809.67	808.78	0.89	5.6	5.6
1974	783.14	790.25	－7.11	－3.3	－2.3
1975	815.61	820.88	－5.27	4.1	3.8
1976	776.58	806.20	－29.62	－4.8	－1.8
1977	874.46	843.53	30.93	12.6	4.6
1978	1132.26	1122.09	10.17	29.5	33.0
1979	1146.38	1281.79	－135.41	1.2	14.2
1980	1159.93	1228.83	－68.90	1.2	－4.1
1981	1175.79	1138.41	37.38	1.4	－7.5
1982	1212.33	1229.98	－17.65	3.1	8.0
1983	1366.95	1409.52	－42.57	12.8	14.6
1984	1642.86	1701.02	－58.16	20.2	20.7
1985	2004.82	2004.25	0.57	22.0	17.8
1986	2122.01	2204.91	－82.90	5.8	10.0
1987	2199.35	2262.18	－62.83	3.6	2.6
1988	2357.24	2491.21	－133.97	7.2	10.1
1989	2664.90	2823.78	－158.88	13.1	13.3
1990	2937.10	3083.59	－146.49	10.2	9.2

4－1 续表

年 份	财政收入（亿元）	财政支出（亿元）	收支差额（亿元）	增长速度（%）	
				财政收入	财政支出
1991	3149.48	3386.62	－237.14	7.2	9.8
1992	3483.37	3742.20	－258.83	10.6	10.5
1993	4348.95	4642.30	－293.35	24.8	24.1
1994	5218.10	5792.62	－574.52	20.0	24.8
1995	6242.20	6823.72	－581.52	19.6	17.8
1996	7407.99	7937.55	－529.56	18.7	16.3
1997	8651.14	9233.56	－582.42	16.8	16.3
1998	9875.95	10798.18	－922.23	14.2	16.9
1999	11444.08	13187.67	－1743.59	15.9	22.1
2000	13395.23	15886.50	－2491.27	17.0	20.5

注：1. 在国家财政收支中，价格补贴1985年以前冲减财政收入，1986年以后列为财政支出。为了可比，本表将1985年以前冲减财政收入的价格补贴改列在财政支出中。

2. 从2000年起，财政支出中包括国内外债务付息支出。

4－2 国家财政债务发行情况

单位：亿元

年 份	合 计	国内债务	国外借款	国内其他债务
1950	3.02	3.02		
1951	8.18	0.01	5.49	2.68
1952	9.78		9.78	
1953	9.62		9.62	
1954	17.20	8.36	8.84	
1955	22.76	6.19	16.57	
1956	7.24	6.07	1.17	
1957	6.99	6.84	0.15	
1958	7.98	7.98		
1979	35.31		35.31	
1980	43.01		43.01	
1981	121.74	48.66	73.08	
1982	83.86	43.83	40.03	
1983	79.41	41.58	37.83	
1984	77.34	42.53	34.81	
1985	89.85	60.61	29.24	
1986	138.25	62.51	75.74	
1987	223.55	63.07	106.48	54.00
1988	270.78	92.17	138.61	40.00
1989	407.97	56.07	144.06	207.84
1990	375.45	93.46	178.21	103.78
1991	461.40	199.30	180.13	81.97
1992	669.68	395.64	208.91	65.13
1993	739.22	314.78	357.90	66.54
1994	1175.25	1028.57	146.68	
1995	1549.76	1510.86	38.90	
1996	1967.28	1847.77	119.51	
1997	2476.82	2412.03	64.79	
1998	3310.93	3228.77	82.16	
1999	3715.03	3702.13		12.90
2000	4180.10	4153.59	23.10	3.41

注：从1999年开始，国内其他债务项目为债务收入大于支出部分增列的偿债基金。

4－3 国家财政主要支出项目

单位：亿元

年份	基本建设支出	增拨企业流动资金	挖潜改造资金和科技三项费用	地质勘探费	工、交、商业部门事业费	支援农村生产支出和各项农业事业费	文教、科学、卫生事业费	抚恤和社会福利救济费	国防费	行政管理费	政策性补贴支出
1950	12.50						5.02		28.01		
1951	27.03						10.56		52.64		
1952	46.68	18.56					13.47	2.95	57.84	14.54	
1953	70.34	13.78		0.68	6.39	2.99	19.03	3.62	75.38	17.53	
1954	84.28	26.30	1.82	0.75	6.91	3.98	19.70	6.04	58.13	18.26	
1955	88.53	30.81	3.09	3.66	10.08	5.82	19.82	4.94	65.00	18.73	
1956	139.58	10.79	2.48	5.17	10.80	7.70	23.90	5.67	61.17	24.16	
1957	123.71	20.82	2.29	6.27	12.36	7.99	27.76	5.29	55.11	21.68	
1958	229.38	25.66	0.83	6.90	16.25	9.34	28.64	3.22	50.00	21.56	
1959	302.34	54.28	2.20	8.96	14.98	22.05	36.47	4.41	58.00	26.62	
1960	354.45	67.47	2.55	10.25	19.58	33.73	50.46	7.94	58.00	27.98	
1961	110.18	29.39	2.67	6.47	13.54	31.01	41.23	10.09	50.00	26.76	
1962	55.65	47.78	14.65	4.79	10.29	19.29	36.74	8.14	56.94	21.72	
1963	80.21	36.65	18.28	4.68	7.89	22.19	37.96	10.15	66.42	23.50	
1964	123.83	23.35	20.86	6.43	12.71	20.92	43.34	17.04	72.86	25.17	
1965	158.49	27.55	25.23	7.71	15.91	17.29	45.59	10.94	86.76	25.34	
1966	191.04	40.28	27.54	7.95	16.40	19.11	51.68	9.21	101.01	25.90	
1967	161.25	29.10	10.32	7.71	12.01	16.12	48.56	8.16	83.02	22.80	
1968	117.85	12.03	5.66	6.35	6.80	12.89	40.96	5.61	94.09	22.91	
1969	206.22	26.61	10.74	8.07	6.37	14.87	40.97	6.67	126.18	24.78	
1970	298.36	31.23	14.78	8.76	6.58	15.91	43.65	6.53	145.26	25.27	
1971	309.56	35.30	26.40	10.30	6.49	19.65	52.31	6.83	169.47	30.89	
1972	309.09	42.95	25.46	11.29	7.55	25.10	62.01	8.15	159.39	34.63	
1973	317.17	53.82	25.49	12.20	8.90	35.49	69.88	9.97	145.39	35.58	
1974	312.83	44.76	27.20	13.09	10.09	38.23	76.49	9.16	133.39	36.92	
1975	326.96	41.84	31.47	14.16	12.76	42.53	81.29	12.88	142.46	38.83	

注：行政管理费中包括公检法司支出和外交外事支出。

4－4　国家财政债务还本付息支出

单位：亿元

年　份	合　计	国内债务还本付息	国外债务还本付息	归还向人民银行借款的利息	债务收入大于支出部分增列偿债基金
1950	0.03	0.03			
1951	0.42	0.40	0.01	0.01	
1952	3.92	0.58	0.23	3.11	
1953	0.91	0.65	0.26		
1954	2.21	0.89	1.32		
1955	6.56	1.58	4.98		
1956	7.22	1.25	5.97		
1957	8.26	2.18	6.08		
1958	9.04	1.81	7.23		
1959	9.69	2.58	7.11		
1960	10.46	3.73	6.73		
1961	10.93	4.35	6.58		
1962	10.37	3.95	6.42		
1963	7.58	4.72	2.86		
1964	5.23	4.27	0.96		
1965	6.36	5.66	0.70		
1966	3.91	3.91			
1967	2.01	2.01			
1968	2.00	2.00			
1972	0.50	0.50			
1973	0.50	0.50			
1974	0.50	0.50			
1980	28.58		24.40	4.18	
1981	62.89		57.89	5.00	
1982	55.52		49.62	5.90	
1983	42.47		36.56	5.91	
1984	28.90		22.73	6.17	
1985	39.56		32.59	6.97	
1986	50.17	7.98	34.50	7.69	
1987	79.83	23.18	51.96	4.69	
1988	76.76	28.44	42.59	5.73	
1989	72.37	19.30	45.84	7.23	
1990	190.07	113.42	68.21	8.44	
1991	246.80	156.69	80.22	9.89	
1992	438.57	342.42	80.26	15.89	
1993	336.22	224.30	89.22	22.70	
1994	499.36	364.96	107.17	27.23	
1995	882.96	784.06	71.69	27.21	
1996	1355.03	1266.29	60.76	27.98	
1997	1918.37	1820.40	70.76	27.21	
1998	2352.92	2245.79	76.60	30.53	
1999	1910.53	1792.33	90.99	27.21	12.90
2000	1579.82	1552.21	27.61		

注：从2000年开始，表中数据均为债务还本支出。

4－5 国家外债余额

债务类型	1995	1996	1997	1998	1999	2000
总计（亿美元）	**1065.90**	**1162.75**	**1309.60**	**1460.43**	**1518.30**	**1457.30**
按债务类型分						
外国政府贷款	220.58	221.64	207.82	224.06	265.60	246.10
国际金融组织贷款	147.99	167.39	192.12	229.54	251.39	263.50
国际商业贷款	526.27	569.44	647.68	682.22	653.80	947.70
其他	171.06	204.28	261.98	324.61	347.51	
按偿还期限分						
长期债务余额	946.74	1021.67	1128.20	1287.00	1366.50	1326.50
短期债务余额	119.16	141.08	181.40	173.40	151.80	130.80
构成（%）	**100.0**	**100.0**	**100.0**	**100.0**	**100.0**	**100.0**
按债务类型分						
外国政府贷款	20.7	19.1	15.9	15.4	17.5	16.9
国际金融组织贷款	13.9	14.4	14.7	15.7	16.5	18.1
国际商业贷款	49.4	49.0	49.4	46.7	43.1	65.0
其他	16.0	17.5	20.0	22.2	22.9	
按偿还期限分						
长期债务余额	88.8	87.9	86.1	88.1	90.0	91.0
短期债务余额	11.2	12.1	13.9	11.9	10.0	9.0

4－6 外债风险指标

单位：%

年份	偿债率	负债率	债务率
1985	2.7	5.2	56.0
1986	15.4	7.3	72.1
1987	9.0	9.4	77.1
1988	6.5	10.0	87.1
1989	8.3	9.2	86.4
1990	8.7	13.5	91.6
1991	8.5	14.9	91.9
1992	7.1	14.4	87.9
1993	10.2	13.9	96.5
1994	9.1	17.1	78.0
1995	7.6	15.2	72.4
1996	6.0	14.2	67.7
1997	7.3	14.5	63.2
1998	10.9	15.2	70.4
1999	11.3	15.3	69.5
2000	9.2	13.5	52.1

注：1. 偿债率指偿还外债本息与当年贸易和非贸易外汇收入（国际收支口径）之比。

2. 负债率指外债余额与当年国民生产总值之比。

3. 债务率指外债余额与当年贸易和非贸易外汇收入（国际收支口径）之比。

4－7 人民币对主要外币年平均汇价（中间价）

单位：人民币元

年份	100美元	100日元	100港元
1981	170.50	0.7735	30.41
1982	189.25	0.7607	31.15
1983	197.57	0.8318	27.36
1984	232.70	0.9780	29.71
1985	293.66	1.2457	37.57
1986	345.28	2.0694	44.22
1987	372.21	2.5799	47.74
1988	372.21	2.9082	47.70
1989	376.51	2.7360	48.28
1990	478.32	3.3233	61.39
1991	532.33	3.9602	68.45
1992	551.46	4.3608	71.24
1993	576.20	5.2020	74.41
1994	861.87	8.4370	111.53
1995	835.10	8.9225	107.96
1996	831.42	7.6352	107.51
1997	828.98	6.8600	107.09
1998	827.91	6.3488	106.88
1999	827.83	7.2932	106.66
2000	827.84	7.6864	106.18

4－8 利用外资概况

项目单位：个；金额单位：亿美元

年份	总计		对外借款		外商直接投资		外商其他投资额
	项目	金额	项目	金额	项目	金额	
签订利用外资（合同）外资额							
1979—1983	1471	239.78	79	150.62	1392	77.42	11.74
1984	1894	47.91	38	19.16	1856	26.51	2.24
1985	3145	98.67	72	35.34	3073	59.32	4.01
1986	1551	117.37	53	84.07	1498	28.34	4.96
1987	2289	121.36	56	78.17	2233	37.09	6.10
1988	6063	160.04	118	98.13	5945	52.97	8.94
1989	5909	114.79	130	51.85	5779	56.00	6.94
1990	7371	120.86	98	50.99	7273	65.96	3.91
1991	13086	195.83	108	71.61	12978	119.77	4.45
1992	48858	694.39	94	107.03	48764	581.24	6.12
1993	83595	1232.73	158	113.06	83437	1114.36	5.31
1994	47646	937.56	97	106.68	47549	826.80	4.08
1995	37184	1032.05	173	112.88	37011	912.82	6.35
1996	24673	816.10	117	79.62	24556	732.77	3.71
1997	21138	610.58	137	58.72	21001	510.04	41.82
1998	19850	632.01	51	83.85	19799	521.02	27.14
1999	17022	520.09	104	83.60	16918	412.23	24.26
2000					22347	623.80	87.50
实际利用外资额							
1979—1983		144.38		117.55		18.02	8.81

4-8 续表

年份	总计 项目	总计 金额	对外借款 项目	对外借款 金额	外商直接投资 项目	外商直接投资 金额	外商其他投资额
1984		27.05		12.86		12.58	1.61
1985		46.47		26.88		16.61	2.98
1986		72.58		50.14		18.74	3.70
1987		84.52		58.05		23.14	3.33
1988		102.26		64.87		31.94	5.45
1989		100.59		62.86		33.92	3.81
1990		102.89		65.34		34.87	2.68
1991		115.54		68.88		43.66	3.00
1992		192.02		79.11		110.07	2.84
1993		389.60		111.89		275.15	2.56
1994		432.13		92.67		337.67	1.79
1995		481.33		103.27		375.21	2.85
1996		548.04		126.69		417.25	4.10
1997		644.08		120.21		452.57	71.30
1998		585.57		110.00		454.63	20.94
1999		526.59		102.12		403.19	21.28
2000		593.56		100.00		407.15	86.41
1979－2000		5189.20		1473.39		3466.37	249.44

4-9 利用外资额（按方式分）

本表为对外贸易经济合作部统计资料，下同。

项目单位：个　金额单位：万美元

指标	1999 项目	1999 合同金额	1999 实际使用金额	2000 项目	2000 合同金额	2000 实际使用金额
总计	**17022**	**5200874**	**5265896**			**5935627**
对外借款	**104**	**836000**	**1021200**			**1000000**
外国政府贷款	104	148800	331600			
国际金融机构贷款		360400	260600			
出口信贷		20000	102500			
外国银行商业贷款		226800	246500			
对外发行债券		80000	80000			
外商直接投资	**16918**	**4122302**	**4031871**	**22347**	**6237952**	**4071481**
合资经营企业	7050	1351520	1582729	8378	1964807	1434305
合作经营企业	1656	680302	823367	1757	811671	659575
外资企业	8201	2070637	1554475	12196	3430896	1926388
外商投资股份制企业	3	10285	29233	8	19403	13021
合作开发	5	5850	38389	8	11175	38192
其他	3	3708	3678			
外商其他投资		**242572**	**212825**		**875048**	**864146**
对外发行股票		51000	61000		693049	693049
国际租赁		10697	18500		2380	3358
补偿贸易		4146	1262		1236	1102
加工装配		176729	132063		178383	166637

4－10　实际利用外商直接和其他投资额（按国别、地区分）

单位：万美元

国别（地区）	1999		2000	
	外商直接投资	外商其他投资	外商直接投资	外商其他投资
总计	**4031871**	**212825**	**4071481**	**864146**
亚洲	**2683231**	**132436**	**2548209**	**166146**
＃孟加拉国	43		66	
文莱	18			
缅甸	1101		230	
柬埔寨	248		194	
塞浦路斯	189		297	
朝鲜	368		956	
中国香港	1636305	103928	1549998	122935
印度	49		1044	
印度尼西亚	12917		14694	
伊朗			20	
伊拉克	202		18	
以色列	327		1491	
日本	297308	9050	291585	14532
约旦			25	
科威特	248		1067	
老挝			307	
黎巴嫩	20		25	
澳门	30864	2914	34728	3511
马来西亚	23771	2	20288	
蒙古	6		526	
尼泊尔			20	
巴基斯坦	189		102	
巴勒斯坦			10	
菲律宾	11728		11112	
沙特阿拉伯	256		2556	
新加坡	264249	3	217220	41
韩国	127473	552	148961	1081
叙利亚	11			
泰国	14832		20357	2
土耳其	385		148	
阿联酋	221		407	
也门	20			
越南	13		56	
台湾	259870	15987	229658	24044
非洲	**19606**		**28771**	
＃阿尔及利亚	35		40	
贝宁	7			
博茨瓦纳			5	
喀麦隆	6			
埃及	16		67	
加蓬			11	
几内亚（比绍）	176			
肯尼亚	40			
利比里亚	429			
利比亚	7			
马达加斯加	54			

4-10 续表1

国别（地区）	1999		2000	
	外商直接投资	外商其他投资	外商直接投资	外商其他投资
毛里塔尼亚	156			
毛里求斯	17025		26479	
摩洛哥	5			
纳米比亚	635		199	
尼日利亚	200		652	
塞舌尔	29			
塞拉利昂	105		142	
南非	590		919	
苏丹			19	
坦桑尼亚	10		65	
多哥	10		10	
乌干达	26		12	
赞比亚			10	
津巴布韦	15		63	
莱索托			8	
欧洲	**479713**	**16980**	**476539**	**223**
#比利时	8322		5616	
丹麦	8491		4946	
英国	104449	45	116405	
德国	137326	37	104149	84
法国	88429		85316	
爱尔兰	305		76	
意大利	18744		20951	
卢森堡	422		2344	
荷兰	54168		78948	139
希腊	3		1289	
葡萄牙	831		340	
西班牙	1754		3400	
奥地利	2317		2259	
保加利亚	10		381	
芬兰	6765		5983	
直布罗陀	39		3	
匈牙利	1204		1065	
冰岛	1		24	
列支敦士登	416		399	
马耳他	279		110	
挪威	1859		2410	
摩纳哥	10		3	
波兰	354		464	
罗马尼亚	642		772	
瑞典	15580	16898	15924	
瑞士	24709		19403	
爱沙尼亚	30			
白俄罗斯	7		108	
哈萨克			73	
俄罗斯	1954		1623	

4－10 续表 2

国别（地区）	1999		2000	
	外商直接投资	外商其他投资	外商直接投资	外商其他投资
乌克兰	24		24	
南斯拉夫	112		571	
捷克	1407		975	
斯洛伐克	10		46	
拉丁美洲	**320447**	**1388**	**461658**	**923**
#安提瓜和巴布达	7		20	
阿根廷	177		1389	
巴哈马	4301		6776	
巴巴多斯	392		5	
伯利兹			890	
玻利维亚	38		707	
巴西	338		393	
凯曼群岛	37795		62373	
智利	208		44	
哥伦比亚	228		50	
哥斯达黎加	250		548	
古巴			43	
多米尼加联邦	10		2	
多米尼加共和国	2		10	
厄瓜多尔	29			
圭亚那			90	
危地马拉			93	
洪都拉斯	90		73	
牙买加	300		49	
墨西哥	33		93	
巴拿马	8951		4263	
巴拉圭	500		30	
秘鲁	272		7	
圣文森特和格林纳丁斯			29	
苏里南	45		20	
特克斯和凯科斯岛			322	
乌拉圭			5	
委内瑞拉	565		37	
维尔京群岛	265896	1386	383289	923
圣其茨－尼维斯	10			
北美洲	**461608**	**676**	**478579**	**3434**
#加拿大	31442	7	27978	3371
美国	421586	669	438389	63
百慕大	8580		12212	
大洋洲及太平洋岛屿	**50920**	**345**	**69403**	
#澳大利亚	26331	345	30888	
库克群岛	84		25	
斐济	85			
新西兰	1839		1822	
巴布亚新几内亚	52		45	
汤加	130		120	
萨摩亚	20136		28316	
马绍尔群岛	159		913	
其他	**16346**	**61000**	**8322**	**693420**

4-11　实际利用外商直接和其他投资额（按地区分）

单位：万美元

地区、部门	1999		2000	
	外商直接投资	外商其他投资	外商直接投资	外商其他投资
总　计	**4031871**	**212825**	**4071481**	**864146**
省市合计	**3993482**	**151825**	**4033289**	**171097**
北　京	197525		168368	
天　津	176399		116601	
河　北	104202		67923	371
山　西	39129		22472	
内蒙古	6456		10568	
辽　宁	106173		204446	
吉　林	30120		33701	
黑龙江	31828		30086	
上　海	283665		316014	
江　苏	607756		642550	
浙　江	123262		161266	
安　徽	26131		31847	
福　建	402403		343191	
江　西	32080		22724	
山　东	225878	20669	297119	5636
河　南	52135		56403	
湖　北	91488	7426	94368	9244
湖　南	65374		67833	
广　东	1165750	123488	1128091	155403
广　西	63512		52466	300
海　南	48449		43080	
重　庆	23893	242	24436	143
四　川	34101		43694	
贵　州	4090		2501	
云　南	15385		12812	
西　藏				
陕　西	24197		28842	
甘　肃	4104		6235	
青　海	459			
宁　夏	5134		1741	
新　疆	2404		1911	
部门合计	**38389**	**61000**	**38192**	**693049**

4-12 按行业分外商直接投资合同外资额

行业	项目（个）		金额（万美元）	
	1999	2000	1999	2000
总计	**16918**	**22347**	**4122302**	**6237952**
农、林、牧、渔业	762	821	147170	148314
采掘业	130	162	32221	50640
制造业	12042	15988	2533180	4425430
电力、煤气及水的生产和供应业	116	107	163519	122686
建筑业	247	233	109619	83088
交通运输、仓储及邮电通信业	205	306	111401	141658
批发和零售贸易餐饮业	825	852	120413	143514
房地产业	669	684	417785	523213
社会服务业	1474	2679	301680	425463
卫生体育和社会福利业	28	31	6727	15428
教育、文化艺术和广播电影电视业	29	19	7258	8332
其他行业	391	465	171329	150186

4-13 按行业分外商实际直接投资额

单位：万美元

行业	1999	2000
总计	**4031871**	**4071481**
农、林、牧、渔业	71015	67594
采掘业	55714	58328
制造业	2260334	2584417
电力、煤气及水的生产和供应业	370274	224212
建筑业	91658	90542
交通运输、仓储及邮电通信业	155114	101188
批发和零售贸易餐饮业	96513	85781
房地产业	558831	465751
社会服务业	255066	218544
卫生体育和社会福利业	14769	10588
教育、文化艺术和广播电影电视业	6072	5446
其他行业	96511	159090

4－14 年末登记外商投资企业行业分布情况

行业	企业数（户）		投资总额（百万美元）		注册资本（百万美元）		#外方	
	1999	2000	1999	2000	1999	2000	1999	2000
合计	**212436**	**203208**	**778568**	**824675**	**463549**	**483950**	**316682**	**337199**
农、林、牧、渔业	5259	5066	9112	9215	6285	6301	4735	4726
采掘业	1277	1131	2978	2770	2190	1980	1547	1430
制造业	150020	142754	410291	453632	271535	289030	182323	198651
电力、煤气及水的生产和供应业	1345	1301	47852	49105	19740	19658	11130	11426
建筑业	6172	5610	22894	22131	12600	12033	8418	8025
地质勘查和水利管理业	137	134	4178	4181	1550	1525	1431	1399
交通运输、仓储及邮电通信业	3471	3352	32659	33205	14996	17267	9696	11809
批发和零售贸易餐饮业	13064	12275	24724	25283	16359	16277	11494	11724
金融、保险业	65	72	1764	1999	1654	1886	1170	1324
房地产业	13395	12732	154890	151247	75962	74303	56964	56085
社会服务业	15054	15331	52452	55400	31442	33471	20744	22575
卫生体育和社会福利业	485	455	2671	2438	1632	1497	1192	1087
教育、文化艺术及广播电影电视业	676	611	1580	1495	1112	1049	753	723
科学研究和综合技术服务业	975	1189	1921	2673	1369	1672	1023	1281
其他	1041	1195	8602	9901	5123	6001	4062	4934

4－15 各地区外商投资企业年末登记情况

地区	企业数（户）		投资总额（万美元）		注册资本（万美元）		#外方	
	1999	2000	1999	2000	1999	2000	1999	2000
全国	**212436**	**203208**	**77856752**	**82467505**	**46354938**	**48394975**	**31668235**	**33719912**
北京	8621	8495	3933398	4024578	2098591	2173754	1383035	1479646
天津	9924	9942	2941212	3308590	1696650	1850961	1284473	1425288
河北	4011	3812	1458345	1400971	860228	829018	467343	455564
山西	1204	959	470185	482749	253339	255967	127215	129053
内蒙古	919	874	226772	253634	157492	171773	83686	84084
辽宁	13825	13146	4308454	6554253	2584599	3962628	1524605	2544774
吉林	2931	2747	725728	766098	506102	527717	285978	311979
黑龙江	3788	3318	904922	834390	612968	560605	351655	316062
上海	15059	15930	9073365	9853971	4940130	5334470	3453171	3808408
江苏	18843	18060	7290850	7500428	4029616	4065698	2761820	2916728
浙江	9646	10002	2748640	2931301	1602594	1712191	960244	1053944
安徽	2439	2216	906091	914400	582506	586788	320714	341328
福建	17965	16013	4942246	4708446	3050255	2758492	2579989	2303206
江西	2149	2246	485298	687577	313552	330088	199568	207078
山东	12358	12389	3814482	3895046	2327187	2309717	1303472	1384675

4－15 续表

地区	企业数（户）		投资总额（万美元）		注册资本（万美元）		＃外方	
	1999	2000	1999	2000	1999	2000	1999	2000
河南	3772	3004	1195165	1135854	790302	733653	431165	424649
湖北	5407	5123	1628750	1666978	1016187	1034766	603077	595372
湖南	2513	2316	721367	730585	442332	433837	266023	265101
广东	53644	49865	21523898	21651026	12893567	12808607	9593830	9674891
广西	3018	2705	1089032	1084956	640533	626848	400820	409965
海南	6993	7248	2315054	2343595	1366865	1392553	1100250	1121131
重庆	2150	1708	725845	660201	498381	441940	313228	282396
四川	3730	3539	1004273	1010651	701051	702808	357784	367479
贵州	947	715	200569	149349	153188	116635	100574	75936
云南	1596	1634	436213	481867	279746	310120	160825	186253
西藏	70	78	25648	33547	11552	18825	5839	11973
陕西	2604	2761	769359	832224	471904	507107	291090	319651
甘肃	759	826	182533	256455	119222	181717	64779	98581
青海	83	113	87951	57724	37805	33199	19727	23533
宁夏	392	408	81855	94032	62402	69627	32961	39227
新疆	447	371	127708	114341	83853	74880	46796	39674
国家工商行政管理局	629	645	1511544	2047688	1170239	1477986	792499	1022283

4－16 对外经济合作

年份	签订合同的国家（地区）数（个）	合同数（份）	合同金额（亿美元）	完成营业额（亿美元）
总计		**206048**	**1114.12**	**809.33**
1976—1988	103	7534	105.95	60.91
1989	124	3100	22.12	16.86
1990	122	5175	26.04	18.67
1991	147	8438	36.09	23.63
1992	159	9405	65.85	30.49
1993	158	11605	68.00	45.38
1994	171	17491	79.88	59.78
1995	178	19321	96.72	65.88
1996	178	24891	102.73	76.96
1997	181	28442	113.56	83.83
1998	188	25955	117.73	101.34
1999	187	21126	130.02	112.35
2000	181	23565	149.43	113.25
对外承包工程				
1976—1988		3449	89.00	49.70
1989		776	17.81	14.84
1990		920	21.25	16.44
1991		1171	25.24	19.70
1992		1164	52.51	24.03
1993		1393	51.89	36.68
1994		1702	60.28	48.83

4－16　续表

年　　份	签订合同的国家（地区）数（个）	合同数（份）	合同金额（亿美元）	完成营业额（亿美元）
1995		1558	74.84	51.08
1996		1634	77.28	58.21
1997		2085	85.16	60.36
1998		2322	92.43	77.69
1999		2527	101.99	85.22
2000		2597	117.19	83.79
对外劳务合作				
1976—1988		4085	16.95	11.21
1989		2324	4.31	2.02
1990		4255	4.78	2.23
1991		7267	10.85	3.93
1992		8241	13.35	6.46
1993		10212	16.11	8.70
1994		15789	19.60	10.95
1995		17397	20.07	13.47
1996		22723	22.80	17.12
1997		25743	25.50	21.65
1998		23191	23.90	22.76
1999		18173	26.32	26.23
对外设计咨询		20474	29.91	28.13
1995		366	1.81	1.33
1996		534	2.65	1.64
1997		614	2.90	1.82
1998		442	1.40	0.89
1999		426	1.71	0.90
2000		494	2.33	1.34

4－17　对外经济合作完成营业额（按国别、地区分）

单位：万美元

国别（地区）	1999				2000			
	合　计	承包工程	劳务合作	设计咨询	合　计	承包工程	劳务合作	设计咨询
合　计	**1123458**	**852232**	**262268**	**8958**	**1132536**	**837897**	**281256**	**13383**
亚　洲	**624719**	**450209**	**171100**	**3410**	**673664**	**479477**	**191227**	**2960**
＃巴林	3		3		31		31	
孟加拉国	15535	14491	649	395	23122	22042	959	121
文　莱	1720	1673	47		996	955	41	
缅　甸	19783	19269	429	85	18672	17848	628	196
柬埔寨	4107	1501	2592	14	4982	1866	3004	112
塞浦路斯	856	669	187		1391	1226	165	
朝　鲜	1349	1209	140		1589	1274	315	
中国香港	219212	196653	22468	91	225006	202782	22099	125
印　度	3351	2642	592	117	1318	919	395	4
印度尼西亚	5490	2240	3207	43	3966	1196	2711	59
伊　朗	20582	20012	25	545	36805	36029	163	613
伊拉克	4391	4316		75	7948	7876	72	
以色列	7540	1048	6492		8834	672	8153	9
日　本	28768	316	28330	122	39722	1513	38118	91
约　旦	1253	1140	107	6	1973	1300	667	6

4－17 续表 1

国别（地区）	1999				2000			
	合计	承包工程	劳务合作	设计咨询	合计	承包工程	劳务合作	设计咨询
科威特	21580	18750	2798	32	6441	5203	1098	140
老挝	8510	8321	169	20	9371	9077	273	21
黎巴嫩	16		16		28	5	22	1
中国澳门	24932	11824	13084	24	22128	9789	12329	10
马来西亚	10760	8793	1450	517	11073	9478	1587	8
马尔代夫	494		492	2	345	1	344	
蒙古	2582	1139	1440	3	2950	1778	1149	23
尼泊尔	6425	6360	41	24	5649	5201	46	402
阿曼	47		46	1	2319	2255	64	
巴基斯坦	30798	30577	86	135	32941	32042	503	396
巴勒斯坦	11		5	6	329	315	6	8
菲律宾	5876	5558	318		4369	4026	343	
卡塔尔	252	203	49		1050	953	97	
沙特阿拉伯	4540	3390	1149	1	3213	1588	1625	
新加坡	101864	53085	48732	47	120818	65421	55344	53
韩国	16740	148	16582	10	21633	37	21552	44
斯里兰卡	5079	4645	419	15	6358	5809	276	273
叙利亚	806	786	20		469	448	21	
泰国	12520	10865	1182	473	9501	8645	836	20
土耳其	363	66	274	23	652	473	167	12
阿联酋	4487	2517	1970		4778	2638	2140	
也门共和国	9668	9467	189	12	9792	9636	140	16
越南	8317	6534	1343	440	8749	6715	1941	93
台湾省	14112	2	13978	132	12353	446	11875	32
非洲	**203629**	**182770**	**20312**	**547**	**128721**	**109621**	**18514**	**586**
#阿尔及利亚	10667	8962	1705		4710	3843	841	26
安哥拉	830	827		3	318	315	2	1
贝宁	294	220	71	3	250	141	86	23
博茨瓦纳	5740	5525	214	1	6636	6358	278	
布隆迪	43	25	18		87	75	12	
喀麦隆	1809	1648	159	2	1812	1642	170	
佛得角	101	89		12	188	182		6
中非	261	259	2		69	66	1	2
科摩罗	66	62	4		142	142		
刚果（布）	47	43	4		10	5	5	
吉布提	676	660	15	1	948	888	57	3
埃及	1600	1508	61	31	783	720	56	7
赤道几内亚	5189	5084	89	16	578	513	61	4
埃塞俄比亚	3811	3668	127	16	4760	4624	104	32
加蓬	3278	2928	350		1502	1343	159	
冈比亚	66	49	17		65	36	29	
加纳	1473	978	474	21	2179	1921	216	42
几内亚	1633	1085	527	21	4140	3634	495	11
几内亚（比绍）	5016	5000	16		2408	2332	74	2
科特迪瓦	4961	4877	77	7	5351	5331	20	
肯尼亚	5537	5345	192		6247	6110	121	16
利比里亚	2055		2055		1602	160	1442	
利比亚	1171	289	878	4	730	204	522	4
马达加斯加	1996	1907	84	5	1996	1849	145	2
马拉维	220	220			706	548	158	

4-17 续表 2

国别（地区）	1999				2000			
	合计	承包工程	劳务合作	设计咨询	合计	承包工程	劳务合作	设计咨询
马里	9989	9884	95	10	10505	10214	290	1
毛里塔尼亚	2973	1718	1252	3	3448	2420	1028	
毛里求斯	8193	902	7222	69	9048	820	8228	
摩洛哥	1546	123	1420	3	1655	482	1173	
莫桑比克	1070	1019	11	40	1564	1537	24	3
纳米比亚	2597	2481	110	6	2442	2326	114	2
尼日尔	935	905	29	1	533	493	40	
尼日利亚	10881	10372	508	1	6139	5504	635	
卢旺达	1634	1523	108	3	1740	1616	103	21
圣多美和普林西比	50	50			9	9		
塞内加尔	5426	5399	27		2816	2776	40	
塞舌尔	3118	2923	195		2995	2811	184	
塞拉利昂	571	466	105		1763	1759	4	
南非	2157	1746	409	2	1145	649	466	30
苏丹	74337	72893	1231	213	11882	11466	227	189
坦桑尼亚	3681	3569	80	32	5127	4700	385	42
多哥	576	552	18	6	538	512	26	
突尼斯	1027	998	29		387	353	34	
乌干达	1512	1485	25	2	1945	1905	35	5
布基纳法索	250	248	2		31	31		
刚果（金）	650	648	2		246	242	4	
赞比亚	2048	2027	21		3848	3733	10	105
津巴布韦	8490	8449	41		8756	8692	64	
莱索托	1013	798	215		1513	1196	314	3
斯威士兰	18		18		31		31	
厄立特里亚	347	334		13	398	393	1	4
欧洲	**30616**	**12593**	**17102**	**921**	**54239**	**35446**	**18398**	**395**
#比利时	342	210	132		608	413	172	23
丹麦	43		43		93		90	3
英国	3324	668	2379	277	3188	2076	1094	18
德国	3238	392	2801	45	9557	5494	4012	51
法国	1120	2	1087	31	1139		1134	5
爱尔兰	8		8		39		39	
意大利	682	399	253	30	493	178	235	80
卢森堡	19		19		51		51	
荷兰	449	218	193	38	3800	3491	309	
希腊	539	5	534		707		707	
葡萄牙	10		10		18		18	
西班牙	453		453		2772	2206	565	1
阿尔巴尼亚	226	208	2	16	77	60	3	14
奥地利	393	300	93		225	112	112	1
保加利亚	352	3	349		542		542	
芬兰	367	305	62		140	1	139	
匈牙利	213		213		144	19	125	
冰岛	1		1					
马耳他	77	8	69		75		75	
挪威	901	388	513		880		846	34
波兰	476	434	42		666	624	42	
罗马尼亚	802	125	677		320	35	285	
圣马力诺	24		24					

4－17　续表 3

国别（地区）	1999				2000			
	合　计	承包工程	劳务合作	设计咨询	合　计	承包工程	劳务合作	设计咨询
瑞典	115	10	105		307	63	244	
瑞士	172	15	157		306		306	
拉脱维亚	3		3		13		13	
立陶宛	1		1					
格鲁吉亚	3		3		263	262	1	
亚美尼亚	36	36			7		7	
阿塞拜疆	194	15	179		131	99	32	
白俄罗斯	19		19					
哈萨克	933	871	55	7	4469	4418	29	22
吉尔吉斯	50		50		880	825	39	16
摩尔多瓦	99		99		93	43	50	
俄罗斯	9095	3322	5751	22	11145	4484	6656	5
塔吉克	583	495	88		391	388		3
乌克兰	504	62	442		264	102	161	1
乌兹别克	496	495	1		1356	1329	27	
土库曼	2197	2191	1	5	3210	3188	20	2
南斯拉夫	1978	1416	112	450	1907	1636	155	116
斯洛文尼亚	17		17		6		6	
捷克	62		62		57		57	
马其顿					3900	3900		
拉丁美洲	**14366**	**7184**	**6969**	**213**	**23216**	**16820**	**6293**	**103**
#安提瓜和巴布达	970	887		83	2574	2528	46	
阿根廷	1331	711	620		889	332	557	
巴哈马	29		29		95	39	56	
巴巴多斯	311	286	18	7	423	383	40	
伯利兹	23	1	22		50		50	
玻利维亚	23		23		624	600	22	2
巴西	319	238	81		1851	1267	584	
智利	189	150	39		191	180	11	
哥伦比亚	2		2					
多米尼加联邦	645	636	9		11		11	
古巴	139	90	49		812	771	41	
多米尼加共和国	2		2		160	159	1	
厄瓜多尔	834	713	109	12	211	134	73	4
危地马拉	36		36		18		18	
圭亚那	183	111	66	6	455	328	119	8
格林纳达					292	292		
洪都拉斯	59		59		194	49	145	
牙买加	618	9	609		438		404	34
墨西哥	187	10	177		1717	1369	348	
尼加拉瓜	105		105		175		175	
巴拿马	3407		3407		2053		2053	
巴拉圭	25		25		8		8	
秘鲁	873	756	111	6	2544	2312	230	2
圣卢西亚	1122	993	125	4	951	863	49	39
圣马丁	1		1					
圣文森特和	46		46		92	10	82	
格林纳丁斯								
萨尔瓦多	55		55		58		58	
苏里南	1331	1131	195	5	1414	1271	139	4
特立尼达和	415	415			492	472	10	10

4－17 续表 4

国别（地区）	1999				2000			
	合计	承包工程	劳务合作	设计咨询	合计	承包工程	劳务合作	设计咨询
多巴哥								
乌拉圭	72		72		96	10	86	
委内瑞拉	963	47	826	90	4212	3451	761	
维尔京群岛	51		51		116		116	
北美洲	**33088**	**10367**	**22534**	**187**	**36421**	**12914**	**23312**	**195**
加拿大	571	248	323		964	375	584	5
美国	32316	10119	22010	187	35058	12539	22329	190
格陵兰	201		201		399		399	
大洋洲及太平洋岛屿	**18221**	**11950**	**6250**	**21**	**16616**	**12322**	**4253**	**41**
#澳大利亚	1657	1345	312		1383	1131	251	1
斐济	1152	561	585	6	982	428	544	10
盖比群岛	2009	158	1851		4101	2792	1309	
马克萨斯群岛	1		1					
瓦努阿图	105	99	6		14		7	7
新西兰	479		479		323	60	262	1
巴布亚新几内亚	8568	8115	451	2	5130	5003	120	7
所罗门群岛	1		1					
汤加	4		4		93	55	38	
萨摩亚	570	140	428	2	537	141	296	
基里巴斯	19	7	1	11	21	5	1	15
密克罗尼西亚	2784	779	2005		2758	1426	1332	
马绍尔群岛	19	2	17		18	16	2	
贝劳共和国	791	744	47		1316	1265	51	
法属波利尼西亚	62		62		40		40	
其它	**5851**	**4414**	**1429**	**8**	**7249**	**3817**	**3432**	
国境内	**192968**	**172745**	**16572**	**3651**	**192410**	**167480**	**15827**	**9103**

4－18 国际旅游外汇收入及构成

单位：百万美元

指标	1999		2000	
	数额	比重	数额	比重
总计	**14099**	**100.0**	**16224**	**100.0**
长途交通	4165	29.6	4880	30.1
民航	3140	22.3	3502	21.6
铁路	445	3.2	596	3.7
汽车	382	2.7	596	3.7
轮船	198	1.4	186	1.1
游览	749	5.3	751	4.6
住宿	2034	14.4	2205	13.6
餐饮	1528	10.8	1523	9.4
商品销售	2771	19.7	3231	19.9
娱乐	845	6.0	1193	7.3
邮电通讯	411	2.9	503	3.1
市内交通	533	3.8	534	3.3
其他服务	1063	7.5	1404	8.7

4－19 各地区国际旅游外汇收入

单位：百万美元

地 区	1990	1995	1996	1997	1998	1999	2000
北 京	658	2182	2252	2248	2384	2496	2768
天 津	23	133	152	180	202	209	232
河 北	5	42	74	97	100	124	142
山 西	5	21	27	37	38	43	50
内蒙古	1	91	94	107	126	120	126
辽 宁	69	189	224	260	262	304	383
吉 林	6	41	53	59	38	45	58
黑龙江	7	61	78	105	121	148	189
上 海	230	939	1171	1317	1218	1364	1613
江 苏	71	260	317	408	529	620	724
浙 江	54	236	292	345	361	410	514
安 徽	5	31	42	64	51	67	86
福 建	101	484	555	614	651	725	894
江 西	3	25	34	45	43	50	62
山 东	36	154	196	204	220	265	315
河 南	6	60	73	95	101	114	124
湖 北	22	73	125	170	88	105	146
湖 南	10	65	101	140	156	185	221
广 东	713	2393	2638	2801	2942	3272	4112
广 西	76	121	154	178	156	202	307
海 南	27	81	85	102	96	105	109
重 庆				105	88	97	138
四 川	36	125	162	79	84	97	122
贵 州	1	29	38	44	48	55	61
云 南	16	165	221	264	261	350	339
西 藏		11	30	32	33	36	52
陕 西	41	139	198	225	247	272	280
甘 肃	6	21	19	28	30	37	55
青 海		2	2	3	3	4	7
宁 夏		1	1	1	1	2	3
新 疆	12	74	68	71	82	86	95

注：1990 年外汇收入是将当年人民币外汇券收入按当年人民币对美元平均汇价折算。

4－20 银行系统机构、人员数（2000年底）

项目	机构数	年末人数		项目	机构数	年末人数	
			#女性				#女性
总计	**130170**	**1937136**	**796275**	国家开发银行	30	2995	1145
中国人民银行	2222	169302	53368	中信实业银行	293	7733	3459
中国工商银行	31673	471097	208498	中国光大银行	32	6456	3084
中国农业银行	50546	509572	165524	中国民生银行	74	2124	1034
中国银行	12925	192279	86797	华夏银行	17	4480	2093
中国建设银行	25763	427566	213783	招商银行	249	11077	4850
中国农业发展银行	2241	58833	18059	广东发展银行	541	10352	4632
交通银行	2881	47121	22437	福建兴业银行	246	5105	2413
中国进出口银行	1	469	182	深圳发展银行	163	4533	1993
浦东发展银行	194	4680	2207	烟台住房储蓄银行	79	1362	717

4－21 金融机构信贷资金平衡表（资金来源）

（年末余额）单位：亿元

项目	1999	2000	项目	1999	2000
资金来源合计	**123230.6**	**135483.7**	信托类存款	3072.2	2873.6
各项存款	108778.9	123804.4	其他类存款	2833.7	4129.4
企业存款	37182.4	44093.7	金融债券	39.5	30.2
财政存款	2128.1	3508.1	对国际金融机构负债	371.9	368.3
机关团体存款	1814.5	2224.3	货币流通量	13455.5	14652.7
城乡储蓄存款	59621.8	64332.4	其　他	584.8	－3371.9
农业存款	2126.3	2642.9			

注：1. 金融机构包括人民银行、政策性银行、国有独资商业银行、邮政储蓄机构、其他商业银行、城市合作银行、农村信用社、城市信用社、信托投资公司、租赁公司、财务公司等。

4－22 金融机构信贷资金平衡表（资金运用）

（年末余额）单位：亿元

项目	1999	2000	项目	1999	2000
资金运用合计	**123230.6**	**135483.7**	其他短期贷款	10052.4	14589.0
各项贷款	93734.3	99371.1	中长期贷款	23968.3	27931.2
短期贷款	63887.6	65748.1	信托类贷款	2504.6	2409.7
工业贷款	17948.9	17019.3	其他类贷款	3373.8	3282.1
商业贷款	19890.9	17868.5	有价证券及投资	12505.8	19651.1
建筑业贷款	1476.9	1617.1	在国际金融机构资产	604.1	576.3
农业贷款	4792.4	4889.0	金银占款	12.0	12.0
乡镇企业贷款	6161.3	6060.8	外汇占款	14792.4	14291.1
私营企业及个体贷款	579.1	654.6	财政借款	1582.1	1582.1
三资企业贷款	2985.8	3049.8			

4－23 货币供应量（年底数）

单位：亿元

年 份	货币和准货币（M_2）	货币（M_1）	流通中现金（M_0）
1990	15293.4	6950.7	2644.4
1991	19349.9	8633.3	3177.8
1992	25402.2	11731.5	4336.0
1993	34879.8	16280.4	5864.7
1994	46923.5	20540.7	7288.6
1995	60750.5	23987.1	7885.3
1996	76094.9	28514.8	8802.0
1997	90995.3	34826.3	10177.6
1998	104498.5	38953.7	11204.2
1999	119897.9	45837.2	13455.5
2000	134610.3	53147.2	14652.7

注：1.1992年以前为国家银行与农村信用社统计口径。

2.1992年以后统计范围为《银行概览》统计口径。

4－24 金融机构现金收入

单位：亿元

项 目	1999	2000	项 目	1999	2000
收入总计	**233399.0**	**277067.1**	其他金融机构收入	2391.8	3059.5
商品销售收入	27731.1	32593.1	居民归还贷款收入	3597.3	4077.8
服务业收入	11387.6	13316.4	汇兑收入	4577.4	5935.3
税款收入	1387.3	1585.8	有价证券收入	1421.5	1917.5
城乡个体经营收入	9068.0	10651.9	其他收入	17058.8	20907.0
储蓄存款收入	154778.3	183022.8	#兑换外币收入	178.8	207.0

4－25 金融机构现金支出

单位：亿元

项 目	1999	2000	项 目	1999	2000
支出总计	**513914.6**	**278264.3**	储蓄存款支出	154844.1	184907.0
工资性支出	19001.9	20397.9	其他金融机构支出	1977.4	2105.6
农副产品采购支出	5863.4	7126.0	居民提取贷款支出	3396.1	3977.1
工矿及其他产品采购支出	3962.6	4653.2	汇兑支出	3080.5	3789.8
行政企事业管理费支出	12901.7	15298.2	有价证券支出	1126.5	1303.7
城乡个体经营支出	11438.1	13318.5	其他支出	18058.3	21387.2

4－26　金融机构现金投放回笼差额

单位：亿元

年　　份	现金收入	现金支出	投　　放
1957	516.7	512.2	－4.5
1962	633.2	614.0	－19.2
1965	675.7	686.5	10.8
1970	812.8	799.3	－13.5
1975	1128.2	1134.2	6.0
1978	1336.0	1352.6	16.6
1979			
1980	2033.2	2111.7	78.5
1981			
1982			
1983			
1984			
1985	5499.1	5694.8	195.7
1986	6613.3	6843.9	230.6
1987	8779.6	9015.7	236.1
1988	12810.5	13490.0	679.5
1989	15057.6	15267.6	210.0
1990	17171.1	17471.4	300.4
1991	21465.1	21998.5	533.4
1992	31248.0	32406.2	1158.2
1993	48883.8	50412.5	1528.7
1994	71247.1	72671.0	1423.9
1995	96725.5	97322.3	596.8
1996	120263.3	121179.9	916.6
1997	141612.6	142988.3	1375.7
1998	203966.5	204993.1	1026.6
1999	233399.0	235650.37	2251.3
2000	277067.1	278264.27	1197.2

注：投放栏中的负数表示现金回笼。

4－27　黄金和外汇储备

年　　份	黄金储备（万盎司）	外汇储备（亿美元）	年　　份	黄金储备（万盎司）	外汇储备（亿美元）
1978	1280	1.67	1990	1267	110.93
1979	1280	8.40	1991	1267	217.12
1980	1280	－12.96	1992	1267	194.43
1981	1267	27.08	1993	1267	211.99
1982	1267	69.86	1994	1267	516.20
1983	1267	89.01	1995	1267	735.97
1984	1267	82.20	1996	1267	1050.49
1985	1267	26.44	1997	1267	1398.90
1986	1267	20.72	1998	1267	1449.60
1987	1267	29.23	1999	1267	1546.75
1988	1267	33.72	2000	1267	1655.74
1989	1267	55.50			

4－28　金融机构法定存款利率表

单位：年利率％

项　　目	1996.8.23	1997.10.23	1998.3.25	1998.7.1	1998.12.7	1999.6.10
个人人民币储蓄存款						
活期	1.98	1.71	1.71	1.44	1.44	0.99
定期						
三个月	3.33	2.88	2.88	2.79	2.79	1.98
半年	5.40	4.14	4.14	3.96	3.33	2.16
一年	7.47	5.67	5.22	4.77	3.78	2.25
二年	7.92	5.94	5.58	4.86	3.96	2.43
三年	8.28	6.21	6.21	4.95	4.14	2.70
五年	9.00	6.66	6.66	5.22	4.50	2.88
企业单位						
活期	1.98	1.71	1.71	1.44	1.44	0.99
定期						
三个月	3.33	2.88	2.88	2.79	2.79	1.98
半年	5.40	4.14	4.14	3.96	3.33	2.16
一年	7.47	5.67	5.22	4.77	3.78	2.25
二年	7.92	5.94	5.58	4.86	3.96	2.43
三年	8.28	6.21	6.21	4.95	4.14	2.70
五年	9.00	6.66	6.66	5.22	4.50	2.88
大额可转让定期存单						
1个月	2.70					
3个月	3.33	2.88	2.88	2.79	2.79	
6个月	5.40	4.14	4.14	3.96	3.33	
9个月	6.66					
12个月	7.47	5.67	5.22	4.77	3.78	

4－29　金融机构法定贷款利率表

单位：年利率％

项　　目	1996.8.23	1997.10.23	1998.3.25	1998.7.1	1998.12.7	1999.6.10
流动资金贷款						
一般流动资金						
六个月	9.18	7.65	7.02	6.57	6.12	5.58
一年	10.08	8.64	7.92	6.93	6.39	5.85
个体工商户贷款	①	②				
固定资产投资贷款						
技术改造贷款	③	③	③	③	③	③
基本建设贷款						
一年以内及一年	10.08	8.64	7.92	6.93	6.12－6.39	5.58－5.85
一年以上至三年	10.98	9.36	9.00	7.11	6.66	5.94
三年以上至五年	11.70	9.90	9.72	7.65	7.20	6.03
五年以上	12.42	10.53	10.35	8.01	7.56	6.21

注：①指个体工商户贷款在10.08％基础上上浮10％。

②指个体工商户贷款在8.64％基础上上浮10％。

③指技术改造贷款与同档次基本建设贷款相同。

4－30　国内有价证券分类发行情况（2000 年）

单位：亿元

种　类	发行额	兑付额	年末余额
国债	4657	1525	13674
♯国库券			
财政证券			
政策性金融债券			
其他金融债			
企业债	83	0	862
国家投资债			
国家投资公司债			
股票	117	979	

注：股票是指 A 种股票（不含 A 股可转换债券），股票兑付额是指筹资额。

4－31　上市公司数量一览表

单位：个

年　份	全国合计						
		上交所	深交所	仅发 A 股公司	发 A、H 股公司	发 A、B 股公司	仅发 B 股公司
1990	10	8	2	10			
1991	14	8	6	14			
1992	53	29	24	53		18	
1993	183	106	77	183	3	34	6
1994	291	171	120	227	6	54	4
1995	323	188	135	242	11	58	12
1996	530	293	237	431	14	69	16
1997	745	383	362	627	17	76	25
1998	851	438	413	727	18	80	26
1999	949	484	465	822	19	82	26
2000	1088	572	516	955	19	86	28

4－32　股票发行筹资情况

年　分	股票发行量（亿股）				股票筹资额（亿元）				
		A 股	H 股、N 股	B 股		A 股	H 股，N 股	B 股	AB 股配股筹资
1991	5.00	5.00			5.00	5.00			
1992	20.75	10.00		10.75	94.09	50.00		44.09	
1993	95.79	42.59	40.41	12.79	375.47	194.83	60.93	38.13	81.58
1994	91.26	10.97	69.89	10.40	326.78	49.62	188.73	38.27	50.16
1995	31.60	5.32	15.38	10.90	150.32	22.68	31.46	33.35	62.83
1996	86.11	38.29	31.77	16.05	425.08	224.45	83.56	47.18	69.89
1997	267.63	105.65	136.88	25.10	1293.82	655.06	360.00	80.76	198.00
1998	105.56	86.30	12.86	9.90	841.52	443.05	37.95	25.55	334.97
1999	122.93	98.11	23.05	1.77	944.56	572.63	47.17	3.79	320.97
2000	512.03	145.68	7.10	359.25	2103.08	1007.41	562.21	13.99	519.46

4-33 股票交易统计表

项目	1994	1995	1996	1997	1998	1999	2000
会员总数	**1046**	**1085**	**1066**	**840**	**659**	**628**	**631**
上市公司数目	291	323	530	745	851	949	1088
上市股票数目	345	381	599	821	931	1029	1174
A股	287	311	514	720	825	922	1060
B股	58	70	85	101	106	108	114
股票总发行股本（亿股）	**684.54**	**848.42**	**1219.54**	**1942.67**	**2526.79**	**3088.95**	**3791.71**
A股	592.63	704.08	1025.01	1646.13	2203.96	2757.88	3439.60
B股	47.01	61.55	85.49	125.29	141.37	150.96	173.79
流通股本（亿股）	**226.04**	**301.46**	**429.85**	**671.44**	**861.94**	**1079.65**	**1354.26**
A股	144.40	178.98	267.14	443.24	607.01	810.45	1078.17
B股	45.99	46.00	78.41	117.57	133.91	141.88	151.57
股票市价总值（亿元）	**3691**	**3474**	**9842**	**17529**	**19506**	**26471**	**48091**
A股	3516	3311	9449	17154	19299	26168	47456
B股	175	164	394	375	206	304	635
股票流通市值（亿元）	**969**	**938**	**2867**	**5204**	**5746**	**8214**	**16088**
A股	814	791	2514	4856	5550	7937	15524
B股	155	147	353	348	196	276	563
股票成交金额（亿元）	**8128**	**4036**	**21332**	**30722**	**23544**	**31320**	**60827**
A股	8003	4319	21052	30295	23418	31050	60279
B股	125	78	280	427	127	270	548
总成交股数（亿股）	**101.33**	**705.31**	**2533.14**	**2560.02**	**2154.11**	**2932.39**	**4758.36**
A股	98.80	681.07	2464.93	2471.30	2092.50	2809.75	4558.00
B股	25.32	24.24	68.21	89.49	61.60	122.64	200.36
深证综合指数							
最高	242.06	169.66	473.02	517.91	441.04	525.14	654.37
最低	96.56	112.63	105.34	305.81	317.10	310.65	414.69
收盘	140.63	113.24	327.45	381.29	343.85	402.18	635.73
上证综合指数							
最高	1052.94	926.41	1258.69	1510.18	1422.98	1756.18	2125.72
最低	325.89	524.43	512.83	870.18	1043.02	1047.83	1361.21
收盘	647.87	555.29	917.01	1194.10	1146.70	1366.58	2073.48

4－34　保险公司业务经济技术指标（2000年）

项　　目	保险金额（亿元）	保费（亿元）	赔款及给付（亿元）
合计	**508579**	**1598**	**526**
财产保险公司	**161521**	**608**	**308**
企业财产险	69603	118	51
家庭财产险	5829	13	4
机动车辆险	34041	373	203
船舶险	9834	11	9
货物运输险	17735	36	16
卫星及核能险	2667	3	2
建筑、安装工程保险及责任保险	3357	6	2
责任险	6682	21	11
保证保险	541	2	1
出口信用险	388	3	1
农业险	499	4	3
其他险	10345	18	5
人寿保险公司	**347058**	**990**	**218**
寿险	69282	882	174
健康险	27277	28	12
人身意外伤害险	250499	80	32

4－35　保险系统机构、人员数（2000年底）

项　　目	机构数（个）	职工人数（人）	＃女职工
总计	**8828**	**166602**	**61893**
一、中资保险公司	**13**	**164170**	**60534**
（一）国有公司			
＃总公司	4	1047	415
省级分公司	63	6960	2284
计划单列市	28	1457	641
省会城市营业部	24	2865	1111
地市级分公司	910	34675	12811
地市级营业部	103	1720	747
县级支公司	4313	57204	18883
县级营业部	915	10157	3237
办事处或营业部	1892	3142	1250
保险院校	4	427	186
其他	29	586	198
（二）股份制公司			
＃总公司	9	3000	1231
一级分公司	86	24522	10897
二级分公司	34	5074	2155
支公司	197	9789	3881
办事处或营业部	185	1474	597
其他	11	71	28
二、外资保险公司营业性机构	**21**	**2432**	**1359**
＃中外合资公司	7	688	409
外资分公司	12	1659	899
外资支公司	2	85	51

注：职工人数不包括营销、代理人员。

主要统计指标解释

一　综　合

行政区划　指国家对行政区域的划分。根据宪法规定，我国的行政区域划分如下：（1）全国分为省、自治区、直辖市；（2）省、自治区分为自治州、县、自治县、市；（3）自治州分为县、自治县、市；（4）县、自治县分为乡、民族乡、镇；（5）直辖市和较大的市分为区、县；（6）国家在必要时设立的特别行政区。

自然资源　指人类可以直接从自然界获得，并用于生产和生活的物质资源。自然资源一般可以分成可再生资源和非再生资源两大类。可再生资源指在较短时间内可以再生、可以循环利用的资源，包括土地资源、水资源、气候资源、生物资源和海洋资源等。非再生资源指在使用后不能再生的资源，包括矿产资源和地热能源。

土地资源　土地指陆地的表层部分，它主要由岩石、岩石的风化物和土壤构成。土地资源按利用类型可以分为农用地、建筑用地和未利用地。农用地包括耕地、园地、林地、牧草地和水面。建筑用地包括居民点及工矿用地、交通用地和水利设施用地。未利用地指农用地和建筑用地以外的土地，包括滩涂、荒漠、戈壁、冰川和石山等。

水资源　水在自然界中以固体、液体和气体三种聚集状态存在，分布于海洋、陆地（包括土壤）以及大气之中，通过水循环形成水资源。水资源包括经人类控制并直接可供灌溉、发电、给水、航运、养殖等用途的地表水和地下水，以及江河、湖泊、井、泉、潮汐、港湾和养殖水域等。水资源是发展国民经济不可缺少的重要自然资源。

矿产资源　矿产指由地质作用形成，富集于地壳中或出露于地表达到工农业利用要求的有用矿物。矿产是一种重要的自然资源，是社会发展的重要物质基础。

企业（单位）登记注册类型　是以在工商行政管理机关登记注册的各类企业为划分对象，以工商行政管理部门对企业登记注册的类型为依据，将企业登记注册类型分为内资企业、港澳台商投资企业和外商投资企业三大类。内资企业包括国有企业、集体企业、股份合作企业、联营企业、有限责任公司、股份有限公司、私营公司和其他企业；港澳台商投资企业和外商投资企业分别包括合资经营企业、合作经营企业、独资经营企业和股份有限公司。对不在工商行政管理部门进行登记注册的行政机关、事业单位和社会团体，主要按其经费来源和管理方式进行划分。

国有企业　指企业全部资产归国家所有，并按《中华人民共和国企业法人登记管理条例》规定登记注册的非公司制的经济组织。不包括有限责任公司中的国有独资公司。

集体企业　指企业资产归集体所有，并按《中华人民共和国企业法人登记管理条例》规定登记注册的经济组织。

股份合作企业　指以合作制为基础，由企业职工共同出资入股，吸收一定比例的社会资产投资组建，实行自主经营，自负盈亏，共同劳动，民主管理，按劳分配与按股分红相结合的一种集体经济组织。

联营企业　指两个及两个以上相同或不同所有制性质的企业法人或事业单位法人，按自愿、平等、互利的原则，共同投资组成的经济组织。联营企业包括国有联营企业、集体联营企业、国有与集体联营企业和其他联营企业。

有限责任公司　指根据《中华人民共和国公司登记管理条例》规定登记注册，由两个以上、五十个以下的股东共同出资，每个股东以其所认缴的出资额对公司承担有限责任，公司以其全部资产对其债务承担责任的经济组织。有限责任公司包括国有独资公司以及其他有限责任公司。

私营企业　指由自然人投资设立或由自然人控股，以雇佣劳动为基础的营利性经济组织。包括按照《公司法》、《合伙企业法》、《私营企业暂行条例》规定登记注册的私营有限责任公司、私营股份有限公司、私营合伙企业和私营独资企业。

与港澳台商合资经营企业　指港澳台地区投资者与内地企业依照《中华人民共和国中外合资经营

企业法》及有关法律的规定，按合同规定的比例投资设立、分享利润和分担风险的企业。

港澳台商独资经营企业 指依照《中华人民共和国外资企业法》及有关法律的规定，在内地由港澳台地区投资者全额投资设立的企业。

港澳台商投资股份有限公司 指根据国家有关规定，经外经贸部依法批准设立，其中港、澳、台商的股本占公司注册资本的比例达 25%以上的股份有限公司。凡其中港、澳、台商的股本占公司注册资本的比例小于 25%的，属于内资企业中的股份有限公司。

中外合资经营企业 指外国企业或外国人与中国内地企业依照《中华人民共和国中外合资经营企业法》及有关法律的规定，按合同规定的比例投资设立、分享利润和分担风险的企业。

中外合作经营企业 指外国企业或外国人与中国内地企业依照《中华人民共和国中外合作经营企业法》及有关法律的规定，依照合作合同的约定进行投资或提供条件设立、分配利润和分担风险的企业。

外资企业 指依照《中华人民共和国外资企业法》及有关法律的规定，在中国内地由外国投资者全额投资设立的企业。

外商投资股份有限公司 指根据国家有关规定，经外经贸部依法批准设立，其中外资的股本占公司注册资本的比例达 25%以上的股份有限公司。凡其中外资股本占公司注册资本的比例小于 25%的，属于内资企业中的股份有限公司。

国内生产总值（GDP） 指一个国家（或地区）所有常住单位在一定时期内生产活动的最终成果。国内生产总值有三种表现形态，即价值形态、收入形态和产品形态。从价值形态看，它是所有常住单位在一定时期内生产的全部货物和服务价值超过同期中间投入的全部非固定资产货物和服务价值的差额，即所有常住单位的增加值之和；从收入形态看，它是所有常住单位在一定时期内创造并分配给常住单位和非常住单位的初次收入分配之和；从产品形态看，它是所有常住单位在一定时期内最终使用的货物和服务价值与货物和服务净出口价值之和。在实际核算中，国内生产总值有三种计算方法，即生产法、收入法和支出法。三种方法分别从不同的方面反映国内生产总值及其构成。

国民生产总值（GNP） 指一个国家（或地区）所有常住单位在一定时期内收入初次分配的最终结果。一国常住单位从事生产活动所创造的增加值在初次分配中主要分配给该国的常住单位，但也有一部分以生产税及进口税（扣除生产和进口补贴）、劳动者报酬和财产收入等形式分配给非常住单位；同时，国外生产所创造的增加值也有一部分以生产税及进口税（扣除生产和进口补贴）、劳动者报酬和财产收入等形式分配给该国的常住单位，从而产生了国民生产总值的概念。它等于国内生产总值加上来自国外的净要素收入。与国内生产总值不同，国民生产总值是个收入概念，而国内生产总值是个生产概念。

三次产业 是根据社会生产活动历史发展的顺序对产业结构的划分，产品直接取自自然界的部门称为第一产业，对初级产品进行再加工的部门称为第二产业，为生产和消费提供各种服务的部门称为第三产业。它是世界上较为通用的产业结构分类，但各国的划分不尽一致。

我国的三次产业划分是：

第一产业：农业（包括种植业、林业、牧业和渔业）。

第二产业：工业（包括采掘业，制造业，电力、煤气及水的生产和供应业）和建筑业。

第三产业：除第一、第二产业以外的其他各业。由于第三产业包括的行业多、范围广，根据我国的实际情况，第三产业可分为两大部分：一是流通部门，二是服务部门。具体又可分为四个层次：

第一层次：流通部门，包括交通运输、仓储及邮电通信业，批发和零售贸易、餐饮业。

第二层次：为生产和生活服务的部门，包括金融、保险业，地质勘查业、水利管理业，房地产业，社会服务业，农、林、牧、渔服务业，交通运输辅助业，综合技术服务业等。

第三层次：为提高科学文化水平和居民素质服务的部门，包括教育、文化艺术及广播电影电视业，卫生、体育和社会福利业，科学研究业等。

第四层次：为社会公共需要服务的部门，包括国家机关、政党机关和社会团体以及军队、警察等。

最终消费 指常住单位在一定时期内对于货物和服务的全部最终消费支出，也就是常住单位为满足物质、文化和精神生活的需要，从本国经济领土和国外购买的货物和服务的支出；不包括非常住单位在本国经济领土内的消费支出。最终消费分为居民消费和政府消费。

固定资产折旧 指一定时期内为弥补固定资产损耗按照核定的固定资产折旧率提取的固定资产折旧，或按国民经济核算统一规定的折旧率虚拟计算的固定资产折旧。它反映了固定资产在当期生产中的转移价值。各类企业和企业化管理的事业单位的固定资产折旧是指实际计提并计入成本费中的折旧费；不计提折旧的政府机关、非企业化管理的事业单位和居民住房的固定资产折旧是按照统一规定的折旧率和固定资产原值计算的虚拟折旧。原则上，固定资产折旧应按固定资产的重置价值计算，但是目前我国尚不具备对全社会固定资产进行重估价的基础，所以暂时只能采用上述办法。

通货 指以现金形式存在于市场流通领域中的货币，包括辅币和纸币。

存款 指以各种形式存在的所有存款，包括活期存款、定期存款、住户储蓄存款、财政存款、外汇存款和其他存款。

贷款 指金融机构向非金融部门提供的各种形式的所有贷款，包括短期贷款、中长期贷款、财政贷款、外汇贷款和其他贷款。

证券 包括债券和股票。

直接投资 指外国、港澳台地区在我国和我国在外国、港澳台地区以独资、合资、合作及合作勘探开发方式进行的投资。

证券投资 指外国、港澳台地区购买（或我国买回）我国（包括地方政府和企业）发行的股票、债券等有价证券和我国（政府、企业、私人）买卖外国、港澳台地区发行的股票、债券等有价证券。

二 固定资产投资

全社会固定资产投资 固定资产投资是社会固定资产再生产的主要手段。通过建造和购置固定资产的活动，国民经济不断采用先进技术装备，建立新兴部门，进一步调整经济结构和生产力的地区分布，增强经济实力，为改善人民物质文化生活创造物质条件。这对我国的社会主义现代化建设具有重要意义。

固定资产投资额是以货币表现的建造和购置固定资产活动的工作量，它是反映固定资产投资规模、速度、比例关系和使用方向的综合性指标。全社会固定资产投资按登记注册类型可分为国有、集体、个体、联营、股份制、外商、港澳台商、其他等。按照管理渠道，全社会固定资产投资总额分为基本建设、更新改造、房地产开发投资和其他固定资产投资四个部分。

基本建设投资 基本建设指企业、事业、行政单位以扩大生产能力或工程效益为主要目的的新建、扩建工程及有关工作。其综合范围为总投资50万元以上（含50万元，下同）的基本建设项目。具体包括：（1）列入中央和各级地方本年基本建设计划的建设项目，以及虽未列入本年基本建设计划，但使用以前年度基建计划内结转投资（包括利用基建库存设备材料）在本年继续施工的建设项目；（2）本年基本建设计划内投资与更新改造计划内投资结合安排的新建项目和新增生产能力（或工程效益）达到大中型项目标准的扩建项目，以及为改变生产力布局而进行的全厂性迁建项目；（3）国有单位既未列入基建计划，也未列入更新改造计划的总投资在50万元以上的新建、扩建、恢复项目和为改变生产力布局而进行的全厂性迁建项目，以及行政、事业单位增建业务用房和行政单位增建生活福利设施的项目。

更新改造投资 更新改造指企业、事业单位对原有设施进行固定资产更新和技术改造，以及相应配套的工程和有关工作（不包括大修理和维护工程）。其综合范围为总投资50万元以上的更新改造项目。具体包括：（1）列入中央和各级地方本年更新改造计划的投资单位（项目）和虽未列入本年更新改造计划，但使用上年更新改造计划内结转的投资在本年继续施工的项目；（2）本年更新改造计划内投资与基本建设计划内投资结合安排的对企、事业单位原有设施进行技术改造或更新的项目和增建主要生产车间、分厂等其新增生产能力（或工程效益）未达到大中型项目标准的项目，以及由于城市环境保护和安全生产的需要而进行的迁建工程；（3）国有企、事业单位既未列入基建计划也未列入更新改造计划，总投资在50万元以上的属于改建或更新改造性质的项目，以及由于城市环境保护和安全生产的需要而进行的迁建工程。

房地产开发投资 指房地产开发公司、商品房建设公司及其他房地产开发法人单位和附属于其他法人单位实际从事房地产开发或经营的活动单位统一开发的包括统代建、拆迁还建的住宅、厂房、仓库、饭店、宾馆、度假村、写字楼、办公楼等房屋建筑物和配套的服务设施，土地开发工程（如道路、给水、排水、供电、供热、通讯、平整场地等基础设施工程）的投资；不包括单纯的土地交易活动。

其他固定资产投资 指全社会固定资产投资中未列入基本建设、更新改造和房地产开发投资的建造和购置固定资产的活动。具体包括：

（1）国有单位按规定不纳入基本建设计划和更新改造计划管理，计划总投资（或实际需要总投资）在50万元以上的以下工程：①用油田维护费和石油开发基金进行的油田维护和开发工程；②煤炭、铁矿、森工等采掘采伐业用维护费进行的开拓延伸工程；③交通部门用公路养路费对原有公路、桥梁进行改建的工程；④商业部门用简易建筑费建造的仓库工程。

（2）城镇集体固定资产投资：指所有隶属城市、县城（城关镇）领导的集体单位（乡镇企业局管理的除外）建造和购置固定资产计划总投资（或实际需要总投资）在50万元以上的项目。

（3）除上述以外的其他各种企、事业单位、个体建造和购置固定资产总投资在50万元以上的、未列入基本建设计划和更新改造计划的项目。

城镇和工矿区私人建房投资和农村个人投资 城镇和工矿区私人建房包括市、县城、城关镇、工矿区所辖范围内的全部私人建房，不论其房主是否系本地的常住户口均应包括。农村个人投资包括农村个人建房及购置生产性固定资产的投资。

固定资产投资的资金来源 根据固定资产投资的资金来源不同，分为国家预算内资金、国内贷款、利用外资、自筹资金和其他资金来源。

（1）国家预算内资金：指中央财政和地方财政中由国家统筹安排的基本建设拨款和更新改造拨款，以及中央财政安排的专项拨款中用于基本建设的资金和基本建设拨款改贷款的资金等。

（2）国内贷款：指报告期内企、事业单位向银行及非银行金融机构借入的用于固定资产投资的各种国内借款。包括银行利用自有资金及吸收的存款发放的贷款、上级主管部门拨入的国内贷款、国家专项贷款（包括煤代油贷款、劳改煤矿专项贷款等）、地方财政专项资金安排的贷款、国内储备贷款、周转贷款等。

（3）利用外资：指报告期内收到的用于固定资产投资的国外资金，包括统借统还、自借自还的国外贷款，中外合资项目中的外资，以及对外发行债券和股票等。国家统借统还的外资指由我国政府出面同外国政府、团体或金融组织签订贷款协议、并负责偿还本息的国外贷款。

（4）自筹资金：指建设单位报告期内收到的，用于进行固定资产投资的上级主管部门、地方和企、事业单位自筹资金。

（5）其他资金来源：指报告期内收到的除以上各种拨款、借款、自筹资金以外其他用于固定资产投资的资金。

固定资产投资按国民经济行业分 建设项目归哪个行业，按其建成投产后的主要产品或主要用途及社会经济活动性质来确定。基本建设按建设项目划分国民经济行业，更新改造、国有单位其他固定资产投资及城镇集体投资根据整个企业、事业单位所属的行业来划分。一般情况下，一个建设项目或一个企业、事业单位只能属于一种国民经济行业。为了更准确地反映国民经济各行业之间的比例关系，联合企业（总厂）所属分厂属于不同行业的，原则上按分厂划分行业。

固定资产投资按建设性质分 建设项目的性质一般分为新建、扩建、改建、迁建、恢复。基本建设按建设项目划分建设性质，更新改造、国有单位其他固定资产投资及城镇集体投资等按整个企业、事业单位的建设情况确定建设性质，房地产开发单位、农村投资、城镇工矿区私人建房等投资不划分建设性质。

（1）新建：一般是指从无到有、“平地起家”新开始建设的单位。有的单位原有的基础很小，经过建设后其新增加的固定资产价值超过原有固定资产价值（原值）三倍以上的也算新建。

（2）扩建：一般是指为扩大原有产品的生产能力，在厂内或其他地点增建主要生产车间（或主要工程）、独立的生产线或分厂的企业；事业单位和行政单位在原单位增建业务用房（如学校增建教学用房、医院增建门诊部或病床用房、行政机关增建办公楼等）也作为扩建。

（3）改建：一般是指现有企业、事业单位为了技术进步，提高产品质量，增加花色品种，促进产品升级换代，降低消耗和成本，加强资源综合利用和三废治理、劳保安全等，采用新技术、新工艺、新设备、新材料等对现有设施、工艺条件进行技术改造或更新（包括相应配套的辅助性生产、生活福利设施）。有的企业为充分发挥现有生产能力，进行填平补齐而增建不增加本单位主要产品生产能力的车间等，也属于改建。

固定资产投资按构成分 固定资产投资活动按其工作内容和实现方式分为建筑安装工程，设备、工具、器具购置，其他费用三个部分。

（1）建筑安装工程（建筑安装工作量）：指各种房屋、建筑物的建造工程和各种设备、装置的安装工程。包括各种房屋建造工程，各种用途设备基础和各种工业窑炉的砌筑工程；为施工而进行的各种准备工作和临时工程以及完工后的清理工作等；铁路、道路的铺设，矿井的开凿及石油管道的架设等；水利工程；防空地下建筑等特殊工程；以及各种机械设备的安装工程；为测定安装工程质量，对设备进行的试运工作。在安装工程中，不包括被安装设备本身的价值。

（2）设备、工具、器具购置：指购置或自制达到固定资产标准的设备、工具、器具的价值，固定资产的标准按财务部门规定。新建单位、扩建单位的新建车间按照设计和计划要求购置或自制的全部设备、工具、器具，不论是否达到固定资产标准均计入“设备、工具、器具购置”中。

（3）其他费用：指在固定资产建造和购置过程中发生的，除建筑安装工程和设备、工具、器具购置以外的各种应摊入固定资产的费用。

基本建设项目按大中小型划分 基本建设划分大中小型项目原则上应按照上级批准的设计任务书或初步设计所确定的总规模或总投资划分，没有正式批准设计任务书或初步设计的，按国家或省、自治区、直辖市年度基本建设投资计划中所列的总规模或总投资划分。上述两条均不具备的，按本年计划施工工程的建设总规模或总投资划分，生产单一产品的工业项目，按产品的设计能力划分；生产多种产品的工业项目，按其主要产品的设计能力划分。品种繁多，难以按生产能力划分的，按全部计划投资额划分。划分标准以国家颁发的《大中小型建设项目划分标准》为依据。国家曾在 1953 年、1962 年、1972 年、1977 年和 1979 年先后五次修订《大中小型建设项目划分标准》，因此各历史时期的大中型项目数不完全可比。

施工项目 指报告期内曾进行建筑或安装工程施工活动的建设项目，包括报告期内新开工项目、报告期以前开工跨入报告期继续施工的项目以及报告期施过工并在报告期内全部建成投产或停缓建的项目。

全部建成投产项目 工业项目是指设计文件规定形成生产能力的主体工程及其相应配套的辅助设施全部建成，经负荷试运转，证明具备生产设计规定合格产品的条件，并经过验收鉴定合格或达到竣工验收标准，与生产性工程配套的生活福利设施可以满足近期正常生产的需要，正式移交生产的建设项目。非工业项目是指设计文件规定的主体工程和相应的配套工程全部建成，能够发挥设计规定的全部效益，经验收鉴定合格或达到竣工验收标准，正式移交使用的建设项目。

新增生产能力 指通过固定资产投资活动而增加的设计能力或工程效益，它是用实物形态表示的固定资产投资的成果。新增生产能力的计算，是以能独立发挥生产能力或工程效益的单项工程（或项目）为对象。当单项工程（或项目）建成，经有关部门鉴定合格，正式移交投入生产，即可计算新增生产能力。

新增生产能力或工程效益有以下几种表现形式：

（1）以建设项目或单项工程建成后的年产能力表示，如煤炭开采、石油开采等。

（2）以建设项目或单项工程建成后处理原料的能力表示，如选矿工程的年处理矿石能力、洗煤厂年洗原煤能力等。

（3）以新增的主要设备数量或容量表示，如棉纺锭锭数、发电机组容量等。

（4）以建筑物容积、容量、面积或长度表示，如水库容量、铁路公路里程等。

新增生产能力的数量一般按设计能力计算。设计能力是指设计文件中规定的在正常情况下能够达到的生产能力，而不论投产后的实际产量如何。以设备数量、建筑物容积、面积、长度等表示的新增生产能力或工程效益，则按建成的实际数量计算。

房屋建筑面积 指从房屋外墙线算起的各层平面面积的总和，包括可供使用的有效面积和房屋结构（如柱、墙）占用的面积。多层建筑按各层（包括地下室）面积总和计算。

住宅建筑面积 指施工和竣工房屋建筑面积中供居住用的施工和竣工房屋建筑面积。

施工面积 指报告期内施工的全部房屋建筑面积。包括本期新开工的面积、上期跨入本期继续施工的房屋面积、上期停缓建在本期恢复施工的房屋面积、本期竣工的房屋面积及本期施工后又停缓建的房屋面积。

竣工面积 指在报告期内房屋建筑按照设计要求已全部完工，达到住人和使用条件，经验收鉴定合格，正式移交使用单位的建筑面积。

房屋建筑面积竣工率 指一定时期内房屋竣工面积占同期房屋施工面积的比率。它是从房屋建筑施工速度的角度反映投资效果和建筑业经济效益的指标。

新增固定资产 指通过投资活动所形成的新的固定资产价值，包括已经建成投入生产或交付使用的工程价值和达到固定资产标准的设备、工具、器具的价值及有关应摊入的费用。它是以价值形式表示的固定资产投资成果的综合性指标，可以综合反映不同时期、不同部门、不同地区的固定资产投资成果。

建设项目投产率 指一定时期内全部建成投入生产项目个数与同期正式施工项目个数的比率。它是从项目建设速度的角度反映投资效果的指标。

固定资产交付使用率 指一定时期新增固定资产与同期完成投资额的比率。它是反映各个时期固定资产动用速度，衡量建设过程中投资效果的一个综合性指标。

三 建 筑 业

建筑业统计单位 指从事房屋、构筑物建造和设备安装活动的法人企业。建筑业法人企业应同时具备的条件是：①依法成立，有自己的名称、组织机构和场所，能够承担民事责任；②独立拥有和使用资产，承担负债，有权与其他单位签订合同；③独立核算盈亏，能够编制资产负债表。

建筑业总产值（即自行完成施工产值）是以货币表现的建筑安装企业在一定时期内生产的建筑业产品的总和。建筑业总产值包括：

（1）建筑工程产值：指列入建筑工程预算内的各种工程价值。

（2）设备安装工程产值：指设备安装工程价值，不包括被安装设备本身价值。

（3）房屋、构筑物修理产值：指房屋、构筑物修理所完成的价值，但不包括被修理房屋、构筑物本身的价值和生产设备的修理价值。

（4）非标准设备制造产值：指加工制造没有定型

的、非标准的生产设备的加工费和原材料价值，以及附属加工厂为本企业承建工程制作的非标准设备的价值。

建筑业增加值 指建筑业企业在报告期内以货币表现的建筑业生产经营活动的最终成果。目前建筑业增加值采用分配法（收入法）计算，即从收入的角度出发，根据生产要素在生产过程中应得的收入份额计算。具体计算公式为：

建筑业增加值＝本年提取的固定资产折旧＋应付工资＋应付福利费＋管理费用中的劳动待业保险金、税金＋工程结算税金及附加＋工程结算利润

房屋建筑施工面积 指在报告期内施工的全部房屋建筑面积，包括本期新开工的房屋面积、上期施工跨入本期继续施工的房屋面积、上期停缓建在本期恢复施工的房屋面积、本期竣工的房屋面积及本期施工后又停缓建的房屋面积。

房屋建筑竣工面积 指在报告期内房屋建筑按照设计要求全部完工，达到了住人和使用条件，经验收鉴定合格，正式移交使用单位的房屋建筑面积。

自有机械设备年末总台数 指归本企业所有，属于本企业固定资产的生产性机械设备年末总台数。包括施工机械，生产设备、运输设备以及其他设备。

自有机械设备年末总功率 指本企业自有施工机械、生产设备、运输设备以及其他设备等列为在册固定资产的生产性机械设备年末总功率，按设定能力或查定能力计算。包括机械本身的动力和为该机械服务的单独动力设备，如电动机等。计算单位用千瓦，动力换算可按1马力＝0.735千瓦折合成千瓦数。电焊机、变压器、锅炉不计算动力。

工程结算收入 指企业承包工程实现的工程价款结算收入，以及向发包单位收取的除工程价款以外的按规定列作营业收入的各种款项，如临时设施费、劳动保险费、施工机械调迁费等以及向发包单位收取的各种索赔款。

工程结算利润 指已结算工程实现的利润，如亏损以“－”号表示。计算公式为：

工程结算利润＝工程结算收入－工程结算成本－工程结算税金及附加

企业总收入 指与企业生产经营直接有关的各项收入，包括工程结算收入和其他业务收入。计算公式为：

企业总收入＝工程结算收入＋其他业务收入

四 财政与金融

中央财政收入和地方财政收入 指按财政体制划分的中央本级收入和地方本级收入。1994年分税制财政体制以后，属于中央财政的收入包括关税、海关代征消费税和增值税，消费税，中央企业所得税，地方银行和外资银行及非银行金融企业所得税，铁道、银行总行、保险总公司等集中缴纳的营业税、所得税、利润和城市维护建设税，增值税的75%部分，证券交易税（印花税）50%部分和海洋石油资源税。属于地方财政的收入包括营业税，地方企业所得税，个人所得税，城镇土地使用税，固定资产投资方向调节税，城镇维护建设税，房产税，车船使用税，印花税，屠宰税，农牧业税，农业特产税，耕地占用税，契税，增值税25%部分，证券交易税（印花税）50%部分和除海洋石油资源税以外的其他资源税。

中央财政支出和地方财政支出 指根据政府在经济和社会活动中的不同职责，划分中央和地方政府的责权，按照政府的责权划分确定的支出。中央财政支出包括国防支出，武装警察部队支出，中央级行政管理费和各项事业费，重点建设支出以及中央政府调整国民经济结构、协调地区发展、实施宏观调控的支出。地方财政支出主要包括地方行政管理和各项事业费，地方统筹的基本建设、技术改造支出，支援农村生产支出，城市维护和建设经费，价格补贴支出等。

利用外资 指我国各级政府、部门、企业和其他经济组织通过对外借款、吸收外商直接投资以及用其他方式筹措的境外现汇、设备、技术等。

外商直接投资 指外国企业和经济组织或个人（包括华侨、港澳台胞以及我国在境外注册的企业）按我国有关政策、法规，用现汇、实物、技术等在我国境内开办外商独资企业、与我国境内的企业或经济组织共同举办中外合资经营企业、合作经营企业或合作开发资源的投资（包括外商投资收益的再投资），以及经政府有关部门批准的项目投资总额内企业从境外借入的资金。

外商其他投资 指除对外借款和外商直接投资以外的各种利用外资的形式。包括企业在境内外股票市场公开发行的以外币计价的股票（目前主要是在香港证券市场发行的H股和在境内证券市场发行的B股）发行价总额，国际租赁进口设备的应付款，补偿贸易中外商提供的进口设备、技术、物料的价款，加工装配贸易中外商提供的进口设备、物料的价款。

国际旅游（外汇）收入 指入境旅游的外国人、华侨、港澳同胞和台湾同胞在中国大陆旅游过程中发生的一切旅游支出，对于国家来说就是国际旅游（外汇）收入。

信贷资金 指金融机构以信用方式积聚和分配的货币资金。金融机构信贷资金的来源有各项存款、对国际金融机构负债、流通中货币、银行自有资金及当年结益等；信贷资金的运用有各项贷款、黄金占款、外汇占款、财政借款及在国际金融机构中的资产等。

存款 指企业、机关、团体或居民根据资金必须收回的原则，把货币资金存入银行或其他信用机构保管并取得一定利息的一种信用活动形式。根据存款对象的不同可划分为企业存款、财政存款、机关团体存款、基本建设存款、城镇储蓄存款、农村存款等科目。它是银行信贷资金的主要来源。

贷款 指银行或其他信用机构根据资金必须归还的原则，按一定利率，为企业、个人等提供资金的一种信用活动形式。我国银行贷款分为流动资金贷款、固定资产贷款、城乡个体工商户贷款以及农业贷款等科目。

保险公司 在中国境内的、经过保险监督部门批准设立，并依法登记注册的各类商业保险公司。

保险金额 指保险人承担赔偿或者给付保险金责任的最高限额。

保费 指投保人为取得保险人在约定范围内所承担赔偿责任而支付给保险人的费用。

赔款 指保险人根据保险合同的规定，向被保险人支付的赔偿保险责任损失的金额。

给付 包括死伤医疗给付和满期给付。死伤医疗给付是指保险人根据人寿保险及长期健康保险合同的规定，因被保险人在保险期内发生保险责任范围内的保险事故支付给被保险人（或受益人）的金额。满期给付是指被保险人生存期满，保险人按人寿保险合同规定支付给被保险人的满期保险金额。

（本部分表格及资料由国家统计局提供）

附录

“九五”投资主要情况

固定资产投资与建设

《国民经济和社会发展“九五”计划和2010年远景目标纲要》确定，“九五”期间固定资产投资领域的基本任务，一是保持固定资产投资规模与经济总量的同步增长，并把投资增长的适度和稳定，作为保持国民经济持续、快速、健康发展的重要条件；二是加大投资结构调整力度，从市场需求出发，继续支持基础产业和支柱产业的发展，避免不合理的重复建设和盲目建设；三是加快企业技术改造步伐，缩短在制造业和技术装备上与国际先进水平的差距；四是加速建立和完善投资风险约束机制、宏观调控体系和培育投资市场体系。

五年的发展实践表明，“九五”期间固定资产投资成就巨大，较好地实现了“九五”计划目标。

一、投资规模保持稳定增长，有力地促进了国民经济和社会事业的全面发展

“九五”全社会固定资产投资宏观调控目标为13万亿元，根据“九五”前四年实际完成和对2000年的预计，可以完成宏观调控任务。

从经济发展的实际需要和国内外经济环境的变化出发，为了保持经济的稳定增长，国家及时调整宏观经济政策，适时调控投资总量和投资方向。“九五”计划曾确定：实行适度从紧的财政政策。对年度投资规模和在建总规模实行双重调控。年度投资规模的调控以资金源头控制为主。在建总规模的调控，主要是在“九五”前期严格控制新开工项目，加快在建项目的建设。但是，为了应对1997年出现的亚洲金融危机对我国经济带来的不利影响，在国内出口下降、消费需求不旺、利用外资下滑的情况下，1998年党中央、国务院及时果断地作出了实施积极的财政政策，扩大内需，促进经济增长的一系列重大决策，其中一个十分重要的举措就是增发建设国债，带动银行贷款和社会资金，加强基础设施建设。

党中央、国务院确定，国债投资安排的原则是：既要有利于启动内需，又要有利于经济结构的调整和国民经济的长远发展。严格控制投向，不能搞重复建设。项目部署和资金安排，重点向中西部地区倾斜；优先安排在建的、两三年内可以建成投产的项目，适当安排一些发展规划内的，具备开工条件的新开工项目。

国债项目安排的重点是，增加农林水利和生态环境建设投资，结合抗洪救灾工作，加大对大江大河大湖堤防和重点海堤的除险加固，以及长江、黄河上中游天然林资源保护等方面的投入；加快铁路、公路和一些重点机场、航道建设；加强城市基础设施和环保设施建设，重点用于大中城市污水及垃圾处理、供水、城市道路等；建设500亿斤中央直属储备粮库；实施城乡电网建设与改造工程。扶持重点行业、重点产品的技术改造，增加有利于结构调整、促进企业技术进步项目的投入，重点投向增加品种、提高质量和技术含量以及替代进口的技术改造项目；配合高校扩大招生，适当解决扩招后教学设施、学生宿舍不足的问题；加快农村广播、电视事业的发展。

按照以上原则和重点，1998、1999年两年共安排国债项目5800个，项目总投资规模22000亿元，两年下达投资计划12000亿元，其中国债投资2100亿元，银行贷款4450亿元，地方和部门配套投资5000亿元。到1999年底已累计完成投资11000亿元，占项目总投资的50%。预计至2000年底，国债项目可完成投资15000亿元。到2001年底，大部分国债项目可以建成投产。

国家在安排国债投资的工作中，特别注重工程质量管理。1999年，国务院专门召开全国性会议，部署加强基础设施建设工程质量管理工作，建立了工程质量终身责任制。“百年大计质量第一”，3年来，围绕基础设施，特别是国债项目普遍开展了稽察、审计监督，强化了工程质量和项目管理工作，其深度和广度是新中国成立以来少有的，大大提高了各级政府和项目单位工程质量意识。

近3年的经济运行结果表明，增发国债，加快基础设施建设对于扩大内需，促进经济增长的作用十分显著。据测算，增发国债拉动1998年经济增长近1.5个

百分点，拉动1999年经济增长2个百分点左右。在国债投资的带动下，工业生产稳定增长，钢材、水泥等投资类产品的生产保持较快增长。增发国债办成了不少各级政府多年来想办而没有办成的大事，有力地提高了经济发展的整体水平，并为新世纪的发展奠定了良好的基础。

二、注重投资结构调整，重点建设得到加强

农林水利建设“九五”期间农业基础设施得到了加强，生产条件有较大改善。国家先后实施了以水利工程为重点的农业基础设施建设和以植树种草为重点的生态环境建设，以山水田林路综合治理和中低产田改造为主的农业综合开发，安排大量投资支持种子工程等。水利建设在“九五”得到了极大的发展，仅中央安排的财政性基本建设投资在五年内就完成约1150亿元，是“八五”的9倍多，竣工投产了黄河万家寨水利枢纽、新疆引额济乌工程、四川大桥水库、广东飞来峡水利枢纽等一批综合利用水利工程，同时，长江三峡、黄河小浪底等水利枢纽，以及长江、黄河、淮河、太湖治理等大江大河大湖防洪骨干工程建设进展顺利，开工建设了淮河入海水道工程、辽宁金哨水利枢纽、北京滞洪水库等一批骨干水利工程。特别是1998年特大洪水后，国家将水利、生态治理作为国债投资的第一重点，加大了对以堤防为重点的防洪工程建设投入力度，加固、新修大江大河堤防1万多公里，进行了河道整治和病险水库加固等工程建设，取得了良好的社会和经济效益。1999年长江流域减灾超过300亿元，相当于1998年洪水后长江防洪建设投资的10倍；太湖流域治理工程减灾90多亿元，超过治太工程总投资的2倍。林业投资大幅度增加。“九五”预计完成投资480亿元，是“八五”完成投资的2.3倍。其中完成基本建设投资138亿元，是“八五”完成投资的4.4倍，在全国推进十大林业重点生态建设工程的基础上，突出了长江、黄河流域的生态环境治理，并全面实施了天然林保护工程，启动了退耕还林试点工程。1998年全国森林覆盖率达到16.55%，比“八五”末期增加2.6个百分点。

公路建设“九五”公路建设投入创历史最高水平，公路网规模进一步扩大。“九五”预计完成投资8000亿元，为“八五”时期的5倍，是“九五”原投资计划的2.73倍。特别是1998年以来，国家将公路作为加快基础设施建设的重要内容之一，连续三年大规模安排财政专项资金，并相应增加银行贷款，为公路建设创造了十分有利的条件。公路建设投资1998年至2000年连续三年突破2000亿元。预计到2000年底公路通车里程将超过138万公里，“九五”新增公里里程达到22万公里，比原计划增加13万公里。国家加大了贫困地区公路建设，中西部地区公路通达条件有了较大改善，基本消除了国道网中的断头路。全国99%的乡镇、90%的行政村通达公路，分别比“八五”末期增加1.9和10个百分点。“九五”期间，国家确定加快以“三纵两横两条重要路段”为主的国道主干线建设。到2000年底，7条路共建成12000公里，占72%。其余4000多公里将在“十五”前期建成。到2000年底，高速公路将达到1.5万公里；二级以上公路将达到18.5万公里，占公路里程的比重由1995年的8.4%提高到13.4%。初步形成了连接一些重要城市及地区的高速公路信道，部分经济较发达地区高速公路信道和高等级公路网络开始形成。

铁路建设“九五”期末，全国铁路总营运里程将达到6.8万公里，比“八五”末增加6000公里，是改革开放以来新增营运里程最多的五年。其中复线里程达到2.16万公里，电气化里程达到1.5万公里，分别较“八五”末增加4700公里、5300公里。随着京九线、南昆线、南疆线、邯济线、宝成复线、新菏复线、西康线、朔黄线神池至朔宁段、株六复线（部分）等一批对国民经济发展具有重要意义的铁路建设项目相继铺通或投产，西南铁路通路能力有所扩大，主要干线能力进一步配套完善，大信道能力有所增强。

民航建设“九五”期间将完成40个机场的新建、扩建和改造。其中：枢纽和干线机场22个，新建上海浦东、贵阳龙洞堡、南京禄口、福州长乐、桂林两江、郑州新郑、银川河东、海口美兰、南昌昌北、杭州萧山等10个机场；改扩建北京首都、哈尔滨太平、厦门高崎、南宁吴圩、乌鲁木齐地窝堡、成都双流、呼和浩特白塔、合肥骆岗、昆明巫家坝、深圳黄田、长沙黄花、济南遥墙等12个机场。通过5年的建设，全国机场网络基本形成了以北京、上海、广州为大型枢纽、省会和主要开放及旅游城市为干线、干线与支线机场相配合的格局。

电力建设“九五”电力工业保持持续快速发展，长期严重缺电局面得到了根本缓解。到2000年底，全国发电装机容量将达到31500万千瓦，发电量13000亿千瓦时，分别比1995年增加9778万千瓦、2931亿千瓦时。全国发电装机容量、发电量均居世界第二位。一批重大电力项目投产或加快建设，优化了我国电源结构和布局，促进了电力产业升级。除大力加快三峡工程建设外，建成了四川二滩、青海李家峡、天生桥一、二级、西藏羊湖等水电站，对加快西部水电资源开发和当地经济发展发挥了重大作用。建成北京十三陵抽水蓄能电站、广州抽水蓄能电站、浙江天荒坪抽水蓄能电站等蓄

能电站对解决当地电力系统的调峰问题发挥了巨大作用。建成了内蒙古伊敏电厂、贵州安顺电厂等一大批30万千瓦及以上的高参数、高效率、调峰性能较好的大型燃煤电厂，对满足我国用电需求、关停小火电发挥了巨大作用。开工建设了浙江秦山二期、浙江秦山三期、广东岭澳、江苏田湾等核电站，为我国今后实现自主建设百万级核电站奠定了基础。“九五”期间，电网建设进入历史上发展最快的阶段。农村电网、城市电网建设与改造取得巨大进展，电网薄弱、电能损耗大的情况将得到较大改变。预计到2000年底城乡电网建设与改造完成投资约1950亿元，500千伏主网架开始逐步取代220千伏电网，承担跨省、跨地区电力输送任务。

城市基础设施建设“九五”期间，我国城市基础设施的承载能力大大提高，服务功能更加强化。“九五”前四年新增城市自来水日供水能力2367万吨，城市煤气生产能力956万立方米/日，城市道路面积24154万平方米，城市下水道铺设长度12142公里。城市供水设施短缺局面有所缓解，一些城市水环境质量得到了改善，城市垃圾清运和垃圾无害化处理取得长足进步，城市道路和公共交通设施的建设力度加大，城市燃气和供热也有了进一步发展。“九五”期间，上海地铁二号线、北京地铁复八线、广州地铁一号线、长春引松入长供水工程等一大批城市基础设施项目的建成投产，标志着我国大城市基础设施建设开始进入新的发展阶段，城市功能得到完善。

房地产开发“九五”期间居民住宅建设快速发展，城乡居民居住条件进一步改善。居民住宅的大规模建设对改善人民群众的居住条件起到了十分积极作用，“九五”完成投资中，住宅建设投资比重上升到70%。特别是1998年以来，我国城镇住房制度改革取得了突破性进展，为适应住房供应新体制，扩大内需，满足广大中低收入居民的住房需求，国家在过去实施安居工程的基础上，加大了经济适用住房的建设规模，“九五”期间完成经济适用住房投资3959亿元，年均增长69%；竣工面积3.4亿平方米，年均增长60%。“九五”后三年，经济适用住房投资占房地产投资的比例逐年上升，已占到30%左右。1999年全国城镇居民人均住房面积达到9.3平方米，超过“九五”计划人均住房面积9平方米的目标。

社会事业全面发展“九五”期间国家开始实施面向21世纪，重点建设100所左右的高等学校和一批重点学科的“211工程”。国家已安排中央专项资金27.55亿元，使其中58所高校基本完成一期建设。“211工程”的实施，对提高我国高等教育的整体实力，促进科学技术和文化发展，增强综合国力和国际竞争能力等具有极为重要的意义。1999年至2000年，国家共安排财政性投资39.7亿元加强普通高校的教学和实验等基础设施建设，拉动总投资146亿元，用于全国高校扩大招生。到2001年底将建成教学楼、实验楼等694个。2000年下半年，国家将再安排10亿元中央财政专项资金支持西部地区高校的基础设施建设。这批专项投资，很好地改善了部分高校的办学条件，为高校扩大招生奠定了坚实的基础。1999年普通高校共招生164万人，比1998年扩大招生56万。2000年普通高校计划招生180万人，在1999年的基础上又扩招24万人。“九五”期间国家继续实施“国家扶贫教育工程”，用于中西部地区国家级贫困县乡村小学校舍建设。“九五”期间共安排财政性投资8.6亿元，可建成乡村小学约3000所，直接受益的学生将近80万人，有力地促进了贫困地区九年义务教育的普及。

国家重点项目建设继续得到加强“九五”期间，国家共确定重点建设项目214项，集中在电力、交通通信、冶金、石化、化工行业，在资金安排、土地征用、物资供应、交通运输及其它外部配套条件等方面予以优先保证，一般项目服从重点项目，地方重点项目服从国家重点项目，各方面资金按计划建设进度和承担的资金比例按时足额到位。5年间共完成投资7224亿元，建成投产项目129项，形成的主要生产能力有：发电装机容量1910万千瓦，铁路新线5107公里，铁路复线2928公里，铁路电气化3927公里，港口吞吐量10509万吨，高速公路1016公里，通信光缆14551公里，炼钢420万吨，轧材156万吨，合成氨216万吨，化肥264万吨，集成电路5000万块。

举世瞩目的长江三峡水利枢纽工程进展顺利，预计到2000年底完成投资651.6亿元，超过总投资的一半以上，其中中央财政性投资336.9亿元。至2000年6月底，部分坝段混凝土浇筑已达185米设计高程，累计完成土石方开挖1.7亿立方米，完成混凝土浇筑1347万立方米。预计可以实现2003年第一批机组投产发电的计划目标。

三、加强技术改造，努力推进技术进步

“九五”期间技术改造得到进一步加强。通过支持一批优势行业和优势企业的发展，推动了行业结构的优化和升级；通过支持地区优势行业和拳头产品，引导地区经济协调发展，为逐步改变地区经济结构趋同问题起到了积极作用；通过集中投资支持一批重大项目和关停并转一批技术落后、产品质量低劣、污染严重的“五小”企业，压缩淘汰落后生产能力，减少了低水平的重复建设。技术改造成就显着，促进了一批优势企业的发

展壮大，为支持国有大中型骨干企业摆脱困境发挥了积极作用。国家“九五”重点技术改造专项规划中安排的一批重点技改项目建成投产。这些项目坚持“三改一加强”的原则，大大提高了企业的技术装备水平，促进了产品升级换代，增强了企业在国际和国内市场的竞争力。重大技术改造项目的顺利实施，促进了重点企业的发展壮大，对带动相关中小企业，特别是困难企业的发展和国有大中型骨干企业摆脱困境，产生了积极的影响，创造了良好的外部条件。

实施技改国债投资计划，加快国有企业技术进步和产业升级步伐。1999至2000年国家共安排国债资金195亿元，用于国有企业技术改造项目的贴息和补助。这项计划的安排突出以下原则，一是严格防止重复建设和变相扩大生产能力；二是围绕“质量、品种、效益”和替代进口开展工作；三是采用新技术、新工艺，节能降耗，保护环境；四是择优扶强，突出重点行业、重点企业、重点产品，优先选择主导产品国内市场占有率居同行业前列、银行资信好、企业综合实力强、管理水平高的优势企业，优先考虑512家重点企业和120家试点企业集团；五是适当向东北地区、中西部地区和老工业基地倾斜。这项计划完成后，可以使主要行业实现以下目标：冶金行业，热轧板、冷轧板、轿车用板等9大钢材品种产品质量达到国外先进水平，其中轿车用板、高碳盘条两大品种基本立足国内生产；全部淘汰平炉炼钢，连铸比由目前的67.8%提高到80%以上，上述钢材每年可替代进口248万吨。纺织行业，棉、毛、麻、化纤4大类高档纺织面料，每年可顶替进口5.5亿米，产品吨纤维创汇水平由目前的1.2万美元提高到1.7万美元。石化行业，上海金山腈纶、仪征涤纶等企业产品的纤维差别化率分别由目前的18%以下提高到22%以上。增产乙烯产品近40个品种，专用树脂顶替进口132万吨。同时使乙烯装置能耗由800万大卡/吨降至700万大卡/吨以下。高等级道路沥青实现全部替代进口。有色行业，实现铜冶炼企业的烟气排放全部达到环保要求。机械行业，以现有50万伏交流输变电设备、60万千瓦以上超临界火电机组建设项目为依托，提高大型成套设备的自主生产和配套水平。电子信息行业，汽试电阻、电力电子器件、印制线路板、集成电路、移动通信产品实现替代进口，产品质量、性能达到或接近国际同类产品水平。造纸工业，高档新闻纸实现全部替代进口。

实施科技计划，促进技术进步。“九五”期间国家组织实施了“科技攻关”、“863”和基础研究、产业化开发等多项国家科技计划，在“面向国民经济建设主战场，发展高新技术及其产业，加强基础研究”三个层面上，促进科研和生产的结合。通过这些计划的实施，农业经济增长实效显著，传统产业的创新能力大幅提高，高新技术及其产业蓬勃发展，基础研究硕果累累，科技水平在国际上的地位进一步提高。

为推动农村经济的全面发展，截至2000年，全国星火计划已建立了100个国家级星火技术密集区。“九五”期间累计培训3000万人次，安排了5万个星火示范项目，其中国家级示范项目5000多项。5年内各级财政投入约35亿元，银行贷款约419亿元，引导企业和社会投资1475亿元。1999年全国星火计划项目完成产值4600亿元，利税840亿元，创节汇140亿美元。

“九五”期间，围绕大力提高工业技术创新能力的目标，安排了信息技术、自动化技术、能源、交通和原材料等新技术项目，促进传统产业的高技术化和产业结构的升级及产品结构的优化。“九五”国家科技攻关计划在工业领域安排了147个项目，国家财政拨款31.9亿元，取得了一大批科技成果，并在生产中广泛应用。

火炬计划项目的实施，支持和扶持了一批产业基地的形成和发展，“九五”期间共认定国家级项目3000多项，地方级项目8000多项，完成工业总产值3000多亿元，实现利税500多亿元，出口创汇30多亿美元。

“九五”期间，作为高新技术产业化最重要创举的国家高新技术开发区开始进入以加强技术创新为核心的发展新阶段。“九五”前四年，全国高新技术开发区完成基本建设投资共1015.7亿元。高新区内高新技术企业不断增加，1999年已达1.7万家，从业人员达220万人，实现工业增加值1476.2亿元，利税737亿元，出口创汇119亿美元。高新技术开发区已经成为当地经济增长快、投资回报率高、创新能力强、发展前景广阔的经济增长点，成为我国经济中最富有活力的部分之一。

四、深化改革，投融资领域向社会主义市场经济全面推进

在认真总结经验教训的基础上，以建立适应社会主义市场经济的投融资体制为目标，加快了改革步伐，取得了实质性进展。

强化银行信贷的风险责任，政府机构不再干预银行的独立审贷。依据《商业银行法》，全面实行银行贷款由法人和银行之间双向自主选择，风险自负。商业银行根据信贷原则和资产负债比例管理的要求，独立评估和决定贷款，承担贷款风险。银行内部实行了审贷分离制度。政策性银行也实行了在国家规定的政策性贷款业务范围内独立审贷，并承担相应的经营责任。积极推进银行贷款资产抵押和担保制度，增强风险意识。进一步规范了各类证券投资活动，逐步提高直接融资比重。在严格依法审查上市公司和发债企业资格的前提下，积极稳妥地扩大股票和债券发行规模，鼓励企业利用资本市场

进行改制、改组和改造。积极规范和发展证券投资基金、产业投资基金、高科技风险投资基金和可转换债券、项目抵押融资等多种融资方式的试点。

《招标投标法》正式颁布实施。1999 年 8 月 30 日经九届全国人大常委会第十一次会议审议通过，2000 年 1 月 1 日起实施的《招标投标法》，是规范市场活动的重要法律之一，是招标投标法律体系中的基本法律。它的制定与颁布，是我国经济生活中的一件大事，也是我国公共采购市场的管理逐步走上法制化轨道的重要里程碑。国家通过法律手段推行招标投标制度，要求基础设施、公用事业以及使用国有资金投资和国家融资的工程建设项目包括项目的勘察、设计、施工、监理以及与工程建设有关的重要设备、材料等的采购，达到国家规定的规模标准的，必须进行招标。这部法律的制定，对于规范招标投标活动，保护国家利益、社会公共利益，提高公共采购效益和质量，具有十分重要的意义。

进一步加强对政府投资的监督。1998 年中央政府机构改革中建立了重大项目稽察特派员制度，经过近两年的实践，在保证政府投资的有效使用，提高政府投资效益，特别是对国债项目的实施等方面取得了明显效果，也已在地方政府机构改革中得到推广，并在实践中进一步加以完善。在政府授权的投资机构中，也开始采取类似方式，对政府授权投资机构的重大投融资活动实施监督和检查，逐步形成企业依法自主经营，政府依法实施监督的机制。

根据政企分开的原则，投资咨询、评估、会计、法律、审计、设计、监理、招标代理机构等中介服务机构已开始逐步与政府部门脱钩，成为自创信誉、自负盈亏，对其行为后果独立承担经济和法律责任的法人实体。

全面实行了以建设项目法人责任制、资本金制、招标投标制、合同制、工程监理制，加强工程质量管理为主要内容的项目建设管理制度。

（《国民经济和社会发展第九个五年计划成就》节选）

基础设施建设成就

“九五”期间，党中央、国务院高度重视基础设施建设，采取包括积极的财政政策在内的一系列重大举措，使我国能源、交通等基础设施领域建设取得了巨大成就。

能源工业

1. 电力工业

“九五”我国电力工业的建设成就主要概括为以下 3 个方面：

（1）发电装机容量和发电量稳步提高

“九五”期间，全国发电装机跃上 3 亿千瓦的新台阶，预计到 2000 年底可达 31500 万千瓦，发电量可达 13000 亿千瓦时。发电装机容量和发电量年均增长率分别为 7.5% 和 5.2%.

（2）电网建设进入历史上最快的发展阶段，城乡电网改造初见成效，电网可靠性和电能质量均有所提高

“九五”后期，国家在电网领域加大了投资力度。特别是城乡电网改造，使电网的可靠性、灵活性和经济性得到了显著提高。电网主网架建设逐步加强，500 千伏主网架已开始逐步取代 220 千伏电网，承担跨省、跨地区电力输送和交换任务。以计算机为主的国际先进调度自动化系统已普遍采用并达到实用化程度。预计 2000 年 220 千伏及以上输电线路可达 163651 公里，220 千伏及以上变电容量 40911 万千伏安。500 千伏直流线路 1045 公里，额定换流容量 120 万千瓦。我国目前除西北之外的 6 个跨省区电网以及 5 个独立的省级电网 500 千伏主网架的建成，及一系列大型电站的建成投产，表明我国电力工业已经进入了以大机组、大电厂、大电网、超高压、自动化为主要特点的新时期。

（3）电力技术装备水平不断提高

我国电力工业已初步掌握了 60 万千瓦火电机组和 500 千伏交直流输变电工程的设计、施工、调试及运行技术；基本具备修筑 240 米双曲拱坝和 180 米级各类大坝以及施工大型抽水蓄能电站的能力；各大电网的计算机监控调度系统进入实用化阶段，使电网运行初步实现了自动化、现代化。工程安装质量、工艺及机组投产移交水平大幅度提高。供电煤耗从 1978 年的 471 克千瓦时下降到 1999 年的 400 克千瓦时；线损由 1978 年的 9.64% 下降到 1999 年的 7.97% 。

2. 农村电网的建设与改造

全国农村电网建设与改造工作从 1998 年 6 月开始启动以来，在党中央、国务院的统一领导下，在国务院有关部门和各省区市政府的大力支持下，克服种种困难，目前进展顺利，成效显著。

国家已批准全国 31 个省区市和新疆建设兵团的 2400 个县（区、市）农村电网建设与改造工程，投资总规模 1900 亿元。目前，全国农网投资计划已累计安

排1620亿元，在按时下达2001年农网改造投资计划的基础上，可力争在年底前，全面完成本次农网建设与改造任务。

据调查，自农网改造工作开展以来，各地按照国家要求，积极推行乡镇电管站体制改革，有效地杜绝了农村电力管理中乱收费、乱加价问题的发生。农网改造工程完成的乡镇，低压线损普遍由25%以上降至12%以下，低压供电电压由原来110—170伏上升至180—200伏，大大提高供电质量，农民生活到户电价每千瓦时降低1至3角钱不等，农村用电量显著增加。

由于大量资金形成长线经济链，农网改造等基础设施项目对国民经济拉动作用功不可没。农村电价的降低，供电质量的提高，有力地促进了农村家用电器的普及，有力地促进了机械、电子等制造业的发展。

3. 煤炭工业

受煤炭市场供大于求的影响，煤炭工业基本建设放缓。预计国有大中型煤矿“九五”实际建设总规模1.66亿吨，比原计划减少5000万吨。其中开工3370万吨，比计划减少5030万吨；投产1.06亿吨，比计划少3000万吨；结转“十五”的建设规模为6000万吨。

“九五”时期，我国煤炭工业技术水平不断提高，目前已经具备设计、施工、装备及管理千万吨级露天煤矿和大中型矿区的能力。煤炭洗选技术和能力不断提高，煤炭液化、地下气化工作正在开展。同时，对外合作也取得重要进展，特别是煤层气资源的勘探开发对外合作工作取得较好成绩。

4. 石油天然气工业

“九五”时期，石油、天然气勘探取得很大成绩。1996—1999年新增探明石油地质储量约29亿吨，预计5年新增探明石油地质储量比“八五”期间多增加约10亿吨；1996—1999年累计新增探明天然气地质储量6115亿立方米，预计5年累计新增探明天然气地质储量比“八五”期间多增加约2500亿立方米。

石油、天然气生产方面，预计“九五”累计生产原油7.98亿吨，是解放以来生产原油最多的5年，这主要得益于海上和西部地区原油产量的增长；预计“九五”累计生产天然气约1165亿立方米，也是解放以来生产天然气最多的5年。石油、天然气产量的增加使得油气在能源消费结构中的比例明显提高。我国石油、天然气消费量占全国一次能源消费总量的比重分别从“八五”末期17.5%和1.8%，上升到1999年的23.4%和2.8%。

此外，石油工业的“走出去”战略初见成效。从90年代开始，石油集团和海洋石油总公司开始研究到境外勘探开发石油的路子，进行一些低风险的小型油田开发试验项目，经过几年实践，已经取得了一定成绩。目前我国石油公司已获得海外份额油剩余可采储量4亿多吨，具有原油生产能力约1000万吨/年，天然气生产能力8亿立方米/年，1999年海外份额油约340万吨，天然气约7亿立方米，海外石油勘探开发业务的发展也促进了我国机械设备、原材料出口和国际工程服务走向国际市场。

5. 节能与新能源

“九五”时期尤其是后3年，能源供应由短缺转向过剩，能源开发项目大幅度减少，节能工作迎来新的机遇与挑战，也使得国民经济高速发展的同时能源的消耗大幅度降低。据初步统计，“九五”时期我国年均节能率为6%左右，万元国内生产总值能耗从1995年的3.97吨标准煤下降到2000年的2.97吨标准煤，下降了25%，总节能量将达到4亿吨标准煤左右，相当于减排二氧化碳1.8亿吨（以碳基计算），超额完成“九五”节能计划。节能量中，经济结构调整和加强能源管理形成的间接节能占80%左右；大型发电机组的投产、化工钢铁等企业节能技术改造、城网农网改造、热电联产集中供热等节能项目形成的直接节能占20%左右。

“九五”时期的新能源与可再生能源建设也取得了较好成绩，主要表现在：

（1）新能源与可再生能源技术水平普遍提高，市场逐步扩大，部分产品产业化初具规模

我国新能源与可再生能源技术已开发出一批产业化和商业化的装置，兴建了一批国家试验基地并培养造就了一批科技人才，设备性能也不断提高。随着技术水平的提高，各种新能源开发规模和市场容量也逐步扩大，沼气、小水电、太阳能、风力发电、地热等开发规模呈逐年增长趋势。

（2）农村新能源和可再生能源的开发，为缓解农村生活燃料匮乏、生态环境恶化的局面做出了贡献

“九五”期间，国家在全国范围内选择燃料严重短缺的典型地区进行农村能源试点示范，因地制宜发展农村水电、太阳能、地热、风能等可再生能源，并加强改灶节柴和户用沼气池的科研与推广等工作，对缓解部分地区生活用能的紧张程度起到了积极作用。大力发展薪炭林建设和农村小水电建设，增加了对农村能源的供应。

（3）“乘风计划”和“光明工程”等探索了适合我国国情的新能源推广模式，并已取得初步成果

“九五”新能源发展计划提出，“九五”末期全国风力发电的总装机容量将突破40万千瓦；1996年3月，国家计委推出“乘风计划”；1999年底，国家计委决定

拨款750万元，用于“乘风计划”国产化风机示范场建设及质量检测体系建设。国产化率40%以上的风机已运往风电场试运行，国产化率70%以上的风机年底可批量生产。

1996年，由国家计委牵头制定“中国光明工程”计划，主要解决2300万边远地区人口的用电问题。目前，新疆“光明工程”已经正式启动，通过该“光明工程”的实施将解决8万户无电人口的用电问题；另外内蒙古、甘肃、西藏“光明工程”已经得到国家批准；青海、广东、湖北等省也将提出项目建议书。国家拟在两年内通过财政拨款和配套外国政府贷款、国内政策银行长期低息贷款等渠道解决中国“光明工程”的资金来源问题。

交通行业

1. 公路

“九五”期间，我国公路建设进入了一个前所未有的快速发展时期，取得了重大成就。

(1) 公路建设投入达历史最高水平，公路网规模进一步扩大

预计到2000年公路通车里程将达到140万公里。“九五”新增公路里程达到24万公里，比原计划增加15万公里。国家加大了贫困地区公路建设，中西部地区公路通达条件有了较大改善。全国公路网密度将达到14.6公里/百平方公里，比1995年增加2.5公里/百平方公里。

(2) 国道主干线建设获重大进展，公路技术水平进一步提高

“九五”期间，国家确定加快以“三纵两横两条重要路段”为主的国道主干线建设。到2000年底，7条路共建成12000公里，占建设总规模的72%，其余4000多公里将在“十五”前期建成。总长35000公里的“五纵七横”国道主干线到2000年底建成17900公里，占51%。通过“八五”，特别是“九五”加快建设，预计国道主干线系统可以提前10年到2010年全面形成。

随着国道主干线建设速度的加快，我国公路总体技术水平有了进一步提高。到2000年，我国高速公路达到1.5万公里；二级以上公路将达到18.5万公里，占公路里程的比重由1995年的8.4%提高到13.2%。

2. 沿海港口

“九五”期间，我国沿海港口重点围绕煤炭、集装箱、进口铁矿石、粮食、陆岛滚装、深水出海航道等运输系统进行建设，特别是加强了集装箱运输系统建设。港口建设对国民经济发展的“瓶颈”制约得以初步缓解。

集中力量在大连、天津、青岛、上海、宁波、厦门和深圳等港建设了一批深水集装箱码头，预计到2000年沿海港口专业化集装箱泊位吞吐能力达到1200万箱，为我国集装箱枢纽港的形成奠定了基础；煤炭运输系统建设进一步加强，建成了秦皇岛港煤码头四期工程，新增煤炭装船能力3000万吨；开工建设了黄骅港煤炭装船码头一期工程和天津港南疆煤炭装船码头。同时，相应在华东、华南沿海配套建成了一批煤炭卸船码头。为适应外贸进口原油、铁矿石不断增长的需要，重点改造了大连港、青岛港黄岛的原油码头，增加了原油接卸能力；结合钢铁企业发展需要，扩建了宁波港北仑20万吨等级矿石码头，建成了青岛港矿石码头，新增能力2200万吨；为适应国际航运发展趋势迈进了一大步；建成了一批滚装码头和陆岛交通码头。

“九五”期间的沿海港口建设还注意突出结构调整，加大了集装箱码头等大型深水码头建设力度。预计“九五”建成中级以上泊位93个，其中深水泊位82个，新增吞吐能力1.45亿吨。到2000年底，沿海港口将共有中级以上泊位2400多个，其中深水泊位640多个；吞吐能力9.88亿吨，其中专业化集装箱泊位吞吐能力1200万标准箱。

3. 内河航运

“九五”期间，我国内河航道重点建设了“两横一纵两网”（“两横”指长江和西江干线，“一纵”指京杭运河，“两网”指长江三角洲和珠江三角洲水运网）中的一批骨干航道。预计“九五”计划期间可改善航道里程3780公里。预计到2000年，1000吨级及以上的航道达7855公里，500吨级航道达5460公里，300吨级航道8070公里，300吨级及以上航道里程较前有较大提高，达2.14万公里，占通航总里程的19.5%（1995年仅占16.8%），比1990年增加44%。届时，千吨级航道在长江将延伸至宜宾，在西江干线将贯通南宁至广州段，在京杭运河延伸至济宁；基本形成江南水网和珠江三角洲航道网500吨级和千吨级的骨架航道。

港口建设方面，为适应沿江、沿河的产业结构变化，及时调整了泊位建设方向，建设了一批为原材料、外贸物资运输服务的集装箱、多用途、散货等通用泊位，完成内河泊位近189个，新增吞吐能力4280万吨，部分港口面貌有所改观。

4. 铁路

“九五”时期，铁路建设基本完成了预定目标。“九五”国家铁路和合资铁路计划建设总规模为新线6100

公里，既有线复线2700公里，电气化4300公里。预计“九五”累计可完成新线5100公里，既有线复线3200公里，电气化3900公里，完成实物工作量接近“八五”水平。地方铁路建设预计可完成铺轨700公里。至2000年末，全国铁路总营业里程将达到6.8万公里，比“八五”期末增加0.6万公里，是改革开放以来新增营业里程最多的5年。

5. 民航

“九五”时期，民航建设取得了重大成绩。到2000年底，将完成40个机场的新建、扩建和改造。其中枢纽和干线机场22个，支线机场18个。到2000年底，我国民航定期航班机场总数将达到129个（不含指定航空公司使用的23个军用机场），较1995年末增加11个。

预计2000年，全行业完成航空运输总周转量116亿吨公里，旅客运输量6400万人，货邮运输量195万吨，分别比1995年增长63%、24%和93%，5年平均增长10.2%、4.6%和14%。

航线条数达到1120条，比1995年增加323条。其中国内航线990条，比1995年增加278条，通航135个城市，国际航线130条，比1995年增加45条，通航34个国家60个城市。

运输机队达到510架，比1995年增加270架。提供总座位数89400个，总商载数11169吨。

改革开放以来特别是近几年，我国机场建设发展迅速。目前，全国机场基本形成了以北京、上海、广州为大型枢纽、省会和主要开放及旅游城市为干线、干线与支线机场相配合的格局。机场布局的区域结构、等级结构、类别结构有所改善，机场运行条件、内部流程进一步合理，缓解了机场基础设施落后局面，总体上基本满足了国家经济建设和航空运输发展的要求。

（国家计委基础产业司）

外商在华直接投资

2000年是我国第九个五年计划的最后一年，“九五”计划明确提出“扩大对外开放程度，提高对外开放水平，积极合理有效地利用外资”。在这一总方针的指引下，我国通过适时的调整、配套相应的政策，健全、完善有关法规，不断加强基础设施建设，使利用外资工作无论在规模、结构、效益等方面均取得了明显成绩。

外商在华直接投资的特点

1. 外商来华投资信心增强

“九五”期间，我国政府采取了一系列措施更有利于外商直接投资，1997年10月，我国再次降低进口关税，降税涉及面达到进口商品关税的26%，平均税率从23%降至17%。同年12月，国务院调整了进口设备的税收政策，规定外商投资项目只要是《外商投资产业目录》中鼓励类或限制乙类的项目，其在投资总额内进口的自用设备，除《外商投资项目不予免税进口的商品目录》所列商品外，均免征关税和进口环节税。与此同时，经过修订的《外商投资产业指导目录》于1997年12月31日公布，1998年初开始实行。新《目录》阐明了中国政府对外商投资的政策，扩大了鼓励类项目。这些措施对于吸引外商投资起到了积极的推动作用。初步统计表明，“九五”前4年我国实际利用外商直接投资已达1727.64亿美元，超过了“八五”时期实际利用外商直接投资总和1141.76亿美元。1998年到我国投资的国家和地区增至129个，当年外商直接投资452.57亿美元，达到了改革开放以来的最高水平。截止到1999年累计吸收外商直接投资3059.23亿美元，从1992—1998年我国已连续7年成为世界第二大利用外商直接投资最多的国家，1999年，我国利用外商直接投资虽然低于美国和英国的水平，但仍居发展中国家之首。“九五”期间世界著名跨国公司来华投资势头强劲，据统计，全球最大的500家跨国公司中有近400家已来华投资，平均单项外商直接投资规模从千万元到上亿美元不等。权威人士预测中国加入世贸组织之后，外商来华投资会进一步加强，每年平均对GDP增长的贡献将由“七五”、“八五”时期2.1个百分点增至3个百分点，而每增加一个百分点就可增加400万个就业机会，总计就会超过1000万个工作岗位，这将大大增加国民的就业机会。

2. 实际利用外商直接投资稳步发展

在“八五”时期的1992年，外商来华直接投资首次突破百亿美元，从1991年的43.66亿美元一跃上升到110.07亿美元，之后每年以平均84.5%的速度递增，至“八五”期末的1995年，共有59个国家和地区来华投资，当年实际利用外商直接投资375.21亿美元。而“九五”第一年的1996年外商来华投资的国家和地区达到98个，实际利用外商直接投资417.25亿美元，比上年增长 11.21%，1997 年比 1996 年增长 8.5%，1998 年比 1997 年增长 0.5%。1999 年，外资来源于 117 个国家和地区，比上年减少 12 个，实际利用外商直接投资 403.19 亿美元，比上年减少 51.44 亿美元，同比首次下降 11.31%。出现下降的原因主要有以下几方面：（1）国际上，1997 年下半年开始的东南亚金融危机，影响了国际资本的流动情况，对我国利用外商直接投资造成了一定影响，东南亚一些主要国家对外投资能力减弱。统计分析表明，1997—1998 年，来自日本、韩国、菲律宾、泰国、马来西亚、新加坡、印度尼西亚的外商直接投资协议（合同）金额分别减少 6.52 亿美元、5.40 亿美元、0.37 亿美元、0.36 亿美元、1.64 亿美元、14.68 亿美元、0.02 亿美元，降幅分别为：19.17%、24.67%、36.76%、11.49%、33.52%、32.84%、2.14%，7 国平均降幅 19.42%。1999 年，全世界与我国签订的外商直接投资协议（合同）金额总计 412.23 亿美元，继续呈现下降趋势，这些都影响到当年和来年的外商投资数额。（2）来自香港的投资持续下降，1996—1999 年共减少 33.14 亿美元。（3）在国内"九五"期间，我国加大了企业改革和产业结构调整的力度，引导外商参与国家鼓励的基本建设项目和现有企业技术改造，提高产品档次、技术含量，扩大出口创汇的项目，国家通过对外发布信息，加强了对外资的引导，避免了低水平的重复引进和重复建设。（4）这两年国内需求不足，也使一些已签订的协议（合同）外资持观望态度。（5）欧美对我国直接投资的增加在一定程度上弥补了外资由于东南亚金融危机而减少的局面。因此 1999 年我国利用外商直接投资首次出现负增长是由于国际经济环境变化和国内经济改革深化的结果，同时也说明我国利用外资工作已走上有序发展道路，已与我国的产业结构调整和地区经济发展相结合，利用外资向着稳定成熟、更高层发展，另一方面，也显现出我国宏观调控的能力和手段正在发挥作用。

3. 外商直接投资来源多元化

（1）改革开放以来，香港一直是外商直接投资来源的主要地区，80 年代到 90 年代上半期来自香港地区及澳门、台湾等海外华人的投资要占我国利用外商直接投资的 80%以上。以 1995 年为例，当年利用外商直接投资 375.21 亿美元，来自香港的资金达到 200.60 亿美元，占当年实际利用外商直接总额的 53.47%，如果加上澳门、台湾的投资，这一比例高达 63.06%，换句话说除去港澳台地区，世界上其它 56 个国家和地区来华投资只占当年实际利用外商直接投资总额的 37%。进入"九五"以后，香港仍是外资主要来源地，1996 年香港到内地直接投资 206.32 亿美元，1998 年为 185.08 亿美元，1999 年为 163.63 亿美元，虽然香港（或港澳台合计）在内地的投资所占当年实际利用外商直接投资总额的绝对数仍高居首位，但逐年呈现下降趋势，到 1999 年已比 1996 年降低了 9 个百分点。这首先在于亚洲金融危机波及到了香港的金融市场；第二，香港回归以后，一些以香港为中介地的外国公司，开始直接进入内地投资。但这些并没改变内地是香港主要投资地的地位。从另一个角度看，在这一时期，我国利用外商直接投资的来源结构正趋向于多元化发展，世界各地的外商来华直接投资开始攀升，这其中来自亚洲的资金最多。

（2）亚洲（包括港澳台地区）是我国外商直接投资的主要来源地区，由于语言、文化、历史、地理、市场及资源优化配置的特点，我国成为这一地区外商的投资热点。1996—1999 年，亚洲来华直接投资总额 1224.22 亿美元，占这一时期我国利用外商直接投资 1727.64 亿美元的 70.86%。除了香港、澳门、台湾省以外，日本、新加坡、韩国是在华投资最多的国家，4 年分别为 143.69 亿美元、108.96 亿美元、65.77 亿美元。

（3）欧洲在华投资持续增长，4 年总共投资 165.27 亿美元，年平均投资 41.32 亿美元。其中欧盟国家在华投资占主要地位，1996 年为 27.37 亿美元，1997 年为 41.74 亿美元，1998 年为 39.80 亿美元，1999 年为 44.78 亿美元。4 年累计 153.69 亿美元，占同期欧洲在华直接投资的 93%。欧盟国家中，英国投资最多，每年超过 10 亿美元，4 年共计 53.78 亿美元，排在其后的是德国和法国，4 年共计分别为 36.21 亿美元和 24.98 亿美元。"九五"期间，西欧国家纷纷增加在华投资，意大利、荷兰、瑞士每年在华投资都达上亿美元，瑞士虽然不属于欧洲联盟，但仍是在华直接投资的主要欧洲国家，投资额在"九五"期间一直稳步增长。1996 年投资 1.88 亿美元；1997 年投资 2.16 亿美元；1998 年 2.29 亿美元；1999 年 2.47 亿美元，4 年共计 8.8 亿美元，年平均增长 6%。丹麦、芬兰、瑞典、比利时、西班牙、奥地利，还有俄罗斯每年的投资也在千万美元以上，欧洲占我国这一时期利用外商直接投资总额 9.57%。

（4）北美地区是我国外商直接投资又一个重要来源地，4 年总计投资 165 亿美元，每年平均 41.25 亿美元，与欧洲不相上下。这其中美国占有重要地位，其每年投资都超过 30 亿美元；加拿大与美国对比虽然悬殊，每年只有 3 亿多美元，但仍与欧洲发达国家意大利、瑞士等国水平相当。北美占我国这一时期利用外商直接投资总额的 9.55%。

（5）拉丁美洲这几年在我国的投资增长很快，到 1998 年来华投资的国家和地区已增加到 23 个，当年实际直接投资 45.62 亿美元。拉美的投资主要源于维尔京群岛、凯曼群岛和巴哈马，1996 年拉美在华投资的 82.64%即 5.38 亿美元来自维尔京群岛，如果加上凯曼群岛和巴哈马群岛的投资，其比例高达 93.24%；1997 年从维尔京群岛进入我国的外商直接投资 17.2 亿美元，占拉美当年来华投资的 86.43%；1998 年占 88.38%；1999 年占 83%，可见其它绝大多数拉美国家在华投资额偏小。1996—1999 年拉美共在我国投资 104.07 亿美元，占我国这一时期利用外商直接投资总额 6.03%。

在所有来华投资者中，投资额居前 10 名的国家和地区在华投资状况：

“九五”期间从我国利用外商直接投资情况看还是来自香港的投资最多，4 年共计 761.89 亿美元，占同期我国利用外商直接投资总额 44.10%；其次是美国总计 147.96 亿美元，占 8.57%；再其次为日本 143.78 亿美元，占 8.33%；台湾省 122.78 亿美元，占 7.11%；新加坡 108.96 亿美元，占 6.3%；维尔京群岛 89.46 亿美元，占 5.18%；韩国 65.77 亿美元，占 3.81%；英国 53.78 亿美元，占 3.12%；德国 36.21 亿美元，占 2.10%；法国 24.98 亿美元，占 1.45%；澳门 17.06 亿美元，占 0.99%；马来西亚 14.20 亿美元，占 0.83%；加拿大 13.13 亿美元，占 0.76%。

如果除去属于我国的香港、台湾省、澳门地区的投资，排在第一位的是美国，第二位是日本，以后依次为：新加坡、维尔京群岛、韩国、英国、德国、法国、马来西亚、加拿大。

分析上述国家和地区在华投资有以下特点：

1）从国际直接投资情况看，香港地区是对外直接投资的主要输出地区，在全球排名第四，其 1996 年输出资金 270 亿美元，占全球流量的 8%，当年在内地投资 206.77 亿美元，占其输出额的 76.6%，可见香港的主要投资市场是内地。

2）日本也是一个重要的对外直接投资输出国，对我国的直接投资仅次于美国，名列第二。日本近年由于受本国经济不景气的影响，海外投资不振，但每年有 1/6 左右的投资流向中国，日本的一些著名公司，在 80 年代就开始进入中国，像松下电器公司，在我国已建立了 35 个生产厂；夏普公司在我国也有 5 家工厂，雇员达到 5300 人。近年，我国个人计算机需求旺盛，1999 年增长 30%；预计 2000 年，个人计算机生产数量将超过台湾，跃居世界第三位。因此，像三井物产、住友商社、阿尔卑斯电器公司，都打算向中国的信息企业投入资本和技术，野村证券也对投资于我国的高新技术产业充满信心。据日本《钻石》周刊预测，中国经济如果每年保持 7—8%的经济增长率，那么到 2030 年，中国的经济规模无疑超过日本，这必将促进日本企业对华投资的升温。

3）美国在华直接投资。美国是全球吸引外商直接投资最多的国家，也是对外直接投资最多的国家，在我国的投资也位居第一位。“七五”时期美国在华直接投资15.65 亿美元；“八五”时期是美商来华直接投资迅速发展时期，从 1992 年的 5.11 亿美元猛增到现在的 20.63 亿美元，到“八五”期末已达到 84.71 亿美元；“九五”时期前 4 年的投资超过 30 亿美元，年平均增长 7.52%。“九五”计划前 4 年就比“八五”时期增长了 74.67%。除了香港企业，美国企业是早期进入中国大陆最多的企业，1981 年天津的奥的斯电梯销售公司，是美国第一家进入中国的企业。排名前 30 名的美国最大公司中已有 21 家在华投资 175 个项目，在这 21 家公司中，半数开始大规模、系统化投资，1994 年以来，这些著名的跨国公司纷纷在华设立投资性公司，协调其在华投资项目，使其在华投资系统化程度大大加强。

4）英国、德国、法国、加拿大等发达国家均是对外直接投资的主要国家，“九五”期间对华直接投资虽然都在稳步增长，但在其对外直接投资额中，所占比重并不大。以 1996 年为例，英、德、法 3 国是世界上仅次于美国的对外直接投资输出国，分别排行 2、3、5 位，但对华直接投资只占其对外直接投资流出额的 2.4%、1.8%和 1.7%。这一方面说明，这些国家对华投资仍有很大潜力，另一方面也反映出产业的国际分工位次差别。一般说，对外直接投资国是按边际产业或边际生产环节顺序对外投资，受资国是按比较优势产业或比较优势生产环节的顺序吸收外资，因此，国际分工位次越接近，越容易形成投资和受资的相互关系。美国和西欧发达国家及日本之间之所以相互直接投资额很大，是由于他们之间国际分工位次较为接近，投资活动易于形成比较优势，对投资与受资双方都有利，这就是国际资本主要在发达国家流动的原因。还有一个原因就是消费相似性差异，西方发达国家消费结构和消费水平相似，使投资活动能够和消费水平相似，使投资活动能够形成新市场，而中国的收入水平和消费结构都与西方有很大不同，所以投资活动并不一定都获得新市场，这也是西方投资者驻步不前的原因。如何加强吸引欧洲发达国家的投资，是今后利用外商直接投资要研究的一个重要问题。

5）新加坡和韩国。新加坡对外直接投资的 1/2 在中国，韩国对外投资的 1/3 在中国，马来西亚在华投资虽远不及上述两国，但与泰国一样，也是对华投资的主要国家，这是由于中国大陆的国际分工位次与亚洲国家较为接近，其比较优势更容易与亚洲国家和地区的边际产业或边际生产环节匹配，容易形成投资和受资的互惠关系，因此，中国更容易接受亚洲国家和地区的投资，也就是亚洲国家更愿意到中国投资的原因。

6）台湾。祖国大陆是台商直接投资的巨大市场，是台资的主要流向地，据2000年台湾“经济部”公布的一份调查显示，有61.5%的台商把大陆列为他们扩展海外产业的首选地区，有69.1%的台商已在大陆进行了投资。80年代末至90年代中，台商主要投资于沿海劳动密集型产业，项目平均投资额不大，从十几万、几十万美元到上百万美元的中小企业为主，但近两年资本密集型、知识密集型项目开始增多。另外，也有台商获准到祖国大陆投资石化、五金、钢铁等生产与销售业务。台湾媒体表示，从1999年年底开始，台商获准投资祖国大陆的金额有明显上升趋势，这说明祖国大陆是台商理想的投资地。

分行业利用外商直接投资分析

按照积极合理有效地利用外资的方针，“九五”时期“引导外商参与国家鼓励的基本建设项目和现有企业技术改造，重点是农业综合开发和能源、交通、重要原材料的建设项目，拥有先进技术、改造产品性能、节能降耗和提高企业技术经济效益的技改项目，能够提高产品档次、扩大出口创汇的项目，能够综合利用资源、防治环境污染的技术项目”。“要有步骤地开放金融、保险、商业、外贸等服务领域”。从“九五”期间外商直接投资在行业的分布情况也可以看出，我国的经济发展阶段变化，利用外资政策的调整、产业导向以及亚洲金融危机和国际资本流动变化都影响到了外商在我国的直接投资。

农、林、牧、渔业 这是外商直接投资的薄弱领域，主要有农业种植业、经济林的开发、优良种畜的培育和引进水产养殖以及加工出口项目等。1997—1999年，实际利用外商直接投资农、林、牧、渔业共19.65亿美元，占同期实际利用外商直接投资额1310.39亿美元的1.50%，其中农业投资7.98亿美元，占同期实际利用外商直接投资额的0.61%，可见其比重之低。

采掘业 从统计数据看，1997—1999年采掘业协议（合同）外商直接投资金额18.91亿美元，实际利用外资直接投资20.76亿美元，占同期全国实际利用外资金额的1.58%，项目平均利用外资459万美元。

制造业 制造业仍然是外商进入的主要领域，1997—1999年的统计表明，虽然这一时期，制造业每年实际利用外商直接投资金额在逐年下降，其占当年实际使用外商直接投资比重也在下降，但其总体水平仍居各行业首位，达到763.05亿美元，占这一时期外商直接投资额1310.39亿美元的59.0%，远远高于其它行业。其中电子通讯设备在制造业中利用外商直接投资最多，达82.37亿美元，占同期制造业利用外商直接投资的10.79%；其次是纺织业56.88亿美元，占7.5%；化学原料及制品53.29亿美元，占到6.98%；医药18.08亿美元，占2.37%；普通机械工业37.05亿美元，占4.86%。

电力、煤气及水的生产和供应 电力、煤气及水的生产和供应都是关系到国计民生项目，“九五”期间，一方面，国家加大了在这一领域的投资，同时为了加快地区经济发展，也鼓励外资投向这一领域，这一领域的项目，资金需求量大，外商主要以设备和技术投入为主。从1997—1999年直接投资的情况看，外商在这一领域的投资逐年呈现上升趋势，1998年比1997年增长49.76%，1999年又比1998年增长19.34%。这期间，外商直接投资共计88.78亿美元，占同期全国利用外商直接投资总额的6.7%；项目个数414个，平均利用外商直接投资2100万美元。从1999年情况看，当年外商直接投资37.03亿美元，项目个数116个，单个项目平均利用外资达到3192万美元。

建筑业 1997—1999年建筑业外商直接投资分别为14.38亿美元、20.64亿美元、9.17亿美元，1999年比1998年有较大幅度下降，约下降55.57%；建筑业3年共计利用外商直接投资44.19亿美元，占同期利用外商直接投资总额1310.39亿美元的3.37%。

交通运输、仓储及邮电通讯业 这一领域的外商直接投资发展比较稳定，1997—1999年，分别为16.55亿美元、16.44亿美元、15.51亿美元，没有大幅波动现象，3年实际使用外商直接投资48.5亿美元，占同期利用外商直接投资总额3.70%。

批发和零售、贸易餐饮业 外商对这一领域十分感兴趣，特别是我国进一步放宽了外商进入批发、零售和贸易行业的限制之后，外商直接投资非常活跃。从项目个数看，它居各行业之首，1997—1999年合计3207个，总投资35.48亿美元。项目个数多，平均外商投资额偏小，是这一领域外商直接投资的特点。

房地产业 这是外商直接投资又一个集中领域，仅次于制造业。其外资来源主要来自香港、澳门、台湾以及东南亚一些国家和海外华人的资金。1997—1999年共计实际使用外资171.67亿美元，占同期外商直接投资总额1310.39亿美元的13.10%，项目个数2365个，平均每个项目外商投资725.88万美元。这其中，用于房地产开发和经营的资金合计139.95亿美元，占同期房地产业总投资171.67亿美元的81.52%，可见外商投资我国房地产业更注重的是把开发和经营结合起来，这对促进我国房地产业市场的发展、推进房地产管理体制改革、引进先进的管理方法和体系，都会起到积极的作用。

社会服务业（含旅馆业） 改革开放以来，我国重视社会服务业的发展，经过80年代的努力和90年代的发展建设，我国社会服务体系逐步发展完善，外商直接投资所占比重也日益扩大。1997—1999年，外商直接投资共计124.53亿美元，占同期利用外商直接投资额的9.50%，其中旅馆业外商投资17.31亿美元，占同期社会服务业的13.90%。

卫生、体育和社会福利业 1997—1999年外商直接投资共4.4亿美元，占同期利用外商直接投资额的0.34%。项目个数107个，项目平均外商投资411万美元。

教育、文化、艺术和广播电影电视业 这个领域实际利用外商直接投资不多，1997—1999年期间，共计2.03亿美元。

科学研究和综合技术服务 1997年外商直接投资合同外资金额有1.38亿美元，但实际使用外资金额只有0.2亿美元，差距较大。1999年有了较大改观，合同外资金额1.34亿美元，当年实际使用外资1.10亿美元，项目个数56个，每个项目使用外商投资只有36万美元。

地质勘察、水利管理业 这是外商直接投资很少进入的领域。1997年实际使用外商直接投资0.14亿美元，项目个数7个，平均每个项目使用外商直接投资206万美元；1999年它实际使用外商直接投资只有452万美元，项目个数却有10个，每个项目平均使用外商资金45.2万美元。

金融、保险业 这是我国对外开放较晚的一个领域，随着我国改革开放的深入发展，经过长期的探讨和准备，这一领域正在有步骤地由试点到逐步允许外资准入。1998年这一领域实际使用外商直接投资只有0.4亿美元；1999年金融、保险业共计使用外商直接投资金额0.37亿美元，当年实际利用外资金额却达到了0.98亿美元，项目只有3个，但平均每个项目外商投资额3267万美元，是所有行业中单个项目利用外商直接投资最多的行业。

全国各地区利用外商直接投资的比较

“九五”计划提出“经济特区、沿海开放城市和开放地带要积极参与国际经济合作，充分发挥示范、辐射和带动作用。沿交通干线、沿江、沿边地区和内陆中心城市要发挥自身优势，加快开放步伐，引进外来资金、技术和人才，发展对外经济合作，促进中西部地区的经济开发和振兴。”这一时期，国家在积极鼓励东部地区参与国际经济合作、促进产业结构调整、加快产业升级换代、扩大出口创汇的同时，加大了对沿江、沿边、中西部地区的投资和政策支持，在利用国外资金上，也加大了力度，国外贷款项目主要用于支持中西部地区的基础设施和基础产业建设、农田水利和生态环境的治理与改善，这为中西部地区经济的进一步发展奠定了基础。

1．“九五”期间我国东部、中部、西部外商直接投资概况

“九五”期间，我国利用外商直接投资比“八五”时期有了大幅度提高。“九五”第一年的1996年比1995年总体水增提高11.21%，超出42亿美元，当年外商直接投资达到417.25亿美元；1997年，我国各地区引进外商直接投资普遍呈现较强增长趋势；但到了1998年，这一趋势趋于缓慢，有的地区开始下降；1999年，各地外商直接投资普遍下降，总体水平已低于1996年。

按照3大地带的划分，我国东部地区包括12省（区）、直辖市；中部9省（区）；西部10省（区）、直辖市；1996—1999年，历年各地区占当年全国利用外商直接投资的比重，东部地区仍占有绝对优势，4年共计利用外商直接投资1496.46亿美元，占同期全国利用外商直接投资总额1727.64亿美元的87%；中部地区利用外商直接投资172.76亿美元，占同期全国外商直接投资10%；西部地区4年引进外商直接投资仅为40.13亿美元，占同期全国外商直接投资3%；如果将这一时期中西部地区外商直接投资额相加，也只有212.89亿美元，占同期外商直接投资总额的13%，远远低于东部地区利用外商直接投资的水平。

2．造成东部与中西部地区外商直接投资差异的原因

就东西部区位比较而言，首先是自然地理的优势，东部沿海省（区）、市有丰富的自然资源和物产资源；第二是有便利的交通基础设施，铁路、航运、公路网、天然良港遍及沿海各省；第三，对外交流的历史悠久，沿海地区历史上就是我国对外交流商贸发展的地区，与东北亚、东南亚、北非等地区有着渊远的人员交往和商贸交易的历史；第四，劳动力资源丰富，素质相对较高；第五，改革开放以后，得益于中央的发展战略和政策上的支持。

而我国广大的中西部地区，一是由于历史的原因逐渐形成的东部与中部、西部的差异；二是地理位置处于内陆地区，多数省（区）高寒、多山、人烟稀少，有广阔的未开发地区和荒漠地带；三是交通基础设施的建设和分布不均与东部地区有很大差别；四是经济基础建设和布局不均衡，工农业发展不平衡；五是人口分布不均匀，人员素质相对低，商品意识和市场意识不强，这些都使东西部发展形成明显反差。

其次，从外商直接投资的性质分析，外商直接投资是利用外资的一个主要组成部分，它是外国企业和经济

组织或个人（包括港、澳、台胞以及我国在境外注册的企业）按照我国有关政策、法规，用现汇、实物、技术等在我国境内开办的外商独资企业、与我国境内企业或经济组织共同举办中外合资、合作企业或合作开发资源的投资（包括外商投资收益的再投资）以及经政府有关部门批准的项目投资总额内，企业从境外借入的资金。这明显地不同于其他利用外资形式，因此，外商直接投资更关心的是如何降低风险使资本增值，如何降低成本加速资本流动产生超额利润，这样，东部地区自然成为外商直接投资的理想地区。

第三，从国际资本流动的角度分析，国际直接投资除主要在发达国家间流动外，还将选择流向东南亚、中美洲、中东欧和非洲等地，这无疑将形成与我国竞争的局面。如果用比较优势的观点分析，我国中西部地区投资硬环境不如以上地区的一些国家，在软环境上，中西部各省（区）在自然、技术和经济发展水平上也有较大差异，体制环境也不尽一致，这同一些国土狭小、体制单一的国家相比，也并非处于优势。从劳动力成本来看，改革开放20年，我国东部地区已加入到全球比较优势循环之中，并且已经从中受益。因为国外直接投资的技术资本密集型产业更注重劳动力素质、市场和基础设施，而把劳动力成本放在了次要地位。东部地区的经济发展、劳动成本的提高以及东南亚地区国家的经济恢复而形成的劳动力比较优势的转移，都有可能对中西部地区利用外商直接投资形成新的挑战。

3．东部地区外商直接投资分析

“九五”期间，东部地区引进外商直接投资有以下显著变化，第一，低水平的小项目、重复引进和劳动密集型项目开始减少；第二，产品的科技含量不断提高，出口创汇能力加强；第三，外商的投资规模不断扩大，独资企业开始增多；第四，跨国公司开始在东部地区有系统地扩张；第五，服务贸易在东部逐步发展起来。

1996—1999年期间，东部地区外商直接投资明显高于中西部地区，这其中，利用外商直接投资前10位的省（区）、直辖市都在东部地区。排名第一位的是广东省，占同期全国利用外商直接投资总额的27.21%；江苏省位居第二，占13.52%；福建省排第三，占9.56%；第四位上海占8.45%；第五位山东占5.52%；第六位天津占4.86%；第七位北京占4.22%；第八位辽宁占4.16%；第九位深圳占3.85%；浙江省排第十位，占3.23%。

4．中西部地区外商直接投资总体形势分析

从总的发展趋势看，中西部地区和东部地区一样，外商大规模投资也是从1992年开始持续上升，东部地区利用外商直接投资数额巨大，远远超出中西部地区，但从引资强度看，1991—1998年东、中、西三大地带走势基本一致，而且中部、西部增长幅度还要强劲于东部。

中部地区1993年达24.39亿美元，1994年31.21亿美元，1995年34.89亿美元。“八五”时期中部的外商投资总计达到101亿美元。“九五”第一年的1996年外商投资41.97亿美元，比上年增长20.29%；1997年为52.81亿美元；1999年为37.47亿美元。即便这样，“九五”期间的前4年仍高于“八五”时期总和，达到168.80亿美元，比“八五”时期增加67.80亿美元，增长67.13%。

西部地区在1992、1993、1994年利用外资连续上升，1995年虽然略有下降，但仍远高于“八五”初期前2年的水平。“八五”期末，西部外商投资总计达到44.27亿美元。“九五”期间最好年份是1997年，达到16.94亿美元；1996—1999年西部利用外商直接投资46.03亿美元，比“八五”时期增加1.76亿美元，增长3.98%。

从外商投资增长情况看，中部地区增长波动要大于东部地区，这说明中部地区在吸引外资方面，仍然具有优势。中部地区从北部的黑龙江、吉林到南部的湖北、湖南、江西是我国制造业集中的地区，如以山西为中心的能源和机械铸造基地，以河南郑州为中心的机械电子工业基地，长江中游的基础工业和纺织、机械、汽车制造、轻工、食品、建材工业等。其中，湖北，湖南、河南3省1996—1999年期间，引进外商直接投资在中部地区明显高于本地区其它省（区）。湖北达到33.58亿美元；湖南达到30.92亿美元；河南达到23.54亿美元。西部地区基础较好的陕西省“九五”期间利用外商直接投资高于其它省（区），达到14.95亿美元。其次是四川省和重庆市，分别是13.86亿美元和12.51亿美元。其它省（区）多为西北、西南沿边地区，陆地边境长达1万多公里，因此，西部沿边地区应利用这种地缘优势，以点带面地对外开放，在“边境贸易区”的基础上，逐步发展成为“边境贸易与出口加工区”，积极吸引外商直接投资。

2000 年中国投资政策与信息

1 月

国家将制定风险投资管理办法

科技部副部长邓楠指出：当前风险投资存在五个方面的问题：

一是政府资金比例过高，民间资金明显不足，这种现象长期存在是违背市场经济基本原则的，政府在风险投资中的定位应当是：制定政策，创造环境，加强监督，控制风险。

二是以信贷或担保的方式搞风险投资。要把风险投资与一般资金适当隔离，既要支持高新技术的发展，又要规避银行资金的风险。

三是缺乏有效的产权流动机制，产权流动机制对于发展高新技术风险投资至关重要，退出的主要办法就是企业上市。

四是风险投资缺乏良好的市场环境，这主要表现在：缺少鼓励长期投资的政策和中介服务体系。

五是风险投资的人才紧缺。

目前我国风险投资大约是 35 亿元，风险投资机构大约有 80 多家。将新制定的风险投资管理办法，加上现在正在制定的几个相关法规，共同来规范和促进高新技术风险投资的发展。

我国将进一步发挥货币政策作用

中国人民银行行长戴相龙表示，2000 年将从 5 个方面进一步发挥货币政策的作用。

一是及时调节货币供应，使全年货币供应量增长幅度与上年持平，积极支持商业银行认购国债和各种金融债。针对金融机构持有 13000 亿元各种债券的情况，要大力发展公开市场业务。全年广义货币供应量 M2 预期增长 14%至 15%，狭义货币供应量 M1 预期增长 15%至 17%，金融机构全部贷款约增加 10000 亿元。

二是及时制定信贷政策，引导贷款投向。国家银行等金融机构要改进业务经营计划管理，合理划分贷款权限，及时发放与运用国债资金安排的基本建设项目相配套的固定资产贷款和有市场、有效益、守信用企业的流动资金贷款，大力发展居民购房、助学等消费信贷，支持科技型、社会服务等小型企业发展，认真解决农民贷款难的问题。

三是发挥信贷监督作用，促进工商企业改进企业管理，推进经济结构调整。对重复建设的项目、生产积压产品的企业、需要关闭的小矿小厂、逃废债务的企业、需要压缩生产能力的行业等，要停止贷款并收回到期贷款。对逃废债务的企业，要依法收贷。

四是支持资本市场的发展，扩大直接融资。按有关条件，增加对证券公司的短期融资，商业银行可按规定对证券公司开办证券抵押融资。发展产业基金和创业基金，支持发展中外合资企业投资基金。

五是加强内部管理，加快金融体制改革，为进一步发挥货币政策作用创造条件。

国家经贸委确立推动技术创新 6 项重点

为进一步深入系统地推进技术创新工作，国家经贸委技术进步与装备司提出当前 6 个工作重点。

一是加快企业技术开发中心建设，重点支持 20 户左右技术创新试点企业及技术开发中心企业。

二是建立以城市为依托，主要面向中小企业的技术创新支撑体系。用 3 年左右时间，推动 40 个城市建立面向市场、主要为中小企业服务的技术创新中心。

三是结合科研院所转制，用 3 年左右的时间，逐步建立企业化经营机制和运作方式，建成面向行业、开放式的技术开发基地。

四是加强产学研联合机制建设。在全社会范围推进科技资源的优化配置，促进和鼓励国有大企业与科研院所、高校建立开放、稳定的合作关系。

五是围绕结构调整和产业升级，支持一批重点技术创新项目。重点支持少数具有自主知识产权和前景良好的高新技术项目。

六是 大力推进技术改造和重大技术装备国产化工作。采取有效政策措施，支持企业技术进步和产业升级。

国家计委开展 8 项价格收费检查

国家计委副主任汪洋说，2000 年在全国范围内将开展 8 项价格、收费检查，以整顿价格秩序，清理各种乱收费，为启动城乡消费创造一个良好环境。

这8项检查包括电力行业价格专项检查，公安部门收费专项检查，旅游行业价格检查，住房价格和物业管理收费检查，小轿车价外收费检查，教育收费检查，涉农收费、粮食价格、烤烟价格检查以及明令取消的收费项目复查。国家计委要求各级价格主管部门，设立价格举报机构，健全举报网络，及时受理群众举报。

据悉，去年国家计委开展了交通收费、民航客票价格、电信资费等10项专项检查。据统计，全国共查处各类价格违法案件22.84万件，查处违法所得金额27.18亿元。

我国对中西部地区外企给予所得税优惠政策

国务院决定，从2000年1月1日起，对设在中西部地区的国家鼓励类外商投资企业，在现行税收优惠政策执行期满后的3年内，可以按15%的税率征收企业所得税。

一、可执行这项税收优惠政策的中西部地区是指：山西、内蒙古、吉林、黑龙江、安徽、江西、河南、湖北、湖南、重庆、四川、贵州、云南、西藏、陕西、甘肃、青海、宁夏和新疆共19个省（自治区、直辖市）的全部行政区域。

二、可执行这项税收优惠政策的国家鼓励类外商投资企业是指：从事经国务院批准，由国家计委、国家经贸委和外经贸部联合发布的《外商投资产业指导目录》中鼓励类和限制乙类项目以及经国务院批准的优势产业和优势项目的外商投资企业。

三、在现行税收优惠政策执行期满后的3年内为本项税收优惠政策的优惠期间。在现行税收优惠政策执行期满后的3年是指享受《中华人民共和国外商投资企业和外国企业所得税法》规定的减免税期满后的3年。在本项税收优惠期间，企业同时被确认为产品出口企业且当年出口产值达到总产值7成以上的，可再依照税法实施细则规定，减半征收企业所得税，但减半后的税率不得低于10%。

天津出台鼓励外商投资财政税收新政策

天津市政府出台的鼓励外商投资的财政税收新政策包括：

一、外商投资企业用本企业所获利润扩大投资，凡企业剩余经营期限不少于5年的，不论外方投资者还是中方投资者，均给予返还其当年再投资部分已缴纳所得税的40%税款。对于技术先进型或出口型企业，返还其当年再投资部分已缴纳所得税的全部税款。对剩余经营期限超过10年的生产性企业扩大投资，不论企业增资的来源，对其增资取得的收益，视同新建企业享受所得税优惠政策。

二、对外商在天津投资兴办银行、保险公司、律师事务所、会计事务所及高级咨询公司，新购建的自用办公房产免征契税、免征城市房地产税一年。银行及保险公司自获利年度起，免征地方所得税。律师事务所、会计事务所及高级咨询公司，自开业之日起，第一年至第二年免征企业所得税。

三、对收购天津市中小型企业的外商，可采取同等条件优先的原则，享受天津市规定的抵扣企业净资产价值的优惠政策，以降低外商的收购成本。被收购企业经营期限在10年以上的，不论是生产性企业，还是非生产性企业，均从获利年度起享受所得税“免二减三”的优惠政策。

国家全面整顿企业抵押贷款收费

为切实减轻企业负担，经国务院减轻企业负担部际联席会议批准，国家计委、财政部、国家经贸委、人民银行发出《关于整顿企业抵押贷款收费的通知》，对企业抵押贷款收费进行全面整顿。

针对抵押贷款存在的问题，《通知》明令取消了政府有关部门收取的验证费、查档费、建档费、现场勘察费、过期保管费、注销费、管理费、审查费、确认费等收费项目。

《通知》强调，企业办理抵押贷款过程中，除为保证贷款资金安全所必须履行的法定登记外，任何部门、单位都不得强制实施服务及收费，不得强迫企业到指定的机构接受服务及收费。同时对企业办理抵押贷款中必须发生的登记收费，采取了适当减免措施。企业以土地使用权作为抵押物的，土地登记中的权属调查、地籍测绘费均按现行规定标准的50—70%计收；土地界址点没有发生变化的不得收取地籍测绘费。企业以房屋作为抵押物的，登记费按现行规定标准的50—70%计收。企业以其他物品作为抵押物的，除按规定收取证照工本费外，不得收取其它费用。

《通知》加强了对中介机构收费行为的监管。《通知》规定，办理抵押贷款需要进行评估、公证和鉴证的，应按照“谁委托、谁付费”的原则，由委托方自行委托有资格的机构进行评估、公证、鉴证，并适当降低了有关收费标准。合同鉴证费按现行规定标准的50%计收；房屋、国有资产评估收费以及地方政府定价的其他各类评估收费，除已对抵押评估规定减半收费的外，均按现行规定收费标准的50—70%计收；对企业抵押贷款合同进行公证的，按照现行收费标准的50%计收。

《通知》对企业抵押贷款相关政策界限作了进一步明确。《通知》规定，对贷款抵押物进行评估，须以与贷款规模相适应的有效抵押物的评估金额为基数计取费用，不得采取扩大评估标的范围或虚高估价的方式多收费；抵押物的抵押权益登记有效期限应与贷款期限相一致，在贷款期限内，评估、公证、鉴证机构不得再重复进行评估、公证、鉴证并收费；企业抵押权益登记期满，继续利用同一抵押物申请抵押贷款续期的，除工本费外，不再收取抵押物登记费；委托前次评估机构和公证机构再次进行评估和公证的，其收费标准应在不超过规定收费标准30%的幅度内计收。

《通知》强调，各商业银行应本着自愿原则，就抵押物保险事宜与贷款企业协商。企业已办理的保险能保证抵押物安全的，银行不得要求企业再次保险。

中国加入WTO，金融业将加大改革力度

中国人民银行行长戴相龙表示，中国加入世界贸易组织有利于引进资金和技术，促进中国的出口，也有利于促进国内中资银行的改革，但同时也给中国金融业带来压力。因此，人行要继续加大改革力度，勇于面对挑战。

戴相龙指出：目前中央银行面临三项主要任务，一是进一步发挥货币政策的作用，改进金融服务，加大金融对经济增长的支持力度。二是继续认真落实1997年全国金融工作会议确定的三年整改工作任务和目标，加强改革，防范风险，实现金融秩序的明显好转。三是统一认识，坚定信心、深化改革，认真面对加入WTO后对我国金融业发展带来的机遇和挑战，不断提高中央银行的监管能力和商业银行的国际竞争力，努力维护国家经济金融安全。

2　月

股票质押贷款办法出台

中国人民银行、中国证监会联合发布《证券公司股票质押贷款管理办法》，自此证券公司可以自营的股票和证券投资基金作质押向银行贷款。

人民银行：金融政策大力支持西部开发

金融支持西部开发，将包括对其加大中长期信贷投入力度，支持其加强基础设施建设、改善生态环境和发展有特色、有优势的产业。同时，加快其金融业对外开放步伐，吸引国外资本参与其开发与建设。

此外，还将进一步完善国家银行在西部的机构设置，优化网点结构；支持和鼓励各商业银行总行加强资金调度，合理考核资产负债比例指标，合理确定西部分支行贷款审批权限和考核标准，充分调动西部基层行发放贷款的积极性；各商业银行在支持西部大开发中资金不足的，人行将积极给予再贷款支持；对跨地区的贷款，商业银行可采取总行直贷或分行联贷的方式。

我国西部地区目前已基本形成以国有商业银行为主体、多种金融机构并存的金融组织体系，金融环境已有较大改善。这一地区金融机构存款余额占全国总额的33.8%，贷款占42.3%。但这一地区的总体资金不足，金融效率、经营观念、经营机制、营销方式等方面仍不能完全适应西部大开发的要求，需要进一步深化改革，并采取进一步扶持措施逐步加以解决。

为落实金融业支持西部大开发相关政策，人行已决定设立金融支持西部大开发战略领导小组，负责加强与地方政府的信息沟通。近期将主抓国债项目配套贷款的发放。对西部地区上报的项目，要求各商业银行和国家开发银行组织专门力量，加快评估、审批；配合有关部门筛选一批符合产业政策、具有一定经济效益的基础设施项目，做好立项、资金筹集、贷款申报工作。同时，增加对特色优势产业流动资金的支持，扩大对西部农村信用社再贷款，并要求西部地区人行分支机构做好再贷款、再贴现发放和管理工作。

国家计委：重点支持西部开发三大领域

国家计委将对西部地区的基础设施建设、生态建设以及优势产业开发和结构调整进行规划，并将这3个方面确定为西部开发的重点领域。重点是水利设施建设，包括公路、铁路、机场在内的交通建设以及城市基础设施建设。更多地将国际金融组织贷款用于西部地区的建设项目；国家还准备在下一个五年计划和当前发行的国债中，用较大的投入强度支持西部的基础设施建设。

铁道部：6条铁路相继启动

“十五”期间，铁路建设将以中西部地区为重点，规划中的西部铁路大中项目基建投资预计将达到1000亿元左右，到2005年，西部铁路预计将达到1.8万公里。

今后5年，主要是建设陇海铁路宝鸡至兰州复线，西安至合肥铁路，株洲至六盘水复线，长达617公里，遂宁至重庆至怀化铁路，达县至万县铁路，争取开工建设万县至枝城和太原至中卫铁路。同时，完善西部省区间的通道，主要是在建设神木北至延安北铁路（全长385.2公里）、西安至安康以及内昆铁路的同时，抓紧进藏铁路的前期工作；加快国际通道建设，主要是建设中吉乌铁路，规划泛亚铁路；加大既有线路改造力度，主要是完成青藏线西宁至格尔木段扩能，成都至昆明铁路电气化改造以及使西部铁路电气化连片成网的扩能项目。

石油天然气集团公司：加速启动“西气东输”

中国石油天然气集团公司启动了“西气东输”工程：加快川渝地区和青海地区天然气的产能建设，扩大长庆靖边、乌胜地区的天然气产能建设，加紧塔里木气田的试采，使西部天然气资源成为新的经济增长点，变西部的资源优势为市场优势。四川忠县至武汉的天然气管道、青海涩北气田至兰州900多公里天然气管道建设可望于年内动工兴建。“西气东输”工程将建设4200公里左右管道，将塔里木盆地的天然气东送，经甘肃、宁夏、陕西、山西、河南、安徽、江苏到上海，供应长江三角洲地区和沿线各省（区）的工业和居民用气。初期年供气120亿立方米左右，以后将随着资源勘探的深入和下游用气市场的开拓，逐步增加供气量。

“西气东输”工程将大大加快新疆地区以及中西部沿线地区的经济发展，相应增加财政收入和就业机会，带来巨大的经济效益和社会效益。这一重大工程的实施，还将促进我国能源结构和产业结构的调整，带动钢铁、建材、石油化工、电力等相关行业的发展。沿线城市可用清洁燃料取代部分电厂、窑炉、化工企业和居民生活使用的燃油和煤炭，将有效改善大气环境，提高人民生活质量。

“西气东输”工程包括油气资源勘探开发、输气管道以及城市管网、工业利用等相关项目建设，初步预测第一期投资将达到1200亿元左右。

我国消费市场将出现4个新增长点

2000年，我国消费市场将出现4个新的增长点，即：教育、信息、假日、服务。

据调查，目前我国城市消费中增长最快的是教育，增速为年均20%左右。居民储蓄的10%是作为“教育消费”预留，高于用于购房的7%。电子商务的发展使商业交易的时空得到无限拓展，商家甚至可以在零库存的情况下维持正常的商贸业务。专家认为假日消费将成为2000年消费品市场中一颗新星。国家内贸局有关人士认为，2000年在非商品消费中，服务性消费异军突起。

3　月

民间投资禁区将被打破

国家发展计划委员会主任曾培炎在国务院召开的新闻发布会上表示，我国将取消所有针对民间资本的投资禁区，创造一个符合市场经济规律的投资与需求环境。

2000年将致力于“调动企业和社会各方面增加投资的积极性，创造有利于扩大投资的社会环境。积极鼓励和引导民间投资，除关系国家安全和必须由国家垄断的领域外，都应允许民间资本进入；在税收、土地使用、企业开办、进出口等方面，取消一切不利于民间投资和民营经济发展的限制性和歧视性规定。”“在股票上市方面，民营企业应享有与国有企业同等的机会”。

“西气东输”项目前期工作启动

3月25日，国家计委在京召开“西气东输”工作会议，对项目前期工作进行具体部署。

国家计委主任曾培炎在会上指出，“西气东输”工程是贯彻落实党中央西部大开发战略的重要举措，是把西部地区资源优势转变为经济优势的一项重大基础设施建设，是带动新疆经济发展和造福新疆人民的大好事。这是一项上、中、下游一体化，跨地区、跨行业、涉及面很广的系统工程，一定要加强领导，统一协调，精心组织，处理好各方面关系。在前期工作中，要搞好科学论证，特别是要加大地质勘探力度，确保有稳定可靠的气源，落实好下游用气市场。要搞好工程的总体规划，处理好天然气资源开发与其他能源开发之间的关系以及“西气东输”与东海天然气开发的关系。在项目实施中，要解放思想，扩大对外开放，积极利用外资。

会议要求，要抓紧抓细工程的前期准备工作，各有关省（市、区）、行业部门和国家公司要提出具体实施步骤、组织办法、经济评价和资金筹措方案。要加大新疆地区的勘探力度，采用先进的科技手段，力争今年底再探明3000亿立方米的天然气储量，为累计探明1万亿立方米奠定基础。各相关地区和部门要根据实际情况，尽快提出用气项目和用气量。各级政府要积极引导，制定政策，带动社会资金投入，吸引国际上有实力的合作伙伴参与投资、建设和管理。在积极组织“西气东输”工程的同时，要抓好东海天然气的开发利用。要把东海油气资源开发利用摆在优先位置考虑，规划好两个气源的使用市场。

会议指出，“西气东输”工程投资大，建设周期长，协调任务十分艰巨。各有关地区、部门和国家公司要在统一领导下，互相配合，互相支持，科学有序地组织工程实施。力争用一年时间搞好规划、设计工作，2001年上半年干线管道和各地的下游用气设施开始同步建设，2003年开始输气。

部分外商投资项目审批权限下放

为进一步扩大对外开放、鼓励外商投资，国家计委和国家经贸委就扩大部分外商投资项目审批权限发出通知。

通知规定，在《外商投资产业指导目录》（1997年修订版）鼓励类项目中，不需要国家综合平衡的外商投资项目审批权限下放到省一级，由省、自治区、直辖市和计划单列市自行审批。此类项目的建议书和可行性研究报告的批准文件按项目性质抄报国家计委或国家经贸委备案。通知说，两部门在收到备案文件之日起1个月内未提出异议的，视为同意。

为便于操作，通知还对需要国家综合平衡的外商投资项目作出明确界定，这些项目是：

——需要中央预算内投资、国家政策银行贷款和四大国有商业银行承担并享受国家贴息支持的基本建设、技术改造贷款的外商投资项目以及运用上述投资和主权外债投资形成的国有资产与外商进行的合资、合作项目；

——关系国计民生和生产力布局的外商投资项目，这其中包括基础设施项目、重要工业项目、电子设备及通讯项目、航空航天项目、矿业项目；

——有关法律、法规规定用地需要报国务院审批的项目、林业用地项目以及大量消耗淡水资源和对淡水资源可能产生破坏和污染的项目；

——需要国家进出口配额和许可证的项目；

——国家新引进的外商投资方式和新开放领域的试点项目。

国务院西部开发办公室成立

国务院西部开发办公室成立，国家计委主任曾培炎兼任西部开发办公室主任。据中央总体部署，西部开发办今年重点抓好四件事：年底完成西部开发总体规划；研究制定促进西部开发政策措施，重点研究发展科技、教育、吸引人才的政策；加快西部基础设施建设，安排310亿元投资用于28个在建大中型项目；继续实施天然林保护工作，抓好退耕还林还草试点。

技改投资抵免所得税政策出台

财政部和国家税务总局联合下发《技术改造国产设备投资抵免所得税暂行办法》，规定凡在我国境内投资技改项目的企业，其项目符合国家产业政策的，所需国产设备投资的40%均可享受抵免企业所得税的优惠。

《办法》规定，享受投资抵免的技术改造项目是指国家经贸委发布的《当前工商领域固定资产投资重点》等有关政策文件中列明的项目，即企业为了提高经济效益，提高产品质量，增加花色品种，促进产品升级换代、扩大出口、降低成本、节约能耗、加强资源综合利用和三废治理、劳动安全等目的，采用先进适用的新技术、新工艺、新设备、新材料等，对现有设施、生产工艺条件进行的改造。

《办法》规定，可享受抵免的须是国产设备投资，即企业运用银行贷款和企业自筹资金，购置国内企业生产制造的生产经营(包括生产必需的测试、检验)性设备。

《办法》还对如何进行抵免做出具体规定：企业每一年度投资抵免的企业所得税税额，不得超过设备购置当年比前一年新增的企业所得税税额。如当年新增税额不足抵免时，未予抵免部分可用以后年度新增税额延续抵免，但抵免期限最长不得超过5年。

国企利用外资重组资产有新规定

国家经贸委发文，对国有企业利用外商投资进行资产重组的有关政策作了具体规定：

根据经贸委下发的《关于国有企业利用外商投资进行资产重组的暂行规定》，总投资额在1亿美元（含1亿美元）以上的项目，由国务院有关部门、各省、自治区、直辖市及计划单列市经贸委报国家经贸委提出审查意见后，报国务院批准。总投资额在1亿美元以下，3000万美元（含3000万美元）以上的项目，由国务院有关部门、各省、自治区、直辖市及计划单列市经贸委初审后、报国家经贸委审核。总投资在3000万美元以下的项目，由国务院有关部门、各省、自治区、直辖市及计划单列市经贸委审核，同时抄报国家经贸委备案，其权不得下放。

新疆启动700亿元的投资计划

一项在10个领域同时展开30个重点项目建设的投资计划在新疆正式启动。这些项目涉及水利、农业、电力、煤炭、石油、交通等，预计总投资达700亿元。

这项计划是在国家将开发重点西移的背景下出台的。资金由国家和地方政府共同筹集解决，大部分投资将于5年内完成。这些投资项目大多围绕基础设施建设和生态工程、其中包括投资100亿元、已经开工的塔里木河生态环境的综合治理工程；投资200亿元的改善新疆水力布局的克孜勒苏柯尔克孜自治州布龙河水利枢纽等一系列水利工程；超过300亿元的公路、铁路建设，以及100亿元的从塔里木油田到上海的输送天然气管道铺设等。

这些工程的建设将确保新疆步入一个快速发展阶段，带动新疆的生产与消费。这些工程将极大地改变新疆滞后的基础设施面貌，改善生态环境，对新疆今后的可持续发展至关重要。

“十五”计划将对经济结构进行五大调整

国务院副总理温家宝在“中国发展高层论坛”上强调，今后5到10年，将是中国现代化进程中极为重要的时期，必须抓住机遇，加快发展，为实现现代化建设第三步战略目标奠定坚实的基础。

温家宝说，从明年起，我们将进入“十五”（2001年至2005年）计划时期。中国政府正着手制定第10个五年计划，这是进入21世纪的第1个五年计划，是中国初步建立社会主义市场经济体制后的第1个五年计划，是进一步扩大开放形势下的五年计划，对于中国的改革和发展具有重要意义。完成这个五年计划，再经过5年的努力，到2010年，我们将要建成比较完善的社会主义市场经济体制，实现国民生产总值比2000年再翻一番，人民生活水平进一步提高。

温家宝强调，在经济发展的新时期，要保持国民经济持续快速健康发展，必须对经济结构进行战略性调整，这是中国当前和今后一个时期经济工作的重大任务。要坚持在经济发展中调整结构，通过结构调整促进经济更好地发展。

1. 要用现代技术改造传统产业，促进产业结构的优化升级；2. 加快发展高新技术产业，努力实现国民经济信息化；3. 积极发展第三产业，发挥中国人力资源的优势；4. 实施小城镇和西部大开发战略，促进城乡和地区经济的协调发展；5. 大规模地开展国土整治和生态环境建设，实现经济和社会的可持续发展。经济结构的战略性调整，将形成巨大的投资和消费需求，不仅为中国经济增长提供强大动力，且为中外经济贸易发展提供广阔的市场空间。

4 月

国家出台《关于建立风险投资机制的若干意见》

本月初，业内企盼已久的风险投资专门法规《关于建立风险投资机制的若干意见》终于出台。

《意见》从建立风险投资机制的意义、基本原则、培育风险投资主体、建立风险投资撤出机制、完善中介机构、建立健全相关政策法规几个方面提出了看法。风险投资业的专家认为，《意见》是国家首次给风险投资定调，应当引起企业界、投资界的高度重视。

国家按照“制定政策、创造环境、加强监管，控制风险”的原则，推进风险投资体系的建设；鼓励地方、企业、金融机构、个人、外商等各类投资者积极推动和参与风险投资事业的发展；拓宽市场准入渠道，对风险投资活动给予必要的扶持政策；要重视发挥科技创业服务中心、高新技术开发区、高校科技园区等机构的作用。

《意见》指出：风险投资公司和风险投资基金，是风险投资主体中的主导性机构。风险投资基金应按封闭式设立，即率先确定发行总额和存续期限，在存续期限内基金份额不得赎回。中介服务机构的设立要严格执行政企分开的原则，按诚信、公正、科学的原则，依法开展经营活动。国务院有关部门将定期制定颁布风险投资项目（领域）指南，引导创业资本投向。

据统计，目前我国风险投资公司已有92家，注册资金74亿元人民币，风险投资正在构架创业与投资的“金桥”。

150家跨国公司落户北京

北京市副市长张茅在北京外商投资企业协会理事会上说，全球最大的500家跨国公司已有150家来京投资。外商投资企业对北京经济发展，特别是高新技术产业的发展发挥着越来越重要的作用。

张茅指出，要提高利用外资的规模和水平，必须进一步改善投资环境。政府重心要由减税让利向营造公平、规范、符合国际惯例的市场转变，由优惠政策向普惠政策，由区制政策向统一政策转变。

1000亿元投向北京基础设施

为进一步拉动北京市经济增长，扩大内需及完善市政基础设施项目，北京市去年启动61项市政基础设施，总投资达1000亿元人民币。

这些市政基础设施项目包括南、西、北四环路工程，广安门大街改扩建工程，南中轴路（南三环——南四环），德外、西外大街改造工程及一系列道路延长及改造工程等。

市政公用设施工程包括第九水厂三期、第十水厂、城市污水回用工程，京沈配水管线、城子水厂、陕北天然气市内工程、人工煤气管网调整工程等。

投资最大的工程为地铁五号线工程，总投资为120亿元；南、西、北四环路工程投资为69.3亿元。在公用设施工程中，天然气市内支户线工程投资为95亿元，市区燃煤锅炉置换项目投资66.5亿元。

各国财团逐鹿我国高速铁路建设

我国准备兴建的高速铁路计划正吸引各国财团争相角逐，法国政府已准备花费5亿美元以上用来向中国展示它的铁路科技，以取得估计超过150亿美元的高速铁路合同。

据悉，德国总理施罗德去年11月访问中国时即曾大力争取这个合约，德国高铁希望其时速可达500公里的磁浮技术能成功说服中国，将北京到上海1300公里的高速铁路主合约交给德国。业界估计这个计划费用可能达到150亿美元以上，将成为中国仅次于三峡大坝的第二大基本建设。

德国的竞争对手日本新干线，也以时速300公里的子弹列车技术进行竞争，它的速度虽然慢了些，但是日本强调它是已经通过验证的技术；另一个对手是法国的亚斯顿和西门子财团，它的蓝本是以法国TGV和德国ICE技术为主的传统高速铁路系统。

重庆投百亿元建设十大工程

从重庆市计委获悉，2000年计划投入126.5亿元人民币，建设十大重点工程项目。这十项工程是渝怀铁路、城市轻轨、环城高速路、城市环境工程，生态环境工程等，这些工程对加速重庆建设都有重大的作用。

对外发债管理意见出台

国务院办公厅转发国家计委、人民银行《关于进一步加强对外发债管理的意见》，以规范我国境内机构境外发债行为，提高发债筹集资金的使用效益，防范国家外债风险。

《意见》明确指出，对外发债是指我国境内机构，包括国家机关、金融机构及境内其他企事业单位和外商投资企业，在境外金融市场上发行的、以外币表示的、构成债权债务关系的有价证券。境内机构发行境外外币可转换债券、大额可转让存单、商业票据，视同对外发债进行管理。

关于发债资格的认定，《意见》指出，对外发债实行资格审核批准制。除财政部外，境内机构对外发债资格，由国家计委会同人民银行和有关主管部门，借鉴国际惯例进行评审后报国务院批准。发债资格每两年评审一次。

《意见》规定了对外发债的审批管理办法。除财政部外，境内机构对外发债，经国家计委审核并会签国家外汇管理局后报国务院审批。国务院批准后，市场选择、入市时机等由国家外汇管理局审批。地方政府不得对外举债。境内机构发行商业票据由国家外汇管理局审批，并占用国家外汇管理局核定该机构的短期对外借款余额指标。已上市外资股公司对外发行可转换债券，不实行资格审核批准制，在年度发行规模内，按境内机构对外发债的审批程序办理。

国家用90亿元支持企业技改

为加快产业升级和企业技术进步，国家将增加对企业改造的投资力度。国家今年发行的1000亿元国债中，有90亿元用于支持对重点行业重点企业的技改项目。用国债资金支持重点技改项目，将采取项目资金补助和贷款贴息两种方式实施。项目资金补助主要支持国家520户重点企业、120户试点企业集团和社会效益好的技改项目，并适度向西部一些骨干企业倾斜。列入国家重点技改计划的其他企业，将享受贷款贴息支持。

石油和化学工业投资重点

国家有关部门确定了石油和化学工业投资重点。主要有：

——发展含硫原油加工技术，不再增加加工进口低硫原油和国内原油的一次加工能力。

——增加石化产品品种。淘汰70＃汽油，生产90＃以上车用汽油，实现汽油无铅化；增加聚乙烯、聚丙烯等合成材料规格品种。

——发展适销对路的化工产品新品种。发展高浓度磷复肥、钾肥、无氯钾肥、子午线轮胎、新品种农药以及高档染颜料及中间体和专用精细化工产品。

——节能降耗、资源综合利用。采用耐硫变换、新型炉篦、节能型合成氨塔内件等新工艺、新设备，对中型合成氨生产装置进行节能、降耗改造；对环氧丙烷、环氧氯丙烷等有机氯产品进行增加规格牌号、提高质量的技术改造；加强磷石膏、碱渣等综合利用。

我国电信产业形成多家经营的格局

随着我国电信改革的不断深入，电信领域正逐步形成不同层次、不同形式的竞争格局。中国联通获准经营国际长途业务。至今，我国所有电信业务都实现了多家经营。

目前，经国家通信主管部门批准经营本地、长途、国际电话业务的运营企业有中国电信和中国联通；经营移动通信业务的有中国移动通信集团和中国联通；从事计算机信息网络国际联网业务者已达300多家，跨省联网经营者77家，其中包括中国网通等；经营国内帧中继电信业务的有吉通有限责任公司和中元金融数据网络有限责任公司；经营国内卫星转发器出租业务的有中国通信广播卫星公司、中国东方通信有限责任公司、金诺卫星通信有限公司；国内VSAT通信业务经营者27家；跨省联网无线寻呼经营者23家；双向寻呼经营者6家；从事跨省电话信息服务业务者11家。

我国电信市场多元化竞争格局初步形成后，中国电信、中国移动等企业继续保持快速发展。同时，中国联通、吉通公司、中国网通等新组建的电信运营企业也将得到快速发展。

我国城市电网建设改造进入高峰

由于全国城市电网建设与改造工程实施力度逐步加大，今明两年全国需要完成投资800多亿元，因此全国电力系统将进入城网建设改造的高峰期。

截至去年底全国只完成城网改造与建设总任务量的1/3左右。根据国家电力公司的计划，到2000年6月底，241个城网项目将全部开工启动，到年底要有33个城网项目基本完工，其中13个城网项目竣工，任务相当繁重而艰巨。

国家电力公司要求各地抓住这次城市电网建设改造的机遇，切实做好结构调整，使城网结构更趋合理，供电可靠性稳步提高，线损率合理下降，电能质量符合标准。

我国水泥需求量将持续增长

由于未来3年我国将扩大对基础设施建设的投资，市场对水泥的需求，尤其是对高质量水泥的需求将持续增长。

未来3年，我国基础设施建设投资将达7500亿美元，固定资产投资年增长率将超过10%。投资将主要集中在交通、住宅、城乡基础设施、农业水利和生态环保等方面。大量建设周期长的工程项目上马，将刺激水泥需求量的持续增长。未来几年内中国将修建4000多公里的高速公路，对高质量水泥产品的需求将大幅增长。

加快实施“西电东送”战略重点推出

国家电力公司确定“十五”期间将在有条件的西部地区开发大型水电站和坑口电站，向东部送电。南部电网争取实现云南100万千瓦左右的季节性水电送到广东；中部电网重点建好三峡输变电工程，实现川渝与华中电网联网；北部电网将做好山西、内蒙古西部火电基地和黄河上游水电站建设工作。

2000年我国公路建设计划

2000年我国要完成330余个乡镇、6700余个行政村的通公路建设，实现99%的乡镇和90%的行政村通公路。2000年公路建设总规模计划完成1800亿元。“两纵两横”3条重要路段今年将建成1.2万公里，确保2002年基本建成，“五纵七横”年底将建成50%。

我国确定信息技术创新发展目标

我国确定信息技术创新的发展目标：到2010年，我国要成为世界信息技术强国。“十五”期间通过加强技术创新，要使我国信息产业的整体技术水平有明显提高。扩大知识产权的拥有量，初步建成以企业为主体，产、学、研、用有机结合的信息技术创新体系与机制，为发展信息产业、为国民经济信息化和社会服务信息化提供有力的技术支撑。到2010年，我国主要信息技术领域知识产权拥有量要居世界前列，技术水平与发达国家同步，使我国成为世界信息技术强国，并成为信息技术的主要出口国。

我国信息技术创新发展重点是攻克关系国家信息安全和增强综合国力的核心技术；突破制约我国信息技术和信息产业跨越发展的关键技术；开发涉及到产业结构调整与升级、改造和提高传统产业、促进产业发展和信息化建设急需的应用技术。发展的重点领域是集成电路技术、软件技术、新型电子元器件和电子信息材料技术、计算机与信息处理技术、现代通信与网络技术、音频和视频与多媒体技术、电子专用设备与电子测量仪器技术、信息安全技术、信息服务和系统集成技术等。

5　月

天津丰田汽车公司组建

国家计委批复同意天津市合资建立天津丰田汽车有限公司和天津夏利轿车换型项目两个可行性研究报告。

天津汽车夏利股份有限公司以部分资产与日本丰田汽车公司合资，以丰田汽车公司NBC轿车为基础，联合开发新型轿车，形成年产三万辆的能力。该项目总投资9698万美元，中外双方各占50%股份，合资年限为30年。

2000年我国外资工作重点

2000年我国利用外资工作的重点是，抓紧研究新形势下利用外资工作的各项政策措施，进一步发展和完善全方位、多层次、宽领域的对外开放，保持一定的利用外资规模。扩大外资领域、探索新的方式，修订《外商投资方向暂行规定》，进一步扩大吸收外商投资的领域；积极探索利用外资的新方式，抓紧出台并完善相应的法规，包括有关中外合资产业基金、风险投资基金的管理办法；加强利用外资管理，继续完善外债管理，防范金融风险。

国家计委还将提高利用外资质量，加大国外优惠贷款对基础设施的投资力度，提高借用国外贷款的使用效益；努力改善利用外资的产业结构和地区不平衡状况，引导外商到中西部投资；研究利用外资支持国有企业发展，支持多种所有制经济共同发展的有效途径，重点放在盘活存量、嫁接改造、证券融资等方面、积极实施“走出去”的对外开放战略，指导企业采取境外投资方式，利用海外市场，开发境外资源。

工程建设项目招标范围和规模标准

为了贯彻执行《中华人民共和国招标投标法》，经国务院批准，国家发展计划委员会发布第3号令，自今年5月1日起施行《工程建设项目招标范围和规模标准规定》。

《规定》将依法进行招标的项目范围进一步界定为：(一）关系社会公共利益、公众安全的基础设施项目，包括能源、交通运输、邮电通讯、水利、城市设施、生态环境保护等项目；（二）关系社会公共利益、公众安全的公用事业项目，包括市政工程、科技、教育、文化、卫生、社会福利、商品住宅等项目；（三）使用国有资金投资项目，包括使用各级财政预算资金、纳入财政管理的各种政府性专项建设基金、国有企事业单位自有资金等项目；（四）国家融资项目，包括使用国家发行债券所筹资金、国家对外借款或者担保所筹资金、国家政策性贷款、国家授权投资主体融资、国家特许的融资等项目；（五）使用国际组织或者外国政府资金的项目，包括使用世界银行、亚洲开发银行等国际组织贷款、外国政府及其机构贷款、国际组织或外国政府援助资金等项目。

上述规定范围内的各类工程建设项目，达到下列标准之一的，必须进行招标：一是施工单项合同估算价在200万元人民币以上的；二是重要设备、材料等货物采购，单项合同估算价在100万元人民币以上的；三是勘察、设计、监理等服务采购，单项合同估算价在50万元人民币以上的；四是单项合同估算价低于以上标准、但项目总投资额在3000万元人民币以上的。

价格监督检查管辖规定出台

为规范价格监督检查行为，维护经营者的合法权益，保障政府价格主管部门依法行使职权，国家计委依据《中华人民共和国价格法》、《中华人民共和国行政处罚法》和《价格违法行为行政处罚规定》，制定了《价格监督检查管辖规定》。《规定》特别强调对铁路、电力、电信等垄断行业价格行为的监督检查，由国务院价格主管部门管辖。

《规定》指出，价格监督检查实行地域管辖与级别管辖相结合的原则。国务院价格主管部门负责指导、协调全国价格监督检查的管辖工作。省、自治区、直辖市政府价格主管部门负责指导、协调本辖区范围内的价格监督检查管辖工作，负责确定计划单列市以及省以下政府价格主管部门管辖权限。对铁路、电力、电信等垄断行业价格行为的监督检查，由国务院价格主管部门管辖。上级政府价格主管部门有权直接查处下级政府价格主管部门管辖的案件，也可以把应由本级管辖的案件书面移交，委托下级政府价格主管部门管辖。政府价格主管部门不应受理不属于本级管辖的案件，已经受理的，应当及时移送有管辖权的政府价格主管部门管辖。

《规定》还指出，两个以上政府价格主管部门因管辖权发生争议的，由有关的政府价格主管部门协商。协商不成的，应当报请共同的上级政府价格主管部门指定管辖。对铁路、电力、电信等行业延伸服务代理服务的监督检查，不分隶属关系，由价格违法行为发生地政府价格主管部门管辖。对零售企业的监督检查，不分隶属关系，由价格违法行为发生地政府价格主管部门管辖。对明码标价执行情况的监督检查，不分隶属关系，由价格违法行为发生地政府价格主管部门管辖。举报的案件，由受理举报的当地政府价格主管部门检查处理。

国家机关收费行为的监督检查,按本规定执行。对在京中央国家机关收费行为的监督检查,由国务院价格主管部门管辖。政府价格主管部门违反本规定的,上级政府价格主管部门责令纠正;对情节严重的,可以通报批评。

国家将立法吸引民间资本进入投资渠道

全国人大财经委员会副主任厉以宁透露，旨在大力吸引民间资本进入投资渠道的《投资基金法》和发展非公有制经济的《中小企业促进法》正在制定。

上述法规的作用之一是要增强国内企业竞争力，同时也是为我国加入世界贸易组织作准备。

《投资基金法》将对民间资本进入企业，拓展多元投资主体、私营企业面对同等机会上市等加以说明。当前解决国有企业改革和上市公司改革，只有资本重组；这就要求允许民营资本、民间资本大量介入，大力发展公共投资基金，其中包括证券投资基金、产业投资基金和风险投资基金（也称创业投资基金）。投资基金的设立，民间资本的大量介入，既能促进技术创新，又能完成制度创新。

营造投资新机制　促进发展中关村

中关村科技发展股份有限公司总经理段永基说，建设好中关村科技园区，必须有巨额资金，尤其是风险投资的介入。要做到这一点，必须大力鼓励民间投资，提倡个人投资高科技项目。

北京市商业银行行长阎冰竹表示，2000年北京商业银行将切实加大贷款投放力度，力争在两年内对科技园区的信贷投入规模达到100亿左右，保证对中关村科技园区的贷款规模不低于全行贷款总规模的50%。

华夏银行已将“积极参与中关村科技园区开发建设”列为2000年工作的两大重点内容之一，积极参与高科技创业基金和高科技产业基金的发起、设立，以架起社会资金与高科技企业发展的桥梁。

国有金融机构监事会条例颁布

为了健全国有重点金融机构监督机制，加强对国有重点金融机构的监督，国务院发布实施《国有重点金融机构监事会暂行条例》。《条例》规定监事会以财务监督为核心，履行下列职责：

一、检查国有金融机构贯彻执行国家有关金融、经济的法律、行政法规和规章制度的情况；

二、检查国有金融机构的财务，查阅其财务、会计资料及与经营管理活动有关的其他资料，验证其财务报告资金运行报告的真实性，合法性；

三、检查国有金融机构的经营效益、利润分配、国有资产保值增值、资金营运等情况；

四、检查国有金融机构的董事，行长（经理）等主要负责人的经营行为，并对其经营管理业绩进行评价，提出奖惩及任免建议。

我国将成为世界最大的电子元件消费市场

我国现已成为世界上最大的消费类电子信息产品的生产国和装配国，电视机、收录机、VCD视盘机、电话机、电子钟表、计算器、电冰箱、空调机等已成居世界第一产量的产品；另外，软、硬盘驱动器、显示器、计算机板卡、鼠标器等也居主要生产地位。为上述产品配套的元器件数量就有近2000亿只。随着电子商务的兴起，这种需求日益加大。据预测，2000年仅集成电路的市场价值就达560亿元。我国电子元器件市场主要分集成电路、分立器件、电子元件三大块。目前我国的芯片总销售额400亿元，片式器件广泛应用于移动通信、HDTV、DVD、计算机、工业自动化控制设备等。目前，国内片式器件需求约为200亿只/年。

据预测，2000年主要新型元器件国内市场需求量为：表面贴装元器件300亿只，厚混合集成电路1.5—2亿块，敏感元器件及传感器10—11亿只，电力电子器件2亿只。1999年，我国电子元件进出口规模达到160.16亿美元。据悉，我国电子元件的市场销售量今后若干年仍有可能保持在20—25%左右的增速，市场销售额维持15—20%增长，我国将很快成为世界最大的电子元件消费市场。

成品油价格将每月一调

从7月份起，国家计委将根据国际市场价格制定成品油基准价，每月调整一次。

从1998年6月起，国家对原油、成品油价格形成的机制进行了改革，国内原油基本实现了市场形成价格为主的机制。国内原油价格随国际原油价格变化每月调整一次，但成品油零售价格却仍然实行指导价，这造成了两者价格的倒挂。

最近汽柴油价格的大幅提价，把两者倒挂的矛盾凸现出来。特别从1999年4月开始，国际原油价格大幅度上扬，并且在2000年3月份突破每桶30美元大关，导致国内炼油企业出现行业性亏损，国内成品油价格调整的滞后性凸现出来。为缓解国内炼油企业的亏损，1999年11月、2000年2月和5月，国家先后3次调高了国内成品油的出厂和零售中准价格。6月5日，国家再次调高了国内成品油价格。经过4次调整以后，汽、柴油的提价幅度分别达到33%和28%。

这次改革的着眼点是建立国内成品油市场形成价格的健康机制，让国内成品油价格与国际市场价接轨。随着本次成品油价格每月调整一次的政策出台，用油紧张、个别人囤积油品、油价倒挂等矛盾有望缓解。

外商投资中西部255项产业免税

国家经贸委、国家计委、外经贸部在京联合宣布：《中西部地区外商投资优势产业目录》正式颁布，外商投资目录中的255项优势产业可享受免税等相关的优惠政策。

目录分别列出了中西部地区20个省、自治区、直辖市的优势产业，以农牧业产品深加工、发展旅游、植树造林、开发矿产资源、交通基础设施建设和新型电子元器件开发制造等领域为重点，鼓励外商投资。

外商投资目录中的项目，可享受《指导外商投资方向暂行规定》中鼓励类项目的各项政策，在投资总额内进口的自用设备，除已有明确规定不予免税的商品外，可免征关税和进口环节增值税（国家有关部门还将陆续制订和发布鼓励外商向中西部地区投资的其他政策措施）。

目录要求各有关方面在审批外商向中西部地区投资项目时，要全面贯彻国家产业政策，执行有关法律法规，按照现行的审批权限和程序进行审核，注重技术装备水平的提高和产品结构的改善，注重资源的合理利用和生态环境的保护。

国家将根据经济发展和国内外市场环境变化的需求，适时对此目录进行调整修订。

国家扶持中小企业贷款

为切实加强和改善对中小型企业的金融服务，中国人民银行出台了《关于加强和改进对中小企业金融服务的指导意见》，共10项内容，将小企业贷款条件放宽。主要内容如下：

——设置小企业档案和项目储备等；借鉴国外信用评分办法，将小企业资金与小企业经营者个人信用相结合发放贷款。

——及时完善授信制度，合理确定县级行贷款审批权限，适当扩大授信额度，并可试办非金融担保贷款；对信用等级连续3年在2A级以上的小企业的小额贷款，经严格审批，可适当发放信用贷款。

——改变现行对科技开发贷款、技术改造贷款、流动资金贷款分别评审、发放的方式，在审定贷款项目时，可将上述各类贷款通盘考虑，统筹安排；对运作规范、经营良好的融资租赁和设备租赁公司开展小企业技改设备租赁业务，可给予必要的信贷支持；适当扩大出口信贷业务范围，对国家鼓励的高新技术产品出口，可以采用卖方信贷，也可以在符合贷款条件的前提下办理买方信贷业务。

——对为大中型企业生产配件和提供加工、营销等配套服务的小企业，大中型企业有担保或还贷承诺，贷款条件适当放宽，对其合法的商业票据和有效付款凭证，要积极办理票据承兑和贴现；支持有条件小企业参与政府采购合同的投标，对中标的小企业，可通过账户托管方式酌情发放信用贷款。

6 月

民营企业在北京投资兴建大学城

浙江民营企业吉利集团投资8亿元人民币，在北京昌平区兴建北京吉利大学城。这所大学规划占地3000亩，一期工程35万平方米将于8月底竣工，2000年该学校计划首次向社会招收2000名新生。

专家认为，吉利大学城是企业与高校结合的产物。企业投资大学城，从某种角度来说既可提供较完善的教学设施，又由高校负责大学城的教学与管理，这种模式适应了目前中国高校扩招对于高校后勤社会化的需要、为高校的发展提供了广阔的空间，同时也给企业投资、建设提供了新的领域。

我国试点建设中小企业服务体系

我国中小企业的发展将得到政府部门的大力扶持，由国家经贸委组织的中小企业服务体系建设试点工作已在10个城市正式启动。

试点的10个城市是上海、深圳、成都、哈尔滨、青岛、镇江、抚顺、温州、兰州、滁州。它们将对服务体系建设中的重点、难点进行探索，积累经验，以推动中小企业服务体系的建设。

据统计，中小企业占我国企业总数的98%以上，创造的工业总产值、实现利税和出口额分别占全国总量60%、40%和60%左右，提供了约75%的城镇就业机会。扶持中小企业发展的关键是建立相关的服务体系，而我国的中小企业服务体系建设还相对滞后，远远不能满足中小企业发展的需要。

为改善这种状况，针对中小企业发展中比较突出的融资难、担保难等问题，1999年国家经贸委下发了《中小企业信用担保体系建设试点工作方案》，要求积极为中小企业的发展提供信用担保。到1999年底，全国有28个省、区、市开展了试点工作，建立6个省级再担保机构和70余个城市信用担保机构。这些机构通过政府预算拨款、资产划拨等方式共筹集资金近40亿元，在一定程度上缓解了中小企业融资难的问题。

《工程建设标准强制性条文》颁布

建设部编制的《工程建设标准强制性条文》最近发布。

《强制性条文》的颁布是我国工程建设标准体制改革的突破，它有利于形成我国工程建设技术法规体系，保证和提高建设工程质量。

据了解，2000年1月，国务院发布了《建设工程质量管理条例》。为贯彻实施这一条例提供必要的技术依据，建设部在2000年3月组织全国150多位专家对现行700多项工程建设标准进行摘录，编制完成了《工程建设标准强制性条文》。《强制性条文》包括城乡规划、城市建设、工业建筑等15个部分，覆盖工程建设的主要领域。其内容是直接涉及人民生命财产安全、环境保护和其他公众利益等要求，必须严格执行的条款。

《强制性条文》中的15个部分将陆续发布实施。建设部门将成立管理委员会，负责一年一度的条文修订。

此次发布的是《强制性条文》中房屋建筑部分，这部分共涉及95项现行强制性标准。

国家将取消238项交通车辆收费

经国务院批准，财政部、国家计委日前联合发出通知，从2000年7月1日起，取消238项涉及交通和车辆的行政事业性收费、政府性基金和政府性集资项目。

据测算，即将取消的这238项收费项目一年可减轻企事业单位、群众负担145亿元。这些项目包括机动车辆增容费、交通安全管理费、小公共汽车管理费、驾驶员培训管理费等。

有关负责人说，这批公布取消的收费项目是各省、自治区、直辖市人民政府及其所属部门出台的、已不适应目前经济发展要求、应停止执行的收费项目以及省级以下人民政府及其所属部门越权设立的收费项目。《通知》要求，各地要坚决落实取消的收费项目，不得以任何理由拒绝执行或变相拖延执行。

产业用纺织品被列为纺织工业新的经济增长点

国家经贸委在近期颁布的行业技术发展重点项目中，把产业用纺织品列为纺织工业新的经济增长点。

产业用纺织品主要应用于航空航天、建筑、交通运输、环保等领域、预计2000年产量将达到180万吨。从1988年到1998年，我国产业用纺织品年均增长率高达11%，保持了较高的增长速度，预计到2010年产量将达到300万吨左右。

产业用纺织品和服装、家用纺织品目前已成为我国纺织工业的3大支柱。国家纺织局负责人表示，今后将重点开发推广农业栽培用品、土工合成材料、医疗卫生保健用品、过滤材料及篷盖材料等产业用纺织品。

随着西部大开发战略的实施及基础设施建设的加强，对产业用纺织品中的土工合成材料需求会不断增加。而汽车工业的蓬勃发展又将带动汽车铺垫织物、座椅面料、安全气囊等产业用纺织品的需求，产业用纺织品行业应抓住机遇，细分市场，调整产品结构，扩大销售。

环保机械国产化受扶持

近年来，尽管我国环保机械设备水平有了很大程度的提高，但在国际上仍处于落后地位。国家建设部负责人最近明确表示，一定要支持我国环保机械设备的国产化进程，以便利用财政债券建设污水处理工程、垃圾处理工程真正起到启动国内市场的作用。

据了解，在国家计委1999年下达的投资计划中，对城市基础设施和城市环境设施的投入有数百亿元。其中包括城市污水处理厂建设项目166个，城市供水建设项目165个，城市垃圾处理项目41个。此外，还有符合投资方向的这类建设项目正在立项审批中。

专家指出，我国现有环保机械企业应在价格、质量，特别是售后服务上继续努力。环保机械行业需开发的产品还很多，尤其是适合我国国情的产品。在目前情况下，必须引进国外技术，结合企业自身情况，加大产品开发力度。

据权威人士预测，到2010年，我国城市污水处理投资将达180多亿元，垃圾处理投资30多亿元，城市供水约需1000亿元。这些投资建设的项目，将形成310亿元的设备市场需求。有关人士指出，如果这些建设项目提高使用国产设备的比率，将为解决我国机械制造工业能力过剩提供良好的前景，也将为培育新的经济增长点带来机遇。

北京将按WTO规则改善投资环境

北京市委书记贾庆林表示："北京将按照适合WTO的规则进一步改善投资环境，不断扩大对外开放，欢迎一切来华投资经商的海外人士"。他说，外商投资企业在北京的分量越来越重，为了迎接我国加入世贸组织，北京改善投资环境所采取的具体措施是：一、在商业、外贸、金融、保险、证券等中介服务领域进一步扩大对外开放，北京争取成为试点城市之一；二、北京进一步明确吸引外资的5个重点领域：高技术产业、国有企业的改造、城市基础设施建设、环保产业和现代农业；三、在和国际接轨、改善投资环境方面，要精减40%的审批项目程序并提高办事透明度。

据统计，截至2000年2月，北京市已累计批准外商投资企业14856家，合同外资额279.86亿美元。其中跨国公司投资占40%，全球最大的500家跨国公司中，已有154家在京落户。

7　月

我国软件产业和集成电路产业政策颁布

国务院发布《鼓励软件产业和集成电路产业发展的若干政策》，其中对有关税收政策作出了明确规定。

《若干政策》规定，对增值税一般纳税人销售其自行开发生产的软件产品，2001年前按17%的法定税率征收增值税，对实际税负超过3%的部分即征即退，由企业用于研究开发软件产品和扩大再生产。在我国境内设立的软件企业可享受企业所得税优惠政策。新创办软件企业经认定后，自获利年度起，享受企业所得税"两免三减半"的优惠政策。对国家规划布局内的重点软件企业，当年未享受免税优惠的减按10%的税率征收企业所得税。国家规划布局内的重点软件企业名单由国家计委、信息产业部、外经贸部和国家税务总局共同确定。

为鼓励境内外企业在中国境内设立合资和独资的集成电路生产企业，《若干政策》规定，对增值税一般纳税人销售其自产的集成电路产品（含单晶硅片），2010年前按17%的法定税率征收增值税，对实际税负超过6%的部分即征即退，由企业用于研究开发新的集成电路和扩大再生产。集成电路生产企业的生产性设备的折旧年限最短可为3年。对投资额超过80亿元人民币、同时集成电路线宽小于0.25μm的集成电路生产企业，按鼓励外商对能源、交通投资的税收优惠政策执行。符合上述规定的生产企业进口自用生产性原材料、消耗品，免征关税和进口环节增值税。

国家计委下达2000年农网改造投资计划

国家计委下达2000年农村电网改造投资计划，确定总投资额为546.4亿元。在546.4亿元投资中，中央财政预算专项资金55亿元，（转贷31.2亿元，拨款23.8亿元），地方财政预算内专项资金55亿元，中国农业银行贷款408.331亿元，国家开发银行贷款27.669亿元，地方配套资金4000万元。

为支持西部地区的农网改造工作，减轻该地区的还贷压力，此次计划下达的中央财政预算内专项资金55亿元中，转贷给国家电力公司31.2亿元；拨款给新疆生产建设兵团8000万元；拨款给国家电力公司14.897亿元和有关省（自治区、直辖市）8.103亿元，专项用于陕西、甘肃、宁夏、青海、新疆、云南、贵州、四川、重庆、西藏、广西和内蒙古的农网改造。

国家计委要求，各有关省（自治区、直辖市）和新疆生产建设兵团，按照优先安排2000年计划竣工县农网改造资金，并保证2001年底各省（自治区、直辖市）农网改造全部竣工的原则，尽快分解下达农网改造投资计划。银行、财政部门要按计划保证资金及时到位。

国家计委为发布招标公告订立新规

作为实施《中华人民共和国招标投标法》的一个重要配套法规，国家计委颁布了《招标公告发布暂行办法》。

《中国日报》、《中国经济导报》、《中国建设报》和"中国采购与招标网"(http://www.chinabidding.com.cn)成为国家计委指定发布招标公告媒介。

此《办法》的出台，将有利于规范招标公告的发布行为，保证潜在投标人平等、便捷、准确地获取招标信息。《办法》规定，除各地方政府依照审批权限审批的依法必须招标的民用建筑项目外，所有依法必须招标项目的招标公告均应在指定媒介发布。

证监会规范拟发行股票公司行为

为了推进股票发行机制的市场化，规范拟发行股票公司的验资、审计、资产评估及信息披露工作，中国证监会发布《关于拟发行股票公司聘用审计机构等问题的通知》，要求拟发行股票公司设立时应聘请有证券从业资格的中介机构承担验资等业务，同时强调公司董事应对招股说明书中盈利预测结果负责。

通知指出，今后拟申请发行股票的公司，设立时应聘有获得证券从业资格许可证的中介机构承担验资、资产评估、审计等业务。若设立时聘请没有证券从业资格许可证的中介机构承担上述业务的，应在股份公司运行满3年后才能提出发行申请。在申请发行股票前须另聘有证券从业资格许可证的中介机构复核并出具专业报告。

通知还要求，拟发行股票公司应根据《公开发行股票公司信息披露的内容与格式准则第一号——招股说明书的内容与格式》的要求披露盈利预测资料。

证券公司风险将实现动态监管

中国证监会出台了新的净资本计算规则，并将实现对证券公司风险的动态监控。净资本是衡量证券公司资产流动性状况的一个综合性监管指标，是证券公司净资产中流动性高的部分，它表明证券公司可随时用于变现以满足支付需要的资金数额。通过对证券公司净资本情况监控，监管部门可以准确及时地掌握证券公司的偿付能力，防范支付风险，保护广大投资者的利益。

中国证监会自1996年起开始使用净资本指标，但旧的净资本指标内容较粗，不能充分反映证券公司的资产流动性状况和支付风险。新的净资本计算规则，综合考虑证券公司自营、承销等业务的风险，并充分征求了业内人士的意见。新的净资本计算规则以报表形式反映，科目设置与证券公司的资产负债表一致，简便易行，计算公式可归纳为：净资本 = $\sum$（资产余额×折扣比例）－负债总额－或有负债。其中折扣比例根据各类资产的流动性和市场风险大小分别确定，并可根据市场变化和监管需要，定期进行调整。

按照新的净资本计算规则，证券公司每月要向证监会及当地派出机构及时准确报送上月净资本计算表，对虚报、瞒报、拒报的证券公司，证监会将依据有关规定予以处罚。

国家对重复建设项目禁止贷款

中国人民银行与国家经贸委发出通知，要求各商业银行对淘汰的落后生产能力、工艺、产品和重复建设项目实行限制或禁止贷款。

产品技术落后、盲目重复建设是我国经济发展中面临的一个突出问题，不仅严重制约了经济增长质量的提高和产业结构的优化，也极大地影响了银行信贷资产质量。中国人民银行要求各商业银行严格执行国家产业政策，针对国家经贸委印发的《淘汰落后生产能力、工艺和产品的目录》（第一批、第二批）和《工商投资领域制止重复建设目录》（第一批），扶优限劣；对限期淘汰的生产能力、工艺和产品，立即停止发放新的贷款，并抓紧催收已发放的贷款；对目录中标明"新建"字样的项目，只限制对新建项目贷款，但允许对其改、扩建给予贷款；对目录中未标明"新建"字样的项目无论是新建还是改、扩建，都不得予以信贷支持。

通知要求各商业银行对上述目录涉及到的贷款企业进行清理分类，区别对待。对限期关停企业，应加大力度清收本息，最大限度减少银行的信贷资产损失；对需整改的企业，必须停止增量贷款投入。

上述目录所指的淘汰对象为违反国家法律法规、生产方式落后、产品质量低劣、环境污染严重、原材料和能源消耗高的落后生产能力、工艺和产品。禁止投资对象为：根据国家有关法律法规明令禁止内容确定的项目；低水平重复建设严重、造成当前生产能力过剩、需总量控制的项目；工艺技术落后，已有先进、成熟工艺和技术替代的项目；污染环境、浪费资源严重的项目。

《金融租赁公司管理办法》颁布

为促进我国融资租赁业的健康发展，加强对金融租赁公司的监督管理，中国人民银行颁布实施《金融租赁公司管理办法》。

金融租赁公司是指经中国人民银行批准以经营融资租赁业务为主的非银行金融机构。《办法》规定，金融租赁公司的最低注册资本金为人民币5亿元，经营外汇业务的金融租赁公司应另有不低于5000万美元的外汇资本金。经中国人民银行批准，金融租赁公司可设立分支机构；可以吸收外资入股，但不得吸收自然人为公司股东。中国人民银行对金融租赁公司的设立、变更、撤销等重大事项实行公告制度。

《办法》规定，金融租赁公司经营范围包括：直接租赁、回租、转租赁、委托租赁等融资性租赁业务；经营性租赁业务；接受法人或机构委托租赁资金；接受有关租赁当事人的租赁保证金；向承租人提供租赁项下的流动资金贷款；有价证券投资、金融机构股权投资；经中国人民银行批准发行金融债券；向金融机构借款；外汇借款；同业拆借业务；租赁物品残值变卖及处理业务；经济咨询和担保等业务。金融租赁公司经营租赁业务或提供其他服务收取租金或手续费。金融租赁公司对委托租赁、转租赁财产分别管理，单独建账；公司清算时，不作为清算资产。

《办法》规定，金融租赁公司出现支付困难等紧急情况时，应立即向中国人民银行报告；金融租赁公司经营出现严重困难或有重大违法违规行为时，中国人民银行可依法对其予以撤销。

煤炭生产许可证资格审查费标准调整

为进一步搞好煤炭生产许可证的审查发证工作，促进煤炭安全生产，2000 年 5 月 25 日，国家计委、财政部以《计价管［2000］621 号》文件决定适当调整煤炭生产许可证资格审查费的收费标准，有关规定如下：

一、国务院煤炭工业主管部门对重点煤矿和跨省（自治区、直辖市 ）行政区域的煤矿进行审查，颁发生产许可证的收费标准，由每矿 1000 元调整为 2000 元。

二、各省级煤炭工业主管部门对地方国有煤矿和集体、个体煤矿进行审查，颁发生产许可证收费标准，由每矿 800 元调整为 1600 元。

三、对申请变更企业名称、矿长、隶属关系等无需到现场进行审查的生产许可证变更手续，煤炭工业主管部门只收取证书工本费，收费标准为每证 10 元。

四、煤炭工业主管部门应严格执行规定的收费标准，并按规定及时到指定的价格主管部门办理《收费许可证》的变更手续。自觉接受价格、财政主管部门的监督检查。

五、煤炭生产许可证资格审查费收入属于财政性资金，应当按照《国务院关于加强预算外资金管理的决定》的有关规定，实行“收支两条线”管理，即收入缴入同级预算外资金财政专户，支出由同级财政部门按批准的计划核拨。同时，要按规定向财政部门报送预算外资金收支计划和决算。

六、本通知自 2000 年 6 月 1 日起执行，有效期为 3 年，有效期满后，如需继续收费，应按规定权限和程序报批。国家计委、财政部计价管（1996）16 号文件同时废止。

下半年我国新增 500 亿元国债

全国人大常委会批准国务院增发 500 亿元长期建设国债，这是 1998 年以来我国第三次较大规模增发国债以用于基础设施投入。

2000 年以来，我国国民经济发展势头良好。但同时也应清醒地认识到，当前经济回升的基础还不稳固，财政收入虽然有较大幅度增长，但全年尚存在许多不确定因素。要巩固和发展当前经济回升的好势头，必须抓住机遇，继续实施积极的财政政策，通过增发国债，增加基础设施投资，进一步拉动国内需求。

增发国债的主要理由是：导致有效需求不足的一些深层次问题还没有完全解决；经济结构性矛盾仍然比较突出，结构调整还缺乏体制创新和技术创新的有力支持；一些关系国计民生的重大建设项目亟需增加新的投入；面对世界经济回升势头，应当通过适当增发国债尽快建成一批投资项目，并且引导和调动社会投资，夯实国民经济发展基础。

这次增发的 500 亿元国债，主要用于中西部地区，用于加快在建的国债项目建设，促使这批项目早日竣工，发挥效益。这批国债全部列入中央预算，不再转贷地方。

8　月

工行发放首笔股票质押贷款

中国工商银行正式向广发证券有限责任公司发放首笔期限为半年的 1368 万元人民币股票质押贷款。这是双方获得人民银行批准的股票质押贷款业务资格以来进行的首笔合作，也是人民银行颁布《证券公司股票质押管理办法》以来商业银行发放股票质押贷款的首笔交易。

我国金银市场开始解冻

放开白银市场，标志着在中国延续了 50 年的白银统配管理体制的结束和市场经济进程的加快。宣布这一政策后，国家有关部委选择和指定了华通有色市场组织白银上市交易。进一步理顺相关经济政策，规范市场行为、为企业平等竞争公平交易创造一个良好的环境。

在开放白银市场的同时，专家建议逐步开放黄金市场，实行“藏金于民”。其理由是：第一、有利于扩大内需，拓展市场、回笼货币。第二、有利于集资和投资。第三、实行“藏金于民”，不但有助于扩大消费，而且有利于黄金储备、国家既可减少人力物力、又不用支付储备利息，在关键时刻，还能发挥稳定国民经济的作用。

第一笔风险投资网上成交

刚刚开通的中国首家创业投资门户网站——中华创业网，不到两周时间，就得到了美国一家风险投资公司超过100万美元的风险投资。此次成功融资不仅验证了中华创业网商业模式的成功运营，更为中国高科技企业开创了一条寻找风险投资的新渠道。

中华创业网的商业模式将改变互联网不赢利的误区，成功融资后，创业网会以现金或股权的形式收取一定的佣金。

我国医改配套政策全面出台

随着13个医药卫生改革配套政策的全面出台，我国城镇医药卫生体制改革进入实际操作阶段。

据了解，2000年2月，国务院办公厅转发了国务院体改办等部门关于城镇医药卫生体制改革指导意见的通知，明确了我国医药卫生体制改革的大政方针。这次出台的13个配套文件，涵盖了《指导意见》的主要内容，为各地医改工作提供操作规范。

13个配套政策分别是：《关于城镇医疗机构分类管理的实施意见》、《关于卫生事业补助政策的意见》、《医院药品收支两条线管理暂行办法》、《关于医疗机构有关税收政策的通知》、《关于改革药品价格管理的意见》、《关于改革医疗服务价格管理的意见》、《医疗机构药品集中招标采购试点工作若干规定》、《药品招标代理机构资格认定及监督管理办法》、《关于病人选择医生促进医疗机构内部改革的意见》、《关于开展区域卫生规划工作的指导意见》、《关于发展城市社区卫生服务的若干意见》、《关于卫生监督体制改革的意见》、《关于深化卫生事业单位人事制度改革的实施意见》。目前，这13个配套政策已开始施行。

卫生部有关负责人指出，城镇医药卫生体制改革的下一步任务是：坚决贯彻《城镇医药卫生体制改革指导意见》，深入落实13个配套政策，全面推进医药卫生改革。

国家投资西部50亿元新建扩建机场

国家计委透露，为了加快西部大开发的步伐，国家2000年将投资50亿元资金，在西部新建扩建20个机场。

据介绍，扩建的机场有成都、昆明、乌鲁木齐、咸阳、敦煌、泸州、北海、且末和格尔木。

新建的机场有：四川的广元、绵阳、攀枝花、九寨沟，重庆的万州，贵州的铜仁，云南的思茅、临沧，甘肃的中川和新疆的阿勒泰、库车。

节能项目将成投资热点

我国鼓励节能投资的政策将使节能项目成为新的投资热点和经济增长点。

我国在1999年成立国家经贸委节能信息传播中心，在新的市场机制下指导企业和投资机构进行节能项目改造。据悉，这个中心将用5年时间，在能源管理、工业锅炉、蒸气管网、电机调速和建筑节能等领域，开发制定100个技术成熟、具有推广潜力的节能案例和20个技术指南。目前，中心已完成14个节能案例，绝大多数项目投资回报期在1年到1年半之间，且投资额不大，部分项目的投资回报期仅3个月左右，投资机构和企业可实现良好的节能目标和效益目标。

我国确定四大优先建材产业

2000年建材行业已确定把水泥、平板玻璃、玻璃纤维、新型墙体材料4个产业和26家国家重点建材企业和行业龙头企业，放在优先支持发展的位置，同时把加强对外合作和吸引外资作为加快发展的重要途径。

目前，建材行业已吸引外资50多亿美元，2000年将进一步扩大利用外资领域，鼓励外商重点投资新型建材、无机非金属材料和建材设备制造。国家建材局要求，利用外资要与建材生产结构调整和保护环境紧密结合，所有外资项目的环保标准必须达到国家先进水平，重点生产水泥、玻璃、陶瓷。水泥生产要上大项目，对小型生产企业要进行技术改造。卫生陶瓷产品的生产重点应放在产品质量升级上。

农业科技跨越计划项目确定

财政部、农业部联合公布了2000年农业科技跨越计划项目。水稻优质品种超产2号生产技术体系试验示范、中国对虾高健康养殖技术示范和内蒙古治沙等28个项目入选。

据了解，2000年是农业部、财政部联合组织实施农业科技跨越计划的第二年，全年共受理全国30个省、区、市和中央直属单位的269项申请。跨越计划管理办公室邀请专家先后3次对269项申请进行审查、论证，最后确定了28个项目及资助金额。

据介绍，2000年农业科技跨越计划的28个项目，都是当前广大农民亟需、国际市场竞争潜力较大的项目。其显著的特点是：一是积极发展优质农产品，加速农业结构调整；二是与国际市场接轨，提高农产品的国际竞争力；三是大力转化先进成果，促进科技成果的产业化；四是积极支持西部大开发战略。

杭州投资30亿元治理京杭大运河

杭州市政府计划利用10年的时间，投入30亿元人民币，对京杭大运河进行整治。

通过这次整治，沿河两岸的文化古迹将得到挖掘、整修，形成拱宸桥地区、卖鱼桥地区、武林门地区、二堡船闸地区4个主景区，建立起贯穿城市长达20多公里的绿色走廊和沿河景观线。届时，大运河不仅能够再现“烟柳碧水、灯影桨声”的美丽景观，而且还能成为展示杭州历史文化，吸引世界各地游客的黄金水道。

中国银行业协会在京成立

中国银行业协会是由在中华人民共和国境内注册的各商业银行、政策性银行自愿结成的非盈利性社会团体。中国银行业协会首批会员银行共有22家，包括政策性银行、国有独资商业银行、股份制商业银行和城市商业银行。今后，中国银行业协会还将扩大会员银行的范围，并吸收外资银行参加。

中国金融业今后五项任务

中国人民银行行长戴相龙在“二十一世纪论坛”2000年年会上表示：今后几年中国金融业应做好五个方面的工作：

——继续实行稳健的货币政策，保持人民币币值的稳定，并以此促进经济增长。

——推进利率市场化改革。

——建立现代商业银行制度。

——进一步完善1994年制定的以市场供求为基础的、单一的、有管理的浮动汇率制度。

——扩大金融开放，提高开放水平。

我国出台中外合资、合作医疗管理暂行办法

最近，卫生部和对外贸易经济合作部联合发布了《中外合资、合作医疗机构管理暂行办法》，对外国医疗机构、企业等在中国境内开办的合资医院的设置条件、审批与登记、业务变更、延期和终止等作出规定。从2000年7月1日起，合资医院将按照新颁布的管理办法进行申请、执业和纳税。

《暂行办法》要求申请设立医院的中外双方不仅要具有直接或间接从事医疗卫生投资与管理的经验，还要能提供国际先进的医院管理、服务模式，具有国际领先水平的医学技术和设备，或者能补充或改善当地在医疗服务能力、技术、资金和设施方面的不足。

《暂行办法》规定，一家合资医院的投资总额至少需要2000万元人民币，中方在医院中所占的股权比例或权益不能低于30%。合资、合作期限一般不能超过20年，如需延期还要向卫生部和外经贸部提出申请。

《暂行办法》规定，如果外方申请到中国中西地区或老、少、穷地区设立合资医院，以上条件可适当放宽。这一办法也适用于前来合资、合作办医疗机构的香港、澳门和台湾投资者。

据悉，近年来中国境内的合资医院不断增加，全国19个省已有近200家这类机构。但经正式审批的只有18家合资医院和60余家合资诊所，分布在北京、上海、山东、福建等地。不少地方出现越权审批、管理不规范的现象。今后，未经卫生部和外经贸部批准而成立合资、合作医疗机构将被视为非法行医。外商独资医疗机构目前仍属被禁止行列。另外，中国正着手将医疗机构划分为非盈利性和盈利性两类进行管理，相关的收费、税收等政策也正在制定当中。绝大多数合资医院将被列入盈利性医院行列。

水价改革思路敲定

国家计委下发了《改革水价促进节约用水指导意见的通知》，提出了改革水价机制促进节约用水的政策措施。

《通知》提出了水价改革的基本思路：一是建立适合我国国情的水利工程供水价格形成机制，逐步将水价提高到合理水平。水利工程防洪、供水、发电等各项开支，应区分性质，分类补偿。用于社会公益性的成本费用由各级财政预算支付；用于生产经营性的成本费用通过价格机制补偿，其中供水成本费用通过水价补偿 . 要规范供水价格管理，按照补偿成本、合理收益、公平负担的原则，合理制定和调整水利工程供水价格。二是规范水费的使用管理。水管单位要按财务规定提取折旧和修理费，专项用于灌溉工程设施的更新、改造和维修。三是改革城市供水管理体制，理顺城市供水价格和污水处理费标准。城市供水和污水处理厂要实行企业化管理，自主经营，自负盈亏。大中城市要逐步实行供水厂网分开的运行机制，引入竞争机制，促进集约化经营，约束成本上升。根据《城市供水价格管理办法》，合理制定城市供水价格，并实行价格听证会制度，接受民主监督。污水处理费要按照补偿合理成本和微利的原则逐步调整到合理水平。四是改革农村供水管理体制，改造供水渠系和计量设施，加强农业水价的管理和监督。逐步理顺供水体制，减少农业供水的中间加价、收费环节。加大农业灌渠改造的投入，逐步完善计量设施，实行计量收费。将农村水价纳入政府价格主管部门管理范围，合理核定到农户的最终水价，实行水量、水价、水费“三公开”；强化监督检查，取消各种搭车收费和加价，切实减轻农民实际水费负担。五是强化水资源的分配和管理，实行有利于节约用水的科学水价制度。对各类用水，均应实行定额管理，超定额用水实行累进加价；逐步实行容量水价和计量水价相结合的两部制水价制度；对于浪费水资源行为，要实行惩罚性水价。六是建立健全水资源费征收政策和办法。加大水资源费征收力度，逐步提高征收标准，用经济手段制约用户随意打井取水，保护和合理利用水资源。

通知要求，2000年各地要结合供水体制改革、供水设施改造和整顿水价秩序工作，按照“补偿成本，合理盈利”的原则提高城市用水和水利工程供工业、自来水厂用水价格，适时推进阶梯式水价和两部制水价制度。要逐步将污水处理费征收标准提高到补偿合理成本和微利的水平；未开征污水处理费的城市，要尽快开征。农业用水价格要在清理整顿中间环节乱加价乱收费的基础上适当调整，但要充分考虑农民的承受能力。

9 月

中国首家保险公司向外资招股成功

上海新华人寿保险公司，经国务院同意，中国保监会批准，成为首家完成向外资招股的保险公司。

上海新华人寿保险公司向苏黎世保险公司、国际金融公司（IFC）、日本明治生命保险公司等外资机构招募24.9%股份协议签字仪式在上海举行。此次向外资招募24.9%的股份，首先，使公司的净资产增加了10多亿元人民币，为公司的快速发展提供了资本保证。第二，提高了公司的管理水平。外资股东在签订股份认购协议的同时，还与公司签订了《技术援助合同》，在一段时间内，外资公司从多方面提供经验和技术，从整体上提高新华公司的素质和管理水平。第三，探索合作的新路子。增资扩股工作的完成，意味着新华公司探索出了一条民族保险业通过引进外资、博采众长，从而提高自身竞争力的新路子，同时也标志着民族保险业面对WTO，开始积极应对挑战，加快与国际接轨的步伐。

中国将不断提高开放水平

国务委员吴仪在第四届中国投资洽谈会上指出，随着中国加入WTO进程的加快，中国对外开放将进入一个新的阶段，中国将根据对外承诺和国民经济发展的需要，不断提高开放水平，以更积极的姿态，在更为广泛的领域，参与经济全球化的发展。

吴仪指出，中国对外开放进入一个新阶段。一是由有限范围和有限领域内的开放，转变为全方位的开放；二是由以试点为特征的政策性开放，转变为法律框架下的可预见的开放，即按承诺的时间表开放；三是由单方面为主的自我开放，转变为中国与世贸组织成员之间双向的相互开放。中国的开放和现代化进程的加快，为外国投资者提供了良好的发展商机，主要表现在以下方面：第一、中国继续实施扩大内需的方针政策，加快经济结构的战略性调整，为外商投资农业、水利、能源、交通、通信、原材料、环保、高技术、重大装备等领域提供了广阔的空间。第二、中国正在实施西部大开发战略。中国西部地区现有的工业基础、技术力量以及丰富的自然资源和劳动力资源优势，为外商参与中国中西部地区合作开发提供了有利条件。第三、中国的国有企业正在根据建立现代企业制度的目标要求，探索能够转换经营机制和增强企业活力的途径，吸收外商投资进行改组改造。第四、中国的高新技术产业具有广阔的市场前景。跨国公司来中国设立研发中心，投资高新技术产业、技术研发项目，参与高技术产业化以及传统产业的技术改造。第五、扩大服务业的对外开放是中国实现经济协调发展的一个重要举措。外国投资者可以引入其在发展服务业方面的丰富经验和先进的管理方法，促进中国的金融、保险、商业零售、外贸、会计师事物所等中介服务组织取得新的发展。

国家鼓励中小企业发展的政策出台

国务院办公厅转发了由国家经贸委制定的《关于鼓励和促进中小企业发展的若干政策意见》。国家经贸委副主任蒋黔贵介绍说，这是我国改革开放20年来国家出台的第一个鼓励和促进中小企业健康发展的文件。它对于我国城乡各类中小企业的发展必将具有重要的意义。

文件规定，要简化中小企业设立审批程序，除法律、行政法规规定外，有关部门不得在企业进行登记注册前设置审批条件；坚持发展大企业、大集团与扶持中小企业并举的方针；加大对中西部地区中小企业发展的扶持力度。中西部地区地方政府可在规定权限内给予财政税收和土地使用等方面的政策支持，以鼓励和吸引国内各类投资者以及外商到中西部地区投资创办中小企业。

据了解，目前我国工商注册登记的中小企业占全部注册总数的99%，其中国有中小企业的户数占全部中小企业的14.8%，中小企业提供了75%的城镇就业机会，近年来出口总额的60%是由中小企业提供的。

文件鼓励社会各类投资者以技术等生产要素投资创办中小企业，其作价额可占注册资本的35%。已改制的国有、集体中小企业，可将企业净资产增值部分按一定比例作为股份，奖励有特殊贡献者。在条件成熟时允许符合条件的各类所有制中小企业特别是高新技术企业上市融资、发行债券。

我国近期社会保障制度改革目标

劳动和社会保障部公布了今后一段时期内我国完善社会保障制度的5个方面改革目标：

第一个方面是建立稳定的筹资渠道，以面对人口老龄化的挑战和日益增长的养老金支付需求。

第二个方面是实现国有企业下岗职工基本生活保障向失业保险制度的过渡。

第三个方面是规范城市居民最低生活保障制度。我国正进一步扩大保障范围，除了传统的救济对象外，对低收入职工、失业人员、退休人员，凡是家庭人均收入水平低于规定标准的，都予以救助。

第四个方面是推进医疗保险制度改革。到2000年年底，全国70%的地区将实施医疗保险改革方案，5000万人将被纳入新的制度。

第五个方面是健全社会保障法制。目前我国正在加紧起草《社会保障法》，力求在今后3年内基本形成社会保障法律体系框架。

外币贷款利率放开

从2000年9月21日开始，我国外币存贷款利率管理体制将进行重大改革，此次改革会对推进我国利率市场化进程及银行对外开放起到积极的促进作用。改革的主要内容包括：

一、放开外币贷款利率，由金融机构根据国际金融市场利率的变动情况以及资金成本、风险差异等因素、自行确定各种外币贷款利率及其计结息方式。

二、大额外币存款利率由金融机构与客户协商确定。300万（含300万）以上美元或等值其它外币的大额外币存款，其利率水平由金融机构与客户协商确定，并报当地人民银行备案。

三、小额外币存款利率由银行业协会统一制定，各金融机构统一执行。对300万美元（或等值其它外币）以下的小额存款，其利率水平由中国银行业协会统一制定，中国人民银行核准后对外公布。各金融机构统一按中国银行业协会公布的利率水平执行。

四、按照中国人民银行要求，中国银行业协会要制定具体的管理办法和操作规程，报中国人民银行备案。

五、各金融机构应按人民银行规定，以法人为单位制定本系统的外币利率管理办法、并报中国人民银行备案。

我国六大行业兼并破产成效显著

我国对煤炭、有色金属、制糖、纺织、钢铁、军工等6大行业实施兼并破产收到明显成效。2000年以来，已下达兼并破产项目1093个，拟核销呆坏账214亿元，促进生产要素向优势企业集中。

据国家经贸委有关部门介绍，从1996年起，国家每年安排一部分银行坏账准备金，用于企业的兼并破产和减员增效。1999年又提出企业兼并破产项目3098个，拟核销呆坏账836亿元。今年将进一步加大兼并破产力度，核销呆坏账规模按800亿元至850亿元安排，兼并破产项目主要着眼于经济结构战略性调整，集中在上述6行业进行。

国家经贸委要求各地抓紧实施已下达的兼并破产项目，争取早日进入破产程序。要做好项目的审批和下达工作，特别要加快今年第三批339户建议项目的审查进度，尽快进入下一程序，在兼并破产过程中，妥善安置职工，及时化解工作中出现的矛盾和问题，确保社会稳定。

10　月

创业投资基金管理办法拟就

一项旨在鼓励和引导创业投资发展的《创业投资基金管理暂行办法》已形成，即将报国务院法制办审议，不久将付诸实施。

据悉，该暂行办法的出台是基于以下目的：通过对创业投资中介实施财税引导作用，发挥创业投资的扛杆效应，为创业投资提供法律依据和法律保护。

创业投资的组织制度有三种，即个人直接从事创业投资，大型机构（包括公司）直接进行创业投资，以及由若干个人和机构法人联合形成的投资基金形式。

国家出台鼓励信息产业发展的政策

为贯彻落实国务院关于鼓励软件产业和集成电路产业发展的若干政策，财政部、国家税务总局、海关总署发布了《关于鼓励软件产业和集成电路产业发展有关税收政策问题的通知》，明确了这两个产业发展的税收优惠政策。

《通知》规定自2000年6月24日起至2010年底以前，对增值税，一般纳税人销售其自行开发生产的软件产品，按17%的法定税率征收增值税后，对其增值税实际税负超过3%的部分实行即征即退政策。所退税款由企业用于研究开发软件产品和扩大再生产，不作为企业所得税应税收入，不予征收企业所得税。

对集成电路产业，《通知》明确规定，自2000年6月24日至2010年底以前，对增值税一般纳税人销售其自行生产的集成电路产品（含单晶硅片），按17%的法定税率征收增值税后，对其增值税实际税负超过6%的部分实行即征即退政策。所退税款由企业用于研究开发集成电路产品和扩大再生产，不作为企业所得税应税收入，不予征收企业所得税。

基础电信业务经营实行审批制

信息产业部负责人表示，我国已经对基础电信业务经营者资格作出明确规定，经营者须经国务院信息产业主管部门审查批准，在取得《基础电信业务经营许可证》后方能在我国从事基础电信业务。

据了解，基础电信业务是指提供公共网络基础设施、公共数据传送和基本话音服务的业务。经营基础电信业务应当具备的条件有：经营者为依法设立的专门从事基础电信业务的公司，且公司中国有股权或者股份不少于51%，有可行性研究报告和组网技术方案；有与从事经营活动相适应的资金和专业人员；有从事经营活动的场地及相应的资源；有为用户提供长期服务的信誉或者能力以及国家规定的其他条件。

据介绍，国务院信息产业主管部门应自受理申请之日起180日内审查完毕，作出批准或者不予批准的决定。在颁发《基础电信业务经营许可证》时应当按照国家有关规定采用招标方式。

我国执行新修订的不予免税目录

经国务院批准，从2000年10月1日起，我国将执行新修订的《国内投资项目不予免税的进口商品目录》。

据了解，1997年底，为了适应改革需要，国务院颁发了《关于调整进口设备税收政策的通知》，同时发布了《国内投资项目不予免税的进口商品目录（试行）》，目的在于鼓励进口我国不能制造的设备。至今，该试行本已执行了近3年。3年来，国内设备制造水平有了进一步提高，一些原来未列入目录的产品，现国内已经能够生产，技术水平已基本达到国外水准，如继续对这些产品实行免税进口政策，必然使国内生产同类产品的企业处于不平等的竞争地位。为此，财政部、国家计委、国家经贸委等部门在广泛征求意见的基础上，对目录作了适当修改。新目录共计630条，比原目录增加70条，其中新增加108条，删除或合并38条，文字表述及技术规格调整206条。新增不予免税的108条主要是通信设备和医疗设备，以及其他国内已具备制造能力，技术水平已满足国内需要的设备。

为保证新旧《国内投资项目不予免税的进口商品目录》平稳过渡，财政部还规定，对于2000年9月30日（含9月30日）以前已批准国内投资项目进口的自用设备，在2001年9月30日前仍执行1997年12月31日颁布的《国内投资项目不予免税的进口商品目录》。

跨国公司在华设立百家研发机构

据外经贸部披露，跨国公司在中国设立的高新技术研发机构已接近百家，这意味着外商投资中国高科技领域正逐渐形成热潮。

在华设立研发机构的有美、日、德、法、加拿大、荷兰、丹麦、俄罗斯等十几个国家和地区，其中30多个研发机构已形成相当规模。较为知名的研发机构有：微软中国研究院，英特尔中国研究中心、朗讯中国实验室、惠普数字信号处理技术研究中心、中欧高性能纺织品研究所等。

外经贸部外资司司长胡景岩透露，这些研发中心，既有从事自然科学基础研究的，也有进行应用实验和研发成果转让的。它们既面向全球提供研究成果，也为开拓中国市场推出产品。它们涉及电子、生物、信息产业、医药、化工、建材、纺织等众多领域。

我金融机构今年各项贷款13000亿元

目前在北京召开的中国人民银行货币政策委员会第四次会议预测，今年全年金融机构各项贷款达13000亿元，比上年多增2000亿元，各项金融调控目标顺利实现。

会议同时强调，要加快金融体制更新、进一步发展金融市场。要稳定推进利率市场化改革，同时搞好本外币政策的协调，继续保持国际收支平衡和人民币汇率的基本稳定。

银行间债市回购交易突破1万亿元

10月24日，全国银行间债券市场年累计回购交易量突破了1万亿元，分别较1998年和1999年同期增长1.5倍和2.2倍，为1999年全年交易量的2.54倍。

自1997年6月同业市场引入债券交易以来，在中国人民银行大力发展银行间债券市场的政策指导下，农村信用联社、证券、基金以及财务公司等非银行金融机构相继进入银行间债券市场，市场交易主体不断增加，债券发行量逐步扩大，债市交易逐步走向活跃。

截至2000年10月24日，利用全国银行间同业拆借中心交易系统进行交易的金融机构达到444家，包括国有独资商业银行4家、政策性银行2家、股份制商业银行10家、城市商业银行86家、商业银行授权分行99家、外资银行32家、证券公司13家、保险公司15家、基金管理公司25家、农村信用联社140家、财务公司17家等。据悉，目前银行间债券市场可流通债券达到77只，包括4种短期债、35种中期债和38种长期债。

几年中，全国银行间同业拆借中心不断完善交易机制，通过推出债券双边报价系统、引入债券电子分销系统等举措，努力满足成员需求，有效地促进了市场的流动性，活跃了市场交易。

11　月

财政要重点抓好7个方面的工作

财政部部长项怀诚指出，财政工作今后一段时期的主要任务是：继续深化财政体制改革，进一步发挥财政宏观调控职能，逐步建立健全适应社会主义市场经济要求的公共财政体系。项怀诚强调，当前财政要重点抓好7个方面的工作：

第一，根据形势变化，适时调整财政政策的方向和着力点，促进国民经济持续快速健康发展。在当前通货紧缩趋势尚未根本扭转、经济增长基础尚不稳固的情况下，继续实施以积极财政政策为主要内容的宏观调控措施，进一步扩大内需；在宏观经济正常运行时，及时调整政策方向，把政策着力点从刺激需求转移到促进供给结构调整上来。

第二，要切实巩固和加强农业基础地位。进一步加大对农业投入力度，并引导信贷资金和社会资金更多地投向农业；优化财政支农结构，加强农业基础设施建设和生态环境建设；增加农业科技投入，支持农业结构调整，促进农业可持续发展；支持不发达地区农村发展，增加农民收入。积极稳妥地推进农村税费改革，保持农村稳定。

第三，支持西部大开发战略的实施。适当提高中央财政投资资金在西部地区使用的比例；通过调整收入分配关系，增加中央对西部地区的转移支付；充分发挥财政政策杠杆作用，引导和带动各类投资主体对西部增加投资。

第四，要支持推进城市化进程。进一步深化城市财税体制改革，加大城市基础设施建设投资力度，完善相关财税政策，引导社会资金参与城市建设，积极配合有关部门消除阻碍城市化进程的体制障碍，逐步缩小城乡差距，改变城乡二元结构格局。

第五，要支持加快发展高新技术产业。加大对科技创新和高新技术产业发展的支持力度，积极采用信息技术等先进技术改造传统产业，通过设立技术创新基金，特别是完善资本市场，健全风险投资机制，扶持科技型中小企业发展，提高高新技术产业对 GDP 的贡献率，发挥政府在高新技术产业化方面的主导作用。

第六，支持国有企业改革和社会保障体系建设。重点支持国有经济布局的战略调整，推动国有企业建立现代企业制度，建立国有资产管理、监督和营运体系。积极筹措资金，推进社会保障体系建设，加快构筑社会的“安全网”。

第七，要大力支持科教兴国战略实施。加大对科教领域财力投入和政策支持，逐步提高教育经费支出占财政总支出的比重，并积极推进教育产业化。

《金融资产管理公司条例》颁布

《金融资产管理公司条例》正式颁布。根据该条例，金融资产管理公司可以经营承销债转股等各项证券业务，这标志着金融资产管理公司从事证券承销业务基本上没有了政策障碍，并在经营范围上获得了较大拓宽。

依据《金融资产管理公司条例》，中国人民银行、中国证券监督管理委员会和财政部根据各自法定职责对金融资产管理公司实施监督管理。金融资产管理公司在其收购国有银行不良贷款范围内，管理和处置因收购国有银行不良贷款形成的资产时，可进行资产管理范围内公司的上市推荐及债券、股票承销。

另外，金融资产管理公司还可以对所收购的不良贷款形成的资产进行租赁或者以其他形式转让、重组；可以进行债权转股权，并对企业阶段性持股；可以发行金融债券，向金融机构借款；可以进行财务及法律咨询、资产及项目评估；以及证券监督管理委员会批准的其他业务活动。

金融资产管理公司注册资本确定为人民币 100 亿元，由财政部核拨。金融资产管理公司收购不良贷款的资金来源包括划转中国人民银行由财政部核拨；发放给国有独资商业银行的部分再贷款和发行金融债券；在发行金融债券时，中国人民银行发放给国有独资商业银行的再贷款划转给金融资产管理公司，实行固定利率，年利率 2.25%。

金融资产管理公司可以将收购国有银行不良贷款取得的债权转为对借款企业的股权，金融资产管理公司持有的股权，不受本公司的净资产额或者注册资本的比例限制。金融资产管理公司的债权转股权后，作为企业股东，可以派员参加企业董事会、监事会，依法行使股东权利。

10 亿元创新基金激活中小企业

我国首批经国务院批准由政府运作的科技型中小企业技术创新基金，自 1999 年 6 月启动至今，10 亿元基金已全部落实，1280 个项目得到支持，并初步显示出促进中小企业创新发展的良好效应。

山东决定向新疆投资 50 亿元

在八月中旬召开的“2000 乌鲁木齐山东经济贸易洽谈会”上，山东人再次甩出大手笔，按已签订的协议，山东将通过各种形式投资 50 亿元开垦新疆这块宝地。

据统计，此次洽谈会上，山东、新疆双方累计签订商品交易和投资项目合同及意向 2284 个，总金额 128 亿元。其中商品交易合同 796 个，合同金额 45 亿元、商品交易意向 1210 个，意向额 33 亿元；投资合作项目合同 102 个，合同投资额 18 亿元；投资合作项目意向 176 个，意向投资额 32 亿元。成交量是山东省近年来在省外举办的经贸洽谈会最多的一次。

国企改革和发展迈出坚实步伐

国务院办公厅转发国家经贸委会同有关部门起草的《国有大中型企业建立现代企业制度和加强管理的基本规范（试行）》。

这份规范共分12个部分69条，对国有大中型企业改革、发展作出明确规定。在企业改革方面，主要内容是：一是政企分开，政府与企业要由行政隶属关系改为产权关系。取消企业行政级别。二是国有资产实行授权经营，授权具备条件的国有大型企业或企业集团公司，对其全资、控股、参股企业的国有资产行使所有者职能。三是实行股份制改革，除必须由国家垄断经营的企业外，其它国有大中型企业都应逐步改制为多元股东结构的有限责任公司和股份有限公司。四是建立规范的法人治理结构，董事会对重大问题统一决策并选聘经营者，董事与经理层人员要减少交叉任职，董事长和总经理原则上不得由一人兼任。五是强化监事会的监督作用，国有控股公司制企业，监事会中的国有股东代表半数以上应由不在公司内部任职的人员担任。

在企业发展方面，规范要求企业必须实行科学决策、民主决策，提高决策水平。在企业内部劳动、人事、分配制度改革等方面，规范要求企业实行全员竞争上岗制度，经培训未能竞争上岗的职工，企业可依法与其解除劳动合同；在人事制度改革方面，在打破“干部”和“工人”身份界限，企业内部各级管理人员须实行公开竞聘，择优聘用，并实行任期制，不称职的及时从管理岗位上调整下来；要建立以岗位工资为主要形式的工资制度，实行以岗定薪，岗变薪变，岗位工资标准与企业经济效益挂钩，效益下降相应降低岗位工资标准。

国家规范重点技术创新项目申报

为落实国家关于国企改革和发展若干重大问题的决定和关于加强技术创新、发展高科技、实现产业化的决定精神，国家经贸委、财政部发出通知，要求各企事业单位编制好2001年度国家重点技术创新项目计划。

选项重点包括：符合国家经贸委编制的《近期行业技术发展重点》，按照品种、质量、效益和扩大出口、替代进口的原则，集中支持对国民经济和行业技术发展有重大作用的重点企业、重点产品和重大先进装备的开发以及高技术成果产业化项目；着力抓好用先进技术改造企业，研究开发对改造传统产业起重要作用的关键技术、共性技术、2001年需要继续安排的32个专项；利用地区资源、带动区域经济发展，并在国内外市场有竞争优势的技术和产品；对促进可持续发展有重大作用，社会效益显著的关键技术、产品和成套设备；促进技术含量高、附加价值高和具有自主知识产权产品的开发及商品化。

12　月

我国拟建出口创业园

据国家经贸委科技司司长许复兴透露，我国拟在高新技术开发区设立出口创业园，促进高新技术产品出口。

许复兴说，高新技术产品在我国出口商品中所占比重越来越大，目前已占到13%。为推动高新技术产品的出口，我国将在现有的少数有基础、有条件、有优势的高新技术开发区内进行出口创业园的试点，创造便利高新技术产业发展、高新技术产品出口的“小环境”。在这些出口创业园内将实行扶持政策，鼓励大胆探索，引进先进的投融资机制，激励机制，促进高新技术产业迅速走向国际化。

亚洲开发银行向我民营企业投资

亚洲开发银行10日发表一份新闻公报中说，该机构将向一个名为“自由新世界中国企业投资”的基金会注入2500万美元的股本投资，帮助中国民营中小企业的发展。

这一基金是亚行与香港的“新世界集团”和美国的“自由金融集团”共同创立的，其宗旨是为中国吸引更多的海外投资，帮助中国政府促进中小企业的发展。这份公报说，亚行的初期目标是使基金的规模达到1亿美元，以后将视企业需求情况逐步增加额度。这些资金将投资于中国境内的民营中小型企业，每家企业初期获得的投资将在100万—500万美元之间。

国家经贸委对重点技改项目发布监督管理办法

国家经贸委发布《国家重点技术改造项目监督管理办法（试行）》，凡国债专项资金支持的技术改造项目，均适用本办法。内容要点是：

对国家重点技术改造项目的监督管理工作由国家经济贸易委员会负责。地方经贸委和国家行业主管部门，按照《国家重点技术改造项目管理办法》、《国家重点技术改造项目国债专项资金管理办法》的有关规定，行使有关管理职能。

对资金到位、使用实行监督的重点是：企业自筹资金、银行贷款和财政补助及贴息资金到位情况，投资概况调整、项目财务收支财务管理情况，项目资本金及自筹资金来源、银行贷款利息按期归还情况。对工程质量及设备利用情况实行监督的重点是：项目承担企业按照《中华人民共和国招标投标法》要求，对项目设计、施工、监理以及与工程建设有关的重要设备、材料采购的招标情况，土建工程和设备质量情况；在性能价格比满足项目需要的前提下，优先采用国产设备情况。对项目责任制实行监督的重点是：项目承担企业法人责任制落实情况；工程建设内容、进度及落后生产能力淘汰情况；国家行业主管部门、地方经贸委落实国家重点技术改造项目负责制情况。对项目投资的经济、社会效益和标志性目标实行监督的重点是：项目按工期投产达标、验收及投入产出情况。

在国家经济贸易委员会内设置国家重点技术改造项目督查办公室。各地区、部门根据工作需要，可设置相应的督查机构或指定专管人员。国家重点技术改造项目督查办公室的主要职责是：负责委派项目督查员；会同有关职能部门和地方经贸委按照监督管理内容，对项目实施情况进行监督检查；建立项目跟踪制度和监督体系；受理与项目建设有关问题的举报；对监督过程中发现的重大问题，提出整改建议并向国家经贸委及有关部门报告；监督整改措施的实施以及有关部门作出的处理决定的执行情况。

建立项目定期报告制度。国家重点技术改造项目督查办公室建立项目档案和数据库，并实行国家重点技术履行项目进展情况季调度制度。地方经贸委和国家行业主管部门，按季度向国家重点技术改造项目督查办公室报告本地区或本行业企业项目进展情况，企业按季度向当地省级经贸委和国家行业主管部门报告项目进展情况及存在问题。

建立现场检查制度。国家重点技术改造项目督查办公室组织国家行业主管部门、地方经贸委，定期或不定期对项目承担企业联合进行现场检查，发现问题及时提出督查和整改报告。

实行积极的财政政策成绩显著

我国实施积极的财政政策3年以来发行的3600亿元长期建设国债，直接带动地方、部门企业投入配套资金和银行安排贷款约7500亿元，对促进经济增长发挥了重大作用。国家计委有关负责人透露，2000年1500亿元国债有望拉动经济增长1.7个百分点。

国家计委提出国民经济和社会发展任务

国家计委主任曾培炎指出，2001年将坚持扩大内需的方针，实行积极的财政政策和稳健的货币政策，保持政策的连续性，加快体制创新和科技创新，推进经济结构的战略性调整，为“十五”计划开好头，起好步。

2001年国民经济和社会发展的主要任务：

——巩固和加强农业基础地位，千方百计增加农民收入。

——继续实施积极的财政政策，促进全社会固定资产投资较快增长。

——进一步扩大消费需求，努力改善人民生活。

——巩固和发展国有企业改革成果，积极推进各项改革。

——加快科技进步和创新，促进产业结构优化升级。

——做好加入世贸组织的各项准备工作，研究和熟悉世贸组织的各项规则，根据承诺抓紧改革和调整工作，不断提高对外开放水平。

——突出重点，扎实工作，积极推进西部大开发。

——坚持实施可持续发展战略，加大环境保护力度，加快发展教育事业和人才培养工作。

我国外贸进出口额达4743亿美元

海关总署最新统计显示：2000年我国外贸进出口总值达4743亿美元，比1999年增长31.5%，创新中国成立以来最高水平，也创了改革开放以来进出口总值和增长速度两个新高。其中出口2492亿美元，增长27.8%；进口2251亿美元，增长35.8%。全年实现贸易顺差241亿美元。

2000年我国进出口贸易主要特征为：

进出口总额与增长速度均创20来最高记录。20年来，我国对外贸易以年均13.4%的速度增长。而2000年，与进出口直接相关的3个指标均首次大幅度突破“2000”大关：出口总额达2492亿美元，进口总额达2251亿美元，海关税收达2421亿元。

对主要贸易伙伴的进出口额均出现了两位数的增长。这一年10大贸易伙伴依次是：日本、美国、欧盟、香港、东盟、韩国、台湾、澳大利亚、俄罗斯和加拿大。

一般贸易进出口增长迅速。2000年一般贸易出口1052亿美元，增长32.9%；进口1001亿美元，增长49.3%。加工贸易进出口保持稳定增长，出口1377亿美元，增长24.1 %；进口926亿美元，增长25.8%。

出口商品结构明显优化。机电产品出口1053亿美元，增长36.9%，比总出口增幅高出9.1个百分点，占总出口的比重上升到42.3%；高新技术产品出口370亿美元，增长50%，比总出口增幅高出22个百分点，有力促进了我国出口商品结构的优化。在进口商品中，初级产品进口467亿美元，增长74.1%。

2000年旅游业总收入逾4500亿元

2000年我国旅游业总收入4518.95亿元，比上年增长近13个百分点。

国家旅游局局长何光玮在全国旅游工作会议上说，旅游业作为国民经济新的增长点，正在进入全面加速期，发展势头非常强势。

2000年我国接待入境旅游者8348多万人次，比上年增长近15个百分点，外国旅游者首次突破1000万人次，达到1019.69万人次，比上年增长20%。旅游外汇收入超过162亿美元，比上年增长15%。由于三个长假期的拉动，去年国内旅游收入3175亿多元，比上年增长12个百分点。

何光玮说，我国旅游业全面超额实现“九五”计划。其中入境人数超额完成51.8%，旅游外汇收入、国内旅游收入、旅游总收入超额完成计划16个百分点到25个百分点。

国家旅游局提出，2001年我国旅游业要力争实现新突破，全年接待入境旅游者9000万人次，实现旅游外汇收入180亿美元，旅游业总收入5000亿元人民币。

我国将推出5个类型产业政策

国家经贸委产业政策司负责人指出，国家将以5种类型的产业政策来推动和实现结构调整目标。

一、支持性产业政策。对提高国家竞争能力，对产业升级起重要作用的特定产业、特定企业及特定产品，国家将通过注入资本金、财政贴息、发行债券、债转股等手段来支持这些行业、这些企业的发展。

二、鼓励性产业政策。对于国家鼓励的传统产业改造，以及成长性的战略产业、成长性的战略产品，在一定时期内，国家将给予减免税收的办法，鼓励其发展。

三、竞争性产业政策。除了涉及国家安全的行业、自然垄断的行业、提供重要公共产品和服务的行业以及支柱产业和高新技术产业中的重要骨干企业外，大多数行业、大多数企业、大多数产品都属竞争性产业的范畴。国家将从公平的投资税收政策、严格的技术质量标准、规范的反垄断法规和快速的市场信息服务等4个方面，创造公平、公正和透明政策环境，实现优胜劣汰。

四、限制性产业政策。对污染环境、技术水平落后、严重供大于求的产品，实行限制性产业政策，坚决予以淘汰。

五、保护性产业政策。针对农业和服务业这两个国际竞争能力较弱的产业，特别是针对一些幼稚产业，可以实施既不违背世贸组织法律框架，又能适度保护我国产业安全，又有利于加快幼稚产业以及农业和服务业发展的保护性产业政策。

2001年八大行业总量调控目标确定

国家经贸委2001年将继续抓好总量调控、关闭“五小”、淘汰落后、压缩过剩生产能力工作，并且将存量调整与增量发展、淘汰落后与改造提高结合起来，按照市场需求推动供给和需求的基本平衡。

纺织行业——落后毛纺绽争取再压缩10万锭。继续用好纺织品服装被动配额等鼓励政策。

石油化工行业——国内原油产量1.63亿吨,原油加工量2.15亿吨;化肥生产总量3200万吨;纯碱国内市场投放量控制在700万吨以内,超过部分主要用于出口。

冶金行业——扣除出口增量和以产顶进后，保持钢产量1.15亿吨、钢材1.05亿吨；重点大中型冶金企业实现利润不低于130亿元。鼓励热轧、冷轧薄板、冷轧硅钢片等短线钢材增产，严格控制普通线材。力争出口钢材钢坯1100万吨以上。

煤炭行业——煤炭产量9.5亿吨；力争原中央财政煤炭企业整体扭亏为盈。煤炭出口按6300万吨安排。

制糖行业——抓紧实施关闭150户小糖厂、压缩273.5万吨生产能力的工作。食糖产量控制在750万吨；糖精产量控制在1.7万吨，其中出口1.4万吨，内销0.3万吨；力争制糖实现利润超过10亿元。完成甜味剂添加标准的制订工作。

建材行业——水泥产量控制在5.7亿吨，平板玻璃1.7亿重量箱。关闭小水泥窑1900座，关闭小玻璃生产线100条。

电力行业——继续关停280万千瓦小火电机组。实行关停小火电机组与老旧机组替代改造项目审批挂钩制度，抓好有关热电联产机组的认定工作。

医药行业——抓紧研究提出淘汰落后及制止重复建设的工作方案。

中国将从6方面做好入世准备

外经贸部部长石广生在全国外经贸工作会议上说，中国加入世贸组织的谈判已进入最后阶段，当前和今后一个时期，将着重做好6方面的准备工作。

一、抓紧完成涉外经济法律法规清理、修订，加快有关法规的立法工作。对我国的涉外经济法律、法规、规章，凡是违反世贸组织规则和我国对外承诺的，都要废止；凡是与世贸组织规则和我国对外承诺不一致的，都要通过修改使其一致，凡是没有相关法规的，都要根据世贸组织规则和我国对外承诺制定新的法规。

二、按照中国的对外承诺，保持国家外经贸政策的统一性。

三、研究和利用世贸组织条款，结合中国对外承诺，建立统一的进出口管理、加强宏观调控、确保公正透明的外经贸管理体系。

四、积极准备参加世贸组织的多边贸易谈判。

五、利用世贸组织规则，妥善处理好多、双边和区域贸易集团化的关系。

六、普及世贸组织知识，抓紧培养高素质的外经贸专业人才。

大庆油田以高水平态势迈进新纪元

大庆油田2000年生产原油达到了5300 万吨。大庆人以连续25年实现5000万吨原油高产稳产的巨大成就告别了20世纪，以“高水平、高效益、可持续发展”的态势迈进新纪元。

2000年是大庆油田开发史上极不平凡的一年。油田重组改制，大庆油田有限责任公司作为中国石油股份有限公司的全资子公司在境外上市，同时，继续承担着稳产和增效的重大任务。而大庆油田经过40年开发建设已经进入高含水后期，储采严重失衡，调整挖潜难度增大。在困难面前，大庆石油人以“高水平，高效益，可持续发展”方针为指导，对油田开发驱替方式进行重大调整，把原来的单一水驱改为水驱和聚驱并存的新格局，采用聚合物驱油年产量达到880万吨，占油田年产量的15%以上。

我国税收收入完成12660亿元

2000年我国税收收入完成12660亿元，增收2348亿元，比上年增长22.8%。

国家税务总局局长金人庆说，国务院主要领导同志闻此信息后，对税务部门取得的可喜成绩表示祝贺，并指出税收取得好的成绩是与广大税务工作者的努力分不开的。要求税务部门在新的一年里，要继续加强征管，堵塞漏洞，打击骗税，惩治腐败，清缴欠税，特别要加速“金税工程”建设，克服困难，再上台阶，取得更好的税收工作业绩，为“十五”计划的良好开局做贡献。

金人庆指出，国民经济稳定发展和企业效益好转为2000年税收增长提供了丰富的税源。初步测算，直接来自当年经济增长和效益提高带来的税收增收约1550亿元，占总增收额的三分之二。

金人庆认为，2000年税收收入大幅度增长，是与经济强劲回升的势头和税收政策增收因素以及原油价格上涨等情况相吻合的。若扣除海关代征进口税收、证券交易印花税和政策调整、价格上涨、加强征管等因素后，税收收入比上年同期约增长9.5%左右，与经济增长及企业效益提高的情况基本相适应。

“十五”国土资源管理目标确定

“十五”期间国土资源管理工作的指导思想是，实施可持续发展战略，以促进经济发展为出发点，以优化国土资源配置为主线，以国土资源管理创新、对外开放和科技进步为动力，以保护与合理利用国土资源为目的，实现国土资源管理方式和利用方式的根本转变。

“十五”期间，我国国土资源管理工作的目标是：经济社会发展用地得到有效保障，耕地总量动态平衡基本实现。各省、区、市建设占用耕地做到占补平衡，基本农田保护实现法定目标，全国耕地保有量不低于19.2亿亩；矿产资源利用率提高5个百分点，合理利用水平明显提高，石油等战略性矿产资源储备和安全供应体系初步建立；全国地质环境监测体系、重要地区地质灾害预警预报系统和群测群防网络建成，地质灾害得到有效防治；有偿使用制度全面推行，国土资源市场体系初步建立；国土资源调查评价阶段性目标基本实现，科技和信息化水平明显提高；国土资源科技创新成果转化应用水平明显增强；支持西部大开发政策和规划的落实，找矿找水取得新突破。

“十五”电网项目总投资将逾3000亿元

国家电力公司有关部门负责人倪吉祥说，“十五”期间中国电网项目总投资将超过3000亿元人民币，约占同期电力项目总投资的40%以上。

倪吉祥说，根据规划，“十五”期间全国将建设330千伏及以上交流输电线路2.5万公里左右，变电容量新增约9000万千伏安，直流线新增3000公里以上，直流输电容量新增1000万千瓦以上。

以三峡电网为中心的中部电网建设是全国联网的重中之重。“十五”是三峡输变电工程建设的关键时期，对确保2003年三峡电站首批机组电力外送至关重要。从1997年3月26日，三峡输变电工程的第一条线路——长寿到万县500千伏线路正式开工，到2000年10月，三峡输变电工程已经完成投资28亿元，竣工了4个单项工程。

2000年三峡输变电工程进入施工高峰期。据介绍，目前正在进行的新建和续建工程达20项，预计全年将完成资金计划30.6亿元。2001年的工程量将比上年多1倍。到2008年，三峡输变电工程全部投运后，三峡电网将把东西1500公里、南北1000公里范围内的电网联接起来。

在抓紧进行三峡输变电工程的同时，“十五”期间将加快大区电网互联的进程，实现福建与华东电网、华中与华东电网、华中与川渝电网、华中与南方电网、华中与西北电网、华中与华北电网互联。在“十五”计划末可以初步形成大区电网互联的格局，到2015年，全国联网的宏伟目标将实现。

中国将加快“西电东送”步伐

为推动“西电东送”，“十五”期间国家电力公司将加强以下输电信道建设：

——结合向广东送电1000万千瓦的任务，要抓紧天广直流和第三回交流工程、昆明经罗平至天生桥500千伏线路，抓紧研究和开工建设贵州至广东输变电和华中至广东输变电等项目，确保2005年向广东送电1000万千瓦。

——与龙滩、小湾电站输电规划相协调，开展输电系统研究规划，打通二滩至华中和华东的输电信道，为川电东送创造条件。

——加大蒙西、山西向京津唐送电力度，到2005年京津唐地区接受蒙西东送容量达到270万千瓦。

——随着公伯峡、拉西瓦水电站的开发建设，积极开展西北向华北送电方案的研究，适时实现西北与华北的联网。同时，配合公伯峡水电送出，以项目带动西北地区高一级电压等级的建设。

我国公路市场进一步向社会开放

交通部部长黄镇东在全国公路行业管理工作会议上表示，我国公路将进一步打破部门、行业垄断和地区封锁，提高公路建设市场的开放度和透明度；鼓励各种所有制企业参与竞争，共同构筑道路运输市场。

黄镇东说，今后对进入公路建设市场的企业，交通主管部门将不论其所有制和隶属关系，只要具备相应资质和资信，均一视同仁。在对国有道路运输企业进行战略性改组和改造的同时，要按照以公有制为主体、多种所有制经济共同发展的原则，构筑道路运输市场；对汽车维修、支线客运、一般货物运输等进一步开放市场，鼓励各种所有制企业公平竞争。

黄镇东认为，不断提高市场的开放度，既有利于竞争机制的形成，促进行业进步，同时也为大规模、高速度发展的公路建设注入了活力。在市场进一步开放的同时，将加强市场准入管理，对进入公路建设和道路运输市场的从业单位实行严格的资信登记和动态管理，特别是要实行质量否决制，更好地发挥资信登记对企业经营行为的监管作用。

5年投资千亿元重点建设西部铁路

铁道部副部长孙永福说，“十五”期间，将投资近千亿元用于建设西部铁路，到2005年，西部铁路网将由现在的1.6万公里扩展到1.8万公里。

目前西部地区铁路网技术标准低，与东部联系通道和国际通道数量较少，不能适应国民经济和社会发展需要。西部铁路建设是铁路“十五”计划的重点之一。

“十五”期间共安排西部铁路建设项目28个，投资约1000亿元，占“十五”大中型基建投资的40%。预计完成新线2600公里，既有线复线1300公里，既有线电气化500公里。到2005年，西部铁路网规模将扩展到1.8万公里。

铁道部确定的“十五”西部铁路建设的重点是：加快沟通东西部通道的建设，主要建设宝兰（宝鸡—兰州）复线、株六（株洲—六盘水）复线、宁西（南京—西安）铁路、遂渝怀（遂宁—重庆—怀化）铁路等；加强西部省区间通道的建设，主要建设内昆（内江—昆明）、神延（神木—延安）、青藏铁路等，此外，还要加大既有铁路的改造。

中国是吸收跨国直接投资最多的发展中国家

联合国贸易和发展会议（简称贸发会议）公布的最新统计数字显示，2000年全球跨国直接投资总量将超过1.1万亿美元，比1999年增加14%。

据贸发会议统计，2000年全球五分之四以上的跨国直接投资流向了发达国家，投资形式以企业跨国并购为主。西欧仍然是吸收跨国直接投资最多的地区，全年共吸收投资5970亿美元，而美国仍是吸收跨国直接投资最多的国家，吸收投资2600亿美元左右。

2000年流向发展中国家的跨国直接投资与去年基本持平，为1900亿美元。中国是吸收跨国直接投资最多的发展中国家，巴西名列第二。贸发会议的专家们指出，中国即将加入世界贸易组织的前景增强了对外资的吸引力。

从整体上看，2000年亚洲、非洲所吸收的外资有所增加，拉美和加勒比海地区出现下降。中欧和东欧地区今年外国直接投资将达300亿美元。由于政治趋于稳定，投资风险下降，加上当地劳动力技术水平相对较高，使该地区对外资尤其是西欧企业的吸引力增加，正日益成为“有竞争力的欧洲生产基地”。

外国投资者可在华设立中外合营铁路货运公司

对外贸易经济合作部和铁道部联合发布2000年第4号令，允许外国投资者以合营方式，包括合资、合作两种方式在中国设立中外合营铁路货运公司。

铁道部和外经贸部的这一新政策是在我国铁路将实行“网运分离”政策的背景下出台的。铁道部有关负责人透露说，铁路部门将用10年左右时间，对全路进行“网运分离”的改造，把客运、货运与路网分开。此外，铁道部部长傅志寰也表示，铁路要抓的重头戏就是改革，铁道部将推出一部分新型客运公司，这些客运公司直接从市场上取得收入，铁道部将权利下放给他们，让他们自主经营。

2000年中国投资10件大事

由《中国投资》杂志社主办，中国投资协会、中国国际工程咨询公司、国家计委宏观经济研究院及国家有关部委的专家、学者评选的“2000年中国投资10件大事”日前在京发布。这10件大事充分显示出2000年投资在扩大内需、保持国民经济持续增长方面发挥了重要作用。这10件大事是：

1. 中央决定实施西部大开发战略，“西气东输”工程正式立项，“西电东送”工程贵州等地的项目正式开工，标志着西部大开发正式拉开序幕。

2. 全国人大常委会批准增发1500亿元国债。1998—2000年，我国共发行3600亿元长期建设国债，直接带动地方、部门、企业投入配套资金和银行安排贷款7500亿元，对促进经济增长发挥了重大作用。

3. 工程总投资962亿元的天然林资源保护工程全

面实施。

4. 投资623.4亿元的宝钢三期工程全面建成投产。

5. 全长1262公里、总投资393亿元的我国第一条国道主干线京沪高速公路全线贯通。

6. 我国第一家民营股份制商业银行——民生银行上市。

7.2000年中国证券市场年度筹资总额达1417亿元，创下年度融资额的新纪录。

8. 中国联通、中石油、中石化等多家大型国企成功登陆国际资本市场，分别筹资49.2亿美元、28.9亿美元、34.64亿美元。

9. 北京、上海两市企业进军微电子产业，投资46亿美元打造中国“芯”。

10. 北京市投资460亿元进行大规模环境治理，涉及大气、水、固体废弃物和工业污染治理等方面。

2000年中国投资大事记

1 月

3日 总投资近20亿元的武汉轻轨工程正式开工。

4日 天津汽车工业（集团）有限公司与日本丰田汽车公司合资、合作开发新型轿车项目正式立项，注册资金7.5亿元人民币。

攀枝花民用机场正式开工，工程总投资约8亿元。

国家“七五”、“八五”期间投资兴建的重点项目——河北矾山磷矿年采选120万吨磷矿工程通过国家验收。

兰州铝业股份有限公司“电解铝业电磁铸轧生产毛化板箔材项目”设计通过审查进入实施阶段，项目总投入1.95亿多元。

9日 黄河小浪底首台机组并网发电。

11日 杭州西湖疏浚工程正式开工，工程总投资2.3亿元。

穗港合建首期投资9.5亿元人民币开发的“中国广州国际生物岛”项目签约。“生物岛”项目总投资将超过100亿元人民币。

国内首家实施重组的金融租赁公司——深圳金融租赁有限公司开业，注册资本3.0821亿元。

12日 据铁道部副部长蔡庆华介绍，今年铁路全行业基本建设投资总规模为560亿元，计划新线铺轨1300公里，投产600公里；复线铺轨750公里，投产700公里，建成电气化铁路1000公里。

国家投入100亿元，对西藏公路进行大规模的建设和整治，以加快“西部开发，交通先行”的步伐。

16日 国家重点企业电子商务网站启动。

18日 陇海铁路宝鸡至兰州段增建二线工程在甘肃省天水市举行开工仪式。工程总投资98.8亿元。

21日 天津南水北调工程动工兴建、工程总投资1.2亿元。

我国第一条城市轨道交通线——上海轨道交通明珠线开通。

23日 中国石化集团广州石化总厂兼并广州乙烯协议签字仪式在广州举行。

25日 国家计委批复同意同创集团的“微机卫星接收系统核心部件产业的项目”——天地网项目，项目投资1.94亿元。

经中国证监会审批，重组后的北京裕兴已正式获准在香港创业板上市。这将是第一家获中国证监会批准在香港创业板上市的内地高科技企业。北京裕兴此次将发行股票1亿股。

30日 华北地区最长距离、各种油品顺序输送管道——京津输油管道全线正式投产，工程总投资5亿元。

2 月

1日 经国家批准，列入行业管理的民营轿车试点企业——浙江吉利汽车制造有限公司在宁波建成投产。

3日 广西第一座海上大桥——防城港西湾跨海大桥建设项目，中外合作合同在南宁签字。大桥全长10.65公里，总投资2.3亿元人民币。

7日 党中央、国务院十分重视饮水困难地区，4年投入119亿元解决4700万人的饮水问题。

10日 从外经贸部获悉，自改革开放以来，我国共批准外商投资企业34万家，合同外资金额6137.62亿美元，实际利用外资金额达到3078.33亿美元。

14日 国家计委批复同意天津市合资建立天津丰田

汽车有限公司和天津夏利轿车换型项目的两个可行性报告。

中国人民银行、中国证监会联合发布证券公司股票质押贷款管理办法规定，证券公司可以自营股票和证券投资基金作质押向银行贷款。

15日 总投资47亿元的上海石化年产70万吨乙烯改造工程启动。项目预计2002年初建成。

我国海上最大整装油田——蓬莱19－3油田在渤海发现，石油地质储量6亿吨，这是陆上大庆油田之后我国发现的第二大整装油田，勘探开发前景十分广阔。

17日 青藏高原首条高速公路开工，该高速公路东起青海平安，西至西宁，全长34.78公里，工程总投资10.86亿元。

18日 黑龙江投资300亿元用于城市建设，使建设规模保持适度超前水平。

33英寸大屏幕全平面彩电玻壳工程，在河南安阳安彩集团开工建设，工程总投资12亿元。

春节后的第一个交易周，深沪股市成交创下925.38亿元的天量；两市开户总数突破4500万户；17日沪综指和深综指分别创出1770.88点和551.45点的历史新高。

23日 国务院决定，周小川任中国证监会主席，姜建清任中国工商银行行长，尚福林任中国农业银行行长，刘明康任中国银行董事长、行长，王雪冰任中国建设银行行长，何林祥任中国农业发展银行行长，刘廷焕、吴晓灵任中国人民银行副行长。

29日 社会各界高度关注的“西气东输”工程即将启动，首期工程预计投资将达1200亿元左右。

3 月

1日 中国建设银行新疆分行向中国新星石油有限责任公司西北石油管理局提供28.5亿元授信额度。此次授信中的首笔3亿元贷款合同也同时签订。

2000年500亿元凭证式（一期）国债面向社会公开发行。

2日 中国建设银行与湘财证券有限责任公司在京率先签署股票质押贷款主办行协议，同时签订首笔股票质押贷款承诺书，承诺金额1.2亿元。

中国人民银行又批准7家外资银行在上海和深圳经营人民币业务。至此，全国获准经营人民币业务的外资银行已达32家。

6日 北京市市长刘淇宣布，北京控股公司今年将拿出10亿元资金作为风险投资，用于中关村中小企业的发展。

8日 沈阳市截至8日，已批准外商投资企业5800多家，实际利用外资67亿美元，进出口总额达125亿美元。

14日 广州抽水蓄能电站全部建成投产，项目总投资57亿元左右。

16日 国务院西部开发办公室成立，国家计委主任曾培炎兼任西部开发办公室主任。

17日 兰州至成都光缆通过验收。

18日 深圳地铁一期工程设计方案确定，初步设计概算105.85亿元，平均每公里5.44亿元，工程于2003年底全线建成。

我国著名的深水良港湛江港10万吨级深水航道工程动工兴建。

19日 我国东北首条电气化铁路——哈尔滨至大连电气化铁路工程动工，该路全长946公里。上海至成都高速公路梁平至万州段动工，投资24亿元。

21日 北京王府井商业街二期整治改造工程全面启动，工程总投资3.4亿元。

23日 国家开发银行与中国联合通信有限公司在京签署100亿元贷款合同，这将对加快中国联通的网络建设和增强综合实力发挥重要作用。

中国石化集团与中国信达资产管理公司、国家开发银行、中国东方资产管理公司、中国华融资产管理公司在京签署总规模301.49亿元的债转股协议。

中国最大的环保电池基地——”长虹电池工业园”在四川绵阳落成剪彩。其一期投资达3亿多元。

24日 中国工商银行负责人透露，今年将进一步加大项目贷款力度，决定发放1200亿元固定资产贷款，还积极承担西部开发项目，提高对西部地区项目贷款比例。

25日 国家计委在京召开“西气东输”工作会议，部署今年设计规划工作。“西气东输”工程领导小组成立，国家计委副主任张国宝任领导小组组长。

重庆决定在未来4年内投资30亿元治理城市污水。

28日 中国著名的家电企业海尔集团在合肥举行“合肥海尔工业园”开工典礼。占地638亩的合肥海尔工业园固定资产投资为10亿元。

29日 我国西部目前最大的新型电子元器件生产基地在贵阳新天寨国家高新技术开发区正式开工兴建，计划投资10亿元。

30日 全长950公里的长距离输气管线涩北——西宁——兰州输气管线正式开工，工程总投资25亿元。

北京市今年将加大财政投入，拆除违章建设300万平方米、建设100条环境优美街道，建成50个环境美居民区，建成8处1万平方米以上的绿地。

4 月

2日 国家重点技术改造项目——河南金芒果集团

异地迁建暨“双加”工程通过全面验收，总投资为10.7亿元。

3日 我国目前生产规模最大、具有国际先进水平的可录光盘生产基地在杭州大自然集团公司建成。

4日 东海天然气开发工程启动。

9日 国家重点建设项目——兰州至成都、重庆输油管道工程开始建设，工程总投资40亿元。

13日 国家开发银行兰州分行大力支持西部开发，甘肃、青海、宁夏53个项目得到213亿元的贷款支持。

15日 全球最大的电脑笔生产基地在河北燕郊开发区建成。

19日 中国工商银行收购招商局集团持有的53.23%香港友联银行股份，工商银行成为内地首家通过收购途径进入香港股市的银行。

国家技改项目——扬子石化公司65万吨乙烯技改项目全面启动，工程总投资44亿元。

22日 连结西藏中部地区的重点工程——西藏羊卓雍湖至江孜110千伏输电线路工程正式开工建设，项目总投资6634万元。

年吞吐能力2000万吨以上，国内最大的石油转运基地建成，该基地位于浙江舟山群岛南部海域的岙山岛。

西北野生动物园在宁夏吴忠市动工兴建，该园计划投资2.3亿元。

23日 全国最大的橡胶城在河北衡水市兴建，一期工程投资6000万元。

24日 经中国证监会批准，上海证交所决定编制并发布上证基金指数。

27日 国家正式批准修建巴东长江公路大桥，总投资3亿元。

28日 厦门高崎国际机场二期扩建工程通过国家验收，工程总投资21.85亿元。

5　月

1日 湖北清江高坝洲电站正式投产发电，工程总投资30.76亿元。

解放以来最大水运基建项目，长江口深水航道整治工程总投资150亿多元，其一期工程8.5米航道试通航成功。

6日 国家“九五”重点工程、当今世界最先进的鞍钢热轧带钢厂1780毫米工程正式竣工，概算投资75.6亿元。

7日 据统计，目前我国风险投资公司已有92家，注册资金达74亿元。风险投资正在构架创业与投资的“金桥”

8日 中国北京第三届高新技术产业国际周开幕。

投资达100亿元的世界级高新技术产业园区——星网（国际）工业园区落户于北京经济技术开发区。

上海信息港主体工程开始全面实施。

9日 内蒙古国华准格尔电厂二期扩建工程开工，工程总投资23.7亿元。

10日 兰新铁路复线通信改造工程全部完工。

中国银行业协会在北京宣布成立，首批会员共有22家银行。

11日 我国最北部的民用机场黑河机场扩建工程正式开工、初步设计投资总额近2亿元。

12日 投资70亿元的上海市“九五”电力建设头号工程—吴泾热电厂8期工程的首台国产60万千瓦亚临界燃煤发电机组，一次并网成功。

山东省决定从财政中拿出10亿元建立科技风险投资基金，用于推进具有一定风险性质的高新技术产业化、科技成果转化、高新技术改造传统产业以及支持中小企业技术创新等。

16日 （湘）潭邵（阳）高速公路全线开工，工程总投资56亿元。

18日 我国“西煤东运”第二大通道朔黄铁路神南段建成通车。

证券投资基金认购新股政策有重大调整；基金今后按市场方式参与申购，不再享有单独配售的优惠。

亚洲最大铝塑复合管生产基地在沈阳兴建并将于近日投产。

22日 财政部首次通过交易所债券市场发行浮动利率国债。

23日 我国重点建设项目新疆疏勒至西藏阿里光缆通信工程全线开工。

广东韶关坪石发电厂B厂1号机组正式投产，其2号机组今年8月竣工发电。工程总投资为13亿元。

北京自来水集团公司以密云水库为水源的北京第九水厂三期工程全面投产，总投资62亿元。

24日 国务院批准了《国家计委关于审批60万千瓦超临界参数火电设备国产化依托工程河南沁北电厂可行性研究报告的请求》，工程总投资49.8亿元。

25日 国家有关部门透露，为加大基础设施扶持力度，6亿元中央国债全部投入中西部地区。

27日 国家“九五”重点工程——四川广安发电厂1期工程竣工投产，工程总投资32.4亿元。

28日 西部大开发“十大重点工程”之一的西安——南京铁路破土动工，投资预计231.9亿元。

6　月

2日 国家投资1.5亿元专项资金的京九南端复线

配套工程——向塘枢纽运能改造工程正式开工。

6日　亚洲最大、技术水平最先进的造纸基地——金东纸业（江苏）有限公司1期工程投产，总投资151.5亿元。

10日　安徽省加大技改投资力度，确保重点产业升级，计划完成技改投资141亿元，比上年增长12%。

11日　上海地铁2号线正式投入运行，工程总投资123亿元。

13日　我国第一个核电出口项目——巴基斯坦恰希玛核电站首次并网发电成功。

14日　国家"九五"重点项目——我国最大跨越声速风洞技术改造工程通过专家验收。

16日　渤海岐口17-2油田正式投产。

19日　从国家林业局获悉，我国将投入60亿元用于北京风沙的治理，改善京津地区生态环境，缓解风沙危害，减轻大气污染。

20日　北京中关村科技园区西区、上地信息产业基地北区两大重点建设工程今天启动。中关村西区是科技园区的商务中心区，占地51.44公顷，地上总建筑面积100万平方米。

国家重点项目—新乡500千伏变电站开工。

21日　中国银行向天津蓟县盘山电厂2期扩建工程提供21.9亿元贷款。

22日　中国联通首次在纽约股市上市，共发行2.4500亿股，筹资总额49.2亿美元。

26日　总投资2亿元的宁波大榭岛跨海公路两用大桥合龙。

28日　全国第一家债转股企业——北京水泥厂有限责任公司正式挂牌成立。该公司注册资本9.63亿元。

诺和诺德（中国）投资有限公司、三星（中国）有限公司、康柏（中国）投资有限公司等11家跨国公司在京设立的总部获北京市政府确认。

浙江省温州珊溪水利枢纽工程首台机组发电，该项目总投资43.475亿元。

目前我国最大的城市供水项目—昆明掌鸠河引水供水工程获日本国际协力银行贷款209.03亿日元，约占项目总投资的三分之一，今年该项目被国家计委列为国家重点工程项目。

29日　青藏铁路扩能改造工程全面展开，工程总投资7.4亿元。

投资2.14亿元的宁夏灵吴青公路1期工程通车。

30日　投资3.4亿元的北京王府井大街市政二期工程管网改造竣工。

中国著名网络公司——网易公司在美国纳斯达克股市挂牌上市，发行价15.5美元。

7　月

3日　世界银行日前批准向北京环保项目二期工程提供3.49亿美元的贷款，以治理空气污染和改善污水管道系统。全球环境基金同时也为这个项目提供了2500万美元的赠款，该项工程总投资12.55亿美元。

总投资26.5亿美元的南京扬子——巴斯夫特大型石化项目启动。

4日　由中国人民银行牵头，中国工商银行、中国建设银行、中国农业银行、中国银行等12家银行共同组建的中国金融认证中心，日前在北京成立。

10日　吉林省投巨资保护天然草原，改变"农业吃草原，风沙吃农田"的状况。

13日　建设银行广东分行与广东广韶高速公路有限公司签订30.7亿元贷款的协议，支持北京至珠海国道南段高速公路项目建设。

17日　世界银行执董事会批准给中国两笔贷款共3.6亿美元，用于长江干堤加固项目和河北城市环境项目。

18日　全长151公里、总投资15亿元的呼和浩特至包头市高速公路二期工程全线破土动工。

中国工商银行上海分行与日本索尼株式会社签订合作协议，向索尼在中国的七家企业提供9亿元授信额度。

19日　世界最大抽水蓄能电站——广州蓄能水电站竣工。

国内第二大水电站——四川瀑布沟水电站项目启动，总投资160亿元。

全长40.439公里、总投资10.45亿元的成都至都江堰市的成灌高速公路正式开通。

20日　国内最大疏浚工程——长江口深水航道一期工程通过竣工验收。

25日　总投资达118亿元的造纸基地——宁波亚洲浆纸有限公司年产100万吨纸板项目，已经国务院批准。

国家软件产业基地在上海浦东软件园揭牌。

我国第一个国家高新技术研究发展计划信息安全产业化基地在成都高新技术产业开发区奠基。

28日　连接三峡与华东的第一条超高压直流输电工程开工，按1993年5月末价格计算，静态投资50.65亿元。

投资额达80多亿元的中国最先进的冷轧钢材生产线在上海宝钢集团公司建成投产。

总投资分别为29.5亿元和14.8亿元的江苏省徐（州）宿（迁）和徐州东绕城两条高速公路开工。

国内目前速度最快、牵引功率最大、设计最先进的准高速双层内燃动车组在大连机车车辆厂建成下线。

8 月

1日 塔里木盆地哈德逊油田建成投产。

2日 总投资7亿元的武汉大学科技园破土动工。

3日 我国目前最大的溴化物合资项目——总投资额3亿美元的潍坊中以溴化物有限公司奠基。

7日 上海明珠线接触网工程全部完工。

亚洲最大的生物工程产业化基地——“北大生物谷”在深圳破土动工，总投资7亿元。

8日 浙江投资百亿元建五大高教园，总面积超过了万亩，在校生规模预计可在20万人以上，在未来数年浙江将成为“教育大省”。

11日 中国显示器生产领域最大的投资合作项目，在春兰集团上海总部举行签字仪式，总投资近60亿元。

13日 川藏公路左贡段黑色路面改建工程全面竣工交付使用，工程总投资1.1亿元。

18日 国家重点工程——西安安康铁路全线铺通，总投资102.5亿元。

福建省九龙江北溪引水改造工程开工。

19日 桂（林）（北）海高速公路全线通车。

20日 东盛医药科技产业园在西安高新技术产业区奠基，总投资1.8亿元。

21日 国务院派出的15个国有重点金融机构监事会正式进驻16家国有重点金融机构。

摩托罗拉公司董事长兼首席执行官高尔文宣布：摩托罗拉公司将在华增加投资160亿元人民币，摩托罗拉公司成为中国最大的外商投资企业，总投资额达到285.6亿元人民币。

22日 民航津京输油管道工程在津通过国家验收。

我国西煤东送的第二条大通道——神华工程朔（州）黄（骅港）铁路电气化工程开工。

天津港10万吨级航道工程开工，一期工程投资1.68亿元。

25日 人大常委会批准增发500亿元人民币长期特别国债。

27日 由中美双方共同投资7亿美元的天然气发电厂——靖边天然气电厂在陕西省开工。

28日 总投资约47亿元的东江——深圳供水改造工程正式开工。

31日 上海浦东国际机场一期工程通过国家验收。

9 月

1日 上海、深圳证券交易所新的企业债券上市规则经中国证监会批准颁布实施。

2日 拉萨市经贸洽谈会日前结束，30多家企业与拉萨市达成合作协议，总投资额突破4亿元。

5日 建设银行四川省分行与四川省电力公司签署合作协议，意向承诺贷款200亿元，支持四川省瀑布沟电站、杂谷脑电站等西部大开发项目。

铝塑复合管生产线在青海省西宁市动工兴建，总投资1.158亿元。

7日 山东海化股份有限公司6万吨/年白炭黑项目建成投产。

8日 祖国大陆成为台湾最大的直接投资输出基地，已有45000多家台资企业扎根大陆，合同金额为466.62亿美元，实际利用金额250多亿美元。

到目前为止，我国已有569家企业完成债转股的签约工作，对国有企业的改革起了重要的推动作用。

由首钢总公司、中国华融资产管理公司、中国信达资产管理公司和中国东方资产管理公司按照债转股实施方案共同出资组建的北京首钢新钢有限责任公司成立。

9日 北京市规模最大的大学生公寓——万柳大学生公寓奠基开工，总投资约5.4亿元。

12日 由外经贸部主办的第四届中国投资贸易洽谈会闭幕，这个洽谈会共接待来自世界89个国家和地区的客商8500人，签订合同项目1261个，合同资金总额50.01亿美元，协议项目577个，协议外资金额44.71亿美元，进出口贸易成交总额达7.86亿美元，其中出口6.69亿美元。

上海移动通信有限责任公司和上海地铁运营有限公司签署合作协议书，共同投资1.5亿元，实施地铁移动通信覆盖工程。

中国建设银行与北京大学签署一项目前国内最大的银校全面合作协议，建行将向北大提供30亿元融资。

13日 国家开发银行在银行间债券市场发行2000年第9期金融债券100亿元。

14日 亚欧海底光缆上海登陆站开通，至此，亚欧海底光缆全线开通。

安徽省马鞍山市马钢平炉改转炉工程获国家经贸委正式批准，工程总投资近3.3亿元。

15日 国家重点项目北京至沈阳高速公路全线通车，全长658公里，总投资200亿元。

2000年凭证式（3期）国债面向社会发行，发行规模800亿元。

16日 广深铁路第三线电气化改造工程建成通车。

18日 目前新疆已探明地质储量的矿产有68种，其保有储量的潜在价值为5.04万亿元。

19日 目前我国社会保险基金当年收支规模已达5000多亿元，累计结余近1000亿元。

20日 “九五”重点工程田湾核电站2号机组工程开工，田湾核电站一期工程总投资260亿元。

23日 世界著名石油跨国公司加德士在华投资项目——汕头加德士液化石油气储库正式投入使用，项目总投资1.44亿美元。

24日 国家“九五”重点工程——西安至安康铁路全线铺通，项目总投资102.5亿元。

25日 北京地铁五号线开工建设。

26日 我国公路建设投资总规模“九五”期间达到历史最高水平，预计完成投资将达到8900亿元，为“八五”时期的5倍。

10 月

1日 总投资30亿元的安徽芜湖长江大桥正式通车。

国家重点建设项目、总投资40亿元的成昆铁路电气化改造工程建成通车。

全国最大的火力发电厂——浙江宁波北仑发电厂二期工程建成投产。

4日 目前，深沪上市公司突破1100家，1999年底股票市价总值已达26471亿元，相当于GDP的33%。

6日 投资10亿元建成的四川绵阳三江水利枢纽工程，日前投入使用。

7日 中国建设银行、中国银行牵头的8家国内外银行与中国移动（深圳）有限公司在京签定款额高达125亿元人民币的银行贷款协议。

8日 首期投资2亿元的国家干细胞基因工程产业化项目在天津新技术产业园区开始兴建。

我国最大的对内“BOT”方式建设的高速公路湖北襄樊至荆州高速公路正式开工，总投资41.97亿元。

斥资8.4亿元的大型二类口岸国际商贸城在新疆喀什动工兴建。

9日 截止到目前，北京50项重点建设工程已累计完成投资450亿元，占总投资的30%以上。2000年确定的50项重点工程总投资为1476亿元。

投资1.62亿元，日处理800吨城市生活垃圾的大型环保工程在大庆市建成并投入使用。

10日 国家“西电东送”重点工程——三峡宜昌至重庆万县500千伏输电线路建设正式开工。

我国第一条横跨海峡的粤海（湛江——三亚）铁路通道开工，工程总投资45亿元。

12日 投资12.45亿元的长江乐园前期工程在武汉市东湖之滨开工建设

17日 北京市天桥地区危旧房改造工程正式启动，总投资17亿元。

19日 国家“九五”重点项目，万家寨水利枢纽工程第五台机组一次并网成功。

黄河小浪底水利枢纽第二台机组并网发电。

20日 润扬长江公路大桥在江苏省扬州市奠基。

22日 总投资1.56亿元的西安博物院在西安奠基。

25日 总投资4亿元的国华北京热电厂烟气脱硫工程竣工投产。

28日 西安绕城北段高速公路通车，公路总投资18亿元。

中国海洋石油总公司与英荷壳牌化工公司在京签署合同，双方联合投资40.5亿美元在广东省惠州市建设一套80万吨乙烯装置。

中国工商银行北京分行与北京市首都公路发展有限责任公司签署银企合作协议，为明年北京高速公路项目提供100亿元的基本建设贷款，

29日 济南市政府与鲁能集团签订合同合作开发济南南部城区，项目总投资约100亿元。

30日 陕西蒲城电厂二期工程正式开工，总投资25.68亿元。

31日 财政部发行500亿元10年期建设国债。

11 月

2日 国家“九五”重点项目——“千吨青霉素”及“双加”工程在山东省济宁市投产，总投资14亿元。

我国最大的石油添加剂基地——兰州博润兰炼添加剂有限公司开业，总投资4.8亿元。

3日 国家重点工程——乌（鲁木齐）奎（屯）高速公路通车，工程总投资概算51.4亿元。

4日 东风神龙富康轿车项目一期工程通过国家验收，核实最终概算131.1亿元。

总投资23亿元的天生桥至广东第三回500千伏交流输变电工程开工建设。

8日 贵州乌江洪家渡水电站、引子渡水电站和乌江渡水电站扩机工程（3大工程总投资73亿元）和其他4个“西电东送”工程正式开工。

9日 国家重点项目“洛阳大化纤20万吨聚酯工程”投产，总投资70亿元。

京福国道主干线福建三明段高速公路一期工程正式开工，福建段总投资约169亿元。

13日 中国农业银行与陕西杨凌农业示范区管委会签署合作协议，决定在未来5年内向示范区提供9亿元的贷款支持。

14日 北京凉水河水系污水截流工程正式动工，总投资40亿元。

16日 青岛港百年码头改造工程动工，工程计划投资2.28亿元。

18日 8个高新技术项目在南宁国家高新技术产业开发区破土动工，总投资2亿元。

20日 山东省黄河三角洲农业综合开发日本政府贷款项目开工，项目总投资12亿元人民币。

国内最大的车城，中国西部国际车城在西安动工兴建，一期工程投资1.2亿元。

21日 四川省凉山彝族自治州的国道108线凉山高速公路泸沽至黄联关段正式开工，工程投资概算12.6亿元。

中国银行为北京东方广场提供44.6亿元的贷款。

22日 "九五"全国最大内河水运重点工程——京杭大运河续建工程——山东济南至台儿庄段全线贯通。

23日 龙滩水电站二级公路全线通车，二级公路总投资6亿元。

26日 国家重点工程，"西电东送"骨干项目——天生桥二级水电站5号机组并网发电。

28日 四川隆昌至纳溪321国道全线通车，总投资22.75亿元。

12 月

1日 中国化工进出口总公司在美国成功发行了2.5亿美元商业票据。

2日 总投资91.8亿元的国家"九五"重点建设项目、北京首都机场航站区扩建工程通过由国家计委组织的国家竣工验收，工程总体质量被评为优良。

坐落于浦东张江高科技园区、总投资约1亿元、占地15亩、建筑面积近1万平方米的上海超级计算中心初步建成并投入试运行。

投资2亿多元的防洪工程——武汉龙王庙防洪险堤通过国家验收。龙王庙险堤位于长江与汉江交汇处。

中国公路东西大动脉——312国道甘肃古（浪）永（昌）段改造新建工程在武威开工，该路段全长69公里，设计宽25.5米，双向4车道。

中国银行向国家重点建设项目甘肃平凉电厂项目贷款20.75亿元。平凉电厂是西北电网骨干电厂之一，项目建成后发电量可达66亿千瓦时。

5日 国家有关部门领导表示，将增加对西部石油、天然气等能源项目建设资金的投入，并承诺对这些项目不留资金缺口。

建设银行已向76个西部大开发项目承诺出具贷款意向112亿元。

上海信天通信有限公司成立。该公司为全国第一家中外合资的电信营运公司，由上海电信公司、美国电话电报公司、上海市信息投资有限公司3方共同投资2500万元组建，其中上海电信拥有60%的股份，美国电话公司拥有25%的股份，上海信息投资有限公司拥有15%股权。

上海电信宽带网改造工程竣工，这标志上海已建成世界最大的ATM（异步传输模式）城域主干网。改造后的上海电信宽带网，网络规模达到8个核心节点、90个边缘节点，核心节点交换容量达40G，相当于62.5万对电话线路。

经中国人民银行总行批准，目前我国唯一的住房储蓄银行——山东烟台住房储蓄银行将增资扩股至10亿元。

国家天然林资源保护工程正式启动，工程总投资962亿元。

6日 贵州省科技厅设立中小企业技术创新基金，年度金额1000万元。

8日 华夏银行向北京海淀科技园建设公司提供10亿元综合授信额度，支持中关村科技园区建设。

宁夏大型扶贫工程盐（池）兴（仁）公路全线建成通车。该公路全长250公里，工程投资4.7亿元，于1998年9月开工建设，是宁夏第一次利用世界银行贷款、运用国际菲迪克条款监管修建的公路。

中国石化股份公司与德国巴斯夫公司合资组建的扬子石化—巴斯夫有限责任公司正式成立，这标志着我国最大的中德合资项目启动。该项目为60万吨乙烯装置及9套世界级规模的石油化工装置。该项目由中外双方各出资50%，加上配套的公用工程和基础设施，总投资约30亿美元，预计在2004年年底建成投产。

9日 中国进出口银行为投资、修复、经营柬埔寨基里隆水电站项目提供9150万元人民币和450万美元的出口卖方信贷。该水电站项目总投资近2000万美元，将在中方经营30年后移交给柬政府。

北京市政府决定从2000年开始设立专项建设基金，在2002年前每年投入15亿元用于中关村建设。

国内首家全开放式制药基地——清华紫光药业基地在北京市延庆八达岭经济开发区竣工，基地耗资近1.5亿元，完全按照国际GMP认证设计，厂房面积近40000平方米，是国内目前单产规模最大的制药企业。

甘肃最长的一级公路永（昌）山（丹）二期工程日前动工。永山一级公路是国道主干线连（云港）霍（尔果斯）公路在甘肃的重要路段，全长117.8公里，总投资11亿元。

华融公司以1：1.05的交易价格将其持有的债转股企业——新疆十月拖拉机制造（集团）有限责任公司的

1.15亿元股权全部转让给民营企业新疆广汇集团。这是国内第一例债转股股权转让，也是资产管理公司首次以溢价处置资产。

12日 国家重点基础设施建设项目——南京地铁南北线一期工程正式开工建设。该工程全长16.9公里，项目总投资70.15亿元，全线将于2005年底正式贯通。

总股本达125.12亿的宝钢股份上市，列沪、深上市公司之首。流通股本18.77亿，筹集到77.02亿元资金净额，创境内A股公司上市融资总额之最；若按每股5元的开盘价计，市价总值达625.6亿元，在沪深股市中遥遥领先；一旦宝钢18.77亿股的流通股全部上市，宝钢将夺沪、深上市公司流通股数冠军宝座。

北京中关村科技园区又一标志性建筑——中关村科技大厦破土动工。中关村科技大厦由北京中关村科技发展有限公司、北京市海龙投资中心等联合开发，项目总投资15亿元。

13日 "西电东送"重要工程——曲靖电厂二期工程正式启动。项目总投资19.4亿元，装机容量为2台30万千瓦，工程预计2001年开工建设，2003年第一台机组并网发电。它的建成，将对云南省2003年后向广东等省输电能力达到160万千瓦、整个"十五"期间新增向广东输电能力1000万千瓦的目标打下坚实基础。

深圳南油石化等4家企业股权以2.9050亿元人民币的天价转让给深圳市石油公司，创下了中国企业产权公开竞投之最。

青岛万通证券有限责任公司增资扩股完成，注册资本增至5.5亿元，公司名称正式变为"万通证券有限责任公司"。

三峡证券有限责任公司获准增资扩股，注册资本金由1.5亿元增至8.36亿元。

15日 从全国财政工作会议上获悉，2000年中央财政社会保障支出458亿元，比上年增长80%。

16日 国家西部大开发十大重点工程之一——渝怀铁路正式开工。渝怀铁路西起重庆，东至怀化，线路全长625公里，为1级单线，预留复线条件，一次建成电气化铁路。工程总投资198.7亿元，总工期5年半。

我国最大的火力发电厂——北仑发电厂全部建成投产。电厂总装机容量300万千瓦，年发电量可达165亿千瓦时。北仑发电厂工程概算总投资177亿元，利用外资8.7亿美元。

总投资10亿元的合肥海尔工业园正式开园，合肥海尔工业园占地800亩，一期工程建筑面积达14.65万平方米，年生产高清晰度数字彩电能力为150万台。

18日 京沪高速公路全线贯通，全长1262公里，总投资393亿元，设计时速为120公里。作为国家重点建设项目，京沪高速公路分20个路段建设，工程建设历时13年。

北大青鸟信息产业园在潍坊市高新技术产业开发区正式开工投建。北大青鸟信息产业园占地400亩，前期投资约15亿元，将用3年时间建成。

19日 第一家上市的民营股份制商业银行——民生银行上市，拥有3.5亿股流通盘的民生银行是我国证券市场继深发展、浦发银行之后第三只商业银行股。

延（安）——（安）塞高速公路日前全线正式破土动工。该公路是国家"四纵四横"大通道之一的包头至北海公路的重要组成部分，全长31.75公里，建设总投资11.68亿元，将于2003年建成通车。

建筑面积1.4万平方米、投资6.82亿元的民航北京区域航行管制中心工程在首都机场开始建设，预计2002年完工。

20日 中国投资规模最大工业项目宝钢三期工程全面建成投产。概算投资额达623.4亿元的宝钢三期工程建成后，宝钢设计钢产量达到年产1100万吨规模。三期工程项目全面达标后，宝钢每年可增加销售收入70亿元。

北方微电子产业基地八大处园区揭牌暨开工建设仪式在首钢举行。园区开园后建设的第一个工厂是北京华夏半导体制造股份有限公司（HMSC）。该公司由首钢总公司及美国AOS半导体公司共同发起，公司占地100万平方米，计划到2010年建成6—8条8英寸和12英寸芯片生产线，总投资达100亿美元。首批动工兴建的两条8英寸、0.25微米生产线采用了世界最先进的模拟电路和电力电子半导体技术，建设投资13.35亿美元。

22日 总投资26.4亿元的国家"九五"重点工程杭州萧山机场通过国家竣工验收。

秦岭环山旅游公路在陕西省长安县破土动工。该公路全长133公里，工程总投资9亿元。一期工程总计30.98公里，预计于2001年度完工。

总资产达13亿元的北京轻工雪花电器有限责任公司组建，新公司是在雪花集团和古桥电气公司共同完成债转股后，由中国华融资产管理公司、中国信达资产管理公司、北京二轻有限责任公司和北京手工业生产合作社联合总社4家股东注册9.3亿元组建而成，新公司将比原来减轻债务负担50%。

25日 国家大型水利枢纽工程——河南鹤壁淇河盘石头水库开工兴建。设计总库容6.08亿立方米，总投资9.98亿元。

世界银行向中国的乌鲁木齐城市交通改善项目和节水项目提供2笔贷款共计1.74亿美元。其中，城市交通改善项目获世行贷款1亿美元。

26日 国家“九五”重点工程（湘）潭耒（阳）高速公路建成通车。全长168.847公里，总投资41.4273亿元。

西部大开发十大重点工程之一的重庆轻轨交通较场口至新山村一线一期工程全线开工。全长14.35公里，一期工程总投资35.51亿元。

总投资46.26亿元、全长142公里的浙江省上虞市至三门县的上三高速公路建成通车。

31日 ST郑百文临时股东大会召开，《关于公司资产债务重组原则的议案》获得通过。

大众汽车（中国）投资有限公司公布：今后几年，大众汽车公司在中国投资30亿德国马克，相当于130亿元人民币，用于其在上海和吉林的两个合资企业更新设备和扩大生产能力。

中国进出口银行将向刚果民主共和国提供8000万人民币贷款。该笔贷款全部用于支持中刚合资的电信运营项目，经营该国境内的移动通信、国内长途电话、国际汇接等通信业务。中方占51%的股份，运营年限暂定为30年。

世界跨国石油集团意大利阿吉普公司开始履行2000年5月与中国石油天然气股份有限公司签订的协议，拟投资800万美元，在柴达木盆地油气资源显示良好的地区进行风险勘探，并将以参股等方式与中方合作开发这一地区油气资源。

2000年国际融资主要信息

1 月

债权银行将售大宇

1月3日，韩国大宇汽车公司的主要债权人韩国产业银行称，大宇汽车的债权银行将通过秘密竞标方式于6月底出售大宇汽车。福特汽车公司已向韩国产业银行和大宇公司的其它债权人提交了收购大宇公司的全部国内业务及许多海外资产的方案。此举遭到韩国中小企业家的反对。

亚洲开发银行提高贷款利率

1月4日，亚洲开发银行宣布，将该行美元贷款的年利率从原来的6.24%提高到6.46%。其它货币贷款的年利率从5.65%提高到5.75%。

阿根廷发行7.5亿欧元债券

1月5日，阿根廷政府在国际债券市场上成功发行了7.5亿欧元债券，所筹集到的资金将主要用于偿付即将到期的短期债务。2000年阿将需要175亿美元资金用于平衡财政。

美国在线与时代华纳合作

1月10日，美国在线宣布，以换股及债务方式收购美国时代华纳公司，交易总额达1640亿美元，这将是历史上最大的企业收购案。新公司定名为美国在线－时代－华纳公司，价值为3500亿美元，年销售总额将达300多亿美元，美国在线拥有55%的股份。

百家金融机构合资筹设国际证券公司

1月12日，日本披露，包括花旗集团和德意志银行在内的全球100多家金融公司，正联手建立一家国际证券交易和结算公司。该公司将于2002年成立，业务是管理全球金融交易的资讯，以便这些金融公司的证券和银行业务进行的更为快捷和降低成本。美国大通集团、美林公司、高盛公司、东京三菱银行、富士银行联盟、第一劝业银行和日本兴业银行等金融机构都将投资这家新公司，每家金融机构将向新公司投资约3亿日元。

欧元国家企业兼并步伐加快

1月13日，欧洲中央银行披露，去年欧元区国家企业合并和兼并速度比前一年明显加快，非银行业的企业合并和兼并达6138起，总价值8476亿欧元，比1998年增长了153%；银行业的合并与兼并245起，总价值747亿欧元，增幅为35%。1999年欧元区的金融企业合并使这一地区的金融业务额超过了美国。

英国央行提高利率

1月13日，英国央行货币政策委员会进行投票，一致同意将英国的基本利率从5.5%提高到5.75%。

波音收购休斯电子两项业务

1月13日，波音公司与通用汽车公司下属的休斯电子公司达成一项价值37.5亿美元的收购协议，收购休斯的航天和通讯业务，从而使波音成为世界最大的商业卫星制造商。

主要国际投资银行债券投资额大增

1月16日，著名金融信息公司——资本数据公司提供的数字显示，1999年全球20家最大的投资银行投资的债券总额达1.35万亿美元，比1998年猛增了50%以上。这些银行投资的债券种类也从上一年的3766种增加到4945种，增幅为31%。其中，美林公司连续两年在债券投资额和投资债券种类方面均位居首位，1999年的债券投资额由前年的810亿美元增加到1220亿美元。

药业诞生巨无霸

1月17日，世界制药业巨人英国第二大制药公司葛兰素和第三大制药公司史克必成宣布合并，世界上最大原药厂由此产生。新公司价值1760亿欧元，年销售额将达320亿欧元，在全球药品市场的占有率可达7%。

巴西吸收外资创纪录

1月17日，巴西央行披露，1999年巴西吸收的外国直接投资达299.7亿美元，创历史最高纪录，今年头两个星期的外资总额又已达14亿美元。

全球企业发债剧增

1月中旬，Securities Data公布的统计资料显示，1999年全球企业共售出2.93万亿美元新债券，较1998年增加13%；新发行股票和其它证券3060亿美元，增幅达40%。原因是美国上市活动极为活跃，以及欧元面世刺激债券销量。

墨西哥发行15亿美元债券

1月21日，墨西哥政府在国际资本市场上成功发行了15亿美元的全球债券，以偿还2000年到期的外债。

华纳音乐与EMI合并

1月24日，执国际唱片业牛耳的英国EMI公司宣布，将与时代华纳旗下的华纳音乐合并。这次合并价值200亿美元，将组成全球最大的唱片公司，年销售额超过50亿英镑。华纳音乐将取得EMI的控股权，可促进该公司在网上音乐领域大显身手。

亚洲外来直接投资增加

1月25日，联合国贸易和发展会议公布的统计数字表明，1999年亚洲地区（不包括日本）吸收外来直接投资总计910亿美元，比上年增加1%。受亚洲金融危机打击最重的5个国家吸收外来直接投资总量为180亿美元，比上年增加1%，其中韩国85亿美元，比上年增长55%；马来西亚38亿美元，与上年基本持平；泰国和菲律宾分别为58亿和9亿美元，比上年有所下降；印尼外资净流出。

美股市去年融资690亿美元

1月下旬，美国披露，1999年各类企业在美国股市以公开上市方式筹措资金690亿美元，刷新了1996年创下的500亿美元的最高纪录。新上市企业以网络和高科技等相关公司为主。

2　月

印尼获47亿美元贷款援助

2月2日，援助印尼协商小组（CGI）承诺，在新的财政年度内向印尼提供47亿美元的贷款援助，其中5.2亿美元为无偿援助。CGI由33个捐款国和国际贷款机构组成，此次承诺贷款较多的国家和国际金融机构是：日本、世界银行和亚洲开发银行。

美联储提高利率

2月2日，美国联邦储备委员会宣布将利率提高0.25个百分点，给美国过热的经济降温。这是美国中央银行半年内第四次提高利率。

欧洲央行提高主导利率

2月3日，欧洲中央银行理事会宣布，将欧元区的主导利率从目前的3%提高到3.25%。欧洲央行此次加息主要是对美国前一天宣布提高利率所作出的反应，以免欧元与美元利率差距拉大。

世界第二大制药公司问世

2月7日，美国辉瑞制药公司宣布，将以900亿美元的股票价格购并沃纳－兰伯特公司，组建世界第二大制药公司。

全球外国直接投资增长25%

2月中旬，联合国贸易与发展会议公布的最新统计数字显示，1999年全球外国直接投资流量为8270亿美元，比上年增长25%。其中，拉丁美洲吸收外国直接投资为970亿美元，增长32%；亚洲吸收910亿美元，非洲吸收110亿美元，中东欧经济转型国家吸收200亿美元。

美国风险投资急剧上升

2月中旬，美国国际职业服务公司提供的数字显示，风险投资基金在美国已经发展到了“爆炸”的时期。在1999年的第四季度，美国共有146.9亿美元风险资金投入风险创业企业，而1998年同一时期的数字是36.7亿美元，1998年全年的风险投资基金共有142亿美元。接受风险投资的公司在1999年的数字为4006个，比1998年的2849个增加了41%。

两大电信巨头宣布合并

2月中旬，德国曼内斯曼公司与英国沃达丰公司正式宣布合并，合并协议涉及金额近4000亿德国马克，相当于2000亿美元，成为迄今为止涉及金额最大的公司合并。

英国最大保险集团组成

2月21日，英国CGV保险公司和诺威奇联合保险公司宣布将进行合并，组成英国最大的保险集团。新公司名为CGNV,总资产为190亿英镑（合304亿美元），将是英国最大的普通保险商，第二大人寿保险商，也是欧洲第五大保险公司。

默克回购股票100亿

2月22日，世界第一大制药公司——美国的默克集团宣布准备回购自已的100亿股票。这将是有史以来世界上最大的一起上市公司回购股票案。市场分析家认为，这项举动象征着全球药业市场将会有新的大动作。

阿尔卡特兼并新桥公司

2月23日，法国电信设备生产商阿尔卡特公司与加拿大新桥网络公司达成协议，阿尔卡特以转股形式购并新桥公司，购并金额为71亿美元。这是阿尔卡特迄今购并的最大高科技企业，目的在于加强其在国际，特别是美国高科技市场上的竞争力。

世行将继续向越南提供援助

2月24日，世界银行同越南签订援助越南改造沿海低洼地和发展农村交通两个项目的协定，为这两个项目提供1.357亿美元的贷款。自1993年以来，世行已承诺向越南提供25个项目，共计24亿美元的贷款，其中有10亿美元已经到位。

世行终止对韩紧急援款

2月28日，鉴于韩国外汇储备迅速增加，既定企业与金融产业结构调整目标已经达到，世界银行与韩国政府协商决定，停止对韩国继续提供紧急援助贷款。1997年11月韩国爆发金融危机时，世行允诺分批提供总额100亿美元的紧急援助贷款。

国际投资基金重返泰国

2月27日，美国披露，包括索罗斯的量子基金在内的多家外国投资基金在退出两年半后重返泰国市场，这次它们的目标是房地产。亚洲金融危机后，曼谷的商用楼大量闲置，现在房地产价格比危机前下跌30－50%。外国资本主要是通过购买泰国房地产公司的股权进入市场。

西班牙已成为拉美第二大投资国

2月下旬，西班牙披露，该国已成为继美国之后的拉美第二大投资国。目前，西班牙在拉美的投资总额约为112.5亿美元，美国为143.75亿美元．西班牙公司已拥有智利最大的电话公司、电力公司和水处理公司，并控制了智利40%以上的金融业。西班牙电话公司已控制了巴西1/4的电话线路。

3　月

英国对外投资全球领先

3月1日，英国披露，根据联合国贸发会议报告的最新统计数字，英国已取代美国成为世界第一大对外投资国。去年英国公司向海外投资2120亿美元，美国公司向海外投资1530亿美元，分别比1998年增长78%和25%。英国去年接受国外直接投资624亿美元，相当于法国的2倍、德国的3倍。

世行将大幅减少对亚洲的贷款

3月2日，刚刚离任的世界银行亚太区副总裁塞韦里诺称，鉴于亚洲正在从金融危机的打击中迅速复苏，世行今年将大大减少对亚洲国家的贷款。上一财政年度世行对亚洲的贷款约为200亿美元，本年度大概只有40亿美元，相当于金融危机前的水平。

日本成为世界最大债务国

3月6日，日本披露，1999年该国政府总共发行了359万亿日元（约合3.3万亿美元）的债券，从而使日本超过美国成为世界上最大的债务国。

澳洲第一大银行诞生

3月6日，澳大利亚国民银行宣布，它将以82亿澳元（约50亿美元）股票收购殖民保险公司，成为澳洲第一大银行．殖民保险是澳洲第三大基金管理公司和第二大寿险公司。

第三世界购并金额逐年下降

3月6日，美国披露，涉及第三世界国家的购并金额呈现一波三折的走势。1991年涉及第三世界国家的购并金额占全球跨国购并总额的13%，1994年升至最高，达到31%，此后又逐渐回落至百分之十几的低水平。

巴西引资成绩斐然

3月8日，巴西社会经济发展银行公布的统计数字显示，1990－1999年，巴西共吸收外国直接投资990亿美元，成为吸收外资最多的发展中国家之一。随着巴西经济结构的调整，90年代进入该国的外国直接投资也呈现出明显的变化。1995年进入巴西的外国直接投资55%流向工业部门，而到了1999年，巴西工业部门仅吸收了当年13%的外国投资，服务业吸收外资的比例则从1995年的43%增加到85%。

美国风险资金七成进入互联网

3月上旬，全美风险投资协会与汤姆森金融证券数据公司的风险经济资讯子公司公布的资料显示，1999年美国风险资金投资达到了创纪录的483亿美元，比1998年增长了151.6%。与互联网业相关的企业吸引了319亿美元的风险投资，占全部风险投资的66.1%，比1998年增长了354.8%。

世界最大汽车生产联盟问世

3月13日，美国通用汽车公司与意大利菲亚特集团宣布，双方通过置换股权的方式跨洋结盟。这一联盟将是世界上最大的汽车生产联合体。根据协议，菲亚特集团将其子公司菲亚特汽车公司20%的股份卖给通用汽车公司，通用将基本与此等值的5.1%的股份卖给菲亚特集团，两大公司置换的股票市值约为24亿美元。双方商定，菲亚特在本世纪末可以公平的市场价格将其余80%的股份卖给通用。业内人士认为，这实际上是为通用汽车公司最终收购菲亚特公司埋下伏笔。

欧洲央行提高主导利率

3月16日，欧洲央行决定将其3种主导利率提高0.25个百分点，即从现在的3.25%提高到3.5%。这是欧洲央行今年以来第二次提高主导利率。

外国企业对日本直接投资急增

3月19日，日本银行公布的统计数据显示，1999年外国企业对日本直接投资是上一年的3.4倍，达1.4万亿日元，首次突破了1万亿日元。

新加坡放开保险业

3月20日，新加坡金融管理局宣布，出台金融改革措施，全面开放直接保险业。这些措施包括，准许外国保险公司和独立保险经纪人在新加坡营业，直接保险商获取执照不受数量限制，撤消外国投资者不得拥有本地保险公司49%以上股权的限制，鼓励本国保险公司合并或与其它金融机构结盟。

外资可望在韩直接上市

3月23日，韩国金融监管机构透露，该国2000年上半年将允许外国公司在韩国股市直接上市。

索尼引资投入互联网银行

3月29日，日本披露，索尼公司将邀请包括樱花银行在内的几家银行，投资其将于2001年开业的网上银行。索尼公司将拥有这家新银行50%以上的资产，大约合1.89亿美元。

4 月

汇丰集团收购法国信贷银行

4月3日英国汇丰银行集团宣布以110亿欧元收购法国第七大银行法国信贷商业银行。收购完成后，汇丰拟将其股票在巴黎交易所上市。此举使汇丰银行涉足欧洲大陆金融市场的宏愿变成了现实。

欧洲最大媒体集团诞生

4月8日，英国皮尔森媒体集团宣布将其电视公司与著名的CIT－UFA电视公司进行合并，欧洲最大的媒体集团随之诞生，并创造了媒体公司市值总额达200亿欧元的新纪录。新公司的首要目标是更有效地进军美国和欧洲以外的其它市场，其扩张战略是今后5年内投资增长20－30%，利润增长15－20%。

外国投资者购买日本股票增加

4月11日，日本大藏省公布的统计数字显示，2000年2月份，外国投资者购买日本股票的净值为1.1183万亿日元（约合106亿美元），比去年同期增长65.3%，而1月份外国投资者购买日本股票的净值还仅为528亿日元。

第一季度全球企业并购额突破万亿美元

4月中旬，美国有关调查公司公布的数据显示，2000年1－3月，全世界正式公开的企业兼并总额为11479亿美元，比上年同期飚升了1.7倍。其中，美国5813亿美元，比上年同期增长65%；欧洲3282亿美元，比上年同期增长40%；亚洲854亿美元，同比增长90%。

斯洛伐克对外来投资免税

4月中旬，为鼓励外商投资，斯洛伐克决定对外国大型投资项目给予10年期免税优惠待遇。外国投资者只要投资500万欧元即可获得批准，但投资地区必须是在高于全国平均失业率1.5倍的地区。除免税优惠外，该国对目前实行的关税优惠幅度也做出调整。

亚行向巴基斯坦提供贷款

4月中旬，亚洲开发银行与巴基斯坦签署备忘录，在2000－2003年期间向巴提供28亿美元的贷款援助。自1968年以来，巴基斯坦先后接受亚行贷款累计98亿美元。

雷诺接管三星汽车

4月27日，法国雷诺汽车公司与韩国三星集团及相关的债权银行签署协议，成立新的合资公司，正式接管三星汽车公司。在新的合资公司中雷诺控股70.1%，三星集团的两个子公司拥有19.9%的股权，其它债权人拥有10%的股份。雷诺公司还承诺，在今后4年内再向该公司投入3亿美元。

亚行向越南提供无息贷款

4月下旬，亚洲开发银行作出决定，在2001年至2003年期间，将向越南提供10.45亿美元的无息贷款，平均每年3－3.5亿美元。这些贷款将主要用于加强私营经济的发展，以及援助沿海和中部地区的发展。

5 月

伦敦法兰克福证交所合并

5月3日，欧洲最大的证券市场——伦敦证券交易所和法兰克福证券交易所宣布合并。合并后的交易所名为“国际证券交易所”，总部设在伦敦，其证券交易量和高技术股票交易量将分别占欧洲总量的53%和83%，在该交易所上市的股票市值总额将高达4.3万亿美元。

今年蒙古注册外资公司达1400余家

5月13日，蒙古披露，截至2000年4月底，在蒙古注册的外资公司达1428家，投资额为3亿多美元。外商对蒙投资出现上升趋势，仅1999年直接投资额就达7000多万美元，主要投资领域是餐饮、服装、建材、采矿、畜产品加工和旅游等行业。在蒙投资的外国公司中有400多家是中国公司，投资额为1亿多美元，占外国对蒙投资额的40%。

汇丰控股收购泰京华银行

5月16日，香港汇丰控股公司宣布，以9.4亿美元收购泰国京华银行75.02%的股权，收购价有90%的溢价。收购的京华银行将易名汇丰京华银行，同时汇丰在曼谷的3家分行也易名汇丰京华。京华是泰国的第八大银行，1999年底总资产值约为40亿美元，存款约为39亿美元。

美联储再次提高利率

5月16日，美国联邦储备委员会宣布，将联邦基金利率（即商业银行隔夜拆借利率）和贴现率各提高0.5个百分点，分别升至6.5%和6%。自1999年6月以来，美联储已6次提高联邦基金利率，总共提高了1.75个百分点，目前这一利率已达到最近9年来的最高水平。

世行批准向伊朗贷款

5月18日，世界银行批准了给伊朗的两笔总额为2.33亿美元的贷款，以帮助伊朗改善基本卫生保健设施和提高德黑兰的污水处理能力。这是近6年多来世行首次对伊朗提供贷款。

沙特吸引外资开发天然气

5月中旬，沙特阿拉伯外交大臣费萨尔亲王披露，预计2000后10年内，包括世界10家最大的石油公司在内的12家欧美石油公司将在沙特投资5000亿美元开发天然气。12家欧美石油公司在同沙方的第一轮谈判中提出了投资额5亿美元至250亿美元不等的投资项目，沙方已原则同意这些项目。

三星拟在朝建电子工业园

5月中旬，韩国披露，三星集团在朝鲜西海岸一侧的海州或开城投资5亿美元，用10年时间建设一座约180万平方米的电子综合工业园，产品由陆路经板门店直接返销韩国。

今年亚洲入市外资将增21%

5月中旬，新加坡披露，预计2000年全球投入亚洲股市的资金将增加240亿美元，增幅高达21%。截至4月底，全球20家基金持有亚洲股票总值已达1248.8亿美元，较3月底增长了13.4%。

去年全球汽车行业合并总值达705亿美元

5月中旬，普华永道披露，不包括戴姆勒（Dai

mler）与克莱斯勒（Chrysler）的合并，1999 年全球汽车行业的合并和收购价值为 705 亿美元，平均交易规模达 2.75 亿美元，增长 80%。

法国电信收购英国奥兰治公司

5 月 30 日，法国电信公司宣布，该公司以 432 亿欧元（约合 401 亿美元）的价格收购了英国第三大移动通信企业奥兰治公司。此次收购活动将使其在英国这个欧洲第二大电信市场上取得首要地位。该公司还宣布，新奥兰治公司将于 2000 年底或 2001 年初分别在伦敦、巴黎和纽约股票市场上市。

WPP 收购 Y&R

5 月下旬，美国著名广告公司 Young & Rubicam（Y&R）接受了英国广告公司 WPP 集团以 57 亿美元收购该公司的请求。这是广告业有史以来最大一起合并案。此举使 WPP 集团成为世界广告业之王。

全球最大纸业集团在美诞生

5 月下旬，美国大型纸业集团——国际纸业公司宣布，以 73 亿美元的高价购并美国钱皮恩国际纸业公司，从而组成全球最大纸业集团。此举是出于维持自身市场占有率和企业优势地位的战略考虑。

6　月

印度外债高达 990 亿美元

6 月 2 日，印度财政部公布，截至 1999 年 12 月底，印度的外债已高达 990 亿美元，比前年同期增加 40 亿美元，成为世界上外债最高的 10 个国家之一，排名第九。在印度的外债中，长期外债为 943.4 亿美元，占全部外债的 95.29%。

欧洲中央银行再次提高主导利率

6 月 8 日，欧洲中央银行会议决定，为了抑制通货膨胀，将其主导利率提高 0.5 个百分点，即从目前的 3.75%提高到 4.25%。这是欧洲中央银行 2000 年以来第四次提高利率。

法国成为日本最大外来投资国

6 月上旬，日本的一项政府报告显示，在到 2000 年 3 月为止的日本财政年度里，法国成为日本最大外来投资国，远远超过美国和其他欧洲国家。法国公司在本年度的直接投资达 7457 亿日元，是上年度的 44 倍多，占日本本年度总的外国投资额的近 1/3。

阿根廷将全面开放通信市场

6 月 12 日，阿根廷政府公布一项法令，宣布从 2000 年 11 月 9 日起全面开放全国通信市场。所有的通信公司可以毫无限制地进入阿根廷除卫星通信外的所有通信市场，阿政府期望通过开放该行业吸引 50 亿美元外资。

乌拉圭发行 3 亿美元全球债券

6 月 19 日，乌拉圭政府在美国纽约资本市场上成功发行了 3 亿美元 10 年期全球债券。乌拉圭的全球债券受到美国和欧洲私人和机构投资者的欢迎，认购数超过 6.5 亿美元，这表明国际资本市场对乌拉圭的经济发展前景充满信心。

纳斯达克日本股市开市

6 月 19 日，纳斯达克日本股票交易市场正式开市。其股市分为两大板块，一个是”普通企业板块”，另一个是“增长企业板块”。

巴西发行欧元长期债券

6 月 20 日，巴西中央银行在欧洲金融市场发行 7.5 亿欧元债券，债券的期限为 5 年，票面年利率为 9%，比去年 9 月发行的 5 年期欧元债券利率低 2.125 个百分点。这是该国在全球股市出现大幅度波动后首次在国际市场成功融资。

法加三企业合并重组世界传媒第二大集团

6 月 20 日，法国威望迪集团及其所属的法国电视四台和加拿大娱乐巨头西格拉姆公司宣布，三家企业将实行合并，组成名为“威望迪环球”集团的新实体，年营业额为 575 亿欧元，上市股值达 1000 亿欧元，从而成为世界第二大传媒集团。

世行向印度贷款 5.16 亿美元

6 月中旬，世界银行批准向印度贷款 5.16 亿美元，用来帮助印度改善高速公路系统，改进通往主要港口的通道。印度国家高速公路管理部门 2000 年早些时候表示，计划筹集 46 亿美元贷款，用于公路建设。

强强联手组成“空中大队”

6 月 22 日，墨西哥航空公司，美国德尔塔航空公司、韩国航空公司和法国航空公司在纽约宣布，四家航空公司共同组成名为“空中大队”的航空联盟。

外国投资者认购美国证券创新高

6 月 26 日，美国证券业协会的季度报告显示，

2000年一季度，外国投资者认购美国证券的金额创下历史新高，达到1410亿美元，比1996年第三季度的1246亿美元历史纪录增加了13.2%。购买美国证券的主要是德国和英国的投资者。

拉美最大私人银行诞生

6月下旬，墨西哥最大的银行GFB宣布与西班牙BBVA的墨西哥分行合并，共同组建拉美地区最大的私人银行。合并后银行更名为Grupo Financievo BBVA Bancomer，拥有3870亿比索的资产。

世界银行向阿根廷提供巨额贷款

6月下旬，世界银行向阿根廷提供30亿美元的贷款，支持阿根廷政府与贫困作斗争和进一步深化机构改革。这笔巨额贷款将在今后4年内分批到位。

7 月

巴西上半年债券发行量居拉美首位

7月3日，巴西披露，2000年1至6月，巴西在国际资本市场上发行政府、企业和银行债券共109.7亿美元，比去年同期增长50%，居拉美国家首位。

亚行调整贷款利率

7月3日，亚洲开发银行宣布，将美元贷款的年利率从原来的6.46%提高到6.53%，其它货币贷款的年利率则从5.72%降到了5.68%。调整后的贷款利率从7月1日起执行，有效期至2000年的12月31日。

美国联合航空公司将与US航空公司合并

7月上旬，美国联合航空公司与US航空公司达成了一个价值120亿美元的合并协议，两公司合并后名为联合航空公司，拥有飞机1000余架，员工逾15.5万人，日航班6500次。

思科1000亿购斯坦福大学

7月上旬，思科系统公司的CED约翰·钱伯斯表示，为确保公司在以后的发展过程中不会出现人才短缺，决定以1000亿收购斯坦福大学。购并将通过出售思科的股票来完成。

首家全球在线银行成立

7月上旬，首家全球在线银行UNOFIRST－GROUP成立。该集团由西班牙的UNO－E和爱尔兰的FIRSTGROUP合并而成。新成立的在线银行在英国、德国和西班牙拥有10万多客户，经营3.5亿欧元现金。

日本三银行结盟世界第五大金融集团诞生

7月11日，日本三和银行与日本东海银行及东洋信托银行发表联合声明，这三家银行合并将产生世界第五大金融集团，它们在三月份时的总资产为825900亿日元。

瑞士联合银行将收购美第四大投资咨询银行

7月12日，瑞士联合银行证实，该银行集团将以108亿美元的金额收购美国佩因·韦伯投资咨询公司。佩因·韦伯公司为美国第四大投资咨询公司，它在美国拥有385家分支机构、2万名雇员、270万私人和机构投资客户，管理的资产总额超过4500亿美元。

外来资本大量流入韩国

7月12日，韩国证券交易所公布的统计数字显示，2000年以来，由于外国投资者大量进场投资，在韩国股市的净买入达到10.5万亿韩元（约94亿美元），截至7月12日，投资韩国股市的外国资本累计达到90.25万亿韩元（约810亿美元），其市价总值（302万亿韩元）的比重上升到29.9%，为韩国证券交易所1992年开场以来的最高值。

日美巨头成立B2B联盟

7月18日，日本电信巨头NTT数据公司和美国Oracle公司签署协议成立电子商务联盟。二者分别是日本最大的通迅公司和世界上首屈一指的数据库管理软件公司。这两家公司的连手必然在电子商务领域造成巨大影响。

全球跨国并购激增

7月19日，世界经济合作与发展组织在其发表的《金融市场走势》中称，1999年全球范围内的企业兼并和收购活动大幅增长50%，其中3/4的并购活动与欧洲有关。

外国银行纷纷告别伦敦

7月中旬，英国《金融时报》披露，1999年有53家海外银行告别英国的伦敦金融城，占所有驻伦敦外国银行总数的10%。

德国抵押银行与奥地利银行合并

7月24日，德国第二大的抵押贷款联合银行与奥地利最大的奥地利银行正式宣布合并，合并后的银行资产将达到6500亿欧元，拥有2000个分行，800万客户以及65000名员工，从而成为中、东欧地区最大的银行，并成为在欧洲仅次于德意志银行和法国巴黎银行的欧洲第三大银行。

罗马尼亚获巨额基础设施贷款

7月下旬，罗马尼亚交通部新任部长透露，2000年欧洲投资银行将向罗交通部提供5.15亿欧元的贷款，用于5个基础设施建设项目。这些项目的总投资约10亿欧元。

8　月

世行恢复对肯尼亚贷款

8月3日，世行董事会批准恢复对肯尼亚贷款，将在今后9个月内分三批援肯1.5亿美元（112亿先令）。贷款将用于支持肯反腐败、扶贫、减贫、执行预算、裁减公职人员以及国企私有化。

去年拉美吸收外资超亚洲

8月上旬，有关部门公布的统计数据表明，1999年进入拉美国家的外国直接投资共计970亿美元，比前年增长32%。这是自1986年以来，拉美在吸收外国直接投资方面首次超过亚洲。

日本央行宣布终止零利率

8月11日，日本中央银行宣布终止零利率政策。央行政策委员会以多数同意表决通过调高隔夜拆款利率至0.25%。

澳新闻集团收购美国电视台

8月中旬，澳洲新闻集团宣布，收购美国电视台Chris-Craft和其属下的两家公司，涉及总金额达到53.5亿美元．新闻集团将会以21.3亿美元现金以及在美国上市的7300万股预托证券，支付整个收购协议。

韩国中小企业对外投资大增

8月中旬，韩国财政部发表的《上半年对外直接投资动向》说，今年上半年韩国对外投资额为18.08亿美元，比去年同期增加了4.9%，投资项目为943个，比去年同期增加了91.3%。

法国对日投资居外国投资第三位

8月中旬，根据日本大藏省公布的数字，在日本1999年度的198亿美元总的外国直接投资额中，法国公司占到将近1/3，在美国和荷兰之后，占第三位。

克林顿核准日本公司并购美国Verio

8月23日，美国总统克林顿核准日本NTT并购美国网络服务供应商Verio，并表示这项交易计划不会威胁美国国家安全。这笔55亿美元的交易引发华盛顿当局的顾虑，原因是美方担心日本政府控股的日本电信电话NTT得以介入美国的电话监听活动。

伊朗立法保护外资

8月23日，伊朗国会通过一项立法，首次认可并保护在伊朗的外国直接投资。

欧洲央行再度提高利率

8月31日，欧洲中央银行决定将其主导利率提高0.25个百分点，即由原来的4.25%提高到4.5%。此外，欧洲央行的“隔夜贷款利率”和“隔夜存款利率”也分别提至5.5%和3.5%。

外国资本对美直接投资创新高

8月下旬，美国商务部的统计资料表明，2000年首季外资对美国的净直接投资达到424亿美元，比1999年同期增加58%。

外国企业对日本直接投资大幅增加

8月下旬，日本大藏省公布的统计数字显示，2000年4-6月外国企业对日本的直接投资额高达1.2723万亿日元，比1999年同期增长39.1%。1999年度外国企业对日本的直接投资额为2.3993万亿日元。

9　月

IMF与世界银行明确分工

9月6日，IMF（国际货币基金组织）与世界银行宣布明确各自分工的基本方针。IMF的工作重点是对那些资金周转陷入困境的国家，在其得到民间金融机构的融资以前，给予暂时性融资。世界银行的工作范畴则是消除贫困，防治艾滋病，整备社会资本等，所提供的融资措施也以低利率为主，带有很强的援助色彩。

厄瓜多尔取消本国货币

9月10日，具有116年历史的厄瓜多尔本国货币苏克雷在其国内市场上停止使用，被美国货币美元取代。自此，厄瓜多尔成为在经济全球化进程中拉美地区第一个取消本国货币并实行经济美元化的国家。

美国吸收外资创新高

9月上旬，美国商务部公布的统计数字显示，今年第一季度国外资本对美净直接投资创下历史最高纪录，达到424亿美元，同比增长58%，其中欧洲对美净直接投资高达302亿美元，占总投资额的71.2%，日本为22亿美元。

路透社拟收购伦敦交易所

9月上旬，路透社旗下的Instinet Corp.以每股30英镑，总值130亿美元全现金方案，向伦敦交易所提出收购。作为全球最大金融信息服务公司的路透社提出收购伦敦交易所，令伦敦交易所与法兰克福交易所合并计划再添变量。

美国花旗集团购并第一联合资本公司

9月11日，美国金融服务巨擘花旗集团宣布，以310亿美元股票购买协富第一资本公司（AFS），以加速其在消费者贷款方面的全球拓展步伐，使其同时控制美国最大的上市金融公司和日本第五大消费者金融公司。这项交易使花旗集团的资产逼近1万亿美元。

大通曼哈顿和摩根宣布合并

9月13日，位于纽约的美国大通曼哈顿银行和摩根银行发表联合新闻公报宣布，两家银行同意合并，以组成拥有总资产6600亿美元的摩根大通银行。

福特放弃收购大宇汽车

9月15日，福特公司宣布，自6月29日福特在大宇汽车出售国际招标中中标，并被选为唯一的优先协商伙伴以来，经过两个月详细的评估论证，无法提出收购大宇汽车的“最佳方案”，董事会由此决定放弃69亿美元收购大宇汽车计划。

日本保险巨无霸诞生

9月18日，东京海上火灾保险公司、朝日生命相互保险公司和日动火灾海上保险公司联合宣布结成强大的联盟，构筑起日本国内最大的综合保险联合销售公司，总额1770亿美元。

外国投资者大量购进美国有价证券

9月19日，美国财政部公布的最新统计报告显示，今年上半年外国投资者争相购买美国有价证券达到2284.2亿美元，其中1511亿美元来自西欧。英国净购买的美国有价证券达723亿美元，其他西欧国家的购买额为788亿美元。同期日本净购买的美国有价证券为116.8亿美元，其他亚洲国家的购买额为378.6亿美元。

欧盟对外直接投资及吸引外资大幅增长

9月中旬，据有关部门披露，1999年欧盟对外直接投资和吸引外资都取得历史性突破，对外直接投资总额达4903亿欧元，吸引外来直接投资总额达2997亿美元，比1998年分别增长41%和27%，继续呈现对外直接投资大于外来直接投资的发展趋势。

“欧洲第二”证券交易市场成立

9月22日，法国巴黎证券交易所、比利时布鲁塞尔证券交易所和荷兰阿姆斯特丹证券交易所在阿姆斯特丹宣布正式合并，组成融资量占世界第五的“欧洲第二”证券交易市场，标志着第一个泛欧证交所诞生。目前在“欧洲第二”挂牌的上市公司有1300多家，上市股值约为2.42万亿美元，其规模仅次于伦敦证券交易所，居世界第二位。

欧美日央行联合干预欧元汇率

9月22日，欧洲中央银行、美国联邦储备委员会和日本中央银行在国际外汇市场采取联合干预行动，购买欧元，以帮助扭转欧元汇率持续走软的局面。

国际金融公司上年度对外投资增加

9月24日，国际金融公司发表的年度报告披露，在6月30日结束的2000财政年度，该组织对外投资总额增长了10%，投资主要集中在发展中国家，其中对撒哈拉以南非洲地区的投资是上一年度的3倍。上年度国际金融公司在81个国家投资了259个新项目，投资额从前一年的52亿美元增加到58亿美元。

外国对俄投资逾300亿美元

9月25日，俄罗斯经济发展和贸易部投资政策司司长巴耶夫透露，截至2000年7月1日，外国对俄罗斯的投资累计已达到306.8亿美元，而直接投资达到144.9亿美元。俄今年上半年吸引的外国投资为47.8亿美元，比去年同期增长11.9%，而直接投资为17.9亿美元，同比增长22.3%。

金融老大横空出世

9月29日，由第一劝业银行、富士银行和日本兴业银行组成的联合控股公司“瑞穗金融集团”正式挂牌成立。总资产规模超过130万亿日元的全球最大金融集团的出现将进一步加速日本金融重组的步伐，加剧日本金融机构间的竞争。

世界第二大显像管厂在捷动工

9月下旬，由荷兰飞利浦电子有限公司投资建设的世界第二大彩色显像管厂在捷克东部的赫拉尼破土动工。该项目总投资为6.04亿欧元，计划用8年时间建成，年产量为8000万只，其中95%用于出口。

10 月

全球外国直接投资创历史最高水平

10月3日，联合国贸易和发展会议发表的《2000年世界投资报告》预计，由于企业跨国并购活动持续增长，2000年全球外国直接投资规模可超过1万亿美元。1999年，全球对外投资总额为8650亿美元，为历年来的最高纪录。

欧洲中央银行决定加息

10月5日，欧洲中央银行宣布，把欧元区的利率调高0.25%至4.75%。这是该行2000年以来的第五次加息行动。

西班牙成为世界第六大投资国

10月上旬，联合国贸易和发展会议发表的报告显示，1999年西班牙对外直接投资总额达354.14亿美元，比1998年的190.42亿美元增加了85.9%，成为世界第六大投资国。

欧盟批准美国在线与时代华纳合并

10月11日，欧盟委员会决定有条件批准世界最大的因特网公司——美国在线和媒体巨人——时代华纳公司的合并案。该合并案金额高达1550亿美元。

菲律宾央行大幅提高利率

10月12日，菲律宾中央银行宣布将隔夜借款和贷款利率分别提高4个百分点，以防止比索和外币之间的利率差别进一步缩小，制止比索下跌趋势。调整后的隔夜借款利率为15%，隔夜贷款利率为17.25%。

美国两大石油公司合并

10月16日，美国第二大石油公司谢夫隆公司通过股票交换的方式以350亿美元购买了美国第三大石油公司德士古公司。兼并后的新公司名为谢夫隆——德士古公司，公司总部设在旧金山。根据两公司1999年的经营状况，新公司将拥有665亿美元收入，赢利33亿美元。

巴斯夫壳牌合资组建Basell巨人

10月中旬，德国巴斯夫与荷兰皇家/壳牌宣布合并其聚烯烃业务，新合资企业名称为Basell，巴斯夫和壳牌各持50%股份，其总部设在荷兰阿姆斯特丹附近，在欧、亚、美洲拥有20余个生产基地，营业收入将超过60亿美元。Basell将成为全球最大的聚丙烯生产厂商。

世界最大的旅游公司成立

10月中旬，世界最大的旅游公司RADIUS——全球旅游公司宣布成立。该旅游公司总部设在美国马里兰州的贝塞斯达，由80多个国家和地区的125家旅行社组成，在6300个地方设有旅游代理机构，年营业额超过210亿美元。

印尼接受巨额援助

10月中旬，在由世界银行主持的为期两天的印尼协商集团会议上，主要捐赠国宣布向印尼提供48亿美元的援助贷款，用于支持印尼政府的预算，另外提供5.3亿美元的技术援助和对非政府组织的援助。

通用电气收购霍尼韦尔

10月23日，通用电气公司（GE）董事长兼首席执行官杰克·韦尔奇和霍尼韦尔董事长兼首席执行官庞思诺在纽约宣布，GE同意以450亿美元收购霍尼韦尔，并承担其债务。合并预期于2001年初完成。此举是为了进一步巩固通用电气作为航空航天领域巨人的地位。

非洲证券市场统一交易规则

10月30日，非洲证券交易所协会宣布，该协会所属的18个证券交易所从当天开始实行统一交易规则，同时，允许证券公司自由选择证券交易所进行跨国股票交易。

世界最大金商投资饰品加工

10月下旬，世界最大的黄金生产企业Anglo gold公司宣布，投资加盟黄金首饰加工生产，购买南非主要的大型黄金首饰加工生产公司Oroafrica公司25%的股份。这一决策的主要目的有两个：一是增加其生产黄金的附加值，获取更多利润；二是促进其所生产黄金的销售。

美国国内掀起企业并购潮

10月下旬，美国有关部门公布的统计数字显示，2000年第三季度，美国国内企业间的并购总额达5130亿美元，比1999年同期的3380亿美元增长了51.8%。2000年1－9月底，美国国内企业间的并购金额规模达1.4万亿美元，比1999年的1.2万亿美元增长了16.7%。

世界第二大隐形眼镜公司诞生

10月下旬，隶属于瑞士诺华公司眼镜护理部的诺华视康公司宣布，美国联邦贸易委员会已正式批准了诺华公司对美国Wesley Jessen视力保健公司的收购。自此，全球眼睛护理领域的一宗总收购额近7.85亿美元的并购案圆满解决。收购完成后的新公司将成为世界第二大隐形眼镜公司。

11 月

巴基斯坦将获巨额贷款

11月4日，巴基斯坦财政部透露，2000－2001财政年度巴基斯坦将从国际货币基金组织获得数额为5.8亿美元的贷款，这笔贷款将解决巴政府的燃眉之急，但其数额远远低于巴政府的期望值。

克林顿签署全球减债协议

11月6日，美国总统克林顿签署4.35亿美元减债协议，以缓解世界最贫穷国的债务负担。美国此举动是协助全球对33个债务负担最重国进行债务的减免。该次减债源于上年7个工业国达成的协议，目的是减免世界最穷国900亿美元债务负担。

世界银行将对印度增加10亿美元援助

11月14日，世界银行总裁詹姆斯·沃尔芬森宣布，该机构将增加对印度的年度援助35%至39亿美元。目前，世界银行每年贷给印度20亿美元，另有国际开发局（IDA）赞助的9亿美元。

日本外国投资猛增

11月16日，日本大藏省公布的统计数字显示，2000年财政年度上半年度外国对日投资额达18901亿日元，与上年同期相比增长42.1%。外国对日直接投资项目数853个，比上年同期增加130个。

约旦入世外国直接投资猛增

11月中旬，约旦有关部门公布的统计数字显示，2000年头三个季度，约旦国内外直接投资比上年同期增长71%，达10.3亿美元，其中外国公司对约旦的投资占新增投资的53%。约旦当局认为外国投资增长主要是因为约旦加入了世界贸易组织，与外国签订了投资保护协定，使外商对在约投资产生浓厚兴趣。

欧元区引资前8个月已超上年全年总额

11月中旬，法国有关部门披露，2000年前8个月，欧元11国吸纳的外商投资总额达2720亿欧元（2310亿美元），较同期从欧元区流出海外的1990亿欧元，还要多出730亿欧元。1999年，欧元区吸纳的外商投资总额为1210亿欧元。

Seagate与Veritas达成并购交易

11月21日，存储软件的制造商Veritas宣布并购世界最大的计算机硬盘制造商Seagate，同时购回原来Seagate所拥有的Veritas的33%的股份。这笔交易在2000年3月市值200亿美元。

印尼外来投资猛升

11月22日，印尼投资协调局公布的统计数字显示，2000年头10个月，外国对印尼的投资比去年同期大幅度增加35%，达到146亿美元。2000年1月到10月共批准1286项外国投资项目，比上年同期增加122项。其中投资项目最多的是新加坡，共投资180个项目，投资额为10.3美元。而投资额最高的是英国，投资额为39亿美元，投资49个项目。

壳牌巨资控股Woodside

11月24日，皇家荷兰/壳牌公司宣布将收购伍德赛德（Woodside）石油公司控制权的出价，提高至120亿澳元（63亿美元），是澳洲公司收购史上最大宗收购尝试。壳牌计划在组合完成之后，把价值63至73亿澳元的资产，注入伍德赛德公司。

飞利浦、LG合并彩电和显象管业务

11月27日，荷兰飞利浦电器执行副总裁兼首席运营官Gerard Kleisterlee与韩国LG电器副董事长兼首席运营官John Koo在汉城签署协议，宣布将合并两家的彩电和显象管业务，以成为这一市场销售额近60亿美元的全球领导者。该合资公司将成为世界同类企业中规模最大的一家。

西班牙桑坦德银行成为拉美头号金融集团

11月下旬，西班牙最大的银行集团桑坦德中部美洲银行宣布，以36.76亿美元价格取得巴西第三大国有银行圣保罗州银行的控股权。由此，该集团在资产、储蓄和贷款方面成为拉美第一大金融机构。

12 月

英国减免穷困国家巨额债务

12月2日，英国财政大臣布朗宣布，减免喀麦隆、坦桑尼亚、莫桑比克等世界上最贫穷的41个国家14.3亿美元的债务，条件是这些国家把原来应偿还英国债务的资金用于医疗保健、教育和缓解贫困，并督促西方七国集团的其他成员国效仿英国。

百事可乐兼并魁克

12月3日，百事可乐宣布，斥资134亿美元以换股方式收购魁克公司，新公司将由百事可乐股东控股83%，魁克股东控股17%。与魁克联姻使百事可乐得

到了含金量颇高的 Gatorade 品牌，并大幅提高百事可乐在非碳酸饮料市场的份额。

新加坡放宽对新元贷款和融资的限制

12 月 6 日，新加坡金融管理局宣布对货币政策进行重大调整，放宽对银行新元贷款和融资的限制，银行可向非居民在新加坡的投资提供新元贷款和向非居民的海外活动提供信用融资。

世行减免赞比亚大部分债务

12 月 7 日，世界银行董事会批准减免赞比亚 8.85 亿美元的债务，减免额占赞比亚所欠世界银行 13 亿美元债务的 68%。

巴西又在日本发行债券

12 月上旬，巴西央行宣布在日本市场发行价值 5.43 亿美元 5.3 年期的武士债券，年息为 4.75%，将于 2006 年 3 月 22 日到期。巴西央行希望通过此次发行债券，增加巴西债券的日元收入。这是 2000 年巴第二次在日本市场发行武士债券。

全球跨国直接投资将超过 1.1 万亿美元

12 月上旬，联合国贸易和发展会议公布的统计数字显示，2000 年全球跨国直接投资总量将超过 1.1 万亿美元，比 1999 年增加 14%。2000 年全球 4/5 以上的跨国直接投资流向了发达国家，投资形式以企业跨国并购为主。西欧仍然是吸收跨国直接投资最多的地区，全年共吸收投资 5970 亿美元，而美国仍是吸收跨国直接投资最多的国家，吸收投资 2600 亿美元左右。

国际风险投资瞄准印度

12 月上旬，印度公布的统计数字显示，印度信息技术产业吸引的国际风险投资总额已从 1998 年的 1.5 亿美元扩大到 2000 年的近 10 亿美元。

美国在线时代华纳合并

12 月 14 日，美国负责反垄断事务的联邦贸易委员会以全票通过美国在线与时代－华纳价值 1110 亿美元的合并申请，前提是它们保证向其它因特网内容和服务供应商提供更多技术和内容服务。美国在线是世界上最大的因特网接入服务商，它与传媒和有线电视业巨头时代－华纳合并后的业务范围将遍及电影、杂志、电视和因特网。

美联储批准大通与摩根合并

12 月中旬美联储批准了美国大通银行对 JP 摩根公司价值达 352 亿美元的并购项目。该交易把华尔街两家历史最悠久的银行合并起来，缔造出一家拥有 6680 亿美元资产的美国第三大金融服务企业。

芬兰企业海外总投资达 445 亿美元

12 月中旬，芬兰中央银行公布统计数字显示，2000 年 1－9 月，芬兰企业对国外的直接投资达到 1159 亿芬兰马克（约 6.8 芬兰马克合 1 美元），其中第三季度投资额高达 713 亿芬兰马克。截至 2000 年 9 月底，芬兰企业在海外的投资总额为 3024 亿芬兰马克。

联合利华购并百仕福

12 月中旬，联合利华宣布以总额高达 243 亿美元的价格购并百仕福，这是世界食品业 12 年来最大的一次购并。百仕福是世界十大食品公司之一，合并后，联合利华在世界食品公司中的排名超过卡夫，由原来的第三名上升至第二，仅次于雀巢。

哈萨克成为人均吸引外资大国

12 月中旬，哈萨克斯坦副总理兼能源和矿产资源部长什科利尼克宣布，哈人均吸引外资额已进入世界前 20 名。从 1993 年到目前为止，哈吸引直接外资总额已达 110 亿美元，其中仅能源和采矿冶金领域吸引外资就达 86 亿美元。

土耳其获得巨额贷款

12 月 21 日，国际货币基金组织和世界银行宣布向土耳其分别提供 104 亿和 50 亿美元贷款，以帮助该国振兴面临金融危机的经济。

微软巨资并购 Great Plains

12 月 21 日，微软宣布以价值 11.1 亿美元的股票购买专为中小型企业设计软件的 Great Plains Software 公司。根据协议，Great Plains 每股可换得 1.1 股微软股票。

巴西吸引外资创新高

12 月下旬，巴西有关部门公布的统计数字显示，2000 年巴西共吸引外国直接投资 280 亿美元，超过年初 250 亿美元的预计，达到历史最高水平，成为发展中国家仅次于中国的第二大吸引外资的国家。巴西的私有化进程、外国公司购买巴西企业及建立合资企业是巴获得大量外国直接投资的主要原因。

世行与国际货币基金组织减免非洲国家债务 340 亿美元

12 月下旬，世界银行与国际货币基金组织联合签署一项公报，宣布将减免 18 个非洲国家总额为 340 亿美元的债务。目前,非洲国家的外债总额高达3700亿美元,非洲国家每年财政收入的1/4用于偿还债务。沉重的债务负担已成为制约非洲经济发展的主要因素之一。

2000年美国企业兼并创纪录

12月下旬,美国有关部门公布的统计数字显示,2000年美国企业兼并总额达1.84万亿美元,比1999年的1.56万亿美元增长近18%,再创历史最高纪录。

投资企业名录

2000年全国最大的500家外商投资企业名录

序号	公司名称	销售额(万元人民币)	序号	公司名称	销售额(万元人民币)
1	上海大众汽车有限公司	2,674,074	27	上海真空电子器件股份有限公司	437,400
2	摩托罗拉(天津)电子有限公司	2,369,936	28	华飞彩色显示系统有限公司	433,838
3	广东移动通信有限责任公司	1,857,078	29	中海石油中国有限公司	428,705
4	一汽大众汽车有限公司	1,093,448	30	杭州娃哈哈保健食品有限公司	420,679
5	康佳集团股份有限公司	937,611	31	庆铃汽车股份有限公司	397,370
6	北京诺基亚移动通信有限公司	922,113	32	上海信息城置业有限公司	395,395
7	浙江移动通信有限责任公司	733,458	33	广州宝洁有限公司	391,785
8	TCL王牌电器(惠州)有限公司	693,005	34	上海永新彩色显象管有限公司	367,584
9	广东核电合营有限公司	663,086	35	上海上菱电器股份有限公司	350,316
10	上海贝尔有限公司	628,202	36	深圳创维——RGB电子有限公司	336,948
11	北京爱立信移动通信有限公司	620,751	37	上海惠普有限公司	332,880
12	马鞍山钢铁股份有限公司	614,776	38	广东科龙电器股份有限公司	332,855
13	南京爱立信通信有限公司	599,081	39	深圳开发科技股份有限公司	325,455
14	上海通用汽车有限公司	596,538	40	中海发展股份有限公司	319,692
15	江苏移动通信有限责任公司	573,322	41	诺基亚航星通讯系统有限公司	316,986
16	苏州飞利浦消费电子有限公司	571,546	42	广东福地彩色显像管股份有限公司	316,784
17	东莞诺基亚移动电话有限公司	561,477	43	上海汇众汽车制造有限公司	313,722
18	希捷国际科技(无锡)有限公司	550,376	44	五羊—本田摩托(广东)有限公司	309,628
19	神龙汽车有限公司	518,219	45	北京松下彩色显象管有限公司	307,355
20	深圳希捷科技有限公司	503,139	46	南京依维柯汽车有限公司	305,049
21	冠捷电子(福建)有限公司	495,682	47	韶关钢铁有限公司	298,365
22	上海康园房地产开发有限公司	485,485	48	东莞三星电机有限公司	296,554
23	上海西门子移动通信有限公司	481,214	49	联合利华服务(上海)有限公司	296,109
24	长城国际信息产品(深圳)有限公司	468,477	50	华源凯马机械股份有限公司	283,225
25	广东广合电力有限公司	458,865	51	重庆钢铁股份有限公司	281,730
26	沈阳金杯客车制造有限公司	453,383	52	上海索广电子有限公司	280,071

续表 1

序号	公司名称	销售额（万元人民币）	序号	公司名称	销售额（万元人民币）
53	上海三菱电梯有限公司	276,993	89	上海氯碱化工股份有限公司	222,460
54	友利电子(深圳)有限公司	276,288	90	天津三星电机有限公司	220,662
55	厦门华侨电子股份有限公司	275,028	91	深圳三洋华强激光电子有限公司	220,204
56	唯冠科技(深圳)有限公司	271,738	92	湛江东兴石油企业有限公司	219,707
57	张家港保税区东海粮油工业有限公司	271,241	93	翔鹭涤纶纺纤(厦门)有限公司	218,117
58	江西铜业股份有限公司	271,218	94	河南新飞电器有限公司	217,435
59	深圳海量存储设备有限公司	271,155	95	乐金电子(天津)电器有限公司	216,791
60	上海蜂星国际贸易有限公司	268,089	96	广东科龙空调器有限公司	216,175
61	华能国际电力开发公司	265,660	97	华懋双汇实业(集团)有限公司	216,091
62	苏州明基电脑有限公司	262,596	98	上海轮胎橡胶(集团)股份有限公司	215,347
63	上海锦江麦德龙购物中心有限公司	259,474	99	上海夏普电器有限公司	210,182
64	飞利浦光磁电子(上海)有限公司	257,693	100	天津三星电管有限公司	204,191
65	东莞福安纺织印染有限公司	256,822	101	广东经电交换系统设备有限公司	203,416
66	莆田新世界工业城有限公司	256,500	102	深圳长科国际电子有限公司	203,187
67	松下电器(中国)有限公司	255,932	103	北京吉普汽车有限公司	200,143
68	宁波中华纸业有限公司	255,432	104	伟创力实业(深圳)有限公司	200,074
69	北京国际交换系统有限公司	255,380	105	重庆长安铃木汽车有限公司	198,627
70	吉林德大有限公司	251,055	106	中国惠普有限公司	196,216
71	青岛啤酒股份有限公司	244,544	107	戴尔计算机(中国)有限公司	195,298
72	江铃汽车股份有限公司	243,982	108	乐金曙光电子有限公司	194,991
73	富金精密工业(深圳)有限公司	241,943	109	深圳三星电管有限公司	191,805
74	顺德格兰仕电器厂有限公司	240,833	110	河南安阳彩色显像管玻壳有限公司	191,657
75	理光(深圳)工业发展有限公司	240,156	111	宁波森邦国际经贸有限公司	190,723
76	佳能珠海有限公司	239,427	112	广东科龙冰箱有限公司	187,748
77	广州本田汽车有限公司	239,121	113	新加电子资源国际贸易(上海)有限公司	186,549
78	仁宝电脑工业(中国)有限公司	236,289	114	上海贝尔阿尔卡特移动通信系统有限公司	186,202
79	南海油脂工业(赤湾)有限公司	235,340	115	江苏利港电力有限公司	185,222
80	才众电脑(深圳)有限公司	234,189	116	苏州罗技电子有限公司	185,018
81	深圳国际商业机器技术产品有限公司	231,771	117	河南移动通信有限责任公司	182,919
82	哈尔滨哈飞汽车制造有限公司	230,042	118	西安杨森制药有限公司	181,877
83	三洋电机(蛇口)有限公司	228,929	119	柯达(中国)股份有限公司	180,810
84	广州广船国际股份有限公司	228,136	120	深圳华安液化石油气有限公司	178,964
85	顺德美的冷气机制造有限公司	226,466	121	信华精机有限公司	178,460
86	爱普生技术(深圳)有限公司	225,412	122	上海大江(集团)股份有限公司	178,233
87	沈阳兴远东汽车零部件有限公司	224,965	123	海南航空股份有限公司	177,489
88	上海索广映像有限公司	224,288	124	厦门灿坤实业股份有限公司	177,426

续表 2

序号	公司名称	销售额（万元人民币）	序号	公司名称	销售额（万元人民币）
125	山东晨鸣纸业集团股份有限公司	172,031	159	杭州中策橡胶有限公司	138,698
126	上海联家超市有限公司	169,719	160	深圳南方中集集装箱制造有限公司	136,507
127	台达电子(东莞)有限公司	167,956	161	上海雀巢产品服务有限公司	136,474
128	陕西渭河发电有限公司	167,939	162	西迪斯(天津)电子有限公司	136,368
129	浙江美可达摩托车有限公司	166,685	163	清远市乐华电子有限公司	135,537
130	松下·万宝(广州)空调器有限公司	165,250	164	张家港沙太钢铁有限公司	134,819
131	夏普办公设备(常熟)有限公司	164,587	165	松下电器机电(深圳)有限公司	134,528
132	金隆铜业有限公司	163,948	166	金纸源贸易(上海)有限公司	133,823
133	江西昌河铃木汽车有限公司	163,922	167	锦州东港电力有限公司	133,712
134	上海益昌薄板有限公司	163,416	168	山东松下映像产业有限公司	133,688
135	深圳妈湾电力有限公司	157,844	169	本溪北龙钢铁集团有限公司	133,651
136	苏州爱普生公司	157,193	170	上海旭电子玻璃有限公司	133,518
137	乐金电子(惠州)有限公司	157,186	171	江门市大长江摩托车有限公司	133,398
138	本溪北龙炼铁有限公司	156,122	172	深圳华为信息技术有限公司	132,776
139	天津三美电机有限公司	153,677	173	合肥美菱股份有限公司	132,682
140	江铃五十铃汽车有限公司	152,867	174	上海白猫有限公司	132,536
141	爱立信(中国)有限公司	152,055	175	上海美蓓亚精密机电有限公司	132,293
142	惠普计算机产品(上海)有限公司	150,941	176	上海冰箱压缩机股份有限公司	131,255
143	荣成国泰轮胎有限公司	150,403	177	厦门华夏国际电力发展有限公司	130,588
144	深圳赛格日立彩色显示器件有限公司	150,154	178	珠海三美电机有限公司	129,839
145	佛山普立华照相机有限公司	150,082	179	广西玉柴机器股份有限公司	128,633
146	海南琼港轻骑摩托车开发有限公司	149,625	180	上海振华港口机械股份有限公司	128,490
147	广东高路华电视机有限公司	149,620	181	上海日立电器有限公司	128,170
148	内蒙古鄂尔多斯羊绒制品股份有限公司	147,973	182	百方国际贸易(上海)有限公司	127,323
149	惠州三星电子有限公司	147,422	183	富士通将军(上海)有限公司	126,841
150	UT 期达康(中国)有限公司	146,957	184	上海延锋汽车饰件有限公司	126,567
151	上海太平洋百货有限公司	145,788	185	石家庄宝石电气硝子玻璃有限公司	125,726
152	广深珠高速公路有限公司	145,455	186	南京金城机械有限公司	124,775
153	上海光明乳业有限公司	143,773	187	厦新电子有限公司	124,205
154	可口可乐(中国)饮料有限公司	143,592	188	广东健力宝集团有限公司	123,949
155	顺德市顺达电脑厂有限公司	143,564	189	广东电力发展股份有限公司	123,858
156	广东今日保健制品有限公司	142,639	190	合肥江淮汽车有限公司	122,503
157	飞利浦桑达消费通信(深圳)有限公司	141,061	191	肇庆市万亚电子实业有限公司	122,100
158	宝洁中国有限公司	141,016	192	雅达电子有限公司	121,192

续表3

序号	公司名称	销售额(万元人民币)	序号	公司名称	销售额(万元人民币)
193	日立电梯(广州)有限公司	121,144	228	青岛三美电机有限公司	107,086
194	上海易初配销有限公司	121,015	229	广州高露洁棕榄有限公司	106,938
195	上海日立家用电器有限公司	118,088	230	上海依藤忠商事有限公司	106,547
196	上海嘉里粮油工业有限公司	117,274	231	惠阳联想电脑有限公司	105,879
197	中美天津史克制药有限公司	116,799	232	北京飞机维修工程有限公司	105,799
198	包头天诚线材有限公司	116,752	233	上海新格有色金属有限公司	105,192
199	天津三星电力显示器有限公司	116,502	234	北京松下通信设备有限公司	104,973
200	力捷电脑(中国)有限公司	116,431	235	张家港润忠钢铁有限公司	104,532
201	南靖万利达视听有限公司	116,271	236	上海锦海捷亚国际货运有限公司	104,283
202	厦门正新橡胶工业有公司	116,128	237	宁波和邦国际贸易有限公司	102,441
203	北京金龙兴业房地产有限公司	116,100	238	北海粮油工业(天津)有限公司	102,209
204	诸城兴贸玉米开发有限公司	115,886	239	东芝复印机(深圳)有限公司	102,110
205	上海 JVC 电器有限公司	115,589	240	索尼精密部件(惠州)有限公司	102,067
206	杭州娃哈哈百立食品有限公司	115,370	241	广州东方电力有限公司	101,292
207	上海柴油机股份有限公司	115,011	242	正大集团(天津)实业有限公司	100,877
208	箭牌口香糖有限公司	114,907	243	洛阳北方易初摩托车有限公司	100,783
209	河南 TCL－美东电子有限公司	114,515	244	奥林巴斯(深圳)工业有限公司	100,196
210	上海集装箱码头有限公司	114,186	245	天津顶益国际食品有限公司	99,776
211	BECKBURY 国际有限公司	113,924	246	乐金电子沈阳有限公司	99,167
212	张家港浦项不锈钢有限公司	113,505	247	丸红(上海)有限公司	98,999
213	丽珠医药集团股份有限公司	113,382	248	上海华源股份有限公司	98,762
214	东莞华强三洋马达有限公司	112,396	249	上海怡康贸易有限公司	98,666
215	智威汤逊－中乔广告有限公司	111,535	250	上海上菱空调机电器有限公司	98,246
216	顺德惠而浦家电制品有限公司	111,467	251	双城雀巢有限公司	98,221
217	远纺工业(上海)有限公司	110,577	252	东莞普思电子有限公司	98,088
218	开平中晖复合纤维母粒有限公司	110,539	253	天津雅马哈电子乐器有限公司	97,916
219	苏州三星电子有限公司	109,785	254	西门子(中国)有限公司	97,847
220	南太电子(深圳)有限公司	109,777	255	高明高丰纺织染联合企业有限公司	97,659
221	上海物资贸易中心股份有限公司	109,776	256	UT 斯达康(杭州)通讯有限公司	97,545
222	湖南湘钢华光线材有限公司	109,528	257	中国天津奥的斯电梯有限公司	97,445
223	番禺创信鞋业有限公司	109,296	258	大庆爱得机械设备制造有限公司	97,435
224	张家港保税区吉尔瑞国际贸易有限公司	108,884	259	镇江奇美化有限公司	97,414
225	天津三星电子有限公司	108,878	260	珠海九丰阿科通源有限公司	97,115
226	青岛泰光制鞋有限公司	108,396	261	盐田国际集装箱码头有限公司	96,715
227	安徽佳通轮胎有限公司	107,464	262	广州华凌空调设备有限公司	96,625

续表 4

序号	公司名称	销售额（万元人民币）	序号	公司名称	销售额（万元人民币）
263	普基(中山)包装有限公司	96,601	297	华科立资讯科技(深圳)有限公司	86,761
264	长飞光纤光缆有限公司	96,311	298	上海制皂有限公司	86,709
265	新会中集集装箱有限公司	95,280	299	赛特集团有限公司	86,705
266	山东新华制药股份有限公司	95,066	300	中山东茗影音电子有限公司	86,538
267	株洲南方雅马哈摩托车有限公司	94,660	301	上海德尔福派克电气有限公司	86,127
268	上海朗讯科技通信设备有限公司	94,275	302	上海百事可乐饮料有限公司	85,616
269	上海第一八佰伴有限公司	94,174	303	上海申美饮料食品有限公司	85,585
270	宁波雅戈尔服饰有限公司	94,076	304	青岛海信空调公司	85,495
271	厦门进雄企业有限公司	94,003	305	中贸联万客隆商业有限公司	85,423
272	联合利华股份有限公司	93,874	306	金桐石油化工有限公司	85,310
273	镇泰(广州)有限公司	93,822	307	南通醋酸纤维有限公司	85,179
274	明达塑胶(福建)有限公司	93,354	308	广东太古可乐有限公司	84,961
275	广州造纸有限公司	91,955	309	德丽科技(珠海)有限公司	84,805
276	徐州维维食饮料有限公司	91,735	310	上海东方商厦有限公司	84,556
277	上海易初通用机器有限公司	91,256	311	秦皇岛正大有限公司	84,338
278	广州珠江电力有限公司	90,949	312	佛山市沙口发电厂有限公司	84,214
279	惠普贸易(上海)有限公司	90,908	313	杭州松下家用电器有限公司	84,075
280	无锡夏普电子元器件有限公司	90,190	314	徐州华润电力有限公司	84,065
281	江苏南钢宝兴钢铁有限公司	90,188	315	深圳南天油粕工业有限公司	83,609
282	杭州娃哈哈饮料有限公司	89,792	316	唐山国丰钢铁有限公司	83,493
283	济南华兴钢板有限公司	89,181	317	朗讯科技(中国)有限公司	83,461
284	松下万宝(广州)压缩机有限公司	89,145	318	常州金源铜业有限公司	83,448
285	安徽古井贡酒股份有限公司	89,125	319	黑龙江华润金玉实业有限公司	83,367
286	江苏富士通通信技术有限公司	88,940	320	广东现代集装箱制造有限公司	83,188
287	捷安特(中国)有限公司	88,771	321	淮阴利淮钢铁有限公司	83,078
288	北京燕莎友谊商城有限公司	88,487	322	广东松日电器有限公司	82,824
289	卡西欧电子(深圳)有限公司	88,045	323	伟创力科技(珠海)有限公司	82,723
290	武汉广场管理有限公司	87,989	324	福建三丰鞋业有限公司	82,280
291	东莞致力电脑有限公司	87,955	325	渤海铝业有限公司	81,227
292	杭州顶益国际食品有限公司	87,915	326	正大康地(蛇口)有限公司	80,916
293	中美上海施贵宝制药有限公司	87,709	327	合肥日立挖掘机有限公司	80,548
294	百威(武汉)国际啤酒有限公司	87,357	328	经纬纺织机械股份有限公司	80,358
295	联想(上海)有限公司	86,866	329	葫芦岛东方铜业有限公司	80,357
296	中国迅达电梯有限公司	86,816	330	山东凤祥－爱迪西有限公司	80,024

续表 5

序号	公司名称	销售额（万元人民币）	序号	公司名称	销售额（万元人民币）
331	上海闸电燃气轮机发电有限公司	79,702	365	大连西太平洋石油化工有限公司	74,256
332	昆山统一企业食品有限公司	79,686	366	上海大润发有限公司	74,205
333	南通中集顺达集装箱有限公司	79,676	367	新利实业(深圳)有限公司	74,123
334	莱州中策啤酒有限公司	79,621	368	苏州杜邦聚酯有限公司	73,815
335	南通天生港发电有限公司	79,463	369	杭州中萃食品有限公司	73,558
336	银川中策(长城)橡胶有限公司	79,370	370	嘉陵-本田发动机有限公司	73,360
337	首钢日电电子有限公司	78,846	371	广东天贸(集团)股份有限公司	73,187
338	苏州工业园区亚太纸品有限公司	78,733	372	桂林大宇客车有限公司	72,737
339	青岛嘉里植物油有限公司	78,500	373	牧田(中国)有限公司	72,454
340	中国南山开发(集团)股份有限公司	78,481	374	凤凰股份有限公司	72,280
341	小松山推工程机械有限公司	78,306	375	三水健力宝富特容器有限公司	71,919
342	秦皇岛首钢板材有限公司	78,240	376	北京百盛轻工发展有限公司	71,709
343	临沂新程肉制品有限公司	78,023	377	诺基亚(中国)投资有限公司	71,591
344	黑龙江民力股份有限公司	77,558	378	上海理光传真机有限公司	71,586
345	东莞生益科技股份有限公司	77,380	379	福建荔丰鞋业开发有限公司	71,573
346	北京崇文新世界房地产发展有限公司	76,910	380	上海奥美广告有限公司	71,526
347	青岛正大有限公司	76,905	381	天津华利汽车有限公司	71,514
348	青岛三湖制鞋有限公司	76,563	382	江阴兴澄钢铁有限公司	71,300
349	强生(中国)有限公司	76,509	383	广州宝洁口腔保健用品有限公司	70,909
350	恩倍福显示器(东莞)有限公司	76,508	384	富士康(昆山)电脑接插件有限公司	70,774
351	合肥荣事达洗衣机有限公司	76,048	385	珠海松下马达有限公司	70,391
352	北京春苞房地产开发有限公司	75,819	386	东莞市石龙京瓷光学有限公司	70,202
353	东风金狮轮胎有限公司	75,710	387	东莞科泰电子有限公司	70,044
354	福建实达电脑科技有限公司	75,678	388	哈尔滨龙兴化纤有限公司	69,954
355	上海百霖木业有限公司	75,455	389	辽阳忠旺铝型材有限公司	69,795
356	至卓飞高线路板(深圳)有限公司	75,439	390	长远(上海)国际贸易有限公司	69,704
357	杨子巴斯夫苯乙稀系列有限公司	75,224	391	金利来(中国)服饰皮具有限公司	69,659
358	青岛高合有限公司	75,038	392	杭州大厦有限公司	69,626
359	广州宝洁纸品有限公司	74,832	393	高标准实业(深圳)有限公司	69,477
360	本溪北龙烧结有限公司	74,830	394	青岛海尔电冰箱公司	69,404
361	营口渤海油脂工业有限公司	74,715	395	厦门建松电器有限公司	69,288
362	汤盛音响(东莞)有限公司	74,612	396	内蒙古伊泰煤炭股份有限公司	69,068
363	济南轻骑铃木摩托车有限公司	74,542	397	苏州紫兴纸业有限公司	68,715
364	深圳金威啤酒有限公司	74,429	398	广州进道集装箱有限公司	68,602

续表6

序号	公司名称	销售额（万元人民币）	序号	公司名称	销售额（万元人民币）
399	长营电器（深圳）有限公司	68,495	433	飞利浦照明电子（上海）有限公司	65,618
400	深圳创华合作有限公司	68,315	434	重庆建设－雅马哈摩托车有限公司	65,450
401	浙江雕牌家庭清洁用品有限公司	68,296	435	广州合生科技园房地产有限公司	65,161
402	北京JVC电子产业有限公司	68,200	436	舟山兴业有限公司	65,083
403	仪化佛山聚酯有限公司	68,002	437	上海韩松潜力纸业有限公司	65,014
404	珠海经济特区红塔仁恒纸业有限公司	67,863	438	佛山石湾鹰牌陶瓷有限公司	64,967
405	上海联吉合纤有限公司	67,749	439	番禺合兴油脂有限公司	64,951
406	大宇重工业烟台有限公司	67,723	440	苏州工业园区华能阿莫科清洁能源有限公司	64,944
407	厦门金龙联合汽车工业有限公司	67,659	441	安徽博西扬制冷有限公司	64,761
408	上海中集远东集装箱有限公司	67,539	442	深圳施乐高科技有限公司	64,729
409	南京夏普电子有限公司	67,508	443	上海三荣电器有限公司	64,526
410	福建华星石化有限公司	67,456	444	安利（中国）日用品有限公司	64,346
411	耐克（苏州）体育用品有限公司	67,399	445	天津天美汽车配件有限公司	64,315
412	天津太平（集团）有限公司	67,251	446	上海中集冷藏箱有限公司	64,277
413	上海茉织华股份有限公司	67,234	447	上海金菲石油化工有限公司	64,197
414	上海新亚（集团）股份有限公司	67,220	448	上海陆家嘴金融资易开发区开发股份有限公司	64,179
415	浙江益鹏发动机配件有限公司	67,172	449	福建统一马口铁有限公司	64,011
416	湖北汉新发电有限公司	67,056	450	旭电（苏州）科技有限公司	63,700
417	吉联（吉林）石油化学有限公司	66,991	451	深圳沃尔玛珠江百货有限公司	63,554
418	一汽－凯尔－海斯汽车底盘有限公司	66,898	452	广东粤嘉电力有限公司	63,377
419	北京首钢宝生带钢有限公司	66,813	453	三菱重工金羚空调器有限公司	63,300
420	深圳易初配销有限公司	66,736	454	南京金腾钢铁有限公司	63,293
421	肇庆中宇电子科技有限公司	66,693	455	上海施乐复印机有限公司	63,213
422	威达世纪电子（惠州）有限公司	66,659	456	四海电子（昆山）有限公司	63,150
423	大连阿尔派电子有限公司	66,551	457	正新橡胶（中国）有限公司	63,116
424	珠海市华丰食品工业（集团）有限公司	66,549	458	韶关发民D厂有限公司	63,048
425	深圳茂业（集团）有限公司	66,523	459	福建协丰鞋业有限公司	63,004
426	山东渤海油脂有限公司	66,537	460	诺基亚（苏州）电信有限公司	62,978
427	汕头海洋第一聚苯树脂有限公司	66,244	461	惠州TCL电脑科技有限责任公司	62,868
428	东莞华强三洋电子有限公司	66,151	462	郑州新力电力有限公司	62,779
429	厦门中鹭植物油有限公司	65,969	463	张家港永新钢铁有限公司	62,720
430	深圳彩虹皇旗电子资讯有限公司	65,851	464	西安大唐电信有限公司	62,672
431	上海耀华皮尔金顿玻璃股份有限公司	65,826	465	吉林奇峰化纤有限公司	62,507
432	黑龙江正大实业有限公司	65,726	466	北京松下·电子部品有限公司	62,438

续表7

序号	公司名称	销售额（万元人民币）	序号	公司名称	销售额（万元人民币）
467	天津可口可乐饮料有限公司	63,294	484	太平洋塑料(福建)有限公司	60,569
468	东莞市德永佳针织有限公司	62,347	485	张家港联合铜业有限公司	60,522
469	中国华录·松下录像机有限公司	62,103	486	上海纳铁福传动轴有限公司	60,380
470	顺德市德胜电厂有限公司	62,062	487	中英海底系统有限公司	60,378
471	光大木材工业(深圳)有限公司	61,886	488	佛山电器照明股份有限公司	60,296
472	广州友谊班尼路服饰有限公司	61,740	489	国际商业机器中国有限公司	60,282
473	杜邦中国集团有限公司	61,516	490	深圳王利电机有限公司	60,156
474	东风本田发动机有限公司	61,407	491	东莞纬球鞋厂有限公司	60,085
475	南海发电一厂有限公司	61,227	492	深圳南山热电股份有限公司	60,071
476	飞利浦亚明照明有限公司	61,202	493	番禺潭洲裕纺织染印有限公司	59,853
477	常熟通润机电有限公司	60,975	494	郑州日产汽车有限公司	59,560
478	上海德尔福汽车空调系统有限公司	60,897	495	上海商城	59,553
479	中波轮船股份公司	60,876	496	沈阳沈海热电有限公司	59,482
480	上海肯德基有限公司	60,809	497	张家港保税区沙钢国际贸易有限公司	59,384
481	厦门 TDK 有限公司	60,764	498	青岛海尔电冰箱(国际)有限公司	59,309
482	天津通广三星电子有限公司	60,704	499	上海新士国际贸易有限公司	59,147
483	北京可口可乐饮料有限公司	60,682	500	黄龙食品工业有限公司	59,127

摘自《中国外资》2001.2

知名投资公司名录

公司名称	地址	电话	邮编	网址(或信箱)
1. 京华山－国际(香港)有限公司	北京市建国门内大街18号恒基中心1座1102－1105室	010－65182871－6	100020	
2. 美国 MAGNEGEN 系统工程公司中国公司	深圳市红桂路红斟楼9栋105室	0755－5584378	518010	

续表 1

公司名称	地　　址	电　　话	邮　　编	网址(或信箱)
3. 元成基业有限公司	香港邮政总局信箱8339号	(852)28217118		www.nuovo.com.cn
4. 时代联线风险投资网		86－10－64270513		info@VC-link.com
5. 赛特国际集团有限公司香港总部	香港中环夏悫道12号美国银行中心2509室	(852)25220097		www.sat.com.hk
国内:	广东省南海市西樵区文明路3号	86－757－6888308	528211	www.sat.com.hk
武汉代表处	武汉市解放大道688号	86－027－85714309	430022	www.sat.com.hk
重庆代表处	重庆市渝北中区八一路168号	86－023－63828888	401147	www.sat.com.hk
兰州代表处	兰州市城关区永昌路1号	86－0931－8401236	730000	www.sat.com.hk
太原代表处	太原迎泽大街305号	86－0351－6178937	030002	www.sat.com.hk
6. 中源投资管理有限公司	北京市建国门内大街7号光华长安大厦办公楼	86－10－65102718	100005	cri@public.bta.net.cn
7. 中国经济技术投资担保有限公司	北京市西城区阜成路33号	86－10－68456625	100037	www.guarnty.com.cn
8. 中国国际金融有限公司	北京市复兴门外大街6号	010－68561166	100045	
9. 中国科招高技术有限公司	北京海淀区花园路133号	010－62388182－185		
10. 中国科技促进经济投资公司	北京市2706信箱	010－62561233		cicstd@public.fhnet.cn.net
11. 中国节能投资公司	北京西城区阜成门外大街1号	010－68364910	100037	cecic@cecic.com.cn
12. 中国高新投资集团	北京市广安门外南滨河路1号	010－63288613	100055	
13. 中际投资有限公司	北京台基厂头条1号	010－65286205	100005	zhangli@inter－china.net
14. 北京创格科技集团	北京市海淀区知春路128号	010－62628861	100086	project@public.east.cn.net
15. 北京太平洋优联风险技术创业有限公司	北京市西城区北礼士路甲98号	010－68344314	100037	

续表 2

公司名称	地　址	电　话	邮　编	网址(或信箱)
16. 北京百富川投资管理有限公司	北京市朝阳区新源西里中街 18 号	010－64669988	100027	www.bifortune.com
17. 北京金丝普林科技投资有限公司	北京京广中心商务 1006	010－65973648	100020	www.tecoon.com
18. 北京京华信托投资公司	北京市朝阳区建国门外大街甲 1 号	010－65079219	100020	www.jhtic.com.cn
19. 北京宏桥兴业投资顾问有限公司	北京市北三环东路甲 12 号基尔特中心 3018 室	010－64200716－17	100013	consult@techcn.com
20. 北京高新技术产业投资股份有限公司	北京市海淀区增光路 55 号紫玉饭店写字楼 13 层	010－68728837	100037	
21. 五矿投资发展有限责任公司	北京市海淀区三里河路 5 号五矿大楼 A430	010－68495430	100044	
22. 华登风险投资基金	北京市东城区建国门内街 8 号中粮广场 A 座 509 室	010－65263730	100005	www.wiig.com
23. 维欣风险投资发展研究中心	北京市西城区西外大街 132 号京鼎大厦 1214 房间	010－68353426		www.vcchina.net
24. 郎氏风险投资基金	北京 9799－2 信箱	010－64943541	100101	fengxian.126.com
25. 深圳市长城地产(集团)股份有限公司	深圳市福田区百花村百花五路长源楼	0755－3343164	518028	
26. 深圳国成科技投资有限公司	深圳市福田区新洲路人民大厦五楼	0755－3904747	518034	
27. 中星泰科技创业投资股份有限公司	深圳市深南中路 5047 号发展银行大厦 15B	0755－2080719	517001	www.zxtvc.com.cn
28. 上海英特尔	上海市漕河泾桂平路 485 号	021－64852828－326	200233	george. zhao@intel.com
29. 深圳市罗湖创业投资公司	深圳市罗湖区太宁路 85 号科技大厦 2 楼 203 房	0755－5607611		Fudsheng@public.szonline.net
30. 广州市外商投资局	广州市府前路 1 号	020－83126650		gzmbisys@ public.guangzhou.gd.cn
31. 广东省科技风险投资有限公司	广州市先烈中路 100 号中心大楼	020－87613662	510070	gtvc@gtvc.com
32. 广州融捷投资管理集团	广州市水荫四横路演音大楼 B 座七层	020－87047020	510075	youngy@ public.guangzhou.-gd.c
33. 广州亿科投资	广州市黄埔大道西 49 号		510620	zoro@163.net

续表 3

公司名称	地　址	电　话	邮　编	网址(或信箱)
34. 上海兴嵘投资有限公司	上海市成都北路 333 招商局广场南楼 602 室	021－62729781	200041	www.new.glory.com
35. 上海市信息投资股份有限公司	上海市北京西路 1318 号上海信托办公大楼	021－62077002	200040	ychen@sii.com.cn
36. 海南富岛资产管理有限公司	海口市珠江广场帝都大厦 12 层	0898－6717126	570125	
37. 重庆科技风险投资公司	重庆市石桥铺渝州路西亚楼二楼	023－68615989	630039	
38. 厦门科技风险投资公司	浙江宁波市北仑保税区大厦 16 楼	0574－86820115	315800	
39. 青海庆泰信托投资有限责任公司	青海省西宁市七一路 348 号	0971－8223130		
40. 西安高新技术产业风险投资有限公司	陕西省西安市高新路火炬大厦 7 层	029－8242335	710075	
41. 武汉世博科技项目投资有限责任公司	武汉市武昌珞瑜路 548 号	027－87491315	430074	sbinfor@whsbkj.com
42. 郑州市万金路投资有限公司	郑州市	0371－5905388		www.wkingroad.com.cn
43. 法尔胜集团公司亚洲战略投资管理公司	江阴市通江路 203 号	0510－6113163	214433	
44. 清华科技创业投资有限公司	北京市清华大学华业大厦 2608 室	010－62791192	100084	
45. SK CHINA		010－65383388		quancr@hotmail.com
46. 江苏省高新技术风险投资公司	江苏省	025－6526528		www.js-vc.com
47. 天津泰达科技风险投资股份有限公司	天津经济技术开发区第四大街 80 号	022－66297288	300457	public@tedavc.com.cn
48. 特华投资控股有限公司	北京市复兴门金融大街 23 号平安大厦一层	010－66210787	100032	info@tehua.com
49. 世纪方舟投资有限公司	北京市海淀区中关村南大街乙 56 号方圆大厦 13 层	010－88026547	100044	www.millenniumark.com.cn
50. 中科融投资顾问有限公司	北京市阜外大街 9 号	010－68001188	100037	
51. 中祥投资公司	北京西城区阜外大街 2 号	010－86822266	100037	www.chinafortune.net

续表 4

公司名称	地址	电话	邮编	网址(或信箱)
52. 华勤投资有限公司	北京市海淀区西三环北路 11 号		100089	
53. 中关村科技发展股份有限公司	北京市海淀区中关村南大街 32 号	010－62140032	100081	centek@centek.com.cn
54. 北京中关村青年科技创业投资有限公司	清华大学学研大厦 B 座三层	010－62770006	100084	bicvc@bjcvc.com.cn

证券公司名录

序号	公司名称	注册资本(亿元)	地址
1	中国银河证券有限责任公司	45	北京复兴门内大街 158 号
2	北京证券有限责任公司	15.1	北京西城区德外北滨河路
3	华夏证券公司	10	北京市海淀区复兴路乙 63 号
4	宏源证券股份有限公司	5.19	乌鲁木齐
5	新疆证券有限责任公司	1.26	乌鲁木齐新华南路 32 号
6	河北证券有限责任公司	5.3	石家庄市合作西路
7	山西证券有限责任公司	2	太原市迎泽大街 282 号
8	大同证券经纪有限责任公司	1	大同市四牌楼证券大楼
9	内蒙古证券有限责任公司	0.94	呼和浩特市中山西路 53 号
10	北方证券公司	3.6	沈阳市沈河区市府大路 261 号
11	辽宁证券有限责任公司	2.54	沈阳市沈河区市府大路 262 号甲
12	沈阳财政证券公司	1	沈阳市沈河区西顺城街 239 号
13	锦州证券公司	0.2	锦州市解放路 5 段 11 号
14	鞍山证券公司	0.14	辽宁鞍山铁东区文化街 1 号
15	大连证券有限责任公司	1	大连国际博览中心
16	大连财政证券公司	0.2	大连市中山区
17	东北证券有限责任公司	10	长春
18	新华证券有限责任公司	2	长春
19	黑龙江省证券公司	0.15	哈尔滨市南岗区西大直街 40 号
20	哈尔滨财政证券公司	0.1	哈尔滨市道里区经纬街 133 号
21	天元证券经纪有限责任公司	1.3	哈尔滨
22	齐齐哈尔证券公司	0.1	齐齐哈尔市玉坤小区
23	牡丹江证券公司	0.1	牡丹市西平安街八号
24	佳木斯证券公司	0.1	佳木斯市顺河路中段
25	海通证券有限公司	37.47	上海市唐山路 218 号
26	国泰君安证券股份有限公司	37.27	上海市延平路 135 号

续表 1

序　号	公　司　名　称	注册资本(亿元)	地　　址
27	申银万国证券股份有限公司	13.2	上海市南京东路 99 号
28	东方证券有限责任公司	10	上海
29	光大证券有限责任公司	5	北京复兴门大街 6 号光大大厦 18 层
30	上海财政证券公司	5	上海市九江路 41 号
31	上海久联证券经纪有限责任公司	2	上海
32	华泰证券有限责任公司	8.5	南京中山东路 90 号
33	南京证券有限责任公司	1.05	南京中山东路 200 号
34	苏州证券有限责任公司	0.5	苏州市人民路 604 号
35	恒远证券经纪有限责任公司	1	苏州
36	无锡证券有限责任公司	0.5	无锡市中山路 53 号
37	常州证券有限责任公司	0.8	常州市博爱路 129 号
38	浙江证券有限责任公司	4.5	杭州市延安路 184 号
39	宁波证券有限责任公司	1	宁波市灵桥路 713 号
40	华安证券有限责任公司	17.5	合肥
41	兴业证券股份有限公司	9.08	福州
42	闽发证券有限责任公司	1.09	福州市五一中路 199 号
43	华福证券有限责任公司	1.1	福州市广达路 141 号
44	厦门证券有限责任公司	0.5	厦门市滨南小区商业中心
45	江西省证券公司	0.27	南昌市象山北路 170 号
46	山东证券有限责任公司	5.08	济南市泉城路 180 号
47	万通证券有限责任公司	5.5	青岛市上清路 6 号
48	河南证券有限责任公司	1.1	郑州市人民路纬五路 20 号
49	黄河证券有限公司	1	郑州市西大康路 139 号
50	洛阳证券公司	0.1	洛阳市南昌路中段
51	开封证券公司	0.1	开封市迎宾路 6 号
52	长江证券有限责任公司	10.29	武汉
53	武汉证券有限责任公司	2.03	武汉市汉口沿江大道 106 号
54	湘财证券有限责任公司	10.02	长沙市韶山路附 20 号
55	湖南证券有限责任公司	2.35	长沙市建湘北路
56	长沙证券公司	0.12	长沙市中山路 112 号
57	三峡证券有限责任公司	1.5	湖北宜昌市夷陵大道 8 号
58	广发证券有限责任公司	16	广州市农林下路 83 号广发金融大厦四楼
59	广州证券有限责任公司	1.5	广州市沅江东路 451 号湖滨宾馆
60	广东证券股份有限公司	8	广州市东风东路 703 号
61	广东民安证券经纪有限责任公司	3	广州
62	东莞证券有限责任公司	0.5	东莞市莞太路篁村

续表 2

序　号	公　司　名　称	注册资本(亿元)	地　址
63	佛山证券有限责任公司	0.8	佛山市汾江南路 83 号
64	惠州证券有限责任公司	0.9	惠州麦地南路 2 号 1 楼
65	江门证券有限责任公司	0.7	江门市建设路高成村 12 号
66	汕头证券有限责任公司	0.23	汕头经济特区金砂东路中信大厦 12A 层
67	湛江证券有限责任公司	0.48	湛江市赤坎区中山一路 22 号
68	中山证券有限责任公司	0.3	中山市中山三路 47 号
69	珠海证券公司	1	珠海市吉大海滨南路金信大厦
70	大鹏证券有限责任公司	15	深圳地王大厦 8 层
71	国信证券股份有限公司	20	深圳市红岭中路七号国信大厦
72	中信证券股份有限公司	20.82	深圳
73	国通证券有限责任公司	22	深圳市华强北路深纺大厦
74	长城证券有限责任公司	8	深圳市深南大道 6008 号振业大厦
75	平安证券有限责任公司	1.5	深圳八卦岭八卦路平安大厦三楼
76	深圳经济特区证券公司	2.07	深圳国贸大厦 33 楼
77	南方证券公司	10	深圳南方国际饭店 12 层
78	蔚深证券有限责任公司	1	深圳市振华路飞亚达大厦九层
79	联合证券有限责任公司	10	深圳华强北路盛庭苑酒店 B 座 20—22 层
80	华鑫证券有限责任公司	10	深圳
81	深圳金牛证券经纪有限责任公司	0.6	深圳
82	广西证券有限责任公司	1	广西南宁市教育路 7 号
83	海口财政证券公司	0.17	海口
84	海南省证券有限责任公司	0.37	海口市滨海大道
85	中富证券经纪有限责任公司	0.8	海口
86	华西证券有限责任公司	10.13	成都
87	成都证券有限责任公司	0.25	成都市锣锅巷 65 号
88	天风证券经纪有限责任公司	0.77	成都
89	西南证券有限责任公司	11.28	重庆市打铜街 2 号
90	贵州证券有限责任公司	0.3	贵阳市中华中路 111 号
91	云南证券有限责任公司	1.2	昆明市青年路 13 号
92	西藏证券经纪有限责任公司	0.6	拉萨
93	西部证券股份有限公司	10	西安
94	甘肃证券有限责任公司	1	兰州市城关区畅家巷 194 号
95	青海证券有限责任公司	0.54	西宁东关大街
96	西北证券有限责任公司	7.26	银川

驾驭现代　成就未来
HYUNDAI XG 品味是一种内在的体现
XG
HYUNDAI 現代汽車

主 管：国家发展计划委员会／国家经济贸易委员会
中国投资
CHINA INVESTMENT
《中国投资》是由国家发展计划委员会和国家经济贸易委员会共同主管，
国家计委投资司、国家经贸委投资与规划司、
中国国际工程咨询公司、国家计委重大项目稽察办、
国家计委投资研究所、中国固定资产投资建设研究会联合主办的综合性月刊，
是中国投资建设领域唯一的中央级刊物。
《中国投资》
把政策与务实有机地结合起来，
以全新的投资理念，覆盖全社会各类投资主体的投融资活动，
为各类投资者提供正确的投资决策、合理的融资方式、
严谨的项目管理等专业信息。
权威解析投资政策
全程追踪重大项目
深切关注民间资本
激情演绎财富历程
投资指南 建设顾问
积极财政政策
继续？
淡出？
并购：机遇？
风险？
9▲11事件
资本市场的骗局由谁负责？
《中国投资》国际标准16开／96页／全彩印刷
单价15元／全年12期 ／定价180元
邮发代号：82-216
订购办法
通过银行或邮局汇款：款与订单直接汇往本社
地 址：北京百万庄子区38号中国投资杂志社
邮政编码：100037
开户银行：建行北京西四支行展览路分理处
帐 户：中国投资杂志社 帐号：2610005788
联 系 人：彭庆君 肖静秋
订购热线：8610-68361097,68310396
广告热线：8610-68041831,68041840
COME ON INVESTMENT

人民日报海外版
PEOPLE'S DAILY OVERSEAS EDITION
国走向世界
让世界了解
人民日报 海外版
港人对国家前景充满信心
• 人民日报海外版广告部制作 • 人民日报海外版广告部制作 • 人民日报海外版广告部制作 •
人民日报 海外版
广告部
地址：北京市朝阳区金台西路2 号
电话：010-65092816
010-65091903
传真：010-85991765